U0636249

中華大藏經編輯局編

中華大藏經

漢文部分
三七

中華書局

圖書在版編目(CIP)數據

中華大藏經:漢文部分.第37册/《中華大藏經》編輯局編. —
北京:中華書局,1984.4(2023.11 重印)
ISBN 978-7-101-00550-9

Ⅰ.中… Ⅱ.中… Ⅲ.大藏經 Ⅳ.B941

中國版本圖書館 CIP 數據核字(2016)第 050265 號

內封題簽:李一氓
裝幀設計:伍端端

中華大藏經(漢文部分)

第三七册

《中華大藏經》編輯局 編

*

中 華 書 局 出 版 發 行

(北京市豐臺區太平橋西里 38 號 100073)

http://www.zhbc.com.cn

E-mail:zhbc@zhbc.com.cn

北京建宏印刷有限公司印刷

*

787×1092 毫米 1/16 · 59½印張 · 2 插頁

1984 年 4 月第 1 版 2023 年 11 月第 4 次印刷

定價:600.00 元

ISBN 978-7-101-00550-9

中華大藏經（漢文部分）

第三十七册目録

目録

摩訶僧祇律卷第三十一　仕

東晉天竺三藏佛陀跋陀羅共法顯譯

內宿內煑自煑者佛住曠野精舍諸天世人之所供養尒時僧院內作食廚潘汁盪器惡水流出巷中為世人所嫌云何沙門釋子住處食廚不別諸比丘以是因緣往白世尊佛告諸比丘汝等正應為世人所嫌從今日不聽內作淨廚潘汁流外作淨廚法不應東方北方作淨廚應南方西方作若比丘內作淨廚潘汁流外者越比尼罪

復次佛俱婆羅國遊行至呵帝欽婆羅門聚落如上粥緣中廣說乃至不聽內宿內煑復次佛俱薩羅國遊行至固石婆羅門聚落時有剃髮師摩訶羅父子出家聞佛來欲作粥如上粥緣中廣說乃至不聽內宿內煑自煑

復次佛鶩求多羅國遊行尒時支尼耶螺髮梵志聞世尊來作僧坊淨廚遣人請佛佛告優波離汝於先去為僧處分受食廚勿令初夜過若過

者即名僧住處不得作時優波離白佛言世尊得一覆別隔不佛言得復問得通隔別覆不佛言得復問得通覆通隔不佛言得復問得別隔別覆不佛言得復問得一邊二邊三邊一切盡得不佛言得隔道得不佛言得得閣上閣下不佛言得或有樹根在淨地枝葉在不淨地或有樹根在不淨地枝葉在淨地或有樹根枝葉俱在不淨地或有樹根枝葉俱在淨地一覆別隔者僧得受作淨屋如是乃至別隔別覆僧得受作淨屋一邊二邊三邊一切盡得作淨屋隔道者道兩邊淨中間不淨若置酥瓶等在中間者應穿兩邊流入淨地者聽取若穀麥豆棗橫置中間者得解兩頭取若蘿蔔葱甘蔗在道中者得截取淨者閣上閣下者若閣上若閣下得受作淨屋樹根在淨地枝葉在不淨地者樹根在淨地生枝葉蔭不淨地若果落地者應時取內淨屋中若不取至初夜過者即名不淨樹根在不淨地枝葉在淨地者樹在不淨地生枝

葉蔭淨地若果落地即名為淨隨時欲取便取二俱不淨者樹不淨地生枝葉亦蔭不淨地果落應時取內淨屋中若不時取至初夜過者即名不淨二俱淨者樹淨地生枝葉亦蔭淨地果落者即名為淨隨時欲取便取是名二俱淨若不淨地生蘿蔔葱菜若取應時取內置淨屋中若不時取至初夜若過即名不淨若賊來偷菜覺已恐怖捨菜而去應即取內淨屋中若言明日當取至初夜過者即名不淨若不覺棄時早晚即見時應取內淨屋中若不取至初夜過者即名不淨若不淨地中生若瓜瓠者擿取應時內淨屋中若不內過初夜即名不淨若僧住處有檀越施僧穀寫著不淨地中應時取著淨屋中若不取至初夜過者即名不淨若白衣持餅麨粮食米寄宿明日去時與比丘者即名淨若比丘作是念明日去必當與我若與者即名不淨持果菜來宿亦如是若運致穀米淨屋倉滿已若著講堂中溫室中若井屋若薪屋中庭

若非淨地者初中後夜隨時應徙若不徙至初夜過者即名不淨若欲作新住處者營事比丘應以繩量度作分齊尒許作僧淨屋尒許作僧住處應作是說此中尒許作僧淨屋受若不受者至初夜過即名不淨隨事定淨屋淨屋定如是住處溫室講堂門屋浴室薪屋井屋井屋定若檀越言莫預分處須待成設供施僧已僧隨意分處成已應作是說下閣中閣上閣僧淨屋受受已即名淨亦得住若復不受國土亂時王未立尒時得受若復一王逝一王衆人未舉尒時得受
若復不受者住處聚落停廢二年得受是中或有聚落停廢非住處停廢或住處停廢非聚落停廢或聚落停廢住處亦停廢或非聚落停廢非住處停廢是中不受即名不淨若停可食物是名內宿內煑自煑者比丘不得自煑食若病應使淨人煑若無淨人者有淨銅器不受膩者應淨洗自炊令沸使淨人知著米著米已比丘不得自燃應使淨人燃沸已淨人欲

去得受取自煑令熟當慎莫令不受物落中如是煑肉令臉菜令萎受已得自煑令熟下至煑薑湯亦不得自煑使淨人煑若乞食食令得自溫無罪若淨人病應使他淨人煑粥與若無淨人者淨米已得自煑若有長粥不得自食是名內宿內煑自煑
受生肉者佛住曠野尒時六群比丘持肉段生魚為世人所嫌云何沙門不能乞食持肉段生魚而行此壞敗人倚道之有諸比丘以是因緣往白世尊佛言呼六群比丘來來已佛問比丘汝實尒不荅言實尒世尊佛告諸比丘從今日後不聽受生宍若比丘病得使淨人知煑臉已受取得自煑令熟若比丘林中經行坐禪若見樹下有死麞鹿殘若須者不得自取當使淨人知若自取者不得自食厂與園民若與沙弥若見鷹殘亦如是若比丘乞食時得燥脯火上燎已得受有衆生名俱耶無腸肚吞宍段還完出若須者得受不聽受生穀穀者白米穀赤米穀麰麥小麥恣不聽受

若生癰痤癧須小麥塗者應使淨人作淨已得自取研破用塗之不聽受若淨屋中有穀芐麥芐若須者得自取不聽受若蒙具豆摩沙豆大豆小豆如是比若須者得受是名受生穀

自取更受皮淨者佛住舍衛城時王波斯匿有菴拔羅園時果茂盛王問園民諸比丘頗来食果不園民荅言大王不請何由来食王言汝可往請比丘来食果即往詣僧所頭面礼足胡跪合掌白言王請僧食果諸比丘即往就園食果狼藉棄地或復持還於是園民不得送果王問園民何故不送果園民即以上事具白王王聞已其心不悅作是言諸比丘但當食果何故棄地復持而去與誰諸比丘以是因緣往白世尊佛言呼是比丘来来已佛具問上事汝實尒不荅言實尒佛言比丘汝但當食果何故棄地復持還為荅言世尊我持来受已更食佛言汝云何自取已後受更食佛言從今日不聽食菴拔羅果

復次佛住王舍城耆舊童子菴拔羅

園時耆舊童子問園民言諸比丘食菴拔羅果不荅言世尊不聽時耆舊童子聞是語已往到世尊所頭面礼足却住一面白佛言世尊菴拔羅是時果願世尊聽諸比丘食佛言從今日聽淨果皮食諸比丘使淨人盡剥果皮而食淨人嫌言合皮可食何故使我盡剥皮為諸比丘以是因緣往白世尊佛言不須盡去皮當爪淨聽食不聽自取後受食應先使淨人爪淨然後受食若比丘園林中行見落果在地須者應使淨人取若自取者不得自食應與園民若沙弥若果熟落地傷破即名爪淨應受取却核得食若鳥啄若器中傷破下至如蚕脚即名皮淨却核得食若欲食核者火淨已聽食若皮淨不火淨食核者波夜提若火淨不皮淨皮核俱得食若不火淨不皮淨食者一波夜提一越比尼若俱作無罪是名自取後受皮淨

比尼斷當事　障㝵非障㝵　比丘尼内宿
内煮并自煑　受生宍并穀　自取後更受
皮淨并火淨　第六䟦渠竟

重物者佛住舍衛城尒時諸比丘賣僧牀蓐或借人或私受用諸比丘以是因緣往白世尊佛言呼是比丘来来已佛問比丘汝實尒不荅言實尒世尊佛言從今日不聽比丘賣僧牀蓐借人私受用設一切僧集亦不聽賣借人私用若賣借人私用越比尼罪云何名重物牀蓐鐵器凡器木器竹器如盜戒中廣說是名重物擅越施僧牀蓐俱𧜟氍毹枕疊罯帶刀子鍼傘蓋扇革屣針筒剪爪刀澡罐是中牀蓐俱𧜟枕氍毹如是重物應入四方僧其餘輕物應分若檀越言一切盡分應從檀越意分若言一切施四方僧者不應分若比丘道路行俗人見比丘心生歡喜持種種雜物布施比丘是中有重物應與隨近精舍當語檀越持是牀蓐與其精舍比丘若言我已决意施復用問我為比丘言亦可置此間供給客僧得其功德復言不能我已决意應語長壽此是重物難致可此間貿取直彼間還作不若言任尊者意得貿取直至彼住

處林直買林蘼直貿蘼如是一切蘼直貿易若言一切盡分者應隨施主意分若言一切施四方僧者不應分請有二種一僧次二私請彼閒得種種雜施僧次得物入僧私請得物自入已若林蘼多釜鑊少當語檀越令知已得轉林蘼作釜鑊若釜鑊多貿易林蘼亦如是若有破器得融作大者是名重物無常物者佛住曠野尒時尊者阿若憍陳如在巨摩帝住時有放牧人名渠尼婦名尸婆離憍陳如時到著衣持鉢入聚落乞食得已常到放牧人家食時婦人信心歡喜常供給乳酪生蘇熟蘇飲已還住處便作是念用是苦器久在世為我猒患此身便持衣鉢著一處在林樹下以頭枕象團右脅著地心不乱即入無餘涅槃尸婆離知時節應來即敷牀座掃地辦乳辦乳酪漿待時過不來時尸婆離便作是念阿闍梨常日日來今何故不來將不病耶不為惡虫所傷即往看之見樹下卧作是念阿闍梨故當眠默然立聽不聞喘息以手摩心身體已冷便言奇哉已無常我當供養舍利即歸語夫取斧析好薪積置一處即便闍維舍利在一面立看見有四鳥種種異色從四方來烏身即自變白而去時夫渠尼苦住不樂作是念是比丘衣鉢當輸王王法難了恐復更索餘物即持詣王白言此憍陳如比丘無常有是衣鉢輸王王即評此衣鉢價直五錢官斷言此沙門無常衣鉢還歸比丘即持還白僧言尊者阿若憍陳如無常有此衣鉢諸比丘見已識彼衣鉢即問言頗見異事不荅言見我闍維時見有四鳥有種種色乃至比丘以是因緣往白世尊是事云何佛告比丘此是四魔天來欲覲其識神不見已變白而去諸比丘白佛言此衣鉢應屬誰佛言應屬僧

復次佛住舍衛城時有病比丘語比丘言看我當與長老衣鉢時病比丘無常諸比丘僧集欲分彼衣鉢看病比丘言是病比丘存在時語我言看我當與汝衣鉢諸比丘以是因緣往白世尊佛言已與未荅言未佛言不與已無常得越比尼罪彼不應得

復次佛住舍衛城時有病比丘語比丘言看我當與長老衣鉢即便與得已不作淨還置病人邊時病比丘無常乃至諸比丘以是因緣往白世尊是事云何佛言為作淨不作淨荅言不作佛言不應得

復次佛住舍衛城時有病比丘語比丘言看我當與長老衣鉢即便與得已作淨還置病比丘邊乃至佛問作淨不荅言作佛言應得

復次佛住舍衛城有沙弥無常諸比丘問佛此衣鉢物應屬誰佛言屬和上

復次看病比丘作是恨言我看病不避寒暑執衆苦事求索湯藥乃至除大小行器其實如是誰應得言衆僧得耶諸比丘以是因緣往白世尊佛言看病比丘甚苦應與三衣鉢盂及所受殘藥

時尊者優波離知時而問世尊病比丘得屬與人物不佛言得復問得囑與醫藥不佛言得若囑言我不差當

與若差即名捨若囑言我向彼聚落若不到當與若到者即名捨若囑言我行去若無常者當與還者即名捨若決定囑言我若死若活其心決定與者應與若囑與衆多者審後人應得若與衆多人在前者應得若比丘無常若般泥洹不應便閉其户彼若有共行弟子依止弟子持戒可信者得與户鈎若不可信者當持户鈎與僧知事人已供養舍利料理竟然後出彼衣物若有共行依止弟子持戒可信者使出若不可信應使知事人出若比丘作是言我此中亦有衣鉢者當觀前人持戒可信者應與不可信者不應與若有可信人證明者應先與然後僧受受有三種羯磨受分分受貿易分受羯磨受者羯磨人應作是說大德僧聽某甲比丘無常若般泥洹所有衣鉢及餘雜物應現前僧分若僧時到僧現前羯磨與某甲比丘受白如是

大德僧聽某甲比丘無常若般泥洹所有衣鉢及餘雜物現前僧應分僧

今現前持是衣鉢及餘雜物與某甲比丘受諸大德忍持是衣鉢及餘雜物與某甲比丘受忍者僧默然若不忍者便說僧已忍持是衣鉢及餘雜物與某甲比丘受竟僧忍默然故是事如是持是名羯磨受分分受者作分已唱言各各自取分是名分分受貿易分受者互相貿易是名貿易分受若四比丘聚落中住一比丘無常者三比丘應受應作是說諸長老某甲比丘無常若泥洹有是衣鉢及餘雜物現前僧應分此處無僧我等現前應分若三比丘住一比丘無常者二比丘應受應作是說乃至此處無僧我現前應得若二比丘共住一比丘無常者一比丘得受應心念口言某甲比丘無常若涅槃有是衣鉢現前僧應分此處無僧我現前應得若欲與看病比丘物者應行舍羅知人多少知已應與亡人所受持衣鉢及所受殘藥羯磨者應作是說大德僧聽某甲比丘無常若涅槃所有衣鉢現前僧應分若僧時到僧持是衣鉢

及所受殘藥與看病比丘某甲如是白白一羯磨乃至僧已與看病比丘某甲衣鉢及餘殘藥竟僧忍默然故是事如是持看病人云何應得不應得不應得者暫作不應得差作不應得樂福德不應得邪命作不應得暫作者暫作不作是名暫作差作者僧次差是名差作樂福德作者自為福德故看是名樂福德邪命者希望故看病是名邪命應得者佛言欲饒益故下至然一燈炷欲令病人除差應得作羯磨已應量影若有客比丘來者應知在羯磨前在羯磨後或值死不值羯磨有值羯磨不值死或有值死值羯磨或不值死不值羯磨是中值羯磨不值死值死值羯磨者應得是中值死不值羯磨不值死不值羯磨者不應得若為病人求醫藥若為塔事僧事去應與是名無常物法

癡法者佛住王舍城介時長老劫賓那有二共行弟子一名難提二名鉢遮難提癡病有時來有時不來破僧羯磨諸比丘以是因緣往白世尊佛

語諸比丘難提鉢遮難提癡病有時来有時不来破僧羯磨者僧應與作癡羯磨羯磨人應作是說大德僧聽難提鉢遮難提癡病有時来有時不来破僧羯磨若僧時到僧與難提鉢遮難提癡病羯磨白如是大德僧聽難提鉢遮難提有癡病有時来有時不来破僧羯磨僧今與難提鉢遮難提癡病羯磨諸大德忍與難提鉢遮難提癡病羯磨者默然若不忍者便說是第一羯磨第二第三亦如是說僧已與難提鉢遮難提癡病羯磨竟僧忍默然故是事如是持作是羯磨已若来若不来不破羯磨若癡病差得本心即名捨是名癡羯磨

見不欲者佛住舍衛城尒時瞻波比丘鬪諍相言同止不和一比丘舉一比丘二比丘舉二比丘衆多比丘舉衆多比丘諸比丘以是因緣往白世尊佛言從今日聽作見不欲見不欲者若僧中作非法羯磨事若有力者應遮言諸長老是非法非比尼不應作若前人凶惡力勢恐有奪命傷梵行者應作見不欲作是說此非法羯磨我不忍與見不欲如是三說作見不欲時不得趣人邊作應同意人邊作不得衆作見不欲得二人三人作餘者當與如法欲已捨去若僧中非法斷事不遮不與欲不作見不欲越比尼罪若作是念隨其業行如火燒屋但自救身得護心相應無罪是名見不欲

破信施者佛住舍衛城尒時廠長者次請僧食時優波難陁次到其家長者問言欲此間食欲持去答言欲去即取其鉢盛滿中種種飲食優波難陁得食已即持到婬女家問言欲得食不答言欲得取汝器来即與飲食羅列牀上復更乞去時長者子食已往婬女家女言大家郎欲食不答言取来即持牀上食與見已便識問言汝何處得此食女言大家郎但食用問為諸年少邊得不尒我欲知處問不止便言阿闍梨優波難陁見與長者子嫌言我以衆僧為良福田而優波難陁反以婬女為良福田

復次佛住王舍城時有無畏薩薄主施僧兩張細氎時優波難陁僧中知得已即持與婬女婬女得已便被著入市肆時無畏薩薄主見已便識問言汝何處得此氎答言大家郎何故問耶諸年少邊得復問不尒我欲知之問不止便言尊者優波難陁見與時薩薄主嫌言我以衆僧為良福田而優波難陁反以婬女為良福田諸比丘聞已以是因緣往白世尊佛言呼優波難陁来来已佛問優波難陁汝實尒不答言實尒佛言此是惡事汝云何壞信施物從今日不聽壞信施物信者信心與歡喜與施者有八種時食夜分乃至淨不淨破者欲心與婬女實婦大童女不能男惡名比丘尼惡名沙弥下至欲心與畜生得越比尼罪有人僧中乞食得與一摶若人多者等分與若於前人有欲心者不應與若父母貧苦無信心者得少多與若有信心者得自恣與有二種應與益者損者益者若檀越若優婆塞作塔事僧事應與損者若賊若王若兇惡

人不與者能作不饒益事此人應與是名破信施

革屣法者佛住王舍城時難陁優波難陁著金革屣行為世人所嫌云何沙門釋子如王大臣貴勝人著金革屣諸比丘以是因緣往白世尊乃至佛言從今日後不聽著金革屣復次世人吉祥日時六群比丘有著種種異色革屣有著一重革屣者共期遊觀為世人所嫌云何沙門釋子著種種革屣如王大臣見者惡者復作是言云何沙門釋子如下賤人著一重革屣此壞敗人何道之有諸比丘以是因緣往白世尊佛言從今日不聽著一重革屣

復次佛住王舍城尸陁林尒時世尊身少不和耆舊童子往至佛所頭面礼足白佛言世尊聞世尊不和可服下藥世尊雖不須為衆生故願受此藥使来世衆生開視法明病者受藥施者得福尒時世尊默然而受耆舊復念不可令世尊如常人法服藥當以藥熏青蓮華授與世尊世尊三嗅藥勢十八行下下已光相不悅尒時阿難語尊者大目連言世尊服藥何處有隨病食時目連即往觀見瞻波國惒奴二十億子日費五百味食是時目連即以神力到其前立時二十億子見尊者目連威儀神德心懷踊躍歎未曾有目連尒時即說偈言

天尊甚奇妙　無量功德聚　身中小不和
宜須隨病食　汝今得善利　當獲大果報
聲聞諸弟子　仰比於世尊　喻如須弥山
得一芥子分

時長者子聞說此偈心大歡喜歎言善哉今得斯利即辦餚饍請目連住食時目連作是念我為世尊索隨病食不宜先食即便受食置虛空中然後自食二十億童子語尊者目連言我欲令世尊先食然後我食云何得知目連言此食器須臾當還自知食訖尒時目連屈申臂頃到世尊所奉食世尊世尊食已器乘空而還時惒奴二十億童子遥見器還起迎頂戴而受時瓶沙王来問訊世尊聞食香問言此何香荅言食香佛語大王欲食如来殘食不白言欲食世尊我大得善利得如来殘食食已白佛言世尊我生王家已来未曾得如是食世尊此為是天食龍食欝單越食鬼神食耶佛言此非天食乃至非鬼神食也此是王土惒奴二十億童子家常所食耳世尊即為王說惒奴二十億童子脚下金色毛長四寸福德如是王聞已即欲往看臣白王言云何此是王之民應當命来不宜自往即遣人往喚語父母言王欲見童子父母言王喚正當欲方便罸我錢耳寧輸千万不能令子詣王即連車載金銀寶物送詣王所白王言童子軟弱不堪自致所有珎寶今送獻王王言我自有金銀寶物不須是為但欲見童子身耳使還白王言童子是極樂人柔弱不堪車乘王言若尒者庄船載来若至不通船處鑿地作渠以芥子填滿牽来即便牽来至山口童子柔弱以衣蓐敷地躡上而来遥見世尊在路地坐見已即却衣褥躡地而来世尊見已而發微笑諸比丘白佛言

世尊何因而笑佛告諸比丘汝見此童子不荅言見佛言此童子從九十一劫已來足未曾蹈地今見如來恭敬故非是福德盡也前至佛所頭面礼足却坐一面佛為隨順說法示教利喜得法眼淨佛教童子若王來入者當下地跏趺坐現脚時王來入童子即下地跏趺現脚而坐時王侍者即拔劔欲向王即呵之時童子見已心生恐畏即白王言聽我出家王言欲何道出家耶荅言欲佛法出家王即遣使語其父母聽出家不父母聽已即求佛出家受具足諸比丘白佛言是童子有何因緣九十一劫足不蹈地佛告諸比丘過去世時九十一劫有佛名毗鉢施如來應供正遍知出現於世時有長者子九十人請佛及僧八十千衆三月安居一人供一日是長者子最後設供加以白氎敷地供養衆僧因是果報九十一劫生天人中未曾蹈地尒時長者子即今恕奴二十億童子是也童子出家已在尸陁林中經行不惓脚底傷破血出在地佛見已知而故問比丘此誰經行處血出如是是比丘荅言是恕奴二十億童子經行處佛告諸比丘是恕奴二十億童子設使精進經行湏弥山碎如粉塵不能得道况復傷皮時恕奴二十億童子聞是語已至一空靜處結跏趺坐作是思惟佛聲聞弟子中精進不懈無過於我世尊方言不能得道不如捨戒還家作諸功德供養佛及比丘僧佛知其心即以神足乘虛而來在其前坐佛語比丘我今問汝隨汝意荅汝本能彈琴不荅言能彈絃急時得成音不不也世尊復問絃緩時得成音不不也世尊復問比丘絃不急不緩得成音不荅言尒佛告比丘精進太急心生結使精進太緩心生結使不急不緩心淳鑒徹一切如增一線經中廣說佛告比丘汝信心捨二十億出家云何於正法中起增上慢自生苦惱佛告比丘我因汝聽諸比丘著革屣恕奴二十億童子白佛言但聽諸比丘著革屣我漸漸習行以當著革屣佛言從今以後聽著一重革屣時阿難邠坻姉聞世尊聽諸比丘著一重革屣持五百量革屣到世尊所頭面礼佛足却住一面白佛言唯願世尊受此革屣佛即為說偈呪願

身口意離惡　清淨梵行人　革屣布施者
人天中受樂　金地種種報　庄嚴諸宮殿
得如意神足　清淨無障导　施少得大利
清淨福田故　智者願清淨　能得福田果

復次佛住舍衛城尒時世尊五日一案行諸比丘房見諸革屣狼藉在地知而故問比丘此何等革屣狼藉乃尒比丘荅言世尊此革屣破畏兩重故不敢補佛言聽補復次佛住舍衛城時南方比丘來礼拜世尊中路革屣破故脚底穿壞曳脚而行頂礼佛足佛知而故問何故曳脚而行荅言世尊我著一重革屣中路破不敢著兩重是故脚破佛言從今日聽作尼目呵革屣法者福羅不聽遮前應遮後革屣法不聽羝羊角白羊角金革屣真珠革屣琉璃水精馬瑙種種色革屣不聽若得新重革屣者不聽著

應使淨人知著下至五六步然後著若得著者越比尼罪是名革屣法屐法者佛住王舍城耆舊童子菴拔羅園佛為阿闍世王竟夜說沙門果經時優波難陁聽久疲極還自房宿至後夜起著屐而郎郎作聲象馬聞之競驚而鳴時王聞已恐怖即還入城諸比丘以是因緣往白世尊佛言呼優波難陁来来已佛問優波難陁汝實尒不荅言實尒佛言從今日後不聽著屐復次佛住王舍城時比丘在天帝釋石室邊坐禪有比丘著屐在前經行時坐禪比丘聞聲已心不得定諸比丘以是因緣往白世尊乃至佛言從今日後不聽著屐屐者金屐銀屐摩尼屐牙屐木屐皮屐馬尾屐麻屐欽婆羅屐綖屐芒草屐樹皮屐如是比一切屐不聽著脚穿屐時越比尼罪若欲洗脚得横屐蹋上不犯比丘著革屣時應牽根上若不牽上者越比尼心悔若著無根者得越比尼罪是名屐法浴法者佛住舍衛城時六群比丘至阿眙羅河上洗浴用揩石揩身為世人所嫌云何沙門釋子用揩石揩身如王家鬪人力士此壞敗人何道之有諸比丘以是因緣往白世尊乃至佛言從今已後不聽用揩石揩身揩石者木作若石若塼如是比皆不聽用若水中有柱亦不得就揩身若浴時當使一人揩時不得俱舉兩髀應一髀自遮次第而揩若無人者當自揩不得立浴如俗人法應坐亦應次第洗手髀若身體有垢膩者不得以拳揩應舒手揩若用揩石洗浴者越比尼罪是名浴法屑末者佛住舍衛城時難陁優波難陁持種種香屑来詣阿脂羅河上浴時有外道弟子見已作是念我等當共擾沙門優婆塞去即往其所作如是言誰師少欲知足時優婆塞言我師少欲知足外道弟子復言我師少欲知足優婆塞言汝師無慚無愧耽耽酒糟驢我師少欲知足有慚愧外道弟子言若汝師少欲知足者當共賭物荅言欲賭何物外道荅言欲賭五百舊錢優婆塞言可尒便共議言當作何等試之即作種種香屑末欲先至誰師所外道弟子言先至我師即先遣人往語已師我持香屑末往可現少欲相慎莫受尋即持往語言諸師哀愍故願受香屑荅言我出家人非王子大臣用是香屑為不受已復持詣祇洹精舍作如是言諸師哀愍我故受是香屑優婆塞質直先不語故比丘即打揵椎集僧欲分香屑有不来者有弟子為迎分言與我和上阿闍梨迎分如是競索語聲高大外道弟子見已拍手大笑我得子便今日得勝時優婆塞慚愧無言往至佛所頭面礼足却住一面具說上事白佛言世尊我不惜錢但以外道得勝是故慚愧佛即為優婆塞說法示教利喜發喜心已頭面礼足而退世尊往衆多比丘所敷尼師檀而坐具以上事為諸比丘說佛告諸比丘從今日不聽用香屑復次佛住王舍城如来以五事利益故五日一行諸比丘房見比丘癬病佛知而故問比丘汝調適安樂住不荅言世尊我病癬

瘙得香屑末洗浴便差世尊制戒不得用香屑是故苦住佛言從今日聽病比丘用香屑香屑者於尸屑馬耳屑七色屑梅檀屑俱哆屑菴拔羅屑閻浮尸利屑阿淳屑迦比羅屑如是比一切不聽若比丘病癬搔須屑末塗浴差者得用無罪聽用迦羅屑摩沙屑摩瘦羅屑沙坻屑塗土是名末屑法

杖絡囊法者佛住王舍城尒時六群比丘難陁優波難陁持寶絡囊盛鉢復有持黒繩絡囊以杖串肩上而行為世人所嫌云何沙門釋子如王大臣持寶絡囊盛鉢肩上而行有見悪者復言云何沙門釋子如下賤使人持黒絡囊盛鉢串肩而行此壊敗人何道之有時諸比丘以是因緣往白世尊乃至佛言從今已後不聽畜杖絡囊復次佛住舍衛城如來五日一行諸比丘房見比丘疲手知而故問比丘調適安樂住不荅言世尊我疲手故破鉢世尊復制不聽畜杖絡囊是故不樂佛言從今日後病比丘聽從僧乞畜杖絡囊僧應與作羯磨乞法者偏袒右肩胡跪合掌作如是言大德僧聽我某甲疲手故破鉢今從僧乞畜杖絡囊羯磨唯願僧與我羯磨第二第三亦如是說羯磨人應作是說大德僧聽某甲比丘疲手故破鉢已從僧乞畜杖絡囊羯磨若僧時到僧與某甲比丘畜杖絡囊羯磨如是白一羯磨乃至僧已與某甲比丘畜杖絡囊竟僧忍黙然故是事如是持羯磨已欲行時手捉杖及絡囊不得舉著肩上而行若持杖者得越比尼心悔持絡囊者亦越比尼心悔若持杖絡囊及鉢者越比尼罪若道路行時得繫漉水囊杖頭手捉而行不聽著肩上若不羯磨持杖者越比尼罪持絡囊亦越比尼若持杖絡囊者得二越比尼罪是名持杖絡囊法

重物亡人衣　癲狂見不欲　壊信施革屣
著屐揩身石　香屑杖絡囊　第七跋渠竟

蒜法者佛住王舍城尒時弥祇居士請僧食蒜時六群比丘詣園食蒜狼藉棄地復持還歸時居士按行蒜園見已即問園民何故如是園民即具說上事居士言比丘但當食何故棄地如是復持去與誰諸比丘以是因緣往白世尊乃至佛告諸比丘從今日不聽食蒜復次佛住王舍城尒時世尊為大衆說法時有比丘食蒜在下風而坐畏熏諸梵行人佛知而故問此是何等比丘獨坐一處如鬬諍人諸比丘白佛言世尊是比丘食蒜畏熏梵行人故在下風獨住佛語諸比丘當知是比丘若不敢蒜時當欲得失如是甘露法不荅言不佛言是比丘以食蒜故失如是不死之法佛言從今已後不聽食蒜

復次佛住加維羅衛釋氏尼拘律精舍如來五日一行諸比丘房見比丘病羸瘦㾜黄佛知而故問比丘調適安隱住不荅言世尊我病不調本俗人時食蒜便差世尊制不聽食蒜是故不樂佛言從今日聽病比丘食蒜應隨順行蒜者若種生若山蒜如是比蒜及餘一切若生若熟若葉若皮悉不得食若癰腫若癬瘡得用蒜塗蒜塗已不得於衆中住應在屏處差

巳當淨洗浴還入僧中病時醫言長老此病比丘服蒜當差若不服不差若更無方治者聽服服巳應七日行隨順法在一邊小房中不得卧僧牀蓐不得上僧大小便處行不得在僧洗脚處洗脚不得入温室講堂食屋不得受僧次差會不得入僧中食及禪坊不得入說法布薩僧中若比丘集處一切不得往不應遶塔若塔在露地者得下風遥礼七日行隨順法巳至八日澡浴浣衣熏巳得入僧中若比丘不病食蒜病食蒜不行隨順法二俱越比尼罪是名蒜法覆鉢法者佛住舍衛城時城内法預優婆塞常請僧次食比丘到巳詰問其義能解釋者便大歡喜手自與種種食若不能荅者即便毀呰使下人與麁食以是故僧次上座應去不去皆言下過乃至年少盡不能去於是便高聲大語佛知而故問何故高聲大語荅言世尊法預優婆塞常請僧次食乃至應去不去因是故高聲大語佛告諸比丘法預優婆塞輕慢諸比丘僧應作覆鉢羯磨優婆塞有八事僧應與作覆鉢羯磨何等為八現在前誹謗比丘現前訶責比丘作如是言汝是惡行人現前瞋恚輕罵比丘斷比丘利養不樂與比丘共事罵佛罵法罵僧是名八事僧應作覆鉢羯磨羯磨者應作是說大德僧聽是法預優婆塞輕慢比丘若僧時到僧法預優婆塞輕慢比丘與作覆鉢羯磨白如是白三羯磨乃至僧巳與法預優婆塞輕慢比丘作覆鉢羯磨竟僧忍默然故是事如是持法預優婆塞常飯比丘巳然後自食其日待比丘時過不來便往佛所頭面礼足却住一面白佛言世尊諸比丘何故不來食佛言汝輕慢諸比丘僧欲饒益故與汝作覆鉢羯磨尒時去佛不遠有一羅漢佛語優婆塞汝往問是比丘云何名鹽鹽有幾種即往到和南阿闍梨比丘言善来便問言尊者云何名鹽鹽有幾種比丘言我巳知汝是法預優婆塞輕慢比丘僧巳與汝作覆鉢羯磨故不足耶我此閒樂住復来惱我鹽正是鹽聞比丘語巳心懷冈然還到佛所佛知而故問汝問鹽義得悉意不荅言世尊是比丘少聞未從師學問鹽故言鹽時去佛不遠復有一法師比丘名弗絺盧佛語法預汝往問彼比丘鹽義即往其所言阿闍梨和南荅言善来檀越即語令坐雖未問義且聞命坐便大歡喜尋即就坐問言尊者鹽有何義比丘荅言此是好問今當為汝解鹽義者二種味性味者如海水同一鹹味性者黑鹽赤鹽辛頭鹽味拔遮鹽毗攬鹽迦遮鹽私多鹽比迦鹽略說二種若生若煮是名鹽聞巳心中喜悅来至佛所頭面礼足却住一面白佛言世尊是比丘善解分別廣略鹽義順逆能荅佛言此是凡夫於我法中未得法味前比丘者是阿羅漢而汝憍慢不識真僞長夜作不饒益事於是法預聞佛語巳即生怖懼頭面礼足白佛言世尊我今懺悔唯願世尊哀愍我故令諸比丘從今巳後還受我供養佛言汝還去沐浴著新衣與眷屬相隨

往到僧中乞捨覆鉢羯磨僧當與汝捨法預如教還歸沐浴著新淨衣来入僧中胡跪合掌作如是言大德僧憶念我優婆塞法預輕慢比丘僧欲饒益故作覆鉢羯磨我今見過行隨順法心已柔軟唯願僧哀愍故與我捨覆鉢羯磨如是三乞已僧應語令在三内應安法預置眼見耳不聞處現前僧與作羯磨非徒衆現前羯磨者應作是說大德僧聽是法預優婆塞輕慢比丘僧欲饒益故先與作覆鉢羯磨今日見過行隨順心柔軟已從僧乞捨覆鉢羯磨若僧時到僧與法預優婆塞捨覆鉢羯磨如是白白三羯磨乃至僧已與法預優婆塞捨覆鉢羯磨竟僧忍默然故是事如是持若僧與作覆鉢羯磨已比丘比丘尼式叉摩尼沙弥沙弥尼優婆塞優婆夷盡不聽往應持袈裟繫其門上應巷中唱言某甲作覆鉢羯磨若有客比丘来者應語言某甲家作覆鉢羯磨不應往作覆鉢羯磨時有不得越作若彼言沙門不入我家者好若如

是人不應作若有慚愧者應與作若自見過已行隨順心柔軟與捨是名覆鉢法衣紐怗法者佛住舍衛城尒時有乞食比丘一手捉鉢一手捉俱鉢有旋風来吹衣去著内衣入祇洹佛知而故問比丘衣在何處荅言世尊旋風吹去佛言從今日後應安紐怗尒時諸比丘便用金銀作紐怗結佛言一切金銀實物不聽作紐怗結應用銅鐵白蠟若木竹具線安紐作結不聽不著紐入聚落若無者應用針綴若復無針者下至手捉若衣無紐者入聚落得越比尼罪如是若入家家隨得越比尼心悔若有而不著得越比尼心悔不犯者若入比丘尼精舍外道精舍若檀越唱言隨所安者無罪是名衣紐怗結法腰帶法者佛住王舍城時有乞食比丘一手捉鉢一手捉俱鉢旋風吹内衣去著上衣入祇洹精舍佛知而故問比丘汝安陁會何處荅言世尊旋風吹去佛言從今已後應著腰帶復次諸比丘散縷作帶紐縷作空中作者佛言散

縷紐縷作盡不聽空中者應當中縫若織編作若圜作盡聽著著時不聽四迎一匝繫應再匝乃至三匝若比丘身軟不堪繫者應持去至聚落邊欲入時應繫出已還解若不著腰帶入聚落越比尼罪有而不著越比尼心悔若一匝著越比尼罪若再匝三匝著無罪是名腰帶法帶結者佛住舍衛城時比丘帶頭不作結在店肆前行帶解曳地而行為世人所嫌云何沙門釋子曳腸而行諸比丘以是因緣往白世尊佛言從今日後應帶頭作結復次有比丘金銀作帶結佛言比丘一切實物不聽即作繫帶頭若二若三結不聽作一結四結若一切不作結得越比尼罪是名帶結法乘法者佛住舍衛城時節會日人民出看時六群比丘乘象乘馬有乘驢者為世人所嫌云何沙門釋子如王大臣乘象馬行有見乘驢者復言是沙門釋子如下賤使人乘驢而行諸比丘以是因緣往白世尊佛言從今已後不聽乘驢乘馬復次佛住王舍

城者舊童子菴婆羅園精舍如來五事利益故五日一按行諸比丘房佛見一比丘病瘦瘀黃佛知而故問比丘汝病增損氣息調不荅言世尊我病苦氣息不調佛言汝不能到耆舊醫耶荅言世尊制不聽騎乘我病苦不能得往佛言從今日聽病比丘騎乘乘者象乘馬乘驢乘駞乘舩乘牛乘車乘輦乘如是一切乘不病不聽乘若病者得不聽乘雌乘應乘雄乘若病重不分别者乘無罪若有因緣上下水行及直渡應作是念我有緣事尒時得乘渡若比丘無病乘乘者得越比尼罪是名乘法共牀卧法者佛住舍衛城時六群比丘二三人共牀而卧牀蓐故破在地如來五事利益故五日一行諸比丘房見破牀在地知而故問比丘此是誰破牀狼藉在地諸比丘具説上事佛言從今日後不聽同牀眠牀蓐者如上説一人應一牀眠若坐牀者二人得連三牀眠但申脚時不得過膝頭若横蓐者聽三人横眠若方蓐者得二人連三蓐眠但申脚時不得過膝若草敷各各敷尼師檀坐具卧不犯寒者得通覆上下不得大相近中間相去一肘不舒手大小降三臘得共牀坐不得共牀眠若共牀眠越比尼罪是名共牀法共坐法者佛住舍衛城時六群比丘三人四人共坐一牀牀座折破如來五事利益故五日一行諸比丘房見牀破狼藉在地佛知而故問比丘此是何等破牀狼藉在地乃尒諸比丘聞已具白世尊佛言從今日後不聽共牀坐復次佛住舍衛城尒時世尊語優波離諸比丘受誦比尼不荅言誦但誦少佛語優波離何故少荅言世尊制戒不聽共牀坐諸比丘一人獨固一牀是故受誦者少佛言從今日後降三歲比丘得共牀坐無歲比丘得共三歲比丘坐如是乃至七歲比丘得共十歲比丘坐若卧牀得三人坐坐牀應二人共坐若牀長一肘半相降三歲得二人共坐若減應并與上座若卧牀過三肘得與降四歲比丘共坐若減者不得共坐若大會衆集牀座少者得連牀相接繫令相著繫時當令堅牢勿使動蓐得共坐若方蓐長三肘得共四歲比丘坐若減不得若散草敷地共坐無罪是名共坐法

摩訶僧祇律卷第三十一

摩訶僧祇律卷第三十一

校勘記

一　底本，金藏廣勝寺本。二頁中一六行至末行、二頁下、四頁中一五行至末行、四頁下一三行至末行及五頁上，漫漶太甚，以麗藏本補換。

一　一頁中一行「卷第三十一」，徑、清作「卷第三十一上」。

一　一頁中二行至三行間，資、磧、普、南、徑、清有「雜誦跋渠法第九之九」；麗有「明雜跋渠法之九」各一行。

一　一頁中一〇行第二字「應」，資、磧、普、南、徑、清作「聽」。同行「淨厨」，資、磧、普、南、徑、清無。

一　一頁中一一行「比丘」，資、磧、普、南、徑、清無。

一　一頁中一三行至次行「婆羅門」，資、磧、普、南、徑、清作「婆羅婆羅門」。

一　一頁中二〇行「螺髮」，資、磧、普、南、徑、清作「螺髻」。同行「僧坊」，資、磧、普、南、徑、清作「房」。

一　一頁下三行「通隔」，磧作「別隔」。

一　一頁下一四行第一二字「等」，資、磧、普、南、徑、清作「油瓨」。

一　一頁下一九行「在不」，徑作「不在」。

一　二頁上三行及五行「亦蔭」，資、磧、普、南、徑、清作「亦蔭覆」。

一　二頁上三行「果落」，資、磧、普、南、徑、清作「果落者」。

一　二頁上五行第六字「淨」，資、磧、普、南作「根」。

一　二頁上七行「忩菜」，磧、普、南、徑、清作「崧菜」。

一　二頁上八行「取內置」，資、磧、普、南、徑、清作「內」。同行第一三字「取」，資、磧、南、徑、清作「內」。

一　二頁上九行第三字及末行第一〇字「若」，資、磧、普、南、徑、清無。

一　二頁上一〇行「捨菜」，麗作「捨果菜」。

一　二頁上一二行第五字「棄」，清作「葉」。

一　二頁上一四行「樋取」，資、磧、普、南、徑、清作「樋取已」。

一　二頁上一七行第三字「中」，資、磧、普、南、徑、清作「者」。

一　二頁上一八行第四字「者」，資、磧、普、南、徑、清無。同行末字「赵」，諸本（不含石，下同）作「麨」。

一　二頁上一九行第三字「米」，諸本作「來」。同行第九字「時」，資、磧、普、南、徑、清作「持」。

一　二頁上末行第三字及第六字「中」，資、磧、普、南、徑、清無。

一　二頁中三行第一一字「繩」，資、磧、普、南、徑、清作「線」。

一　二頁中九行第一三字「僧」，資、磧、普、南、徑、清作「當」。

一　二頁中一一行夾註「受已即名淨亦得住」，徑作正文。

一　二頁中一三行首字「逝」，資、磧、普、南、徑、清作「遠」。

一　二頁下二行第九字及一五行第九字「臉」，資、磧、普、南作「斂」；徑、清作「歛」。

一　二頁下四行「食令得自温」，資、磧、普、南、徑、清作「食冷得自煖」。

一　二頁下五行第八字「他」，資、磧、普、南、徑、清無。

一　二頁下一八行末字「厂」，資、磧、普、南、徑、清作「應」。

一　二頁下一九行第五字「與」，資、磧、普、南、徑、清無。

一　二頁下二二行第九字「聽」，資、磧、普、南、徑、清作「得」。

一　三頁上二行第九字「用」，資、磧、普、南、徑、清無。

一　三頁上三行「穀芟麥芟」，諸本作「穀⿰麥戈麥⿰麥戈」。

一　三頁上一〇行第三字「來」，資、磧、普、南、徑、清無。同行第八字「詣」，資、磧、普、南、徑、清無。

一　三頁上一三行「於是」，資、磧、普、南、徑、清作「因是」。

一　三頁上一四行第四字「園」，資、磧、普、南、徑、清無。

一　三頁上一五行第二字「其」，資、磧、普、南、徑、清無。

一　三頁上一六行第八字「而」，資、磧、普、南、徑、清無。

一　三頁上一九行「佛言」，諸本作「佛問」。

一　三頁中一行第一〇字「言」，資、磧、普、南、徑、清無。

一　三頁中六行「諸比丘」，磧、普、南、徑、清、麗作「時諸比丘」。

一　三頁中一一行第五字「食」，資、磧、普、南、徑、清無。同行至次行「見落果在地須者」，資、磧、普、南、徑、清作「見落地果若須者」。

一　三頁中一四行「爪淨」，資、磧、普、南、徑、清作「皮淨」。

一　三頁下一行「諸比丘」，資、磧、普、南、徑、清作「比丘」。

一　三頁下三行「是比丘」，資、磧、普、南、徑、清作「比丘」。

一　三頁下五行及次頁下一九行「比丘」，資、磧、普、南、徑、清無。

一　三頁下九行「檀越」，資、磧、普、南、徑、清作「若檀越」。

一　三頁下一〇行第六字「襵」，資、磧、普、南、徑、清作「執」。

一　三頁下一一行首字「⿰金氏」，資、磧、普、南、徑、清作「匙」。

一　三頁下一二行「襵枕」，資、磧、普、南、徑、清作「攝枕」。

一　三頁下一三行第四字「其」，資、磧、普、南、徑、清無。

一　三頁下末行「任尊者意」，資、磧、普、南、徑、清作「任意尊者」。

一　四頁上一行「貿蓐」，資、磧、普、南、徑、清作「買蓐」。

一　四頁上六行末字「令」，磧作「今」。

一　四頁上一一行「尸婆離」，資、磧、普、南作「婆尸離」。

一　四頁上一四行「飲已」，資、磧、普、南、徑、清作「食已」。

一　四頁上一五行第一三字「我」，資、

磧、普、南、徑、清無。

一 四頁上一六行第一二字「林」，資、磧、普、南、徑、清無。

一 四頁上一九行「牀座」，資、磧、普、南、徑、清作「坐床」。同行「辦乳辦乳」，諸本作「辦乳」。

一 四頁中二行末字「折」，資、磧、普、南、徑、清作「伐」。

一 四頁中四行第五字及一四行第四字「有」，資、磧、普、南、徑、清無。

一 四頁中一三行「頗見」，資、磧、普作「頗有」。

一 四頁中二二行第五字「病」，資、磧、普、南、徑、清無。

一 四頁中末行第四字「汝」，資、磧、普、南、徑、清無。

一 四頁下一行「已與」，資、磧、普、南、徑、清作「與已」。

一 四頁下一九行「應與」，資、磧、普、南、徑、清作「應以」。

一 四頁下二〇行「所受殘藥」，資、磧、普、南、徑、清作「受所藥與」。

一 五頁上二行「不到」，資、磧、普、南、徑、清作「不前到」。

一 五頁上三行「無常者」，資、磧、普、南作「無常」；徑、清作「不還」。同行「還者」，資、磧、普、南作「遠者」。

一 五頁上四行至次行「決定與者」，資、磧、普、南、徑、清作「與如是決定者」。

一 五頁上七行第一〇字「閉」，資、磧、普、南、徑、清作「印閉」。

一 五頁上九行「當持」，磧、普作「當待」。

一 五頁上一二行首字「可」，資、磧、普、南、徑、清作「有」。

一 五頁中八行「手相」，資、磧、普、南、徑、清作「迭相」。

一 五頁中一三行「應分」，資、磧、普、南、徑、清作「應得」。

一 五頁下六行「樂福德」，諸本作「樂福德作」。

一 五頁下一一行第一二字「除」，資、磧、普、南、徑、清無。

一 五頁下一五行第二字「值」，資、磧、普、南、徑、清無。

一 五頁下二〇行、九頁下二〇行及一〇頁下四行「王舍城」，資、磧、普、南、徑、清作「舍衛城」。

一 六頁上七行第七字「有」，磧、普、南、徑、清、麗無。

一 六頁上一三行第一二字「是」，資、磧、普、南、徑、清無。

一 六頁上一四行第四字「若」，資、磧、普、南、徑、清無。

一 六頁上一七行「鬪諍」，資、磧、普、南、徑、清作「共諍」。

一 六頁中一二行末字「去」，諸本作「待去」。

一 六頁中二二行「衆僧」，資、磧、普、南、徑、清作「僧衆」。

一 六頁下一七行「沙彌」，麗作「沙彌尼」。

一 七頁上一行第二字「不」，資、磧、普、南、徑、清作「若不」。

一 七頁上二行「破信施」，資、磧、普、

南、徑、清作「破施信」。
一　七頁上七行第六字「後」，資、磧、普、南、徑、清作「以後」。
一　七頁上一五行末字「屣」，至此，徑、清換卷，卷第三十一上終，卷第三十一下始。
一　七頁上一七行第二字「少」，資、磧、普、南、徑、清作「小」。
一　七頁上一八行「佛言世尊」，資、磧、普、南、徑、清作「佛言」。
一　七頁中三行第一〇字「往」，諸本無。
一　七頁中七行「即說」，資、磧、普、南、徑、清作「而說」。
一　七頁中二〇行「乘空」，資、磧、普、南、徑、清作「乘虛」。
一　七頁中二一行「起迎」，資、磧、普、南、徑、清作「即起迎」。
一　七頁下八行「金色毛」，資、磧、普、南、徑、清作「毛金色」。
一　七頁下一〇行第二字「王」，資、普、南、徑、清作「王境」；磧作「三境」。
一　七頁下一一行「童子」，資、磧、普、南、徑、清作「是童子」。
一　七頁下一三行「連車」，資、磧、普、南、徑、清作「遣車」。
一　七頁下一八行第一二字「庄」，麗作「裝」。
一　七頁下一九行第二字「若」，資、磧、普作「共」。
一　七頁下二二行「路地」，麗作「露地」。
一　八頁上一二行第一一字「不」，資、磧、普、南、徑、清無
一　八頁上二一行「蹈地」，資、磧、普、南、徑、清作「躡地」。同行第一三字「令」，徑作「令」。
一　八頁中二行第七字「是」，諸本無。
一　八頁中四行第六字「童」，資、磧、普、南無。
一　八頁中七行「結跏趺坐」，資、磧、普、南、徑、清作「跏趺而坐」。
一　八頁下二行「一重」，資、磧、普、南、徑、清無。
一　八頁下三行「五百量」，麗作「五百緉」。
一　八頁下三行第一三字及次頁下二二行第八字「佛」，資、磧、普、南、徑、清無。
一　八頁下九行「福田果」，資、磧、普、南、徑、清作「福報果」。
一　八頁下一一行首字「案」，資、磧、普、南、徑、清無。
一　八頁下一六行「而行」，資、磧、普、南、徑、清作「而來」。
一　八頁下二〇行第一三字「應」，資、磧、普、南、徑、清無。
一　八頁下二一行第四字「法」，資、磧、普、南、徑、清無。
一　八頁下末行「不聽」，麗作「不聽著」。
一　九頁上六行第七字「而」，諸本作「而來」。同行「郎郎」，徑作「琅琅」；麗作「啷啷」。
一　九頁上七行首字「之」，資、磧、普、南、徑、清作「已」。

一　九頁上一〇行「佛言」，資、磧、普、南、徑、清作「世尊佛言」。

一　九頁上一五行「日後」，資、磧、普、南、徑、清作「已後」。同行「不聽」，資作「不德」。

一　九頁中三行首字「此」，資、磧、普、南、徑、清作「此是」。

一　九頁中七行第一三字「指」，諸本作「揩揩」。

一　九頁中八行「自遮」，磧作「自遶」。

一　九頁中一三行第五字「住」，南作「往」。

一　九頁中二〇行首字「嗷」，諸本無。

一　九頁中二一行「知足」，資、磧、普、南、徑、清無。

一　九頁下一行第一三字「末」，諸本作「末已」。

一　九頁下八行首字「愍」，資、磧、普、南、徑、清無。

一　九頁下一五行第一一字「以」，資、磧、普、南、徑、清無。

一　一〇頁上五行「比羅」，資、磧、普、南、徑、清作「頗羅」。

一　一〇頁上八行「塗土」，資、磧、普、南、徑、清作「泥土」。

一　一〇頁上一五行第一〇字「肩」，諸本作「肩上」。

一　一〇頁上一八行首字「畜」，資、磧、普、南、徑、清作「以」。

一　一〇頁上一九行第一一字「疚」，麗作「痏」。下同。

一　一〇頁中八行第四字「白」，諸本作「白白」。

一　一〇頁中九行第七字「竟」，諸本作「羯磨竟」。

一　一〇頁中一〇行「羯磨」，諸本作「作羯磨」。

一　一〇頁中一一行末字「得」，資、磧、普、南、徑、清無。

一　一〇頁中一五行第八字「不」，諸本作「不作」。

一　一〇頁中一六行第九、一〇字「比尼」，資、磧、普、南、徑、清作「比尼罪」。

一　一〇頁中二〇行「弥祇」，資、磧、普、南、徑、清作「珎祇」。

一　一〇頁中二一行第三字「食」，磧作「養」。

一　一〇頁下七行「獨坐」，資、磧、普、南、徑、清作「獨在」。

一　一〇頁下一六行「瘀黃」，資、磧、普、南、徑、清作「痿黃」。下同。

一　一〇頁下一七行第二字「隱」，資、磧、普、南、徑、清作「樂」。

一　一〇頁下一八行第一二字「食」，資、普、南、徑、清作「噉」；磧作「猒」。

一　一〇頁下二一行「一切」，資、磧、普、南、徑、清作「於一切」。

一　一〇頁下二二行第八字及次頁上三行首字「若」，資、磧、普、南、徑、清無。

一　一〇頁下末行第六字「於」，資、磧、普、南、徑、清無。

一　一一頁上二行及次頁下一四行「比丘」，資、磧、普、南、徑、清無。

一一頁上三行第四字「方」，磧、普、南、徑、清、麗作「餘方」。

一一頁上一一行「僧中」，資、磧、普、南、徑、清作「衆中」。

一一頁上一四行「法預」，資、磧、普、南、徑、清作「有法豫」。

一一頁上一七行第五字「即」，資、磧、普、南、徑、清無。

一一頁上一九行「於是便」，資、磧、普作「因是更」；南、徑、清作「因是便」。

一一頁中二行第一二字「在」，資、磧、普、南、徑、清無。

一一頁中六行「罵僧」，資、磧、普、南、徑、清作「罵衆僧」。

一一頁中八行「法預」，徑、清作「與法豫」。

一一頁中二一行第九字「已」，資、磧、普、南、徑、清無。

一一頁中末行第九字「閙」，磧作「鬧」。

一一頁下六行「即往」，資、磧、普、南、徑、清作「即往到」。同行至次行「阿闍梨和南」，資、磧、普、南、徑、清作「和南阿闍梨」。

一一頁下七行「檀越」，資、磧、普、南、徑、清作「大檀越」。

一二頁上八行「三內」，諸本作「界內」。

一二頁上二〇行「某甲」，麗作「某甲家」。

一二頁上二二行「有不得越」，資、磧、普、南、徑、清作「不得趣」；麗作「不得越趣」。

一二頁上末行「好若」，資、磧、普、南、徑、清作「善」。

一二頁中二行「與捨」，諸本作「應與捨」。

一二頁中三行第六字「怗」，資、磧、普、南、徑、清作「緤」；麗作「帖」。下同。

一二頁中七行及頁下一二行「日後」，資、磧、普、南、徑、清作「已後」。

一二頁中一〇行「白蠟」，資、磧、普、徑、清作「白鑞」；南作「白鐵」。

一二頁中一三行第二字「著」，資、磧、普、南、徑、清作「者」。

一二頁中一四行「心悔」，資、磧、普、南、徑、清作「罪」。

一二頁中一八行「住王舍城」，資作「在舍衛城」；磧、普、南、徑、清作「住舍衛城」。

一二頁中末行「作帶紐縷作」，資、磧、普、南、徑、清作「紐縷作帶」。

一二頁下三行「四迊」，資、磧、普、南、徑、清作「四帀」；麗作「四匝」。

一二頁下八行第一二字「者」，諸本作「法者」。

一二頁下九行第一二字「在」，磧作「有」。

一二頁下一三行第一二字「帶」，資、磧、普、南、徑、清無。

一二頁下一四行第一〇字「即」，麗無。

一二頁下一五行至次行「若一切

不作結」，資、磧、普、南、徑、清無。

一　一二頁下二〇行第八字「見」，磧作「是」。

一　一二頁下末行「乘驢乘馬」，資、磧、普、南、徑、清作「騎乘」。

一　一三頁上二行末字及中九行第一二字「佛」，資、磧、普、南、徑、清無。

一　一三頁上六行首字「醫」，資、磧、普、南、徑、清作「醫邊」。

一　一三頁上八行「馳乘」，資、磧、普、南、徑、清作「駱駝乘」。

一　一三頁上一三行「緣事」，資、磧、普、南、徑、清作「是緣事」。同行「無病」，資、磧、普、南、徑、清作「不病」。

一　一三頁上一五行首字「法」，資、磧、普、南、徑、清無。

一　一三頁上一六行「故破」，資、磧、普、南、徑、清作「破故」。

一　一三頁中二行第一〇字「具」，資、磧、普、南、徑、清無。同行末字「寒」，諸本作「若寒」。

一　一三頁中五行第一〇字「眠」，資、磧、普、南、徑、清作「卧」。

一　一三頁中八行末字「行」，麗作「按行」。

一　一三頁中一〇行「在地」，資、磧、普、南、徑、清無。

一　一三頁中一七行第八字「降」，諸本作「聽降」。

一　一三頁下三行第二字「蓐」，資、磧、普、南、徑、清作「搖」。同行第四字「共」，資、磧、普、南、徑、清無。

一　一三頁下四行「草敷」，資、磧、普、南、徑、清作「敷草」。

趙城縣廣勝寺

摩訶僧祇律卷第三十二　仕

東晉天竺三藏佛陁羅共法顯譯

共食法者佛住舍衛城尒時六群比丘共食為世人所嫌云何沙門釋子如世間婬逸人共食乃至佛言呼六群比丘来来已佛語比丘汝實尒不荅言實尒世尊佛言從今日後不聽共食共食者共一器食食者五正食五雜正食應别器食若無鉢者應用鉤鉢若犍茨若復無者應團飯著左手中右手食若復不能者應置鉢著草葉上更手取食不得俱下手離五正食五雜正食若麨若餅果菜共食無罪若共器食者越比尼罪是名共食法机食者佛住舍衛城如来以五事利益故五日一行諸比丘房見難陁優波難陁房中食机種種畫色佛知而故問此是誰食机種種畫色諸比丘荅言是難陁優波難陁食机佛言從今日後不聽机上食復次佛住舍衛城如来五事利益故五日一行諸比丘房見一疚手比丘佛知而故

問比丘調適安樂不荅言世尊我疚手破鉢世尊制戒不聽机上食故不樂佛言從今日聽病比丘机上食不聽種種畫色若僧食机種種畫色無罪若私有聽一種色病比丘机上食應先立心作念得用無罪若比丘不病一切不聽机上食若老病疚手剌頭出血若鉢重若滿若熱若冷得机上食無罪若比丘不病机上食者得越比尼罪是名机法

食蒜并覆鉢　鉤紐及署帶　騎乘及同牀
共坐同器食　食机種種色　第八跋渠竟

為煞者佛住舍衛城時難陁優波難陁遊行還舍衛城時有一舊檀越名阿跋吒是比丘時到著入聚落衣持鉢入其家檀越見已作是言阿闍梨何故希行多時不見比丘言長壽我希行来欲與我作何等好食荅言我明日當與阿闍梨作食比丘言汝莫作織師食便問言何等名織師食比丘言麁飯豆羹是檀越言我不與阿闍梨麁飯豆羹當與肉食比丘言汝莫與我冷宍荅言我不與阿闍梨冷

宍食當熱煮與比丘言我所言熱不謂此熱問言何等熱比丘荅言新死熱宍檀越言若欲尒者明日早来當在阿闍梨前煞者可得熱比丘荅言尒到明旦著衣持鉢往至其家檀越即牽羊豬雞羅列在比丘前煞供食已去檀越嫌言沙門瞿曇無數方便毀呰煞生讃歎不煞而此沙門目前教煞自煞何異諸比丘以是因縁往白世尊佛言呼難陀優波難陀来来已佛問比丘汝實尒不荅言實尒世尊佛言比丘此是惡事乃至佛言汝云何現前教煞從今日後不聽為煞為煞者為比丘煞為比丘煞者一切比丘比丘尼式叉摩尼沙弥沙弥尼優婆塞優婆夷盡不得食如是乃至為優婆夷煞一切比丘不得食乃至優婆夷亦不得食為有三事見聞疑見者現前眼見為煞不聽食是名見聞者耳自聞或從他聞為煞不聽食若前人是不可信故欲擾乱比丘者不應受語當從可信人邊取定足名聞疑者比丘至檀越家常見羊後往

正見頭脚在地見已心即生疑應問前所見羊為在何處若言巳為阿闍梨煞者不應食若言尊者我為祠天故煞食不盡與得食是名疑如是一切衆生若見若聞疑亦如是是名為煞人宍者佛住舍衛城尒時舍衛城中有優婆塞名軟早其婦亦名軟早有客比丘来亦名軟早時優婆塞聞已便作是念阿闍梨與我等同字當往請食即詣精舍請来家中設種種飲食供養巳頭面礼足䠒跪合掌白言尊者唯願受我四事請衣食牀具病瘦湯藥比丘即便受請時夫主欲逐商人遠行囑婦言我遠行汝在後當好供養阿闍梨勿使有乏去後比丘不和欲服下藥語優婆夷言我欲服下藥能隨時次第料理食不荅言可尒服下藥巳隨次第應病與食清粥強粥次須宍持蜀利沙賧與婢言持是往買宍来其婢入市値齋日都無煞者而不得時優婆夷心生不悅言阿闍梨服藥若不得隨病食者或能增動即磨蕪菁子以油漬之便入

房内即以利刀割髀宍語婢言汝持此宍以蕪菁子油淨洗作食與阿闍梨問阿闍梨明日復須何等食其婢如教辦食送往問言明日復須何食荅言止莫復更送時優婆夷患瘡而卧其夫商人行還作是念我常遠行還時婦出二門三門迎我今何故不出入房見婦卧牀上便瞋恚言汝何故慢我不出耶其婦荅言此行有何功夫欲使我迎荅言我行得百千万采其婦荅言此是外財何足為奇我自割身宍供給阿闍梨其夫問言為割何處即褰衣示之其夫見巳迷悶倒地有鬼神即語比丘時比丘聞巳便入慈三昧定力感之平復如故其婦語夫言起起勿怖阿闍梨威神故我瘡巳平復其夫起巳見瘡平復即大歡喜往到居肆上作如是言我家婦精進如是割身供養衆人聞巳嫌言云何沙門釋子噉人宍諸比丘以是因縁往白世尊佛言呼是比丘来来巳佛問比丘汝實尒不荅言實尒世尊我不入定故佛言從今日後不

聽食人宍復次佛住波羅奈仙人鹿野苑時有比丘黃病醫師言尊者服人血者可差若不服者便死更無餘方時有人犯王事反縛兩手著迦毗羅華鬘打鼓唱令詣其刑處比丘至魁膾邊作是言長壽施我人血飲魁膾言若欲食宍亦當相與何況血耶即坐罪人在地以刀刺兩喉脉出血比丘兩手承取血飲為世人所嫌此非比丘是噉人鬼即以凡石土塊擲是比丘劣而得脫諸比丘以是因緣往白世尊佛言呼是比丘來來已佛問比丘汝實尒不答言實尒世尊佛言比丘此是惡事愛命乃尒佛言從今已後不聽飲人血乃至人體一切不聽若比丘頭生瘡醫言須人骨灰塗得差者得塗塗已不得衆中住應在邊小房中住差已應淨洗浴還入衆中復次佛住毗舍離時有一種姓食龍肉諸比丘亦有食龍肉者是故煞者衆多時有一龍女到世尊所前立住而啼佛知而故問汝何故啼即時龍女白佛言世尊毗舍離人食龍

諸比丘亦食以是故煞者衆多唯願世尊勿令諸比丘食龍尒時世尊為龍女隨順說法示教利喜而去時世尊往到衆多比丘所敷尼師檀而坐即為比丘具說上事從今日後不聽食龍肉龍血龍骨龍筋龍髓一切不聽食若身外有諸病須骨灰塗者得用無罪

佛住王舍城時瓶沙王象死有諸小姓旃陁羅食肉諸比丘亦有食者時耆舊童子至佛所頭面礼足却住一面白佛言世尊瓶沙王象死有諸小姓旃陁羅噉宍諸比丘亦有噉者比丘者出家人人所敬重唯願世尊莫令食象肉世尊為童子隨順說法示教利喜頭面礼足而退時世尊往至衆多比丘所敷尼師檀坐為諸比丘具說上事佛言從今已後不聽食象肉乃至象髓亦不聽食聽以象牙骨作鉢支衣紐結無罪

佛住王舍城時瓶沙王馬死亦如上象中說若外有癬疥病須馬血塗者無罪塗已不得衆中住應在邊小房

中住佛住舍衛城時諸比丘食狗肉入聚落時為狗所逐競吠諸比丘以是因緣往白世尊乃至佛言從今日後不聽食狗肉乃至狗髓不聽食若為狗所齧須燒狗毛塗瘡者得用無罪佛住舍衛城時有比丘食烏肉比丘入聚落乞食或林中經行時群烏逐鳴諸比丘以是因緣往白世尊乃至佛言從今日後不聽食烏肉乃至烏髓亦不聽食若須翅翮外用者無罪

佛住舍衛城時有比丘食鷲鳥肉比丘近林中經行有諸群鷲逐比丘鳴喚諸比丘以是因緣往白世尊乃至佛言從今已後不聽食鷲鳥肉乃至鷲髓亦不聽食若須翅翮外用者無罪一人肉二龍肉三象肉四馬肉五狗肉六烏肉七鷲鳥肉八猪肉九獼猴肉十師子肉蒜者生熟皮葉一切盡不聽食若須外用塗瘡聽用若塗已不得衆中住當在邊小房中住差已應淨洗浴還聽入衆是名肉蒜法

皮法佛住舍衛城時難陁優波難陁至牧牛家坐牀上有新生犢子見比

丘衣色似母跳跟來趣比丘即以手摩頟上細滑觸手便作是言此皮軟好可作坐具時牧牛人便作是念此比丘是王大臣貴勝所識有大力勢故當欲得是皮即問阿闍梨欲須皮耶我當與比丘便言正與我此犢皮牧牛人言我家中有成死犢皮亦軟好當柔治相與比丘言審與我者正與我是更不須餘者時牧牛人便作是念此比丘有大勢力能作不饒益事是難故即比丘前殺犢剥皮與之時犢母牧還不見其子順籬鳴喚牧牛人嫌言沙門釋子而無慈心使沙門在犢母處者意當云何諸比丘以是因緣往白世尊佛言呼難陀優波難陀來來已佛問比丘汝實尒不荅言實尒世尊佛言比丘此是惡事汝云何現前教殺從今已後不聽用皮皮者牛皮水牛皮虎皮狗皮羆麕皮如是一切皮不聽坐唯聽恕奴邊地羊皮羊皮有二種一者羖羊二者糯羊羖羊糯羊各有十種如上說若坐皮上越比尼罪若坐皮兜羅蓐上者

二越比尼罪若坐革屣上越比尼罪若卧革屣上齊膝以上越比尼罪膝已下無罪若皮織牀坐無罪

揩脚物者佛住舍衛城時難陀優波難陀作種種揩脚物洗足外道弟子見已便作是念我等當共試擾乱優婆塞去如上屑末中廣說乃至佛言從今日後不聽用種種物揩洗脚揩物者若方若圓尅上如摩沙豆蒙具豆形一切不聽用脚底有垢破得團草若塼凡聽用是名揩脚物眼藥者佛住王舍城時世人節日男女出城遊觀時六群比丘以空青黑物莊眼為世人所嫌云何沙門釋子如貴勝童子以空青莊眼有見黑物莊者復言沙門釋子如下賤使人黑物莊眼而行此壞敗人何道之有諸比丘以是因緣往白世尊乃至佛言從今日後不聽莊眼復次佛住舍衛城時耆舊童子菴婆羅園時諸比丘眼痛耆舊童子言尊者可以此藥塗眼諸比丘言世尊制戒不聽塗眼童子言我當往從世尊乞此願即往佛所頭面

礼足却住一面白佛言世尊諸比丘是一食人眼是人之所重唯願世尊聽諸比丘著眼藥佛言從今已後聽用眼藥除空青若藍若言尊者此眼痛得空青屑塗便差更無餘方若尒者得塗塗已不得衆中住應邊小房中差已當淨洗得還入衆是名眼藥眼藥筒者佛住舍衛城時諸比丘持樹葉盛眼藥佛知而故問比丘此是何等荅言是眼藥佛言眼藥是貴物應用筒盛時諸比丘作金銀筒盛佛言金銀及一切寶不聽用應用銅鐵白鑞竹葦筐鳥翮下至皮褁是名藥筒眼藥籌者佛住舍衛城時有比丘持竹作眼藥籌佛知而故問比丘此是何等荅言世尊是眼藥籌佛言眼是軟物應用滑物作籌時有比丘便以金銀作佛言不聽金及一切寶物作應用銅鐵牙骨栴檀堅木作揩摩令滑澤下至用指頭是名眼藥籌

法蓋法者佛住王舍城時世人節會日男女遊觀時六群比丘持種種雜色傘蓋有持樹皮傘蓋者為世人所

嫌云何沙門釋子如王子大臣持種
種雜色傘蓋見持樹葉者復作是言
云何沙門釋子如下賤使人持樹葉
傘蓋行此壞敗人何道之有諸比丘
以是因緣往白世尊乃至佛言從今
已後不聽持傘蓋復次佛住舍衛城
時長老阿那律金毗羅在塔山安居
竟還舍衛礼拜世尊佛知而故問比
丘衣何故鹹汙乃尒比丘荅言世尊
制戒不聽持傘蓋我乞食被雨是故
如是佛言從今日後聽持傘蓋傘蓋
者樹皮蓋樹葉蓋竹蓋如是等蓋聽
用不聽種種雜色傘蓋是名傘蓋法也
扇法者世人節會日男女遊觀六群
比丘持雲母莊挍扇有持草扇者為
世人所嫌云何沙門釋子如王子大
臣持雲母莊挍扇見有持草扇者復
言云何沙門釋子如下賤人持草扇
行此壞敗人何道之有諸比丘以是
因緣往白世尊乃至佛言從今已後
不聽持扇復次佛住毗舍離諸比丘
在禪坊中患蚉子以衣扇作聲佛知
而故問比丘作何等如象振耳作聲

比丘荅言世尊制戒不得捉扇諸比
丘患蚉以衣拂故作聲佛言從今已
後聽捉竹扇箄扇樹葉扇除雲母扇
及種種畫色扇若僧扇作種種色無
罪若私扇聽一色若有持種種香塗扇
來施者聽洗已受用是名扇法拂法
者佛住王舍城世人節會日男女遊
觀時六群比丘持白犛牛尾拂以金
銀作柄有持馬尾拂者為世人所嫌
乃至佛言從今已後不聽捉拂復次
佛住毗舍離諸比丘禪坊中患蚉故
以樹葉拂蚉作聲佛知而故問比丘
此何等聲荅言世尊制戒不聽捉拂
是故諸比丘以樹葉拂蚉作聲佛言
從今已後聽捉拂拂者線拂裂㲲拂
芒草拂樹皮拂是中除白犛牛尾白
馬尾金銀柄餘一切聽作若有白者
當染壞色已聽用捉拂時不得如婬
女捉拂作姿作相是名拂法
為煞食人肉　眼藥并筒籌　牛皮揩脚物
傘蓋及扇拂　第九跋渠竟
刀治者佛住舍衛城時有比丘痔病語醫
言長壽能為我刀治不荅言尒醫便

作是念是諸沙門聰明智慧見我治
者便當學得不復求我即遣諸比丘
去已欲作非法時諸比丘即生疑喚
諸比丘言長老來此醫欲作非法諸
比丘聞即便來入醫怖畏棄刀而走
諸比丘以是因緣往白世尊佛言呼
彼比丘來來已佛問比丘汝實尒不
荅言實尒世尊佛言比丘汝云何用
刀治愛處從今已後不聽用刀治愛
處愛處者離穀道邊各四指若有癰
痤癧聽以小麦麨屑塗上使熟當令
同和上阿闍梨擿破若餘處有癰痤
癧等諸病須刀治者聽用刀治愛處
者偷蘭罪是名刀治
灌筒者佛住舍衛城有比丘弃痟病
語醫言長壽能為我灌病不荅言可
尒即作是念此諸沙門聰明智慧見
我灌者更不喚我乃至棄筒而走諸
比丘以是因緣往白世尊乃至佛言
汝云何筒灌病從今已後不聽用筒
筒者牛皮筒水牛皮筒羊皮筒如是
一切不聽用灌若醫言此病須油灌
者應在浴室中穿板盛油褰衣坐上

口含甘蔗若復以氎衣絮等內著油中臨孔上按之令油流入者無罪若筒灌者偷蘭罪是名筒灌法

剃髮法者佛住舍衛城南方國土有邑名大林時有商人驅八牛到北方俱哆國復有一商人共在澤中放牛時離車捕龍食之捕得一龍女龍女受布薩法無害心能使人穿鼻牽行商人見之形相端正即起慈心問離車言汝牽此欲作何等荅言我煞噉商人言勿煞我與汝一牛貿取放之令去捕者不肯乃至八牛方言此肉多美今為汝故我當放之即取八牛放龍女去時商人尋復念言此是惡人恐復追逐更還捕取即自隨逐看其向到池邊龍變為人語商人言天施我命我欲報恩可共入宮當報天恩商人荅言不能汝等龍性卒暴瞋恚無常或能煞我荅言不尒前人繫我我力能煞彼但以受布薩法故都無煞心何況天今施我壽命而當加害若不去者小住此中我今先入拼擋宮中即便入去是龍門邊見二龍

繫在一處見已商人問言汝為何事被繫荅言此龍女半月中三日受齋法我弟兄守護此龍女不堅固為離車所捕得以是故被繫唯願天慈語令放我此龍女若問欲食何等食者龍宮中有食盡壽有能消者有二十年消者有七年消者有閻浮提食若索者當索閻浮提人間食龍女拼擋已即便呼入坐寶牀褥上龍女白言天今欲食何等食為欲食一食盡壽乃至荅言欲食閻浮提人間食即持種種飲食與問龍女言此何故被繫龍女言天但食用問為不尒我要欲知之為問不已即語言此人有過我欲煞之商人言汝莫煞不尒要當煞之商人言汝放彼者我當食耳白言不得直尒放之當罰六月擯置人間即罰六月人間商人見龍宮中種種寶物莊嚴宮殿商人問言汝有是莊嚴用受布薩為荅言我龍法有五事苦何等五生時龍眠時龍婬時龍瞋時龍死時龍一日之中三過皮肉落地熱沙暴身復問汝欲求何等荅言

我欲求人道中生所以者何畜生道中苦不知法故我已得人身應求何等龍女言出家難得又問當就誰出家荅言如來應供正遍知今在舍衛城未度者度未脫者脫汝可就出家便言欲還歸龍女即與八餅金語言此是龍金足汝父母眷屬終身用不盡語言汝合眼即以神變持著本國行伴先至語其家言入龍宮去父母謂兒已死眷屬宗親聚在一處悲啼哭時放牧者及取薪草人見已先還語其家言某甲來歸家人聞已即大歡喜出迎入家入家已為作生會作會時以八餅金持與父母此是龍金截已更生盡壽用之不可盡也唯願父母聽我出家其父母不放即便走詣祇洹精舍比丘即度出家父母尋後來至精舍門問諸比丘汝識某甲不皆言不見不聞有比丘語言汝但此門間住若有者須臾自當出入即如其言須臾待之便見兒出作是嫌言沙門釋子妄語見言不見聞言不聞兒語父母莫作不饒益事我此間

出家誰都得知即往至佛所頭面礼足却坐一面佛為說法示教利喜得法眼淨已即語兒言我等便是更生汝今出家大得善利諸比丘聞向嫌言以是因緣往白世尊佛言呼彼比丘来来已佛問比丘汝實尒不荅言實尒佛語比丘汝云何不白衆度人出家從今日後不聽不白僧度人出家應白剃髮出家白者白一切衆僧下至白上座八人應語令使如法白剃髮不白出家得越比尼罪若俱白出家俱無罪若都不白出家不白剃髮二越比尼罪二俱白者無罪若出界度者無罪是名剃髮復次佛住王舍城迦蘭陁竹園如来處處度人比丘比丘尼優婆塞優婆夷國王長者外道沙門婆羅門佛告比丘汝等從今已後亦當度人出家受具足尒時諸比丘亦學如来善来度人出家鬚髮故在佛語諸比丘何處一切得如来無畏口鬚髮自落從今已後應剃髮剃髮時諸比丘剃髮不剃鬚有比丘剃鬚不剃髮諸比丘以是因緣往

白世尊佛言應一切剃剃者應先剃鬚後剃髮若剃髮人難共語者前剃髮無罪若欲新出家者不得便說出家樂應說出家苦一食一住一眠少食飲多覺少眠長壽能不若言能應與剃比丘先剃髮後剃鬚無罪是名剃鬚剃髮具者佛住俱薩羅國遊行故名婆羅門聚落摩訶羅父子持剃髮具出家乃至佛言汝等云何剃髮人持作具與出家從今日後不聽合剃髮具與出家若剃髮人持剃髮具欲求出家者應語捨剃髮具然後與汝出家已後欲須時得從借用如是鍛師木師金銀師皮師織師如是工師比不聽得作具度出家若合度者越比尼罪是名作具

破僧者佛住舍衛城時尊者優波離往至佛所頭面礼足却住一面白佛言世尊說破僧云何名破僧佛告優波離如大德比丘如法如律善解深理是比丘應礼拜恭敬隨順法教若比丘謂彼比丘所說非法不隨順行僧諍非破僧乃至一界一住同說戒

共作羯磨我已制一界一住中別作布薩自恣羯磨是名破僧尊者優波離復白佛言破僧者得何等罪佛言一劫泥犁罪是名破僧

和合僧者佛住舍衛城尒時尊者優波離白佛言世尊說和合僧云何名和合佛告優波離我已制如大德比丘如法如律善解深理是比丘應礼拜恭敬諸比丘隨順行法共一界住一布薩自恣共作羯磨是名僧和合尊者優波離往至佛所頭面礼足却住一面白佛言世尊和合僧有何功德佛言一劫善報是名和合僧

五百比丘集法藏者佛住王舍城尒時阿闍貰王韋提希子與毗舍離有怨如大泥洹經中廣說乃至世尊在毗舍離於放弓杖塔邊捨壽向拘尸那城熈連禪河側力士生地堅固林中雙樹閒般泥洹於天冠塔邊闍維乃至諸天使火不然待尊者大迦葉故時尊者大迦葉在耆闍崛山賓鉢羅山窟中坐禪時尊者大迦葉作是念世尊已捨壽欲何處般泥洹今在

何處少病少惱安樂住不作是念已即入正受三昧以天眼觀一切世界見世尊往拘尸那竭城熙連河側力士生地堅固林中雙樹閒天冠塔邊闍維乃使火不然見已悵然不悅復作是念及世尊舍利未散當往礼尋復念言我今往見世尊冣後身不宜乘神足往宜應步詣時尊者大迦葉語諸比丘言諸長老世尊已般泥洹各持衣鉢共詣拘尸那竭礼覲世尊諸比丘聞已皆言善哉時尊者摩訶迦葉即與衆多比丘俱詣拘尸那竭路逕一聚落聚落中有一摩訶羅比丘先在中住尊者摩訶迦葉告摩訶羅言持衣鉢来共汝詣拘尸那竭城礼覲世尊摩訶羅言長老大迦葉且待前食後食訖然後當去迦葉荅言不宜待食摩訶羅勤勤至三迦葉故言不宜待時摩訶羅恚言沙門有何急事忩忩乃尒如死烏不直一錢且待須臾食已當去尊者大迦葉復言宜且置食世尊今已泥洹及未闍維宜應速往時摩訶羅聞佛已般泥洹

語尊者摩訶迦葉言我今永得解脫所以者何彼阿羅訶在時常言是應行是不應行今已泥洹應行不應行自在隨意時大迦葉聞此語已悵然不悅即彈右指火出右足蹈地摩訶羅見已大怖而走乃至大迦葉往詣佛所世尊即現兩足從棺雙出時尊者大迦葉見佛足已偏袒右肩頭面作礼說此偈言

如来足蹀滿　千輻相輪現　指纖長柔軟
合縵網文成　是故我今日　頂礼冣勝足
冣勝柔軟足　曾遊行世閒　大悲濟群生
從今永不會　是故我今日　稽首如来足
如来救濟我　解脫得應真　我今冣後見
永已不復覲　斷世衆疑惑　離欲中冣上
利益一切衆　無不得歡喜　是故我今日
頂礼冣勝足　佛有如是德　善荅决衆疑
今日時已過　慈慧光永滅　是故我今日
稽首冣勝足　我證四真諦　說佛功德實
偈讚礼敬訖　還攝雙足入

諸比丘各議言誰應闍維時尊者大迦葉言我是世尊長子我應闍維是時大衆皆言善哉即便闍維闍維已

迦葉憶聚落中摩訶羅比丘語乃至欲行便行不行則止即語諸比丘言長老世尊舍利非我等事國王長者婆羅門居士衆求福之人自當供養我等事者宜應先結集法藏勿令佛法速滅尋復議言我等宜應何處結集法藏時有言向舍衛者有言向沙祇有言向瞻婆有言向毗舍離有言向迦維羅衛時大迦葉作是言應向王舍城結集法藏所以者何世尊記王舍城韋提希子阿闍世王聲聞優婆塞無根信中冣為第一又彼王有五百人牀卧供具應當詣彼皆言尒世尊先語尊者阿那律言如来般泥洹汝應守舍利勿使諸天持去所以然者過去世時如来般泥洹諸天持舍利去世人不得往失諸功德諸天能来人閒供養世人不能往彼除其神足是故應好守護侍者阿難復以供養故不去時大迦葉即與千比丘俱詣王舍城至剎帝山窟敷置牀蓐莊嚴世尊座世尊座左面敷尊者舍利弗座右敷尊者大目連座次敷大

摩訶僧祇律第三十二卷　第十四張　仕字号

迦葉座如是次第安置牀蓐已辦四月供具結集法藏故悉斷外緣大衆集已中有三明六通德力自在者於中有從世尊面受誦一部比尼者有從聲聞受誦二部比尼者有從世尊面受誦二部比尼者有從聲聞受誦一部比尼者衆共論言此中應集三明六通德力自在從世尊面受誦二部比尼者從聲聞受二部比尼者集已數少二人不滿五百復議言應滿五百長老阿那律後到猶少一人時尊者大迦葉為第一上座第二上座名那頭盧第三上座名優波那頭盧時尊者大迦葉言昇已座唯留尊者舍利弗目連阿難座已諸比丘各隨次而坐時尊者大迦葉告尊者目連共行弟子梨婆提長老汝至三十三天呼味提那比丘來世尊已般涅槃比丘僧集欲結集法藏即受命往三十三天白長老世尊已般泥洹比丘僧集欲結集法藏故来相呼比丘聞已悵然不悅世尊已般泥洹耶荅言尒便言世尊在閻浮提者當往世尊

摩訶僧祇律第三十二卷　第十五張　仕字号

已般泥洹世間眼滅即以神足上昇虛空入火光三昧以自闍維見已即還来入僧中具說上事乃至言入火光三昧復遣至三十三天尸利沙翅宮呼憍梵波提次長老善見在香山長老頗頭洗那在遊戲山長老拔佉梨在瞻婆山復有長老鬱多羅在淨山尊者目連弟子名大光在光山尊者舍利弗弟子摩藪盧在湧陁山尊者羅社在摩羅山如是等乃至聞喚皆般泥洹復遣使往毗沙門天宮喚修蜜哆使至已作是言長老世尊已般泥洹比丘僧集欲結集法藏故来相喚比丘聞已悵然不悅言世尊已般泥洹耶荅言尒便言世尊在閻浮提者我當詣彼世尊般泥洹後世間眼滅即以神足上昇虛空入火光三昧以自闍維入於般泥洹使還僧中具白僧如上大迦葉言諸長老且止勿復喚餘諸聞喚者便自泥洹若更喚者復當般泥洹如是世間便空無有福田有比丘言諸長老尊者阿難是佛侍者親受法教又復世尊記阿

摩訶僧祇律第三十二卷　第十六張　仕字号

難有三事第一宜應喚来大迦葉言不尒如此學人入無學德力自在衆中猶如疥瘙野干入師子群中時尊者阿難料理供養訖来到一聚落中作是言我今此中宿明日當往王舍城時有天来語阿難言大迦葉言尊者是疥瘙野干阿難作是念世尊已泥洹我今正欲依附云何持我作疥瘙野干心生不悅復作是念是大迦葉足知我眷屬姓字正當以我結使未盡故作是言耳時尊者阿難勤加精進經行不懈欲盡有漏時尊者阿難以行道疲苦又復世尊泥洹憂惱纏心先所聞持不復通徹尋作是念有漏用太苦為心不捨定須身欲卧頭未至枕得盡有漏三明六通德力自在即以神足乘空而去到剎帝窟戶外而說偈言

多聞有辯才　給侍世尊者　瞿曇子阿難
今在門外立　由不與開門　又復說偈言
多聞利辯才　給侍世尊者　已捨結使擔
瞿曇子在外　尒時大迦葉　而說偈言也

汝捨煩惱擔　自說言得證　未入瞿曇子
来入瞿曇子
阿難入已礼世尊座訖次礼上座到已座處便坐時大迦葉語阿難言我不自高亦不輕慢於汝故作是念但汝求道不欲使精勤盡諸有漏故說此言耳阿難言我亦知但以我結使未盡欲使勤進斷諸有漏時尊者大迦葉問衆坐言今欲先集何藏衆人咸言先集法藏復問言誰應集者比丘言長老阿難阿難言不尒更有餘長老比丘又言雖有長老比丘但世尊記汝多聞第一汝應結集阿難言諸長老若使我集者如法者隨喜不如法者應遮若不相應遮勿見尊重而不遮是義非義願見告語衆皆言長老阿難汝但集法藏如法者隨喜非法者臨時當知時尊者阿難即作是念我今云何結集法藏作是思惟已便說經言如是我聞一時佛住薪毗羅尼連河側菩提曇陁羅尊者阿難適說是語五百阿羅漢德力自在者上昇虛空咸皆唱歎我等目見世尊

今已言聞悉稱南無佛已還復本座尒時阿難說此偈言

勤修習正受　見諸法生滅　知法從緣起
離癡滅煩惱　勤修習正受　見諸法生滅
知法從緣起　證諸法滅盡　勤修習正受
見諸法生滅　知法從緣起　摧伏諸魔軍
勤修習正受　見諸法生滅　知法從緣起
如是除衆冥

尊者阿難誦如是等一切法藏文句長者集為長阿含文句中者集為中阿含文句雜者集為雜阿含所謂根雜力雜覺雜道雜如是比等名為雜一增二增三增乃至百增隨其數類相從集為增一阿含雜藏者所謂辟支佛阿羅漢自說本行因緣如是等比諸偈誦是名雜藏尒時長老阿難說此偈言

所有八万諸法藏　如是等法從佛聞
所有八万諸法藏　如是等法從他聞
如是等法我盡持　是佛所說趣泥洹
是名撰集諸法藏

次問誰復應集比尼藏者有言長老優波離優波離言不尒更有餘長老

比丘有言雖有長老比丘但世尊說長老成就十四法除如来應供正遍知持律第一優波離言諸長老若使我集者如法者隨喜不如法者應遮若不相應應遮勿見尊重是義非義願見告示皆言長老優波離但集如法者隨喜非法者臨時當知尊者優波離即作是念我今云何結集律藏五淨法如法如律隨喜不如法律者應遮何等五一制限淨二方法淨三戒行淨四長老淨五風俗淨制限淨者諸比丘住處作制限與四大教相應者用不相應者捨是名制限淨方法淨者國土法尒與四大教相應者用不相應者捨是名方法淨戒行淨者我見某持戒比丘行是法若與四大教相應者用若不相應者捨是名戒行淨長老淨者我見長老比丘尊者舍利弗目連行此法與四大教相應者用不相應者捨是名長老淨風俗淨者不得如本俗法非時食飲酒行婬如是一切本是俗淨非出家淨是名風俗淨如是諸長老若如法者

隨喜若不如法應遮諸比丘荅言相應者用若不相應者臨時應當遮時尊者優波離語阿難長老有罪清淨衆中應當悔過阿難言有何等罪荅言世尊乃至三制不聽度女人出家而汝三請是越比尼罪時尊者大迦葉擲籌置地言是第一籌即時振動三千大千世界復次佛在毗舍離佛告阿難毗舍離般樂放弓杖塔可樂若得四神足者可住壽一劫一劫有餘若佛在世世人得見汝言如是世尊如是修伽陁汝不請佛住世越比尼罪次擲第二籌復次汝右脚指蹋世尊僧伽梨衣縫而汝不知是僧伽梨是諸天世人塔應恭敬耶是越比尼罪次下第三籌復次佛告阿難取水来如是至三汝不與世尊取水是越比尼罪下第四籌復次佛告阿難我臨般泥洹時當語我我當為諸比丘捨細微戒而汝不白越比尼罪下第五籌復次佛般泥洹而汝以佛陰馬藏示比丘尼是越比尼罪下第六籌復次佛般泥洹已力士諸老母臨

世尊足上滴淚墮足上汝為侍者不遮是越比尼罪下第七籌尒時阿難不受二罪作是言長老過去諸佛皆有四衆是故三請度比丘尼佛在毗舍離三告不請佛住世者我尒時是學人為魔所蔽是故不請是中犯五越比尼長老如法作已時尊者優波離作是言諸長老是九法序何等九一波羅夷二僧伽婆尸沙三二不定法四三十尼薩耆五九十二波夜提六四波羅提提舍尼七衆學法八七滅諍法九法隨順法世尊在某處為某甲比丘制此戒不皆言如是優波離如是優波離復言比尼有五事記何等五一者修多羅二比尼三義四教五輕重修多羅者五修多羅比尼者二部比尼略廣義者句有義教者如世尊為刹利婆羅門居士說四大教法輕重者盜滿五重減五偷蘭是名五事記比丘長老如是應學復有五比尼何等五一者略比尼二者廣比尼三者方面比尼四者堅固比尼五者應法比尼略比尼者五篇戒

廣比尼者二部比尼方面比尼者輸奴邊地聽五事堅固比尼者受迦絺那衣捨五罪別衆食乃至不白離同食應法比尼者是中法羯磨和合羯磨是名應法比尼餘者非羯磨如是集比尼藏竟喚外千比丘入語言諸長老如是集法藏如是集比尼藏有比丘言諸長老世尊先語阿難欲為諸比丘捨細微戒為捨何等有比丘言世尊若捨細微戒者正當捨威儀有言不正威儀亦當捨衆學有言亦捨四波羅提提舍尼有言亦應捨九十二波夜提有言亦應捨三十尼薩耆波夜提有言亦應捨二不定法時六群比丘言諸長老若世尊在者一切盡捨大迦葉威德嚴峻猶如世尊作是言咄咄莫作是聲即時一切咸皆默然大迦葉言諸長老若已制復開者當致外人言瞿曇在世儀法戒盛今日泥洹法用頽毀諸長老未制者莫制已制者我等隨順學此法從何處聞從尊者道力聞比尼阿毗曇雜阿含增一阿含中阿含長阿含道

力復從誰聞從尊者弗沙婆陁羅聞尊者弗沙婆陁羅復從誰聞從尊者法勝聞法勝從誰聞從尊者僧伽提婆聞僧伽提婆從誰聞從尊者龍覺聞龍覺從誰聞從尊者法錢聞法錢從誰聞從尊者提郍伽聞提郍伽從誰聞從尊者法護聞法護從誰聞從尊者耆婆伽聞耆婆伽從誰聞從尊者弗提羅聞弗提羅從誰聞從尊者耶舍聞耶舍從誰聞從尊者老陁聞老陁從誰聞從尊者護命聞護命從誰聞從尊者善護聞善護從誰聞從尊者牛護聞牛護從誰聞從尊者巨舍羅聞巨舍羅從誰聞從尊者摩求多聞摩求多從誰聞從尊者摩訶郍聞摩訶郍從誰聞從尊者能護聞能護從誰聞從尊者目多聞目多從誰聞從尊者巨醢聞巨醢從誰聞從尊者法高聞法高從誰聞從尊者根護聞根護從誰聞從尊者耆多聞耆多從誰聞從尊者樹提陁娑聞樹提陁娑從誰聞從尊者陁娑婆羅聞陁娑婆羅從誰聞從尊者優波離聞優波離

從誰聞從佛聞佛從誰聞無師自悟更不從他聞佛有無量智慧為饒益諸衆生故授優波離優波離授陁娑婆羅陁娑婆羅授樹提陁娑樹提陁娑如是乃至授尊者道力道力授我及餘人

我等因師教　從無上尊聞　聞持誦比尼
賢聖所行法　世尊內法藏　紹繼釋迦後
各各共護持　令法得久住
是名五百結集法藏竟

摩訶僧祇律卷第三十二

摩訶僧祇律卷第三十二

校勘記

一　底本，金藏廣勝寺本。

一　二一頁中二行至三行之間，資、磧、普、南、徑、清有「雜誦跋渠法第九之十」；麗有「明雜跋渠法之十」各一行。

一　二一頁中五行「婬逸」，資、磧、普、南、徑、清作「婬妷」；麗作「婬泆」。

一　二一頁中末行第七字「疢」，麗作「痛」。下同。

一　二一頁下五行末字「食」，資、磧、普、南、徑、清作「食時」。

一　二一頁下一一行「鈎紐」，資、磧、普、南、徑、清作「紐結」。同行「及同牀」，資、磧、普、南、徑、清作「同牀眠」。

一　二一頁下一四行第七字「城」，資、磧、普、南、徑、清無。

一　二二頁上一行第二字「食」，資、磧、普、南、徑、清無。同行第四字

「熱」，資、磧、普作「熟」。同行「所言」，資、磧、普、南、徑、清作「所謂」。

一　二二頁上五行首字「尒」，麗作「可尒」。

一　二二頁上六行第六字「羅」，資、磧、普、南、徑、清無。同行「供食」，資、磧、普、南、徑、清作「供養」。

一　二二頁上九行「自煞」，諸本（不含石，下同）作「與自煞」。

一　二二頁中一二行「牀具」，資、磧、普、南、徑、清作「牀臥」；麗作「牀臥具」。

一　二二頁中一九行「強粥」，麗作「澆粥」。

一　二二頁中二一行「而不得」，資、磧、普、南、徑、清作「不得而還」；麗作「而不得還」。

一　二二頁下四行「復須」，資、磧、普、南、徑、清作「更須」。

一　二二頁下九行首字「故」，資、磧、普、南、徑、清無。

一　二二頁下一三行第四字「即」，資、磧、普、南、徑、清作「即便」。

一　二二頁下一四行第三字「有」，諸本作「時有」。

一　二二頁下一八行「居肆」，資、磧、普、南、徑、清作「店肆」。

一　二三頁上一〇行末字「擲」，資、磧、普、南、徑、清作「遙擲」。

一　二三頁上一五行「人體」，諸本作「人髓」。

一　二三頁上二〇行「是故」，資、磧、普、南、徑、清作「以是故」。

一　二三頁上二二行末字「即」，諸本作「耶」。

一　二三頁中五行「從今日後」，資、磧、普、南、徑、清作「從今已後」。下同。

一　二三頁中一二行第一三字「諸」，資、磧、普、南、徑、清無。

一　二三頁中一三行第一三字「者」，資、磧、普、南、徑、清無。

一　二三頁中一四行「出家人」，資、磧、普、南、徑、清作「是出家人」。

一　二三頁中二〇行「紐結」，麗作「細結」。

一　二三頁下二行第七字「所」，資、磧、普、南、徑、清無。

一　二三頁下一二行第二字「近」，資、磧、普、南、徑、清無。

一　二三頁下二一行「肉蒜法」，資、磧、普、南作「肉蒜」；徑、清作「蒜」。

一　二三頁下二二行第二字「法」，諸本作「法者」。

一　二三頁下末行「牀上」，資、磧、普、南、徑、清作「一床上」。

一　二四頁上一行「跳跟」，諸本作「跳踉」。

一　二四頁上一二行「牧還」，資、磧、普、南、徑、清作「放還」。同行第一〇字「順」，麗作「循」。

一　二四頁上一九行「虎皮狗皮羆鹿皮」，資、磧、普、南、徑、清作「虎豹皮熊皮鹿皮」；麗作「虎皮豹皮羆皮鹿皮」。

一　二四頁上二一行「羊皮有二種一

者羯羊二者」，資、磧、普、南、徑、清作「羊有二種一者羖羊二」；麗作「羊皮有二種一者羖羊二者」。

一 二四頁中三行第九字「坐」，諸本作「坐上」。

一 二四頁中六行第一一字「試」，磧作「誠」。

一 二四頁中一○行末字「圍」，麗作「圓」。

一 二四頁中一三行「以空青」，資、磧、普、南、徑、清作「有以空青莊眼有以」。

一 二四頁中一九行第一三字「時」，麗無。

一 二四頁下四行「若藍若」，諸本作「若醫」。

一 二四頁下六行第一一字「應」，諸本作「應在」。

一 二四頁下八行「眼藥」，資、磧、普、南、徑、清無。

一 二四頁下一三行「白臘」，資作「白蠟」；磧、普、南、徑、清作「白鑞」。

一 二四頁下一八行第九字「金」，諸本作「金銀」。

一 二四頁下二一行第一○字「時」，資、磧、普、南、徑、清無。

一 二五頁上八行「舍衛」，麗作「舍衛城」。

一 二五頁上一二行第一三字「蓋」，資、磧、普、南、徑、清作「傘蓋」。

一 二五頁上一三行末字「也」，資、磧、普、南、徑、清無。

一 二五頁上一四行「六羣」，資、磧、普、南、徑、清作「時六羣」。

一 二五頁上一七行「見有」，資、磧、普、南、徑、清作「有見」。

一 二五頁上一八行第一一字「人」，資、磧、普、南、徑、清作「使人」。

一 二五頁上二○行「已後」，資、磧、普、南、清作「今日」。

一 二五頁中二行「患蚉」，資、磧、普、南、徑、清作「患蚉故」。

一 二五頁中五行「聽一色」，麗作「壞色」。

一 二五頁中一○行「已後」，資、磧、普、南、徑、清作「日後」。同行「捉拂」，資、磧、普、南、徑、清作「用拂」。

一 二五頁中一七行「聽作」，諸本作「聽捉」。

一 二五頁中一九行「作姿作相」，資、磧、普、南、徑、清作「作恣作想」。

一 二五頁中二○行「眼藥并筒籌」與「牛皮指脚物」，磧、普、南、徑、清兩句易置。同行第一二字「皮」，資作「及」。

一 二五頁下二行第三字「當」，資、磧、普、南、徑、清無。

一 二五頁下三行「諸比丘」，麗作「此比丘」。

一 二五頁下一三行第一○字「用」，諸本作「用用」。

一 二五頁下一五行「疘瘺病」，資、磧、普、南、徑、清作「乾瘺病」。

一 二五頁下一八行第五字「不」，資、磧、普、南、徑、清作「不復」。

一 二五頁下二○行第四字「筒」，諸

本作「用筒」。

一　二六頁上二行末字「若」，資、磧、普、南、徑、清作「若用」。

一　二六頁上三行「筒灌法」，資、磧、普、南、徑、清作「灌筒法」。

一　二六頁上八行「無害心」，資、磧、普、南、徑、清作「無殺心」。同行第八字「能」，磧、南作「龍」。

一　二六頁上一〇行第一三字「煞」，麗作「欲煞」。

一　二六頁上一六行「向到池邊」，資、磧、普、南、徑、清作「所向到一池邊」。同行第九字「人」，資、磧、普、南、徑、清作「人身」。

一　二六頁上一七行「我欲」，資、磧、普、南、徑、清作「今欲」。同行第九字「共」，資、磧、普、南、徑、清作「共我」。

一　二六頁中六行「有能消者」，資、磧、普、南、徑、清作「乃消者」；麗作「乃能消者」。

一　二六頁中一〇行第一〇字「食」，資、磧、普、南、徑、清無。

一　二六頁中一一行「欲食」，資、磧、普、南、徑、清作「欲須」。

一　二六頁中一九行第一三字「是」，諸本作「如是」。

一　二六頁中二一行第五字「生」，資、磧、普、南、徑、清作「龍生」。

一　二六頁下六行第三字「欲」，諸本作「我欲」。

一　二六頁下八行「即以」，徑作「即至」。

一　二六頁下一〇行首字「謂」，徑作「畏」。同行第一三字「悲」，資、磧、普、南、徑、清作「悲號」。

一　二六頁下一四行首字「會」，資、磧、普、南、徑、清作「生會」。

一　二六頁下一六行末字「走」，磧、普、南、徑、清作「起」。

一　二六頁下一八行首字「後」，資、磧、普、南、徑、清作「後逐」。

一　二七頁上七行第一二字「衆」，資、磧、普、南、徑、清作「僧」。

一　二七頁上九行第一三字「衆」，資、磧、普、南、徑、清無。

一　二七頁上一四行「復次」，資、磧、普、南、徑、清無。

一　二七頁上二二行第二、三字「剃髮」，資、磧、普、南、徑、清無。

一　二七頁中五行第二字「飲」，諸本作「少飲」。

一　二七頁中七行第二字「鬚」，諸本作「髮」。同行第八字「住」，資、磧、普、南、徑、清作「在」。

一　二七頁中一三行「出家」，麗作「出家出家」。

一　二七頁中一五行第二字「比」，資、磧、普、南、徑、清作「皆」。同行第五字「得」，諸本作「持」。

一　二七頁中一七行第九字「時」，資、磧、普、南、徑、清作「尒時」。

一　二七頁下一〇行「一布薩」，諸本作「共一布薩」。

一　二七頁下一六行「大泥洹經」，資、磧、普、南、徑、清作「大般泥洹經」。

一 二七頁下一九行首字「中」，資、磧、普、南、徑、清無。

一 二七頁下二一行至次行「賓鉢羅」，南、徑、清作「寶鉢羅」。

一 二八頁上五行「乃使」，磧、普、南、徑、清作「乃至使」；麗作「乃至」。

一 二八頁上六行第一三字「礼」，諸本作「禮敬」。

一 二八頁上一三行「路逕」，諸本作「路經」。同行「聚落聚落」，資、磧、普、南、徑、清作「聚落」。

一 二八頁上一八行「勤勤」，資、磧、普、南、徑、清作「殷勤」。

一 二八頁上二〇行「死烏」，資、磧、普、南、徑、清作「烏死」。

一 二八頁上二二行「世尊」，資、磧、普、南、徑、清作「摩訶羅世尊」。

一 二八頁上末行「摩訶羅」，資、磧、普、南、徑、清作「摩訶羅比丘」。

一 二八頁中一行「摩訶」，資、磧、普、南、徑、清無。

一 二八頁中二行「阿羅訶」，資、磧、普、南、徑、清作「摩訶羅」。

一 二八頁下七行第一〇字「者」，資、磧、普、南、徑、清無。

一 二八頁下九行第六字「時」，南作「將」。

一 二八頁下一一行「聲聞」，資、磧、普、南、徑、清作「於聲聞」。

一 二八頁下一五行第四字「守」，資、磧、普、南、徑、清作「守護」。

一 二八頁下一七行第六字「不」，諸本作「不能」。同行第九字「失」，磧作「先」。

一 二八頁下末行第四字「右」，諸本作「右面」。同行「次數」，資、磧、普、南、徑、清作「次數長老」。

一 二九頁上五行「二部」，麗作「一部」。

一 二九頁上七行「一部」，麗作「二部」。

一 二九頁上九行「受二部」，資、磧、普、南、徑、清作「受誦二部」。

一 二九頁上一三行「名那頭盧」，資、磧、普、南、徑、清作「名槃頭盧」。

一 二九頁上一四行第七字「言」，諸本作「自」。

一 二九頁上二〇行第四字「白」，資、磧、普、徑、清作「白言」。

一 二九頁上二一行第一一字「呼」，資、磧、普、南、徑、清作「喚」。本頁中五行第二字同。

一 二九頁中九行「摩藪盧」，資、磧、普、南、徑、清作「名摩藪盧」。

一 二九頁中一〇行「羅社」，麗作「羅杜」。

一 二九頁中一六行第一二字「後」，資、磧、普、南、徑、清無。

一 二九頁中一八行「於般泥洹」，資、磧、普、南、徑、清作「無於泥洹」。

一 二九頁中二一行第五字「般」，資、磧、普、南、徑、清無。

一 二九頁下三行「猶如」，資、磧、普、南、徑、清作「喻如」。

一 二九頁下五行「當往」，資、磧、普、南、徑、清作「當詣」。

一 二九頁下一六行「頃身」，諸本作「傾身」。

一 二九頁下二一行「又復說偈言」，諸本非偈句，並單作一行。

一 二九頁下二二行第三字「利」，資、磧、普、南、徑、清作「巧」。

一 二九頁下末行「尒時大迦葉而說偈言也」，諸本作「尒時大迦葉而說偈言」，非偈句，並單作一行。

一 三〇頁上五行「是念」，資、磧、普、南、徑、清作「是言」。

一 三〇頁上六行第三字「不」，諸本作「不進」。

一 三〇頁上八行「勤進」，資、磧、普、南、徑、清作「精勤」。

一 三〇頁上一〇行第七字「問」，磧作「時」。

一 三〇頁上一二行第七字「有」，諸本作「有餘」。

一 三〇頁上一四行末字至次行「如法者」，資、磧、普、南作「如法」；徑、清作「汝法」。

一 三〇頁上一五行第八字「應」，諸本作「應應」。

一 三〇頁上一六行「語衆」，資、磧、普、南、徑、清作「示衆」。

一 三〇頁上二二行「是語」，資、磧、普、南、徑、清作「是言」。

一 三〇頁中一行「還復」，資、磧、普、南、徑、清作「還伏」。

一 三〇頁中八行「如是」，諸本作「如日」。

一 三〇頁中一九行第一三字「他」，磧、普作「地」；南、徑、清作「佛」。

一 三〇頁下一行末字「說」，諸本作「記」。

一 三一頁上二行首字「應」，資、磧、普、南、徑、清無。

一 三一頁上一三行第四字「擲」，資、磧、普、南、徑、清作「下」。

一 三一頁上二一行至次行「陰馬藏」，徑、清作「馬陰藏」。

一 三一頁中一行第五字「滴」，諸本作「啼」。

一 三一頁中七行「比尼」，諸本作「比尼罪」。

一 三一頁中九行「三二」，南作「三一」。

一 三一頁中一九行末字「蘭」，諸本作「蘭遮」。

一 三一頁中二〇行「比丘」，資、磧、普、南、徑、清作「毗尼」；麗作「比尼」。

一 三一頁中末行第一三字「篇」，資、磧、普、南、徑作「偏」；清作「遍」。

一 三一頁下一一行「威儀」，諸本作「捨威儀」。

一 三一頁下一八行第一二字「已」，資、磧、普、南、徑、清無。

一 三一頁下二一行第九字「隨」，諸本作「當隨」。

一 三二頁上二行首二字「尊者」，資、磧、普、南、徑、清無。同行第八字「復」，資、磧、普、南、徑、清無。

一 三二頁上一三行至次行首字「巨舍羅」，資、磧、普、南、徑、清作「巨舍羅」。下同。

一　三二頁上二一行第六至第九字「樹提陁娑」，資、磧、普、南、徑、清作「樹提陀婆」。下同。

一　三二頁中一行「聞無師」，資、磧、普、南、徑、清作「聞佛無師」。

一　三二頁中三行首字「諸」，資、磧、普、南、徑、清無。

一　三二頁中一〇行「五百」，磧、普、南、徑、清作「五百比丘」。

摩訶僧祇律卷第三十三　仕

東晉天竺三藏佛陁羅共法顯譯

七百集法藏者佛般泥洹後長老比丘在毗舍離沙堆僧伽藍尒時諸比丘從檀越乞索作如是哀言長壽世尊在時得前食後食衣服供養世尊泥洹後我等孤兒誰當見與汝可布施僧財物如是哀聲而乞時人或與一罽利沙槃二罽利沙槃乃至十罽利沙槃至布薩時盛著瓮中持拘鉢量分次第而與時持律耶舍初至次得分問言此是何物荅言次得罽利沙槃醫藥直耶舍荅言過去問言何故過去施僧耶舍荅言不又問何故過去荅言不淨諸比丘言汝謗僧言不淨此中應作舉羯磨即便為作舉羯磨作舉羯磨已時尊者陁娑婆羅在摩偷羅國耶舍即往詣彼作是言長老我被舉行隨順法問言汝何故被舉荅言如是如是事彼言汝無事被舉我共長老法食味食耶舍聞是語已作是言諸長老我等應更集比

尼藏勿令佛法頹毀問言欲何處結集荅言還彼事起處時摩偷羅國僧伽舍羯丙者舍衛城沙祇尒時中國都有七百僧集有持一部比尼二部比尼者又從世尊面受者又從聲聞受者時有凡夫學人無學人三明六通得力自在七百僧集毗舍離沙堆僧伽藍嚴飾牀蓐尒時大迦葉達頭路優波達頭路尊者阿難皆已般泥洹尒時尊者耶輸陁僧上座問言誰應結集律藏諸比丘言尊者陁娑婆羅應結集陁娑婆羅言長老更有餘長老比丘應結集諸比丘言雖有諸上座但世尊記長老和上成就十四法持律第一汝從面受應當結集陁娑婆羅言若使我結集者如法者隨喜不如法者應遮若不相應者應遮勿見尊重是義非義願見告示皆言尒時尊者陁娑婆羅作是念我今云何結集律藏有五淨法如法如律者隨喜不如者應遮何等五一者制限淨乃至風俗淨作是語諸長老是九法序何等九從四波羅夷乃至隨順法

世尊在某處某處為某甲某甲比丘
制戒我從和上闍為如是制此戒不皆
言如是如是五事記比尼廣說如上
乃至諸長老是中須鉢者求鉢須衣
者求衣須藥者求藥無有方便得求
金銀及錢如是諸長老應當隨順學
是名七百結集律藏略說比尼者佛
在迦維羅衞尼拘律樹釋氏精舍時
有二比丘尼一名難陁二名欝多羅
隨佛六月求教戒法白佛言善哉世
尊願為我略說比尼使我得解佛告
比丘尼貪欲不解因緣共相習狎論
說俗事增長受陰多欲不知止足增
貪欲瞋恚愚癡諍訟不和合非寂非
覺非泥洹當知非法非比尼非佛教
當作是知無欲解因緣不相狎習離
俗言論不長受陰少欲知足無貪欲瞋
恚愚癡離諍訟和合寂靜覺泥洹如
是當知是法是比尼是佛教是名略
說比尼

刀治及灌筒　剃髮并作具　和合不和合
五百與七百　略說比尼後　第十跋渠竟

毀呰者佛住舍衞城時六群比丘方

類毀呰比丘諸比丘以是因緣具白
世尊佛言呼六群比丘来来已佛問
比丘汝實尒不荅言實尒佛告此是
惡事從今日後不聽毀呰毀呰者業
方面姓形貌病罪罵結使業者說自
解有人說者長老此中有旃陁羅竹
師皮師凡師乃至獄卒魁膾是名說
自解者長老我非旃陁羅乃至魁膾
獄卒是名自解有人者此中或有人
是旃陁羅乃至獄卒是名有人如是
方面姓形貌病罪結使亦如是是中
毀呰越比尼罪是名毀呰

伎樂者佛住王舍城加蘭陁竹園時
六群比丘先至作樂處視占如坐禪
比丘伎兒既集作衆伎樂衆人悅樂
喜笑比丘默然衆人笑已比丘方更
拍手大笑衆人競看伎兒不得雇直
嬈言坐是比丘令我等不得財物此
敗壞人何道之有諸比丘聞已以是
因緣具白世尊佛言呼六群比丘来
来已佛問比丘汝實尒不荅言實尒
世尊佛言此是惡事從今日後不聽
觀看妓兒伎兒者打鼓歌儛彈琵琶

鐃銅鈸如是比種種伎樂下至四人
聚戲不聽看若比丘入城聚落若天
象出若王出翼從作種種伎樂過行
觀見無罪若作方便看越比尼罪若
佛生處大會處菩提大會處轉法輪
大會五年大會作種種伎樂供養佛
若檀越言諸尊者與我和合翼從世
尊尒時得與和合在坐若坐中有種
種伎樂生染著心者即應起去是名
伎樂

香華者佛住王舍城時節會日六群
比丘難陁優波難陁以香塗身著優
鉢羅花鬘瞻蔔華鬘有著草華鬘共
行為世人所嫌云何沙門釋子著優
鉢羅華瞻蔔華鬘猶如王子大臣又
如作使賤人著草華鬘此壞敗人何
道之有諸比丘聞已以是因緣往白
世尊佛言呼六群比丘来来已佛問
比丘汝實尒不荅言實尒　世尊佛言
從今日後不聽著香花香者栴檀沉
水如是比一切香皆不應著若熱病
醫言當須栴檀香塗尒時得用香塗
若欲塗時先應供養佛泥塔然後塗

身塗身已不得在衆中當在屏處病差淨澡浴身然後入衆華者優鉢羅瞻蔔須摩那如是一切華不應著若比丘患眼痛頭痛醫教言當須華鬘繫頭差者得繫若欲繫者當供養佛塔然後得繫繫已不得在衆人中當在屏處差已當捨若著香不著華一越比尼罪若著華不著香一越比尼罪二俱著犯二罪俱不著無罪是名香華法

鏡法者佛住舍衛城祇桓精舍有檀越飯僧打揵椎時難陁優波難陁照鏡自觀停久不至為檀越所嫌我捨棄家業故来飯僧而諸比丘不時来集諸比丘以是因縁往白世尊佛言呼難陁優波難陁来来已佛問難陁優波難陁汝實尒不荅言實尒佛言從今日後不聽照鏡鏡者油中水中鏡中不得為好故照面自看若病差照面自看病差不差若新剃頭自照看淨不淨頭面有創照看無罪為好故照鏡越比尼罪是名鏡法

擔法者佛住曠野精舍尒時營事比

丘持擔輦塼泥土為世人所譏云何沙門釋子似奴僕使人客作人擔負泥土此壞敗人何道之有諸比丘以是因縁往白世尊佛言呼營事比丘来来已佛問比丘汝實尒不荅言實尒佛言從今日後不聽擔擔者繩囊擔籠擔擔杖不擔囊越比尼心悔擔囊不擔杖越比尼心悔二俱擔越比尼罪若精舍院内石竹木重者得擔若僧次作使坈瓶得繩連擔若前後擔衣囊前後擔鉢俱越比尼罪若長衣囊拖者肩上鉢串肩無罪是名擔法

抄繫衣者佛住曠野精舍時營事比丘抄繫衣輦塼石泥土為世人所譏云何沙門釋子如奴僕使人抄繫衣作是壞敗人何道之有諸比丘聞已以是因縁往白世尊佛言呼營事比丘来来已佛問比丘汝實尒不荅言實尒佛言從今已後不聽抄繫抄繫者一邊兩邊抄繫盡不得若泥土作為覆屋泥屋得抄繫内衣是名抄繫

上樹者佛住舍衛城尒時世尊往欝單越乞食時諸比丘作是念世尊還

者必乗神足来或上樹上牆遥望世尊世尊知諸比丘心念即隱身自坐本座佛知而故問諸比丘何處去比丘即以上事具白世尊佛言從今日後不聽上樹樹者樹共人等不得上若作菩提大會欲莊嚴菩提樹一脚蹬樹一脚蹬牆越比尼心悔二脚上樹越比尼二脚上牆無罪蹬梯亦如是若道路行失道迷不知方面得上樹望無罪若為虎狼師子如是比恐怖得上樹無罪是名樹法

火者佛住舍衛城尒時世尊到時著入聚落衣持鉢入城次行乞食還自併牀蓐不語侍者及比丘僧往拘薩羅國波利邪婆羅林賢樹下受象王三月供養乃至非時寒雪諸比丘自然火向為世人所嫌沙門瞿曇無量方便毀呰煞生讃歎不煞而今比丘然火燒地擾傍一根諸比丘以是因縁往白世尊乃至佛言從今已後不聽然火火者薪火草火牛屎火糠火札火不得燒未燒地若次直溫室若直月若熏鉢先使淨人知然後自燒無罪若持

炬行欲抖藪炬者不得在未燒地當在灰上若瓦上若炬火自落地即在上抖擻無罪若未燒地中然火越比尼罪是名火法

銅盂法者佛住王舍城尒時嶽謁居士大施五百象五百馬五百牛五百水牛五百婢五百奴種種雜施中有銅盂諸比丘心生疑往問世尊是淨不淨應受不受佛言一切銅盂不聽受若施僧淨器應為呪願受若私畜銅盂越比尼罪得施淨人已用無罪是名銅盂法

迴向者佛住舍衛城諸天世人信心尊重持種種飲食來供養佛比丘僧尊者舍利弗大目連及諸比丘時六群比丘晨朝至精舍門下立見世人持飲食來問言此食與誰荅言與世尊即語言世尊應供養次問此復與誰荅言與僧即語僧應供養次問此復與誰荅言與尊者舍利弗大目連語言此人應供養次問此復與誰荅言與某甲比丘即便語言某甲老病不能敢食但棄汝食當施我我為汝

呪願使汝得食用功德時人直信即便施之有黠慧者不與作是言我何故與是無慙愧人諸比丘以是因緣往白世尊乃至佛問比丘汝實尒不荅言實尒佛語六群比丘此是惡事汝云何知物向他而迴向已從今日後不聽知物向他自迴向已物者八種時食乃至淨不淨如上廣說若人問言尊者我欲布施當施何處荅言施僧若復問言何處有持戒僧應語言無有犯戒僧汝但施若問言何處有比丘能常一處修習行業令物久在使我常見尒時得語某甲比丘可與知物向僧自迴向已尼薩耆波夜提知物向僧迴向他波夜提知物向衆多人迴向衆多人知物向一人迴向一人越比尼罪下至知物向畜生迴向餘畜生越比尼心悔是名迴向法

毀呰觀伎兒　塗香并花鬘　擔持抄繫衣
上樹自然火　銅盂迴向物　十一跋渠竟

大施五百象乃至五百奴婢諸比丘心生疑悔往問佛言淨不淨應受不

應受佛言一切衆生不聽受衆生者象馬牛水牛驢羊麞鹿猪奴婢如是及餘一切衆生不應受若人言我施僧婢不聽受若言我施僧園民婦不聽受若言施僧奴不聽受若言施僧使人不應受若言供給僧男淨人聽受若別施一人婢不聽受若奴若使人若園民不聽受若施淨人為料理僧故得受若施尼僧奴不聽受若施園民不聽受若施婢不聽受若言供給尼僧女淨人聽受若別施一比丘尼奴不聽受若園民不聽受若施淨女人為料理僧故得受若檀越作佛生日大會菩提大會轉法輪大會羅睺羅大會阿難大會五年大會檀越信心歡喜莊嚴象馬布施衆僧者不聽受若檀越持鸚鵡孔雀鷄羊麞鹿與不聽受若言不受者我當煞之應語言汝自放已應與水食守護勿令衆生傷害不得剪翅羽籠繫若能飛能行自活放去莫拘制若受衆生者越比尼罪是名衆生法

樹法者佛住舍衛城尒時檀越僧園

摩訶僧祇律第三十三卷　第十二張　仕字号

中種菴婆羅樹有一比丘截取為一居士作房房成施牀褥請僧供養時種菴婆羅樹檀越亦在會中見已問言尊者此是誰房比丘言是某甲居士房檀越言尊者何故取我樹為他作房此房即是我房心猶不悦即往詣佛所頭面礼足却住一面即以上事具白世尊佛為說法示教利喜前礼佛足歡喜而去佛言呼彼比丘来来已佛問比丘汝實尒不答言實尒佛言汝云何斫截華果樹作房從今已後不聽斫華果樹斫華果樹者菴婆羅樹閻浮樹毗羅樹迦毗陁樹叵那娑樹椰子樹無憂樹瞻婆樹枳欏羅樹阿提目多樹如是比一切華果樹不聽斫作房若樹老無華果者應語檀越言長壽是樹已老又須作房舍安置比丘得受用福若主聽得取不聽不得取若必須木用復妨他者使淨人以魚骨刺若灰汁澆若樹已死應語檀越言此樹已干欲須用若聽者取用若比丘斫花果樹者越比尼罪是名樹法

摩訶僧祇律第三十三卷　第十三張　仕字号

樵木法者佛住舍衛城尒時聚落邊有精舍客比丘来斫伐樵薪舊比丘言汝何故斫截我等勤苦種殖汝客来但逐蔭凉坐不能助愛護而狼藉稱意明日便去不知我苦如是語已舊比丘乞食去後客比丘干生合斫房前積聚然火舊比丘乞食還見已即言汝何故干生合斫積聚然火客比丘言汝何故自取然火而反遮我如是諍已二比丘往詣佛所頭面礼足具白上事佛語諸比丘汝不得自取遮他亦應當護不得干生合斫房前積聚然樵薪然法者然有准則尒許温室中然尒許厨下然尒許浴室中然尒許別房中然當分應從限不得過取若然無定限者多亦無罪不聽斫濕樹木應取干者僧房內樹木觀望好者不得斫山林無主守護者斫無罪是名樵薪法

華法者佛住舍衛城聚落邊有僧伽藍時客比丘来取華舊比丘言汝何以取華我等勤苦種殖守護溉灌汝客来但逐凉坐不欲料理狼藉稱意

摩訶僧祇律第三十三卷　第十四張　仕字号

明日便去不知我苦如是語已舊比丘乞食去後客比丘成華不成華合折狼藉積置房前舊比丘乞食還見花聚即言汝何故取華客比丘言汝何故自取而反遮我如是諍已俱往詣佛具白上事佛語比丘汝不得自取遮他應當愛護客比丘不得成不成合折積聚房前有五法成就應拜作分花人何等五不隨愛不隨瞋不隨癡不隨怖知得不得是名五法羯磨者應作是說大德僧聽某甲比丘五法成就若僧時到僧拜某甲比丘作分花人如是白白一羯磨乃至僧忍默然故是事如是持是比丘受羯磨已應使淨人知花若花小者應器量分若手作准則若優鉢羅花瞻蔔鉢頭摩分陁利如是等大花應數分若佛花者應上佛若僧花者隨意供養若轉易若花多者可與華鬘家語言汝日日與我尒許鬘餘者與我尒許直得直已得用作別房衣若前食後食若猶多者當著無盡財中是名花法果法者如上花中說乃至拜羯磨

已當使淨人知果若細者當量分若以手為限若大者如多羅果毗羅果椰子果婆椰沙果菴婆羅果如是等當數分若多者應與販果人日日應與我尒許果餘者與我尒許直得直已應著前食後食中若猶故多者當著無盡財中是名果法種樹法者佛住舍衛城尒時有比丘於僧地中種菴婆羅果長養成樹自取其果不令他取諸比丘言汝何故自取遮他荅言我種此樹護令長大諸比丘以此因緣往白世尊佛言此種殖有功德一年與一樹年法者若比丘僧地種菴婆羅果樹閻浮樹如是比果樹應與一年取若樹大不欲一年并取者聽年年取一枝枝遍則止若種一園樹者應與一年若言我欲年取一樹亦聽若種蕪菁若葱如是比菜應與一剪若種瓜瓠應與一番熟取是名種樹法治罪法者身行口行身口行身不攝故犯口不攝故犯身口不攝故犯身作口作身口作是名罪法無罪者身無行口無行身口無行身

攝故不犯口攝故不犯身口攝故不犯身不作口不作身口不作是名非罪治罪者波羅夷罪當云何治若作俗人若與作學沙弥若僧中驅出僧伽婆尸沙罪云何治若不覆藏應行摩那埵阿浮呵那覆藏者與別住行摩那埵阿浮呵那尼薩耆者當云何治隨前物應僧中捨捨已若上座應頭面作礼執足若下座應𨄔跪合掌作是言長老我犯長衣已僧中捨波夜提罪我今悔過應問汝見是罪不荅言見應語言更莫作荅言頂戴持波夜提波羅提提舍尼越比尼罪但名差別亦如是治是名治罪法

衆生并種樹　薪積與華果　種殖聽一年
罪非罪治法　十二跋渠竟

滅者有七何等七現前比尼憶念比尼不癡比尼自言比尼覓罪相比尼多覓比尼草布地比尼是名滅事者四諍事何等四相言諍誹謗諍罪諍常所行事諍是名四滅諍事調伏者折伏羯磨不語羯磨駈出羯磨發喜羯磨舉羯磨別住羯磨是名調伏調

伏事者五衆罪波羅夷僧伽婆尸沙波夜提波羅提提舍尼越比尼罪是名調伏事

聽法者佛住舍衛城尒時諸比丘白佛言世尊聽我作草屋不佛言聽如是作壁作户扇户楣格作白泥作五種畫不佛言聽佛告諸比丘如過去世時有王名曰吉利為迦葉佛作精舍一重二重乃至七重彫文刻鏤種種綵畫唯除男女和合像種種者所謂長老比丘像蒲桃蔓摩竭魚鵝像死屍之像山林像如是比丘一切是名五種畫佛住舍衛城聽作房毗舍離聽乳酪酥𤛓野聽魚肉如是一切聽一切制皆在八大城一舍衛二沙祇三瞻婆四波羅柰五拘睒弥六毗舍離七王舍城八迦毗羅衛是九部經若忘說處者是八大城趣舉一即名是處世尊所印是名聽法塗面油者佛住舍衛城尒時精舍中檀越飯僧時難陁優波難陁闡揵推鳴方以油塗面住不時出故為檀越所嫌諸比丘以是因緣往白世尊佛言喚是

比丘来来已佛問比丘汝實尒不荅言實尒佛言從今已後不聽油塗塗面油者胡麻油大油阿提目多花油瞻婆華油如是等比香油為好故塗面者越比尼罪若洗浴時得用油若澡豆屑末塗足油著手得用拭面無罪是名油法

粉法者佛住舍衛城尒時祇洹精舍有檀越設供飯僧時六群比丘聞揵椎鳴方以粉拭面不時出為檀越所嫌諸比丘以是因緣往白世尊乃至佛言從今日後不聽比丘以粉拭面粉者摩鄃石粉鈆錫粉如是比若為好故乃至赤土塗面越比尼罪若面有瘡癰痤腫起得塗無罪塗時不得在衆人中當在屏處是名粉法

刷法者佛住舍衛城乃至六群比丘刷頭住不時出為檀越所嫌諸比丘以是因緣往白世尊乃至佛言不聽比丘用刷刷頭刷者毛刷草刷草根刷如是比下至手刷為好故越比尼罪若剃髮已得手摩無罪是名刷法

梳法者佛住舍衛城世尊制戒不聽

用刷時有檀越飯僧難陁優波難陁聞揵椎鳴方以梳梳頭而住不時得出為檀越所嫌乃至佛言不聽用梳梳者牙梳骨梳角梳木梳如是比一切梳不聽用下至以手梳頭為好故越比尼罪是名梳法髮簪者佛住舍衛城世尊制戒不得用梳乃至六群比丘用簪攏頭不時得出為檀越所嫌乃至佛言不聽用簪簪者金銀銅鐵鍮石牙骨角竹木如是比一切不聽乃至以豪猪鬚為好故用刷頭越比尼罪若手已淨頭痒者得持物攏是名簪法

七滅并滅事　調伏調伏事　聽法油塗面

粉刷梳以簪　十三跋渠竟

塔法者佛住拘薩羅國遊行時有婆羅門耕地見世尊行過持牛杖拄地礼佛世尊見已便發微笑諸比丘白佛何因緣笑唯願欲聞佛告諸比丘是婆羅門今礼二世尊諸比丘白佛言何等二佛佛告比丘礼我當其杖下有迦葉佛塔諸比丘白佛願見迦葉佛塔佛告比丘汝從此婆羅門索

土塊并是地諸比丘即便索之時婆羅門便與之得已尒時世尊即現出迦葉佛七寶塔高一由旬面廣半由延婆羅門見已即便白佛言世尊我姓迦葉是我迦葉塔尒時世尊即於彼處作迦葉佛塔諸比丘白佛言世尊我得授泥不佛言得授即時說偈言

真金百千擔　持用行布施　不如一團泥

敬心治佛塔

尒時世尊自起迦葉佛塔下基四方周匝欄楯圓起二重方牙四出上施槃蓋長表輪相佛言作塔法應如是塔成已世尊敬過去佛故便自作礼諸比丘白佛言世尊我等得作礼不佛言得即說偈言

人等百千金　持用行布施　不如一善心

恭敬礼佛塔

尒時世人聞世尊作塔持香華來奉世尊世尊恭敬過去佛故即受華香持供養塔諸比丘白佛言我等得供養不佛言得即說偈言

百千車真金　持用行布施　不如一善心

華香供養塔

尒時大衆雲集佛告舍利弗汝爲諸人說法佛即說偈言

百千閻浮提　滿中真金施　不如一法施
隨順修行

尒時坐中有得道者佛即說偈言

百千世界中　滿中真金施　不如一法施
隨順見真諦

尒時婆羅門得不壞信即於塔前飯佛及僧時波斯匿王聞世尊造迦葉佛塔即勅載七百車塼來詣佛所頭面礼足白佛言世尊我欲廣作此塔爲得不佛言得佛告大王過去世時迦葉佛般泥洹時有王名吉利欲作七寶塔時有臣白王言未來世當有非法人出當破此塔得重罪唯願王當以塼作金銀覆上若取金銀者塔故在得全王即如臣言以塼作金銀覆上高一由延面廣半由延銅作欄楯經七年七月七日乃成作成已香華供養及比丘僧波斯匿王白佛言彼王福得多有珎寶我今當作不及彼王即便作經七月七日乃成成已供養佛比丘僧作塔法者下基四方

周匝欄楯圓起二重方牙四出上施槃蓋長表輪相若言世尊已除貪欲瞋恚愚癡用是塔爲得越比尼罪業報重故是名塔法塔事者起僧伽藍時先預度好地作塔處塔不得在南不得在西應在東應在北不得僧地侵佛地佛地不得侵僧地若塔近死尸林若狗食殘持來汙地應作垣牆應在西若南作僧坊不得使僧地水流入佛地佛地水得流入僧地塔應在高顯處作不得在塔院中浣染曬衣著華屣覆頭覆肩涕唾地若作是言世尊貪欲瞋恚愚癡已除用是塔爲得越比尼罪業報重是名塔事塔龕者尒時波斯匿王往詣佛所頭面礼足白佛言世尊我等爲迦葉佛作塔得作龕不佛言得過去世時迦葉佛般泥洹後吉利王爲佛起塔四面龕上作師子象種種綵畫前作欄楯安置花處龕內懸繒幡蓋若人言世尊貪欲瞋恚愚癡已除但自莊嚴而受樂者越比尼罪業報重是名塔龕法園塔法者佛住舍衛城尒時波斯匿王

往至佛所頭面礼足白佛言世尊我得爲迦葉佛塔作園不佛言得作過去世時有王名吉利迦葉佛般泥洹後王爲起塔塔四面造種種園林塔園林者種菴婆羅樹閻浮樹頗㮼樹瞻婆樹阿提目多樹斯摩㮼樹龍華樹無憂樹一切時華是中出華應供養塔若檀越言尊者是中華供養佛果與僧應從檀越語若花多者得與華鬘家語言尒許華作鬘與我餘者與我尒許直若得直得用然燈買香以供養佛得治塔若直多者得置著佛無盡物中若人言佛無婬怒癡用是華果園爲得越比尼罪果報重是名塔園法

池塔法者佛住舍衛城乃至佛告大王過去迦葉佛泥洹後吉利王爲迦葉佛塔四面作池種優鉢羅華波頭摩華拘物頭分陁利種種雜華今王亦得作池池法者得在塔四面作池池中種種雜華供養佛塔餘得與華鬘家若不盡得置無盡物中池不得浣衣澡洗手面洗鉢下頭流出處得隨意

用無罪是名塔池法塔枝提者佛住舍衛城乃至佛語大王得作枝提過去迦葉佛般泥洹後吉利王為迦葉佛塔四面起寶枝提雕文刻鏤種種綵畫今王亦得作枝提有舍利者名塔無舍利者名枝提如佛生處得道處轉法輪處般泥洹處菩薩像辟支佛窟佛脚跡此諸枝提得安佛華蓋供養具若有言佛貪欲瞋恚愚癡已斷用是精舍供養為得越比尼罪業報重是名塔枝提

供養具者佛住舍衛城乃至諸比丘白佛言世尊得持塔供養具供養枝提不佛言得若佛生日得道日轉法輪日五年大會日當此時得持供養中上者供養佛塔下者供養枝提若有言佛婬怒癡已盡用是幡蓋供養為得越比尼罪業報重是名枝提法

伎樂供養者佛住舍衛城時波斯匿王往詣佛所頭面禮足却住一面而白佛言世尊得持伎樂供養佛塔不佛言得迦葉佛般泥洹後吉利王以一切歌儛伎樂供養佛塔今王亦得佛言若如來在世若泥洹後一切華香伎樂種種衣服飲食盡得供養為饒益世間令一切衆生長夜得安樂故若有人言世尊無婬怒癡用此伎樂供養為得越比尼罪業報重是名伎樂法

取供養具者佛住舍衛城尒時諸比丘白佛言世尊我等得取枝提供養具不佛言得取者若佛生日得道日轉法輪日五年大會日多出幡蓋供養枝提若卒風雨一切衆僧應共取不得言我是上座我是阿練若我是乞食我是糞掃衣我是大德汝等依是活者自應取若風雨卒來應共取隨近房應安不得護房言著先處若濕者應曬塵土坌者應抖擻裂壞若言我是上座我是阿練若我是乞食我是糞掃衣我是大德者得越比尼罪是名取供養具

難者佛住舍衛城時尊者優波離往詣佛所頭面禮足白佛言世尊若塔物僧物難起者當云何佛言若外賊弱者應從王求無畏王若言尊者但住莫畏若我後事不立者隨意尒時應量王力強弱賊強者應密遣信往賊主所求索無畏王若言我今自恐不立何得無畏尊者自可從賊索救護者應去若賊是邪見不信佛法者不可歸趣者不得便捨物去應使可信人藏佛物僧物當先探候看賊不可令奄尒卒至若賊來急不得藏者佛物應莊嚴佛像僧坐具應敷安置種種飲食令賊見相當使年少比丘在屏處伺看賊至時見供養具若起慈心作是問有比丘不莫畏可來出尒時年少比丘應看若賊卒至不得藏物者應言一切行無常作是言已捨去是名難去

塔法并塔事　塔龕及塔園　塔池及枝提
伎樂供養具　取撿香花難　十四跋渠竟
具足舉羯磨　舉事并布薩　病法比尼事
重物及食䬸　為煞并刀治　方面受衆生
滅偷婆法後

摩訶僧祇律卷第三十三

摩訶僧祇律卷第三十三

校勘記

一 底本，金藏廣勝寺本。

一 三九頁中二行與三行之間，資、磧、普、南、徑、清有「雜誦跋渠法第九之十一」；麗有「明雜誦跋渠法之十一」各一行。

一 三九頁中八行「財物」，資、磧、普、南、徑、清作「錢物」。

一 三九頁中一四行第七字「舍」，資、磧、普、南、徑、清無。同行至次行「不又問何故過去答言」，麗無。

一 三九頁中二〇行第八字「事」，資、磧、普、南、徑、清無。

一 三九頁下三行第四字「丙」，資、磧、普、南、徑、清作「兩」；麗作「丙」。

一 三九頁下四行「二部」，磧作「一部」。

一 三九頁下六行第八字「人」，資、磧、普、南、徑、清無。

一 三九頁下八行「大迦葉」，資、磧、普、南、徑、清作「尊者大迦葉」。

一 三九頁下二一行第四字「者」，諸本（不含石，下同）作「法者」。

一 三九頁下二二行「是語」，資、磧、普、南、徑、清作「是言」。

一 三九頁下末行第一二字「隨」，麗作「法隨」。

一 四〇頁上二行第二字「戒」，資、磧、普、南、徑、清無。

一 四〇頁上一七行「不長」，麗作「不增」。

一 四〇頁中三行「佛告」，諸本作「佛言」。

一 四〇頁中五行第三字「姓」，資、磧、普、南、徑、清作「性」。一一行第三字同。

一 四〇頁中八行末二字至次行首二字「魁膾獄卒」，資、磧、南、徑、清作「獄卒魁膾」。

一 四〇頁中九行第七字「有」，資、磧、普、南、徑、清作「又」。

一 四〇頁中一四行第八字「樂」，資、磧、普、南、徑、清作「妓樂」。同行「視占」，南、徑、清作「視瞻」。

一 四〇頁中末行「妓兒伎兒」，資、磧、普、南、徑、清作「妓樂妓樂」。

一 四〇頁下三行第一三字「過」，資、磧、普、南、徑、清作「遇」。

一 四〇頁下五行「生處」，諸本作「生日」。同行第六字、第一一字「處」，資、磧、普、南、徑、清無。

一 四〇頁下一八行第五字「呼」，資、磧、普、南、徑、清作「喚」。次頁上一六行首字同。

一 四〇頁下二〇行「從今日後」，資、磧、普、南、徑、清作「從今已後」。下同。

一 四〇頁下二一行第一二字「若」，資、磧、普、南、徑、清作「若比丘」。

一 四〇頁下末行「佛泥塔」，資、磧、普、南、徑、清作「佛香塗塔」。

一 四一頁上一行「衆中」，資、磧、普、南、徑、清作「衆人中」。

一 四一頁上五行「當供養」，諸本作

「當先供養」。

一　四一頁上八行第一一字「一」，資、磧、普、南、徑、清作「二」。

一　四一頁上九行第七字「罪」，資、磧、普、南、徑、清無。

一　四一頁上一一行「祇桓」，資、磧、普、南、徑、清作「時祇桓」。

一　四一頁上二一行「有創」，諸本作「有瘡」。

一　四一頁中二行第五字「似」，資、磧、普、南、徑、清作「如」。

一　四一頁中九行「院內」，資、磧、普、南、徑、清作「垣內」。

一　四一頁中一二行「拖著」，磧、普、南、徑、清作「舵著」。

一　四一頁中二一行首字「爲」，資、磧、普、南、徑、清作「若」，同行末二字「抄繫」，麗作「抄繫法」。

一　四一頁下八行「比尼」，諸本作「比尼罪」。同行「上牆」，資、磧、普、南、徑、清作「牆上」。

一　四一頁下一〇行第六字「爲」，資、磧、普、南、徑、清無。

一　四一頁下一一行第一一字「火」，麗作「火法」。

一　四一頁下一三行「乞食」，資、磧、普、南、徑、清作「乞食乞食」。

一　四一頁下一六行「寒雪」，資、磧、普、南、徑、清作「寒雨」。

一　四一頁下一八行第八字「令」，諸本作「今」。

一　四二頁上一行「抖藪」，諸本作「抖擻」。

一　四二頁上一九行「即語」，資、磧、普、南、徑、清作「即言」；麗作「即語言」。

一　四二頁上二二行第三至第四字「某甲」，資、磧、普、南、徑、清作「某甲某甲」。

一　四二頁中六行第八字「而」，資、磧、普、南、徑、清作「自」。

一　四二頁中一四行第四字「向」，資、磧、普、南、徑、清無。

一　四二頁中一九行「伎兒」，資、磧、普、南、徑、清作「伎樂」。同行「塗香并花鬘」，麗作「花鬘并鏡法」。

一　四二頁中末行第八字「言」，資、磧、普、南、徑、清無。

一　四二頁下四行第二字「婢」，資、磧、普、南、徑、清作「奴」。同行第一三字「婦」，資、磧、普、南、徑、清作「婢」。

一　四二頁下一二行第六字「若」，麗作「若施」。

一　四二頁下一六行第一三字及四五頁上五行第二字「者」，資、磧、普、南、徑、清無。

一　四二頁下一九行第八字「與」，徑作「語」。

一　四三頁上二行第一〇字「請」，磧作「謂」。

一　四三頁上五行「檀越」，諸本作「時檀越」。

一　四三頁上一二行「不聽斫華果樹」，資、磧、普、南、徑、清作「華果樹不聽」。

一　四三頁上一三行末字至次行「叵那

娑」，資、磧、普、南、徑、清作「叵那婆」。

一　四三頁上一八行第七字「受」，資、磧、普、南、徑、清作「大受」。

一　四三頁上一九行第七字「必」，資、磧、普作「畢」。同行「他者」，麗作「地者」。

一　四三頁中一七行第五字「木」，資、磧、普、南、徑、清無。

一　四三頁中一八行至次行「者斫」，資、磧、普、南、徑、清作「斫者」。

一　四三頁下四行第八字「取」，資、磧、普、南、徑、清作「聚」。

一　四三頁下六行「比丘」，麗作「舊比丘」。

一　四三頁下七行第一一字「不」，諸本作「復不」。同行末字「不」，資、磧、普、南、徑、清作「未」。

一　四三頁下一六行「若優鉢羅花」，資、磧、普、南、徑、清作「優鉢羅」。

一　四四頁上三行「婆那沙」，麗作「娑那沙」。

一　四四頁上五行首字「應」，資、磧、普、南、徑、清無。

一　四四頁上七行第一三字「法」，資、磧、普、南、徑、清無。

一　四四頁上一〇行「遮他」，資、磧、普、南、徑、清作「而遮他」。

一　四四頁上一三行首字「德」，麗作「聽」。同行第六字「樹」，資、磧、普、南、徑、清無。

一　四四頁上一四行第五字「果」，資、磧、普、南、徑、清無。

一　四四頁中八行「捨捨」，資、磧、普、南、徑、清作「捨」。

一　四四頁中一〇行「是言」，諸本作「如是言」。

一　四四頁中一二行「更莫」，資、磧、普、南、徑、清作「莫更」。

一　四四頁中一九行「是名滅事者」，資、磧、普、南、徑、清作「是名滅滅事者」；麗作「是名滅諍事者」。

一　四四頁下六行「作戶扇戶楣格」，資、磧、普、南、徑、清作「作戶楣格作戶扇」；麗作「作戶扇作戶楣格」。

一　四四頁下八行第六字「曰」，資、磧、普、南、徑、清無。

一　四四頁下一二行第一一字「丘」，諸本無。

一　四四頁下末行第一三字「嚵」，資、磧、普、南、徑、清作「呼」。

一　四五頁上二行末字「塗」，諸本無。

一　四五頁上三行「大油」，諸本作「大麻油」。

一　四五頁上四行第四字「油」，資、磧、普、南、徑、清作「油等」。

一　四五頁上一五行「痤腫」，資、磧、普、南、徑、清作「痤疱」。

一　四五頁上一七行「佛住」，資、磧、普、清作「佛在」。

一　四五頁上二〇行「草刷」，資、磧、普、南、徑、清無。

一　四五頁中一一行第七字「鬣」，資作「獦」；麗作「獵」。

一　四五頁中一二行「淨頭」，麗作「淨頭故」。

一　四五頁中一六行「佛住」，資、磧、普、南、徑、清作「佛於」。
一　四五頁中一七行「住地」，資、普、南、徑、清作「拄地」。
一　四五頁中二〇行「二世尊」，資、磧、南、徑、清作「二佛」；普作「一佛」。
一　四五頁下三行「一由旬」，資、磧、普、南、徑、清作「一由延」。
一　四五頁下一四行第一〇字及二〇行第一二字「等」，資、磧、普、南、徑、清無。
一　四五頁下末行「華香」，資、磧、普、南、徑、清作「香華」。四七頁中一行至次行，資、磧、普、南、清同。
一　四六頁上一五行「此塔」，磧作「比塔」。
一　四六頁上一七行「金銀」，諸本作「金薄」。
一　四六頁中五行「預度」，資、磧、普、南、徑、清作「規度」。
一　四六頁中九行至次行「水流」，資、磧、普、南、徑、清作「流水」。
一　四六頁中一一行末字「贚」，諸本作「曬」。
一　四六頁中一六行「我等」，資、磧、普、南、徑、清作「我得」。
一　四六頁中一七行「得作」，資、磧、普、南、徑、清無。
一　四六頁中一九行首字「黿」，諸本作「作黿」。
一　四六頁中二二行第四字「越」，諸本作「得越」。
一　四六頁中末行「園塔法」，資、磧、普、南、徑、清作「塔園」；麗作「塔園法」。
一　四六頁下三行及次頁上七行、二二行「般泥洹」，資、磧、普、南、徑、清作「泥洹」。
一　四六頁下五行「頗那樹」，資、磧、普、南、麗作「頗那娑樹」；徑、清作「頗那婆樹」。
一　四六頁下一四行「果報」，資、磧、普、南、徑、清作「業報」。
一　四六頁下一六行「池塔法」，資、磧、普、南、徑、清作「池法」；麗作「塔池法」。
一　四六頁下一八行第一一字及次行首字「華」，資、磧、普、南、徑、清無。
一　四六頁下二一行「種種」，資、磧、普、南、徑、清作「種種種」。
一　四六頁下二二行第一一字「池」，諸本無。
一　四六頁下末行「澡洗」，資、磧、普、南、徑、清作「浴洗」。
一　四七頁上一行第八字及上一八行末字「法」，資、磧、普、南、徑、清無。
一　四七頁上九行「貪欲」，資、磧、普、南、徑、清作「貪婬」。
一　四七頁上一八行第二字「得」，資、磧、普、南、徑、清無。
一　四七頁上二〇行末字「而」，資、磧、普、南、徑、清無。
一　四七頁上二一行「佛塔」，資、磧、普、南、徑、清作「迦葉佛塔」。
一　四七頁中一三行第一二字「而」，諸本作「雨」。

一　四七頁中一四行第七字「應」，資、磧、普、南、徑、清無。

一　四七頁中一五行第三字「若」，資、磧、普、南、徑、清無。

一　四七頁中一六行「欵舉」，資、磧、普、南、徑、清作「疊舉」；麗作「疊奉」。

一　四七頁中一七行第四、第五字「我是」，資、磧、普、南、徑、清無。同行第一三字「者」，資、磧、普、南、徑、清無。二一行第六字、本頁下四行末字同。

一　四七頁中一八行末字「具」，磧、麗作「具法」。

一　四七頁中二二行第五字「王」，清作「至」。

一　四七頁下一行第七字「賊」，資、磧、普、南、徑、清無。同行「強者」，資、磧、普、南、徑、清作「強者便住弱者」。

一　四七頁下四行「去若」，資、磧、普、南、徑、清作「看賊」。

一　四七頁下五行「不得」，資、磧、普、南、徑、清作「不可」。

一　四七頁下一〇行第八字「時」，麗作「賊」。

一　四七頁下一三行「是言」，資、磧、普、南、徑、清作「是語」。

一　四七頁下一四行末字「去」，諸本作「法」。

一　四七頁下一七行末字「事」，資、磧、普、南、徑、清作「罪」。

一　四七頁下一八行「方面」，麗作「方便」。

趙城縣廣勝寺

摩訶僧祇律卷第三十四　　仕

東晉天竺三藏佛陁羅共法顯譯

威儀七十事初上座法第一　布薩法第二

佛住舍衛城尒時比丘僧集欲作布薩比丘盡集時難陁為僧上座不來有檀越持物来待僧和合已欲布施問僧集未荅言未集復問誰不来荅言僧上座不来檀越嫌言我待僧集欲有所施而上座不来待良久便布施而去上座逼暮方来竟不行舍羅復不唱不来諸比丘說欲清淨直略說四事而去年少比丘問言上座来未荅言上座来已還去年少比丘嫌言云何上座来亦不使人知去亦不使人知諸比丘以是因緣往白世尊佛言呼難陁来佛問難陁汝實尒不荅言實尒佛言從今日後僧上座應如是知云何如是知上座法應知今十四日若十五日布薩中間布薩若晝若夜當知處所若溫室講堂若林中應廣誦五篇戒下至四事及偈餘者僧常聞若城邑聚落中有比丘者上座應令人唱今僧十四日若十五日若食前食後尒許人影在某處布薩應先使人掃地泥治散衆花已誰應呪願誦戒行舍羅上座應知說戒時僧未集有檀越来者上座應為說法共相勞問若不能者應請第二上座若法師為說法布薩時至者應問檀越欲去住若言去者應與呪願發遣令去住者應遣出已作布薩有者應香湯洗舍羅已行若坐布者應一人行一人取不得覆頭覆肩行籌應脫革屣偏袒右肩行籌受籌人亦如是先行受具足人籌然後行沙弥籌行已應白尒許受具足人尒許沙弥合有尒許人僧上座應誦戒若不能者次第二上座誦若復不能乃至能誦者應誦誦時若逼暮天陰風雨有老病人不堪久坐住處遠有王難賊難尒時得略誦若日早無上諸難者應廣誦若上座自誦若餘人誦若和合竟夜說法論義問答呪願上座布薩法應如是若不尒者越威儀法

摩訶僧祇律第三十四卷　第一張　仕字

佛住舍衛城尒時比丘僧集欲作布

薩第一上座来第二上座不来時擅越持物来欲布施問僧集未荅言未集問誰不来荅言第二上座不来擅越嫌言我欲少有所施第二上座不来待良久不来便布施而去第二上座逼暮方来上座嫌言世尊獨制我第二上座便不問耶諸比丘以是因緣往白世尊佛言呼是比丘来来已佛問比丘汝實尒不荅言實尒佛言從今日後布薩時第二上座亦應如是知云何如是知一切如上座中廣說但以第二上座為異耳若僧上座不能者第二上座應知若不如是者越威儀法

佛住舍衛城尒時比丘僧集欲作布薩上座第二上座来餘人彷徉不時来集上座第二上座嫌言世尊獨制我不制餘人耶諸比丘以是因緣往白世尊佛言呼是諸比丘来来已佛問汝實尒不荅言實尒世尊佛言從今日後布薩事一切僧應如是知云何如是應知月一日二日乃至十四日十五日布薩中間布薩日處所應知若人問今是幾日不得逆問昨日是幾日要當知若恐忘者應作籌繩穿懸講堂前若食厨前直月知事人日過一籌布薩日廣誦五篇戒乃至四事及偈餘者僧常聞一切如上座中廣說但一切為異若上座第二上座復不能者餘一切盡應知若不如是越威儀法

佛住舍衛城尒時祇洹精舍檀越設供飯比丘僧第一上座不来羹飯已冷檀越言比丘僧集未荅言未集誰不来荅言第一上座不来檀越嫌言我捨家業来欲餝僧而比丘不集上座時至方来亦不歎食呪願狼狽食已便去年少問言上座来未荅言已来食竟便去年少嫌言上座来亦不令人知去亦不令人知諸比丘以是因緣往白世尊佛言呼難陁来来已佛問汝實尒不荅言實尒佛言從今日後僧上座食應如是知云何如是知今日誰施食為二部衆為一部衆為別房請聚落中若精舍中應知若有人請明日飯僧僧上座不得即受應知前請人姓名客舊巷陌處所恐有人試弄比丘故不應即受若有人識彼請人男女得受請受請已不得便𨅊去至明旦應遣直月若園民若沙弥往看之或遭縣官水火盜賊産生死亡不能得辦若有此難僧應自辦食若無者語令乞食使往聞請主食辦未荅言是何人是何食當知被誑若僧伽藍有食應辦當食若無應唱言比丘僧被誑各自乞食若請主言尊者正尒辦是時上座應知時若冬時應一切集已共去若春夏時應前後去若到彼請家日早食未辦欲餘行應白比丘我欲至某甲家若食辦者莫待我去已應早還入檀越家時上座應知坐左右若檀越作吉祥會右敷座者應坐若為餓鬼會左敷座者亦應坐若敷長淨坐具急者應以手按令緩徐徐坐不得使裂若不急者不得頻身坐或下有器物眠小兒先應一手按座不得持臟鉢及餅果者上不得用拭手上座當知誰署房誰病應語與食若檀越惜者應語

言長壽法應與不得不與若日早者應著行取若日晚者應先取發遣令去僧上座應知前人為何等施當為應時呪願若檀越行食時多與上座者上座應問一切僧盡得尒許不荅言止上座得耳應語言一一平等與若言盡得者應受若須少取少下者應語多與若乳酪餅肉酥如是比好食盡應語平等與僧上座法不得臨下便食應待行遍唱等供已然後得食上座法當徐徐食不得速食竟住看令年少狼狽食不飽應相望看不得食竟便在前出去應待行水隨順呪願已然後乃出若為亡人施福者不應作是吉祥歎

賢善已無常　今是吉祥日　種種設餚饍
供養良福田

應作如是呪願

一切衆生類　有命皆歸死　隨彼善惡行
自受其果報　行惡入地獄　為善者生天
若能修行道　漏盡得泥洹

若生子設福者不應作如是說

僮子棄塜間　啑指七日活　不遭致重害

僮子功德力

應如是呪願

僮子歸依佛　如來毗婆施　尸棄毗葉婆
拘樓拘那鋡　迦葉及釋迦　七世大聖尊
辟如人父母　慈念於其子　舉世之樂具
皆悉欲令得　令子受諸福　復倍勝於彼
室家諸眷屬　受樂亦無極

若入新舍設供者不得作是說

若火燒屋時　得出中所有　必為已財寶
不為火所焚

應作如是呪願

屋舍覆陰施　所欲隨意得　吉祥賢聖衆
處中而受用　世有黠慧人　乃知於此處
請持戒梵行　脩福設飲食　僧口呪願故
宅神常歡喜　善心生守護　長夜於中住
若人於聚落　及以曠野處　若晝若於夜
天神常隨護

若估客欲行設福者不應作是說

一切諸方面　賊難不可行　今正是其時
出家修梵行

應作如是說

諸方皆安隱　諸天吉祥應　聞已心歡喜
所欲皆悉得　兩足者安隱　四足者亦安
去時得安隱　來時亦安隱　夜安晝亦安

諸天常護助　諸伴皆賢善　一切悉安隱
康健賢善好　手足皆無病　舉體諸身分
無有疾苦處　若有所欲者　去得心所願

東方有七星常護世間令得如願一名吉利帝二名路呵尼三名僧陀鄉四名分婆唻五名弗施六名婆羅鄉七名阿舍利是名七星在東方常護世間今當護汝令得安隱得利早還一切星宿皆當護汝復次東方有八天女一名賴車摩提二名尸沙摩提三名名稱四名耶輸陀羅五名好覺六名婆羅濕摩七名婆羅浮陀八名阿毗呵羅是名八天女在東方常護世間有天王名提頭賴吒揵闥婆王及一切諸天常護汝等普令安隱得利早還東方有支提名弓杖常出光明諸天恭敬供養是一切供養天當護汝令得財利安隱早還南方有七星常護世間一名摩伽二三同名頗求尼四名容帝五名質多羅六名私婆帝七名毗舍佉是名七星在南方常護世間今當護汝令安隱得利早還一切星宿皆當護汝南方有八天

女一名賴車魔帝二名施師摩帝三名名稱四名名稱持五名好覺六名好家七名好力八名非断常護世間有天王名毗留荼俱魔荼鬼神王共護汝等得利早還南方有支提名阿毗鉢施常放光明諸天恭敬供養一切供養支提諸天當護汝等安隱得利早還西方有七星常護世間一名不滅二名逝吒三名牟遲四名堅強精進五六同名阿沙荼七名阿毗闍摩是名七星常護世間當護汝等得利早還一切星宿皆當護汝西方有八天女一名阿藍浮婆二名雜跋三名阿利吒四名好光五名伊迦提舍六名那婆私迦七名既色尼八名沙陁羅是名八天女有天王名毗留愽叉常護世間有龍王名婆留尼及一切諸龍當護汝等得利早還西方有山名饒益日月居中若有所求得心所願北方有七星常護世間一名檀尼吒二三同名世陁帝四名不曾具陁尼五名離婆帝六名阿濕尼七名婆羅尼是名七星常護世間當護汝等

得利早還一切星宿皆當護汝北方有八天女一名尼羅提毗二名修羅提毗三名俱吒毗四名波頭摩五名呵尼六名波利七名遮羅尼八名迦摩是名八天女有天王名婆留鄰常護世間當護汝等得利早還北方有山名枳羅蘇鬼神常居中一切諸鬼神當護汝等得利早還二十八宿并日月三十二天女并四大天王治世有名稱東方提頭羅吒王西方毗留愽叉王南方毗留荼王北方婆留鄰王八沙門八婆羅門八大國刹利八帝釋女當護汝等得利早還若取婦施者不應作是說

枯河無有水　國空王無護　女有兄弟十
亦名無覆護　應作是呪願
女人信持戒　夫主亦復然　由有信心故
能行修布施　二人俱持戒　修習正見行
歡樂共作福　諸天常隨喜　此業之果報
如行不賫粮
若出家人布施者不得作是說
使子孫繁熾　奴婢及錢財　牛羊諸六畜
一切皆滋多　應作是呪願

持鉢家家乞　值瞋或遇喜　將適護其意
出家布施難
僧上座應如是知若不如是者越威儀法

佛住舍衛城時檀越飯僧難陁為上座先坐優波難陁及餘比丘不時集上座嫌言世尊獨制我不制餘人耶。乃至佛言從今日應一切齊集食上座應如上說此中但以第二上座及一切為異乃至當留比坐坐處若行食人過者不得黙然而看比坐應語與是不得食便先食要待遍巳然後食若時遍者隨下隨食無罪上座應呪願若不能者第二上座呪願若復不能者下過乃至能者應呪願如是一切食上座應知若不如是知者越威儀法

佛住舍衛城時優波難陁度人出家受具足受具足巳不教誡如天牛天羊威儀不具足不知承事和上阿闍梨長老比丘法又不知入聚落阿練若法入衆著衣持鉢法諸比丘以是因緣往白世尊佛言呼優波難陁来来巳佛問比丘汝實尒不荅

言實介佛言從今後和上應如是教共行弟子云何教受具足已應教誦二部比尼若不能者教誦一部復不能者教廣誦五篇戒復不能者教誦四三二下至四事日三教晨起日中向冥教教法者若阿毗曇若比尼阿毗曇者九部經比尼者波羅提木叉略廣若不能者應教知罪輕重知緣經義知比尼義知陰界入義知因緣義教威儀非威儀應遮受經時共誦時坐禪時即名教若不受經共誦坐禪者下至應教莫放逸和上不如是教共行弟子者越威儀法

復次佛住舍衛城時優波難陁共行弟子不數至和上所優波難陁嫌言世尊獨制我不制弟子弟子来我當教不来我教誰諸比丘以是因緣往白世尊佛言呼是比丘来来已佛問比丘汝實介不荅言實介佛言從今日後共行弟子應如是事和上云何事共行弟子法應晨起先右脚入和上户入已頭面礼足問安眠不若受經若問事已應出小行器唾壺著常

處先以水灑地然後掃㠯摩塗地洗手已授水齒木竟持鉢與迎粥食粥已洗器舉者常處若有請處者應往迎食欲入村時授入聚落衣卷疊院中衣著常處入聚落時應從師後行若欲乞食時當白和上和上應語如法莫放逸若先還者應與和上敷坐牀取淨水辦草菜待和上和上還已應授與院中衣取入聚落衣抖擻疊著常處若熱時應與水洗浴寒時應然爐火已若得好食者應授與和上和上看已應問汝何處得是好食若言某甲婬女家寡婦家大童女家不能男家惡名比丘尼邊惡名沙弥邊得和上應語此非行處不應取彼食若言為說法故得應語不得邪命取人食食時應授水洗手授食若是熱時與冷水以扇扇之食已収鉢取草菜洗鉢舉著常處和上若欲入林坐禪時應取尼師檀著肩上持澡罐隨後到已若受經問義得已應在一處脩習若欲共他並誦時白和上和上應問與誰共誦荅言與某甲共誦和

上觀前人持律緩者應語莫去此人不可與作徃反若持律好者應語誦還時應取尼師檀著肩上持澡罐隨還和上欲礼塔時應與水洗手授華礼塔已與敷坐牀與洗脚與油塗足欲眠時應拂拭牀蓐安枕應與然燈内唾壺小行器和上安隱已然後受經問義分房。當次得時先問和上然後取二人共得房者和上應問汝共誰得房舍荅言共某甲應觀前人持戒緩者應語莫取生人過患若賢善者語取後更有上座来出去時亦當白若共行弟子於和上所應如是作若不作者越威儀法若弟子衆多下至一拂拭牀是名事

佛住舍衛城時難陁優波難陁受人依止不教誡如天牛天羊一一如上和上中廣說但以阿闍梨為異耳

佛住舍衛城介時難陁優波難陁受人依止弟子不来師嫌言世尊獨制我不制弟子弟子不来我當教誰如上共行弟子中廣說但此中以依止弟子為異耳

上座布薩事　第二一切然　上座食上法
第二一切然和上所教示　共行應隨順
依止順法教　弟子應奉行

初跋渠竟

佛住舍衛城祇洹精舍如來五日一行諸比丘房見牀處處側地風飄日曝雨露其上垂食烏鳥糞上佛知而故問比丘此是誰牀處處側地烏鳥糞上乃至佛告諸比丘從今日牀蓐應如是知云何知不得見牀處處側地垂耿日曝雨露風飄烏鳥糞上而置若處處者應收撿著一處側者當正日曝風雨飄者應著房內垂耿者當支脚烏鳥糞上當抖擻內著房中不得看房舍漏壞不治若草覆者當草補凡覆還用凡補石灰覆者還用石灰補泥覆者泥補辟破者當泥治巨摩塗地衆僧牀蓐不得趣尒受用以單故布覆上應以兩重尼師檀覆上若卧具眠時應以物廁裏不得令近身蓐氍毹厚者不得屈敷破壞僧物蓐枕拘執若垢膩者應浣破者應補已還成若僧牀蓐卧具應如是舉

持若不尒者越威儀法

佛住舍衛城祇洹精舍尒時諸比丘春末月不修治房舍如來五事利益故五日一行諸比丘房何等五一者我聲聞中不貪著有為事不二不著世俗言論不三不著眠睡不四為看病比丘故五有信心年少比丘見如来威儀庠序發歡喜故是名五事行房見房舍破壞不治佛知而故問比丘是何等房破壞不治諸比丘荅言安居比丘自當治事佛言從今日後安居時房舍應如是治云何治若安居時欲至不得看房舍破壞不治而言安居人自當治若草房者當草覆乃至泥房者應泥補辟孔應泥治當塞鼠孔泥治地房中受用物應聚著一處五法成就應拜作分房人何等五不隨愛不隨瞋不隨怖不隨癡得不得知是名五羯磨不應作是說大德僧聽某甲比丘五法成就若僧時到僧拜某甲作分房人如是白白一羯磨乃至僧忍默然故是事如是持是比丘得羯磨已應修房溫室食堂

講堂浴室井屋廁屋門屋經行處樹下疏記多少若阿練兒住處離餘住處遠者四月十二日十三日應分房舍若不受者應餘處去若多近住處者十四日十五日分房應僧中讀疏大德僧聽某甲精舍有尒所房尒所牀蓐尒許食尒許齋日飲食有尒所安居衣上座應語分房舍共一施應分房從上座乃至無歲比丘不得與沙弥房若和上阿闍梨言但與我當治事應與若房長者一人應與兩房若言我不須二得一便足應語言不為受用故與為治事故與若房少者二人三人共一房如是復不受者五人六人共若復不受有大堂者一切盡共入大堂若復不受者上座敷大牀下座敷小牀若復不受者上座小牀下坐草蓐若復不受者上座草蓐下坐應加趺坐若復不受者上座加趺坐下坐應立若出樹下冬時分房治事故與受用故與上座来喚起便應去春時分房亦復如是夏時分房治事故與受用故與上座来喚起去

不應去若比丘春末月應如是治房
若不如是者越威儀法
佛住舍衛城祇洹精舍介時世尊五事
利益故五日一行諸比丘房見房舍漏
壞不治亭雨潦淤滿水漬不通門户
虫噉牀蓐䗬青佛知而故問比丘是何
等房不治漏壞如是乃至佛言從今日
後夏安居中應如是治房舍牀蓐云
何如是治不得見房舍漏壞及以牀蓐
而不治事若草覆者應草補乃至泥
覆者泥補通水瀆及長流若卧牀蓐
坐牀䗬生者應日中曬令干若房内
濕者應令離壁支脚勿使虫食應掃
屋間炱煤虫網半月應以巨摩塗地
若干者應以水洽塗地若濕者淳用
巨摩塗若房内濕者不得洗手洗足
洗鉢不得閉户當時時開户使風得
入不得以烟熏之若比丘夏安居房
舍當如是治若不如是越威儀法
佛住舍衛城介時比丘阿練若處安
居竟不囑便去後野火来燒房舍諸
比丘以是因縁往白世尊佛言比丘
安居竟房舍應如是治云何治若比

丘在阿練若處安居竟至冬時欲移
就暖處者不得盡去當求兩人三人
堪能者令住應與飲食勿令乏短若
言不能我何故住此空野中為若都
無住者若有牀枕蓐拘執銅鐵器物
一切應寄聚落中精舍卧牀坐牀當
離壁以物支足勿令虫食安居竟不
得見房舍漏壞不治事而去若草覆
者應草補乃至泥覆者泥補泥治房
舍作白色壁周匝斲火當囑託放牧
人汝時時與我看視聚落中住處亦
應如是治事若温室講堂食堂白汙
灑治事若精舍檀越在者應語令治
若老人治若無主復不老人者一切
僧應治當共分人得一肘二肘三肘
令周遍卧林坐牀緩壞者應更織令
堅若蓐枕拘執卧具膩應浣令淨若
破者應補房中受用諸物應聚著一
處若比丘安居竟房舍牀蓐應如是
治若不如是治越威儀法
佛住舍衛城介時世尊五事利益故
五日一行諸比丘房見卧牀坐牀處
處狼藉側地佛知而故問是何等牀

狼藉不舉荅言世尊是舊比丘所安
我是客佛言從今日後客比丘應如
是知云何知乃至不得見卧牀坐牀
狼藉虫噉而置若狼藉者應收置一
處若側者應正以物支足勿使虫敢
客比丘来至不得便持物著屋中當
放物一處覓舊比丘得房舍已若地
不平者應平若有鼠孔者應塞泥治
若有炱煤虫網應掃卧牀坐牀若緩
者應織令急蓐枕拘執應抖擻屋中
應以水灑淨掃塗地若木衣架者當
以物拭令淨若是竹滑者以手拭之
應看栓堅者以鉢懸上若半夜住者
亦應如是治竟去客比丘若不如是
治越威儀法
佛住舍衛城祇洹精舍介時如来五
事利益故五日一行諸比丘房乃至
言世尊是客比丘敷置非我舊比丘
佛言從今已後舊比丘應如是知云
何知舊比丘不得令牀敷處處棄擲
令虫敢食而置若處處星散者應聚
一處若虫敢者當以物支足舊比丘
法不得自住好房牀蓐枕留弊壞垢

膩者待客比丘來自當治當修治好者待客比丘舊比丘應如是知若不如是越威儀法

佛住舍衛城祇桓精舍如來五事利益故五日一行諸比丘房乃至佛見已知而故問比丘是誰牀敷荅言世尊是舊比丘敷我方始住佛言從今已後牀敷一切比丘應如是知云何知一切比丘不得令牀蓐處處雨露日炙虫齧若見散在地者應聚著一處若雨露日炙者應安覆處若虫齧者當支足若房舍漏壞者應覆草覆者草補乃至泥覆者泥補辟穿壞者當補治泥地若牀蓐枕拘執垢膩破壞者不得看置應浣染補治內毳當擘還褚牀繩緩者當織令堅緻打揵椎治牀蓐時不得徐徐來應疾往集集已應當共治有應作繩者有應織者當共作若分者各自持去若如是打揵椎治牀蓐時不得言我是阿練兒我乞食我大德我是上座不能治此中受用者自當治一切盡集共治有繩線者有縱者有上色者比丘應如是一切治若不如是越威儀法

佛住舍衛城尒時諸比丘處處大便為世人所嫌云何沙門釋子似如牛驢便右無常處諸比丘以是因緣往白世尊佛言從今已後應作廁屋廁屋不得在東在北應在南在西開風道作法者若作坑若依高岸若坑底有水出者當使淨人先起止中然後比丘行若臨岸上底有流水者應安板令先墮板上後墮水中應作兩孔三孔孔廣一不舒手長一肘半屋中應安牖使兩不相見邊安廁籬屋下應安衣架尒時有比丘先在廁上後有比丘急行入廁便欲在先比丘上行彼比丘言長老莫汙我比丘以是因緣往白世尊佛言從今日後上廁法應如是知云何如是知不得臨急已然後上廁應當如覺欲行便往往時不得默然入應彈指若內有人亦應逆彈指若大急者應背蹲先人應相容處不得未至便高舉衣來當隨下隨褰不得著僧卧具上廁不得廁上嚼齒木覆頭覆右肩應當偏袒不得在中誦經禪定不淨觀及以睡眠令妨餘人起時不得高舉衣起去應隨下隨起復次尒時諸比丘用竹作籌草傷破身諸比丘以是因緣往白世尊佛言從今已後不聽竹片籌片木札及骨應用滑物圓物不得用已放廁中應土毗夜置一處若是深坑高岸放中無罪大小行及涕唾當使正墮孔中不得汙兩邊若前人汙者當以木篦除令淨不得大小行已不用水而受用僧坐具牀蓐應安水瓶若是坑者不得就中用水若臨岸者得用當用木石瓦作瓶蓋年少比丘次第益水時時當洗瓶若木蓋者不得日中曬勿令破若是瓦石者得著日中曬廁邊應著灰土巨摩若水器有虫者不得言此中有虫當持草橫上令知有虫相不得多用水應裁量用若瓶水盡者當語知水家使人益若自益下至一澡罐水令得一人用若下部痔病不得洗者當用軟物拭若布若樹桒若無廁屋者應在房後若辟下便又不得並嚼楊枝及覆頭

覆肩應偏袒若夜患下者應以凡器盛棄之若無器者當在水瀆邊明當洗去若温室講堂中平下者當出若大急不得去者當在一處不得如牛隨行隨放曉當除却水洗處持油塗之下至巨摩若繞塔時腹痛下者應當去若大急者應在一處不得如牛汙脚而去竟已當除去水洗香泥塗之若阿練若處無香者當持油塗之若欲入聚落當先便右已而去入聚落中若大行者應往丈夫廁上不得入女人廁若無者應問人求隨所安處問時不得問年少婦女聞已當笑應問長宿若復無者當入空舍入時不得在淺露處不得深處使人謂呼是賊若復無者應在道邊牆下若有伴者令借向障若共賈客行時大便者應下道勿在上風熏人應在下風若宿時欲便右者不得默然去當語賈客勿呼是賊亦當在下風不得在上風若隨賈客船上行時若大便者當到大行處應用木板著下令先墮木上然後墮水若無木者乃至一廁

草承無廁草當用凡器盛已棄之若塔院僧院內見不淨者應除去若二人共行見者下坐應除若下坐持戒緩者當自除若被毒醫言應服大便汁若自已許不須復受若他許者當受若比丘在廁上應如是若不如是越威儀法

佛住舍衛城尒時諸比丘處處小行為世人所嫌云何沙門釋子如牛驢處處小行此壞敗人何道之有乃至佛言從今已後應作小行處作法者不得在北在東應在南在西開風道時有比丘小行復有比丘來於上欲小便先比丘言長老莫汙我諸比丘以是因緣往白世尊佛言從今已後小便法應如是知云何知不得臨急然後去如覺欲行當去應先彈指若先有人者亦逆彈指若急者應借先人先人應容處不得覆頭覆肩並爵齒木應袒右肩當上行不得在上禪定眠睡誦經及不淨觀以妨後人竟當時去若無小便處者應以甖盛甖上當安穿底瓨別一瓨中行以寫中

若無瓨者當用木杓寫寫中不得大行涕唾中年少比丘次第棄之棄時當著屏處不得棄塔院上流中寫已當水洗覆地若無者應　求器若是凡者應洗已覆地若木者洗已著陰中勿令破當施絃夜當內著牀下若無器者水瀆邊小便不得在塔上流若温室講堂上欲小便時應出若急失者不得行失小便當住一處訖然後以水洗油塗乃至巨摩若繞塔欲小便者應去若急者不得並行應住一處訖以水洗之香塗若阿練若處無香者當用油塗若欲入聚落當先小便已而去若聚落中欲小便者當在屏處若急不得至屏處者當向牆若有伴應借向障若共賈客道行欲小便者當在下風不得上風若夜宿時小便者當在下風起時當語人令知勿令謂呼是賊若船行者當至小便處若無者當小便器中已寫棄比丘病醫言當服小便者不得取初後應取中若自已許承取即名受若在地及他許當受小便法應如是若不

如是越威儀法
佛住舍衛城尒時六群比丘嚼未斷治齒
木為世人所嫌云何沙門釋子如凶
惡人合枝條嚼齒木諸比丘以是因緣
往白世尊佛言從今日後不聽用齒木
復次佛住舍衛城尒時世尊大會說
法時比丘口臭在下風而住佛知
而故問是何比丘獨在一處如嫌恨
人比丘荅言世尊制戒不聽嚼齒木
口臭恐熏諸梵行人故在下風佛
言聽用齒木應量用極長者長十六
指復次尒時有檀越在阿練若處
種樹比丘拔取作齒木用主見已心
生不悅即往佛所以是因緣而白世
尊佛為隨順說法發喜心已礼佛而
退佛言呼是比丘来比丘来已佛問
汝實尒不荅言實尒佛言汝云何取
華果樹作齒木從今已後不聽用花
果樹作齒木嚼時不得在溫室講堂
食屋及僧前和上阿闍梨前塔前像
前不得覆頭覆肩應偏袒右肩在屏
處若僧房內者應以器承嚼殘餘不
得著器中不得著塔院中僧院中常

行處刮舌時不得如婬欲人法刮已
當洗者一處若齒木難得者當藏所
嚼處棄之洗已殘者明日更用復次
尒時有比丘嚼齒木欲盡見世尊来
以恭敬故咽之細木著咽喉不樂諸
比丘以是因緣往白世尊佛言從今
已後不聽嚼盡極長者十六指極短
者四指已上嚼時當在屏處先淨洗
手齒木嚼已水洗棄之用時不得如
婬欲人當以除口臭穢故嚼時不得
咽若誤咽汁者無罪比丘病若醫言嚼
齒木咽之當差應受已嚼咽若無齒
木者當用灰塱土塼墼石草木洗口
已食若塔院僧院中見所嚼齒木當
取棄之若二人共見小者應棄若下
坐持戒緩者當自取棄之齒木法應
如是若不如是越威儀法
牀敷春末月 安居坐已竟 容比丘并舊
一切亦復然 廁屋大小便 齒木二跋渠
佛住舍衛城如来五事利益故五日
一行諸比丘房見比丘敷衣地補佛
言從今日應作席作法應用竹葦長
十肘廣六肘欲縫衣時應在講堂上

若溫室禪坊中敷席已張衣上縫當
洗脚坐上若不洗當偕坐上勿令脚
近不得在上曬穀曬衣染衣不得使
日炙雨露鳥獸汙上縫衣竟當內著
覆處若無席者應在牀上作若復無
者溫室講堂上巨摩塗地縫縫衣時應
如是若不如是越威儀法
佛住舍衛城尒時比丘坐禪還持冷
脚熨他彼比丘心驚不安諸比丘以
是因緣往白世尊佛言從今已後當
作障隔作法者應用箄竹若氈竪四
角施幰繩繫坐禪還時開入中還閉
不得盡閉應舉夜當下障隔法應如
是若不如是越威儀法
佛住舍衛城尒時世尊五事利益故
五日一行諸比丘房見房舍漏壞不
治佛知而故問是何房舍漏壞乃尒
從今日後房舍應如是知云何如是
知不聽見房舍漏壞不治若草覆者
草補乃至泥覆者泥補應時時掃屋
間虫網塵埃地高下者應平治塞鼠
孔泥治半月當一巨摩塗地若地燥
者當水和塗若濕者淳用若是上屋

地作紺青色者當以物裹牀足不得在中然燈經行及著革屣不得唾地當用唾壺若是中屋者得洗足手面蕩鉢下屋者得然燈經行洗足手面蕩鉢房舍應如是若不如是越威儀法

佛住舍衛城尒時世尊五日一行諸比丘房見房舍講堂壁上涕唾淋落垂地佛知而故問是何涕唾不淨乃尒佛言從今日後涕唾法應如是知云何如是知辟泥已不泥盡不得唾若地不泥者當唾一處以脚磨之不得處處汙若作地者應用唾壺底當安沙若灰糞石當數棄之勿令臭穢生垂清水淨洗覆乾不得在中嚼齒木若禪坊中欲唾者應唾革屣底拭地若地有覆者當用唾壺若在食上欲唾者不得大咯著地使比坐比丘惡心應唾兩足中間以脚磨之若大多出不止者當出外唾已還坐若和上阿闍梨前欲唾者當至屏處并聚落中欲唾者應唾足邊以脚磨之若是末土無罪若塔院中僧院中見涕唾者應以足磨之若二人共見小者

應摩若小者持戒緩者當自摩比丘唾時應如是若不如是越威儀法

佛住舍衛城尒時比丘舉鉢著向孔中旋風来吹墮地即破闇食粥揵搥聲欲取鉢正見一聚碎凡諸比丘以是因緣往白世尊佛言呼是比丘来佛問比丘汝實尒不荅言實尒佛言從今日後鉢應如是知云何知不得舉著向孔中岸邊危處不得著開户扇處及行来處不得用灰洗令脱色當用樹葉汁無沙巨磨洗洗時不得在岸邊危處石上塼上不得在多羅樹下迦毗陁樹下鞞梨樹下洗鉢應踞坐若蹲跪離地一搩手應先洗和上阿闍梨鉢然後自洗不得持自鉢中殘水寫和上阿闍梨鉢中當持和上阿闍梨鉢中殘水洗己鉢干時亦先取和上阿闍梨鉢盛時應先盛和上阿闍梨鉢盛時當踞坐持鉢囊帶串辟著脥上盛之若著卧牀上若坐牀上鉢囊當兩重三重作欲懸鉢時當先摇削橛堅不然後安之若無懸處者當著牀上若向中有籠蔬遮者

得安若有鉢龕者得安勿令相揲鉢龕當作緣不得闇中取鉢不得不淨手取應淨洗手若以葉捻取取鉢時一手捉兩一手捉一不得捉四授鉢時不得卒放應問言捉未若言捉已乃放不得持鉢盛不淨物亦不得用盛水剃髮洗手足面浴室中用及洗小便處用護鉢如護眼應當如是若不如是越威儀法

佛住舍衛城尒時六群比丘呰毁粥若見薄者作是言此非粥此是遥浮鞞河若見強者便言此非粥是飯折人齒諸比丘以是因緣往白世尊佛言呼是比丘来佛問比丘汝實尒不荅言實尒佛言從今已後粥應如是知云何知若聞打食粥揵搥聲時當知此是二部僧粥為是一部僧為是師徒眷屬知已應去到已不得形相厚薄隨得應取不得越次取取時不得覆頭覆肩著革屣應脱革屣偏袒右肩取若行粥人去使者下至脱革屣根若不及脱者待還時取若倩人取若坐者次第取若薄者不得言太

清如遥淨那河見月影若強者不得言此是飯折人齒齵得應取粥法應如是若不如是越威儀法

佛住王舍城迦蘭陁竹園尒時比丘在帝釋石窟山邊坐禪時有比丘在前立住坐禪比丘心不得定諸比丘以是因緣往白世尊佛言呼是比丘來來已佛問言汝實尒不答言實尒佛言從今日後當如是住云何如是住不得在坐禪比丘前立不得在僧中當前立不得當徒衆坐前立不得當和上阿闍梨前立及長老比丘前立不得著革屣叉署覆頭放兩手在邊若病者無罪不得在婬女前住摶獵兒前沽酒家前屠兒前獄囚前欻人前住不得在深邃處立住住法應如是若不如是越威儀法

摩訶僧祇律卷第三十四

摩訶僧祇律卷第三十四

校勘記

一　底本，金藏廣勝寺本。

一　五三頁中三行品名，資、磧、普、南、徑、清作「威儀法第十之初」；麗作「明威儀法之一　上坐法」。

一　五三頁中一六行第六字「來」，麗作「來來已」。

一　五三頁中一七行「從今日後」，資、磧、普、南、徑、清作「從今已後」。下同。

一　五三頁下六行第二字「共」，磧、普、南、徑、清作「若」。

一　五三頁下一七行首字「誦」，資、磧、普、南、徑、清無。

一　五三頁下二二行「尒者」，資、磧、普、南、徑、清作「如是」。

一　五四頁上四行「少有」，資、磧、普、南、徑、清作「有少」。

一　五四頁中七行至次行「如是」，資、磧、普、南、徑、清作「如是者」。

一　五四頁中一五行第七字「言」，資、磧、普、南、徑、清無。

一　五四頁下八行「未答」，諸本作「未若」。同行末字「被」，麗作「彼」。

一　五四頁下九行「當食」，麗作「常食」。

一　五四頁下一四行「某甲家」，資、磧、普、南、徑、清作「某家」。

一　五五頁上六行「一一」，諸本作「一切」。

一　五五頁上一三行第一二字「水」，諸本作「淨水」。

一　五五頁中一五行「若人於聚落」，資、磧、普、徑、清作「若入聚落中」；南、麗作「若入於聚落」。

一　五五頁中二〇行「應作如是說」，資、磧、普、南、徑、清作「設作是說」。

一　五五頁下三行「去得心所願」，磧、普、南無。

一　五五頁下八行第八字「得」，資、磧、普、南、徑、清無。

一　五五頁下一五行「常護」，資、磧、

普、南、徑、清作「當」。

一　五六頁上三行「好家」，資、磧、普、南、徑、清作「好寂」。

一　五六頁上五行第三字「等」，資、磧、普、南、徑、清無。

一　五六頁上七行「當護」，麗作「常護」。

一　五六頁上一三行「雜髮」，南作「離髮」。

一　五六頁上一六行第三字「名」，資、磧、普、南、徑、清無。

一　五六頁上二一行「不曾」，諸本作「不魯」。

一　五六頁中四行「呵尼」，資、磧、普、南、徑、清作「阿尼」。同行「波利」，磧、普、徑、清作「彼利」；南作「破利」。

一　五六頁中一三行「帝釋女」，諸本作「帝釋女等」。

一　五六頁中一五行末字「十」，磧作「一」。

一　五六頁中一七行「信持戒」，資、磧、普、南、徑、清作「持信戒」。

一　五六頁中一九行「歡樂」，麗作「歡喜」。

一　五六頁下六行「先坐」，資、磧、普、南、徑、清作「先至」。

一　五六頁下八行「今日」，麗作「今日後」。

一　五六頁下一〇行「當留」，資、磧、普、南、徑、清作「應留」。

一　五六頁下一二行「不得」，麗作「不得得」。

一　五七頁上一行「從今後」，諸本作「從今日後」。

一　五七頁上六行「教教」，麗作「教」。

一　五七頁上九行「入義」，徑作「八義」。

一　五七頁上一〇行「共誦」，磧作「若誦」。

一　五七頁上一七行「我教」，資、磧、普、南、徑、清作「我當教」。

一　五七頁中二行第三字「授」，徑作「受」。

一　五七頁中一四行「沙彌」，麗作「沙彌尼」。

一　五七頁中一五行首字「得」，資、磧、普、南、徑、清無。

一　五七頁中二〇行「渠罐」，資、磧、普、南、徑、清作「渠盥」。下同。

一　五七頁下一行及二行「持律」，資、磧、普、南、徑、清作「持律儀」。

一　五七頁下一一行第二字「緩」，磧作「染」。

一　五七頁下一五行第四字「拭」，資、磧、普、南、徑、清無。

一　五七頁下一七行末字「上」，磧作「尚」；普、南、徑、清作「向」。

一　五七頁下一九行「佛住」，資、磧、普、南、徑、清作「在」。

一　五八頁上二行「一切然」，資、磧、普、南、徑、清作「一切法」。

一　五八頁上一二行第七字「收」，徑作「技」。

一　五八頁上一七行「覆者泥補」；資、磧、普、南、徑、清作「覆還泥補」；

麗作「農者還泥補」。

一 五八頁中五行「聲聞」，諸本作「聲聞弟子」。

一 五八頁中六行「眠睡」，資、磧、普、南、徑、清作「睡眠」。下同。

一 五八頁中一七行第九字「作」，資、磧、普、南、徑、清無。

一 五八頁中一九行第三字「知」，麗作「應知」。同行第九字「不」，諸本作「者」。

一 五八頁中末行第九字「修」，資、磧、普、南、徑、清作「條」。

一 五八頁下二行「阿練兒」，諸本作「阿練若」。下同。

一 五八頁下一三行首字「爲」，磧、普、南、徑、清作「私」。

一 五八頁下二〇行「樹下」，資、磧、普、南、徑、清作「樹下坐」。

一 五九頁上五行「雨潦」，資、磧、普、南、徑、清作「雨潦」。

一 五九頁上六行第五字「醎」，資、磧、普、南、徑、清作「壓」。一二行第三字同。

一 五九頁上一三行第八字「脚」，磧、普、南作「脉」。

一 五九頁中一行第一二字「時」，資、磧、普、南、徑、清無。

一 五九頁中五行「枕蓐」，資、磧、普、南、徑、清作「褥枕」。

一 五九頁中一二行「白汙」，麗作「自汚」。

一 五九頁中一七行第二字「若」，資、磧、普、南、徑、清作「若牀」。

一 五九頁下八行末字「治」，徑作「洽」。

一 五九頁下一三行「栓堅」，諸本作「壯堅」。

一 五九頁下二〇行第八字「令」，資、磧、普、南、徑、清作「於」。

一 五九頁下末行第八字「牀」，資、磧、普、南、徑、清作「好牀」。

一 六〇頁上一六行第三字「褚」，諸本作「褚」。

一 六〇頁中一一行第五字「一」，資、磧、普、南、徑、清作「一肘」。

一 六〇頁中二二行「隨褰」，資、磧、普、南、徑、清作「隨騫」。

一 六〇頁下八行「涕唾」，磧作「涕唾」。

一 六〇頁下二一行「痔病」，麗作「痔脫病」。

一 六〇頁下末行第五字「叉」，諸本作「右」。

一 六一頁上七行「應在」，徑作「應住」。

一 六一頁上九行末字「之」，資、磧、普、南、徑、清無。

一 六一頁上一三行首字「處」，資、磧、普作「家」。

一 六一頁上一五行第一三字「謂」，磧、普作「請」。

一 六一頁上一七行第四字「偕」，諸本作「背」。下同。

一 六一頁上二二行末字「墮」，資、磧、普、南、徑、清作「隨」。

一 六一頁中一行第三字「無」，諸本

作「若無」。
一　六一頁中八行第八字「諸」，資、磧、普、南、徑、清無。
一　六一頁中一三行「小行」，資、磧、普、南、徑、清作「小便」。
一　六一頁中一九行第五字「容」，資作「客」。同行「覆肩」，資、磧、普、南、徑、清作「覆右肩」。
一　六一頁中二〇行第四字「袒」，諸本作「偏袒」。
一　六一頁中二二行至末行「[illegible]上」，資、磧、普、南、徑、清無。
一　六一頁下一行第九字「寫」，諸本無。
一　六一頁下四行第八字「應」，諸本作「應人人」。
一　六一頁下五行第三字「應」，麗無。
一　六一頁下六行第七字「絃」，資、磧、普、南、徑、清作「援」。
一　六一頁下一九行第四字「謂」，諸本作「人」。
一　六二頁上四行第三字「合」，資、磧、普、南、徑、清作「含」。
一　六二頁上一一行第一二字「長」，資、磧、普、南、徑、清無
一　六二頁上一五行「喜心」，資、磧、普、南、徑、清作「歡喜心」。
一　六二頁上一九行第六字「嚼」，資、磧、普、南、徑、清作「嚼齒木」。
一　六二頁上二二行第一〇字「承」，麗作「盛」。
一　六二頁中七行「十六」，資、磧、普、南、徑、清作「長十六」。
一　六二頁中一一行首字「咽」，麗作「咽汁」。同行第五字「汁」，諸本無。
一　六二頁中一三行「灰[illegible]」，資作「灰魯」；磧、普、南、徑、清作「灰鹵」。
一　同行「薑石」，麗作「礓石」(下同)。
一　六二頁中二一行第一三字「補」，徑、清作「鋪」。
一　六二頁中末行第一一字「在」，資、磧、普、南、徑、清無。
一　六二頁下二行「倚坐」，磧、南、徑、清作「背屋」。
一　六二頁下六行「縫縫」，資、磧、普、南、徑、清作「縫」。
一　六二頁下九行第三字「他」，磧作「地」。
一　六二頁下一二行第三字「慊」，諸本作「簾」。同行「坐禪還時」，磧、南作「上禪還時」；徑、清作「坐禪時還」。
一　六二頁下一三行第三字「盡」，諸本作「晝」。
一　六二頁下一九行「不聽」，資、磧、普、南、徑、清作「不得」。
一　六二頁下二二行首字「孔」，資、磧、普、南、徑、清作「穴」。
一　六三頁上三行第一三字「手」，諸本作「洗手」。
一　六三頁上四行「洗足手」，資、磧、普、南、徑、清作「洗足洗手」；麗作「洗手足」。
一　六三頁上一二行「唾壺」，資、磧、普、南、徑、清作「唾壺唾壺」。

一　六三頁上一四行「清水」，資作「青水」；徑、清作「青醎」。

一　六三頁上一七行第七字「咯」，資、磧、普、南作「郝」；徑作「軟」；清作「輭」。同行第一字「使」，南作「便」。

一　六三頁上二〇行第一三字「并」，諸本作「若」。

一　六三頁上二二行「末土」，麗作「末吐」。

一　六三頁中六行末字「來」，麗作「來來已」。本頁下一四行第六字同。

一　六三頁中一四行第九字「搩」，資、磧、普、南作「磔」。

一　六三頁中二一行第五字「當」，諸本作「當用」。

一　六三頁中二二行第四字「削」，資、磧、普、南、徑、清作「銷」；麗作「捎」。

一　六三頁中末行「籠疏」，磧、普、南、徑、清作「櫳疏」。

一　六三頁下一行第一三字「撲」，磧、普、南、徑、清作「數」。

一　六三頁下七行「手足」，資、磧、普、南、徑、清作「足手」。

一　六三頁下一二行「若見」，麗作「若見粥」。

一　六三頁下二一行「使者」，麗作「駚者」。

一　六四頁上四行「王舍城」，徑作「舍衛城」。

一　六四頁上五行「石窟」，麗作「石室」。

趙城縣廣勝寺

摩訶僧祇律卷第三十五

東晉天竺三藏佛陁羅共法顯譯　仕

佛住王舍城迦蘭陁竹園尒時有比丘着多羅屐在坐禪比丘前經行比丘心不得定諸比丘以是因縁往白世尊佛言呼是比丘来来已佛問言汝實尒不荅言實尒佛言從今已後應如是經行云何如是不得在坐禪比丘前經行衆僧前徒衆前和上阿闍梨前長老比丘前經行若病服酥服吐下藥得在前經行行時不得背迴應面向右迴若共和上阿闍梨經行時不得在前不得共並當隨後行迴時不得先迴應在後面向右迴不得在婬女前經行摴蒱兒估酒前屠肆前獄卒前煞人前不得深邃處經行當在不深不淺處經行經行法應如是若不如是越威儀法

佛住舍衛城尒時六群比丘在禪房中作駱駝坐諸比丘以是因縁往白世尊佛言呼六群比丘来来已問言汝實尒不荅言實尒佛言從今日後

不得作駱駝坐應加趺坐若坐久寄極者當平舒一脚不得頻舒兩脚若起經行不得覆頭禪坊中坐若老病得覆半頭一耳若屏處樹下覆頭無罪和上阿闍梨上座前長老比丘若坐若立不得坐不得在婬女前乃至深邃處坐當在不深不淺處坐比丘應如是坐若不如是越威儀法

佛住舍衛城尒時六群比丘伏卧仰卧左脅卧諸比丘以是因縁往白世尊佛言呼是比丘来来已問言汝實尒不荅言實尒佛言從今已後當如是卧云何卧不聽餓鬼卧不聽阿脩羅卧不聽貪欲人卧若仰向者阿脩羅卧覆地者餓鬼卧左脅卧者貪欲人卧比丘應如師子獸王順身卧數時不聽左數應右數頭向衣架不得以脚向和上阿闍梨長老比丘不得初夜便習言虛極而卧當正思惟自業至中夜乃卧以右脅著下如師子王卧累兩脚合口舌拄上斷枕右手舒左手順身上不捨念慧思惟起想不得眠至日出至後夜當起正坐思

惟已業若夜惡眠不自覺轉者無罪若老病若右脅有癰創無罪比丘卧法應如是若不如是越威儀法也

衣廗廡隱隔　房舍及涕唾　鉢龕粥行住

坐卧三跋渠

佛住舍衛城尒時六群比丘閇僧坊門共坐言談客比丘来打門喚不開即便踰牆入舊比丘問言長老從何處入荅言踰牆入舊比丘言汝何故踰牆入客比丘言汝何故閇門喚而不應如是共諍往白世尊佛言從今已後不得閇門語話亦不得踰牆而入從今已後客比丘應如是舊比丘應如是云何如是客比丘行時應持户鈎漉水囊針筒行伴一人有者一切無罪乃至都無者舉衆有罪道路若有病者當代擔衣鉢不得在前遶去應扶將而去若不能行者當借索乘致之若道中有露濕者年少當在前若畏賊虎狼時老者應在中央若欲使賊起慈心者應老者在前若經聚落邊見有支提者當察常道行不得下道左旋右旋暮欲宿時當先遣

二年少比丘在前求宿處索非時漿及塗足油前食後食去者當著衣鈎紐白非時入聚落得已應還報言已得住處若有池水井水當澡浴著衣紐展轉相白而入若欲飲石蜜漿者當在外飲勿使人生疑呼出家人非時食不得擔荷而入當分衣物徐持共入若得唱言隨所安者後人不白入者無罪不得餘道去若道上有覆無罪若聚落中有精舍者應往若阿練若處者邊有池水井水亦應當澡洗而入不得擔荷當共分張衣物脫革屣杖貫若有支提者當右旋不得高大語大聲入見舊比丘不得唱咄咄汝故在此也汝此中生還此中死不離此野干食舊比丘不得言咄咄如因脫枷鏁已四五年不可得見客比丘不得言汝㡬歲我應得此房不得問明日誰作前食後食有好食不舊比丘不得閇門語話若欲舍後泥作及作餘事者當使園民若沙弥維那守門若閇門者客比丘不得踰牆而入應持門鈎開入若喚開門入已

舊比丘應問汝㡬歲應荅言我尒許歲舊比丘言若尒許歲者得如是床蓐當問大小行處不得臨時方問次應問衆僧制限舊比丘應語僧一切制限某甲家覆鉢羯磨莫往某甲家狗惡某甲家不信客比丘早起不得便乞食去應問是住處有前食後食不舊比丘應語長老莫乞食乞食疲苦或不如意此中有前食後食若行伴已去者不得語言長老估客已去故可及應語長老可小停息正尒復有伴耳若有急事必欲去者應給粮食屬累行伴如是客比丘舊比丘法當如是若不如是越威儀法

佛住舍衛城尒時六群比丘洗脚而並俗語弄水諸比丘以是因緣往白世尊佛言從今日後洗脚應當如舍利弗法也

佛住王舍城迦蘭陁竹園時舍利弗著入聚落衣持鉢入城次行乞食威儀庠審來去視瞻屈申俯仰著衣持鉢守攝諸根心不外乱似得妙法潤澤之相婆羅門見已作是念是沙門釋子在於人間現持威儀至屏處已

必無法則我當逐者若見放恣當以
手拍頭即便尋後於是舍利弗在聚
落中及阿練若處威儀不改到住處
已持鉢置一處抖擻僧伽梨襞褺置
常處敷坐牀持洗脚板及盥水自近
而坐復取革屣抖擻放地次取巾拭
膊還取革屣以底相搭合捉以巾拂
之次以水漬巾拭一隻革屣鼻及經
紐次拭根次拭第二者亦如是還復
拭初捉者脚指處次拭脚根處還拭
第二者亦介次浣巾捩已曬之次洗
手洗手已以右手寫水左手洗左膊
次洗右膊次洗脚婆羅門見已發歡
喜心言尊者淨潔如是此殘水亦當
可飲我婆羅門事淨水法不及是淨
時舍利弗因婆羅門發歡喜心而為
說法得法眼淨諸比丘白佛言世尊
甚善婆羅門見舍利弗洗脚威儀淨
故發歡喜心乃至如是佛言非但今
日歡喜過去世時已曾如是如生經
中廣說介時長者子舍利弗是介時
賊者今婆羅門是時諸天見已而說
偈言

淨潔好威儀　因是得善利　如水淨影現
學威儀最勝　来時懷惡心　既見又歡喜
不學善威儀　必為賊所害

若比丘聚落中還時應脫入聚落衣
抖擻襞褺著常處著園中衣敷坐牀
取洗脚板盛水瓫自近以巾拂脚塵
土次捉革屣以底相搭持巾拂之次
漬巾拭一隻鼻經紐次拭根次拭第
二隻亦如是還復取初捉者先拭脚
指間次拭脚跟處次拭第二者亦介
次浣巾捩撥曬之莫使塵生虫食然
後洗手若水器在右邊應先洗左膊
次洗右膊然後洗脚不得以捉水手
揩脚應一手寫水一手摩若二人者
一人澆一人洗不得太多用水棄當
籌量用不得覆頭覆右肩當偏袒坐
不得洗脚時坐禪睡眠不淨觀及誦
經竟當避去勿妨餘人若最在後洗
者得誦經無罪若水盡者不得默然
置之當語知水家令益若不能者乃
至自益一澡鑵水使得一人用直洗
脚法應如是若不如是越威儀法也

佛住舍衛城介時六群比丘洗脚濕

脚著革屣革屣染色脫著脚汙僧牀
蓐諸比丘以是因緣往白世尊佛言
呼六群比丘来来已佛問比丘汝實
介不答言實介世尊佛言從今日已
後洗脚時應如是當竪革屣耳令脚
乾已乃著革屣若多人待者當以手
捋水以巾拭之然後著革屣不得以濕
脚蹈僧淨好作地當令燥已乃入若
是一人洗處者不應拭當待燥已著
革屣應護塵土若急欲坐禪誦經行
者乃至手拭巾拂塵土而去洗脚法
應如是若不如是越威儀法

佛住舍衛城介時僧淨水蔞蒸羅諸
比丘取水洗脚洗手面洗鉢用已繚
繫瓫頭印封户而入聚落乞食後有
客比丘来瞋嫌言何故閉淨水屋印
封而去時諸比丘以是因緣往白世
尊乃至佛言從今已後春月當如是
安水若大瓫小瓫若瓶當以淨物覆
口以繩繚繫之若凡若石若木作蓋
覆上内應置彝水器水中應著波多
梨華瞻婆華須摩郁華如是比令水
香美有名水如巴連弗邑有輸奴水王

舍城有温泉水波羅奈城有佛遊行池水瞻婆國有恒水舍衛城有石蜜水沙祇國有懸注水僧伽施國有石蜜水摩輪羅國有遥扶那水如是比水不聽洗脚手面及鉢若病須水應與滿鉢若食上欲行水者當淨水洗手洗器然後行水受水人當護左手令淨受水若手汙者當澆若以蘇承取亦用蘇拭膩口飲時不得没脣不得使器緣著額當拄脣而飲飲時不得盡飲當留少許洗蕩已從口處棄之行水人當好護淨器若見没脣著額者當放置一處以草作識令人知不淨若能以水洗者可更行若非時行飲者行飲人淨洗手洗器而行受飲人亦應淨洗手受若不洗當以蘇若淨衣承器底受如上乃至口處棄若浴室中行飲者當以蘇承器底拄脣而飲餘如上說若禪坊中行飲時地有覆者應持器承若坐相離者一人行器一人行水餘如上說如是名好水不得用洗脚手面蕩鉢亦不得作餘用棄之若有作衣鉢事須者可

擢貸用還賞若水自恣用者隨意取無罪水應如是用若不如是越威儀法也佛住王舍城耆域童子菴婆羅園介時耆域童子往至佛所頭面礼足却住一面白佛言世尊願聽諸比丘温室浴能除令陰得安樂住佛言聽温室浴復次佛住舍衛城介時世尊聽温室浴時六群比丘聞打洗浴揵椎時便先入浴室須者薪炭已閉户取汗而住外比丘索開户不肯與開而言諸長老且住待火然便多用薪炭屑水都盡方開户而喚言諸長老可入諸比丘既入復於外閉户諸比丘熱悶喚索開户荅言長老且住取汗能愈疥癬而復於外用水屑都盡以器覆地然後開户言長老可出出已熱悶求水復語言長老稍用如世尊所說乃至水亦當節量用諸比丘以是因緣往白世尊乃至佛言浴室應如是作浴法應如是浴室應方作若圓作當安户作向向法内寬外小若一若二安開向物通烟道屋内應以塼石砌底作竈令底廣上狭去

地半肘通烟道邊安火杙若竈在右邊左邊安户扇若在左邊右邊安户扇短作户撣令易開閉前應作衣屋安龍牙橛懸衣處若欲浴時使園民先掃屋間塵埃垂網以水灑地淨掃應辦薪炭釜鑊瓫瓮先安薪炭然後打揵椎不得太早著火令然盡乃打揵椎打揵椎時應知為浴一切僧為浴徒衆為別屋隨事應去若一切浴者應次第去應各自以腰帶繫衣作識安衣架上入時不得掉兩辟而入一手遮前而入一人入一人出有入者先人應與處不得越器物及長老比丘上過當徐徐入若和上阿闍梨在内者不得在外待言何時出應當脱衣入與揩洗若欲與人揩者當白和上阿闍梨若先白者無罪若火熾者年少當近火若弱者長老應近當徐徐用水不得汙濺邊人若弟子揩時不得一時舉兩手當先令揩一辟一手覆前竟已次揩一辟内水已閉户而坐令身汗當行油若以盞子若以手等行屑末亦介若檀越言自恣

與當籌量用水若覺量分用者當齊所得器不得長用餘分若言各自辦水者有水者得入無者不得入若有弟子言和上阿闍梨但入我當與水亦當籌量用若優婆塞園民言但入我當與水雖介亦應節用若近池水得自恣用無罪不聽露地裸浴若水齊腰腋得用無罪若坐水中至齊亦得出已自取衣著他衣正理而去洗浴已若直欲去應語園民應舉浴器物若比丘後来言長老但去我自舉者應去後者摒擋舉物覆火浴法應如是若不如是越威儀法也

佛住舍衛城介時世尊五日一行諸比丘房見淨厨器物處處狼藉佛知而故問是何器物狼藉乃介乃至佛言從今日不得令器物縱横如是若摩摩帝若直月當使園民若沙弥摒擋若摩摩帝若直月不用竟見者便應使淨人摒擋若銅鐵釜鑊銚器應使淨人淨洗以泥塗上覆著淨厨屋内若凡釜銚鑊亦介覆地以塼凡鍍之木瓮木杓亦應洗淨舉之若薫席

當應日曬懸舉竹篋皺箕漉米箕亦應懸舉勿使虫㗇飯篋飯杋淨洗懸舉囊襆及漉水囊亦應懸舉勿令虫食擣藥杵臼不得用已放地當淨洗覆著常處食厨淨屋不得視穿漏不治若草覆草補乃至泥覆者當泥補穿壞者當塞當數掃除若内樵薪時當摒擋著一處煮染器及鹹染瓮不得用已捨去當淨洗治覆置常處浣衣木瓮用已亦當淨洗舉置常處曬衣繩亦不得用已繚乱放地當緈捲置常處斫斧鋸鑿鍬钁梯橙乢是四方僧物用已當摒擋著常處後人須者取易得不致疲苦若須用者當與若二人一時索者當先與上座若上座用久年少小用者當先與年少若二人俱小用者當先與上座器物法應如是若不如是越威儀法也

佛住舍衛城介時衆多比丘共一房住有比丘衣架上自取衣挽他衣墮地餘比丘夜出大小行脚蹈衣上衣主求衣不見乃於地得之諸比丘以是因緣往白世尊佛言從今已後衣

應如是若衆多人共一房住者衣應各自襞㲲以綦著内若拖衣架上以罥繩繫之復不得持和上衣阿闍梨衣褁已衣當持己衣覆和上阿闍梨衣若春時多塵土者當持己衣覆上若夏地濕者當持已衣著下不得使房中有塵土當數數水灑之巨摩塗地不得持衣捻捉蝨蟗大小便器捉革屣不得鹹黃掃拾巨摩若有垢膩當數浣染縫視衣當如皮想衣法應如是若不如是越威儀法

客比丘并舊　洗足并拭足　淨水及飲法
温室亦洗浴　淨厨并衣法　第四跋渠竟

佛住舍衛城介時聚落比丘阿練若比丘共一施時阿練若比丘常以時来聚落比丘忽早打揵椎而食阿練若比丘日時欲至方到問言打揵椎未荅言已食竟時阿練若還去明便早来盡持食去聚落比丘来索食淨人言阿練若比丘已盡持去聚落比丘言長老何故早起来盡持食去阿練若言汝何故早起打揵椎食不待我耶二人共諍往至佛所以是因緣

具白世尊佛言從今日後阿練若比丘應如是聚落比丘應如是云何如是若阿練若比丘聚落比丘共一施者聚落中比丘不得早起打揵椎前食後食及老請食應待阿練若阿練若比丘不得言我徐徐往自當待我應先往若倩人請分若屬留坐處聚落比丘應問阿練若比丘來未若倩人迎食若囑留坐處應示處若優婆塞請僧者聚落比丘應語阿練若比丘言長老明日早来某甲請前食後食莫鉢乞食阿練若比丘聞已當早来来已若食未熟者不得守住應礼塔誦經問法聚落比丘應先瓮中著水然火待至然後著米阿練若比丘或有鬼難水火賊難不得来者而乗米若飲食已熟者檀越欲打揵椎當語長壽日故尚早可待阿練若至若日時過者應打揵椎阿練若應以樹若牆壁影作准則知日早晚應来設來者當留坐處若阿練若處作食者亦應如是阿練若比丘不應輕聚落中比丘言汝必利舌頭少味而在此

住應讚汝聚落中住說法教化為法作護覆蔭我等聚落比丘不應輕阿練若言汝在阿練若處住希望名利麞鹿禽獸亦在阿練若處住汝在阿練若處從朝竟日正可數歲數月耳應讚言汝遠聚落在阿練若處閑靜思惟上業所崇此是難行之處能於此住而息心意阿練若應如是聚落比丘應如是若不如是越威儀法也

佛住舍衛城尒時舊比丘共諍口有客比丘来接足而礼後日客比丘来復礼問言汝来幾日答言四五日舊比丘言汝来尒許日何以不見我答言我已見礼竟長老共諍口故不見我耳舊比丘言汝何以見我共諍而向我礼答言汝何以共諍不視我礼耶二人便共諍往至佛所乃至佛言從今日後應如是礼應如是相問訊云何如是礼如是問訊前人共諍共語時不得礼當低頭小敬前人若止應作礼若屋作泥作時不應礼如是一切作熏鉢浣衣煑染染衣縫衣濕浴油塗身洗足洗手面洗鉢礼塔食

時含咽著眼藥讀經誦經寫經經行下閣上閣時上廁時不著衣時著一泥洹僧時盡不應礼闇中不應礼授經時不應礼著泥洹僧時著衣時若疾行時不應礼不得覆頭覆右肩著革屣作礼不得礼脥礼脚礼脛當接足礼若前人脚上有瘡當護勿㯩觸受礼人不得如瘂羊不語當相問訊問訊時不得作如是語何處有多美飲食應問少病少惱安樂不道路不疲苦也客比丘應問何者是僧上座第二第三上座應礼足舊比丘應問長老幾歲若客比丘小者應與座令坐若有者應與前食後食塗足油非時漿客比丘舊比丘應如是若不如是越威儀法也

佛住舍衛城尒時六群比丘展轉作俗人相喚阿公阿母阿兄阿弟諸比丘以是因緣往白世尊佛問六群比丘汝實尒不答言實尒佛言從今日後應如是共語問訊共公語時不得喚言阿公阿耶摩訶羅應言婆路醯多共母語時不得言阿母阿婆應言

婆路醯帝共兄語時不得言阿兄當言婆路醯多共姊語時不得言婆鞞應言婆路醯帝共和上語時不得言跋檀帝當言憂波上若共阿闍梨語時不得言跋檀帝當言阿闍梨若有衆多阿闍梨者當言某甲阿闍梨共下坐語時得喚字喚巨帝喚歲共上座語時應喚跋檀帝若慧命若阿闍梨若有人喚時不得應言道何物若和上喚時應言諾若阿闍梨喚時應言諾若上座喚時亦應言諾若年少喚時應言何故喚若母人男子喚時應言何故喚有人問汝和上阿闍梨字何等不得直道和上阿闍梨字應言義因緣故字某甲語法應如是若不如是越威儀法也

佛住舍衛城尒時刹利衆集欲有所論時難陁優波難陁先到而坐時諸人嫌言我等今集欲有所論而此沙門妨我議論事諸比丘以是因緣往白世尊乃至佛言從今日後當如是入刹利衆云何如是入刹利衆若有事緣應往當先語其中大者道來情

事若言可來應往不得持傘蓋著革屣入應脫著一處不得言男子樂不若亦坐處應坐不得毀訾軍陣鬬法若見好射不得稱讃應言刹利種是上姓如來應供正遍知常在二家生刹利婆羅門家有二種輪法輪力輪諸出家人賴力輪護故得以自安欲有論事説已當去入刹利衆應如是若不如是越威儀法也

佛住舍衛城尒時婆羅門衆集難陁優波難陁先至而坐諸婆羅門嫌言我等欲有所論而此沙門妨廢我等事乃至佛言從今日後應如是入婆羅門衆若有事緣欲至往時當先語其中大者道其事情若聽者應往未至時當併傘蓋脫革屣不得見已方却又不得借蓋革屣往不得言樂不男子不得毀訾天祠不得形相婆羅門多我慢故當生六趣若雞若豬若狗若野干駞驢地獄中應言如來應供正遍知二種姓家生若刹利家若婆羅門家欲有所論當説已而去入婆羅門衆法應如是若不如是越威儀法

佛住舍衛城乃至佛言從今日入居士衆若有緣應往乃至亦坐處而坐不得言汝淨洗手脚坐於店肆用輕稱小斗欺誑於人甚於盜賊應言有二種輪法輪食輪得食輪已乃轉法輪如世尊説告諸比丘婆羅門居士供給衣食卧具疾病湯藥饒益甚是難為事我依汝等在如來法中修梵行度生死流皆是汝等信心之恩若有所論言已而去入居士衆應如是若不如是越威儀法也

佛住舍衛城乃至佛言入外道衆應如是云何如是乃至亦坐處已應坐不得毀訾彼見又不得形呰言汝等邪見不信無慙無愧應譽其實事汝等能出家解繫縛捨於俗服冥心空閑甚是難事如是得稱一切實事不得説其過若欲論事言已便去入外道衆法應如是若不如是越威儀法也

佛住舍衛城乃至佛言從今日後應如是入衆云何入衆若欲衆僧中有所論事當於外斷令決了不得便入

僧中斷若事難了應語其和上阿闍
梨若是事不須僧斷者應語令止若
事必須徵僧舉事人復是可信應為
說和合如法如律事和上阿闍梨聽
已當往僧上座前言我欲有所說聽
不上座應觀察前人語乃至入衆時
不得著革屣覆頭覆右肩當脫革屣
偏袒入衆入衆法應如是若不如是
越威儀法也

阿練若聚落　札足相問訊　相喚刹利種
婆羅門居士　外道賢聖衆　第五跋渠竟

佛住舍衛城尒時六群比丘脫圍中
內衣已露身求入聚落內衣從聚落
出已脫入聚落內衣露身求圍中內
衣諸比丘以是因緣往白世尊乃至
佛言應如是著衣云何如是著衣欲
入聚落時不得脫圍中內衣露身求
入聚落內衣不得脫入聚落內衣露
身求圍中內衣欲入聚落時當先取
入聚落內衣自近不得著聚落衣已
於下挽圍中內衣出應隨一邊著一
邊脫出聚落時脫入聚落內衣著圍
中內衣亦尒著內衣法應如是若不

如是越威儀法也

佛住舍衛城尒時六群比丘欲入聚
落脫圍中衣著一內衣求入聚落衣
出聚落還脫入聚落衣著一內衣求
圍中衣諸比丘以是因緣往白世尊
乃至佛言從今日後應如是著衣不
得脫圍中衣著一內衣求入聚落衣
應先取入聚落衣自近脫圍中衣襞
褺舉著常處然後著入聚落衣從聚
落出已應取圍中衣自近已抖擻入
聚落衣著常處著圍中衣著衣法應
如是若不如是越威儀法也

佛住舍衛城尒時優波難陁入聚落
中曳衣行泥土汙色值鈎處挽裂值
剌處便穿狹迮巷中堂突而過弟子
嫌言我等勤苦浣染縫治而不愛護
諸比丘以是因緣往白世尊乃至佛
言從今日入聚落時應如是著衣云
何如是乃至不得聚落中曳衣使穿
破若春時離聚落遠者當襞褺著肩
上持去近聚落已若有池水汪水洗
手脚已著衣安紐而入若無水者樹
葉若草拭脚塵土然後著入若冬時

應著衣去若逢奔馳象馬車乘當在
上風勿令塵土泥塗坌汙若鈎剌棘
不得挽裂而去道巷迮者不得搪突
而過若門狹小當側身而過若下者
當曲身而過入聚落著衣法當如是
若不如是越威儀法

佛住舍衛城尒時難陁優波難陁不
敷坐具而坐以衣承爛果膩餅而汙
衣弟子嫌言我勤苦浣染治而不愛
護諸比丘以是因緣往白世尊乃至
佛言從今日入白衣家內衣應如是
云何如是若牀有塵土不淨不敷物
不得坐若見親舊應語言今敷若彼
言此沙門憍恣難事者當自拂拭敷
坐具洗手而坐不得以衣承取一切
餅果濕華碎末拭口白衣家內坐護
衣應如是若不如是越威儀法也

佛住舍衛城尒時優波難陁語難陁共
行弟子言我欲共汝入聚落乞食我
於彼若作非威儀者莫向人說我是
汝林父荅言設使我父及祖父作非
威儀者我亦當道如上廣說乃至荅
言實尒世尊佛言從今日後前沙門

應如是後沙門應如是云何前後沙門應如是前沙門若能得食者當共食若不能得者當早遣令還索食後行沙門不得去前者太遠使不相見不得大逼相躡脚跟當相去一舒手以外前有惡象馬牛當言和上阿闍梨前有惡物當避一處若前行沙門羸老者當在前與之若前有礼者當語某甲礼若有人請食後沙門應擡還住處已應語向某甲家請若前沙門不能呪願語令能呪願者呪願不得言汝在前坐前取水前食而使我呪願應當呪願前沙門後沙門應如是若不如是越威儀法

佛住舍衛城尒時比丘倩他迎食與鉢已而捨去彼迎食比丘持食來求覓而不知處置鉢禪堂上而便捨去至明日比丘語言可還我鉢不荅言我置鉢禪堂上復言汝何以持我鉢放空禪堂中彼言汝何故使我迎食已而捨我去二人共諍往至佛所即以上事具白世尊佛言從今日後倩人迎食應如是與人迎食應如是云

何倩人迎食與人迎食應如是不得倩人迎食已捨去又不得與人迎食已置鉢空禪堂上而捨去與他迎食者當先語長老我今取食莫餘行嚴辦待我迎食人應知時若逼時者應先持來若時早者當依次坐次第取取時不得合和各令異處自食已持來若日逼者不得於彼食當持二分食來來時當相望日足及時至者應來若不及者便於彼食勿使二人俱失食倩迎食者不得言我已倩得而捨去當先嚼齒木辦水數坐牀洗手而待當數看日若日時欲逼者當持澡罐水往迎若道中逢者共食若故早者當待至已食若有長者當與取食人不得與餘人若不須者可與餘人迎食法應如是若不如是越威儀法

佛住舍衛城尒時六群比丘入城乞食伍頭直進入白衣家堂突前人為世人所嫌言沙門釋子猶如羖羊直前觸人諸比丘以是因緣往白世尊佛言從今日後乞食法應如是云何如是不得如羖羊直頭徑前不得復

大遠離在於不見處當在現處住不得言與我食當得大福應默然而立不得左顧右視使人生疑謂是賊細作當攝六情觀於無常亦不得大久住若其家婦女有舂擣作事未視之須可小停住若彼見已復舂作者當去若見婦人紡線纏已復紡者此無與心應去若女人見已入舍空出者應去若是富家處處多有寶物者不得便去呼語見已應去乞食者法應如是若不如是越威儀法

佛住舍衛城尒時優波難陁與共行弟子入聚落乞食優波難陁持食出還覓弟子不見嫌言我持食來捨我而去諸比丘以是因緣往白世尊佛言從今日後乞食時後沙門應如是云何如是前沙門乞食時不得大離遠不得大近邊看令主人生念言不能乞食望得他殘耳當在現處住若請食者應食若不請者當乞食若井若池水邊食已洗鉢而去無罪食時相待應如是若不如是越威儀法也

內衣聚落衣 入聚落著衣 白衣家護衣

前沙門及後　請迎并與取　乞食與相待

第六跋渠竟

佛住舍衛城尒時諸比丘闇中入禪坊倒地諸比丘以是因緣往白世尊佛言從今日聽然燈時六群比丘當直然燈以口吹滅以手扇滅以衣扇滅復放下風擾乱諸坐禪比丘比丘以是因緣往白世尊佛言從今已後然燈法應如是云何如是應從寂下次第當直當直人應預辦木鑽牛屎於食屋中宿火不得頓然燈當置火一邊漸次然之然燈時當先然照舍利及形像前燈礼拜已當出滅之次然廁屋中若坐禪時至者應然禪坊中應唱言諸大德呪願燈隨喜次然道經行處次然闇道頭若多油者廁屋中當竟夜然若油少者人行斷當滅滅已次滅道逕行處次滅闇道頭次滅禪坊中燈滅禪坊中燈時不得卒滅當言諸大德敷蓐欲滅燈便以手遮唱言燈欲滅燈欲滅不聽用口吹滅手扇滅及衣扇滅當鼓折頭樵去至後夜時當復起先然廁屋次然道逕行處次然闇道頭次然禪坊中然禪坊中時不得卒入然當唱言諸大德燈欲入燈欲入次唱說偈曉欲滅時當先滅闇道頭次滅行處次滅廁屋中次滅禪坊中燈然燈法應如是若不如是越威儀法也

佛住舍衛城尒時諸比丘禪坊中坐禪伍仰而睡諸比丘以是因緣往白世尊佛言從今已後應行禪杖六群比丘行禪杖時擣比丘脅肋彼即驚喚然我長老諸比丘以是因緣往白世尊乃至佛言從今日後應如是行禪杖作禪杖法應用竹若葦長八肘物裹兩頭下坐應行行時不得覆頭覆右肩著革屣當袒右肩若有睡者不得卒急喚起不得擣脅當併邊以杖拄前三搖復不覺者若在左邊當拄右膝若在右邊當拄左膝覺已當起取杖而行亦不得覆頭覆右肩當偏袒而行若睡者衆多不得如牛一時併起應兩人三人起年少應行杖若和上阿闍梨睡亦應令起恭敬法故應起取杖弟子不得與杖當自行行杖人不得隨瞋愛而求其過當攝六情一心思惟若有睡眠者應與彼取杖人不得嫌恨當作是念彼今與我除陰蓋益我不少念已應起行若有睡者應與行禪杖法應如是若不如是越威儀法也

佛住舍衛城尒時比丘行禪杖天寒手戰諸比丘以是因緣往白世尊佛言從今日後應作丸六群比丘行丸時擲脅擲面比丘驚言煞我諸比丘以是因緣往白世尊佛言從今日後作丸法擲丸法應如是云何如是作丸法應用若線若毛若氍作不得令太堅不得太軟行法當先與中央人若有睡者不得趣擲頭面當擲前前人恭敬法故應起取取已還坐若和上阿闍梨睡者不得置亦應與丸彼恭敬法故應起弟子應代行丸彼應還坐不得俠恨求過得丸者當作是念彼今與我除陰覆饒益不少行丸法應如是若不如是越威儀法

佛住舍衛城尒時六群比丘禪坊户前脫革屣以底相拍如提乾魚而入

乱坐禪比丘諸比丘以是因緣往白世尊乃至佛言從今已後禪坊中脫革屣應如是云何如是不聽禪坊户前拍革屣若地有覆者當脫持入不得如提乾魚當以底相搭衣覆而入當著右邊尼師檀下若地無覆者當徐徐著入脫已而坐禪坊内革屣應如是若不如是越威儀法

佛住舍衛城尒時六群比丘禪坊内立抖擻尼師檀作聲乱諸比丘諸比丘以是因緣往白世尊佛言從今已後禪坊中尼師檀應如是云何如是不得禪坊中抖擻尼師檀當中襞褺置左肩上而去到已中屈氎敷而坐来時亦當襞褺著肩上而還若欲置常處者當中掩之還時當徐舒而坐禪坊中尼師檀應如是若不如是越威儀法

佛住舍衛城尒時六群比丘禪坊中故大謦欬作聲乱諸比丘諸比丘以是因緣往白世尊乃至佛言從今已後禪坊中謦欬應如是云何如是若欲謦欬時不得放恣故大作聲當掩口徐徐作聲若大不可制當起出出

已欬竟還入若猶故不止者當語知事人已去謦欬法應如是若不如是越威儀法

佛住舍衛城尒時六群比丘以草根以縷以屑散著鼻中連嚔作聲乱坐禪比丘諸比丘以是因緣往白世尊佛言從今已後嚔應如是云何如是禪坊中嚔者不得放恣大嚔若嚔來時當忍以手掩鼻若不可忍者應手遮鼻而嚔勿使涕唾汙灡比坐若有嚔者不得言語若上座嚔者應言和南下坐者黙然嚔法應如是若不如是越威儀法

佛住舍衛城尒時六群比丘禪坊中欠呿張口舒辟頻申骨節作聲乱諸比丘諸比丘以是因緣往白世尊乃至佛言從今已後頻申欠呿法應如是云何如是若坐禪坊内坐欠呿欲来時不得放恣大欠頻申作聲應當自制若不可忍者當手覆口徐徐欠不得乱比坐頻申時當先舉一手下已次舉一手欠呿頻申法應如是若不如是越威儀法

佛住舍衛城尒時六群比丘禪房中坐把搔搰搰作聲乱諸比丘諸比丘以是因緣往白世尊乃至佛言從今已後應如是把搔云何如是不得大把搔令搰搰作聲不得用指甲及木把搔若大痒者當以手摩若指頭刮把搔法應如是若不如是越威儀法

佛住舍衛城尒時六群比丘飡麨噉豆多飲酪漿在禪坊中四角頭坐迭手放氣麁細作聲而言長老此聲調和甚好不以手把氣而拄他鼻言長老香不諸比丘以是因緣往白世尊乃至佛言從今已後下風事應如是云何如是不得故食多氣物用作調戲禪房中若急下風来者當制若不可忍者當向下坐若下坐處有僧上座者應還向上座放氣時不得令大作聲擾乱比坐若食上下風来者亦向下坐勿令擾乱比坐若和上阿闍梨長老比丘前者當出去在下風勿令臭熏若共賈客道行不得在前縱氣若氣來不可忍者當下道在下風放之放下風法應如是若不如是越

威儀法

然燈行樿杖　擲丸持革屣　尼師檀謦欬
啑及頻申欠　把搔及下風　第七跋渠竟

云何是威儀非威儀威儀者二部比尼隨順行是名威儀不隨順行是名非威儀威儀學越毘心無心觸女一切心悔越比丘威儀竟

摩訶僧祇律卷第三十五

摩訶僧祇律卷第三十五

校勘記

一　底本，金藏廣勝寺本。

一　六九頁中二行與三行之間，資、磧、普、南、徑、清有「威儀法第十之二」；麗有「明威儀法之二」各一行。

一　六九頁中六行第一二字及七三頁上一五行第一三字「佛」，資、磧、普、南、徑、清無。

一　六九頁中八行第一二字「在」，資、磧、普、南、徑、清無。

一　六九頁中一〇行「比丘」，資、磧、普、南、徑、清無。

一　六九頁中一五行「樗蒲兒」，諸本（不含石，下同）作「樗蒲兒前」。同行「估酒」，資、磧、普、南、徑、清作「沽酒」。

一　六九頁中二一行「六羣」，資、磧、普、南、徑、清作「是」。

一　六九頁中末行「日後」，資、磧、普、南、徑、清作「以後」。以下時有出現，可不校。

一　六九頁下一行末字「寄」，資、磧、普、南、徑、清作「虛」。

一　六九頁下五行第九字「前」，資、磧、普、南、徑、清無。

一　六九頁下九行「伏卧」，資、磧、普、南、徑、清作「覆卧」。

一　六九頁下一六行第一一字「順」，麗作「顧」。

一　六九頁下一七行「不聽」，資、磧、普、南、徑、清作「不得」。

一　六九頁下一九行第六字「虛」，麗作「噓」。同行末字「自」，資、磧、普、南、徑、清無。

一　六九頁下二一行「上斷」，資、磧、普、南、徑、清作「上齶」。

一　七〇頁上三行「越威儀法也」，資、磧、普、南、徑、清作「越威儀法」。下同。

一　七〇頁上四行「衣㢆廉」，資、磧、普、南、徑、清作「衣席簾」；麗作「衣帶簾」。

一七〇頁上七行「言談」，資、磧、普、南、徑、清作「言話」。

一七〇頁上八行第二字「便」，資、磧、普、南、徑、清無。

一七〇頁上一七行第二字「有」，資、磧、普、南、徑、清無。

一七〇頁上一八行「扶將」，磧、麗作「扶持」。

一七〇頁上二二行第三字「邊」，諸本作「路邊」。

一七〇頁中四行「澡浴」，資、磧、普、南、徑、清作「澡洗」。

一七〇頁中九行「入者」，資、磧、普、南、徑、清無。

一七〇頁中一一行第一二字及下一七行第八字「應」，資、磧、普、南、徑、清無。

一七〇頁中一四行第二字「大」，徑、清無。

一七〇頁中末行首字「而」，資、磧、普、南、徑、清無。

一七〇頁下一六行「俗語弄水」，諸本作「俗話抒水」。

一七〇頁下一七行第五字「後」，資、磧、普、南、徑、清無。

一七〇頁下一八行「迦蘭陁」，資、磧、普、南、徑、清作「迦蘭」。

一七〇頁下一九行「次行」，資、磧、普、南、徑、清無。

一七〇頁下二〇行「庠審」，資、磧、普、南、徑、清作「詳審」。

一七一頁上四行「襞褺」，資、磧、普、南、徑、清作「襞疊」。下同。

一七一頁上七行「以巾」，徑作「一巾」。

一七一頁上一〇行「脚根」，麗作「脚跟」。

一七一頁中一行「水淨」，資、磧、普、南、徑、清作「水清」。

一七一頁中二行「惡心」，資、磧、普、南、徑、清作「害心」。同行「歡喜」，徑作「觀喜」。

一七一頁中六行首字「取」，麗作「聚」。

一七一頁中一〇行第二字「閙」，資、磧、普、南、徑、清作「處」。

一七一頁中一一行「挍擴」，諸本作「絞捩」。同行「莫使塵」，資、磧、普、南、徑、清作「勿令塵」。

一七一頁中一二行末字及一三行第四字「膞」，資、磧、普、南、徑、清作「踵」。

一七一頁中一五行「太多用水棄」，資、磧、普、南、徑、清作「多用棄水」。

一七一頁中一六行第三字「用」，資、磧、普、南、徑、清作「用之」。

一七一頁下二行「因緣」，資、磧、普、南、徑、清作「事」。

一七一頁下三行「六羣」，資、磧、普、南、徑、清作「是六羣」。

一七一頁下四行末字「已」，資、磧、普、南、徑、清無。

一七一頁下七行「將水」，資、磧、普、南、清、麗作「捋水」。

一七一頁下一〇行第一三字「經」，

諸本作「經經」。

一　七一頁下一四行末字及二〇行第四字「線」，資、磧、普、南、徑、清作「紐」。

一　七一頁下一五行第二字「瓮」，資、磧、普、南、徑、清作「瓫」。下同。

一　七一頁下一七行第四字「時」，資、磧、普、南、徑、清無。

一　七一頁下二一行第六字「𢍰」，資、磧、普、南、徑、清作「抒」。

一　七二頁上二行「池水」，資、磧、普、南、徑、清作「下池水」。

一　七二頁上四行「摩輸羅」，諸本作「摩偷羅」。

一　七二頁上六行「當淨水」，資、磧、普、南、徑、清作「當淨」；麗作「當先淨水」。

一　七二頁上八行「當浇」，資、磧、普、南、徑、清作「當洗」。

一　七二頁上一一行「洮蕩」，資、磧、普、南、徑、清作「摇蕩」；麗作「掏盪」。

一　七二頁上一五行第七字「淨」，諸本作「先淨」。

一　七二頁上一六行「不洗」，諸本作「不洗者」。

一　七二頁中一行「還賞」，諸本作「還償」。

一　七二頁中三行「耆域」，資、磧、普、南、徑、清作「耆舊」。下同。

一　七二頁下一行「火杙」，磧、徑、清作「火匕」；普、南作「火巳」。

一　七二頁下三行「户樿」，諸本作「户居」。

一　七二頁下六行「先安」，資、磧、普、南、徑、清作「先著」。

一　七二頁下一一行首字「識」，資、磧、普、南、徑、清作「記」。

一　七二頁下一二行末字「入」，麗作「後入」。

一　七二頁下一五行「出應當」，資、磧、普、南、徑、清作「當出應」。

一　七二頁下一八行第七字「若」，諸本作「若火」。

一　七二頁下一九行「汙湔」，諸本作「汙濺」。下同。

一　七三頁上六行「池水」，資、磧、普、南、徑、清作「池水注水」。

一　七三頁上八行第五字「用」，資、磧、普、南、徑、清作「浴」。同行第一三字「齊」，諸本作「齋」。

一　七三頁上九行「正理」，磧、普、南、徑、清作「整理」。

一　七三頁上一〇行「欲去應語園民」，資作「月若國民」；磧、普、南、徑、清作「月若園民」。

一　七三頁上一二行「摒擋」，資、磧、普、南、徑、清作「拼擋」，下同。同行第七字「舉」，資、磧、普、南、徑、清作「以」。

一　七三頁上一七行第四字、七五頁下二行第一二字及七六頁中一八行第四字「日」，麗作「日後」。

一　七三頁上一九行第一一字「竟」，諸本作「意」。

一　七三頁上二二行第一三字「凡」，

資、磧、普、南、徑、清無。

一　七三頁上末行「洗淨」，資、磧、普、南、徑、清作「淨洗」。

一　七三頁中一行「竹篋」，磧、普、南、徑、清作「竹筐」。

一　七三頁中二行首字及七七頁下九行首字「應」，資、磧、普、南、徑、清作「當」。同行第一一字「朼」，資、磧、普、南、徑、清作「匕」。

一　七三頁中五行第二字「着」，資、磧、普、南、徑、清無。

一　七三頁中一一行「繩捲」，資、磧、普、南、徑、清作「靜卷」；麗作「繩卷」。

一　七三頁中一二行「梯橙」，磧、普、南、徑、清作「梯隥」。

一　七三頁中二〇行「有比丘」，諸本作「時有比丘」。

一　七三頁中二一行第一二字「衣」，資、磧、普、南、徑、清無。本頁下三行第一一字同。

一　七三頁中二二行第六字「乃」，麗作「乃至」。

一　七三頁下一行第一二字「者」，磧作「葉」。

一　七三頁下二行第一〇字「拖」，資、磧、普、南、徑、清作「拽」；麗作「他」。

一　七三頁下五行首字「衣」，資、磧、普、南、徑、清作「衣上」。

一　七三頁下六行第五字「者」，資、磧、普、南、徑、清無。

一　七三頁下七行及九行「巨摩」，資、磧、普、南、徑、清作「巨磨」。

一　七三頁下一三行第三字「亦」，資、磧、普、南、徑、清作「并」。

一　七三頁下一七行第四字「日」，徑、清作「食」。同行第七字「至」，磧作「正」。

一　七四頁上八行第一一字「來」，資、磧、普、南、徑、清作「來至」。

一　七四頁上一三行第二字「來」，資、磧、普、南、徑、清作「早來」。

一　七四頁上一六行「水火」，資、磧、普、南、徑、清作「水火難」。

一　七四頁上二一行「來者」，諸本作「未來者」。

一　七四頁上末行第五字「汝」，資、磧、普、南、徑、清作「如汝」。

一　七四頁中五行「可數歲」，資、磧、普、南、徑、清作「數歲耳」。

一　七四頁中一一行末字「來」，資、磧、普、南、徑、清無。

一　七四頁中一七行「徃至」，資、磧、普、南、徑、清作「往詣」。

一　七四頁中二一行「屋作」，資、磧、普、南、徑、清無。

一　七四頁下四行末字「若」，資、磧、普、南、徑、清無。

一　七四頁下七行「㩧觸」，普、徑、清作「穀觸」。

一　七四頁下九行首字「問」，資、磧、普、南、清作「相」。

一　七四頁下一八行第六字及下二一行第一〇字「公」，麗作「翁」。

一　七四頁下二一行第八字「訊」，麗

作「訶」。

一　七四頁下二二行「喚言阿公阿耶」，資、磧、普、南、徑、清作「喚阿公阿郎」；麗作「喚言阿翁阿爺」。同行及次頁上一行、二行「婆路醯」，資、磧、普、南、徑、清作「娑路醯」。

一　七五頁上三行「娑路醯」，諸本作「婆路醯」。

一　七五頁上七行「巨帝」，資、磧、普、南、徑、清作「臣帝」。

一　七五頁上九行第一一字「道」，諸本作「何道」。

一　七五頁上一二行第八字「若」，資、磧、普、南、徑、清無。

一　七五頁上一三行第八字「問」，資、磧、普、南、徑、清作「問言」。

一　七五頁中二行第二字「入」，麗作「入時」。

一　七五頁中一四行第九字「至」，資、磧、普、南、徑、清無。

一　七五頁中一五行「大者」，資、磧、普、南、徑、清作「其大者」。

一　七五頁中一六行第四字「併」，麗作「屏」。

一　七五頁中一九行至次行「若賭若狗若野干」，資、磧、普、南、徑、清作「若狗若猪野干」。

一　七五頁中二一行第七字「姓」，資、磧、普、南、徑、清無。

一　七五頁中二二行第一一字「已」，資、磧、普、南、徑、清無。

一　七五頁下四行第一〇字及七七頁中八行第八字「於」，資、磧、普、南、徑、清無。

一　七五頁下八行第一三字「甚」，諸本作「甚多」。

一　七五頁下一七行第六字「繫」，資、磧、普、南、徑、清無。

一　七五頁下二〇行首字「道」，磧作「逆」。同行及次頁上八行「如是」，資、磧、普、南、徑、清作「如是知」。

一　七六頁上一六行末字「欲」，資、磧、普、南、徑、清無。

一　七六頁中一四行「曳衣」，資、磧、普、南、徑、清作「拽衣」。下同。

一　七六頁中一五行第三字「便」，資、磧、普、南、徑、清作「使」。

一　七六頁中一六行第四字「等」，資、磧、普、南、徑、清無。

一　七六頁中二一行「汪水」，徑作「注水」。

一　七六頁下八行第八字「承」，麗作「盛」。

一　七六頁下一三行第五字「見」，資、磧、普、南、徑、清作「是」。

一　七六頁下一五行第二字「具」，資、磧、普、南、徑、清無。

一　七六頁下一六行「碎未」，諸本作「碎末」。同行第一二字「内」，資、磧、普、南、徑、清無。

一　七六頁下二一行「祖父」，資、磧、普、南、徑、清作「祖公」。

一　七七頁上一一行第八字「能」，資、磧、普、南、徑、清無。

一　七七頁上一七行「而便捨去」，資、磧、普、南、徑、清作「便捨而去」。

一　七七頁上一九行第三字「鉢」，資、磧、普、南、徑、清無。

一　七七頁中一四行「徃迎」，資、磧、普、南、徑、清作「徃逆」。

一　七七頁中一八行「尒時」，資、磧、普、南、徑、清無。

一　七七頁中二〇行「羯羊」，資、磧、普、南、徑、清作「羝羊」。下同。

一　七七頁下一行第四字「在」，資、磧、普、南、徑、清無。

一　七七頁下一〇行「乞食者法」，麗作「乞食法」。

一　七七頁下一七行至次行「離遠」，資、磧、普、南、徑、清作「遠離」。

一　七七頁下二〇行第三字「者」，諸本無。

一　七八頁上一行「相待」，資、磧、普、南、徑、清作「相持」。

一　七八頁上一一行第一一字「燈」，資、磧、普、南、徑、清無。一九行第六字及中五行第九字同。

一　七八頁上一四行「應然」，資、磧、普、南、徑、清作「應然燈」。

一　七八頁上一六行第五字「次」，資、磧、普、南、徑、清無。

一　七八頁上一八行「道逕行處」，諸本作「道經行處」。下同。

一　七八頁上二二行首字「吹」，資、磧、普、南、徑、清作「風」。同行「菆折頭樵」，資、磧、普、南、徑、清作「⿰革奇折頭樵」；麗作「敔折頭燋」。

一　七八頁上末行「起先」，資、磧、普、南、徑、清作「先起」。

一　七八頁中一五行第四字「袒」，諸本作「偏袒」。

一　七八頁中一六行第一二字「拄」，資、磧、普、南、徑、清作「住」。

一　七八頁中一七行首字「棰」，麗作「搖」。

一　七八頁中一八行首字「在」，資、磧、普、南、徑、清無。同行第八字「覺」，資、磧、普、南、徑、清作「舉」。

一　七八頁下一行「一心」，資、磧、普、南、徑、清作「正念」。

一　七八頁下四行「益我」，資、磧、普、南、徑、清作「饒益」。

一　七八頁下一三行第二字「法」，資、磧、普、南、徑、清無。

一　七八頁下一五行末字「前」，資、磧、普、南、徑、清無。

一　七八頁下一六行「應起取」，資、磧、普、南、徑、清作「當取起」。

一　七八頁下一九行「侠恨」，磧、普、南、徑、清作「侠恨」。

一　七九頁上五行第三字「提」，資、普、徑、清作「捉」。

一　七九頁上九行「尒時」，資、磧、普、南、徑、清無。

一　七九頁上一四行第二字「左」，資、磧、普、南、徑、清無。同行第一一字「㲲」，諸本作「疊」。

一　七九頁上一六行「掩之」，資、磧、普、南、徑、清作「拽之」。

一　七九頁上一九行「謦嗽」，諸本作「謦欬」。下同。

一　七九頁上末行「作聲」，資、磧、普、

南、徑、清作「出聲」。

一 七九頁中一行第二字「嗽」，資、磧、普、南、徑、清作「謦欬」；麗作「欬」。

一 七九頁中八行第八字「放」，磧、普、南、徑、清作「故」。

一 七九頁中一九行第八字「欠」，諸本作「欠呿」；中二〇行末字，資、磧、普、南、徑、清同。

一 七九頁下二行「把搔」，磧、普、南、徑、清作「爬搔」，下同。同行「榍榍」，資、磧、普、南、徑、清作「扢扢」；麗作「擖擖」，下同

一 七九頁下九行第九字「中」，資、磧、普、南、徑、清無。

一 七九頁下一一行第四字「不」，資、磧、普、南、徑、清無。

一 七九頁下末行首字「放」，資、磧、普、南、徑、清作「泄」。

一 八〇頁上六行第六字「學」，麗作「衆學」。同行第一三字「女」，諸本作「女人」。

一 八〇頁上七行「越比丘」，資、磧、普、南、徑、清作「比丘」；麗作「越比尼」。

趙城縣廣勝寺

摩訶僧祇律卷第三十六 比丘尼初　仕

東晉天竺三藏佛陀跋陀羅共法顯譯

婆伽婆三藐三佛陁從本發意所修習者皆悉成就住迦維羅衛釋氏精舍為諸天世人恭敬供養廣說如上介時大愛道瞿曇弥與闍陁闍陁波羅陁婆闍陁闍陁母如是等五百釋女住詣佛所頭面作礼却住一面時大愛道白佛言世尊佛興難值得聞法難今遇如來出世演說甘露妙法令諸衆生成就寂滅妙證如大愛道出家線經中廣說乃至佛言從今日後大愛道比丘尼僧上座如是持介時大愛道瞿曇弥白佛言世尊以爲諸比丘制四墮重法我等得廣聞不佛言得瞿曇弥若信心善女人欲得五事利益者當盡受持此比尼何等五若信心善女人欲建立佛法者當盡持此比尼欲令正法久住者當盡受持此比尼不欲有疑悔請問於他人者當盡受持此比尼諸有比丘尼犯罪恐怖作依怙者當盡受持此比尼欲遊化諸方而無罣礙者當盡受持此比尼是名篤信善女人受持此比尼五事利益餘如上比丘初五緣中廣說若比丘尼不還戒戒羸不出受婬法乃至共畜生是比丘尼犯波羅夷不應共住比丘尼者受具足善受具足一白三羯磨無遮法和合二部衆如法非不如法和合非不和合滿二十非不滿二十是名比丘尼不還戒戒羸不出者如上比丘中廣說受者欲心受婬者非梵行若比丘尼與人男眠覺死如是非人男畜生男眠覺死人非人畜生不能男眠覺死三創門若口若小行道大行道若一一受樂者是比丘尼波羅夷不應共住波羅夷者謂於法智退沒墮落無道果分是名波羅夷如是乃至盡智無生智於彼諸智退沒墮落無道果分是名波羅夷又復波羅夷者於涅槃退沒墮落無道果分是名波羅夷又復波羅夷者於梵行退沒墮落是名波羅夷波羅夷者所可犯罪不可發露悔過故名波羅夷若比丘尼染

汙心欲看男子越比尼心悔若眼見若聞聲越比尼罪裸身相向偷蘭罪乃至入如胡麻波羅夷若比丘尼不説還戒不説不還戒戒羸便作俗人隨其所犯得罪若作外道亦如是若褁不覆若覆不褁亦覆亦褁不覆不褁乃至入如胡麻皆波羅夷若比丘尼不還戒戒羸不出便作俗人形服而犯者隨其犯得罪若比丘尼於比丘邊強行婬者比丘尼波羅夷比丘受樂者亦波羅夷若比丘比丘尼共行婬者俱波羅夷比丘尼共沙弥行婬者比丘尼波羅夷沙弥駈出俗人亦如是若比丘尼共三種行婬人非人畜生復有三種上中下道復有三種若覺若眠若死皆波羅夷比丘尼若眠心狂入定有人就上行婬比丘尼覺若初中後受樂者波羅夷比丘尼若眠心狂入定人就上行婬覺已初不受樂中後受樂者亦波羅夷比丘尼若眠心狂入定人就上行婬覺已初中不受樂後受樂者亦波羅夷比丘尼若眠心狂若入定人就上行婬覺已初中後不受樂無罪云何受樂云何不受樂受樂者辟如人飢得種種美食彼以食為樂又如渴人得種種好飲彼以飲為樂受欲樂者亦復如是不受樂者辟如好淨之人以種種死屍繫其頸又如破癰熱鐵烙身不受樂者亦復如是若比丘尼受婬若買得若雇得若恩義得若知識得調戲得試弄得未更事得如是一切得而受婬者皆波羅夷若心狂不覺者無罪是故説若比丘尼不還戒戒羸不出受婬法乃至共畜生是比丘尼犯波羅夷不應共住第二第三第四如比丘戒中廣説若比丘尼於聚落空地不與取隨盜物王或捉或煞或縛或擯出咄女汝賊汝癡耶比丘尼如是不與取波羅夷不應共住若比丘尼自手奪人命求持刀與煞者教死歎死咄人用惡活為死勝生作如是意如是想方便歎譽死快因是死非餘者是比丘尼波羅夷不應共住若比丘尼未知未了自稱得過人法聖智見殊勝如是知如是見彼於後時若撿挍若不撿挍犯罪欲求清淨故便作是言阿梨耶我不知言知不見言見空誑不實語除增上慢是名比丘尼波羅夷不應共住

佛住迦維羅衛國尼拘類樹釋氏精舍尒時世尊制戒不聽比丘尼阿練若處住時賴吒比丘尼聚落中未有精舍寄釋種家住授釋種年少經賴吒比丘尼身色端正而未離欲年少亦復端正俱未離欲一日之中三來受經時比丘尼數數見已欲心躭著遂至成病顏色萎黃諸比丘尼問訊言阿梨耶何所患苦須何等藥若須酥油蜜石蜜當相給與荅言不須自當差耳優婆塞優婆夷問訊亦如是時釋種年少問言阿梨耶何所患苦須何等藥當相給與家中有者與若無者當餘處求索與荅言長壽非如是等藥能差復問阿梨耶是病非是身病故當知心病耳荅言如汝所説復問此病云何當差比丘尼言汝欲使我差不荅言欲使差又復語言當須何物今求相與比丘尼言共作是

事來年少答言不敢餘出家人被袈裟者我尚不生此心而況是師我所尊重復言若不能者但抱我嗚捉我上下捫摸我答言但須尒者我能為之即便抱嗚捻捉兩乳上下摩捫得適意已後數數如是如世尊說念色不忘染汙起如女人憶男男憶女人從是已後數數不止餘比丘尼語言阿梨耶莫作是事此不得尒答言我作此事便得悅樂比丘尼即以此事語大愛道大愛道聞已往白世尊佛言呼賴吒比丘尼來來已問言汝實漏心漏心男子邊肩以下膝以上摩觸受樂耶答言實尒世尊佛言賴吒此是惡事汝常不聞我無量方便呵責婬欲欲為迷醉欲如大火燒人善根欲為大患我常種種方便稱讚離欲斷欲度欲汝今云何能作此惡事此非法非律不可以是長養善法佛語大愛道瞿曇弥依止迦維羅衛住比丘尼皆悉令集集已尒時世尊以是因緣向諸比丘尼廣說過患事起種種因緣呵責過患事起已為諸比丘尼隨順說法有十事利益如來應供正遍知為諸弟子制戒立說波羅提木叉法何等十一者攝僧故二者極攝僧故三令僧安樂故四折伏無羞人故五慙愧人得安隱住故六不信者令得信故七已信者增益信故八於現法中得漏盡故九未生諸漏令不生故十正法得久住故為諸天世人開甘露門故是為十以是十事如來應供正遍知為諸弟子制戒立說波羅提木叉法乃至未聞者當聞已聞者當重聞若比丘尼漏心漏心男子邊肩以下膝以上摩觸受樂者是比丘尼波羅夷不應共住比丘尼者如上說漏心男子者欲心肩以下者乳房以下膝以上者大髀上至膌摩觸者移手摩捫受樂者覺快樂樂著者是比丘尼波羅夷波羅夷者如上說不共住者不得共比丘尼住法食味食如前後亦如是如後前亦如是波羅夷罪不應共住若比丘尼漏心漏心男子肩以下膝以上摩觸受樂者波羅夷不應共住如是不能男及女人偷蘭遮罪比丘尼漏心男子不漏心亦波羅夷不能男及女人偷蘭遮罪比丘尼無漏心男子有漏心偷蘭遮不能男及女人越比尼罪比丘尼無漏心男子無漏心越比尼罪不能男子女人越比尼心悔

若比丘尼使男子剃髮時兩女人痛案令覺女不覺男子如是剃額出血剌癖剌脚時當使女人急捉令覺女人不覺男子肩以上膝以下若有癰創使女人捉男子破無罪隱處不得隱處者肩以下膝以上若是處有病者當使女人治是故說

佛住毗舍離諸天世人恭敬供養廣說如上尒時賴吒波羅比丘尼捉離車童子經乃至說餘出家人著袈裟者我尚不生此心而況是師所尊重者比丘尼言若不尒者近我住共語捉我手捉我衣來歡喜請坐曲身就共期行彼答言但如是者可尒如是適意已數數不止如世尊說念色不忘染汙起如女憶男男憶女諸比丘尼語大愛道大愛道以是因緣往白

世尊佛言呼賴吒波羅比丘尼來來已佛具問上事汝實尒作是事不荅言實尒佛言此是惡事汝云何漏心漏心男子邊申手內住乃至共期從今已後不聽漏心漏心男子邊申手內住乃至共期佛告大愛道瞿曇弥依止毗舍離比丘尼皆悉令集以十利故與諸比丘尼制戒乃至已聞者當重聞若比丘尼漏心與漏心男子申手內住共語捉手捉衣來歡喜請坐曲身就共期去是比丘尼波羅夷不應共住比丘尼者如上說比丘尼漏心漏心男子者二俱欲心申手內住者舒手所及處語者共耳語受捉手者若捉手若捉腕若大指若小指若捉衣衣者僧伽梨欝多羅僧安陁會僧祇支雨衣來歡喜者善來欣悅常數數來請坐者我已敷牀褥可坐曲身者並身往就期去者若店肆前園澤中若常行來處是比丘尼波羅夷不應共住波羅夷者如上說若比丘尼漏心漏心男子申手內共語受捉手捉衣來歡喜請坐曲身共期去是比丘尼波羅夷不應共住如是不能男及女人偷蘭遮比丘尼漏心男子不漏心亦波羅夷不能男及女人偷蘭遮比丘尼無漏心男子漏心偷蘭遮不能男及女人越毗尼罪俱無漏心越比尼罪不能男及女人越比尼心悔若比丘尼漏心漏心男子申手內住乃至共期去波羅夷若一一次第犯八事波羅夷若閒犯滿者亦波羅夷若犯一即悔偷蘭遮悔已復犯乃至第七偷蘭遮滿八者波羅夷是故說佛住毗舍離廣說如上尒時離車初生二男次生一女以為不吉心自念言今此不祥之女誰當取者有人語言汝欲安處此女不荅言欲得若尒者可持與迦梨比丘尼當與汝養育即便喚迦梨來白言阿梨耶我今生此不吉之女無人取者與我長養度令出家我自給衣食比丘尼即取養育便與出家家中日日送食年年與衣長大與學戒次受具足女人之法婬欲偏多年遂轉大欲情亦熾不能自制即白師言我結使起不樂出家今欲還俗師言怪哉俗中猶如火坑何由可樂從是以後漸與俗人及諸外道交通遂便有身比丘尼即便駈出語其師言汝不知弟子與俗人外道私通耶荅言我亦早知但其家日日送食年年得衣若當白僧便當駈出我利此二事是故不說比丘尼即語大愛道大愛道即以是事往白世尊佛言喚迦梨來來已問言汝實尒不荅言實尒世尊佛言此是惡事迦梨汝云何知比丘尼犯重罪覆藏此非法非律不可以是長養善法佛語大愛道依止毗舍離比丘尼皆悉令集乃至已聞者當重聞若比丘尼知比丘尼犯重罪不向人說是比丘尼若離處若死若罷道後作是言我先知是比丘尼犯重罪不向人說不欲令他知是比丘尼波羅夷不應共住比丘尼者如上說知者若自知若從他聞重罪者八波羅夷中若犯一一不向人說者不向一人若衆多若僧中不說離處者若駈出死者無常罷道者離此法律作俗人外道

已後便言我先知其犯罪但不欲令人知是比丘尼波羅夷不應共住波羅夷者如上說若比丘尼明相出時見比丘尼犯重罪不作覆藏心至日出時作覆藏心至明相出時是比丘尼犯波羅夷是名二時如是乃至八時如比丘覆藏中廣說若比丘尼見比丘尼犯重罪應向人說若見共住弟子依止弟子犯重罪便作是念我若向人說者比丘尼便當駈出以愛念故覆藏其罪得波羅夷是比丘尼聞是語已語知識比丘尼言某甲犯重罪若我語人者比丘尼僧當駈出是以我覆藏彼比丘尼聞已復作是念我若說者是二人俱駈出即便覆藏俱得波羅夷如是一切展轉覆藏皆波羅夷若比丘尼見他犯重罪語餘比丘尼言我見某甲犯重罪此比丘尼即呵言汝今作惡何故語我莫復說得偷蘭遮若比丘尼見比丘尼犯重罪應向人說若犯罪人兇惡可畏有勢力恐奪其命傷梵行者當作是念行業罪報彼自應知喻如失火燒屋但當自救焉知他事得捨心相應者無罪是故說

佛住拘睒弥瞿師羅國尒時闡陀五衆罪中犯若一若二諸比丘言長老闡陀汝見是罪不荅言汝用問我見不見為我不見諸比丘以是因緣往白世尊佛語比丘是闡陀於五衆罪中若犯一一而言不見者僧應與作不見罪舉羯磨僧與作不見罪舉羯磨已往詣比丘尼精舍言婆路醯諦僧與我作舉羯磨不共法食味食即言恠哉今我共汝法食味食即便隨順比丘尼諫言闡陀母是闡陀僧和合如法作舉羯磨未作如法莫隨順荅言我是其母是我所生我不隨順誰當隨順比丘尼即語大愛道大愛道即以是事往白世尊佛言是闡陀母比丘僧如法作舉羯磨而隨順者汝應屏處三諫衆多人中三諫僧中三諫令捨此事屏處諫者應問言汝實知闡陀僧如法作舉羯磨而隨順也荅言實尒應諫言闡陀母僧如法作舉羯磨未作如法莫隨順我今慈心諫汝欲饒益故一諫已過二諫在捨此事不如是第二第三諫亦如是衆多人中三諫亦如是若不捨者僧中應作求聽羯磨應作是說阿梨耶僧聽僧與闡陀如法作舉羯磨未作如法闡陀母與隨順已屏處三諫多人中三諫令捨此事而不捨若僧時到僧今亦當三諫令捨此事僧中應問闡陀母汝實知和合僧如法與闡陀作舉羯磨未作如法而汝隨順已屏處三諫衆多人中三諫令捨此事而不捨也荅言實尒即應諫言僧和合如法與闡陀作舉羯磨汝莫隨順僧欲饒益故諫汝汝當隨順僧語一諫已過二諫在汝捨不荅言不捨如是第二第三諫猶言不捨比丘尼以是因緣往白世尊佛言喚來來已問言汝實尒不荅言實尒佛言此是惡事汝常不聞我無量方便毀呰佷戾難諫稱譽易諫也此非法非律非如佛教不可以是長養善法汝云何被舉比丘而隨順從今日後不聽隨順被舉比丘佛語瞿曇弥依止拘睒弥

比丘尼皆悉令集乃至已聞者當重聞若比丘尼知僧和合如法與比丘作舉羯磨未作如法而隨順諸比丘尼應諫是比丘尼阿梨耶是比丘僧和合如法比尼作舉羯磨未作如法莫隨順是比丘諸比丘尼諫時作是語我不隨順誰當隨順諸比丘尼如是第二第三諫捨是事好若不捨者是比丘尼波羅夷不應共住比丘尼者如上說知者若自知若從他聞和合者非別衆如法比尼者不見罪不作三見不捨者謗契經邪見邊見被舉者不共住未作如法者未隨順僧未解隨順者共法食味食諸比丘尼諫是比丘尼作是語阿梨耶是比丘僧如法比尼作舉羯磨未作如法莫隨順法食味食諫時便作是念我不隨順誰當隨順應重諫乃至三捨者善若不捨者比丘尼波羅夷波羅夷者如上說屏處三諫捨者善若不捨者諫諫越比尼罪衆多人中亦如是僧中初諫時越比尼罪諫竟偷蘭遮第二初諫時越比尼諫竟偷蘭遮第三初諫時偷蘭遮諫竟波羅夷若屏處衆多人中僧中一切越比尼一切偷蘭遮成一重罪名波羅夷若中間捨者隨事治婬盜斷人命不實稱過人肩以下膝上漏心八事滿覆重并隨舉八波羅夷竟受使行如比丘中廣說是故世尊說若比丘尼受使行和合男女若取婦若私通乃至須臾頃是法初罪僧伽婆尸沙二無根如比丘中廣說是故世尊說若比丘尼瞋恨不喜故於清淨無罪比丘尼以無根波羅夷謗欲破彼比丘尼淨行於後時若撿校若不撿校便作是言是事無根我住瞋恨故作是語是法初罪是故世尊說若比丘尼瞋恨不喜故以異分事中小小事非波羅夷比丘尼以波羅夷法謗欲破彼梵行彼於後時若撿校若不撿校以異分中小小事是比丘尼住瞋恨故是法初罪佛住舍衛城比丘尼僧伽藍外道住處中隣牆崩尒時偷蘭難陀比丘尼語外道尼言汝當補治汝等無耆人徒衆來往裸形出入我此衆善好有慙羞見汝等結使增長彼荅言今是雨時不可得作須雨時過當作比丘尼言今當使作不得待後彼言我不能作比丘尼瞋言短壽敢酒糟驢汝敢不作無慙無愧邪見不信汝速治去外道尼罵言衆多人子大腹沙門尼汝便瞋我終不與汝作比丘尼即往斷事官所具說上事長壽為我勑彼作隣牆時斷事官信於佛法即録外道來來已語言弊惡短壽敢酒糟驢邪見外道何不作牆隣汝等無羞裸形出入是阿梨耶梵行人設見汝等增長結使汝急作去若不作者當加汝罪外道即作晝成已夜雨便壞如是夏三月作不能使成於是外道嫌責語諸優婆塞言看汝福田倚恃官力駈我泥作三月諸優婆塞婦女聞已語比丘尼比丘尼聞已向大愛道說大愛道即以是事具白世尊佛言喚比丘尼來來已佛問偷蘭難陀汝實尒不荅言實尒佛言此是惡事汝云何共鬪相言此非法非律不如佛教不可以是長養善法佛告

大愛道依止舍衛城住比丘皆悉令集以十利故與諸比丘尼制戒乃至已聞者當重聞若比丘尼諍訟相言若俗人若出家人晝日須臾乃至與園民沙弥共鬪相言是法初罪僧伽婆尸沙比丘尼者如上說諍訟者口諍訟俗人者在家人出家者外道出家乃至闍致羅晝日者齊日没須臾者乃至須臾頃下至沙弥園民初罪者不待三諫僧伽者謂八波羅夷婆尸沙者是罪有餘僧應羯磨治故說僧伽婆尸沙復次是事僧中發露悔過故亦名僧伽婆尸沙若比丘尼至王家斷事官所相言者僧伽婆尸沙道說偷蘭遮若至優婆塞家信心家道說越比尼罪心懺者越比尼心悔若比丘尼至王家相言越比尼罪懺說者越比尼心悔是故世尊說佛住舍衛城尒時賴吒比丘尼妹嫁適異村得病遣信喚賴吒言及我未死早來看我可得相見即便往看未得至間而妹命終到已其妹聟語賴吒言汝妹命過誰當料理家內看視兒子唯願賴吒為我料理以代妹處比丘尼便作是念此人出是惡聲或能强見侵掠即懷怖懼踰如出外便還舍衛城語諸比丘尼言異哉其當壞我梵行諸比丘尼問言以何事故便具說上事諸比丘尼聞已語大愛道大愛道即以是事具白世尊佛言喚是比丘尼來來已問言汝實尒不荅言實尒世尊佛言汝云何道路獨行從今日後不聽獨行復次諸比丘尼道路行有一年少比丘尼下道便利在後諸賈客來見比丘尼端正即便遮問汝年少端正正應受欲何以出家請說其故比丘尼言我出家何用問為復言不尒會當有意語我荅亦如初如是戲弄已須臾放去到聚落已心生疑悔語大愛道大愛道即以是事具白世尊佛言不欲無罪復次諸比丘尼共道行有比丘尼病不及伴獨在後來已心生疑悔語大愛道大愛道即以是事具白世尊佛言病無罪佛語大愛道依止舍衛城比丘尼皆悉令集乃至已聞者當重聞若比丘尼無比丘尼伴行不得出聚落界除餘時餘時者不欲病是名餘時是法初罪僧伽婆尸沙比丘尼者如上說無比丘尼伴者獨一人道行如上廣說除餘時者不欲病世尊說無罪僧伽婆尸沙者如上說若比丘尼著道行未出界無罪若到聚落城邑界時當相去在申手內若相離申手外一足過偷蘭遮二足過僧伽婆尸沙一人界中閙住偷蘭遮如是餘人過偷蘭遮是故世尊說

佛住王舍城王舍城中有人名羯暮子取得羯暮女為婦端正少雙持食與夫世尊到時著入聚落衣持鉢入城次行乞食到其家時婦作是念若我夫見佛者必當起看妨廢飲食當户而立於佛有緣世尊即放光明照其舍內其夫闚看見佛便語婦言汝大不善但欲減損於我其婦言我非欲相損我畏見世尊已妨廢食耳其夫瞋言女人情淺欲少饒益而傷損不少婦語夫言大家即聽我出家夫語婦言欲何道出家婦言佛法出家夫言相聽

即往優鉢羅比丘尼所求出家即度
出家受具足初夜後夜精勤不懈至
八日得盡有漏自知作證三明六通
心得自在依樹下坐時釋提桓因往
到其所即說頌曰
帝釋天眷從來下稽首足觀是羯暮女
出家始八日優鉢善比丘漏盡證六通
所作已成辦德力心自在折伏諸情根
閉目樹下坐是故今稽首世間良福田
此比丘尼有好清聲善能讚唄有優
婆塞請去唄已心大歡喜即施與大
張好㲲時諸天於虛空中而說頌曰
今汝得善利福德甚巍巍一切染著盡
清淨奉施衣今王舍城中清信諸士女
何不來勸請微妙善法音親近能離苦
不請則不說聞已如修習則致勝妙處
是時諸人家家請唄聞歡喜已大得
利養諸比丘尼各生嫉心便作是言
此妖艷歌頌惑亂衆心諸比丘尼以
是因緣往白世尊佛言喚是比丘尼
來來已問言汝實作世間歌說耶荅
言我不知世間歌說佛言是比丘尼
非世間歌說過去世時有波羅奈城

王名吉利有七女一名沙門二名沙
門支三名比丘尼四名比丘尼婢五
名達摩支六名須達摩七名僧婢於
迦葉佛前發願如七女經中廣說時
比丘尼人復將去離衆獨宿有比丘
尼語大愛道大愛道即以是事往白
世尊佛言喚是比丘尼來來已問言
汝實離衆獨宿不荅言實尒佛言從
今日不聽離衆獨宿復次流離王尉
迦維羅衛國廣說尒時諸比丘尼
城外獨宿乃至除王難復大尒時諸
比丘尼者道行老病不及伴獨宿心
生疑悔問大愛道大愛道即以是事
往白世尊佛言不欲無罪佛語大愛
道瞿曇弥依止舍衛城住比丘尼皆
悉令集乃至已聞者當重聞若比丘
尼離比丘尼一夜宿除餘時餘時者
若病時賊亂圍城時是名餘時是法
初罪比丘尼者如上說一夜宿者曰
未沒至明相出除餘時者不欲離宿
老羸病賊亂圍城若城內不得出城
外不得入是名餘時是法初罪僧伽
婆尸沙僧伽婆尸沙者如上說若比

丘尼離比丘尼宿日未沒至明相出
僧伽婆尸沙日沒以離至明相出偷
蘭遮若比丘尼僧伽藍中共房宿當
相去一申手內一夜中當三以手相
尋看不得一時頻三當初夜一中夜
一後夜一初夜不尋看越比尼罪中
夜不尋看亦越比尼罪後夜不尋看
亦越比尼罪一切時看無罪若上閣
下閣異宿者一夜當三過往如是僧
伽藍中宿偷蘭遮是故世尊說
佛住舍衛城王舍城中有長者名曰
須提那有婦年少端正其夫無常婦
不樂男子淋欲攝取即語餘婦人言
我不樂男子而淋欲取我為婦女人
語言汝欲得離不荅言我欲離即語
言汝往舍衛城就迦梨比丘尼所當
度汝出家此婦人似如出行便詣舍
衛城問人言何者是比丘尼僧伽藍
即示處入已問言何者是迦梨比丘
尼房即示房處入已問言阿梨耶是
迦梨非荅言是為何故問荅言我欲
出家即度出家受具足其淋於後求
不知處有人語言舍衛城迦梨比丘

尼已度出家便往舍衛城問人言何者是比丘尼僧伽藍即示處入已問言何者是迦梨比丘尼房即示處入已問言阿梨耶是迦梨耶答言是何故問便言我不放婦何故度我婦出家尼言長壽汝何處來答言王舍城來比丘尼罵言短壽物汝是賊王舍城人恒來喜作細作伺國長短即語弟子取我僧伽梨來繫此短壽閉著獄中其人即恐便作是念此人眼目可畏或能必尒眼並盻之漸漸却行出外已瞋恚言此比丘尼盜度我婦又欲繫我諸比丘尼聞已語大愛道大愛道即以是事往白世尊佛言呼比丘尼來來已佛問汝實尒不答言實尒佛告迦梨此是惡事汝云何主不聽而度人從今日不聽主不放而度即語大愛道依止舍衛城比丘尼皆悉令集乃至已聞者當重聞若比丘尼其主不聽而度是法初罪僧伽婆尸沙比丘尼者如上說不聽者未嫁女當問父母已出嫁當問聟姑妐及聟不聽者度出家受具足者僧伽婆尸沙僧伽婆尸沙者如上說是法初罪若比丘尼主不聽而度者越比尼罪與學戒者偷蘭遮受具足者僧伽婆尸沙是故世尊說

佛住舍衛城尒時阿摩羅邑力士婦年少端正與人私通其夫語言汝莫復作若作者我當如是如是治汝其婦故作不止其夫即伺合男子捉取便送與斷事官言我婦與是人通願官與我如法治罪如法治罪者言若女人共他私通者應七日二衆前集集會七日已於二家衆前中裂其身官便語婦言汝且還歸若家有者可往辦具布施飲食若無者隨意滿七日已當於二衆前中裂汝身即便還家具辦飲食施於二衆此婦於屏處涕泣諸母人問言汝何故啼耶答言我那得不啼滿七日已當於二衆前中裂我身母人言汝欲得活不答言尒便語言汝往舍衛城迦梨比丘尼所求索出家可得活衆人酒醉於是女人似如小出即詣舍衛城問人言比丘尼僧伽藍在何處示處入已問言何者是迦梨比丘尼房即示其處入已白言阿梨耶我欲出家問言主聽汝未答言云何聽比丘尼言若未出嫁父母聽已嫁者姑妐夫主弁聽是則聽答言若尒者已自是聽諸宗親都欲中裂我身棄捨竟比丘尼言若尒者已好放汝即度出家受具足其人求覓欲治罪不見聞舍衛城比丘尼已度出家即詣舍衛城問人言何者是比丘尼精舍人即示處入已問言何者是迦梨比丘尼房示言此是入已問言阿梨耶是迦梨比丘尼耶答言何以故問彼言我不放婦何以度出家長壽汝家在何處答言在阿摩勒邑便語言短壽汝是賊汝不知耶阿摩勒人恒喜來此伺求國便欲為細作便語弟子取我衣來我當告王繫此短壽其人聞已念言此比丘尼眼目角張或能作惡漸漸却行出外瞋恚罵詈此沙門尼盜度我婦又欲繫我諸比丘尼聞已語大愛道大愛道即以是事具白世尊佛言喚比丘尼來來已佛言迦梨此是惡事

汝云何知人犯罪衆親欲治罪而度
出家此非法非律非如佛教從今日
後不聽犯罪女人衆欲治罪而度出
家復次釋迦揵提邑有女人如上說
乃至語比丘尼言度我出家比丘尼
言先巳有比如此犯罪不聽出家復
向餘比丘尼都無度者便向外道求
出家其人欲取治罪而不知處聞在
舍衞城外道巳度出家其夫念言此
婦本是優婆塞女而今墮外道邪見
即是治罪便不復尋求諸外道法飲
米甘汁及蕩釜水裸形無恥而復妻
掠無度其婦猒患言此非出家之法
即捨向比丘尼精舍白言我墮深坑
崩岸當墮泥犁唯願牽我出家諸比
丘尼無敢度者便詣大愛道白言阿
梨耶是我親里釋家女今墮深坑願
度我出家大愛道即以是事往白世
尊佛言得若先外道度後聽出家佛
告大愛道依止舍衞城比丘尼皆悉
令集乃至巳聞者當重聞若比丘尼
知犯罪女衆親欲治而度除餘時餘
時者先外道度是名餘時是法初罪

比丘尼者如上說知者若自知若從
他聞衆者二衆集父母衆夫家衆親
者婆羅門宗姓刹利宗姓毗舍宗姓
首陁羅宗姓治罪者或以薄褁而燒
或沙囊繫頸沉著水中或火燒頭或
截耳截鼻或燒熱鐵鍱小便道或中
裂其身如是國法種種不同除先在
外道出家者世尊說無罪外道者尼
揵帝梨樝遲伽如是比外道是法初
罪僧伽婆尸沙者如上廣說若比丘
尼知犯罪女應治度出家越比尼罪
與學法者偷蘭遮受具足僧伽婆尸
沙是故世尊說
佛住舍衞城尒時衆多女人在阿耆
羅河彼岸此岸比丘尼僧集時偷蘭
難陁比丘尼脫衣放地截流浮渡諸
女人共相謂言看是偷蘭難陁比丘
尼浮渡而來來巳於露處坐巳須臾
復還渡諸女人嫌言云何是偷蘭難
陁比丘尼如因悪人渡巳復還諸比
丘尼聞巳語大愛道大愛道即以是
事往白世尊佛言喚偷蘭難陁比丘
尼來來巳佛言此是悪事汝云何於

舩渡處而獨浮渡從今日後不聽於
舩渡處而獨浮渡佛告大愛道依止
舍衞城比丘尼皆悉令集乃至巳聞
者當重聞若比丘尼於舩渡處獨渡
河者是法初罪僧伽婆尸沙比丘尼
者如上說獨渡者出界到彼岸僧伽
婆尸沙
佛住舍衞城尒時迦梨比丘尼於聚
落中遊行去後有依止弟子僧與作
舉羯磨師還弟子白言僧與我作舉
羯磨不共法食味食即呵言汝且默
然但使僧集即便集僧諸比丘尼各
作是念是比丘尼行還集僧常喜有
施物我等今日當得何物皆喜速集
集巳即作是唱阿梨耶僧聽某甲比
丘尼僧作舉羯磨若僧時到僧與某
甲比丘尼捨舉羯磨如是白阿梨耶
僧聽某甲比丘尼僧與作舉羯磨僧
今與某甲比丘尼捨舉羯磨阿梨耶
僧忍與某甲比丘尼捨舉羯磨者默
然若不忍者便說是第一羯磨如是
三羯磨諸比丘尼見此比丘尼眼目
可畏無敢遮者諸比丘尼展轉相謂

此是何語皆言我亦不知此語諸比丘尼白大愛道大愛道以是因緣往白世尊佛言喚是比丘尼來來已佛問汝實介不答言實介佛言此是惡事汝云何知比丘尼僧如法比尼作舉羯磨未行隨順未作如法先不語僧自捨羯磨從今日後不聽佛告大愛道依止舍衛城比丘尼皆悉令集乃至已聞者當重聞若比丘尼知比丘尼僧和合如法比尼作舉羯磨未作如法先不語僧自與捨是法初罪僧伽婆尸沙比丘尼者如上說知者若自知若從他聞和合者非別衆如法比尼者不見罪不作三見不捨舉羯磨者不共住未作如法者未行隨順心未調伏僧未與捨先不語僧僧中未作求聽羯磨而自僧中捨是法初罪僧伽婆尸沙僧伽婆尸者如上說若弟子僧和合作舉羯磨者若和上尼阿闍梨尼應至長老比丘尼所作是言誰無愚癡恒無有過慧心常存不知故介更不復作如是遍語諸人已令心柔軟然後於僧中作求聽羯磨當作是說阿梨耶僧聽某甲比丘尼有是事故僧作舉羯磨彼行隨順心柔軟捨若僧時到僧某甲欲從僧乞捨舉羯磨諸阿梨耶聽某甲欲從僧乞捨舉羯磨僧忍黙然故是事如是持然後應乞若有人遮者和上應軟語令止若比丘尼知僧和合如法比尼作舉羯磨而自捨者得越比尼罪

佛住王舍城介時有一長者欲心請樹提比丘尼與衣鉢飲食疾病湯藥作是言阿梨耶知我以何故與比丘尼言知復問云何知答言以福德故復言如是然後兼為欲故時樹提是離欲人聞是語其心遊然不持經懷然復不遮諸比丘尼即以是事語大愛道大愛道即以是事往白世尊佛言呼樹提來來已具問上事汝實介不答言實介世尊佛言此是惡事汝不為後世人作軌則耶此非法非律不如佛教不可以是長養善法佛語大愛道依止王舍城比丘尼者皆悉令集乃至已聞者當重聞若比丘尼無漏心漏心男子邊取衣鉢飲食病疾湯藥者是法初罪僧伽婆尸沙比丘尼者如樹提比丘尼無漏心者無欲心鉢者上中下衣者僧伽梨欝多羅僧安陁會僧祇支雨浴衣飲食者佉陁尼食蒲闍尼食藥者酥油蜜石蜜生酥及脂是法初罪若人與比丘尼衣鉢飲食疾病湯藥作是言我為是故與不應受應言我不須餘家自得若受者僧伽婆尸沙若不語動手足瞬眼振手彈指畫地作字如是相者知有欲心於我此不應受受者偷蘭遮若信心清淨諸情審諦受者無罪若女人欲心與比丘若動手足瞬眼與者當知有欲心不應受受者越比尼罪若信心清淨諸根審諦受者無罪是故世尊說

摩訶僧祇律卷第三十六

摩訶僧祇律卷第三十六

校勘記

一 底本，金藏廣勝寺本。

一 八七頁中一行經名下夾註「比丘尼初」，資、磧、普、南、徑、清無。

一 八七頁中二行與三行之間，資、磧、普、南、徑、清有「比丘尼毗尼初」；麗有「明八波羅夷法初」各一行。

一 八七頁中六行第一一字「陁」，諸本（不含石，下同）作「陁夷」。

一 八七頁中一〇行第四字「遇」，資、磧、普、南、徑、清作「遭」。同行第一〇字「説」，資、磧、普、南、徑、清無。

一 八七頁中一九行第二字「持」，諸本作「受持」。

一 八七頁中末行第五字「作」，諸本作「爲作」。

一 八七頁下三行「比丘」，資、磧、普、南、徑、清作「比丘尼」。九一頁中一八行九三頁上一一行諸本同。

一 八七頁下六行第六字「住」，徑作「供」。

一 八八頁上一行第一二字「若」，徑作「苦」。

一 八八頁上二〇行第九字、頁中二一行第五字「者」，資、磧、普、南、徑、清無。次頁中三行第八字、第一三字、一七行末字及九七頁中二一行第一二字同。

一 八八頁中四行第五字「彼」，資、磧、普作「比」。

一 八八頁中六行第八字「又」，資、磧、普、南、徑作「有」。同行末字「烙」，資作「鑠」。

一 八八頁中一五行第一一字「王」，麗作「主」。

一 八八頁中一六行第八字「女」，諸本作「女人」。次頁下八行第四字同。

一 八八頁下四行第二字「名」，資、磧、普、南、徑、清無。

一 八八頁下一三行首字「言」，資、磧、普、南、徑、清無。

一 八八頁下一五行第一一字「訊」，資、磧、普、南、徑、清無。

一 八八頁下二〇行第五字「知」，資、磧、普、南、徑、清作「是」。

一 八八頁下二二行末字「當」，資、磧、普、南、徑、清作「我當」。

一 八九頁上一行第一三字「被」，磧、普、徑作「披」。

一 八九頁上三行第二字「重」，資、磧、普、南、徑、清作「重者」。

一 八九頁上四行第五字「我」，資、磧、普、南、徑、清無。

一 八九頁上七行第四字及頁下二二行第三字「汙」，麗作「汙心」。

一 八九頁上九行第四字「莫」，磧作「婆」。

一 八九頁上一二行第二字「呼」，資、磧、普、南、徑、清作「喚」。

一 八九頁上一六行「欲欲」，資、磧、普、南、徑、清作「欲」。

一 八九頁上一八行第九字「能」，資、

一　磧、普、南、徑、清無。

一　八九頁中五行第二字「五」，諸本作「五有」。

一　八九頁中一七行第一二字「樂」，諸本作「染」。

一　八九頁中二〇行第八字「如」，資、磧、普、南、徑、清無。

一　八九頁下一行第五字、三行首字「罪」，資、磧、普、南、徑、清無。

一　八九頁下六行第二字「子」，資、磧、普、南、徑、清作「及」。

一　八九頁下八行首字「案」，清、麗作「按」。同行第一二字「頷」，諸本作「頭」。

一　八九頁下一五行末字「離」，資、徑作「梨」。

一　八九頁下二〇行第九字「是」，資、磧、普、南、徑、清作「此」。

一　九〇頁上一〇行第七字「捉」，諸本作「受捉」。

一　九〇頁上一六行「衣衣」，諸本作「衣」。

一　九〇頁上一七行第六字「衣」，資、磧、普、南、徑、清作「浴衣」。

一　九〇頁上二二行「共語」，資、磧、普、南、徑、清作「住諸」。

一　九〇頁中一七行第六字「喚」，資、磧、普、南、徑、清作「呼」。下同。

一　九〇頁下三行第一一字「身」，資、南、清、麗作「娠」。

一　九〇頁下一八行第八字「比」，磧作「此」。

一　九一頁上一二行首字「聞」，資作「門」。

一　九一頁上一五行第一二字「便」，資、磧、普作「彼」。

一　九一頁上一六行第五字「夷」，資、磧、普、南、徑、清作「夷罪」。

一　九一頁上二二行「傷傷梵」，諸本作「傷梵行」。

一　九一頁中一行第二字「但」，資、磧、普、南、徑、清作「且」。

一　九一頁中三行第九字「國」，資、磧、普、南、徑、麗作「園」。

一　九一頁中一一行第九字「共」，資作「若」。

一　九一頁中一四行第一〇字「如」，資、磧、普、南、徑、清作「如是」。

一　九一頁中一九行第七字「衆」，資、磧、普、南、徑、清無。

一　九一頁下九行第一三字「與」，資、磧、普、南、徑、清作「舉」。

一　九一頁下二二行「從今日後」，資、磧、普、南、徑、清作「從今已後」。下同。

一　九二頁上三行第一一字「法」，諸本作「法毗尼」。

一　九二頁上一二行首字「作」，諸本作「作罪」。同行第六字「者」，麗作「三者」。

一　九二頁上一七行第一二字「念」，諸本作「語」。

一　九二頁上一八行第一二字「三」，麗作「諫」。

一　九二頁上一九行第五字「者」，諸本作「者是」。

一　九二頁中五行「肩以下膝上」，資、磧、普、南、徑、清作「肩下膝已上」。

一　九二頁中六行「隨舉」，資、磧、普、南、徑、清作「隨順」。同行第七字「竟」與第八字「受」之間，麗有「明十九僧殘法之一」一行。

一　九二頁中一二行第六字「謗」，麗作「法謗」。

一　九二頁中一三行首字「於」，諸本作「彼於」。

一　九二頁中一六行「分事」，資、磧、普、南、徑、清作「事分」。

一　九二頁中一九行第一二字「故」，麗作「故説」。

一　九二頁中二一行首字「道」，諸本作「道尼」。頁下一〇行第四字、一四行第七字同。

一　九二頁下五行第八字「無」，資、磧、普、南、徑、清無。

一　九二頁下六行第七字「罵」，資、磧、普、南、徑、清無。

一　九二頁下一三行末字「作」，資、磧、普、南、徑、清作「治」。

一　九二頁下一四行第一〇字「晝」，磧作「盡」。

一　九二頁下一八行第五字「語」，資、磧、普、南、徑、清作「語諸」。

一　九三頁上七行第二字「訟」，資、磧、普、南、徑、清無。同行第一一字「者」，資、磧、普、南、徑、清作「人」。

一　九三頁上一七行第四字「尼」，資、磧、普、南、徑、清無。

一　九三頁上二一行「即便」，資、磧、普、南、徑、清作「便即」。

一　九三頁上二二行首字「閙」，徑作「問」。

一　九三頁中三行第八字「陽」，資、磧、普、南、清、麗作「佯」。

一　九三頁中四行第一一字「其」，資、磧、普、南、徑、清作「幾」。

一　九三頁中六行「語大愛道」，資、磧、普、南、徑、清作「向大愛道説」。

一　九三頁下七行第二字「行」，諸本作「行時」。

一　九三頁下一四行至次行「次行乞食」，資、磧、普、南、徑、清作「乞食次」。

一　九三頁下二二行第五字「即」，麗作「郎」。同行末字「欲」，資、磧、普、南、徑、清作「汝欲」。

一　九三頁下末行「佛法出家」，資、磧、普、南、徑、清作「佛法中」。

一　九四頁上一二行第一一字「而」，資、磧、普、南、徑、清無。

一　九四頁上一七行第七字「請」，資、磧、普、南、徑、清作「讃」。

一　九四頁上一九行第五字「頌」，磧、南作「誦」。

一　九四頁上二一及二二行「歌説」，麗作「歌頌」。

一　九四頁中三行「達摩支」，資、磧、普、南、徑、清作「達摩友」。

一　九四頁中九行「流離」，資、清作「琉璃」。

一　九四頁下七行末字「看」，資、磧、普、南、徑、清無。

一 九四頁下二一行「迦梨非」，資、磧、普、南、徑、清作「迦梨耶」。

一 九四頁下二二行第一二字「於」，資、磧、普、南、徑、清作「欲於」。

一 九五頁上一六行第四字「告」，資、磧、普、南、徑、清作「言」。

一 九五頁上一七行「不聽主不放」，資、磧、普、南、徑、清作「不得主不聽」。

一 九五頁上一八行「即語」，資、磧、普、南、徑、清作「佛語」。

一 九五頁上二二行第九字「嫁」，資、磧、普、南、徑、清作「嫁者」。

一 九五頁上末行第五字「者」，資、磧、普、南、徑、清作「度者」。

一 九五頁中九行第七字「言」，資、磧、普、南、徑、清作「語言」。

一 九五頁中一七行首字「涕」，資、磧、普、徑、清、麗作「啼」。

一 九五頁中末行「入已問」，麗作「入問人」。

一 九五頁下一行第一三字「其」，資、磧、普、南、徑、清無。

一 九五頁下二一行首字「反」，資、磧、普、南、徑、清作「及」。

一 九六頁上一行第一二字「罪」，資、磧、普、南、徑、清無。

一 九六頁上一〇行第七字「女」，資、磧、普、南、徑、清作「家女」。

一 九六頁上一七行第一二字「深」，資、磧、普、南、徑作「落」。

一 九六頁中六行第九字「鑠」，麗作「烙」。

一 九六頁中一一行第一〇字「家」，資、磧、普、南、徑、清作「家者」。

一 九六頁中一二行第一〇字「足」，資、磧、普、南、徑、清作「足者」。

一 九六頁中二二行第二字「往」，資、磧、普、南、徑、清作「具」。同行至次行「比丘尼」，資、磧、普、南、徑、清無。

一 九七頁上一行第一二字「語」，資、磧、普、南、徑、清無。

一 九七頁上一六行「語僧」，資、磧、普、南、徑、清作「語者僧」；麗作「語者」。

一 九七頁上一八行「僧伽婆尸沙僧伽婆尸者」，資、磧、普、南、徑、清作「僧伽婆尸沙僧伽婆尸沙者」；麗作「僧伽婆尸沙僧伽婆尸沙者」。

一 九七頁中八行第八字「得」，資、磧、普、南、徑、清無。

一 九七頁中一三行第六字「後」，徑、清作「復」。

一 九七頁中一四行第四字「聞」，資、磧、普、南、徑、清作「故聞」。同行第九字「遊」，資、磧、普、南、徑、清作「脩」。

一 九七頁下五行第五字「蒲」，資作「蒱」。同行「酥油」，麗無。

一 九七頁下八行「應言」，資、磧、普、南、徑、清作「應作是言」。

一 九七頁下九行「手足瞬」，資、磧、普、南、徑、清作「手脚眨」。

一 九七頁下一〇行第六字「盡」，資、普作「盡」。

一 九七頁下一二行首字「若」，資、磧、

一　[普]、[南]、[徑]、[清]無。

九七頁下一四行第八字「應」，[資]、[磧]、[普]、[南]、[徑]、[清]無。

摩訶僧祇律卷第三十七　仕

東晉天竺三藏佛陀跋陀羅共法顯　譯

明十九僧殘法之餘

佛住王舍城尒時世尊制戒不聽漏心男子邊取衣鉢飲食疾病湯藥時樹提比丘尼不取長者施衣時偷蘭難陁比丘尼語樹提言何不取此男子施男子漏心不漏心何預人事但使汝無漏心取已隨因緣用諸比丘尼諫是比丘尼莫作是語男子漏心不漏心何預人事但使汝無漏心可取此施隨因緣用如是二諫三諫不止諸比丘尼以是事語大愛道大愛道即以是事往白世尊佛言喚比丘尼來來已佛問汝實尒不荅言實尒佛言此是惡事汝云何勸彼取漏心人施此非法非律不如佛教不可以是長養善法佛語大愛道依止王舍城住比丘尼皆悉令集乃至已聞者當重聞若比丘尼語比丘尼作是語可取此男子施漏心不漏心何預汝事但汝莫漏心可取施已隨因緣用諸比丘尼應諫是比丘尼莫作是語應取是施男子漏心不漏心何預人事但使汝無漏心可取施已隨因緣用如是應第二第三諫捨是事好若不捨者是法初罪僧伽婆尸沙作是語比丘尼者如偷蘭難陁比丘尼取施者如樹提比丘尼諸比丘尼諫是比丘尼令捨是事如不捨者是法乃至三諫僧伽婆尸沙是故世尊說佛住王舍城破僧相助如比丘中廣說是故世尊說若比丘尼欲破和合僧故勤方便執持破僧事故共諍諸比丘尼應語是比丘尼阿梨耶莫破和合僧勤方便執持破僧事共諍當與僧同事何以故僧和合歡喜不諍共一學如水乳合如法說安樂住是比丘尼諸比丘尼諫時堅持不捨者應第二第三諫捨者善若不捨者是法乃至三諫僧伽婆尸沙諸比丘尼同意相助若一若二若衆多同語同見欲破和合僧是比丘尼諸比丘尼諫時是同意比丘尼言阿梨耶莫說是比丘尼好惡事何以故是法語比丘尼律語比丘尼是比丘尼所說皆是

我等心所欲是比丘尼所見欲忍可事我等亦欲忍可是比丘尼知說非不知說諸比丘尼應諫是同意比丘尼阿梨耶莫作是語法語比丘尼律語比丘尼何以故此非法語比丘尼律語比丘尼阿梨耶莫助破僧事當樂助和合僧何以故僧和合歡喜不諍共一學如水乳合如法說安樂住是比丘尼諸比丘尼諫時若堅持不捨者應第二第三諫捨是事善若不捨是法乃至三諫僧伽婆尸沙

佛住舍衛城尒時偷蘭難陁比丘尼有鬪諍事僧如法比尼與作羯磨羯磨竟瞋恚以非理謗僧而作是言阿梨耶僧隨愛隨瞋隨怖隨癡僧依愛依瞋依怖依癡是故呵責此非法斷事是比丘尼諸比丘尼諫言阿梨耶莫作非理謗僧僧不隨愛不隨瞋不隨怖不隨癡僧不依愛瞋怖癡非法斷事如是第二第三諫不止諸比丘尼以是因緣語大愛道大愛道以是事往白世尊佛言汝去應屏處三諫多人中三諫僧中三諫令捨此事屏處諫者屏處應問汝實瞋恚非理謗僧僧隨愛隨瞋隨怖隨癡僧依愛依瞋依怖依癡耶荅言實尒屏處應諫言汝莫瞋恚非理謗僧僧不隨愛隨瞋隨怖隨癡僧不依愛瞋怖癡非理斷事我今慈心諫汝欲饒益故一諫已過二諫在捨是事不荅言不捨如是第二第三諫多人中亦如是僧中應作求聽羯磨阿梨耶僧聽偷蘭難陁比丘尼瞋恚非理謗僧隨愛隨瞋隨怖隨癡僧依愛瞋怖癡已屏處三諫已多人中三諫令捨此事而不捨若僧時到僧令亦應三諫僧中應問汝實瞋恚非理謗僧隨愛隨瞋隨怖隨癡乃至非法斷事已屏處三諫多人中三諫而不捨耶荅言實尒僧中應諫言汝莫瞋恚非理謗僧僧不隨愛不隨瞋不隨怖不隨癡乃至非理斷事僧令慈心諫汝欲饒益故當取僧語一諫已過二諫在捨是事不荅言不捨第二第三諫猶故不捨諸比丘尼以是因緣往白世尊佛言喚是比丘尼來來已佛具問上事汝實尒不荅言實尒佛語偷蘭難陁此是惡事汝常不聞無量方便呵責佷戾稱歎軟語耶汝云何佷戾此非法非律非如佛教不可以是長養善法佛告大愛道依止舍衛城住比丘尼皆悉令集乃至已聞者當重聞若比丘尼瞋恚非理謗僧作是言僧隨愛隨瞋隨怖隨癡僧依愛瞋怖癡是故呵責是比丘尼諸比丘尼應諫作是言阿梨耶莫作是語僧隨愛隨瞋隨怖隨癡僧依愛瞋怖癡何以故僧不隨愛瞋怖癡汝莫瞋恚非理謗僧是比丘尼諸比丘尼諫時堅持不捨者應第二第三諫捨是事善若不捨是法乃至三諫僧伽婆尸沙比丘尼者如偷蘭難陁比丘尼瞋恚非理謗僧屏處三諫不捨者諫諫越比尼罪多人中亦尒僧中初諫時亦越比尼罪諫竟偷蘭遮第二初諫時亦越比尼罪諫竟偷蘭遮第三初諫時偷蘭遮諫竟僧伽婆尸沙成僧伽婆尸沙已屏處多人中僧中一切越比尼罪偷蘭遮除八謗僧偷蘭遮餘一切合成一僧

伽婆尸沙罪治若中間止者隨止處治罪是故世尊說

佛住拘睒弥闡陀母比丘尼諸比丘尼共法中如法如比尼教當學莫犯自身作不可共語如闡陀戾語中廣說乃至若比丘尼自用戾語諸比丘尼共法中如法如律教便自用意作是言汝莫語我若好若惡我亦不語汝若好若惡諸比丘尼應諫彼比丘尼言阿梨耶諸比丘尼共法中如法如律教汝莫自用諸比丘尼教汝汝當信受汝亦應如法如律教諸比丘尼何以故如來弟子中展轉相教展轉相諫共罪中出故善法得增長故是比丘尼諸比丘尼諫時堅持不捨者應第二第三諫捨是事善若不捨是法乃至三諫僧伽婆尸沙如比丘戒中廣說是故說

佛住舍衛城尒時有二比丘尼一名真檀是釋家女二名欝多羅身習近住口習近住身口習近住遞相覆過身習近者共牀眠共牀坐同器食迭互著衣共出共入口習近者染汙心語迭相覆罪此犯彼覆彼犯此覆身口習近者二事俱比丘尼諫言阿梨耶莫身習近住口習近住莫身口習近住莫迭相覆過何以故不生善法一諫二諫三諫不止諸比丘尼語大愛道大愛道即以是因緣往白世尊佛言呼是比丘尼來來已佛問言汝實尒不答言實尒佛言此是惡事汝云何身口習近住迭相覆過此非法非律非如佛教不可以是長養善法佛告大愛道依止舍衛城住比丘尼皆悉令集乃至已聞者當重聞若二比丘尼習近住迭相覆過諸比丘尼應諫是比丘尼言阿梨耶莫習近住迭相覆過習近住不生善法是比丘尼諸比丘尼諫時堅持不捨應第二第三諫捨是事善若不捨是法乃至三諫僧伽婆尸沙佛住舍衛城尒時世尊制戒不聽習近住時真檀釋家女欝多羅比丘尼各自別住偷蘭難陀比丘尼言阿梨耶但習近住互相藏過莫相遠住不妨生善法餘人亦有如是相近住僧不能遮輕易汝故共相禁制耳諸比丘尼諫是比丘尼阿梨耶莫作是語但習近住互相藏過莫相遠住不妨生長善法乃至輕易汝故共相禁制如是一諫不止二諫三諫不止諸比丘尼語大愛道大愛道即以是事往白世尊佛言是真檀釋家女欝多羅比丘尼相遠住偷蘭難陀比丘尼勸令習近住不妨生善法者當屏處三諫多人中三諫僧中三諫令捨此事屏處諫者應作是言偷蘭難陀汝實語真檀比丘尼欝多羅比丘尼言但習近住互相藏過莫相遠住不妨生善法餘人亦有如是相近住者僧不能遮輕易汝故共相禁制耶答言實尒應諫言汝莫作是語相習近住互相藏過莫相遠住不妨生善法餘人亦有如是相習近住者僧不能遮輕易汝故共相禁制我今慈心饒益故諫汝一諫已過二諫在汝捨不答言不捨如是第二第三多人中亦如是諫若不捨者僧中應作求聽羯磨唱言阿梨耶僧聽偷蘭難陀比丘尼勸真檀釋家女

替多羅比丘尼相習近住互相藏過不妨生善法已屏處三諫多人中三諫不止若僧時到僧今亦應三諫令捨此事僧中應問偷蘭難陀汝實勸相習近住乃至僧今慈心諫汝欲利益故一諫已過二諫在汝捨不答言不捨第二第三諫故不捨諸比丘尼以是因緣往白世尊佛言喚是比丘尼來來已佛問言汝實尒不答言實尒佛言此是惡事乃至佛告大愛道依止舍衛城住比丘尼皆悉令集乃至已聞者當重聞若比丘尼見相遠住便勸作是言當習近住迭相藏過莫相離住不妨生長善法餘人亦有如是相習近住者僧不能遮輕易汝故相禁制耳諸比丘尼應諫是比丘尼言阿梨耶某甲相遠住莫勸習近住迭相覆過習近住不妨生善法莫作是語餘人亦有習近住僧不能遮輕易汝故相禁制耳是比丘尼諸比丘尼諫時堅持不捨應第二第三諫捨者善若不捨者是法乃至三諫僧伽婆尸沙相遠住者如真極釋家女

替多羅比丘尼勸者如偷蘭難陀比丘尼習近住者身相習近口相習近身口相習近覆者身口過此身口過彼覆藏彼身口過此覆藏是比丘尼者如偷蘭難陀比丘尼諸比丘尼者僧多人一人三諫者屏處三諫多人中三諫僧中三諫屏處諫者屏處應問汝實勸某甲某甲比丘尼莫相遠離住乃至答言實尒屏處應諫作是語莫尒阿梨耶某甲某甲相遠住作是教言相習近住乃至一諫不止二諫三諫不止多人中亦尒僧中三諫不止是法乃至三諫不捨僧伽婆尸沙僧伽婆尸沙者如上說若比丘尼屏處三諫諫諫越比尼罪多人中三諫諫諫越比尼罪僧中初諫越比尼罪諫竟偷蘭遮第二初諫越比尼罪諫竟偷蘭遮第三初諫偷蘭遮諫竟僧伽婆尸沙成僧伽婆尸沙已屏處多人中僧中一切越比尼罪偷蘭遮合成一僧伽婆尸沙罪治若中間止隨止處治罪是故說

佛住迦維羅衛尼拘律樹釋氏精舍

時釋種女母子出家母在外道中出家語女言我今母子如何生離汝可來此共住其女白言我不得無故而來當待有所因而來於是女還與比丘尼共鬬瞋言我今捨佛捨法捨僧捨說捨共住共食捨經論我非比丘尼非釋種諸外道亦有勝法修梵行處我用是沙門尼釋種為我當於彼而修梵行諸比丘尼諫是比丘尼言阿梨耶莫捨佛捨法捨僧乃至莫捨釋種捨佛者不善乃至捨釋種者不善一諫不止二諫乃至三諫亦不止諸比丘尼語大愛道大愛道即以是事具白世尊佛言汝去先屏處三諫多人中三諫僧中三諫令捨此事屏處諫者屏處應問言汝實瞋恚言我捨戒我捨佛乃至用沙門尼釋種為當於餘勝處修梵行耶答言實尒屏處應諫汝莫捨戒捨佛捨法捨僧乃至捨沙門尼釋種捨佛者不善乃至捨沙門尼釋種不善我今慈心欲利益汝故諫汝一諫已過二諫在捨是事不答言不捨第二第三亦如是多

入中三諫亦尒若不捨者僧中應作求聽羯磨問如屏處中說猶故不止諸比丘尼以是因緣往白世尊佛言呼比丘尼來來已佛具問上事汝實尒不荅言實尒佛言此是惡事乃至非法非律不如佛教不可以是長養善法佛告大愛道依止迦維羅衛住比丘尼皆悉令集乃至已聞者當重聞若比丘尼瞋恚欲捨戒作是言我捨佛捨法捨僧捨說捨共住捨共食捨經論捨沙門尼釋種用是沙門尼釋種為餘更有勝處我於彼中修梵行諸比丘尼應諫是比丘尼言阿梨耶莫瞋恚捨戒作是言我捨佛乃至捨沙門尼釋種捨佛者不善諸比丘尼如是諫時故堅持不捨應第二第三諫捨是事好若不捨是法乃至三諫僧伽婆尸沙比丘尼者如釋種女欲捨戒捨佛乃至捨沙門尼諸比丘尼者若僧多人及一人三諫者屏處三諫多人中三諫僧中三諫捨者善若不捨者是法乃至三諫僧伽婆尸沙僧伽婆尸沙者如上說屏處諫時

捨者善若不捨者諫諫越比尼罪多人中亦尒僧中初諫越比尼諫竟偷蘭遮第二初諫亦越比尼諫竟偷蘭遮第三初諫偷蘭遮諫竟僧伽婆尸沙僧伽婆尸沙罪起已屏處多人中僧中成一重罪作僧伽婆尸沙治若中間止隨止處治是故世尊說阿梨耶僧聽已說十九僧伽婆尸沙法十二是初罪七乃至三諫若比丘尼犯一一罪半月二部衆中行摩那埵竟到阿浮呵那二十僧二部衆中應出罪稱可衆人意二十人中若少一人此比丘尼不名出罪諸比丘比丘尼應可責是名時是中清淨不第二第三亦問是中清淨不是中清淨默然故是事如是持

使行二無根　相言獨行宿　不聽犯罪女
渡河并自捨　受漏心人施　勸彼令取施
十二是初罪　破僧并相助　瞋恚而謗僧
戾語習近住　勸住瞋還戒　第二篇說竟

三十事初

十日離衣宿　非時捉金銀　賣買并乞衣
聽乞得取二　辦衣二居士　王臣大第十

如比丘中廣說初跋渠竟

佛住舍衛城尒時偷蘭難陀比丘尼在聚落中住為僧勸化索牀褥語婦人言優婆夷汝當施僧牀褥枕拘執時婦人信心歡喜即與牀褥枕拘執直得已持作衣鉢飲食湯藥時比丘尼大行乞食到其家諸婦人問言阿梨耶我與偷蘭難陀比丘尼牀褥拘執枕直為作未比丘尼言那得作但自買衣鉢飲食湯藥諸比丘尼聞已語大愛道大愛道即以是事往白世尊佛言喚偷蘭難陀比丘尼來來已佛問言汝實索牀褥拘執而作餘用耶荅言實尒佛言此是惡事汝常不聞我無量方便毀訾多欲稱歎少欲汝云何作惡不善法此非法非律非如佛教不可以是長養善法從今日後不聽為牀褥乞轉作餘用佛告大愛道瞿曇彌依止舍衛城比丘尼皆悉令集乃至已聞者當重聞若比丘尼為牀褥乞而自作衣鉢飲食疾病湯藥者尼薩耆波夜提比丘尼者如上說牀褥枕拘執如上比丘中廣說

乞者勸化求索後自用作衣鉢飲食湯藥者尼薩耆波夜提者此物應僧中捨波夜提悔過不捨而悔越比尼罪波夜提者如比丘中廣說若比丘尼為牀褥乞而自用作衣鉢飲食湯藥者尼薩耆波夜提若為此索不得作彼用若為牀索作褥為褥索作枕為枕索作拘執越比尼罪若勸化乞多得牀褥枕直當一一亦人記識此是牀直此是褥直此是枕直此是拘執直若不尒者一一越比尼罪得貸用治房舍及釜鑊如法貸用若比丘為牀褥乞而餘用者越比尼罪得如法貸用是故說

佛住舍衛城尒時偷蘭難陀比丘尼著垢膩穿穴弊衣而行乞食婦人見已語言阿梨耶我施衣直知衣復有人言我施鉢直知鉢得已但作飲食用盡不作衣鉢有比丘尼乞食婦人問言偷蘭難陀我先與衣鉢直作未報言但作飲食那得作衣鉢比丘尼聞已語大愛道大愛道以是因緣往白世尊佛言喚是比丘尼来来已佛問言汝實尒不荅言實尒世尊佛言此是惡事汝不聞我無量方便讚歎少欲毀呰多欲耶汝云何得衣鉢直而作餘用從今日後不聽佛語大愛道依止舍衛城住比丘尼皆悉令集乃至已聞者當重聞若比丘尼人為作是與而作彼用者尼薩耆波夜提比丘尼者如上說為是與者為衣為鉢直與作餘用者作飲食湯藥尼薩耆波夜提此物僧中捨波夜提悔過若比丘尼人與衣直鉢直酥直油直衣直應知衣鉢直應知鉢酥直應知酥油直應知油若作異用者尼薩耆波夜提若檀越言隨意用無罪若無所適為隨作無罪若比丘人與衣直鉢直酥直油直衣直應作衣乃至酥直知酥若作異用者越比尼罪若隨意用者無罪無所適為者無罪是故世尊說

佛住舍衛城尒時偷蘭難陀比丘尼勸化作食語婦人言優婆夷我欲與僧作食諸優婆夷信心歡喜與食直作是言阿梨耶至作食日語我我當来行食比丘尼得已自作食及買衣鉢餘殘作麁食至其日自来行食見已問言阿梨耶我前與食直多何故食麁乃尒諸比丘尼言何處得好食但自作衣鉢食毀諸比丘尼聞已語大愛道大愛道即以上事往白世尊佛言喚是比丘尼来来已佛問言汝實尒不荅言實尒佛言此是惡事乃至佛告大愛道瞿曇弥依止舍衛城住比丘尼皆悉令集乃至已聞者當重聞若比丘尼為食乞作衣鉢飲食湯藥受用者尼薩耆波夜提比丘尼者如上說為食者為僧作食乞者勸化求索異用者衣鉢自飲食尼薩耆波夜提尼薩耆波夜提者如上說若比丘尼為僧索作食而自買衣鉢飲食者尼薩耆波夜提隨本所欲作應用作者若迴前食作後食迴後食作前食者越比尼罪若迴食直作牀褥若春夏冬若衣分若食分隨先所向應用而不稱施主本心與越比尼罪若比丘尼為僧勸化得食應盡作若有長飲食酥油應示檀越檀越若持

去者當默然若言我與阿梨耶應言與僧復言我以自與僧竟此與阿梨耶如是取者無罪是故說

佛住舍衛城尒時有客比丘尼來次第應得房先住下坐比丘尼言阿梨耶待我移鉢乃至明日問言移鉢竟未答言我移鉢未竟客比丘尼言汝欲持是鉢居凡肆去耶用尒許鉢為諸比丘尼聞已語大愛道大愛道往白世尊佛言呼是比丘尼來來已佛問言汝實尒不答言實尒佛言汝云何畜長鉢從今日後不聽畜長鉢佛告大愛道瞿曇弥依止舍衛城比丘尼皆悉令集乃至已聞者當重聞若比丘尼畜長鉢尼薩耆波夜提比丘尼者如上說畜長鉢者名萬婆鉢烏婆萬婆鉢憂鳩吒夜鉢婆者夜鉢如是鐵瓦等是名鉢有鉢名上中下過鉢減鉢隨鉢畜者尼薩耆波夜提比丘尼得畜十六枚鉢一受持三作淨施四過鉢四減鉢四隨鉢若過畜者尼薩耆波夜提尼薩耆波夜提者如上說比丘尼畜長鉢有齊限比丘多畜淨施用無罪是故世尊說

佛住舍衛城如上廣說乃至語言汝欲居衣肆店耶諸比丘尼聞已語大愛道大愛道即以是事往白世尊佛言喚是比丘尼來來已佛問言汝實尒不答言實尒佛言汝云何畜長衣從今日後不聽畜長衣佛告大愛道瞿曇弥依止舍衛城住比丘尼皆悉令集乃至已聞者當重聞若比丘尼畜長衣尼薩耆波夜提比丘尼者如上說衣者欽婆羅衣氀衣憍奢耶衣芻摩衣舍那衣麻衣驅牟提衣畜者過限畜尼薩耆波夜提尼薩耆波夜提者如上說比丘尼聽畜二十衣五衣受持十五衣淨施已受用若過是畜尼薩耆波夜提比丘無限齊淨施受用無罪是故世尊說

佛住舍衛城尒時偷蘭難陁比丘尼僧伽梨破不浣染補治擲棄牆下作是言若欲取者便取時樹提比丘尼見破衣餘比丘尼言阿梨耶可取持此衣浣染補治受用即取補治浣染而著偷蘭難陁比丘尼言還我衣來語諸比丘尼言異事試看是衣物都不得放地須臾捨去汝屋中得滿未即奪取僧伽梨諸比丘尼語大愛道大愛道即以是事往白世尊佛言呼是比丘尼來來已問言汝實尒不答言實尒世尊佛言此是惡事乃至佛告大愛道瞿曇弥依止舍衛城住比丘尼皆悉令集乃至已聞者當重聞若比丘尼於住止處棄故僧伽梨唱言有欲取者取後還奪者尼薩耆波夜提比丘尼者如上說住處者精舍內棄者放捨在地人取已後還奪者尼薩耆波夜提尼薩耆波夜提者如上說若比丘尼棄物已有人取用不得還奪若無人取後須用而取者無罪若比丘精舍內棄衣鉢革屣及餘小小物人取已後還奪者越比尼罪若無人取後還取者無罪是故世尊說

佛住舍衛城尒時有比丘尼有垢汙僧伽梨擿已於日中曬風起吹去諸比丘尼語大愛道大愛道即以是事往白世尊佛言呼是比丘尼來來已佛問言汝實尒不答言實尒世尊佛

言汝云何擿故僧伽梨已不自縫不
使人縫從今日後不聽擿衣浣復次
尒時有釋種女摩羅女本是樂人浣
僧伽梨僧伽梨厚重難浣語大愛道
大愛道往白世尊佛言從今日後聽
至五六日佛告大愛道瞿曇弥依止
舍衛城住比丘尼皆悉令集乃至已
聞者當重聞若比丘尼故僧伽梨若
自擿若使人擿過五六日不自縫不
使人縫除病尼薩耆波夜提比丘尼
者如上說故僧伽梨者欲浣若自擿
若使人擿五六日者限齊六日不還
自縫不使人縫尼薩耆波夜提尼薩
耆波夜提者如上說若比丘尼浣故
僧伽梨若輕而薄者不聽擿若厚而
重者聽擿擿已當浣浣已應舒置薄
上若席上以石鎮四角乾竟當喚共
行弟子依止弟子同和上阿闍梨諸
知識比丘尼速疾共成若老病無人
佐者無罪是故世尊說
佛住舍衛城尒時學戒尼語偷蘭難
陁言阿梨耶與我受具足偷蘭難陁
言汝與我衣當與汝受具足即便與

衣後不與受具足學戒尼言與我受
具足如是經久諸比丘尼語大愛道
大愛道即以是事往白世尊佛言喚
是比丘尼来来已佛問言汝實尒不
荅言實尒佛言此是惡事乃至佛告
大愛道依止舍衛城住比丘尼皆悉
令集乃至已聞者當重聞若比丘尼
語式叉摩尼言汝與我衣當與汝受
具足取衣已不與受具足者尼薩耆
波夜提比丘尼者如上說式叉摩尼
者受學戒衣者七種衣如上說復有
衣名僧伽梨乃至雨浴衣許受具足
者後自不與受不使人受尼薩耆波
夜提尼薩耆波夜提者如上說若比
丘尼取式叉摩尼衣許與受具足後
應與受若老病無力不能受者應語
餘人汝取是衣與受具足若前人不
欲受還索衣者當還若比丘許沙弥
不與受具足越比尼罪
佛住毗舍離尒時有北方商人持貴
價好欽婆羅而行賣之人問此索幾
許荅言百千時國王王子大臣及餘
大商人主皆嫌貴不買在店上愁憂

而坐人問言汝何故而有愁色荅言
我賣此欽婆羅大有價直輸稅亦多
而今賣不可集是以不樂人言汝欲
令集不荅言欲令集即語汝可持詣
跋陁羅沙門尼所彼當買之即持往
問人言何者是比丘尼精舍人示處
已問言何者是跋陁羅比丘尼房人
示處已問言何者是跋陁羅跋陁羅
比丘尼荅言何故問耶荅言欲買是
欽婆羅不問言索幾許荅言百千亦
不與高下即語弟子言汝去語婆路
醯肆上取百千與之有人問言汝賣
欽婆羅集未荅言已集問言誰取荅
言沙門尼跋陁羅其人即嫌言出家
人有此愛好之欲諸比丘尼聞已語
大愛道大愛道即以是事往白世尊
佛言喚是比丘尼来来已佛問汝實
尒不荅言實尒佛告比丘尼汝不為
後世人作軌則耶從今日後不聽出
四羯利沙槃買重物佛告大愛道瞿
曇弥依止比舍離城住比丘尼皆悉
令集乃至已聞者當重聞若比丘尼
過四羯利沙槃市重衣尼薩耆波夜

提比丘尼者如上說四羯利沙槃者四四十九故錢重衣者欽婆羅衣市者知取也若過十九故錢取者尼薩耆波夜提尼薩耆波夜提者如上說若比丘尼不得過十九故錢市重衣若不乞自與雖貴價無罪比丘尼有限比丘無限雖貴價知取受用無罪是故世尊說

佛住毗舍離尒時南方有商人持細鵝相紋氎來有人問言此衣索幾許荅言百千以價貴故王家不買及諸大臣諸商人主都無買者以不售故於店肆上愁憂而坐有人問言汝何故憂色荅言我貴買此衣輸稅亦多而今賣不可售問言汝欲令售不荅言欲令售語言汝可持詣跋陁羅沙門尼所當與汝買即往問人何者是比丘尼住處知已入問何者是跋陁羅沙門尼房人即示處到已言和南阿梨耶是跋陁羅不荅言是何以問荅言我有此鵝相紋氎能買不問言汝索幾許荅言我索百千比丘尼亦不求減即語弟子言汝往白婆路醯店上取百千與有人問言汝得售耶荅言已售問言誰取荅言跋陁羅沙門尼取有人嫌言出家之人何乃愛好如是比丘尼聞已語大愛道乃至佛語跋陁羅比丘尼汝不為後世人作軌則耶從今日後不聽過兩羯利沙槃半市細輕衣佛告大愛道瞿曇弥依止舍衛城住比丘尼皆悉令集乃至已聞者當重聞若比丘尼過兩羯利沙槃半市細輕衣者尼薩耆波夜提比丘尼者如上說兩羯利沙槃半者四十六故錢市者知取若過者尼薩耆波夜提尼薩耆波夜提者如上說若比丘尼市細輕衣者應以兩羯利沙槃半知取不得過若不乞自與設得貴價細衣受用無罪比丘貴價市衣受用無罪

牀褥乞自用　衣鉢直異用　為衆減自用
畜鉢并畜衣　棄衣後還取　擿衣受具足
重衣及細輕　第二跋渠竟

佛住舍衛城尒時有載薪人駕車於店肆前過商人問言此賣索幾許荅言一羯利沙槃商人語言汝載此薪詣我家卸之還過此當與汝價賣薪人即乘車經比丘尼精舍前過時偷蘭難陁比丘尼問言長壽汝薪有主買未荅言已有得幾荅言一羯利沙槃即語言我與汝兩羯利沙槃主貪利故即以與之其人下薪已還經店肆前過商人語言汝持直去荅言我已賣與餘人問言賣得幾許荅言得兩羯利沙槃問言誰取荅言偷蘭難陁比丘尼商人嫌可言此沙門尼何能饒錢如是比丘尼聞已語大愛道大愛道即以此事往白世尊佛言喚是比丘尼来来已問言汝實知他買已而益買取耶荅言實尒佛言此是惡事汝云何知他市得而抄買耶此非法非律非如佛教不可以是長養善法佛告大愛道瞿曇弥依止舍衛城住比丘尼皆悉令集乃至已聞者當重聞若比丘尼知他市得而抄買者尼薩耆波夜提比丘尼者如上說知者若自知若從他聞市得者如店上商人若比丘尼欲市物知他已市不得横抄應待前人不取得取亦應

問前人汝故取不若言故欲取為欲堅之此不應取若言不復取取者無罪若比丘尼買衣鉢還自相抄者越比尼罪若僧中上買取者除和上阿闍梨無罪若比丘市物抄截他市者越比尼罪是故說

長鉢減五綴　七日瞋奪衣　賣金并乞縷
纖織及急施　抄市迴僧物　第三跋渠竟

從比丘尼取衣及浣染淳黑三分白憍舍耶六年尼師檀三由旬擘羊毛雨浴衣阿練若處此十一事應出不說更有十一事應內旃跋渠殘從初跋渠初跋渠中出取比丘尼衣捉金錢補出浣故衣以賣買補後跋渠中出雨浴衣以賣金補出阿練若處以抄市補處一跋渠二跋渠數不減尼薩耆者世尊說比丘尼三十事竟

百四十一波夜提初

妄語及種類　兩舌更發起　脫命說句法
自稱過人法　未足說麤罪　與遮輕呵戒
初跋渠竟

斫種異語惱　嫌責露地敷　覆處強牽出
先敷尖脚牀　蟲水澆草泥　疑悔使不樂
第二跋渠竟

一食及處處　與衣不捨用　不作殘食勸
不受非時食　停食兩三鉢　藏物別衆食
第三跋渠竟

然火過三宿　與欲後瞋恚　入聚落遣還
障道見不捨　沙弥三壞色　取寶恐怖他
第四跋渠竟

飲蟲水外道　婬處坐屏處　觀軍過三宿
牙祺及相打　掌刀水中戲　第五跋渠竟
相指示賊伴　掘地四月請　不從學飲酒
輕他默然聽　斷事不攝耳　第六跋渠竟
離同食王宮　針筒過八指　兜羅及坐具
覆創效如来　僧殘謗迴向　第七跋渠竟

同比丘戒中廣說

佛住毗舍離尒時跋陀羅伽毗比丘尼不語依止弟子輒著僧伽梨入聚落有比丘尼呼言某甲乞食去来荅言阿梨耶待我取僧伽梨即求衣不見正見師衣作是念師必著我衣去即生念師可得著我衣我不得著師衣語言汝去我不得去何故耶荅言我無衣即語着汝師衣来荅言我所尊重不敢著汝自去一日失食諸比丘尼語大愛道大愛道即以是事往白世尊佛言喚是比丘尼来来已佛問言汝實尒不荅言實尒世尊佛言此是惡事汝云何不語著他衣從今已後不聽佛告大愛道依止比舍離住比丘尼皆悉令集乃至已聞者當重聞若比丘尼不語主而著他衣波夜提比丘尼者如上說不聽不語他而著弟子僧伽梨若欲著時應語我著汝衣汝若行者可著我僧伽梨如是一切衣若欲浣衣染衣縫衣有事緣者弟子衣者當語言汝住當與汝持食来若比丘著他衣不語者越比尼罪是故世尊說

摩訶僧祇律卷第三十七

摩訶僧祇律卷第三十七

校勘記

一　底本，金藏廣勝寺本。一〇三頁中原殘，以麗藏本補。

一　一〇三頁中三行，資、磧、普、南、徑、清作「比丘尼毗尼之二」。

一　一〇三頁中一四行第一二字「喚」，資、磧、普、南、徑、清作「呼」。下同。

一　一〇三頁中末行第四字「尼」，徑作「已」。

一　一〇三頁下三行「第三」，資、普作「第二」。

一　一〇三頁下七行第八字「如」，資、磧、普、南、徑作「若」。

一　一〇三頁下一一行第一〇字「故」，麗無。

一　一〇三頁下二一行首字「時」，磧、普、南、徑、清作「持」。

一　一〇四頁上七行第一〇、一一字「和合」，資、磧、普作「故合」。

一　一〇四頁上九行第一一字「若」，資、磧、普、南、徑、清無。一〇七頁上二二行首字及頁中一行第四字同。一〇八頁下二〇行第五字，麗同。

一　一〇四頁上一一行「娑尸沙」，資、磧、普、南、徑、清作「婆尸沙」。

一　一〇四頁上一四行第五字「以」，資、磧、普、南、徑、清無。

一　一〇四頁上末行第一一字「捨」，麗作「拮」。

一　一〇四頁中一二行第二字「已」，資、磧、普、南、徑、清無。

一　一〇四頁下二行第六字「無」，資、磧、普、南、徑、清作「我無」。

一　一〇四頁下一六行「比丘尼」，資、磧、普、南、徑、清無。一〇七頁下八行同。

一　一〇四頁下一九行第一三字「罪」，資、磧、普、南、徑、清無。

一　一〇四頁下二〇行第九字「時」，資、磧、普、南、徑、清無。

一　一〇五頁上一行「罪治」，資、磧、普、南、徑、清作「治罪」。

一　一〇五頁上四行第七字「如」，資、磧、普、南、徑、清無。

一　一〇五頁上二一行第一一字「遮」，徑作「送」。

一　一〇五頁上末行第一〇字、及頁中二行第三字「近」，資、磧、普、南、徑、清作「近住」。

一　一〇五頁中七行第一一字「佛」，資、磧、普、南、徑、清無。次頁上九行第五字、一〇七頁上四行第八字、一〇七頁下一三行首字、一〇八頁上末行末字、一〇八頁下七行首字、一〇九頁上一〇行末字、一〇九頁中五行第一〇字、一〇九頁下末行首字、一一〇頁中四行第八字、一一二頁下二行末字同。

一　一〇五頁中一〇行第三字及一一一頁下一六行第五字「非」，資、磧、普、南、徑、清作「不」。

一　一〇五頁中一五行第四字「過」，

一　資、磧、普、南、徑、清作「罪」。

一　一〇五頁中一六行「諸比丘尼」，資、磧、普、南、徑、清無。

一　一〇五頁下二行第一〇字、八行第一一字「近」，諸本（不含石，下同）作「近共」。

一　一〇五頁下末行第八字「尼」，資、磧、普、南無。

一　一〇六頁上一一行第六字「住」，資、磧、普、南、徑、清無。一〇八頁下一〇行首字同。

一　一〇六頁上一三行第一一字「迭」，資、磧、普、南、徑、清作「互」。

一　一〇六頁上一七行「某甲」，麗作「某甲某甲」。同行第一〇字「住」，磧作「在」。

一　一〇六頁中一三行第一〇字「捨」，資、磧、普、南、徑、清作「止」。

一　一〇六頁中一九行第六字「成」，資、磧、普、南、徑、清作「合戒」。

一　一〇六頁中末行第九字「律」，資、磧、普、南、徑、清作「類」。

一　一〇六頁下二二行第二字「汝」，資、磧、普、南、徑、清無。

一　一〇七頁上一〇行第一二字「捨」，資、磧、普、南、徑、清無。

一　一〇七頁上一三行第二字「諸」，磧作「說」。

一　一〇七頁中一一行「僧二部衆」，資、磧、普、南、徑、清作「衆二部僧」。

一　一〇七頁中二〇行末字「竟」，資、磧、普、南、徑、清作「竟比丘尼」。

一　一〇七頁下一八行第八字「轉」，資、磧、普、南、徑、清作「而」。

一　一〇八頁上一三行「比丘」，徑、清作「比丘尼」。

一　一〇八頁上末行第七字「是」，資、磧、普、南、徑、清無。一一一頁下一三行首字同。

一　一〇八頁中二行末字「歎」，資、磧、普、南、徑、清無。

一　一〇八頁中八行末字「爲」，資、磧、普、南、徑、清無。

一　一〇八頁下一七行第一一字「所」，資、磧、普、南、徑、清無。

一　一〇八頁下一八行第三字、次頁上一六行第二字「者」，資、磧、普、南、徑、清無。

一　一〇九頁上一三行第一二字「城」，資、磧、普、南、徑、清作「城住」。

一　一〇九頁上一六行「鉢鉢」，資、磧、普、南、徑、清作「鉢」。

一　一〇九頁中三行「肆店」，資、磧、普、南、徑、清作「店肆」。

一　一〇九頁中四行第六字「即」，資、磧、普、南、徑、清無。

一　一〇九頁中一三行第二字「限」，磧作「恨」。

一　一〇九頁中二一行第一三字「取」，資、磧、普、南、徑、清無。

一　一〇九頁下五行第八字「問」，麗作「佛問」。

一　一〇九頁下一五行第三字「夺」，資、磧、普、南、徑、清作「夺者」。

一　一〇九頁下一七行第九字「夺」，

一　資、磧、普、南、徑、清作「奪取」。

一　一一〇頁上二行「從今日後」，資、磧、普、南、徑、清作「從今已後」。下同。

一　一一〇頁上一五行第六字、及末字「而」，資、磧、普、南、徑、清無。

一　一一〇頁上一八行「弟子依止」，資、磧、普、南、徑、清作「依止」。

一　一一〇頁中一九行第五字「足」，資、磧、普、南、徑、清作「足者」。同行末字「罪」，麗作「罪是故世尊說」。

一　一一〇頁下一行第一一字「愁」，資、磧、普、南、徑、清作「憂」。

一　一一〇頁下二行第二字「賣」，資、磧、普、南、徑、清作「買」。

一　一一〇頁下一一行第一三字「婆」，資、磧、普、南、徑、清作「娑」。次頁上末行第一二字同。

一　一一〇頁下二〇行第八字「物」，諸本作「衣」。

一　一一一頁上二行第四字、三行第八字、五行第九字「九」，資、磧、普、南、徑、清作「六」。

一　一一一頁上一〇行第三字「紋」，資、磧、普、南、徑、清作「文」。下同。

一　一一一頁上一五行第五字「可」，資、磧、普、南、徑、清無。

一　一一一頁上二一行第九字「疊」，資、磧、麗作「氎」。

一　一一一頁中三行第三字「取」，資、磧、普、南、徑、清無。

一　一一一頁中六行第二字「軌」，資、磧、普、南、徑、清作「法」。

一　一一一頁中一二行「四十六故錢」，資、磧、普、南、徑、清作「十六古錢」。

一　一一一頁中一八行第一四字「目」，資作「自」。

一　一一一頁下一行第四字「卻」，諸本作「寫」。

一　一一一頁下七行首字「肆」，資、磧、普、南、徑、清無。

一　一一一頁下八行「答言」，資、磧、普、南、徑、清作「言」。

一　一一一頁下一一行首字「能」，資、磧、普、南、徑、清作「乃」。

一　一一一頁下一二行第六字「此」，資、磧、普、南、徑、清作「是」。

一　一一一頁下一四行第四字「買」，麗作「價」。

一　一一一頁下末行第一〇字「取」，資、磧、普、南、徑、清作「得」。

一　一一二頁上一〇行第二字「舍」，資、磧、普、南、徑、清作「奢」。

一　一一二頁上一二行第一三字「從」，資、磧、普、南、徑、清作「促」。

一　一一二頁上一五行第六字「賣」，磧作「貴」。

一　一一二頁上一八行「百四十一波夜提初」，磧、普、南、徑、清作「比丘尼百四十一波夜提初」；麗作「明一百四十一波夜提法之一」。

一　一一二頁上一九行「脫命說句法」，資、磧、普、南、徑、清作「斷命向說法」。

一　一一二頁上二二行首字「斫」，資、

磧、普、南、徑、清作「破」。同行第一一字「覆」，資、磧、普、南、徑、清作「露」。

一一二頁上末行第七字「水」，資、磧、普、南、徑、清作「出」。

一一二頁中一〇行「相指示」，麗作「指相指」。

一一二頁中一五行第一二字「毗」，資、磧、普、南、徑、清無。

一一二頁中一六行第五字「止」，磧作「正」。

一一二頁中二一行第八字「得」，資、磧、普、南、徑、清無。

一一二頁下一三行「比丘」，資、磧、普、南、徑、清作「比丘尼」。

趙城縣廣勝寺

摩訶僧祇律卷第三十八　仕

東晉天竺三藏佛陀跋陀羅共法顯譯

佛住舍衛城尒時有人名竭住在外道中出家父母在佛法中出家時竭住感寒時無衣往至母所噤顫而住母即慈念有新浣染作淨欝多羅僧便脫與之得已即著入酒店中坐為世人所嫌言此邪見飲酒糟驢而著聖人摽幟諸比丘尼聞已語大愛道大愛道即以是事往白世尊佛言呼是比丘尼來來已問言汝實尒不答言實尒佛言此是惡事汝云何持衣與出家外道從今已後不聽自手與外道衣佛告大愛道瞿曇弥依止舍衛城比丘尼皆悉令集乃至已聞者當重聞若比丘尼自手與俗人外道沙門衣波夜提比丘尼者如上說俗人者在家人外道者外道出家自手與者手與手受沙門衣者賢聖摽幟波夜提者如上說不得自手與俗人外道沙門衣若比丘尼有戒德婦女小兒欲乞破衣段以攘災者不得自手與應遣淨人女與若比丘自手與俗人外道沙門衣者越毗尼罪若有戒德比丘人索破袈裟段欲以攘災者應使淨人與不得與大段當與小者是故世尊說

佛住舍衛城尒時有比丘尼如女人著衣為世人所嫌云何比丘尼著長衣曳縷而行如世間女人此壞敗人何道之有比丘尼聞已語大愛道大愛道即以是事具白世尊佛言呼比丘尼來來已問言汝實尒不答言實尒佛言從今已後不聽合縷作衣當應量作佛告大愛道瞿曇弥依止舍衛城比丘尼皆悉令集乃至已聞者當重聞若比丘尼作安陁會應量作長四修伽陁摖手廣二摖手若過作截已波夜提比丘尼者如上說安陁會者世尊所聽作者若自作若使人作應量者長四修伽陁摖手修伽陁者善逝廣二摖手若過量作截已波夜提悔過波夜提者如上說若比丘尼長應量廣過量作成波夜提受用越比尼罪如是廣應量長過量如是

邊應量中過量中應量邊過量如是屈量皱量水灑量乾已欲令長廣波夜提受用越比尼罪是故世尊說

佛住舍衛城尒時有比丘尼年少端正著衣道行時兩乳現出男子見已笑之諸比丘尼聞已語大愛道大愛道即以是事往白世尊乃至佛言從今已後比丘尼應作僧祇支復次尒時多比丘尼留纓作僧祇支長廣乃至佛言從今日後截纓應量作佛告大愛道瞿曇弥依止舍衛城比丘尼皆悉令集乃至已聞者當重聞若比丘尼僧祇支應量作長四修伽陁搩手廣兩搩手若過作截已波夜提波夜提如上安陁會中廣說

佛住比舍離尒時跋陁羅比丘尼於蘇河浴尒時有五離車童子於河上看見已生欲心比丘尼言長壽汝去荅言我不去欲看阿梨耶形體比丘尼言汝用看是臭爛身九孔門爲復言不尒我甚欲見良久不去比丘尼作是念此凡夫愚淺即以手掩前後而出其人見已迷悶倒地血從口出諸比丘尼語大愛道大愛道即以是事往白世尊乃至諸比丘尼問佛云何是五離車童子有欲心迷悶倒地乃尒佛言非但今日有此欲心過去世時已曾如是諸比丘尼白佛言願欲聞之佛言過去久遠尒時有一天女端正殊特時有五天子一名釋迦羅二名摩多梨三名僧闍耶帝四名鞞闍耶帝五名摩吒見已各生欲心便作是念此非可共物欲心重者當以與之各言可尒於是釋迦羅即說頌曰

我憶婬欲時　坐卧不自安　乃至睡眠時
欲退始得安

摩多梨復說頌曰

釋迦汝眠時　猶故有暫泰　我憶婬慾時
如陣戰鼓音

僧闍耶帝復說頌曰

摩多鼓音喻　猶故尚有閒　我心染欲時
如駛流漂木

鞞闍耶帝復說頌曰

汝喻漂浮木　或時有稽留　我憶欲念時
如蝇虫不瞬

於是摩吒復說頌曰

汝等諸所說　全是安樂想　我躭婬欲時
不覺死與生

於是諸天子言汝最重者即并與之佛告諸比丘尼尒時諸天子者今五離車是諸比丘尼白佛言是比丘尼有何行業端正如是在大姓家生以信出家得證無漏佛告諸比丘尼過去世時有城名波羅奈有長者家初取新婦常有一揄頭人給與飲食時有辟支佛名宣絺詣門乞食其婦見之不大端嚴無恭敬心旣不與食復不語去揄頭人見已語言新婦可施與食荅言醜陋不好我不能與即語可賜我食分我欲與之荅言隨意亦可棄著水中其人得食即施辟支佛於是受食乘空而逝見其飛騰心大歡喜即發搘言願我後身生大姓家身體端正見佛聞法得盡有漏於是命終即生天上於百千天女五事最勝壽命色力名稱辯才天上命終生波羅奈城婆羅門家值迦葉佛出世時父母出行遊觀時女在家迦葉佛

入城乞食次到其家宿殖德故見大
歡喜淨洗銅䑋盛種種好食及憍舍
耶衣奉上世尊即說頌曰
今奉食與衣　衆施中最勝　令供牟尼尊
結習盡得證　如是漏盡證　願我亦復然
此女後嫁適婆羅門家姑妐嚴惡難
事乃至我用此活為不如自煞即持
瓔珞及塗身香并自絞繩欲行自煞
過見迦葉佛塔即持嚴身之具供養
佛塔然後自絞命終之後即生婆羅
門家乃至自說頌曰
瓔珞衣香花　信供迦葉塔　緣此福報故
今礼世尊足
佛言從今日後應作浴衣乃至已聞
者當重聞若比丘尼作雨浴衣應量
作長四修伽陀搩手廣二搩手若過
作截已波夜提如上僧祇支中廣說
佛住舍衛城尒時比丘尼僧語偷蘭
難陀言汝能為僧乞迦絺那衣不答
言能即往無信家語言大福德汝能
施僧迦絺那衣不答言能僧自恣已
語偷蘭難陀言得迦絺那衣未答言
我知即到其家語言長壽迦絺那衣

辦未答言我知尋復往索比丘尼復
言我知如是衣時已過諸比丘尼語
大愛道大愛道即以是事往白世尊
佛言呼比丘尼來來已佛問汝實尒
不答言實尒佛言汝云何至不能辦
衣家為僧索迦絺那衣從今已後不
聽佛告大愛道瞿曇弥依止舍衛城
住比丘尼皆悉令集乃至已聞者當
重聞若比丘尼詣不能辦衣家為僧
乞迦絺那衣波夜提比丘尼者如上
說不信者無力與希望處弱衣者欽
婆羅衣疊衣乃至駈牟提衣乞者為
僧求迦絺那衣衣時過不得者波夜
提波夜提者如上說若比丘尼能為
僧求迦絺那衣者應好者意求不得
至不信家求當至有信家眷屬多者
乞若前人言我自知當復語言汝定
與勿令過衣時亦當相望其人必不
能辦者當更餘處求亦應自籌量不
能辦者不應與僧求若已許僧求衣
不自勤求不使人求又不自語僧令
衣時過者波夜提波夜提者如上說
若比丘尼詣不信家為僧求迦絺那

衣者越比尼罪是故世尊說
佛住舍衛城尒時比丘尼著上下衣
來礼世尊足後失火燒衣諸比丘尼
語大愛道大愛道即以是事往白世
尊佛言喚是比丘尼來來已問言汝
實尒不答言實尒佛言汝云何所受
持衣而不隨身從今日後不聽所受
持衣而不隨身
復次尒時有比丘尼釋種女摩羅女
先是樂人出家僧伽梨重不能勝甚
以為苦乃至佛言從今已後聽病時
佛告大愛道瞿曇弥依止舍衛城比
丘尼皆悉令集乃至已聞者當重聞
若比丘尼不病所受衣不隨身者波
夜提比丘尼者如上說所受衣者僧
伽梨鬱多羅僧安陀會僧祇支雨浴
衣病者世尊說無罪不隨身者波夜
提波夜提者如上說若比丘尼不病
所受持衣不持者波夜提若礼塔若
經行若晝日坐禪處界內無罪是故
世尊說
佛住比舍離尒時跋陀羅比丘尼家
中常與送食得已更煎更熬更調和

其兄弟伯叔来見已言我欲食荅言可介即取而食覺氣味異常問言何處得此好食荅言故是家中所送耳即便恚言我家從来作食徒棄錢財初不得好食即還家鞭打奴婢罵言虛棄錢物而不可食其使人瞋恚言坐此比丘尼得苦惱如是諸比丘尼聞已語大愛道大愛道即以是事往白世尊佛言呼跋陁羅比丘尼来来已問言汝實介不荅言實介佛言此是惡事從今日後不聽自煑欶煎

復次佛住舍衛城介時有比丘尼是釋種女摩羅女行乞食得宿飯羹宿菜食已吐逆諸比丘尼語大愛道大愛道往白世尊得聽我等温食不佛言得佛告大愛道瞿曇弥依止比舍離比丘尼皆悉令集乃至已聞者當重聞若比丘尼得佉陁尼食蒲闍尼食更煑使人煑更熬使人熬更煎使人煎不病比丘尼食者波夜提佉陁尼者五佉陁尼食蒲闍尼者五蒲闍尼食更煑者若自煑使人煑熬者若自熬若使人熬煎者若自煎若使人

煎病者世尊說無罪云何病老病羸瘦食冷吐逆不樂不病比丘尼煑食食者波夜提波夜提者如上說不聽為美食故更熬更煎若冷得温不聽銚釜中煑若用銅盋若拘鉢揵鎡中温若比丘為美故自更煑更熬更煎越比尼罪若使淨人知者無罪若乞食時食冷更温無罪是故世尊說

佛住舍衛城介時有夫婦二人釋種中出家時夫摩訶羅食比丘尼在邊行水以扇扇之摩訶羅說往時事比丘尼瞋即以水灑面以扇拍頭呵言汝不知恩義故說往時之事不應說之而便說之比丘尼見已語言阿梨耶此上尊衆不得如是復言是摩訶羅不善不知恩義不應說者而今說之諸比丘尼語大愛道大愛道即以是事往白世尊佛言呼是比丘尼来来已問言汝實介不荅言實介佛言此是惡事汝云何比丘食以水扇供給此非法非律非如佛教不可以是長養善法從今已後不聽佛告大愛道瞿曇弥依止舍衛城住者皆悉令

集乃至已聞者當重聞若比丘尼比丘食以水扇供給波夜提比丘尼者如上說比丘食者五正食五雜正食水扇者持水瓶行水以扇扇之彼夜提波夜提者如上說若比丘尼持水瓶不持扇者越比尼罪持扇不持水者亦越比尼罪二俱持者波夜提二俱不持無罪是罪一比丘一比丘尼若衆多比丘行水扇者無罪若衆中有父兄者以扇扇無罪是故世尊說

佛住舍衛城介時有半耆蒜商人請比丘尼僧與蒜時六群比丘尼就園噉蒜践蹈狼藉時商人来行蒜見此狼藉即問園民何故乃介荅言前請比丘尼與蒜或就中食或持去践蹈如是商人嫌言我請與蒜但當食之何故持去践蹈如是諸比丘尼聞已語大愛道大愛道即以是事具白世尊乃至荅言實介佛語比丘尼此是惡事從今已後不聽食蒜乃至已聞者當重聞若比丘尼食蒜者波夜提比丘尼者如上說蒜者種蒜山蒜如是比一切蒜不聽食熟不聽生亦不

聽重責亦不聽燒作灰亦不聽若身有瘡聽塗塗已當在屏處瘡差淨洗已聽入是故世尊說

他衣外道衣　衹支安陁會　浴衣迦絺那
持衣不隨身　更責捉水扇　食蒜八跋渠竟

佛住舍衛城尒時賴吒波羅姊無常乞種種飲食與姊子爲世人所嫌云何沙門尼受他信施施與俗人比丘尼聞已語大愛道大愛道即以是事具白世尊佛言呼比丘尼來來已問言汝實尒不荅言實尒佛言從今已後不聽自手與俗人食

復次佛住舍衛城尒時竭住外道到母邊其母見來以種種飲食滿鉢而與其子得已即持至酒店上自食復與人食有人問言汝何處得此好食語言汝默世人以沙門尼爲福田沙門尼復以我爲福田爲世人所嫌云何沙門尼用人信施與不增長福處諸比丘尼聞已語大愛道大愛道即以是事往白世尊佛言呼是比丘尼來來已問言汝實尒不荅言實尒佛言此是惡事汝云何自手與外道食從今已後不聽自手與外道食佛告大愛道瞿曇彌依止舍衛城住比丘尼皆悉令集乃至已聞者當重聞若比丘尼俗人外道自手與食波夜提比丘尼者如上說俗人者在家人外道者出家外道自手者手與手受器與器受食者佉陁尼食蒲闍尼食波夜提者如上說若比丘尼有親里來欲與食者不聽自手與當使淨女人與若無淨女人者應語此中自手取食若畏多食者應語取尒許來受取餘者置受得已放地令自取若外道來者不聽自手與當使淨女人與若無淨女人者應語此中自取食若畏取多者應語取尒許來餘者舉置手中者放地與之若親里嫌恨言汝作旃陁羅相遇耶應語汝出家不好世尊制戒不得與得使外道作食語言汝授與我餘者自食是故世尊說

佛住拘睒彌尒時闡陁母比丘尼善知治病持根藥莖藥果藥入王家大臣家居士家治諸母人胎病眼病吐下熏咽灌鼻用針刀然後持此諸藥塗之由治病故大得供養諸比丘尼呵言此非出家法此是醫師耳諸比丘尼語大愛道大愛道以是因緣往白世尊佛言喚比丘尼來來已問言汝實尒不荅言實尒佛言此是惡事從今日後不聽作醫師活命佛告大愛道瞿曇彌依止拘睒彌比丘尼皆悉令集乃至已聞者當重聞若比丘尼作醫師活命波夜提比丘尼者如上說醫者持根藥莖藥果藥治病復有醫呪毒呪虵乃至呪火呪星宿日月以此活命如闡陁母者波夜提波夜提者如上說比丘尼不得作醫師活命若有病者得教語治法比丘作醫師活命者越毗尼罪是故世尊說

佛住拘睒彌尒時世尊制戒不得作醫師活命有人呼闡陁母治病比丘尼言世尊制戒不聽復言若不聽者授我醫方即授與俗人外道醫方諸比丘尼言但誦醫方此非出家法諸比丘尼語大愛道大愛道即以是事具白世尊佛言呼比丘尼來來已問言汝實尒不荅言實尒佛言從今日後

不聽授俗人外道醫方佛告大愛道瞿曇弥依止拘睒弥比丘尼皆悉令集乃至已聞者當重聞若比丘尼授俗人外道醫方波夜提比丘尼者如上説俗人者在家人外道者出家外道授醫方者呪蛇呪毒乃至呪犬呪星宿日月波夜提波夜提者如上説比丘尼不得授俗人外道醫方不得教語若比丘尼授俗人外道醫方越比尼罪是故世尊説

佛住舍衛城尒時比舍佉鹿母請二部僧時比丘尼晨朝往到其家語優婆夷言汝今日請二部僧我等當以何報之鹿母言阿梨耶但誦經行道便是報恩荅言實尒然復更以餘事薄報即共上閣取其刧貝中有擘者有紡者中有紡者成縷丸已而與之言我欲報者今以作竟優婆夷言此事非是報欲報者食已坐禪受經誦經是乃為報諸比丘尼聞已語大愛道大愛道以是事具白世尊佛言呼是比丘尼来来已問言汝實尒不荅言實尒佛言此是惡事從今日後不聽於白衣家作世俗作佛告大愛道瞿曇弥依止舍衛城比丘尼皆悉令集乃至已聞者當重聞若比丘尼為俗人作者波夜提比丘尼者如上説俗人者白衣家為俗人作者擘刧貝紡刧貝及紡若舂若磨若浣衣如是比俗人家作者波夜提波夜提者如上説比丘尼不得為俗人作若擅越欲供養佛故言阿梨耶佐我作供養具者尒時得佐結華鬘得佐研香若比丘佐俗人作者越毗尼罪是故世尊説

佛住舍衛城尒時有夫婦二人日中時自於屋内無人想處欲行婬事尒時偷蘭難陁比丘尼先不語卒尒便入其夫見之忿恚妨我行欲身生猶起不息即逐欲捉比丘尼比丘尼畏之急走来還住處語諸比丘尼言今日殆壞我梵行諸比丘尼語大愛道大愛道即以是事往白世尊佛言喚是比丘尼来来已佛問言汝實尒不荅言實尒佛言此是惡事汝云何知食家不先語而入從今已後不聽佛告大愛道瞿曇弥依止舍衛城比丘尼皆悉令集乃至已聞者當重聞若比丘尼知食家先不語而入者波夜提比丘尼者如上説知者若自知若從他聞食者女人是丈夫食丈夫是女人食家者刹利家婆羅門家毗舍首陁羅家如是比先不語者先不語而入波夜提波夜提者如上説若比丘尼先不語不得入若欲入者應語守門者我欲入若守門者白已言入乃入若守門者不還不得入若閤房中語聲當彈指動脚作聲若彼默然者不得入若来出迎得入若比丘先不語而入者越毗尼罪是故世尊説

佛住舍衛城尒時迦梨比丘尼度梨車第三生女出家與俗人外道習近住諸比丘尼語大愛道大愛道即以是事具白世尊佛言呼比丘尼来来已佛問比丘尼汝實尒不荅言實尒世尊佛言此是惡事從今日後不聽習近住佛告大愛道瞿曇弥依止舍衛城比丘尼皆悉令集乃至已聞者當重聞若比丘尼與俗人外道習近住若竟日若須臾下至園民沙弥波

夜提比丘尼者如上說俗人者在家人外道者出家外道晝日者齊日沒乃至須臾者須臾間習近住者身習近住口習近身口習近住下至園民沙弥者波夜提波夜提者如上說若比丘尼習近住者波夜提若比丘尼習近住展轉相樂住者和上尼阿闍梨尼應離別送著異方若比丘習近住者越比尼罪是故世尊說

佛住舍衛城尒時偷蘭難陁比丘尼共餘比丘尼諍鬪相呪便相呪言南無佛指佛擔指阿闍梨擔袈裟邊擔若我作是者我不在袈裟中死不得斷苦邊得煞父母罪得背恩罪得謗賢聖罪入泥犂墮餓鬼墮畜生我若尒者當入是諸趣汝若尒者亦當入是諸趣中諸比丘尼聞已語大愛道大愛道即以是事往白世尊佛言呼是比丘尼來來已問言汝實尒不答言實尒佛言此是惡事汝云何出家人作是擔此非法非律非如佛教不可以是長養善法乃至已聞者當重聞若比丘尼自呪擔呪他者波夜提比丘尼者如上說自呪擔者南無佛指佛擔指阿闍梨擔我若尒者當得如提婆達罪得妄語罪得背恩罪得兩舌罪若我尒者梵行不成就不在袈裟中死入泥犂墮畜生餓鬼若汝謗我者亦當得是罪作是擔者波夜提若比丘作是擔越比尼罪是故世尊說

佛住舍衛城尒時偷蘭難陁共諸比丘尼鬪諍已瞋恚自打自抓大啼哭淚出諸比丘尼聞已語大愛道大愛道即以是事往白世尊佛言喚是比丘尼來來已問言汝實尒不答言實尒佛言汝云何瞋恚自打而啼哭淚出此非法非律不如佛教不可以是長養善法佛告大愛道瞿曇弥依止舍衛城住比丘尼皆悉令集乃至已聞者當重聞若比丘尼自打而啼泣淚波夜提比丘尼者如上說自打者若手摶若拳敺若杖若土塊若瓶如是比丘尼自打而啼者波夜提波夜提者如上說若比丘尼自打不啼者越比尼罪啼而不打者亦越比尼罪自打而啼者波夜提不打不啼者無罪若比丘自打而啼越比尼罪是故世尊說

佛住舍衛城尒時偷蘭難陁比丘尼到俗人家稱說樹提比丘尼賢善持戒精進乃至威儀庠序左顧右視者衣持鉢審諦安詳省於言語天人供養檀越見已生恭敬心給施衣鉢飲食疾病湯藥偷蘭難陁威儀不具足者穿破垢衣大腹乳胷露現舉止卒暴多於言語生不敬心不請與衣鉢飲食疾病湯藥便作是言我至檀越家稱歎樹提故得此供養而樹提但道說我不好事故我不得供養樹提言阿梨耶我不道說何故說汝惡事諸比丘尼聞已語大愛道大愛道即以是事往白世尊佛言呼比丘尼來來已問言汝實尒不答言實尒佛言此是惡事汝云何不審諦而便嫌責此非法非律非如佛教不可以是長養善法佛言從今已後不得不審諦聞而嫌責他佛告大愛道瞿曇弥依止舍衛城住比丘尼皆悉令集乃至

已聞者當重聞若比丘尼語比丘尼作是言阿梨耶共往某甲家彼於後不忍某甲比丘尼無因緣不審諦聞而呵責者波夜提比丘尼者如偷蘭難陀比丘尼家者剎利家婆羅門家毗舍家首陀家後不忍者如樹提比丘尼不忍事者九惱非處起瞋第十無因緣者不審諦聞後嫌責者波夜提波夜提者如上說若比丘尼不審諦聞而嫌責者波夜提若比丘不審諦而呵責者越比尼罪是故世尊說

佛住舍衛城尒時偷蘭難陀比丘尼時到著衣持鉢詣大家門前立有比丘来乞食作如是言上尊衆可入此家為尊者作食與食已然後自食若比丘尼来復言阿梨耶入去檀越為汝作食施食已然後自食或語言餘家亦有食何必共在此如是一切外道乞食皆是慳嫉心護他家諸比丘尼聞已語大愛道乃至荅言實尒世尊佛言此是惡事汝云何慳嫉心護他家從今日已後不聽佛告大愛道依止舍衛城住比丘尼皆悉令集乃至已聞者當重聞若比丘尼慳嫉心護他家者波夜提比丘尼者如上說家者四種姓家慳嫉心者如偷蘭難陀比丘尼波夜提者如上說比丘尼不得慳嫉心護他家若比丘比丘尼問者當語實若外道問時若恐染著外道邪見而呵責者無罪若比丘慳嫉心惜他家者越毗尼罪是故世尊說

手與食醫師授方佐俗作不語入習近自呪自打啼呵責護他家第九跋渠竟

佛住舍衛城尒時有夫婦出家時夫摩訶羅来與食在邊而立其夫說先時女人惡事聞已不喜便作是言短壽摩訶羅不識恩義不應說者而說之諸比丘尼呵言阿梨耶此上尊衆不得作罵詈即語比丘尼言此短壽摩訶羅不知恩義不應說者而說之諸比丘尼語大愛道大愛道即以是事往白世尊佛言呼来来已問言汝實尒不荅言實尒佛言此是惡事從今日後不聽比丘尼對面呵罵比丘佛告大愛道依止舍衛城住比丘尼皆悉令集乃至已聞者當重聞若比丘尼對面呵罵比丘者波夜提比丘尼者如上說對面者四目相對呵罵者言短壽摩訶羅不善不識恩義波夜提波夜提者如上說比丘尼不得對面呵罵比丘若兄弟親里出家其人不持戒行亦不得呵罵應當軟語教誨若是年少者應語婆路醯莫作此事汝今不學何時當學耶汝後弟子亦當學汝作不善若老者應語婆路醯多汝今不學者待至老死時乃學耶比丘亦不得對面呵罵比丘尼言剃髮婦女婬嫉婦女乃至言摩呵梨汝不善不知恩義可得軟語教如上說若比丘對面訶罵比丘尼越比尼罪是故世尊說

佛住舍衛城尒時比丘尼一歲二歲三歲便畜弟子不知教誡如天羊天牛而自放恣淨不具足威儀不具足不知恭奉和上尼阿闍梨不知供奉長老比丘尼不知入聚落法阿練若法不知入僧中法不知著衣持鉢諸比丘尼以是因緣往白世尊佛言呼是比丘尼来来已問言汝實尒不荅言實

尒佛言從今已後不聽減十二雨畜弟子佛告大愛道瞿曇弥依止舍衛城比丘尼皆悉令集乃至已聞者當重聞若比丘尼減十二雨畜弟子者波夜提比丘尼者如上說減十二雨者減十二年是名減十二雨比丘尼減十二雨滿十二年亦名減十二雨比丘尼減十二雨過十二年亦名減十二雨比丘尼冬時受具足數冬為十二未經自恣是名減十二雨若春時受具足數春為十二未經自恣是名減十二雨初安居時受具足未經初安居時受自恣是名減十二雨後安居時受具足未經後安居受自恣是名減十二雨比丘尼滿十二雨減十二年是名滿十二雨比丘尼滿十二雨滿十二年如是過十二年是名滿十二雨比丘尼冬時受具足經安居竟受自恣是名滿十二雨若春時受具足經安居竟受自恣如是初安居受具足已經初安居竟受自恣後安居受具足經後安居受自恣是名滿十二雨比丘尼畜受具足者波夜提波夜提者如上說若比丘尼減十二雨度人者越比尼罪受具足者波夜提若比丘減十雨度人受具足者越比尼罪是故世尊說

佛住舍衛城尒時世尊制戒不得減十二雨畜弟子時六群比丘尼及餘比丘尼滿十二雨十法不滿畜弟子不教誡猶如天牛天羊乃至不知著衣持鉢諸比丘尼以是因緣語大愛道乃至荅言實尒世尊佛言從今已後不聽十法不具足而畜弟子佛告大愛道瞿曇弥依止舍衛城住比丘尼皆悉令集乃至已聞者當重聞若比丘尼滿十二雨十法不具足而畜弟子者波夜提比丘尼者如上說滿十二雨者如上說十法不具足者十法不成就何等十一持戒二多聞阿毗曇三比尼四學戒五學定六學慧七能自出罪能使人出罪八弟子親里欲罷道能自送若使人送至他方九能看弟子病若使人看十滿十二雨若過是名十法若十法不滿度弟子越比尼罪受具足波夜提若比丘十法不具足度人越比尼罪是故世尊說

佛住舍衛城尒時世尊制戒滿十二雨十法具足得畜弟子尒時比丘尼滿十二雨十法具足畜弟子諸比丘尼嫌言汝滿十二雨十法具足誰能知汝諸比丘尼聞已語大愛道大愛道即以是事往白世尊乃至荅言實尒世尊佛言從今日後畜弟子應作求聽羯磨然後得乞畜弟子羯磨羯磨者應作是說阿梨耶僧聽某甲比丘尼成就十法若僧時到僧某甲比丘尼欲從僧乞畜弟子羯磨阿梨耶僧聽某甲比丘尼十法成就欲從僧乞畜弟子羯磨僧忍默然故是事如是持此比丘尼應從僧乞胡跪合掌作是言阿梨耶僧聽我某甲滿十二雨十法成就今從僧乞畜弟子羯磨唯願與我畜弟子羯磨如是三乞羯磨者應作是說阿梨耶僧聽某甲比丘尼滿十二雨十法成就已從僧乞畜弟子羯磨若僧時到僧某甲比丘尼十法成就與畜弟子羯磨如是白

阿梨耶僧聽某甲比丘尼滿十二雨十法成就已從僧乞畜弟子羯磨僧今與某甲比丘尼畜弟子羯磨阿梨耶僧忍與某甲比丘尼畜弟子羯磨忍者僧默然若不忍者便說是初羯磨第二第三亦如是說僧已與某甲比丘尼畜弟子羯磨竟僧忍默然故是事如是持佛告大愛道瞿曇彌依止舍衛城住比丘尼皆悉令集乃至已聞者當重聞若比丘尼十法具足不羯磨而畜弟子者波夜提比丘尼者如上說十法具足者亦如上說不羯磨者不僧中作羯磨名不羯磨十法不具足者亦名不羯磨雖作羯磨若白不成就衆不成就羯磨不成就亦不名羯磨畜弟子者受具足不羯磨與受具足者波夜提是故世尊說

佛住毗舍離尒時迦梨比丘尼度梨車第三生女與受學法已捉户鉤開他房户共俗人外道住比丘尼嫌呵言此人犯戒捉户鉤開他房户共男子住云何與受具足諸比丘尼語大愛道大愛道即以是事具白世尊佛

言喚迦梨來來已問汝實尒不荅言實尒佛言此是惡事汝云何知犯戒捉户鉤開他房户與外道共住而與受具足從今已後不聽犯戒而與受具足佛告大愛道依止比舍離比丘尼皆悉令集乃至已聞者當重聞若比丘尼知他犯戒捉户鉤開他房户共男子住與受具足者波夜提比丘尼者如上說犯戒者戒不具足越戒捉户鉤開房者開他房户男子者俗人若外道出家人共住者習近住與受具足者波夜提波夜提者如上說若共俗人外道習近住者不聽與受具足若能使此人梵行全者當先離別然後與受具足若比丘知沙弥犯戒與女人習近住不更與出家而與受具足者越比尼罪是故世尊說

佛住舍衛城尒時比丘尼度十歲十二歲童女出家與受具足時女軟弱不堪苦事淨不具足威儀不具足不知奉事和上阿闍梨尼不知入聚落不知阿練若不知入衆不知著衣持鉢諸比丘尼語大愛道大愛道乃至

佛言呼比丘尼來來已問言汝實尒不荅言實尒佛言從今日後不聽不滿二十童女與受具足佛告大愛道瞿曇弥依止舍衛城住比丘尼皆悉令集乃至已聞者當重聞若比丘尼與減二十雨童女受具足者波夜提比丘尼者如上說減二十雨者減二十年是名減二十雨童女減二十雨滿二十年亦名減二十雨童女減二十雨出二十年亦名減二十雨冬時生通數冬二十未經自恣是名減二十雨童女春時生亦尒前安居時生數前安居二十未經自恣後安居時生數後安居二十未經自恣是亦名減二十雨童女若減二十雨童女一切作減想與受具足一切波夜提罪此人不名受具足若減二十雨半減想半滿想與受具足減想者波夜提滿想者無罪此人名受具足減二十雨童女一切滿想與受具足一切無罪是人名受具足滿二十雨減二十年是名滿二十雨童女滿二十雨滿二十年滿二十雨過二十年是名滿

二十雨童女冬時生經安居自恣巳滿二十與受具足春時亦如是前安居生經前安居竟自恣巳後安居後安居竟自恣巳滿二十雨童女半減想半滿想減想者越比尼罪滿想者無罪此人名受具足滿二十雨童女一切謂不滿想與受具足一切越比尼罪此人不名受具足一切滿想一切無罪此人名善受具足童女者未壞梵行與受具足者波夜提若童女欲於如來法中受具足者應問汝何時生若不知者應看生年板若無者當問父母親里若復不知當問何王時大豐時大儉時若復不知者不可相形若是樂人家女年小而形大當相其手足骨節是故世尊說

佛住舍衛城尒時世尊制戒不聽減二十雨童女受具足時諸比丘尼滿二十雨童女與受具足諸比丘尼嫌言汝滿二十雨不滿二十誰得知者諸比丘尼語大愛道大愛道即以是事往白世尊乃至佛言從今日巳後十八童女欲於如來法中受具足者

應從僧乞二年學戒先作求聽羯磨巳然後得乞羯磨人應作是說阿梨耶僧聽某甲十八歲童女欲於如來法律中受具足若僧時到僧某甲欲從僧乞二年學戒阿梨耶僧聽某甲十八歲童女欲從僧乞二年學戒僧忍默然故是事如是持此女人應從僧乞作是言阿梨耶僧聽我某甲十八歲童女欲於如來法中受具足令從僧乞二年學戒唯願僧哀愍故與我二年學戒如是至三羯磨人應作是說阿梨耶僧聽某甲十八歲童女欲於如來法律中受具足以從僧乞二年學戒若僧時到僧與某甲二年學戒羯磨白如是阿梨耶僧聽某甲十八歲童女欲於如來法律中受具足巳從僧乞二年學戒僧今與某甲二年學戒阿梨耶僧忍某甲二年學戒忍者僧默然若不忍者便說是第一羯磨第二第三亦如是說僧巳與某甲二年學戒竟僧忍默然故是事如是持佛告大愛道瞿曇弥依止舍衛城比丘尼皆悉令集乃至巳聞者

當重聞若比丘尼滿二十歲童女不與學戒而與具足者波夜提滿二十雨減二十年亦名滿二十雨乃至後安居時生後安居受自恣數滿二十是名滿不與學戒者不與羯磨與學戒是名不與十法不具足亦名不與學戒雖羯磨衆不成就白不成就羯磨不成就若一一不成就而與受具足者波夜提是故世尊說

佛住舍衛城尒時比丘尼與受學戒不滿學與受具足乃至巳聞者當重聞若比丘尼受學戒不滿學與受具足者波夜提受學戒者與受學戒十法滿衆成就白成就羯磨成就若一一成就是名與學戒不滿學戒者與受學戒巳二歲應隨順學十八事何等十八一切比丘尼下一切沙弥尼上飲食於其不淨比丘尼淨於比丘尼不淨於其亦不淨得與比丘尼同室三宿與沙弥尼亦齊三宿得與比丘尼授食除火淨五生種巳從沙弥尼受食不得向說波羅提木叉從波羅夷乃至越比尼罪得語言不得婬

不得益不得熱人如是比得教不得聽布薩自恣至布薩自恣日至上座前頭面礼僧足作是言我某甲清淨憶念持如是三說已却行而去後四波羅夷若一一犯者即日應更學法若十九僧伽婆尸沙已下一切作突吉羅悔若破五戒何等五非時食停食食受金銀及錢飲酒著香華隨其犯日從學戒滿減者減二兩學是名不滿學不滿學與受具足者波夜提是故世尊說

佛住舍衛城尒時世尊制戒不聽不滿學與受具足尒時比丘尼十八兩童女學戒滿二十兩與受具足諸比丘尼嫌言汝學戒滿不滿誰得知者諸比丘尼以是因緣語大愛道乃至佛言從今已後學戒滿二十兩童女欲於如來法律中受具足作比丘尼者先作求聽羯磨應然後從僧乞滿學戒具足羯磨羯磨者應作是說阿梨耶僧聽某甲二十歲童女學戒滿欲於如來法律中受具足若僧時到僧某甲欲從僧乞學滿受具足阿梨耶僧聽某甲二十歲童女學戒滿欲從僧乞學滿受具足僧忍默然故是事如是持應從僧乞胡跪合掌作是言阿梨耶僧聽我某甲二十歲童女學戒滿欲於如來法律中受具足今從僧乞滿學受具足唯願僧哀愍故與我學戒滿受具足如是三乞羯磨者應作是說阿梨耶聽某甲滿二十童女學戒滿欲於如來法律中受具足作比丘尼已從僧乞學滿受具足若僧時到僧與某甲學滿受具足羯磨白如是阿梨耶僧聽某甲滿二十雨童女學戒滿欲於如來法律中受具足作比丘尼已從僧乞學滿受具足僧今與某甲學滿受具足阿梨耶僧忍與某甲學滿受具足者默然若不忍者便說是第一羯磨第二第三亦如是說僧已與某甲學滿羯磨竟僧忍默然故是事如是持佛告大愛道瞿曇弥依止舍衛城比丘尼皆悉令集乃至已聞者當重聞若比丘尼學戒滿不羯磨與受具足者波夜提學戒滿者二兩中隨順行十八事不羯磨者不作羯磨與受具足者波夜提波夜提者如上說是故世尊說

摩訶僧祇律卷第三十八

摩訶僧祇律卷第三十八

校勘記

一 底本，金藏廣勝寺本。

一 一一七頁中二、三行之間，資、普、南、徑、清有「比丘尼百四十一波夜提之二」一行；麗有「明一百四十一波夜提之二」一行。

一 一一七頁中五行「喋顫」，諸本（不含石，下同）作「禽獸」。

一 一一七頁下一行「人女與若比丘」，資、磧、普、南、徑、清作「女人與若比丘尼」。

一 一一七頁下三行「比丘」，磧、普、南、徑、清作「比丘尼」；一二〇頁中六行徑同。

一 一一七頁下一二行「今已」，資、磧、普、南、徑、清作「今日」。

一 一一七頁下一四行第一二字「已」，資、磧、普、南、徑、清無。一二三頁中一〇行第五字同。

一 一一八頁上九行「多比丘」，資、磧、普、南、徑、清作「諸比丘」；麗作「有比丘」。

一 一一八頁上一八行「看見已」，資、磧、普、南、徑、清作「看已見」。

一 一一八頁中八行「僧闍」，磧、普、南、徑、清作「闍僧」。

一 一一八頁中一三行「自安」，資、磧、普、南、徑、清作「自寧」。

一 一一八頁中一九行「尚有」，資、磧、普、南、徑作「常有」。

一 一一八頁中二一行「復説」，資作「復説説」；磧、普、南、徑作「復」。

一 一一八頁下五行「諸天子」，諸本作「五天子」。

一 一一八頁下九行第二字「世」，資、磧、普、南、徑、清無。

一 一一八頁下一〇行及一三行「梳頭」，資、磧、普、南、徑、清作「踈頭」。

一 一一八頁下一二行末字「復」，資、磧、普、南、徑、清作「亦」。

一 一一八頁下一四行至次行「即語可」，資、磧、普、南、徑、清作「即言」。

一 一一九頁上九行「過見」，南、徑作「遇見」。

一 一一九頁上一二行「福報」，資、磧、普、南、徑、清作「福德」。

一 一一九頁上一四行「從今日後」，資、磧、普、南、徑、清作「從今已後」。下同。

一 一一九頁中四行「佛問」，資作「問」；磧、普、南、徑、清作「問言」。

一 一一九頁中七行「依止」，資、磧、普、南、徑、清作「依此」。

一 一一九頁中一二行第四字「疊」，麗作「疉」。同行第八字「駈」，資、磧、普、南、徑、清作「軀」；麗作「驅」。

一 一一九頁中一七行第一〇字「復」，資、磧、普、南、徑、清無。

一 一一九頁中一八行首字「與」，諸本作「與不」。

一 一一九頁中二〇行「求衣」，資、磧、

普、南、徑、清作「索衣」。

一　一一九頁中二行「波夜提者如上說」，資、磧、普、南、徑、清無。

一　一一九頁中末行「比丘尼」，麗作「比丘往」。

一　一一九頁下四行「事往」，資、磧、普、南、徑、清作「事具」。

一　一一九頁下五行「言喚」，資、磧、普、徑、清作「言呼」。一二二頁中一九行、一二三頁中一二行、一二六頁中一一行同。

一　一一九頁下一一行「爲苦」，南作「爲苦」。

一　一一九頁下一二行「舍衛城」，資、磧、普、南、徑、清作「舍衛城住」。

一　一一九頁下末行「得已更煎更熬更」，資、磧、普、清作「得已更煮更熬更煎」；南、徑作「時已更煑更熬更煎」。

一　一二〇頁上四行第三字「恚」，資、磧、普、南、徑、清作「瞋恚」。

一　一二〇頁上一三行第一二字「飯」，諸本作「飯宿」。

一　一二〇頁上二一行「尼者五蒲闍」，資、磧、普、南、徑、清無。

一　一二〇頁上末行第三及第一二字「若」，資、磧、普、南、徑、清無。

一　一二〇頁中四行「更熬」，資、磧、普、南、徑、清作「更煑更熬」。

一　一二〇頁中五行第二字「釜」，南作「金」。同行第五字「若」，資、磧、普、南、徑、清作「者」。同行「揵鎡」，資、磧、普、南、徑、清作「揵甆」。

一　一二〇頁中九行「尒時有」，資、普、南、徑、清作「尒時」；磧作「尒時時有」。

一　一二〇頁中一四行首字「之」，諸本作「者」。

一　一二〇頁中一八行及次頁上二一行「是比丘尼」，資、磧、普、南、徑、清作「比丘尼」。

一　一二〇頁下四行第一三字「彼」，磧、麗作「波」。

一　一二〇頁下一一行「舍衛城」，資、磧、普、南、徑、清作「王舍城」。

一　一二一頁上五行末字「竟」，磧、普、南、徑、清、麗無。

一　一二一頁上七行及一四行「飲食」，資、磧、普、南、徑、清作「飯食」。

一　一二一頁上一〇行首字及頁下二一行末字「具」，資、磧、普、南、徑、清作「往」。

一　一二一頁上一六行第三字「食」，資、磧、普、南、徑、清無。

一　一二一頁上二〇行第七字「語」，南作「認」。

一　一二一頁中一一行「多食」，資、磧、普、南、徑、清作「取多」，麗作「多取」。

一　一二一頁中一七行「出家」，諸本作「出家處」。

一　一二一頁下四行「比丘尼」，資、麗作「是比丘尼」。一二三頁下一七行及一二六頁下一行，諸本同。

一　一二一頁下一四行「治法」，資、磧、普、南、徑作「活法」。

一　一二一頁下一九行第三字「醫」，資、磧、普、南、徑、清無。

一　一二一頁下二二行首字「白」，南作「曰」。

一　一二二頁上四行及九行「醫方」，諸本作「醫方者」。

一　一二二頁上九行「比丘尼」，資、磧、普、南、徑、清作「比丘」。

一　一二二頁上二一行「以是」，資、磧、普、南、徑、清作「即以是」。

一　一二二頁中一行「白衣」，資、磧、普、南、徑、清作「俗人」。

一　一二二頁中六行第五字「紡」，磧作「紛」。

一　一二二頁中七行首字「比」，資、磧、普、南、徑、清作「皆」。

一　一二二頁中一一行首字「丘」，資、磧、普、南、徑、清作「丘尼」。

一　一二二頁中二〇行第八字「佛」，資、磧、普、南、徑、清無。

一　一二二頁下五行「毗舍」，諸本作「毗舍家」。

一　一二二頁下六行「者先不語」，資、磧、普、南、徑、清無。

一　一二三頁上四行「習近」，諸本作「習近住」。

一　一二三頁上一一行「相呪便相呪」，諸本作「便相呪誓」。

一　一二三頁上一六行第三字「當」，資、磧、普、南、徑作「我當」。

一　一二三頁上二一行第三字「是」，資、磧、普、南、徑、清作「此呪」；麗作「是呪」。同行及頁下二〇行「非如」，資、磧、普、南、徑、清作「不如」。

一　一二三頁中一行「自呪」，資作「目呪」。

一　一二三頁中三行「提婆達」，諸本作「提婆達多」。

一　一二三頁中四行「若我」，資、磧、普、南、徑、清作「我若」。

一　一二三頁中七行「是誓」，資、磧、普、南、徑、清作「誓者」。

一　一二三頁中一九行首字「淚」，麗作「淚者」。

一　一二三頁中二〇行「若手搏若拳毆」，資、磧、普、南、徑、清作「若拳打若手搏若拳拷」。

一　一二三頁下一行第一三字及一二八頁中一七行第三字「者」，資、磧、普、南、徑、清無。

一　一二三頁下五行第四字「家」，麗作「家舍」。

一　一二三頁下一二行「是言」，資、磧、普、南、徑、清作「此言」。

一　一二三頁下二一行第一一字「得」，資、磧、普、南、徑、清作「聽」。一二七頁中二行第四字同。

一　一二四頁上二行「共往」，徑、清作「共住」。

一　一二四頁上四行第一二字「如」，資、磧、普、南、徑、清作「如上說」。

一　一二四頁上六行第一〇字「者」，資、磧、普、南、徑、清作「者不忍」。

一　一二四頁上一〇行「責者」，資、磧、普、南、徑、清作「呵責」。

一　一二四頁上一三行「時到」，資、磧、普、南、徑、清作「時至」。

一　一二四頁上一九行「皆是」，諸本作「皆如是」。

一　一二四頁上二二行「今日」，資、磧、普、南、徑、清作「今」。一二七頁上二二行同。

一　一二四頁中五行「比丘比丘尼」，資、磧、普、南、徑、清作「比丘尼」。

一　一二四頁中八行「嫉心」，資作「怯心」；磧、普、南、徑、清作「悋心」。

一　一二四頁中一六行第三字「作」，諸本作「作此」。

一　一二四頁中一七行末字「之」，資、磧、普、南、徑、清無。

一　一二四頁下七行「莫作」，諸本作「多莫作」。

一　一二四頁下一二行「婬嫉」，麗作「婬妷」。

一　一二四頁下一七行第八字「知」，資、磧、普、南、徑、清無。

一　一二四頁下一八行第五字「淨」，麗作「淨戒」。

一　一二四頁下一九行「阿闍梨」，資、磧、普、南、徑作「阿闍梨尼」。

一　一二四頁下二一行第六字「法」，資、磧、普、南、徑、清無。

一　一二四頁下末行第五字「已」，資、磧、普無。

一　一二五頁上三行末字「當」，資、磧、普、南、徑、清作「亦當」。

一　一二五頁上六行第五字「年」，資、磧、普、南、徑、清作「年滅十二年」。

一　一二五頁上一一行第七字「爲」，資、磧、普、南、徑、清無。

一　一二五頁上一三行第四字、一四行第三字及一八行第九字「時」，資、磧、普、南、徑、清無。

一　一二五頁中三行「十雨」，諸本作「十二雨」。

一　一二五頁中二一行第一一字「十」，資、磧、普、南、徑、清無。

一　一二五頁下一〇行第七字「得」，資、磧、普、南、徑、清無

一　一二五頁下一九行「與我」，諸本作「僧與我」。

一　一二五頁下二一行第一二字「從」，資作「後」。一二七頁中一七行第三字，資、磧、普、南同。

一　一二六頁上一五行「白不」，資、磧、普、南、徑、清作「不白」。

一　一二六頁上一六行「不名」，諸本作「名不」。

一　一二六頁上二一行「户鉤開他房户」，資、磧、普、南、徑、清作「他户鉤開他房」。

一　一二六頁上末行第六字「即」，資、磧、普、南、徑、清無。

一　一二六頁中一行第八字「問」，資、磧、普、南、徑、清作「問言」。

一　一二六頁中一〇行第一〇字「户」，資、磧、普、南、徑、清無。

一　一二六頁中一九行「時女」，資、磧、普、南、徑、清作「女人」。

一　一二六頁中二一行「和上」，諸本作「和上尼」。

一　一一二六頁中末行「大愛道大愛道」，資、磧、普、南、徑、清作「大愛道」。

一　一一二六頁下一六行第三字「滅」，諸本作「滅二十」。

一　一一二六頁下末行第五、第六字「二十」，資、磧、普、南、徑、清無。

一　一一二七頁上三行「後安居」，資、磧、普、南、徑、清作「後安居生經」；麗作「安居生」。

一　一一二七頁上一三行「不知」，資、磧、普、南、徑、清作「不知者」。

一　一一二七頁上二〇行第九、第十字「二十」，諸本作「二十雨」。

一　一一二七頁中九行第九字「法」，資、磧、普、南、徑、清作「法律」。

一　一一二七頁中一六行「童女」，資、磧、普、南、徑、清作「童子」。

一　一一二七頁中一七行「二年」，資、磧、普、南、徑、清作「二歲」。下同。

一　一一二七頁中一八行「僧忍」，諸本作「僧與」。

一　一一二七頁中一九行第四字及二〇行第一二字「僧」，資、磧、普、南、徑、清無。

一　一一二七頁下二行第五字及一五行第六字「與」，資、磧、普、南、徑、清作「與受」。

一　一一二七頁下二行第一一字「提」，諸本作「提滿二十歲者滿二十雨」。

一　一一二七頁下四行第一〇字「恣」，資、磧、普、南、徑、清作「恣已」。

一　一一二七頁下五行第一〇字「與」，資、磧、普、南、徑、清無。

一　一一二七頁下一五行第一二字「戒」，資、磧、普、南、徑、清無。

一　一一二七頁下一六行「二歲」，資、磧、普、南、徑、清作「一歲」。

一　一一二八頁上一行「比得教不得」，資、磧、普、南、徑、清作「比丘得教不」。

一　一一二八頁上三行第六字「足」，資、磧、普、南、徑作「足已」。

一　一一二八頁上五行「即日應更」，資、磧、普、南、徑、清作「應更受」；麗作「即日應更受」。

一　一一二八頁上七行第三字「悔」，資、磧、普、南、徑、清無。

一　一一二八頁上九行「學戒」，資、磧、普、南、徑、清作「始學」；麗作「始學戒」。

一　一一二八頁上一一行後，資、磧、普、南、徑、清第三十八卷終，第三十九卷始，有「比丘尼百四十一波夜提之三」一行。

一　一一二八頁上一九行第八字「應」，資、磧、普、南、徑、清無。同行至次「乞滿學戒」，麗作「乞學戒滿受」。

一　一一二八頁上二〇行「具足羯磨」，資、磧、普、南、徑作「受具足」；清作「具足」。

一　一一二八頁中二行及一一行「學滿」，資、磧、磧、南、徑、清作「學戒滿」。

一　一一二八頁中八行「聽某甲滿二十」，資、磧、普、南、徑、清作「僧聽某甲二十滿雨」；麗作「僧聽某甲滿二十兩」。

一 一二八頁中一〇行第七字「從」，清作「以從」。

一 一二八頁中一二行第二字「白」，資、磧、普、徑、清作「曰」。

趙城縣廣勝寺

摩訶僧祇律卷第三十九　仕

東晉天竺三藏佛陁羅共法顯譯

佛住舍衛城尒時釋種女拘梨女摩羅女梨車女先已嫁出家曾任苦事故而有黠慧大愛道瞿曇弥問佛世尊已嫁女減二十雨得與受具足不佛言得尒時比丘尼與曾嫁八歲九歲女受具足太小軟弱不堪苦事諸比丘尼語大愛道大愛道即以是事往白世尊乃至已聞者當重聞若比丘尼適他婦減十二雨與受具足者波夜提減十二雨者如減二十雨中廣說適他婦者壞梵行與受具足者波夜提波夜提者如上說若適他婦欲於如来法律中受具足者應先問乃至看手足骨節是故世尊說佛住舍衛城尒時世尊制戒不聽減十二雨適他婦受具足尒時比丘尼適他家婦滿十二雨與受具足諸比丘尼嫌言汝滿十二雨適他婦滿與不滿誰知者諸比丘尼語大愛道大愛道往白世尊乃至佛言從今已後滿十

二雨適他婦應與二年學戒佛告大愛道依止舍衛城比丘尼皆悉令集乃至已聞者當重聞若比丘尼適他婦滿十二雨不與學戒受具足者波夜提如上童女不學戒中説

面罵不滿度　十法不具足　不羯磨畜衆
犯戒減二十　不學不滿學　滿學不羯磨
減十二不學　第十䟦渠竟

佛住舍衛城尒時迦梨比丘尼度王臣須提那婦出家與受學戒本在家有娠轉轉腹大諸比丘尼嫌言已受學戒而有身體應駈出荅言我出家已來不知是法諸比丘尼語大愛道大愛道以是因緣往白世尊佛言此出家已來不知是法此在家時事若有如是比者未應與受具足待勉身已若生女者出草蓐已與受具足若生男者待兒能離乳然後與受具足若親里姊妹言取是小兒来我自養活如是者應與受具足佛告大愛道瞿曇弥依止舍衛城比丘尼皆悉令集乃至已聞者當重聞若比丘尼已適他婦受學戒不滿學與受具足者

波夜提如上童女學戒不滿中廣說

佛住舍衛城尒時世尊制戒不聽滿十二雨適他婦二年學戒不滿與受具足尒時比丘尼與適他婦二年學戒滿與受具足諸比丘尼嫌言汝學戒滿與不滿誰能知者諸比丘尼語大愛道大愛道以是事往白世尊乃至佛告大愛道瞿曇弥依止舍衛城住比丘尼皆悉令集乃至已聞者當重聞若比丘尼已適他婦學戒滿不羯磨與受具足者波夜提如上童女不羯磨中廣說

佛住舍衛城尒時比丘尼多畜弟子不教戒如天牛天羊淨不具足威儀不具足不知承事和上阿闍梨不知承事長老比丘尼不知入聚落法阿練若法不知著衣持鉢法比丘尼語大愛道大愛道即以是事往白世尊佛言呼是比丘尼來來已佛問汝實尒不荅言實尒世尊佛言此是惡事汝云何度人而不教戒從今已後應二年教戒佛告大愛道瞿曇弥依止舍衛城住比丘尼皆悉令集乃至已聞者當重聞若比丘尼與弟子受具足已應二年教戒若不教者波夜提比丘尼者如上說弟子者共住弟子二年者二雨時教戒者若阿毗曇若毗尼阿毗曇者九部修多羅毗尼者波羅提木叉廣略威儀應教非威儀應遮若不教戒者波夜提若弟子不可教不欲學者應駈出若比丘共住弟子不教勅越毗尼罪是故世尊說

佛住舍衛城尒時比丘尼度弟子弟子受具足已棄餘處去時和上尼嫌言世尊制戒應教戒弟子弟子捨我去我當教戒誰諸比丘尼語大愛道大愛道即以是事具白世尊佛言呼是比丘尼來來已問言汝實尒不荅言實尒佛言此是惡事汝云何受具足已而餘處去應二年事和上尼佛告大愛道瞿曇弥依止舍衛城比丘尼皆悉令集乃至已聞者當重聞若比丘尼受具足已應二年供給隨逐和上尼若不供給隨逐波夜提受具足者共住弟子二年者二雨時供給者供給和上尼應隨逐者不遠離不供給不隨逐者波夜提若和上尼不善持戒不欲學弟子作是念我和上尼但非威儀處行我若隨逐或傷我梵行欲全梵行故捨去無罪若比丘不供給和上隨侍越毗尼罪是故世尊說

佛住舍衛城尒時比丘尼年年度弟子受具足心生疑惑為得為不得即問大愛道大愛道往白世尊佛言喚是比丘尼來來已問言汝實尒不荅言實尒佛言從今日後不聽年年度人受具足當作間佛告大愛道依止舍衛城比丘尼皆悉令集乃至已聞者當重聞若比丘尼年年畜弟子波夜提年年者雨雨時畜弟子者受具足波夜提者如上說不聽年年畜弟子應作一雨時間若比丘尼有福德一年與學戒弟子二年與受具足雖年年無罪是故世尊說

佛住王舍城尒時樹提比丘尼欲與弟子受具足語偷蘭難陀比丘尼言阿梨耶為我請僧與弟子受具足後比丘尼僧與受具足偷蘭難陀比丘

尼請得六群比丘樹提問言為我請得僧未荅言已得得誰荅言得六群比丘語言我不用至明日更請善比丘受具足諸比丘尼語大愛道大愛道即以是事往白世尊佛言喚是比丘尼來來已問言汝實尒不荅言實尒佛言樹提此是惡事汝云何一衆清淨已停宿受具足而復輕衆從今日後不聽一衆清淨停宿受具足亦不聽輕衆佛告大愛道瞿曇弥依止王舍城比丘尼皆悉令集乃至已聞者當重聞若比丘尼一衆清淨停宿受具足波夜提比丘尼者如上說一衆清淨者比丘尼衆中受具足停宿者至明日比丘衆中受具足波夜提波夜提者如上說不聽一衆清淨停宿受具足復不聽輕衆復不得請惡比丘衆與受具足應當先求善比丘若不可得當求半若過半許而作羯磨若王賊難不得者停宿無罪比丘亦不得輕衆應得半若過半而作羯磨輕衆者得越毗尼罪是故世尊說

佛住毗舍離尒時迦梨比丘尼度梨

車第三生女出家與俗人外道習近住諸比丘尼語迦梨比丘尼汝知是弟子與俗人外道習近住汝何故不別離送於異方諸比丘尼語大愛道大愛道即以是事往白世尊佛言呼是比丘尼來來已問言汝實尒不荅言實尒佛言此是惡事汝云何知弟子共俗人外道習近住而不離別從今已後不聽佛告大愛道依止毗舍離住比丘尼皆悉令集乃至已聞者當重聞若比丘尼受弟子有事不自送不使人送下至五六由旬波夜提比丘尼者如上說度人者和上尼弟子者共行弟子有事者弟子從罷道若父母親里欲罷道若賀若嫉欲罷道送者若不自送不使人送下至五六由旬者極齊六若弟子習近住者應送遊行若身老病不能去者應囑人當教戒汝可遊方多有功德礼諸塔寺見好徒衆多所見聞我若不老者亦復欲去若比丘共住弟子有事不自送不使人送者得越毗尼罪是故世尊說

佛住舍衛城尒時偷蘭難陁比丘尼十法不滿度弟子不教戒如天牛天羊乃至比丘尼語阿梨耶汝十法不具足度弟子何不教戒使如法偷蘭難陁言汝妬我度弟子而責數我諸比丘尼語大愛道大愛道即以是事往白世尊佛言呼是比丘尼來來已問言汝實尒不荅言實尒佛言此是惡事乃至汝云何十法不具度弟子不教戒而嫌責他從今已後不聽嫌他佛告大愛道瞿曇弥依止舍衛城比丘尼皆悉令集乃至已聞者當重聞若比丘尼語比丘尼作是語阿梨耶十法不具足度弟子應教戒而反嫌責者波夜提比丘尼者若僧若衆多人若一人是比丘尼者如偷蘭難陁比丘尼十法不具者十法不成就度弟子者受具足作是諫時而嫌責者波夜提波夜提者如上說比丘如是者越毗尼罪是故世尊說

佛住舍衛城尒時有學戒尼語偷蘭難陁言阿梨耶我學戒滿與我受具足荅言可尒後學戒尼言阿梨耶我

學戒滿與我受具足聞是語已自不與受不使人受又不發遣諸比丘尼言汝先許與受具足何以不與聞此語猶故不與諸比丘尼語大愛道大愛道即以是事具白世尊佛言呼是比丘尼來來已問言汝實尒不荅言實尒佛言此是惡事汝云何許他受具足而不與受從今已後不聽佛告大愛道依止舍衛城比丘尼皆悉令集乃至已聞者當重聞若比丘尼語式叉摩尼言學戒滿當與汝受具足後不與受不使人受又不遣去者波夜提比丘尼者如上說式叉摩尼者隨順行十八事二歲學作是語者如偷蘭難陁比丘尼許與受具足後不與受不使人受波夜提波夜提者如上說若比丘尼語式叉摩尼當與汝受具足若後無力者當使人受若不自受不使人受者應語令去更餘覔受具足若比丘尼許式叉摩尼受具足後不與受者波夜提若比丘許沙弥受具足後不與受者得越毗尼罪是故世尊說

佛住毗舍離尒時跋陁羅伽毗梨比丘尼載好上乘到親里家為世人所嫌云何沙門尼出家故如俗人載好上乘多欲如是諸比丘尼聞已語大愛道大愛道即以是事具白世尊佛言呼是比丘尼來来已問言汝實尒不荅言實尒佛言此是惡事從今已後不聽復次尒時釋種女比丘尼道路行羸老病不及伴後被賊乃至佛告大愛道依止舍衛城比丘尼皆悉令集乃至已聞者當重聞若比丘尼不病載乘者波夜提比丘尼者如上說病者若老羸病若樂人不能行世尊說無罪乘者八種乃至舩乘是名八種載者波夜提不聽不病比丘尼載乘病者不得載特牛乘得載牸牛車及雌馬駱駞若病不覺雌雄無罪若乘舩直度無罪若上水若下水作因縁受持得去若比丘不病載乘者越毗尼罪是故世尊說

不滿不羯磨　和上不教戒　弟子不隨逐
年年畜弟子　停宿受具足　有事不遣送
嫌責許具足　載乘最在後　十一跋渠竟

佛住毗舍離尒時跋陁羅伽比梨比丘尼持傘蓋著革屣往親里家為世人所嫌云何沙門尼似如俗人如是多欲諸比丘尼語大愛道大愛道即以是事往白世尊佛言呼是比丘尼來來已問言汝實尒不荅言實尒佛言從今已後不聽持傘蓋革屣復次佛住舍衛城釋種女摩羅女先是樂人出家道路行時天極熱甚大疲苦諸比丘尼語大愛道大愛道即以是事往白世尊佛言從今日後聽病時佛告大愛道依止舍衛城比丘尼皆悉令集乃至已聞者當重聞若比丘尼不病持傘蓋著革屣者波夜提比丘尼者如上說病者老羸病尫弱世尊說無罪傘蓋者樹皮蓋多梨蓋竹蓋摩樓蓋樹葉蓋氎傘蓋如是比餘蓋等革屣者一重兩重持者受用波夜提波夜提者如上說持蓋不持革屣越毗尼罪持革屣不持傘蓋亦越毗尼罪二俱持者波夜提不持者無罪若比丘持莊嚴傘蓋兩重革屣者越毗尼罪是故世尊說

佛住毗舍離。尒時跋陁羅伽比梨比丘尼往至親里家敷高脚佉啁羅牀褥兩三重登上。為世人外道所嫌云何沙門尼出家猶如俗人多欲如是。諸比丘尼語大愛道。大愛道即以是事往白世尊。佛言呼是比丘尼來。來已問言汝實尒不。荅言實尒。佛言汝云何過量佉啁羅牀上坐。從今已後不聽。佛告大愛道瞿曇彌依止毗舍離比丘尼皆悉令集乃至已聞者當重聞。若比丘尼過量佉啁羅牀褥上若坐若卧波夜提。比丘尼者如上說。過量者過八指。佉啁羅牀褥者佉啁羅十四種乃至崩求羅佉啁崩求羅牀。若坐若卧波夜提。波夜提者如上說。若竟日坐一波夜提。若起已更坐隨坐得波夜提。若過量牀得埋脚坐。若比丘坐過量佉啁羅牀上越毗尼罪。是故世尊說

佛住舍衛城。尒時六羣比丘尼共一牀一敷眠枕褥破裂牀復折壞。諸比丘尼以是因緣語大愛道。大愛道乃至佛言呼是比丘尼來。來已佛言汝

實尒不。荅言實尒。佛言此是惡事乃至佛告大愛道依止舍衛城比丘尼皆悉令集乃至已聞者當重聞。若比丘尼同敷牀褥卧波夜提。敷者同一數一覆一牀。牀者十四種乃至脂蘭牀。波夜提。波夜提者如上說。不得同牀卧。一牀一人卧。三坐牀得二人卧展脚不得過膝。若方褥三褥得二人卧展脚不得過膝。若地敷者不得多取地。當相去一不舒手自敷坐具而卧。若寒時得上通覆於下人各自别覆無罪。若比丘共牀卧越毗尼罪。是故世尊說

佛住舍衛城。尒時伽梨比丘尼受僧房已閇户而去。後客比丘尼上座來次第與房見户閇即嫌言此僧房舍何以閇户而去。諸比丘尼語大愛道乃至佛言呼是比丘尼來。來已問言汝實尒不。荅言實尒。佛言此是惡事乃至汝云何僧房舍不捨閇户而行。從今已後不聽。佛告大愛道依止舍衛城比丘尼皆悉令集乃至已聞者當重聞。若比丘尼僧房牀褥不捨而

去波夜提。比丘尼者如上說。僧牀褥者坐牀卧牀枕褥拘執。不捨者不還不白餘處去者波夜提。波夜提者如上說。若比丘尼欲行去當捨牀褥與知牀褥人已而去。若不捨而去者波夜提。若房不空尋有人住者越毗尼罪。是故世尊說

佛住舍衛城。尒時竭住母比丘尼先不語卒尒而入竭住父比丘房而摩其背。即反顧視之見已言咄咄遠我。比丘尼言我先常與洗浴今摩觸何苦。語言本俗人今日出家不得如先。諸比丘尼語大愛道。大愛道即以是事往白世尊。佛言呼是比丘尼來。來已問言汝實尒不。荅言實尒。佛言此是惡事乃至汝云何先不白入比丘精舍。從今已後不聽乃至已聞者當重聞。若比丘尼先不白入比丘僧伽藍者波夜提。比丘尼者如上說。比丘僧伽藍者下至一比丘住處。先不白者先不語不呼。入者如竭住母比丘尼。波夜提。波夜提者如上說。若比丘尼欲入比丘住處者當到門屋應先

白和南比丘尼白入顧聽比丘當壽量若比丘尼賢善自無事者衣服者聽入若事或泥作或裸露當語言姉妹小住應唱言諸長老比丘尼欲入各自著衣若比丘尼不善無威儀者應語莫入有事若先不語最初入者波夜提後來者無罪不白而入者舉一足越毗尼罪兩足波夜提若還去者越毗尼罪若比丘先不語而入比丘尼住處者越毗尼罪應住門屋下遣淨人女語是故世尊說佛住舍衛城尒時比丘尼在道行暮至村中欲求宿處至一家語婦人言借我宿處婦人言我夫行去暮或能還比丘尼復重借言故當不來可寄一宿即與宿處夫至暮還為結所使與婦共行欲事比丘尼未離欲聞聲不悅還已語諸比丘尼比丘尼語大愛道乃至佛言呼是比丘尼來來已問言汝實尒不答言實尒佛言汝云何知食家婬處宿從今已後不聽復次佛住舍衛城尒時諸比丘尼道路行至暮於聚落中遍求無丈夫家而不能得便

在灒陌邊宿於夜暴風雨起有諸年少來相侵觸傷於梵行諸比丘尼以是因緣語大愛道乃至佛言從今日後除餘時乃至已聞者當重聞若比丘尼知食家婬處宿除餘時波夜提餘時者風時雨時奪命時傷梵行時是名餘時比丘尼者如上說知者若自知若從他聞食者女人是丈夫食丈夫是女人食家者四種姓家婬處者夫婦宿處除餘時波夜提餘時世尊說無罪風時雨時失命時疑男子傷梵行時是名餘時不得知食家婬處宿若疑是聚落中有放蕩男子畏宿者無罪是故世尊說

佛住舍衛城尒時毗舍離比丘尼安居竟欲向舍衛城礼拜世尊到比丘精舍中和南我聞尊者欲詣舍衛城礼拜世尊審尒不答言何故問我欲隨去比丘言世尊制戒不得與比丘尼共道行又問何時當發答言其日即記識其日預持衣鉢於路側而待比丘至其日食已而去見比丘尼並相謂言此比丘尼欲隨我等去當急

脚行諸年少比丘尼奔走而逐諸老病樂人不能得及於後為賊所剥諸比丘尼語大愛道大愛道以是因緣往白世尊乃至呼是比丘尼來來已佛問汝實尒不答言實尒佛言汝云何無商人伴於空逈處向餘國行從今已後不聽佛告大愛道依止舍衛城比丘尼皆悉令集乃至已聞者當重聞若比丘尼無商人伴向異國行波夜提比丘尼者如上說無伴者無商人伴餘國者異王境界去者波夜提若比丘尼欲行時當先求商人伴若前人言阿梨耶但來我當料理使令得去當相望其人若語大善視瞻不好者不應隨去更求善人將女婦者共去若去時卒不得善察至逈處方覺者不得便捨去當待近聚落已方便捨去若問言欲那去當語言我乞食耳若比丘尼無商人伴行者得越毗尼罪至所在波夜提若比丘於空逈無商人伴行者得越毗尼罪是故世尊說

佛住舍衛城尒時比丘尼共女人共

摩訶僧祇律第三十九卷　第十八張　仕字号

到園池觀看諸女人在外邊飲食比丘尼往故村舍中看時有諸年少從林中出擾乱比丘尼比丘尼語大愛道乃至巳聞者當重聞若比丘尼自境界內觀園林故墟波夜提比丘尼者如上說境內者自王境內園者菴婆羅園乃至阿提目多園林者種種林樹故墟者空屋宅中觀看去者波夜提波夜提者如上說若比丘尼往園林丘宅中看去時越毗尼罪到彼波夜提若檀越婦女請共去者無罪若比丘往丘墟園林觀看為樂者越毗尼罪是故世尊說

佛住毗舍離尒時須闍提比丘尼是優陁夷本二語優陁夷言尊者我明日當守房可來看時比丘尼盡入聚落乞食時優陁夷著衣持鉢入比丘尼精舍二人共在房後各出身坐蹲踞相向欲心相視時有老病比丘尼出欲便利見巳羞慚却行而去以是因緣語大愛道乃至佛言呼是比丘尼來來巳佛言此是惡事乃至巳聞者當重聞若比丘尼共一比丘空靜

摩訶僧祇律第三十九卷　第十九張　仕字号

處坐波夜提一者共一比丘更無人設有人眠醉狂癡心乱苦痛嬰兒非人畜生故名為一空靜者避隈無人處坐者共坐波夜提波夜提者如上說若比丘尼共比丘竟日坐一波夜提若中間起還坐隨坐一一波夜提若比丘尼獨在房中坐卒有比丘來入坐者比丘尼當速起欲起時當先語勿使比丘怪若言何故起當語世尊制戒我不得共比丘獨坐若減七歲男亦犯齊幾時名坐如取食乞出家人須若有淨人作事行來出入不斷無罪若房户向道有行人不斷者無罪若行人斷者波夜提若淨人眠時當彈指令覺若在閣上下人見若在閣下上人見三人展轉相見無罪或見非聞或聞非見或亦見亦聞或非見非聞或見非聞者遥見比丘比丘尼坐不聞語聲聞非見者聞語聲而不見如是廣說見而不聞越毗尼罪聞而不見越毗尼罪見聞無罪非見非聞波夜提是罪亦聚落亦阿練若亦晝亦是夜亦時亦非時是覆處非

摩訶僧祇律第三十九卷　第二十張　仕字号

露處是一人非衆多是近處非遠處是故世尊說

佛住毗舍離尒時跋陁羅比丘尼到親里家共兄弟姊妹兒於屏處坐比丘尼嫌言云何出家人與俗人隱處坐猶如俗人以是因緣語大愛道乃至佛言從今巳後不聽共男子屏處坐乃至巳聞者當重聞若比丘尼與丈夫屏處坐波夜提如上比尼中廣說是故世尊說

持傘仗嘱牀　同敷牀不捨　不白娙處宿
無伴故墟看　比丘靜處坐　男子亦復然

十二跋渠竟

佛住毗舍離尒時跋陁羅比丘尼到親里家與兄弟姊妹兒申手內住共耳語奴婢嫌言此出家人耳語正當說我等過諸比丘尼聞巳語大愛道瞿曇弥乃至巳聞者當重聞若比丘尼與男子申手內住若耳語波夜提比丘尼者如上說申手內者共申手內住耳語者耳邊共語波夜提比丘尼不得與男子申手內住共語若耳語若欲共語者當在申手外若欲論

密事當隔蘺隔壁隔樹隔縵比丘尼
波夜提比丘與女人申手內住共耳
語越毗尼罪是故世尊說
佛住毗舍離尒時跋陁羅比丘尼到
親里家與兄弟姉妹兒在闇處無燈
先不語卒尒而入尒時親里羞慙諸
比丘尼語大愛道乃至荅言實尒佛
言汝云何知男子在闇中無燈而入
從今已後不聽乃至已聞者當重聞
若比丘尼知闇中男子坐無燈而入
波夜提比丘尼者如上說男子坐者
常眠卧處闇處者不相見處無燈者
無油燈及餘種種燈入者波夜提波
夜提者如上說不得入闇地男子坐
處若有因緣事須入者若闇內人高
聲大聲當入若不聞語者應先遣人
語若彈指若作燈明現相有人呼入
者當入若不語不彈指不作燈明而
入者波夜提若比丘不語而入者越
毗尼罪是故世尊說
佛住王舍城尒時六羣比丘尼先到
作伎樂處占頋坐處伎兒戲時高聲
大笑衆人效笑人笑時便復默然似

如坐禪人笑適止還復指拍手大笑
於是衆人捨伎兒而觀比丘尼伎兒
不得顧直瞋恚嫌責坐是沙門尼令
我失顧直諸比丘尼語大愛道乃至
荅言實尒佛言此是惡事汝云何觀
伎樂從今已後不聽觀伎樂乃至已
聞者當重聞若比丘尼觀伎樂行波
夜提比丘尼者如上說伎樂者儛伎
歌伎鐃隰打鼓如是一切下至四人
共戲觀看者波夜提波夜提者如上
說不得觀伎樂若比丘尼乞食值王
王夫人若天像出有伎樂者遇見無
罪若下處就高作意闚望遂看波夜
提若檀越欲供養佛作衆伎樂研香
結鬘語比丘尼言阿梨耶佐我安施
供養具尒時得助作若於彼閒聞樂
有欲著心者當捨去若比丘觀伎樂
者越毗尼罪是故世尊說佛住舍衛
城尒時比丘尼諍鬪不和合住時大
愛道瞿曇弥衆主僧諍事已起者不
能滅未起者不能令不起諸比丘尼
以是因緣往白世尊佛言呼大愛道
瞿曇弥來來已佛語瞿曇弥汝實尒

不荅言實尒佛言汝云何諍事起而
不斷滅未起者不能方便令不起從
今日後諍事起當斷滅佛告大愛道
依止舍衛城比丘尼皆悉令集乃至
已聞者當重聞若比丘尼闘諍不和
合住衆主不料理斷滅者波夜提比
丘尼者如上說諍者口諍闘者展轉
取勝不和合住是法非法是毗尼非
毗尼是罪非罪是輕是重是可治是
不可治有殘無殘如法羯磨非法羯
磨和合羯磨不和合羯磨應羯磨不
應羯磨是處羯磨非處羯磨衆主者
衆之標望得自從不料理斷滅者不
自滅不使人滅波夜提波夜提者如
上說若比丘尼闘諍不和合住不得
視置當料理斷滅使展轉悔過若復
不止事須羯磨者當集僧料理若自
不能者當餘衆請有德比丘尼若比
丘若優婆塞優婆夷令滅若諍事難
斷當作是念衆生業行待時待熟自
當滅如是者無罪若比丘闘諍衆主
不料理滅者越毗尼罪是故世尊說
佛住毗舍離尒時有跋陁羅比丘尼

到親里家觀看洗浴諸婦人言我與阿梨耶揩身體使我得功德此比丘尼端正諸女人欲看其身體故便聽使揩即用種種香油塗身諸比丘尼嫌言出家人猶故多欲諸比丘尼語大愛道乃至荅言實介世尊佛言汝云何使俗人家婦女揩摩身體從今日已後不聽乃至已聞者當重聞若比丘尼使俗人婦女塗香油揩摩洗浴除病時波夜提比丘尼者如上說俗人婦女者四種家女揩摩洗浴者以種種香油揩摩洗浴若老病者無罪若不病揩摩洗浴波夜提波夜提者如上說若身體有創疥得持藥揩摩洗浴若熱病得摩耶披屑塗若風病得以小麦屑塗若雜病者以雜藥塗無罪塗已不得在衆人中住當在邊房病差洗已當入若比丘尼不病使俗人揩摩越毗尼罪是故世尊說

佛住毗舍離介時世尊制戒不聽俗人婦女揩摩洗浴時跋陁羅比丘尼使比丘尼揩摩諸比丘尼以是因縁往白世尊乃至已聞者當重聞若比

丘尼不病使比丘尼揩摩洗浴者波夜提若揩而不摩越毗尼罪摩而不揩亦越毗尼罪二俱者波夜提若比丘不病令比丘揩摩者越毗尼罪是故世尊說

沙弥尼亦如是乃至已聞者當重聞若比丘尼不病令沙弥尼揩摩者波夜提沙弥尼者隨佛出家受十戒使揩摩者如比丘尼中說式叉摩尼亦如是乃至已聞者當重聞若比丘尼不病令式叉摩尼揩摩者波夜提式叉摩尼者隨順行十八事二年學戒使揩摩者如上比丘尼中說俗人婦女亦如是乃至已聞者當重聞若比丘尼不病令俗人婦女揩摩者波夜提俗人婦女者四種姓家女人揩摩如比丘尼中說

佛住王舍城介時比丘尼僧集欲作布薩羯磨時樹提比丘尼不來僧遣信喚言阿梨耶比丘尼僧集欲作布薩可來樹提言世尊制戒世間清淨者得布薩我即清淨不能去大愛道以是因縁具白世尊乃至荅言實介

佛言此是惡事乃至汝不恭敬布薩誰當恭敬乃至已聞者當重聞若比丘尼半月清淨布薩不恭敬者波夜提清淨布薩者十四日十五日不病比丘尼不來恭敬布薩者波夜提病者老羸病服藥剌頭出血服酥應與清淨欲若不病不來設病不與清淨欲波夜提若比丘尼不來布薩病不與清淨欲波夜提若比丘不來布薩病不與欲越毗尼罪是故世尊說

申手內無燈　伎樂主不滅　香油比丘尼
沙弥尼學戒　女婦不布薩

十三跋渠竟

佛住舍衞城介時長老比丘教戒比丘尼介時六群比丘不得教戒次便作是言我等教戒去又言世尊制戒不聽不差而教戒我等當出界外展轉相拜而去即出界外展轉相拜已晨朝著衣往到比丘尼住處語比丘尼言姊妹盡集我當教戒時六群比丘尼即便速集善比丘尼不來而作是言我不能非毗尼人邊受教戒時六群比丘共六群比丘尼作世俗語

巳須臾間而去尒時長老難陁著衣持鉢來到精舍言姊妹集僧我欲教戒於是善比丘尼盡集六群比丘尼不來長老問言比丘尼僧集未荅言不集誰不集荅言六群比丘尼即遣信喚姊妹來我欲教戒荅言我不去巳六群阿闍梨邊受教戒竟時長老言尼僧不和合即起而去佛知而故問汝教戒何以速荅言世尊我至時著衣往欲教戒善比丘尼皆集唯六群比丘尼不來比丘尼僧不和合故不得教戒佛言呼六群比丘尼來來巳問言汝實尒不荅言實尒乃至巳聞者當重聞若比丘尼半月僧教戒而不恭敬波夜提比丘尼者如上說半月者十四日十五日僧教戒者教戒比丘尼不恭敬不來者波夜提波夜提者如上說若老羸病服藥剌頭出血服酥應與欲作是言我某甲與教戒欲如是三說若不病不去病不與欲波夜提若至布薩日應差比丘尼持欲詣僧作如是言比丘尼僧和合頭面礼比丘僧足問布薩請教戒

如是三說比丘僧中有教戒尼者應語姊妹當往若有比丘成就十二法者應羯磨教戒若無者當語言無教戒比丘尼人莫放逸是故世尊說也

佛住王舍城尒時樹提比丘尼隱處生癰諸比丘尼入聚落乞食後有治癰師來比丘尼言長壽與我破癰荅言可尒即與破癰創著塗藥巳而去諸比丘尼乞食還見地膿血問言此是何等膿血荅言我破癰創諸比丘尼嫌言汝云何隱處有癰不白善比丘尼而破諸比丘尼語大愛道乃至荅言實尒世尊佛言汝云何膝以上肩以下有癰創先不白聽而破癰從今巳後不聽乃至巳聞者當重聞若比丘尼膝以上肩以下隱處有癰創先不白聽男子破洗者波夜提比丘尼者如上說膝巳上者髀巳上肩巳下者乳房巳下先不白者不白善比丘尼聽者不僧中作求聽羯磨隱處有癰欲破癰者先僧中作求聽羯磨羯磨者應作是說阿梨耶僧聽某甲比丘尼隱處有癰若僧時到僧某甲

比丘尼欲從僧乞破癰羯磨阿梨耶僧聽某甲比丘尼欲從僧乞破癰羯磨僧忍默然故是事如是持若隱處有癰者當令可信人若依止弟子若同和上阿闍梨以錐若指押破之以藥塗若使男子破癰波夜提波夜提者如上說若肩巳上膝巳下有癰創若欲剌頭出血若欲剌辟當使婦女人急索男子破無罪是故世尊說

摩訶僧祇律卷第三十九

摩訶僧祇律卷第三十九

校勘記

一　底本，金藏廣勝寺本。

一　一三五頁中二、三行之間，麗有「明一百四十一波夜提法之三」一行。

一　一三五頁中四行第一〇字及一九行首字「家」，資、磧、普、徑、清無。

一　同頁中四行第一二字「任」，資、磧、普、南、徑、清作「任荷」。

一　一三五頁中八行「太小軟弱不堪苦事」，資、磧、普、南、徑、清作「大小軟弱不堪」。

一　一三五頁中九行第一一字「即」，資、磧、普、南、徑、清無。

一　一三五頁下四行「與學戒」，資、磧、普、南、徑、清作「學戒與」。

一　一三六頁上二一行「今已」，資、磧、普、南、徑、清作「今日」。一三八頁上八行同。

一　一三六頁中二行第一〇字「教」，資、磧、普、南、徑、清無。

一　一三六頁下一行第三字「不」，諸本(不含石，下同)無。一三九頁中一〇行第七字，資、磧、普、南、徑、清同。

一　一三六頁下八行「疑惑」，資、磧、普、南、徑、清作「疑悔」。

一　一三六頁下一一行「今日」，資、磧、普、南、徑、清作「今已」。一三八頁下一一行、一四〇頁中三行、一四二頁下三行、一四三頁上七行至八行同。

一　一三六頁下一二行「作閑」，磧作「作問」。

一　一三七頁上二行第四字「答」，資、磧、普、南、徑、清無。

一　一三七頁上五行第一三字「是」，資、磧、普、南、徑、清無。一四二頁下九行末字、一四四頁中一〇行首字同。

一　一三七頁上一五行「具足」，資、磧、普、南、徑、清作「具足者」。

一　一三七頁上二二行「得越毗尼」，資、磧、普、南、徑、清作「越毗尼」。本頁中二二行、次頁上二二行、一四〇頁下一九至二〇行及二一行同。

一　一三七頁中一一行「受弟子」，諸本作「度弟子」。

一　一三七頁中一四行「從罷」，諸本作「欲罷」。

一　一三七頁中一五行第一三字「欲」，資、磧、普、南、徑、清無。

一　一三七頁下三行第七字「語」，麗作「語言」。

一　一三七頁下四行及一四行「具足」，資、磧、普、南、徑、清作「具」。

一　一三八頁上二行首字「與」，徑作「語」。

一　一三八頁中一六行第二字及一九行第一三字「乘」，資、磧、普、南、徑、清無。

一　一三八頁中一八行第一一字「若」，資、磧、普、南、徑、清無。

一　一三八頁下七行「革屣」，資、磧、

普、南、徑、清作「著革屣」。

一一三八頁下一一行首字「事」，資、磧、普、南、徑、清作「因緣」。

一一三八頁下二一行「不持」，麗作「二俱不持」。

一一三九頁上二行第一〇字「脚」，資、磧、普、南、徑、清無。

一一三九頁上三行「世人」，資、磧、普、南、徑、清作「俗人」。

一一三九頁上八行「過量」，磧、普、南作「過重」。

一一三九頁上一三行末字「羅」，資、磧、普、南、徑、清無。

一一三九頁上二二行「大愛道大愛道」，資、磧、普、南、徑、清作「大愛道」。

一一三九頁上末行「佛言」，資、磧、普、南、徑、清作「問言」。

一一三九頁中一一行第一一字「人」，資、磧、普、南、徑、清無。

一一三九頁中一八行「問言」，資、磧、普、南、徑、清作「佛問」。

一一三九頁下一二行第四字「本」，諸本作「本是」。

一一三九頁下一七行「精舍」，資、磧、普、南、徑、清作「僧伽藍」。

一一三九頁下二一行「入者」，資、磧、普、南、徑、清作「入入者」。

一一三九頁下末行第一三字「應」，資、磧、普、南、徑、清無。

一一四〇頁上一行首字「白」，資、磧、普、南、徑、清作「白言」。

一一四〇頁上三行「若事」，諸本作「若有事」。同行「棵露」，資、磧、普、徑、麗作「裸露」。

一一四〇頁上六行「最初」，資、磧、普、南、徑、清作「輒初」。

一一四〇頁上一一行「人女」，資、磧、普、南、徑、清作「女人」。

一一四〇頁上一六行「夫至」，諸本作「夫主」。

一一四〇頁中一行「溝陌」，麗作「巷陌」。同行第六字「於」，資、磧、普、南、徑、清無。

一一四〇頁中一二行第一一字「知」，資、磧、普、南、徑、清無。

一一四〇頁中二〇行「其日」，諸本作「某日」。

一一四〇頁中二一行首字「即」，資、磧作「耶」。

一一四〇頁下五行「佛問」，資、磧、普、南、徑、清作「佛言」。

一一四〇頁下一四行「大善」，資、磧、普、南、徑、清作「太善」。

一一四〇頁下一五行第六字「隨」，資、磧、普、南、徑、清無。

一一四〇頁下二一行「無商人」，資、磧、普、南、徑、清作「處無」。

一一四〇頁下末行第五字「城」，資、磧、普、南、徑、清作「城時」。同行末字「共」，資、磧、普、南、徑、清無。

一一四一頁上一行「外邊」，諸本作「水邊」。

一一四一頁上五行第二字「界」，資、磧、普、南、徑、清無。

一一四一頁上六行第五字「境」，麗

作「境界」。

一　一四一頁上九行末字「往」，資、磧、普作「不得住」；南、徑、清作「不得往」。

一　一四一頁上一〇行第三字「丘」，麗作「墟」。

一　一四一頁上一二行第三字「往」，資、磧、普作「住」。

一　一四一頁上一六行「盡入」，資、普作「晝入」。

一　一四一頁上一八行「身坐」，資、磧、普、南、徑、清作「身生」。

一　一四一頁上二〇行「便利」，資、磧、普、南、徑、清作「小便」。

一　一四一頁中二行「苦痛」，普、南作「若痛」。

一　一四一頁中一二行第九字「行」，資、磧、普、南、徑、清無。

一　一四一頁中一三行「無罪」，資、磧、普、南、徑、清無。

一　一四一頁中一八行第四字「或」，諸本無。

一　一四一頁中二一行「不見」，諸本作「不見亦」。

一　一四一頁下九行「坐波夜提」，資、磧、普、南、徑、清作「坐者夜提」；麗作「坐波夜提波夜提者」。同行「比尼」，資、磧、普、南、清、麗作「比丘」。

一　一四一頁下二二行第一三字「若」，徑、清作「共」。次頁上一五行第二字磧、普、南同。

一　一四二頁上二行「比丘」，徑作「比丘尼」。同行「住共」，資、磧、普、南、徑、清作「共語」。

一　一四二頁上五行第四字「與」，資、磧、普、南、徑、清無。

一　一四二頁上六行「尒時」，資、磧、普、南、徑、清作「時」。

一　一四二頁上一〇行「知闇中」，磧作「如闇中」；麗作「知闇中有」。

一　一四二頁中一行第一〇字「指」，諸本無。

一　一四二頁中二行第六至七字「伎兒」，資、磧、普、南、徑、清作「伎樂」。同行「比丘尼」，諸本作「比丘尼時」。

一　一四二頁中二〇行第八字「僧」，資、磧、普、南、徑、清無。

一　一四二頁下六行第五字「不」，資、磧、普、南、徑、清作「不斷」。

一　一四二頁下一三行「自從」，麗作「自從意」。

一　一四二頁下末行第八字「有」，資、磧、普、南、徑無。

一　一四三頁上五行「嫌言」，資、磧、普、南、徑、清作「嫌責言」。

一　一四三頁上八行首字「日」，資、磧、普、南、徑、清無。

一　一四三頁上一三行第七字「洗」，資、磧、普、南、徑、清無。

一　一四三頁上一八行「比丘尼」，資、磧、普、南、徑、清作「比丘」。

一　一四三頁中一一行「波夜提」，徑作「波夜指」。

一　一四三頁中末行「因緣」，資、磧、

一　普、南、徑、清作「事」。

一　一四三頁下七行第三字「欲」，資、磧、普、南、徑、清無。次頁下八行第二字同。

一　一四四頁上五行第六字「答」，資、磧、普、南、徑、清無。

一　一四四頁上一四行第六字「若」，南作「苦」。

一　一四四頁上一五行「恭敬」，資、磧、普、南、徑、清作「恭敬來者」；麗作「恭敬不來」。

一　一四四頁上二〇行「三說」，資、磧、普、南作「二說」。

一　一四四頁中二行「當往」，麗作「當住」。同行「十二」，資、磧、普、南、徑、清作「十二部」。

一　一四四頁中八行「創著」，資、磧、普、南、徑、清作「洗着」。

一　一四四頁中一四行第一三字「癰」，資、磧、普、南、徑、清作「癰瘡」。

一　一四四頁中二一行「癰者」，資、磧、普、南、徑、清作「者癰」。

一　一四四頁下七行「上膝巳下」，資、磧、普、南、徑、清作「下膝巳上」。

一　一四四頁下八行末字「女」，資、磧、普、南、徑、清無。

趙城縣廣勝寺

摩訶僧祇律卷第四十　仕

東晉天竺三藏佛陁羅共法顯譯

佛住舍衛城尒時迦梨比丘尼安居中受僧牀蓐已而捨遊行諸比丘尼以是因縁語大愛道瞿曇弥乃至荅言實尒佛言汝去何安居中遊行從今已後不聽乃至已聞者當重聞若比丘尼安居中遊行者波夜提安居者前安居後安居行者下至聚落宿波夜提波夜提者如上說若比丘尼安居中離界一宿波夜提若王難餘方賊来若恐奪命若畏失梵行者夫無罪比丘尼安居中無有求聽羯磨法為塔僧事而遊行是故世尊說

佛住舍衛城尒時比丘尼舍衛城安居竟来詣比舍離往到跋陁羅比丘尼親里家其家人問何處安居荅言舍衛城問舍衛城何以好不比丘尼言祇洹樹林華果茂盛池水清涼精舍如是世尊住處如是尊者舍利弗大目連如是須達居士如是檀越言此是真出家今我跋陁羅此處生此

處長如無手足人初不肯出諸比丘尼以是因縁往白世尊乃至荅言實尒佛言汝云何安居竟而不遊行從今已後不聽乃至已聞者當重聞若比丘尼安居竟不遊行者波夜提安居竟者三月竟不遊行者乃至不出聚落行波夜提波夜提者如上說安居竟乃至不離界一宿行波夜提若羸老病不能行無罪是故世尊說

佛住舍衛城尒時偷蘭難陁語樹提言此間安居即往檀越家歎譽樹提比丘尼賢善持戒汝當供養於是樹提威儀庠序舉動視瞻不失儀法見已生歡喜心乃至後嫌呵惱觸諸比丘尼以是因縁往白世尊乃至荅言實尒佛言此是惡事乃至已聞者當重聞若比丘尼語比丘尼作是語阿梨耶此處安居後嫌呵惱觸波夜提若比丘尼語是中安居安居中惱觸惱觸者若自身口若使人身口惱觸波夜提若前人不持戒畏作非法雖駈遣無罪若式叉摩尼沙弥尼越比尼罪乃至俗人越比尼心悔是故世尊說

佛住舍衛城尒時迦梨比丘尼到欲安居時餘行去受安居巳還房舍巳分竟方来索言是我房舍還我住者言我巳受不可得於是鬪諍有善比丘尼呼言阿梨耶可就此房住入巳持巨摩柴草積聚房中先住者言阿梨耶此不用物不須安即言賢善汝買得此房耶荅言我當次得此僧房若是僧房者我何以不安於是以身口擾乱諸比丘尼以是因緣往白世尊乃至荅言實尒佛言此是惡事汝云何知他先安居巳後来擾乱從今巳後不聽乃至巳聞者當重聞若比丘尼知比丘尼先安居巳後来若自擾乱若使人擾乱波夜提知先安居者前安居後安居擾乱者若自身口若使他身口擾乱波夜提若擾乱比丘尼波夜提式叉摩尼沙弥尼越比尼罪乃至俗人越比尼心悔是故世尊說

佛住舍衛城尒時有比丘尼不先看擲棄大小便時有婆羅門新洗浴著新淨衣巷中行正墮頭上婆羅門瞋

罵言衆多人子沙門尼汙我如是諸比丘尼往白佛乃至荅言實尒世尊佛言此是惡事汝云何不審諦觀而棄不淨從今巳後不聽乃至巳聞者當重聞若比丘尼隔牆不觀擲棄不淨波夜提隔牆者隔籬牆擲不淨者大小便涕唾糞掃及洗手足水髮指甲不觀者不先看而擲若欲擲棄物時當先諦視若多人行者當待斷乃擲若行希者當彈指乃擲若不視不彈指而擲者波夜提若比丘不視而擲者越比尼罪是故世尊說

佛住舍衛城尒時波斯匿王東園池不禁比丘比丘尼入尒時六群比丘尼往彼園中作世俗語話大小便涕唾生草上復以藕葉裹不淨放池水中明旦波斯匿王與後宮夫人共詣園池遊觀時後宮人閉在深宮不出来久始得一出遊戲濕怡喜勇競各占顧生草此是我許而往捉之汙泥其手詣水欲洗復見水上有裹便作是念諸年少等聞我等出必裹衆香以待我等即往捉取而汙其手即往

白王此是何物不淨如是王即呼守園人問誰汙此園白言更無餘人昨日六群比丘尼在中作俗人言戲而去諸比丘尼以是因緣往白乃至佛言此是惡事乃至巳聞者當重聞若比丘尼生草上大小便波夜提若比丘尼水中大小便波夜提比丘尼者如上說草者一切草大小便涕唾波夜提若雨時生草覆地者當在無草處行若無空處者當在瓦塼上乾草木牛馬屎上人行處若復無者下至一木枝令先墮木枝後墮草上若經行處有草者當於經行頭安唾壷是故世尊說比丘尼如上說水者有十種如上說若水中大小便涕唾波夜提若雨時水湧溢者當於高處大小便若無是者當於瓦石乾草木上牛馬屎上若復無者當以草木枝承令先墮木枝後墮水中若掘廁下有水出者不得先於中大小便先令淨人行然後比丘尼行若廁下有流水者當安板木令先墮板上後墮水中若船上行時有廁處者當安板木承令

墮杌上後墮水中若無杌者以木枝承令先墮杌枝上後墮水中是故世尊說

佛住舍衛城尒時六群比丘尼遊行勸化語女人言與我物欲為諸比丘作食女人即與作是言至作食日語我我當行食時請尊者舍利弗大目連離波多劫賓鄃尊者羅睺羅復請與六群比丘尼時長老比丘時到著衣持鉢到舍次第而坐六群比丘敷二坐一與長老比丘一與尊者舍利弗白米飯蒙巨羹酥乳酪如是轉與麁食尊者目連與麁米飯摩沙羹油乳餘比丘與赤米飯摩沙羹或有得飯不得羹有得羹不得飯乃至尊者羅云與赤米飯麻䴵菜羹時諸女人復持種種好食來問言與誰比丘尼便以身障長老比丘示六群比丘與白米飯好羹酥乳酪自恣與諸比丘食已而去佛知而故問舍利弗得好食滿足不荅言已食世尊如是三問荅亦如是如是一一問諸長老比丘荅皆如是乃至問羅云何故色力不足得好食飽不荅言世尊食油得力食酥有色食麻䴵菜無色無力問六群比丘得好食不荅言世尊我白米飯好羹酥酪種種好食皆是姉妹信心恩力佛言上座是誰荅言尊者舍利弗佛問舍利弗汝實尒不荅言實尒世尊佛言此非法食汝云何看是擾亂比丘僧而入捨心舍利弗言若世尊言是非法食者若一劫若過一劫不可得消於是即取鳥翻擿而吐之佛言呼六群比丘尼來來已問言汝實尒不荅言實尒佛言此是惡事汝云何知衆利迴與一衆從今已後不聽乃至已聞者當重聞若比丘尼知衆利迴與一衆波夜提比丘尼者如上說知者若自知若從他聞衆者比丘衆比丘尼衆利者八種時藥夜分藥七日藥終身藥隨身物重物不淨物淨不淨物迴者選物向處已定而迴與餘衆波夜提波夜提者如上說若人來問我欲布施當施何處應言隨汝心所樂處施若言何處功德大當言施僧若問何處有好持戒僧當言都無犯戒僧若言何處有比丘尼自守少事坐禪誦經不大遊行恒使我得見此物得語言與某甲若比丘尼知物向僧迴向已尼薩耆波夜提若迴向餘人波夜提衆迴向餘衆波夜提眷屬迴向眷屬亦波夜提一人物迴向一人越毗尼罪比丘迴衆物與餘衆越比尼罪是故世尊說

教戒隱處離　離宿不遊行　安居後嫌責
安居已後來　隔牆棄不淨　草水迴向僧

十四跋渠竟

比丘同戒七十不同戒七十一百四十一波夜提修多羅說竟

八提舍尼初

佛住舍衛城尒時佛告大愛道如來一時在舍衛城時六群比丘尼酥市乞酥油市乞油蜜市乞蜜石蜜市乞石蜜肉市乞肉魚市乞魚乳市乞乳酪市乞酪而食為世人所譏云何沙門瞿曇稱歎少欲毀呰多欲如比丘緣中廣說瞿曇弥我一時住迦維羅衛釋氏精舍聽病　比丘尼索好食佛告大

愛道瞿曇弥依止舍衛城比丘尼皆悉令集乃至已聞者當重聞若比丘尼不病為身白衣家乞酥若使人乞若瞰若食是比丘尼應向餘比丘尼悔過如是言阿梨耶我墮可呵法此法悔過是波羅提提舍尼法如是二油三蜜四石蜜五乳六酪七魚八肉為身者自為向身病者世尊說無罪云何病老羸病服吐下藥剌頭出血如是比病家者四種姓家酥者牛酥水牛酥羊酥乞者若自乞若使人乞若瞰若食者是比丘尼應向餘比丘尼悔過言阿梨耶我墮可呵法此法悔過前人應問汝見此罪不答言見汝莫更作我頂戴持波羅提提舍尼者此罪應發露是名悔過若比丘尼熱病須酥者得乞不得到不信家乞當至有信家乞食時見量酥人言長壽無病答言阿梨耶欲得何物答言乞食主人言我無食正有酥須酥者與得取滿鉢亦得勸與餘人量油亦得如是若風病起亦得乞油不得從壓油家索應從有信家索若乞食見

量油人當言無病長壽言阿梨耶欲須何物答言乞食我無食正有油須者當與得取滿鉢無罪當時亦得勸與伴如是蜜若水病時得乞蜜不得至採蜜家索當到有信家乞乃至得勸與伴如是石蜜若病醫言應服石蜜得乞石蜜不得笮石蜜家乞當到有信家若乞食時見稱石蜜人乃至得勸與伴若病醫言當服乳得乞乳若乞食時見放牛家搆乳應言長壽無病言阿梨耶欲得何物言我乞食答言我無食正有乳須者得取若索酪漿言無有酪漿正有乳得取若病醫言當須酪得乞酪若乞食時見量酪人語言長壽無病問言阿梨耶欲得何物答言我乞食若言我無食正有酪得取亦得勸與伴若乞酪下清汁與酪者得取若比丘尼服吐下藥醫言當須魚汁得乞若乞食時乞酪漿得魚者得取若剌頭出血醫言須肉得乞不得至屠兒家乞當詣有信家乞若乞食時得索菜汁若言無菜汁正有肉汁須者得取若自知我某

時常病發尒時藥必難得得預乞無罪若不病乞病時食越比尼罪病時乞不病時食無罪病時乞病時食無罪不病時乞不病時食波羅提提舍尼不隨病煑隨病食無罪隨病煑不隨病食越比尼罪隨病煑隨病食無罪不隨病煑不隨病食出家人仰他活命無罪是故世尊說酥油蜜石蜜乳酪肉魚是名八比丘尼波羅提提舍尼法竟衆學法廣說如比丘中唯除六群比丘尼生草上水中大小便餘者盡同七滅諍法現前比尼憶念比尼不癡比尼自言比尼覔罪相比尼多覔比尼布草比尼法隨順法如上比丘中廣說比丘尼波羅提木叉分別竟

雜跋渠初　　坐法者

佛住舍衛城尒時比丘尼初夜後夜加趺而坐時有虵来入創門中諸比丘尼語大愛道大愛道以是因緣往白世尊佛言應與某甲藥虵不死而還出即與藥而出佛言汝去何加趺而坐從今已後不聽坐法者當屈一

脚以一脚跟掩創門若比丘尼加趺
坐越比尼罪
簟蓆法者佛住舍衛城尒時比丘尼
敷簟蓆縫衣竹籤傷小便道血出諸
比丘尼以是因緣往白世尊佛言從
今日後不聽比丘尼坐竹蓆若縫衣
時若在講堂溫室巨摩塗地已縫衣
若無者當敷著牀上若膝上縫若於
竹簟蓆上坐越比尼罪是名蓆法
佛住舍衛城尒時偷蘭難陀與衆多
女人到阿耆羅河脫衣洗浴比丘尼
先出取女人莊嚴腰物纏腰已語女
人言看我好不諸女人言我貪欲人
纏腰使細欲令夫主愛念阿梨耶用
是何為比丘尼聞已以是事具白大
愛道乃至荅言實尒世尊佛言此是
惡事從今已後不聽比丘尼纏腰若
用女人纏腰物纏腰越比尼罪若有
癰創纏腰無罪
佛住舍衛城尒時偷蘭難陀比丘尼
共衆多女人到阿耆羅河邊脫衣放
一處入水洗浴先出岸上著女人襏
衣語諸女人言看我冝著不汝人言

我是俗人著此已欲令夫主愛念汝
用著是為諸比丘尼以是因緣往白
世尊乃至荅言實尒佛言從今日後
不聽襏衣襏衣者珂貝琉璃真珠玉
金銀摩尼如是比莊嚴陰衣不聽著
下至結縷作陰衣相越比尼罪若陰
上有癰瘡裹者無罪是名襏衣佛住
舍衛城乃至洗浴先出著女人莊嚴
服諸比丘尼以是因緣往白世尊乃
至荅言實尒佛言從今日後不聽著
女人莊飾服女人服者頭上光鏁額
耳鐶鈴瓔珞指鐶釧辟釧如是比一
切女人嚴飾服不聽著若著者越比
尼罪若身有癰瘡以藥塗纏無罪是
名女人嚴飾服
佛住舍衛城尒時比丘尼度釋種女
摩羅女梨車女大冨家女合嚴飾服
而度出家時諸貧家有女出門及節
會日行來皆從借賃為世人所譏此
賃衣人非出家法諸比丘尼以是因
緣往白世尊乃至荅言實尒佛言從
今日後不聽合女人嚴飾服度出家
當令捨已而度捨者若女人来欲出

家者應令捨俗人嚴身具若作是念
某時或穀貴乞食難得或老病當須
湯藥女人少能得物當置人家若女
人持俗嚴飾服来合度出家者越比
尼罪是名合嚴飾服出家
佛住舍衛城釋種女摩羅女梨車女
貴人女將使人出家使人端正令與
外人交通以自活命為世人所譏此
非出家人是婬女耳諸比丘尼以是
因緣往白世尊乃至荅言實尒佛言
汝云何畜婬女以自活命從今日後
不聽畜婬女活命若畜者越比尼罪
是名婬女佛住舍衛城尒時世尊制
戒不聽畜婬女尒時比丘尼便私畜
園民女於外婬蕩以自活命為世人
所譏此非出家法是婬女耳比丘尼
以是因緣往白世尊乃至荅言實尒
佛言從今日後不聽私畜園民女使
人女作婬女以自活命若畜者越比
尼罪是名園民女佛住舍衛城尒時
有年少比丘尼端正乳出人見皆笑
諸比丘尼以是因緣往白佛乃至荅
言實尒佛言從今日後當作僧祇支

作法者如上說應先著覆乳衣然後
著餘衣若不畜僧祇支越比尼罪有
而不著亦越比尼罪是名僧祇支法
佛住毗舍離如跋陁羅比丘尼緣中
廣說佛言不聽裸身浴當用浴衣不
聽裸形入河若池水中浴當著雨衣
若裸浴越比尼罪若避隱處無人處
裸浴無罪是名浴衣法

坐法幷竹蓆　纏腰覆襟衣　著俗嚴飾具
合嚴飾具度　使人園民女　僧祇支浴衣

雜跋渠初竟

佛住舍衛城尒時比丘尼住處與俗
人隣壁比丘尼欲心起自手拍陰時
丈夫聞聲即語婦人言此是何聲荅
言不知何故作此聲耶其夫言此出
家人修梵行欲心起不能自制拍陰
聲耳諸比丘尼聞已以是因緣往白
乃至佛言汝實尒不荅言實尒佛言
從今已後不聽拍陰拍者手拍若拘
鉢拍若揵鎡拍以愍欲心者越比尼
罪是名手拍

佛住舍衛城尒時比丘尼欲心起作
胡膠身生縛著牀許後失火恐燒牀

蓐故出之時俗人看火起何處被燒
何處不被燒見已嫌呵云何出家人
作此惡事諸比丘尼以是因緣往白
乃至荅言實尒佛言從今日後不聽
作胡膠形胡膠形者若胡膠作若銅
鉛錫白蠟若牙若蠟蜜如是比作身
生以愍欲心者偷蘭遮是名胡膠形

佛住舍衛城尒時大愛道往至佛所
頭面礼足却住一面時大愛道白佛
言世尊女人形臭得聽洗不佛言得
洗時比丘尼洗外內猶故臭以是因
緣往白乃至言得洗內不佛言得洗
洗法者得齊一指節不得令過若過
洗以愍欲心者偷蘭遮是名洗法

佛住舍衛城尒時比丘尼有月期汙
牀蓐大愛道往詣佛所白佛言世尊
得作月期不淨衣不佛言得當持故
布作不得堅物作又不得深內作婬
欲想當軟物障小便道若用堅物深
內以愍欲心者偷蘭遮是名月期衣法

佛住舍衛城尒時比丘尼往女人
洗浴處浣月期衣女人嫌言是沙門
尼汙此水赤乃知是諸比丘尼以是

因緣往白乃至佛言從今日後不聽
女人洗浴處浣月期衣若浣者越比
尼罪是名女人浣月期衣法

佛住舍衛城尒時世尊制戒不聽女
人洗處浣月期衣便往男子洗處浣
乃至若比丘尼往男子洗處浣者越
比尼罪是名男子法佛住舍衛城尒
時世尊制戒不聽男子洗浴處浣月
期衣時比丘尼到客浣衣處浣乃至
不聽客浣衣處浣月期衣當取免餘
凡器中於屏處洗浣時不得持水灑
地當著水瀆中無人見處衣當曬令
乾後須時當用若比丘尼於客浣衣
處浣月期衣者越比尼罪是名浣衣處

佛住舍衛城尒時比丘尼欲心起以
小便道承玄注水即失不淨心生疑
悔諸比丘尼語大愛道大愛道往白
世尊佛言從今日後不得以小便道
承玄注玄注者水玄注下若比丘尼
於玄注水中浴時當持衣物遮若以
小便道承玄注水屋簷漏水以愍欲
心者偷蘭遮若於玄注水屋簷漏浴
者不得以身向水當背上若以身向

水以態欲心者偷蘭遮是名玄注水

佛住舍衛城尒時比丘尼於急流水中欲心生逆水而行失不淨諸比丘尼以是因緣往白乃至從今日後不聽於急流水中逆水觸小便道流水者若山水若急流水若向流逆水以歌欲心者偷蘭遮若於急流水洗時不得向流當背若向流者越比尼罪是名流水佛住舍衛城尒時比丘尼種種觸身出精或無菁根慈根種種諸根內小便道中出精比丘尼以是因緣往白乃至從今已後不聽若比丘尼用無菁根慈根內小便道中出精以歌欲心者偷蘭遮是名根

拍陰胡脥形　齊節月期衣　女人洗處浣
男處浣亦然　客浣衣處浣　玄注及急流
種種根出精　第二跋渠竟

佛住舍衛城尒時諸比丘集不知作舉羯磨令比丘尼作已比丘尼心生疑悔語大愛道大愛道即以是事往白世尊佛言此上尊衆汝云何與作舉羯磨從今已後不聽與比丘作舉羯磨若比丘中都無能者得授使誦作羯磨時若不得者遥授無罪若比丘尼與比丘作羯磨者越比尼罪比丘得與比丘尼作羯磨無罪是名羯磨

佛住比舍離尒時跋陁羅比丘尼著憍奢耶衣到親里家道路值暴雨如視水精舉見身體衆人圍遶欲看於是跪地依止弟子在邊而障諸比丘尼以是因緣往白乃至荅言實尒世尊佛言從今已後比丘尼不聽著憍舍耶衣憍奢耶者有二種一者生二者作生者細絲作者紡絲著細絲憍奢耶越比尼著紡絲越比尼心悔比丘者無罪

佛住舍衛城尒時偷蘭難陁比丘尼大乳著一僧祇支於閣上經行俗人遥見自相謂言看是似如水上浮瓠諸比丘尼以是因緣往白乃至佛言從今日後當作覆肩衣覆肩衣者襞疊他覆肩上若不作不著越比尼罪不聽比丘尼高處著一重僧祇支經行若屏處著一重僧祇支無罪是名僧祇支

佛住舍衛城尒時釋種女摩羅女梨車女貴勝家女出家善知莊嚴有嫁女取婦皆借倩莊嚴得好飲食為世人所譏此非出家人是容莊嚴人耳諸比丘尼以是因緣往白乃至佛言從今已後不聽莊嚴女人莊嚴者梳頭莊眼粉面朱脣者嚴飾服以自活命者越比尼罪若有頭痛眼痛得磨著藥無罪是名莊嚴法

佛住舍衛城尒時釋種女摩羅女大姓家女出家種優鉢羅華取而賣之為世人之所譏此非出家人此是賣華女耳諸比丘尼以是因緣往白世尊乃至荅言實尒佛言從今已後不聽種華賣以自活命若比丘尼種優鉢羅華以自活命者越比尼罪為塔為供養佛故無罪是名優鉢羅華

佛住舍衛城尒時比丘尼種須曼那華乃至為塔供養佛故無罪

佛住舍衛城尒時世尊制戒不聽種華樹尒時釋種女摩羅女出家結華鬘賣以自活命為世人所譏此非出家人此是賣華鬘女耳諸比丘尼以是因緣往白乃至佛言從今日後不

聽結華鬘鬘者優鉢羅華摩梨華
須曼那華結作鬘賣活命者越比尼
罪若佛生時大會菩提大會轉法輪
大會阿難大會羅睺羅大會五年大
會橦越言阿梨耶佽我結鬘尒時結
種種鬘無罪是名鬘法
佛住舍衛城尒時釋種女摩羅女梨
車女出家紡縷而賣為世人所嫌此
非出家人此是賣縷人也諸比丘尼
以是因緣往白乃至佛言從今巳後
不聽紡縷紡縷者刼貝縷蒭摩憍舍
耶縷舍那麻縷紡縷賣活命者越比
尼罪若欲作漉水囊腰帶紡者無罪
是名紡縷法
佛住舍衛城尒時須提那死婦出家
其牀常欲使罷道時比丘尼入聚落
乞食牀遇見之即欲捉取便走入一
大家內語婦人言異事幾當壞我梵
行問何故荅言牀欲罷我道婦人言
莫恐我當相護比丘尼言我欲向和
上邊去婦人言汝欲去者當著俗服
假異標相乃可得脫即著辟釧耳鐶
俗人服飾又將四五人侍從而去其

牀於外見之念言此非比丘尼是俗
人耳到住處巳諸比丘尼呵言汝何
故著此荅言我牀欲取我方便自護
故假著此耳諸比丘尼語大愛道大
愛道即以是事具白世尊佛言呼比
丘尼來來巳佛問汝實尒不荅言實
尒佛言汝云何壞威儀從今巳後不
聽壞威儀若決定壞威儀者非比丘
尼若方便自護故壞威儀越比尼罪
故名比丘尼比尼決定壞威儀者偷
蘭遮若方便自護無罪

羯磨憍舍耶　僧祇支容嚴　種花須曼那
結鬘并紡縷　壞威儀最後　第三跋渠竟

佛住舍衛城尒時偷蘭難陁比丘尼
乞食詣一大家有婦人墮胎語言為
我棄之荅言不能又請我當顧尒許
物即取以鉢盛之而去時大迦葉乞
食恒作此念最初得食當施與若比
丘比丘尼見此比丘尼巳語言取鉢
來即覆不示又復更呼亦復不示大
迦葉性有威風厲聲而喚即懺疫而
視見巳言咄汝何故作此惡法時大
迦葉語諸比丘尼諸比丘尼以是因

緣往白世尊乃至荅言實尒佛言此
是惡事非法汝云何覆鉢從今日後
不聽覆鉢復不聽露捉得食巳當覆
若見比丘尼時當舉覆示之若露持
鉢越比尼罪見比丘不示亦越比尼
罪是名鉢事
佛住舍衛城尒時有大臣犯王法其
家財物盡應沒官王即遣人守護時
偷蘭難陁比丘尼乞食次到其家婦
人語言阿梨耶我家有事犯王罪應
至死財物入官我欲寄少寶物嚴飾
之具若我得脫當相顧直我若死者
即持相施時比丘尼即與鉢盛雜寶
覆巳而去時守門人見之問言鉢中
何物而不示之又復叱喚畏而示之
比丘尼聞巳往白乃至荅言實尒佛
言從今日後不聽覆鉢寶物若有犯
官事未被収録又未籍其財尒時寄
者得取若王収攝又籍其財應語言
世尊制戒不得受是若言我與塔與
僧施汝得取得巳不得覆上而去當
露持去若有問者當言塔物僧物我
物若聽去者善若不聽者當還是名

覆鉢法

佛住舍衛城尒時比丘尼作廁以物覆上諸女人持死胎放中後有賊人旃陁羅抒廁見已言是沙門尼自墮胎擲中諸比丘尼以是因緣往白乃至佛言從今日後不聽覆廁當開口作若閉口作者越比尼罪是名廁法

佛住舍衛城尒時釋種女摩羅女於浴室中浴有年少入中壞其梵行諸比丘尼語大愛道乃至從今日後不聽入浴室若病者得房內然火油塗而揩若比丘尼入浴室浴者越比尼罪是名浴室法

佛住舍衛城尒時未制戒比丘尼阿練若處聚落中未有住處時五百比丘尼大愛道為上首於王園中住諸釋種女摩羅女年少端正有諸年少初夜伺便欲捉比丘尼見已乘空而去中夜復來亦復如是後夜復來中有鈍根不時入定及睡眠者不得即去為所侵掠大愛道以是事往白世尊佛言從今日後不聽比丘尼在阿練若處住若四衆集竟夜說法者得

住尒時不得在屏處若比丘尼阿練若處住者越比尼罪是名阿練若處

比丘受迦絺那衣非比丘尼比丘尼受迦絺那衣非比丘比丘捨非比丘尼比丘尼捨非比丘比丘向提呵嘗尼比丘尼捨非比丘比丘向提訶嘗非比丘尼比丘向提訶嘗阿鄉提訶嘗非比丘

覆鉢并寶鉢　開廁入浴室　阿練若處住
比丘受迦絺　非是比丘尼　比丘捨迦絺
非是比丘尼　第四跋渠竟

食於比丘不淨比丘尼淨比丘尼不淨比丘淨比丘得使比丘尼授食除金銀及錢五生種火淨比丘尼得從比丘受食除金銀及錢火淨五生種有三因緣非比丘何等三心決定捨戒有實事僧駈出形轉為女是名三非比丘應遣詣比丘尼精舍不得共比丘尼同覆障應別若後還得男根者當還比丘僧中故名具足亦復本歲有三因緣非比丘尼何等三心決定壞威儀有實事僧駈出轉形為男如比丘中說比丘尼無有作殘食法一坐足自恣食

佛住舍衛城阿耆羅河彼岸請二部僧食比丘比丘尼俱欲渡比丘言世尊制戒不得共船載比丘二人三人輕船而渡渡盡比丘尼渡渡已問歲數日時已過時大愛道失食飢羸到世尊所頭面作禮却住一面佛知而故問何故飢色即以是事具白世尊佛言從今日後上座八人當次第如法餘者隨到而坐若五年大會多人集比丘尼上座八人當次第坐餘者隨意坐若八人不隨次第坐越比尼罪是故世尊說

二衆淨不同　三非比丘僧　三非比丘尼
無殘八上座　第五跋渠竟

比丘雜跋渠中別住蒜傘蓋乘刀治革屣同牀卧坐伎樂第九應出不說餘殘十三跋渠比丘尼別五雜跋渠威儀中阿練若浴室廁屋縫衣篲應出不說餘盡同比丘尼二部修多羅及學五百戒世尊分別說戒序八波羅夷十九僧伽婆尸沙三十尼薩耆波夜提百四十一波夜提八波羅提提舍尼六十四衆學七止諍法法隨

摩訶僧祇律第四十卷　第三十七張

頌法偈在後比丘尼比尼竟

摩訶僧祇律私記

中天竺昔時暫有悪王御世諸沙門避之四奔三藏比丘星離悪王既死更有善王還請諸沙門還國供養時巴連弗邑有五百僧欲斷事而無律師又無律文無所承案即遣人到祇洹精舍寫得律本于今傳賞法顯於摩竭提國巴連弗邑阿育王塔南天王精舍寫得梵本還楊州以晉義熙十二年歲在丙辰十一月於闘場寺出之至十四年二月末都訖共禅師譯梵本為秦焉故記之佛泥洹後大迦葉集律藏為大師宗具持八万法藏大迦葉滅後次尊者阿難亦具持八万法藏次尊者末田地亦具持八万法藏次尊者舍那婆斯亦具持八万法藏次尊者優波崛多世尊記無相如降魔因縁中說而不能具持八万法藏於是遂有五部名生初曇摩崛多別為一部次弥沙塞別為一部次迦葉維復為一部次薩婆多薩婆多者晉言說一切有所以名一切有者

摩訶僧祇律第四十卷　第三十八張　仕

自上諸部義宗各異薩婆多者言過去未來現在中陰各自有性故名一切有於是五部並立紛然競起各以自義為是時阿育王言我今何以測其是非於是問僧佛法斷事云何皆言法應從多王言若尒者當行籌知何衆多於是行籌取本衆籌者甚多以衆多故故名摩訶僧祇摩訶僧祇者大衆名也

摩訶僧祇律卷第四十

佛說犯戒罪報輕重經

如是我聞一時佛住王舍城迦蘭陀竹園尒時尊者目連晡時從禪定覺往至世尊所頭面礼足却住一面時尊者大目連白佛言世尊意有所疑今欲請問唯願聽許佛告目連聽汝所問當為汝說目連即白佛言世尊若比丘比丘尼無慚愧心輕慢佛語犯衆學戒如是犯波羅提提舍尼波夜提偷蘭遮僧伽婆尸沙波羅夷得幾不饒益罪唯願解說佛告目連諦聽諦聽當為汝說若比丘比丘尼無慚無愧輕慢佛語犯衆學戒如四天王壽五百歲墮泥犁中於人間數九百千歲佛告目連若無慚無愧輕慢佛語犯波羅提提舍尼如三十三天壽千歲墮泥犁中於人間數三億六十千歲佛告目連無慚無愧輕慢佛語犯波夜提如夜摩天壽二千歲墮泥犁中於人間數二十億四十千歲佛告目連無慚無愧輕慢佛語犯偷蘭遮如兜率天壽四千歲墮泥犁中於人間數五十億六十千歲佛告目

連無慚無愧輕慢佛語犯僧伽婆尸沙如不憍樂天壽八千歲墮泥犁中於人間數二百三十億四十千歲佛告目連無慚無愧輕慢佛語犯波羅夷如他化自在天壽十六千歲墮泥犁中於人間數九百二十一億六十千歲時尊者目連聞佛所說歡喜奉行

尒時目連即說偈言

因緣輕慢故　命終墮惡道　因緣修善者
於此生天上　緣斯修福業　離惡得解脫
不善觀因緣　身壞入惡道

摩訶僧祇律卷第四十

甲辰歲高麗國大藏都監奉
勅彫造

摩訶僧祇律卷第四十

校勘記

一　底本，金藏廣勝寺本。

一　一四九頁中二行與三行之間，磧、普、南、徑、清有「比丘尼百四十一波夜提之四」一行；麗有「明一百四十一波夜提法之餘」一行。

一　一四九頁中一八行第九字「以」，諸本（不含石，下同）作「似」。

一　一四九頁中一九行「祇洹樹林」，資、磧、普、南、徑、清作「祇園樹木」。

一　一四九頁下六行第一一字、八行第三字、末行第二字及次頁上一九行第三字「乃」，資、磧、普、南、徑、清作「下」。

一　一四九頁下八行第七字「界」，資、磧、普、南、徑、清無。

一　一四九頁下一一行第六字「往」，普作「住」。

一　一四九頁下一四行第四字「心」，

資、磧、普、南、徑、清無。

一　一五〇頁上一五行第三字「若」，資、磧、普、南、徑、清無。

一　一五〇頁上二一行末字「看」，麗作「看牆外」。

一　一五〇頁中六行第九字「攤」，諸本作「蘿」。

一　一五〇頁中八行第九字「擲」，資、磧、普、南、徑、清作「擲棄」。

一　一五〇頁中一〇行第三字「行」，諸本作「行人」。

一　一五〇頁中一五行末字「洟」，資、磧、普、南、徑、清作「睇」。

一　一五〇頁中一六行第一一字「淨」，資、磧、普、南、徑、清作「淨物」。

一　一五〇頁中末行第一一字「其」，資、磧、普、南、徑、清作「衣」。

一　一五〇頁下三行「作俗人」，資、磧、普、南、徑、清作「洗浴」。

一　一五〇頁下一〇行「凡墫上」，資、磧、普、南、徑、清作「瓦上墫石上」。

一　一五〇頁下一一行及一八行「無者」，資、磧、普、南、徑、清作「無是者」。

一　一五〇頁下一三行第一三字「壺」，資、磧、普、南、徑、清作「器」。

一　一五〇頁下二〇行第一一字「先」，資、磧、普、南、徑、清作「當先」。

一　一五〇頁下末行末字「令」，資、磧、普、南、徑、清作「令先」。

一　一五一頁上一行第一二字「以」，資、磧、普、南、徑、清作「當以」。

一　一五一頁上五行第三字及次頁中一五行第三字「語」，資、磧、普、南、徑、清無。

一　一五一頁上五行「欲爲」，資、磧、普、南、徑、清作「爲」。

一　一五一頁上一六行「女人」，資、磧、普、南、徑、清作「婦人」。一五三頁上末行第四字至第五字同。

一　一五一頁上一九行第一〇字「次」，諸本作「恣」。

一　一五一頁上末行第四字及本頁中九行第四字「是」，資、磧、普、南、徑、清作「此」。

一　一五一頁中一行第五字「飽」，資、磧、普、南、徑、清作「飽滿」。

一　一五一頁中二行第一三字「問」，資、磧、普、南、徑、清作「又問」。

一　一五一頁中三行第一二字「我」，諸本作「我得」。

一　一五一頁中四行第三字「羮」，資、磧、普作「美」。

一　一五一頁中五行第三字「力」，磧作「美」。

一　一五一頁中一三行第七字「迴」，資、磧、普、南、徑、清作「而迴」。

一　一五一頁中二二行「所樂處施」，資、磧、普、南、徑、清作「所信樂處」。

一　一五一頁下二行首字「尼」，諸本作「比丘尼」。

一　一五一頁下一〇行「向僧」，資、磧、普、南、徑、清作「僧物」。

一　一五一頁下一四行「八提舍尼初」磧、普、南、徑、清作「比丘尼八提舍尼初」；麗作「明八提舍尼法初」。

一一五一頁下末行「比丘尼」，資、磧、普、南、徑、清作「比丘」。

一一五二頁上九行第二字「何」，磧、普、南、徑、清無。

一一五二頁上一八行第六字「乞」，諸本作「若乞」。

一一五二頁上一九行第四字「答」，徑、清作「問」。

一一五二頁上二〇行第三字「主」，資、磧、普作「住」。同行第一三字「酥」，資、磧、普、南、徑、清無。

一一五二頁上末行「若吃食」，徑、清作「若食時」。

一一五二頁中一行第一〇字及一一行第三字「言」，徑、清作「問言」。

一一五二頁中二行「答言乞食我」，資、磧、普、南作「言我乞食我」；徑、清作「言我乞食若言我」。

一一五二頁中四行「蜜若水」，資、磧、普、南、徑、清作「蜜者若水」。

一一五二頁中七行第八字「笮」，資、磧、普、南、徑、清作「於」；麗作「至」。

一一五二頁中一二行首字「答」，資、磧、普、南、徑、清作「若」。

一一五二頁中一六行第四字「答」，資、磧、普、南、徑、清無。

一一五二頁中一七行第三字「得」，徑、清作「須者得」。

一一五二頁中二〇行末字「須」，資、磧、普、南、徑、清作「當須」。

一一五二頁下二行第四字「病」，麗作「病時」。

一一五二頁下五行第五字、第一三字、六行第一〇字及七行第五字「煑」，資、磧、普、南、徑、清作「熟」。

一一五二頁下一五行首字「上」，資、磧、普、南、徑、清無。

一一五二頁下一七行「雜跋」，資、磧、普、南、徑、清作「比丘尼雜跋」；麗作「明雜跋」。

一一五二頁下二〇行「因緣」，資、磧、普、南、徑、清作「事」。一五五頁中一七行同。

一一五二頁下二二行第七字「出」，資、磧、普、南、徑、清作「去」。

一一五三頁上一行「跟掩」，資作「根奄」；磧、普、南、徑作「跟奄」。

一一五三頁上六行第九字「坐」，資、磧、普、南、徑、清作「不得坐」。同行第一二字「若」，資、磧、普、南、徑、清作「若欲」。

一一五三頁上七行末字及次頁下二〇行第一〇字「衣」，資、磧、普、南、徑、清無。

一一五三頁上八行末字「於」，資、磧、普、南、徑、清作「坐」。

一一五三頁上九行第五字「坐」，資、磧、普、南、徑、清無。同行「蓆法」，徑、清作「簟蓆法」。

一一五三頁上一二行「語女」，資、磧、普、南、徑、清作「語諸女」。

一一五三頁上一三行第一二字「食」，資、磧、普、南、徑、清作「貪」。

一一五三頁上二二行末字至二三行首字「襏衣」，資、磧、普、南、徑、清作「胯衣」。下同。

一一五三頁中二行第三字「是」，南、徑、清作「何」。

一一五三頁中三行「日後」，資、磧、普、南、徑、清作「已後」。下同。

一一五三頁中四行「不聽」，諸本作「不聽著」。

一一五三頁中六行第八字「相」，資、磧、普、南、徑、清作「想」。

一一五三頁中七行末字「住」，資、磧、普、南、徑、清作「在」。

一一五三頁中八行「疘嚴」，資、磧、普、南、徑、清作「嚴飾」。

一一五三頁中一一行「疘飾」，資、磧、普、南、徑、清作「嚴飾」。

一一五三頁中一二行「釧髀」，麗作「髀釧脚」。

一一五三頁中一八行第七字「貧」，磧作「出」。

一一五三頁下三行「人家」，磧、徑、清作「出家」。

一一五三頁下四行第八字「合」，資、磧、普、南、徑、清作「令」。

一一五三頁下六行第六字「釋」，諸本作「釋尒時」。

一一五三頁下一八行第一三字「女」，資、磧、普、南、徑、清作「女淨人女」。

一一五三頁下二二行第一一字「佛」，資、磧、普、南、徑、清作「世尊」。

一一五四頁上六行「雨衣」，資、磧、普、南、徑、清作「雨浴衣」。

一一五四頁上七行第一一字「處」，資、磧、普、南、徑、清無。

一一五四頁上一四行末字「荅」，磧作「故」。

一一五四頁上一五行第七字「此」，資、磧、普、南、徑、清無。同行第一一字「夫」，麗作「丈夫」。

一一五四頁上一七行第八字「已」，資、磧、普、南、徑、清無。

一一五四頁上二〇行「拍若揵鎡」，資、磧、普、南、徑、清作「相拍若揵甆」。

一一五四頁上末行第八字「許」，麗作「脚」。同行第一二字「恐」，資、磧、普、南、徑、清作「畏」。

一一五四頁中一行第二字「故」，資、磧、普、南、徑、清無。

一一五四頁中一〇行第七字「臭」，磧作「死」。

一一五四頁中一八行「得堅」，資、磧、普、南、徑、清作「得持堅」。

一一五四頁中一九行第三字「當」，磧、普、南、徑、清作「當用」。

一一五四頁中末行第七字「知」，諸本作「如」。

一一五四頁下一一行第七字「洗」，諸本作「浣」。

一一五四頁下一四行第一二字「名」，諸本作「名客」。

一一五四頁下一六行第五字「玄」，諸本作「懸」。下同。

一一五四頁下一八行第一〇字「得」，諸本作「聽」。

一一五四頁下二一行第一一字「水」，

資、磧、普、南、徑、清無。

一五四頁下末行第一〇字「上」，資、磧、普、南、徑、清作「上令洗背上」。

一五五頁上三行首字「中」，諸本作「中浴」。

一五五頁上四行及一二行「乃至」，磧、普、南、徑、清作「乃至佛言」。

一五五頁上一四行末字「根」，資、磧、普、南、徑、清作「根法」。

一五五頁上二一行第一三字「與」，資、磧、普、南、徑、清作「舉」。

一五五頁中一行「遙授」，資、磧、普、南、徑、清作「得遙授」。

一五五頁中五行、一〇行及一一行末至一二行首字「憍奢」，資、磧、徑作「憍舍」。

一五五頁中七行第二字「跪」，諸本作「蹲」。

一五五頁中一二行第五字「尼」，資、磧、普、南、徑、清作「尼罪」。

一五五頁中一五行第九字「閣」，磧作「門」。

一五五頁中一九行第二字「他」，麗作「拕」。

一五五頁下七行末字「磨」，資、磧、普、南、徑、清作「摩」。

一五五頁下一〇行第二字「家」，資、磧、普、南、徑、清無。

一五五頁下一一行第四字「之」，資、磧、普、南、徑、清無。同行「出家人」，資、磧、普、南、徑、清作「出家之人」。

一五五頁下一五行「以自」，資、磧、普、南、徑、清無。同行「爲塔爲」，資、磧、普、南、徑、清作「若爲塔」。

一五六頁上一行第三字「華」，諸本無。

一五六頁上五行末字「結」，諸本作「得結」。

一五六頁上六行第八字「髣」，諸本作「結華鬘」。

一五六頁上八行第一三字「嬿」，資、磧、普、南、徑、清作「譏」。

一五六頁上一一行第一二字「摩」，麗作「摩縷」。

一五六頁上一二行第四字「那」，資、磧、普、南、徑、清作「那縷」。

一五六頁上一四行末字「法」，資、磧、普、南、徑、清無。次頁下末行第一三字同。

一五六頁上一七行末字「一」，資、磧、普、南、徑、清無。

一五六頁上二二行第四字「相」，資、磧、普、南、徑、清作「幟」。

一五六頁上末行「人侍從」，資、磧、普、南、徑、清作「待人」。

一五六頁中一行第一三字「是」，資、磧、普、南、徑、清作「此」。

一五六頁中一〇行「比尼決定」，諸本作「若比丘尼決定」。

一五六頁中一二行第一四字「曼」，資、磧、普、南、徑、清作「摩」。

一五六頁中一五行第七字「有」，諸本作「時有」。

一五六頁中二〇行第八字「更」，

資、磧、普、南、徑、清作「便」。

一五六頁中二一行「懺疚」，資、磧、普、南、徑、清作「戰掉」；麗作「戰怖」。

一五六頁中二二行首字「視」，麗作「示」。

一五六頁下四行第五字「尼」，麗無。

一五六頁下六行首字「罪」，南無。

一五六頁下一九行第七字「攝」，資、磧、普、南、徑、清作「録」。

一五七頁上四行第四字「抳」，諸本作「抒」。

一五七頁上九行「室中浴」，資、磧、普、南、徑、清作「室浴時」；麗作「室中浴時」。同行「壞其」，諸本作「破其」。

一五七頁中一行「阿練」，資、磧、普、南、徑、清作「在阿練」。

一五七頁中六行第一〇、一一字「比丘」，諸本作「比丘尼」。

一五七頁中八行「阿練」，清作「阿蘭」。

一五七頁中一七行第一一字「舍」，南作「世」。

一五七頁中一八行末字「根」，南作「相」。

一五七頁中一九行「比丘」，資作「比丘中」。

一五七頁下四行第一一字「渡」，資、磧、普、南、徑、清無。

一五七頁下五行第六字「時」，資、磧、普、南、徑、清作「尒時」。同行末字「到」，資、磧、普、南、徑、清作「往到」。

一五七頁下一一行第二字「意」，資、磧、普、南、徑、清作「著」。

一五七頁下一五行末字「活」，諸本作「治」。

一五七頁下一六行「伎樂第九」，磧作「奴樂第九」；麗作「伎樂九事」。

一五七頁下一七行「殘十三跋渠」，麗作「十三跋渠殘」。

一五七頁下二二行第一至第三字「波夜提」，資、磧、普、南、徑、清無。

一五八頁上一〇行「梵本」，資作「胡本」。下同。同行第一二字「昏」，資、磧、普、南、徑、清無。

一五八頁上一一行「十一月」，資、磧、普、南、徑、清作「十月」。

一五八頁上一三行第二字「本」，磧、普、南、徑、清無。

一五八頁上一五行第四字「滅」，資、磧、普、南、徑、清作「滅度」。

一五八頁上一八行末字「相」，諸本作「相佛」。

一五八頁上一九行第九字「不」，麗作「亦」。

一五八頁上二一行第九字「塞」，南無。

一五八頁上末行「昏言」，資、磧、普、南作「昏音」；徑、清作「此言」。

一五八頁中一行第一一字「多」，南作「名」。

一五八頁中六行「尒者當」，南作

「尒」。

一　一五八頁中七行第一〇字「衆」，南作「多」。

一　一五八頁中九行第四字「名」，資、磧、普、南、徑、清無。

一　一五八頁中九行末字「也」下，磧、普、南、徑、清有附文「此下舊有犯戒罪報輕重經一紙今勘與世高譯者似同故此不書入」；資、麗有「佛説犯戒罪報輕重經」一文，共四百六十四字，現據麗藏本補録。

十誦律卷第一 初誦之一 四波羅夷法之一

後秦北印度三藏弗若多羅共羅什譯

佛在毗耶離國去城不遠有一聚落是中有長者子名須提那加蘭陀子富貴多財種種成就自歸三寶爲佛弟子猒世出家剃除鬚髮被著法服而作比丘遠離鄉土到憍薩羅國一處安居時世飢饉乞食難得諸人民妻子尚乏飲食何況能與諸乞求人時須提那作是念此大飢饉乞求難得我等諸親里多饒財富當因我故布施作福今正是時作是念已夏安居過三月自恣竟作衣畢著衣持鉢還毗耶離經遊諸國至本聚落晨朝時到著衣持鉢入村乞食至親里舍爲諸比丘各各勸與種種飲食自行頭陀受乞食法次乞食已還到自舍而作是言先許當還我今來歸作是語已便馳出去其家小婢見其馳去即馳往白須提那母向須提那入門便去其母念言須提那入門即去或能愁憂欲還捨戒不樂梵行我今當往教令還家自恣五欲作是念已往到其所語須提那汝若愁憂不樂梵行欲捨戒者便來還家受五欲樂布施作福即荅母言我無愁憂不欲捨戒不猒梵行亦不欲捨沙門之法心樂梵行其母自念我雖口言不迴其心當語其婦言汝淨潔時到則來報我便往語之婦言如是受其母教淨潔時到往報母言今何所作時母教言著來受教還房著其所喜衣服嚴具本須提那所喜衣服嚴飾之具悉皆母即將到須提那所便作是言汝若愁憂不樂梵行欲捨戒者當自還家受五欲樂布施作福佛法難成出家勤苦即荅母言我不愁憂心不動轉自樂修梵行不樂五欲母言善哉須提那汝樂梵行不欲捨戒者今婦時到當留績種若家無嗣所有財物悉當入官介時世尊未結此戒是須提那即便心動荅母言介母即避去便將其婦屏處行婬如是再三尋時懷姙有福德子月滿而生名曰續種至年長大信樂佛法出家學道勤行精進

逮得漏盡成阿羅漢時須提那既行婬已心生疑悔愁憂色變無有威德默然低頭垂肩迷悶不樂言說時知識比丘来相問訊在一面坐問須提那汝先有威德顏色和悅樂修梵行今何以故愁憂色變默然低頭迷悶不樂汝身為病為私屏作惡業耶須提那言我身無病私屏作惡業故心有愁憂時諸比丘漸漸急問便自廣說如上因緣諸比丘聞已種種因緣呵須提那言汝應愁苦憂悔乃作如是私屏惡業汝所作事非沙門法不隨順道無欲樂心作不淨行出家之人所不應作汝不知佛世尊以種種因緣呵欲欲想欲欲欲覺欲熱以種種因緣稱讚斷欲捨欲想滅欲熱佛常說法教人離欲汝尚不應生心何況乃作起欲恚癡結縛根本不淨惡業時諸比丘種種呵已向佛廣說佛以是事集比丘僧諸佛常法知而故問或有知而不問有知時問有知時不問有益事問無益事不問有因緣問佛世尊知彼時以正念安慧問須

提那汝實作是事不荅言實作世尊佛以種種因緣呵責須提那言汝所作事非沙門法不隨順道無欲樂心作不淨行出家之人所不應作汝愚癡人不知我以種種因緣呵欲欲想欲欲欲覺欲熱種種因緣稱讚斷欲捨欲想滅欲熱我常說法教人離欲汝尚不應生心何況乃作起欲恚癡結縛根本不淨惡業語諸比丘是愚癡人開諸漏門寧以身分内毒虵口中終不以此觸彼女身佛如是種種因緣呵已語諸比丘以十利故為諸比丘結戒攝僧故極好攝故僧安樂住故折伏高心人故有慚愧者得安樂故不信者得淨信故已信者增長信故遮今世惱漏故斷後世惡故梵行久住故從今是戒應如是說若比丘同入比丘學法不捨戒行婬法是比丘得波羅夷不共住

佛在舍衛國有一比丘名跋耆子不捨戒戒羸不出還家作婬後欲出家自作是念我當先往問諸比丘得出家不不得則止作是念已問諸比丘

諸比丘疑以此白佛佛言有人不捨戒戒羸不出還家作婬可得出家便作比丘從今是戒應如是說若比丘同入比丘戒法不捨戒戒羸不出作婬法是比丘得波羅夷不應共住

佛在舍衛國尒時憍薩羅國有一比丘獨住林中有雌獼猴常數来往此比丘所比丘即與飲食誘之獼猴心軟便共行婬是比丘多有知識来相問訊在一面坐時獼猴来欲行婬一一看諸比丘面次到所愛比丘前住諦視其面時此比丘心耻不視獼猴獼猴尋瞋攫其耳鼻傷破便去時諸比丘急問其故便自廣說如上因緣諸比丘以種種因緣呵責汝所作事非沙門法不隨順道无欲樂心作不淨行出家之人所不應作汝不知佛以種種因緣呵欲欲想欲欲欲覺欲熱種種因緣稱讚斷欲捨欲想滅欲熱佛常說法教人離欲汝尚不應生心何況乃作起欲恚癡結縛根本不淨惡業時諸比丘種種因緣呵責已往詣佛所向佛廣說尒時世尊以是因緣

集比丘僧知而故問是比丘汝實作是事不答言實作世尊佛以種種因緣呵責汝所作事非沙門法不隨順道無欲樂心作不淨行出家之人所不應作汝愚癡人不知我以種種因緣呵欲欲想欲欲欲覺欲熱種種因緣稱讚斷欲捨欲想滅欲熱我常說法教人離欲汝尚不應生心何況乃作起欲恚癡結縛根本不淨惡業如是種種因緣呵已語諸比丘我先已結此戒今復隨結從今是戒應如是說若比丘同入比丘學法不捨戒戒羸不出行婬法乃至共畜生者是比丘得波羅夷不應共住若比丘者有四種一者名字比丘二者自言比丘三者為乞比丘四者破煩惱比丘名字比丘者以名為稱自言比丘者用白四羯磨受具足戒又復賊住比丘剃除鬚髮被著袈裟自言我是比丘是名自言比丘為乞比丘者從他乞食故如婆羅門從他乞時亦言我是比丘是名為乞比丘破煩惱比丘者諸漏結縛煩惱衆生能受後身生熱

苦報生死往來相續因緣若能知見斷如是漏拔盡根本如斷多羅樹頭畢竟不生是名破煩惱比丘云何比丘具足戒云何具足戒比丘若僧和合說白四羯磨是人信受隨行不違不逆不破是名比丘具足戒是名具足戒比丘學者有三學善戒學善心學善慧學復有三學善學威儀善學毗尼善學波羅提木叉同入學法者如百歲受戒比丘所學初受戒人亦如是學如初受戒人所學百歲比丘亦如是學是中一心一戒一說一波羅提木叉同心同戒同說同波羅提木叉故名同入比丘學法不捨戒者若比丘狂時捨戒不名捨戒若心乱時病壞心時若向狂人向乱心人向病壞心人若獨捨戒若獨不獨想不獨獨想若中國語向邊地人不相解者若邊地語向中國人不相解者若向瘂人若向聾人向瘂聾人向無所知人若向非人向睡眠人向入定人若隔障若自瞋若向瞋人若夢中若自不定心若向不定心人如是捨戒皆不名

捨戒或有捨戒非戒羸或有戒羸非捨戒或有戒羸亦捨戒捨戒非戒羸者若比丘言我捨佛即名捨戒若言捨法捨僧捨戒捨和上捨阿闍梨捨同和上同阿闍梨捨比丘比丘尼捨式叉摩尼捨沙弥沙弥尼捨優婆塞捨優婆夷皆名捨戒若言汝等當知我是白衣若是沙弥非比丘非沙門非釋子乃至不復與汝等共作同學是名捨戒非戒羸戒羸非捨戒者若比丘愁憂不樂欲捨戒猒比丘法欲棄聖服取白衣服須白衣法不須比丘法求在家事復作是言我念父母兄弟姊妹我念兒女當駃教我生活伎術安我好處囑我以善知識說如是語是名戒羸非捨戒戒羸亦捨戒者若比丘愁憂不樂欲捨戒猒比丘法欲棄聖服取白衣服須白衣法不須比丘法求在家事復作是言我念父母兄弟姊妹我念兒女當駃教我生活伎術安我好處囑我以善知識說如是語已復作是言我捨佛捨法乃至捨優婆塞優婆夷是名戒羸亦捨戒行

婬法者婬名非梵行非梵行者二身交會波羅夷者名墮不如是罪極惡深重作是罪者即墮不如不名比丘非沙門非釋子失比丘法不共住者不得共作比丘法所謂白羯磨白二羯磨白四羯磨布薩自恣不得入十四人數是名波羅夷不共住是中犯者有四種男女黄門二根女者人女非人女畜生女男者人男非人男畜生男黄門二根者亦人非人畜生比丘與人女行婬三處犯波羅夷大便處小便處口中非人女畜生女二根亦如是共人男行婬二處犯波羅夷大便處口中非人男畜生男黄門亦如是復有共畜生女行婬二處犯波羅夷謂雞若似雞是

佛在舍衛國有一乞食比丘名曰難提晨朝時到著衣持鉢入城乞食食已持尼師壇著左肩上入安桓林在一樹下敷尼師壇端身政坐有魔天神欲破是比丘三昧故化作端政女身在其前立比丘從三昧起見此女身即生著心世俗禪定不能堅固尋

時退失欲摩女身女人即却漸漸遠去便起隨逐欲捉其身時彼林中有一死馬女到馬所則身不現是比丘婬欲燒身轉便共死馬行婬既行婬已欲熱小止即生悔言我已退墮非是比丘非釋種子今諸比丘必捨遠我不復共住我不應以不清淨身著此法衣即脱袈裟攝著囊中以置肩上往詣佛所介時佛與百千万衆恭敬圍遶而為說法佛遥見来即作是念若我不以軟語勞問者其心必破沸血當從面孔出是比丘来到佛所佛言善哉難提汝更欲學比丘所學耶聞佛所言善哉難提心大歡欣便作是念我當得共諸比丘住必不擯我如是思惟已荅言世尊我更欲學比丘學法介時佛語諸比丘汝等還與難提比丘學法若有如難提比丘者亦與學法應一心和合僧難提比丘偏袒右肩脱革屣胡跪合掌作如是言大德僧聽我難提比丘不捨戒戒不羸不出作婬法我今從僧還乞學法僧憐愍我故還與我學法第二第三亦如

是說是中一比丘於僧中唱大德僧聽難提比丘不還戒戒不羸作婬法是難提比丘從僧乞還學法今僧憐愍故還與學法若僧時到僧忍聽還與難提比丘學法白如是用白四羯磨還與難提比丘學法竟僧忍默然故是事如是持與學沙弥行法者佛所結一切戒盡應受行在諸比丘下坐應授與大比丘飲食湯藥自從沙弥白衣受飲食不得與大比丘同室過并宿自不得與白衣沙弥過二宿得與具戒比丘作布薩自恣二羯磨與學沙弥不得足數作布薩自恣羯磨一切羯磨不得作婬事竟

佛在王舍城介時衆多比丘共一處安居少於房舍時諸比丘隨所知識乞索草木各各自作庵舍止住是諸比丘入城乞食有取薪人壞其庵舍持材木去乞食還見即生憂愁作如是言我等辛苦蹔行乞食諸年少輩便壞我舍持材木去當復更從知識乞索草木作庵舍住是時衆中有一比丘名達尼迦是陶家子自以巧便

即作泥舍泥户泥向梁椽牛頭爲牙衣架皆用泥作集諸草木以火燒成色赤嚴好作是舍已囑諸比丘二月遊行乞索欲作入舍飲食尒時佛與阿難案行諸房遥見其舍色赤嚴好佛知而故問阿難是何等物色赤嚴好阿難荅言今王舍城衆多比丘一處安居其房舍少是諸比丘隨所知識乞索草木作庵舍住入城乞食時取薪人便壞庵舍持材木去乞食還見生愁憂言我等辛苦艱行乞食諸年少輩便壞我舍持材木去是中有比丘名達尼迦陶家子自以巧便作是泥舍集諸草木以火燒成嚴好如是佛告阿難汝破是達尼迦比丘赤色泥舍莫使外道譏嫌呵責佛現在世出如是漏結因緣法阿難受教即往破之達尼迦比丘二月行還見舍破壞問所囑比丘誰壞我舍比丘荅言是佛大師教令破之達尼迦心念法王教破不得有言王舍城諸材木師是我知識可作木舍過夜時到著衣持鉢入城乞食乞食已到木師所汝

令知不摩竭國主韋提希子阿闍世王與我材木木師荅言若王與者隨意取之是中有大重材中守護城難持出入不應乞人者即取斬截藏著一處時知城統見大重材中守護城斬截覆藏見已驚怖毛竪生念得無怨賊將欲来耶着已得入往問木師是大材木用守護城誰取斬截藏著一處荅言有達尼迦比丘来作是言阿闍世王與我材木我時荅言若王與者隨意取之即便自取大材木斬截藏著一處城統心念王今云何乃以大材與此比丘即到王所言大王更有餘材云何乃以守城大材持與比丘王言不與城統言王令已與誰言我與荅言木師言與王曰將木師来即受教去將木師来時木師中道見達尼迦比丘語言以汝因緣故我今有事比丘言且去我隨後往時城統即將木師到王所言大王此是木師時達尼迦比丘隨後来王遥見之便言放木師去將比丘来城統即放木師將達尼迦比丘前到王所王言汝比

丘法云何不與而取荅言大王我非不與取王先與我王言我不憶與比丘荅言今令王憶王言云何荅言王當自念初登位時作如是言若我國内草木及水隨諸持戒沙門婆羅門取用王言我謂無主草木故作是説王言汝今墮大罪中比丘荅言我出家人寄住王國云何煞我王言比丘去勿復更取如是大材時衆人唱言希有此比丘決定應死呵責便放是比丘從大罪中得出到衆僧中食後語諸比丘我今日垂為王所煞廣説上事諸比丘以種種因緣呵責汝所作事非沙門法不隨順道無欲樂心作不清淨行出家之人所不應作汝不知佛世尊以種種因緣呵責偷奪法種種因緣稱讃不偷奪法汝尚不應生心亦不應説何況能取以種種因緣呵已向佛廣説佛以是事集比丘僧知而故問汝達尼迦比丘實作是事不荅言實作世尊佛以種種因緣呵責汝所作事非沙門法不隨順道無欲樂心作不清淨行出家之人

所不應作佛言汝癡人不知我以種種因緣呵責偷奪法種種因緣稱讚不偷奪法汝尚不應生心口亦不應說何況乃取種種因緣呵已語阿難將一下坐比丘入王舍城街巷市里多人衆處以問衆人若信不信者若賢者非賢者若大臣大官將師官屬盜至幾許摩竭國主阿闍世王與其大罪阿難受教將一下坐比丘入王舍城街巷市里多人衆處以問衆人盜至幾許摩竭國主阿闍世王便與大罪衆人答言大德阿難盜至五錢若五錢直便與大罪阿難聞已還詣佛所作禮却住向佛具說盜至五錢五錢直阿闍世王便與大罪佛即語比丘以十利故與諸比丘結戒從今是戒應如是說若比丘若聚落中若空地物不與偷取以所偷物若王王臣若捉繫縛若煞若擯若輸金罪若作是言汝小兒汝癡汝賊比丘如是不與取者得波羅夷不應共住不與取者他人不與是物若男若女若黃門若二根人不與盜取是名不與取王

者剎利種身受王職吉水灌頂是名為王亦名國主亦名灌頂若婆羅門居士若女人身受王職亦名為王國主灌頂煞者名為奪命繫者若著杻械枷鏁在獄皆名為繫擯者駈出國界輸金者輸金等物贖罪賊者有二種若劫若盜汝小兒者未知法故癡者無所知故波羅夷者名墮不如是罪極惡深重作是罪者不名比丘非沙門非釋子失比丘法不共住者不共作比丘法所謂白羯磨白二羯磨白四羯磨說戒自恣不得入十四人數是名波羅夷不共住是中犯者有三種取人重物犯波羅夷一者自取二者教他人三遣使自取者手自取自手舉離本處波羅夷教他者若比丘教人盜他物是人隨語即偷奪取離本處是時比丘得波羅夷遣使者若比丘語人言汝知某甲重物處不若言知處知遣往盜取是人隨語即偷奪取離本處時比丘得波羅夷復有三種取人重物波羅夷一者用心二者用身三者離本處用心者發心思惟欲

偷奪取用身者若手若脚若頭若餘身分取他人物離本處者隨物所在處舉著餘處復有三種取人重物波羅夷一者他不與二者重物三者離本處他不與者若男若女若黃門若二根人不與重物者物直五錢若過五錢離本處者隨物所住處舉著餘處復有三種取人重物波羅夷一者盜心二者重物三者離本處盜心者他不與自盜心取重物離本處亦如上說復有三種取人重物波羅夷一者是物屬他二者重物三者離本處屬他者是物有主若男若女若黃門若二根人重物離本處如上說復有三種取人重物波羅夷一者屬他想二者重物三者離本處屬他想者知是物有主知重物離本處如上說若男若女若黃門若二根人重物離本處如上說復有四種取人重物波羅夷一者他不與二者偷奪心取三者重物四者離本處皆如上說復有四種取人重物波羅夷是物屬他偷奪心取重物離本處波羅夷知物屬他偷奪心取重物離

本處皆如上說復有四種取人重物
波羅夷一者有守護二者有主三者
重物四者離本處有守護者如人有
爲馬牛羊妻子奴婢若在自國若在
他國有人守護有我所心誰爲我所
心隨誰物復有田苷蔗田稻田麦田
麻田豆田蒲桃田有人守護有我所
心誰爲我所心隨誰物復有爲厩馬厩
門間食厨有人蔵物在中是名守護
有我所心誰爲我所心隨誰物重物
離本處如上說復有四種取人重物
波羅夷是物無守護有我所心重物
離本處無守護者如人有爲有馬妻
子若自國若在他國是物無人守護
有我所心誰爲我所心隨誰物復有
田地場上有穀是物無人守護有我
所心誰爲我所心隨誰物復有五寶
若似五寶蔵著地中無人守護但有
我所心誰有我所心謂隨所屬主有
我所心是名有主無人守護重物離
本處如上說復有四種取他重物波
羅夷是物有守護無我所心重物離
本處有守護無我所心者如群賊破

他城邑多得財物若以王力若聚落
力還破是賊賊捨物走是物主不守
護無我所心已失故賊不守護无我
所心已奪故有守護無我所心誰守
護无我所心奪得者又如比丘失諸
衣鉢有知識比丘在餘處見便即奪
取是衣鉢比丘不守護无我所心已
失故賊不守護無我所心已奪故有
守護無我所心誰守護无我所心奪
得者重物離本處如上說處者地處
上處虚空處乘處車處舩處水中田
地僧坊身上處關稅處共期處無足
二足四足多足地處者如人有五寶
若似五寶在地比丘以偷奪心取離
本處波羅夷若選擇時偷蘭遮選擇已
取五錢直波羅夷若以木瓦石舉取
雖墮本處波羅夷若棧取未出界偷
蘭遮又如鐵鉼銅鉼鐵甕銅甕以五
寶若似五寶著此器中比丘以偷奪
心取離本處波羅夷若選擇時偷蘭遮
選擇已取五錢直波羅夷若取鉼底
物轉出近口波羅夷近鉼口物轉着
鉼底亦波羅夷若穿鉼取五錢波羅

夷若比丘偷奪心在器不在物若心
在物不在器或心兩在取五錢直波
羅夷是名地處上處者若細陛繩牀
麁陛繩牀蓐裹蓐薄蓐厚蓐蓐雜色
蓐雜色綖緑薄被厚被表鞇被表裹
鞇被緑鞇被地敷具樹上處屋上處繩
牀處者謂脚處足處環處牀陛處上
繩牀足處上頭處若以繩織異繩名
異處若皮若衣覆一色名一處異色名
異處如是諸處有五寶若似五寶比
丘以偷奪心取五錢直波羅夷若選
擇時偷蘭遮選擇已取五錢直波羅
夷麁陛繩牀處者若一板名一處若
皮若繩若衣覆異繩名異處餘如上
說蓐者一種毛一種名一處表處裏
處一色名一處異色名異處是諸處
有五寶若似五寶比丘以偷奪心取
五錢直波羅夷若選擇時偷蘭遮選擇
已取五錢直波羅夷裹蓐薄蓐厚蓐
蓐覆雜色蓐雜色綖緑薄被厚被表
鞇被表裹鞇被緑鞇被地敷具處者一種毛
名一處一色名一處異色名異處餘
如上說樹處者根處莖處枝處葉處

華處畢舞蘂驎處是諸處有五寶若似五寶比丘以偷奪心取五錢直波羅夷若選擇時偷蘭遮選擇已取五錢直波羅夷屋上處者謂門開處向處門閑處户欄處牛頭為牙衣架梁椽重閣梯桿處一梳名一處欄楯處一鉤名一處若合窠泥一墼名一處若草覆舍一重名一處若木覆舍一木名一處若仰泥舍一畫色名一處是諸處有五寶若似五寶比丘以偷奪心取五錢直波羅夷若選擇時偷蘭遮選擇已取五錢直波羅夷是名上處虛空處者如人房舍殿堂諸欄楯上有貴價衣波頭摩衣頭求羅衣鴆羅闍衣懸是諸處風吹在空衣未墮地比丘以偷奪心接取波羅夷又如比丘和上阿闍梨衣從下至上從上墮下衣未至地比丘以偷奪心接取波羅夷又如人門中向中閣上簷下樓觀處屋間闕上以內外莊嚴身具在是諸處着有鵰鷲鷹孔雀鸚鵡猩猩銜是物去比丘以偷奪心奪是鳥取波羅夷若待鳥時偷蘭遮鳥隨比丘所欲至處波羅夷若至餘處偷蘭遮若有野鳥謂諸鷹

鷲鵰銜是物去比丘以偷奪心奪是鳥取偷蘭遮若待鳥時突吉羅鳥隨比丘所欲至處偷蘭遮若至餘處突吉羅又諸野鳥持是物去諸有主鳥奪野鳥取比丘以偷奪心奪是有主鳥波羅夷若待鳥時偷蘭遮鳥隨比丘所欲至處波羅夷若至餘處偷蘭遮諸有主鳥持是物去為野鳥所奪比丘以偷奪心奪野鳥取偷蘭遮若待鳥時突吉羅鳥隨比丘所欲至處偷蘭遮若至餘處突吉羅是名虛空處乘處者象乘馬乘象乘處者謂脚處膝處胜處膀處脇處脊處胷處頸處頭處耳處鼻處口處牙處尾處如是諸處有五寶若似五寶比丘以偷奪心取波羅夷若選擇時偷蘭遮選擇已取五錢直波羅夷馬乘處者謂脚處膝處胜處膀處脇處脊處胷處頸處頭處耳處鼻處口處騣毛處尾處餘如上說車處者犢車鹿車轝車步挽車輦車犢車處者謂輻輞轅轂箱處欄楯處是諸處有五寶若似五寶比丘以偷奪心取波羅夷若選擇時偷蘭遮選擇

已取五錢直波羅夷鹿車轝車步挽車亦如是輦車處者脚處脚重環處坐處板橙處柱處覆處若繩索覆若衣覆一色名一處異色名異處是諸處有五寶若似五寶比丘以偷奪心取波羅夷若選擇時偷蘭遮選擇已取五錢直波羅夷船處者箄槽船舫船舍船䑩船浮囊船板船木栰草栰箄槽船處者兩弦處兩頭處底處兩箱處竪挽處柂樓處是諸處有五寶若似五寶比丘以偷奪心取波羅夷選擇時偷蘭遮選擇已取五錢直波羅夷舫船處者謂横梁處繩縛處餘如上說舍船處者謂板壁處䑩處艂處安䑩艂蓋處柱處梁處若以草覆一重草名一處若木枝覆若板覆一覆名一處異色名異處是諸處有五寶若似五寶比丘以偷奪心取波羅夷䑩船處者一切䑩一切繩縛處一切皮縛處浮囊船處者一切囊處一切縛處板船者一切板處木栰者一切木處草栰處者一切草處一切縛處是諸處有五寶若似五寶比丘以偷

奪心取波羅夷若選擇時偷蘭遮選擇已取五錢直波羅夷是名船處水處者如
人為舍故車故薪故木中浮物来下
比丘偷奪心取波羅夷若選擇時偷
蘭遮選擇已　取五錢直離本處波
羅夷若從挺留住後木到前波羅夷
若況着木底波羅夷若舉離水亦波
羅夷復次有主池中諸有主鳥比丘
以偷奪心取是諸鳥波羅夷若選擇
時偷蘭遮選擇已取五錢直波羅夷
若況着水底偷蘭遮若舉離水波羅
夷復有無主池中諸有主鳥比丘以
偷奪心取波羅夷若選擇時偷蘭遮
選擇已取五錢直波羅夷若況着水
底波羅夷若舉離水亦波羅夷是名
水處田處者有二因緣奪他田地一
者相言二者作相比丘為地故言他
得勝者波羅夷不如者偷蘭遮若作
異相過分得勝地直五錢波羅夷僧
坊舍亦如是身上處者如比丘與和上阿
闍梨持衣行是比丘身上諸處謂脚處
蹲處膝處陛處髀處臗處肋處脊處腹處
胷手處肘處辟處肩處頸處頭處比丘
以偷奪心取是衣囊從此處移著彼

處波羅夷是名身上處關稅處者比
丘度關應輸稅物而不輸稅直五
錢波羅夷復有賈客至關稅處語比
丘言與我過是物比丘與過稅直五錢
波羅夷復有賈客至關稅處語比丘
言與我過是物與汝半稅比丘與過得
稅物直五錢波羅夷復有賈客至關
稅處語比丘言與我過是物盡與汝
稅比丘與過若稅物直五錢波羅夷
復有賈客未至關稅處比丘亦異道過失
所稅物物直五錢波羅夷復有賈客
未至稅處比丘亦異道過失所稅物
五錢直偷蘭遮若稅處有賊若惡獸
若飢餓故比丘亦異道不犯是名關
稅處共期處者比丘與賊共期破諸
村落得物與比丘分得五錢直波羅
夷是名共期處無足衆生者蟦虫千頭
羅虫有人取之舉著器中比丘以偷
奪心取波羅夷若選擇時偷蘭遮選
擇已取五錢直波羅夷若穿器取虫
直五錢波羅夷若比丘偷心在器不
在虫若心在虫不在器若心兩在以
偷奪心取得五錢直波羅夷是名无

足處二足處者如鵝鴈孔雀鸚鵡舍
利鳥拘耆羅鳥狌狌及人有人取是
物舉著籠中比丘以偷奪心取得波
羅夷若選擇時偷蘭遮選擇已取五
錢直波羅夷若穿籠取鳥直五錢波
羅夷若比丘偷心在籠不在鳥若心
在鳥不在籠若心兩在以偷奪心取
得五錢直波羅夷偷人有二種一者
擔去二者共要若比丘以人著脊上
過二蹲波羅夷若共期處行過二蹲
波羅夷是名二足處四足處者象馬牛
羊驢騾有人以繩繫在一處比丘以
偷奪心解繩牽去過四蹲波羅夷若
在牆壁籬障內比丘以偷奪心驅出
過四蹲波羅夷有諸四足共一處卧
比丘以偷奪心驅一令起出過四蹲
波羅夷若在外放比丘心念是放牧
人入村去時我當盜取偷蘭遮若煞
者波夜提煞已取內直五錢波羅夷
是名四足多足者蜈蚣百足蛣蜣有
人舉著器中比丘偷奪心取波羅夷
若選擇時偷蘭遮選擇已取五錢直
波羅夷若穿器取虫直五錢波羅夷

若偷心在器不在垂若心在垂不在器若心兩在以偷心取直五錢波羅夷是名多足又有七種取人重物波羅夷一非已想二不同意三不蹔用四知有主五不狂六不心乱七不病壞心又七種取人重物無犯一者已想二者同意三者蹔用四者謂無主五者狂六者心乱七者病壞心又七種取非人重物偷蘭遮一非已想二不同意想三不蹔用四知有主五不狂六不心乱七不病壞心又七種取非人重物無犯已想同意取蹔用謂无主狂心乱心病壞心又有七種取人輕物偷蘭遮非已想不同意不蹔用知有主不狂不心乱不病壞心又有七種取人輕物無犯已想同意取蹔用謂無主狂心乱心病壞心又有七種取非人輕物突吉羅非已想不同意不蹔用知有主不狂心不心乱不病壞心又有七種取非人輕物無犯已想同意取蹔用謂無主狂心乱心病壞心有比丘尼名施越多知識謂有福德人喜供養與油酥蜜石蜜有賈

客見是比丘尼信敬心喜作如是言善女所須酥油蜜石蜜至我舍取荅言如是時有比丘尼聞是語過後數日便往到其舍言施越比丘尼須胡麻油五升賈客問言用作何等荅言我持是至比丘尼寺中賈客即與是比丘尼持至寺中便自服之過後數日賈客見施越比丘尼言善女何以但索麻油不索餘物比丘尼言何以說是荅言有一比丘尼來言汝須胡麻油我即與之施越言善若索餘物汝亦當與施越即往語彼比丘尼言汝是獘惡比丘尼下賤比丘尼汝得波羅夷彼比丘尼言何以尒施越言賈客不與詐取他油彼比丘尼言我非不與取我以汝名字故取即自生疑我將無得波羅夷耶是事白佛佛知故問汝以何心取荅言我以施越名字取佛言不得波羅夷但故妄語得波夜提從今日不得詐稱他名取若取犯罪復有東方比丘尼與波利比丘尼共一道行時波利比丘尼在前遺失衣去東方比丘尼在後得之共會一處

時東方比丘尼唱言誰失是衣我今地得波利比丘尼言汝取是衣耶荅言我取波利言汝得波羅夷罪問言何故荅言汝以盜心取故是比丘尼心疑我將無得波羅夷耶是事白佛佛言無犯有一居士近祇桓耕地放衣一面時有比丘求糞掃衣見是地衣四顧無人便取持去耕人遥見語比丘言莫取我衣比丘不聞耕人即往捉比丘言汝比丘法不與取耶比丘荅言我謂糞掃无主故取耕人言此是我衣比丘言是汝衣者便自持去比丘心疑我將無得波羅夷耶是事白佛佛知故問汝以何心取比丘言我謂無主故取佛言無犯從今取衣當善籌量或有此衣物雖無人守此是他衣物必自有主

一事竟

十誦律卷第一

十誦律卷第一

校勘記

一　底本，金藏廣勝寺本。

一　一六六頁中一行「初誦之一」及「四波羅夷法之一」，資、磧、普、南、徑、清置於二、三行之間。其中「四波羅夷法之一」，麗作「明四波羅夷法之一」，亦在二、三行之間。

一　一六六頁中二行譯者，資、磧、普、南、徑、清作「姚秦三藏弗若多羅共三藏鳩摩羅什譯」。以下至卷第五十五同，不再出校。

一　一六六頁中六行末字「服」，資、磧、普、南、徑、清作「衣」。

一　一六六頁中一九行第三字、第一二字、一六八頁下一四行第八字及二〇行第九字「駃」，資、磧、普、南、徑、清作「疾」。

一　一六六頁中一九行末字「即」，徑作「疾」。

一　一六六頁下一行「五欲」，諸本（不含石，下同）作「五欲布施作福」。

一　一六六頁下二〇行第六字「母」，資、磧、普、南、徑、清作「母母」。

一　一六七頁上三行末字「知」，資、磧、普、南、徑、清作「有知」。

一　一六七頁上七行「爲私屏」，資、磧、普、南、徑、清作「爲於私屏」；麗作「爲私屏處」。

一　一六七頁上一一行第八字「愁」，資、磧、普、南、徑、清作「大愁」。

一　一六七頁下二行「可得」，資、磧、普、南、徑、清作「不得」。同行末字「便」，諸本作「更」。

一　一六七頁下四行末字「作」，資、磧、普、南、徑、清作「行」。

一　一六七頁下五行第六字「得」，磧、普作「是」。

一　一六八頁中一〇行第七字「所」，徑作「若」。

一　一六八頁下五行第三字「同」，資、磧、普、南、清作「捨同」。

一　一六八頁下一八行第三字「取」，磧作「耶」；普、南作「服」。

一　一六九頁上一〇行第六字「根」，徑作「人」。

一　一六九頁上一二行第四字「四」，諸本作「口」。

一　一六九頁中一行末字「遠」，磧、普、南作「連」。

一　一六九頁中二行第八字「其」，資、磧、普、南、徑、清作「女」。

一　一六九頁中三行第九字「身」，磧、南、徑、清作「隱身」。

一　一六九頁中一四行「歡欣」，資、磧、普、南、徑、清作「歡喜」。

一　一六九頁下五行「如是」，諸本作「如是如是」。

一　一六九頁下八行第四字「戒」，資、磧、普、南、徑、清作「戒法」。

一　一六九頁下一一行首字「爯」，資、磧、普、南、徑、清作「二」；麗作「再」。

一　一六九頁下一四行「一竟」，諸本作「竟」。

一　六九頁下二一行、次頁一二行「持材」，資、磧、普、南、徑、清作「將材」。次頁上一〇行，資同。

一　七〇頁上一八行第一一字「行」，諸本作「遊行」。

一　七〇頁上二一行「王舍」，諸本作「今王舍」。

一　七〇頁上二二行「木舍」，資、磧、普、南、徑、清作「材木舍」。

一　七〇頁中一四行第一一字「持」，清作「時」。

一　七〇頁下二〇行第一三字「實」，磧、普、南、徑、清作「汝實」。

一　七一頁上四行第一〇字「呵」，資、磧、普、徑、清作「呵責」。同行第一二字「語」，資、普作「謂」。

一　七一頁上七行第一二字「師」，磧、南、徑、清作「帥」。

一　七一頁上一六行首二字「比丘」，磧、徑、清、麗作「諸比丘」。

一　七一頁中一五行第四字「三」，資、磧、普、南、徑、清作「取三者」；麗作「三者」。

一　七一頁中一八行「是時」，資、磧、普、南、徑、清作「時是」。

一　七一頁中二〇行第二字「知」，諸本無。

一　七一頁下七行第一〇字「住」，諸本作「在」。

一　七一頁下一五行末字「想」，磧、普、南作「相」。

一　七一頁下一六行「屬他」，資、磧、普、南、徑、清作「屬他屬他」。

一　七一頁下一七行第六字「知」諸本無。

一　七一頁下一八行「若黄門若」，諸本作「黄門」。

一　七一頁下一九行第一三字「與」，資、磧、普、南、徑、清作「與取」。

一　七二頁上一三行「有馬」，資、磧、普、南、徑、清作「馬」。

一　七二頁上一四行第二字「若」，麗作「若在」。

一　七二頁上一九行第一三字「主」，資、磧、普、徑、清作「國主」。

一　七二頁中一行第四字「多」，磧、普作「名」。

一　七二頁中三行「不守」，諸本作「亦不守」。

一　七二頁中一二行第三字「坊」，諸本作「坊處」。

一　七二頁中末行「五錢」，諸本作「五錢直」。

一　七二頁下一行第五字「偷」，資、磧、普、南、徑、清作「以偷」。

一　七二頁下三行第一二字「陛」，資、磧、普、南、徑、清作「脞」。下同。

一　七二頁下一三行第三字「陛」，麗作「梐」。

一　七三頁上一行「有五」，磧、普、南、徑、清作「若有五」。

一　七三頁上四行「上處」，南作「是名上處」。同行「門開」，諸本作「門間」。

一　七三頁上五行第五字「樿」，資、磧、普、南、徑、清作「店」。同行「衣架」，資、普作「衣架」。

一七三頁上六行第四字「桿」，磧、南、徑、清、麗作「梐」。

一七三頁上七行「舍未泥」，麗作「未泥舍」。

一七三頁上一九行第一三字「有」，資、磧、普、南、徑、清作「諸有」。

一七三頁中四行第二字「又」，磧作「夷」。

一七三頁中一三行第二字「脞」，南作「髀」。

一七三頁下七行「波羅夷」下，資、徑、清、麗有「是名乘處」；磧、南有「是名乘處者」。

一七三頁下九行第六字「弦」，磧、清、麗作「舷」。

一七三頁下一〇行第三字「挽」，麗作「桅」。

一七四頁上五行第四字「從」，資、磧、普、南、徑、清無。

一七四頁上七行第五字「有」，資、磧、普、南、徑、清作「有無」。

一七四頁上一一行第九字「有」，磧、普、南、徑、清作「無」。

一七四頁上一九行「亦如是」下，諸本有「是名田處」。

一七四頁上二一行「臆處」，資、磧、普、南、徑、清無。

一七四頁上二二行首字「胷」，諸本作「胷處」。同行第九字「處」，資、磧、普、南、徑、清無。

一七四頁中二行「税税」，麗作「税」。

一七四頁中一〇行第五字「未」，麗作「來」。

一七四頁中一二行第三字「税」，資、磧、普、南、徑、清作「關税」。

一七四頁中一七行第四字「共」，資、磧、普、南、徑、清無。

一七四頁下一行「鵄鵲」，資、磧作「鵄鵮」。

一七四頁下三行「取得」，資、磧、普、南、徑、清作「取」。

一七四頁下二〇行「四足多足」，諸本作「四足處多足處」。

一七四頁下二一行第八字「偷」，磧、普、南、清作「以偷」。

一七五頁上二行第七字「偷」，資、磧、普、徑、清作「偷奪」。

一七五頁上三行「多足又有」，資、磧、普、南、徑、清作「多足處復有」；麗作「多足處又有」。

一七五頁上一三行、一五行、一七行及二〇行「又有」，資、磧、南、徑、清作「又」。

一七五頁上一九行「不狂心」，資、磧、普、南、徑、清作「不狂」。

一七五頁上二二行「謂有」，資、磧、普、南、徑、清作「有」。

一七五頁上末行「有貫」，諸本作「有一貫」。

一七五頁中六行第三字「是」，資、磧、普、南、徑、清無。

一七五頁中七行「之過」，麗作「過之」。

一七五頁中一三行「獘惡」，資、磧、普、南、徑、清作「惡獘」。

一　一七五頁中一四行「何以」，資、磧、普、南、徑、清作「何以故」。

一　一七五頁中二〇行第三字「日」，資、磧、普、南、徑、清無。

一　一七五頁下三行第一二字「罪」，資、磧、普、南、徑、清無。

一　一七五頁下四行第七字「盜」，徑、清作「偷」。

一　一七五頁下一六行小字「或有……物必」，資、磧、南、徑、清、麗作「此是他衣物雖無人守必」。

一　一七五頁下一七行「一事竟」，資、磧、普、南、徑、清作「偷盜事竟」；麗作「盜竟」。

十誦律卷第二 初誦之二 攝

四波羅夷法之二 後秦北印度三藏弗若多羅譯

佛在跋耆國跋求摩河上是時佛語
諸比丘修習不淨觀得大果大利諸
比丘作是念世尊教我等修習不淨
觀得大果大利我等當勤修習諸比
丘作是念已勤修習不淨觀深懷猒
惡慚愧是身辟如年少自喜嚴飾洗
浴身體剪爪治鬚髮著好衣服以香
塗身若以死虵若以死狗或以死人
臭爛青瘀鳥獸所食膿血垂出以繫
其頸猒惡臭屍深懷慙愧是諸比丘
深修不淨觀故慙愧猒惡亦復如是
尒時或有比丘發心欲死歎死求刀
自煞或服毒藥或有自繫或投高崖
或有比丘轉相害命有一比丘勤修
不淨觀深得猒惡慙愧臭身便往鹿
杖梵志所讚言善人汝能煞我與汝
衣鉢時彼梵志即以利刀而斷其命
有血汙刀持至跋求摩河上洗之有
魔天神從水中出住水上讚梵志言
善人汝得大福德是沙門釋子未度

十誦律卷第二 攝字号

者度未脫者脫兼得衣鉢時彼梵志
生惡邪見自謂審尒便挾刀去從房
至房從經行處至經行處唱言誰未
度者我當度之誰未脫者我當脫之
時諸比丘勤修不淨觀故猒惡臭身
從住處出至梵志所讚言善人可斷
我命時彼梵志尋斷其命如是二三
乃至六十以是因緣僧遂減少月十
五日說戒時至衆僧減少佛知故問
阿難言今說戒衆僧都集何故減少
阿難白言世尊一時教諸比丘深修
習不淨觀得大果大利是諸比丘即
勤修不淨觀猒惡臭身辟如年少自
喜嚴飾洗浴身體剪爪治鬚髮著好
衣服以香塗身若以死虵若以死狗
或以死人臭爛青瘀鳥獸所食膿血
垂出以繫其頸是人猒惡深懷慚愧
是諸比丘修不淨觀猒惡慚愧亦復
如是尒時或有發心欲死歎死求刀
自煞或服毒藥或有自繫或投高崖
或有比丘轉相害命有一比丘勤修
不淨觀故深得猒惡慚愧臭身便往
鹿杖梵志所讚言善人汝能煞我與

汝衣鉢時彼梵志尋以利刀斷是比丘命有血汙刀持至跋求摩河上洗之有魔天神從水中出住水上讚梵志言汝得大福德是持戒沙門釋子未度者度未脫者脫兼得衣鉢時彼梵志即生惡邪見謂審尒便挾刀去從房至房從經行處至經行處即大唱言誰未度者我當度之誰未脫者我當脫之時諸比丘勤修不淨觀故深得猒惡慚愧臭身從住處出至梵志所讚言善人可斷我命時彼梵志尋斷其命如是二三乃至六十故僧減少唯願世尊為諸比丘說餘善道安樂住法无有猒惡諸惡法生即能除滅佛語阿難更有善道安樂行法無有猒惡諸惡法生即能除滅世尊云何善道安樂行法無有猒惡諸惡法生即能滅除佛告阿難有阿那般那念名為善道安樂住法所以者何諸惡法生即能除滅無猒惡故世尊云何修習阿那般那念名為善道安樂行諸惡法生即能除滅無有猒惡佛語阿難若有比丘隨其所依城邑

十誦律卷第二　第三張　揮字号

聚落止住晨朝時到著衣持鉢攝身諸根繫念一心入村乞食食已若在空處若在樹下若在空舍敷尼師壇政坐端身繫念在前除世貪嫉於他財物遠離貪著如是行者則能捨離瞋恚睡眠調戲疑悔是諸陰蓋能煩惱心使慧力羸不至涅槃是故當除若息入時當一心知入若息出時當一心知出若長若短若息入遍身當一心知從一切身入若息出遍身當一心知從一切身出除身行時當一其心念出入息受喜時受樂時受心行時除心行時當一其心念出入息覺心時令心喜時令心攝時令心解脫時當一其心念出入息觀无常觀變壞觀離欲觀滅盡觀捨離當一其心念出入息阿難是名善道安樂行法諸惡法生即能除滅無有猒惡尒時佛語諸比丘當勤修習阿那般那念得大果大利時諸比丘各作是念世尊為我等讚歎修阿那般那念得大果大利我等當勤修習作是念已即勤修習阿那般那念便得无量種種知見作證

十誦律卷第二　第四張　揮字号

佛知多有比丘得漏盡道成阿羅漢以是因緣集比丘僧種種呵責云何名比丘求刀自殺歎死教死種種呵已語諸比丘以十利故與諸比丘結戒從今是戒應如是說若比丘若人若人類故自奪命自持刀與教死歎死作如是言人用惡活為寧死勝生隨彼心樂死種種因緣教死歎死死者是比丘波羅夷不應共住奪命者自奪若教他奪是中云何犯罪比丘有三種奪人命波羅夷一者自二者教三者遣使自者自身作自身奪他命教者教語他言捉是人繫縛奪命遣使者語他人言汝識某甲不汝捉是人繫縛奪命是使隨語奪彼命時比丘得波羅夷復有三種奪人命一者用內色二者用非內色三者用內非內色內色者比丘用手打他若足若頭若餘身分作如是念令彼因死彼因死者是比丘波羅夷若不即死後因是死亦波羅夷若不即死後不因死得偷蘭遮用不內色者若比丘以木瓦石刀槊弓箭若木段白鑞段鉛錫段遥擲彼人

十誦律卷第二　第五張　揮字号

作如是念令彼因死彼因死者波羅夷若不即死後因是死亦波羅夷若不即死後不因死偷蘭遮用内非内色者若比丘以手捉木瓦石刀槊弓箭若木段白臈段鈆錫段打他作如是念令彼因死彼因死者波羅夷若不即死後因是死亦波羅夷若不即死後不因死偷蘭遮復有比丘不以内色不以非内色亦不以内非内色為煞人故合諸毒藥若著眼中耳中鼻中口中身上若著瘡中（若男女根中若毒）餅宍中羹飯粥中若被蓐中大車小車卧車輦轝步挽車中作如是念令彼因死彼因死者波羅夷若不即死後因是死亦波羅夷若不即死後不因是死偷蘭遮復有比丘不以内色不以非内色亦不以内非内色亦不以毒藥為煞人故作憂多煞頭多煞作撫作羅作撈作毗陁羅煞半毗陁羅煞斷命煞墮胎煞按腹煞推著火中推著水中（推著坑中）若遣令去就道中死乃至胎中初受二根身根命根於中起方便煞憂多者有比丘知是人從此道来

於中先作無烟火坑以沙土覆上若心念若口説以是人從此道来故我作是坑是名成憂多若是人因是死者比丘得波羅夷若不即死後因是死亦波羅夷若不即死後不因死偷蘭遮若比丘為人作坑人死者波羅夷非人死者偷蘭遮畜生死者亦偷蘭遮若為非人作坑非人死者偷蘭遮人死突吉羅畜生墮死亦突吉羅若比丘為畜生作坑畜生墮死波夜提若人墮死突吉羅非人墮死亦突吉羅若比丘不定為一事作諸有来者皆令墮死人死者波羅夷非人死者偷蘭遮畜生死者波夜提都無死者偷蘭遮突吉羅是名憂多頭多者有二種一者地二者木地頭多者若比丘作坑埋人脚踝若埋膝若腰若髀若胺至頸如是埋已令象蹴蹹令馬駱駝牛驢蹴蹹若令毒蛇蜈蚣徃嚙作如是念令彼因死彼因死者比丘得波羅夷若不即死後因是死亦波羅夷若不即死後不因是死偷蘭遮是名地頭多木頭多者有比丘穿

木作孔若折人脚扭手枷頸如是繋已令象馬駱駝牛驢蹴蹹若令毒蛇蜈蚣徃嚙作如是念令彼因死彼因死者波羅夷若不即死後因是死亦波羅夷若不即死後不因死偷蘭遮是名木頭多撫者有比丘知是人從此道来於中依樹依柱依石依壁若依木段白臈段鈆錫段是中施撫若心念若口説為是人從此道来故作撫令彼因死若比丘得波羅夷若不即死後因是死亦波羅夷若不即死後不因死偷蘭遮若為人作撫人死者波羅夷非人及畜生死者偷蘭遮若為非人作撫非人死者偷蘭遮人及畜生死者突吉（羅若為畜生作撫畜生死者波夜提人及非人死者突吉羅若不定為）一事作諸有来者皆令墮死若人死者波羅夷非人死者偷蘭遮畜生死者波夜提都不死者偷蘭遮突吉羅是名為撫罥者有比丘知是人從此道来若依樹依柱依石依壁依木段白臈段鈆錫段是中施罥若心念若口説為是人從此道来故作罥是罥事成彼因死者比丘得波羅夷若不即死後因是死亦

十誦律卷第二　第九張

波羅夷若不即死後不因死偷蘭遮若比丘為人故作罯人死者波羅夷非人死者偷蘭遮畜生死者亦偷蘭遮為非人作罯非人死者偷蘭遮人及畜生死者突吉羅為畜生作罯畜生墮死波夜提人及非人死者突吉羅若比丘不定為事作罯諸有來者皆令墮死者若人死者波羅夷非人死者偷蘭遮畜生死者波夜提都無死者偷蘭遮突吉羅是名為罯煞撥者若比丘知是人從此道來若依樹依柱依撥依石依壁依木段白膓段鈆錫段是中施機撥若心念若口說為是人從此道来故作撥是撥重發因死者盡得波羅夷若不即死後因是死亦波羅夷若不即死後不因死偷蘭遮若比丘為人故作撥人死者波羅夷非人及畜生死者皆偷蘭遮為非人作撥非人死者偷蘭遮人及畜生死者突吉羅為畜生作撥畜生死者波夜提人及非人死者突吉羅若比丘不定為一事作撥諸有来者皆令墮死若人死者波羅夷非人死者

十誦律卷第二　第十張

偷蘭遮畜生死者波夜提都無死者偷蘭遮突吉羅是名為撥毗陁羅者有比丘以二十九日求全身死人召鬼呪尸令起水洗著衣著刀手中若心念若口說我為某故作毗陁羅即讀呪術是名毗陁羅成若所欲煞人或入禪定或入滅盡定或入慈三昧若有大力呪師護念救解若有大力天神守護則不能害是作呪比丘先辦一羊若得芭蕉樹若不得煞前人者當煞是羊若煞是樹如是作者善若不尒者還煞是比丘是名毗陁羅半毗陁羅者有比丘二十九日作鐵車作鐵車已作鐵人（作鐵人已召鬼）呪鐵人令起水洗著衣繫刀著鐵人手中若心念若口說我為某故作是半毗陁羅（[illegible]）欲煞人入禪定入滅盡定入慈心三昧若有大力呪師護念救解若有大力天神守護則不能害是作呪比丘先辦一羊若得芭蕉樹若不得煞前人者當煞是羊若煞是樹如是作者善若不尒者還煞是比丘是名半毗陁羅斷命者若比丘以其二十九日牛

十誦律卷第二　第十一張

屎塗地酒食著中然火已尋煮中心念口說讀呪術言如火水中滅某甲人命亦如是滅若火滅時彼命隨滅又如比丘二十九日牛屎塗地酒食著中畫作所欲煞人形像作是像已尋還撥滅心念口說讀呪術言如是像滅彼命亦滅若像滅時彼命隨滅有如比丘二十九日牛屎塗地酒食著中以針刺衣角頭尋還拔出心念口說讀呪術言如是針出彼命隨出是針出時彼命隨出是名斷命墮胎者有比丘與有胎女人吐下藥灌鼻藥灌大小便處藥若針血脉若出眼淚若消血藥作是念以是因緣令女人死者波羅夷若不即死後因是死亦波羅夷若不即死後不因是死偷蘭遮若是比丘為煞彼母故令墮胎若母死者波羅夷若胎死者偷蘭遮若俱死者波羅夷俱不死者偷蘭遮若比丘為煞胎故作墮胎法若胎死者波羅夷母死者偷蘭遮俱死者波羅夷俱不死者偷蘭遮是名墮胎按腹者有比丘使懷妊女人重作或擔重物教使

在車前走若令上峻岸作是念以此因緣令女人死者波羅夷若不即死後因是死亦波羅夷若不即死後不因是死偷蘭遮若比丘爲母故按腹母死者波羅夷胎死者偷蘭遮俱死者波羅夷俱不死者偷蘭遮若謂胎故按腹胎死者波羅夷母死者偷蘭遮俱死者波羅夷俱不死者偷蘭遮是名按腹推墮火中者推木火中草火中牛屎火中麰糠火中作如是心念令彼因是死彼因是死者波羅夷若不即死後因是死者波羅夷若不即死後不因死偷蘭遮是名墮火推墮水中者推大池中大海中深泉中陂水中大深井中深河渠中乃至面没水中作如是念令彼因是死死者波羅夷若不即死後因是死波羅夷若不即死後不因死偷蘭遮是名墮水高上推墮下者高山高崖殿舍牆壁深坑作如是念令彼因是死者波羅夷若不即死後因是死波羅夷若不即死後不因死偷蘭遮遣令道中死者有比丘知是道中有惡賊惡獸飢餓遣令往至此惡道中作如是念令彼惡道中死死者波羅夷若不即死後因是死波羅夷若不

即死後不因死偷蘭遮是名遣令道中死乃至胎中初得二根者謂身根命根迦羅羅時以煞心起方便欲令死死者波羅夷若不即死後因是死波羅夷若不即死後不因死偷蘭遮佛語諸比丘求刀有二種一者自求二者教人求讚歎有三種一者惡戒人二者善戒人三者病人惡戒人者煞牛煞羊養雞養豬放鷹捕魚獵師圍兎偷賊魁膾呪龍守獄有比丘到惡戒人所作如是言汝等惡戒人何以久作罪不如早死是人因是死者比丘得波羅夷若不即死者偷蘭遮若惡戒人作如是言我不用是比丘語不因死者比丘得偷蘭遮若比丘讚歎是人言令死便心悔作是念言我何以教是人死還到語言汝等惡人或以善知識因緣故親近善人得聽善法能正思惟得離惡罪汝勿自煞若是人受比丘語不因死者比丘得偷蘭遮善戒者比丘比丘尼優婆塞優婆夷有比丘到諸善人所作如是言汝持善戒有福德人若死便受天福汝等何不自奪命

是人因是自奪命者比丘得波羅夷若不自奪命偷蘭遮若善戒人作是念我何以受是比丘語自奪命不因死者偷蘭遮若比丘教他死已心生悔言我不是何以教此善人死還往語言汝善戒人隨壽命住福德益多福多故受福多莫自奪命不因死者偷蘭遮病者四大增減受諸苦惱比丘語是人言汝云何能久忍是苦惱何不自奪命因是死者比丘得波羅夷若不死者偷蘭遮若是病人作是念我何緣受是比丘語自奪命不因死者偷蘭遮若比丘心悔我不是何以教此病人自煞還往語言汝等病人或得良藥善看病人隨病飲食病可得差莫自奪命病人不因死者偷蘭遮是名三種讚死迦留陁夷恒出入一居士舍晨朝時到著衣持鉢往至其舍是家婦有未斷乳兒持著床上以疊覆之捨去迦留陁夷門下彈指婦人出看言大德入坐此床上迦留陁夷不看便坐兒上膝出大喚婦言此有小兒比丘身重小兒即死作是惡已

還到寺中語諸比丘我今作如是事諸比丘以是事白佛佛知而故問汝以何心作荅言我不先看床上便坐佛言無犯從今當先看床撿坐處然後可坐不先看者得突吉羅罪又父子比丘共行憍薩羅國向舍衛城至嶮道中兒語父言疾行過此父隨兒語疾走乏死兒即生疑我將無犯波羅夷得逆罪耶是事白佛佛知故問汝以何心語兒比丘言我見日暮恐不過嶮道以愛重心語令疾行遂使乏死佛言無犯復有父子比丘共行憍薩羅國向舍衛城至一聚落无有僧坊兒問父言今何處宿父言聚落中宿兒言聚落中宿白衣何異父即語兒當何處宿兒言空地宿父言此有虎狼畏我眠汝覺兒言尒即使卧父便鼾眠虎聞鼾聲便來齧父頭破大喚兒即起看頭破尋死兒即生疑我將無犯波羅夷得逆罪耶是事白佛佛言不犯應大喚燃火怖之有一比丘日暮入嶮道值賊賊欲取比丘比丘捨走墮岸下織衣師上織師即死比丘心疑我將無犯波羅夷是事白佛佛言不犯波羅夷從今日莫作如是身行阿羅毗國僧坊中壞故房舍比丘在屋上作手中失墼墮木師上木師死比丘心疑我將無犯波羅夷是事白佛佛言不犯從今日當一心執作復次阿羅毗國比丘僧房中壞故房舍比丘作時見墼中有蝎怖畏跳下墮木師上木師即死比丘心疑我將無犯波羅夷是事白佛佛言不犯從今莫起如是身行

佛在維耶離國夏安居時與大比丘衆俱時世飢饉乞食難得諸人妻子尚乏飲食何况與乞人佛以是因緣故集諸比丘而告之曰汝等當知此間飢餓乞食難得諸人妻子尚乏飲食（遭諸苦惱何况）與人汝等比丘隨所知識隨諸親里隨所信人往彼安居莫在此間以飲食故受諸苦惱時諸比丘隨所知識各往安居有諸比丘往憍薩羅國一處安居復有比丘到婆求摩河邊聚落安居是聚落中多諸貴人奴婢財寶穀米豊饒種種成就時河上安居比丘作是念今世飢餓乞食難得諸人妻子尚乏飲食况與乞人是聚落中多富貴家穀米豊饒種種成就我等當到是諸家共相讃歎作是言居士當知汝等得大善利諸大比丘僧依汝聚落中安居故今此衆中某是阿羅漢某是向阿羅漢某是阿那含某是向阿那含某是斯陁含某是向斯陁含某是須陁洹某是向須陁洹某得初禪二禪三禪四禪某得无量慈心無量悲心（無量喜心無量）捨心某得無量空處識處無所有處非有想非無想處某得不淨觀某得阿那般那念諸比丘作是念已即入聚落到富貴家共相讃歎汝等當知得大善利福田衆僧依汝聚落安居今此衆中某是阿羅漢我亦是阿羅漢某向阿羅漢我亦向阿羅漢某是阿那含我亦是阿那含某向阿那含我亦向阿那含某得斯陁含我亦得斯陁含某向斯陁含我亦向斯陁含某得須陁洹我亦得須陁洹某向須陁洹我亦向須陁洹某得初禪二禪三禪四禪无量慈

心悲心喜心捨心空處識處無所有處非有想非無想處不淨觀阿那般那念我亦得初禪乃至阿那般那念彼諸居士即生清淨信心作如是念我等得大善利有大福田衆僧依我等聚落安居某得阿羅漢某向阿羅漢某得阿那含某向阿那含某得斯陀含某是向斯陀含某得須陀洹某向須陀洹某得初禪二禪三禪四禪无量慈心悲喜捨心空處識處無所有處非有想非無想處不淨觀阿那般那念是居士得是信心已令飢儉時乞食難得乃能如先豊樂易得時與衆僧作前食後食怛鉢那時婆求摩河邊安居比丘敢是飲食身體充滿得色得力肥盛潤澤諸佛在世法歲二時大會春末後月夏末後月春末月者諸方國土處處諸比丘來作是念佛所說法我等當安居時修習得安樂住是名初大會夏末月者諸比丘處處夏三月安居竟作衣畢持衣鉢詣佛所作是念我等久不見佛久不見世尊是第二大會

尒時憍薩羅國安居比丘過夏三月作衣畢持衣鉢遊行到維耶離國諸佛常法共佛安居比丘有客比丘來當共往迎一心問訊與擔衣鉢開房舍示臥具處作是言此是汝等房舍麁陛繩床細陛繩床被褥枕席隨上座次第住尒時維耶離比丘遥見憍薩羅比丘來便共出迎一心問訊與擔衣鉢開房舍示臥具處作如是言此是汝等房舍麁陛繩床細陛繩床被褥枕席隨上座次第住問訊言汝等忍足安樂住乞食不乏道路不疲耶憍薩羅比丘荅言我等忍足安樂住道路不疲但乞食難得維耶離比丘言汝實忍足安樂住道路不疲乞食難得故汝等羸瘦顔色憔悴尒時婆求摩河上比丘安居竟作衣畢遊行到維耶離時維耶離比丘遥見婆求摩比丘來皆共出迎一心問訊與擔衣鉢開房舍示臥具處作如是言此是汝等房舍麁陛繩床細陛繩床被褥枕席隨上座次第住問訊言汝等忍足安樂住乞食不乏道路不疲耶婆求

摩河上比丘荅言我等忍足安樂住乞食不乏但道路疲極維耶離比丘言汝實忍足安樂住道路疲極乞食不乏何以故汝等肥盛顔色和悅時維耶離比丘漸漸急問汝等長老今世飢儉乞食難得諸人妻子尚乏飲食況能與人汝等何因緣故安居時氣力肥盛顔色和悅乞食不難時婆求摩比丘廣說如上因緣維耶離比丘問諸長老汝等所可讃歎實有是功德不荅言實無維耶離比丘以種種因緣呵責婆求摩比丘汝所作事非沙門法不隨順道無欲樂心作不淨行出家之人所不應作汝不知佛世尊以種種因緣呵責妄語種種因緣讃歎不妄語佛常說法教人離妄語汝等尚不應生心作妄語想何況為飲食故空無過人聖法自說言得如是種種因緣呵已向佛廣說佛以是事集比丘僧知而故問婆求摩比丘汝等實作是事不荅言實作世尊佛以種種因緣呵責婆求摩比丘汝等所作事非沙門法不隨順道無欲樂心

作不淨行出家之人所不應作汝癡人不知我以種種因緣呵責妄語種種因緣讚歎不妄語我常說法教人離妄語汝尚不應生心作妄語相何況為飲食故空無過人法自說言得佛如是種種因緣呵已語諸比丘世間有三種大賊一者作百人主故在百人前百人恭敬圍繞二百三百四百五百人主在五百人前五百人恭敬圍繞入城聚落穿踰牆壁斷道偷奪破城煞人是名初世間大賊二者有比丘用四方衆僧園林中竹木根莖枝葉花果財物飲食賣以自活若與知識白衣是名第二世間大賊三者有比丘為飲食供養故空無過人聖法故作妄語自說言得若與百人恭敬圍繞至五百人恭敬圍繞入城聚落受供養前食後食怛鉢那是第三世間大賊是中百人賊主在百人前恭敬圍繞二百三百四百五百人主在五百人前恭敬圍繞入城聚落穿踰牆壁斷道偷奪破城煞人此名小賊若有比丘用四方衆僧園林中竹木根莖枝葉

花果財物飲食賣以自活若與知識白衣是亦小賊佛言是第三賊於天人世間魔界梵世沙門婆羅門天人衆中最是大賊謂為飲食故空無過人法故作妄語自說言得若與百人至五百人恭敬圍遶入城聚落受他供養前食後食怛鉢那是名大賊佛說偈言

比丘未得道　自說言得道　天人中大賊

極惡破戒人　是癡人身壞　當墮地獄中

佛種種因緣呵責已語諸比丘以十利故與比丘結戒從今是戒應如是說若比丘不知不見空無過人法自言我得如是知如是見是比丘後時若問若不問貪著利養故不知言知不見言見空誑妄語是比丘波羅夷不共住佛在舍衛國時憍薩羅國有空閑處諸比丘住其中諸比丘因別相觀得定故貪欲瞋恚不起便作是念我已得道所作已辦是比丘到佛所自言我是阿羅漢生分已盡更不受身作是語已後近聚落僧坊中住數見女人故貪欲瞋恚便起是諸比丘作

是言我曹辛苦痛惱本在空閑處時因別相觀得定貪欲瞋恚不起便作是念我已得道所作已辦即到佛所自言我是阿羅漢我生已盡更不受身今近聚落住數見女人故貪欲瞋恚便生我曹失比丘法燒比丘法我曹空无過人法自說言得是諸比丘語餘比丘餘比丘聞已向佛廣說佛以是事因緣集比丘僧以種種因緣讚戒讚持戒讚戒讚持戒已語諸比丘從今是戒應如是說若比丘不知不見空無過人法自言我得如是知如是見後時或問或不問欲出罪故便言我不知言知不見言見空誑妄語除增上慢是比丘波羅夷不共住不知者過人法不知不得不見不觸不證不見者不見苦諦不見集諦滅諦道諦是中犯者若比丘說我阿羅漢若不實犯波羅夷向阿羅漢不實犯波羅夷若阿那含不實犯波羅夷向阿那含不實犯波羅夷若斯陀含不實犯波羅夷若向斯陀含不實犯波羅夷若須陀洹不實犯波羅夷若向須陀洹

不實犯波羅夷若比丘言我得初禪二禪三禪四禪得無量慈心悲心喜心捨心空處識處无所有處非有想非無想處不淨觀得阿那般那念不實犯波羅夷乃至說我善持戒人婬欲不起若不實者偷蘭遮若比丘作是言諸天来至我所天龍夜叉毗羅鬼餓鬼鳩槃荼鬼毗舍遮鬼羅剎鬼来至我所彼問我荅我問彼荅是事不實者比丘犯波羅夷乃至旋風土鬼来至我所若不實者偷蘭遮一時長老大目揵連在耆闍崛山入無所有空定善取入定相不取出定相從三昧起聞阿修羅城中伎樂音聲已還疾入定作如是念我在定中聞阿修羅城中伎樂音聲從三昧起語諸比丘我在耆闍崛山入無所有處無色定聞阿修羅城中伎樂音聲諸比丘語目連何有是處入無色定當見色聞聲何以故若入無色定破壞色相捨離聲相汝空無過人法故作妄語汝目連應償治駈遣是事白佛佛語諸比丘汝等莫說目連犯罪何以故

目連但見先事不見後事如来亦見前亦見後是目連在耆闍崛山入無所有處無色定善取入定相不善取出定相從定起聞阿修羅城中伎樂音聲聞已還疾入定便自謂我入定聞聲若入無色定若見色若聞聲无有是處何以故是人壞色相捨離聲相故若目連空無過人法故妄語者亦無是處是目連隨心想說無罪有一時諸比丘問長老目連多浮陁河水從何處来目連荅言此水從阿耨達池中来諸比丘言阿耨達池其水甘美有八功德此水沸熱鹹苦何有是事汝目連汝空無過人法故作妄語汝目連應償治駈遣是事白佛佛語諸比丘汝等莫說目連是事犯罪何以故阿耨達池去此極遠是水本有八功德甘美經歷五百小地獄上来是故鹹熱汝等若問目連是水何故鹹熱能隨想荅目連實語無犯有一時大目連入定見跋耆諸夜叉與摩竭陁夜叉共鬪破摩竭　陁夜叉從定起已語諸比丘跋耆人當破摩竭陁人後阿

闍世王善將兵衆破跋耆人諸比丘語大目揵連汝先言跋耆人當破摩竭陁人今摩竭陁人破跋耆人汝空無過人法故作妄語汝目連應償治駈遣是事白佛佛語諸比丘莫說目連是事犯罪何以故目連見前不見後如来見前亦見後是跋耆夜叉與摩竭陁夜叉共鬪得勝時跋耆人亦破摩竭陁人後阿闍世王更集兵衆共戰得勝是目連隨心想說無犯目連又後入定見摩竭陁夜叉與跋耆夜叉共鬪得勝目連從三昧起語諸比丘摩竭陁當破跋耆人後共鬪時跋耆人得勝諸比丘語目連汝先言摩竭陁人當破跋耆人今跋耆人更破摩竭陁人汝空無過人法故作妄語汝目連應償治駈遣是事問佛佛語諸比丘莫說目連是事犯罪何以故目連見前不見後如来見前亦見後是摩竭陁夜叉與跋耆夜叉共鬪得勝時摩竭陁人亦勝跋耆人後跋耆人更集兵衆共鬪得勝目連隨心想說無犯有一時目連晨朝時到著衣持

鉢入居士舍與敷座處共相問訊居士言大德目連是姙娠婦人為生男女目連荅言生男語已便去復有一梵志来入舍居士問言此姙娠婦人為生男女荅言生女後實生女諸比丘語目連汝先說居士婦生男今乃生女汝空無過人法故作妄語汝目連應擯治駈遣是事白佛佛語諸比丘莫說目連是事犯罪何以故目連見前不見後如来見前亦見後是時此女是男後轉為女目連隨心想說無犯後復相他生女亦如是尒時大旱目連入定見却後七日天當大雨滿坑滿溢諸城邑人皆聞是語咸大歡喜國中人民皆捨衆務覆屋蓋藏各各屈指籌數日到第七日尚無雨氣何況大雨諸比丘語目連汝言七日大雨滿坑滿溢今无雨氣何況有雨汝空無過人法故作妄語汝目連應擯治駈遣是事白佛佛語諸比丘莫說目連是事犯罪何以故目連見前不見後如来亦見前亦見後是七日時實有大雨有羅睺阿修羅王

以手接去置大海中目連隨心想說無犯一時長老莎伽陁語諸比丘我入禪定能令阿鼻地獄上至阿迦膩吒天滿其中火諸比丘言何有是處聲聞弟子能作大火從阿鼻地獄極至梵世汝空無過人法故作妄語汝莎伽陁應擯治駈遣是事白佛佛語諸比丘莫說莎伽陁是事犯罪何以故若比丘依初禪修如意足得神通力從阿鼻地獄上至阿迦膩吒天自在能滿中火若初禪二禪三禪四禪亦如是是莎伽陁依止四禪善修如意足得大神通若念從阿鼻地獄上至阿迦膩吒天自在隨意能滿中火是莎伽陁實語無犯又一時長老輸毗陁語諸比丘我一念中能識宿命五百劫事諸比丘言何有是處聲聞弟子在一念中極多能知一世汝空無過人法故作妄語汝輸毗陁應擯治駈遣是事白佛佛語諸比丘莫說輸毗陁是事犯罪何以故是人前身從無想天命終来生此間無想天上受五百劫是故自說我一念中能知五

百劫事是輸毗陁隨心想說無犯

四波羅夷竟

十誦律卷第二

十誦律卷第二

校勘記

一　底本，金藏廣勝寺本。

一　一八〇頁中一行「初誦之二」與二行「四波羅夷法之二」，[磧]、[普]、[南]、[徑]、[清]置於二、三行之間。其中「四波羅夷法之二」，[麗]作「明四波羅夷法之二」亦在二、三行之間。

一　一八〇頁中八行末字「洗」，[磧]、[徑]、[清]作「浣」。

一　一八〇頁中一五行及本頁下二〇行「高崖」，[資]、[磧]、[普]、[南]、[徑]、[清]作「高巖」。

一　一八〇頁中二〇行「洗之」，[資]、[磧]、[南]作「洒之」。

一　一八〇頁下一六行第四字「人」，

一　資、磧、普、南、徑、清作「尸」。

一　一八一頁上一〇行至一一行「梵志」，資、磧、普、南、徑、清作「鹿杖」。

一　一八一頁上一四行及一九行「住法」，資、磧、普、南、徑、清作「行法」。

一　一八一頁上一七行及二二行「行法」，麗作「住法」。

一　一八一頁上一九行第二字「念」，磧作「今」。

一　一八一頁中一行第七字「時」，資作「持」。

一　一八一頁中二一行第三字「修」，諸本(不含石，下同)作「修習」。

一　一八一頁下六行第五字「自」，諸本作「若」。

一　一八一頁下八行首字「樂」，資、磧、普、南、徑、清作「所樂」。

一　一八一頁下二一行正文第八字「得」，資、磧、普、南、徑、清無。

一　一八一頁下二二行首字「不」，資、磧、普、南、徑、清作「非」。

一　一八一頁下末行及次頁上五行「白臈」，磧、徑、清、麗作「白鑞」。下同。

一　一八二頁上一一行正文及小字中「着男女」，資、磧、普、南、徑、清作「若着男女」；麗作「若着男女根中身上若着瘡中」。

一　一八二頁上一三行首字「車」，諸本作「具」。

一　一八二頁上末行「從此」，資、磧、普、南、徑、清作「欲此」。

一　一八二頁中九行第三字「死」，諸本作「死者」。同行第九字「墮」，資、磧、普、南、徑、清無。

一　一八二頁下三行第六字「如」，資、磧、普、南、徑、清無。

一　一八二頁下一五行小字右第一字「謂」，資、磧、徑、清作「爲」。

一　一八二頁下二〇行「依石依撅」，資、磧、普、南、徑、清作「依橛依石依壁」；麗作「依石依橛依壁」。

一　一八二頁下二二行第八字「肓」，資、磧、普、南、徑、清無。

一　一八三頁上八行第五字及一八五頁上五行第七字「者」，資、磧、普、南、徑、清無。

一　一八三頁上一〇行第一三字「煞」，資、磧、普、南、徑、清無。

一　一八三頁上一二行第四字「撥」，諸本作「橛」。

一　一八三頁上一八行第一〇字「皆」，資、磧、普、南、徑、清無。

一　一八三頁中二行第八字「名」，資、磧、普、南、徑、清無。

一　一八三頁中五行第七字「某」，徑作「其」。同行末字「讀」，資、磧、普、南、徑、清作「誦」。

一　一八三頁中七行第一一字「慈」，諸本作「慈心」。

一　一八三頁中末行第九字「其」，資、磧、普、南、徑、清無。

一　一八三頁下一四行及次頁上二行「死者」，諸本作「死死者」。

一　一八四頁上六行「若謂」，磧、南、徑、清、麗作「若爲」。

一　一八四頁上八行第七字「中」，資、磧、普、南、徑、清無。

一　一八四頁上九行「心念」，資、磧、普、南、徑、清作「念」。

一　一八四頁上一一行「波羅夷」，資、普、南、徑、清作「亦波羅夷」。

一　一八四頁上一二行第八字「中」，資、磧、普、南、徑、清無。

一　一八四頁上一四行「死者」，資、磧、普、南、徑、清作「彼因死者」。

一　一八四頁上一五行「波羅夷」，資、磧、普、南、徑、清作「亦波羅夷」。

一　一九行、末行及本頁中四行至五行同。

一　一八四頁上一七行首字「下」，資、磧、普、南、徑、清無。同行第六字「崖」，麗作「岸」。

一　一八四頁上一八行「彼因是死者」，資、磧、普、南、徑、清作「彼因是死彼因死者」；麗作「彼因是死死者」。

一　一八四頁上一九行末字「遮」，南、徑、清作「遮是名高上推墮」。

一　一八四頁中二行第四字「胎」，資、磧、普、南、徑、清作「母胎」。

一　一八四頁中三行第二字「迦」，資、磧、普、徑、清作「歌」。

一　一八四頁中一六行第六字「言」，資、磧、普、南、徑、清無。

一　一八四頁中二二行「有福」，資、磧、普、南、徑、清作「是福」。

一　一八四頁下七行首字「福」，諸本作「福德」。同行第六字「多」，諸本作「亦多」。

一　一八四頁下末行「是惡」，麗作「是事」。

一　一八五頁上一行「今作」，諸本作「今日作」。

一　一八五頁上五行第四字「不」，諸本作「若不」。同行第一二字「罪」，資、磧、普、南、徑、清無。

一　一八五頁中二行及六行「今日」，資、磧、普、南、徑、清作「今」。

一　一八五頁中一一行「身行」下，諸本有小字「殺事竟」。

一　一八五頁中一三行第二字「俱」，資、磧、普、南、徑、清無。

一　一八五頁中一六行第二字「餓」，徑、清作「饉」。

一　一八五頁中一七行小字「遭諸苦惱」，資、磧、普、南、徑、清無。

一　一八五頁下一行「饑餓」，磧、普、南、徑、清作「饑饉」。

一　一八五頁下一一行「無量悲心無量喜心無量」，資、磧、普、南、徑、清作「悲心喜心」。

一　一八六頁上八行第二字「是」，諸本無。

一　一八六頁中六行首字「陛」，資、磧、普、南、徑、清作「胜」。下同。

一　一八六頁中一八行第一三字「摩」，諸本作「摩河」。頁下九行首字、一二行第七字、二〇行第一一字、二二行第九字麗同。

一　一八六頁下九行首字「摩」，資、磧、普、南、徑、清作「摩河上」。

一　一八七頁上四行「語相」，諸本作

「語想」。

一 一八七頁上九行第六字「在」，諸本作「故在」。

一 一八七頁上一五行末字「聖」，資、磧、普、南、徑、清無。

一 一八七頁上一八行第一二字「是」，諸本作「是名」。

一 一八七頁中一二行及二〇行「比丘」，諸本作「諸比丘」。

一 一八七頁下二行第五字「定」，諸本作「定故」。

一 一八七頁下四行第七字「生」，資、磧、普、南、徑、清作「生分」。

一 一八七頁下五行末字「生」，資、磧、普、南、徑、清作「起」。

一 一八七頁下九行首二字「因緣」，資、磧、普、南、徑、清無。

一 一八七頁下一八行第八字「我」，資、磧、普、南、徑、清作「我是」。

一 一八七頁下二二行末字及末行第一〇字「若」，資、磧、普、南、徑、清無。

一 一八八頁上七行第九字「天」，諸本無。

一 一八八頁上九行「是事」，諸本作「若是事」。

一 一八八頁上一二行末字「有」，資、磧、普、南、徑、清作「有處」。

一 一八八頁上一三行第八字「不」，諸本作「不善」。

一 一八八頁上一四行「聲巳」，資、磧、普、南、徑、清作「聲聞巳」。

一 一八八頁中一行第五字「先」，諸本作「前」。同行「亦見」，資、磧、普、南、徑、清作「見」。

一 一八八頁中七行第九字「壞」，麗作「破壞」。

一 一八八頁中八行第二字「故」，資、磧、普、南、徑、清作「是故」。

一 一八八頁中一〇行「時諸」，資、磧、普、南、徑、清無。

一 一八八頁中一三行末字「汝」，資、磧、普、南、徑、清無。

一 一八八頁中二〇行第一三字及本頁下二行第二字「大」，資、磧、普、南、徑、清無。

一 一八九頁上一一行第三字「是」，資、磧、普、南、徑、清作「先是」。

一 一八九頁上一八行「雨氣」，徑作「語氣」。

一 一八九頁上二二行第八字「亦」，資、磧、普、南、徑、清無。

一 一八九頁上末行「羅睺」，資、磧、普、南、徑、清作「羅睺羅」。

一 一八九頁中二行第三字「一」，諸本作「又一」。

一 一八九頁中一一行第五字「若」，諸本作「若依」。

一 一八九頁中二二行末字「受」，資、磧、普、南、徑、清作「壽」。

十誦律卷第三 初誦之三

後秦北印度三藏弗若多羅譯

十三僧殘法之一

佛在舍衛國。尒時長老迦留陁夷有
別房舍，別房舍中有好床𢷤被褥敷好
獨坐床，掃灑內外皆悉淨潔，以淨水䍃
盛滿冷水，常用水䍃盛滿冷水。是迦
留陁夷婬欲發時，便自出精，離急熱
故得安快住。後時迦留陁夷知識比
丘來，共相問訊，在一面坐，語迦留陁夷：汝
忍不足不？安樂住不？不乏不？荅言：忍
足，安樂住，不乏。問曰：云何忍足安樂
住不乏？荅言：諸長老！我有別房，好床
被褥，淨水䍃，常用水䍃皆滿冷水，掃
灑內外皆悉淨潔，敷好獨坐床。婬欲
發時，便自出精，離急熱故，得安快住。
諸長老！以是因緣故，忍足安樂住不
乏。諸比丘言：汝非忍非足，實苦惱行
以為安樂。汝所作事非沙門法，不隨
順道，不清淨行，出家之人所不應作。
汝不知佛世尊以種種因緣呵欲欲
想，種種因緣讃歎離欲除滅欲熱？佛
常說法教人離欲，汝尚不應生心，何
況乃作起欲恚癡結縛根本不淨惡
業！諸比丘種種呵已，向佛廣說。佛以
是事集比丘僧，知而故問迦留陁夷：
汝實作是事不？荅言：實作，世尊。佛以
種種因緣呵責：汝所作事非沙門法，
不隨順道，不清淨行，出家之人所不
應作。汝癡人！汝不知我以種種因緣
呵欲欲想，種種因緣讃歎離欲除滅
欲熱？我常說法教人離欲，汝尚不應
生心，何況乃作起欲恚癡結縛根本
不淨惡業！汝癡人！以此手受他信施
供養，云何復以此手作不淨行？佛如
是種種呵已，語諸比丘：以十利故，與
諸比丘結戒。從今是戒應如是說：若
比丘故出精，僧伽婆尸沙。佛結是戒
已，諸比丘夢中精出，心生疑悔，往阿
難所，頭面礼足，一面坐已，語阿難言：
世尊結戒出精者僧伽婆尸沙，今諸
比丘夢中出精，心生疑悔，願為我等
問佛是事。阿難默然受。比丘語諸比
丘知阿難默然受已，從坐起，頭面礼
足還去。不久阿難往詣佛所，頭面礼
足，在一面立，白佛言：世尊！世尊為諸
比丘結戒，出精者僧伽婆尸沙。佛雖
如是結戒，今諸比丘夢中出精，心生
疑悔。阿難問佛：夢中有心想不？佛言：
有心想而不作。佛以是事集比丘僧，
種種因緣讃戒讃持戒，讃戒讃持戒
已，語諸比丘：從今是戒應如是說：若
比丘故出精，除夢中，僧伽婆尸沙。僧
伽婆尸沙者，是罪屬僧，僧中有殘，因
衆僧前悔過得滅，是名僧伽婆尸沙。是
中犯者有三種：一者發心欲出，二者
身動，三者精出。復有三種：一者為受
樂，二者治病，三者為自試。比丘以內
受色，為受樂故，發心身動精出，僧伽
婆尸沙；為治病故，為試看故，以內受色
發心身動精出，僧伽婆尸沙。比丘以
外不受色，為受樂故，為治病，為試看故，
發心身動精出，僧伽婆尸沙。復有四
種：一者虛空中動，二者發心，三者身
動，四者精出。比丘以內受色，為受樂
故，虛空中動，發心身動精出，僧伽婆
尸沙；為治病故，為試看故，虛空中動，發
心身動精出，僧伽婆尸沙。復有五種：
若比丘捲小便處，捺小便處，發心身

動精出僧伽婆尸沙比丘以內受色爲受樂故爲治病故爲試看故捲捺小便處發心身動精出僧伽婆尸沙若比丘以外不受色爲受樂故爲治病故爲試看故捲捺小便處發心身動精出僧伽婆尸沙是中精有五種一者青二者黃三者赤四者白五者薄青者轉輪王乃轉輪王受職太子黃者轉輪王其餘諸子赤者轉輪王㝡上大臣白者年已成人薄者年未成人若人青精出者不出黃赤白薄但能出青若人精出黃者不出赤白薄青但能出黃若人赤精出者不出白薄青黃但能出赤若人出白精者不出薄青黃赤但能出白若人出薄精者不出青黃赤白但能出薄若比丘爲出青精故捲捺小便處發心身動精出僧伽婆尸沙若比丘爲出黃赤白薄精故捲捺小便處發心身動精出僧伽婆尸沙若一人一時出五種精者無有是事或有人多行婬故有種種精出或檐重故遠騎乘故筋節斷解故有種種精出若比丘起欲想欲欲覺欲熱不發心欲出身不動精自出者無犯若比丘男根上有瘡癰癬瘙爲治是病故捲捺精出無犯若比丘向火炙男根痒摩觸精出無犯若比丘行時兩脞摩觸或衣觸或騎乘或載車身動精出不犯若比丘見好色故精出不犯若不見形憶想故精出不犯一事竟

佛在舍衛國尒時長老迦留陁夷晨朝時到著衣持鉢入城乞食食已還房持户鈎在門閒立作如是念若有女人欲来入僧坊看房舍者我當示諸房處時迦留陁夷遥見衆女人便言姊妹来我當示汝諸房舍處少多示已將至自房摩觸其身是衆女中有喜者默然有不喜者即出房外語諸比丘大德法應尒耶此安隱處更有恐怖諸比丘言云何安隱處更有恐怖衆女人廣說上事諸比丘言如汝所說安隱處更有恐怖時諸比丘種種因緣爲衆女人說法示教利喜頭面礼足還去不久諸比丘詣佛所頭面礼足在一面坐向佛廣說佛以是事集比丘僧知而故問迦留陁夷汝實作是事不荅言實作世尊佛以種種因緣呵責迦留陁夷汝所作事非沙門法不隨順道不清淨行出家之人所不應作汝癡人不知我以種種因緣呵欲欲想種種因緣稱讚離欲除滅欲想我常說法教人離欲汝尚不應生心何況乃作起欲恚癡結縛根本不淨惡業佛種種因緣呵已語諸比丘以十利故與諸比丘結戒從今是戒應如是說若比丘欲盛變心故觸女身若捉手辟頭髮一一身分上下摩觸僧伽婆尸沙欲盛者即名變心亦名貪心染心繫心或有變心非欲盛心亦非貪心染心繫心如狂癡人乱心人病壞心人是名變心非欲盛心染心繫心女人者有大有中有小童女非童女堪作婬欲觸身者共在一處手者從腕及指辟者從腕至肩髮者頭髮若劫貝毦納頭絹一一身分者咽耳鼻等是中犯者有九種上摩下摩若抱若捉若牽若推若舉若下若摩觸便處若比丘欲盛變

心上下摩觸無衣女人頭僧伽婆尸沙若摩面咽胷腹脇脊齊腰大小便處髀膝蹲僧伽婆尸沙如是抱捉牽推舉下摩小便處亦如是若比丘從地舉無衣女人著土墒上土墒上著踞床上踞床上著獨坐床上獨坐床上著大床上大床上著轝上轝上著車上車上著馬上馬上著象上象上著堂上堂上乃至從小下處著小高處僧伽婆尸沙若比丘欲盛變心從堂上舉無衣女人著象上象上著馬上馬上著車上車上著轝上轝上著大床上大床上著獨坐床上獨坐床上著踞床上踞床上著土墒上土墒上著地乃至小高處著小下處僧伽婆尸沙若比丘欲盛變心上下摩觸有衣女人頭偷蘭遮若摩面咽胷肩腹脇脊齊腰大小便處髀膝蹲偷蘭遮如是抱捉牽推舉下摩大小便處偷蘭遮若比丘欲盛變心從地舉有衣女人著土墒上乃至小高處舉著小下處偷蘭遮若女人欲盛變心上下摩觸無衣比丘頭比丘有欲心身動受細滑僧

伽婆尸沙若摩面咽胷腹脇脊齊腰大小便處髀膝蹲比丘有欲心身動受細滑僧伽婆尸沙如是抱捉牽推舉下摩小便處比丘有欲心身動受細滑僧伽婆尸沙若女人欲盛變心從地舉無衣比丘著土墒上乃至小下處舉著小高處比丘有欲心身動受是細滑僧伽婆尸沙若女人婬欲盛變心從堂上舉無衣比丘著象上乃至小高處舉著小下處比丘有欲身心動受細滑僧伽婆尸沙若女人欲盛變心上下摩觸有衣比丘頭比丘有欲心身動受細滑偷蘭遮摩面咽胷脊腹脇齊腰大小便處髀膝蹲比丘有欲心身動受細滑偷蘭遮如是抱捉牽推舉下摩大小便處比丘有欲心身動受細滑偷蘭遮若女人欲盛變心從地舉有衣比丘著土墒上乃至小下處舉著小高處比丘有欲心身動受細滑偷蘭遮若女人欲盛變心從堂上舉有衣比丘著象上乃至小高處著小下處比丘欲心身動受細滑偷蘭遮若一比丘摩一女人

一比丘僧伽婆尸沙若一比丘摩二三四女僧伽婆尸沙若二比丘摩二三四一女人僧伽婆尸沙若三比丘摩三四一二女人僧伽婆尸沙若四比丘摩四一二三女人僧伽婆尸沙女人所女人想摩僧伽婆尸沙女人所男想黃門想二根想摩僧伽婆尸沙男所男想黃門想二根想女人想摩偷蘭遮黃門所黃門想二根想女想男想偷摩蘭遮二根所二根想女想男想黃門想摩偷蘭遮若是事人女邊僧伽婆尸沙即是事非人女邊偷蘭遮若是事人女邊偷蘭遮即是事非人女邊突吉羅若母想姊妹想女想摩觸女身不犯若救火難水難刀難若墮高處惡虫難惡鬼難不犯若無染心觸不犯竟二事

佛在舍衛國尒時長老迦留陀夷晨朝時到著衣持鉢入城乞食食已還房取户鈎在門間立作如是念若有女人欲來看者我當示諸房處尒時迦留陀夷遥見諸女便言姊妹來我當示汝諸房舍處少多示已將至自

房作不淨惡語是諸女中有喜者默然不喜者出外語諸比丘大德法應介耶此安隱處更有恐怖諸比丘言云何安隱處更有恐怖諸女廣說上事諸比丘言如汝所說時諸比丘以種種因緣為衆女說法示教利喜頭面礼足還去不久諸比丘以是因緣向佛廣說佛以是事集比丘僧知而故問迦留陁夷汝實作是事不荅言實作世尊佛以種種因緣呵責迦留陁夷汝所作事非沙門法不隨順道不清淨行出家之人所不應作汝癡人不知我以種種因緣呵責諸欲欲想種種因緣稱讚離欲除滅欲熱我常說法教人離欲汝尚不應生心何況乃至起欲恚癡結縛根本不淨惡業佛種種因緣呵已語諸比丘以十利故與諸比丘結戒從今是戒應如是說若比丘欲感變心在女人前作不淨惡語隨婬欲法說者僧伽婆尸沙不淨惡語者隨波羅夷隨僧伽婆尸沙事雖一切罪皆名為惡但此是重罪因緣故名為惡語隨婬欲法者二身

共會說者如年少男女婬欲感故具說惡語是中犯者有九種讚毀乞願問反問辦教罵讚者比丘在女人前讚歎三瘡門形色端正不大不小不麁不細乃至百語一一語中僧伽婆尸沙毀者比丘在女人前毀呰三瘡門形色不好或大或小或麁或細乃至百語一一語中僧伽婆尸沙乞者比丘在女人前乞言汝三瘡門中隨意與我我於三瘡門中隨汝意作乃至百語一一語中僧伽婆尸沙願者比丘在女人前願言若人得汝三瘡門者是福德樂人汝能三瘡門中隨汝意作乃至百語一一語中僧伽婆尸沙問者比丘問女人言汝夫三瘡門中幾種作幾時作乃至百語一一語中僧伽婆尸沙反問者比丘問女人言汝夫於三瘡門中不如是作耶乃至百語一一語中僧伽婆尸沙辦者比丘在女人前言我辦酒食腂案華香瓔珞末香塗香敷好床褥汝若来者我於三瘡門中隨汝意作乃至百語一一語中僧伽婆尸沙教者比丘教女人言汝三瘡

門中隨意與男子者則為男子所愛乃至百語一一語中僧伽婆尸沙罵者比丘罵女人有二種麁罵細罵乃至百語一一語中僧伽婆尸沙若女人在比丘前讚三瘡門形色端正乃至百語是中比丘隨順其心少多語出一一語中僧伽婆尸沙若女人在比丘前毀呰三瘡門形色不好乃至百語是中比丘隨順其心少多語出一一語中僧伽婆尸沙若女人在比丘前乞三瘡門中隨我意作我隨汝意與乃至百語是中比丘隨順其心少多語出一一語中僧伽婆尸沙若女人在比丘前願言若人得我三瘡門者是福德樂人我能隨意與乃至百語是中比丘隨順其心少多語出一一語中僧伽婆尸沙若女人在比丘前問言汝於三瘡中能幾種作幾時作乃至百語是中比丘隨順其心少多語出一一語中僧伽婆尸沙若女人在比丘前反問言汝於三瘡門中不如是作耶乃至百語是中比丘隨順其心少多語出一一語中僧伽婆尸

十誦律卷第三　第十三張　播字号

沙若女人在比丘前言我辦酒食服案香華瓔珞末香塗香敷好床蓐汝能来者三瘡門中隨汝意與乃至百語是中比丘隨順其心少多語出二語中僧伽婆尸沙若女人在比丘前教言汝能三瘡門中隨意作者則為女人所愛乃至百語是中比丘　隨順其心少多語出一一語中僧伽婆尸沙若女人在比丘前罵是比丘麁罵細罵乃至百語是中比丘隨順其心少多語出一一語中僧伽婆尸沙若一比丘向一女人不淨惡語一比丘僧伽婆尸沙若一比丘向二三四女人不淨惡語僧伽婆尸沙若二比丘向二三四一女人不淨惡語僧伽婆尸沙若三比丘向三四一二女人不淨惡語僧伽婆尸沙若四比丘向四一二三女人不淨惡語僧伽婆尸沙若比丘女人所女人想不淨惡語僧伽婆尸沙女人所男想黃門想二根想不淨惡語僧伽　婆尸沙男所男想黃門想二根想女想不淨惡語偷蘭遮黃門所黃門想二根想女想男

十誦律卷第三　第十四張　播

想不淨惡語偷蘭遮二根所男想女想黃門想二根想不淨惡語偷蘭遮若是事人女邊僧伽婆尸沙即是事非人女邊偷蘭遮若是事人女邊偷蘭遮即是事非人女邊突吉羅　三事竟

佛在舍衛國介時長老迦留陁夷晨朝時到著衣持鉢入城乞食食已還自房持戶鉤在門間立作如是念若有女人欲来僧坊看房舍者我當示諸房處介時迦留陁夷遥見衆女来便言姊妹我當示汝諸房舍處少多亦已將至自房向女人讚歎婬欲以身供養是衆女中有喜者默然不喜者出外語諸比丘大德法應介耶此安隱處更有恐怖諸比丘言云何安隱處更有恐怖諸女人廣說上事諸比丘言如汝所說時諸比丘以種種因緣與衆女說法示教利喜頭面礼足還去不久諸比丘以是因緣向佛廣說佛以是事集比丘僧知而故問迦留陁夷汝實作是事不答言實作世尊佛以種種因緣呵責汝所作事非沙門法不隨順道不清淨行出家之

十誦律卷第三　第十五張　播　弗

人所不應作汝癡人不知我以種種因緣呵欲欲想種種因緣讚歎離欲除滅欲熱我常說法教人離欲汝尚不應生心何況乃作起欲恚癡結縛根本不淨惡業佛種種因緣呵已語諸比丘以十利故與諸比丘結戒從今是戒應如是說若比丘欲盛變心在女人前讚歎以身供養作如是言汝能以身供養我等持戒行善梵行人者諸供養中第一供養僧伽婆尸沙以身供養者比丘語女言汝能以身作婬欲供養者諸供養中第一供養持戒者大戒律法盡能受持行善者正見忍辱故梵行者二身不共會故是中犯者有九種謂上大勝巧善妙福好快上者若比丘語女人言汝能以身作婬欲供養我等持戒人者諸供養中是上供養僧伽婆尸沙若語女人言汝能以身作婬欲供養行善人者是上供養僧伽婆尸沙若語女人言汝能以身作婬欲供養梵行人者是上供養僧伽婆尸沙若語女人言汝能以身供養持戒行善人持戒梵行人行善梵

行人持戒行善梵行人者是上供養僧伽婆尸沙若比丘語女人言汝能以身作婬欲供養不大持戒人者是上供養僧伽婆尸沙若語女人言汝能以身作婬欲供養不大行善人者是上供養僧伽婆尸沙若語女人言汝能以身作婬欲供養不大修梵行人是上供養僧伽婆尸沙若比丘語女人言汝能以身作婬欲供養不大持戒行善人不大持戒梵行人不大行善梵行人不大持戒行善梵行人者是上供養僧伽婆尸沙若比丘語女人言不以自身作婬欲供養我等持戒人者是上供養偷蘭遮若語女人言不以自身作婬欲供養行善人者是上供養偷蘭遮若語女人言不以自身作婬欲供養梵行人者是上供養偷蘭遮若語女人言不以自身作婬欲供養持戒行善人持戒梵行人行善梵行人持戒行善梵行人者是上供養偷蘭遮若語女人言不以自身作婬欲供養不大持戒人者是上供養偷蘭遮若比丘語女人言不以自身作婬欲

供養不大行善人者是上供養偷蘭遮若語女人言不以自身作婬欲供養不大修梵行人者是上供養偷蘭遮若比丘語女人言不以自身作婬欲供養不大持戒行善人不大持戒梵行人不大行善梵行人不大持戒行善梵行人者是上供養偷蘭遮如是大勝巧善妙福好快供養亦如是若比丘語女人言汝能以身作婬欲供養持戒人者是上大供養僧伽婆尸沙若言上勝上巧上善上妙上福上好上快供養僧伽婆尸沙若言大勝大巧大善大妙大福大好大快供養僧伽婆尸沙若言勝巧勝善勝妙勝福勝好勝快供養僧伽婆尸沙若言巧善巧妙巧福巧好巧快供養僧伽婆尸沙若言善妙善福善好善快供養僧伽婆尸沙若言妙福妙好妙快供養僧伽婆尸沙若言福好福快供養僧伽婆尸沙若言好快供養僧伽婆尸沙若言上大勝上大巧上大善上大妙上大福上大好上大快供養僧伽婆尸沙若言大勝巧大勝善大

勝妙大勝福大勝好大勝快供養僧伽婆尸沙若言勝巧善勝巧妙勝巧福勝巧好勝巧快供養僧伽婆尸沙若言巧善妙巧善福巧善好巧善快供養僧伽婆尸沙若言善妙福善妙好善妙快供僧伽婆尸沙若言妙福好妙福快供養養僧伽婆尸沙若言福好快供養僧伽婆尸沙若言上大勝巧上大勝善上大勝妙上大勝福上大勝好上大勝快供養僧伽婆尸沙若言上大勝巧善上大勝巧妙上大勝巧福上大勝巧好上大勝巧快供養僧伽婆尸沙若言上大勝巧善妙上大勝巧善福上大勝巧善好上大勝巧善快供養僧伽婆尸沙若言上大勝巧善妙福上大勝巧善妙好上大勝巧善妙快供養僧伽婆尸沙若言上大勝巧善妙福好上大勝巧善妙福快供養僧伽婆尸沙若比丘語女人言若以飲食衣被臥具華香瓔珞持用供養是上供養能以身供養者遍是上中上僧伽婆尸沙如是大勝巧善妙福好快亦如是若比丘語女人言以飲食衣被臥

具華香瓔珞持用供養是上中上能以身供養者過是上中上僧伽婆尸沙如是大勝巧善妙福好快亦如是若一比丘向一女人讚歎以身供養一比丘僧伽婆尸沙若一比丘向二三四女人讚歎以身供養僧伽婆尸沙若二比丘向二三四一女人讚歎以身供養僧伽婆尸沙若三比丘向三四一二女人讚歎以身供養僧伽婆尸沙若四比丘向四一二三女人讚歎以身供養僧伽婆尸沙若比丘女人所女想讚歎僧伽婆尸沙女人所男想黃門想二根想讚歎僧伽婆尸沙男所男想黃門想二根想女想讚歎偷蘭遮黃門所黃門想二根想女想男想讚歎偷蘭遮二根所二根想女想男想黃門想讚歎偷蘭遮若是事人女邊僧伽婆尸沙即是事非人女邊偷蘭遮若是事人女邊偷蘭遮即是事非人女邊突吉羅四事竟

佛在舍衛國爾時有鹿子長者兒名曰迦羅聡智利根衆人所問常為斷疑他事悤務若人有女姊妹有來求者

往問迦羅某求我女若姊妹是人為好不好應與不應與能與婦兒衣食不若迦羅言不好不能與婦兒衣食汝莫與女即便不與若迦羅言好能與婦兒衣食汝當與女即隨語與若人自為求婦若為兒求往問迦羅我求某女是女好不能成家事我為可取不若迦羅言不好不能成家事汝莫取之即隨語不取若迦羅言好能成家事汝可取之即隨語取若諸人女姊妹墮貧家勤苦重作惡處衣食不充便作是言如我女姊妹所受苦惱諸問迦羅信受語者所受苦惱當復劇是由我等信受迦羅語故令女姊妹墮是惡處貧窮勤苦衣食不充若諸人女姊妹墮好處富樂衣食充足便作是念如我女姊妹所受富樂諸問迦羅信受語者所受富樂當復勝是我等信受迦羅語故令女姊妹得好處衣食充足爾時迦羅或得稱譽或得毀呰是人後時以信出家剃除鬚髮被著袈裟作比丘已猶如本法他事悤務若人有女姊妹有來求者往問迦羅比丘某求我女姊妹是

人為好不好應與不應與若迦羅言是人不好即便不與若迦羅言好即隨語與若人或為已為兒求婦往問迦羅我求某女若姊妹好不好能辦家事不若迦羅言好便隨語取若言不好即便不取若諸人女姊妹有墮貧窮惡處勤苦重作衣食不充便作是念諸問迦羅信受語者所受勤苦當復劇是若得富樂好處便作如是念諸問迦羅信受語者所受富樂當復勝是我以信受迦羅語故令女姊妹得是樂處如是迦羅比丘或得讚歎或得毀呰是迦羅比丘數出入諸檀越舍有人問迦羅言大德汝至某家不汝能語某與我兒女若與姊妹迦羅言能如是作媒人往來有比丘少欲知足行頭陀聞是事心不喜慚愧種種因緣呵責迦羅云何名比丘作媒人行如是呵已向佛廣說佛以是事集比丘僧佛知而故問迦羅汝實作是事不答言實作世尊佛以種種因緣呵責汝所作事非沙門法不隨順道不清淨行出家之人所不應

作汝癡人不知我以種種因緣呵欲欲想種種因緣讚歎離欲除滅欲熱我常說法教人離欲汝尚不應生心何況乃作起欲恚癡結縛根本不淨惡業汝癡人我尚不讚歎少有欲心何況汝作媒嫁事佛種種呵已語諸比丘以十利故與諸比丘結戒從今是戒應如是說若比丘行媒嫁法持女意語男持男意語女若爲婦事若爲私通事乃至一會時僧伽婆尸沙媒法者受他語往來女者有十四種護父所護母所護父母所護兄弟所護姊妹所護舅護姑護舅姑護親里護姓護自護法護夫主護持女意語男者有女人語比丘言汝能持是語語彼男子不我爲汝作婦若共私通汝能爲我作夫若共私通若我與汝女若與姊妹汝能作我女夫若姊妹夫是名持女意語男持男意語女者有男語比丘言汝能持是語語彼女人不汝與我作婦若共私通我與汝作夫若共私通若與我女與我姊妹我與汝作女夫爲姊妹夫是名持男

意語女乃至一會時者暫共會故丈夫有七種婦索得水得破得自來得以衣食得合生得須臾得索得者以少多財物索得作婦水得者若人捉手以水灌掌與女作婦是名水得破得者若破他國奪得作婦復有自國反叛誅罰得者是名破得自來得者若女人自一心貪著愛樂故來供給作婦是名自來衣食者若女人不能自活爲衣食故來供作婦合生得者女人語男子言汝有財物我有財物若生男女當供養我等是名合生得須臾得者共一交會故名須臾得是中犯者若比丘自受主人語自語彼自報主人者僧伽婆尸沙若自受主人語自語彼使報主人者僧伽婆尸沙若自受主人語自語彼使使報主人者僧伽婆尸沙若比丘自受主人語使語彼使報主人者僧伽婆尸沙若自受主人語使語彼使使報主人者僧伽婆尸沙若自受主人語使語彼自報主人者僧伽婆尸沙若比丘自受主人語使使語彼使使報主人者僧伽婆尸沙若

自受主人語使使語彼自報主人者僧伽婆尸沙若自受主人語使使語彼使報主人者僧伽婆尸沙若比丘從使受主人語使語彼使報主人者僧伽婆尸沙若從使受主人語使語彼使使報主人者僧伽婆尸沙若從使受主人語使語彼自報主人者僧伽婆尸沙若比丘從使受主人語使使語彼使使報主人者僧伽婆尸沙若比丘從使受主人語使使語彼自報主人者僧伽婆尸沙若從使受主人語使使語彼使報主人者僧伽婆尸沙若比丘從使受主人語自語彼自報主人者僧伽婆尸沙若從彼使受主人語自語彼使報主人者僧伽婆尸沙若從使受主人語自語彼使使報主人者僧伽婆尸沙若比丘從使使受主人語使使語彼使使報主人者僧伽婆尸沙若從使使受主人語使使語彼自報主人者僧伽婆尸沙若從使使受主人語使使語彼使報主人者僧伽婆尸沙若比丘從使使受主人語自語彼自報主人者僧伽

婆尸沙若從使使受主人語自語彼使報主人者僧伽婆尸沙若從使使受主人語自語彼使使報主人者僧伽婆尸沙若比丘從使使受主人語使語彼使報主人者僧伽婆尸沙若從使使受主人語使語彼使使報主人者僧伽婆尸沙若從使使受主人語使語彼自報主人者僧伽婆尸沙有二比丘受主人語出外一比丘言汝并說我意若語彼還報主人者俱僧伽婆尸沙若不報者俱偷蘭遮有二比丘受主人語出外一比丘語一比丘莫說我意若語彼還報主人者一比丘僧伽婆尸沙若不報者偷蘭遮諸比丘入他舍主人問前行比丘汝等出入某甲家不能語某甲與我兒若女姊妹前行比丘言我等不得作媒人後行比丘聞是語便往語彼居士言汝能與某甲兒若女姊妹耶還報者僧伽婆尸沙不報者偷蘭遮主人問後行比丘汝出入是諸家不能語某甲與我兒若女姊妹後行比丘言我等不得作媒人前行比丘聞是語便

往語彼居士言汝能與某甲兒若女姊妹比丘受語語彼還報者僧伽婆尸沙不報者偷蘭遮又比丘行道中一女人語比丘言汝能語某甲與我兒若女姊妹比丘受語語彼還報者僧伽婆尸沙不報者偷蘭遮二三四女人亦如是二三四比丘亦如是一比丘行道中一男子語比丘言汝能語某甲與我兒若女姊妹比丘受語語彼還報者僧伽婆尸沙不報者偷蘭遮二三四男子亦如是二三四比丘亦如是黃門二根亦如是一比丘行道中一女一男語比丘言汝能語某甲與我兒若女姊妹比丘受語語彼還報者僧伽婆尸沙不報者偷蘭遮二三四女人男子亦如是二三四比丘亦如是一比丘行道中一女人一黃門語比丘言汝能語某甲與我兒若女姊妹比丘受語語彼還報者僧伽婆尸沙不報者偷蘭遮二三四女人黃門亦如是二三四比丘亦如是一比丘行道中一女人一二根人語比丘言汝能語某甲與我兒若女姊妹比

丘受語語彼還報者僧伽婆尸沙不報者偷蘭遮二三四女人二根亦如是二三四比丘亦如是一比丘行道中一男一黃門語比丘言汝能語某甲與我兒若女姊妹比丘受語語彼還報者僧伽婆尸沙不報者偷蘭遮二三四男子黃門亦如是二三四比丘亦如是一比丘行道中一男子一二根語比丘言汝能語某甲與我兒若女姊妹比丘受語語彼還報者僧伽婆尸沙不報者偷蘭遮二三四男子二根亦如是二三四比丘亦如是一比丘行道中一黃門一二根語比丘言汝能語某與我兒若女姊妹比丘受語語彼還報者僧伽婆尸沙不報者偷蘭遮二三四黃門二根亦如是二三四比丘亦如是一比丘行道中一女一男一黃門一二根語比丘言汝能語某與我兒若女姊妹比丘受語語彼還報者僧伽婆尸沙不報者偷蘭遮二三四女人男子黃門二根亦如是二三四比丘亦如是有居士夫婦相瞋不和時一比丘常出入是家

晨朝時到著衣持鉢入舍坐已共相問訊教二人令和合比丘生疑我將無犯僧伽婆尸沙耶是事白佛佛言有三種婦一財索得二水得三破賊得三種婦若作券言非我婦禮法未斷猶故出入未唱言非我婦教是和合者偷蘭遮若作券言非我婦禮法已斷不復出入而未唱言非我婦教是和合偷蘭遮若作券言非我婦禮法已斷不復出入唱言非我婦和合是者僧伽婆尸沙受他語有三種還報有六種三種者一威儀二相三期威儀者比丘語主人言若見我來往坐立當知得不得相者比丘語主人言主人若見我新剃髮若著絁僧伽梨若捉瓦鉢當知得不得期者比丘語主人言若見我在衆中大語時若挑衣時當知得不得是名三種受語六種報者一口二書三手印四威儀五相六期若比丘口受使語口語彼口還報者僧伽婆尸沙若書手印威儀相期還報者僧伽婆尸沙比丘受使口語書語彼書還報者僧伽婆尸沙若書手

印威儀相期口還報者僧伽婆尸沙比丘受使口語手印語彼手印還報者僧伽婆尸沙若手印威儀相期口書還報者僧伽婆尸沙若比丘受使書語書語彼書還報者僧伽婆尸沙若書手印威儀相期口還報者僧伽婆尸沙若比丘受使書手印語彼手印還報者僧伽婆尸沙若比丘手印威儀相期口書還報者僧伽婆尸沙比丘受使書語口語彼口還報者僧伽婆尸沙若比丘書手印威儀相期還報者僧伽婆尸沙若比丘受使手印手印語語彼手印還報者僧伽婆尸沙手印威儀相期口書還報者僧伽婆尸沙比丘受使手印語口語彼口還報者僧伽婆尸沙書手印威儀相期還報者僧伽婆尸沙比丘受使手印語言語彼書還報者僧伽婆尸沙手印威儀相期口還報者僧伽婆尸沙若受富貴人語語富貴人還報富貴人者僧伽婆尸沙若受貧賤人語語富貴人還報貧賤人者偷蘭遮若比丘受他語解意旨僧伽婆尸沙若受意旨不受語偷蘭遮若但受語不解意旨不

犯五事竟

佛在阿羅毗國尒時諸阿羅毗比丘自乞作廣長高大舍久故難治諸比丘數從居士乞言我須墼須塼鎟钁斧鑿釜瓫槃盂鉼甕麻繩種種草木皮繩土囊作人車鹿車諸比丘以是因緣心常忩遽樂著作事妨廢讀經坐禪行道尒時長老大迦葉晨朝時到著衣持鉢入城乞食諸居士遥見大迦葉來即呵責言諸沙門釋子自言修善功徳今自乞物作廣長高大舍久故難治數来求索種種所須以是因緣妨廢讀經坐禪行道我等失利供養如是難滿難養無猒足人大迦葉聞是事心不喜乞食已往詣佛所頭面礼足在一面坐白佛言世尊我晨朝時到著衣持鉢入阿羅毗城乞食諸居士遥見我来呵責言諸沙門釋子自言修善功徳今自乞物作廣長高大舍久故難治數從我等索墼索塼鎟钁斧鑿釜瓫鉼甕草木皮繩索常著作事以是因緣妨廢讀經坐禪行道我等失利供養如是難滿難養

十誦律卷第三　第三十一張　福

多欲無猒足入難頭世尊與諸比丘作
舍限量佛默然受大迦葉知佛默然
受語已將護舊比丘心故作礼而去
去不久佛以是事集比丘僧知而故
問諸比丘汝實作是事不荅言實作
世尊佛以種種因縁呵責諸比丘言
云何名比丘自乞作廣長高大舍久
故難治數從諸居士種種求索樂著
作事以是因縁妨廢讀經坐禪行道
佛如是種種因縁呵已語諸比丘以
十利故與諸比丘結戒從今是戒應
如是說若比丘自乞作舍無主自為
當應量作是中量者長十二修伽陁
搩手內廣七搩手是比丘應問諸比
丘諸比丘當示無難無妨處若比丘
自乞作舍無主自為不問諸比丘過
量作者僧伽婆尸沙若自乞者比丘
從諸人乞若得百錢五十乃至二錢舍
者溫室涼室殿堂樓閣一柱舍重舍
無主者是舍無檀越主若男女黃門
二根自為者不為衆僧故專為已名
自為量者佛言用我手量長十二搩
手內廣七搩手問者應問僧示處者

十誦律卷第三　第三十二張　福

僧應示作處難處者是中有虵窟蜈
蚣百足毒虫乃至鼠穴無難者是中
無虵窟蜈蚣百足毒虫乃至鼠穴妨
處者是舍四邊一尋地內有塔地若
官地居士地外道地比丘尼地若有
大石流水池水大樹深坑如是有妨
處僧不應示無妨處者是舍四邊一
尋地內無塔地官地居士地外道地
比丘尼地大石流水池水大樹深坑
如是無妨處僧應示是比丘應從僧
乞示作處乞示作處法者僧一心和
合時是比丘從坐起偏袒右肩脫草
屣胡跪合掌應作是言諸長老一心
念我某甲比丘為是自乞作舍无主
自為無難無妨處作故從僧乞示作
處僧憐愍故示我作處第二第三亦
如是乞是中僧應籌量可示不可示
若是比丘言無難而實有難不應示
若言無妨而實有妨亦不應示若言
無難無妨而實有難有妨不應示若
言無難實無難應示若言無妨實無
妨應示若言無難無妨實無難无妨
應示示法者僧一心和合一比丘僧

十誦律卷第三　第三十三張　福

中唱言大德僧聽是某甲比丘欲自
乞作舍無主自為无難無妨處作故
從僧乞示作處若僧時到僧忍聽僧
當示某甲比丘作處白如是大德僧
聽是某甲比丘自乞作舍無主自為無
難无妨處作故從僧乞示作處僧憐愍
故當示作處誰諸長老忍僧示某甲自
乞作舍無主自為无難無妨處作者默
然若不忍者說僧示某甲比丘自乞
作舍無主自為無難無妨處作竟僧
忍默然故是事如是持是中犯者若
比丘自乞作舍無主自為不如法作
者犯過量作犯不問處犯有難處犯
有妨處犯過量不問處犯過量難處
犯若過量妨處犯若不問難處犯不
問妨處犯若難處妨處犯若過量不
問難處犯若過量不問妨處犯若過
量不問難處妨處犯若比丘語餘比
丘為我作舍語已便去後為作竟是
舍不如法作者犯若過量作犯不問
處犯有難處犯妨處犯過量不問處
犯過量難處犯過量妨處犯不問難
處犯不問妨處犯難處妨處犯過量

不問難處犯過量不問妨處犯過量不問難處妨處犯若比丘語餘比丘為我作舍語已便去後作未成行還自成是舍不如法作犯過量作犯不問處犯難處犯妨處犯過量不問犯過量難處犯過量妨處犯不問難處犯不問妨處犯難處妨處犯過量不問難處犯過量不問妨處犯過量不問難處妨處犯若為佛為僧無犯若得先成舍無犯 六事竟

十誦律卷第三

甲辰歲高麗國大藏都監奉
勑彫造

十誦律卷第三

校勘記

一　底本，麗藏本。此卷金藏廣勝寺本原版多所漫漶，今採用其中可用者十五版，即一九三頁；一九四頁；一九五頁；一九六頁下；一九七頁上及一九九頁中至二〇〇頁下。

一　一九三頁上一行「初誦之三」與二行「十三僧殘法之一」，資作「十三事初誦之三」；磧、普、南、徑、清作「初誦之三」與「十三僧殘法之初」，均置於二、三行之間。

一　一九三頁上九行第三字「共」，諸本（不含石，下同）無。

一　一九三頁上二〇行「世尊」，諸本無。

一　一九三頁上二一行及本頁中八行「除滅」，諸本作「想滅」。

一　一九三頁中二行及一三行「種種」，諸本作「種種因緣」。

一　一九三頁中七行第六字「汝」，諸本無。

一　一九三頁中二〇行「比丘」，資、磧、普、徑、清作「諸比丘」。

一　一九四頁上三行末字「若」，諸本無。

一　一九四頁上八行第五字「乃」，諸本作「及」。

一　一九四頁上一二行「精出黄」，諸本作「黄精出」。

一　一九四頁上一四行「出白精」，諸本作「白精出」。

一　一九四頁上一五行「出薄精」，諸本作「薄精出」。

一　一九四頁上二一行第三字「事」，諸本作「處」。

一　一九四頁中二行第一四字「疥」，資、磧、普、徑、清無。

一　一九四頁中四行首字「人」，諸本作「火」。

一　一九四頁中五行第四字「腟」，磧、南、清作「髀」。下同。

一　一九四頁中二二行「礼足」，諸本

作「作禮」。

一　一九四頁下六行末字「讚」，諸本無。

一　一九四頁下一二行「一一」，諸本作「若一一」。

一　一九四頁下二〇行末字「綃」，諸本作「髾」。

一　一九四頁下二一行第六字「咽」，諸本作「眼」。

一　一九四頁下末行及次頁上四行、頁中四行「小便」，諸本作「大小便」。

一　一九五頁上二行第一一字「腰」，磧作「骨」。

一　一九五頁中八行「婬欲」，諸本作「欲」。

一　一九五頁中一三行「摩面」，諸本作「若摩面」。

一　一九五頁下二行第三字、一五行第四字、一九七頁下一一行第八字一九九頁上一二行第四字「女」，諸本作「女人」。

一　一九六頁上一行首字及次頁中八行第二字「房」，諸本作「房中」。

一　一九六頁上一行「女中」，資、磧、普、徑、清作「女人」。

一　一九六頁上一六行第二字「至」，諸本作「作」。

一　一九六頁下一八行第七字「中」，諸本作「門中」。

一　一九七頁上二二行首字「想」，諸本作「想不淨惡語偷蘭遮男所」。

一　一九七頁中一二行至一三行「以身供養」，諸本作「供養已身」。

一　一九七頁下五行「種種」，諸本作「以種種」。

一　一九八頁上八行「比丘」，諸本無。頁中四行、頁下末行、次頁上五行同。

一　一九八頁上二一行第三字「若」，諸本作「若比丘」。

一　一九八頁下五行末字「供」，磧、普、徑作「供養」；清無。

一　一九八頁下七行首字「養」，資、磧、普、徑、清無。

一　一九八頁下一八行第四字「好」，諸本作「妙」。

一　一九八頁下二〇行「衣被臥具」，諸本無。

一　一九八頁下二一行第一〇字「過」，諸本無。

一　一九九頁中四行「便不」，徑作「不便」。

一　一九九頁中七行「我爲」，諸本作「爲」。

一　一九九頁中一一行第六字「家」，諸本作「窮」。

一　一九九頁中一八行「當樂」，諸本作「富樂」。

一　一九九頁下九行「如是」，諸本作「是」。

一　一九九頁下二〇行「迦羅」，諸本作「迦羅比丘」。

一　二〇〇頁上六行「種種」，資、磧、普、南、徑作「種種因緣」。

一　二〇〇頁上九行「若爲」，諸本作

「若爲成」。

一　二〇〇頁上一八行第三字「與」，諸本作「與汝」。

一　二〇〇頁中四行「作婦」，諸本作「作婦是名索得」。

一　二〇〇頁中七行第二字「罸」，諸本作「伐」。

一　二〇〇頁中八行第二字「一」，諸本無。

一　二〇〇頁中九行「衣食者」，諸本作「得衣食得者」。

一　二〇〇頁中一〇行「來供作婦」，諸本作「來供給作婦是名衣食得」。

一　二〇〇頁中一三行第五字「故」，諸本作「故是」。

一　二〇〇頁下一〇行「比丘」，資、南無。

一　二〇一頁上一九行首字「言」，諸本無。

一　二〇一頁上二一行第五字「汝」，諸本作「汝能」。

一　二〇一頁上二二行「若女姊妹」，諸本作「若女姊妹不」。下同至本頁下一九行。

一　二〇一頁中三行第九字「又」，諸本無。

一　二〇一頁中九行第二字「其」，磧、徑、清作「某」。

一　二〇一頁下一行第六字「還」，南無。

一　二〇一頁下一四行及一九行「語某」，諸本作「語某甲」。

一　二〇二頁上一五行「主人」，資、磧、普、徑、清無。

一　二〇二頁上一七行末字「挑」，諸本作「掉」。

一　二〇二頁中一行第七字「還」，諸本無。

一　二〇二頁中七行第三字「書」，諸本作「書語」。

一　二〇二頁中一〇行「若比丘」，諸本作「口」。

一　二〇二頁中一一行第七字「者」，資、磧、普、南、徑無。

一　二〇二頁中一二行第八字「語」，諸本無。

一　二〇二頁中一六行至一七行「使手印語」，諸本作「手使印」。

一　二〇二頁中一七行「手印」，諸本作「書手印」。

一　二〇二頁中二一行第六字「人」，諸本無。

一　二〇二頁下四行及二一行「塼鎵」，諸本作「塼釤」。

一　二〇二頁下五行第五字「盂」，資作「杅」。

一　二〇二頁下六行「人車鹿車」，資作「鹿車鹿車」；磧、普、南、徑、清作「麁車麁車」。

一　二〇二頁下七行「忩遽」，諸本作「怱懼」。

一　二〇二頁下二一行末字「索」，諸本無。

一　二〇二頁下末行「矢利」，諸本作「失利」。

一　二〇三頁上一三行「十二修伽陁」，

諸本作「修伽陀十二」。

一　二〇三頁上一四行「搩手」，資作「蹀手」；磧、普、南、徑作「磔手」。下同。

一　二〇三頁上二一行末字「名」，諸本作「故名爲」。

一　二〇三頁下一行第八字及五行第二字「是」，諸本無。

一　二〇三頁下七行「僧示」，諸本無。

一　二〇三頁下一五行第二字「若」，諸本無。一五行第八字、一六行第五字、第一一字、一七行第五字同。

一　二〇四頁上一一行「十誦律卷第三」，諸本無。（未換卷）。

十誦律卷第四 初誦之四

十三僧殘法并二不定法之二 後秦北印度三藏弗若多羅譯

佛在俱舍弥國。介時長老闡那多有知識國王夫人王子大臣將師官屬，以多知識故伐他神樹作大房舍。是樹多人所識，多人所用。諸居士嫌恨呵責：諸沙門釋子自言修善功德，以國王夫人王子大臣將師官屬所知識故，伐是多所識多人所用神樹作大房舍。我等失利供養，如是難滿難養多欲無猒足。人有比丘少欲知足行頭陁，聞是事心不喜，向佛廣說。佛以是事集比丘僧，知而故問闡那：汝實作是事不？荅言：實作，世尊。佛以種種因緣呵責言：云何名比丘，以國王夫人王子大臣將師官屬所知識故，伐是多人所識用神樹作大房舍？佛種種因緣呵已，語諸比丘：以十利故與諸比丘結戒，從今是戒應如是說：若比丘作大房舍，有主自為作，是比丘應問諸比丘，諸比丘當示無難無妨處。若比丘作大房舍，有主自為，不問諸比丘，難處妨處作者，僧伽婆尸沙。

大舍者，温室涼室殿堂樓閣一柱舍重舍，乃至容四威儀行立坐卧。有主者，是舍有檀越主，若男若女黃門二根。自為者，不為僧故，專為巳故，名為自為。問者，應問僧。審處者，僧應示處。難處妨處者，如上說。是比丘應從僧乞示作處。乞法者，僧一心和合，是比丘從坐起，偏袒右肩，脫革屣，胡跪合掌，應作是言：諸長老一心念，我某甲比丘欲作大房舍，有主自為，无難無妨處作。我某甲比丘為是有主自為无難無妨處作故，從僧乞示作處，僧憐愍故示我作處。第二第三亦如是乞。是中僧應籌量可示不可示。若言無難而實有難，若言無妨而實有妨，若言無難無妨而實有難有妨，皆不應示。无妨實無妨，無難實无難，應示。示法者，僧一心和合，一比丘唱言：大德僧聽，是某甲比丘欲作大舍，有主自為，無難無妨處作。是比丘為作大舍故，從僧乞示作處。若僧時到僧忍聽，僧當示某甲比丘作處。白如是。大德僧聽是某甲比丘欲作大舍有主自為無難無妨處作故從僧乞亦作處僧憐愍故當亦作處誰諸長老忍某甲比丘作大舍有主自為無難處无妨處作者黙然若不忍者說（如是白四羯磨僧示竟）某甲比丘作大舍有主自為無難無妨處竟僧忍黙然故是事如是持是中犯者若比丘有主自為過量作大舍犯不問處犯有難處犯有妨處犯不問有難處犯不問有妨處犯難處妨處犯不問難處妨處犯若比丘語餘比丘為我作舍語已便去後為作竟是舍過量作犯不問處犯有難處犯有妨處犯不問有難處犯不問有妨處犯有難有妨處犯不問有難有妨處犯若比丘語餘比丘為我作舍語已便去後作未成行還自成是舍過量作犯不問處犯有難處犯有妨處犯不問有難處犯不問有妨處犯有難有妨處犯不問有難有妨處犯若先成舍無犯（七事竟）

佛在王舍城尒時長老陁驃力士子成就五法故僧羯磨作知卧具人不

隨愛不隨瞋不隨怖不隨癡知得不得是人隨所應與若阿練兒阿練兒共持律持律共說法說法共讀修妬路讀修妬路共如是同事者共是人作是念我如是與者若語若黙安樂得住是陁驃分布卧具時不須燈燭左手出光右手持與有比丘故待闇来欲見陁驃神通之力時佛故在王舍城是力士子陁驃成就五法故衆僧教作差會人是人差次會時不隨愛瞋怖癡知次第不越次尒時弥多羅浮摩比丘次會值得麁食如是再三食麁食時作如是念我深苦惱是陁驃力士子故以是麁食惱我當以何報令彼得惱復作是念我當謗以無根波羅夷法是比丘有妹比丘尼名弥多羅時此比丘尼到弥多羅浮摩比丘所頭面礼足在一面立時弥多羅浮摩比丘不共語亦不看不教坐是比丘尼作是念我作何惡何所觸犯使此兄不共我語作是念已便言我於汝作何過故不共我語不教我坐是比丘言陁驃比丘故以麁食

惱我乃至再三汝不助我比丘尼言欲令我以何事相助是比丘言妹汝到佛所（言世尊）云何有是法陁驃比丘共我作婬墮波羅夷事比丘尼言是清淨無罪比丘云何謗以无根波羅夷法是比丘言妹汝不作是謗者不共汝語不喚汝坐是比丘尼敬愛兄故即作是念若我不隨語者兄不共我語不教我坐如是念已即語兄言當隨汝語是比丘言妹小住我當先往佛所汝隨後来我當證之即往佛所頭面礼足在一面立是比丘尼便從後来頭面礼足在一面立白佛言世尊云何有是法陁驃比丘共我作婬墮波羅夷事時弥多羅浮摩比丘即作是言世尊是事實尒我亦先知如是比丘尼所說尒時陁驃在佛後扇佛佛顧視陁驃言汝今云何是弥多羅比丘尼在我前言世尊云何有是法陁驃比丘共我作婬墮波羅夷事弥多羅浮摩比丘亦作是言世尊是事實尒我先亦知如是比丘尼所說陁驃比丘白佛言世尊世尊知我

修伽陁知我佛語陁驃汝今不得作如是語世尊知我修伽陁知我汝憶念者便說憶念若不憶念者說不憶念我不憶念世尊不憶念修伽陁尒時長老羅睺羅亦在會中偏袒右肩合掌白佛言世尊是陁驃比丘為何所說是弥多羅比丘尼今在佛前作如是語世尊云何有是法陁驃比丘共我作婬墮波羅夷事弥多羅浮摩比丘亦作是言世尊是事實尒我先亦知如是比丘尼所說佛語羅睺羅我今問汝隨汝意荅於意云何若是比丘尼来語我言世尊云何有是法羅睺羅共我作婬墮波羅夷事弥多羅浮摩比丘亦作是說是事實尒我亦先知如比丘尼所說汝當云何時羅睺羅言世尊知我修伽陁知我佛言癡人汝尚能言世尊知我修伽陁知我何況陁驃比丘持戒清淨善修梵行云何不言世尊知我修伽陁知我尒時佛語諸比丘汝等當記陁驃比丘說不憶念是弥多羅比丘尼自說作罪故應與滅羯磨佛如是教已起

入禪室時諸比丘審諦急問弥多羅浮摩比丘言汝云何見何處見見犯何事汝以何事故往見是諸比丘審諦急問已荅言陁驃比丘實梵行清淨我以欲故瞋故怖故癡故作是語謗諸比丘言云何陁驃比丘梵行清淨以欲故瞋故怖故癡故作是語謗荅言陁驃比丘成就五法故王舍城衆僧教作差會人不隨愛瞋怖癡次第不越次我時次會值麁惡食如是再三敢食時心中苦惱便作是念陁驃比丘故以麁食惱我我當以何報復作是念我當謗以無根波羅夷法以是因緣故我以欲瞋怖癡故作是語謗是中有比丘少欲知足行頭陁聞是事心不喜呵責言云何名比丘以無根波羅夷法謗清淨梵行比丘諸比丘種種因緣呵已向佛廣說佛時即從禪室出集比丘僧知而故問弥多羅浮摩比丘汝實作是事不荅言實作世尊佛以種種因緣呵責云何名比丘以無根波羅夷法誹謗清淨梵行比丘佛以種種呵已語諸比丘有三種人

墮地獄何等三若人以無根波羅夷法謗清淨梵行比丘是初人墮地獄復有人如是邪見便作是言婬欲中無罪以是故是人深作放逸自恣五欲是為第二人墮地獄復有人犯戒惡法臭爛非沙門自言沙門非梵行自言梵行是為第三人墮地獄尒時世尊欲明了此事而說偈言

妄語墮地獄　作之言不作　是二俱相似
後皆受罪報　夫人處世間　斧在口中生
以是自斬身　斯由作惡言　應呵而讚歎
應讚而呵罵　口過故得衰　衰故不受樂
如奪失財利　是衰為尠少　惡心向善人
是衰重於彼　尼羅浮地獄　其數有十萬
阿浮陁地獄　三千六及五　惡心作惡口
輕毀聖人故　壽終必當墮　如是地獄中

佛種種因緣呵已語諸比丘以十利故與諸比丘結戒從今是戒應如是說若比丘住惡瞋故以無根波羅夷法謗無波羅夷比丘欲破彼梵行是比丘後時或問或不問知是無根事比丘住惡瞋故作是語者僧伽婆尸沙惡瞋者以貪著故起惡瞋增盛不見

是人功德但求過惡無波羅夷比丘
者是比丘四波羅夷中一切不犯無
根者有三種根本若見若聞若疑謗
者是比丘不犯強以罪加破梵行者
破彼比丘法欲令退墮知是無根事
者事有四種諍訟事相助事犯罪事
常所行事是中犯者若比丘以無根
波羅夷法謗不清淨比丘十一種犯
五種不犯十一種者是事不見不聞
不疑若見妄若聞妄若疑妄若聞信
聞若聞不信聞聞已言疑疑已言見
疑已言聞是名十一種五種不犯者
是事若見若聞若疑見已不妄聞已
不妄是名五種不犯如不清淨比丘
似清淨亦如是若比丘以無根波羅夷
法謗清淨比丘十種犯四種不犯十
種者不見不聞不疑若聞妄疑妄若
聞信聞聞不信聞聞已言疑疑已言
見疑已言聞四種不犯者若疑若聞
若聞不妄若疑不妄如清淨比丘似
不清淨亦如是八事竟
佛在王舍城介時力士子陀驃比丘
獨在山下與二比丘尼共立一處時

弥多羅浮摩比丘亦在彼山坐石上
治衣遥見陀驃比丘獨與二比丘尼
共立一處見已作是念我先以无根波
羅夷法誹謗不成今有小事當以波
羅夷法謗之作是念已便語諸比丘
令陀驃比丘是犯婬人我見是事不
隨他語介時諸比丘審諦急問汝云
何見何處見見犯何事汝以何事往
見如是諸比丘審諦問已便云我隨
愛隨瞋隨怖隨癡故說是陀驃比丘
實梵行清淨諸比丘問云何言我隨
愛瞋怖癡故說是陀驃比丘梵行清
淨答言我在彼山坐石上治衣遥見
陀驃比丘獨與二比丘尼共立一處
見已便作是念我先以無根波羅夷
法誹謗不成今有小事當以波羅夷
法謗之以是故言我隨愛瞋怖癡故
說陀驃比丘實自清淨是中有比丘
少欲知足行頭陀聞是事心不喜呵
責言云何名比丘持小片事以波羅
夷法謗清淨比丘諸比丘種種因緣
呵已向佛廣說佛以是事集比丘僧
知而故問弥多羅浮摩比丘汝實作

是事不答言實作世尊佛以種種因
緣呵責云何名比丘持小片事以波羅夷法
謗清淨比丘佛以種種因緣呵已語
諸比丘以十利故與諸比丘結戒從今
是戒應如是說若比丘惡瞋故異分
中取片若似片事以波羅夷法謗無波
羅夷比丘欲破彼梵行是比丘後時或
問或不問知是片似片事比丘住惡
瞋故作是語者僧伽婆尸沙異分者
四波羅夷是何以故是四波羅夷中
若犯一一事非沙門非釋子失比丘法
故名異分不異分者十三事二不定
法三十捨墮法九十墮法四波羅提
提舍尼法衆多學法七止諍法是名
不異分何以故若犯是事故名比丘
故名釋子不失比丘法是名不異分
片須臾片者諸威儀中事是名為片
亦名須臾片諍者諍有四種闘訟諍
相助諍犯罪諍常所行事諍是中犯
者若比丘地了時見餘比丘犯僧伽
婆尸沙是比丘僧伽婆尸沙中定生
僧伽婆尸沙想不見他犯波羅夷言
我見犯一一語中僧伽婆尸沙日出

十誦律卷第五十四　第十二張

時日出已中前日中中後晡時日沒日沒已初夜初分初夜中分初夜後分中夜初分中夜中分中夜後分後夜初分後夜中分後夜後分亦如是有比丘地了時見餘比丘犯罪若波逸提若波羅提提舍尼若突吉羅是比丘突吉羅罪中定生突吉羅想不見他犯波羅夷言我見犯一一語中僧伽婆尸沙乃至後夜後分亦如是有比丘地了時見餘比丘犯僧伽婆尸沙謂是僧伽婆尸沙謂波夜提謂波羅提提舍尼謂突吉羅是比丘僧伽婆尸沙中定生突吉羅想不見他犯波羅夷言我見犯一一語中僧伽婆尸沙乃至後夜後分亦如是復有比丘地了時見餘比丘犯罪若波夜提若波羅提提舍尼若突吉羅是人謂是突吉羅謂僧伽婆尸沙謂波夜提謂波羅提提舍尼是人突吉羅罪中定生波羅提提舍尼想不見他犯波羅夷言我見犯一一語中僧伽婆尸沙乃至後夜後分亦如是復有比丘地了時見餘比丘犯僧伽婆尸沙

十誦律卷第五十四　第十三張

是中生疑為是僧伽婆尸沙為非僧伽婆尸沙後除疑心定生僧伽婆尸沙想不見他犯波羅夷言我見犯一一語中僧伽婆尸沙乃至後夜後分亦如是復有比丘地了時見餘比丘犯罪若波夜提若波羅提提舍尼若突吉羅是中生疑為突吉羅為非突吉羅後除疑心突吉羅罪中定生突吉羅想不見他犯波羅夷言我見犯一一語中僧伽婆尸沙乃至後夜後分亦如是復有比丘地了時見餘比丘犯僧伽婆尸沙是中生疑是罪為僧伽婆尸沙為波夜提為僧伽婆尸沙為波羅提提舍尼為僧伽婆尸沙為突吉羅後除疑心僧伽婆尸沙中定生僧伽婆尸沙想不見他犯波羅夷言我見犯一一語中僧伽婆尸沙乃至後夜後分亦如是復有比丘地了時見他犯罪若波夜提若波羅提提舍尼若突吉羅是中生疑是罪為突吉羅為僧伽婆尸沙為突吉羅為波夜提為突吉羅為波羅提提舍尼後除疑心突吉羅罪中定生突吉羅想不

十誦律卷第五十四　第十四張

見他犯波羅夷言我見犯一一語中僧伽婆尸沙乃至後夜後分亦如是復有比丘地了時見他犯僧伽婆尸沙是中生疑為是僧伽婆尸沙為是波夜提為是波羅提提舍尼為是突吉羅後除疑心僧伽婆尸沙中定生突吉羅想不見他犯波羅夷言我見犯一一語中僧伽婆尸沙乃至後夜後分亦如是復有比丘地了時見他比丘犯罪若波夜提若波羅提提舍尼若突吉羅是中生疑是罪為是突吉羅為僧伽婆尸沙為波夜提為波羅提提舍尼後除疑心突吉羅罪中定生波羅提提舍尼想不見他犯波羅夷言我見犯二語中僧伽婆尸沙乃至後夜後分亦如是九事竟

佛在王舍城尒時提婆達多求破和合僧受持破僧事是人有嫉妬心方便作是念我獨不能得破沙門瞿曇和合僧壞轉法輪是提婆達多有四同黨一名俱伽梨二名騫陀陀驃三名迦留陀提舍四名三文達多提婆達多到是四人邊已作是言汝當共

破沙門瞿曇和合僧壞轉法輪時彼四人語提婆達多言沙門瞿曇諸弟子有大智慧大神通得天眼知他心念是人知見我等欲破和合僧壞轉法輪我等去何能破沙門瞿曇和合僧壞轉法輪提婆達多語四人言沙門瞿曇年少弟子新入彼法出家不久我等到邊用五法誘取語諸比丘言汝盡形壽受著納衣盡形壽受乞食法盡形壽受一食法盡形壽受露地坐法盡形壽受斷肉法若比丘受是五法疾得涅槃若有長老上坐比丘多知多識久習梵行得佛法味當語之言佛已老耄年在衰末自樂閑靜受現法樂汝等所須事我當相與我等以是方便能破沙門瞿曇和合僧壞轉法輪四比丘言如是提婆達多受提婆達多語提婆達多後時到諸年少比丘所以五法誘之語諸比丘汝盡形壽受著納衣盡形壽受乞食法盡形壽受一食法盡形壽受露地坐法盡形壽受斷宍法汝等行是五法疾得涅槃復語諸長老上坐比丘佛已老耄年在衰末自樂閑靜受現法樂汝所須事我當相與尒時提婆達多非法說法法說非法非律說律律說非律非犯說犯犯說非犯輕說重重說輕有殘說無殘無殘說有殘常所用法說非常非常所用法說是常法非教說教教說非教時諸比丘見提婆達多欲破和合僧壞轉法輪見已往詣佛所頭面礼足在一面坐坐已白佛言世尊是提婆達多欲破和合僧受持破僧因緣事是人非法說法法說非法非律說律律說非律犯說非犯非犯說犯輕說重重說輕有殘說無殘無殘說有殘常所用法說非常法非常所用法說是常法教說非教非教說教佛語諸比丘汝等當呵提婆達多令捨是破僧因緣事是比丘受佛語已到提婆達多所言汝莫求破和合僧莫受持破僧事當與僧和合僧和合者歡喜無諍一心一學如水乳合得安樂住汝當捨是破僧因緣事時提婆達多不捨是事尒時提婆達多四同黨呵諸比丘言汝等莫說提婆達多是事何以故是人說法說律是人所說皆是我等所欲是人知說非不知說是人所說皆是我等所欲樂忍如是諸比丘再三教提婆達多不能令捨惡邪便從坐起往詣佛所頭面礼足一面坐坐已白佛言世尊我等已約勑提婆達多而不捨惡邪有四同黨復作是言汝等莫說提婆達多是事何以故是人說法說律是人所說皆是我等所欲是人知說非不知說是人所說皆是我等所樂忍諸比丘再三約勑不捨是事尒時佛作是念如提婆達多癡人及同黨或能破我和合僧壞轉法輪我當自約勑提婆達多令捨是事佛作是念已即自約勑提婆達多汝莫求破和合僧莫受持破僧因緣事汝當與僧和合僧和合者歡喜無諍一心一學如水乳合得安樂住汝莫非法說法法說非法非律說律律說非律非犯說犯犯說非犯輕說重重說輕有殘說無殘無殘說有殘常所用法說非常法非常所用法說是常法非教說

教教說非教汝當捨是破僧因緣事佘時提婆達多聞佛口教暫捨是事佛以是事集比丘僧以種種因緣呵責云何名比丘求破和合僧受持破僧事佛如是種種因緣呵已語諸比丘以十利故與諸比丘結戒從今是戒應如是說若比丘欲破和合僧勤求方便受持破僧事諸比丘應如是呵言汝莫破和合僧莫求方便受持破僧事當與僧和合僧和合者歡喜无諍一心一學如水乳合得安樂住汝當捨是求破僧事諸比丘如是教時不捨是事者當冊三教令捨是事冊三教已捨者善不捨者僧伽婆尸沙是中犯者比丘是事中有十四種犯非法說法偷蘭遮法說非法偷蘭遮非律說律偷蘭遮律說非律偷蘭遮非犯說犯偷蘭遮犯說非犯偷蘭遮輕說重偷蘭遮重說輕偷蘭遮有殘說無殘偷蘭遮無殘說有殘偷蘭遮常所用法說非常法偷蘭遮非常所用法說是常法偷蘭遮非教說教偷蘭遮教說非教偷蘭遮先應軟語約

勑已捨者令作十四偷蘭遮悔過出罪若不捨者應作白四羯磨約勑法者衆僧一心和合一比丘僧中唱言大德僧聽是某甲比丘求破和合僧受持破僧事已軟語約勑不捨是事若僧時到僧忍聽僧當約勑某甲比丘汝莫破和合僧莫受持破僧事當與僧和合僧和合者歡喜無諍一心一學如水乳合得安樂住汝莫捨是求破僧事白如是如是白四羯磨僧約勑某甲比丘汝莫破和合僧莫受持破僧事竟僧忍默然故是事如是持如佛先說是比丘應約勑乃至三教令捨是破僧事者是名約勑是名為教是名約勑教若軟語約勑不捨者未犯初說說未竟說竟第二說說未竟說竟第三說說未竟非法別衆非法和合衆似法別衆似法和合衆法別衆異法異律異佛教若約勑不捨者未犯若如法律如佛教三約勑竟不捨者犯僧伽婆尸沙是比丘若以四事約勑皆成約勑若以是約勑若以餘約勑此十四事一向約勑不

捨者一向成僧伽婆尸沙後復約勑不捨者復得僧伽婆尸沙隨所約勑不捨者隨得佘所僧伽婆尸沙是比丘應即時入僧中自唱言諸長老我某甲比丘得僧伽婆尸沙罪若即說者善若不即說者從是時名覆藏日數十事竟

佛在王舍城佛以是助破僧比丘因緣故集比丘僧種種因緣呵責助破僧比丘云何名比丘知是比丘求破和合僧作別朋黨共相佐助若一若二若衆多佛如是種種因緣呵已語諸比丘以十利故與諸比丘結戒從今是戒應如是說若比丘求破和合僧有餘同意相助比丘若一若二若衆多語諸比丘言汝是事中莫說是比丘何以故是比丘說法說律不說非法不說非律是比丘所說皆是我等所欲是知說非不知說是比丘所說皆是我等所欲樂忍諸比丘應如是教是相助比丘汝莫作是語是比丘說法說律不說非法不說非律是比丘所說皆是我等所欲是知說非不知

説是比丘所説皆是我等所欲樂忍汝莫相助求破僧事當樂助和合僧僧和合者歡喜無諍一心一學如水乳合得安樂住諸比丘如是教時堅持是事不捨者諸比丘當再三教令捨是事再三教已捨者善不捨者僧伽婆尸沙是中犯者若助破僧比丘語諸比丘言汝是事中莫説是比丘得突吉羅若言是比丘説法者得偷蘭遮是説律者偷蘭遮若言是比丘所説皆是我等所欲突吉羅若言知説非不知説偷蘭遮若言是比丘所説皆是我等所欲樂忍偷蘭遮先應軟語約勑已捨者令作四偷蘭遮二突吉羅悔過出罪若不捨者應作白四羯磨約勑約勑法者僧一心和合一比丘僧中唱言大德僧聽是某甲比丘助某甲比丘求破僧作別朋黨若一若二若衆多已軟語約勑不捨是事若僧時到僧忍聽僧當約勑某甲比丘汝等莫助某比丘求破僧莫作別朋黨莫作是言是比丘説法説律是比丘所説皆我等所欲是知説非不知説

是所説皆是我等所欲樂忍如是白白四羯磨約勑其比丘汝莫助破和合僧竟僧忍默然故是事如是持如佛所説是比丘應約勑乃至三教令捨助破僧事者是名約勑是名為教是名約勑教若軟語約勑不捨者不犯若初説説未竟説竟第二説説未竟説竟第三説説未竟非法別衆非法和合衆似法別衆似法和合衆法別衆異法異律異佛教不捨者不犯若如法如比尼如佛教三約勑不捨者犯僧伽婆尸沙是比丘若以四事約勑皆成約勑若以是約勑若餘約勑此四事一向約勑不捨者一向成僧伽婆尸沙若後復約勑不捨者復得僧伽婆尸沙隨所約勑不捨者隨得尒所僧伽婆尸沙是比丘應即時入僧中自唱言諸長老我某甲比丘得僧伽婆尸沙罪若即説者善若不即説者從是時來名覆藏日數　十一事竟

佛在舍衛國尒時黑山土地有二比丘名馬宿滿宿在此處住作惡行汙他家皆見皆聞皆知是比丘共女人一

牀坐共一盤食共器飲酒中後食共食宿啖宿食不受而食不受殘食彈鼓簧捻脣作音樂聲齒作伎樂彈銅杅彈多羅樹葉作餘種種伎樂歌儛者鬘瓔珞以香塗身著香熏衣以水相灑自手採華亦使人採自貫華鬘亦使人貫頭上著華自著耳環亦使人著自將他婦女去若使人將去令象馬鬪車鬪步鬪羊鬪水牛鬪狗鬪雞鬪男鬪女鬪亦自共鬪手打脚蹹四向馳走變易服飾馳行跳擲水中浮沒斫截樹木打髀拍髀啼哭大喚或嘯謀語諸異國語擲絶反行如婉轉魚擲物空中還自接取與女共大舩上載令作伎樂或騎象馬乘車輦轝與多人衆吹貝導道入園林中作如是等種種惡不淨事尒時阿難從加尸國來向舍衛城到黑山邑宿晨朝時到著衣持鉢入城乞食阿難持空鉢入城還空鉢出出城不遠多人衆集有少因緣阿難到彼聞衆人言汝此土地豐樂多諸人衆今我乞食持空鉢入還空鉢出無有沙門釋子在

此多少作惡事耶尒時有賢者名憂樓伽在彼衆中從坐起偏袒合掌語阿難言大德知不此有馬宿滿宿比丘作諸惡行如上廣說大德阿難是二比丘住此作惡恙汙諸家皆見聞知時憂樓伽賢者即以兩手抱阿難身將入自舍敷座令坐自手與水與多美飲食自恣飽滿已洗手攝鉢賢者取小牀坐欲聽法故阿難以種種因緣說法示教利喜已從座起去向自房舍隨所受卧具還付舊比丘持衣鉢遊行向舍衛國漸到佛所頭面礼足在一面立諸佛常法有客比丘来以如是語問訊忍不足不安樂住不道路不疲乞食不乏佛以如是語問訊阿難忍不足不安樂住不道路不乏耶阿難荅言世尊忍足安樂住道路不乏乞食不難以是因緣向佛廣說佛以是事集比丘僧以種種因緣呵責馬宿滿宿比丘云何名比丘作惡行汙他家皆見聞知佛如是種種因緣呵已語阿難汝往黑山與馬宿滿宿比丘駈出羯磨若更有如是比

丘亦應如是駈出羯磨羯磨法者一心和合僧是馬宿滿宿比丘著見處不聞處一比丘僧中作是言誰能說馬宿滿宿比丘如是罪事而自不犯毀呰波夜提何以故僧差作故若有比丘僧中言我能作者即喚馬宿滿宿比丘来是比丘應問汝憶念與女人共一床坐共一盤食共一器飲酒中後食共食宿取食不受食不受殘食法廣問如上種種惡不淨事汝憶作不若馬宿滿宿比丘是諸罪中趣說一事即應語汝默然令僧與汝作駈出羯磨時一比丘僧中唱言大德僧聽是馬宿滿宿比丘作惡行汙他家皆見聞知共女人一床坐共一盤食共器飲酒中後食共食宿取食不受食不受殘食法乃至諸異國語若僧時到僧忍聽僧與馬宿滿宿比丘駈出羯磨若馬宿滿宿比丘共女人一床坐一盤食共一器飲酒中後食共食宿取食不受食不受殘食法乃至諸異國語僧與作駈出羯磨白如是如是白四羯磨僧與馬宿滿宿比丘作駈

出羯磨竟僧忍默然故是事如是持是比丘如法僧與駈出羯磨已作是言僧阿難隨欲行瞋行怖行癡行是中有比丘少欲知足行頭陁聞是事心不喜種種因緣呵責云何名比丘衆僧和合如法作駈出羯磨乃復說僧阿難隨欲行瞋行怖行癡行諸比丘種種因緣呵已向佛廣說佛以種種因緣呵責馬宿滿宿比丘云何名比丘一心和合僧如法作駈出羯磨說僧阿難隨欲行瞋行怖行癡行佛種種因緣呵已語諸比丘以十利故與諸比丘結戒從今是戒應如是說若比丘隨所依止聚落作惡行汙他家皆見皆聞皆知諸比丘應如是言汝等作惡行汙他家皆見皆聞皆知汝等出去不應住此是比丘語諸比丘言諸比丘隨欲行瞋行怖行癡行何以故有如是同罪比丘有駈者有不駈者諸比丘語是比丘汝莫作是語諸比丘隨欲行瞋行怖行癡行何以故諸比丘不隨欲瞋怖癡行汝等作惡行汙他家皆見聞知汝當捨是隨欲

瞋怖癡語汝等出去不應住此如是教時不捨是事者當再三教令捨是事再三教時捨者善不捨者僧伽婆尸沙是中犯者若比丘言諸比丘隨欲行偷蘭遮隨瞋行偷蘭遮隨怖行偷蘭遮隨癡行偷蘭遮若言同犯罪比丘有駈者有不駈者呵罵僧故得波夜提先應軟語約勑若捨者令作四偷蘭遮一波夜提悔過出罪若不捨者應作白四羯磨約勑約勑法者僧一心和合一比丘僧中唱言大德僧聽是馬宿滿宿比丘衆僧如法作駈出羯磨說僧阿難隨欲行瞋行怖行癡行若僧時到僧忍聽僧當約勑是比丘衆僧如法作駈出羯磨汝莫說僧阿難隨欲行莫言隨瞋行莫言隨怖行莫言隨癡行汝當捨是隨欲瞋怖癡語白如是如是作白四羯磨僧約勑馬宿滿宿比丘竟僧忍默然故是事如是持如佛先說是比丘應約勑乃至三教是名約勑是名為教是名約勑教若軟語約勑不捨者不犯若初說說未竟說竟第二說說未竟說竟

第三說說未竟非法別衆非法和合衆似法別衆似法和合衆法別衆異法異律異佛教約勑不捨者不犯若如法如律如佛教三約勑不捨者犯僧伽婆尸沙是比丘若以四事約勑皆成約勑若以是約勑若以餘約勑以此四事一向約勑不捨者一向成僧伽婆尸沙若後復約勑不捨者復得僧伽婆尸沙隨所約勑不捨者隨得介所僧伽婆尸沙是比丘應即時入僧中自唱言諸長老我某甲比丘得僧伽婆尸沙罪若即說者善若不即說從是時来名覆藏日數事竟十二

佛在拘睒弥國介時長老闡那犯小悔過罪諸比丘欲利益憐愍安隱故教憶是罪語闡那言汝作某可悔過罪汝應發露悔過莫覆藏闡那荅言汝等莫語我好惡我亦不語汝等好惡何以故我大人子得佛法故汝等種種雜姓種種國土種種家信佛法故剃除鬚髮著法服隨佛出家如秋葉落風吹一處汝等亦介種種雜姓種種國土種種家信佛法故剃除鬚

髮著法服隨佛出家以是故汝等不應語我好醜我亦不應語汝好惡我大人子得佛法故是中有比丘少欲知足行頭陁聞是事心不喜種種因縁呵責云何名比丘如戒經中說事諸比丘如法如律以利益憐愍故說自身作戾語事諸比丘種種因縁呵已向佛廣說佛以是事集比丘僧知而故問闡那言汝實作是事不荅言實作世尊佛以種種因縁呵責闡那云何名比丘自身作戾語佛種種因縁呵已語諸比丘以十利故與諸比丘結戒從今是戒應如是說若比丘惡性戾語諸比丘說如法如律如戒經中事是比丘戾語不受語諸比丘言汝莫語我好惡我亦不語汝好惡諸比丘應如是言諸比丘說如法如律如戒經中事汝莫戾語汝當隨順語諸比丘當為汝說如法如律汝亦當為諸比丘說如法如律何以故如是者諸如來衆得增長利益以共語相教共出罪故汝當捨是戾語事諸比丘如是教時不捨是事者當再三

教令捨是事再三教已捨者善不捨者僧伽婆尸沙是中犯者若比丘言汝莫語我突吉羅莫語好偷蘭遮莫語惡偷蘭遮我亦不語汝突吉羅不語汝好偷蘭遮不語汝惡偷蘭遮若言捨是教我法嫌罵衆故得波夜提先應軟語約勑軟語約勑已捨是事者令作四偷蘭遮二突吉羅一波夜提悔過出罪若不捨者應作白四羯磨約勑約勑法者僧一心和合一比丘僧中唱言大德僧聽是闡那比丘自身作戾語事已軟語約勑不捨是事若僧時到僧忍聽僧當約勑闡那比丘莫作戾語事莫言汝莫語我好惡我亦不語汝好惡諸比丘說如法如律如戒經中事汝莫戾語當作隨順語諸比丘當為汝說如法如律汝當為諸比丘說如法如律如是者如来衆得增長利益以共語相教共出罪故汝當捨是戾語事白如是如是作白四羯磨約勑闡那比丘竟僧忍默然故是事如是持如佛先說是比丘應約勑乃至三教是名約勑是名

為教是名約勑教若軟語約勑不捨者未犯若初說說未竟說竟第二說說未竟說竟第三說說未竟非法別衆非法和合衆似法別衆似法和合衆法別衆異法異律異佛教三約勑不捨者未犯若如法如律如佛教三約勑竟不捨者犯僧伽婆尸沙是比丘若以四事約勑皆成約勑若以是約勑若以餘約勑以此四事一向約勑不捨者一向成僧伽婆尸沙若後復約勑不捨者復得僧伽婆尸沙隨所約勑不捨者隨得尒所僧伽婆尸沙是罪竟應即入僧中自唱言諸長老我某甲比丘犯僧伽婆尸沙若即說者善若不即說者從是時来名覆藏日數 十三事竟

二不定法

佛在舍衛國尒時迦留陁夷比丘與掘多憂婆夷舊相知識共事共語時迦留陁夷到掘多舍已　獨屏覆處坐說法時有毗舍佉鹿子母小因緣故到掘多比舍遥聞迦留陁夷說法聲作是念必當是迦留陁夷在掘多

舍說法我當往聽時毗舍佉鹿子母即到掘多舍見迦留陁夷獨與掘多屏覆處坐見已作是念是坐處惡比丘不應是中坐若有長者見是坐處必當知是比丘作惡事竟若欲作惡我今當往白佛時毗舍佉鹿子母即到佛所頭面礼足一面坐已以是因緣向佛廣說佛與毗舍佉鹿子母說種種法示教利喜已默然住毗舍佉鹿子母見佛默然已從坐起作礼而去去不久佛以是事集比丘僧知而故問問迦留陁夷汝實作是事不荅言實作世尊佛以種種因緣呵責迦留陁夷汝所作事非沙門法不隨順道無欲樂心作不清淨行出家之人所不應作汝癡人我以種種因緣呵欲欲想欲欲欲覺欲熱種種因緣稱讚斷欲除欲想滅欲熱我常說法教人離欲汝尚不應生心何況乃作起欲恚癡結縛根本不淨惡業佛如是種種因緣呵已語諸比丘以十利故與諸比丘結戒從今是戒應如是說若比丘獨共女人坐屏覆内可行婬處

若可信優婆夷說是比丘三法中一一法若波羅夷若僧伽婆尸沙若波夜提若是比丘自言我坐是處應三法中隨所說治若波羅夷若僧伽婆尸沙若波夜提若隨可信優婆夷所說法治是初不定法女人者女人名有命人若大若小中作婬欲獨者一比丘一女人更無第三人屏處者是處有壁有籬席障薄障衣幔障如是等種種餘障是名屏覆處行婬者是中無所羞耻可作婬欲可信優婆夷者歸依佛歸依法歸依比丘僧得道得果是人終不為身若為他人若以小因緣若為財利故作妄語三法中波羅夷者四波羅夷中趣說一事僧伽婆尸沙者十三僧伽婆尸沙中趣說一事波夜提者九十波夜提中趣說一事不定者云何名不定可信優婆夷不知犯不知何處起不知犯名字但言我見女人是處來去坐立亦見比丘來去坐立不見若作婬欲若作偷奪若奪人命若觸女人身若煞草木若過中食若飲酒如是事中

不決定故是名不定隨優婆夷所說事應善急問是比丘善急問已自說我有是罪而不往隨比丘語應治若言我往不犯是罪如比丘語應治若言我不往無有是罪隨可信優婆夷語故應與是比丘作實覓實覓法者衆僧一心和合一比丘僧中唱言德僧聽是某甲比丘以可信優婆夷語善急問已不自說到彼處不自說有是罪若僧時到僧忍聽僧與某甲比丘隨可信優婆夷語作實覓白如是如是白四羯磨僧與某甲比丘隨可信優婆夷語作實覓竟僧忍默然故是事如是持得實覓比丘行法者是人不應與他受大戒不應受他依止不應畜沙弥不應教化比丘尼若僧差作不應受不應重作實覓罪不應作相似罪亦不應作重於先罪不應呵羯磨不應呵作羯磨人不應出清淨比丘罪不得求聽欲出他罪不應遮說戒不應遮自恣不應遮僧羯磨教誡比丘尼人不應舉清淨比丘罪不應教令憶念不遮相言但自謙卑折伏心意隨順清淨比丘

心行常恭敬礼拜若不如是法行者盡形壽不得出是羯磨

佛在舍衛國尒時尸利比丘與修闍多居士婦舊相知識共事共語時尸利比丘晨朝時到著衣持鉢至修闍多舍獨二人露處坐說法時有布薩陁居士婦小因緣故到修闍多比舍聞尸利比丘說法語聲作是念必是尸利比丘為修闍多說法我當往聽即往到舍見尸利比丘獨與修闍多婦露處共坐見已作是念是坐處惡比丘不應是中坐若其夫若其子若奴若子弟若典計人見是處坐必當知是比丘作惡事竟若欲作惡我今當往白佛時布薩陁往到佛所頭面礼足一面坐已以是因緣向佛廣說佛與布薩陁說種種法示教利喜已默然布薩陁見佛默然已從坐起作礼而去去不久佛以是事集比丘僧佛知而故問尸利比丘汝實作是事不答言實作世尊佛以種種因緣呵責尸利比丘汝所作事非沙門法不隨順道無欲樂心作不清淨行出家

之人所不應作汝癡人我以種種因緣呵欲欲想欲欲覺欲熱種種因緣稱讚斷欲想滅欲熱我常說法教人離欲汝尚不應生心何況乃作起欲恚癡結縛根本不淨惡業佛如是種種因緣呵已語諸比丘以十利故與諸比丘結戒從今是戒應如是說若比丘獨共一女人一一露地坐不可行婬處若可信優婆夷說是比丘二法中一一法若僧伽婆尸沙若波夜提若是比丘自言我坐是處應隨所說治若僧伽婆尸沙若波夜提若隨可信優婆夷所說治是二不定法露地處者无壁障無籬无薄席障無衣幔障是名露地不可行婬處者是中有所羞耻不得作婬可信優婆夷者歸佛歸法歸僧得道得果是人終不為身若為他人若以小因緣若為財利故作妄語說二法中一一法者僧伽婆尸沙者十三僧伽婆尸沙中趣說一事波夜提者九十波夜提中趣說一事不定者可信優婆夷不知犯何處起不知犯名字但說我見女

人是處來去坐立亦見比丘是處來去坐立不見出精若觸女身若煞草木若過中食若飲酒如是事中不決定故名為不定隨可信優婆夷所說應善急問善急問已若是比丘自言我有是罪而不往如比丘語應治若言我往无有是罪如比丘語應治若言我不往無有是罪如可信優婆夷語應與實覓實覓法者僧一心和合一比丘僧中唱大德僧聽是某甲比丘可信優婆夷語善急問已不自說到彼處不自說有是罪若僧時到僧忍聽與某甲比丘隨可信優婆夷語作實覓白如是如是白四羯磨與某甲比丘隨可信優婆夷作實覓竟僧忍默然故是事如是持得實覓比丘行法者是人不應與他受大戒不應受他依止不應畜沙弥不應教比丘尼若僧差作不應受不應重作實覓罪不應作相似罪不應作重於先罪不應呵羯磨不應呵作羯磨人不應出清淨比丘罪不得求聽欲出他罪不應遮說戒不應遮自恣不應遮僧羯磨教

誡比丘尼人不應舉清淨比丘罪不應教令憶念不應相言恒自謙卑折伏心意隨順清淨比丘心行常恭敬礼拜若不如是法行者盡形壽不得出是羯磨

十誦律卷第四

十誦律卷第四

校勘記

一　底本，金藏廣勝寺本。
一　二〇八頁中一、二行經名、譯者，資、磧、普、南、徑、清無（未換卷）。
一　二〇八頁中二行「十三僧……之二」，麗作「十三僧殘法之餘并二不定法」，置於二行、三行之間。
一　二〇八頁中三行「俱舍彌國」，麗作「拘睒彌國」。
一　二〇八頁中四行、八行及一六行「將師」，南、徑、清作「將帥」。
一　二〇八頁中一八行第五字「呵」，資、磧、普、南、徑、清作「呵責」。
一　二〇八頁下九行第九字「草」，磧、南、徑、清、麗作「革」。
一　二〇八頁下一九行「比丘」，資、磧、普、南、徑、清作「比丘僧中」。
一　二〇八頁下二〇行第二字「是」，資、磧、普、南、徑、清無。次頁上一行第二字、頁下一七行第二字、二一〇頁上一一行第三字同。
一　二〇九頁上六行「作竟」，麗無。
一　二〇九頁上二一行「七事竟」，至此，資、磧、普、南、徑、清換卷，卷第三終，卷第四始。經名、譯者後有「初誦之四」及「十三僧殘法之餘後附二不定法」二行。
一　二〇九頁中八行「時佛」，資、磧、普、南、徑、清作「佛時」。
一　二〇九頁中二二行「汝作」，資、磧、南、徑、清作「兄作」；麗作「兄有」。
一　二〇九頁下二行第二字「今」，資、磧、清、麗作「令」。
一　二〇九頁下三行第二字「所」，諸本（不含石，下同）作「所作如是」。
一　二〇九頁下六行末字「不」，諸本作「我不」。
一　二〇九頁下一〇行第三字「汝」，資、磧、普、南、徑、清作「兄」。
一　二〇九頁下一八行「扇佛」，資、磧、普、南、徑、清作「以扇扇佛」。
一　二一〇頁中一八行「即從」，資、磧、普、南、徑、清作「從」。
一　二一〇頁中末行「種種」，資、磧、普、南、徑、清作「種種因緣」。
一　二一〇頁中末行末字「必」，磧、普、南、徑、清作「以」。
一　二一〇頁下一三行第二字「奄」，資、磧、普、南、徑、清作「掩」。
一　二一〇頁下一四行第三字「重」，資、磧、普、南、徑、清作「過」。
一　二一〇頁下一五行第七字「千」，資、磧、普、南、徑、清作「十」。
一　二一一頁上一二行第九字「種」，諸本作「種犯」。
一　二一一頁上一八行第四字「聞」，資、磧、普、南、徑、清作「若聞」。
一　二一一頁上二一行「亦如是」，資、磧、普、南、徑、清作「比丘亦如是」。
一　二一一頁中一六行第六字「今」，資、磧、普、南、徑、清作「今者」。
一　二一一頁中二〇行第一〇字「斤」，諸本作「片」。下同至本頁下一八行第五字。

一 二一一頁下五行「比丘」，資、磧、普、南、徑、清作「比丘住」。

一 二一一頁下八行第八字「似」，資、磧、普、南、徑、清作「若似」。

一 二一二頁上九行「後分」，資、磧、普、南、徑、清作「分」。

一 二一二頁上一〇行首字「有」，資、磧、普、南、徑、清作「復有」。

一 二一二頁上一九行末字「罪」，資、磧、普、南、徑、清無。頁中末行第七字及頁下一三行第一一字同。

一 二一二頁下四行第七字「是」，資、磧、普、南、徑、清無。四行末字、五行第五字、五行第一三字、一一行第一一字同。

一 二一二頁下一〇行「比丘」，資、磧、普、南、徑、清無。

一 二一二頁下二二行「三丈」，諸本作「三文」。

一 二一二頁下末行第八字「巳」，資、磧、普、南、徑、清無。

一 二一三頁上一三行第一三字「味」，諸本作「味者」。

一 二一三頁上一八行「提婆達多」，資、磧、普、南、徑、清作「大德」。

一 二一三頁下四行、次頁下二〇行、二一五頁上一行、一三行及中一行「所欲」，麗作「所」。

一 二一三頁下八行「復作」，資、磧、普、南、徑、清作「作」。

一 二一三頁下一三行第一三字「同」，諸本作「四同」。

一 二一四頁上七行第六字「若」，資、磧、普、南、徑、清作「若諸」。

一 二一四頁上九行首字「言」，資、磧、普、南、徑、清無。頁中三行末字、頁下四行第一〇字及次頁上一七行第四字同。

一 二一四頁中二行「約勑」，磧、徑、清、麗作「約勑約勑」。

一 二一四頁中四行第五字、次頁上一七行第九字、二一六頁中一四行首字及二一七頁上一二行首字「是」，資、磧、普、南、徑、清無。

一 二一四頁中九行「汝莫」，諸本作「汝當」。

一 二一四頁中一一行「比丘」，資、磧、普、南、徑、清作「比丘竟」。

一 二一四頁中一九行首字「法」，諸本作「如法」；二一五頁中九行第一三字。資、磧、南、麗同。

一 二一四頁中二〇行第八字「律」，諸本作「如律」。

一 二一四頁下四行「應即時」，資、磧、普、南、徑、清作「即」。

一 二一四頁下六行第一〇字「時」，諸本作「時來」。

一 二一五頁上九行第一一字「得」，資、磧、普、南、徑、清無。

一 二一五頁上二〇行第七字及次頁中一五行第三字「僧」，資、磧、普、南、徑、清無。

一 二一五頁上二一行第四字「某」，諸本作「某甲」。頁中二行第六字資、磧、南、徑、清同。同行第九字「僧」，諸本作「僧事」。

一　二一五頁上末行第三字「皆」，諸本作「皆是」。

一　二一五頁中一行「如是白白」，諸本作「如是白如是白」。

一　二一五頁中九行第四字「似」，磧、普作「以」。

一　二一五頁下二行「法彈」，南、徑、清作「法」；麗作「彈」。

一　二一五頁下四行首字「杅」，磧、南、徑、清作「盂」；麗作「盋」。

一　二一五頁下五行第二字「鬘」，資作「髮」。

一　二一五頁下八行末字「令」，諸本作「若令」。

一　二一五頁下九行首字「象」，資、磧、普、南、徑、清作「象鬪」。

一　二一五頁下一二行第一〇字「脞」，磧、南、清作「髀」。

一　二一五頁下一四行「與女」，資、磧、南、清、麗作「與女人」。

一　二一五頁下一六行第七字「貝」，資、磧作「唄」。

一　二一五頁下一八行「山邑」，資、磧、普、南、徑、清作「山」。

一　二一六頁上一七行「乏耶」下，麗有「乞食不難耶」。

一　二一六頁上二二行第八字「汝」，資、磧、普、南、徑、清作「言汝」。

一　二一六頁中一行第一二字「法」，資、磧、普、南、徑、清無。

一　二一六頁中一六行「共食」，諸本作「共食宿」。同行第一五至一六字「宿食」，諸本無。

一　二一六頁中一八行「比丘」，資、磧、普、南、徑、清作「比丘作」。

一　二一六頁下二行「如法僧」，資、磧、普、南、徑、清作「僧如法」。

一　二一六頁下七行「行瞋行怖癡」，資、磧、普、南、徑、清作「瞋怖癡」。

一　一一行、一八行、二一行及次頁上一三行同。

一　二一七頁上三行第一一字「者」，資、磧、普、南、徑、清無。

一　二一七頁上一五行首字「衆」，資、磧、普、南、徑、清無。

一　二一七頁上一八行第七字及二一八上二一行首字「作」，資、磧、普、南、徑、清無。

一　二一七頁上二〇行末字「乃」，資、磧、普、南作「及」。

一　二一七頁中二行第一一字「法」，資、磧、普、南、徑、清作「如法」。次頁中五行第二字，資、磧、普、南、清同。

一　二一七頁中一四行「拘睒彌」，資、磧、普、南、徑、清作「俱舍毗」。

一　二一七頁中一五行「安隱」，資、磧、普、南、徑、清作「安樂」。

一　二一七頁下二行第五字「醜」，諸本作「惡」。

一　二一七頁下一一行第一一字「佛」，資、磧、普、南、徑、清作「佛以」。

一　二一七頁下末行第四字「是」，徑作「時」。

一　二一八頁上二行第一一字「若」，徑作「莫」。

一 二一八頁上六行第九字「衆」，資、磧、普、南、徑、清作「僧」。

一 二一八頁上一三行第九字及次頁中一〇行第九字「僧」，資、磧、普、南、徑、清無。

一 二一八頁上一四行第一〇字「汝」，資、磧、普、南、徑、清無。

一 二一八頁上一八行末字「如」，諸本作「諸如」。

一 二一八頁中一三行第二字「罪」，麗無。

一 二一八頁中一七行首字「二」，麗作「明二」。

一 二一八頁中二二行末字「法」，資、磧、普、南、徑、清作「法語」。

一 二一八頁下三行第四字「見」，資、磧、普、南、徑、清作「遥見」。

一 二一八頁下一二行「問問」，諸本作「問」。

一 二一八頁下一五行「清淨行出家」，資作「淨作也家」。

一 二一八頁下一六行第六字「人」，資、磧、普、南、徑、清作「人不知」。

一 二一九頁上三行「我坐」，徑作「我作」。

一 二一九頁上九行及次頁上一五行「慢障」，磧、普、徑、清作「縵障」。

一 二一九頁上一〇行第九字「覆」，資、磧、普、南、徑、清無。同行「行婬者」，資作「行婬處者」；磧、普、南、徑、清、麗作「行婬處者」。

一 二一九頁上一四行「故故」，資、磧、普、南、徑、清作「故」。同行「三法」，資、磧作「二法」。

一 二一九頁上一五行第六字「四」，資、磧、普、南、徑、清作「四四」。

一 二一九頁上一六行「十三僧伽婆尸沙」，資、磧、普、南、徑、清作「十三事」。

一 二一九頁上一七行及次頁上二一行「九十波夜提」，資、磧、普、南、徑、清作「九十事」。

一 二一九頁中三行「應治」，資、磧、普、南、徑、清作「治」。

一 二一九頁中七行第一二字「言」，資、磧、普、南、徑、清無。

一 二一九頁中八行第二字及次頁中一〇行第九字「是」，資、磧、普、南、徑、清無。

一 二一九頁中一六行第八字「化」，資、磧、普、南、徑、清作「戒」。

一 二一九頁中二二行「不遮」，諸本作「不應」。

一 二一九頁中末行首字「恒」，磧、清、麗作「恒」。

一 二一九頁下一行「行常」，資、磧、普、南、徑、清作「常行」。

一 二一九頁下二行「羯磨」下，資、磧、普、南、徑、清有「一事竟」；麗有「初不定竟」。

一 二一九頁下一一行首字「婦」，資、磧、普、南、徑、清無。

一 二一九頁下二〇行首字「佛」，資、磧、普、南、徑、清無。

一 二二〇頁上一行第九字「人」，諸本作「人不知」。

一　二二〇頁上三行第二字「稱」，資、磧、普、南、徑、清作「種種」。

一　二二〇頁上八行「一一」，諸本無。

一　二二〇頁上一四行第七字「籬」，資、磧、普、南、徑、清作「籬障」。

一　二二〇頁上一七行首字、第三字及第五字「歸」，資、磧、普、南、徑、清作「歸依」。

一　二二〇頁上一九行末字「者」，資、磧、普、南、徑、清作「中」。

一　二二〇頁中二行第一〇字「女」，資、磧、普、南、徑作「女人」。

一　二二〇頁中一〇行第四字「唱」，資、磧、普、南、徑、清作「唱言」。同行末字「可」，諸本作「以可」。

一　二二〇頁中一七行末字「依」，磧、普、南、徑、清作「不」。

一　二二〇頁中一八行第九字「教」，資、磧、普、南、徑、清作「教戒」。

一　二二〇頁下三行至四行「不如是……盡形」，資、磧、普、南、徑、清作「法行者盡行不如是」。

一　二二〇頁下四行「羯磨」下，資、磧、普、南、徑、清有「二事竟」；麗有「二不定訖」。

十誦律卷第五　初誦之五　攝

後秦北印度三藏弗若多羅譯

明三十尼薩耆法之一

佛在王舍城尒時六群比丘多畜衣服入聚落著異衣出聚落著異衣食時著異衣食竟著異衣怛鉢郍時著異衣怛鉢郍竟著異衣食前著異衣食後著異衣初夜著異衣中夜著異衣後夜著異衣入廁著異衣出廁著異衣洗大便時著異衣洗大便竟著異衣小便時著異衣小便竟著異衣入浴室著異衣出浴室著異衣畜積如是種種餘衣朽爛虫壞不用是中有比丘少欲知足行頭陁聞是事心不喜種種因緣呵嘖六群比丘去何名比丘多畜衣服入聚落著異衣出聚落著異衣食時著異衣食竟著異衣怛鉢郍時著異衣怛鉢郍竟著異衣食前著異衣食後著異衣初夜著異衣中夜著異衣後夜著異衣入廁著異衣出廁著異衣洗大便時著異衣洗大便竟著異衣小便時著異衣小便竟著異衣入浴室著異衣出浴室著異衣畜積如是種種餘衣朽爛虫壞不用種種因緣呵已向佛廣說佛以是事集比丘僧知而故問六群比丘汝實作是事不答言實作世尊佛以種種因緣呵責六群比丘去何名比丘多畜衣服入聚落著異衣出聚落著異衣食時著異衣食竟著異衣怛鉢郍時著異衣怛鉢郍竟著異衣食前著異衣食後著異衣初夜著異衣中夜著異衣後夜著異衣入廁著異衣出廁著異衣洗大便時著異衣洗大便竟著異衣小便時著異衣小便竟著異衣入浴室著異衣出浴室著異衣畜積如是種種餘衣朽爛虫壞不用佛如是種種因緣呵已語諸比丘以十利故與諸比丘結戒從今是戒應如是說若比丘衣竟巳捨迦絺郍衣畜長衣得至十日若過是畜者尼薩耆波夜提是中或有衣竟非捨迦絺郍衣或捨迦絺郍衣非衣竟或衣竟亦捨迦絺郍衣或非衣竟亦非捨迦絺郍衣衣竟非捨迦絺郍衣者若比丘衣竟未捨迦絺郍衣是名

衣竟非捨迦絺那衣捨迦絺那衣非衣竟
者若比丘捨迦絺那衣衣不竟
是名捨迦絺那衣非衣竟衣竟亦捨
迦絺那衣者若比丘衣竟捨迦絺那
衣是名衣竟亦捨迦絺那衣非衣竟亦
非捨迦絺那衣者若比丘衣不竟非
捨迦絺那衣是名非衣竟亦非捨迦
絺那衣長衣者除僧伽梨欝多羅僧
安陁衛餘殘衣名為長衣尼薩耆波
夜提者是衣應捨波夜提罪應悔過
是中犯者若比丘初一日得衣畜二
日捨二日得衣三日捨三日得衣四
日捨四日得衣五日捨五日得衣六
日捨六日得衣七日捨七日得衣八
日捨八日得衣九日捨九日得衣十
日捨十日得衣十日時比丘是衣應
與人若作淨若受持若不與人不作
淨不受持　至十一日地了時尼薩
耆波夜提若比丘一日得衣二日更
得畜一捨一二日得衣三日更得畜
一捨一三日得衣四日更得畜一捨
一四日得衣五日更得畜一捨一五
日得衣六日更得畜一捨一六日得

衣七日更得畜一捨一七日得衣八
日更得畜一捨一八日得衣九日更
得畜一捨一九日得衣十日更得畜
一捨一十日時比丘是衣應與人若
作淨若受持若不與人不作淨不受
持至十一日地了時尼薩耆波夜提
若比丘一日得衣二日更得捨前畜
後二日得衣三日更得捨前畜後三
日得衣四日更得捨前畜後四日得
衣五日更得捨前畜後五日得衣六
日更得捨前畜後六日得衣七日更
得捨前畜後七日得衣八日更得捨
前畜後八日得衣九日更得捨前畜
後九日得衣十日更得捨前畜後十
日時比丘是衣應與人若作淨若受
持若不與人不作淨不受持至十一
日地了時尼薩耆波逸提若比丘一
日得衣二日更得畜前捨後二日得
衣三日更得畜前捨後三日得衣四
日更得畜前捨後四日得衣五日更
得畜前捨後五日得衣六日更得畜
前捨後六日得衣七日更得畜前捨
後七日得衣八日更得畜前捨後八

日得衣九日更得畜前捨後九日得
衣十日更得畜前捨後十日時比丘
是衣應與人若作淨若受持若不與人
不作淨不受持至十一日地了時尼
薩耆波逸提若比丘一日得衣畜二
日不得三四五六七八九十日不得
十日時比丘是衣應與人若作淨若
受持若不與人不作淨不受持至十
一日地了時尼薩耆波逸提若比丘
一日得衣畜二日得衣畜三四五六
七八九十日得衣畜十日時比丘是
衣皆應與人若作淨若受持若不與
人不作淨不受持至十一日地了時
尼薩耆波逸提若比丘初日得衣用作
僧伽梨宿下九條成分別若干長若
干短惣說九條作衣竟日即應受持
作是言我是宿下僧伽梨九條作持
餘殘物及先僧伽梨應與人若作淨
若受持若比丘初日得衣用作欝多
羅僧七條成分別若干長若干短惣
說七條作衣竟日即應受持作是言
我是欝多羅僧七條作持餘殘物及
先欝多羅僧應與人若作淨若受持

若比丘初日得衣用作安陁衛五條成分別若干長若干短揔說五條作衣竟日即應受持作是言我是安陁衛受五條作持餘殘物及先安陁會應與人若作淨若受持若比丘得新衣二重作僧伽梨一重作欝多羅僧一重作安陁衛二重作尼師壇若欲三重作僧伽梨三重作尼師壇若更以新衣重縫是比丘重縫衣故突吉羅若過十日尼薩耆波夜提若比丘得故衣作四重僧伽梨二重欝多羅僧二重安陁衛四重尼師壇若更以新衣重縫是比丘重縫衣故突吉羅若過十日尼薩耆波逸提若比丘得新衣二重作僧伽梨二重尼師壇若三重僧伽梨三重尼師壇若還擿却作是念是衣若與人若作淨若受持還擿衣突吉羅若過十日尼薩耆波夜提若比丘得故衣四重作僧伽梨二重欝多羅僧二重安陁衛四重尼師壇若還擿却作是念若與人若作淨若受持還擿衣故突吉羅若過十日尼薩耆波夜提若比丘得新衣二

重作僧伽梨二重尼師壇若三重僧伽梨三重尼師壇若還擿却作是念若浣若染若轉易表裏還擿衣故突吉羅若過十日無犯若比丘得故衣四重作僧伽梨二重欝多羅僧二重安陁衛四重尼師壇若還擿却作是念若浣若染若轉易表裏還擿衣故突吉羅若過十日無犯若比丘有捨墮衣未捨罪未悔過次續未斷若更得衣是後衣先心相續故得尼薩耆波夜提復次比丘有捨墮衣已捨罪未悔過次續未斷若更得衣是後衣先心相續故得尼薩耆波逸提復次比丘有捨墮衣已捨罪已悔過次續未斷若更得衣是後衣先心相續故得尼薩耆波夜提若比丘有捨墮衣已捨罪已悔過次續已斷若更得衣無犯一事竟

佛在王舍城尒時六群比丘處處留衣著上下衣遊行諸國趣著弊衣無有威儀諸受寄舊比丘與六群比丘架上取衣舒曬料擻卷揲著衣囊中繫舉以是因緣妨廢讀經坐禪行道

是中有比丘少欲知足行頭陁聞是事心不喜種種因緣呵責六群比丘云何名比丘處處留衣著上下衣遊行諸國趣著弊衣無有威儀諸受寄舊比丘與汝架上取衣舒曬抖捒卷揲著衣囊中繫舉以是因緣妨廢讀經坐禪行道諸比丘如是呵已向佛廣說佛以是事集比丘僧佛知而故問六群比丘汝實作是事不荅言實作世尊佛以種種因緣呵責六群比丘云何名比丘處處留衣著上下衣遊行諸國趣著弊衣无有威儀諸受寄舊比丘與汝架上取衣舒曬抖捒卷揲著衣囊中繫舉以是因緣妨廢讀經坐禪行道佛以是事種種因緣呵已語諸比丘以十利故與諸比丘結戒從今是戒應如是說若比丘衣竟捨迦絺那衣已三衣中若離一衣乃至一夜宿尼薩耆波逸提除僧羯磨一夜者從日沒至明相未出三衣中若離一衣者若離僧伽梨若離欝多羅僧若離安陁衛除僧羯磨者僧羯磨名如大迦葉以因緣故留僧伽梨者

闍崛山中著上下衣來入竹園時遇天雨不得還上耆闍崛山離僧伽梨宿是大迦葉語諸比丘我以因緣故留僧伽梨耆闍崛山中今遇天雨不得還山離僧伽梨宿今當云何諸比丘以是事白佛佛以是事集比丘僧佛知而故問大迦葉汝實留僧伽梨山中著上下衣來入竹園時天雨不得還山是事問諸比丘我留僧伽梨耆闍崛山中著上下衣來入竹園今遇天雨不得還山今當云何汝實尒不答言實尒世尊佛以種種因緣讚戒讚持戒讚戒讚持戒已語諸比丘從今日聽一布薩共住處結不離衣羯磨不離衣羯磨法者一心和合僧一比丘應僧中唱大德僧聽是一布薩共住處僧先所結布薩界是中除聚落及聚落界取空地及住處若僧時到僧忍聽僧一布薩共住處作不離衣羯磨白如是大德僧聽是一布薩共住處僧先所結共布薩界是中除聚落及聚落界取空地及住處作不離衣羯磨誰諸長老忍是一布薩

共住處作不離衣羯磨者默然誰不忍是長老說僧已結一布薩共住處作不離衣羯磨竟僧忍默然故是事如是持是名除僧羯磨復有僧羯磨如長老舍利弗病欲一月遊行諸國僧伽梨重時舍利弗語諸比丘我欲一月遊行我今有病僧伽梨重今當云何諸比丘以是事白佛佛以是因緣集比丘僧知而故問舍利弗汝實語諸比丘我欲一月遊行今我有病僧伽梨重今當云何汝實尒不答言實尒世尊佛以種種因緣讚戒讚持戒讚戒讚持戒已語諸比丘從今聽老比丘病比丘作一月不離僧伽梨宿羯磨乞羯磨法者是老病比丘僧和合時偏袒右肩脫革屣胡跪合掌言諸長老憶念我某甲比丘老病欲一月遊行僧伽梨重今從僧乞一月不離僧伽梨宿羯磨僧憐愍故與我一月不離僧伽梨宿羯磨如是三說是中僧應籌量若是比丘言我老病而實不老不病不應與若實老實病應與若言僧伽梨重而實不重不應與若實

重應與與法者僧一心和合一比丘僧中唱大德僧聽是某甲比丘老病欲一月遊行僧伽梨重若僧時到僧忍聽僧與某甲　比丘老病一月不離僧伽梨宿羯磨白如是如是白二羯磨僧已與某甲比丘老病一月不離僧伽梨宿羯磨竟僧忍默然故是事如是持乃至九月亦尒如僧伽梨若欝多羅僧安陁衛亦如是是中若未結不離衣法比丘在聚落衣亦在聚落比丘應至衣所若比丘在聚落衣在阿練兒處比丘應至衣所若比丘在阿蘭若處衣在聚落比丘應至衣所若比丘在阿蘭若處衣亦在阿蘭若處比丘應至衣所若已結不離衣法若比丘在聚落衣亦在聚落比丘應至衣所若比丘在聚落衣在阿蘭若處比丘應出聚落界若比丘在阿蘭若處衣在聚落比丘應至衣所若比丘在阿蘭若處衣亦在阿蘭若處不犯聚落者若一家二家衆多家有居士共妻子奴婢人民共住是名聚落聚落有一界亦有別界一家

中亦有一界有別界不相接聚落界者若雞飛所及處若棄糞掃所及處若有慚愧人所大小便處若箭射所及處若比丘在一聚落衣在餘聚落比丘應取衣來若至衣所若受餘衣若不取衣來不至衣所不受餘衣至地了時尼薩耆波逸提相接聚落界者若容十桄梯若十二桄梯若容載梁車迴轉若聚落有牆壁籬圍遶外至幾許名為界是中界者謂牆外容作事處若聚落有塹圍遶外至幾許名為界是中界者謂擲糞掃所及處若比丘在一聚落衣在餘聚落比丘應取衣來若至衣所若受餘衣若不取衣來不至衣所不受餘衣至地了時尼薩耆波逸提同族有一界亦有別界是中同族別界者謂門屋食屋中庭廁處取水處若比丘在一族衣在餘族比丘應取衣來若至衣所若受餘衣若不取衣來不至衣所不受餘衣至地了時尼薩耆波逸提家有一界亦有別界是中別界者謂户處食處中庭廁處取水處若比丘在一家衣在餘家應

取衣來若至衣所若受餘衣若不取衣來不至衣所不受餘衣至地了時尼薩耆波逸提重閣舍有一界有別界是中界者謂中重下重是上重界一户入故中重上重是下重界一户入故下重是中重界一户入故若比丘在異重衣在異重比丘應取衣來若至衣所若受餘衣若不取衣來不至衣所不受餘衣至地了時尼薩耆波逸提若是重閣屬一人者無犯外道人舍有一界亦有別界外道名阿視毗尼揵子老弟子梵志等除佛五衆餘殘出家人皆名外道是外道舍界者謂門屋食堂中庭廁處取水處若比丘在一外道舍衣在餘外道舍應取衣來若至衣所若受餘衣若不取衣來不至衣所不受餘衣至地了時尼薩耆波逸提若諸外道同見同論无犯輪行人處有一界有別界輪行人名伎人歌儛人蹹絶人相打人相撲人俳笑人以麁輪載財物細輪載妻子遊行諸國營輪住宿是中界者謂門處食處中庭廁處取水處若比丘在一家

衣在餘家應取衣來若至衣所若受餘衣若不取衣來不至衣所不受餘衣至地了時尼薩耆波逸提若是輪行人屬一人者無犯場處有一界有別界是中界者謂門處食處中庭廁處取水處若比丘在一場衣在餘場應取衣來若至衣所若受餘衣若不取衣來不至衣所不受餘衣至地了時尼薩耆波逸提場舍有一界有別界是中界者謂門處食處中庭廁處取水處若比丘在一場舍衣在餘場舍應取衣來若至衣所若受餘衣若不取衣來不至衣所不受餘衣至地了時尼薩耆波逸提園有一界有別界是中界者謂門處食處中庭廁處取水處若比丘在一園中衣在餘園應取衣來若至衣所若受餘衣若不取衣來不至衣所不受餘衣至地了時尼薩耆波逸提園舍有一界有別界是中界者謂門處食處中庭廁處取水處若比丘在一園舍衣在餘園舍應取衣來若至衣所若受餘衣若不取衣來不至衣所不受餘衣至地了時尼薩耆波逸提車行有一界有別界是中前車界者謂向中車杖所及處中車界者謂向前車後車杖所及處後車界者謂向中車杖所及處若比丘在一車界衣在餘車界應

取衣来若至衣所若受餘衣若不取衣来不至衣所不受餘衣至地了時尼薩耆波逸提（單船有界有別）一界是中單船界者謂船所繫處若柱若橛若板處若比丘在一船衣在餘船應取衣来若至衣所若受餘衣若不取衣来不至衣所不受餘衣至地了時尼薩耆波逸提舫船界亦如是樹有一界有別界是中不相接樹界者若日中時影所陰處若雨墮時水不及著枝葉處若比丘在一樹下衣在餘樹下應取衣来若至衣所若受餘衣若不取衣来不至衣所不受餘衣至地了時尼薩耆波逸提相接樹界者若是諸樹枝葉相接乃至一拘盧舍是中隨所著衣至地了時無犯四十九尋衣角如比丘與和上阿闍梨擔衣道中行若在前若在後四十九尋内不離若過四十九尋至地了時尼薩耆波夜提有諸比丘持衣鉢著一處在衣四邊卧是中一比丘若起去離可得還取處至地了時尼薩耆波夜提有比丘二界中卧衣離身乃至半寸墮

他界中得突吉羅罪若衣一角在身上無犯（二事竟）

佛在王舍城尒時六群比丘得非時衣畜作是念是不相似留置若得相似者當作成衣是六群比丘若先得青衣後得黄衣作是念不相似留置若先得黄衣後得赤衣白衣麻衣野麻衣芻摩衣憍施耶衣翅夷羅衣欽婆羅衣劫貝衣得已作是念不相似留置若得相似者當作成衣是中有比丘少欲知足行頭陀聞是事心不喜種種因緣呵責六群比丘云何名比丘得非時衣畜以不相似故留置若得相似者當作成衣先得青衣後得黄衣作是念不相似留置若先得黄衣後得赤衣白衣麻衣野麻衣芻摩衣憍施耶衣翅夷羅衣欽婆羅衣劫貝衣得已作是念不相似留置若得相似者當作成衣如是諸比丘種種因緣呵責已是事白佛佛以是事集比丘僧知而故問六群比丘汝實作是事不荅言實作世尊佛以種種因緣呵責六群比丘云何名比丘得非

時衣畜以不相似故留置若得相似者當作成衣若先得青衣後得黄衣作是念不相似留置若先得黄衣後得赤衣白衣麻衣野麻衣芻摩衣憍施耶衣翅夷羅衣欽婆羅衣劫貝衣得已作是念不相似留置若得相似者當作成衣佛如是種種因緣呵已語諸比丘以十利故與比丘結戒從今是戒應如是説若比丘衣竟已捨迦絺那衣若得非時衣比丘須者當自手取速作受持若足者善若不足者更望得衣令具足故停是衣乃至一月過是停者尼薩耆波夜提非時者謂除别房衣家中施衣除安居衣餘殘衣名非時衣自手取速作受持者是衣若作僧伽梨若作欝多羅僧若作安陁衛更望得衣者此比丘作是念若母與我若父若兄弟姊妹兒女本第二若有般闍婆瑟會（五歲會也）若有沙婆婆瑟會（六歲會也）若二月會若入舍會我此一月中會當能集成是衣不足令足者若僧伽梨少若欝多羅僧少若安陁衛少作令具足是中犯

者若比丘得不具足衣停更望得衣故是比丘隨得衣日即作是念我十日所望必不能得是衣十日應作衣若與人若作淨若受持若不作衣不與人不作淨不受持至十一日地了時尼薩耆波逸提又比丘得不具足衣停更望得衣故至二日作是念我九日所望必不能得是衣九日應作衣若與人若作淨若受持若不作衣不與人不作淨不受持至十一日地了時尼薩耆波逸提又比丘得不具足衣停更望得衣故至三日作是念我八日所望必不能得是衣八日應作衣若與人若作淨若受持若不作衣不與人不作淨不受持至十一日地了時尼薩耆波夜提又比丘得不具足衣停更望得衣故至四日作是念我七日所望必不能得是衣七日應作衣若與人若作淨若受持若不作衣不與人不作淨不受持至十一日地了時尼薩耆波夜提又比丘得不具足衣停更望得衣故至五日作是念我六日所望必不能得是衣六

日應作衣若與人若作淨若受持若不作衣不與人不作淨不受持至十一日地了時尼薩耆波夜提又比丘得不具足衣停更望得衣故至六日作是念我五日所望必不能得是衣五日應作衣若與人若作淨若受持若不作衣不與人不作淨不受持至十一日地了時尼薩耆波夜提又比丘得不具足衣停更望得衣故至七日作是念我四日所望必不能得是衣四日應作衣若與人若作淨若受持若不作衣不與人不作淨不受持至十一日地了時尼薩耆波夜提又比丘得不具足衣停更望得衣故至八日作是念我三日所望必不能得是衣三日應作衣若與人若作淨若受持若不作衣不與人不作淨不受持至十一日地了時尼薩耆波夜提又比丘得不具足衣停更望得衣故至九日作是念我二日所望必不能得是衣二日應作衣若與人若作淨若受持若不作衣不與人不作淨不受持至十一日地了時尼薩耆波夜

提又比丘得不具足衣停更望得衣故至十日作是念我一日所望必不能得是衣一日應作衣若與人若作淨若受持若不作衣不與人不作淨不受持至十一日地了時尼薩耆波夜提又比丘得不具足衣停更望得衣故至十一日作是念我此十一日所望必不能得是衣十一日應作衣若與人若作淨若受持若不作衣不與人不作淨不受持至十二日地了時尼薩耆波夜提又比丘得不具足衣停更望得衣故至十二日作是念我此十二日所望必不能得是衣十二日應作衣若與人若作淨若受持若不作衣不與人不作淨不受持至十三日地了時尼薩耆波夜提又比丘得不具足衣停更望得衣故至十三日作是念我此十三日所望必不能得是衣十三日應即作衣若與人若作淨若受持若不作衣不與人不作淨不受持至十四日地了時尼薩耆波夜提又比丘得不具足衣停更望得衣故至十四日作是念我此十

四日所望必不能得是衣十四日應作衣若與人若作淨若受持若不作衣不與人不作淨不受持至十五日地了時尼薩耆波夜提又比丘得不具足衣停更望得衣故至十五日作是念我此十五日所望必不能得是衣十五日應作衣若與人若作淨若受持若不作衣不與人不作淨不受持至十六日地了時尼薩耆波夜提又比丘得不具足衣停更望得衣故至十六日作是念我此十六日所望必不能得是衣十六日應作衣若與人若作淨若受持若不作衣不與人不作淨不受持至十七日地了時尼薩耆波夜提又比丘得不具足衣停更望得衣故至十七日作是念我此十七日所望必不能得是衣十七日應作衣若與人若作淨若受持若不作衣不與人不作淨不受持至十八日地了時尼薩耆波夜提又比丘得不具足衣停更望得衣故至十八日作是念我此十八日所望必不能得是衣十八日應作衣若與人若作淨若

受持若不作衣不與人不作淨不受持至十九日地了時尼薩耆波夜提又比丘得不具足衣停更望得衣故至十九日作是念我此十九日所望必不能得是衣十九日應作衣若與人若作淨若受持若不作衣不與人不作淨不受持至二十日地了時尼薩耆波夜提又比丘得不具足衣停更望得衣故至二十日作是念我此二十日所望必不能得是衣二十日應作衣若與人若作淨若受持若不作衣不與人不作淨不受持至二十一日地了時尼薩耆波夜提又比丘得不具足衣停更望得衣故至二十一日作是念我此二十一日所望必不能得是衣二十一日應作衣若與人若作淨若受持若不作衣不與人不作淨不受持至二十二日地了時尼薩耆波夜提又比丘得不具足衣停更望得衣故至二十二日作是念我此二十二日所望必不能得是衣二十二日應作衣若與人若作淨若受持若不作衣不與人不作淨不受

持至二十三日地了時尼薩耆波夜提又比丘得不具足衣停更望得衣故至二十三日作是念我此二十三日所望必不能得是衣二十三日應作衣若與人若作淨若受持若不作衣不與人不作淨不受持至二十四日地了時尼薩耆波夜提又比丘得不具足衣停更望得衣故至二十四日作是念我此二十四日所望必不能得是衣二十四日應作衣若與人若作淨若受持若不作衣不與人不作淨不受持至二十五日地了時尼薩耆波夜提又比丘得不具足衣停更望得衣故至二十五日作是念我此二十五日所望必不能得是衣二十五日應作衣若與人若作淨若受持若不作衣不與人不作淨不受持至二十六日地了時尼薩耆波夜提又比丘得不具足衣停更望得衣故至二十六日作是念我此二十六日所望必不能得是衣二十六日應作衣若與人若作淨若受持若不作衣不與人不作淨不受持至二十七日

地了時尼薩耆波夜提又比丘得不具足衣停更望得衣故至二十七日作是念我此二十七日所望必不能得是衣二十七日應作衣若與人若作淨若受持若不作衣不與人不作淨不受持至二十八日地了時尼薩耆波夜提又比丘得不具足衣停更望得衣故至二十八日作是念我此二十八日所望必不能得是衣二十八日應作衣若與人若作淨若受持若不作衣不與人不作淨不受持至二十九日地了時尼薩耆波夜提又比丘得不具足衣停更望得衣故至二十九日作是念我此二十九日所望必不能得是衣二十九日應作衣若與人若作淨若受持若不作衣不與人不作淨不受持至三十日地了時尼薩耆波夜提又比丘得不具足衣停更望得衣故至三十日作是念我此三十日所望必不能得是衣三十日應作衣若與人若作淨若受持若不作衣不與人不作淨不受持至三十一日地了時尼薩耆波夜提又

比丘得不具足衣停更望得衣故即停衣日不得所望非望而得是衣十日應作衣若與人若作淨若受持若不作衣不與人不作淨不受持至十一日地了時尼薩耆波夜提又比丘得不具足衣停更望得衣故至二日不得所望非望而得是衣九日應作衣若與人若作淨若受持若不作衣不與人不作淨不受持至十一日地了時尼薩耆波夜提又比丘得不具足衣停更望得衣故乃至九日不得所望非望而得是衣二日應作衣若與人若作淨若受持若不作衣不與人不作淨不受持至十一日地了時尼薩耆波夜提又比丘得不具足衣停更望得衣故至十日不得所望非望而得是衣一日應即作衣若與人若作淨若受持若不作衣不與人不作淨不受持至十一日地了時尼薩耆波夜提又比丘得不具足衣停更望得衣故至十一日不得所望非望而得是衣十一日應作衣若與人若作淨若受持若不作衣不與人不作淨

不受持至十二日地了時尼薩耆波夜提乃至三十日皆如上說又比丘得不具足衣停更望得衣故至三十日不得所望非望而得是衣三十日應作衣若與人若作淨若受持若不作衣不與人不作淨不受持至三十一日地了時尼薩耆波夜提又比丘得不具足衣停更望得衣故即得衣日斷所望得非望而得是衣十日應作衣若與人若作淨若受持若不作衣不與人不作淨不受持至十一日地了時尼薩耆波夜提又比丘得不具足衣停更望得衣故至二日斷所望得非望而得是衣九日應作衣若與人若作淨若受持若不作衣不與人不作淨不受持至十一日地了時尼薩耆波夜提又比丘得不具足衣停更望得衣故至三日斷所望得非望而得是衣八日應作衣若與人若作淨若受持若不作衣不與人不作淨不受持至十一日地了時尼薩耆波夜提又比丘得不具足衣停更望得衣故乃至九日斷所望得非望

十誦律卷第五　第二十七張　攝字

而得是衣二日應作衣若與人若作淨若受持若不作衣不與人不作淨不受持至十一日地了時尼薩耆波夜提又比丘得不具足衣停更望得衣故至十日斷所望得非望而得是衣一日應作衣若與人若作淨若受持若不作衣不與人不作淨不受持至十一日地了時尼薩耆波夜提又比丘得不具足衣停更望得衣故至十一日斷所望得非望而得是衣十一日應作衣若與人若作淨若受持若不作衣不與人不作淨不受持至十二日地了時尼薩耆波夜提十二日乃至三十日亦如上說又比丘得不具足衣停更望得衣故至三十日斷所望得非望而得是衣三十日應作衣若與人若作淨若受持若不作衣不與人不作淨不受持至三十一日地了時尼薩耆波夜提又比丘得不具足衣停更望得衣故即得衣日不得所望不斷所望非望而得是衣十日應作衣若與人若作淨若受持若不作衣不與人不作淨不受持至

十誦律卷第五　第二十八張　攝字号

十一日地了時尼薩耆波夜提又比丘得不具足衣停更望得衣故至二日不得所望不斷所望非望而得是衣九日應作衣若與人若作淨若受持若不作衣不與人不作淨不受持至十一日地了時尼薩耆波夜提又比丘得不具足衣停更望得衣故至三日不得所望不斷所望非望而得是衣八日應作衣若與人若作淨若受持若不作衣不與人不作淨不受持至十一日地了時尼薩耆波夜提又比丘得不具足衣停更望得衣故乃至九日不得所望不斷所望非望而得是衣二日應作衣若與人若作淨若受持若不作衣不與人不作淨不受持至十一日地了時尼薩耆波夜提又比丘得不具足衣停更望得衣故至十日不得所望不斷所望非望而得是衣一日應作衣若與人若作淨若受持若不作衣不與人不作淨不受持至十一日地了時尼薩耆波夜提又比丘得不具足衣停更望得衣故至十一日不得所望不斷所

十誦律卷第五　第二十九張　打

望非望而得是衣十一日應作衣若與人若作淨若受持若不作衣不與人不作淨不受持至十二日地了時尼薩耆波夜提十二日乃至三十日皆如上說又比丘得不具足衣停更望得衣故至三十日不得所望不斷所望非望而得是衣三十日應作衣若與人若作淨若受持若不作衣不與人不作淨不受持至三十一日地了時尼薩耆波夜提又比丘得不具足衣停更望得衣故即得衣日作是念我此三十日所望必不能得是衣十日應作衣若與人若作淨若受持若不作衣不與人不作淨不受持至十一日地了時尼薩耆波夜提又比丘得不具足衣停更望得衣故至二日作是念我此二十九日所望必不能得是衣九日應作衣若與人若作淨若受持若不作衣不與人不作淨不受持至十一日地了時尼薩耆波夜提又比丘得不具足衣停更望得衣故至三日作是念我二十八日所望必不能得是衣八日應作衣若與

人若作淨若受持若不作衣不與人不作淨不受持至十一日地了時尼薩耆波夜提又比丘得不具足衣停更望得衣故乃至九日作是念我二十二日所望必不能得是衣二日應作衣若與人若作淨若受持若不作衣不與人不作淨不受持至十一日地了時尼薩耆波夜提又比丘得不具足衣停更望得衣故至十日作是念我二十一日所望必不能得是衣一日應作衣若與人若作淨若受持若不作衣不與人不作淨不受持至十一日地了時尼薩耆波夜提又比丘得不具足衣停更望得衣故至十一日作是念我二十日所望必不能得是衣十一日應作衣若與人若作淨若受持若不作衣不與人不作淨不受持至十二日地了時尼薩耆波夜提又比丘得不具足衣停更望得衣故十二日作是念我十九日所望必不能得是衣十二日應作衣若與人若作淨若受持若不作衣不與人不作淨不受持至十三日地了時尼

薩耆波夜提又比丘得不具足衣停更望得衣故至十三日作是念我十八日所望必不能得是衣十三日應作衣若與人若作淨若受持若不作衣不與人不作淨不受持至十四日地了時尼薩耆波夜提又比丘得不具足衣停更望得衣故至十四日作是念我十七日所望必不能得是衣十四日應作衣若與人若作淨若受持若不作衣不與人不作淨不受持至十五日地了時尼薩耆波夜提又比丘得不具足衣停更望得衣故至十五日作是念我十六日所望必不能得是衣十五日應作衣若與人若作淨若受持若不作衣不與人不作淨不受持至十六日地了時尼薩耆波夜提又比丘得不具足衣停更望得衣故至十六日作是念我十五日所望必不能得是衣十六日應作衣若與人若作淨若受持若不作衣不與人不作淨不受持至十七日地了時尼薩耆波夜提又比丘得不具足衣停更望得衣故至十七日作是念

我十四日所望必不能得是衣十七日應作衣若與人若作淨若受持若不作衣不與人不作淨不受持至十八日地了時尼薩耆波夜提又比丘得不具足衣停更望得衣故至十八日作是念我十三日所望必不能得是衣十八日應作衣若與人若作淨若受持若不作衣不與人不作淨不受持至十九日地了時尼薩耆波夜提又比丘得不具足衣停更望得衣故至十九日作是念我十二日所望必不能得是衣十九日應作衣若與人若作淨若受持若不作衣不與人不作淨不受持至二十日地了時尼薩耆波夜提又比丘得不具足衣停更望得衣故至二十日作是念我十一日所望必不能得是衣二十日應作衣若與人若作淨若受持若不作衣不與人不作淨不受持至二十一日地了時尼薩耆波夜提又比丘得不具足衣停更望得衣故至二十一日作是念我十日所望必不能得是衣二十一日應作衣若與人若作淨若受持若

不作衣不與人不作淨不受持至二十二日地了時尼薩耆波夜提又比丘得不具足衣停更望得衣故至二十二日作是念我九日所望必不能得是衣二十二日應作衣若與人若作淨若受持若不作衣不與人不作淨不受持至二十三日地了時尼薩耆波夜提又比丘得不具足衣停更望得衣故至二十三日作是念我八日所望必不能得是衣二十三日應作衣若與人若作淨若受持若不作衣不與人不作淨不受持至二十四日地了時尼薩耆波夜提又比丘得不具足衣停更望得衣故至二十四日作是念我七日所望必不能得是衣二十四日應作衣若與人若作淨若受持若不作衣不與人不作淨不受持至二十五日地了時尼薩耆波夜提又比丘得不具足衣停更望得衣故至二十五日作是念我六日所望必不能得是衣二十五日應作衣若與人若作淨若受持若不作衣不與人不作淨不受持至二十六日地了時尼薩耆波夜提

又比丘得不具足衣停更望得衣故至二十六日作是念我五日所望必不能得是衣二十六日應作衣若與人若作淨若受持若不作衣不與人不作淨不受持至二十七日地了時尼薩耆波夜提又比丘得不具足衣停更望得衣故至二十七日作是念我四日所望必不能得是衣二十七日應作衣若與人若作淨若受持若不作衣不與人不作淨不受持至二十八日地了時尼薩耆波夜提又比丘得不具足衣停更望得衣故至二十八日作是念我三日所望必不能得是衣二十八日應作衣若與人若作淨若受持若不作衣不與人不作淨不受持至二十九日地了時尼薩耆波夜提又比丘得不具足衣停更望得衣故至二十九日作是念我二日所望必不能得是衣二十九日應作衣若與人若作淨若受持若不作衣不與人不作淨不受持至三十日地了時尼薩耆波夜提又比丘得不具足衣停更望得衣故至三十日作是念我一

日所望必不能得是衣三十日應作衣若與人若作淨若受持若不作衣不與人不作淨不受持至三十一日地了時尼薩耆波夜提又比丘得不具足衣停更望多衣故即得衣日不得所望亦不斷望非望而許復勤求所望是望亦斷非望更得是衣十日應作衣若足者善若不足者留又比丘得不具足衣停更望多衣故至二日不得所望亦不斷望非望而許復勤求所望是望亦斷非望更得是衣九日應作衣若足者善不足者留又比丘得不具足衣停更望多衣故乃至九日不得所望亦不斷望非望而許復勤求所望是望亦斷非望更得是衣二日應作衣若足者善不足者留又比丘得不具足衣停更望多衣故至十日不得所望亦不斷望非望而許復勤求所望是望亦斷非望更得是衣一日應作衣若足者善不足者留又比丘得不具足衣停更望多衣故至十一日不得所望亦不斷望非望而許復勤求所望是望亦斷非望

更得是衣十一日應作衣若足者善不足者留又比丘得不具足衣停更望多衣故至十二日不得所望亦不斷望非望而許復勤求所望是望亦斷非望更得是衣十二日即應作衣若足者善不足者留又比丘得不具足衣停更望多衣故至十三日不得所望亦不斷望非望而許復勤求所望是望亦斷非望更得是衣十三日應作衣若足者善不足者留又比丘得不具足衣停更望多衣故至十四日不得所望亦不斷望非望而許復勤求所望是望亦斷非望更得是衣十四日應作衣若足者善不足者留又比丘得不具足衣停更望多衣故至十五日不得所望亦不斷望非望而許復勤求所望是望亦斷非望更得是衣十五日應作衣若足者善不足者留又比丘得不具足衣停更望多衣故至十六日不得所望亦不斷望非望而許復勤求所望是望亦斷非望更得是衣十六日應作衣若足者善不足者留又比丘得不具足衣

停更望多衣故至十七日不得所望亦不斷望非望而許復勤求所望是望亦斷非望更得是衣十七日應作衣若足者善不足者留又比丘得不具足衣停更望多衣故至十八日不得所望亦不斷望非望而許復勤求所望是望亦斷非望更得是衣十八日應作衣若足者善不足者留又比丘得不具足衣停更望多衣故至十九日不得所望亦不斷望非望而許復勤求所望是望亦斷非望更得是衣十九日應作衣若足者善不足者留又比丘得不具足衣停更望多衣故至二十日不得所望亦不斷望非望而許復勤求所望是望亦斷非望更得是衣二十日應作衣若足者善不足者留又比丘得不具足衣停更望多衣故至二十一日不得所望亦不斷望非望而許復勤求所望是望亦斷非望更得是衣二十一日應作衣若足者善不足者留又比丘得不具足衣停更望多衣故至二十二日不得所望亦不斷望非望而許復勤

求所望是望亦斷非望更得是衣二十二日應作衣若足者善不足者留又比丘得不具足衣停更望多衣故至二十三日不得所望亦不斷望非望而許復勤求所望是望亦斷非望更得是衣二十三日應作衣若足者善不足者留又比丘得不具足衣停更望多衣故至二十四日不得所望亦不斷望非望而許復勤求所望是望亦斷非望更得是衣二十四日應作衣若足者善不足者留又比丘得不具足衣停更望多衣故至二十五日不得所望亦不斷望非望而許復勤求所望是望亦斷非望更得是衣二十五日應作衣若足者善不足者留又比丘得不具足衣停更望多衣故至二十六日不得所望亦不斷望非望而許復勤求所望是望亦斷非望更得是衣二十六日應作衣若足者善不足者留又比丘得不具足衣停更望多衣故至二十七日不得所望亦不斷望非望而許復勤求所望是望亦斷非望更得是衣二十七日

應作衣若足者善不足者留又比丘得不具足衣停更望多衣故至二十八日不得所望亦不斷望非望而許復勤求所望是望亦斷非望更得是衣二十八日應作衣若足者善不足者留又比丘得不具足衣停更望多衣故至二十九日不得所望亦不斷望非望而許復勤求所望是望亦斷非望更得是衣二十九日應作衣若足者善不足者留又比丘得不具足衣停更望多衣故至三十日不得所望亦不斷望非望而許復勤求所望是望亦斷非望更得是衣三十日應作衣若足者善不足者留若比丘有捨墮衣未捨罪未悔過次續不斷更得衣尼薩耆波夜提本衣因緣故又比丘有捨墮衣已捨罪未悔過次續不斷更得衣尼薩耆波夜提本衣因緣故又比丘有捨墮衣已捨罪已悔過次續不斷更得衣尼薩耆波夜提本衣因緣故又比丘有捨墮衣已捨罪已悔過次續已斷更得衣不犯佛在舍衛國與大比丘衆安居尒時諸

比丘多得布施衣畜佛欲制諸比丘多畜衣故諸安居比丘我欲制諸比丘多畜衣故語安居比丘我欲四月燕坐令諸比丘不得来至我所除一送食比丘及布薩諸安居比丘受佛教還衆中立如是制若比丘非一送食及布薩至佛所者得波夜提罪立是制已白佛佛默然可之尒時長老優波斯那與多比丘衆五百人俱皆阿練兒著納衣一食乞食空地坐来去坐卧視瞻進止威儀清淨持僧伽梨執鉢安庠徙憍薩羅遊行到舍衛國時多比丘祇桓門間經行長老優波斯那問諸比丘佛今所在諸比丘言佛在彼東向大房一板為户內若欲往者隨意時長老優波斯那往大房所到已謦咳以指扣户佛與開户長老優波斯那即入大房舍內到佛所頭面礼足一面坐佛知故問言汝徒衆清淨善好汝衆何因緣故清淨威儀荅言世尊若比丘来至我所求請誦經求依止者我語是比丘汝能盡形作阿練兒著糞掃衣乞食一食

空地坐我當教汝讀經與汝依止若比丘能行是頭陁法者我教讀經與依止以是故世尊我徒衆威儀清淨佛問優波斯那舊比丘立制汝知不荅言不知世尊舊比丘云何立制佛語優波斯那我欲四月燕坐語諸比丘汝諸比丘不得来至我所除一送食及布薩諸比丘受我語還衆中立制若比丘非一送食及布薩往佛所得波夜提罪諸比丘立制已来語我我即默然可之優波斯那言世尊舊比丘知此意不佛言何以不知佛言我從今聽阿練兒著糞掃衣頭陁比丘若送食不送食若布薩不布薩隨意来至我所舊比丘聞長老優波斯那非送食非布薩欲見佛故便到佛所聞已集比丘僧集已喚優波斯那来衆僧已集尒時長老優波斯那即到僧中頭面礼上坐足隨次坐已舊比丘問優波斯那汝知舊比丘立制不荅言不知問上坐言舊比丘立制云何荅言優波斯那佛語安居比丘我欲四月燕坐諸比丘不得来至我所除一送

食及布薩我等受佛教立制若比丘非一送食非布薩往佛所者得波夜提罪佛即默然可之汝優波斯那非一送食非布薩往到佛所得波夜提罪汝應如法悔過汝當發露是罪莫覆藏優波斯那言上座知不我到佛所頭面礼足一面坐已佛知故問我言優波斯那汝徒衆何因緣故威儀清淨我言世尊若有比丘来至我所求讀誦經若求依止我語是比丘汝能盡形作阿練兒著糞掃衣乞食一食空地坐我當教汝讀經與汝依止若比丘能行是頭陀法者我教讀經與依止以是故世尊我徒衆威儀清淨佛問我言舊比丘立制汝知不荅言不知世尊云何立制佛言優波斯那我欲四月燕坐語諸比丘令諸比丘不得来至我所除一送食及布薩諸比丘受我語還衆立制若比丘非一送食非布薩往佛所者犯波夜提我即可之我言世尊彼舊比丘知此意不佛言何以不知佛言我從今聽阿練兒著納衣頭陀比丘若一送食非送食

若布薩非布薩隨意來至我所尒時諸比丘作是念我等何不捨居士衣著納衣耶即時諸比丘捨居士衣皆著糞掃衣三事竟

十誦律卷第五

潦州開元寺上生院文秀刊

此卷第二十六張第二行夜提之下乃至三十日皆如上説者丹本無此中九字而有又比丘得不具足衣乃至至三十日地了時尼薩耆波夜提等凡九十一行文國本宋本並無者今依丹本適而足之

同卷二十七張第十三行即今正本第三十一張第十三行尼薩耆波夜提之下十二日乃至三十日亦如上説者丹本無此中十二字而有又比丘得不具足衣停更望得乃至三十日地了時尼薩耆波夜提等九十二行文國本宋本並無者今依丹本適而足之

同卷第二十九張第四行即今正本第一十七張第四行尼薩耆波夜提之下十二日乃至三十日皆如上説者丹本無此中十一字而有又比丘得不具足衣乃至尼薩耆波夜提等九十七行文國本宋本所無者今依丹本適而足之

又比丘得不具足衣停更望得衣故至十二日不得所望非望而得是衣十二日應作衣若與人若作淨若受持若不作衣不與人不作淨不受持至十三日地了時尼薩耆波夜提又比丘得不具足衣停更望得衣故至十三日不得所望非望而得是衣十三日應作衣若與人若作淨若受持若不作衣不與人不作淨不受持至十四日地了時尼薩耆波夜提又比丘得不具足衣停更望得衣故至十四日不得所望非望而得是衣十四日應作衣若與人若作淨若受持若不作衣不與人不作淨不受持至十五日地了時尼薩耆波夜提又比丘得不具足衣停更望得衣故至十五日不得所望非望而得是衣十五日應作衣若與人若作淨若受持若不作衣不與人不作淨不受持至十六日地了時尼薩耆波夜提又比丘得不具足衣停更望得衣故至十六日不得所望非望而得是衣十六日應作衣若與人若作淨若受持若不作衣不與人不作淨不受持至十七日地了時尼薩耆波夜提又比丘得不具足衣停更望得衣故至十七日不得所望非望而得是衣十七日應作衣若與人若作淨若受持若不作衣不與人不作淨不受持至十八日地了時尼薩耆波夜提又比丘得不具足衣停更望得衣故至十八日不得所望非望而得是衣十八日應作衣若與人若作淨若受持若不作衣不與人不作淨不受持至十九日地了時尼薩耆波夜提又比丘得不具足衣停更望得衣故至十九日不得所望非望而得是衣十九日應作衣若與人若作淨若受持若不作衣不與人不作淨不受持至二十日地了時尼薩耆波夜提又比丘得不具足衣停更望得衣故至二十日不得所望非望而得是衣二十日應作衣若與人若作淨若受持若不作衣不與人不作淨不受持至二十一日地了時尼薩耆波夜提又比丘得不具足衣停更望得衣故至二十一日不得所望非望而得是衣二十一日應作衣若與人若作淨若受持若不作衣不與人不作淨不受持至二十二日地了時尼薩耆波夜提又比丘得不具足衣停更望得衣故至二十二日不得所望非望而得是衣二十二日應作衣若與人若作淨若受持若不作衣不與人不作淨不受持至二十三日地了時尼薩耆波夜提又比丘得不具足衣停更望得衣故至二十三日不得所望非望而得是衣二十三日應作衣若與人若作淨若受持若不作衣不與人不作淨不受持至二十四日地了時尼薩耆波夜提又比丘得不具足衣停更望得衣故至二十四日不得所望非望而得是衣二十四日應作衣若與人若作淨若受持若不作衣不與人不作淨不受持至二十五日地了時尼薩耆波夜提又比丘得不具足衣停更望得衣故至二十五日不得所望非望而得是衣二十五日應作衣若與人若作淨若受持若不作衣不與人不作

淨不受持至二十六日地了時尼薩耆波夜提又比丘得不具足衣停更望得衣故至二十六日不得所望非望而得是衣二十六日應作衣若與人若作淨若受持若不作衣不與人不作淨不受持至二十七日地了時尼薩耆波夜提又比丘得不具足衣停更望得衣故至二十七日不得所望非望而得是衣二十七日應作衣若與人若作淨若受持若不作衣不與人不作淨不受持至二十八日地了時尼薩耆波夜提又比丘得不具足衣停更望得衣故至二十八日不得所望非望而得是衣二十八日應作衣若與人若作淨若受持若不作衣不與人不作淨不受持至二十九日地了時尼薩耆波夜提又比丘得不具足衣停更望得衣故至二十九日不得所望非望而得是衣二十九日應作衣若與人若作淨若受持若不作衣不與人不作淨不受持至三十日地了時尼薩耆波夜提

又比丘得不具足衣停更望得衣故至十二日斷所望得非望而得是衣十二日應作衣若與人若作淨若受持若不作衣不與人不作淨不受持至十三日地了時尼薩耆波夜提又比丘得不具足衣停更望得衣故至十三日斷所望得非望而得是衣十三日應作衣若與人若作淨若受持若不作衣不與人不作淨不受持至十四日地了時尼薩耆波夜提又比丘得不具足衣停更望得衣故至十四日斷所望得非望而得是衣十四日應作衣若與人若作淨若受持若不作衣不與人不作淨不受持至十五日地了時尼薩耆波夜提又比丘得不具足衣停更望得衣故至十五日斷所望得非望而得是衣十五日應作衣若與人若作淨若受持若不作衣不與人不作淨不受持至十六日地了時尼薩耆波夜提又比丘得不具足衣停更望得衣故至十六日斷所望得非望而得是衣十六日應作衣若與人若作淨若受持若不作衣不與人不作淨不受持至十七日地了時尼薩耆波夜提又比丘得不具足衣停更望得衣故至十七日斷所望得非望而得是衣十七日應作衣若與人若作淨若受持若不作衣不與人不作淨不受持至十八日地了時尼薩耆波夜提又比丘得不具足衣停更望得衣故至十八日斷所望得非望而得是衣十八日應作衣若與人若作淨若受持若不作衣不與人不作淨不受持至十九日地了時尼薩耆波夜提又比丘得不具足衣停更望得衣故至十九日斷所望得非望而得是衣十九日應作衣若與人若作淨若受持若不作衣不與人不作淨不受持至二十日地了時尼薩耆波夜提又比丘得不具足衣停更望得衣故至二十日斷所望得非望而得是衣二十日應作衣若與人若作淨若受持若不作衣不與人不作淨不受持至二十一日地了時尼薩耆波夜提又比丘得不具足衣停更

望得衣故至二十一日断所望得非望而得是衣二十一日應作衣若與人若作淨若受持若不作衣不與人不作淨不受持至二十二日地了時尼薩耆波夜提又比丘得不具足衣停更望得衣故至二十二日断所望得非望而得是衣二十二日應作衣若與人若作淨若受持若不作衣不與人不作淨不受持至二十三日地了時尼薩耆波夜提又比丘得不具足衣停更望得衣故至二十三日断所望得非望而得是衣二十三日應作衣若與人若作淨若受持若不作衣不與人不作淨不受持至二十四日地了時尼薩耆波夜提又比丘得不具足衣停更望得衣故至二十四日断所望得非望而得是衣二十四日應作衣若衣人若作淨若受持若不作衣不與人不作淨不受持至二十三日地了時尼薩耆波夜提又比丘得不具足衣停更望得衣故至二十三日断所望得非望而得是衣二十三日應作衣若與人若作淨若受

持若不作衣不與人不作淨不受持至二十六日地了時尼薩耆波夜提又比丘得不具足衣停更望得衣故至二十六日断所望得非望而得是衣二十六日應作衣若與人若作淨若受持若不作衣不與人不作淨不受持至二十七日地了時尼薩耆波夜提又比丘得不具足衣停更望得衣故至二十七日断所望得非望而得是衣二十七日應作衣若與人若作淨若受持若不作衣不與人不作淨不受持至二十八日地了時尼薩耆波夜提又比丘得不具足衣停更望得衣故至二十八日断所望得非望而得是衣二十八日應作衣若與人若作淨若受持若不作衣不與人不作淨不受持至二十九日地了時尼薩耆波夜提又比丘得不具足衣停更望得衣故至二十九日断所望得非望而得是衣二十九日應作衣若與人若作淨若受持若不作衣不與人不作淨不受持至三十日地了時尼薩耆波夜提

又比丘得不具足衣停更望得衣故至十二日不得所望不断所望非望而得是衣十二日應作衣若與人若作淨若受持若不作衣不與人不作淨不受持至十三日地了時尼薩耆波夜提又比丘得不具足衣停更望得衣故至十三日不得所望不断所望非望而得是衣十三日應作衣若與人若作淨若受持若不作衣不與人不作淨不受持至十四日地了時尼薩耆波夜提又比丘得不具足衣停更望得衣故至十四日不得所望不断所望非望而得是衣十四日應作衣若與人若作淨若受持若不作衣不與人不作淨不受持至十五日地了時尼薩耆波夜提又比丘得不具足衣停更望得衣故至十五日不得所望不断所望非望而得是衣十五日應作衣若與人若作淨若受持若不作衣不與人不作淨不受持至十六日地了時尼薩耆波夜提又比丘得不具足衣停更望得衣故至十六日不得所望不断

所望非望而得是衣十六日應作衣若與人若作淨若受持若不作衣不與人不作淨不受持至十七日地了時尼薩耆波夜提又比丘得不具足衣停更望得衣故至十七日不得所望不斷所望非望而得是衣十七日應作衣若與人若作淨若受持若不作衣不與人不作淨不受持至十八日地了時尼薩耆波夜提又比丘得不具足衣停更望得衣故至十八日不得所望不斷所望非望而得是衣十八日應作衣若與人若作淨若受持若不作衣不與人不作淨不受持至十九日地了時尼薩耆波夜提又比丘得不具足衣停更望得衣故至十九日不得所望不斷所望非望而得是衣十九日應作衣若與人若作淨若受持若不作衣不與人不作淨不受持至二十日地了時尼薩耆波夜提又比丘得不具足衣停更望得衣故至二十日不得所望不斷所望非望而得是衣二十日應作衣若與人若作淨若受持若不作衣不與人

不作淨不受持至二十一日地了時尼薩耆波夜提又比丘得不具足衣停更望得衣故至二十一日不得所望不斷所望非望而得是衣二十一日應作衣若與人若作淨若受持若不作衣不與人不作淨不受持至二十二日地了時尼薩耆波夜提又比丘得不具足衣停更望得衣故至二十二日不得所望不斷所望非望而得是衣二十二日應作衣若與人若作淨若受持若不作衣不與人不作淨不受持至二十三日地了時尼薩耆波夜提又比丘得不具足衣停更望得衣故至二十三日不得所望不斷所望非望而得是衣二十三日應作衣若與人若作淨若受持若不作衣不與人不作淨不受持至二十四日地了時尼薩耆波夜提又比丘得不具足衣停更望得衣故至二十四日不得所望不斷所望非望而得是衣二十四日應作衣若與人若作淨若受持若不作衣不與人不作淨不受持至二十五日地了時尼薩耆波

夜提又比丘得不具足衣停更望得衣故至二十五日不得所望不斷所望非望而得是衣二十五日應作衣若與人若作淨若受持若不作衣不與人不作淨不受持至二十六日地了時尼薩耆波夜提又比丘得不具足衣停更望得衣故至二十六日不得所望不斷所望非望而得是衣二十六日應作衣若與人若作淨若受持若不作衣不與人不作淨不受持至二十七日地了時尼薩耆波夜提又比丘得不具足衣停更望得衣故至二十七日不得所望不斷所望非望而得是衣二十七日應作衣若與人若作淨若受持若不作衣不與人不作淨不受持至二十八日地了時尼薩耆波夜提又比丘得不具足衣停更望得衣故至二十八日不得所望不斷所望非望而得是衣二十八日應作衣若與人若作淨若受持若不作衣不與人不作淨不受持至二十九日地了時尼薩耆波夜提又比丘得不具足衣停更望得衣故至二

十九日不得所望不斷所望非望而得是衣二十九日應作衣若與人若作淨若受持若不作衣不與人不作淨不受持至三十日地了時尼薩耆波夜提

十誦律卷第五

校勘記

一　底本，金藏廣勝寺本。二二六頁中一版，原版殘缺，以麗本換。

一　二二六頁中一行「初誦之五」，資、磧、普、徑、清置於二、三行之間。

一　二二六頁中三行首字「明」，資、磧、普、南、徑、清無。

一　二二七頁上一行至二行「捨迦絺那衣非衣非衣竟者」，資、磧、普、南、徑、清作「非衣竟捨迦絺那衣者」。

一　二二七頁上五行第六字「亦」，資、磧、普、南、徑無。

一　二二七頁下末行第六字「應」，資、磧、普、南、徑、清作「若」。

一　二二八頁上四行第二字「受」，麗無。同行末字「會」，諸本（不含石，下同）作「衛」。

一　二二八頁上一五行第一〇字「重」，資、磧、普、南、徑、清作「重作」。

一　二二八頁中五行第一一字「羅」，普、南作「羅陀」。

一　二二八頁中六行第二字「陁」，磧、普、南無。

一　二二八頁中一〇行「先心相續」，麗作「本衣因緣」。一三行、一五行同。

一　二二八頁中二二行「卷搩」，磧、南、麗作「卷牒」。下同。

一　二二八頁下八行第一〇字及次頁上七行首字「佛」，資、磧、普、南、徑、清無。

一　二二八頁下一九行第四字「宿」，資、磧、普、南、徑、清無。

一　二二九頁上二行「上耆闍崛」，資、磧、普、南、徑、清無。

一　二二九頁上八行首字「山」，資、磧、普、南、徑、清作「耆闍崛山」。同行第一一字「時」，資、磧、普、南、徑、清作「時過」。

一　二二九頁上一四行第三字「日」，資、磧、普、南、徑、清無。

一　二二九頁上一五行「一心和合僧」，

資、磧、普、南、徑、清作「僧一心和合」。

一 二二九頁上一七行第九字「布」，磧、徑、清、麗作「共布」。

一 二二九頁中二行首字「忍」，諸本作「忍者」。

一 二二九頁下二行第八字及二三三頁中一六行第四字「是」，資、磧、普、南、徑、清無。

一 二二九頁下四行第三字「僧」，資、磧、普、南、徑、清無。

一 二二九頁下一二行第六字「兒」，南、徑、清、麗作「若」。

一 二三〇頁上三行第七字「小」，麗無。

一 二三〇頁上四行第一三、一四字「比丘」，資、磧、普、南、徑、清無。

一 二三〇頁上一六行「是中」，資、磧、普、南、徑無。

一 二三〇頁上一七行第八字「屋」，麗作「堂」。

一 二三〇頁中一三行第一二、一三字「外道」，資、磧、普、南、徑、清無。

一 二三〇頁中二〇行首字「名」，麗作「若」。

一 二三〇頁中二一行第九字「財」，資、磧、普、南、徑、清無。

一 二三〇頁下五行「一場」，資、磧、普、南、徑、清作「此場」。

一 二三一頁上三行小字右一「單」，資、磧、普、南、徑、清無。

一 二三一頁中一行第八字「罪」，資、磧、普、南、徑、清無。

一 二三一頁中五行第五字「成」，資、磧、普、南、徑、清無。

一 二三一頁中八行第六字及一七行第三字「施」，麗作「奢」。

一 二三一頁下一行末字「以」，諸本作「似」。

一 二三一頁下四行末字「憍」，麗作「奢」。

一 二三一頁下八行第九字「與」，磧、徑、麗作「與諸」。

一 二三一頁下九行首字「今」，磧作「念」。

一 二三一頁下一一行第六字「受」，麗作「衣」。

一 二三一頁下一四行第一一字「除」，資、磧、普、南、徑、清無。

一 二三一頁下二一行「一月」，磧、普、南、徑、清作「二月」。

一 二三二頁上一三行第一三字「日」，諸本作「日内」。

一 二三二頁上一四行第六字「若」，徑作「莫」。

一 二三二頁下一九行第九字「即」，資、磧、普、南、徑、清無。

一 二三四頁上四行「二十七」，資、磧、普、南、徑、清作「至二十七」。

一 二三四頁中六行第一二字「至」，資、磧、普、南、徑、清無。

一 二三四頁中一六行第六字「至」，麗作「乃至」。

一 二三四頁下一至二行「波夜提」下，資、磧、普、南、徑、清有「十二日」。

一 二三四頁下二行「乃至三十日皆

如上說」，麗作「又比丘……波夜提」，共一千二百六十九字，附後，見二四一頁至二四二頁上。

一　二三四頁下七行第一三字及次頁上一九行第一一字、頁下一〇行第九字、二三七頁下四行第九字「又」，資、磧、普、南、徑、清作「若」。

一　二三五頁上六行「一日」，磧、麗作「十日」。中一九行，磧、普同。

一　二三五頁上一三行末二字至次行第一〇字「十二日……上說」，麗作「又比丘……波夜提」，共一千二百六十九字，附後，見二四二頁中至二四三頁中。

一　二三五頁上末行首字「若」，資、磧、普、南、徑、清無。

一　二三五頁下四行至次行「十二日……上說」，麗作「又比丘……波夜提」，共一千三百四十一字，附後，見二四三頁下至二四五頁上。

一　二三六頁上一九行至次頁中二二行「又比丘……薩耆波夜提」（共一千三百四十九字），資、磧、普、南、徑、清作「十二日乃至三十日皆如上說」。

一　二三七頁下八行第七字「若」，南、清無。

一　二三七頁下一五行第四字「所」，資、磧、普、南、徑、清作「可」。

一　二三八頁上五行第一一字「即」，資、磧、普、南、徑、清無。

一　二三八頁上六行至次頁上一〇行「又比丘……不足者留」（共一千〇二十一字），資、磧、普、南、徑、清作「十二日乃至三十日皆如上說」。

一　二三九頁中二行第五字「諸」，諸本作「語」。

一　二三九頁中三行第六字「語」，磧、南、徑、清作「諸」。

一　二三九頁中七行第一三字、頁下一〇行第五字、次頁上三行首字、四行第一二字「罪」，資、磧、普、南、徑、清無。

一　二三九頁中一〇行第一二字「地」，麗作「訑」。

一　二三九頁中一二行「安庠」，磧作「安詳」。

一　二三九頁中一五行「一板爲户」，資、磧、普、南、徑、清作「一扇户」。

一　二三九頁中一七行末字「户」，資、磧、普、南、徑、清作「房」。

一　二三九頁中一八行「大房舍内」，資、磧、普、南、徑、清作「房内」。

一　二三九頁中一九行第一三字「言」，資、磧、普、南、徑、清無。

一　二三九頁下一一行及次頁上三行「默然」，資、磧、普、南、徑、清無。

一　二三九頁下一七行第五字「集」，資、磧、普、南、徑、清作「集僧」。

一　二四〇頁上一七行第九字「今」，南、清、麗作「令」。

一　二四〇頁上二行第一二字「何」，磧、麗作「阿」。

一　二四〇頁中四行第四字「衣」，徑無。

一　二四〇頁中卷末經名卷次後，麗

有跋文一版，附後，見二四〇頁下。

十誦律卷第六　初誦之六　攝

三十尼薩耆法之二　後秦北印度三藏弗若多羅譯

佛在舍衛國尒時華色比丘尼晨朝
時到著衣持鉢入城乞食食已入安和
林中在樹下端身政坐威儀清淨時
有五百群賊先入林中是賊主信佛
法見華色比丘尼端身政坐威儀清
淨見已生清淨信心我何不以一㲲
宍與是比丘尼令取是賊中更有少
知法者言此比丘尼是時食人不非
時食賊主聞已信心轉深是比丘尼
端身政坐威儀清淨時食不非時食
我何不以一㲲宍令明日食少知法
者言是比丘尼隨得而食不畜餘宿
食食時賊主於比丘尼倍生信心是
比丘尼端身政坐威儀清淨時食不
非時食隨得而食不畜餘宿食食我
何不以一貴價㲲褁一㲲宍懸著樹
上為是比丘尼故作是念若有沙門
婆羅門取者即以施與作是念已即
以貴價㲲褁宍懸著樹上作是言諸
沙門婆羅門須者即以施與時夜過

已華色比丘尼作是言賊因我故以
㲲褁宍懸著樹上作是言若沙門婆
羅門須者以施與我不應取此宍當
持與僧㲲當自取即持是宍至祇桓
中問作食人處以宍與已出祇桓去
時六群比丘見華色比丘尼持好㲲
出見已生貪心語言汝㲲細好比丘
尼荅言細好比丘尼荅言細好已六
群比丘言好何不施與好人比丘尼
作是念是决定索去何不與即以㲲
與六群比丘是比丘尼深信敬佛作
是念我不應不見佛便還入城作是
念已即向佛所尒時世尊與諸大衆
圍遶說法佛遥見華色比丘尼來衣
服弊壞佛知而故問阿難是華色比
丘尼何以衣弊壞不能得布施衣也
阿難言適得貴價㲲佛言今在何處
阿難言六群比丘索去佛知故問阿
難實從非親里比丘尼取衣耶荅言
實取世尊佛即語阿難盈長衣中取
五衣與是比丘尼阿難言尒即盈長
衣中取五衣與之比丘尼即著是衣
來詣佛所頭面礼足在一面立佛與

說法示教利喜示教利喜已默然華色比丘尼聞佛說法示教利喜頭面礼足遶佛而去去不久佛已是事集比丘僧佛知而問六群比丘汝實作是事不荅言實作世尊佛以種種因緣呵責六群比丘云何名比丘從非親里比丘尼取衣非親里人不能問衣足不足為長不長趣得便取若親里者當問衣足不足為長不長非親里人尚自持衣與何况不足而取佛如是種種因緣呵已語諸比丘以十利故與比丘結戒從今是戒應如是說若比丘從非親里比丘尼取衣尼薩耆波逸提非親里者親里名母姊妹若女乃至七世因緣衣者麻衣（赤麻衣白麻）衣蒭麻衣翅夷羅衣（欽婆羅衣劫貝）衣是中犯者若一比丘從一非親里比丘尼取衣一尼薩耆波逸提若一比丘從二三四非親里比丘尼取衣隨得尒所尼薩耆波逸提若二比丘從二三四一非親里比丘尼取衣隨得尒所尼薩耆波逸提若三比丘從三四一二非親里比丘尼取衣隨得尒所尼薩

耆波逸提若四比丘從四非親里比丘尼取衣得四尼薩耆波逸提若四比丘從一二三非親里比丘尼取衣隨得尒所尼薩耆波逸提佛在舍衛國尒時憍薩羅國有二部僧多得衣分作二分比丘得比丘尼所冝衣比丘尼得比丘所冝衣比丘得時諸比丘尼語比丘言諸大德衣與（我等所得衣與諸大德）比丘荅言佛結戒不得從非親里比丘尼取衣諸比丘不知云何是事白佛佛以是事集比丘僧種種因緣讃戒讃持戒讃戒讃持戒已語諸比丘從今是戒應如是說若比丘從非親里比丘尼取衣除貿易尼薩耆波逸提是中犯者若比丘有非親里比丘尼謂是親里從取衣者尼薩耆波逸提若謂是比丘式叉摩尼沙弥沙弥尼出家出家尼從取衣者尼薩耆波逸提若非親里比丘尼比丘生疑為親里非親里從取衣者尼薩耆波逸提若疑是比丘尼非比丘尼是式叉摩尼非式叉摩尼是沙弥為非沙弥是沙弥尼非沙弥尼是出家非出家是

出家尼非出家尼從取衣者尼薩耆波逸提若比丘有親里比丘尼謂非親里從取衣者突吉羅若謂是比丘尼衣者突吉羅若疑是比丘尼非比丘尼是式叉摩尼非式叉摩尼是沙弥非沙弥是沙弥尼非沙弥尼是出家非出家是出家尼非出家尼從取衣者突吉羅取親里非親里若謂若疑不淨衣駞毛牛毛羖羊毛雜織突吉羅不犯者若親里若先請若別房中住故與若為說法故與不犯（四事竟）　佛在舍衛國尒時長老迦留陁夷與吉羅不犯者若親里若先請若別房中住故與若為說法故與不犯（四事竟）

佛在舍衛國尒時長老迦留陁夷與掘多比丘尼舊相識共語来往時迦留陁夷二月遊行他國掘多比丘尼聞長老迦留陁夷二月遊行掘多比丘尼聞迦留陁夷二月遊行竟還到舍衛國掘多比丘尼聞迦留陁夷二月遊行還舍衛國已洗身體莊嚴面目香油塗髮著輕染衣到迦留陁夷所頭面礼足在前而坐時迦留陁夷生染著心諦視其面比丘尼亦生染心視比丘面比丘尼作是念此視我而必生染著我何不在前起行時迦留陁夷單著泥洹僧共行来往欲心

動發畏犯戒故不敢相觸諦相視面便失不淨離急熱已即還本坐掘多比丘尼作是念長老迦留陁夷還坐本處必失不淨掘多比丘尼還著上衣已來近迦留陁夷語迦留陁夷持是衣來我當與浣迦留陁夷更著餘衣脫此衣與比丘尼比丘尼持是衣小却一面捩衣取汁著小便處即時有福德子來受母胎腹漸長大諸比丘尼驅出寺言是弊惡比丘尼賊比丘尼汝新外來耶舊出家人云何得娠比丘尼言我不作婬欲如是因緣向諸比丘尼說諸比丘尼不知云何是事白佛佛言汝等莫呵責此比丘尼是不破梵行不犯婬欲如是因緣故得娠尒時佛以是事集比丘僧知而故問迦留陁夷汝實作是事不荅言實作世尊佛種種因緣呵責迦留陁夷云何名比丘使非親里比丘尼浣故衣佛如是種種因緣呵已語諸比丘以十利故與諸比丘結戒從今是戒應如是說若比丘使非親里比丘尼浣故衣若染若打尼薩耆波逸

提非親里者親里名母姉妹若女乃至七世因緣故衣者乃至一經身著皆名故衣是中犯者若比丘語非親里比丘尼為我浣是故衣若染若打若比丘尼為浣

是衣比丘得尼薩耆波逸提若染尼薩耆波逸提若打尼薩耆波逸提若浣染若浣打若染若染浣若打浣若打染打若浣染打皆尼薩耆波逸提又比丘語非親里比丘尼為我浣打是衣莫染若比丘尼為浣比丘得尼薩耆波逸提若打若染若浣染若浣打若染打若浣染打皆尼薩耆波逸提又比丘語非親里比丘尼為我浣染是衣莫打若為浣尼薩耆波逸提若染若打若浣染若浣打若染打若浣染打皆尼薩耆波逸提又比丘語非親里比丘尼為我染打是衣莫浣若為染尼薩耆波逸提若打尼薩耆波逸提若浣若浣染若浣打若染打若浣染打皆尼薩耆波逸提有比丘語非親里比丘尼為我浣打是衣如染若為浣尼薩耆波逸提若打尼薩耆波逸提

若染若浣染若浣打若染打若浣染打皆尼薩耆波逸提有比丘語非親里比丘尼為我浣染是衣如打若為浣尼薩耆波逸提若染若打尼薩耆波逸提若浣染若浣打若染打若浣染打皆尼薩耆波逸提有比丘語作親里比丘尼為我染打是衣如浣若為染尼薩耆波逸提若打尼薩耆波逸提若浣若浣染若浣打若染打若浣染打皆尼薩耆波逸提又比丘語非親里比丘尼為我浣是衣莫染莫打若為浣尼薩耆波逸提若染尼薩耆波逸提若打若浣染若浣打若染打若浣染打皆尼薩耆波逸提又比丘語非親里比丘尼為我染是衣莫浣莫打若為染尼薩耆波逸提若浣若打若浣染若浣打若染打若浣染打皆尼薩耆波逸提又比丘語非親里比丘尼為我打是衣莫浣莫染若為打尼薩耆波逸提若浣若染若浣染若浣打若染打若浣染打皆尼薩耆波逸提若比丘又非親里比丘尼謂是親里作是言為我浣染打是衣若為浣染打比丘得尼

薩耆波逸提若謂是比丘是式叉摩尼沙弥沙弥尼出家出家尼作是言為我浣染打是衣若為浣染打比丘得尼薩耆波逸提若比丘又非親里比丘尼疑為親里非親里語言為我浣染打是衣若為浣染打尼薩耆波逸提若疑是比丘非比丘式叉摩尼非式叉摩尼沙弥非沙弥沙弥尼非沙弥尼出家非出家出家尼非出家尼語言為我浣染打是衣若為浣染打尼薩耆波逸提若比丘有親里比丘尼謂非親里語言為我浣染打是衣若為浣染打比丘得突吉羅若謂是比丘式叉摩尼沙弥沙弥尼出家出家尼語言為我浣染打是衣若為浣染打是比丘得突吉羅若比丘有親里比丘尼生疑是親里非親里語言為我浣染打是衣若為浣染打突吉羅若疑是比丘非比丘式叉摩尼非式叉摩尼沙弥非沙弥沙弥尼非沙弥尼出家非出家出家尼非出家尼語言為我浣染打是衣若為浣染打突吉羅若比丘有親里非親里若謂若

疑以不淨衣謂駱駝毛牛毛羖羊毛雜織衣使浣者比丘得突吉羅若親里不犯 五事竟

佛在舍衛國尒時有一居士著上下衣來到祇桓是跋難陀舊相識共語共事跋難陀還見居士來著上下衣生貪著心居士漸至跋難陀所頭面礼足在前坐跋難陀為說種種法示教利喜作是言居士汝是上下衣好中作比丘僧伽梨欝多羅僧安陀衛若汝與我者我能取畜是居士不聞或聞不欲與時跋難陀更種種說異法示教利喜已復言汝著上下衣好中作比丘僧伽梨欝多羅僧安陀衛汝若與我我能取畜是居士不聞是語或聞不欲與跋難陀更說種種異法示教利喜已復語居士言汝與我一衣來我等法從居士得衣居士作是念此比丘作是決定索云何不與即脫一衣卷疊授與是居士與衣已心悔瞋恚不忍作是念言我不應到沙門釋子僧伽藍中若居士到中則強奪衣取如嶮道無異以是故不應

到沙門釋子所是居士入舍衛城時守門者見而問言汝出時著上下衣今一衣所在居士即以是因緣向說說是語時倍生悔心瞋恨不忍作是言不應到沙門釋子僧伽藍中若到則強奪人衣如嶮道無異如是一人語二人二人語三人展轉相語沙門釋子強奪人衣惡名流布滿舍衛城是中有比丘少欲知足行頭陀聞是事心不喜是事白佛佛以是事集比丘僧知而故問跋難陀釋子汝實作是事不答言實作世尊佛以種種因緣呵責跋難陀云何名比丘非親里人所作同意索佛種種因緣呵責已語諸比丘以十利故與比丘結戒從今是戒應如是說若比丘從非親里居士居士婦乞衣者尼薩耆波逸提非親里者親里名若父母兄弟姊妹兒女乃至七世因緣餘是名非親里居士者名為男子居士婦者名為女人衣者白麻衣赤麻衣翅夷羅衣欽婆羅衣蒭麻衣劫貝衣是中犯者有三種謂價色量價者若比丘語居士

與我好價衣若得衣者尼薩耆波逸提若不得衣突吉羅乃至直二百三百錢價衣與我若得衣者尼薩耆波逸提若不得衣突吉羅是名價色者若比丘語居士與我青衣若得衣者尼薩耆波逸提若不得衣突吉羅黃赤白黑衣白麻衣赤麻衣翅夷羅衣欽婆羅衣蒭麻衣劫貝等衣亦如是是名色量者若比丘語居士與我四肘衣若得衣者尼薩耆波逸提若不得衣突吉羅若五肘六肘乃至十八肘衣亦如是是名量索此得彼者突吉羅若索青得黃衣突吉羅若索青得赤白黑亦如是若比丘索白麻衣得赤麻衣突吉羅乃至索欽婆羅衣得劫貝衣突吉羅不犯者從親里索若先請若不索自與無犯佛在舍衛國尒時波羅比丘從憍薩羅國遊行向舍衛國道中遇賊奪衣倮形而行時作是念佛結戒不得從非親里乞衣我親里遠今當倮形到舍衛國即便来入祇桓礼舊比丘舊比丘問汝何人荅言我是沙門何沙門荅言釋

子沙門何故倮形荅言我道中遇賊奪衣倮形而来時作是念佛結戒不聽從非親里乞我親里遠當倮形到舍衛國是故我今倮形犬礼到六群比丘所六群比丘問言汝何人荅言沙門何沙門荅言釋子沙門何以故倮形荅言我道中遇賊奪衣時作是念佛結戒不聽從非親里乞我親里遠當倮形到舍衛國是故倮形六群比丘作是念已是因緣佛必當聽從非親里乞我等當親近是人六群比丘語言汝去何倮形到佛所我當借汝衣到佛所汝得衣已當還我荅言尒六群比丘即借衣著向佛所頭面礼足一面坐諸佛常法客比丘至如是勞問語諸比丘忍不足不安樂住不乞食不之不道路不疲極耶即時佛以是語勞問波羅比丘忍不足不安樂住不乞食不乏不道路不疲極耶諸比丘荅言世尊忍足安樂住乞食不難但道中疲極以是事向佛廣說佛以是事集比丘僧以種種因緣讃戒讃持戒讃戒讃持戒已語諸比丘從今是戒應

如是說若比丘從非親里居士居士婦除時乞衣者尼薩耆波逸提（除餘時 餘時者）奪衣失衣燒衣漂衣是為時奪衣者若官奪若賊若怨家若怨黨奪失者若失不知何所在若朽爛若虫齧燒者若為火燒若日炙漂衣者若水漂風飄是名時（六事竟）

尒時六群比丘聞佛以是因緣聽比丘從非親里居士乞聞已語波羅比丘言汝等少知少識故無衣我等多知多識亦少衣我今為汝故乞若汝三衣滿足者餘殘衣盡用與我波羅比丘言如是時六群比丘即入舍衛城到富貴人舍讃歎波羅比丘善好是佛親里嶮道中遇賊奪衣汝等當與即時信者與種種衣若氎俱執欽婆羅如是展轉從（一家至一家）多得衣服疊著肩上持還六群比丘自取好者持不好者與波羅比丘是中有比丘少欲知足行頭陁聞是事心不喜種種因緣呵責六群比丘云何名比丘故奪波羅比丘衣諸比丘種種呵責已向佛廣說佛已是事語比丘僧知而

故問六群比丘汝實作是事不答言實作世尊佛以種種因縁呵責六群比丘云何名比丘故奪波羅比丘衣種種因縁呵已語諸比丘以十利故與比丘結戒從今是戒應如是說若比丘奪衣失衣燒衣漂衣時從非親里居士居士婦乞自恣多與衣是比丘應取上下衣若過是取者尼薩耆波逸提上下衣者有三種有白衣上下衣有比丘上下衣白衣上下衣者一上衣一下衣比丘上下衣者所用三衣若得白衣上下衣若少應更乞若多應還主若得比丘上下衣若少不應更乞若多不應還主是中犯者若比丘三衣具足不應乞若乞得者尼薩耆波逸提若乞不得突吉羅若比丘失一衣是比丘僧伽梨可擿作衣者擿作不應乞若乞得者尼薩耆波逸提若乞不得突吉羅若比丘失二衣是僧伽梨可擿作衣者應乞一衣不應乞二衣若乞得二衣者尼薩耆波逸提若乞不得突吉羅若比丘失三衣應從五衆所暫借衣著入聚落乞衣若無是事是

中若有四方僧物若氈若拘執若蓐若斑綒若枕擿作衣著著是衣已而乞衣若乞得衣者應著新衣當浣先衣綫矖打治還成著本處若此寺空無人住者應隨著近有僧處若先寺還有人住應取是物還著本處 七事竟

佛在舍衛國尒時有一居士為跋難陁釋子辦衣直作是念言我以是衣直買如是衣與跋難陁釋子時跋難陁釋子聞已往到居士所問言汝實為我辦衣直作是念言我以是衣直買如是衣與跋難陁釋子耶居士言實尒云何為我作衣答言作如是衣跋難陁釋子言我等比丘出家人少衣服乞求難得汝等居士不能常有布施因緣若欲為我作衣者當為我作如是如是衣居士言尒是居士即隨先衣直更辦兩三倍價衣與跋難陁釋子後心生悔呵罵沙門釋子不知時不知猒足不知籌量若施者不知量是受者應知量我本所辦衣直更出兩三倍此是我等過罪衰惱無利何故布施供養如是難滿難養無猒足人是中有比丘

少欲知足行頭陁聞是事心不喜諸比丘以是事白佛佛以是事集比丘僧知而故問跋難陁釋子汝實作是事不答言實作世尊佛以種種因縁呵責跋難陁釋子云何名比丘非親里人所作同意索種種因縁呵已語諸比丘以十利故與比丘結戒從今是戒應如是說若為比丘故非親里居士居士婦辦衣直作是念言我以是衣直買如是衣與某比丘是中比丘先不自恣請便往居士居士婦所作同意言汝為我辦如是衣直買如是如是衣與我為好故若得衣尼薩耆波逸提為比丘者為跋難陁釋子故衣者白麻衣赤麻衣翅夷羅衣欽婆羅衣芻麻衣憍施耶衣劫貝衣衣直者金銀車璖瑪瑙錢乃至米穀辦者以此直物別著一處如是衣者如是價如是色如是量與某比丘者與跋難陁釋子故先不自恣請者居士先不語比丘所須來取作同意者信是居士隨我索多少不瞋為好者難滿難養無猒足故是中犯者有三種謂

價色量價者若比丘語居士與我好衣若得衣者尼薩耆波逸提若不得衣突吉羅乃至與我二三百錢價衣若得衣者尼薩耆波逸提若不得衣突吉羅是名價色者比丘語居士言與我青衣若得衣尼薩耆波逸提若不得衣突吉羅若言與我黃赤白黑衣白麻衣赤麻衣翅夷羅衣欽婆羅衣芻麻衣憍施耶衣劫貝衣若得者尼薩耆波逸提若不得衣突吉羅是名色量者比丘語居士與我四肘衣五肘六肘乃至十八肘衣若得者尼薩耆波逸提若不得衣突吉羅是名量若索此得彼突吉羅若索青得黃突吉羅若索青得赤白黑亦如是若索白麻衣得赤麻衣乃至索欽婆羅衣得劫貝衣亦如是不犯者從親里索若先請若不索自與無犯 八事竟

佛在舍衛國尒時跋難陀釋子有二非親里居士居士婦為跋難陀釋子辦衣直作是念言我以是衣直各各買如是如是衣與跋難陀釋子跋難陀釋子聞已便往居士居士婦所言

汝等實為我故辦衣直作是念言我等以是衣直各各買如是衣與跋難陀釋子不答言實尒去何作衣居士答言作如是衣跋難陀釋子言善我等比丘出家人少衣服乞求難得汝等不能常有布施因緣汝今以有好心為我作如是如是衣若不能各作者二人共作一衣與我答言尒諸居士居士婦隨所辦衣直更出再三倍作衣與跋難陀釋子後起悔心呵責沙門釋子難滿難養无有猒足我等衰惱失利去何布施供養是人是中有比丘少欲知足行頭陀聞是事心不喜諸比丘以是事白佛佛以是事集比丘僧知而故問跋難陀汝實作是事不答言實作世尊佛以是事種種因緣呵責去何名比丘非親里人作同意索種種因緣呵已語諸比丘以十利故與比丘結戒從今是戒應如是說若比丘二非親里居士居士婦各辦衣直作是念言我以是衣直各買如是衣與某甲比丘是中比丘先不請便往居士居士婦所作同意言

汝等各辦衣直合作一衣與我為好故若得衣者尼薩耆波逸提為比丘者為跋難陀釋子故衣直為辦先不請如上請說是中犯者有三種價色量價者若比丘語居士言與我好衣二人共作一衣若得者尼薩耆波逸提若說與我好衣若言二共合若言作一衣若不得衣突吉羅乃至與我二三百錢價衣者尼薩耆波逸提若不得衣突吉羅是名價色者比丘語居士言與我青衣若黃赤白黑衣白麻衣赤麻衣翅夷羅衣芻麻衣欽婆羅衣劫貝衣若得者尼薩耆波逸提若言與我好衣若言二共合若言作一衣若不得衣突吉羅是名色量者比丘語居士言與我四肘衣五肘衣乃至十八肘衣得者尼薩耆波逸提若言與我好衣若言二共合若言作一衣若不得衣突吉羅是名量若索此得彼突吉羅若索青衣得黃衣突吉羅若索青得赤白黑突吉羅若索白麻衣得赤麻衣乃至索欽婆羅衣得劫貝衣突吉羅不犯者從親里索若

先請若不索自與無犯 九事竟
佛在舍衛國尒時有一居士遣使送
衣直與跋難陁釋子使持是物来見
跋難陁釋子共估客子在市肆中床
上坐使到作是言大德某甲居士遣
我送是衣直大德受取時跋難陁釋
子聞已語估客子汝受是衣直數取
舉置若我得淨人當来取去估客子
即數取舉尒時舍衛國衆人共要聚
集一處若不及者罸錢五十是估客
子應往赴集時 估客子繫物著一處閉閣肆戶莊嚴欲去時跋難陁釋子 將淨
人来語估客子與我衣直来荅言是
舍衛城衆人有聚集事我必應往赴
不及者罸錢五十小待我還當與跋
難陁言不得尒汝白衣在家常自求
利先與我便去不得小住是估客子
閉肆户出是衣直看數付與還歸閒
衆聚集已散即罸錢五十衆人来責
估客子心生愁惱呵罵沙門釋子不
知時不籌量若小住者汝事不廢我
不被罸我坐是沙門釋子故失是物
一人語二人二人語三人如是展轉
沙門釋子惡名流布遍舍衛城是中

有比丘少欲知足行頭陁聞是事心
不喜諸比丘以是事白佛佛以是事
集比丘僧知而故問跋難陁釋子汝
實作是事不荅言實作世尊佛以種
種因縁呵責跋難陁釋子汝不知時
不知量何不小住待汝事不廢居士
無所失佛如是種種呵責已語諸比
丘以十利故與比丘結戒從今是戒
應如是說若為比丘故若王王臣若
婆羅門居士遣使送衣直是使到比
丘所言大德若某王王臣若婆羅門
居士送是衣直汝當受取比丘應言
我比丘法不應受衣直若須衣時得
淨衣者當自手受速作衣持是使語
比丘言大德有執事人能為比丘執事
不是比丘應亦執事人若僧園民若
優婆塞此人能為比丘執事是使往
執事人所言善共執事汝取是衣直
作如是如是衣與某比丘是比丘須
衣時来汝當與衣是使語已還報比
丘我已語竟大德須衣時便往取當
與汝衣是比丘到執事所索衣作是言
我須衣至再三反亦如是索得衣者

善不得者四反五反乃至六反往執
事前默然立若四反五反六反默然
立得衣者善若不得衣過是求得衣
者尼薩耆波逸提若不得衣隨送衣
直来處若自往若遣使語汝所送衣直
我不得汝自知物莫使失是事應尒
為比丘者為跋難陁釋子故王者若
剎利種受王職亦名王亦名國主亦
名水澆頂若婆羅門若居士乃至女
人受王職亦名王亦名國主亦名水
澆頂王臣者食官俸禄婆羅門種居
士者除王王臣及婆羅門種餘在家
白衣是名居士使者若男女黄門二
根衣者白麻衣赤麻衣翅夷羅衣鈎
麻衣憍施耶衣欽婆羅衣劫貝衣直
者金銀車𤦲馬瑙錢使到已語比丘
者是使語跋難陁釋子言大德是某
王王臣若婆羅門若居士送是衣直
與大德今當受取比丘語使言我比
丘法不應受衣直若淨衣者當自手
受速作衣持者若作僧伽梨鬱多羅
僧安陁衛是使語執事以是衣直作
如是如是衣者謂如是價如是色如

是量我已語執事者若自口語遣人語比丘須衣時往到索衣作是言者至再三反往應言我須衣若三反往語得衣者善若不得衣乃至六反往執事前默然立者當在面前立謂巧作處自住處產業處市肆處巧作處者鍜作處木作處陶作處若執事人在是處比丘應在其面前默然立自住處者自在其家房舍處產業處者耕種處販賣處出息物處筭計處市肆處者金銀肆客作肆銅肆珠肆若執事人在是住處比丘四反五反乃至六反默然在面前立不得衣者應語衣主若自往若遣使汝所送衣直我不得用汝自知物是比丘語衣主已有餘因緣往到是處若執事人問比丘汝何故來比丘答言我有餘事故來若執事言汝持是衣直去是比丘言我已語衣主汝自往共分了若執事言汝但持是衣直去我自當往解語衣主若比丘尒時受衣直持去者無犯　十事竟

十誦律卷第六　第二十四張　羽字号

十誦律卷第六

十誦律卷第六　第二十五張　羽字号

十誦律卷第六

校勘記

一　底本，金藏廣勝寺本。

一　二四九頁中一、二行「初誦之六」及「三十尼薩耆法之二」，資、磧、普、南、徑、清置於二、三行之間。其中「三十尼薩耆法之二」，麗作「明三十尼薩耆法之二」亦載於二、三行之間。

一　二四九頁中八行至九行、一三行、一八行「劉宍」，諸本（不含石，下同）作「弗宍」。

一　二四九頁中一三行第四字「以」，資、磧、普、南、徑、清作「與」。

一　二四九頁下三行第五字「以」，資、磧、普、南、徑、清作「即以」。

一　二四九頁下八行「比丘尼答言細好已」，資、磧、普、南、徑、清無。

一　二四九頁下一五行第六字「而」，資、磧、普、南、徑、清無。

一　二四九頁下一六行第五字「衣」，

資、磧、普、南、徑、清作「衣服」。

一 二四九頁下一九行「實從」，麗作「比丘實從」。

一 二五〇頁上九行第一三字「非」，諸本無。

一 二五〇頁中二二行第一〇字「爲」，諸本無。

一 二五〇頁下三行末字「尼」，資、磧、普、南、徑、清無。

一 二五〇頁下三行「比丘尼」下，諸本有「式叉摩尼沙彌沙彌尼出家出家尼從取衣者突吉羅若比丘有親里比丘尼比丘生疑爲親里非親里從取」（四十二字）。

一 二五〇頁下七行「不淨衣馳」，諸本作「以不淨衣謂駱馳」。

一 二五〇頁下九行至一一行「佛在舍衛國……四事竟」，諸本無。

一 二五一頁上九行第一〇字「漸」，資、磧、普、南、徑、清作「漸漸」。

一 二五一頁上一二行「比丘尼」，諸本作「是比丘尼」。

一 二五一頁上二〇行第四字「佛」，資、磧、普、南、徑、清無。

一 二五一頁中八行第四字至次行首三字「若染若染……染打」，諸本作「若染打若浣染打」。

一 二五一頁下六行末字「作」，諸本作「非」。

一 二五一頁下二一行第一三字「又」，諸本作「有」。

一 二五二頁上一七行第四字「生」，麗作「住」。

一 二五二頁中二行第九字「得」，麗作「皆得」。

一 二五二頁中九行第三字「喜」，諸本作「喜已」。

一 二五二頁下七行「二人二人」，資、磧、普、南、徑、清作「二人」。

一 二五二頁下一五行第一一、一二字、二五四頁上五行、二五五頁中一九行及二五六頁中八行「比丘」，麗作「諸比丘」。

一 二五二頁下一九行第九字「餘」，諸本作「除」。

一 二五三頁中三行第六字「乞」，資、磧、普、南、徑、清作「乞衣」。

一 二五三頁下二行「除時」，麗無。同行「除餘時餘時者」，資、磧、普、南、徑、清作「時者」。

一 二五三頁下五行第五字「何」，資、磧、普、南、徑、清無。同行末字「燒」，資、磧、普、南、徑、清作「燒衣」。

一 二五三頁下一七行「衣服」，資、磧、普、南、徑、清作「衣揲」。

一 二五三頁下二二行「種種」，麗作「種種因緣」。

一 二五三頁下末行第九字「語」，諸本作「集」。

一 二五四頁上九行「三種」，諸本作「二種」。

一 二五四頁中三行至四行「先衣綖」，資、磧、普、南、徑、清作「洗衣捩」。

一 二五四頁中一二行第八字「言」，麗作「答言」。

一　二五四頁中一三行末字「言」，麗作「言好」。

一　二五四頁中一七行「尒是」，徑作「爾時」。

一　二五四頁中一八行第二字「價」，資、磧、普、南、徑、清作「買」。

一　二五四頁中一九行首字「罵」，麗作「罵言」。

一　二五四頁中二〇行第九字「是」，諸本無。

一　二五四頁下一三行「得衣」，諸本作「得衣者」。次頁上六行，麗同。

一　二五四頁下一六行、次頁上九行及二五六頁下一五行「憍施」，麗作「憍奢」。

一　二五五頁上一一行「比丘語居士」，麗作「若比丘語居士言」。

一　二五五頁上一五行第九字「白」，資、磧、普、南、徑、清無。

一　二五五頁中一〇行第九字「起」，資、磧、普、南、徑、清作「生」。

一　二五五頁中一四行第二字「諸」，資、磧、普、南、徑、清作「謂」。

一　二五五頁中二二行第七字「甲」，資、磧、普、南、徑、清無。

一　二五五頁下四行第四字「請」，諸本無。

一　二五五頁下七行末字「作」，麗作「二作」。

一　二五五頁下一〇行「比丘」，資、磧、普、南、徑、清作「若比丘」。

一　二五五頁下一四行第四字「好」，資、磧、普、南、徑、清無。

一　二五五頁下一六行「五肘衣」，資、磧、普、南、徑、清作「五肘六肘」。

一　二五六頁上一三行末字「赴」，諸本作「若」。

一　二五六頁上一八行首字「衆」，諸本作「衆人」。

一　二五六頁上二〇行第三字「不」，資、磧、普、南、徑、清作「不知」。

一　二五六頁中六行第七字「住」，資、磧、普、南、徑、清無。

一　二五六頁中一九行第一一字「是」，資、磧、普、南、徑、清無。

一　二五六頁下五行第一〇字「語」，資、磧、普、南、徑、清無。

一　二五六頁下一一行「俸禄」，諸本作「俸禄婆羅門者」。

一　二五六頁下二〇行第八字「若」，諸本作「若得」。

一　二五七頁上一行「遣人」，麗作「若遣人」。

一　二五七頁上一一行「金銀肆」，諸本作「金肆銀肆」。同行「銅肆」，麗作「銀肆」。

一　二五七頁上一二行「是住處」，資、磧、普、南、徑、清作「是處」；麗作「是處者」。

一　二五七頁上一四行第六字「往」，資、磧、普、南、徑、清作「語」。

十誦律卷第七 二誦之二　　播

後秦北印度三藏弗若多羅譯

三十尼薩耆法之三

佛在俱舍毗國尒時俱舍毗比丘作新憍施耶敷具此國綿貴縷貴衣貴壘貴多煞蛩故比丘數數乞語居士言比丘須綿須縷須衣須壘擘治引貯多事多務妨讀經坐禪行道諸居士猒患呵責言諸沙門釋子自言善好有德而作新憍施耶敷具此國綿貴縷貴衣貴壘貴多煞蛩故諸比丘乞綿乞縷乞衣乞壘擘治引貯多事多務妨讀經坐禪行道是中我等失利供養是難滿難養無猒足人有比丘少欲知足行頭陁聞是事心不喜向佛廣說佛以是事集比丘僧知而故問俱舍毗比丘汝等實作是事不荅言實作世尊佛以種種因緣呵責云何名比丘作新憍施耶敷具此國綿貴縷貴衣貴壘貴多煞蛩故佛如是種種因緣呵已語諸比丘以十利故與比丘結戒從今是戒應如是說若比丘以新憍施耶作敷具者尼薩耆波夜提尼薩耆波夜提者是敷具應捨波夜提罪應悔過是中犯者若比丘取綿擘治作新敷具者尼薩耆波夜提若以縷若以衣若以壘擘治作敷具者尼薩耆波夜提不犯者若得已成敷具不犯 十一事竟

佛在王舍城尒時六群比丘以純黑糯羊毛作敷具此國黑羊毛貴黑羊毛縷貴黑羊毛氈貴諸比丘數數乞語居士言比丘須黑羊毛須黑縷黑氈諸居士猒患呵責言諸沙門釋子自言善好有德而以純黑糯羊毛作新敷具此國黑羊毛貴縷貴氈貴比丘取是黑羊毛擇擘布貯多事多務妨廢讀經坐禪行道是中有比丘少欲知足行頭陁聞是事心不喜向佛廣說佛以是事集比丘僧知而故問六群比丘汝實作是事不荅言實作世尊佛以種種因緣呵責云何名比丘以純黑羊毛作新敷具此國黑羊毛貴縷貴氈貴擇擘布貯多事多務妨廢坐禪讀經行道佛種種因緣呵已語諸比丘以十利故與比丘結戒

從今是戒應如是說若比丘以純黑羺羊毛作新敷具者尼薩耆波夜提黑羺羊毛者有四種謂生黑藍染黑泥染黑木皮染黑是名四種黑尼薩耆波夜提者是敷具應捨波夜提罪應悔過是中犯者若比丘以生黑羺羊毛擇擘布貯作敷具者尼薩耆波夜提若以藍染泥染木皮染擇擘布貯作敷具者皆尼薩耆波夜提若比丘以黑羺羊毛黑羺羊毛縷黑羺羊毛氈擇擘布貯作敷具者皆尼薩耆波夜提不犯者若為塔作為僧作若得已成者不犯十二事竟

佛在王舍城尒時六群比丘作是念佛結戒不聽純黑羺羊毛作敷具我今當以少白羺羊毛雜黑羺羊毛作敷具是中有比丘少欲知足行頭陀聞是事心不喜種種呵責云何名比丘佛不聽純黑羺羊毛作敷具便以少白羺羊毛雜作敷具種種因緣呵已向佛廣說佛以是事集比丘僧知而故問六群比丘汝實作是事不荅言實作世尊佛以種種因緣呵責云何名比丘作是念佛不聽純黑羺羊毛作敷具便以少白羺羊毛雜作敷具佛種種因緣呵已語諸比丘以十利故與比丘結戒從今是戒應如是說若比丘作敷具應用二分黑第三分白第四分下若比丘不用二分黑第三分白第四分下作敷具者尼薩耆波夜提黑者有四種生黑藍染黑泥染黑木皮染黑白者謂脊毛脇毛項毛下者謂頭毛腹毛脚毛若作四十波羅敷具者應用二十波羅純黑羺羊毛十波羅白羺羊毛十波羅下羊毛尼薩耆波夜提者是敷具應捨波夜提罪應悔過是中犯者若比丘取黑羺羊毛過二十波羅乃至一兩作敷具得尼薩耆波夜提若取白羺羊毛過十波羅乃至一兩作敷具得突吉羅若取下羊毛減十波羅乃至一兩作敷具得尼薩耆波夜提不犯者若取下羊毛多若純用下羊毛者不犯一波羅者此四兩也十三事竟

佛在王舍城尒時六群比丘多作敷具畜言此敷具太厚此敷具太薄此太輕此太重此太大此太小此穿壞此緣破此敷具舉畜朽壞不用是中有比丘少欲知足行頭陀聞是事心不喜種種因緣呵責云何名比丘多作敷具畜言此太厚此太薄此太輕此太重此太大此太小此穿壞此緣破此敷具舉畜腐壞不用種種呵已向佛廣說佛以是事集比丘僧知而故問六群比丘汝實作是事不荅言實作世尊佛以種種因緣呵責六群比丘云何名比丘多作敷具畜此太厚此太薄此太輕此太重此太大此太小此穿壞此緣破此敷具舉畜腐壞不用佛種種因緣呵已語諸比丘以十利故與諸比丘結戒從今是戒應如是說若比丘欲作新敷具故敷具必令滿六年畜若比丘減六年若捨故敷具若不捨更作敷具除僧羯磨者尼薩耆波夜提僧羯磨者若比丘故敷具若太厚若太薄若太輕若太重若太大若太小若穿壞若緣破欲作新敷具者是比丘一心和合僧從坐起偏袒右肩脫革屣胡跪合掌作是言我某甲比丘故敷具若太厚若太薄

若太輕若太重若太大若太小若穿壞若緣破欲作新敷具我從僧乞作新敷具第二第三亦如是乞尒時僧應籌量若言太厚而實不厚不應羯磨若言太薄而實不薄若言太重而實不重若言太輕而實不輕若言太大而實不大若言太小而實不小若言穿壞而實不穿壞若言緣破而實不破不應作羯磨若穿壞可還割補者不應作羯磨若緣破可還褊縫者亦不應作羯磨若言太厚實厚應作羯磨若言太薄實薄若言太重實重若言太輕實輕若言太大實大若言太小實小若言穿壞而實穿壞若言不可割補而實不可割補若言緣破實破不可褊縫者應作羯磨是中一比丘應僧中唱言大德僧聽是某甲比丘敷具若太厚若太薄若太輕若太重若太大若太小若穿壞不可割補若緣破不可褊縫今從僧乞作新敷具羯磨若僧時到僧忍聽與某甲比丘作新敷具羯磨白如是如是白二羯磨僧與某甲比丘作新敷具羯磨竟僧忍黙然故是事如是持是名僧羯磨是中犯者若比丘隨何歲作敷具即是歲更作新敷具若作突吉羅作竟尼薩耆波夜提若隨何歲作敷具若至二歲三四五六歲更作新敷具若作突吉羅作竟尼薩耆波夜提若比丘隨何歲作敷具即是歲捨故敷具更作新敷具若作突吉羅作竟尼薩耆波夜提若隨何歲作敷具若至二三四五六歲捨故敷具更作新敷具若作突吉羅作竟尼薩耆波夜提若比丘隨何歲作新敷具即是歲不捨故敷具更作新敷具若作突吉羅作竟尼薩耆波夜提若隨何歲作新敷具若至二三四五六歲不捨故敷具更作新敷具若作突吉羅作竟尼薩耆波夜提若比丘隨何歲作敷具即是歲若捨故敷具若不捨更作新敷具若作突吉羅作竟尼薩耆波夜提若隨何歲作敷具若至二歲三四五六歲若捨故敷具若不捨更作新敷具若作突吉羅作竟尼薩耆波夜提若比丘隨何歲作敷具即是歲更欲作新敷具時得突吉羅若至二三四五六歲若欲作新敷具時皆突吉羅若比丘隨何歲作敷具即是歲更作新敷具未成而置至第二歲當作竟是比丘初作敷具時得突吉羅作竟尼薩耆波夜提若隨何歲作敷具若至二歲三四五六歲更作新敷具未成而置至第七歲當作竟初作時突吉羅作竟尼薩耆波夜提無犯若比丘如先所作敷具應與人若作淨若比丘六歲內故敷具若捨若不捨更作新敷具尼薩耆波夜提十四事竟

佛在舍衛國尒時有一居士請佛及僧明日食佛黙然受請居士知佛受已從坐起頭面礼佛足右遶而去還歸竟夜具諸淨潔多美飲食辦已晨朝敷坐具遣使白佛時到食具已辦唯佛知時諸比丘僧往居士舍佛自房住迎食分諸佛常法若衆僧受請去佛持户鑰從房至房觀諸房舍是時諸比丘入居士舍已佛持户鑰從房至房遍觀諸房開一房户見有捨敷具滿是房中衣架垂曲見已作是念多有是捨敷具不復用諸婆羅門

居士乾竭血宍布施作福若比丘少取者善以何因緣使諸比丘用是故敷具令諸施主布施得福復作是念我今聽諸比丘作新坐具敷具用是故敷具作周匝一修伽陁磔手壞色故以是因緣得用故敷具諸施主得福佛作是念已開戶下擗還自房坐本處尒時居士見衆僧坐竟自手行水以淨潔多美飲食恣飽滿已居士知僧洗手攝鉢竟取一小床在僧前坐欲聽說法上座說法已起去餘比丘隨次第去還詣佛所頭面礼足一面坐諸佛常法比丘僧食還如是勞問諸比丘飲食多美僧滿足不即以如是問訊諸比丘滿足不諸比丘言世尊飲食多美衆僧滿足佛語諸比丘汝等衆僧入居士舍已我持戶鑰遍觀諸戶開一房戶見有捨敷具滿是房中衣架垂曲見已作是念多有是捨敷具不復用諸施主乾竭血宍布施作福若比丘少取者善云何使諸比丘用是故敷具令諸施主布施得福復作是念我當聽諸比丘作新敷

具坐具用故敷具周匝一修伽陁磔手為壞色故以是因緣得用故敷具施主得福佛以是事集比丘僧語諸比丘以十利故與比丘結戒從今是戒應如是說若比丘作新敷具坐具應用故敷具周匝一修伽陁磔手壞色故若比丘作新敷具坐具不用故敷具周匝一修伽陁磔手壞色為好故尼薩耆波夜提尼薩耆波夜提者是敷具坐具應捨波夜提罪應悔過是中犯者若比丘欲作新敷具坐具應取故敷具周匝修伽陁一磔手壞色故若取作者善若不取作尼薩耆波夜提若減取作乃至半寸突吉羅若取過一修伽陁磔手作不犯若以故敷具遍著新敷具坐具上不犯十五事竟

佛在舍衛國尒時諸比丘共估客遊行憍薩羅國向舍衛國諸估客滿車載羺羊毛到嶮道中一估客車軸折牛脚傷破是估客語諸伴言汝等各各為我少多載是羊毛勿令都失諸估客言我等車各自滿重若為汝載者亦當俱失諸估客悉皆捨去是估客在一面立愁憂守是車物諸比丘隨後來以二因緣故一者為塵坌身二者不喜聞車聲是估客遥見諸比丘來心喜作是念是羊毛必當不失當以布施是比丘僧作是念已語諸比丘共集一處我以是事羊毛布施衆僧僧即時集居士布施已去諸比丘各各作分有比丘肩上擔去有比丘脊上負去有比丘手持去經大聚落中過諸前行估客見諸比丘持羊毛來心生嫉妬作是呵責言汝等何處買是毛來欲何處販去何處坐肆是為得利為不得利是中有比丘少欲知足行頭陁聞是估客呵責心不喜向佛廣說佛以是事集比丘僧知而故問諸比丘汝實作是事不荅言實作世尊佛以種種因緣呵責云何名比丘自擔羊毛過三由延佛如是種種因緣呵已語諸比丘以十利故與比丘結戒從今是戒應如是說若比丘行道中得施羊毛比丘須者自取持去乃至三由延若無人代過是擔者尼薩耆波夜提若一比丘得羊毛持

去得至六由延若三比丘得至九由延若四比丘得至十二由延若五比丘得至十五由延如是隨人多少一人得至三由延尼薩耆波夜提者是羊毛應捨波夜提罪應悔過是中犯者若比丘自持羺羊毛去過三由延尼薩耆波夜提若令比丘比丘尼式叉摩尼沙弥沙弥尼持去過三由延突吉羅若比丘持羺羊毛著冐去若著耳中若著咽一若作纏若著針線囊中持去不犯十六事竟

佛在舍衛國尒時迦留陁夷得先羊毛分持詣王園比丘尼精舍到已令諸比丘尼集一處作是言能與我擘治浣染是羊毛不迦留陁夷有大名聞威德力勢諸比丘尼以敬畏故不能違逆作是言大德但放地去迦留陁夷即留而去諸比丘尼取羊毛擘浣浣染已染色著手尒時摩訶波闍波提瞿曇弥比丘尼與衆多比丘尼五百人俱出王園精舍往詣佛所頭面礼足一面立是五百比丘尼亦頭面作礼一面立佛見諸比丘尼手有染

色佛知故問瞿曇弥比丘尼言何故諸比丘尼手有染色瞿曇弥荅言世尊我等所求異所作異佛言瞿曇弥云何所求異所作異瞿曇弥以是事向佛廣說佛言汝等實所求異所作異佛尒時與瞿曇弥比丘尼衆說種種法示教利喜已默然住時瞿曇弥比丘尼衆知佛說法已頭面礼足右遶而去諸比丘尼去不久佛以是事集比丘僧知而故問迦留陁夷汝實作是事不荅言實作世尊佛以種種因緣呵責迦留陁夷云何名比丘使非親里比丘尼浣染擘羊毛如是種種呵已語諸比丘以十利故與比丘結戒從今是戒應如是說若比丘使非親里比丘尼浣染擘羊毛者尼薩耆波夜提非親里者親里名母姊妹女乃至七世因緣除是名非親里尼薩耆波夜提者是羊毛應捨波夜提罪應悔過是中犯者若比丘往語非親里比丘尼為我浣染擘羊毛若比丘尼為浣比丘得尼薩耆波夜提若染尼薩耆波夜提若擘尼薩耆波夜

提若浣染若浣擘若染擘若浣染擘皆尼薩耆波夜提若比丘往語非親里比丘尼為我浣染如擘若為浣尼薩耆波夜提若染尼薩耆波夜提若擘若浣染若浣擘若染擘若浣染擘皆尼薩耆波夜提若比丘往語非親里比丘尼為我浣擘如染若為浣尼薩耆波夜提若擘尼薩耆波夜提若浣染若浣擘若染擘若浣染擘皆尼薩耆波夜提若比丘往語非親里比丘尼為我染擘如浣若為浣尼薩耆波夜提若擘尼薩耆波夜提若浣尼薩耆波夜提若浣擘若浣染若染擘若浣染擘皆尼薩耆波夜提若比丘往語非親里比丘尼為我浣染莫擘若為浣尼薩耆波夜提若染尼薩耆波夜提若擘尼薩耆波夜提若浣染若浣擘若染擘若浣染擘皆尼薩耆波夜提若比丘往語非親里比丘尼為我浣擘莫染若為浣尼薩耆波夜提若染尼薩耆波夜提若擘尼薩耆波夜提若浣染若浣擘若染擘若浣染擘皆尼薩耆波夜提若比丘往語非親里比丘尼為我染擘莫浣若比丘尼為浣尼薩耆波夜提若擘尼薩耆波夜提若染尼薩耆波夜提若浣染若染擘若染擘若浣染擘皆尼薩耆波夜

提若比丘往語非親里比丘尼爲我浣莫染莫擘若爲浣尼薩耆波夜提若染若擘若浣染若浣擘若染擘若浣染擘皆尼薩耆波夜提若比丘往語非親里比丘尼爲我染莫浣莫擘若爲染尼薩耆波夜提若浣若擘若浣染若浣擘若染擘若浣染擘皆尼薩耆波夜提若比丘往語非親里比丘尼爲我擘莫浣莫染若爲擘尼薩耆波夜提若浣若染若浣染若浣擘若染擘若浣染擘皆尼薩耆波夜提若比丘有非親里比丘尼謂是親里語使浣染擘羊毛若比丘尼爲浣若染若擘尼薩耆波夜提若有非親里比丘尼謂是比丘式叉摩尼沙彌沙彌尼出家出家尼語使浣染擘若爲浣染擘尼薩耆波夜提若比丘有非親里比丘尼疑是親里非親里語使浣染擘若浣染擘尼薩耆波夜提若疑是比丘非比丘式叉摩尼非式叉摩尼沙彌非沙彌沙彌尼非沙彌尼出家非出家出家尼非出家尼語使浣染擘若爲浣染擘尼薩耆波夜提若比丘有親里比丘尼謂非親里語使浣染擘若爲浣染擘突吉羅若謂是比丘式叉摩尼沙彌沙彌尼出家出家尼語使浣染擘若爲浣染擘皆突吉羅若比丘有親里比丘尼疑是親里非親里語使浣染擘若爲浣染擘突吉羅若疑是比丘非比丘式叉摩尼非式叉摩尼沙彌非沙彌沙彌尼非沙彌尼出家非出家出家尼非出家尼語使浣染擘若爲浣染擘皆突吉羅若比丘有親里非親里比丘尼若謂若疑語使浣染擘不淨毛謂駱駝毛羖羊毛雜毛突吉羅不犯者親里 十七事竟

佛在王舍城尒時六群比丘自手取寶諸居士呵責言沙門釋子自言善好有德六何自手取寶如王如大臣是中有比丘少欲知足行頭陀聞是事心不喜向佛廣說佛以是事集比丘僧知而故問六群比丘汝實作是事不荅言實作世尊佛以種種因緣呵責云何名比丘自手取寶佛如是種種因緣呵已語諸比丘以十利故與比丘結戒從今是戒應如是說若比丘自手取寶若使他取尼薩耆波夜提寶者名爲金銀是二種若作若不作若相若不相取者有五種以手從手取若以衣裓從衣裓取若以器從器取若言著是中若言與是淨人尼薩耆波夜提尼薩耆波夜提者是物應捨波夜提罪應悔過是中犯者若比丘手從手取衣從衣取器從器取若言著是中若言與是淨人皆尼薩耆波夜提若作若不作若相若不相從他取者皆尼薩耆波夜提若比丘自手取鐵錢突吉羅若取銅錢白鑞錢鉛錫錢樹膠錢皮錢木錢皆突吉羅

佛言若比丘自手取寶若少應棄若多設得同心淨人者應語是人言我以不淨故不應取是寶汝應取淨人取是寶已語比丘言此物與比丘比丘言此是不淨物若淨當受若不得同心淨人應作四方僧卧具是比丘應入僧中言諸大德我自手取寶得波夜提罪我今發露不覆藏悔過僧應問是比丘汝捨是寶不荅言已捨僧應問汝見罪不荅言見罪僧應語言汝是罪發露悔過後莫復作若言未捨僧應約勅令捨若僧不約勅一

切僧得突吉羅若僧約勑不捨是比丘得突吉羅若疇量未决不犯（十八事竟）

佛在王舍城尒時六群比丘先所捨寶作種種用令起房舍作金肆客作肆鍛銅肆治珠肆畜為群馬群駱駞群牛群驢群羊群奴婢子弟人民是中有人强奪諸人民田業賣與比丘諸失居業者瞋恚呵責作是言沙門釋子自言善好有德種種用寶作肆賣買如王如大臣無異是中有比丘少欲知足行頭陁聞是事心不喜向佛廣説佛以是事集比丘僧知而故問六群比丘汝實作是事不荅言實作世尊佛以種種因緣呵責云何名比丘種種用寶佛種種呵已語諸比丘以十利故與比丘結戒從今是戒應如是説若比丘種種用寶者尼薩耆波夜提種種者若用作易作若用作易不作若用作易作不作若用不作易不作若用不作易作若用不作易作不作若用相易相若用相易不相若用相易相不相若用不相易不相若用不相易相若用不相易相不相是名種種用者有五種若言取此物從此中取取尒所從此人取持来持去賣買亦如是復有五種取彼物從彼中取取尒所從彼人取持来持去賣買亦如是此物者若金若銀從此人取者若取蒭麻若取憍施耶取尒所者若取五十若取一百從此人取者若從男女黄門二根人取持来持去賣買亦如是取彼物者若金若銀從彼中取者若取蒭麻若取憍施耶取尒所者若取五十若取一百從彼人取者若從男女黄門二根人取持来持去賣買亦如是尼薩耆波夜提者是物應捨波夜提罪應悔過是中犯者若比丘用作易作尼薩耆波夜提用作易不作用作易作不作用不作易不作用不作易作用不作易作不作皆尼薩耆波夜提若用相易相若用相易不相若用相易相不相若用不相易不相若用不相易相若用不相易相不相皆尼薩耆波夜提若言取此尼薩耆波夜提若從此中取尼薩耆波夜提若取尒所尼薩耆波夜提從此人取尼薩耆波夜提若持来持去賣買亦如是若言取彼尼薩耆波夜提若言從彼中取若取尒所從彼人取皆尼薩耆波夜提持来持去賣買亦如是若比丘用鐵錢種種用得突吉羅用銅錢白鑞錢鉛錫錢樹膠錢皮錢木錢種種用皆突吉羅若比丘種種用寶者少應棄若多設得同心淨人者應語是人言我（以不淨故不應取汝應取）淨女取淨人取是物已語比丘言是物與比丘比丘言此是不淨物若淨當受若不得同心淨人應用作四方僧卧具是比丘應入僧中言諸大徳我種種用物得波夜提罪我今發露不覆藏悔過僧應問汝捨是物不荅言已捨應問汝見罪不荅言見罪僧應語汝是罪發露悔過後莫復作若言未捨僧應約勑令捨若僧不約勑一切僧得突吉羅若僧約勑不捨是比丘得突吉羅若疇量未决不犯（十九事竟）

佛在舍衛國尒時有一梵志著翅弥樓㳂欽婆羅是跋難陁釋子舊知識共事時跋難陁逢見梵志著翅弥樓

涂欽婆羅衣来見是衣已生貪著心梵志到跋難陀所共相問訊樂不在一面坐跋難陀語梵志言汝欽婆羅好可愛荅言實好跋難陀言可與我我持此常欽婆羅與汝梵志言我自須用跋難陀復言汝梵志法裸形無德何用好衣為梵志言我須用卧跋難陀又言汝本與我白衣時善知識深相愛念我本時無有好物不與汝者汝亦無有好物不與我者汝今出家已意懷生慳貪心不如本耶時跋難陀苦責數已梵志即脫翅弥樓涂欽婆羅與跋難陀跋難陀還與常欽婆羅梵志著常欽婆羅到梵志精舍諸梵志見已語言汝翅弥樓涂欽婆羅那去荅言與他賀去共誰賀耶荅言與跋難陀跋難陀與汝有何因緣故共賀荅言我本白衣時善知識深相愛念故共賀諸梵志言跋難陀釋子調欺汝是梵志言若欺若調我已共賀諸梵志復言是翅弥樓涂欽婆羅大有價非是常欽婆羅比荅梵志言雖貴價我已與賀諸梵志復言汝駛

往取是翅弥樓涂欽婆羅来莫令我等立木榜治汝是梵志即時怖畏作是念同學或能立木榜治我便到跋難陀釋子所作是言跋難陀還我翅弥樓涂欽婆羅此欽婆羅還汝跋難陀言已共賀竟梵志言汝欺我調我跋難陀言設使欺調賀已決了梵志又言翅弥樓涂欽婆羅大價非是汝常欽婆羅比荅言價大不大賀已決了又言跋難陀我諸同學言若不還得翅弥樓涂欽婆羅者當立木榜治汝當還我来莫使諸同學立木榜治我跋難陀言若立木榜治汝若更餘治何豫我事賀已決了終不與汝是梵志急索不得諸有不信佛法人聞說是事以妬心故可責作是言沙門釋子自言善好有德云何名出家人故欺調餘出家人諸有信人亦復呵責云何名比丘作種種賣買事是中有比丘少欲知足行頭陀聞是事心不喜向佛廣說佛以是事集比丘僧知而故問跋難陀汝實作是事不荅言實作世尊佛以種種因緣呵責云何名

比丘作種種賣買事佛如是呵已語諸比丘以十利故與比丘結戒從今是戒應如是說若比丘種種賣買者尼薩耆波夜提種種者若以相似買相似若以不相似買不相似相似者鉢與鉢相似衣與衣相似澡盥澡盥相似户鈎户鈎相似時藥時藥相似夜分藥夜分藥相似七日藥七日藥相似終身藥終身藥相似是名用相似買相似不相似者鉢與衣不相似鉢與澡盥户鈎時藥夜分藥七日藥終身藥不相似衣與澡盥不相似户鈎時藥夜分七日終身藥及鉢不相似澡盥與户鈎不相似與時藥夜分七日終身藥鉢衣不相似户鈎與時藥不相似夜分藥七日終身藥鉢衣澡盥不相似時藥與夜分藥乃至户鈎不相似夜分藥與七日藥不相似乃至(時藥不相似七日藥與終身藥不相似乃至夜分藥不相)似終身藥與鉢不相似乃至七日藥不相似是故說用不相似買不相似尼薩耆波夜提尼薩耆波夜提者是物應捨波夜提罪應悔過是中犯者若比丘為利故買已

不賣突吉羅若為利故貴不買亦突吉羅若為利故買已還賣尼薩耆波夜提若比丘是可捨物若用金買銀用銀買錢用錢糴欒用欒買物是物若可取口口得突吉羅罪是物若可作衣著隨著得波夜提佛言從今日聽若共貿物前人悔應還自取本物時六群比丘聞佛聽共貿物心悔應還自取本物聞已故半月一月著他衣壞失色然後索悔索悔時他不與因是鬪諍相言相罵相打種種事起諸比丘以是事白佛佛言七日內悔者應還若過七日不應還有賣衣人持衣行賣六群比丘以少價求他貴衣賣衣人言汝何為故以少價索我貴價衣若不知衣價人則輕賤我衣減我衣價佛言不應減價索他貴衣若減價索他貴衣突吉羅若實須是物審思量言我以尒所物買若彼不與更應再語若復不與又應三語若三索不與比丘急須是物者應覓淨人使買是物若淨人不知市價比丘當先教以尒所物買是物應教此物索幾許

汝好思量看佛言從今日聽衆僧中賣衣未三唱應益價益價時比丘心悔我將無奪彼衣耶佛言三唱未竟益價不犯若比丘為利故以鐵錢種種賣買尼薩耆波夜提若比丘為利故用銅錢白鑞錢鉛錫錢樹膠錢皮錢木錢種種買賣皆尼薩耆波夜提是比丘種種買賣物若少應棄若多設得同心淨人者應語淨人言我以如是如是因緣不應取是物汝應取淨人語比丘是物與比丘比丘言此是不淨物淨當受若不得同心淨人應用作四方僧臥具是比丘應入僧中言諸大德我種種賣買得波夜提罪我今發露不覆藏悔過僧應問汝捨是物不荅言已捨僧應問汝見罪不荅言見罪僧應語汝今發露不覆藏悔過後莫復作若言未捨僧應約勅令捨若僧不約勅一切僧得突吉羅若僧約勅不捨是比丘得突吉羅若此賤彼貴賣雖有利不犯本不為利故二十事竟

佛在王舍城尒時六群比丘多畜鉢積聚生垢破壞不用故是中有比丘少欲知足行頭陀聞是事心不喜呵責六群比丘云何名比丘多畜鉢積聚生垢破壞不用如是呵已向佛廣說佛以是事集比丘僧知而故問六群比丘實作是事不荅言實作世尊佛種種因緣呵責云何名比丘多畜鉢積聚生垢破壞不用故種種呵已語諸比丘以十利故與比丘結戒從今是戒應如是說若比丘畜長鉢得至十日過是畜者尼薩耆波夜提鉢者有三種上中下上鉢者受三鉢他飯一鉢他羹餘可食物半羹是名上鉢下鉢者受一鉢他飯半鉢他羹餘可食物半羹是名下鉢若餘者名中鉢若大於大若小於小鉢不名為鉢尼薩耆波夜提者是鉢應捨波夜提罪應悔過是中犯者　若比丘一日得鉢畜二日捨二日得畜三日捨三日得畜四日捨四日得畜五日捨五日得畜六日捨六日得畜七日捨七日得畜八日捨八日得畜九日捨九日得畜十日捨十日得畜十一日時是鉢應與人若作淨若受持若不與人不作

淨不受持至十一日地了時尼薩耆波夜提又比丘一日得鉢二日更得畜一捨一二日得三日更得畜一捨一三日得四日更得畜一捨一四日得五日更得畜一捨一五日得六日更得畜一捨一六日得七日更得畜一捨一七日得八日更得畜一捨一八日得九日更得畜一捨一九日得十日更得是鉢十日時皆應與人若作淨若受持若不與人不作淨不受持至十一日地了時尼薩耆波夜提又比丘一日得鉢二日更得畜後捨前二日得三日更得畜後捨前三日得四日更得畜後捨前四日得五日更得畜後捨前五日得六日更得畜後捨前六日得七日更得畜後捨前七日得八日更得畜後捨前八日得九日更得畜後捨前九日得十日更得十日時是鉢皆應與人若作淨若受持若不與人不作淨不受持至十一日地了時尼薩耆波夜提又比丘一日得鉢二日更得畜前捨後二日得三日更得畜前捨後三日得四日更

得畜前捨後四日得五日更得畜前捨後五日得六日更得畜前捨後六日得七日更得畜前捨後七日得八日更得畜前捨後八日得九日更得畜前捨後九日得十日更得是鉢十日時應與人若作淨若受持若不與人不作淨不受持至十一日地了時尼薩耆波夜提又比丘一日得鉢畜二日不得三四五六七八九十日不得是鉢十日時應與人若作淨若受持若不與人不作淨不受持至十一日地了時尼薩耆波夜提又比丘一日得鉢畜二日更得三四五六七八九十日更得畜是鉢十日時皆應與人若作淨若受持若不與人不作淨不受持至十一日地了時尼薩耆波夜提若比丘有鉢應捨未捨罪未悔過次續未斷更得鉢是後鉢得尼薩耆波夜提本鉢因緣故又比丘應捨鉢已捨罪未悔過次續未斷更得鉢是後鉢尼薩耆波夜提本鉢因緣故又比丘有應捨鉢已捨罪已悔過次續未斷更得鉢是後鉢尼薩耆波夜提

本鉢因緣故又比丘有應捨鉢已捨罪已悔過次續已斷更得異鉢者不犯　二十一事竟

十誦律卷第七

十誦律卷第七

校勘記

一　底本，金藏廣勝寺本。

一　二六〇頁中一、二行「二誦之一」及「三十尼薩耆法之三」，資、磧、普、南、徑、清置於二、三行之間。其中「三十尼薩耆法之三」，麗作「明三十尼薩法之三」亦置於二、三行之間。

一　二六〇頁中三行及一六行「俱舍毗」，麗作「拘睒彌」。

一　二六〇頁中七行第六字及一二行第三字「妨」，諸本（不含石，下同）作「妨廢」。

一　二六〇頁中二〇行首字「是」，資、磧、普、南、徑、清作「是以」。

一　二六〇頁中二一行「與比丘結戒」，資、磧、普、南、徑、清作「與諸比丘結戒」。下同至二六八頁下八行。

一　二六〇頁下二一行「多務」，資、磧作「務多」。

一　二六一頁上一行「純黑」，徑作「黑羊」。

一　二六一頁上一五行及頁中一行「羺羊毛」，資、磧、普、南、徑、清作「羊毛」。

一　二六一頁上一五行、一六行、一九行、二〇行，及本頁中一行、一二行「作數具」，資、磧、普、南、徑、清作「作新數具」。

一　二六一頁上一八行、下六行及二六四頁中一三至一四行「種種」，資、磧、普、南、徑、清作「種種因緣」。

一　二六一頁中二行第一三字及二六八頁下六行首字「佛」，資、磧、普、南、徑、清作「佛以」。

一　二六一頁中九行「毛項」，資、磧、普、南、徑、清作「毛頸」。

一　二六一頁中一二行「下羊毛」，資、磧、普、南、徑、清作「下羊毛一波羅重四兩」。

一　二六一頁中一八行第二字「取」，資、磧、普、南、徑、清無。

一　二六一頁下一行第九字「朽」，資、磧、普、南、徑、清作「腐」。

一　二六一頁下一〇行第一二字「畜」，麗作「畜言」。

一　二六一頁下末行第七字「故」，資、磧、普、南、徑、清無。

一　二六二頁中二〇行「數具」，資、磧、普、南、徑、清無。

一　二六二頁下一行首字「羅」下，諸本有「作竟尼薩耆波逸提若隨何歲作數具」(十五字)。

一　二六二頁下二行「突吉羅」下，諸本有「作竟尼薩耆波逸提」(八字)。

一　二六二頁下六行第九字「歲」，資、磧、普、南、徑、清無。

一　二六二頁下八行「尼薩耆波夜提無犯」，資、磧、普、南、徑、清作「尼薩耆波夜提」；麗作「無犯」。

一　二六二頁下一八行第二字「住」，徑作「往」。

一　二六三頁上五行「一修伽陁一磔手」，資、磧、普、南、徑、清作「修伽陀一磔手」；麗作「一修伽陁磔手」。下同。

一　二六三頁上七行「下撣」，資、徑作「下居」；磧、普、南、清作「下房」。

一　二六三頁上一二行第五字「去」，資、磧、普、南、徑、清無。

一　二六三頁上一四行「諸比丘」，資、磧、普、南、徑、清作「諸比丘言」。同行第一三字「以」，資、磧、普、南、徑、清無。

一　二六三頁上一八行第三字「户」，諸本作「房」。

一　二六三頁上二一行「云何」，磧、徑、清作「以何」；普作「去何」。

一　二六三頁中二行第二字「爲」，資、磧、普、南、徑、清無。

一　二六三頁中一三行第七字「作」，

資、磧、普、南、徑、清作「者」。

一　二六三頁中一六行「十五事竟」，資、磧、普、南作「十五事」。

一　二六三頁下六行第一〇字「事」，南作「車」；麗無。

一　二六三頁下末行第八字「一」，磧、麗作「二」。

一　二六四頁上九行「上去」，資、磧、普、南、徑、清作「上」。

一　二六四頁上二一行「往詣」，磧、普、徑、清作「往至」。

一　二六四頁中一行第三字「知」，資、磧、普、南、徑、清作「知而」。

一　二六四頁下七行「若染」，麗無。

一　二六四頁下一一行第六字「浣」，諸本作「染」。同行「若浣染」，資、磧、普、南、徑、清無。

一　二六四頁下一五行「⸝薩者波夜提」，資、磧、普、南、徑、清無。同行「若浣染擘」，資、磧、普、南、徑、清作「若染浣擘」。

一　二六四頁下一七行第一六字「染」，麗作「擘」。

一　二六四頁下一八行第七字「擘」，麗作「染」。

一　二六四頁下二一行第七字「浣」，麗作「染」。

一　二六四頁下二二行第七字「染」，麗作「浣」。下末行第二字，諸本同。

一　二六五頁上七行第九字「語」，資、磧、普、南、徑、清無。

一　二六五頁上一〇行至一一行「謂是親里」，資、磧、普、南、徑、清作「親里謂是」。

一　二六五頁中一九行「如是」，資、磧、普、南、徑、清作「如是以」。

一　二六五頁中末行「若不」，資、磧、普、南、徑、清作「不」。

一　二六五頁下一行末字、二行第七字及末字「從」，麗作「從他」。

一　二六五頁下九行第四字「者」，資、磧、普、南、徑、清無。

一　二六五頁下一〇行、次頁下六行及二六八頁中六行「白臈」，諸本作「白鑞」。

一　二六五頁下一七行第六字「作」，麗作「用作」。

一　二六五頁下一九行第九字「不」，資、磧、普、南、徑、清作「不敢」。

一　二六六頁上一〇行「大臣」，資、磧、普、南、徑、清作「大臣大官」。

一　二六六頁上一五行「佛種種」，資、磧、普、南、徑、清作「佛以種種因緣」。

一　二六六頁中六行首字「人」，諸本作「中」。同行及一〇行「蒭麻」，資、磧、普、南、徑作「芻摩」。

一　二六六頁下六行第六字「用」，資、磧、普、南、徑、清作「若用」。

一　二六六頁下九行小字至一〇行首三字「以不淨故……淨女取」，資、磧、普、南、徑、清作「所用不淨汝取」；麗作「以不淨故不應取汝應取」。

一　二六六頁下一四行第五字及次行

第一二字「物」，資、磧、普、南、徑、清作「寶」。

一 二六六頁下末行第七字「逢」，麗作「遥」。

一 二六七頁上一行第五字「衣」，資、磧、普、南、徑、清無。

一 二六七頁上二行「不在」，資、磧、南、徑、清作「不樂」。

一 二六七頁上一一行第三字「懷」，資、磧、普、南、徑作「壞」。

一 二六七頁上一二行第二字「苦」，磧、普作「若」。

一 二六七頁上二〇行首字「調」，資、磧、普、南、徑、清作「調汝」。

一 二六七頁上二二行第一一字「答」，諸本作「是」。

一 二六七頁上末行「與貿」，資、磧、普、南、徑、清作「貿竟」。同行末字「駃」，資、磧、普、南、徑、清作「疾」。

一 二六七頁中四行「跋難陁」，磧作「跋難陁欽」。

一 二六七頁中五行第四字「欽」，磧無。

一 二六七頁中九行末字「決」，磧作「法」。

一 二六七頁中一二行「汝當還」，諸本作「汝汝當還」。

一 二六七頁下一行「如是」，資、磧、普、南、徑、清作「如是種種因緣」。

一 二六七頁下一三行、一四行至一五行「夜分七日」，資、磧、普、南、徑、清作「夜分藥七日藥」。

一 二六七頁下一四行第八字「似」，資、磧、普、南、徑、清作「似户鉤」。

一 二六七頁下一六行「七日」，資、磧、普、南、徑、清作「七日藥」。

一 二六八頁上八行首字「時」，資、磧、普、南、徑、清無。

一 二六八頁上二二行第九字「價」，資、磧、普、南、徑、清作「買」。

一 二六八頁中一行第一四字「中」，資、磧、普、南、徑、清無。

一 二六八頁中一二行第四字「淨」，諸本作「若淨」。

一 二六八頁中二一行第四字「責」，資、磧、普、南、徑、清無。

一 二六八頁下五行第四字「實」，資、磧、普、南、徑作「汝實」。

一 二六八頁下一〇行首字「至」，磧、普作「生」。

一 二六九頁上一九行「十日時是鉢」，資、磧、普、南、徑、清作「是鉢十日時」。同行「皆應」，磧作「應」。

一 二六九頁中一〇行「是鉢十日時」，資、磧、普、南、徑、清作「十日時是鉢」。

一 二六九頁下三行「二十一事竟」，資、磧、普、南作「二十一事」。

十誦律卷第八二誦之二　　攝

後秦北印度三藏弗若多羅譯

明三十尼薩耆法之四

佛在舍婆提尒時跋難陀釋子共一估客子市巷中行見一肆上有好瓦鉢圓正可愛見已貪著語估客子汝看是瓦鉢圓正可愛荅言實尒估客子言汝須是不荅言欲得即便買與跋難陀釋子得是鉢已出舍衛城入祇洹中示諸比丘言諸長老汝等看是瓦鉢圓正可愛諸比丘言實好汝何從得跋難陀向諸比丘廣說是事諸比丘問汝先有所用鉢不荅言先有又言用此鉢為荅言先有今有有何患是中有比丘少欲知足行頭陀聞是事心不喜種種因緣呵責云何名比丘先有所用鉢更乞新鉢種種呵已向佛廣說佛以是事集比丘僧知而故問跋難陀釋子汝實作是事不荅言實作世尊佛以種種因緣呵責云何名比丘先有所用鉢更乞新鉢種種呵已語諸比丘以十利故與比丘結戒從今是戒應如是說若比丘

所用鉢破減五綴更乞新鉢為好故尼薩耆波夜提是鉢應比丘僧中捨此衆中最下鉢應與是比丘如是教言汝比丘畜是鉢乃至破是事應尒所用鉢者先所受用食鉢鉢者有三種上中下上者受三鉢他飯一鉢他羮餘可食物半羮是名上鉢下鉢者受一鉢他飯半鉢他羮餘可食物半羮是名下鉢餘者名中鉢大於大小於小不名為鉢減五綴者四綴三綴二綴一綴為好者是比丘難滿難養不知足不少欲故是鉢應比丘衆中捨者是鉢應盛滿中水僧中行之應作是唱言諸長老集今欲作滿水鉢諸比丘應即時各自持先所受用鉢來集一處是時諸比丘不得更受餘鉢若諸比丘於是時更受餘鉢者得突吉羅罪僧和合已先應作行滿水鉢人羯磨一比丘應僧中唱言諸長老誰能行是滿水鉢者若比丘言我能是比丘若成就五惡法不應令作行鉢人何等五惡隨欲行隨瞋行隨怖行隨癡行不知行不行若成就五善法者應令作行

鉢人不隨欲瞋怖癡知行不行是比丘應令作行鉢人是中一比丘即時唱言大德僧聽某甲比丘能作行滿水鉢人若僧時到僧忍聽某甲比丘作行滿水鉢人如是白如是作白二羯磨僧令聽某甲比丘作行滿水鉢人竟僧忍默然故是事如是持若是比丘作行滿水鉢人應滿鉢盛水初應先至第一上座比丘所問言上座須是鉢不若上座言須應與上座是人應取上座鉢行之次到第二上座所問言須是鉢不若言須應與又應取第二上座鉢次問第三上座問第三上座時若第一上座心悔還自索鉢者佛言不應與若上座強取應還奪教上座作突吉羅悔過若是鉢第一上座不取者應次第行遍若是滿水鉢都無人取者乃應還與彼比丘若有人取是鉢者應取是人鉢次遍行之若無取是鉢者乃以與彼比丘如是教言汝畜是鉢乃至破是鉢莫著地莫著石上莫著高處莫著屋溜處莫著土埵上不應持至大小便處不應持

入浴室不應以雜沙牛屎洗若鉢濕不應便舉不應令太乾不應故打破不應用澡洗手面好守護莫以是破因緣故求覔妨廢坐禪讀經行道尼薩耆波夜提者是鉢應捨波夜提罪應悔過是中犯者若比丘鉢未破不應更乞新鉢若乞得者尼薩耆波夜提不得者突吉羅若比丘鉢破可一綴若綴若未綴不應更乞若乞得者尼薩耆波夜提不得者突吉羅若比丘鉢破可兩綴三綴四綴若綴未綴不應更乞若乞得者尼薩耆波夜提不得者突吉羅若比丘鉢破可五綴若綴未綴更乞新鉢若得不得不犯 二十二事竟

佛在王舍城介時六群比丘自乞縷持到富貴人舍作是言諸聚落主令織師為我織衣是諸貴人即語織師與是比丘織衣我與汝價是織師依此貴人舍住敬畏故不能違逆但織衣時瞋恚呵責言沙門釋子自言善好有德依恃貴人使我虛作無食無價亦無福德恩分是我等衰惱失利值遇是難滿難養不少欲不知足人是

中有比丘少欲知足行頭陀聞是呵責心不喜向佛廣說佛以是事集比丘僧知而故問六群比丘汝實作是事不荅言實作世尊佛以種種因緣呵責六群比丘云何名比丘自乞縷使非親里織師織衣種種因緣呵已語諸比丘以十利故與比丘結戒從今是戒應如是說若比丘自行乞縷使非親里織師織者尼薩耆波夜提自乞者或得五十波羅或得百波羅乃至得一兩縷者麻縷毛縷蒭摩縷刧貝縷非親里者親里名父母兄弟姉妹兒女乃至七世因緣異是名非親里織師者若男女黃門二根尼薩耆波夜提者是物應捨波夜提罪應悔過是中犯者若比丘從親里乞縷若令親里織若自織若令比丘比丘尼式叉摩尼沙弥沙弥尼織是中從親里乞不犯令親里織亦不犯自織得突吉羅令比丘比丘尼式叉摩尼沙弥沙弥尼織皆突吉羅若比丘從親里乞縷令非親里織若自織若令比丘比丘尼式叉摩尼沙弥沙弥尼織

是中從親里乞不犯令非親里織師織尼薩耆波夜提若自織令比丘比丘尼式叉摩尼沙弥沙弥尼織皆突吉羅若比丘從親里乞縷令親里非親里織若自織若令比丘比丘尼式叉摩尼沙弥沙弥尼織是中從親里乞不犯令親里織亦不犯令非親里織尼薩耆波夜提自織令比丘比丘尼式叉摩尼沙弥沙弥尼織皆突吉羅若比丘從非親里乞縷令非親里織若自織若令比丘比丘尼式叉摩尼沙弥沙弥尼織是中從非親里乞縷突吉羅令非親里織尼薩耆波夜提自織令比丘比丘尼式叉摩尼沙弥沙弥尼織皆突吉羅若比丘從非親里乞縷令親里織若自織若令比丘比丘尼式叉摩尼沙弥沙弥尼織是中從非親里乞縷突吉羅令親里織無犯自織令比丘比丘尼式叉摩尼沙弥沙弥尼織皆突吉羅若比丘從非親里乞縷令親里非親里織若自織若令比丘比丘尼式叉摩尼沙弥沙弥尼織是中從非親里乞縷突吉

羅令非親里織尼薩耆波夜提令親里織不犯自織令比丘比丘尼織式叉摩尼沙弥沙弥尼織皆突吉羅若比丘從親里非親里乞縷令親里非親里織若自織若令比丘比丘尼式叉摩尼沙弥沙弥尼織是中從親里乞不犯從非親里乞突吉羅令親里織不犯令非親里織尼薩耆波夜提自織令比丘比丘尼織式叉摩尼沙弥沙弥尼織皆突吉羅若比丘從親里非親里乞縷令親里織若自織若令比丘比丘尼式叉摩尼沙弥沙弥尼織是中從親里乞不犯從非親里乞突吉羅令親里織不犯自織令比丘比丘尼式叉摩尼沙弥沙弥尼織皆突吉羅若比丘從親里非親里乞縷令非親里織若自織若令比丘比丘尼式叉摩尼沙弥沙弥尼織是中從親里乞不犯從非親里乞突吉羅令非親里織尼薩耆波夜提自織令比丘比丘尼式叉摩尼沙弥沙弥尼織皆突吉羅不犯者織一波梨若織禪帶腰帶若一杅兩杅不犯 二十三事竟

佛在舍衛國尒時有一居士為跋難陁釋子故令織師織衣跋難陁聞是事往語織師言汝知不是衣為我織汝好織廣織極好織淨潔織我當少多利益汝若食若似食若食直織師言大德我等學是者欲得利故若與我少多利者當為汝好織廣織極好織淨潔織跋難陁言善時織師便為好織廣織極好織淨潔織多費經緯居士覺已語織師言何以用經緯多織師荅言我不減不偷織竟自共稱看今是衣好織廣織極好織淨潔織故多費經緯居士言誰約勑汝令如是織織師言跋難陁釋子居士言但好織是居士先所辦縷更再三倍用乃得成衣與跋難陁釋子已瞋恚呵責諸沙門釋子自言善好有功德何以乃能不知時不知量若施者不知量受者應知量我先所辦縷再三倍用乃得成衣此是我等衰惱失利何以供養是難滿難養不知猒足不少欲人是中有比丘少欲知足行頭陁聞是居士呵責心不喜向佛廣說佛以是事

集比丘僧知而故問跋難陁汝實作是事不荅言實作世尊佛以種種因緣呵責跋難陁云何名比丘非親里人作同意種種因緣呵已語諸比丘以十利故與比丘結戒從今是戒應如是說若為比丘故非親里居士居士婦使織師織衣是比丘先不請便往語織師言汝知不是衣為我故織汝好織極好織廣織淨潔織我當多少益汝是比丘若自語若使人語後時若與食若與食直為好故尼薩耆波夜提為比丘者為跋難陁釋子非親里者親里名父母兄弟姉妹男女乃至七世因緣異是名非親里居士居士婦者白衣男子名居士白衣女人名居士婦織師者男女黃門二根衣者白麻衣赤麻衣翅夷羅衣蒭摩衣憍奢耶衣欽婆羅衣劫貝衣先不請者是居士先不語有所須來取作同意者信是居士隨我所須不瞋語織師好織者使稍稍織廣織者使極廣織極好織者使好緻織淨潔織者使好淨潔織與食若似食食者五種謂飯麨

麨魚肉似食者亦有五種謂糜食粟食麨麦食莠子食迦師食食直者可買食物尼薩耆波夜提者是衣應捨波夜提罪應悔過是中犯者若比丘往織師所言是衣為我故織汝好織我當少多利益汝尼薩耆波夜提若言廣織當多少益汝尼薩耆波夜提若言極好織當多少益汝尼薩耆波夜提若言淨潔織當少多益汝尼薩耆波夜提若言好織廣織當少多益汝尼薩耆波夜提若言好織極好織若言好織淨織若言廣織極好織若言廣織淨織若言極好織淨織當少多益汝皆尼薩耆波夜提若言好織廣織極好織若言好織廣織淨潔織若言廣織極好織淨潔織當多少益汝皆尼薩耆波夜提若言好織廣織極好織淨潔織我當多少益汝皆尼薩耆波夜提又比丘往語織師汝知不是衣為我織汝莫好織我或多少益汝是比丘得尼薩耆波夜提若比丘往語織師言是衣為我織汝莫廣織或多少益汝尼薩耆波夜提若言莫

極好織或多少益汝尼薩耆波夜提若言莫淨織或少多益汝尼薩耆波夜提若言莫好織莫廣織若言莫好織莫極好織若言莫好織莫淨織若言莫廣織莫極好織若言莫廣織莫淨織若言莫極好織莫淨織或少多益汝皆尼薩耆波夜提若言莫好織莫廣織莫極好織若言莫好織莫廣織莫淨織若言莫廣織莫極好織莫淨潔織或少多益汝皆尼薩耆波夜提若言莫好織莫廣織莫極好織莫淨織或少多益汝皆尼薩耆波夜提又比丘往語織師汝知不是衣為我織汝好織我不益汝是比丘得突吉羅若言廣織若言極好織若言淨織不利益汝皆突吉羅若言好織廣織若言好織極好織若言好織淨織若言廣織極好織若言廣織淨潔織若言極好織淨織不益利汝皆突吉羅若言好織廣織極好織若言好織廣織淨潔織若言廣織極好織淨潔織不利益汝皆突吉羅若言好織廣織極好織淨潔織不利益汝皆突吉羅若比丘

往語織師言汝知不是衣為我織汝莫好織我不益汝突吉羅若言莫廣織若言莫極好織若言莫淨潔織我不益汝皆突吉羅若言莫好織莫廣織若言莫好織莫極好織若言莫好織莫淨潔織若言莫廣織莫極好織若言莫廣織莫淨潔織若言莫極好織莫淨織若言莫好織莫廣織莫極好織若言莫好織莫廣織莫淨織若言莫廣織莫極好織莫淨織若言莫好織莫廣織莫極好織莫淨織不利益汝皆突吉羅若比丘自有物令織師織不犯 二十四事竟

佛在舍衛國尒時跋難陀釋子有共行弟子名達摩善好有德時跋難陀暫與割截衣著尒時佛自恣竟夏末月欲二月遊行他國跋難陀釋子聞佛夏末月欲二月遊行他國聞已語弟子達摩佛夏末月欲二月遊行他國今我共汝在佛前遊行他國我等當多得衣食諸卧具不關達摩言不能去何以故我欲從佛遊行他國得數見佛數見大德比丘因他故得聞法

跋難陀言汝不欲共我去耶答言不去跋難陀言不去者還我衣來弟子言和上衣已與我跋難陀言我不以他事故與汝與汝者為我事故汝實不欲去耶答言實不欲去跋難陀即還奪衣取是弟子在祇陀槃那門間立啼佛入祇陀槃那見達摩佛知而故問達摩汝何故啼耶即向佛廣說上事佛以是事集比丘僧知而故問跋難陀釋子汝實作是事不答言實作世尊佛以種種因緣呵責云何名比丘與他比丘衣後瞋恚嫌恨便還奪取種種呵已語諸比丘以十利故與比丘結戒從今是戒應如是說若比丘與他比丘衣後瞋恚嫌恨若自奪若使人奪還我衣來不與汝得是衣者尼薩耆波夜提自奪者自身奪使人奪者令他人奪尼薩耆波夜提者是衣應捨波夜提罪應悔過是中犯者若比丘與他比丘衣後瞋恚嫌恨便奪若能奪得者尼薩耆波夜提若不能得者突吉羅使人奪得者尼薩耆波夜提不得者突吉羅自以力鬪諍奪得者尼薩耆波夜提不得者突吉羅使他出力鬪諍奪得者尼薩耆波夜提不得者突吉羅若欲折伏彼故暫奪不犯 二十五事竟

佛在舍衛國尒時長老呲訶比丘留僧伽梨安陀林中著上下衣入城乞食後失僧伽梨還覓不得向諸比丘說我留僧伽梨安陀林中入城乞食後便失還覓不得我當云何諸比丘以是事白佛佛以是事集比丘僧知而故問呲訶汝實留僧伽梨安陀林中著上下衣入城乞食後失僧伽梨還覓不得向諸比丘說諸長老我留僧伽梨安陀林中著上下衣入城乞食後失僧伽梨還覓不得我當云何答言實尒世尊佛種種因緣讚歎隨所住處與衣鉢俱作如是言若比丘少欲知足衣趣蔽形食趣活命隨所往處與衣鉢俱常安樂住譬如鳥飛隨所往處毛翅共俱比丘亦尒隨所往處與衣鉢俱常安樂住佛以種種因緣讚歎與衣鉢俱已語諸比丘以十利故與諸比丘結戒從今是戒應如是說若比丘三月過未至八月未滿歲若阿練兒比丘在阿練兒處住有疑怖畏是比丘欲三衣中隨一一衣著界外家中此比丘有因緣出界外離衣宿齊六宿過是宿者尼薩耆波夜提未滿歲者後安居阿練兒處者去聚落五百弓於摩伽陀國是一拘盧舍於北方國則半拘盧舍有疑處者疑是中失物乃至失一水器有畏者是中有怖畏乃至畏惡比丘若是比丘欲三衣中隨以一一衣著界外家中衣名三衣若僧伽梨若欝多羅僧若安陀會六夜離衣不犯者若離僧伽梨若離欝多羅僧若離安陀會尼薩耆波夜提者是衣應捨波夜提罪應悔過是中犯者比丘第六夜應還取衣若至衣所若受餘衣若比丘不取衣來不往衣所不受餘衣至第七夜地了時尼薩耆波夜提三月過者謂夏有四月三月雖過而後安居人日猶未滿故言未滿八月也 二十六事竟

佛在舍衛國尒時舍衛估客遊諸聚落為市利故道中見一僧坊閑靜遠

離估客入中見比丘僧少問比丘言此中比丘何以少比丘荅言汝不知耶估客言云何比丘言是處無檀越供給衣食湯藥是故比丘僧少估客言我等欲修治是處供給衣食湯藥是諸估客即時留衣食湯藥直已便去遊行諸處諸比丘夏初月分是物去餘處安居是估客得利行還見是僧坊作是念此是我等所供養處當入中看有幾人安居或有所乏衣食湯藥當更供給即入已見比丘轉少問言此中比丘何以轉少比丘言汝不知乎是中無檀越供給衣食湯藥直是故減少估客言我等先所供給衣食湯藥直是物耶去比丘荅言是夏初月諸比丘分是物去餘處安居估客言我等不為分故與使餘處安居我為住此處故與令受供養是中有比丘少欲知足行頭陀聞是事心不喜向佛廣說佛以是事集比丘僧佛以種種因緣呵責云何名比丘夏初月分安居物佛尒時但呵責未結戒佛又在舍衛國尒時波斯匿王有鬪將千

人五百人作一營皆著弊壞垢衣無色無德自房舍中無好牀褥卧具諸鬪將婦亦無好衣服環釧瓔珞華鬘莊嚴身具正使得官供給廩食又不充足是人喜飲食人客嗜酒鬪諍或時啼哭或時戲笑跳躑大喚有達摩提那比丘尼近是處住以是大音聲鬧亂故妨是比丘尼坐禪讀經時達摩提那比丘尼往鬪將婦所問言汝等夫何以著弊壞垢衣無色無德自房舍中無好牀褥卧具汝等亦無好衣服環釧瓔珞華鬘嚴具設使得官供給又不充足汝夫喜飲食人客嗜酒喜鬪諍或啼哭戲笑或跳躑大喚妨我坐禪讀經汝何不遮荅言何能制之設使遮者先所得飲食之餘更不復得善人若當呵者或能受用達摩提那比丘尼聞語已去乞覓飲食時時請諸鬪將中大力勢者與食誘之知有信心能信受語即便語言諸聚落主汝等歸依佛歸依法歸依僧是信受語故即歸依佛法僧歸依佛法僧故不復喜飲酒亦不喜延致酒客不喜鬪諍不復

喜啼哭戲喚跳躑大喚自房舍中有好牀褥衣服卧具諸婦皆有好衣服環釧瓔珞華鬘莊嚴身具官所給廩皆得充足以是因緣故諸鬪將漸漸大富多饒金銀財寶奴婢人民種種成就波斯匿王以是富人圍繞故王有威德衆所敬仰尒時波斯匿王有小國反叛語諸鬪將汝等往彼折伏便還是諸將中有深敬佛者弓頭著漉水囊作是念若值水有虫者當漉飲之是中有不信佛法者生嫉妬心往到波斯匿王所言是中某甲諸鬪將弓頭著漉水囊作是念值有虫水者當漉飲之是等誑王王言云何是等於小虫中有如是憐愍心何況於人王言喚來即往喚之王言汝等實以漉水囊繫弓頭作是念值水有虫者當漉飲之耶荅言實尒王言汝等誑我鬪將言云何誑王王言汝於小虫尚有憐愍心何況於人鬪將言虫有何過於王若有過者當知我等為王治之王作是念或有人喜淨潔故何必畏煞虫王言將至陣前即將至

陣前是諸鬪將或有得慈心三昧入慈心力故破是賊陣即時折伏王聞破賊心大歡喜尒時諸鬪將破賊已還到王所長跪而言大王常勝作是語已在王前立王即時償賜財物聚落田宅人民更倍供給尒時諸鬪將冨貴轉增多饒金銀財寶奴婢人民種種增益王以是人圍遶故威德轉勝衆倍敬仰諸鬪將作是念我等冨貴具足者皆因達摩提郝比丘尼故我等何不請是比丘尼來是舍衛國三月夏安居是諸鬪將到比丘尼所言大德到我舍衛國夏安居來比丘尼荅言不能何以故荅言隨佛安居處我等當往安居是中數得見佛數得見大德比丘因他故得聞法汝等若欲令我是中安居者可先請佛此舍衛國夏安居是鬪將即往佛所頭面礼足在一面坐佛見坐已種種因縁說法示教利喜示教利喜已默然是諸鬪將聞佛說法種種因縁示教利喜已白佛言世尊受我等請舍衛國夏安居憐愍故佛默然受之諸鬪將知佛默然受請

已頭面礼足右遶而去還到自舍各相約勑隨力所辦若一日食二日食三日食如是次第辦三月食為衆僧作別房衣作家中衣作夏安居衣尒時餘十日在未到自恣波斯匿王復有小國反叛即復遣先鬪將往以前破賊是故令復使汝等往是諸鬪將聞已愁憂何苦乃尒先鬪因緣殆而得脫令復往者或能失命我等已請佛三月辦衣食湯藥我等若不以布施者衆僧失布施我等失福德我等先欲施物令布施何苦我等常令施法不絕僧福田中恒作福德僧得施物我等得福即出前許布施物多持衣襆到祇陁林中打揵搥諸比丘言何以打耶鬪將荅言諸大德集我以此衣布施衆僧諸比丘言佛不聽我等未自恣夏月內分安居衣諸鬪將言我等官人屬他不得自在先鬪因緣殆而得脫令往不知云何或能失命衆僧集聚當受是衣物諸比丘不知云何是事白佛佛知故問阿難自恣有幾日在阿難荅言世尊有十日在佛語阿

難雖十日未至自恣恐失布施衣應受佛及僧集坐一處諸鬪將分諸衣與衆僧已在佛前坐聽說法故佛見坐已說種種法示教利喜示教利喜已默然是諸鬪將聞佛說法已頭面礼足右遶而去去不久佛以先因緣及是事故集比丘僧佛以種種因緣讃戒讃持戒讃戒讃持戒已語諸比丘以十利故與比丘結戒從今是戒應如是說若比丘十日未至自恣有急施衣應受比丘須是衣者當自手取乃至衣時畜過是畜者尼薩耆波夜提十日未至自恣者若知自恣有十日在急施衣者若王施若夫人施若王子施若大臣大官鬪將內官若女欲嫁時若病人若欲煞賊時如是等人施衣若知十日未至自恣應受衣時者若有住處不受迦絺那衣夏末一月若受迦絺那衣住處夏末一月及冬四月尼薩耆波夜提者是衣應捨波夜提罪應悔過是中犯者若是處不受迦絺那衣諸比丘夏末月末後日是衣應捨若作淨若受持若不捨不作淨不受

持至冬初月初日地了時尼薩耆波夜提若是住處受迦絺那衣是諸比丘冬末後月末後日是衣應捨應作淨若受持若不捨不作淨不受持至春初月初日地了時尼薩耆波夜提二十七事竟

佛在王舍城尒時六群比丘作是言佛聽我等畜雨浴衣便春冬一切時畜是中有比丘少欲知足行頭陀聞是事心不喜種種因緣呵責云何名比丘佛聽畜雨浴衣故便冬春一切時畜佛聽畜三衣雨浴衣乃是第四衣是諸比丘種種呵已是事白佛佛以是事集比丘僧知而故問六群比丘汝實作是事不荅言實作世尊佛以種種因緣呵責云何名比丘我聽畜雨浴衣便冬春一切時畜種種因緣呵已語諸比丘以十利故與比丘結戒從今是戒應如是說若比丘春殘一月應求作雨浴衣半月應受持若比丘未至春殘一月求作過半月受持者尼薩耆波夜提是中云何求去何作云何持求者從他乞是衣作者若浣染割截揩縫持者若是衣受用

尼薩耆波夜提者是衣應捨波夜提罪應悔過是中犯者若比丘有閏月處求雨浴衣往無閏月處安居是中從外求來作來皆突吉羅從受持來尼薩耆波夜提若有閏處比丘遣使往語無閏處比丘言諸大德小待共自恣若無閏處比丘受是語待者是元閏處比丘從求來作皆突吉羅從受持來尼薩耆波夜提若比丘有閏處求雨浴衣有閏處安居不犯持竟夏前三月便捨之無閏處者巳入八月熱時巳過故犯有閏者謂此國晚熱謂閏春末月則閏月内求之若求得者二月末便應受持不能得者四月十六日應受持即得不應停過十五日二十八事竟

佛在舍衛國尒時有一居士發心欲與佛及僧飲食復與僧衣時世飢儉乞食難得是居士財物不多夏時巳過心中憂愁作是言今何痛惱苦急乃尒我本心欲與佛及僧飲食復與僧衣時世飢儉乞求難得我財物少夏時巳過心中憂愁苦急不滿我願我今當從僧中少多請比丘與食與

僧衣令我福德不空作是念巳便入祇洹打揵椎有比丘問居士何因緣故打揵椎居士荅言我欲從僧請尒所比丘到我舍食時知會人即差尒所比丘差次到六群比丘六群比丘先時有次請便持衣鉢先至請家辦飲食時教如是如是作是時六群比丘晨朝持衣鉢到是居士舍共相問訊在一面坐居士作禮在前坐自向六群比丘軟語我本心欲與佛及僧飲食復與僧衣令世飢儉乞求難得我財物少夏時巳過心中憂惱苦急作是念我今何不從僧中請少多比丘與食便與僧衣令我不失福德以是因緣故食與汝等衣當與僧時六群比丘聞衣名心動語居士言是衣何似持來示我居士言善即出衣示之六群比丘見衣倍生貪心語居士言汝意欲令是衣有用耶欲令舉置耶居士言所以施者欲令用之汝若欲令不用者當與僧何以故僧多有衣舉在一處朽壞虫齧若令用者當與我等我等衣少得施當用居士言汝等知與

僧不用若汝等能用者便當相與居士與食已持是衣與六群比丘六群比丘食已持是衣入祇洹示諸比丘是衣何似細好不諸比丘言實好汝何從而得六群比丘廣說是事是中有比丘少欲知足行頭陀聞是事心不喜種種因緣呵責云何名比丘知物向僧自求向已種種因緣呵已向佛廣說佛以是事集比丘僧知而故問六群比丘汝實作是事不荅言實作世尊佛以種種因緣呵責六群比丘云何名比丘知物向僧自求向已種種因緣呵已語諸比丘以十利故與比丘結戒從今是戒應如是說若比丘知物向僧自求向已尼薩耆波夜提知者若自知若從他聞若檀越語物者謂施僧物若衣鉢戶鉤澡灌時藥夜分藥七日藥終身藥向僧者發心欲施僧未與尼薩耆波夜提者是衣應捨波夜提罪應悔過是中犯者若比丘知是物向比丘僧自求向已尼薩耆波夜提若向三二一突吉羅若比丘尼知是物向比丘尼僧自求向已

尼薩耆波夜提若向三二一突吉羅若比丘知是物向此三比丘求向餘三比丘突吉羅若比丘知是物向三比丘求向二比丘一比丘比丘尼僧三比丘尼二比丘尼一比丘尼三式叉摩尼二式叉摩尼一式叉摩尼三沙弥二沙弥一沙弥三沙弥尼二沙弥尼一沙弥尼比丘僧皆突吉羅若比丘知是物向此二比丘求向餘二比丘突吉羅若知是物向二比丘求向一比丘比丘尼僧三比丘尼二比丘尼一比丘尼三式叉摩尼二式叉摩尼一式叉摩尼三二一沙弥三二沙弥尼比丘僧三二一比丘皆突吉羅若比丘知是物向此一比丘求向餘一比丘突吉羅若知是物向一比丘求向比丘尼僧三二一比丘尼三二一式叉摩尼三沙弥二一沙弥三二一沙弥尼比丘僧三二一比丘皆突吉羅若比丘知是物向此三比丘尼求向餘三比丘尼突吉羅若比丘知是物向三比丘尼求向二比丘尼一比丘尼三二一式叉摩尼三二一沙弥三一

一沙弥尼比丘僧三比丘二一比丘比丘尼僧皆突吉羅若比丘知是物向此二比丘尼求向餘二比丘尼突吉羅若比丘知是物向二比丘尼求向一比丘尼三二一式叉摩尼三二一沙弥三二一沙弥尼比丘僧三二一比丘比丘尼僧三二一比丘尼皆突吉羅若比丘知是物向此一比丘尼求向餘一比丘尼突吉羅若比丘知是物向一比丘尼求向三二一式叉摩尼三沙弥二一沙弥三二一沙弥尼比丘僧三二一比丘比丘尼僧三比丘尼二一比丘尼皆突吉羅若比丘知是物向此三式叉摩尼求向餘三式叉摩尼突吉羅若比丘知是物向三式叉摩尼求向二一式叉摩尼三二一沙弥三二一沙弥尼比丘僧三二一比丘比丘尼僧三二一比丘尼皆突吉羅若比丘知是物向此二式叉摩尼求向餘二式叉摩尼突吉羅若比丘知是物向二式叉摩尼求向一式叉摩尼三二一沙弥三二一沙弥尼比丘僧三比丘二一比丘比丘尼

十誦律卷第八　第二十八張

僧三比丘尼二一比丘尼三式叉摩尼皆突吉羅若比丘知是物向此一式叉摩尼求向餘一式叉摩尼突吉羅若知是物向一式叉摩尼求向三沙弥二一沙弥三沙弥尼二一沙尼比丘僧三比丘二一比丘比丘尼僧三比丘尼二一比丘尼三式叉摩尼二一式叉摩尼皆突吉羅若比丘知是物向此三沙弥求向餘三沙弥突吉羅若比丘知是物向三沙弥求向二沙弥一沙弥三沙弥尼二一沙弥尼比丘僧三比丘二一比丘比丘尼僧三比丘尼二一比丘尼三式叉摩尼二一式叉摩尼皆突吉羅若比丘知是物向此二沙弥求向餘二沙弥突吉羅若比丘知是物向二沙弥求向一沙弥三沙弥尼二一沙弥尼比丘僧三比丘二一比丘比丘尼僧三比丘尼二一比丘尼三二一式叉摩尼三二一沙弥三二一沙弥尼皆突吉羅若比丘知是物向此一沙弥求向餘一沙弥突吉羅若比丘知是物向此一沙弥求向三沙弥尼二一沙

十誦律卷第八　第二十九張

弥尼比丘僧三比丘二一比丘比丘尼僧三比丘尼二一比丘尼三式叉摩尼二一式叉摩尼三沙弥二一沙弥皆突吉羅若比丘知是物向此三沙弥尼求向餘三沙弥尼突吉羅若比丘知是物向此三沙弥尼求向餘二沙弥尼比丘僧三二一比丘比丘尼僧三比丘尼二一比丘尼三二一式叉摩尼三二一沙弥皆突吉羅若比丘知是物向二沙弥尼求向餘二沙弥尼突吉羅若比丘知是物向二沙弥尼求向一沙弥尼比丘僧三二一比丘比丘尼僧三比丘尼二一比丘尼三二一式叉摩尼三二一沙弥三二一沙弥尼皆突吉羅若比丘知是物向此一沙弥尼求向餘一沙弥尼突吉羅若比丘知是物向一沙弥尼求向比丘僧三比丘二一比丘比丘尼僧三比丘尼二一比丘尼三二一式叉摩尼三二一沙弥三二一沙弥尼皆突吉羅若比丘知是物向此多畜生求向餘多畜生突吉羅若比丘知是物向多畜生求向二畜生一畜生突吉羅

十誦律卷第八　第三十張

若比丘知是物向此二畜生求向餘二畜生突吉羅若比丘知是物向二畜生求向一畜生多畜生突吉羅若比丘知是物向此一畜生求向餘一畜生突吉羅若比丘知是物向一畜生求向多畜生二畜生突吉羅若比丘知是物向比丘僧求向比丘尼僧突吉羅若比丘知是物向比丘尼僧求向比丘僧突吉羅若比丘僧破為二部比丘知是物向此一部求向餘一部突吉羅若比丘向中生向想得尼薩耆波夜提若向中生不向想亦得尼薩耆波夜提若向中生疑尼薩耆波夜提若不向中生向想得突吉羅若不向中生疑得突吉羅若不向中生不向想不犯　事三十九竟

佛在舍衛國與大比丘僧安居尒時長老畢陵伽婆蹉王舍城安居多有知識大得酥油蜜石蜜是長老多得故一鉢半鉢拘鉢多羅半拘鉢多羅大揵鎡小揵鎡或絡囊盛懸象牙杙上從中取時飜棄汗壁臥具爛壞汗墁房舍房舍臭處是長老畢陵伽婆

躂弟子舉宿而食惡捉不受內宿諸佛在世法歲二時大會春末後月夏末後月春末月者諸方國土處處諸比丘來詣佛所作是念佛所說法我等當安居時修習得安樂住是初大會夏末月者諸比丘夏三月安居竟作衣畢持衣鉢詣佛所作是念我等久不見佛久不見世尊是第二大會尒時有一比丘王舍城安居竟作衣畢持衣鉢遊行到舍衛國往詣佛所頭面礼足在一面立諸佛常法若客比丘來以如是語勞問諸比丘忍不足不安樂住不乞食不乏道路不疲耶尒時佛以如是語勞問是比丘忍不足不安樂住不乞食不乏道路不疲耶比丘荅言世尊忍足安樂住乞食不乏道路不疲以上事向佛廣說佛以是事集比丘僧種種因緣呵責我憐愍利益病比丘故聽服四種含消藥酥油蜜石蜜云何是比丘舉宿而食惡捉不受內宿種種因緣呵已語諸比丘以十利故與比丘結戒從今是戒應如是說若比丘病聽服四種

含消藥酥油蜜石蜜共宿至七日得服過是服者尼薩耆波夜提病者若風發熱發冷發服是四種藥可差者是名病不病者異是因緣名為不病尼薩耆波夜提者是藥應捨波夜提罪應悔過是中犯者若比丘一日得酥畜二日捨二日得畜三日捨三日得畜四日捨四日得畜五日捨五日得畜六日捨六日得畜上口捨七日得七日時比丘是酥應與人若作淨若服若比丘不與人不作淨不服至第八日地了時尼薩耆波夜提若比丘一日得酥二日更得畜一捨一二日得酥三日更得畜一捨一三日得酥四日更得畜一捨一四日得酥五日更得畜一捨一五日得酥六日更得畜一捨一六日得酥七日更得七日時比丘是酥應與人若作淨若服若不與人不作淨不服至第八日地了時尼薩耆波夜提若比丘一日得酥畜二日更得畜後捨前二日得酥三日更得畜後捨前三日得酥四日更得畜後捨前四日得酥五日更得畜後捨

前五日得酥六日更得畜後捨前六日得酥七日更得七日時比丘是酥應與人若作淨若服若不與人不作淨不服至第八日地了時尼薩耆波夜提若比丘一日得酥二日更得畜前捨後二日得酥三日更得畜前捨後三日得酥四日更得畜前捨後四日得酥五日更得畜前捨後五日得酥六日更得畜前捨後六日得酥七日更得七日時比丘是酥應與人若作淨若服若不與人不作淨不服至第八日地了時尼薩耆波夜提若比丘一日得酥畜二日不得三四五六七日不得七日時比丘是酥應與人若作淨若服若不與人不作淨不服至第八日地了時尼薩耆波夜提若比丘一日得酥畜二日更得三四五六七日更得七日時比丘是酥皆應與人若作淨若服若不與人不作淨不服至第八日地了時尼薩耆波夜提若比丘有應捨酥未捨罪未悔過次續未斷更得酥是後酥得尼薩耆波夜提本酥因緣故又比丘應捨酥已捨

十誦律卷第八　第二十四張

罪未悔過次續未斷更得酥是後酥得尼薩耆波逸提本酥因緣故又比丘應捨酥已捨罪已悔過次續未斷更得酥是後酥得尼薩耆波夜提本酥因緣故又比丘應捨酥已捨罪已悔過次續已斷更得酥不犯油蜜石蜜亦如是若重病不犯　三十事竟

十誦律卷第八

甲辰歲高麗國大藏都監奉

勅彫造

十誦律卷第八

校勘記

一　底本，麗藏本。

一　二七三頁上一行「二誦之二」，諸本(不含石，下同)作「第二誦之二」置於二、三行之間。

一　二七三頁上三行「明三十……之四」，資作「三十尼薩耆之四」，磧、普、南、徑作「三十尼薩耆法之四」；清無。

一　二七三頁上八行「子言」，諸本作「兒言」。

一　二七三頁上二二行「種種」，諸本作「種種因緣」。

一　二七三頁上二二行至次行及次頁中七行「與比丘」，諸本作「與諸比丘」。

一　二七三頁中二行「比丘」，諸本無。

一　二七三頁中九行「大於大小」，資、磧、南作「若大於大若小」；徑、清作「若大於小若小」。

一　二七三頁中二二行及本頁下一行「隨欲」，諸本作「隨愛」。

一　二七三頁中二二行至次行「不知行不行」，諸本作「行不知行不」。

一　二七三頁下四行及六行「某甲」，諸本作「某」。

一　二七三頁下八行「滿鉢盛水」，諸本作「盛滿鉢水」。

一　二七三頁下一〇行「須應」，諸本作「應須」。

一　二七三頁下一六行第二字「作」，諸本作「令作」。

一　二七四頁上一八行「織師」，諸本作「織人」。

一　二七四頁中一行「呵責」，諸本作「事」。

一　二七四頁中一一行第二字「得」，諸本無。

一　二七四頁中一三行及次頁下一四行「異是」，諸本作「除是」。

一　二七五頁上二行及九行「織式」，諸本作「式」。

一　二七五頁上五行末字「式」，諸本作「織式」。

一　二七五頁中一一行「今是」，諸本作「令是」。

一　二七五頁中一三行「織織」，資、磧、南、清作「織」。

一　二七五頁中一五行「乃得」，徑、清作「乃至」。

一　二七五頁中一七行「乃能」，諸本

作「太劇」。

一　二七五頁下六行「居士」，諸本作「居士若」。

一　二七五頁下一二行「釋子」，諸本作「釋子故」。

一　二七五頁下二二行第一二字「織」，諸本無。

一　二七五頁下末行「五種」，諸本作「有五種」。

一　二七六頁上一行「餅魚」，諸本作「餔魚」。

一　二七六頁上七行「多少」，諸本作「少多」。下同。

一　二七六頁上一二行「淨織」，諸本作「淨潔織」。下同。

一　二七六頁中一五行「不利益」，諸本作「不益」。

一　二七六頁中一九行「不益利汝」，諸本作「我不益汝」。

一　二七六頁中末行「不利益」，諸本作「我不利益」。

一　二七六頁下二行「我不益」，諸本作「我或不益」。下同。

一　二七七頁上六行「衣取」，諸本作「取衣」。

一　二七七頁中三行「折伏」，資、磧、普作「所伏」。

一　二七七頁中一五行「云何」，諸本作「云何耶」。

一　二七七頁中二一行第一二字「以」，諸本無。

一　二七七頁下三行「怖畏」，諸本作「恐畏」。同行第一一字「隨」，諸本作「隨以」。

一　二七七頁下四行「外家」，諸本作「內家」。

一　二七七頁下五行「六宿」，諸本作「六夜」。

一　二七七頁下七行第一二字「是」，諸本無。

一　二七七頁下一一行至次行「著界外家中」，諸本作「寄白衣舍者」。

一　二七七頁下一三行及一四行「安陁會」，諸本作「安陁衛」。

一　二七七頁下一五行末字「應」，諸本作「應當」。

一　二七七頁下一七行「若至」，諸本作「若往」。

一　二七七頁下一八行「至第七夜」，諸本作「若至第七日」。

一　二七八頁上二行「何以」，諸本作「以何故」。同行至次行「汝不知耶」，資、普、南、徑、清作「汝知不」；磧作「染知不」。

一　二七八頁上六行「直巳」，諸本作「直與巳」。

一　二七八頁上七行「諸處」，諸本作「餘處」。

一　二七八頁上一三行「不知乎」，資、磧、普作「不知那」；南、徑、清作「不知耶」。同行「供給」，諸本作「供養」。同行末字「直」，諸本無。

一　二七八頁上一五行「那去」，諸本作「何去」。

一　二七八頁上二二行末字「又」，諸本無。

一 二七八頁中七行末字「鬧」，諸本作「鬪」。

一 二七八頁中九行第九字「婦」，諸本無。

一 二七八頁中一二行「嚴具」，諸本作「嚴身之具」。

一 二七八頁中一三行第九字「飲」，諸本無。

一 二七八頁中一四行「戲笑」，諸本作「或戲笑」。

一 二七八頁中一九行至次行「知有信心」，諸本作「知心柔輭」。

一 二七八頁中二一行「歸依」，諸本作「歸命」。下同。

一 二七八頁中二二行第八字「依」，諸本無。

一 二七八頁下一二行第一〇字「中」，諸本無。

一 二七八頁下一五行「小虫中」，諸本作「水蟲」。

一 二七八頁下一七行第四字「繫」，諸本作「繫着」。

一 二七九頁上四行第七字「而」，諸本無。

一 二七九頁上五行第九字「時」，諸本無。

一 二七九頁上七行「多饒」，諸本作「多餘」。

一 二七九頁上一九行「種種」，諸本作「以種種」。

一 二七九頁上二一行「因緣」，諸本無。

一 二七九頁上二二行第七字及次行末字「請」，諸本無。

一 二七九頁中四行第八字「作」，諸本無。

一 二七九頁中五行「未到」，諸本作「未至」。

一 二七九頁中八行「何苦」，諸本作「苦惱」。同行「殆而」，諸本作「殆死」。

一 二七九頁中一二行「施法」，諸本作「法施」。

一 二七九頁中一四行至次行「到祇陁林中」，諸本作「入祇陁林已」。

一 二七九頁中二一行末字「是」，諸本作「以是」。

一 二八〇頁上一六行「浴衣」，諸本作「浴衣故」。

一 二八〇頁上末行「揩縫」，諸本作「簪縫」。

一 二八〇頁中三行「是中」，諸本作「是人」。

一 二八〇頁中四行「作來皆突吉羅」，諸本作「作衣來皆突吉羅罪」。

一 二八〇頁中八行第八字「作」，諸本作「作者」。

一 二八〇頁中一一行第七字「無」，諸本作「至無」。

一 二八〇頁中一三行至次行「二月」，諸本作「三月」。

一 二八〇頁下三行第三字「揵」，諸本無。同行「從僧」，諸本作「從僧中」。

一 二八〇頁下四行第七字「食」，諸本無。

一二八〇頁下六行「先至」，諸本作「先到」。

一二八〇頁下九行「作礼」，諸本作「作礼已」。

一二八〇頁下一二行「憂惱」，諸本作「憂愁」。

一二八〇頁下一三行「何不從」，諸本作「當從」。

一二八〇頁下一四行「與僧」，諸本作「與衆僧」。

一二八〇頁下末行「衣少得施」，諸本作「少衣得布施我等」。

一二八一頁上二行「食已」，諸本作「食食已」。同行「六羣比丘六羣比丘」，諸本作「六羣比丘」。

一二八一頁上三行第四、五字「是衣」，諸本作「是衣去」。

一二八一頁上四行末字「而」，諸本無。

一二八一頁上一二行「種種」，諸本作「佛以種種」。

一二八一頁上一七行「藥夜」，諸本作「藥時」。

一二八一頁上一九行「施僧未與」，資、磧、南、徑、清作「與僧未定與」。

一二八一頁中六行第九字「一」，磧作「二」。

一二八一頁中一三行至一四行「三沙彌三二一沙彌尼」，資、磧、南、徑、清作「三沙彌二沙彌一沙彌三沙彌尼二沙彌尼一沙彌尼」。

一二八一頁中一七行至一八行「三比丘尼三二一式叉摩尼」，諸本作「三比丘尼二比丘尼一比丘尼三式叉摩尼二式叉摩尼一式叉摩尼」。

一二八一頁中一八行至次行及頁下一行「三二一沙彌尼」，諸本作「三沙彌尼二一沙彌尼」。

一二八一頁中一九行「三二一比丘」，諸本作「三比丘二比丘一比丘」。

一二八一頁中二〇行第六字「是」，諸本無。

一二八一頁中末行「三二一式叉摩尼」，諸本作「三式叉摩二一式叉摩尼」。同行「三二一沙彌」，諸本作「三沙彌二一沙彌」。同行末二字至本頁下一行「三一一沙彌尼」，諸本作「三沙彌尼二一沙彌尼」。

一二八一頁下五行「三二一式叉摩尼」，諸本作「三式叉摩尼二一式叉摩尼」。同行至次行「三二一沙彌三二一沙彌尼」，諸本作「三沙彌二一沙彌三沙彌尼二一沙彌尼」。

一二八一頁下六行至次行及頁下一二行「三二一比丘」，諸本作「三比丘二一比丘」。

一二八一頁下一〇行「三二一式叉摩尼」，諸本作「三式叉摩尼二式叉摩尼一式叉摩尼」。

一二八一頁下一六行「二一式叉摩尼」，諸本作「二式叉摩尼一式叉摩尼」。

一二八一頁下一六行末二字至一八行「三二一沙彌……三二一比丘尼」，諸本作「三沙彌二一沙彌三沙彌尼二一沙彌尼比丘僧三比丘二一比丘比丘尼僧三比丘尼二比丘尼一比丘尼」。

一 二八一頁下二二行至末行「三二一沙彌三二一沙彌尼」，諸本作「三沙彌二一沙彌三沙彌尼二一沙彌尼」。

一 二八二頁上八行「二一式叉摩尼」，諸本作「二式叉摩尼」。

一 二八二頁上一九至二〇行「三二一式叉摩尼……三二一沙彌尼」，諸本作「三式叉摩尼二一式叉摩尼三沙彌」。

一 二八二頁中六至七行「二一沙彌尼」，諸本作「二沙彌尼一沙彌尼」。

一 二八二頁中七行及一二至一三行「三二一比丘」，諸本作「三比丘二一比丘」。

一 二八二頁中八至九行「三二一式叉摩尼三二一沙彌」，諸本作「三式叉摩尼二一式叉摩尼三沙彌二一沙彌」。

一 二八二頁中一〇行及同頁下五行「物向」，諸本作「物向此」。

一 二八二頁中一三至一四行「三二一式叉摩尼三二一沙彌」，諸本作「三式叉摩尼二一式叉摩尼三沙彌二一沙彌」。

一 二八二頁中一九行至次行「三二一式叉摩尼……三二一沙彌尼」，諸本作「三式叉摩尼二一式叉摩尼三沙彌二一沙彌三沙彌尼二一沙彌尼」。

一 二八二頁下一二行第一一字「得」，諸本無。

一 二八二頁下二〇行「一鉢」，諸本作「滿鉢」。

一 二八三頁上一行「弟子」下，諸本有「有殘不淨酥油密」。同行及二〇行「舉宿」，諸本作「殘宿」。

一 二八三頁上一四行至一六行首字「比丘忍不……耶」共一九字，諸本作「一一比丘」。

一 二八三頁上一六行第八字「忍」，諸本作「可忍」。

一 二八三頁中九行「上口捨七日得」，諸本作「七日捨七日得畜」。

一 二八三頁下一二行、一五至一六行及二〇行「第八日」，諸本作「八日」。

一 二八三頁下一四行「比丘」，諸本無。

一 二八三頁下二〇行「尼薩耆」，諸本作「皆尼薩耆」。

一 二八四頁上一行首字「罪」，諸本作「罪已」。

十誦律卷第九 二誦之三　　攝

九十波逸提法之一　　後秦北印度三藏弗若多羅譯

佛在舍衛國尒時南天竺有論議師以銅鍱鍱腹頭上然火来入舍衛國時人問言汝何因緣尒荅言我智慧多恐腹裂故汝頭上何以著火欲照闇故語言癡婆羅門日照天下何以言闇荅言汝等不知闇有二種一者無日月火燭二者愚癡無智慧明諸人言汝未見訶哆釋子比丘故敢作是語若見共語者日出則闇夜則日出時城內人民即喚訶哆釋子比丘欲令共論時訶哆聞之心愁不得已而来入城道中見二羖羊共鬪即因取相作是念一羊是婆羅門一羊是我是我者鬪則不如見已轉更愁憂前行又見二牛共鬪復作是念一牛是婆羅門一牛是我是我者即復不如又前行復見二人相撲作是念一是婆羅門一是我我者即復不如欲入論處見一女人持滿缾水水缾即破復作是念我見諸不吉相将無不如不得

已便前入舍見是論師婆羅門眼口相貌自知不如愁憂更甚適坐須臾諸人便言可共論議荅言我今小不安隱須待明日作是語已便還宿處至後夜時即向王舍城明旦城中人集久待不来知時已過自到祇桓推尋求之餘比丘言訶哆釋子即後夜時持衣鉢去諸城內人聞已種種呵責云何名比丘故妄語一人語二人二人語三人如是展轉惡名流布滿舍衛城是中有比丘少欲知足行頭陁著衣持鉢入城乞食聞是事心不喜食已向佛廣說佛以是事集比丘僧以種種因緣呵責云何名比丘故妄語種種呵已語諸比丘以十利故與諸比丘結戒從今是戒應如是說若比丘故妄語者波夜提故妄語者知是事不尒誑他故異說波夜提者是罪名燒煑覆障若不悔過能障閡道是中犯者有五種有妄語入突吉羅有入波夜提有入偷蘭遮有入僧伽婆尸沙有入波羅夷有入波羅夷者自知無聖法語人言我有聖法是

名入波羅夷入僧伽婆尸沙者以無根四波羅夷法謗他比丘故入偷蘭遮者不具足波羅夷妄語亦不具足僧伽婆尸沙妄語故入波夜提者若比丘以無根僧伽婆尸沙謗他比丘故入突吉羅者除四種妄語餘妄語犯突吉羅若比丘不見事言見波夜提若見言不見波夜提若見謂不見語他言見波夜提若不見謂見語他言不見波夜提若見巳疑為見不見語他言不見波夜提若不見疑為見不見語他言見波夜提聞覺知亦如是若隨心想說不犯竟一事

佛在王舍城尒時六群比丘喜闘諍相罵是六群比丘與諸比丘共闘諍巳便出他過形相輕喚下賤種性下賤名字伎術作業是時有未諍者便諍巳諍者不欲止未出事便出巳出事不可滅是中有比丘少欲知足行頭陀聞是事心不喜種種因緣呵責云何名比丘喜闘諍相罵共他諍巳便出其過形相輕喚下賤種性名字伎術是時有未諍者便諍巳諍者不欲止未出事便出巳出事不可滅種種因緣呵巳向佛廣說佛以是事集比丘僧知而故問六群比丘汝實作是事不荅言實作世尊佛以種種因緣呵責云何名比丘喜闘諍相罵共他諍巳便出其過形相輕喚下賤種性名字伎術是時有未諍者便諍巳諍者不欲止未出事便出巳出事不可滅佛種種因緣呵巳說本生因緣佛語諸比丘過去有人有一黑牛復有人有一牛為財物故唱言誰牛力勝我牛者我輸尒所物若不如者輸我尒所物時黑牛主聞是唱聲荅言可尒時載重物繫牛車左形相輕喚謂黑曲角以杖擊之牽是車去時牛聞是形相罵故即失色力不能挽重上坂時黑牛主大輸財物是得物人後復更唱誰牛力勝我輸尒所物是時黑牛聞是唱聲便語主言是人何故復唱斯言時主荅曰貪財物故復作是唱黑牛語主可荅言尒主言不能所以然者汝弊惡牛故大輸我物今復作者輸我物盡牛語主言先在衆人前形相輕我以下賤名口喚謂黑曲角聞惡名故即失色力是故不能挽重上坂今授主語莫出惡言在他前時便語我言汝犢子時剌入脚中自看是剌欲得出故角入地中故曲汝是好黑大牛生來良吉角廣且直主受牛語即便洗刷以油塗角著好華鬘繫車右邊柔軟愛語大吉黑牛廣角大力牽是車去是牛聞是柔軟愛語故即得色力牽重上坂時黑牛主先所失物更再三倍得是牛主得大利巳心甚歡喜即說偈言

載重入深轍　隨我語能去　是故應軟語
不應生惡言　軟語有色力　是牛能牽重
我獲大財物　身心得喜樂

佛語諸比丘畜生聞形相語尚失色力何況於人時佛以種種因緣呵巳語諸比丘以十利故與諸比丘結戒從今是戒應如是說若比丘形相他者波夜提波夜提者煑燒覆障若不悔過能障閡道是中犯者有八種謂種伎作犯病相煩惱罵種者若比丘往語剎利子比丘言汝剎利種用出

家受戒為輕毀心故一一語突吉羅又比丘徃語婆羅門子比丘言汝婆羅門種用出家受戒為輕毀心故一一語突吉羅又比丘徃語估客子比丘言汝估客種用出家受戒為輕毀心故一一語中突吉羅又比丘徃語鍛師子比丘言汝鍛師種用出家受戒為輕毀心故一一語波夜提又比丘徃語木師子比丘言汝木師種用出家受戒為輕毀心故一一語波夜提又比丘徃語陶師子比丘言汝陶師種用出家受戒為輕毀心故一一語波夜提若比丘徃語皮師子比丘言汝皮師種用出家受戒為輕毀心故一一語波夜提又比丘徃語竹師子比丘言汝竹師種用出家受戒為輕毀心故一一語波夜提又比丘徃語剃毛髮師子比丘言汝剃毛髮師種用出家受戒為輕毀心故一一語波夜提又比丘徃語旃陁羅子比丘言汝旃陁羅種用出家受戒為輕毀心故一一語波夜提是名為種伎者若比丘徃語剎利子比丘言汝剎利種

用出家受戒為汝應學乘象馬乘車輦轝學捉刀楯弓箭學捉鐵鉤學擲絧羂學入陣出陣如是種種剎利伎術汝應學輕毀心故一一語突吉羅罪又比丘徃語婆羅門子比丘言汝婆羅門種用出家受戒為汝應學圍陁經亦教他學自作天祠亦教他作學飲食呪蚰呪疾行呪劬羅呪揵陁羅呪如是種種婆羅門伎術汝應學輕毀心故一一語突吉羅又比丘徃語估客子比丘言汝估客種用出家受戒為汝應學書筭數印相學知金銀相絲綿繒綵學坐金肆銀肆客作肆銅肆珠肆㲲肆種種估客伎術汝應學輕毀心故一一語突吉羅又比丘徃語鍛師子比丘言汝鍛師種用出家受戒為汝應學作釧鉾鎖鼎鏊鏵鍬钁斧稍大刀小刀鉾拘鉾多羅半拘鉾多羅大揵鎡小揵鎡剃刀針鉤鑷鑰如是種種鍛師伎術汝應學輕毀心故一一語波夜提又比丘徃語木師子比丘言汝木師種用出家受戒為汝應學作機關木人若男若女學作

瓮盂樓櫓車乘輦轝如是種種木師技術汝應學輕毀心故一一語波夜提又比丘徃語陶師子比丘言汝陶師種用出家受戒為汝應學知土相取土調泥著水多少學轉輪作瓮缾釜盖本鉾鉤鉾多羅半拘鉾多羅大揵鎡小揵鎡如是種種陶師伎術汝應學輕毀心故一一語波夜提又比丘徃語皮師子比丘言汝皮師種用出家受戒為汝應學知皮相漬皮堅軟裁割縫連作富羅革屣學治鹿皮摩劑皮知皮表裏學作鞍勒鞭鞦如是種種皮師伎術汝應學輕毀心故一一語波夜提又比丘徃語竹師子比丘言汝竹師種用出家受戒為汝應學知竹筭相浸竹堅軟學破學屈學作稍箭扇盖箱簟如是種種竹師伎術汝應學輕毀心故一一語波夜提又比丘徃語剃毛師子比丘言汝剃毛師種用出家受戒為汝應學知留頂上周羅髮學剃鬚剃腋下毛剪爪甲鑷鼻毛如是種種剃毛師伎術汝應學輕毀心故一一語波夜提又

十誦律卷第九　第九張　撮字号

比丘往語旃陁羅子比丘言汝旃陁羅種用出家受戒為汝應學截人手足耳鼻頭持著木上學擔死人出燒如是種種旃陁羅伎術汝應學輕毀心故一一語波夜提是名為伎作者若比丘往語剎利子比丘言汝剎利種用出家受戒為汝應學乘象馬輦轝捉刀楯弓箭擲鉤羂羅入陣出陣如是種種剎利事汝應作輕毀心故一一語突吉羅又比丘往語婆羅門子比丘言汝婆羅門種用出家受戒為汝應讀圍陁經亦應教他人讀自作天祠亦教他作讀飲食呪疾行呪動羅呪揵陁羅呪如是種種婆羅門事汝應作輕毀心故一一語突吉羅又比丘往語估客子比丘言汝估客種用出家受戒為汝應坐金肆銀肆銅肆客作肆珠肆如是種種估客事汝應作輕毀心故一一語突吉羅又比丘往語鍛師子比丘言汝鍛師種用出家受戒為汝應作釧韝鏁鼎鏊鏵鍬钁斧矟大刀小刀鉢拘鉢多羅半拘鉢多羅大揵鎡小揵鎡剃刀針

十誦律卷第九　第十張　撮字号

鉤鏁鑰如是種種鍛師事汝應作輕毀心故一一語波夜提又比丘往語木師子比丘言汝木師種用出家受戒為汝應作機関木人瓮盂樓犁車乘輦轝如是種種木師事汝應作輕毀心故一一語波夜提又比丘往語陶師子比丘言汝陶師種用出家受戒為汝應取土調泥轉輪作瓮缾甕釜蓋大鉢拘鉢多羅半拘鉢多羅大揵鎡小揵鎡如是種種陶師事汝應作輕毀心故一一語波夜提又比丘往語皮師子比丘言汝皮師種用出家受戒為汝應取皮浸治割截縺縫作富羅革屣鞍勒鞭鞦如是種種皮師事汝應作輕毀心故一一語波夜提又比丘往語竹師子比丘言汝竹師種用出家受戒為汝應破竹篻作矟作箭扇蓋箱簟如是種種竹師事汝應作輕毀心故一一語波夜提又比丘往語剃毛師子比丘言汝剃毛師種用出家受戒為汝應剃毛鬚髮剃腋下毛剪爪甲鑷鼻毛如是種種剃毛師事汝應作輕毀心故一一語波夜提

十誦律卷第九　第十一張　撮字号

又比丘往語旃陁羅子比丘言汝旃陁羅種用出家受戒為汝應斷人手足耳鼻頭持著木上擔死人出燒如是種種旃陁羅事汝應作輕毀心故一一語波夜提是名為作犯者若比丘往語餘比丘言汝犯罪人用出家受戒為汝犯僧伽婆尸沙犯波夜提犯波羅提提舍尼突吉羅輕毀心故一一語波夜提是名為犯病者若比丘語餘比丘言汝惡疾病人用出家受戒為汝有癩病癰病白癩病乾病痟病鬼病輕毀心故一一語波夜提是名為病相者若比丘往語餘比丘言汝惡相人用出家受戒為汝捲手瓦手瘻躄左作僻似鳥翅輕毀心故一一語波夜提是名為相煩惱者若比丘往語餘比丘言汝重煩惱人用出家受戒為汝多欲多瞋多癡喜憂惱輕毀心故一一語波夜提是名煩惱罵者若比丘往語餘比丘言汝喜罵人用出家受戒為汝作二種罵罵他一者白衣罵法二者令心苦惱輕毀心故一一語波夜提是名為罵若比

丘以是八種語餘比丘輕毀心故波夜提除是種若以餘事輕毀比丘者突吉羅若除比丘若以八種輕毀餘者突吉羅竟（二事）

佛在王舍城介時六群比丘喜鬬諍相言六群比丘與餘比丘若鬬諍語諸比丘僧分二部是六群比丘往語一部言汝等知不彼部說汝等用出家受戒為汝等某名某姓某種某作某相復還語一部言汝等知不彼部說汝等用出家受戒為汝等某名某姓某種某作某相是時有未破者便破已破者不和合未出事便出已出事不可滅是中有比丘少欲知足行頭陁聞是事心不喜種種因緣呵責云何名比丘喜鬬諍令比丘僧破為二部便語一部言彼諸比丘說汝等用出家受戒為汝等某名某姓某種某作某相復還語一部言汝等知不彼諸比丘說汝等用出家受戒為汝等某名某姓某種某作某相是時有未破者便破已破者不和合未出事便出已出事不可滅種種因緣呵已向佛廣

說佛以是事集比丘僧知而故問六群比丘汝實作是事不答言實作世尊佛以種種因緣呵責云何名比丘鬬諍令比丘僧破為二部便往語一部言彼諸比丘說汝等用出家受戒為汝等某名某姓某種某作某相復語一部言彼諸比丘說汝等用出家受戒為汝等某名某姓某種某作某相是時有未破者便破已破者不和合未出事便出已出事不可滅佛種種因緣呵已即說本生因緣語諸比丘過去世雪山下有二獸一名好毛師子二名好牙虎共為善知識相親愛念相問訊時閉目相舐毛是二獸恒得軟好宍噉去是不遠有兩舌野干野干作是念是好毛師子好牙虎共作善知識相親愛念相問訊時閉目相舐毛恒得好軟宍噉我當至是二獸邊作第三伴作是念已到虎師子所作是言我與汝作第三伴汝聽我入不師子虎言隨意兩舌野干得二獸殘宍噉故身體肥大肥已作是念是好毛師子好牙虎共為善知識相親

愛念相問訊時閉目相舐毛恒得好宍噉或時不得必當噉我我何不先作方便令心別離別離已皆從我受恩作是念已往語師子言汝知不好牙虎有惡心於汝作是言好毛師子有所食噉皆是我力說是偈言

雖有好毛色　勦疾人所畏　好毛不勝我
好牙作是說

好毛師子言云何得知兩舌野干答言好牙虎明日見汝時閉目舐汝毛者當知惡相作是語已往語虎言汝知不好毛師子於汝有惡心作是言好牙有所食噉皆是我力說是偈言

雖有好牙色　勦疾人所畏　好牙不勝我
好毛作是說

云何得知答言好毛明日見汝時閉目舐汝毛者當知惡相是二知識中虎生畏想是故先往師子所言汝於我生惡心作如是言好牙有所食噉皆是我力復說偈言

雖有好牙色　勦疾人所畏　好牙不勝我
汝作是說耶

師子言誰作是語答言兩舌野干好

毛復問言汝於我生惡心作如是言
好毛有所食敢皆是我力復說偈言
雖有好毛色　動疾人所畏　好毛不勝我
汝作是說耶
虎言不也虎語師子言汝若有是惡
語者不得共作善知識好毛言是兩
舌野干有如此言於意云何不喜共
我住耶即說偈言
若信是惡人　則速別離去　常懷其愁憂
瞋恨不離心　凡為善知識　不以他語離
不信欲除者　常覓其方便　若信他別離
則為其所食　不信兩舌者　還共作和合
所懷相向說　心淨言柔軟　應作善知識
和合如水乳　今此弊小虫　生來性自惡
一頭而兩舌　煞之則和合
介時虎與師子驗事實已共捉野干
破作二分佛言畜生尚以兩舌因緣
故得不安樂何況於人佛以是因緣
呵已語諸比丘以十利故與比丘結
戒從今是戒應如是說若比丘兩舌
者波夜提波夜提者名燒煑覆障若
不悔過能障㝵道是中犯者有八種
謂種伎作犯病相煩惱罵是八事中

皆用五事如是名如是姓如是種如
是作如是相如是名者某甲某甲比
丘名姓者婆蹉姓俱磋姓傷提羅姓
婆羅墮姓阿支羅姓是名姓種者剎
利種婆羅門種毗舍種首陁羅種作
者作賣金肆賣銀肆客作肆珠肆相
者捲手乞手瘻癖左作辟似鳥翅是
名相種者比丘徃語剎利子比丘言彼
說汝剎利種用出家受戒為彼是誰
耶荅曰名某某名是誰荅曰某姓某
姓是誰荅曰某種某種是誰荅曰某
作某作是誰荅曰某相若彼解者突
吉羅不解者亦突吉羅解已更說亦
突吉羅若比丘徃語婆羅門子比丘
言彼說汝婆羅門種用出家受戒為
彼是誰耶荅曰名某某名是誰荅曰
某姓某姓是誰荅曰某種某種是誰
荅曰某作某作是誰荅曰某相若彼
解者突吉羅不解者亦突吉羅解已
更說亦突吉羅若比丘徃語估客子
比丘言彼說汝估客種用出家受戒
為彼是誰耶荅曰名某某名是誰荅
曰某姓某姓是誰荅曰某種某種是

誰荅曰某作某作是誰荅曰某相若
彼解者突吉羅不解者亦突吉羅解
已更說亦突吉羅又比丘徃語鍛師
子比丘言彼說汝鍛師種用出家受
戒為彼是誰耶荅曰名某某名是誰
荅曰某姓某姓是誰荅曰某種某種
是誰荅曰某作某作是誰荅曰某相
若彼解者波夜提不解者突吉羅解
已更說得波夜提突吉羅又比丘徃
語木師子比丘言彼說汝木師種用
出家受戒為彼是誰耶荅曰名某某
名是誰荅曰某姓某姓是誰荅曰某
種某種是誰荅曰某作某作是誰荅
曰某相若彼解者波夜提不解者突
吉羅解已更說者波夜提突吉羅又
比丘徃語陶師子比丘言彼說汝陶
師種用出家受戒為彼是誰耶荅曰
名某某名是誰荅曰某姓某姓是誰
荅曰某種某種是誰荅曰某作某作
是誰荅曰某相若彼解者波夜提不
解者突吉羅解已更說波夜提突吉
羅又比丘徃語皮師子比丘言彼說
汝皮師種用出家受戒為彼是誰耶

咨曰名某某名是誰咨曰某姓某姓是誰咨曰某種某種是誰咨曰某作某作是誰咨曰某相若彼解者波夜提不解者突吉羅解已更說波夜提突吉羅又比丘往語竹師子比丘言彼說汝竹師種用出家受戒為彼是誰耶咨曰名某某名是誰咨曰某姓某姓是誰咨曰某種某種是誰咨曰某作某作是誰咨曰某相若彼解者波夜提不解者突吉羅解已更說波夜提突吉羅又比丘往語剃毛師子比丘言彼說汝剃毛師種用出家受戒為彼是誰耶咨曰名某某名是誰咨曰某姓某姓是誰咨曰某種某種是誰咨曰某作某作是誰咨曰某相若彼解者波夜提不解者突吉羅解已更說波夜提突吉羅又比丘往語旃陀羅子比丘言彼說汝旃陀羅種用出家受戒為彼是誰耶咨曰名某某名是誰咨曰某姓某姓是誰咨曰某種某種是誰咨曰某作某作是誰咨曰某相若彼解者波夜提若不解者突吉羅解已更說波夜提突吉羅

是名為種伎者若比丘往語剎利子比丘言彼說汝剎利種應學乘象馬車轝捉刀楯弓箭擲鉤擲羂羅入陣出陣如是種種剎利伎術汝應學用出家受戒為彼是誰耶咨曰名某某名是誰咨曰某姓某姓是誰咨曰某種某種是誰咨曰某作某作是誰咨曰某相若彼解者突吉羅不解者亦突吉羅解已更說亦突吉羅又比丘往語婆羅門子比丘言彼說汝婆羅門種應學圍陀經亦教他學自作天祠亦教他作讀飲食呪蛇呪疾行呪劬羅呪乾陀羅呪如是種種婆羅門伎術汝應學用出家受戒為彼是誰耶咨曰名某某名是誰咨曰某姓某姓是誰咨曰某種某種是誰咨曰某作某作是誰咨曰某相若彼解者突吉羅不解者亦突吉羅解已更說亦突吉羅又比丘往語估客子比丘言彼說汝估客種應學筭書數印相學知金銀相絲綿繒綵應坐金肆銀肆客作肆銅肆珠肆如是種種估客伎術汝應學用出家受戒為彼是誰耶咨曰名某某

名是誰咨曰某姓某姓是誰咨曰某種某種是誰咨曰某作某作是誰咨曰某相若彼解者突吉羅不解者亦突吉羅解已更說亦突吉羅又比丘往語鍛師子比丘言彼說汝鍛師種應學作釧鉾鎖鼎鏊鏵鍬钁斧稍大刀小刀鉾鉤鉾多羅半鉤鉾多羅大揵鎡小揵鎡剃刀針鉤鏁鑰如是種種鍛師伎術汝應學用出家受戒為彼是誰咨曰名某某名是誰咨曰某姓某姓是誰咨曰某種某種是誰咨曰某作某作是誰咨曰某相若彼解者波夜提不解者突吉羅解已更說波夜提突吉羅又比丘往語木師子比丘言彼說汝木師種應作機關木人瓫盂樓梨車乘輦轝如是種種木師伎術汝應學用出家受戒為彼是誰耶咨曰名某某名是誰咨曰某姓某姓是誰咨曰某種某種是誰咨曰某作某作是誰咨曰某相若彼解者波夜提不解者突吉羅解已更說波夜提突吉羅又比丘往語陶師子比丘言彼說汝陶師種應學知土相取

土調泓學轉輪作瓮缾釜蓋鉢拘鉢多羅半拘鉢多羅大揵鎡小揵鎡如是種種陶師伎術汝應學用出家受戒為彼是誰耶答曰名某某名是誰答曰某姓某姓是誰答曰某種某種是誰答曰某作某作是誰答曰某相若彼解者波夜提不解者突吉羅解已更說波夜提突吉羅又比丘往語皮師子比丘言彼說汝皮師種應學知皮相浸皮堅軟割截裁縫作韡富羅革屣學治鹿皮摩刻皮鞍勒鞭鞦如是種種皮師伎術汝應學用出家受戒為彼是誰耶答曰名某某名是誰答曰某姓某姓是誰答曰某種某種是誰答曰某作某作是誰答曰某相若彼解者波夜提不解者突吉羅解已更說波夜提突吉羅又比丘往語竹師子比丘言彼說汝竹師種應學知竹箄相浸竹堅軟學破學屈作扇蓋箱簞如是種種竹師伎術汝應學用出家受戒為彼是誰耶答曰名某某名是誰答曰某姓某姓是誰答曰某種某種是誰答曰某作某作是

誰答曰某相若彼解者波夜提不解者突吉羅解已更說波夜提突吉羅又比丘往語剃毛師子比丘言彼說汝剃毛師種應學知留頂上周羅髮學剃髮剃鬚剃腋下毛翦爪甲鑷鼻毛如是種種剃毛師伎術汝應學用出家受戒為彼是誰耶答曰名某某名是誰答曰某姓某姓是誰答曰某種某種是誰答曰某作某作是誰答曰某相若彼解者波夜提不解者突吉羅解已更說波夜提突吉羅又比丘往語旃陁羅子比丘言彼說汝旃陁羅種應學斷人手足耳鼻頭持著木上擔死人出城燒如是種種旃陁羅伎術汝應學用出家受戒為彼是誰耶答曰名某某名是誰答曰某姓某姓是誰答曰某種某種是誰答曰某作某作是誰答曰某相若彼解者波夜提不解者突吉羅解已更說波夜提突吉羅是名為伎作者若比丘往語剎利子比丘言彼說汝剎利種應乘象馬車轝捉刀楯弓箭擲鉤羂羅入陣出陣如是種種剎利事汝應作用出家受戒

為彼是誰耶答曰名某某名是誰答曰某姓某姓是誰答曰某種某種是誰答曰某作某作是誰答曰某相若彼解者突吉羅不解者亦突吉羅解已更說亦突吉羅又比丘往語婆羅門子比丘言彼說汝婆羅門種應讀圍陁經亦教他讀自作天祠亦教他作讀飲食呪蛇行呪劬羅呪乾陁羅呪如是種種婆羅門事汝應作用出家受戒為彼是誰耶答曰名某某名是誰答曰某姓某姓是誰答曰某種某種是誰答曰某作某作是誰答曰某相若彼解者突吉羅不解者亦突吉羅若解已更說亦突吉羅又比丘往語估客子比丘言彼說汝估客種應坐金肆銀肆客作肆銅肆珠肆如是種種估客事汝應學用出家受戒為彼是誰答曰名某某名是誰答曰某姓某姓是誰答曰某種某種是誰答曰某作某作是誰答曰某相若彼解者突吉羅不解者亦突吉羅解已更說亦突吉羅又比丘往語鍛師子比丘言彼說汝鍛師種應作釧鉡鏁

鼎鑿鏵鍬钁斧矟大刀小刀鉢拘鉢多羅半拘鉢多羅大揵鎡小揵鎡剃刀針鈎鐮鑰如是種種鍛師事汝應作用出家受戒為彼是誰耶荅曰名某某名是誰荅曰某姓某姓是誰荅曰某種某種是誰荅曰某作某作是誰荅曰某相若彼解者波夜提不解者突吉羅解已更說波夜提突吉羅又比丘往語木師子比丘言彼說汝木師種應作機関木人車轝樓犁如是種種木師事汝應作用出家受戒為彼是誰耶荅曰名某某名是誰荅曰某姓某姓是誰荅曰某種某種是誰荅曰某作某作是誰荅曰某相若彼解者波夜提不解者突吉羅解已更說波夜提突吉羅又比丘往語陶師子比丘言彼說汝陶師種應取土調泥轉輪作瓮瓶甕瓫盖鉢拘鉢多羅半拘鉢多羅大揵鎡小揵鎡如是種種陶師事汝應作用出家受戒為彼是誰耶荅曰名某某名是誰荅曰某姓某姓是誰荅曰某種某種是誰荅曰某作某作是誰荅曰某相若彼解者波夜提不解者突吉羅解已更說波夜提突吉羅又比丘往語皮師子比丘言彼說汝皮師種應取皮浸治割截連縫作鞾富羅革屣鞍勒鞭鞦如是種種皮師事汝應作用出家受戒為彼是誰耶荅曰名某某名是誰荅曰某姓某姓是誰荅曰某種某種是誰荅曰某作某作是誰荅曰某相若彼解者波夜提不解者突吉羅解已更說波夜提突吉羅又比丘往語竹師子比丘言彼說汝竹師種應學破竹篺作矟作箭扇蓋箱簟如是種種竹師事汝應學作用出家受戒為彼是誰耶荅曰名某某名是誰荅曰某姓某姓是誰荅曰某種某種是誰荅曰某作某作是誰荅曰某相若彼解者波夜提不解者突吉羅解已更說波夜提突吉羅又比丘往語剃毛師子比丘言彼說汝剃毛師種應學知留頂上周羅髮學剃髮剃鬚剃腋下毛剪爪甲鑷鼻毛如是種種剃毛師技術汝應作用出家受戒為彼是誰耶荅曰名某某是誰荅曰某姓某姓是誰荅曰某種某種是誰荅曰某作某作是誰荅曰某相若彼解者波夜提不解者突吉羅解已更說波夜提突吉羅又比丘往語旃陁羅子比丘言彼說汝旃陁羅種應作斷人手足耳鼻頭持著木上擔死人出燒如是種種旃陁羅事汝應作用出家受戒為彼是誰耶荅曰名某某名是誰荅曰某姓某姓是誰荅曰某種某種是誰荅曰某作某作是誰荅曰某相若彼解者波夜提不解者突吉羅解已更說波夜提突吉羅是名為作犯者若比丘往語餘比丘言彼說汝犯罪人用出家受戒為汝犯僧伽婆尸沙汝犯波夜提汝犯波羅提提舍尼汝犯突吉羅彼是誰耶荅曰名某某名是誰荅曰某姓某姓是誰荅曰某種某種是誰荅曰某作某作是誰荅曰某相若彼解者波夜提不解者突吉羅解已更說波夜提突吉羅是名為犯病者若比丘往語餘比丘言彼說汝惡病人用出家受戒為汝癩病癰病乾病痟病鬼病彼是誰耶荅曰名某某名是誰荅曰某姓某姓是誰荅曰某種某種是誰荅曰某作某作是誰荅曰某相若彼解者波夜提不解者突吉羅解已更說波夜提突吉羅是名為病相者若比丘往語餘比丘言彼說汝惡相人用出家受戒為汝捲手兀手癭癖左作辟似鳥翅彼是誰耶荅曰名某某名是誰荅曰某姓某姓是誰荅曰某種某種是誰荅曰某作某作是誰荅曰

其相若彼解者波夜提不解者突吉羅解已更說波夜提突吉羅是名為打煩惱者若比丘往語餘比丘言彼說汝重煩惱人用出家受戒為汝多欲多瞋多癡喜憂惱彼是誰耶答曰名某某名是誰答曰某姓某姓是誰答曰某種其種是誰答曰某作某作是誰答曰其相若彼解者波夜提不解者突吉羅解已更說波夜提突吉羅是名為煩惱罵者若比丘語餘比丘言彼說汝喜罵人用出家受戒為汝以二種罵罵他白衣罵出家罵彼是誰耶答曰名某某名是誰答曰某姓某姓是誰答曰某種某種是誰答曰某作某作是誰答曰某相若彼解者波夜提不解者突吉羅解已更說波夜提突吉羅是名為罵若比丘以是八種語餘比丘別離心故波夜提突吉羅異是八種若以餘事別離比丘者突吉羅除比丘若以八種別離餘人者突吉羅三事竟

佛在王舍城尒時六群比丘喜鬪諍相言相罵是六群比丘共餘比丘鬪諍相言相罵僧如法斷諍竟六群比丘知如法斷已還更發起作是言諸長老是事非作惡作應更作非斷惡斷更斷非停惡停更停非滅惡滅更滅是中有未破比丘便破已破者不可和合未諍者便諍已諍者不可滅是中有比丘少欲知足行頭陁聞是事心不喜種種因緣呵責六群比丘言云何名比丘僧如法斷諍竟還更發起言諸長老是事非作惡作更作非斷惡斷更斷非停惡停更停非滅惡滅更滅是中有未破比丘便破已破者不可和合未諍者便諍已諍者不可滅種種呵已向佛廣說佛以是事集比丘僧知而故問六群比丘汝實作是事不答言實作世尊佛以種種因緣呵責六群比丘云何名比丘僧如法斷諍竟還更發起言諸長老是事非作惡作更作非斷惡斷更斷非停惡停更停非滅惡滅更滅中有未破比丘便破已破者不可和合未諍者便諍已諍者不可滅佛種種呵已語諸比丘以十利故與諸比丘結戒從今是戒應如是說若比丘僧如法斷諍竟還更發起者波夜提如法斷者如法如律如比尼如佛教說諍者有四種相言諍无事諍犯罪諍常所行諍還更發起者作如是言諸長老是事非作惡作應更作非斷惡斷更斷非停惡停更停非滅惡滅更滅是人有五種一者舊人二者客人三者受欲人四者說羯磨人五者見羯磨人波夜提者名煑燒覆障若不悔過能障閡道是中犯者若舊比丘於相言諍中相言諍想如法滅已如法滅想還更發起作如是言諸長老是事非作惡作更作非斷惡斷更斷非停惡停更停非滅惡滅更滅波夜提相言諍中無事諍想犯罪諍想常所行諍想如法滅已如法滅想還更發起言諸長老是事非作惡作更作非斷惡斷更斷非停惡停更停非滅惡滅更滅波夜提若舊比丘無事諍中无事諍想如法滅已如法滅想還更發起言諸長老是事非作惡作應更作非斷惡斷更斷非停惡停更停非滅惡滅更滅波夜提無事諍中犯罪諍

想常所行諍想相言諍想如法滅已如法滅想還更發起言諸長老是事非作惡作更作非斷惡斷更斷非停惡停更停非滅惡滅更滅波夜提舊比丘犯罪諍中犯罪諍想如法滅已如法滅想還更發起言諸長老是事非作惡作更作非斷惡斷更斷非停惡停更停非滅惡滅更滅波夜提犯罪諍中常所行諍想相言諍想无事諍想如法滅已如法滅想還更發起言諸長老是事非作惡作更作非斷惡斷更斷非停惡停更停非滅惡滅更滅波夜提舊比丘常所行諍中常所行諍想如法滅已如法滅想還更發起言諸長老是事非作惡作更作非斷惡斷更斷非停惡停更停非滅惡滅更滅波夜提常所行諍中相言諍想無事諍想犯罪諍想如法滅已如法滅想還更發起言諸長老是事非作惡作更作非斷惡斷更斷非停惡停更停非滅惡滅更滅波夜提客比丘受欲比丘作羯磨比丘見羯磨比丘亦如是若比丘如法滅諍中如法滅想還更發起波夜提如法滅諍中不如法滅想還更發起波夜提如法滅諍中生疑還更發起波夜提不如法滅諍中如法滅想還更發起突吉羅不如法滅諍中生疑還更發起突吉羅不如法滅諍中不如法滅想還更發起不犯（四事竟）

佛在舍衛國尒時迦留陁夷中前著衣持鉢入舍衛城乞食食還至自房收衣鉢持户鉤在門閒作是念若有女人来此看者我當示諸房舍尒時多有女人来入寺看迦留陁夷遥見女人来作是言諸姊妹来我當示諸房舍處以是因緣故諸女人集說兩可羞事以他母事向女說言汝母隱處有如是如是相尒時女作是念如是比丘所說必當與我母通又以女事向母說汝女隱處有如是如是相母作是念如是比丘所說必當與我女通又以子婦事向姑說汝子婦隱處有如是如是相姑作是念如是比丘所說必當與我子婦通又以姑事向子婦說汝姑隱處有如是如是相子婦作是念如是比丘所說必當與我姑通迦留陁夷作是語時為他身自身作疑是諸婦女展轉相疑是中有比丘少欲知足行頭陁聞是事心不喜種種因緣呵責云何名比丘女人前說兩可羞事種種因緣呵已向佛廣說佛以是事集比丘僧知而故問迦留陁夷汝實作是事不荅言實作世尊佛以種種因緣呵責云何名比丘女人前說兩可羞事佛種種因緣呵已語諸比丘以十利故與比丘結戒從今是戒應如是說若比丘與女人說法過五六語波夜提除有知男子女人者女人能受婬欲過五六語者五語名色陰無常受想行識陰無常六語名眼無常耳鼻舌身意無常法者名佛所說弟子所說天所說仙人所說化人所說顯示布施持戒生天涅槃有知　男子者知名能分別言語好醜（波夜提者燒煮覆障若不悔過能障礙道是中犯者若比）丘無解語男子為女人說法過五六語若偈說偈偈波夜提若經說事事波夜提若別句說句句波夜提若比丘即先坐

處坐無解語男子更有異女人來復為說法過五六語先女人亦在中坐二俱聞法若偈說偈偈波夜提若經說事事波夜提若別句說句句波夜提若比丘為女人說法無解語男子過五六語已從坐起去更有女人道中逆來復為說法無有解語男子過五六語先女人復從後來二俱聞法若偈說偈偈波夜提若經說事事波夜提若別句說句句波夜提若比丘無解語男子為女人說法過五六語已次入餘家更為餘女人說法過五六語無解語男子先女人亦來在壁邊立若在障邊若在籬邊若在壍邊亦復聞法若偈說偈偈波夜提若經說事事波夜提若別句說句句波夜提不犯者比丘唄若達嚫若說所施功德若與受戒若女人問而答不犯五事竟

佛在阿羅毗國爾時阿羅毗國比丘於寺內以句法教未受具戒人或足句不足句足味不足味足字不足字以是因緣故寺內出大音聲高聲多人衆聲似學竿人聲似婆羅門讀圍陀經時如捕魚師失魚時是寺內以句法教未受具戒人者聲亦如是佛聞是大高音聲知而故問阿難是寺內何以故有是多人衆聲阿難荅言世尊是阿羅毗國比丘於寺內以句法教未受具戒人或足句不足句足味不足味足字不足字以是因緣故有大高聲多人衆聲佛以是事集比丘僧知而故問阿羅毗比丘汝實作是事不荅言實作世尊佛以是種種因緣呵責阿羅毗比丘云何名比丘以句法教未受具戒人種種因緣呵已語諸比丘以十利故與比丘結戒從今是戒應如是說若比丘以句法教未受具戒人者波夜提未受具戒人者除比丘比丘尼餘一切人是句法者足句不足句足字不足字足味不足味足句者具足說句不足句者不具足說句足味者具足說味不足味者不具足說味足字者具足說字不足字者不具足說字若足句即是足味足字非不足句不足味不足字若不足句即是不足味不足字非足句足味足字法者佛所說弟子所說天所說仙人所說化人所說顯示布施持戒生天涅洹波夜提者名煑燒覆障若不悔過能障閡道是中犯者若比丘以足句法教未受具戒人若偈說偈偈波夜提若經說事事波夜提若別句說句句波夜提足味足字亦如是若比丘以不足句法教未受具戒人若偈說偈偈波夜提別句說句句波夜提若經說事事波夜提不足味不足字亦如是不犯者說竟說不犯者欝提舍事問荅竝誦授中自已欝提舍者授經餘者誦竟六事

十誦律卷第九

十誦律卷第九

校勘記

一　底本，金藏廣勝寺本。

一　二八九頁中一、二行「二誦之三」及「九十波逸提法之一」，資、磧、普、南、徑、清作「第二誦之三」及「九十波逸提之初」置於二、三行之間。其中「九十波逸提法之二」，麗作「明九十波夜提法之一」置於二、三行之間。

一　二八九頁中四行「來入」，徑作「上入」。

一　二八九頁中一一行「日出」，資、磧、普、南、徑、清作「日中」。

一　二八九頁中二〇行「我者」，資、磧、普、南、徑、清作「是我者」。

一　二八九頁下二二行第一〇字「有」，資、磧、普、南、徑、清無。

一　二九〇頁上二行第二字「四」，資、磧、普、南、徑、清無。

一　二九〇頁上一六行「便出」，徑作「他出」。同行「輕喚」，資、磧、普、南、徑、清作「輕笑」。下同。

一　二九〇頁中一一行「有人」，資、磧、普、南、徑、清作「有人亦」；麗作「有一人亦」。

一　二九〇頁中一四行「輕喚」，資、磧、普、南、徑、清作「輕笑喚」。

一　二九〇頁中二二行「汝弊惡牛」，資、磧、普、南、徑作「以汝弊黑牛」；清作「汝弊黑牛」；麗作「以汝弊惡」。

一　二九〇頁下一行第一二字「口」，諸本（不含石，下同）無。

一　二九〇頁下六行「良吉」，資、磧、南、徑、清作「良善」。

一　二九〇頁下七行「以油」，諸本作「麻油」。

一　二九〇頁下一一行「物吏」，資、磧、普、南、徑、清作「財物便」。

一　二九〇頁下一四行「應生」，諸本作「應出」。

一　二九〇頁下一六行「相語」，資、磧、南、徑、清作「相語故」。

一　二九一頁上一三行「若比丘」，資、磧、普、南、徑、清作「又比丘」。

一　二九一頁中三行「䋄羂」，麗作「䋄羅」。

一　二九一頁中一七行「鑿鏵」，資、磧、普、南、徑、清作「鍬」。下同。

一　二九一頁中一八行「斧矟」，資、磧、普、南、徑、清作「斧鑿」。下同。

一　二九一頁中一九行「大揵鎡小揵鎡」，資、磧、普、南、徑、清作「大揵瓷小揵瓷」。下至二九七頁上二行同。

一　二九一頁下一行「瓫盂」，資作「瓫行」；磧、南作「盆盂」。下同。

一　二九一頁下五行「瓫缾」，磧、南作「盆瓶」。下同。次頁中八行，磧同。

一　二九一頁下六行「本鉢」，諸本作「大鉢」。

一　二九一頁下一〇行「漬皮」，資、磧、普、南、徑、清作「浸皮」。

一二九一頁下一一行「裁割」，磧、普作「我割」。同行「治鹿皮」，諸本作「治浸皮」。

一二九一頁下一二行「劃皮」，資、磧、普、南、徑、清作「拭皮」。

一二九一頁下一五行「爲汝」，磧作「爲安」。

一二九一頁下一七行「作⿰豸肖」，資、磧、普、南、徑、清作「作筲」。下同。

一二九一頁下一九行「剃毛」，資、磧、普、南、徑、清作「剃毛髮」。

一二九二頁上八行「羂羅」，資、磧、普、南、徑、清作「綱羂」；麗作「綱羅」。下同。

一二九二頁上一二行「應教他人」，資、磧、普、南、徑、清作「教他」。

一二九二頁上一三行「飲食呪」，諸本作「飲食呪蛇呪」。

一二九二頁上一八行「銅肆客作」，資、磧、普、南、徑、清作「客作肆銅」。

一二九二頁中九行第三字「大」，資、磧、普、南、徑、清無。

一二九二頁下八行「突吉羅」，資、磧、普、南、徑、清作「犯突吉羅」。

一二九二頁中一〇行第九字「疾」，資、磧、普、南、徑、清無。

一二九二頁下二二行「罵法二者」，資、磧、普、南、徑、清作「罵法二者出家罵法」；麗作「罵二者出家罵」。

一二九三頁上一行第七字「餘」，麗作「語餘」。

一二九三頁上三行第八字「若」，麗無。

一二九三頁上六行「比丘若」，諸本作「比丘共」。

一二九三頁上七行第三字「分」，諸本作「分爲」。

一二九三頁中九行「不和合」，麗作「不可和合」。

一二九三頁中一八行「好軟」，資、磧、普、南、徑、清作「煥好」。

一二九三頁中二一行第一一字「千」，諸本作「干」。

一二九三頁下九行「兩舌」，資、磧、普、南、徑、清無。

一二九四頁上九行「愁憂」，資、磧、普、南、徑、清作「愁惱」。

一二九四頁上一一行「常覔」，磧、南、徑、清作「當覔」。

一二九四頁上一四行「今此」，清作「今地」。

一二九四頁上一九行「與比丘」，資、磧、普、南、徑、清作「與諸比丘」。

一二九四頁中三行「傷提羅」，清作「復提羅」。

一二九四頁中八行「種者」，資、磧、普、南、徑、清無。

一二九四頁中一〇行「某姓」，資、磧、普、南、徑作「姓某」。

一二九四頁下八行及一四行「波夜提不解者」，資、磧、普、南、徑、清作「突吉羅不解者亦」。

一二九四頁下九行「得波夜提」，資、磧、普、南、徑、清作「亦」。

一二九四頁下一五行第七字「者」，

資、磧、普、南、徑無。

一　二九四頁下二一行「更說」，資、磧、普、南、徑作「更說得」。

一　二九五頁上一一行第一二字「髮」，資、磧、普、南、徑、清無。

一　二九五頁中一行「是名爲種」，資、磧、普、南、徑作「是名種」。

一　二九五頁中二〇行「竿書」，資、磧、南、徑、清作「書筭」。

一　二九五頁下七行至次行「大揵鎡小揵鎡」，資、磧、普、南、徑、清作「大小楗瓷」。

一　二九五頁下一〇行及次頁下一八行「彼是誰」，諸本作「彼是誰耶」。

一　二九五頁下一四行末字「子」，資、磧、普、南、徑、清無。

一　二九五頁下一五行「應作」，磧、南、徑、清、麗作「應學作」。

一　二九六頁上一一行「鹿皮」，麗作「麁皮」。

一　二九六頁中四行第八字「知」，資、磧、普、南、徑、清無。

一　二九六頁中五行「鼻毛」，資、磧、普、南、徑、清作「鼻中毛」。

一　二九六頁中一四行第五字「城」，資、磧、普、南、徑、清無。

一　二九六頁中二〇行小字「爲」，資、磧、普、南、徑無。

一　二九六頁中末行第六字「事」，諸本作「種事」。

一　二九六頁下八行第六字「虵」，諸本作「蛇呪」。

一　二九六頁下一四行「又比丘」，資、磧、普、南、徑、清作「有比丘」。

一　二九六頁下一七行「學用」，資、磧、普、南、徑、清作「作汝用」。

一　二九七頁上三行「針鉤」，麗作「針鉤鉢鉤」。

一　二九七頁中九行及一四行「應學」，資、磧、普、南、徑、清作「應」。

一　二九七頁中一六行「作用」，諸本作「學用」。

一　二九七頁中一七行「某是誰」，磧、徑、清、麗作「某名是誰」。

一　二九八頁上九行小字「爲」，資、磧、普、南、徑、清無。

一　二九八頁中九行及一七行「發起言」，諸本作「發起作是言」。

一　二九八頁中一一行第七字「有」，資、磧、普、南、徑、清無。

一　二九八頁中一九行「中有」，資、磧、普、南、徑、清作「是中有」。

一　二九八頁中二一行「種種」，資、磧、普、南、徑、清作「種種因緣」。

一　二九八頁下五行及二一行「應更作」，資、磧、普、南、徑、清作「更作」。

一　二九八頁下一二行第二字「想」，資、磧、普、南、徑作「相」。二〇行第三字、第一一字及次頁上一八行第一〇字同。

一　二九八頁下一五行「無事」，諸本作「無根」。資、磧、普、南、徑、清下至次頁上一八行同。

一　二九九頁中六行第一二字「法」，徑作「發」。

一 二九九頁中九行末字「房」，資、磧、普、南、徑、清作「房中」。

一 二九九頁中一〇行「門閒」，諸本作「門間立」。

一 二九九頁中一三行「當示」，資、磧、普、南、徑、清作「當示汝」。

一 二九九頁中一六行及本頁下二行「作是」，資、磧、普、南、徑、清作「作如是」。

一 二九九頁中二二行第五字「當」，資、磧、普、南、徑無。

一 二九九頁下一〇行「前説」，資、磧、普、南、徑、清作「所説」。

一 二九九頁下一三行至次行「波夜提除有知男子」，資、磧、普、南、徑、清作「除有知男子波夜提」。

一 二九九頁下二一行及次頁上一一行「爲女人」，資、磧、普、南、徑、清作「與女人」。

一 三〇〇頁上四行第七字「若」，資、磧、普、南、徑、清無。

一 三〇〇頁上一七行「達嚫」，資、磧、普、南、徑、清作「達嚫那」。

一 三〇〇頁中一行第九字「時」，麗作「時聲」。

一 三〇〇頁中三行「是寺内」，資、磧、普、南、徑、清作「是寺寺内」。

一 三〇〇頁中一〇行第一〇字「是」資、磧、普、南、徑、清無。

一 三〇〇頁中一七行至次行「足字不足字」與「足味不足味」，資、磧、普、南、徑、清倒置。

一 三〇〇頁下九行「別句説」，諸本作「若別句説」。

一 三〇〇頁下九行至一〇行「別句説句句波夜提」與一〇行「若經説事事波夜提」，資、磧、普、南、徑、清倒置。

一 三〇〇頁下一二行至次行「提舍者授經餘者誦」，資作「提舍者授餘經者誦」；磧、普、南、徑、清作「提舍諸授餘經者誦」；麗作「提舍者授經餘誦者誦竟」。

十誦律卷第十　二函之四　福

九十波逸提法之二　後秦北印度三藏弗若多羅譯

佛在維耶離國夏安居時與大比丘僧俱時世飢儉乞食難得諸人妻子自乏飲食況與乞人佛以是因緣故集比丘僧語諸比丘汝等知不此間飢儉乞食難得諸人妻子自乏飲食況與乞人汝等比丘隨所知識隨諸親里隨所信人往彼安居莫以飲食因緣故受諸苦惱諸比丘受教已頭面礼足隨知識去有往憍薩羅國安居有比丘往婆求摩河邊依止一聚落安居是聚落中有冨貴家多饒財寶穀米豐盈多諸産業田地人民奴婢作使種種成就尒時婆求摩比丘作是念今世飢儉乞食難得諸人妻子自乏飲食況與乞人是聚落中有冨貴家多饒財寶穀米豐盈多諸産業田地人民奴婢作使種種成就我等何不往到其舍共相歎言聚落主知不汝等得大善利有大福田衆僧依汝聚落安居此衆中某是阿羅漢

十誦律卷第十　第二張　福字号

某向阿羅漢某阿那含某向阿那含某斯陀含某向斯陀含某須陁洹某向須陁洹某得初禪二禪三禪四禪某得無量慈悲喜捨某得空處識處無所有處非有想非无想處某得不淨觀某得阿那般那念諸比丘作是念已即入聚落至冨貴舍共相歎言居士知不汝等得大善利有大福田衆僧依汝聚落安居某是阿羅漢某向阿羅漢某阿那含某向阿那含某斯陁含某向斯陁含某須陁洹某向須陁洹某得初禪二禪三禪四禪某得無量慈悲喜捨某得空處識處無所有處非想非非想處某得不淨觀某得阿那般那念諸居士聞已得信忍心作是念我等實得善利有大福田衆僧依我聚落安居某是阿羅漢某向阿羅漢乃至阿那般那念乃至如豊樂時與僧小食中食怛鉢那於飢儉時亦如是作諸婆求摩河居比丘眾是飲食大得色力肥盛潤澤佛在世時法歲二時大會春末月夏末月春末月者諸方國土處處諸比丘作是念佛所説

法我等夏安居時得安樂住是初
大會夏末月者諸比丘夏三月安居
竟作衣畢持衣鉢詣佛所作是念我
等久不見佛久不見世尊是第二大
會尒時憍薩羅國安居比丘過夏三
月作衣畢持衣鉢遊行到維耶離諸
佛常法有共佛安居比丘有客比丘
来當共迎一心問訊開房舍示卧具
處作如是言此是汝等房舍牀褥踞
牀獨坐牀被蓐枕席隨次第住尒時
維耶離比丘遥見憍薩羅比丘来便
共出迎一心問訊與擔衣鉢開房舍
示卧具處作如是言此是汝等房舍
卧具牀褥隨次第住問訊言汝等道
路不疲氣力輕健乞食不難耶荅言
我等道路不疲氣力輕健但乞食難
得維耶離比丘言汝等實道路不疲
氣力輕健乞食難得汝等羸瘦顔色
憔悴尒時婆求摩河邊安居比丘三
月竟作衣畢持衣鉢遊行到維耶離
共佛安居比丘遥見婆求摩河比丘
来皆共出迎一心問訊與擔衣鉢開房
舍示卧具處作如是言此是汝等房

舍牀褥卧具隨次第住問訊言汝等
道路不疲氣力輕健乞食不難耶荅
言我等氣力輕健乞食不難但道路
疲極住維耶離比丘言汝等實道路
疲極乞食不難何以故汝等肥盛顔
色和悅時維耶離比丘漸漸急問諸
長老今世飢儉乞食難得諸人妻子
自乏飲食況與乞人汝等何因緣故
安居時氣力肥盛顔色和悅乞食不
難時婆求摩河比丘即向廣說如上因
緣諸比丘問曰汝等所可讃歎實有
是功德不荅言實有是中有比丘少
欲知足行頭陁聞是事心不喜種種
因緣呵責云何名比丘但為飲食作
實有過人法向未受具戒人說種種
因緣呵責已向佛廣說佛以是事集
比丘僧知而故問婆求摩河比丘汝等
實作是事不荅言實作世尊佛以種
種因緣呵責云何名比丘以飲食故
實有過人法向未受大戒人說佛種
種因緣呵已語諸比丘以十利故與
比丘結戒從今是戒應如是說若比
丘實有過人法向未受大戒人說者

波夜提未受大戒人者除比丘比丘
尼餘一切人是實有者得是聖法故
波夜提者煑燒覆障若不悔過能障
閡道是中犯者若比丘實是阿羅漢
向他人說波夜提實向阿羅漢向他
人說波夜提實阿那含向阿那含實
斯陁含向斯陁含實須陁洹向須陁
洹向他人說皆波夜提若比丘實得
初禪向人說者波夜提實得二禪三
禪四禪慈悲喜捨空處識處无所有
處非有想非無想處不淨觀阿那般
那念向他人說波夜提乃至我好持戒
向他人說突吉羅若比丘實見諸天
来至我所龍夜叉浮荼鬼毗舍遮鬼
羅剎鬼来至我所向他人說波夜提
乃至實見土鬼来至我所向他人說
突吉羅七事竟
佛在王舍城尒時六群比丘喜鬪諍
相言相罵時六群比丘共餘比丘鬪
諍相言相罵已向未受大戒人說其
惡罪某比丘犯波羅夷僧伽婆尸沙
波夜提波羅提提舍尼突吉羅是中
比丘未破者便破已破者不和合未

出事便出已出事不可滅是中有比丘少欲知足行頭陀聞是事心不喜種種因緣呵責六群比丘言云何名比丘喜鬪諍相言相罵共他鬪已向未受大戒人說出其惡罪某比丘犯波羅夷僧伽婆尸沙波夜提波羅提提舍尼突吉羅種種因緣呵已向佛廣說佛以是事集比丘僧知而故問六群比丘汝實作是事不荅言實作世尊佛以種種因緣呵責云何名比丘喜鬪諍相言相罵共他諍已向未受大戒人出其惡罪某比丘犯波羅夷僧伽婆尸沙波夜提波羅提提舍尼突吉羅種種因緣呵已語諸比丘以十利故與比丘結戒從今是戒應如是說若比丘知他有惡罪向未受大戒人說除僧羯磨波夜提知者若自知若從他聞若彼自說惡罪者若波羅夷僧伽婆尸沙一切犯罪皆名為惡未受大戒人者除比丘比丘尼餘一切人是除僧羯磨者僧羯磨名若比丘於白衣舍作惡若令他作是人現前僧應與作說罪羯磨說罪羯磨法者先應求能說罪人如是應作一心和合僧中一人唱言誰能說某比丘罪誰能某居士前說某比丘罪是中若有比丘言能是比丘僧應籌量若有五法僧不應令作說罪人何等五法隨愛說隨瞋說隨怖說隨癡說不知說不說若比丘成就五法僧應令作說罪人何等五不隨愛說不隨瞋說不隨怖說不隨癡說知說不說是中一比丘僧中唱大德僧聽某比丘能作說罪人能某居士前說某比丘罪若僧時到僧忍聽某比丘能作說罪人能某居士前說某比丘罪如是白白二羯磨僧作說罪羯磨竟僧忍默然故是事如是持若比丘作說罪者應說彼比丘罪餘比丘不應說若餘比丘說得突吉羅若比丘作說罪人應向是居士說不應向餘人說若餘人說者突吉羅隨家說若一家若多家隨行處說若一行處若多行處隨聚落說若一聚落若多聚落隨里巷市肆說若一若多是中應如是處說若餘處說突吉羅若是罪比丘僧作說罪羯磨已若更勤惱僧是時一切僧應說是人罪如是應作一心和合僧中一比丘唱言大德僧聽是某比丘僧作說罪羯磨已更勤惱僧若僧時到僧忍聽一切僧隨意隨時隨處說某比丘罪如是白白四羯磨僧作隨意說罪羯磨竟僧忍默然故是事如是持是名除僧羯磨波夜提者煑燒覆障若不悔過能障閡道是中犯者若比丘見餘比丘犯波羅夷生波羅夷想見中見想見中不見想見中疑聞中聞想聞中不聞想聞中疑若說名波夜提若說事突吉羅隨說名說事一一語波夜提突吉羅又比丘見餘比丘犯僧伽婆尸沙生僧伽婆尸沙想見中見想見中不見想見中疑想聞中聞想聞中不聞想聞中疑若說名波夜提若說事突吉羅隨說名說事一一語波夜提突吉羅又比丘見餘比丘犯波夜提波羅提提舍尼突吉羅於突吉羅生突吉羅想見中見想見中不見想見中疑聞中聞想聞中不聞想聞中疑若說名突吉羅

若說事亦突吉羅隨說名說事二語突吉羅又比丘見餘比丘犯波羅夷謂為波羅夷謂僧伽婆尸沙謂波夜提謂波羅提提舍尼謂突吉羅是比丘於波羅夷中生突吉羅想見中見想見中不見想見中疑聞中聞想聞中不聞想聞中疑若說名波夜提若說事突吉羅隨說名說事一一語波夜提突吉羅又比丘見餘比丘犯僧伽婆尸沙謂僧伽婆尸沙謂波夜提謂波羅提提舍尼謂突吉羅是比丘於僧伽婆尸沙中生波羅夷想見中見想見中不見想見中疑聞中聞想聞中不聞想聞中疑若說名波夜提若說事突吉羅隨說名說事一一語波夜提突吉羅又比丘見餘比丘犯波夜提波羅提提舍尼突吉羅於突吉羅中謂突吉羅謂波羅夷謂僧伽婆尸沙謂波夜提謂波羅提提舍尼是比丘於突吉羅中生波羅提提舍尼想見中見想見中不見想見中疑聞中聞想聞中不聞想聞中疑若說名突吉羅若說事突吉羅隨說名說

事一一語突吉羅若比丘見餘比丘犯波羅夷生疑為波羅夷非波羅夷是比丘後便斷疑於波羅夷中生波羅夷想見中見想見中不見想見中疑聞中聞想聞中不聞想聞中疑若說名波夜提若說事突吉羅隨說名說事一一語波夜提突吉羅又比丘見餘比丘犯僧伽婆尸沙生疑為僧伽婆尸沙非僧伽婆尸沙是比丘後便斷疑於僧伽婆尸沙中生僧伽婆尸沙想見中見想見中不見想見中疑聞中聞想聞中不聞想聞中疑若說名波夜提若說事突吉羅隨說名說事一一語波夜提突吉羅又比丘見餘比丘犯波夜提波羅提提舍尼突吉羅是比丘突吉羅中生疑為突吉羅非突吉羅是比丘後便斷疑於突吉羅中生突吉羅想見中見想見中不見想見中疑聞中聞想聞中不聞想聞中疑若說名突吉羅若說事亦突吉羅隨說名說事一一語突吉羅若比丘見餘比丘犯波羅夷於波羅夷中生疑為波羅夷為僧伽婆尸

沙為波羅夷為波夜提為波羅夷為波羅提提舍尼為波羅夷為突吉羅是人斷疑於波羅夷中生波羅夷想見中見想見中不見想見中疑聞中聞想聞中不聞想聞中疑若說名波夜提若說事突吉羅隨說名說事一一語波夜提突吉羅又比丘見餘比丘犯僧伽婆尸沙生疑是罪為僧伽婆尸沙為波夜提為僧伽婆尸沙為波羅提提舍尼為僧伽婆尸沙為突吉羅為僧伽婆尸沙為波羅夷是人斷疑於僧伽婆尸沙中生僧伽婆尸沙想見中見想見中不見想見中疑聞中聞想聞中不聞想聞中疑若說名波夜提若說事突吉羅隨說名說事一一語波夜提突吉羅又比丘見餘比丘犯波夜提波羅提提舍尼突吉羅於突吉羅中生疑為突吉羅為波羅夷為突吉羅為僧伽婆尸沙為突吉羅為波夜提為突吉羅為波羅提提舍尼是人斷疑於突吉羅中生突吉羅想見中見想見中不見想見中疑聞中聞想聞中不聞想聞中疑

若說名突吉羅若說事突吉羅隨說名說事一二語突吉羅若比丘見餘比丘犯波羅夷生疑是罪為波羅夷為僧伽婆尸沙為波夜提為波羅提提舍尼為突吉羅是人於波羅夷中定生突吉羅想見中見想見中不見想見中疑聞中聞想聞中不聞想聞中疑若說名波夜提若說事突吉羅隨說名說事一二語波夜提突吉羅又比丘見餘比丘犯僧伽婆尸沙生疑是罪為僧伽婆尸沙為波夜提為波羅提提舍尼為突吉羅為波羅夷是人僧伽婆尸沙中定生波羅夷想見中見想見中不見想見中疑聞中聞想聞中不聞想聞中疑若說名波夜提若說事突吉羅隨說名說事一一語波夜提突吉羅又比丘見餘比丘犯波夜提波羅提提舍尼突吉羅是人於突吉羅中生疑為突吉羅為波羅夷為僧伽婆尸沙為波夜提為波羅提提舍尼是人突吉羅中定生波羅提提舍尼想見中見想見中不見想見中疑聞中聞想聞中不聞想

聞中疑若說名突吉羅若說事突吉羅隨說名說事一二語突吉羅（八事竟）

佛在王舍城尒時長老陁驃力士子多知多識能致供養飲食衣服卧具醫藥資生之具時陁驃比丘衣服故壞諸居士因陁驃比丘故多與衆僧飲食衣服現前僧應分物時弥多羅浮摩比丘作是念因是陁驃比丘故衆僧多得供養飲食衣服卧具湯藥是陁驃比丘衣服故壞今衆僧得現前僧應分物當於衆前作羯磨與陁驃比丘作是念已即衆僧中作羯磨與（陁驃比丘是弥多）羅浮摩比丘先自勸與已後作是言諸比丘隨所親厚迴僧物與是中有比丘少欲知足行頭陁聞是事心不喜種種因緣呵責云何名比丘先自勸與後作是言諸比丘隨所親厚迴僧物與種種因緣呵已向佛廣說佛以是事集比丘僧知而故問弥多羅浮摩比丘汝實作是事不荅言實作世尊佛以種種因緣呵責云何名比丘先自勸與後作是言諸比丘隨所親厚迴僧物與佛種種因緣

呵已語諸比丘以十利故與比丘結戒從今是戒應如是說若比丘先自勸與後作是言諸比丘隨所親厚迴僧物與波夜提先勸與者先與僧欲後作是言隨親厚者隨和上阿闍梨隨同和上同阿闍梨隨善知識隨所愛念隨同事隨國土隨聚落隨家隨伴僧物者若得布施物衣鉢户鉤時藥夜分藥七日藥終身藥波夜提者煑燒覆障若不悔過能障閡道是中犯者若比丘先勸與欲竟後作是言諸比丘隨所親厚迴僧物與得波夜提若作是言隨和上隨阿闍梨隨同和上同阿闍梨隨善知識隨所愛念隨所同事隨國土隨聚落隨家隨伴皆波夜提（九事竟）

佛在俱舍弥國尒時長老闡那犯可悔過罪時諸比丘慈心憐愍欲利益故教令悔過言闡那汝犯某可悔過罪汝應發露莫覆藏闡那言用是雜碎戒為半月說戒時令諸比丘疑悔惱熱憂愁不樂生捨戒心是中有比丘少欲知足行頭陁聞是事心不喜

十誦律卷第十五 第十五張 攝字号

種種因緣呵責云何名比丘作是言用是雜碎戒為半月說時令諸比丘疑悔惱熱憂愁不樂生捨戒心種種因緣呵已向佛廣說佛以是事集比丘僧知而故問闡那汝實作是事不荅言實作世尊佛以種種因緣呵責云何名比丘毀呰已所學法種種因緣呵已語諸比丘以十利故與比丘結戒從今是戒應如是說若比丘說戒時作是言何用是雜碎戒為半月說時令諸比丘疑悔惱熱憂愁不樂生捨戒心作是輕呵戒者波夜提波夜提者煑燒覆障若不悔過能障閡道是中犯者若比丘說四波羅夷時作是言用是四波羅夷為半月說時令諸比丘疑悔惱熱憂愁不樂生捨戒心波夜提若比丘說十三僧伽婆尸沙時二不定法時三十尼薩耆波夜提法時九十波夜提時四波羅提提舍尼時衆多學法時七止諍法時及說隨律經時若作是言用是隨律經為半月說時令諸比丘疑悔惱熱憂愁不樂生捨戒心作是語者皆波夜提

十誦律卷十 第十六張 攝字号

除隨律經說餘經時用說是經為令諸比丘疑悔惱熱憂愁不樂生捨戒心作是語者突吉羅隨所說處一一語得波夜提突吉羅 竟十事

佛在阿羅毗國尒時阿羅毗諸比丘自手拔寺中草經行處草經行兩頭處草自手採花是時有居士於草木中生有命想見以妬嫉心言沙門釋子是奪命人煞一切衆生是中有比丘少欲知足行頭陁聞是事心不喜向佛廣說佛以是事集比丘僧知而故問阿羅毗比丘汝等實作是事不荅言實作世尊佛以種種因緣呵責阿羅毗比丘云何名比丘自手拔寺內草經行處草經行兩頭處草自手採花佛但呵責而未結戒佛在舍衛國尒時有一摩訶盧比丘是木師種斫大畢撥樹起大房舍是樹神後夜時擔負小兒手復牽抱男女圍遶往詣佛所頭面礼足一面立已白佛言世尊云何有是法我所住止所依所歸所趣房舍有一摩訶盧比丘斫我樹取作大房舍我兒子幼小衆多冬入夜時寒風

十誦律卷第十 第十七張 攝字

破竹氷凍寒甚我當於何安隱兒子佛尒時勑餘鬼言汝當安止與是住處諸鬼以佛語故即與住處是夜過已佛以是事集比丘僧語諸比丘昨夜有一鬼擔負小兒手復牽抱男女圍遶来至我所頭面作礼一面立言云何有是法我所住所止所依所歸所趣房舍有一摩訶盧比丘斫我樹取作大房舍我兒子幼小衆多冬入夜時寒風破竹氷凍寒甚我當於何安隱兒子佛語諸比丘是事非法不是不應尒居士天神皆嫌呵責云何名比丘自手拔寺內草經行處草經行處兩頭草自手採花種種因緣呵已語諸比丘以十利故與諸比丘結戒從今是戒應如是說若比丘斫拔鬼村種子村波夜提鬼村者謂生草木衆生依住衆生者謂樹神泉神河神舍神交道神市神都道神蚑蚕蛞蟯蛺蝶戢麻虫蝎虫蟻子是衆生以草木為舍亦以為村聚落城邑生者謂根舍潤澤若自斷若教人斷自破教破自燒教燒是名為斫草木有五種

子根種子莖種子節種子自落種子實種子根種子者謂藕羅蔔蕪菁舍樓樓偷樓偷如是比種根生物莖種子者謂石榴蒲桃楊柳沙勒如是比種莖生物節種子者謂甘蔗麁竹細竹如是比種節生物自落種子謂蓼阿修盧波修盧修伽羅菩提鞞如是比自零落生物實種子者謂稻麻麦大豆小豆豍豆如是比種子生物波夜提者煮燒覆障若不悔過能障礙道是中犯者若比丘根種子中根種子想生中生想若自斷教斷自破教破自燒教燒波夜提又比丘根種子中莖種子想枝種子想自落種子想實種子想生中生想若自斷教斷自破教破自燒教燒波夜提若比丘莖種子中莖種子想生中生想自斷教斷自破教破自燒教燒波夜提又比丘莖種子中枝種子想自落種子想實種子想根種子想生中生想自斷教斷自破教破自燒教燒波夜提若比丘枝種子中枝種子想生中生想自斷教斷自破教破自燒教燒波

夜提又比丘枝種子中自落種子想實種子想根種子想莖種子想生中生想自斷教斷自破教破自燒教燒波夜提若比丘自落種子中自落種子想生中生想自斷教斷自破教破自燒教燒波夜提又比丘自落種子中實種子想根種子想莖種子想枝種子想生中生想自斷教斷自破教破自燒教燒波夜提若比丘實種子中實種子想生中生想自斷教斷自破教破自燒教燒波夜提又比丘實種子中根種子想莖種子想枝種子想自落種子想生中生想自斷教斷自破教破自燒教燒波夜提若比丘一時燒五種子一時犯五波夜提一一燒一一波夜提隨所燒得尒所波夜提若比丘自斷樹若教斷波夜提隨所斷樹得尒所波夜提若比丘自斷草教斷波夜提隨所斷草得尒所波夜提生中生想自斷教斷波夜提生中乾想自斷教斷波夜提生中疑為乾為生自斷教斷波夜提若乾中生想自斷教斷突吉羅乾中疑為乾

為生自斷教斷突吉羅乾中乾想自斷教斷不犯　十一事竟

佛在王舍城尒時陁驃比丘力士子成就五法僧羯磨作差會人差諸比丘會時不隨欲不隨瞋不隨怖不隨癡知次第隨上下坐不越次尒時弥多羅浮摩比丘得麁惡不美飲食處輙不美食時作是念言陁驃比丘隨欲差會隨瞋怖癡不知次第越次不隨上下坐我等當共滅擯是人更立差會人是中有比丘少欲知足行頭陁聞是事心不喜種種因緣呵責云何名比丘僧如法羯磨差會人便瞋譏言是隨欲瞋怖癡不知次第越次不隨上下坐種種因緣呵已向佛廣說佛以是事集比丘僧知而故問弥多羅浮摩比丘汝實作是事不荅言實作世尊佛以是事種種因緣呵責云何名比丘僧如法羯磨差會人便譏瞋佛以種種因緣呵已語諸比丘以十利故與比丘結戒從今是戒應如是說若比丘瞋譏差會人者波夜提波夜提者煮燒覆障若不悔過能

障㝵道是中犯者若比丘僧如法羯
磨差會人瞋譏是人者波夜提若僧
如法羯磨差十四人瞋譏是人者波
夜提若十二人未捨羯磨瞋譏是人
者波夜提若捨羯磨已瞋譏是人者
突吉羅於十四人中二人若捨羯磨未
捨羯磨瞋譏是二人者波夜提突吉
羅乃至別房及同事差會瞋譏是人
者突吉羅佛結戒已諸比丘不復面
前瞋譏便遥瞋譏陁驃比丘隨欲差
會隨瞋怖癡不知次第越次不隨上
下坐是中有比丘少欲知足行頭陁
聞是事心不喜種種因緣呵責云何
名比丘佛結戒故不面前瞋譏便遥
瞋譏種種因緣呵已向佛廣説佛以
是事集比丘僧知而故問弥多羅浮
摩比丘汝實作是事不荅言實作世
尊佛以種種因緣呵責云何名比丘
僧如法作差會人便遥瞋譏種種因
緣呵已語諸比丘從今是戒應如是
説若比丘面前瞋譏僧所差人若遥
譏者波夜提是中犯者若比丘僧如
法羯磨差會人若瞋譏是人聞者波

夜提不聞者突吉羅若僧如法羯磨
作十四人若遥瞋譏是人聞者波夜
提不聞者突吉羅若比丘十二人未
捨羯磨若遥瞋譏是人聞者波夜提
若不聞者突吉羅若捨羯磨已遥瞋
譏聞者突吉羅不聞者亦突吉羅十
四人中二人若捨羯磨不捨羯磨若
遥瞋譏是人聞者波夜提不聞者突
吉羅乃至別房及同事差會若遥瞋
譏是人聞者突吉羅不聞者亦突吉
羅（二人者教誡尼人及四悔中第四差羯磨使麤會人十二事竟）
佛在俱舍弥尒時闡那比丘犯可悔
過罪諸比丘慈心憐愍欲利益故語
闡那言汝犯可悔過罪當發露莫覆
蔵闡那語諸比丘言汝等謂我作是
事耶我不謂汝等能説我犯是事諸
比丘言闡那汝若有罪便言有無便
言無何以用異事依止異事闡那言
我何豫汝等事我畏汝等耶更有異
事依止異事是中有比丘少欲知足
行頭陁聞是事心不喜種種因緣呵
責云何名比丘犯罪已用異事依止
異事種種因緣呵已向佛廣説佛以

是事集比丘僧知而故問闡那汝實
作是事不荅言實作世尊佛以種種
因緣呵責闡那云何名比丘犯罪已
用異事依止異事種種因緣呵已語
諸比丘汝等當憶識闡那比丘用異
事若更有如闡那比丘比丘亦當憶識
彼用異事憶識法者一心和合僧一
比丘僧中唱言大德僧聽是闡那比
丘犯罪用異事若僧時到僧忍聽憶
識闡那比丘用異事汝闡那隨所用
異事衆僧隨憶識是名白如是白二
羯磨僧憶識竟僧忍黙然故是事如
是持佛語諸比丘以十利故與比丘
結戒從今是戒應如是説若比丘用
異事惱他波夜提波夜提者煑燒覆
障若不悔過能障閡道是中犯者若
比丘僧未憶識用異事依止異事尒
時用異事突吉羅若僧憶識已尒時
用異事依止異事波夜提佛在俱舍
弥即闡那比丘作可悔過罪諸比丘
慈心憐愍欲利益故語闡那言汝犯
可悔過罪當發露莫覆蔵闡那作是
念若我用異事者衆僧當作憶識羯

磨我當默然闡那即時默然諸比丘語闡那言若汝有罪便言有無便言無何故默然惱我等闡那言我是汝等何物我不畏汝等作是語已還復默然是中有比丘少欲知足行頭陁聞是事心不喜種種因緣呵責云何名比丘犯罪已默然惱他種種因緣呵已向佛廣說佛以是事集比丘僧知而故問闡那汝實作是事不荅言實作世尊佛以種種因緣呵責云何名比丘犯罪已默然惱他種種因緣呵已語諸比丘汝等當憶識闡那比丘默然惱他事憶識法者一心和合僧一比丘僧中唱言大德僧聽是闡那比丘犯罪默然惱他若僧時到僧忍聽憶識闡那比丘默然惱他汝闡那隨汝默然惱他事眾僧隨憶識如是白白二羯磨僧憶識竟僧忍默然故是事如是持從今是戒應如是說若比丘用異事默然惱他波夜提是中犯者若僧未憶識時默然惱他突吉羅若僧憶識已默然惱他波夜提若比丘口病脣病齒病舌病咽病心

痛面氣滿若出血如是不語不犯恭敬佛故不語恭敬和上阿闍梨恭敬上座尊重故不語不犯若不能語故不語不犯　十三事竟

佛在舍衛國尒時有一居士請佛及僧明日食佛默然受是居士知佛默然受已頭面礼足右遶而去還到自舍是夜辦種種多美飲食時諸比丘露地敷僧卧具持衣鉢在中待食時到有比丘經行有比丘坐時居士早起敷坐處已遣使白佛言世尊食具已辦唯聖知時即時諸比丘捨僧卧具自持衣鉢往居士舍佛自房住迎食分諸比丘往居士舍已天雨濕僧卧具諸佛常法諸比丘往居士舍時佛持户鉤從坊至坊看諸房舍闡一房門見僧卧具在露地雨濕爛壞即取撥曬卷疊舉著覆處便閉房門下擇還自房舍獨坐牀上結加趺坐尒時居士知僧坐已自手行水自與多美飲食自恣飽滿尒時居士知僧滿足已攝鉢竟自手與水取小牀坐眾僧前欲聽說法上坐說法已從坐起去諸比

丘隨次第出還詣佛所諸佛常法諸比丘食後還時以如是語勞問諸比丘飲食多美僧飽滿不諸比丘言世尊飲食多美眾僧飽滿佛言今日汝等入居士舍已我於後持户鉤從坊至坊看諸房舍開一房門見僧卧具露地雨濕爛壞語諸比丘是事不是非法不應尒一切眾僧卧具云何趣用賤蹹不知護惜諸居士血宍乾竭為福德故布施供養汝等應少用守護者善佛如是種種因緣呵已語諸比丘以十利故與比丘結戒從今是戒應如是說若比丘露地敷僧卧具細繩床麤繩床褥被若使人敷是中坐卧去時不自舉不教人舉者波夜提　細繩床有五種阿珊蹄脚簸郎劬脚羖羊角脚尖脚曲脚麤繩床有五種阿珊蹄脚簸郎劬脚羖羊角脚尖脚曲脚蓐被蓐者甘蔗滓貯蓐瓠莖貯蓐長瓜莖貯蓐毳貯蓐芻摩貯蓐劫貝貯蓐文闍草貯蓐麻貯蓐水衣貯蓐被者俱執被芻摩被毳被劫貝被露地者無土壁无草木壁無簟席壁無衣幔覆障

如是比無物覆障處自數者自手數使數者教他人數坐者坐上卧者身著牀不舉者不自手舉不教舉者不教他舉波夜提者煑燒覆障若不悔過能障閡道是中犯者若比丘地了時露地敷衆僧卧具已便入室坐息至地了竟乃舉著覆處波夜提地了竟時中前時日中時晡時日没時露地敷僧卧具已便入室坐息至日没竟時乃舉著覆處波夜提若比丘露地敷僧卧具已出寺門過四十九步波夜提又比丘露地敷僧卧具已出寺門過牆籬少許至地了時突吉羅又比丘露地敷僧卧具已不囑人遊行諸房突吉羅有二比丘露地敷僧卧具已俱從坐起去後去者應舉又二比丘露地敷僧卧具已持衣鉢在中一比丘先取衣鉢去後取衣鉢去者應舉不舉者犯有一時衆僧露地會食諸比丘食竟捨僧卧具在露地去有惡風雨土汙漫以是事白佛佛言應舉著覆處佛作是語已諸比丘食竟有諸白衣即坐僧卧具牀上是事白佛佛言

應待諸比丘久待（白衣舍竟 執閣吐）逆佛言若有病者應去隨見者應舉若二比丘見一人應舉大牀小牀一人應舉大蓐小蓐若聚落邊寺中持卧具至空閑處空閑處持来至聚落邊寺中値雨不犯若失户鈎户鑰無舉處若八難中一一難起不舉不犯（十四事竟）

十誦律卷第十

十誦律卷第十

校勘記

一　底本，金藏廣勝寺本。

一　三〇五頁中一、二行「二誦之四」及「九十波逸提法之二」，資、磧、普、南、徑、清作「第二誦之四」及「九十波逸提之二」，置於二、三行之間。其中「九十波逸提法之二」，麗作「明九十波逸提法之二」，亦置於二、三行之間。

一　三〇五頁中一五行「婆求摩」，資、磧、南、徑、清作「婆求摩河」。

一　三〇五頁下一四行「非想非非想」，資、磧、普、南、徑、清作「非有想非無想」。

一　三〇五頁下一五行「忍心」，麗作「心忍」。

一　三〇五頁下一八行「阿那般那念乃至」，資、磧、普、南、徑、清作「某阿那般那念」。

一　三〇六頁上一二行「開房舍」，資、

磧、普、南、徑、清作「開示房舍」。

一　三〇六頁中一四行末字「作」，諸本（不含石，下同）作「故」。

一　三〇六頁中一六行第四字「責」，資、磧、普、南、徑、清無。

一　三〇六頁中二一行至次行「與比丘結戒」，資、磧、普、南、徑、清作「與諸比丘結戒」。下同。

一　三〇六頁下六行「向阿那含」，資、磧、普、南、徑、清作「實向阿那含」。

一　三〇六頁下九行至次行「三禪」，磧作「五禪」。

一　三〇六頁下一二行「乃至我」，資、磧、普、南、徑、清作「乃至我等」。

一　三〇六頁下一四行「茶鬼」，資、磧、普、南、徑、清作「茶鬼餓鬼」。

一　三〇七頁上五行第六字「說」，資、磧、普、南、徑、清無。

一　三〇七頁上一三行「僧伽……舍尼」（十四字），資、磧、普、南、徑、清作「乃至」。

一　三〇七頁上一九行第三字「僧」，資、磧、普、南、徑、清作「若僧」。

一　三〇七頁上二一行「僧羯磨者僧羯磨」，資、磧、南、徑、清作「僧羯磨羯磨者」。

一　三〇七頁中一九行及末行「突吉羅」，資、磧、普、南、徑、清作「得突吉羅」。

一　三〇七頁下二行「一心」，資、磧、普、南、徑、清作「僧一心」。

一　三〇七頁下六行「如是白白」，資、磧、普、南、徑、清作「如是白如是作白」。

一　三〇七頁下一七行第三字「想」，徑、清無。

一　三〇八頁上二行「又比丘」，資、磧、普、南、徑、清作「若比丘」。

一　三〇八頁上一一行「突吉羅」，諸本作「突吉羅謂波羅夷」。

一　三〇八頁中一六行第一〇字「中」，資、磧、普、南、徑、清作「罪中」。

一　三〇八頁下二一行「斷疑」，資、磧、普、南、徑、清作「疑斷」。

一　三〇九頁上一三行「是人」，麗作「是人於」。

一　三〇九頁上一七行「見餘」，徑作「見語」。

一　三〇九頁中四行「多識」，徑作「多誠」。

一　三〇九頁中一一行第二字「僧」，資、磧、普、南、徑、清無。同行「於衆」，資、磧、普、南、徑、清作「於衆僧」。

一　三〇九頁下一三行第九字「隨」，資、磧、普、南、徑、清無。

一　三〇九頁下一七行「俱舍彌」，麗作「拘睒彌」。下同。

一　三〇九頁下二〇行第一一字「言」，資、磧、普、南、徑、清作「作是言」。

一　三一〇頁上四行「因緣」，資、磧、普、南、徑、清無。

一　三一〇頁上七行「學法」，麗作「學以」。

一　三一〇頁上二〇行「七止」，資、磧、普、南、徑、清作「七滅」。

一 三一〇頁中六行「寺中」，資、磧、普、南、徑、清作「寺內」。同行至次行「兩頭處草」，資、磧、普、南、徑、清作「處兩頭草」。

一 三一〇頁中一五行第九字「處」，資、磧、普、南、徑、清無。

一 三一〇頁中一八行「畢撥」，磧、普、徑、清作「華茇」；南作「畢茇」。

一 三一〇頁中末行及本頁下九行「入夜」，諸本作「八夜」。

一 三一〇頁下六行「作礼」，資、磧、普、南、徑、清作「礼足」。

一 三一〇頁下七行第八字「所」，資、磧、普、南、徑、清無。

一 三一〇頁下九行第三字「房」，資、磧、普、南、徑、清無。

一 三一〇頁下一二行「居士」，資、磧、普、南、徑、清作「諸居士」。

一 三一〇頁下一四行「採花」，磧、普、南、徑、清作「拔花」。

一 三一〇頁下一七行第四字「村」，麗無。

一 三一〇頁下二〇行「噉麻」，資、磧、普、南、徑、清作「蝦蟇」。

一 三一〇頁下二一行「亦以」，資、磧、普、南、徑、清作「示以」。

一 三一一頁上三行「偷樓偷」，諸本作「偷樓樓」。

一 三一一頁上六行「種子」，諸本作「種子者」。

一 三一一頁上九行「穆豆」，麗作「稨豆」。

一 三一一頁中一七行「教斷」，資、磧、普、南、徑、清作「教他斷」。

一 三一一頁下二行「十一事竟」，資作「十一事」。

一 三一一頁下五行「隨欲」，資、磧、普、南、徑、清作「隨愛」。下至次頁上一〇行同。

一 三一一頁下八行「陁驃」，諸本作「是陀驃」。

一 三一一頁下一四行第三字「是」，資、磧、普、南、徑、清無。

一 三一二頁上一六行第一〇字「問」，磧無。

一 三一二頁上二行「識者」，資、磧、普、南、徑、清作「瞋識者」。

一 三一二頁中五行首字「若」，資、磧、普、南、徑、清無。

一 三一二頁中八行第一三字「者」，資、磧、普、南、徑、清無。

一 三一二頁中一一行小字「教誡尼人」，資、磧、普、南、徑、清作「教尼人」。

一 三一二頁中一五行「汝等」，麗作「汝等能」。

一 三一二頁中一九行「更有」，麗作「更用」。

一 三一二頁下六行「比丘比丘亦當」，諸本作「比丘者亦應當」。

一 三一二頁下七行「一心和合僧」，資、磧、普、南、徑、清作「僧一心合和」。

一 三一二頁下一一行「是名」，麗作「如是」。同行「白如是白」，資、磧、普、南、徑、清作「如是白如是白」。

一　三一三頁上二行「若汝」，資、磧、普、南、徑、清作「汝若」。

一　三一三頁上一四行首字「衆」，資、磧、普、南、徑、清無。

一　三一三頁上一六行第二字「聽」，資、磧、普、南、徑、清無。

一　三一三頁上一七至一八行「如是白白」，資、磧、普、南、徑、清作「如是白如是白」。

一　三一三頁中一行首字「痛」，諸本作「病」。

一　三一三頁中一三行「自房住」，資、磧、普、南、徑、清作「自住」；麗作「自住房」。

一　三一三頁中一六行及本頁下五行至六行「從坊至坊」，諸本作「從房至房」。

一　三一三頁中一八行「下撣」，徑、清作「下店」。

一　三一三頁下一九行「長爪」，徑作「長爪」。

一　三一三頁下末行「衣幔」，資、磧、普、南、徑、清作「衣縵」。

一　三一四頁上一行「如是比」，資、磧、普、南、徑、清作「如是比丘」。

一　三一四頁上一二行「寺門」，資、磧、普、南、徑、清作「寺」。

一　三一四頁上一四行「諸房」，麗作「諸坊」。

一　三一四頁上一五行第四字及一九行第三字「有」，資、磧、普、南、徑、清作「又」。

一　三一四頁中一行「應待諸比丘久待」及小字「白衣食竟熱悶吐」，資、磧、普、南、徑、清作「應待白衣食竟諸比丘久待熱悶吐」；麗作「應待諸比丘久待熱悶吐」。

一　三一四頁下七行「十四事竟」，資作「十四事」。

十誦律卷第十一　二誦之五　職

後秦北印度三藏弗若多羅譯

九十波逸提之三

佛在舍衛國尒時有二客比丘向暮来次第得一房共住一人得牀一人得草敷二人夜宿已不舉便去時草敷中生虫噉是草噉牀脚牀梐牀檔牀繩噉被褥枕敢已入壁中住尒時有一居士請佛及僧明日食佛默然受居士知佛默然受已即從座起頭面礼足右繞而去還到自舍是夜辦種種多美飲食早起敷坐處已遣使白佛食具已辦唯聖知時諸比丘往居士舍佛自住房迎食分諸佛常法諸比丘往居士舍尒時佛自持戶鈎從一房至一房看諸房舍佛即持戶鈎從一房至一房開一房戶見是草敷虫生噉草噉牀脚牀梐牀檔牀繩被褥枕佛見已入是舍內徐徐舉被褥枕安徐舉牀漸漸舉敷草却虫已掃灑塗竟料擻被褥枕打牀却虫還著本處敷卧具已閉戶下閛還在房舍獨坐牀上結加趺坐是時居士見僧坐已自手行水自與多美飲食自恣飽滿尒時居士知僧飽滿已攝鉢竟自手與水取小牀坐衆僧前欲聽說法上座說法已從坐起去諸比丘隨次第出還詣佛所諸佛常法諸比丘食後還時以如是語勞問諸比丘飲食多美僧飽滿不佛即問諸比丘飲食多美僧飽滿不諸比丘言飲食多美衆僧飽滿佛語諸比丘汝等入居士舍已我持戶鈎遊行諸房開一房戶見草敷中生虫虫敢是草噉牀脚牀梐牀檔牀繩噉被褥枕敢已入辟中住欲嬲人是事不是非法不應尒云何僧卧具取用踐蹋不知護惜諸居士血肉乾竭為福德故布施供養汝等應少用守護者善佛語諸比丘誰是中宿諸比丘言世尊有二客比丘来次第是中共住一人得牀一人得草敷夜宿已地了便去佛種種因緣訶責云何名比丘用僧卧具无所付囑便去種種因緣訶已語諸比丘以十利故與諸比丘結戒從

今是戒應如是說若比丘比丘房中
敷僧卧具若使人敷是中坐卧去時
不舉不教舉者波逸提比丘房者或
屬衆僧或屬一人極小乃至容四威
儀行立坐卧自敷者自手敷使敷者
教他敷坐者坐上卧者身卧上不舉
者不自手舉不教舉者不教他舉波
逸提者煑燒覆障若不悔過能障㝵
道是中犯者若客比丘比丘房中敷
僧卧具出界去波逸提若舊比丘比
丘房中敷僧卧具出界去作是念即
日當還有急因緣不得即還出界至
地了時突吉羅佛言從今日聽付囑
僧卧具已便行囑者有五種言此是
户鑰此是房舍此是卧具若說此是
户鑰此是房舍此是卧具應付囑誰
耶應付囑敷卧具者若無敷卧具者
應付囑典房者若无典房者應囑僧
治房舍人若無是人應付囑是中舊
比丘善好有功德持戒者若无是人是
僧坊中若有善好賢者若守僧坊民
應付囑不應付囑无慚愧破戒比丘
亦不應囑小沙弥若不能得好人若

有衣架象牙杙應持被褥枕著上便
去若無衣架象牙杙是中有兩牀者
持被褥枕著一牀上以一牀覆上去
擗四寸便去不犯者是房中留物去
乃至留盛冨羅囊　竟十五
佛在舍衛國尒時長老耶舍與五百
眷屬俱来向舍衛國欲安居時諸比丘
皆作安居先事謂塞擗孔鍱塞土塗
孔鍱補缺壞解治繩牀抖擻被枕尒
時六羣比丘懈墮不作遥見他作便
生是念我等上座須彼作竟受卧具
已當於後入隨上座驅起作是念已諸
比丘作竟受卧具已六羣比丘便隨
後入諸比丘問六羣比丘汝共我等
来作先事不荅言不作諸比丘言汝
等共我来不作先事我等作先事竟
我不起六羣比丘言如佛所說隨上
座次第受房不說不作先事者不與
我是上座云何不起六羣比丘大力
勦健不大謹慎即強牽出是比丘柔
軟樂人頭手傷壞鉢破衣裂是中有
比丘少欲知足行頭陁聞是事已心
不喜種種因緣訶責云何名比丘比

丘房中瞋恨不憙便強牽出種種因緣訶
已向佛廣說佛以是事集比丘僧知
而故問六羣比丘汝等實作是事不
荅言實作世尊佛以種種因緣訶責何
名比丘比丘房中瞋恨不憙便強牽
出種種因緣訶已語諸比丘以十利
故與諸比丘結戒從今是戒應如是
說若比丘比丘房中瞋恨不喜便自
牽出若使人牽癡人應去不應住此
除彼因緣波逸提比丘房者或屬僧
或屬一人極小乃至容四威儀行立
坐卧瞋恨者不隨意故不憙者瞋不
憙見故自牽者自手牽出使牽者
教他牽若從牀上至地從房内至户
從户至行来處從高上至下處從土
墌上至地波逸提波逸提者煑燒覆
障若不悔過能障㝵道是中犯者若
比丘瞋恨不憙牽捉比丘能牽者波逸
提不能牽突吉羅若使他牽能者波
逸提不能者突吉羅若從坐牀上能
牽者波逸提不能者突吉羅若從卧
牀上房内户外行處高上土墌上若
能牽者波逸提不能者突吉羅隨自

牽隨教牽皆波逸提突吉羅若房舍欲破故牽出不犯竟十六

佛在舍衛國介時長老迦留陁夷惡眠不一心眠鼾眠齘齒寱語頻申拍手動足作大音聲諸比丘聞是聲不得眠故食不消食不消故身體患癢惱悶吐逆不樂諸比丘各各共相近敷卧具作是念莫令迦留陁夷入中卧時迦留陁夷强來入中敷卧具諸比丘言迦留陁夷汝莫强入中卧何以故汝惡眠不一心眠鼾眠齘齒寱語頻申拍手動足作大音聲諸比丘聞是聲不得眠故食不消食不消故身體患癢惱悶吐逆不樂迦留陁夷言我自安樂汝不樂者便自出去作是語已强敷卧具是中有比丘少欲知足行頭陁聞是事心不喜種種因縁訶責云何名比丘知比丘房中先敷卧具後來强敷種種因縁訶已向佛廣說佛以是事集比丘僧知而故問迦留陁夷汝實作是事不荅言實作世尊佛以種種因縁訶責迦留陁夷云何名比丘知比丘房中先敷卧具後來

强敷種種因縁訶已語諸比丘以十利故與諸比丘結戒從今是戒應如是說若比丘知比丘房中先敷卧具後來强敷若使人敷不樂者自當出去除彼因縁波逸提知者若自知若從他聞若彼人語强敷者不隨他意自强敷故使敷者教人敷若敷坐牀前若敷卧牀前若敷房内若户外行處若高處若土埵前敷者波逸提波逸提者煑燒覆障若不悔過能障㝵道是中犯者若比丘知比丘在比丘房中先敷卧具竟後來於坐牀前强敷卧具若能敷者波逸提不能敷者突吉羅若卧牀前若房内户外行處高處土埵前若自敷若使人敷能敷者波逸提不能者突吉羅如是處隨自敷教敷一一波逸提突吉羅若比丘為惱他故閉户開户閉向開向然火滅火然燈滅燈若唄呪願讀經説法問難隨他所不憙樂事作一一波逸提竟十七

佛在舍衛國介時有二客比丘向暮來是二客比丘次得一房一人得閣

上一人得閣下得閣下者是坐禪人寂靜早入房中敷牀褥結加趺坐樂默然故在閣上者多憙調戲經唄呪願問難大聲戲笑作種種無益語言然後入房用力坐尖脚牀上以韋棧故牀脚及楷陷下傷比丘頭垂死是比丘從房出語比丘汝看是比丘不一心坐卧故牀脚陷下傷我頭垂死是中有比丘少欲知足行頭陁聞是事心不喜種種因縁訶責云何名比丘不一心坐卧用力坐故令牀脚陷下傷比丘頭垂死種種因縁訶已向佛廣説佛以是事集比丘僧知而故問是比丘汝實作是事不荅言實作世尊佛以種種因縁訶責云何名比丘不一心坐卧令牀脚陷下傷比丘頭垂死種種因縁訶已語諸比丘以十利故與諸比丘結戒從今是戒應如是說若比丘比丘房閣中尖脚牀用力坐卧波逸提比丘房者或屬僧或屬一人極小乃至容四威儀行立坐卧閣者一重已上皆名為閣牀者卧牀卧牀者五種阿珊蹄脚波郎劬脚羞羊角脚尖脚熱

脚坐榫牀亦有五種阿珊蹄脚波郎劬脚羖羊角脚尖脚曲脚坐者身坐上卧者身卧上波逸提波逸提者煑燒覆障若不悔過能障㝵道是中犯者若比丘卧牀一脚尖三脚阿珊蹄若二脚尖二脚阿珊蹄若三脚尖一脚阿珊蹄若四脚尖是中隨用力坐卧一一波逸提若卧牀一脚尖三脚波郎劬若二脚尖二脚波郎劬若三脚尖一脚波郎劬若四脚尖是中隨用力坐卧一一波逸提若是卧牀一脚尖三脚羖羊角若二脚尖二脚羖羊角若三脚尖一脚羖羊角若四脚尖是中隨用力坐卧一一波逸提若是卧牀一脚尖三脚曲若二脚尖二脚曲若三脚尖一脚曲若四脚尖是中隨用力坐卧一一波逸提坐榫牀亦如是若以石楷尖脚牀波逸提若以軜楷若以木楷若以白鑞楷若鉛錫楷一一波逸提若以村棧板棧櫂子棧若厚泥若是牀脚楷木朽腐若草團楷若衣團楷若納團支不犯(木支椅則轉不能傷人故言不犯十八竟)

佛在俱舍弥國介時長老闡那用有

虫水澆草和泥諸比丘語闡那言莫用有虫水澆草和泥殺諸小虫闡那荅言我用水和泥不用虫諸比丘言汝知是水有虫云何用和泥汝於畜生中无憐愍心是中有比丘少欲知足行頭陁聞是事心不喜種種因緣訶責云何名比丘知水有虫用澆草和泥種種因緣訶已向佛廣說佛以是事集比丘僧知而故問闡那汝實作是事不荅言實作世尊佛以種種因緣訶責云何名比丘知水有虫用澆草和泥種種因緣訶已語諸比丘以十利故與諸比丘結戒從今是戒應如是說若比丘知水有虫自用澆草和泥若使人用波逸提知者自知若從他聞虫者若眼所見若漉水囊所遮澆草者自手澆使澆者教他澆和泥者自手和使和者教他和波逸提者煑燒覆障若不悔過能障㝵道是中犯者若比丘知水有虫用澆草隨虫死一一波逸提若使他澆草隨虫死一一波逸提若比丘知水有虫用和泥隨虫死一一波逸提若使他

和泥隨虫死一一波逸提牛屎乾土乃至以竹蘆葉著有虫水中隨虫死一一波逸提若比丘有虫水中有虫想用者波逸提有虫水中无虫想用波逸提有虫水疑用波逸提無虫水中有虫想用突吉羅無虫水生疑用突吉羅無虫水中无虫想用不犯十九竟

佛在俱舍弥國介時長老闡那欲起大房閣是人性懈墮作是念誰能日日看視即一日揺地築基累壁竟安户向成第二重安施户向泥壁塗治架椽覆訖即日作竟即日崩倒是中有比丘少欲知足行頭陁聞是事心不喜種種因緣訶責云何名比丘起大房閣大用草木泥土即日作成即日崩倒種種因緣訶已向佛廣說佛以是事集比丘僧知而故問闡那汝實作是事不荅言實作世尊佛以種種因緣訶責闡那云何名比丘起大房閣大用草木泥土即日作成即日崩倒種種因緣訶已語諸比丘以十利故與諸比丘結戒從今是戒應如是說若比丘欲起大房當疊壁安梁

户向治地應再三覆過是覆者波逸提大房者温室講堂合霤堂高樓重閣狹長屋辟者四辟若木若土梁者棟所依處户者安扇處向者窓向通明處治地者泥地麁泥糠泥用赤白黑堊灑塗治絲畫黑畫青畫白畫赤畫再三覆者應若二若三覆波逸提者煑燒覆障若不悔過能障㝵道是中犯者若比丘自知覆者應自覆一分竟第二分應發頭第三分應約勑言當如是覆約勑已便去是比丘若在中即竟第三覆者是舍若用草覆隨所用草一一波逸提若用木簀覆隨用木簀一一簀波逸提若以凡覆隨所用凡一一波逸提不犯者若用板覆若用鳥翅覆若用優尸羅草根覆不犯二十竟

佛在舍衛國尒時佛告諸比丘我教化四衆疲極今諸比丘當教誡比丘尼尒時諸比丘受佛教已次第教誡比丘尼上座比丘次教誡竟次至長老般特時阿難往語般特言汝知不汝明日次應教誡比丘尼般特語阿

難言我鈍根不多聞未有所知我夏四月乃能誦得一抅摩羅偈智者身口意不作一切惡常繫念現前捨離於諸欲亦不受世間無益之苦行阿難得過是次者善阿難再三語般特言諸上座已教誡竟今次到汝般特比丘亦再三報阿難言我鈍根不多聞未有所知夏四月乃能誦得抅摩羅一偈得過次者善阿難復言汝明日次教誡比丘尼即受阿難語夜過已中前著衣持鉢入舍衛城次第乞食食後還自房舍空地敷坐牀已入室坐禪尒時諸比丘尼聞今日般特比丘次教誡比丘尼皆生輕心是不多聞誦讀經少夏四月過誦得一抅摩羅偈智者身口意不作一切惡常繫念現前捨離於諸欲亦不受世間無益之苦行我等所未聞法去何得聞所未知法去何得知所誦抅摩羅偈我等先已誦諸有比丘尼先不入祇陁林聽法者時皆共来有五百比丘尼出王園比丘尼精舍往祇桓聽法詣長老般特房前立謦欬作聲扣户

言大德般特出来長老般特即從禪起出房至獨坐牀上端身大坐諸比丘尼頭面礼竟皆在前坐時長老般特以柔軟語言姊妹當知我鈍根少所讀誦夏四月過誦得一偈智者身口意不作一切惡常繫念現前捨離於諸欲亦不受世間无益之苦行雖然我當隨所知説汝等當一心行不放逸法何以故乃至諸佛皆從一心不放逸行得阿耨多羅三藐三菩提所有助道善法皆以不放逸為本作是語已用神通力於座上没在於東方虚空之中現四威儀行立坐卧入火光三昧身出光燄青黄赤白種種色光身下出火身上出水身下出水身上出火南西北方四維上下亦復如是種種現神力已還坐本處諸比丘尼見長老般特如是神力已輕心滅盡生信心故尊重淨心折伏憍慢即隨比丘尼所憙樂法所應解法而為演説衆中有得須陁洹果斯陁含果阿那含果阿羅漢果有種聲聞道因縁有種辟支佛道因縁有發阿耨

十誦律第十一卷　第十五張　職字号

多羅三藐三菩提因者尒時衆中得如是種種大利益

佛在王舍城尒時六羣比丘次教誡比丘尼時置教誡事置教誨事置說法語作二種惡說麁惡說尒時有下座年少比丘尼不深樂持戒共六羣比丘調戲輕語大笑更相字名種種不清淨事是中有上座長老比丘尼深樂持戒在餘處經行或立住待欲聞說法又一時摩訶波闍波提比丘尼與大比丘尼衆五百人俱出王園精舍往詣佛所頭面礼足在一面立五百比丘尼亦頭面礼佛足在一面立瞿曇弥比丘尼一面立已白佛言世尊佛為利益故聽教誡比丘尼我等不得是利佛問瞿曇弥去何我為利益故聽教誡比丘尼不得是利瞿曇弥比丘尼向佛廣說是事佛言實尒我為利益故聽教誡比丘尼汝等實不得是利時佛為瞿曇弥及五百比丘尼說種種法示教利喜已默然時瞿曇弥五百比丘尼知佛示教利喜已頭面礼佛足右繞而去時瞿

十誦律第十一卷　第十六張　職字号

曇弥五百比丘尼去不久佛以是事集比丘僧知而故問六羣比丘汝實作是事不答言實作世尊佛以種種因緣訶責六羣比丘去何名比丘僧不差便教誡比丘尼佛種種因緣訶已語諸比丘以十利故與諸比丘結戒從今是戒應如是說若比丘僧不差教誡比丘尼教誡比丘尼者波逸提僧不差者僧未一心和合差令教誡波逸提者煑燒覆障若不悔過能障导道是中犯者若一比丘僧未差教誡一比丘尼者一波逸提若一比丘教誡二三四比丘尼者四波逸提若二比丘教誡二比丘尼者二波逸提若教誡三四一比丘尼者一波逸提若三比丘教誡三比丘尼者三波逸提若教誡四一二比丘尼者二波逸提若四比丘教誡四比丘尼者四波逸提若教誡一二三比丘尼者三波逸提

佛在王舍城尒時六羣比丘知僧不差教誡比丘尼便出界外自相差次教誡比丘尼然後入界諸比丘尼来

十誦律第十一卷　第十七張　職字号

時便語諸比丘尼言僧差我教誡比丘尼汝来我當說教法以是因緣集比丘尼衆已置教誡事置教誨事置說法語作二種惡是中有年少比丘尼不深樂持戒共六羣比丘調戲輕語大笑更相字名種種不清淨事是中有上座長老比丘尼深樂持戒在餘處經行或立住待是時比丘尼僧共和合相近佛遥見比丘尼僧共和合相近佛知故問阿難何以故比丘尼僧共和合相近阿難荅言世尊是六羣比丘知僧不羯磨令教誡比丘尼便出界外自相差次教誡比丘尼然後入界見諸比丘尼来便作是言僧一心差次我教誡比丘尼汝等来我當說教法以是因緣故集比丘尼置教誡事置教誨事置說法語作二種惡是中有年少下座比丘尼不深樂持戒共六羣比丘調戲輕語更相字名是中有上座長老比丘尼深樂持戒在餘處經行立待世尊以是因緣故比丘尼僧共和合相近佛以是因緣集比丘僧語諸比丘從今日比

丘有五法不應差令教誡比丘尼何等五一者未滿二十歲未過二十歲二者不能持戒三者不能多聞四者不能正語說法五者犯十三事處處汙三衆未滿二十歲者從受具戒来未滿二十歲不能持戒者破佛所結戒不隨具戒中教不知威儀不知應行處不應行處乃至破小戒无怖畏心不能次第學持戒不多聞者二部具戒不合義讀誦不能正語說法者不能善知世間正語上好言辭犯十三事者若十三中處處汙式叉摩尼沙弥沙弥尼是三衆邊犯罪雖悔過亦不得教誡比丘尼若比丘有是五法者不得差教誡比丘尼若比丘成就五法應差教誡比丘尼何等五滿二十歲蘧過廿歲能持戒能多聞能正語說法不犯十三事不汙三衆滿二十歲者受具戒来滿二十歲若過持戒者不犯佛所結戒隨大戒教知威儀知應行處不應行處乃至破小戒生大怖畏知次第學持戒多聞者二部大戒合義誦讀能正語說法者善

知世間正語上好言辭不犯十三事者十三事中不處處汙三衆者式叉摩尼沙弥沙弥尼若比丘成就此五法者僧應差教誡比丘尼若比丘不滿二十歲不能持戒不能多聞不能正語說法犯十三事處處汙三衆若僧差是人教誡比丘尼者不成差若是人教誡比丘尼者波逸提若滿二十歲若過不能持戒不能多聞不能正語說法犯十三事汙三衆若僧差是人者不成差是人教誡比丘尼者波逸提若滿二十歲若過能持戒不能多聞不能正語說法犯十三事汙三衆若僧差是人者不成差是人教誡比丘尼者波逸提若滿二十歲若過能持戒能多聞不能正語說法犯十三事汙三衆若僧差是人者不成差是人教誡比丘尼者波逸提若滿二十歲若過能持戒能多聞能正語說法犯十三事汙三衆若僧差是人者不成差是人教誡比丘尼者波逸提滿二十歲若過能持戒能多聞能正語說法不犯十三事不汙三衆若僧

未差便教誡比丘尼者波逸提成就五法已差未僧中差便教誡者波逸提成就五法已差已僧中差未語便教誡者突吉羅成就五法已差已僧中差已語未僧中語便教誡者突吉羅成就五法已差已僧中差已語已僧中語不問来者言諸妹一切皆来集不便教誡者突吉羅成就五法已差已僧中差已語已僧中語已問諸妹一切皆来集不未說八敬法便語後比丘者突吉羅成就五法已差已僧中差已語已僧中語已問諸妹一切皆来集不已說八敬法次語後比丘者不犯 一二十竟

佛在舍衛國尒時佛告難陁汝教誡比丘尼當教誨比丘尼當為比丘尼說法何以故若汝教誡比丘尼與我无異即時長老難陁默然受教佛即時告諸比丘汝等差難陁教誡比丘尼若更有如是比丘亦當差令教誡比丘尼如是作一心和合僧一比丘唱言大德僧聽是難陁比丘僧差令教誡比丘尼若僧時到僧忍聽差難

陁教誡比丘尼白如是作白二羯磨僧差難陁比丘教誡比丘尼竟僧忍默然故是事如是持是夜過巳難陁比丘中前著衣持鉢入城乞食食後還房空地敷獨坐牀入室坐禪時諸比丘尼聞難陁教誡比丘尼先未來聽法者皆来集聽五百比丘尼俱出王園精舍入祇陁林詣難陁房前立謦欬作聲扣户言大德難陁為我等說法教誡来時難陁從禪起開户出至獨坐牀上端身大坐時諸比丘尼頭面礼難陁足皆在前坐難陁即時說種種法示教利喜示教利喜巳默然時諸比丘尼得善法味深愛樂故不欲起去難陁作是念是諸比丘尼得法味故猶欲聞法即更為說種種法示教利喜乃至日没語諸比丘尼言日没可去諸比丘尼即起頭面礼足右繞而去出祇陁林欲入城城門巳閉即住城下塹邊宿者或在樹下或在井邊或在屏處障處宿晨朝開門諸比丘尼即便先入時守門人問諸比丘尼諸善女今從何来荅言我從

祇陁林聽法日没来還城門巳閉不及得入問曰何處宿各隨宿處荅有城下宿者荅言城下樹下宿者荅言樹下井邊宿者荅言井邊屏障處宿者荅言屏障處守門人言何有此法諸沙門釋子破梵行至夜共作惡早起放来如賊得婬女共宿早起放来門下諸釋子比丘亦如是暮共宿巳早起放来如是一人語二人二人語三人如是展轉惡名流布滿舍衛城是中有比丘少欲知足行頭陁聞是事心不喜向佛廣說佛以是事集比丘僧知而故問難陁汝實作是事不荅言實作世尊佛以種種因緣訶責難陁汝不知時不知量樂說法乃至日没語諸比丘以十利故與諸比丘結戒從今是戒應如是說若比丘僧差教誡比丘尼至日没者波逸提波逸提者煑燒覆障若不悔過能障㝵道是中犯者若比丘地了時教誡比丘尼乃至日没竟時波逸提若比丘地了竟時中前時日中時晡時下晡時日没時教誡比丘尼至日没竟時

波逸提若日没竟時生日没竟想教誡波逸提若日没竟時生不没竟想教誡波逸提若日没竟時生疑教誡波逸提若日未没生没竟想教誡突吉羅若日未没生疑教誡突吉羅若日未没生未没想教誡不犯　二十二竟

佛在王舍城尒時六羣比丘自知不復得教誡比丘尼妬瞋作是言諸比丘為利養故教誡比丘尼誚衣鉢户鉤時藥夜分藥七日藥終身藥以是利故諸比丘教誡比丘尼不為善好法是中有比丘少欲知足行頭陁聞是事心不喜種種因緣訶責云何名比丘作是言諸比丘為財利故教化比丘尼種種因緣訶巳向佛廣說佛以是事集比丘僧知而故問六羣比丘汝實作是事不荅言實作世尊佛以種種因緣訶責云何名比丘作是言諸比丘為財利故教誡比丘尼種種因緣訶巳語諸比丘以十利故與諸比丘結戒從今是戒應如是說若比丘作是言諸比丘為財利故教誡比丘尼波逸提波逸提者煑燒覆障

若不悔過能障导道是中犯者若比
丘言諸比丘為鉢故教誡比丘尼波
逸提為衣户鉤時藥夜分藥七日藥
終身藥故教誡比丘尼皆波逸提隨
所說隨得尒所波逸提二十三竟
佛在王舍城尒時六羣比丘與助提
婆達多比丘尼共期同道行調戲大
笑作麁惡語種種不淨業是中有居
士逆道來者有隨後來者見已共相
謂言汝等看是為是婦耶為是私通
必共作婬欲事是中有比丘少欲知
足行頭陁聞是事心不喜向佛廣說
佛以是事集比丘僧知而故問六羣
比丘汝實作是事不荅言實作世尊
佛以種種因緣訶責云何名比丘與
比丘尼共期同道行從一聚落至一
聚落佛種種因緣訶已語諸比丘以
十利故與諸比丘結戒從今是戒應
如是說若比丘與比丘尼共期同道
行從一聚落至一聚落波逸提期者
若比丘作期若比丘尼作期道者有
二種陸道水道波逸提者煑燒覆障
若不悔過能障导道是中犯者若比

丘與比丘尼共期陸道行從一聚落
至一聚落波逸提若中道還突吉羅
若向空地无聚落處乃至一拘盧舍
五百弓波逸提若中道還突吉羅水道亦
如是佛在舍衛國尒時諸比丘尼從
憍薩羅國遊行向舍衛國到險道中
待多伴時有諸比丘亦從憍薩羅遊
行向舍衛國諸比丘尼遥見諸比丘
作是念我等共諸比丘去者安隱得
過諸比丘來漸近比丘尼問言諸大
德欲何所去諸比丘荅言向舍衛國
比丘尼言我等當共諸大德去比丘
荅言佛結戒諸比丘不得與比丘尼
共期同道行云何共去諸比丘尼言
若然者大德前去時諸比丘衆多安
隱得過險道賊不敢發諸比丘尼隨
後緩來賊見女人衆少尋出奪衣恭
皆倮形放去諸比丘遊行漸到舍衛
國詣佛所頭面礼足一面坐諸佛常
法有客比丘來以如是語勞問言諸比
丘忍不足不安樂住不乞食不難道
路不極乏耶諸比丘荅言世尊忍足安
樂住乞食易得道路不乏即以是事

向佛廣說佛以是事集比丘僧種種
因緣讃戒讃持戒讃戒讃持戒已語
諸比丘從今是戒應如是說若比丘
與比丘尼共期同道行從一聚落至
一聚落除因緣波逸提因緣者若是
道中要須多伴所行道有疑怖畏是
名因緣疑者有二種一疑失衣鉢二
疑失糧食若疑失糧食者比丘尼飲
食比丘應取持去若疑失衣鉢比丘
尼衣鉢比丘應取持去若至安隱豈
樂處尒時應還比丘尼衣食應語姉
妹汝等隨意不得共行若尒時復共
同道行至一聚落波逸提若中道還
突吉羅若從聚落向空地乃至一拘
盧舍波逸提中道還突吉羅水道亦
如是不犯者不期去若有王夫人若
行不犯二十四竟

十誦律卷第十一

十誦律卷第十一

校勘記

一　底本，金藏廣勝寺本。

一　三一八頁中一行夾註，「第二誦之五」，資、磧、普、南、徑、清置于二、三行之間。

一　三一八頁中三行第五字「提」，麗作「提法」。

一　三一八頁中七行、一八行及頁下一三行「牀梐」，資、磧、普、南、徑、清作「牀陛」。

一　三一八頁中八行第五字「褥」，資作「縟」，下同。

一　三一八頁中一〇行首字「受」，資、磧、普、南、徑、清作「受已」。同行「受已」，資、磧、普、南、徑、清無。

一　三一八頁中一三行第八字「壁」，諸本(不含石，下同)作「聖」。

一　三一八頁中一五行第七字「尒」，資、磧、普、南、徑、清無。

一　三一八頁中二一行第一三字「却」，資、磧、普、南、徑、清作「脚」。

一　三一八頁中末行第一二字「䏚」，諸本作「店」。

一　三一八頁下四行第一〇字「牀」，磧作「上」。

一　三一八頁下五行「上座」，磧作「座牀」；普作「法床」。

一　三一八頁下一二行「生虫」，磧、普、南、徑、清作「蟲生」。

一　三一八頁下一三行末字「噉」，資、磧、普、南、徑、清無。

一　三一八頁下一五行第九字「取」，資、磧、普、南、徑、清作「趣」。

一　三一九頁上二行第四字「具」，麗作「具若自數」。

一　三一九頁上四行第一二字「容」，資、磧、普作「容比丘」；南、徑、清作「客比丘」。

一　三一九頁上一四行「五種」，麗作「三種」。

一　三一九頁上二一行末字「民」，資、磧、普、南、徑、清作「人」。

一　三一九頁中三行第八字「上」，南作「止」。

一　三一九頁中五行「十五竟」，麗作「十五事竟」。

一　三一九頁中八行「土墮」，南、徑、清作「土埵」。

一　三一九頁中一六行第三字「我」，麗作「我等」。

一　三一九頁下九行第六字「牽」，麗作「牽出」。同行第九字「應」，諸本作「遠」。

一　三一九頁下一一行「容四」，南作「客四」。次頁下二一行同。

一　三一九頁下一三行第一二字「牽」，資、磧、普、南、徑、清作「牽出」。

一　三一九頁下二二行第五字「户」，徑作「房」。

一　三二〇頁中五行第六字「波」，磧作「彼」。

一　三二〇頁下六行第五字「楮」，諸本作「支」。下同。

一　三二〇頁下七行第六字「語」，諸

本作「語諸」。

一 三二〇頁下一七行首字「已」，麗作「責已」。

一 三二〇頁下一九行第六字「牀」，資、磧、普、南、徑、清作「坐牀」。

一 三二〇頁下二二行「五種」，資、磧、普、南、徑、清作「有五種」。

一 三二〇頁下末行末字「熱」，諸本作「曲」。

一 三二一頁上三行第七至九字「波逸提」，諸本無。

一 三二一頁上八行第六字「若」，資、磧、普、南、徑、清作「若是」。

一 三二一頁上一七行第二字「用」，資、磧、普、南、徑、清作「其」。

一 三二一頁上二二行「十八竟」，資、磧、普、南、徑、清作「十八事竟」。

一 三二一頁上末行第五字「彌」，徑、清作「毗」。同頁下八行第五字，資、磧、普、南、徑、清同。

一 三二一頁中一行末字「莫」，麗作「汝莫」。

一 三二一頁中一五行第一三字「自」，麗作「若自」。

一 三二一頁中一七行第二字「遮」，麗作「漉」。

一 三二一頁中一八行第一二字「和」，資、磧、普、南、徑、清作「和波逸提」。

一 三二一頁中末行第二字「和」，資、磧、普、南、徑、清作「澆」。

一 三二一頁下六行第一一字「水」，資、磧、普、南、徑、清作「水中」。

一 三二一頁下一九行「闍那」，資、磧、南、徑、清作「闍那比丘」。

一 三二一頁下末行第一一字「疊」，麗作「壘」。

一 三二二頁上二行第一〇字「霤」，資、磧、普、南、徑、清作「流」。

一 三二二頁上一一行「當如是」，徑作「如是當」。

一 三二二頁上一七行「二十竟」，資、磧、普、南、徑、清作「二十事竟」。

一 三二二頁上二一行第八字「次」，麗作「次第」。

一 三二二頁中一八行末字「聞」，麗作「聞我等」。

一 三二二頁中二〇行第五字「誦」，資、磧、普、南、徑、清作「暗誦」。

一 三二二頁下四行「姊妹」，諸本作「諸姊妹」。

一 三二二頁下一九行「心故」，諸本作「敬心」。

一 三二三頁上一行第八字「因」，資、磧、普、南、徑、清作「因緣」。

一 三二三頁上二行「利益」，諸本作「利益是戒初因緣」。

一 三二三頁上五行第一一字「說」，資、磧、普、南、徑、清作「語」。

一 三二三頁下二行第八字、一六行第五字「教」，資、磧、普、南、徑、清作「教誡」。

一 三二三頁下一三、一五行「差次」，諸本作「羯磨」。

一 三二三頁下二〇行首字「字」，資、磧、普、南、徑、清作「呼」。

一　三二四頁上一二行「十三中」，諸本作「十三中事」。

一　三二四頁上一九行第七字「來」，資、磧、普、南、徑、清作「未」。

一　三二四頁中一一行第六字「差」，麗作「差若差」。

一　三二四頁中一五行第五字「者」，資、磧、普、南、徑、清作「者得」。同行第一〇字「滿」，徑作「過」。

一　三二四頁中一七行第八字「僧」，資、磧、普、南、徑、清無。

一　三二四頁中二一行第一一字「者」，資、磧、普、南、徑、清無。

一　三二四頁中二二行首字「滿」，諸本作「若滿」。

一　三二四頁下一五行第一二字「汝」，資、磧、普、南、徑、清作「汝當」；麗作「言汝當」。

一　三二四頁下一九行第二字「告」，資、磧、普、南、徑、清作「語」。

一　三二四頁下二一行第四字「如」，諸本作「應如」。

一　三二四頁下末行第一三字「差」，麗作「僧差」。

一　三二五頁上五行第九字「入」，資、磧、普、南、徑、清作「已入」。

一　三二五頁上一一行第三字「坐」，磧作「中」。

一　三二五頁中三行及四行第二字「下」，資、磧、普、南、徑、清作「下宿」。

一　三二五頁中四行第一一字「屏」，資、磧、普、南、徑、清作「屏處」。

一　三二五頁中六行第九字「至」，資、磧、普、南、徑、清作「入」。

一　三二五頁下六行「二十二竟」，資作「二十二事」；磧、普、南、徑、清作「二十二事竟」。

一　三二五頁下一四行末字「化」，諸本作「誡」。

一　三二六頁上二行第七字「鉢」，資、磧、南、徑、清作「衣鉢」。同行第一三字「尼」，麗作「尼者」。

一　三二六頁上三行第三字「爲」，麗作「苦爲」。

一　三二六頁上七行「婆達多」，磧、普、南作「婆達名」。

一　三二六頁上九行第四字「來」，徑、清作「央」。

一　三二六頁中二行第八字「若」，資、磧、普、南、徑、清作「設若」。

一　三二六頁中四行小字「五百弓」，資、磧、普、南、徑、清無；麗作「五百弓量」。同行「道亦」，資、磧、普、南、徑、清作「道行亦」。

一　三二六頁中一二行末二字「比丘」，麗作「諸比丘」。

一　三二六頁中二〇行第一三字「言」，資、磧、普、南、徑、清無。

一　三二六頁中二一行「不難」，麗作「易不」。

一　三二六頁中二二行第四字「乏」，資、磧、普、南、徑、清無。

一　三二六頁中末行第一〇字「乏」，諸本作「極」。

一　三二六頁下九行「衣鉢」，麗作「衣

鉢者」。

一　三二六頁下一二行第一三字「復」，麗作「即」。

一　三二六頁下一六行末字「若」，諸本作「共」。

一　三二六頁下一七行小字「二十四竟」，資、磧、普、南、徑作「二十四事竟」。

十誦律卷第十二　二誦之六

後秦北印度三藏弗若多羅譯

九十波逸提之四

佛在王舍城尒時六羣比丘與助提婆達多比丘尼共載一船調戲大笑作麁惡語種種不清淨業是中有白衣在兩岸上見已共相謂言汝等看是為是婦耶為是私通必共作婬欲事是中有比丘少欲知足行頭陁聞是事心不喜向佛廣說佛以是事集比丘僧知而故問六羣比丘汝實作是事不答言實作世尊佛以種種因縁訶責云何名比丘與比丘尼共載一船種種因縁訶已語諸比丘以十利故與諸比丘結戒從今是戒應如是說若比丘與比丘尼共期載一船波逸提期者有二種若比丘作期若比丘尼作期波逸提者煑燒覆障若不悔過能障㝵道是中犯者若一比丘與一比丘尼共期載一船一波逸提若一比丘與二三四比丘尼共期載一船四波逸提若二比丘與二比

丘尼共期載一船二波逸提若與三四一比丘尼共期載一船一波逸提若三比丘與三比丘尼共期載一船三波逸提若與四一二比丘尼共期載一船二波逸提若四比丘與四比丘尼共期載一船四波逸提若與一二三比丘尼共期載一船三波逸提

佛在舍衛國尒時諸比丘尼從憍薩羅國遊行向舍衛城至河岸上住待船尒時有諸比丘亦從憍薩羅國遊行向舍衛城到河岸上待船船至比丘便疾上船諸比丘尼復來欲上諸比丘言汝莫上何以故佛結戒比丘不得與比丘尼共載一船諸比丘尼言若然者大德先度是船即去更不復還諸比丘尼即於岸上宿夜有賊來恐奪衣倮形放去諸比丘遊行到舍衛國詣佛所頭面礼佛足一面立諸佛常法有客比丘來以如是語勞問忍不足不安樂住不乞食易得道路不疲耶佛即時以是語問訊諸比丘忍不足不乞食不乏道路不疲耶諸比丘荅言世尊忍足安樂住乞食

易得道路不疲即以是事向佛廣說佛以是事集比丘僧種種因緣讚戒讚持戒讚戒讚持戒已語諸比丘從今是戒應如是說若比丘與比丘尼共期載一船上水下水波逸提除直度上水者逆流下水者順流直度者直到彼岸是中犯者若比丘與一比丘尼共載一船上水從一聚落至一聚落波逸提中道還者突吉羅若未聚落空地乃至一拘盧舍波逸提中道還者突吉羅下水亦如是不犯者若不共期若直度若欲直度為水漂去若直度前岸崩墮若漂失行具船上下不犯 二十五竟

佛在舍衛國尒時諸比丘在屏處分衣有一比丘是偷蘭難陀比丘尼知舊相識數數共語親善狎習是比丘從分衣處出偷蘭難陀比丘尼見已問言大德從何處來答言從某處分衣来汝所得衣分何似答言好比丘尼看已言實好問言汝須是衣耶比丘尼言正使須者我是女人薄福當何從得時是比丘作是念是比丘尼

作如是決定索去何不與即以衣與偷蘭難陀比丘尼時佛夏末月遊行諸國諸比丘皆著新衣是比丘獨著故衣佛見已知而故問汝何以獨著故衣比丘以是事向佛廣說佛知故問阿難是比丘今與非親里比丘尼衣耶答言實與世尊佛以是事集比丘僧種種因緣訶責云何名比丘與非親里比丘尼衣何以故非親里人不能問衣足不足為更有无有得便直取若親里者能問足不足為更有无有若无能自與何況從索佛種種因緣訶已語諸比丘以十利故與諸比丘結戒從今是戒應如是說若比丘與非親里比丘尼衣波逸提非親里者親里名母姊妹若女乃至七世因緣異是名非親里衣者麻衣白麻衣赤麻衣芻摩衣翅夷羅衣憍施耶衣劫貝衣波逸提者煑燒覆障若不悔過能障导道是中犯者若比丘有非親里比丘尼謂是親里與衣波逸提若非親里比丘尼謂是比丘或叉摩尼沙弥沙弥尼出家出家尼與衣波

逸提若比丘有非親里比丘尼生疑是親里非親里與衣波逸提若比丘有非親里比丘尼生疑是比丘非比丘是式叉摩尼非式叉摩尼是沙弥非沙弥是沙弥尼非沙弥尼是出家非出家是出家尼非出家尼與衣波逸提若比丘有親里比丘尼生非親里想與衣突吉羅若親里比丘尼生比丘想式叉摩尼沙弥沙弥尼出家出家尼想與衣突吉羅若比丘有親里比丘尼生疑是親里非親里與衣突吉羅若親里比丘尼生疑是比丘非比丘　是式叉摩尼非式叉摩尼是沙弥非沙弥是沙弥尼非沙弥尼是出家非出家是出家尼非出家尼與衣突吉羅若比丘有親里比丘尼若謂若疑有非親里比丘尼若謂若不謂若疑若不疑與不淨衣謂駝毛衣牛毛衣羖羊毛衣雜毛織衣與突吉羅 二十六竟

佛在舍衛國尒時迦留陀夷與掘多比丘尼舊相識數數共語親善狎習是掘多比丘尼有衣應割截作是比

丘尼語迦留陁夷大德能為我割截作是衣不荅言留置即留便去迦留陁夷即取舒展割截替刺當衣脊中作男女和合像縫已卷㲲著本處掘多比丘尼來問大德與我割截作衣竟未荅言已作此是汝衣持去莫此閒舒還比丘尼寺中可舒即取持去於諸比丘尼前言看我師與我作是衣好不諸比丘尼言好誰為汝作荅言大德迦留陁夷可舒看即為舒看當中像有男女和合像中有年少比丘尼憙調戲笑者見已語言是衣好自非迦留陁夷誰能為汝作如是衣時有長老比丘尼樂持戒者作是言云何名比丘故汙比丘尼衣是中有比丘少欲知足行頭陁聞是事心不喜以是事向佛廣說佛以是事集比丘僧知而故問迦留陁夷汝實作是事不荅言實作世尊佛以種種因緣訶責云何名比丘故汙比丘尼衣種種因緣訶已語諸比丘以十利故與比丘結戒從今是戒應如是說若比丘與非親里比丘尼作衣波逸提

非親里者親里名母姊妹若女乃至七世因緣異是名非親里衣者麻衣白麻衣赤麻衣芻麻衣翅夷羅衣憍施耶衣刼貝衣波逸提者煑燒覆障若不悔過能障㝵道是中犯者若比丘為非親里比丘尼作衣隨一一事中波逸提若浣䐗一一事波逸提若染一一曬波逸提若割截替縫若刺針針波逸提若直縫針針突吉羅若繩縫時突吉羅若替緣突吉羅若與親里比丘尼作衣不犯 二十七竟

佛在舍衛國尒時迦留陁夷與掘多比丘尼舊相識數數共語親善狎習迦留陁夷往掘多比丘尼房所屏覆處獨與掘多比丘尼共坐是中有比丘少欲知足行頭陁聞已訶責言云何名比丘獨與一比丘尼屏覆處共坐種種因緣訶已向佛廣說佛以是事集比丘僧知而故問迦留陁夷汝實作是事不荅言實作世尊佛以種種因緣訶責云何名比丘獨與一比丘尼屏覆處共坐種種因緣訶已語諸比丘以十利故與諸比丘結戒從今

是戒應如是說若比丘獨與一比丘尼屏覆處共坐波逸提獨與一比丘尼者正有二人更无第三人屏處者若壁障衣幔障席障如是等物覆障是名屏處波逸提者煑燒覆障若不悔過能障㝵道是中犯者若比丘獨與一比丘尼屏處坐波逸提起已還坐波逸提隨起還坐隨得尒所波逸提 二十八竟

佛在舍衛國尒時迦留陁夷與掘多居士婦舊相識數數共語親善狎習時迦留陁夷往居士婦舍獨與此婦露地共坐諸白衣見已作是言汝等看是為比丘婦為私通耶是比丘必當共作婬事是中有比丘少欲知足行頭陁聞是事心不喜種種因緣訶責云何名比丘獨與一女人露地共坐種種因緣訶已向佛廣說佛以是事集比丘僧知而故問迦留陁夷汝實作是事不荅言實作世尊佛以種種因緣訶責云何名比丘獨與一女人露地共坐佛種種因緣訶已語諸比丘以十利故與比丘結戒從今是

十誦律第十三卷　第九張

亦應如是說若比丘獨與一女人露地共坐波逸提女人者名有命若大若小若嫁未嫁堪作婬事獨與一女人者正有二人更无第三人露地者無辟障无衣幔障无席障波逸提者煑燒覆障若不悔過能障㝵道是中犯者若比丘獨與一女人露地共坐波逸提起已還坐波逸提隨起還坐隨得尒所波逸提若相去半尋坐波逸提相去一尋坐波逸提相去一尋半坐突吉羅不犯者若相去二尋若過二尋坐不犯二十九竟

佛在舍衛國尒時有一居士請佛四大弟子大迦葉舍利弗目揵連阿那律明日食皆默然受居士知諸比丘默然受已從坐起頭面作礼右繞而去即還自舍通夜辦種種多美飲食是夜辦多美飲食已晨朝敷雜色坐具自往白四大比丘言時到偷蘭難陁比丘尼先在是家出入是比丘尼早起著衣入是居士舍見辦多美飲食敷雜色坐具時比丘尼問居士婦辦多美飲食敷雜色坐具請比丘耶

十誦律第十三卷　第十張

荅言請請誰耶荅言請大迦葉舍利弗目揵連阿那律是比丘尼語居士婦言請是小小比丘若問我者當請大龍比丘居士婦言何者是大龍荅言大德提婆達多俱伽離騫陁達多三文達多迦留盧提舍是比丘尼共居士婦語時大迦葉在前行聞是語作是念我等若不即入者是比丘尼當作大罪即作聲比丘尼聞聲即默然迴面即見便語居士婦言汝請是大龍居士婦言誰是大龍荅言大迦葉舍利弗目揵連阿那律是時居士隨後来至聞比丘尼作二種語語偷蘭難陁比丘尼言汝弊惡賊比丘尼一頭兩舌適言小小比丘復言大龍若更入我舍者當如賊法治汝復語其婦言汝若更前是比丘尼者我當唱言汝非我婦當棄汝去尒時居士令諸比丘坐雜色座具自行水自與多美飲食與多美飲食自恣飽滿已居士行水諸比丘攝鉢已取小甲牀在諸比丘前坐欲聽說法大迦葉說法已與諸比丘俱從坐起去往詣佛所

十誦律第十三卷　第十一張

頭面礼足一面立佛知故問大迦葉汝何因緣笑荅言世尊我等今日為偷蘭難陁比丘尼所見字名謂為小小比丘復言大龍佛言何因緣故尒大迦葉向佛廣說如上因緣佛知故問阿難有諸比丘食比丘尼作因緣食耶荅言實尒佛以是事集比丘僧種種因緣訶責云何名比丘知比丘尼作因緣得食便食種種因緣訶已語諸比丘以十利故與比丘結戒從今是戒應如是說若比丘知比丘尼讚歎因緣得食食波逸提知者若自知若從他知若比丘尼自說讚歎者比丘尼讚歎波逸提者煑燒覆障若不悔過能障㝵道是中犯者若比丘尼往語居士婦當請比丘為請誰耶荅言請某居士婦言尒比丘尼言為辦秔米飯是比丘食者波逸提有比丘尼往語居士婦言當請比丘為請誰耶荅言請某居士婦言尒比丘尼言與辦蘇豆羹比丘食者波逸提又比丘尼往語居士婦言當請比丘為請誰耶荅言請某居士婦言尒比

丘尼言為辦雉肉鷄肉鶉肉比丘食
者波逸提乃至教辦少薑著食中比
丘食者突吉羅又比丘尼往語居士
婦言當請比丘為請誰耶荅言請某
居士婦言我已先請問飯何似荅言
麁飯比丘尼言與辦秔米飯比丘食
者波逸提又比丘尼往語居士婦言
當請比丘為請誰耶荅言請某居士
婦言我已先請問羹何似荅言為作
滓陵伽豆羹比丘尼言為辦蘇豆羹
比丘食者波逸提有比丘尼往語居
士婦言當請比丘為請誰耶荅言請
某居士婦言我已先請問作何食荅
言牛肉莫與牛肉為辦雉肉鷄肉鶉
肉比丘食者波逸提乃至教以少薑
著食中比丘食者突吉羅佛在舍衛
國尒時有居士先有心欲請佛及僧
設會時世飢儉飲食難得是居士既
不大富少於田宅人民作使夏亟欲
末是居士憂愁言奈何辛苦我先有
心欲請佛及僧設會今世飢儉飲食
難得我不大富少於田宅人民作使
夏月欲末莫令我於福德空過若不

能都請僧當於僧中請少多比丘作
是念已往詣祇桓打揵搥請比丘問
居士汝何因緣故打揵搥荅言我欲
僧中請尒所比丘明日到我舍食諸
比丘言尒是居士請僧已尒時更有
急因緣事須出城行便約勑婦言我
有急事須自行去汝當請尒所比丘
能辦如是如是飲食不時婦信樂福
德故荅言我能如教即辦種種多美
飲食敷雜色座具无人可遣請比丘
時有一比丘尼先出入是家是比丘
尼早起著衣往其舍見辦多美飲食
敷雜色座具見已問言請比丘耶荅
言欲請如夫所教我盡辦已无人可
往請比丘汝能往請比丘来者并在
此食荅言能請時諸比丘置衣鉢空
地經行立待請至時比丘尼出城見
諸比丘各已莊嚴語諸比丘言受其
居士請者飲食已辦自知時到諸比
丘作是念佛結戒若比丘尼作因緣
食不應敢今比丘尼使来是比丘尼
心作食因緣諸比丘不往失是請故
是日斷食時居士行還問婦言汝請

諸比丘好供養耶婦言如夫所教我
辦多美飲食敷雜色座具遣比丘尼
往喚諸比丘不来當何所供養居士
聞已瞋恚言若諸比丘不飲食者何
以受我請諸比丘不知今世飢儉飲
食難得諸人妻子尚乏飲食况與乞
人是居士不能忍瞋故入祇桓詣佛
所言諸比丘是居士欲入祇桓時見
所請比丘謂言汝等若不飲食者何
以受我請汝寧不知今世飢儉飲食
難得諸人妻子尚乏飲食况與乞人
諸比丘言居士莫愁憂佛為我等結
戒不得食比丘尼作因緣食今日比
丘尼作使来故我等謂是比丘尼因
緣飲食是以不往朝来我等斷食是
居士聞比丘斷食故瞋即除滅語諸
比丘言我先有心欲請佛及僧設食
今世飢儉飲食難得我不大富少於
田宅人民作使夏月欲末我不欲於
福德中空過若不能都請者當於僧
中請少多比丘明日食汝等當知我
自發心非比丘尼作因緣汝等明日
来食敢叅食諸比丘不知云何以是

事白佛佛以是事集比丘僧種種因緣讚戒讚持戒讚持戒已語諸比丘從今是戒應如是說若比丘知比丘尼讚歎得食食波逸提除檀越先請先請者檀越先自發心思惟欲請比丘僧是中不犯者若比丘尼往語居士婦言當請比丘為請誰耶荅言請某居士婦言我已先請為辦秔米飯若為家屬作比丘食者不犯又比丘尼往語居士婦言當請比丘為請誰耶荅言請某居士婦言我先已請為辦蘇豆羹若為家屬作比丘食者不犯又比丘尼往語居士婦言當請比丘為請誰耶荅言請某居士婦言我已先請比丘尼言為辦雉肉鷄肉鵝肉若為家屬作比丘食者不犯乃至教以少薑著食中若為家屬作比丘食者不犯若比丘尼往語居士婦言當請比丘為請誰耶荅言請某居士婦言我已先請比丘尼言為辦秔米飯若先為比丘作比丘食者不犯又比丘尼往語居士婦言當請比丘為請誰耶荅言請某居士婦言我

已先請比丘尼言為辦蘇豆羹若先為比丘作比丘食者不犯又比丘尼往語居士婦言當請比丘為請誰耶荅言請某居士婦言我已先請比丘尼言為辦雉肉鷄肉鵝肉若先為比丘作比丘食者不犯乃至教以少薑著食中若先為比丘作比丘食者不犯竟三十

佛在舍衛國尒時有一居士以无常因緣故亡失田宅家人死盡但有一兒在是中聞說飯佛及僧者生忉利天即發是願我若飯佛及僧者善作是願已復念我今无所有當行客作尒時舍衛國有一富貴居士多有田宅人民金銀財物種種福德威相成就時小兒往到其舍語居士言我為汝客作居士問言汝何所能荅言我能書能讀書能筭數能相金銀錢相毛相絲綿絹相珠相能坐金肆銀肆珠肆銅肆客作肆居士言汝一歲作索幾許物荅言千金錢居士言汝小兒不知今世飢儉食尚難得何況索價是小兒言我多伎能如是上中下相

共相决断定雇金錢五百小兒言我應多得價直我急故今與汝作當共言要歲盡一時償我價居士聞已作是念自有作人作便索價語是小兒言汝莫憂愁歲竟當一時與汝居士安著肆上時是小兒好看市肆是居士先不得大利今得再三倍是居士過一月已撿挍肆中得三倍利居士自念若以是物我自在坐肆不得是利此客作人多有福德今得是利皆由小兒即將去著田上於田中了了勤作好看守護先倉不滿今皆倍滿歲竟看倉先不滿者今三倍滿居士復念即以是田作處我自在中不得是利是小兒多有福德我倉藏滿皆是小兒力歲竟小兒到居士所一時索價居士小避去作是念是兒若得價者便捨我去是以小避非不欲與是小兒數來索價居士言汝急索價欲作何物荅言居士我聞人說飯佛及僧生忉利天以是故我一歲客作欲飯佛及僧生忉利天居士聞是語即生信心是兒為他故能一歲勤苦居

士言欲何處作荅言欲祇桓中作是居士方便欲令好人入其舍作是念巳語小兒言祇桓中少釜鑊瓮器薪草作人不如我家多有釜鑊瓮器薪草作人種種具足正使乏少我當相助汝請佛及僧来就我舍小兒即出居士舍向祇陁林去尒時世尊晡時與无數大衆圍繞說法時小兒遥見佛在樹林中善攝諸根成就第一寂滅身出光𦦨如真金聚端正殊特令人心淨見巳往到佛所頭面礼足在一面坐佛為小兒種種因緣說法示教利喜巳默然是小兒從坐起合掌白佛言願世尊明日及僧受我請佛默然受是兒知佛默然受巳頭面礼足右繞而去還居士舍通夜辦種種多美飲食尒時舍衛國節日早起白衣多持猪肉乾糒與衆僧諸比丘受取甞看漸漸多噉飽滿是小兒通夜辦多美飲食巳早起敷坐處往白佛言食具巳辦佛自知時諸比丘往居士舍佛自房住迎食分是小兒見僧坐巳自手行水持食欲著上座鉢中上

座言少著第二上座言莫多著第三上座言著半如是展轉少與莫多與與半一切僧皆悉作是語小兒往看飯處猶不大減次看羹處亦不大減看瓮器中皆滿不減尒時小兒至上座前言為慈愍我故不食耶為以世儉故為以我一歲客作勤苦故為食不熟不香不美故上座直性言我不以慈愍不以世儉不以客作勤苦不以不熟不香不美故今日舍衛城節日早起大得猪肉乾糒壓欲少甞漸漸飽滿是故食少小兒聞巳愁憂心悔我作食不具足或不得生忉利天上是小兒出居士舍啼哭詣佛所說諸比丘食少尒時世尊與大衆恭敬圍繞而為說法佛遥見小兒啼哭而来佛問小兒何以啼耶即以是事向佛廣說佛語小兒汝疾還去隨諸比丘能噉者與汝必得生忉利天小兒聞巳大歡喜作是念佛无異記我當生忉利天無疑時小兒持食至上座所言是食香美少多取復以一種與言是復大好少多取第二第三皆如是勸小

兒自手與多美飲食諸比丘自恣飽滿巳知僧攝鉢自手行水取小牀坐衆僧前欲聽說法上座說法巳從坐起去諸比丘隨次起去時舍衛城晡時有大海諸估客至置寶物城外各相謂言當入城買飲食即遣人求以二因緣故求不能得一以世儉二以時熱食不留殘時買食人還語估客至城中買食都不可得估客主言我於大海險難壓不乏食今至大城而不能得汝等更往審諦遍求隨以何物方便令得是小兒先啼向佛時多人見知是人語估客言某舍今日多辦飲食而所用少汝往彼舍求食必得估客往居士舍語守門者語汝家主有大海估客今在門下時守門者即入白主主言便入即入與坐共相問訊樂不樂居士小默然便問汝何故来荅言須食故来居士言此是小兒飲食非我有也估客語小兒言我等須飲食小兒言可得不須道價今汝估客為有幾許人荅言有五百人盡喚来入是人即往語估客主有飲食

十誦律第十二卷　第二十張　聯

可得而不須價估客主言我等飢乏
若以貴價買㝡何況直得皆當共去
留人守物餘人皆往入居士舍小兒
令坐自手行水與多美飲食自恣飽
滿與多飲食自恣飽滿已是小兒知
食竟攝器行水在一面坐時近小兒
邊有憍薩羅國大銅盂時估客主
語小兒言持此盂來小兒言何以故
但取來即持著估客主前時估客主
語諸估客言隨何舍得如是好供養
者應當以好物報償汝若能者著此
盂中時估客主衣角頭有珠直十万
金錢解著盂中第二估客有珠直九
万金錢如是有直八万七万六万五
万四万三万二万一万者著銅盂中
溢滿一盂持與小兒以是相與汝隨
意用小兒言我直與食不賣求價諸
估客主我亦直與不以買食我等所
食幾許是一一珠多有所直小兒復
疑我若取物或不得生忉利天上語
估客主言小住待我問佛還估客言隨
意小兒出城往詣佛所頭面礼足在
一面立以是事向佛廣說佛言但取

十誦律第十二卷　第二十一張　識

必得生忉利天上今是華報果報在
後聞是語已念言佛无異語與我受
記必得生忉利天即還到估客所取
是寶物是小兒忽然大富貴故即名
為忽然居士所可客作居士家大富
貴種種福德成相成就事事具足但
無兒子惟有一女端正姝妙是居士
作是念是小兒姓不減我但貧乏財
今日所得財物我舍不及今當與女
作婦即自語婦婦言隨意是居士
即以女與如偈所說

有者皆盡　高者亦墮　合會有離
生者有死

以是因緣故是居士死波斯匿王聞
已問言是居士有兒不答言无兒有
兄弟不答言無有誰料理是家答言
有一女聟善好有功德料理其家王
言其家財物盡與是人復與舍衛城內
大居士職位作是教已即用作大居
士職是諸比丘食後出城往詣佛所頭
面礼足在一面坐諸佛常法諸比丘
食還以如是語勞問比丘飲食多美
衆僧飽滿不佛以是語問諸比丘飲

十誦律第十二卷　第二十二張　聯

食多美衆僧飽滿不諸比丘答言飲
食多美衆僧飽滿以是事向佛廣說
佛以是事集比丘僧以種種因緣訶
責比丘云何名比丘數數食佛但訶
責而未結戒佛在維耶離尒時維耶
離有一大力大臣往詣佛所頭面礼
足一面坐已佛以種種因緣示教利
喜示教利喜已默然是大力大臣知
佛種種示教利喜已從坐起合掌白
佛言世尊願佛及僧受我明日食佛
默然受大臣知佛受已即礼佛足右
繞而去還到自舍通夜辦種種淨潔
多美飲食尒時維耶離節日衆僧多
得猪肉乾精諸比丘受已欲少嘗看
漸漸飽滿是人辦種種淨潔多美飲
食已早起敷座遣使白佛食具已辦
佛自知時諸比丘往大臣舍佛自房
住迎食分是大臣見僧坐已自手行
水自持飯與上座上座言莫多著第
二上座言少著第三上座言與半如
是展轉莫多與少與與半一切皆尒
是大臣往看飯處飯不大減看羹處
羹不大減看瓮盂器中皆滿不減尒

時大臣往上座所言何故不食為慈愍我故為世儉故為食不熟不香不美上座直實言我不以慈愍故不以世儉不以不熟不香不美故今是節日早起多得猪肉乾糒初欲少嘗漸漸飽滿是故食少大臣聞說是事即發恚言奴是好食去持猪肉乾糒来與尒時使人即奴好食持猪肉乾糒滿鉢與大臣言食汝謂我家无是食耶諸比丘即時慙愧不食不語大臣見已作是念好食尚不能噉況噉麁食還使奴去時大臣至上座前言汝等好食尚不能噉何況麁食猪肉乾糒世間宜法若受他請應待其食大臣自手捉好食言是食香美可少多噉復捉餘食言是食香美勝於前者可受食如是勸已一切僧皆飽滿尒時大臣以淨潔多美飯食自恣飽滿僧前欲聽說法上座說法已從坐起已自手行水知僧攝鉢竟取小牀坐去諸比丘隨次第起去還詣佛所頭面礼足諸佛常法比丘食還如是勞問飲食多美僧飽滿不佛以是語問

諸比丘飲食多美僧飽滿不諸比丘言飲食多美衆僧飽滿以是事向佛廣說佛以是事及先因緣集比丘僧種種因緣訶責諸比丘云何名比丘數數食種種因緣訶已語諸比丘以十利故與比丘結戒從今是戒應如是說若比丘數數食波逸提數數者食已更食波逸提者煮燒覆障若不悔過能障导道是中犯者若比丘數數食波逸提不犯者不數數食

佛在王舍城尒時有一比丘於秋月時冷熱病盛不能飲食羸瘦無色佛見比丘羸瘦无色佛知而故問阿難何故比丘羸瘦無色阿難荅言世尊是比丘秋月冷熱病盛不能飲食是故羸瘦無色佛以是因緣故集比丘僧語諸比丘從今日憐愍利益病比丘故聽三種具足食謂好色香味病比丘應受一請不應受二請若一請處不能飽應受第二請不應受第三請第二請處不能飽滿應受第三請不應受第四請若第三請處不能飽應受已漸漸食乃至日中從今是戒應

如是說若比丘數數食波逸提除時時者謂病時是名時若人冷感熱感風感得食則止是中犯者若比丘無病數數食波逸提若實病不犯

佛在舍衛國尒時諸比丘入舍衛城乞食時得有衣請食請主言受我食者當以衣施諸比丘言佛未聽我等為衣故數數食諸比丘不知云何是事白佛佛以是事集比丘僧種種因緣讃戒讃持戒讃戒讃持戒已語諸比丘從今衣因緣故聽諸比丘數數食從今是戒應如是說若比丘數數食波逸提除時時者病時施衣時是名時是中犯者若比丘有衣食請彼有衣食来受請不犯食者亦不犯又比丘有衣食請彼無衣食来受請不犯食者波逸提又比丘有衣食請彼有衣食无衣食来受請不犯食者波逸提若比丘無衣食請彼無衣食来受請突吉羅食者波逸提又比丘無衣食請彼有衣食来受請突吉羅食者不犯又比丘無衣食請彼有衣食无衣食来受請突吉羅食者波逸提

又比丘有衣食無衣食請彼有衣食無衣食來受請突吉羅食者波逸提又比丘有衣食無衣食請彼有衣食來受請突吉羅食者不犯又比丘有衣食無衣食請彼無衣食來受請突吉羅食者波逸提不犯者得多有衣食請一切有衣食來不犯

佛在舍衛國尒時舍衛城節日多有飲食諸居士作種種飲食持詣園中便入祇洹打揵搥諸比丘問居士何因緣故打揵搥諸比丘問居士何因緣故打揵搥諸居士言我於衆中請尒所比丘飲食諸比丘言佛未聽節日在白衣會中數數食居士言我等白衣法若嫁娶節日集會醼諸親族知識我等貴重諸比丘更無天神勝沙門釋子汝等必當受我會食諸比丘不知云何是事白佛佛以是事集比丘僧種種因緣讚戒讚持戒讚戒讚持戒已語諸比丘從今聽諸比丘節日數數食彼與他竟受彼中何者與他謂相食故作食齋日食月一日食十六日食衆僧食別房食衆僧請

獨請皆應與他若五衆請食不應與他相者吉凶相也故作者大德比丘人為之供養也五衆者比丘尼六法尼沙弥沙弥尼也三十一事竟

佛在舍衛國尒時憍薩羅國諸居士作福德舍若有沙門婆羅門來是中宿者諸居士往迎問訊礼拜湯水洗脚酥油塗足給好牀榻臥具氈褥被枕明日與香美前食後食怛鉢那恭敬供養尒時六羣比丘從憍薩羅國遊行向舍衛城到福德舍諸居士即時出迎問訊礼拜湯水洗脚酥油塗足給好牀榻臥具氈褥被枕明日與香美前食後食怛鉢那恭敬供養尒時六羣比丘共相謂言今時惡世飲食難得當小住此受樂作是念已即住不去是中有沙門婆羅門來欲宿者不相容受是後來沙門婆羅門語主人言我等得此宿不主人言好便入至六羣比丘所欲宿六羣比丘言不得何以故我已先住六羣比丘素健多力客來不能共語諸居士瞋呵責言諸沙門釋子自言善好有德

云何強住福德舍如王如大臣是中有比丘少欲知足行頭陀聞是事心不喜向佛廣說佛以是事集比丘僧知而故問六羣比丘汝實作是事不荅言實作世尊佛以種種因緣訶責云何名比丘福德舍過一食佛種種因緣訶已語諸比丘以十利故與比丘結戒從今是戒應如是說若比丘福德舍過一食波逸提福德舍者是中應一夜宿應一食波逸提者煑燒覆障若不悔過能障㝵道是中犯者若比丘福德舍過一食波逸提若過一夜宿不食者突吉羅若餘處宿是中食者波逸提若一夜宿一食不犯福德舍應言一宿處

佛在舍衛國尒時長老舍利弗從憍薩羅國遊行向舍衛國到福德舍時風病發作是念我若住中過一宿不食得突吉羅我寧當去去已道中病更增劇漸漸遊行到舍衛國詣佛所頭面礼足一面坐諸佛常法有客比丘來以如是語問諸比丘忍不足不安樂住不乞食不難道路不疲耶

佛以是語問舍利弗忍足安樂住不乞食不難道路不疲耶舍利弗言世尊乞食易得但不可忍道路疲極以是事向佛具說佛以是事集比丘僧種種因緣讚戒讚持戒讚持戒已語諸比丘從今是戒應如是說若比丘不病福德舍過一食波逸提病者乃至從一聚落至一聚落身傷破乃至竹葉所傷皆名為病是中犯者若比丘无病住福德舍過一食波逸提若過一宿不食者突吉羅若餘處宿是中食波逸提不犯者一夜宿一食若病若福德舍是親里作先請若住福德舍待伴欲入險道若多有福德舍若知福德舍人留住皆不犯 三十二竟

十誦律卷第十二

十誦律卷第十二

校勘記

一　底本，金藏廣勝寺本。

一　三三一頁中一行「二誦之六」，資、磧、普、南、徑、清置於二、三行之間。

一　三三一頁下一一行「河岸」，資、磧、普、南、徑、清作「河」。

一　三三一頁下一二行第一三字「上」，諸本（不含石，下同）作「上船」。

一　三三一頁下一七行首字「來」，麗作「采」。

一　三三一頁下一八行第一三字「而」，諸本作「面」。

一　三三一頁下二二行「不乏」，資、磧、普、南、徑、清作「易得」。

一　三三二頁上一四行、下二〇行末字、次頁中一一行及下九行末字「竟」，資作「事」；磧、普、南、徑、清作「事竟」。

一　三三二頁上一九行第一一字「從」，資、磧、普、南、徑、清無。

一　三三二頁上二〇行「衣分」，資、磧、普、南、徑、清作「分衣」。

一　三三二頁上末行第一〇字「念」，資、磧、普、南、徑、清作「念言」。

一　三三二頁中一七行「麻衣」，資、磧、普、南、徑、清作「名麻衣」。

一　三三二頁中二一行第六字「尼」，資、磧、普、南、徑、清作「尼與衣波逸提若比丘有非親里比丘尼」。

一　三三二頁下一二行至一三行「比丘非比丘」，資、磧、普、南、徑、清作「比丘尼非比丘尼」。

一　三三二頁下一八行首字及第六字「若」，資、磧、普、南、徑、清無。

一　三三三頁上三行第一〇字「刾」，資、磧、普、南、徑、清作「縫」；麗作「刺」。

一　三三三頁上四行第一一字「牒」，麗作「疊」。

一　三三三頁上八行「我師與我作」，資、磧、普、南、徑、清作「尊者與我作衣」。

一 三三三頁上一〇行第八字「可」，資、磧、普、南、徑、清作「可共」。

一 三三三頁上一二行第六字「笑」，資、磧、普、南、徑、清無。

一 三三三頁上二二行「比丘」，資、磧、普、南、徑、清作「諸比丘」。頁下末行第八、九字、次頁下一〇行第一一、一二字同。

一 三三三頁上末行第三字「與」，資、磧、普、南、徑、清作「爲」。

一 三三三頁中一〇行第二字「縫」；磧、普、南、徑、清、麗作「絣」。同行第八字「簪」，徑作「篸縫」。

一 三三三頁中一六行第一三字「言」，資、磧、普、南、徑、清作「重呵責」。

一 三三三頁中二二行第一二字「訶」，資、磧、南、徑、清作「呵責」。

一 三三三頁下一二行第六字「住」，諸本作「往」。

一 三三三頁下一七行末字「共」，資、磧、普、南、徑、清無。

一 三三三頁下末行第七字「與」，徑、清作「與諸」。

一 三三四頁上九行「半尋」，資、磧、普、南、徑、清作「五尺」。

一 三三四頁上一〇行第六字、一一行第一三字、一二行第三字「尋」，資、磧、普、南、徑、清作「丈」。

一 三三四頁上一〇行至一一行「一尋半」，資、磧、普、南、徑、清作「丈五」。

一 三三四頁上一二行「二十九竟」，資作「二十九事竟一本云相去一尋」，磧、南、徑、清作「一本云相去一尋二十九事竟」。

一 三三四頁上一九行「白四大比丘言」，資、磧、普、南、徑、清作「四大比丘所白言」。

一 三三四頁中六行第七字「盧」，資、磧、普、南、徑、清作「羅」。

一 三三四頁中一五行第五字「適」，資、磧、普、南、徑、清作「汝適」。

一 三三四頁中二一行第一二字「畢」，資、磧、普、南、徑、清無。

一 三三四頁下三行「字名謂」，資、磧、普、南、徑、清作「目名云」。

一 三三四頁下七行第七字「尒」，資、磧、普、南、徑、清作「食」。

一 三三四頁下一〇行第一一、一二字、下一一行末及三三八頁中二二行「比丘」，資、磧、普、南、徑、清作「諸比丘」。

一 三三四頁下一二行「因緣得食食」，資、磧、普、南、徑、清作「得食食」；麗作「因緣得食食者」。

一 三三四頁下一三行第七字「若」，資、磧、普、南、徑、清作「若是」。

一 三三四頁下一六行第七字「婦」，資、磧、普、南、徑、清作「婦言」。

一 三三四頁下一七行第三字「言」，徑作「士」。

一 三三五頁上三行第七字「又」，資、磧、普、南、徑、清作「若」。

一 三三五頁上一一行第八字「有」，資、磧、普、南、徑、清作「又」。

一　三三五頁上二一行第九字「今」，資、磧、普、南、徑、清作「遇」。

一　三三五頁中二行「搥請」，資、磧、普、南、徑、清作「椎諸」；麗作「搥諸」。

一　三三五頁中一〇行第一二字「請」，資、磧、普、南、徑、清作「請諸」。

一　三三五頁中一二行第六字「往」，資、磧、普、南、徑、清作「往到」。

一　三三五頁中一八行末字「其」，諸本作「某」。

一　三三五頁下一七行末字「食」，資、磧、普、南、徑、清作「會」。

一　三三六頁上八行第一一字及一二行首字「請」，諸本作「請比丘尼言」。

一　三三六頁中四行第一一字「先」，資作「失」。

一　三三六頁中八行末字及三四一頁上一六行末字「竟」，資作「事」；磧、普、南、徑、清作「事竟」。

一　三三六頁中一一行首字「兒」，資、磧、普、南、徑、清作「子」。

一　三三六頁中一七行第七字及三三八頁上二一行第四字「言」，資、磧、普、南、徑、清無。

一　三三六頁中一九行第七字「相」，資、磧、普、南、徑、清作「相銅」。

一　三三六頁中二〇行第一二字「歲」，資、磧、普、南、徑、清作「年」。

一　三三六頁中末行「小兒」，資、磧、普、南、徑、清作「兒答」。同行第八字「能」，資、磧、普、南、徑、清作「多能」。同行末字「相」，資、磧、普、南、徑、清無。

一　三三六頁下一三行「不滿者」，資、磧、普、南、徑、清作「所不滿」。

一　三三六頁下一五行至一六行「是小」，資、磧、普、南、徑、清作「由是」。

一　三三六頁下一六行第六字「小」，資、磧、南、徑、清作「是」。

一　三三六頁下末行第一一字「歲」，諸本作「歲受」。

一　三三七頁上一六行第九字「舍」，資、磧、普、南、徑、清作「家」。

一　三三七頁上二〇行第一〇字「坐」，資、磧、普、南、徑、清作「坐具」。

一　三三七頁中三行第七字「悉」，資、磧、普、南、徑、清無。

一　三三七頁中四行第二字「猶」，資、磧、普、南、徑、清作「由」。

一　三三七頁中一四行第一二字「所」，資、磧、普、南、徑、清無。

一　三三七頁中一六行第一一字「哭」，資、磧、普、南、徑、清作「泣」。

一　三三七頁中一九行末字「大」，資、磧、普、南、徑、清作「而大」。

一　三三七頁下八行末字「至」，資、磧、普、南、徑、清作「主」。

一　三三七頁下一五行第一一字「語」，資、磧、普、南、徑、清作「言語」。

一　三三七頁下一七行第六字「便」，資、磧、普、南、徑、清作「使」。

一　三三七頁下二二行「許人答言有」，資、磧、普、南、徑、清作「人答言滿」。

一 三三八頁上二行第四字「價」，資、磧、普、南、徑、清無。

一 三三八頁上五行第三字「多」，諸本作「多美」。同行第一二字「小」，資、磧、普、南、徑、清無。

一 三三八頁上六行「一面」，資、磧、普、南、徑、清作「前而」。

一 三三八頁上九行第五字「持」，麗作「持來」。

一 三三八頁上一八行第三字「主」，諸本作「言」。

一 三三八頁中三行第三字「得」，資、磧、普、南、徑、清無。

一 三三八頁中二〇行第一二字「詣」，磧作「諸」。

一 三三八頁中末行首字及頁下一行第四字「衆」，資、磧、普、南、徑、清無。頁下二行第四字清同。

一 三三八頁下四行首字「責」，資、磧、普、南、徑、清作「諸」。

一 三三八頁下七行、九行「示教」，諸本作「説法示教」。

一 三三八頁下一五行第六字「人」，資、磧、普、南、徑、清作「主人」。

一 三三八頁下一七行「比丘」，資、磧、普、南、徑、清作「比丘僧」。

一 三三八頁下二二行首字「是」，資、磧、普、南、徑、清作「是時」；麗作「時是」。

一 三三九頁上三行「言我」，資、磧、普、南、徑、清作「答言我等」。

一 三三九頁上五行第四字「多」，資、磧、普、南、徑、清作「大」。

一 三三九頁上一六行第三字「捉」，資、磧、普、南、徑、清作「持」。

一 三三九頁上一八行第九字「飯」，資、磧、普、南、徑、清作「飲」。

一 三三九頁上一九行第一一字「取」，資、磧、普、南、徑、清作「自取」。

一 三三九頁上二一行第七字「第」，資、磧、普、南、徑、清無。

一 三三九頁中六行、一六行「比丘」，資、磧、普、南、徑、清作「諸比丘」。次頁下七行末至八行首字同。

一 三三九頁中一二行首字「時」，資、磧、普、南、徑、清無。次頁中一二行首字同。

一 三三九頁中一三行第九字「佛」，麗無。

一 三三九頁中一四行第一一字「答」，資、磧、普、南、徑、清無。

一 三三九頁中一八行「足食」，諸本作「足食應食」。

一 三三九頁中二一行「請處不能飽滿」，資、磧、普、南、徑、清作「處不能飽」。

一 三三九頁中二二行第六字「若」，資、磧、普、南、徑、清無。

一 三四〇頁上一行首字「又」，諸本作「若」。

一 三四〇頁上七行「一切」，磧、普、南、徑、清作「一一」。

一 三四〇頁上一一行至一二行「諸比丘問居士何因緣故打揵搥」，諸本無。

一　三四〇頁上一五行第一一字「醯」，資、磧、普、南、徑、清作「喚」。

一　三四〇頁上二一行「節日」，磧作「等日」。

一　三四〇頁上末行「食十六」，資、磧、普、南、徑、清作「十五」；麗作「食十五」。

一　三四〇頁中一行第七字「苦」，資、磧、普、南、徑作「若」。

一　三四〇頁中二行第六字「相」，資、磧、普作「根」。

一　三四〇頁中四行第一一字「事」，資、麗無。

一　三四〇頁中八行第一二字、一三行第八字「氈」，資、磧、普、南、徑、清作「牀」。

一　三四〇頁中一七行第六字「有」，諸本作「更有」。

一　三四〇頁下七行第三字「訶」，資、磧、普、南、徑、清作「呵責」。

一　三四〇頁下九行第一二字「舍」，諸本作「舍法」。

一　三四〇頁下一〇行第五字「夜」，資、磧、普、南、徑、清無。

一　三四一頁上一行「忍足」，諸本作「忍不足不」。

一　三四一頁上四行第八字「具」，諸本作「廣」。

一　三四一頁上一四行首字「先」，諸本作「若先」。

十誦律卷第十三　二誦之七　職

後秦北印度三藏弗若多羅譯

九十波逸提之五

佛在舍衛國。尒時有一婆羅門有女睞眼，即名睞眼。夫家遣使来迎。時女父母婆羅門言：小待，作煎餅竟送。時世飢儉，是婆羅門勤苦求煎餅具作餅。跋難陁釋子常出入其家，語大衆言：隨所入舍，汝等皆隨我入，若我得食，汝等亦次第得。時跋難陁釋子中前著衣持鉢入婆羅門舍，與坐處共相問訊：樂不樂？坐已，是婆羅門一心恭敬問訊。跋難陁是大法師，有樂說辯才，為說種種妙法。主人得法味故，作是言：大德，无有美飯能噉，是餅不？荅言：汝等尚噉，我何以不能？即與餅。持出，第二第三比丘亦如是。時餅器皆空。夫家復更遣使喚睞眼女。婆羅門還遣使荅言：小待，作餅竟送。更求煎餅具。時跋難陁復共徒衆来，為說種種法已，復持餅去。夫家第三復遣使来喚睞眼女。是婆羅門復荅言：小待，作煎餅竟送。時夫疑瞋，言：是或不復来。彼更娶婦，遣使語言：我已娶婦，汝莫復来。婆羅門聞是語，愁憂瞋言：沙門釋子乃尒不知猒足，施者不知量，受者應知量。我女晉先相愛念，以是因緣，今便棄去。是人瞋恨不能自忍，到祇桓向佛所，欲說跋難陁事。尒時佛與百千万衆圍繞說法，漸漸近佛。佛以慈心力故，彼瞋即除。到佛所作是言：世尊，无有是法，女人所貴重物，我女已失。佛為種種因緣說法，示教利喜。示教利喜已，默然。婆羅門聞佛種種因緣說法，示教利喜已，頭面礼佛足，右繞而去。去不久，佛以是事集比丘僧，知而故問跋難陁：汝實作是事不？荅言：實作，世尊。佛種種因緣訶責：云何名比丘，不知時，不知量，不知法？若施者不知量，受者應知量。佛但訶責，而未結戒。時佛故在舍衛國。尒時舍衛城中有估客衆，用沸星吉日，欲出行他國。有一估客，是跋難陁釋子相識，跋難陁常出入其舍。時跋難陁中前著衣持鉢到其舍，與坐處共相問訊

樂不樂坐已估客一心恭敬問跋難
陁跋難陁是大法師有樂說辯才為
說妙法是人得法味故言大德無有
羹飯但有道中行糧麨能敢不荅言
汝等尚能敢我何以不能即與麨持
出第二第三比丘亦如是估客麨器
皆空是估客徃語估客主言我所有
行糧沙門釋子悉持去盡小待我更
作糧食估客主言諸估客欲沸星吉
日去云何得住汝但辦糧徐徐後来
諸估客在前去者衆多故賊不敢發
是一估客辦糧已與少伴共入險道
賊發奪物殺是估客如是惡聲流布
諸國作是言釋種比丘食他行糧是
估客險道為賊所殺一人語二人二
人語三人如是展轉相語諸沙門釋子
比丘惡名流布滿舍衛城是中有比
丘少欲知足行頭陁聞是事心不喜
向佛廣說佛以是事集比丘僧知而
故問跋難陁汝實作是事不荅言實
作世尊佛以種種因緣訶責云何名
比丘不知時不知量不知法若施者
不知量受者應知量云何令是估客

險道中為賊所殺種種因緣訶責已
語諸比丘以十利故與比丘結戒從
今是戒應如是說若比丘徃白衣家
自恣請多與餅麨諸比丘須者應二
三鉢取過是取者波逸提二三鉢取
已出外語餘比丘共分是事應尒家
者白衣家請多與者數數與餅者小
麥麵作大麥麵作秔米麵作大重華
餅小重華餅如是比諂清淨餅麨者
稻麨麦麨鉢者有三種上中下上鉢
者受三鉢他飯一鉢他羹餘可食物
半羹下鉢者受一鉢他飯半鉢他羹
餘可食物半羹若上下中間是名中
鉢出外語餘比丘共分者謂眼所見
波逸提者煑燒覆障若不悔過能障
㝵道是中犯者若比丘以上鉢取者
應取一鉢不應取二鉢取二鉢波逸
提若以中鉢取者極多取二鉢不應
取三若取三者波逸提若以下鉢取
者極多取三鉢不應取四若取四者
波逸提出外見比丘共分者善不共
分者突吉羅　三十三竟
佛在舍衛國尒時長老迦留陁夷於

夜闇時有小雨墮雷聲電光中入白
衣舍乞食時是家中有一洗器女人
出於電光中遥見迦留陁夷身黒㿝
驚怖身毛皆竪即大喚言鬼来鬼
来以怖畏故即便墮胎迦留陁夷言
姊妹我是比丘非鬼也乞食故来時
女人瞋以惡語麤語不淨語呰語語
比丘言使汝父死母死種姓皆死使
是沙門腹破禿沙門斷種人著黒欒
衣何不以利牛舌刀自破汝腹乃於
是夜闇黒雷電中乞食汝沙門乃作
尒許惡我兒墮死令我身壞迦留陁
夷於是家起如是過罪故即便出去
以是事向諸比丘說諸比丘以是事
向佛廣說佛以是事集比丘僧知而
故問迦留陁夷汝實作是事不荅言
實作世尊佛以種種因緣訶責云何
名比丘非時入白衣家乞食佛言若
比丘非時入白衣家何但得如是過
罪當復更復過於是罪從今諸比丘
應一食尒時諸比丘以一食故羸瘦
无色無力佛見諸比丘羸瘦无色無
力知而故問阿難諸比丘何故羸瘦

无色無力阿難荅言世尊結戒諸比
丘應一食一食故諸比丘羸瘦無色
无力佛以是事集比丘僧種種因緣
讃戒讃持戒讃戒讃持戒巳語諸比
丘從今聽敢五種佉陁尼自恣食五
種者謂根莖葉磨果尒時諸比丘入
王舍城乞食時有白衣以蘆蔔葉胡
荽葉羅勒葉雜食與諸比丘諸比丘
不食故不得飽滿復更羸瘦无色無
力佛知故問阿難何以故諸比丘羸瘦
無色无力阿難荅言世尊聽諸比丘
敢五種佉陁尼食自恣受諸比丘入
王舍城乞食時有白衣以蘆蔔葉胡
荽葉羅勒葉雜食與諸比丘諸比丘
不食不得飽滿故羸瘦无色无力佛
聞巳語諸比丘從今聽食五種蒲闍尼食謂
飯麨糒魚肉五種食自恣受是諸比
丘入王舍城乞食時諸白衣以蘆蔔
葉胡荽葉羅勒葉雜食與諸比丘
諸比丘不食復不飽故羸瘦無色无
力佛見諸比丘羸瘦无色無力知而故
問阿難何故諸比丘羸瘦無色無力
阿難荅言世尊聽食五種食諸比丘

入城乞食時得蘆蔔葉胡荽葉羅勒
葉雜食與諸比丘諸比丘不食復不
飽滿猶羸瘦无色无力佛言從今聽食五
種似食自恣隨所雜謂糜粟穬麦莠
子迦師飯
佛在維耶離尒時有一居士到佛所
頭面礼足一面坐佛見居士一面坐
巳與說種種法示教利喜示教利喜
巳黙然是居士聞佛種種因緣示教
利喜巳從坐起合掌言願佛及僧受
我明日食佛黙然受居士知佛黙然
受巳即礼佛足右繞而去還歸自舍
通夜辦種種多美飲食晨起敷座處
遣使白佛食具巳辦佛自知時諸比
丘僧往居士舍佛自住房迎食分居
士知衆僧坐巳自手行水自與種種
多美飯食自恣飽滿尒時維耶離諸
比丘多病有看病比丘先於僧中食
竟迎病比丘食分去諸病比丘有食
者有不食者有少食者是看病比丘
先巳食從坐處起更不得食諸病比
丘多有殘食棄僧坊内是時多有烏
鳥来敢是食作大音聲佛聞寺内多

烏鳥聲知而故問阿難何故僧坊内
多有烏鳥聲阿難荅言世尊是維耶
離諸比丘多病有看病比丘先於僧
中食竟迎病比丘食分来諸病比丘
有食者有不食者有少食者是看病
比丘先巳食從坐處起更不得食諸
病比丘多有殘食棄僧坊内有烏鳥
来敢是食故作大音聲佛以是事集
比丘僧種種因緣讃戒讃持戒讃戒
讃持戒巳語諸比丘從今以二利故
聽受殘食法一者看病比丘因緣故
二者比丘有因緣食不足故以十利
故與比丘結戒從今是戒應如是說
若比丘食竟有請坐處起去不受殘食法若敢
食者波逸提敢者五種佉陁尼食者
五種蒲闍尼五種似食波逸提者煑
燒覆障若不悔過能障㝵道是中犯
者若比丘食竟從坐起去不受殘食
法若敢根食波逸提若敢莖葉磨果
皆波逸提若比丘食竟起去不受殘
食法若食飯者波逸提若食麨糒魚
肉皆波逸提若比丘食竟從坐起去
不受殘食法若食糜飯粟飯穬麦飯

莠子飯迦師飯皆波逸提從今聽受殘食法者諸比丘不知云何受佛語諸比丘欲受殘食法者隨所能食多少盡著鉢中知餘比丘食　竟未起者從是人邊偏袒胡跪捉鉢言長老憶念與我作殘食法若　比丘前棄少多噉是食者不名作殘食法若用是受殘食法若噉若食波逸提若持鉢著地受殘食法者不名為受殘食法若用是受殘食若噉若食波逸提若以鉢著膝上受殘食法者不名為受若用是受殘食法者若噉若食波逸提若相去遠手不相及受殘食法者不名為受殘食法若用是受殘食法者若噉若食波逸提若以不淨食受殘食法者不名為受殘食法若用是受殘食法若噉若食波逸提若以不淨肉受殘食法者不名為受若用是受殘食法者若噉若食波逸提若比丘欲噉五種佉陀尼用五種蒲闍尼受殘食法者不名為受若用是受殘食法者若噉若食波逸提若欲食五種蒲闍尼時用五種佉陀尼受殘食法者

不名為受若用是受殘食法若噉若食波逸提若欲食五種似食時用五種蒲闍尼受殘食法者不名為受若用是受殘食法若噉若食波逸提若比丘受殘食法若食餘五種食来者噉一一突吉羅長老優波離問佛言世尊比丘幾處行時自恣幾住幾坐幾卧佛告優波離五處比丘行時自恣五處立五處坐五處卧行有五處者知行知供養知避食知種種食壞威儀立有五者知立知供養知避食知種種食壞威儀坐有五種知坐知供養知避食知種種食壞威儀卧有五者知卧知供養知避食知種種食壞威儀佛語優波離若比丘行洗口時有檀越與五種食比丘應噉應食應行受殘食法不應立不應坐不應卧若立坐卧當知壞威儀不應受殘食法若受者不名為受若用是受殘食法若噉若食皆波逸提若比丘彼行洗口已有檀越與五種食比丘應噉應食應行受殘食法不應立不應坐不應卧若立坐卧當知壞威儀不應受殘食法

若受者不名為受若用是受殘食法若噉若食波逸提若比丘彼行食時有檀越與五種食比丘應噉應食應行受殘食法不應立不應坐不應卧若立坐卧當知壞威儀不應受殘食法若受者不名為受若用是受殘食法若噉若食波逸提若比丘彼行食已有檀越與五種食比丘應噉應食應行受殘食法不應立不應坐不應卧若立坐卧當知壞威儀不應受殘食法若受者不名為受若用是受殘食法若噉若食皆波逸提若立坐卧亦如是不犯者若比丘言小住若言曰時早若歡粥若飲若一切中噣食不犯三十五竟

佛在舍衛國介時憍薩羅國一住處有二比丘是一比丘破戒獸漏无有慚愧不護細戒第二比丘清淨持戒乃至小罪生大怖畏是清淨比丘見彼犯罪常語彼言汝今犯如是如是罪破戒比丘作是念我當何時見汝犯罪我當出之破戒比丘一時見持戒比丘食已無自恣請故從坐起便持蒲闍尼佉陁尼唤来共噉食持戒比丘

十誦律第十三卷　第十三張　職字号

不憶便共噉食破戒比丘言長老汝得波逸提罪問言何等波逸提荅言汝食已无自恣請便噉食持戒比丘言汝知我食已無自恣請者何故喚我食荅言汝常數數出我罪時我作是念何時見汝犯罪當即出之是故見汝食已無自恣請欲相惱故勸汝食是中有比丘少欲知足行頭陁聞是事心不喜種種因緣訶責云何名比丘知他食已无自恣請欲相惱故勸令食種種因緣訶已向佛廣說佛以是事集比丘僧知而故問是比丘汝實作是事不荅言實作世尊佛以種種因緣訶責云何名比丘知他食已无自恣請欲相惱故勸令食佛種種訶已語諸比丘以十利故與比丘結戒從今是戒應如是說若比丘知比丘食已無自恣請欲相惱故勸令食蒱闍尼佉陁尼以是因緣无異者波逸提知者若比丘自知若從他知若彼比丘自說噉者五種佉陁尼五種蒱闍尼五似食勸令食者慇勤令食惱者以瞋恚心出其過罪波逸提者

十誦律第十三卷　第十三張　職字号

煑燒覆障若不悔過能障导道是中犯者若比丘見餘比丘食竟無自恣請教噉根食莖葉磨食果食若教食五種蒱闍尼飯麨糒魚肉若教食五似食糜粟穬麥莠子迦師小麦飯者皆波逸提復有比丘教餘比丘非時噉食若彼噉者俱波逸提有比丘教餘比丘非時食若彼食者俱波逸提有比丘教餘比丘偷奪他物若偷奪者隨物俱得罪有比丘教餘比丘奪人命若奪命者俱波羅夷若比丘教餘比丘殺生草木若殺者俱波逸提若比丘教餘比丘挑他出房若挑出者俱波逸提若比丘教餘比丘強敷卧具若敷者俱得波逸提若比丘教餘比丘用有虫水灑草灑泥若用者俱波逸提若比丘教餘比丘取虫水飲若取飲者俱波逸提若比丘教餘比丘與裸形外道男女飲食若與者俱波逸提若比丘教餘比丘空地然火若然者俱波逸提若比丘教餘比丘自手取金銀若取者俱波逸提若比丘教餘比丘奪畜生命若奪者俱波逸提若比丘教

十誦律第十三卷　第十四張　職字号

餘比丘藏是比丘衣鉢若藏者俱波逸提若比丘教餘比丘自手掘地若掘者俱波逸提若比丘教餘比丘噉殘宿食若彼噉者俱波逸提 三十八 大比丘未手受食而共食宿者名曰內宿噉此食者殘宿者謂己手受與共宿者名殘宿食噉此食者波逸提 三十九事竟

佛在王舍城尒時阿闍世王諸大臣將師信提婆達是諸人民為助提婆達比丘作供養前食後食恒鉢鄉諸有年少比丘出家不久者提婆達以鉢鉤鉢多羅大揵瓷小揵瓷衣鉤禪鎮繩帶匙筯鉢支扇蓋革屣隨比丘所須物皆誑誘之提婆達自共百比丘或二百三百四百五百比丘恭敬圍繞入王舍城別受好供養前食後食恒鉢鄉諸有上座長老比丘得佛法味久修梵行是諸比丘入城乞食得宿冷飯或不得或得臭麨或不得如是麁食或飽不飽是中有比丘少欲知足行頭陁聞是事心不喜種種因緣訶責云何名比丘自共百人二百三百四百五百比丘恭敬圍繞別受供養前食後食恒鉢鄉諸有上座長老比丘得佛法味久修梵行是諸比丘入城乞食得宿冷飯或不得或

得臭麨或不得如是麁食或飽不飽種種因緣訶已向佛廣說佛以是事集比丘僧佛以種種因緣訶責云何名比丘自共百人二百三百四百五百比丘恭敬圍繞別受供養前食後食但鉢鄰諸上座長老比丘得佛法味久修梵行是諸比丘入城乞食得宿冷飯或不得或得臭麨或不得如是麁食或飽不飽種種因緣訶已語諸比丘從今以二利因緣故遮別衆食聽三人共食一利者隨護檀越以憐愍故二利者破諸惡欲比丘力勢故莫令惡欲人別作衆別作法與僧共諍以十利故與比丘結戒從今是戒應如是說若比丘別衆食波逸提別衆食者極少乃至四比丘共一處食波逸提者煮燒覆障若不悔過能障导道是中犯者若四比丘別衆食波逸提若三比丘別共一處食第四人取食分不犯

佛在王舍城尒時諸病比丘以乞食因緣故苦惱疲極城中有居士見已問言汝等苦惱耶荅言苦惱何因緣

故我等有病以乞食因緣故苦惱諸居士言汝等病者我今請汝諸有病者來我舍食諸比丘言佛未聽病因緣故別衆食諸比丘不知云何是事白佛佛以是事集比丘僧種種因緣讚戒讚持戒讚戒讚持戒已語諸比丘從今聽諸病比丘別衆食從今是戒應如是說若比丘別衆食波逸提除因緣因緣者病時病者若比丘風冷熱盛是名為病是中犯者若比丘無病別衆食波逸提病者不犯

佛在舍衛國尒時諸比丘作衣時到是諸比丘早起求染衣具薪草煑染漉出揚冷出所染衣如是中間食時轉近行乞食不得因是苦惱城中有居士見已問言汝等苦惱耶荅言苦惱何因緣故我等作衣時到早起求索染衣具薪草煑染漉出揚冷出所染衣如是中間食時轉近乞食不得以是因緣故苦惱諸居士言我今請汝諸作衣者來我舍食諸比丘言佛未聽我為作衣故別衆食諸比丘不知云何是事白佛佛以是事集比丘僧

種種因緣讚戒讚持戒讚戒讚持戒已語諸比丘從今聽比丘作衣時到諸作衣者別衆食從今是戒應如是說若比丘別衆食波逸提除因緣因緣者病時作衣時是中犯者若比丘作衣時未到別衆食波逸提作衣時到別衆食不犯

佛在舍衛國尒時諸比丘從憍薩羅國遊行向舍衛城彼國地平諸聚落遠遥看似近諸比丘欲從前聚落乞食至聚落時日已中到當乞食時日已過諸比丘斷食故苦惱是聚落中諸居士見已問比丘言汝等苦惱耶荅言苦惱何因緣故我從憍薩羅國向舍衛城遥看聚落謂近欲至乞食時日便過中不得食故苦惱諸居士言我今請汝等諸欲行者來我舍食諸比丘言佛未聽行因緣故別衆食諸比丘不知云何以是事白佛佛以是事集比丘僧種種因緣讚戒讚持戒讚戒讚持戒已語諸比丘從今聽諸行比丘別衆食從今是戒應如是說若比丘別衆食波逸提除因緣因

緣者病時作衣時行時行者極近至半由延若往若来是中犯者若比丘昨日来今日食者波逸提明日行今日食波逸提即日行極少半由延若往若来若别衆食不犯

佛在舍衛國尒時諸比丘從憍薩羅國載船向舍衛國是船行近聚落時比丘語船師言迴船向岸我欲乞食即迴船岸諸比丘出船入聚落家家求食已出聚落食食已洗手洗口洗鉢卷衣著囊中如是中間船去已遠諸比丘即從道行逐船值師子難虎狼難熊羆難從非道去有棘刺竹刺刈草刺走逐船時脚痛苦惱是岸上有居士見已問比丘言汝苦惱耶荅言苦惱何因緣故我等先載船向舍衛國船近聚落我等語船師言迴船向岸我欲乞食即時向岸我等出船入聚落家家求食已出聚落食食已洗手洗口洗鉢卷衣著囊中尒時船去已遠即從道行逐船值師子難虎狼難熊羆難若從非道行有棘刺竹刺刈草刺走逐船脚痛苦惱諸

居士言我今請汝諸船行者来我舍食諸比丘言佛未聽船行因緣故别衆食諸比丘不知云何以是事白佛佛以是事集比丘僧種種因緣讃戒讃持戒讃戒讃持戒已語諸比丘從今聽諸船行比丘别衆食從今是戒應如是說若比丘别衆食波逸提除因緣因緣者病時作衣時道行時船行時船行者極近至半由延若往若来是中犯者若比丘昨日来今日食者波逸提明日行今日食者波逸提即日行極少半由延若往若来别衆食不犯

佛在王舍城尒時王舍城内有大衆集佛與千二百五十比丘俱是中諸比丘入城乞食諸居士但能與二三比丘食更不能與即閉門言極多誰能為與後来乞食比丘不得故苦惱有居士見已問比丘言汝等苦惱耶荅言苦惱何因緣故諸比丘言是王舍城有大衆集故諸比丘前乞食者二三人得諸居士即閉門言是極多誰能為與我等後来乞食不得是故

苦惱諸居士言我今請汝諸有大衆集因緣者来我舍食諸比丘言佛未聽大衆集因緣故别衆食諸比丘不知云何是事白佛佛以是事集比丘僧種種因緣讃戒讃持戒讃戒讃持戒已語諸比丘從今聽諸比丘有大衆集因緣者别衆食從今是戒應如是說若比丘别衆食波逸提除因緣因緣者病時作衣時道行時船上行時大衆集時大衆集者極少乃至八人四舊比丘四客比丘共集以是因緣故令聚落中諸居士不能供給諸比丘飲食是中犯者若比丘減八人集時别衆食波逸提若八人若過八人集時不犯佛在王舍城尒時瓶沙王舅於耆維外道中出家是舅作是念我外甥瓶沙王深敬佛及弟子我為是王故當請佛及弟子作一食是外道便入王舍城求米麪胡麻小豆諸居士問言欲作何等荅言我外甥深敬佛我欲令歡喜故請佛及弟子作一食諸居士信佛法故多與米麪得已出城見一比丘即便語言汝能為

我請佛及尒所弟子明日至我舍食不比丘荅言佛未聽我等受沙門別衆食彼言俱是出家人何故不聽有何不可我亦不敢汝等但為外道佛欲令歡喜故為汝等作食時外道作是念我當辦具飲食若佛與弟子來者當與若不來者當用作酒自飲是比丘不知云何以是事白佛佛以是事集比丘僧種種因緣讚戒讚持戒讚戒讚持戒已語諸比丘從今聽沙門因緣故別衆食　從今是戒應如是說若比丘別衆食波逸提除因緣因緣者病時作衣時道行時船行時大衆集時沙門請時沙門者名阿耆維尼揵子老弟子略說除佛五衆餘出家人皆名沙門是中犯者若沙門請比丘白衣手持食與受請不犯食者波逸提若白衣請比丘沙門手持食與是比丘受請故突吉羅食者不犯若白衣請比丘白衣手持食與受請故突吉羅食者波逸提不犯者若沙門請沙門手持食與若受請若食不犯 三十六竟

十誦律第十三卷　第二十張　職字号

佛在舍衛國尒時節日至諸居士辦種種好飲食出城入園林中尒時十七羣比丘自相謂言可共到彼園中看去皆言可尒即自洗浴莊嚴面目香油塗鬚著新淨衣到園林中一處立看是十七羣比丘端正殊好多人敬愛諸居士見共相謂言看是諸出家年少端正殊好皆言實尒諸居士歡喜故持種種妙酒食與言汝能噉不荅言汝等尚能我何以不能是十七羣比丘多飲食已醉亂迷悶食後搖頭掉臂向祇桓作是言我等今日極好快樂有福德无有衰惱尒時諸比丘在祇桓門閒空地經行聞是音聲諸比丘問言汝今何故言我等今日極快樂有福德无衰惱時十七羣比丘即廣說上事是中有比丘少欲知足行頭陁聞是事心不喜種種因緣訶責云何名比丘非時飲食種種因緣訶已向佛廣說佛以是事集比丘僧知而故問十七羣比丘汝實作是事不荅言實作世尊佛種種因緣訶責十七羣比丘言云何名比丘非

十誦律第十三卷　第二十二張　職字号

時飲食種種因緣訶已語諸比丘以十利故與比丘結戒從今是戒應如是說若比丘非時噉食波逸提非時者過日中至地未了是中聞名非時噉者五種佉陁尼食者五蒱闍尼者五似食波逸提者煮燒覆障若不悔過能障导道是中犯者若比丘非時噉根食波逸提若噉莖葉磨果皆波逸提若比丘非時食飯麨糒魚肉皆波逸提若比丘非時食五似食糜粟穬麦莠子迦師皆波逸提若比丘非時中非時想食波逸提非時中時想食波逸提非時中疑食波逸提若時中非時想食突吉羅時中疑食突吉羅時中時想食不犯 三十七竟

佛在舍衛國尒時有比丘名曰上勝受乞食法是人日日乞二分食一分即噉一分持還至自房舍著石上曬明日洗手從淨人受噉尒時佛共阿難遊行諸比丘房到是上勝比丘房所見石上曬飯佛知故問阿難是石上阿誰曬飯阿難荅言世尊是房中有比丘名上勝受乞食法乞二分食

十誦律第十三卷　第二十三張　職字号

一分即取一分持来著石上曬明日洗手從淨人受取是故曬飯佛問阿難諸比丘取舉宿残食耶荅言實取佛以是事集比丘僧知而故問上勝比丘汝實作是事不荅言實作世尊佛以種種因緣訶責云何名比丘取舉宿残食種種因緣訶已語諸比丘以十利故與比丘結戒從今是戒應如是説若比丘舉残宿佉陁尼蒲闍尼噉者波逸提舉残宿食者若大比丘今日手所受食舉至明日名舉残宿食者五種佉陁尼五種蒲闍尼五似食波逸提者煮燒覆障若不悔過能障㝵道是中犯者若比丘取舉宿根食波逸提若取莖葉磨果皆波逸提若取舉宿飯麨糒魚肉皆波逸提若食舉宿麋粟穬麦莠子迦師飯皆波逸提若比丘樹生淨地垂在不淨地若果墮不淨地若比丘内宿取是果者突吉羅若樹生不淨地垂在淨地若果墮淨地若比丘以草竹葉以凡取是果舉宿明日取者波逸提若比丘樹生淨不淨地若果墮竹上若墮

維多羅枝上摩留多枝上取果内宿取者突吉羅 淨地法佛在毗[?] 已撿三十八竟

佛在舍衛國介時長老摩訶迦羅受一切糞掃物法是人持糞掃僧伽棃欝多羅僧安陁衛糞掃鉢糞掃杖糞掃革屣糞掃食去何持糞掃僧伽棃若巷中若死人處糞掃中有段弊衣取持水上淨浣治作僧伽棃欝多羅僧安陁衛亦如是糞掃鉢者若巷中死人處糞掃中有棄弊器取持水上洗治受用糞掃杖者若巷中死人處糞掃中棄杖取持水上洗治畜用糞掃革屣者若巷中死人處糞掃中有棄革屣取持水上淨洗縫治畜用糞掃食若巷中死人處糞掃中有棄羅蔔葉胡荽葉羅勒葉若臭糒自手取持至水上淨洗治已便食是名糞掃食是長老受死人處住法樂住死人處若國中有疾病死時便不入城求食但取死人所棄飲食若无疫病死時則入城求食是比丘身體肥大多脂血肉強壯多力是比丘一時入城求食守門人見作是念言是比丘有疫

病死時不来入城求食无疫病時便来入城是比丘身體肥大多脂血肉強壯多力此人必取人肉一人語二人二人語三人如是展轉惡名流布滿舍衛城言沙門釋子取人肉是中有比丘少欲知足行頭陁聞是事心不喜向佛廣説佛以是事集比丘僧以種種因緣訶責去何名比丘不從他受飲食著口中佛但訶責不結戒是長老摩訶迦羅得世俗禪定受死人處住法樂住死人處介時舍衛國有一居士親里死送向死人住處諸居士見是比丘言此是取人比丘我等今日送是死人親里去後必　當為比丘所取棄死人已諸居士屏處立看是比丘作是念是中所有萊葵蔬[?]糒莫令烏鳥来汙即起往守諸居士言是比丘起已去已近已取已食已諸居士言是謂沙門釋子取人肉一人語二人二人語三人如是展轉惡名流布滿舍衛城沙門釋子實取人肉是中有比丘少欲知足行頭陁聞是事心不喜向佛廣説佛以是事集比

丘僧種種因緣訶責云何名比丘不受食著口中種種因緣訶已語諸比丘以十利故與比丘結戒從今是戒應如是說若比丘不受食著口中波逸提不受食者不從男女黃門二根人受波逸提者煑燒覆障若不悔過能障㝵道是中犯者若比丘不受飲食著口中波逸提隨尒所著口中口口波逸提

尒時諸比丘聞佛結戒欲洗口須水揚枝求淨人不時得辛苦諸比丘不知云何以是事白佛佛以是事集比丘僧讚戒讚持戒讚持戒已語諸比丘從今是戒應如是說若比丘不受食著口中波逸提除水及揚枝是中犯者有五種若是食非時不與不受不作淨不淨非時者過日中後至地未了是名非時不與者若男女黃門二根人不與是名不與不受者不從他受若男女黃門二根人是故名不受不作淨者不作火淨刀淨爪淨鸚鵡隽淨是名不作淨不淨者是飲食不淨若與不淨食和合若比丘非

時不與不受不作淨不淨噉此食者五種罪若時不與不受不作淨不淨噉此食者四罪若時與不受不作淨不淨噉此食者三罪若時與受不作淨不淨噉此食者二罪若時與受作淨不淨噉此食者一罪若時與受作淨淨噉此食者不犯不淨食中噉舉殘宿不淨食波逸提人肉不淨偷蘭遮大比丘手觸不淨噉者突吉羅 三十九竟

佛在迦維羅衛國尒時摩訶南釋往詣佛所頭面礼佛足一面坐佛以種種因緣示教利喜示教利喜已默然摩訶南聞佛種種因緣示教利喜已從坐起合掌白佛言願佛及僧受我明日請佛默然受知佛受已礼佛足右繞而去還自舍通夜辦種種多美飲食煑藥草乳汁辦已早起敷坐處遣使白佛食具已辦唯聖知時佛及衆僧往入其舍就座而坐摩訶南見佛坐已自手行水自手與秔米飯香藥乳汁尒時六羣比丘以藥乳汁澆秔米飯盛滿鉢置在前更望得摩訶南作是念誰食不食誰少不少作是念

已便看見六羣比丘盛滿鉢香藥乳汁澆飯在前不食問言何故不食荅言有生乳不摩訶南言是藥草乳汁香美並食有生乳者當更相與又問有酪不有熟蘇有生蘇有油魚肉脯不荅言是乳香美用好藥草煑並可用食有酪熟蘇生蘇油魚肉脯者當與諸六羣比丘瞋語摩訶南言汝欺佛誑佛及僧汝不能辦好飲食者何以請佛及僧若餘人請者當隨意與多美飲食如此熟乳何處不得是摩訶南性善不瞋不驚諸行食人嫉妬瞋言沙門釋子自言善好有功德是釋摩訶南深敬佛及僧云何現前訶罵佛見諸比丘作是惡事為諸白衣所訶見已默然尒時摩訶南以多美飲食與衆僧自恣飽滿見舉鉢已自手行水取小牀坐佛前欲聽說法佛以種種因緣說法示教利喜示教利喜已從坐起去尒時佛食後以是事集比丘僧以種種因緣訶責六羣比丘云何名比丘是摩訶南深敬佛衆僧現前以麁語訶罵種種因緣訶已

語諸比丘以十利故與比丘結戒從今是戒應如是說若比丘不病白衣家中有如是美食乳酪生蘇熟蘇油魚肉脯自為索如是食者波逸提家者白衣舍名家美飲食者乳酪生蘇熟蘇油魚肉脯病者風發冷發熱發若噉此食者病差除是因緣名曰不病波逸提者煑燒覆障若不悔過能障导道是中犯者若比丘不病自為索乳得者波逸提不得突吉羅不病自為索酪生蘇熟蘇油魚肉脯得者波逸提不得突吉羅不病自為索飯糞菜得者突吉羅不得者亦突吉羅若索酪汁酪漿酪滓得者突吉羅不得者亦突吉羅不犯者若病若親里若先請若不索自與不犯　四十竟第二誦竟

十誦律卷第十三

十誦律卷第十三

校勘記

一　底本，金藏廣勝寺本。

一　三四六頁中一行經名下「二誦之七」，資、磧、南、徑、清置於二、三行之間。

一　三四六頁中五行第七字、一八行第五字、二一行第一一字「夫」，資、磧、普、南、徑、清作「壻」。頁下一行第一〇字同。

一　三四六頁中八行第一三字「大」，資、磧、普、南、麗作「其大」；徑、清作「其徒」。

一　三四六頁中九行第二字「隨」，麗作「隨我」。

一　三四六頁中一六行末字「能」，資、磧、普、南、徑、清作「噉」。

一　三四六頁中一七行第二字「與」，資、磧、普、南、徑、清作「與滿鉢」。

一　三四六頁中二〇行第九字「阤」，資、磧、普、南、徑、清作「阤釋子」。

一　三四六頁下二行第六字「更」，資、磧、普、南、徑、清作「便」。

一　三四六頁下六行第五字「今」，資、磧、普、南、徑、清作「故今」。

一　三四六頁下七行末字「事」，資、磧、普、南、徑、清作「比丘事」。

一　三四六頁下一一行「女已失」，資、磧、普、南、徑、清作「睞眼女今已失去」。

一　三四六頁下一九行「時佛故」，資、磧、普、南、徑、清作「佛」。

一　三四六頁下二二行「相識跋難陁」，資、磧、普、南、徑、清無。

一　三四七頁上四行「[illegible]」，資、磧、普、南、徑、清無。

一　三四七頁上一一行第一〇字「故」，資、磧、普、南、徑、清無。

一　三四七頁上一三行第一一字「惡」，資、磧、普、南、徑、清作「名」。

一　三四七頁上一四行「釋種」，資、磧、普、南、徑、清作「釋子」。

一　三四七頁上一五行第四字「道」，

資、磧、普、南、徑、清作「道中」。
一三四七頁中一行第一三字「責」，資、磧、普、南、徑、清無。
一三四七頁中二行「故與」，資、磧、普、南、徑、清作「故與諸」。下同。
一三四七頁中六行及一四行第四字「語」，資、磧、普、南、徑、清作「與」。
一三四七頁中七行第四字「家」，資、磧、普、南、徑、清作「捨名爲家」。
一三四七頁中八行第一二字「大」，資、磧、普、南、徑、清無。
一三四七頁中九行第八字「比」，徑、清作「比丘」。
一三四七頁中一二行第四字「鉢」，資、磧、南、徑、清作「餘」。
一三四七頁中一三行第一一字「閇」，資、磧、普、南、徑、清無。
一三四七頁中一七行第一〇字「取」，資、磧、普、南、徑、清作「若取」。
一三四七頁中二〇行第一〇字「四」，資、磧、普、南、徑、清作「四鉢」。
一三四七頁中二一行第九、一〇字、同行末字至二二行首字「共分」，資、磧、普、南、徑、清作「與」。
一三四七頁中二二行末及三五三頁上末行「竟」，資作「事」；磧、普、南、徑、清作「事竟」。
一三四七頁下二行第二字「舍」，資、磧、普、南、徑、清作「家」。
一三四七頁下三行首字「出」，資、磧、普、南、徑、清無。
一三四七頁下一二行第八字「令」，徑作「今」。
一三四七頁下一三行第九字「罪」，資、磧、普、南、徑、清作「惡」。
一三四七頁下二〇行第五字「復」，諸本(不含石，下同)作「得」。
一三四七頁下二二行至二三行「无色無力」，資、磧、普、南、徑、清作「無色力」。次頁上一行、二至三行、二〇至二一行、二一行及頁中三行同。
一三四八頁上七行第五字「食」，資、磧、普、南、徑、清作「食食」。
一三四八頁上一〇行第九字「以」，資、磧、普、南、徑、清無。
一三四八頁上一二行「食自恣受」，資、磧、普、南、徑、清無。
一三四八頁上一五行第二字「食」，資、磧、普、南、徑、清作「噉」。同行第六字「滿」，資、磧、普、南、徑、清作「噉」。頁中三行第二字同。
一三四八頁上一六行「今聽食」，資、磧、普、南、徑、清作「今日聽自恣食」。
一三四八頁上一七行「五種食自恣受」，資、磧、普、南、徑、清無。
一三四八頁上末行第一一字「食」，資、磧、普、南、徑、清作「菩闍尼食」。
一三四八頁中三行第二字「滿」，南無。同行第一五字「食」，資、磧、普、南、徑、清作「自恣食」。
一三四八頁中四行「自恣」，資、磧、普、南、徑、清作「及」。同行第九字「謂」，資、磧、普、南、徑、清作

「所謂」。

一　三四八頁中五行首字「子」，資、磧、普、南、徑、清作「子飯」。

一　三四八頁中七行第三字「礼」，資、磧、普、南、徑、清作「作禮」。

一　三四八頁中一五行「住房」，資、磧、普、南、徑、清作「房住」。

一　三四八頁中一七行第三字「飯」，資、磧、普、南、徑、清作「飲」。

一　三四八頁中末行第五字「食」，徑作「時」。同行末字「多」，資、磧、普、南、徑作「多有」。

一　三四八頁下一四行小字「有請」，諸本作「有從」。

一　三四九頁上二行第四字「者」，資、磧、普、南、徑、清無。二二行首字諸本同。

一　三四九頁上四行第一〇字「竟」，諸本作「未竟」。

一　三四九頁上六行「比丘前不少多」，資、磧、普、南、徑、清作「前比丘不多少」；麗作「前比丘不少多」。

一　三四九頁上九行第八字「爲」，資、磧、普、南、徑、清無。

一　三四九頁上一〇行第四字「食」，麗作「食法」。

一　三四九頁上一二行第一〇字「食」，資、磧、普、南、徑、清作「食皆」。頁中四行第一〇字同。

一　三四九頁上一七行第二字「法」，資、磧、普、南、徑、清作「法者」。同行第一〇字「若」，磧、普作「共」。

一　三四九頁上二〇行第六字「尼」，諸本作「尼時」。

一　三四九頁上末行第三字「時」，資、磧、普、南、徑、清作「食時」。

一　三四九頁中五行第七字「若」，麗作「坐」。

一　三四九頁中七行第五字「幾」，諸本作「有幾」。

一　三四九頁中八行第八字「五」，資、磧、普、南、徑、清作「有五」。

一　三四九頁中九行末字「處」，資、磧、普、南、徑、清無。

一　三四九頁中一二行第一一字「種」，資、磧、普、南、徑、清作「者」。

一　三四九頁中一五行第四字「語」，資、磧、普、南、徑、清作「復語」。

一　三四九頁中一六行第四字「與」，資、磧、普、南、徑、清作「與比丘」。

一　三四九頁下一〇行首字「坐」，資、磧、普、南、徑、清作「若坐」。

一　三四九頁下一二行第四字「皆」，資、磧、普、南、徑、清無。

一　三四九頁下一四行「若飲」，資、磧、普、南、徑、清作「飲食」。同行第九字「中」，麗作「先」。

一　三四九頁下二〇行第一三字「汝」，麗作「是」。

一　三四九頁下二二行「從坐起便」，資、磧、普、南、徑、清作「便從坐起」。

一　三四九頁下末行「尼佉陁尼喚來共噉」，資、磧、普、南、徑、清作「尼食佉陁尼食喚來共」。

一　三五〇頁上一行第二字「憶」，諸本作「憶不囑食」。

一　三五〇頁上四行第六字「無」，資、磧、普、南、徑、清作「便無」。

一　三五〇頁上七行末字「食」，諸本作「令食」。

一　三五〇頁上一〇行末字、一五行第九字「勸」，資、磧、普、南、徑、清作「勸教」。

一　三五〇頁上一一行「因緣」，磧、普、南、徑、清無。

一　三五〇頁上一五行首字「无」，資、磧、普、南無。同行「種種」，資、磧、普、南、徑、清作「種種因緣」。

一　三五〇頁上一六行第一二至一三字及次頁上一四行「比丘」，磧、南、清作「諸比丘」。

一　三五〇頁上一七行末至一八行「比丘」，資、磧、普、南、徑、清作「他」。

一　三五〇頁上二二行第四字「五」，資、磧、普、南、徑、清作「五種」。同行第一一字「慇」，資、磧、普、南、徑、清作「勤」。

一　三五〇頁中七行第三字「食」，資、磧、普、南、徑、清作「五種佉陀尼」。同行第一二字「有」，資、磧、普、南、徑、清作「復有」。

一　三五〇頁中八行第七字「食」，資、磧、普、南、徑、清作「食五種菩闍尼」。

一　三五〇頁中一〇行第八字「奪」，資、磧、普、南、徑、清作「汝奪」。

一　三五〇頁中一四行末字「得」，資、磧、普、南、徑、清無。

一　三五〇頁中一六行第三字「灑」，資、磧、普、南、徑、清作「澆」。

一　三五〇頁中一七行「取虫水飲若取」，資、磧、普、南、徑、清作「取有虫水飲若」。

一　三五〇頁下四行小字右第二二字「食」，資、磧、普、南、徑、清無。右第二七字「內」，磧作「曰」。左末字「竟」，磧、普、南無。

一　三五〇頁下六行第二字「帥」，磧、普、南、徑、清、麗作「帥」。同行第四至第五字「提婆」，資、磧、普、南、徑、清作「敬調」。同行末二字及八行、一一行「提婆」，資、磧、普、南、徑、清作「調」。

一　三五〇頁下一一行「皆誑誘」，資、磧、普、南、徑、清作「皆用誘誑」。

一　三五〇頁下一六行第五字及末行第一一字「或」，資、磧、普、南、徑、清作「或得」。

一　三五〇頁下一七行第七字「不」，資、磧、普、南、徑、清作「或不」。次頁上一行第一三字及九行第六字同。

一　三五一頁上二行「種種」，磧作「佛種種」。上九行，資、磧、普、南、徑、清同。

一　三五一頁上八行第四字「或」，資、磧、普、南、徑、清作「或得或」。

一　三五一頁上一二行第五字「利」，資、磧、普、南、徑、清無。

一　三五一頁中一行首字「故」，諸本作「故答言」。

一　三五一頁中八行至九行「波逸提

除因緣」，資、磧、普、南、徑、清作「除因緣波逸提」。

一 三五一頁中九行至一〇行「風冷熱盛是名爲病」，資、磧、普、南、徑、清作「風盛冷盛熱盛除是因緣名爲不病」。

一 三五一頁中一八行首字「索」，資、磧、普、南、徑、清無。同行第一四字「所」，資、磧、普、南、徑、清作「是」。

一 三五一頁下二行第八字「聽」，資、磧、普、南、徑、清作「聽諸」。

一 三五一頁下一二行「過諸比丘斷」，資、磧、普、南、徑、清作「過中諸比丘時」。

一 三五一頁下一五行「謂近欲至乞食」，資、磧、普、南、徑、清作「謂是近欲至乞食至乞食」。

一 三五一頁下一九行第八字「以」，資、磧、南、徑、清無。次頁中三行第一〇字同。

一 三五二頁上七行末字「時」，諸本作「時諸」。

一 三五二頁上一二行第六字及二一行第七字「從」，諸本作「從步」。

一 三五二頁上一三行及二二行「虎狼」，資、磧、普、南、徑、清作「虎豹」。

一 三五二頁中一行第七字「汝」，資、磧、普、南、徑、清作「汝等」。

一 三五二頁中二行第八字「聽」，資、磧、南、徑、清作「聽我」。

一 三五二頁中一七行第一一字「言」，資、磧、普、南、徑、清作「言是」。

一 三五二頁中二二行第三字「人」，資、磧、普、南、徑、清作「比丘」。

一 三五二頁下四行第三字「何」，資、磧、普、南、徑、清作「何以」。

一 三五二頁下九行第一三字「上」，資、磧、普、南、徑、清無。

一 三五二頁下一六行「耆維」，諸本作「阿耆維」。

一 三五二頁下二一行第九字「故」，諸本作「故欲」。

一 三五二頁下二二行「故故」，資、磧、普、南、徑、清作「故」。

一 三五三頁上一六行首字「餘」，資、磧、普、南、徑、清作「諸餘」。

一 三五三頁上一七行第一〇字「與」，諸本作「與是比丘」。

一 三五三頁中六行第一一字、八行第六字「殊」，磧、清、麗作「姝」。

一 三五三頁中九行第七字「妙」，諸本作「好」。

一 三五三頁中一一行第五字「多」，諸本作「多得」。

一 三五三頁中一六行第八字「无」，資、磧、普、南、徑、清作「無有」。

一 三五三頁下五行「五蒲闍尼者」，資、磧、普、南、清作「五種菩闍尼」；麗作「五蒲闍尼若」。

一 三五三頁下一五行末及次頁中二行末「竟」，資作「事」；磧、普、南、徑、清作「事竟」。

一 三五三頁下二〇行第七字「房」，資、磧、普、南、徑、清作「房舍」。

一三五四頁上五行「比丘」，資、磧、普、南、徑、清作「比丘言」。

一三五四頁上六行第二字及下八行首字「以」，資、磧、普、南、徑、清無。

一三五四頁上一一行第一三字「殘」，資、磧、普、南、清作「殘食」。

一三五四頁上一二行首字「食」，麗作「食食」。

一三五四頁上一四行第一三字、一六行第四字及一七行第三字「宿」，資、磧、普、南、徑、清作「宿殘」。

一三五四頁上一五行首字「食」，資、磧、普、南、徑、清作「食者」。頁中一五行第三字諸本同。

一三五四頁上一六行第二字「噉」，諸本作「食」。

一三五四頁中一行第一一字「取」，資、磧、普、南、徑、清作「取是」。

一三五四頁中七行第一三字「叚」，磧作「假」。

一三五四頁中一一行首字「上」，資、磧、普、南、徑、清作「中」。

一三五四頁中一二行第四字「中」，資、磧、普、南、徑、清作「中有」。

一三五四頁中一八行「長老」，資、磧、普、南、徑、清作「比丘長」。

一三五四頁中一九行第六字「疾」，諸本作「疫」。同行第一三字「城」，資、磧、普、南、徑、清作「此城」。

一三五四頁中二〇行第三字「噉」，資、磧、普、南、徑、清作「噉送」。

一三五四頁下一三行第四字「是」，資、磧、普、南、徑、清作「此」。

一三五四頁下一六行「菜菜」，諸本作「菜」。

一三五四頁下一八行「去巳近巳取巳食巳」，資、徑、清作「必捉死人噉肉」；磧、普、南作「必提死人噉肉」。

一三五四頁下一九行第四字「言」，諸本無。

一三五五頁上一一行至一二行「不知云何」，資、磧、普、南、徑、清無。

一三五五頁上一三行第二字「僧」，資、磧、普、南、徑、清作「僧種種因緣」。

一三五五頁上一五行「波逸提除水及揚枝」，資、磧、普、南、徑、清作「除水及楊枝波逸提」。

一三五五頁上一六行第一〇字「食」，麗無。

一三五五頁上二〇行「是故」，資、磧、普、南、徑、清作「受是」。

一三五五頁上二一行第一三字「瓜」，徑、清、麗作「爪」。

一三五五頁中二行首字「種」，徑、清無。

一三五五頁中九行及三五六頁上一六行「竟」，資作「事」；磧、普、南、徑、清作「事竟」。

一三五五頁中一一行第七字「佛」，資、磧、普、南、徑、清無。

一三五五頁中一三行「摩訶南」，資、磧、普、南、徑、清作「摩訶男釋」。下同。

一三五五頁中一五行「明日請」，資、

磧、普、南、徑、清作「請明日食」。

一　三五五頁中一八行第一〇字「⿰足聖」，諸本作「聖」。

一　三五五頁中末行第六字及第一〇字「不」，資、磧、普、南、徑、清作「誰不」。

一　三五五頁下一行「香藥」，資、磧、普、南、徑、清無。

一　三五五頁下二行第九字「言」，資、磧、普、南、徑、清無。

一　三五五頁下九行第五字「僧」，資、磧、普、南、徑、清作「僧是妄語人」。同行第六字「汝」，資、磧、普、南、徑、清作「汝若」。

一　三五五頁下一一行第六字「此」，資、磧、普、南、徑、清作「是」。

一　三五五頁下一三行第二字「言」，麗作「恚」。同行第一二字「功」，麗無。

一　三五五頁下一四行「釋摩訶南深敬」，資、磧、普、南、徑、清作「摩訶男釋深敬信」。同行「現前」，資、磧、普、南、徑、清作「於大衆中」。

一　三五五頁下末行「現前以」，資、磧、普、南、徑、清作「以現前」。

一　三五六頁上四行第七字及九行末字「索」，資、磧、普、南、徑、清作「身索」。

一　三五六頁上六行至七行「風發冷發熱發」，資、磧、普、南、徑、清作「風盛冷盛熱盛」。

一　三五六頁上七行「若噉此食者病差除是因緣名曰」，資、磧、普、南、徑、清作「若無是三種名」。

一　三五六頁上一〇行第八字及一二行第四字「得」，資、磧、普、南、徑、清作「得者」。同行第一二字「不」，資、磧、普、南、徑、清作「又比丘不」。

一　三五六頁上一二行第八字「不」，資、磧、南、徑、清作「若比丘不」。

一　三五六頁上一六行「第二誦竟」，資、磧、普、南、徑、清無。

十誦律卷第十四　三誦之一　　職

後秦北印度三藏弗若多羅譯

九十波逸提之六

佛在俱舍弥國尒時長老闡那用有虫水諸比丘語闡那言莫用有虫水多小虫死闡那言我用水不用虫諸比丘言汝衆有虫不荅言知若知者何以用荅言我自用水不用虫是中有比丘少欲知足行頭陁聞是事心不喜種種因緣訶責云何名比丘於衆生中无憐愍心種種因緣訶已向佛廣說佛以是事集比丘僧知而故問闡那汝實作是事不荅言實作世尊佛以種種因緣訶責闡那云何名比丘知水有虫故自取用於衆生中無憐愍心種種因緣訶已語諸比丘以十利故與諸比丘結戒從今是戒應如是說若比丘知水有虫用者波逸提知者若自知若從他聞虫者若眼所見若漉水囊所得波逸提者煑燒覆障若不悔過能障导道是中犯者若比丘知水有虫用者隨所有虫

死一一波逸提若比丘用有虫水煑飯羮粥湯汁隨尒所虫死一一波逸提若用有虫水洗手洗脚洗口面目洗身隨尒所虫死一一波逸提若有虫水中有虫想用波逸提有虫水中无虫想用波逸提有虫水中疑用波逸提无虫水中有虫想用突吉羅無虫水中疑用突吉羅无虫水中無虫想用不犯　一四十竟

佛在舍衛國尒時跋難陁釋子常出入一家時跋難陁中前著衣持鉢到是家坐已問訊樂不樂是居士娶婦未久欲手摩觸婦言莫尒比丘在此居士自念若我住者比丘終不時去居士語婦與比丘食荅言尒居士即出婦語比丘言受是飯麨跋難陁言日早小住時到當受居士意謂比丘已去入欲近婦見比丘故在居士作是念若我在者比丘不去語婦言與比丘食荅言尒居士即出婦復持飯麨與語比丘受跋難陁言小住日時早時到當受居士復念比丘必去入已故見即發瞋言用是比丘為我於

家中自所欲作不得自在跋難陀如（十誦律第十四卷　第三張　職字号）是惱居士已便出去食後向諸比丘說我今日故惱是居士是中有比丘少欲知足行頭陀聞是事心不喜種種因緣訶責云何名比丘有食家中強坐種種因緣訶已向佛廣說佛以是事集比丘僧知而故問跋難陀汝實作是事不荅言實作世尊佛以種種因緣訶責云何名比丘有食家中強坐種種因緣訶已語諸比丘以十利故與諸比丘結戒從今是戒應如是說若比丘有食家中強坐者波逸提有食者女人名男子食家者白衣房舍波逸提者煑燒覆障若不悔過能障㝵道是中犯者若比丘有食家中強坐波逸提若起還坐隨得尒所波逸提不犯者若斷婬欲家若受齋家若更有所尊重人在座若是舍多人出入不犯 四十二竟

佛在舍衛國尒時跋難陀釋子常出入一家中前著衣持鉢往到其舍閑門户向獨與一女舍內相近坐時有一乞食比丘早起著衣持鉢入城乞食次到是家門前立彈指時跋難陀（十誦律第十四卷　第四張　職字号）釋子見乞食比丘是乞食比丘不見跋難陀跋難陀語居士婦與是比丘食女人作是念必是跋難陀相識即取鉢與滿秔米飯以好羹澆上乞食比丘得已持去女人還入跋難陀問言與比丘食耶荅言已與跋難陀言善此好比丘跋難陀食後還祇桓見乞食比丘作是念莫使我空作恩分語彼比丘言汝今日至某家乞食不荅言到得好食不荅言得汝知不我教與汝比丘問言汝尒時在何處荅言在房內乞食比丘以是事向諸比丘說是中有比丘少欲知足行頭陀聞是事心不喜種種因緣訶責云何名比丘有食家獨與一女人強坐舍內種種因緣訶已向佛廣說佛以是事集比丘僧知而故問跋難陀汝實作是事不荅言實作世尊佛以種種因緣訶責云何名比丘有食家中獨與女人強坐舍內如是訶已為說本生因緣佛語諸比丘過去世時有狗捨自家至他家乞食入他家時身在門內尾在門外時主人居士打不與（十誦律第十四卷　第五張　職字号）食狗詣衆官言是居士我至其家乞食不與我食更打我我不破狗法衆官問言狗有何法荅言我自在家隨意坐卧到他家時身入門內尾在門外衆官言喚居士來即時將來問言汝實打是狗不與食耶荅言實尒衆官言如是因緣者由來未有即問狗言此人應云何治狗言與此舍衛城內大居士職位何以故荅言我昔在此舍衛城中作大居士以身口作惡故受是獘狗身是人惡甚於我若令是人有力勢者極當作惡令入地獄極受苦惱更以何事治能劇於是佛言畜生尚知入他家法有齊限何況於人而不知法種種因緣訶已語諸比丘以十利故與諸比丘結戒從今是戒應如是說若比丘食家中獨與一女人舍內強坐波逸提有食家者女人名男子食獨者一比丘一女人更無第三人深處坐者深入乞食比丘所不見處波逸提者煑燒覆障若不悔過能障㝵道是中犯者若比丘有

十誦律第十四卷　第六張　職字号

食家中獨與一女人共坐三事起一波逸提一者有食家二者獨共一女人三者深處坐若從坐起還坐更得三事起一波逸提隨起還坐隨得尒所波逸提若閉戶向外有淨人者波逸提若閉戶向外有作淨人者突吉羅若閉戶向內有淨人不犯 四十三竟

佛在舍衛國尒時毗羅然國有婆羅門王名阿耆達以因緣故向舍衛國宿一居士舍聞是居士言是舍衛城頗有沙門婆羅門為大衆師多人所敬皆言好人耶我當時時往見親近或令我心清淨歡喜居士言有沙門瞿曇出釋種中以信出家剃除鬚髮著袈裟得阿耨多羅三藐三菩提汝當時時往見親近或令汝心清淨歡喜問言瞿曇沙門今在何處我當往見荅言瞿曇沙門在舍衛祇桓精舍聞已出居士舍往詣祇桓尒時佛與无量百千万衆圍繞說法阿耆達王遙見佛在林間端正殊特諸根寂滅身出无量光燄如真金聚至小道口下乘步進前詣佛所問訊畢一面坐

十誦律第十四卷　第七張　職字号

佛見坐已種種因緣說法示教利喜示教利喜已默然時阿耆達聞佛說法示教利喜白佛言世尊願佛及僧受我毗羅然國夏安居一時佛作是念我先世果報必應當受作是念已默然受請是婆羅門知佛默然受已即從坐起右繞而去是婆羅門所有因緣事竟還毗羅然國到自舍為佛及僧辦夏四月多美飲食尒時阿耆達王語守門者我欲夏四月斷外人客安樂自娛外事好醜一不得白時守門者受勑如教佛知安居時到以是因緣集比丘僧告諸比丘令當往詣毗羅然國安居諸比丘言受教於是世尊與五百比丘俱入其國其國信邪先无精舍城北有勝蓁樹林其樹茂好地甚平博佛與大衆止此林中彼邑狹小人衆少信乞食難得佛夜過已會僧會僧已勑諸比丘汝等當知此邑狹小人衆少信乞食難得若欲此安居者住不者隨意是時舍利弗獨往不空道山中受天王釋夫人阿須輪女舍脂請夏四月安居天

十誦律第十四卷　第八張　職字号

食供養時佛與五百人少一比丘在毗羅然國安居彼諸居士及婆羅門以少信心供養佛及僧至五六日便止諸比丘行乞食時極苦難得長老大目揵連白佛言世尊有樹名閻浮因此樹故地名閻浮提欲取此果與大衆食近閻浮樹有訶梨勒林有訶梨勒果欝單曰有自然粇米忉利天上有食名修陁皆欲取來以供大衆有甘地味我以一手擎諸衆生一手反地令諸比丘取地味敢願皆聽許佛語目連汝雖有大神力諸比丘惡行報熟不可移轉皆不聽許是國清涼水草豊茂時有波羅奈國諸牧馬人隨逐水草来到此國諸牧馬人信佛心淨見諸比丘乞食時極苦難得語諸長老言極辛苦耶荅言極苦 皆言我等知汝極苦乞食難得令糧食盡正有馬麥汝能噉不諸比丘言佛未聽我等食馬麥諸比丘不知云何以是事白佛佛言馬屬看馬人若諸看馬人能以好草鹹水食馬令肥此麥自在應受是馬有五百疋比丘有

五百少一人一馬食麥二升一升與比丘一升與馬中有良馬食麥四升二升與佛二升與良馬阿難取佛麥分弃自分入聚落中到一女人前讚佛功德佛有如是念定智慧解脫知見大慈大悲有一切智三十二相八十種好身真金色項有圓光有梵音聲視之无猒若不出家應作轉輪王我與汝等一切皆屬今出家得阿耨多羅三藐三菩提未度者度未解者解未滅者滅未度生老病死憂悲苦惱者度以小因緣在此安居汝持此麥為佛作飯女即荅言我家多事不能得作時有一女聞佛功德即生敬心如是人者世未曾有語阿難言我與作飯及作汝分更有善德持戒比丘若有力者亦當與作女即作飯持與阿難阿難深心敬佛如是思惟佛為王種常御餚饍今此麁惡何能益身作是念已行水授飯見佛食之悲哽情塞佛知其意而欲釋之汝能敬此飯不荅言能取受而食之滋味非常實是諸天以味加之欣悅无量悲

塞即除佛食已訖阿難行水澆手攝衣鉢白佛言世尊今倩一女作飯不肯傍有一女不倩自作佛語阿難不作飯者所應當得則不能得若作飯者應作轉輪王第一夫人自作飯者此福无量若使不作餘福此德廣大乃至解脫是時世尊宿行未除一時之中无有知佛及僧於毗羅然國取馬麥者尒時魔王化作諸比丘飯食盈長賷向諸國道路逢者問言汝從何來荅言毗羅然國來諸居士言佛在彼住有供養不荅言彼常有大會餚饍盈長我所持者是彼遺餘尒時世尊宿行已畢十六大國咸聞世尊與五百比丘毗羅然國三月食馬麥諸國貴人長者居士大富商人俻衆供具種種餚饍車馱充滿來迎世尊如親遠歸時有七日未至自恣佛知故問阿難自恣餘有幾日阿難荅言餘有七日佛告阿難汝行入城語阿耆達佛言我於汝國安居已竟欲遊行諸國諸比丘言世尊是婆羅門於佛衆僧有何恩德在此安居窮乏困極而

與之別佛言此婆羅門雖無恩德實主之法宜應與別阿難受教與一比丘俱到門下語守門人可白汝王阿難在外時守門者思惟念言阿難名吉清旦聞之不白王者是為不祥時阿耆達早起沐頭著白淨衣獨坐中堂守門者白阿難在外婆羅門相法名吉則喜即語令前誰遮阿難即入與坐相問訊已問阿難言汝何故來荅言佛遣我來語汝我夏三月住汝國界安居已竟當遊行餘國阿耆達驚言阿難瞿曇沙門在毗羅然國夏住耶阿難言然婆羅門言云何得住誰所供給阿難荅言窮乏困極佛及衆僧三月食馬麥時阿耆達始自覺悟憶前請佛及僧夏四月住供具已俻云何令佛及僧三月食馬麥如是惡聲流布諸國當言阿耆達長夜惡邪憎嫉佛法令佛及僧極受苦困即語阿難沙門瞿曇可得悔過留不阿難言不得時阿耆達慙愧憂惱熱悶躃地時宗親以水灑面扶起乃惺親里喻言汝莫愁憂我當與汝懺謝瞿

曇強請留住若不肯住當賷飲食隨
後逐送若有乏時當以供養時阿耆
達即與宗親共詣佛所懺悔請住佛
自思惟若我不受者當吐熱血死佛
憐愍故受請七日時阿耆達作是
思惟此四月供具云何七日能盡佛
自恣竟欲越祇國二月遊行越祇國
入聞佛當來各設供具我今日汝明
日如是次第竟於二月佛自恣已向
越祇去阿耆達賷諸供具隨送佛去
若乏少時當以供養諸越祇人聞已
共作要令若佛來者各自當日辦具
小食時食中後含消漿飲勿令乏少
莫使異人間錯其間阿耆達知佛宿
處先往施設言我今日供若明日供
諸越祇人不聽使作語阿耆達汝長
夜惡邪是佛怨家故惱佛及僧令饑
他意故便作是語我今日供若明日
供汝有何事尒許時令佛及僧三月
食馬麥今求供日阿耆達聞是語已
慙愧愁憂在一面立看衆僧為少何
物我當與之值時无粥即作種種粥
蘇粥胡麻粥油粥乳粥小豆粥摩沙

豆粥麻子粥清粥辦已奉佛佛言與
衆僧衆僧不受佛未聽我等食八種
粥以是事白佛佛言從今日聽食八
種粥有五事益身一者除飢二者除
渴三者下氣四者除臍下冷五者消
宿食時阿耆達自思惟我夏四月安
樂自娛若復二月逐沙門瞿曇者以
我一人廢諸國事今此供具多不可
盡且當布地令佛及僧以足蹈上即
是受用即便白佛願時受用佛告阿
耆達不得如汝所言此是食物應口
受用佛欲遣阿耆達故說偈呪願

一切天祠中　供養火為冣　婆羅門書中
薩毗帝為冣　一切諸人中　帝王尊為冣
一切諸江河　大海深為冣　一切星宿中
月明第一冣　一切照明中　日光為上冣
十方天人中　佛福田為冣

尒時佛與阿耆達呪願竟遊行跋耆
向舍衛國尒時有一倮形外道隨逐
佛後是外道身體肥大多肉復有一
外道從前逆來問倮形外道言汝於
此行為何所得荅言得如是如是食
問何因緣得荅言因是禿居士得彼

即罵言汝弊罪人因他得如是飲食
去何作惡不善語若人隨所得好食
安隱處而訶罵者不名為人若瞿曇
沙門聞是語者必當結戒不聽弟子
與外道食是中有比丘少欲知足行
頭陀聞是事心不喜向佛廣說佛以
是事集比丘僧語諸比丘是諸外道
長夜邪見是法怨賊求覓罪過若為
他人刀杖所打若得毒藥若有殺者
必當言沙門釋子所為尒時佛但訶
責而未結戒佛次第遊行到舍衛國
尒時衆人聞佛三月噉馬麥故猶多
供養未息有賷餅女人為佛及僧辦
於飲食時阿難於中知飲食事諸佛
常法不盡得食不從坐起何以故若
食不足佛力令足尒時佛猶坐未起
有二外道出家女人從阿難乞餅阿
難不憶念佛語各與一餅時有二餅
相著故一人得一一人得二得已小遠
共相問言汝得幾餅荅言得一汝復
得幾荅言得二時得一者言與我半
餅若不與者我當相辱荅言各隨所
得何以與汝第二更言與我半餅若

不與者我當相屬荅言各隨所得我不與汝得一者言阿難必是汝夫若共私通若非夫非私通者與汝一應與我一如與汝二應與我二即便相瞋按頭大喚佛知故問阿難誰故大喚荅言外道女何故大喚阿難向佛廣説是事時佛食後以此因緣及先因緣故集比丘僧諸比丘汝等當知是諸外道長夜邪見是法怨賊求覓罪過若為他人刀杖所打若得毒藥若有殺者必當言是釋子所作語諸比丘以十利故與諸比丘結戒從今是戒應如是説若比丘倮形外道外道女自手與飲食波逸提倮形者阿耆維道尼揵子道（尼揵外道者弟子者弟子佛言唯識）除佛五衆餘殘出家人皆名外道食者五佉陀尼五蒲闍尼五似食波逸提者煑燒覆障若不悔過能障导道是中犯者若比丘以根食自手與倮形外道外道女波逸提莖葉華磨果飯麨糒魚肉糜粟穬麥莠子加師自手與倮形外道外道女波逸提若倮形外道乞果者應言我等不遮汝果若乞水者

亦言不遮汝水不犯者若倮形外道外道女病若親里若求出家時（出家特者）（四月戒時）與不犯（四十四竟）

佛在舍衛國尒時波斯匿王有小國反起四種兵象兵馬兵車兵步兵集四兵已王自往看鎧楯好不兵人樂不尒所軍衆能破敵不六群比丘共相謂言今軍欲發共看去耶皆言隨意即往軍所一處立看諸國王眼常喜遠視王遥見比丘遣人問言何因緣來六群比丘即荅言我欲見王王作是念（語大臣言我於）餘時難見耶諸比丘今乃軍中見我佛聞是事必當結戒不聽比丘看軍發行王喚比丘來即語王所王言何因緣来荅言来欲見王王言我餘時難得見耶乃来軍中見佛聞是事必當結戒不聽比丘看軍發行是中有比丘少欲知足行頭陀聞是事心不喜種種因緣訶責云何名比丘看軍發行種種因緣訶已向佛廣説佛以是事集比丘僧知而故問六群比丘汝實作是事不荅言實作世尊佛以種種因緣訶責六群比

丘云何名比丘往看軍發行種種因緣訶已語諸比丘以十利故與諸比丘結戒從今是戒應如是説若比丘故往看軍發行波逸提軍發行者為鬪破賊故集諸兵人軍者一兵軍二三四兵軍一兵者但象兵但馬兵但車兵但步兵是名一兵二兵者象兵馬兵象兵車兵象兵步兵馬兵車兵馬兵步兵車兵步兵是名二兵三兵者象兵馬兵車兵象兵馬兵步兵馬兵車兵步兵是名三兵四兵者象兵馬兵車兵步兵是名四兵波逸提者煑燒覆障若不悔過能障导道是中犯者若比丘故往看軍發行得見者波逸提不見者突吉羅從下向高得見者波逸提不見者突吉羅從高向下得見者波逸提不見者突吉羅一兵軍二兵三兵四兵軍亦如是不犯者若不故去若有因緣道由中過不犯尒時軍去至彼久未破賊時波斯匿王有二大臣一名尼師達多二名富羅那先在彼軍有親里比丘別久憂念欲見比丘此二大臣遣使往

喚欲軍中見比丘比丘遣使報言佛結戒不得看軍汝莫憂愁以是因緣我不得往諸比丘不知云何以是事白佛佛以是事集比丘僧種種因緣讃戒讃持戒讃戒讃持戒已語諸比丘從今是戒應如是說若比丘故往看軍發行除因緣波逸提因緣者若王遣使喚若王夫人王子大臣大官諸將如是人遣使喚往者不犯四十五竟

尒時佛聽諸比丘有因緣得至軍中諸比丘親里多此今日請彼明日請如是展轉軍中久住軍中有不信者嫉妬瞋言我等為聚落官職人民稟食故在此是比丘弊惡不吉何因緣復來在此是比丘久住此者或作細作我等或因是比丘故破失退隨是中有比丘少欲知足行頭陁聞是事心不喜向佛廣說佛以是事集比丘僧種種因緣訶責諸比丘云何名比丘往軍中宿過二夜種種因緣訶已語諸比丘以十利故與諸比丘結戒從今是戒應如是說若比丘有因緣往軍中宿過二夜波逸提波逸提者

煑燒覆障若不悔過能障导道是中犯者若比丘往軍中過二夜宿波逸提若在軍中至三夜地了時波逸提四十六竟

佛在王舍城尒時六群比丘二夜軍中宿時往看軍陣看著器仗牙旗幢幡兩陣合戰是中有比丘少欲知足行頭陁聞是事心不喜種種因緣訶責云何名比丘軍中二夜宿時往看軍陣看著器仗牙旗幢幡兩陣合戰種種因緣訶已向佛廣說佛以是事集比丘僧知而故問六群比丘汝實作是事不荅言實作世尊佛以種種因緣訶責云何名比丘軍中二夜宿時往看軍陣看著器仗牙旗幡幢兩陣合戰種種因緣訶已語諸比丘以十利故與諸比丘結戒從今是戒應如是說若比丘二夜軍中宿時往看軍陣看著器仗牙旗幢幡兩陣合戰波逸提著器仗者莊嚴欲鬬軍者象軍馬軍車軍步軍陣者作陣如弓有如半月有陣如日有如鋒頭兩陣對時看者波逸提波逸提者煑燒覆障若不悔過能障导道是中犯者

若比丘往看軍陣著器仗時得見者波逸提不見者突吉羅若從下向高得見者波逸提不見者突吉羅若從高向下得見者波逸提不見者突吉羅一軍二軍三軍四軍皆如是若看幢幡兩陣鬬時亦尒不犯者不故往有因緣道由中去不犯四十七竟

佛在王舍城尒時六群比丘與十七群比丘共鬬諍瞋恚發不喜心打十七羣比丘十七羣比丘啼泣諸比丘問何故啼耶荅言六群比丘打我是中有比丘少欲知足行頭陁聞是事心不喜種種因緣訶責云何名比丘共餘比丘鬬諍瞋恚發不喜心打餘比丘種種因緣訶已向佛廣說佛以是事集比丘僧知而故問六群比丘汝實作是事不荅言實作世尊佛以種種因緣訶責云何名比丘共餘比丘鬬諍瞋恚發不喜心打餘比丘種種因緣訶已語諸比丘以十利故與諸比丘結戒從今是戒應如是說若比丘瞋恚發不喜心打餘比丘波逸提打者有二種若手若脚波逸提者

煑燒覆障若不悔過能障导道是中犯者若以手打波逸提若以脚打波逸提若以身分打突吉羅若爲呪故若食噎故打拍不犯 四十八竟

佛在王舍城尒時六群比丘與十七群比丘共鬪諍瞋恚發不喜心六群比丘舉掌向十七群比丘十七群比丘作是念六群比丘壯健多力若掌著者我等便死即啼喚諸比丘問何故啼喚荅言六群比丘壯健多力舉掌向我怖故啼喚是中有比丘少欲知足行頭陀聞是事心不喜種種因緣訶責言云何名比丘共比丘鬪諍瞋恚發不喜心舉掌向他種種因緣訶已向佛廣說佛以是事集比丘僧知而故問六群比丘汝實作是事不荅言實作世尊佛以種種因緣訶責云何名比丘共餘比丘鬪諍瞋恚發不喜心舉掌向他種種因緣訶已語諸比丘以十利故與比丘結戒從今是戒應如是說若比丘瞋恚發不喜心舉掌向他波逸提舉掌者有二種手掌脚掌波逸提者煑燒覆障若不

悔過能障导道是中犯者若比丘舉手掌波逸提若舉脚掌波逸提除手脚舉餘身分向他突吉羅不犯者若比丘舉掌遮惡獸若遮惡人不犯 四十九竟

佛在舍衛國尒時跋難陀釋子有兒比丘名曰難徒跋難陀有弟子名達摩亦善持戒是弟子不隨師行難徒作是念此是我弟子不隨我行又不隨我弟行應當治之令隨我等尒時難徒以女人著一房中往語達摩言汝某處来達摩言往何所作荅言但来達摩作是念此是我師兄云何不隨語即便隨往難徒知立此處得見女人即教此中立待我難徒即往女人所除却三瘡抱捺餘身和合相觸作如是已語達摩言汝見不荅言見汝莫語餘人荅言我不能覆藏必以是事白佛當向比丘比丘尼說難徒言我亦見汝和上作如是事復見劓是尚不語人汝何以語人荅言汝意自欲不語我不能覆藏必當白佛向比丘比丘尼說時達摩即以是事

向諸比丘說是中有比丘少欲知足行頭陀聞是事心不喜種種因緣訶責云何名比丘知比丘有重罪故覆藏不說種種因緣訶已向佛廣說佛以是事集比丘僧知而故問難徒汝實作是事不荅言實作世尊佛以種種因緣訶責云何名比丘知比丘有重罪故覆藏種種因緣訶已語諸比丘以十利故與比丘結戒從今是戒應如是說若比丘知他比丘有重罪覆藏乃至一夜波逸提知者若自知若從他聞若彼比丘自說重罪者波羅夷僧伽婆尸沙一夜者從日沒至地未了時波逸提者煑燒覆障若不悔過能障导道是中犯者若比丘地了時見餘比丘犯波羅夷是比丘波羅夷中生波羅夷想竟日覆藏至地了時波逸提若是比丘僧與作不見擯不作擯惡邪不除擯狂心乱心病壞心不犯若僧解擯若苦痛止是時覆藏他罪至地了時波逸提地了已日出時日出已中前日中日昳晡時日沒日沒已初夜初分初

夜中分初夜後分中夜初分中夜中分中夜後分後夜初分後夜中分後夜後分覆藏他罪至地了時波逸提有比丘見餘比丘地了時犯僧伽婆尸沙僧伽婆尸沙中生僧伽婆尸沙想竟日覆藏至地了時波逸提若是比丘僧與作不見擯不作擯惡邪不除擯狂心乱心病壞心不犯若僧解擯若苦痛止是時覆藏他罪至地了時波逸提地了已日出時日出巳中前日中日昳晡時日没時日没巳初夜初分初夜中分初夜後分中夜初分中夜中分中夜後分後夜初分後夜中分後夜後分覆藏他罪至地了時波逸提有比丘見餘比丘地了時犯波逸提波羅提提舍尼突吉羅是比丘突吉羅中生突吉羅想竟日覆藏至地了時突吉羅是比丘若僧與作不見擯不作擯惡邪不除擯狂心乱心病壞心不犯若僧解擯若苦痛止覆藏他罪至地了時突吉羅地了巳日出時日出巳中前日中日昳晡時日没時日没巳初夜初分初夜中分初

夜後分中夜初分中夜中分中夜後分後夜初分後夜中分後夜後分覆藏他罪至地了時突吉羅若比丘見餘比丘地了時犯波羅夷謂僧伽婆尸沙謂波逸提謂波羅提提舍尼謂突吉羅是比丘波羅夷中生突吉羅想竟日覆藏至地了時波逸提若是比丘僧與作不見擯不作擯惡邪不除擯狂心乱心病壞心不犯若僧解擯若苦痛止覆藏他罪至地了時波逸提日出時乃至後夜後分覆藏他罪至地了時皆波逸提又比丘見餘比丘地了時犯僧伽婆尸沙是僧伽婆尸沙中謂波逸提波羅提提舍尼突吉羅波羅夷是比丘於僧伽婆尸沙中生波羅夷想若突吉羅想竟日覆藏至地了時皆波逸提若僧與作不見擯不作擯惡邪不除擯狂心乱心病壞心不犯若僧解擯若苦痛止覆藏他罪至地了時波逸提日出時乃至後夜後分覆藏他罪至地了時波逸提又比丘見餘比丘地了時犯波逸提波羅提提舍尼突吉羅是比丘突

吉羅中謂波羅夷謂僧伽婆尸沙波逸提波羅提提舍尼是比丘突吉羅中生波羅提提舍尼想若波羅夷想竟日覆藏至地了時皆突吉羅若僧與作不見擯不作擯惡邪不除擯狂心乱心病壞心不犯若解擯若苦痛止覆藏他罪至地了時突吉羅從日出時乃至後夜後分中生疑是覆藏他罪至地了時突吉羅

若比丘見餘比丘地了時犯波羅夷是比丘於波羅夷中生疑是波羅夷非波羅夷後時斷疑於波羅夷中生波羅夷想竟日覆藏至地了時波逸提若是比丘僧與作不見擯不作擯惡邪不除擯若狂心乱心病壞心不犯若僧解擯若苦痛止覆藏他罪至地了時波逸提日出時乃至後夜後分覆藏他罪至地了時波逸提又比丘見餘比丘地了時犯僧伽婆尸沙生疑是僧伽婆尸沙非僧伽婆尸沙後時斷疑於僧伽婆尸沙中生僧伽婆尸沙想竟日覆藏至地了時波逸提若是比丘僧與作不見擯不作擯惡邪

十誦律第十四卷　第二十七張　職　号

不除擯若狂心乱心病壞心不犯若僧解擯若𢈔痛止覆藏他罪至地了時波逸提日出時乃至後夜後分覆藏他罪至地了時波逸提又比丘見餘比丘地了時犯波逸提波羅提提舍尼突吉羅是比丘於突吉羅中生疑是突吉羅非突吉羅後時斷疑於突吉羅中生突吉羅想竟日覆藏至地了時突吉羅若是比丘僧與作不見擯不作擯惡邪不除擯若狂心乱心病壞心不犯若僧解擯若𢈔痛止覆藏他罪至地了時突吉羅日出時乃至後夜後分覆藏他罪至地了時突吉羅又比丘見餘比丘地了時犯波羅夷生疑為波羅夷為僧伽婆尸沙為波羅夷為波逸提為波羅夷為波羅提提舍尼為波羅夷為突吉羅是比丘後時斷疑於波羅夷中生突吉羅想竟日覆藏至地了時波逸提若是比丘僧與作不見擯不作擯惡邪不除擯若狂心乱心病壞心不犯若僧解擯若𢈔痛止竟日覆藏他罪至地了時波逸提從日出時乃至後夜後

十誦律第十四卷　第二十八張　職

分覆藏他罪至地了時波逸提又比丘見餘比丘地了時犯僧伽婆尸沙生疑為僧伽婆尸沙為波逸提為僧伽婆尸沙為波羅提提舍尼為僧伽婆尸沙為突吉羅為僧伽婆尸沙為波羅夷是比丘後時斷疑於僧伽婆尸沙中生波羅夷想竟日覆藏至地了時波逸提若是比丘僧與作不見擯不作擯惡邪不除擯若狂心乱心病壞心不犯若僧解擯若𢈔痛止覆藏他罪至地了時波逸提日出時乃至後夜後分覆藏他罪至地了時波逸提又比丘見餘比丘地了時犯波逸提波羅提提舍尼突吉羅是比丘突吉羅中生疑為突吉羅為波羅夷為突吉羅為僧伽婆尸沙為突吉羅為波逸提為突吉羅為波羅提提舍尼是比丘後時斷疑於突吉羅中生波羅提提舍尼想若波羅夷想竟日覆藏至地了時皆突吉羅若是比丘僧與作不見擯不作擯惡邪不除擯若狂心乱心病壞心不犯若僧解擯若𢈔痛止覆藏他罪至地了時突吉羅日

十誦律第十四卷　第二十九張　职

出時乃至後夜後分覆藏他罪至地了時突吉羅（見他罪向一人說便止若疑不須說）五十竟

十誦律卷第十四

十誦律卷第十四

校勘記

一　底本，金藏廣勝寺本。

一　三六三頁中一行「三誦之一」，資、磧、普、南、徑、清置於二、三行之間。

一　三六三頁下三行第九字「洗」，資、磧、普、南、徑、清無。

一　三六三頁下九行末字「竟」，磧、普、南、徑、清作「事竟」。下同。

一　三六四頁上二行第七字「女」，資、磧、普、南、徑、清作「女人」。

一　三六四頁中二一行首字「與」，資、磧、普、南、徑、清作「與一」。

一　三六四頁下二行第一二字「其」，資、磧、普、南、徑、清作「某」。

一　三六四頁下六行「即時」，資、磧、普、南、徑、麗作「時即」；清作「即」。

一　三六四頁下二〇行第九字「一」，資、磧、普、南、清作「即一」。

一　三六五頁上一行第四字「獨」，資、磧作「觸」。

一　三六五頁上五行「淨人」，資、磧、普、南、徑、清作「作淨」；麗作「作淨人」。

一　三六五頁上六行第三字「閑」，磧、普、南、徑、清、麗作「閒」。

一　三六五頁上七行「有淨人」，麗作「有作淨人者」。

一　三六五頁上一八行「舍衛」，麗作「舍衛城」。

一　三六五頁中三行第五字「喜」，麗作「喜巳」。

一　三六五頁下一行「人少一比丘」，諸本作「比丘少一人」。

一　三六五頁下七行末二字「訶棃」，麗作「阿摩」。

一　三六五頁下八行第五字「曰」，徑作「越」。

一　三六五頁下一四行第一二字「牧」，麗作「放」。

一　三六五頁下一六行第七字「乞」，諸本作「行乞」。

一　三六五頁下一九行第二字「正」，資、磧、普、南、徑、清作「止」。

一　三六五頁下二一行首字「以」，資、磧、普、南、徑、清無。

一　三六六頁上一一行「未滅者滅未度」，資作「未滅者滅度」；磧、普、南、徑、清作「未滅度者滅度無」。

一　三六六頁上一二行「者度」，資作「者」；磧、普、南、徑、清無。

一　三六六頁上二一行第一二字「汝」，諸本（不含石，下同）作「曰汝」。

一　三六六頁中四行第三字「者」，磧作「若」。同行「當得」，資、磧、普、南、徑、清作「得福」。

一　三六六頁中六行第一一字「此」，磧作「世」。

一　三六六頁中八行第八字「於」，資、磧、普、南、徑、清無。

一　三六六頁中九行第一一字「飯」，資、磧、普、南、徑、清作「飲」。

一　三六六頁中一八行第二字「歸」，麗作「至」。

一　三六六頁中二一行首字「佛」，資、磧、普、南、徑、清作「王」。

一　三六六頁下一九行第三字「憎」，磧、南作「增」。

一　三六七頁上一五行第一一字「若」，資、磧、普、南、徑、清作「汝」。

一　三六七頁中四行第二字「粥」，諸本作「粥粥」。

一　三六七頁中五行第九字「齊」，資、磧、普、南、徑、清作「齋」。

一　三六七頁中一三行「祠中」，資、磧、普、南、徑、清作「中祠」。

一　三六七頁中一六行「爲上」，資、磧、普、南、徑、清作「上爲」。

一　三六七頁下一四行第二字「飲」，資、磧、普、南、徑、清作「餅」。

一　三六八頁上八行第七字「僧」，諸本作「僧語」。

一　三六八頁上一四行第一四字「者」，麗作「者名」。

一　二六八頁上一六行第一三字「五」，資、磧、普、南、徑、清作「五種」。

一　三六八頁上二〇行「菓磨果」，資、磧、普、南、徑、清作「果磨」；麗作「磨果」。

一　三六八頁中一行第五字「汝」，資、磧、普、南、徑、清無。

一　三六八頁中二行第一二字「時」，資、磧、普、南、徑作「時與不犯」。

一　三六八頁中三行「與不犯」，資、磧、普、南、徑無。同行小字「戒時」，資、磧、普、南、徑、清作「試時」。同行小字末字「竟」，資作「事竟」。下同。

一　三六八頁中六行第九字「楯」，資、磧、普、南、徑、清作「稍」；麗作「仗」。

一　三六八頁中八行「皆言」，資作「皆云」；磧作「若云」。

一　三六八頁中一一行「六羣比丘即」，資、磧、普、南、徑、清作「比丘」。

一　三六八頁中一二行小字「我於」，資、磧、普、南、徑、清作「我」。

一　三六八頁中末行第五字「以」，資、磧、普、南、徑、清作「以是」。

一　三六八頁下二行第二字「訶」，資、磧、普、南、徑、清作「呵責」。

一　三六九頁上三行第二字「我」，資、磧、普、南、徑、清無。

一　三六九頁上一六行第六字「是」，資、磧、普、南、徑、清作「此」。

一　三六九頁中一二行第一二字「以」，資、磧、普、南、徑、清作「以是事」。

一　三六九頁下三行第一三字至五行首字「若從高向下得見者波逸提不見者突吉羅」，資、磧、普、南、徑、清無。

一　三六九頁下七行第七字「去」，麗作「見」。

一　三六九頁下九行第七字「瞋」，磧作「顛」。

一　三六九頁下一〇行第三、第四字及第八、第九字「比丘」，資、磧、普、南、徑、清無。

一　三七〇頁上三行第四字「以」，資、磧、普、南、徑、清作「餘」；麗作「以餘」。

一　三七〇頁上九行第二字「者」，麗作「我」。同行第七字「即」，麗作「即便」。

一　三七〇頁上一三行第四字「言」，資、磧、普、南無。

一　三七〇頁上二〇行第八字「與」，資、磧、普、南、徑、清作「與諸」。頁下九行第八字同。

一　三七〇頁中一二行第二字「汝」，諸本作「汝到」。

一　三七〇頁中一六行第九字「捺」，資、磧、普、南、徑、清作「嗚」。

一　三七〇頁下一四行第六字「時」，資、磧、普、南、徑、清無。

一　三七〇頁下二二行第一二字「前」，資、磧、普、南、徑、清作「前時」。

一　三七〇頁下末行第六字「没」，資、磧、普、南、徑、清作「没時」。

一　三七一頁上四行首字、一五行第四字「有」，資、磧、普、南、徑、清作「又」。

一　三七一頁上六行第五字「藏」，資、磧、普、南、徑、清作「藏他罪」。

一　三七一頁上七行「與作」，資、磧、普、南、徑、清作「與」。下同。

一　三七一頁上二〇行第八字「僧」，資、磧、普、南、徑、清無。頁中九行第一三字、一九行第七字同。

一　三七一頁中七行末字「是」，資、磧、南、徑、清無。

一　三七一頁中一一行、二〇行「乃至」，資、磧、普、南、徑、清作「日出巳中前日中日映晡時日没時日没已初夜初分初夜中分初夜後分中夜初分中夜中分中夜後分後夜初分後夜中分」。頁下八行同。

一　三七一頁中一二行第五字「皆」，資、磧、普、南、徑、清無。

一　三七一頁中一五行第三字「波」，資、磧、普、南、徑、清作「謂波」。

一　三七一頁中一九行首字「病」，資、磧、普、南、徑、清作「痛」。

一　三七一頁下六行第八字「若」，麗作「若僧」。

一　三七一頁下七行第一二字「從」，資、磧、普、南、徑、清無。

一　三七一頁下八行「亦如是」，諸本無。

一　三七二頁中七行第一二字「藏」，資、磧、普、南、徑、清作「藏他罪」。

一　三七二頁中一四行「比丘」，資、磧、普、南、徑、清作「比丘於」。

一　三七二頁中末行第二字「止」，徑作「至」。

一　三七二頁下二行小字「若疑」，資、磧、普、南、徑、清作「若聞若疑」。

十誦律卷第十五 三誦之二 職

後秦北印度三藏弗若多羅譯

九十波逸提之七

佛在舍衛國介時跋難陀釋子作是念是達摩弟子毀辱我兄應當報之介時喚言共到某聚落去問何以故荅言但来達摩念言是我和上去何不隨語從祇桓出介時祇桓門閒有諸比丘經行諸比丘語達摩言汝今日必當得多美飲食何以故隨逐多知識比丘故達摩言多以不多今日當知是跋難陀釋子隨所入家皆請與食跋難陀言小住日早時到當取達摩作是念我和上今日必當受好請處是故處處不受食第二第三家亦請與食跋難陀言小住日早時到當取介時跋難陀出白衣舍看日已中設入聚落乞食者不及時若還祇桓亦復不及時即語達摩言汝還去我與汝共坐共語不樂我獨坐獨語樂達摩復自看日已中設入聚落乞食不及時若還祇桓復不及時達摩又念今當何去即還祇桓諸比丘問言汝今日得多美好食耶荅言莫共我語今日斷食問何以故即以是事向諸比丘廣說是中有比丘少欲知足行頭陀聞是事心不喜種種因緣訶責云何名比丘故斷比丘食種種因緣訶已向佛廣說佛以是事集比丘僧知而故問跋難陀汝實作是事不荅言實作世尊佛以種種因緣訶責跋難陀釋子云何名比丘故斷比丘食種種因緣訶已語諸比丘以十利故與比丘結戒從今是戒應如是說若比丘語餘比丘来共到諸家到諸家已是比丘不教與食便作是言汝去與汝共坐共語不樂我獨坐獨語樂欲惱彼故以是因緣无異波逸提家者白衣家驅出者自驅若教入驅波逸提者煑燒覆障若不悔過能障㝵道是中犯者若比丘語餘比丘言汝来共到他家若未入城門令還者突吉羅若入城門令還者亦突吉羅若未入白衣家外門令還者突吉羅若入外門令還者亦突吉羅入

中門亦如是若未入內門未至聞處令還者突吉羅若入內門未至聞處令還者波逸提一五十竟九佛在憍薩羅國與大比丘衆遊行時有五百估客衆隨逐佛行作是念我等隨佛行當得豐樂安隱佛遊行到一林中欲宿時估客各隨向火拾薪草共然火向諸比丘亦隨所知識共拾草木用然火向有一異摩訶盧比丘拔空中木持著火中木中有毒虵得熱便出比丘見之驚怖大喚估客驚怪謂有賊來共相謂言各自捉稍刀盾弓箭聚集財物諸估客即起捉諸器仗聚集財物共相問言賊在何處比丘言无賊但有毒虵諸估客言若知是虵何故大喚以大喚故諸估客衆或有相殺我等祈相傷害佛聞是事及諸估客訶責比丘過是夜已佛以是因緣集比丘僧以種種因緣訶責摩訶盧比丘云何名比丘露地然火種種因緣訶已語諸比丘以十利故與比丘結戒從今是戒應如是說若比丘无病露地然火向若然草

木牛屎木皮糞掃若自然若使人然波逸提病者令盛熱盛風盛若向火得差是名病除是因緣名不病露地者无辟覆障无席覆無衣覆如是等无覆處名露地自著者自手著使著者教他著波逸提者煑燒覆障若不悔過能障导道是中犯者若比丘以草著草火中波逸提若以薪牛屎木皮糞掃著草火中波逸提若比丘以木著木火中波逸提若以牛屎木皮糞掃草著木火中波逸提若比丘以牛屎著牛屎火中波逸提若以木皮糞掃草木著牛屎火中波逸提又比丘以木皮著木皮火中波逸提若以糞掃草木牛屎著木皮火中波逸提又比丘以糞掃著糞掃火中波逸提若以草木牛屎木皮著糞掃火中波逸提教著亦如是乃至露地以火樵著火中突吉羅不犯者若病若煑飯若煑羹煑粥煑肉煑湯煑染熏鉢治杖治鈎不犯五十二竟

佛在舍衛國尒時諸比丘欲羯磨擯跋難陀時六羣比丘在衆中遮不得

成羯磨異時六羣比丘餘處行去諸比丘言我等今當與跋難陀作擯羯磨有比丘言六羣比丘當來更遮諸比丘言六羣比丘今遠去至餘聚落多事未還有比丘佐助六羣比丘時住不去諸六羣比丘懈怠嬾墮說戒自恣僧羯磨時不來但與欲清淨諸比丘念莫令佐助六群比丘來衆中作遮但取欲來即打揵椎集比丘僧遣人到彼比丘所索欲來彼問言欲作何事荅言有僧事彼比丘即與欲尒時僧一心和合與跋難陀作擯羯磨後日大唱言僧已與跋難陀作擯羯磨彼比丘言是羯磨不應如是作不可我意故諸比丘言汝已與欲彼比丘言我不知僧與跋難陀羺子作擯羯磨故若知者不與欲自言我不是有過不應與欲是中有比丘少欲知足行頭陁聞是事心不喜種種因緣訶責云何名比丘如法僧事中與欲後悔種種因緣訶已向佛廣說佛以是事集比丘僧知而故問是比丘汝實作是事不荅言實作世尊佛

以種種因緣訶責云何名比丘與欲已後悔種種因緣訶已語諸比丘以十利故與比丘結戒從今是戒應如是說若比丘僧如法僧事與欲竟後悔言我不應與波逸提僧事者所有僧事若白羯磨白二羯磨白四羯磨若布薩自恣若羯磨十四人波逸提者煑燒覆障若不悔過能障㝵道是中犯者若比丘如法僧事與欲竟後悔言我不應與波逸提若比丘僧如法事若白羯磨白二白四羯磨布薩自恣十四人羯磨與欲竟後悔言我不應與欲波逸提隨心悔言一一波逸提（五十三竟）

佛在阿羅毗國尒時諸賢者隨晝日至寺中受齋法通夜然燈加趺而坐為聽法故時諸上座比丘㬠夜大坐至中夜時各各入房諸年少比丘及諸沙弥在說法堂中宿不一心卧鼾眠寱語大喚掉臂諸賢者言看是尊衆不一心眠卧是中有比丘少欲知足行頭陁聞是事心不喜向佛廣說佛以是事集比丘僧知而故問阿羅毗比丘汝實作是事不荅言實作

世尊佛以種種因緣訶責云何名比丘共未受具戒人宿佛尒時但訶責未結此戒佛在舍衛國尒時沙彌羅睺羅諸比丘驅出房不共宿羅睺羅即去到邊小房中住時有客比丘來作是念大房中必上座滿我當向邊小房中作是念已即向邊小房中到已謦欬打門問言此中有誰荅言我是羅睺羅比丘言出去即便出去到第二房中復更驅去到第三房中復更驅去羅睺羅作是念我所至房舍皆驅出者今當往至佛厠屋中即往厠屋中枕厠板卧板下有虵先出不在後夜大風雨墮虵得苦惱即還向窟時佛憶羅睺羅卧若我不覺者正尒當為蛇所害佛即入三昧自房內沒於厠邊住即以神力作龍聲羅睺羅便覺佛知而故問汝是誰耶荅言我羅睺羅何故在此荅言卧問何故此中卧荅言餘无宿處佛言汝出即便出來佛以右手摩羅睺羅頭說是偈言

汝不為貧窮　亦不失富貴　但為求道故
出家應忍苦

說是偈已佛即捉臂將至房時佛獨坐牀上大坐佛竟夜入禪用雖黙然到地了已以是因緣集比丘僧語諸比丘是沙弥可憐愍無父母若不慈愍何緣得活若值惡獸得大苦惱是親里必瞋言諸沙門釋子但能畜沙弥而不能守護佛種種因緣訶已語諸比丘從今為二事利故聽未受大戒人二夜共宿一者為憐愍沙弥故二者為有白衣來至寺中應與房宿故以十利故與比丘結戒從今是戒應如是說若比丘與未受大戒人共舍宿過二夜波逸提未受大戒人者除比丘比丘尼餘一切人是舍有四種一者一切覆一切障二者一切障不覆三者一切覆半障四者一切覆少障波逸提者煑燒覆障若不悔過能障㝵道是中犯者若比丘與未受大戒人四種舍中宿過二夜波逸提起已還卧隨起還卧一一波逸提若通夜坐不犯時有比丘病使沙弥供給看病是比丘至第三夜驅沙弥去是

病比丘无人看故垂死諸比丘以是事白佛佛以是事集比丘僧語諸比丘應喚沙弥在病比丘所立莫令卧有病比丘沙弥小久立倒地便卧佛言病比丘不犯是中有不病比丘不應卧五十四竟

佛在舍衛國尒時阿利吒比丘生悪邪見言我如是知佛法義作障道法不能障道諸比丘聞是事向佛廣說佛以是事集比丘僧語諸比丘汝當約勑阿利吒比丘言汝莫作是語我知佛法義作障道法不能障道莫謗佛謗佛者不善佛不作是語佛種種因緣說障道法能障道汝捨是悪邪見當三教令捨是事諸比丘言如是世尊即往約勑阿利吒比丘言汝莫作是語我知佛法義作障道法不能障道汝莫謗佛謗佛者不善佛不作是語佛種種因縁說障道法能障道汝捨是悪邪見作是教令捨此事第二第三亦如是教諸比丘再三教已不能令捨即便起去往詣佛所頭面礼足一面坐白佛言世尊我等教阿

利吒比丘令捨是悪邪見不能令捨我等便即起來佛言汝等應作羯磨擯阿利吒比丘不捨悪邪見故若有餘比丘不捨悪邪見者亦如是治作不捨悪邪見擯羯磨法者一心和合僧中一比丘僧中唱言大徳僧聽是阿利吒比丘生如是悪邪見言我知佛法義作障道法不能障道僧已約勑令捨悪邪見而不肯捨若僧時到僧忍聽與阿利吒比丘不捨悪邪見羯磨隨汝幾許時不捨悪邪見僧隨尒所時與作擯羯磨是名白如是白四羯磨僧與阿利吒比丘不捨悪邪見擯羯磨竟僧忍默然故是事如是持語諸比丘以十利故與比丘結戒從今是戒應如是說若比丘作是言我如是知佛法義作障道法不能障道諸比丘應如是教彼比丘汝莫作是言我如是知佛法義作障道法不能障道汝莫謗佛謗佛者不善佛不作是語佛種種因縁說障道法能障道汝當捨是悪邪見諸比丘如是教時堅持不捨諸比丘當再三教令捨此

事再三教時捨者善不捨者波逸提波逸提者煑燒覆障若不悔過能障导道是中犯者是比丘壓應軟語約勑若軟語約勑捨者令作突吉羅悔過若不捨者應作白四羯磨約勑法者一心和合僧中一比丘唱言大徳僧聽是阿利吒比丘生悪邪見作如是言我知佛法義作障道法不能障道若僧時到僧忍聽僧約勑阿利吒比丘令捨悪邪見是名白如是白四羯磨約勑阿利吒比丘捨悪邪見竟僧忍默然故是事如是持是中佛說是比丘應第二第三約勑令捨是事者是名約勑是名為教是名約勑教若軟語約勑不捨者未犯若壓說說未竟說竟第二說說未竟說竟第三說說未竟非法別衆非法和合衆似法別衆似法和合衆如法別衆異法異律異佛教約勑不捨者未犯若如法如律如佛教二約勑竟不捨者波逸提五十五竟

佛在王舍城尒時六群比丘知是人作如是語不如法除罪不捨悪邪是

如法擯出便與共事共住共同室宿是中有比丘少欲知足行頭陀聞是事心不喜種種因緣訶責六群比丘云何名比丘知是人作如是語不如法除罪不捨惡邪見如法擯出便與共事共住共同室宿種種因緣訶已向佛廣說佛以是事集比丘僧知而故問六群比丘汝實作是事不荅言實作世尊佛以種種因緣訶責六群比丘云何名比丘知是人作如是語不如法悔不捨惡邪見如法擯出便與共事共住共同室宿種種因緣訶已語諸比丘以十利故與比丘結戒從今是戒應如是說若比丘知比丘作如是語不如法悔不捨惡邪見如法擯出便與共事共住共同室宿波逸提知者若自知若從他聞若彼自說如是語者如所見說不如法悔者未折伏心未破憍慢不捨惡邪見者是邪見未離心故如法擯出者如佛法僧中擯出共事者有二種事法事財物事共住者共是人住作白羯磨白二白四羯磨布薩自恣若作十四人羯

磨共舍宿者舍有四種一者一切覆一切障二者一切障不覆三者一切覆半障四者一切覆少障波逸提者煑燒覆障若不悔過能障礙道是中犯者若比丘共擯人作法事若教經法若偈說偈偈波逸提若經說章章波逸提若別句說句句波逸提若從擯人聞誦受學亦如是共卧事者若比丘與擯人鉢波逸提與衣户鈎時藥夜分藥七日藥盡形藥皆波逸提若從擯人取衣鉢波逸提乃至取盡形藥皆波逸提若四種舍中共宿卧者波逸提起已還卧隨起還卧一一波逸提若通夜坐不卧突吉羅（五十六竟）

佛在舍衛國介時有沙弥名摩伽生如是惡邪見我知佛法義作婬欲不能障道諸比丘聞是事向佛廣說佛以是事集比丘僧汝等當約勅摩伽沙弥汝莫作是語我知佛法義作婬欲不能障道汝莫謗佛謗佛者不善佛不作是語佛種種因緣說婬欲能障道汝當捨是惡邪見諸比丘言如是世尊即往訶沙弥言汝莫作是語

我知佛法義作婬欲不能障道莫謗佛謗佛者不善佛不作是語佛種種因緣說婬欲能障道汝捨是惡邪見諸比丘再三教已不能令捨即從坐起來詣佛所頭面礼足白佛言世尊我等約勅摩伽沙弥令捨惡邪見不能令捨從坐起來佛言汝等應與摩伽沙弥滅擯羯磨不捨惡邪見故若更有如是沙弥亦應如是治滅擯羯磨法者一心和合僧中一比丘唱言大德僧聽是摩伽沙弥生惡邪見僧已約勅令捨惡邪見而不肯捨若僧時到僧忍聽與摩伽沙弥滅擯羯磨是名白如是白四羯磨僧與摩伽沙弥滅擯羯磨竟僧忍默然故是事如是持

佛在王舍城介時六群比丘知是沙弥滅擯已便畜經恤共事共宿是中有比丘少欲知足行頭陀聞是事心不喜種種因緣訶責云何名比丘知是滅擯沙弥便畜經恤共事共宿種種因緣訶已向佛廣說佛以是事集比丘僧知而故問六群比丘汝實作是事

不答言實作世尊佛以種種因緣訶責六群比丘云何名比丘知滅擯沙弥便畜經恤共事共宿種種因緣訶已語諸比丘以十利故與比丘結戒從今是戒應如是說若沙弥作是語我知佛法義行婬欲不能障道諸比丘應如是教沙弥言汝莫作是語我知佛法義行婬欲不能障道莫謗佛莫謗佛謗佛者不善佛不作是語汝當知佛種種因緣訶責婬欲能障㝵道汝當捨是惡邪見若是沙弥諸比丘如是訶時堅持不捨者諸比丘應再三教令捨是事再三教時若捨者善不捨者諸比丘應如是語沙弥汝從今不應言佛是我師亦不應隨諸比丘後行諸餘沙弥得共比丘同房二宿汝今不得癡人滅去不應住此若比丘知是滅擯沙弥便畜經恤共事共宿波逸提知者自知若從他聞若沙弥自說滅擯者如佛法一心和合僧作滅擯羯磨畜者持作弟子自作和上若阿闍梨經恤者若與衣鉢戶鉤時藥夜分藥七日藥終身藥共事者有

十誦律第十五卷　第十五張　職字号

二種事法事財事共宿者四種舍內共宿舍者若一切覆一切障一切障不覆一切覆半障一切覆少障波逸提者煑燒覆障若不悔過能障㝵道是中犯者若比丘教滅擯沙弥法若偈說偈偈波逸提若經說章章波逸提若別句說句句波逸提若從滅擯沙弥受經讀誦亦如是若與滅擯沙弥鉢波逸提若與衣戶鉤時藥夜分藥七日藥盡形藥皆波逸提若從滅擯沙弥取衣鉢戶鉤時藥夜分七日盡形藥一一皆波逸提四種舍中共宿波逸提起已還卧隨起還卧一一波逸提通夜坐不卧亦波逸提 七十五竟

佛在王舍城尒時世尊為乞食故早起著衣持鉢阿難從後入王舍城時天大雨水突伏藏出多有實物尒時世尊乞食食已還耆闍崛山佛見是藏多有實物佛在前行阿難隨後一尋徐行阿難自念我若近佛口氣脚聲或惱佛故佛見是藏語阿難言毒虵阿難作是語已即便直過不徃物所阿難見已白言惡毒虵世尊作是

十誦律第十五卷　第十六張　職字号

語已即便直過不徃物所是山下有一貧人刈麦聞是二種語作是念我未曾見沙門釋子毒虵惡毒虵今當徃看即徃見藏為水突出見已歡喜言沙門釋子毒虵皆是好物即以車輿衣囊及日取著家內以是寶物現富貴相謂作大舍金肆銀肆客作肆銅肆珠肆象群馬群牛羊群車乘輦輿人民奴婢是人先有不相可者作大舍時妬其生業是人妬嫉便白王言是中先有貧窮賤人卒見富相起大堂舍金肆銀肆客作肆銅肆珠肆象群馬群牛羊群人民奴婢是人必當得大寶藏不欲語王王即喚問汝得寶藏耶答言不得王念此人不被拷治云何說實即勑有司盡奪財物縛著摽頭若得寶藏不語王者皆如是治作是教已即奪財物縛著摽頭誰得寶藏不語王者皆如是治是人作是言毒虵阿難惡毒虵世尊諸人語曰汝莫作是語毒虵阿難惡毒虵世尊汝應作是言誰得寶藏不語王者皆有此分是人一心念佛作是

十誦律第十五卷　第十七張　職字号

言毒虵阿難惡毒虵世尊時人白王是人摽頭作如是語毒虵阿難惡毒虵世尊王即喚問縛汝摽頭實作是語毒虵阿難惡毒虵世尊不是人荅言大王施我无畏者我當説實荅言與汝无畏即言有是寶藏我先貧賤山下刈麥有二比丘共來上山一在前行一在後行前行比丘見是藏時作是言毒虵阿難語已直去不到物所亦不取物後行比丘亦見復作是言惡毒虵世尊語已直去不到物所亦不取物我聞是二語即作是念我未曾見沙門釋子毒虵惡毒虵尋便往看見是寶藏為水所突見已歡喜即以車輿衣囊取著家中現富貴相起大堂舍金肆銀肆客作肆銅肆珠肆象馬群牛羊群車乘輦輿人民奴婢今我墮罪便憶是語此惡毒虵今於我身能作何等必斷我命為是寶故王盡奪我所有財物盡當奪命王作是念必當是佛與阿難王言汝去於命无畏賞汝金錢五百於是急中説於佛語及阿難所言故從死得脫

是衆中大臣大官大聲唱言甚希有事憶佛語故便得脫死諸比丘聞是事向佛廣説佛言取重物得如是罪及過是罪皆由取寶物故佛但訶責而未結戒

佛在維耶離尒時諸童子等出城詣園林中學射射門扇孔仰射空中筈筈相拄尒時跋難陀釋子早起著衣持鉢欲入城乞食諸童子遥見共相謂言此跋難陀釋子喜作惡罪若見罪聞罪疑罪無慙愧无猒足我等今當試看即以寶物價直一千放著道中捨遠遥看時跋難陀釋子到是寶物所四顧無人取著掖下諸童子見即往圍繞捉言汝比丘法他物不與便偷取耶荅言不偷何故取耶荅言我謂糞掃物故取諸童子言云何寶物作糞掃取諸童子念此惡人當將詣衆官作是念已將詣衆官衆官問言汝實偷不荅言不偷作糞掃想取衆官又言無有寶物得作糞掃取者衆官是佛弟子信樂佛故作是語比丘云何作偷諸童子輩必當虚妄即

言汝去後莫復尒諸露地不與寶莫取時跋難陀作是惡事已還向諸比丘廣説是事諸比丘以是事白佛佛以是事集比丘僧語諸比丘如是罪惡及過是罪皆由取金銀寶物故種種因緣訶已語諸比丘以十利故與比丘結戒從今是戒應如是説若比丘若寶似寶自取教取波逸提寶者錢金銀硨磲瑪瑙琉璃真珠似寶者銅鐵白鑞鉛錫偽珠自取者自手取教取者教他取波逸提波逸提者煮燒覆障若不悔過能障导道是中犯者若比丘捉舉他錢金銀波逸提捉舉他硨磲瑪瑙琉璃真珠波逸提若比丘有似寶物作男子莊嚴具女人莊嚴具器仗鬬具捉舉是物波逸提捉舉偽珠突吉羅

佛在舍衛國尒時舍衛城節日到諸白衣辦種種飲食出園林中時毗舍佉鹿子母著五百金錢直莊嚴身具出城遊戲還欲入城是鹿子母信樂佛及衆僧作是念我今出城不應不見佛而還入城又我不應著如是莊

嚴具往詣佛所即脫嚴具裹著衣中與一小婢與已詣佛所頭面礼足一面坐佛以種種法示教利喜示教利喜已默然鹿子母聞佛說法已從坐起頭面礼足右繞而去佛善說法小婢聞佛法味故即忘莊嚴具去佛見是衣裹語阿難汝看是中有何物取舉阿難語淨人開看還令裹舉佛以是事集比丘僧種種因緣讚戒讚持戒讚戒讚持戒已語諸比丘從今是戒應如是說若比丘若寶若似寶自捉舉教人捉舉波逸提除因緣因緣者若寶若似寶在僧坊內若住處內以如是心取有主來者當還是事應尒僧坊內者物在僧坊辟內籬塹內障內住處內者隨白衣所請住處是中云何不犯若物在僧坊內若得淨人教取看舉若不得淨人應自取看舉若有來索者應問汝物有何相若說相是者應還若不是者應答无如是物若主未來是比丘有因緣欲行者是中有舊住善好比丘應語言我得他所忘物汝取看舉有來索者問相

是者應還若不是者應答无如是物若過五六歲無主來索應放四方僧物中用若後有主來索者應取四方僧物償是物在住處者若得淨人教取看舉若不得淨人自取看舉若有來索者應問相是者應還不是者應答无如是物若是比丘有因緣欲去是中若有舍主善好男女應語言我此中得他是物汝取看舉若有索者問相是者應還不是者應答无如是物若過五六歲無來取者是住處若少座牀大牀牀校應用作若後有來索者應取是牀座用還是事應尒 五十八竟

佛在王舍城尒時王舍城人以龍黿因緣故作一月會竟後日設會伎兒作伎應多與價直尒時六群比丘共相謂言往看去來皆言隨意即便俱往在一面立遣人語伎人言是中有所得物與我等分若不與者我壞汝會使即往語汝所得物與我等分若不與者當壞汝會問誰作是語答言沙門問何沙門答言釋子沙門伎人共相謂言我等今牽觀者心伎樂已調

若有大樂師尚不能壞何況釋子沙門不與汝分使即還報不肯與汝分聞不與已即張異衣作幔異衣作障異衣作敷是中著白衣服結加趺坐辯才莊嚴讚佛讚法讚僧雖或是中有人從大衆中起試往看之如是第二第三會處皆空來就比丘聞法得味不復還去是中即空尒時伎人應大得價即不復得共相問言彼中是誰答言沙門釋子即訶責言是失沙門法燒沙門法盡奪我等所得財物是中有比丘少欲知足行頭陁聞是事心不喜向佛廣說佛以是事集比丘僧知而故問六群比丘汝實作是事不答言實作世尊佛以種種因緣訶責六群比丘云何名比丘不作淨染衣著佛但訶責而未結戒佛在舍衛國尒時諸比丘從憍薩羅國遊行向舍衛國與估客衆俱欲度險道時有賊來劫估客物倮形放去諸比丘亦失衣服復有餘出家人亦在此中俱失衣服時賊放衣聚在一處是賊愛佛法故語諸比丘汝等各各還自取

衣餘出家人亦有染衣諸比丘疑惑謂是他衣竟不敢取次第到舍衛國往詣佛所頭面作礼一面坐諸佛常法有客比丘来如是語勞問可忍不足不乞食不難道路不疲耶佛以是語勞問諸比丘可忍不足不乞食不難道路不疲耶諸比丘言忍足乞食不難道路不疲以是事向佛廣說佛以是事集比丘僧種種因緣讃戒讃持戒讃戒讃持戒已語諸比丘以十利故與比丘結戒從今是戒應如是說若比丘得新衣者應三種色中隨一一種壞是衣色若青若泥若茜若比丘不以三種壞衣色著新衣者波逸提新衣者若比丘得他故衣壓得故亦名新衣三種壞色者若青若泥若茜若比丘得青衣者應二種淨若泥若茜若得泥衣者亦二種淨若青若茜若得茜衣者亦二種淨若青若泥若得黃衣者應三種淨青泥茜得赤衣者應三種淨青泥茜得白衣者亦三種淨青泥茜波逸提者煑燒覆障若不悔過能障㝵道是中犯者

若比丘著不作淨衣波逸提若作數㝵波逸提若作枕波逸提乃至少時試著突吉羅若比丘得作淨衣竟以不淨段物補却刺縫一點作淨若直縫各各作淨若比丘得淨染衣却刺縫即是淨不淨物補摘不淨物還與僧淨染者如法壞色染也不淨段物者非如法色一尺二尺故言不淨段以此衣壞故以段補之皆應却刺若直縫者衣主命終應摘此直縫與僧乃以此衣與看病人一點三點以淨此不淨色故淨而却刺是佛所許如法畜用直縫所以不得者以是世人衣法故以却刺異俗五十九竟

十誦律卷第十五

十誦律卷第十五

校勘記

一　底本，金藏廣勝寺本。

一　三七六頁中一行「三誦之二」，資、磧、普、南、徑、清置於二、三行之間。

一　三七六頁下二行第一一字「耶」，資、磧、普、南作「取」。

一　三七六頁下一二行首字「十」，磧作「大」。同行「比丘」，資、磧、普、南、徑、清作「諸比丘」。下同。

一　三七六頁下一三行第一三字「諸」，徑、清作「他」。

一　三七六頁下一四行「到諸家已」，資、磧、普、南、徑、清無。同行第一一字「食」，資、磧、普、南、徑、清無。

一　三七六頁下一六行「无異」，資、磧、普、南、徑、清無。

一　三七六頁下一七行第九字「出」，資、磧、普、南、徑、清作「去」。

一　三七六頁下一八行首字「入」，諸

一　本(不含石，下同)作「人」。

一　三七六頁下末行「入外門令還者亦突吉羅入」，資、磧、普、南、徑、清無。

一　三七七頁上二行第九字及三行第五字「聞」，資、磧、普、南、徑、清作「門」。

一　三七七頁上三行末字「竟」，資、磧、普、南、徑、清作「事竟」。下同。

一　三七七頁上七行第一一字「向」，資、南、徑、清作「同」；磧、普作「何」。

一　三七七頁上一七行第九字「祈」，諸本作「幾」。

一　三七七頁中一三行第一三字及一六行首字「又」，麗作「若」。

一　三七七頁中一八行「露地以」，資、磧、普、徑、清作「以露地」；南作「以露地以」。

一　三七八頁上二行首字「巳」，資、磧、普、南、徑、清無。

一　三七八頁上四行第五字「僧」，麗無。同行「如法僧事與欲竟後悔言」，資、磧、普、南、徑、清作「如法與欲後悔」。

一　三七八頁上一一行第六字「二」，諸本作「二羯磨」。

一　三七八頁上一五行「至寺中受齋」，資、磧、普、南、徑、清作「到寺中受齋」；麗作「至寺中受齋」。

一　三七八頁上一九行第六字「掉」，資作「挑」。

一　三七八頁上二一行第七字「是」，徑作「陀」。

一　三七八頁中一〇行至次行「中復更驅去」，資、磧、普、南、徑作「亦如是」；清作「中亦如是」。

一　三七八頁下二行第一〇字「至」，麗作「至自」。

一　三七八頁下三行第一二字「堅」，諸本作「聖」。下同。

一　三七八頁下一一行「寺中應與房宿」，資、磧、普、南、徑、清作「僧房」。

一　三七八頁下二〇行第一〇字「夜」，資、磧、普、南、徑、清作「宿」。

一　三七九頁上一行「无人看故」，資、磧、普、南、徑、清作「病無人看」。

一　三七九頁上四行「病比丘」，資、磧、普、南、徑、清無。

一　三七九頁中六行首字「中」，資、磧、普、南、徑、清無。頁下六行第八字同。

一　三七九頁中七行第五字「生」，資、磧、普、南、徑、清無。

一　三七九頁下五行至六行「約勑法者」，資、磧、普、南、徑、清無。

一　三七九頁下一一行首字「磨」，諸本作「磨僧」。

一　三七九頁下二〇行第二字「律」，麗作「律如毗尼」。同行第六字「二」，諸本作「三」。

一　三七九頁下末行末字「是」，諸本作「見」。

一　三八〇頁上一九行「邪見者是邪」，資、磧、普、南、徑、清作「邪者是惡」；麗作「邪者是惡邪」。

一 三八〇頁上二二行第九字「作」，資、磧、普、南、徑、清無。

一 三八〇頁中三行第二字「半」，磧作「手」。

一 三八〇頁下一四行第三字「白」，麗作「曰」。

一 三八〇頁下一八行第二字「滅」，資、磧、普、南、徑無。

一 三八一頁上九行「莫誣佛」，諸本無。

一 三八一頁下一〇行「作大舍時」，資、磧、普、南、徑作「見作大舍」。

一 三八一頁下一六行首字「被」，磧作「彼」。

一 三八一頁下二二行第四字「汝」，資、磧、普、南、徑、清作「法」。

一 三八二頁上四行第一一字「不」，磧作「於」。

一 三八二頁上七行第一三字「一」，南無。

一 三八二頁上一三行末字「便」，磧、南作「復」。

一 三八二頁上一七行第七字「羣」，資、磧、普、南、清無。

一 三八二頁上一九行第三字「身」，資、磧、普、南作「自」；徑、清作「有」。

一 三八二頁中一行首字「是」，諸本作「時是」。

一 三八二頁中七行「扇孔仰射空中」，資、磧、普、南、徑、清作「射門扇孔學射箭筈」。

一 三八二頁中一四行首字「物」，資、磧、普、南、徑、清無。

一 三八二頁中二〇行第三字「實」，磧、南作「寶」。

一 三八二頁下八行第三字「似」，磧、南作「以」；麗作「若似」。

一 三八二頁下一一行第六字至第八字「波逸提」，資、磧、普、南、徑、清無。

一 三八二頁下一九行第六字「飲」，資、磧、普、南、徑、清作「飯」。

一 三八二頁下二二行第三字「衆」，資、磧、普、南、徑、清無。

一 三八三頁上三行第七字「法」，麗作「説法」。

一 三八三頁上一五行「塹内」，諸本作「内塹」。

一 三八三頁中二行第一一字「放」，諸本作「施」。

一 三八三頁中二〇行第二字「使」，麗作「便」。

一 三八三頁下二二行第六字「放」，麗作「收」。

一 三八四頁上四行第一一字「問」，資、磧、普、南、徑作「問訊」。

十誦律卷第十六　三誦之三　職

後秦北印度三藏弗若多羅譯

九十波逸提之八

佛在王舍城介時瓶沙王有三種池水第一池中王及夫人洗第二池中王子大臣洗第三池中餘人民洗是王得道深心信佛問諸大臣上人洗不荅言亦洗王言上人應我池中洗介時諸比丘常初夜中夜後夜數數洗一時瓶沙王欲洗語守池人除人令靜我欲往洗即時除却餘人但比丘在知池人作是念王敬比丘若遣除者王或當瞋便白王言已除諸人但比丘在王言大善令上人先洗初夜中夜後夜比丘洗竟便去知池人白王言比丘已去王即往洗王法洗遅王洗竟時便即地了王浴竟作是念我不應出城不見佛直還入城即詣佛所頭面礼足却坐一面佛知而故問大王晨朝何来時王以是事向佛廣說佛介時為王說種種法示教利喜示教利喜已嘿然王聞佛說法已從坐起頭面礼足右繞而去王去不久佛以是事集比丘僧種種因緣訶責諸比丘云何名比丘常初夜中夜後夜數數洗令灌頂刹利大王自池中不得洗種種因緣訶已語諸比丘以十利故與比丘結戒從今是戒應如是說若比丘減半月浴波逸提波逸提者煑燒覆障若不悔過能障㝵道是中犯者若比丘未滿半月浴波逸提若滿半月浴若過不犯

介時春殘一月半夏初一月是二月半大熱時諸比丘不得浴故身體垢癢煩悶吐逆是事白佛願世尊如是大熱時聽諸比丘洗浴佛言聽浴從今是戒應如是說若比丘減半月浴波逸提除因緣因緣者春殘一月半夏初一月是二月半名大熱時是中犯者若比丘未至大熱時浴波逸提若大熱時浴不犯佛在王舍城介時諸比丘病以酥油塗身不得浴故患痒煩悶吐逆諸比丘白佛願聽病因緣故浴佛言從今日聽病因緣故浴益利病人如食无異從今是戒應如是說若比丘減半月浴波逸提除因緣因緣者

十誦律第十六卷　第三张　職字号

春残一月半夏壓一月是二月半大
熱時除病病時者若冷發風發熱發
若洗浴得差是名病是中犯者若比
丘无病減半月浴波逸提若病不犯
佛在王舍城尒時諸比丘中前著衣
持鉢入城乞食時惡風起吹衣離體
塵土坌身不得浴故煩悶吐逆是事
白佛願世尊聽風因緣故浴佛言從
今聽風因緣故浴從今是戒應如是
說若比丘減半月浴除因緣波逸提
因緣者春殘一月半夏壓一月是二
月半大熱時除病時風時是中犯者
若無風因緣浴波逸提若有風因緣
浴不犯
佛在王舍城尒時諸比丘著新染衣
入城乞食值雨衣濕染汙著身生疥
瘙不得浴故癢悶吐逆諸比丘白佛
願世尊聽雨因緣故浴佛言聽雨因
緣故浴從今是戒應如是說若比丘
減半月浴除因緣波逸提因緣者春
殘一月半夏初一月是二月半大熱
時除病時風時雨時是中犯者若无雨
因緣浴波逸提有雨因緣不犯

佛在阿羅毗國尒時諸比丘作新佛
圖擔土持泥墼甎草等麁泥細泥黑
白泥洽不得浴故癢悶吐逆疲極不
除是事白佛願世尊聽作因緣故浴
佛言聽作因緣故浴從今是戒應如
是說若比丘減半月浴除因緣波逸
提因緣者春殘一月半夏初一月是
二月半大熱時除病時風時雨時作
時作者乃至掃五五尺僧坊地亦名
為作是中犯者若比丘无作因緣浴
波逸提若作因緣浴不犯
佛在舍衛國尒時諸比丘從憍薩羅
國遊行向舍衛國是土地多土塵行時
塵土坌身不得浴故身體癢悶吐逆
是事白佛願世尊聽行因緣故浴佛
言聽行因緣故浴從今是戒應如是
說若比丘減半月浴除因緣波逸提
因緣者春殘一月半夏初一月是二
月半大熱時除病時風時雨時作時
行時行時者乃至半由旬若來若去是
中犯者若比丘昨日來今日浴波逸
提明日欲去今日浴波逸提若至半
由旬來去浴者不犯若比丘无是六

因緣減半月浴波逸提若有因緣不
語餘比丘輙者突吉羅　六十竟
佛在維耶離國尒時維耶離國諸王子
出園林中學射門扇孔仰射空中箸
箸相拄尒時迦留陁夷中前著衣持
鉢入城乞食遥見諸王子作如是射
見已便笑諸王子言何以故笑我等
射不好耶荅言不好問言汝能不荅
言能若能便射迦留陁夷言我等法
不應捉弓箭諸王子言此有木弓可
用即與木弓張時有飛鳥空中迴旋
迦留陁夷放箭圍繞不令得出諸王
子言何故不著荅言射著何足為難
諸王子言不尒若能著者便令應着暮
虛語即憍慢言汝等欲射何處王子言欲
令著右眼即著右眼是鳥即死尒時
諸王子皆慚愧妬瞋恨言沙門釋子
能故奪畜生命是中有比丘少欲知
足行頭陁聞是事心不喜種種因緣
訶責云何名比丘故奪畜生命種種
因緣呵已向佛廣說佛以是事集比
丘僧知而故問迦留陁夷汝實作是
事不荅言實作世尊佛以種種因緣

訶責云何名比丘故奪畜生命種種
訶已語諸比丘以十利故與比丘結
戒從今是戒應如是說若比丘故奪
畜生命波逸提奪命者若自奪若教
他奪波逸提者煑燒覆障若不悔過
能障㝵道是中犯者有三種奪畜生
命得波逸提自教遣使自者若比丘
自作自奪畜生命教者語他言是畜
生捉縛打殺若他受教殺者是比丘
得波逸提遣使者若比丘語人言汝
識某畜生不答言識汝往捉縛打殺
使往捉縛打殺者比丘得波逸提又
比丘有三種奪畜生命得波逸提一
者用受色二者用不受色三者用受
不受色受色者若比丘以手打畜生
若足若頭若餘身分念欲令死死者
波逸提若不即死後因死者波逸提
若不即死後不因死突吉羅不受色
者若比丘以木凡石刀矟弓箭若木
版白鑞版鈆錫版遥擲畜生念欲令
死死者波逸提若不即死後因是死
亦波逸提若不即死後不因死突吉
羅受不受色者若以手捉木凡石刀

矟弓箭木版白鑞版鈆錫版就打念
欲令死死者波逸提若不即死後因
是死波逸提若不即死後不因死突
吉羅若比丘不以受色不受色受不
受色為殺故以毒藥著畜生眼中耳
中鼻中口中身上瘡中著飲食中卧
處行處念欲令死死者波逸提若不
即死後因是死亦波逸提若不即死
後不因死突吉羅若比丘不以受色
不受色受不受色不以毒藥為殺故
作憂多殺頭多殺作弶網撥毗陁羅
殺似毗陁羅殺斷命殺墮胎殺按腹
殺推著水火中殺推著坑中殺遣令
道中死及母腹中初受二根身根命
根於中起方便念欲令死死者波逸
提若不即死後因是死波逸提若不即
死後不因死突吉羅 六十一竟
佛在王舍城尒時六群比丘共十七
群比丘鬪諍相罵心不和合時六群
比丘共十七群比丘鬪諍已六群比
丘欲令十七群比丘疑悔故作是言
汝等不滿二十歲受具足戒若人不
滿二十歲受具足戒者不得名具足戒

若不得具足戒非比丘非沙門非釋
子是人得是語已愁憂疑悔啼泣諸
比丘問何故啼耶答言六群比丘令
我疑悔云我等不滿二十受具足戒
若不滿二十受具足戒者不名得具
戒若不得具足戒非比丘非沙門非
釋子我等聞是語疑悔故啼是中有
比丘少欲知足行頭陁聞是事種種
因緣訶責云何名比丘故令他疑悔
種種因緣訶已向佛廣說佛以是事
集比丘僧知而故問六群比丘汝實
作是事不答言實作世尊佛以種種
因緣呵責六群比丘云何名比丘故
令他比丘疑悔種種因緣呵已語諸
比丘以十利故與比丘結戒從今是
戒應如是說若比丘故令餘比丘疑
悔使須臾時心不安隱以是因緣無
異波逸提波逸提者煑燒覆障若不
悔過能障㝵道是中犯者有六事一
者生二者受具戒三者犯四者問五
者物六者法生者若比丘問餘比丘
汝何時生答言某王時生某大臣時
生某豐樂時某飢儉時某安隱時某

疾病時生即復言若人某王時生某
大臣時若豐樂飢儉安隱疫病時生
者是人不滿二十歲若人不滿二十
不得受具足戒若不得受具足戒非
比丘非沙門非釋子若他比丘起疑悔若不
起皆波逸提又比丘問他比丘言汝
掖下何時生毛口邊何時　生鬚
咽喉何時現若言某王時某大臣時
若豐樂飢儉安隱疫病時生即復言
若人某王時某大臣時若豐樂飢儉
安隱疫病時生毛生鬚咽喉現者是
人不滿二十若人不滿二十受具足戒
不名得具足戒若不得具足戒非比
丘非沙門非釋子若起疑悔若不起
皆波逸提是名生受具足戒者若比
丘問他比丘言汝何時受具足戒荅
言某王時某大臣時若豐樂飢儉安
隱疫病時受具足戒即復言若人某
王時某大臣時若豐樂飢儉安隱疫
病時受具足戒者是人不得具足戒
不得具足戒者非比丘非沙門非釋
子若起疑悔若不起皆波逸提又比
丘問他比丘誰是汝具足和上誰作

阿闍梨誰作教師荅言某作和上某
作阿闍梨某作教師即復言若某作
和上某作阿闍梨某作教師是人不
得具足戒若不得具足戒非比丘非沙
門非釋子若起疑悔若不起皆波逸
提又比丘問他比丘言汝於十衆中
受具戒於五衆中受具戒耶荅言十
衆中即復言若如是十衆中受具戒
是人不得戒若不得具戒者非比丘非
沙門非釋子若起疑悔若不起皆波
逸提又比丘問他比丘汝於界內受
具戒界外受荅言界內受即復言若
界內受是人不得具足戒若不得具
足戒者非比丘非沙門非釋子若起
疑悔若不起皆波逸提是名受具足
戒犯者若比丘語他比丘言汝犯僧
伽婆尸沙罪犯波逸提波羅提提舍
尼突吉羅若比丘犯僧伽婆尸沙波
逸提波羅提提舍尼突吉羅者是人
非比丘非沙門非釋子若起疑悔若不
起皆波逸提是名犯問者若比丘問
他比丘汝入某聚落行某巷至某家
坐某處共某女人語到某比丘尼坊

共某比丘尼語耶荅言我入某聚落
行某巷到某處坐某處共某女人語
到某比丘尼坊共某比丘尼語即復
言若比丘入某聚落行某巷到某家
坐某處共某女人語到某比丘尼坊共
某比丘尼語者是人非比丘非沙門
非釋子若起疑悔若不起皆波逸提
是名問物者若比丘語餘比丘汝誰
同心用鉢誰同心用衣用户鉤時藥
夜分藥七日藥終身藥荅言與某同
心用鉢衣户鉤時藥夜分藥七日藥
終身藥即復言若比丘與某同心用
鉢衣户鉤時藥夜分藥七日藥終身
藥者是人非比丘非沙門非釋子若
起疑悔若不起皆波逸提是名物
法者若比丘語他比丘莫多畜衣莫
數數食莫別衆食莫不爲他請食入某
舍莫非時入聚落莫不著僧伽梨入
村邑若比丘荅言我受迦絺那衣即
復言若比丘隨意多畜衣數數食別
衆食他不請食入某舍非時入聚落不
著僧伽梨入村邑者是人非比丘非
沙門非釋子若起疑悔若不起皆波

逸提是名法若比丘以是六事令他比丘疑悔皆波逸提除是六事以餘事令他比丘疑悔突吉羅除比丘以是六事以餘因緣令餘人疑悔皆突吉羅 六十二竟

佛在王舍城尒時十七群比丘中有一白衣小兒憙笑時十七群比丘以憙笑故用指擊攊小兒多笑乃至氣絕不能動手足便死時十七群比丘生疑我等將无得波羅夷是事白佛佛知故問十七群比丘汝以何心作荅言我以戲笑故佛言若尒者不犯殺語諸比丘以十利故與比丘結戒從今是戒應如是說若比丘指擊攊他者波逸提波逸提者煑燒覆障若不悔過能障导道是中犯者若比丘以一指擊攊他一波逸提二三四五六七八九十指十波逸提若以木石擊攊他突吉羅 六十三竟

佛在舍衛國尒時波斯匿王有洗浴河處處作堰時十七群比丘共相謂言至阿脂羅河上洗去來十七群比丘中有一比丘得禪定故實不樂往

為護諸人意故去諸比丘皆到阿脂羅河岸上脫衣入河中作種種戲或手拍水或倒没或如魚轉或擢臂或兩手把水或一手或仰浮是洗浴處王殿上悉得遥見時王與末利夫人於殿上受五欲樂女伎自娛時王遥見十七群比丘在水中種種戲語末利夫人此是汝所尊重者於水中作如是種種麁戲夫人荅言王何以言看此是年少耳王何不言看摩訶迦葉舍利弗目揵連阿那律尒時是得禪定者不洗在別處坐禪聞是二語王語夫人語聞已語餘比丘言汝洗已足勿復更洗當上岸著衣皆臧滿澡鑵水著前結加趺坐如是教已即皆上岸著衣臧滿瓶水著前結加趺坐時得定者以神通力令瓶水各各在前空中去令諸比丘大坐閉眼隨後而去時末利夫人見已語王言此是我所尊重者也作如是行乃至王所不見處時夫人即遣使語佛所白佛言是王常憙出比丘過罪以此水中洗戲故願令諸比丘莫復此中洗佛

以是事集比丘僧知而故問十七群比丘汝實作是事不荅言實作世尊佛以種種因緣訶責十七群比丘云何名比丘水中作種種戲以手拍水倒没或如魚轉或兩手把水或一手或仰浮種種訶已語諸比丘以十利故與比丘結戒從今是戒應如是說若比丘水中戲波逸提波逸提者煑燒覆障若不悔過能障导道是中犯者有八種一者作喜二者作樂三者作笑四者作戲五者弄水六者令他喜七者令他樂八者令他笑若比丘欲作喜故以手拍水波逸提若於中倒没或轉如魚或一臂兩臂浮或身踊或仰浮皆波逸提若比丘欲作樂作笑作戲弄水令他喜令他樂令他笑故作是種種浮戲皆波逸提乃至盤上有水若座牀上有水以指畫之突吉羅不犯者若學浮若直度不犯 六十四竟

佛在舍衛國尒時長老阿那律從憍薩羅遊行向舍衛國到一聚落无僧坊處欲宿是阿那律本國王子性貴故不憙問小小事又不知何人可問

不可問見聚落中諸立年少即往問言是聚落中誰能與出家人宿處時聚落中有一婬女是諸年少欲戲弄比丘故荅言某處可宿即往到女門前立彈指時女人出看見阿那律端正有威德顔色可愛見已婬欲心發女人問言汝何所索荅言寄宿女言可得即入與坐處共相問訊然後乃坐女勑家人辦種種飲食種種莊嚴供養是客即敷大牀好褥被枕即此牀邊更著一牀自為身故是女人初夜請比丘作不淨事我當為汝供給搽脚比丘荅言我是斷婬欲人莫說是事女人意念此必有欲但以初至疲極故至中夜更語猶故不從至後夜復語亦故不從至地了時女語比丘言國王大臣有持百金錢來我不肯從二百三百四百五百我亦不從我於今夜三自相請而汝不肯汝於比丘所應得法必當得之若不欲尒者為愍我故受我施食阿那律念言我道中行必當復須食作是念已即默然受知默然受已即時辦飲食

自手行水自與多美飲食飽滿已知洗手攝鉢竟取牀在前坐聽說法時阿那律觀女人心本末因緣為說次第法即於座上遠塵離垢得法眼淨是女人見法聞法知法入法度疑悔不隨他於佛法中得自在心無所畏從坐處起頭面礼阿那律足言我從今日歸依佛歸依法歸依僧我盡形作佛優婆夷時阿那律更為說種種法示教利喜示教利喜已從坐起去從是已来此家常供給沙門釋子衣服飲食是婬女少多送阿那律已便還尒時阿那律漸到舍衛國脫衣鉢著一處往詣佛所頭面作礼在一面坐諸佛常法有客比丘来以如是語勞問忍不足不乞食不難道路不疲極耶佛即以是語勞問阿那律忍不足不乞食不難道路不疲極耶阿那律荅言世尊忍足乞食不難道路不疲以是事向佛廣說佛以是事集比丘僧語諸比丘阿那律雖離欲得阿羅漢不應與女人共宿如熟飲食人之所欲女人於男亦復如是種種因緣訶

責不應與女人共宿以十利故與比丘結戒從今是戒應如是說若比丘與女人同舍宿波逸提女者人女非人女畜生女是人女若卧若坐名為宿鳥若倚若立亦名宿駝馬牛羊若卧若立亦名宿鵝鴈孔雀雞若一脚立若持頭置項上亦名宿舍者有四種一切覆一切障一切障不覆一切覆半障一切覆少障是中犯者若比丘是四種舍中共女人宿皆波逸提若起還卧更得波逸提隨起還卧一一波逸提不犯者通夜坐不卧乃至他舍有女人宿孔容猫子入處是中宿波逸提六十五竟

佛在維耶離國摩俱羅山中尒時與侍者象守比丘俱諸佛侍者法佛未入房不得先入時佛初夜露地經行尒時小雨墮釋提桓因作是念佛今在露地經行小雨墮我何不變作琉璃窟令佛在中經行即變化作佛在中經行帝釋隨後佛經行久是象守比丘風雨所惱作是念當以何方便令佛入舍我當得入尒時摩俱羅山中

十誦律第十六卷　第十八張　軾

所有人民小兒啼時則以婆俱羅夜
叉怖之令止時象守反被俱執在經
行道頭立以兩手覆兩耳語佛言婆
俱羅夜叉来時釋提桓因白佛言世
尊去何佛法中乃有是癡人佛言憍
尸迦我家廣大此人現身亦當得漏
盡所作已辦更不復受後有佛種種
因緣示教利喜示教利喜已默然釋
提桓因聞佛示教利喜已頭面礼佛
足右繞而去釋去不久佛入自房敷
坐牀是夜過已以是因緣集比丘僧
種種因緣訶責象守比丘言癡人去
何能恐怖如来佛世尊汝癡人佛者
无怖畏衣毛不竪尒時佛說偈言

佛於自法中　通達无㝵智　有人可以此
婆俱夜叉恐　佛於自法中　通達无㝵智
是故能過度　生老病死苦　佛於自法中
通達無㝵智　是故能除滅　諸結使煩惱

佛種種因緣訶責象守比丘已語諸
比丘以十利故與比丘結戒從今是
戒應如是說若比丘自恐怖他比丘
若教他恐怖乃至戲笑波逸提波逸
提者煑燒覆障若不悔過能障㝵道

十誦律第十六卷　第十九張　軾

是中犯者有六種色聲香味觸法色
者若比丘作象色若作馬色羖羊色
水牛色作如是等可畏色恐怖比丘
若能令怖若不能皆波逸提是名色
聲者若比丘作象聲馬聲車聲步聲
羖羊聲水牛聲作如是等可畏聲恐怖
他比丘若能令恐怖若不能皆波逸
提是名聲香者若比丘作好香若作
臭若等分香若作希有香如是等香
恐怖比丘若能令恐怖若不能皆波
逸提是名香味者若比丘問他比丘
汝今日用何物噉飯荅言用酪蘇又
言若用酪蘇噉飯者是人得癩癬病
若能令恐怖若不能皆波逸提若比
丘復問他比丘汝今日以何物噉飯
荅言用酪蘇毗羅槃又言若人用酪
蘇毗羅槃噉飯者是人得癩癬病若
能令恐怖若不能皆波逸提又比丘
問餘比丘汝今日以何物噉飯荅言
以蘇猪肉人言若人用蘇猪肉噉飯
者是人得癩癬病若能令恐怖若不
能皆波逸提是名味觸者若比丘持
身令堅若麁若軟若細滑若澁令身

十誦律第十六卷　第二十張　職

皆異以觸他比丘若令恐怖若不能
皆波逸提是名觸法者若比丘語餘
比丘汝莫生草中大小便當墮地獄
餓鬼畜生是比丘荅言我自知是法
又言若比丘生草中大小便者是比
丘便墮地獄餓鬼畜生若能令恐怖
若不能皆波逸提是名法若比丘以
是六事恐怖比丘波逸提除是六事
以餘事恐怖比丘突吉羅若以六事
及餘事恐怖餘人突吉羅　六十六竟
佛在舍衛國有一居士請佛及僧明
日食佛默然受是居士知佛默然受
已從坐起頭面礼佛足右繞而去還
家通夜辦種種多美飲食敷座處尒
時諸比丘早起持衣鉢著露地待時
到尒時六群比丘與十七群比丘共
鬪諍不相憙時六群比丘取十七群
比丘衣鉢著異處時十七群比丘来
求衣鉢久覓不得十七群比丘法有
所作事皆共相語時失衣者語餘者
言我不知衣鉢處相助求覓於是中
閒居士敷座處已遣使白佛時到飲
食已辦佛自知時諸比丘僧往居士

舍佛自房住迎食分居士見僧坐已自手行水自與多美飲食自恣飽滿自恣飽滿已知僧攝鉢自行水竟取小牀在僧前坐欲聽説法上座説法已及餘比丘各從坐起出居士舍十七群比丘尒許時覓衣始得来入衆僧出時見已問言何故在後荅言六群比丘藏我衣鉢久覓始得是中有比丘少欲知足行頭陁聞是事心不喜種種因緣訶責六群比丘云何名比丘藏他比丘衣鉢求覓時間乗當斷食種種因緣訶已向佛廣説佛以是事集比丘僧知而故問六群比丘汝實作是事不荅言實作世尊佛種種因緣訶責云何名比丘藏他比丘衣鉢求覓時間乗當斷食佛種種因緣呵已語諸比丘以十利故與比丘結戒從今是戒應如是説若比丘藏他比丘衣鉢户鈎革屣針筒如是隨法所須物若自藏若教他藏乃至戲笑波逸提自藏者自手藏教藏者教他藏波逸提者煑燒覆障若不悔過能障导道是中犯者若比丘藏

他比丘鉢彼比丘若覓不得是比丘得波逸提若覓得突吉羅若衣户鈎革屣針筒若覓不得波逸提若覓得突吉羅若藏空針筒彼比丘若覓不得突吉羅若得亦突吉羅　六十七竟

佛在王舍城尒時六群比丘性懶墮不憙自浣染衣割截簪縫若有衣可浣染簪縫割截便持是衣與比丘若比丘尼式叉摩尼若沙弥沙弥尼諸人生自衣想浣染割截簪縫作衣竟尒時六群比丘知衣已成便往索言此衣何以久不還我輙語不得即強奪取尒時諸比丘不見六群比丘浣染割截簪縫衣時但見著新衣諸比丘問六群比丘言不見汝浣染割截簪縫衣時但著新衣六群比丘言我等有可浣染割截簪縫衣持與比丘比丘尼式叉摩尼沙弥沙弥尼諸人是衣中生自衣想浣染作衣竟便往索此衣何以久不還我輙語不得即強奪取著以是因緣故汝等不見我浣染割截簪縫衣時但見我著新衣是中有比丘少欲知足行頭陁聞是事種

種因緣訶責六群比丘云何名比丘與比丘比丘尼式叉摩尼沙弥沙弥尼衣他不還便強奪取著諸比丘種種因緣訶已向佛廣説佛以是事集比丘僧知而故問六群比丘汝實作是事不荅言實作世尊佛種種因緣訶責六群比丘云何名比丘與比丘比丘尼式叉摩尼沙弥沙弥尼衣他不還便強奪取著種種因緣訶已語諸比丘以十利故與諸比丘結戒從今是戒應如是説若比丘與他比丘比丘尼式叉摩尼沙弥沙弥尼衣他不還便強奪取著波逸提波逸提者煑燒覆障若不悔過能障导道是中犯者若比丘與比丘比丘尼式叉摩尼沙弥沙弥尼衣他不還便奪取著波逸提

尒時諸比丘不知長衣當云何畜是事白佛佛言應作淨畜有比丘現前作淨與他衣已便不肯還即生鬬諍是事白佛佛言不應現前與尒時比丘與二三人衣作是言我所有衣鉢皆與某甲某甲二三人如是散乱不

應淨法是事白佛佛言不應與二三人應好思惟籌量與一好人應作是言我衣鉢皆與某甲一人從今日比丘有應當用衣不應與他若遣與若作淨若受持比丘有衣應與他者與六群比丘中一人是人受衣已便不肯還餘比丘亦得懊惱不能得好同心比丘故又一時夏末月佛遊行諸國餘比丘皆著新染衣是一比丘著故弊衣佛見是比丘知而故問汝何故著弊故衣比丘荅言世尊我有衣應淨故與六群比丘中一人受我衣鉢已便不肯還餘比丘亦得懊惱不得好同心比丘故佛言是施不名真實為清淨因緣故與即時是比丘應還索取若得者好若不得者應強奪取應教彼作突吉羅罪悔過從今日比丘所有常用衣隨意不應與他若作淨若自受若施人不犯 六十八竟

佛在維耶離尒時弥多羅浮摩比丘作是念我以无根波羅夷法謗陁驃比丘力士子不能得成是事无根故又以小因緣作波羅夷謗亦不得成

無小因緣故我今當以无根僧伽婆尸沙法謗陁驃比丘力士子作是念已即以无根僧伽婆尸沙謗陁驃比丘是中有比丘少欲知足行頭陁聞是事種種因緣訶責弥多羅浮摩比丘云何名比丘以無根僧伽婆尸沙法謗清淨梵行比丘諸比丘種種因緣訶責弥多羅浮摩比丘已向佛廣說佛以是事集比丘僧知而故問弥多羅浮摩比丘汝實作是事不荅言實作世尊佛以種種因緣訶責云何名比丘以无根僧伽婆尸沙法謗清淨梵行比丘種種因緣訶已語諸比丘以十利故與比丘結戒從今是戒應如是說若比丘以无根僧伽婆尸沙法謗他比丘波逸提无根者根有三種若見若聞若疑僧伽婆尸沙者十三僧伽婆尸沙中隨彼所說謗者他所不作強言作罪波逸提者煑燒覆障若不悔過能障㝵道是中犯者若比丘以無根僧伽婆尸沙法謗不清淨比丘十一種犯五種不犯十一種犯者若不見不聞不疑若

見忘若聞忘若疑忘若聞信聞若聞不信聞聞已言我疑疑已言我見疑已言我聞是名十一種犯五種不犯者是事若見若聞若疑見已不忘疑已不忘是名五種不犯不清淨比丘似清淨比丘亦如是若比丘以無根僧伽婆尸沙法謗清淨比丘十種犯四種不犯十種犯者不見不聞不疑若聞忘疑忘若聞信聞若聞不信聞聞已言疑疑已言見疑已言聞是名十種犯四種不犯者若聞若疑若聞不忘若疑不忘清淨比丘似不清淨亦如是 六十九竟

佛在維耶離去維耶離城不遠有織師聚落是中一織師婦有小事不隨夫言夫以手脚痛打驅出舍是女父母家在維耶離城中婦作是念我當還歸作是念時有迦留羅提舍比丘從跋耆國遊行向維耶離是婦出外見比丘問言善人郝去荅言向維耶離婦言俱去即便俱發尒時以染心相看調戲大語掉手臂行作種種不淨事時織師還作是念我婦或當

走去即出舍求婦不得諸織師法有事皆相助偌語餘織師言我婦走去諸織師即於要道中覓是夫作是念是婦生在維耶離必當還歸即自向維耶離道中見婦與比丘俱行即往捉比丘衣繫項言汝比丘法應將我婦去耶荅言我不將去我自向維耶離汝婦自隨我來夫言云何肯直首即以手脚打比丘婦見打比丘故語夫言何以打他此比丘不將我來我自向維耶離夫語婦言小婢汝必共作不淨事復更以手脚打比丘已放去是迦留羅提舍比丘起如是惡事便去到維耶離向諸比丘說諸比丘以是事向佛廣說佛以是事集比丘僧語諸比丘如是罪及餘過罪皆由與女人共期道行故以十利故與比丘結戒從今是戒應如是說若比丘與女人共期道行乃至一聚落波逸提女者有命女人堪作婬欲期者二種若比丘作期若女人作期道者有二種水道陸道波逸提者煑燒覆障若不悔過能障㝵道是中犯者若

比丘與女人共期陸道行從一聚落至一聚落波逸提若中道還突吉羅若无聚落空地行乃至一拘盧舍波逸提中道還突吉羅水道亦如是不犯者若比丘不共期行若與國王夫人共道行不犯（七十竟）

佛在維耶離尒時諸比丘從跋耆國遊行向維耶離是道多草木諸比丘失道入薩羅林中尒時有賊作惡事竟先在林中諸賊見比丘作是言比丘䢼去荅言向維耶離賊言此非維耶離道諸比丘言我等亦知非向維耶離道我等失道故諸比丘問賊汝等䢼去荅言向維耶離諸比丘言我曹與汝等共去諸賊言不知我是賊耶我等或隨道行或不隨道行或從濟度恒河或不從濟度或由門入或不由門入若共我等去者或得衰惱事諸比丘言我等以失道有事无事為當共去荅言隨意即與賊俱去不由濟度恒河時為邏人捉邏人問諸比丘汝等亦是賊耶荅言我等非賊以失道故邏人即看无異財物邏

人言肯直首耶當將詣官所衆官問言汝等亦是賊耶荅言我等非賊以失道故衆官即看无異財物時斷事人信佛法故作是言沙門釋子不作是惡事語比丘言今放汝去後莫復與惡人共道行諸比丘起如是大惡事已便去以是事向諸比丘說諸比丘以是事向佛廣說佛以是事集比丘僧語諸比丘如是罪及過是罪以與賊衆共道行故以十利故與比丘結戒從今是戒應如是說若比丘與賊共期同道行乃至一聚落波逸提賊者偷象馬牛羊劫小聚落抄奪他物期者有二種若比丘作期若賊作期道有二種水道陸道波逸提者煑燒覆障若不悔過能障㝵道是中犯者若比丘陸道與賊共期從一聚落至一聚落波逸提若中道還突吉羅若无聚落空地乃至一拘盧舍波逸提若中道還突吉羅水道行亦如是不犯者若不期不犯若險難處賊送度者不犯（七十一竟）

佛在王舍城尒時王舍城中十七群

年少富貴家子柔軟樂人和提等未滿二十歲長老目揵連與受具戒是人晡時飢急故於僧坊內發大音聲作小兒啼佛聞僧坊內小兒啼聲知而故問阿難何故僧坊內有小兒啼聲阿難荅言世尊王舍城中有十七群年少富貴家子柔軟樂人未滿二十歲長老目揵連與受具戒晡時飢急是故僧坊內發大音聲作小兒啼佛以是事集僧知而故問大目揵連汝實作是事不荅言實作世尊佛種種因緣訶責目揵連汝不知時不知量趣得便與受具足戒汝云何不滿二十歲人與受具戒何以故不滿二十年人不能堪忍寒熱飢渴蚊䖟風雨虵毒所螫他人惡口苦急奪命重病皆不能堪忍是不滿二十歲人未成就故佛言滿二十歲人能堪忍寒熱飢渴蚊䖟風雨虵毒所螫他人惡口苦急奪命重病皆能堪忍以成就故佛種種因緣訶已語諸比丘以十利故與比丘結戒從今是戒應如是說若比丘未滿二十歲人與受具

足戒波逸提是人不得具足戒諸比丘亦可訶是事應尒波逸提者煑燒覆障若不悔過能障导道是中犯者若人不滿二十歲自想不滿僧中問汝滿二十不荅言不滿若僧與受具足戒是人不得戒諸比丘得罪共事共住者亦得罪又人不滿二十歲自想不滿僧中問汝滿二十不荅言滿若僧與受具足戒是人得戒共事共住无犯諸比丘得罪又人不滿二十歲自想不滿僧中問汝滿二十不荅言不知不憶疑若僧不審諦問便與受具足戒是人得戒共事共住无罪諸比丘得罪若人不滿二十歲忘不知不滿僧中問汝滿二十不荅言不滿若僧與受具足是人不得戒諸比丘得罪共事共住亦得罪又人不滿二十歲忘不知不滿僧中問汝滿二十不荅言滿若僧與受具戒是人得戒共事共住無罪諸比丘得罪又人不滿二十歲忘不知不滿僧中問汝滿二十不荅言不知不憶疑若僧不審諦問便與受具戒是人得戒共事

共住无罪諸比丘得罪若人不滿二十歲不自知不滿僧中問滿二十不荅言不滿若僧與受具足戒是人不得戒諸比丘得罪共事共住者亦得罪又人不滿二十歲不自知不滿僧中問汝滿二十不荅言滿若僧與受具足戒是人得戒共事共住无罪諸比丘得罪又人不滿二十歲不自知不滿僧中問汝滿二十不荅言不知不憶疑若僧不審諦問便與受具足戒是人得戒共事共住無罪諸比丘得罪

若人不滿二十歲自疑為滿不滿僧中問汝滿二十不荅言不滿若僧與受具足戒是人不得戒諸比丘得罪共事共住者亦得罪又人不滿二十歲自疑為滿不滿僧中問汝滿二十不荅言滿若僧與受具足戒是人得戒共事共住者無罪諸比丘得罪又人不滿二十歲自疑為滿不滿僧中問汝滿二十不荅言我不知不憶疑若僧不審諦問便與受具足是人得戒共事共住者无罪諸比丘得罪若

人滿二十歲自想滿二十僧中問汝
滿二十不荅言滿若僧與受具足戒
是人得戒諸比丘無罪共事共住者
亦无罪又人滿二十歲自想滿二十
僧中問汝滿二十不荅言不滿若僧
與受具戒是人不得戒諸比丘得罪
共事共住者亦得罪又人滿二十自
想滿二十僧中問汝滿二十不荅言
不知不憶疑若僧不審諦問便與受
具戒是人得戒共事共住無罪諸比
丘得罪若人滿二十歲忘不自知滿
僧中問汝滿二十不荅言滿若僧與
受具戒是人得戒諸比丘無罪共事
共住亦无罪又人滿二十忘不自知
滿僧中問汝滿二十不荅言不滿若
僧與受具戒是人不得戒共事共住
得罪諸比丘亦得罪又人滿二十忘
不自知滿僧中問汝滿二十不荅言
不知不憶疑若僧不審諦問便與受
具戒是人得戒共事共住无罪諸比
丘得罪
若人滿二十歲不自知滿僧中問汝
滿二十不荅言滿若僧與受具戒是

人得戒諸比丘無罪共事共住亦無
罪又人滿二十歲不自知滿僧中問
汝滿二十不荅言不滿若僧與受具
戒是人不得戒共事共住得罪諸比
丘亦得罪又人滿二十歲不自知滿
僧中問汝滿二十不荅言不知不憶
疑若僧不審諦問便與受具戒是人
得戒共事共住無罪諸比丘得罪
若人滿二十歲自疑為滿不滿僧中
問汝滿二十不荅言滿若僧與受具
戒是人得戒諸比丘無罪共事共住
亦无罪若人滿二十歲自疑為滿不
滿僧中問汝滿二十不荅言不滿若
僧與受具戒是人不得戒諸比丘得
罪共事共住亦得罪又人滿二十歲
自疑為滿不滿僧中問汝滿二十不
荅言我不知不憶疑若僧不審諦問
便與受具戒是人得戒共事共住無
罪諸比丘得罪 七十二竟
佛在阿羅毗國尒時阿羅毗比丘自
手掘地作牆基掘渠池井掘泥有居
士是外道弟子説地中有命根是人
以嫉心故訶責言沙門釋子自言善

好有功德而奪一根衆生命是中有
比丘少欲知足行頭陁聞是事心不
喜向佛廣説佛以是事集比丘僧知
而故問阿羅毗比丘言汝實作是事
不荅言實作世尊佛以種種因緣訶
責云何名比丘自手掘地掘作牆基
掘渠池井掘泥處種種因緣訶已語
諸比丘以十利故與諸比丘結戒從
今是戒應如是説若比丘自手掘地
若教他掘作是言汝掘是處波逸
提地者有二種生地不生地頽牆土
石庢蟻封土聚生地者若多雨國土
八月地生若少雨國土四月地生是
名生地除是名不生地自掘者手自
掘教他掘者教他人掘波逸提者煑
燒覆障若不悔過能障㝵道是中犯
者若比丘掘不生地隨一一掘突吉
羅若頽牆土石庢蟻封土聚若掘者
隨一一掘突吉羅若比丘掘生地隨
一一掘波逸提若掘作牆基若掘渠
池井一一掘波逸提若掘泥處乃至
没膝處掘取隨一一掘突吉羅若手
畫地乃至没芥子一一畫突吉羅若

十誦律第十六卷　第二十六張　[illegible]

比丘作師匠欲新起佛圖僧坊畫地作摸像處所不犯餘比丘畫者犯罪若生金銀硨磲瑪瑙珠沙鑛處若掘是處不犯若生鐵鑛處銅白鑞鉛錫鑛處若雌黃赭土白墡處若生石處生黑石處沙處鹽地掘者不犯 七十三覓

十誦律卷第十六

十誦律卷第十六

校勘記

一　底本，金藏廣勝寺本。

一　三八七頁中一行「三誦之三」，資、磧、普、南、徑、清置於二、三行之間。

一　三八七頁中六行首字及一三行第九字「王」，磧作「正」。

一　三八七頁中八行第一二字、一〇行第一一字「池」，資、磧、普、南、徑、清作「渠」。

一　三八七頁中一三行第一三字「諸」，資、磧、普、南、徑、清作「餘」。

一　三八七頁中一六行「往洗王法洗」，資、磧、普、南、徑、清作「詣水王洗法」。

一　三八七頁中一七行第一一字「浴」，資、磧、普、南、徑、清作「洗」。

一　三八七頁中一九行「足却坐一面」，資、磧、普、南、徑、清作「佛足却一面坐」。同行末字「而」，資、磧、普、南、徑、清無。

一　三八七頁下一行第七字「礼」，資、磧、普、南、徑、清作「禮佛」。

一　三八七頁下九行末字「浴」，資、磧、普、南、徑、清作「浴者」。

一　三八七頁下一〇行第八字「浴」，資、磧、普、南、徑、清無。

一　三八七頁下一三行第二字及一九行第一二字「煩」，資、磧、普、南、徑、清作「迷」。次頁上七行第九字同。

一　三八七頁下一七行小字右「名大熱」，資、磧、普、南、徑、清作「大熱」。

一　三八七頁下二一行第四字「日」，資、磧、普、南、徑、清無。

一　三八八頁上二行「病時」，諸本（不含石，下同）作「時病」。

一　三八八頁上九行第二字「聽」，資、磧、普、南、徑、清作「聽許」。

一　三八八頁上一一行首字「因」，資、磧、普、南、徑、清作「除因」。

一　三八八頁上一二行第六字「除」，南無。

一　三八八頁上一六行第一〇字「汙」，資、磧、普、南、徑、清作「汁」。

一　三八八頁上一八行第一二字「聽」，資、磧、普、南、徑、清無。

一　三八八頁上二一行第一三字「大」，磧作「入」。

一　三八八頁上二二行「時除」，資、磧、普、南、徑、清作「時」。

一　三八八頁上末行「不犯」，諸本作「浴不犯」。

一　三八八頁中一行「作新」，資、磧、普、南、徑、清作「新起」。

一　三八八頁中三行第二字「泥」，資、磧、普、南、徑、清作「塗」。

一　三八八頁中九行「五五尺」，資、磧、普、南、徑、清作「五尺」；麗作「五掃箒」。

一　三八八頁中一一行第八字「浴」，麗作「者」。

一　三八八頁中一三行首字「國」，麗無。

一　三八八頁中一六行第三字「行」，資、磧、普、南作「作」。

一　三八八頁中二〇行第四字「時」，諸本無。同行及末行「由句」，資、磧、普、南、徑、清作「由延」。

一　三八八頁中二二行「至半」，資、磧、普、南作「半半」；徑、清作「今日半」。

一　三八八頁下二行第六字「者」，諸本作「浴者」。同行末字「竟」，磧、普、南、徑、清作「事竟」。下同。

一　三八八頁下三行第一二字「國」，資、磧、普、南、徑、清無。

一　三八八頁下九行第一三字「等」，資、磧、普、南、徑、清無。

一　三八八頁下一〇行第一〇字「此」，資、磧、普、南、徑、清作「此中」。

一　三八八頁下一四行「令應」，諸本作「應令」。

一　三八八頁下一五行第一〇字「射」，諸本作「令射著」。

一　三八八頁下一七行第九字「恨」，資、磧、普、南、徑、清無。

一　三八九頁上二〇行首字「版」，諸本作「段」。下同。

一　三八九頁中一行首字「弰」，資、磧、普、南、徑、麗作「矟」。

一　三八九頁中七行第二字「行」，資、磧、普、南、徑、清作「坐」。

一　三八九頁中八行第六字「死」，資、磧、普、南、徑、清作「死者」。

一　三八九頁中九行第三字「因」，資、磧、普、南、徑、清作「因是」。

一　三八九頁中一四行「及母腹」，諸本作「乃至母胎」。

一　三八九頁中二〇行第三字「共」，資、磧、普、南、徑、清作「與」。同行第一一字「已」，諸本作「相駡已」。

一　三八九頁中二一行第三字「令」，磧作「二」。

一　三八九頁中二二行「具足戒」，資、磧、普、南、徑、清作「具戒」。下同。

一　三八九頁中末行「得名」，諸本作「名得」。

一　三八九頁下三行末字「令」，普作「今」。

一　三八九頁下五行末字「具」，資、磧、普、南、徑、清作「具足」。次頁中七行第二字麗同。

一　三八九頁下一九行第一三字「事」，資、磧、普、南、徑、清作「因緣」。

一　三八九頁下末行首字「生」，資、磧、普、南、徑、清無。

一　三九〇頁上一行首字「疾」，資、磧、普、南、徑、清作「疫」。

一　三九〇頁上四行第一〇字「受」，資、磧、普、南、徑、清無。

一　三九〇頁上一八行第一一字「言」，資、磧、普、南、徑、清作「問言」。

一　三九〇頁上末行第一〇字「足」，資、普、南、清作「戒」；磧、麗作「足戒」。

一　三九〇頁中二行末字「作」，資、磧、普、南、徑、清作「作受具戒」。

一　三九〇頁中三行末字「不」，諸本作「不名」。

一　三九〇頁中八行第五字「言」，資、磧、普、南、徑、清作「語言」。

一　三九〇頁中九行「戒若不得具」，資、磧、普、南、徑、清作「具足戒不得具足」；麗作「具足戒或不得具」。

一　三九〇頁中一二行第三字「界」，資、磧、普、南、徑、清作「於界」。

一　三九〇頁中一三行第三字「受」，資、磧、普、南、徑、清作「受戒」。同行第一一字「若」，資、磧、普、南、徑、清無。

一　三九〇頁中一七行「罪犯」，資、磧、普、南、徑、清無。

一　三九〇頁中二二行第一二字「至」，資、磧、普、南、徑、清作「到」。

一　三九〇頁中末行末字「坊」，資、磧、普、南、徑、清作「房」。頁下三行第六字、五行第一四字同。

一　三九〇頁下二行第六字「處」，資、磧、普、南、徑、清作「家」。

一　三九〇頁下九行至一〇行「鈎時藥夜」，磧作「釋子門非」。

一　三九〇頁下一七行至一八行「莫不爲他請食入某舍」，資、磧、普、南作「莫爲他請食入某舍」；徑、清、麗作「莫他不請入其舍」。

一　三九〇頁下二一行「不請食」，資、磧、普、南作「請食」；麗作「不請」。

一　三九一頁上三行第九字「除」，麗作「若除」。

一　三九一頁上七行「比丘」，資、磧、普、南、徑、清無。

一　三九一頁上一二行首字「言」，資、磧、普、南、徑、清無。

一　三九一頁上一四行第一一字「指」，諸本作「以指」。

一　三九一頁上二一行首字「河」，麗作「池」。

一　三九一頁上二二行第八字「洗」，諸本作「洗浴」。

一　三九一頁上末行第一三字「樂」，資、磧、普、南、徑、清作「欲」。

一 三九一頁中一行第三字「諸」，諸本作「餘」。同行第一一字「皆」，資、磧、普、南、徑、清作「皆著衣」。

一 三九一頁中三行第一二字「擢」，諸本作「掉」。

一 三九一頁中四行第三字「把」，資、磧、普、南、徑、清作「抱」。頁下五行第一〇字同。

一 三九一頁中四行第八字「或」，資、磧、普、南、徑、清無。頁下五行第一二字及六行首字同。

一 三九一頁中一〇行首字「看」，資、磧、普、南、徑、清作「看是」。

一 三九一頁中一一行第一三字「是」，諸本作「是中」。

一 三九一頁中一五行第二字「罐」，資、磧、普、南、徑、清作「灌」。

一 三九一頁中一六行第八字「瓶」，資、磧、普、南、徑、清作「澡灌」。

一 三九一頁下一三行第一三字「中」，諸本作「水中」。

一 三九一頁下一四行第七字「一」，磧、南作「二」。

一 三九一頁下二一行第二字「羅」，資、磧、普、南、徑、清作「羅國」。

一 三九二頁上一五行第八字「更」，資、磧、普、南、徑、清作「復」。

一 三九二頁上二二行第八字「復」，資、磧、普、南、徑、清無。次頁上七行第八字同。

一 三九二頁中一行首字「自」，資作「目」。

一 三九二頁中二行第五字「竟」，資、磧、普、南、徑、清無。同行第一三字「說」，資、磧、普、南、徑、清無。

一 三九二頁中九行第二字「佛」，資、磧、普、南、徑、清無。

一 三九二頁中一四行第五字「詣」，磧作「諸」。

一 三九二頁中一七行第五字「是」，諸本作「如是」。

一 三九二頁下一行首字「責」，資、磧、普、南、徑、清作「已」。同行第一三字「與」，資、磧、普、南、徑、清作「與諸」。下同。

一 三九二頁下四行第九字「若」，資、磧、普、南、徑、清作「是」。

一 三九二頁下五行第二字「烏」，諸本作「象」。

一 三九二頁下七行第五字「置」，資、磧、普、南、徑、清作「著」。

一 三九二頁下九行第二字「半」，麗作「不」。

一 三九二頁下一〇行第九字「人」，資、磧、普、南、徑、清無。

一 三九二頁下一三行末字「中」，資、磧、普、南、徑、清作「舍中」。

一 三九二頁下二〇行第一〇字「變」，資、磧、普、南、徑、清作「便」。

一 三九三頁上三行第一三字「言」，資、磧、普、南、徑、清作「言比丘」。

一 三九三頁上一〇行第八字「不」，資、磧、普、南、徑、清作「未」。

一 三九三頁上一一行第二字「牀」，諸本作「牀坐」。

一 三九三頁上一九行首字「佛」，資、

磧、普、南、徑、清作「佛以」。

一　三九三頁中七行第七字、一四行第四字、一八行第三字、二一行第一一字「恐」，資、磧、普、南、徑、清無。頁下一行第一〇字同。

一　三九三頁中九行「若作希有香如是等」，資、磧、普、南、徑、清作「如是」；麗作「若作希香作如是等」。

一　三九三頁中一〇行「比丘」，麗作「他比丘」。

一　三九三頁中一七行「毗羅漿」，南無。

一　三九三頁中二〇行第五字「人」，諸本作「又」。

一　三九三頁下一行第九字「令」，諸本作「能令」。

一　三九三頁下三行第四字「莫」，諸本作「莫於」。

一　三九三頁下九行首字「以」，資、磧、普、南、徑、清作「若以」。同行「若以」，資、磧、普、南、徑、清作「以是」。

一　三九三頁下一〇行首字「及」，資、磧、普、南、徑、清作「若」。

一　三九三頁下一八行第五字「著」，諸本作「藏著」。

一　三九四頁上三行第八字「攝」，資、磧、普、南、徑、清作「執」。

一　三九四頁上一九行「衣鉢」，麗作「鉢若衣」。

一　三九四頁中二行第七字「得」，資、磧、普、南、清作「得得」。

一　三九四頁中八行「篸縫割截」，諸本作「割截篸縫者」。

一　三九四頁中一六行第五字「但」，諸本作「但見」。

一　三九四頁中一九行第一一字「便」，諸本作「我便」。

一　三九四頁下一〇行第九字「諸」，資、磧、普、南、徑、清無。

一　三九四頁下一一行第一二字「他」，徑、清無。

一　三九四頁下二〇行第七字「便」，諸本作「他」。

一　三九四頁下二一行第一三字「時」，諸本作「時有」。次頁上二〇行第七字同。

一　三九五頁上一三行首字「鉢」，資、磧、普、南、徑、清無。

一　三九五頁上一九行「自受」，諸本作「受持」。同行「不犯」，資、磧、普、南、徑、清無。

一　三九五頁上二〇行第五字「離」，諸本作「離國」。

一　三九五頁中三行第一〇字「沙」，諸本作「沙法」。

一　三九五頁中一六行第七字「他」，資、磧、普、南、徑、清作「餘」。

一　三九五頁中一七行第二字「根」，資、磧、普、南、徑、清無。

一　三九五頁下五行首字「疑」，麗作「聞」。

一　三九五頁下八行第一〇字「不」，資、磧、普、南、徑、清作「若不」。

一　三九五頁下一八行「還帰」，資、磧、普、南、徑、清作「歸去」。

— 三九五頁下二〇行第二字「見」，諸本作「見是」。

— 三九五頁下二一行第五字「俱」，資、磧、普、南、徑、清作「共」。

— 三九五頁下二二行第八字「掉」，資作「挑」。

— 三九五頁下末行第七字「還」，資、磧、普、南、徑、清作「便」。

— 三九六頁上一行第四字「出」，資、磧、普、南、徑、清作「出自」。

— 三九六頁上三行第五字「於」，資、磧、普、南、徑、清作「於諸」。

— 三九六頁上五行第八字「與」，麗作「與向」。

— 三九六頁上六行「衣繫項」，資、磧、普、南、徑、清作「以衣繫縛」；麗作「以衣繫項」。

— 三九六頁上一三行末字「事」，資、磧、普、南、徑、清作「事已」。

— 三九六頁上一七行第六字「道」，資、磧、普、南、徑、清作「同道」。

— 三九六頁上二〇行第二字「女」，諸本作「女人」。同行末字「二」，諸本作「有二」。

— 三九六頁中三行末字「波」，資、磧、普、南、徑、清作「得波」。

— 三九六頁中九行第七字「林」，諸本作「樹林」。

— 三九六頁中一〇行第一三字「言」，資、磧、普、南、徑、清作「念言」。

— 三九六頁中一四行第四字「答」，資、磧、普、南、徑、清作「諸賊答」。

— 三九六頁中一五行第一二字「我」，資、磧、普、南、徑、清作「我等」。

— 三九六頁中二一行第一〇字「捉」，諸本作「所捉」。

— 三九六頁下一行第二字「言」，諸本作「言汝」。同行第一一字「所」，麗作「治」。

— 三九六頁下四行第五字「故」，資、磧、普、南、徑、清無。同行末字「作」，資、磧、普、南、徑、清作「能作」。

— 三九六頁下五行第三字「事」，諸本作「事必是失道」。

— 三九六頁下一五行首字「道」，諸本作「道者」。

— 三九七頁上六行第七字「尊」，諸本作「尊是」。

— 三九七頁上八行第一二字「晡」，磧作「脯」。

— 三九七頁上一〇行第六字「僧」，諸本作「比丘僧」。

— 三九七頁上一一行末字「佛」，資、磧、普、南、徑、清作「佛以」。

— 三九七頁上一三行「具足戒」，資、磧、普、南、徑、清作「具戒」。下同。

— 三九七頁上一四行第一三字「不」，資、磧、普、南、徑、清作「未」。

— 三九七頁上一五行第三字「年」，諸本作「歲」。

— 三九七頁中一行第二字「戒」，資、磧、普、南、徑、清作「戒者」。

— 三九七頁中一六行「具足」，磧、麗作「具足戒」；南、徑、清作「具戒」。頁下二二行同。

一　三九七頁下二行、五行、八行「自知」，資、磧、普、南、徑、清作「自憶」。

一　三九七頁下二行第一〇字「問」，資、磧、普、南、徑、清作「問汝」。

一　三九七頁下一七行「二十」，資、磧、普、南、徑、清作「二十歲」。　次頁上七行、一四行、一七行同。

一　三九七頁下一九行及末行第六字「者」，資、磧、普、南、徑、清無。

一　三九八頁上一行第一三字「問」，徑作「共」。

一　三九八頁上一三行至一四行「諸比丘無罪共事共住」，資、磧、普、南、徑、清作「共事共住無罪諸比丘」。

一　三九八頁上一六行第八字「不」，資、磧、普、南、徑、清無。　頁中四行第四字同。

一　三九八頁上一七行「得罪諸比丘亦」，資、磧、普、南、徑、清作「罪諸比丘」。　頁中四行至五行同。

一　三九八頁中一二行第四字「若」，諸本作「又」。

一　三九八頁中一四行至一五行「不得戒諸比丘得罪共事共住亦」，資、磧、普、南、徑、清作「得戒共事共住無罪諸比丘」。

一　三九八頁中二〇行第六字「國」，資、磧、普、南、徑、清作「羅」。

一　三九八頁中二一行第四字「作」，資、磧、普、南、徑、清作「掘作」。同行第一二字「泥」，諸本作「泥處」。

一　三九八頁下四行第九字「言」，資、磧、普、南、徑、清無。　同行第一三字「是」，徑作「世」。

一　三九八頁下八行第九字「諸」，資、磧、普、南、徑、清無。

一　三九八頁下一四行「手自」，資、磧、普、南、徑、清作「自手」。

一　三九八頁下一六行第四字「若」，徑作「莫」。

一　三九八頁下二一行第二字「井」，諸本作「井隨」。

一　三九九頁上五行第六字「赭」，資作「赬」。　同行第一一字「若」，資、磧、普、南、徑、清無。

十誦律卷第十七　三誦之四　　職

後秦北印度三藏弗若多羅譯

九十波逸提之九

佛在釋氏國尒時摩訶南釋四月請佛及僧所須藥一切自恣皆從我取尒時六群比丘過夏四月不病到摩訶南釋所言我等須酥荅言先所有酥僧中用賜但有餘藥訶梨勒阿摩勒毗醯勒波株羅藥比牧蓦陁羅多耶摩那藥迦樓伽盧醯尼藥有如是等若須者便取六群比丘又問汝有油蜜石蜜薑胡椒蓽茇黑鹽不我等須之荅言先有僧中用盡但有餘藥訶梨勒等若須者便取六群比丘便瞋恚言汝誑佛及僧力不能與者何故請佛及僧自恣與藥若有餘人請者必當自恣與多美好藥此辛苦藥草何處不有尒時摩訶南釋善好大人如是訶時心不憂愁時有餘居士隨從摩訶南釋者以嫉瞋心訶責言是沙門釋子自言善好有德是摩訶南釋善好供給衆僧如事大家去何現前訶罵出其過罪是中有比丘少欲知足行頭陁聞是事心不喜向佛廣說佛以是事集比丘僧知而故問六群比丘汝實作是事不荅言實作世尊佛以種種因緣訶責去何名比丘摩訶南釋善好供給衆僧如事大家而現前訶罵種種因緣訶已語諸比丘以十利故與比丘結戒從今是戒應如是說若比丘受四月自恣請過除常請除數數請除別請復更索者波逸提四月請者隨何家中請僧四月一切藥隨意所須常請者隨何家中常請僧一切藥隨意所須數數請者隨何家中過一月已復請四月過二月已復請四月過三月已復請四月過四月已復請四月別請者私請也波逸提者煑燒覆障若不悔過能障㝵道是中犯者若比丘隨他家中四月請僧與一切藥是比丘過四月已若復索蘇得者波逸提不得者突吉羅索油蜜石蜜胡椒蓽茇薑黑鹽得者波逸提不得者突吉羅若索訶梨勒阿摩勒毗醯勒波株羅毗牧蓦

陁多耶摩鄃迦樓伽盧醯尼等苦藥得者突吉羅不得者亦突吉羅若常請者隨他家中請僧與一切藥若請主死若有兒若兄弟婦作是言如本家主在時請我今亦如是常請是中比丘應常請處取若數數請者隨他家中數數請與一切藥是中一月過已更請四月是中比丘應夏中三月受冬中一月受若二月過已更請四月應夏中二月冬中二月受若三月過已更請四月應夏一月冬三月受若四月過已更請四月應冬四月受比丘冬四月過不病更往索蘇得者波逸提不得者突吉羅若索油蜜石蜜胡椒蓽茇薑黑鹽若得者波逸提不得突吉羅若索呵梨勒阿摩勒毗醯勒波株羅毗牧㝹陁多耶摩鄃迦樓伽盧醯尼等苦藥若得者突吉羅不得者亦突吉羅不犯者若病索若從親里索若先請若不索自與不犯（七十四竟）

佛在舍衛國尒時佛不在比丘尼僧前結同戒時佛在比丘僧前結同戒

語諸比丘汝等以是戒向比丘尼說作是語已入室坐禪尒時諸比丘作是念佛今為我等結同戒言汝等向比丘尼唱說作是語已入室坐禪是中誰能往王園比丘尼精舍向比丘尼僧說復作是念是長老跋提比丘有大功德名聞多知多識此人堪往王園向比丘尼僧說作是念已共相謂言當共往語長老跋提比丘即時諸比丘往詣長老跋提所頭面礼足一面坐已語長老跋提言汝知不佛為我等結同戒語我等言汝等向比丘尼說作是語已入室坐禪我等作是念是中誰能往王園比丘尼精舍向比丘尼說我等復作是念是長老跋提比丘有大功德名聞多知多識此人堪往王園向比丘尼說汝今往詣王園精舍向比丘尼唱說者善長老跋提默然受諸比丘語尒時諸比丘知跋提默然受已從坐起頭面礼足右繞而去是長老跋提過是夜已晨朝著衣持鉢共一後行比丘入舍衛城次第乞食食已向王園比丘尼

精舍諸比丘尼遥見長老跋提故有為敷牀者有為辦洗足水者時長老跋提洗足已就座處坐語諸比丘尼令集一處語比丘尼言佛為我等結同戒我及汝等應共受持尒時有長老比丘尼善比丘尼皆言善好受持是語尒時偷蘭難陁比丘尼在衆中語長老跋提言汝愚癡不了不決定知我等可以汝語故持不持耶我等當問餘比丘持修多羅比尼摩多羅迦者若應持者當持不應持者不持是中有比丘尼少欲知足行頭陁聞是事心不喜種種因緣呵責偷蘭難陁比丘尼云何名比丘尼佛結同戒違逆不受復語長老跋提言汝愚癡不了不決定知如是種種因緣訶已向佛廣說佛以是事集比丘僧佛以種種因緣訶責（偷蘭難陁比丘尼云何名）比丘尼我結同戒違逆不受復訶責善男子跋提愚癡不了不決定知佛如是種種因緣訶已語諸比丘以十利故與比丘結戒從今是戒應如是說若比丘說戒時作是言我不受學是戒先當問

餘比丘持修多羅持比尼持摩多羅迦者波逸提若比丘欲知法者應從此戒學已當問餘比丘持修多羅持比尼持摩多羅迦者應如是問是語云何是事應尒波逸提者煑燒覆障若不悔過能障㝵道是中犯者若比丘說四波羅夷時作是言我不學是戒先當問餘比丘持修多羅持比尼持摩多羅迦者波逸提若比丘說十三僧伽婆尸沙法二不定法三十尼薩耆波逸提法九十波逸提法四波羅提提舍尼法衆多學法七滅諍法及餘入比尼經說時作是言我不受學是戒先當問餘比丘持修多羅持比尼持摩多羅迦者波逸提若除入比尼經說餘經時作是言我不受學是經先當問餘比丘持修多羅持比尼持摩多羅迦者突吉羅　七十五竟

佛在王舍城尒時六群比丘與十七群比丘常共鬪諍相罵相詈時十七羣共六群鬪諍相罵已各自別去謂六羣比丘不聞其聲屏處相謂言共群兇惡健鬪我等共同心者六群比

丘不能得便時六群比丘盜徃立聽十七群謂無人聞說已默然時六群言汝何以罵我等荅言誰罵汝等共群言汝等適不言六群比丘兇惡健鬪諍我等共同心者六群比丘不能得便十七群比丘言誰作是言從誰所聞六群比丘言我在屏處立聞是中有比丘少欲知足行頭陁聞是事心不喜種種因緣訶責六群比丘云何名比丘共他鬪諍相罵已盜徃立聽種種因緣訶已向佛廣說佛以是事集比丘僧知而故問六群比丘汝實作是事不荅言實作世尊佛種種因緣訶責六群比丘云何名比丘共他比丘鬪諍相罵盜徃立聽種種因緣訶已語諸比丘以十利故與比丘結戒從今是戒應如是說若比丘共餘比丘鬪諍已盜徃立聽彼比丘所說我當憶持波逸提盜徃聽者若在細㭰繩牀下若麁㭰繩牀下若獨坐牀下若戸邊若道邊若高上若牆邊若別房內若辟邊障外若闇中若月明中波逸提者煑燒覆障若不悔

過能障㝵道是中犯者若比丘共他比丘鬪諍相罵已盜徃聽他語若在細㭰繩牀下能得聞者波逸提不得聞突吉羅若在麁㭰繩牀下若獨坐牀下若戸邊若道邊若高上若牆邊若別房內若辟邊若障外若黒闇中若月明中得聞者波逸提不聞者突吉羅不犯者若為和合徃聽不犯　七十六竟

佛在舍衛國尒時諸比丘欲與跋難陁釋子作擯羯磨白時六群比丘於僧中遮不得成羯磨一時六群比丘有因緣餘處去有一比丘助六群者不去諸比丘共相謂言我等今與六群比丘作擯羯磨有比丘言六群或當在中聞遮有比丘言六群比丘已餘處去无有遮者即打揵椎集比丘僧欲與跋難陁作擯羯磨稱跋難陁名欲唱白時助六群比丘者默然從坐起去作是念今諸比丘欲與跋難陁釋子作擯羯磨後曰諸比丘唱言已與跋難陁作擯羯磨是助六群比丘者言是羯磨不如法別我作故諸

比丘言汝在是中荅言我雖在此中汝等欲唱白時我從坐起去以擯跋難陀釋子故是中有比丘少欲知足行頭陀聞是事心不喜種種訶責助六群比丘云何名比丘僧斷事時默然起去種種因緣訶已向佛廣說佛以是事集比丘僧知而故問助六群比丘汝實作是事不荅言實作世尊佛種種因緣訶責助六群比丘云何名比丘衆僧斷事時默然起去種種因緣訶已語諸比丘以十利故與比丘結戒從今是戒應如是說若比丘僧斷事時默然起去波逸提僧斷事者若僧所作事謂白一白二白四羯磨布薩自恣若作十四人羯磨波逸提者煑燒覆障若不悔過能障㝵道是中犯者若比丘僧斷事唱白時默然起去波逸提若白一白二白四羯磨布薩自恣作十四人羯磨時默然從坐起去者波逸提不犯者若去大小便若去不離聞處不犯 七十七竟

佛在俱舍弥國時闡那比丘諸上座所說是法是律是佛教不待說竟中

閙作異語荅難上座无敬畏心諸比丘語闡那汝莫尒諸上座所說是法是律是佛教汝莫中閙作異語不待說竟荅難上座无敬畏心闡那言我荅難上座无敬畏心何預汝事是中有比丘少欲知足行頭陀聞是事心不喜種種因緣訶責闡那云何名比丘諸上座所說是法是律是佛教不待說竟中閙作異語荅難上座无敬畏心種種因緣訶已向佛廣說佛以是事集比丘僧知而故問闡那汝實作是事不荅言實作世尊佛種種因緣訶責闡那云何名比丘諸上座所說是法是律是佛教不待說竟中閙作異語荅難上座無敬畏心種種因緣訶已語諸比丘汝等記闡那比丘不恭敬事若有餘比丘作是事者亦應如是記不恭敬事記者僧一心和合一比丘唱大德僧聽是闡那比丘上座所說是法是律是佛教不待說竟中閙作異說荅難上座無敬畏心若僧時到僧忍聽當記闡那比丘不恭敬事白如是白四羯磨僧記闡那

比丘不恭敬事竟僧忍默然故是事如是持語諸比丘以十利故與比丘結戒從今是戒應如是說若比丘不恭敬者波逸提波逸提者煑燒覆障若不悔過能障㝵道是中犯者若比丘僧未記不恭敬事若諸比丘語汝莫作婬荅言不作而實作婬婬故波羅夷不恭敬心突吉羅汝莫偷奪他物莫故奪人命莫觸女人身莫殺草木莫過中食莫飲酒汝從此房出從牀榻被蓐獨坐牀起去莫捉鉢鉤鉢多羅半鉤鉢多羅揵瓷半揵瓷剃刀鑷小刀荅言不作而實作若作隨得罪不恭敬故突吉羅若比丘僧未記不恭敬事諸比丘語汝莫作婬荅言當作而實作婬婬故波羅夷不恭敬故突吉羅汝莫偷奪他物莫奪人命莫觸女身莫殺草木莫過中食莫飲酒汝從此房出從牀榻被褥獨坐牀起去莫捉此鉢鉤鉢多羅半鉤鉢多羅揵瓷半揵瓷剃刀鑷小刀荅言當作而實作若作隨得罪不恭敬故突吉羅若比丘僧記不恭敬事已諸

比丘語汝莫作婬荅言不作而實作
婬婬故波羅夷不恭敬故波逸提僧
記不恭敬事已汝莫偷奪他物莫故
奪人命莫觸女身莫殺草木莫過中
食莫飲酒汝從此房出從牀榻被褥
獨坐牀起去莫捉此鉢鉤鉢多羅半
鉤鉢多羅揵瓷半揵瓷剃刀鑷小刀
荅言不作而實作若作隨得罪不恭
敬故波逸提若比丘僧記不恭敬事
已諸比丘語汝莫作婬荅言當作而
實作婬婬故波羅夷不恭敬故波逸
提僧記不恭敬事已汝莫偷奪他物
莫故奪人命莫觸女身莫殺草木莫
過中食莫飲酒汝從此房出從牀榻
被褥獨坐牀起去莫捉此鉢鉤鉢多
羅半鉤鉢多羅揵瓷半揵瓷剃刀鑷
小刀荅言當作而實作若作隨得罪
不恭敬故波逸提七十八竟
佛在支提國跋陁羅婆提邑是處有
惡龍名菴婆羅提他咒暴惡害无人
得到其住處象馬牛羊騾驢駱駝无
能近者乃至諸鳥不得過上秋穀熟
時破滅諸穀長老莎伽陁遊行支提

國漸到跋陁羅婆提邑過是夜已晨
朝著衣持鉢入村乞食乞食時聞此
邑有惡龍名菴婆羅提他咒暴惡害
人民鳥獸不得到其住處秋穀熟時
破滅諸穀聞已乞食竟到菴婆羅提
他龍住處泉邊樹下敷坐具大坐龍
聞袈裟衣氣即發瞋恚從身出烟長
老莎伽陁即入三昧以神通力身亦
出烟龍倍瞋恚身上出火莎伽陁比
丘入火光三昧身亦出火龍復雨雹
莎伽陁比丘即變雨雹作釋俱利餅
餚餅波羅餅龍復放大霹靂長老莎
伽陁即變霹靂作種種歡喜丸龍復
雨箭刀矟莎伽陁即變作優鉢羅華
波頭摩華俱牟陁華分陁利華時龍
復雨毒虵蜈蚣土虺蚰蜒莎伽陁即
變作優婆羅華瓔珞瞻蔔華瓔珞婆
師華瓔珞阿提目多伽華瓔珞如是
等龍所有勢力盡現向長老莎伽陁
如是現威德已不能勝故即失威力
光明莎伽陁知龍力勢已盡不能復
動即變作細身從龍兩耳入從兩眼
出兩眼出已從兩鼻入從口中出在

龍頭上往來經行不傷龍身尒時龍
見如是事心即大驚怖畏毛竪合掌
向長老莎伽陁言我歸依汝莎伽陁
荅言汝莫歸依我當歸依我所歸佛
龍言我從今歸依佛歸依法歸依僧
當知我盡形作佛優婆塞是龍受三
自歸作佛弟子已更不復作如是咒
惡事諸人鳥獸皆得到所住處秋穀
熟時不復傷破如是名聲流布諸國皆
長老莎伽陁能降惡龍折伏令善諸
人鳥獸得到龍所秋穀熟時不復破
傷因長老莎伽陁名聲流布故諸人
為僧作供養前食後食是中有一貧
窮女人信敬獨請長老莎伽陁莎伽
陁默然受已是女人為辦多蘇乳糜
蘇乳糜或當冷發便取似水色水香
水味酒持與是莎伽陁不看即飲飲
已為說法便去還向寺中尒所時間
酒勢便發近寺門邊倒地僧伽梨鬱
多羅僧安陁衛水囊鉢杖油囊革屣
針線囊各在一處身在一處醉无所
覺尒時佛與阿難遊行到是處佛見

是比丘知而故問阿難此是何人荅言世尊此是長老莎伽陁佛即語阿難是處為我敷坐牀辦水集比丘僧阿難受教即敷坐牀辦水集比丘僧已往白佛言世尊我已敷坐牀辦水集比丘僧佛自知時佛即洗足坐阿難所敷牀上問諸比丘汝等曾見曾聞有龍名菴婆羅提他咒暴惡害先無有人到其住處象馬牛羊驟驢駱駞无能近者乃至諸鳥無敢過上秋穀熟時破壞諸穀善男子莎伽陁能折伏令善諸人鳥獸得到泉上是時衆中有見者言見聞者言聞佛語諸比丘於汝意云何此善男子今能折伏蝦蟇不吞言不能世尊佛言如是過罪若過是罪皆由飲酒故從今日若言我是佛弟子者不得飲酒乃至小草草頭一滴亦不得飲佛種種因緣訶責飲酒已語諸比丘以十利故與比丘結戒從今是戒應如是說若比丘飲酒者波逸提酒者有二種穀酒木酒穀酒者用食用麴用米或用根莖華菓果用種種子用諸藥草雜

作酒酒色酒香酒味飲能醉人者是名穀酒木酒者不用食不用麴米但用根莖菓華果若用種種子作酒酒色酒香酒味飲能醉人是名木酒復有木酒不用食不用麴米根莖葉華果但用諸種子諸藥和合作酒酒色酒香酒味飲能醉人是名木酒及前穀酒皆名為酒若比丘取嘗咽者亦名為飲是謂飲酒波逸提者煑燒覆障若不悔過能障㝵道是中犯者若比丘飲穀酒隨咽咽波逸提若比丘飲木酒隨咽咽波逸提若比丘飲酢酒隨咽咽波逸提若飲甛酒隨咽咽波逸提若噉麴能醉者隨咽咽波逸提若噉酒糟隨咽咽波逸提若飲酒澱隨咽咽波逸提若飲似酒色酒香酒味令人醉者隨咽咽波逸提若酒色酒香酒味若酒色酒香若酒色酒味若酒香酒味飲者隨咽咽波逸提不犯者若但作酒色無酒香无酒味不能醉人飲者不犯（七十九竟）

佛在王舍城尒時諸比丘中前入聚落中後出中後入聚落中後出不知

出入聚落時節諸外道出家人嫉心訶罵言餘出家人中前入聚落中前出食後還自住處皆同和合嘿然隱住如鳥母中時自於巢中伏住令子煖是沙門釋子自言善好有德而今中前入聚落中後出中後入聚落中後出不知入出時節是中有比丘少欲知足行頭陁聞是事心不喜向佛廣說佛以是事集比丘僧語諸比丘云何名比丘中前入聚落中後出中後入聚落中後出不知出入時節佛尒時但訶責而未結戒又佛在舍衛國尒時長老迦留陁夷得阿羅漢道心中作是念我先在六群比丘中於舍衛國汙辱諸家我今當還令此諸家清淨作是念已入舍衛國俱度九百九十九家若夫得道而婦不得若婦得道而夫不得則不說數但數夫婦俱得道者尒時舍衛城有一婆羅門家應以聲聞得度迦留陁夷作是念我復能度是家者於舍衛城中滿千家俱度作是念已過夜晨朝著衣持鉢入舍衛城乞食遊行到是婆羅

門舍尒時婆羅門有小因緣不在是婆羅門婦閉門作煎餅迦留陁夷即入禪定於門外没在庭前現從禪定起彈指婦即迴顧即見便看門猶閉作是念此沙門從何處入此必貪餅故來我終不與若使眼脫我亦不與即以神力兩眼脫出見已復念出眼如椀我亦不與以神力變眼如椀見已復念倒立我前亦不能與即以神力於前倒立復念若死我亦不與復以神力入滅受想定心想皆滅無所覺知尒時婆羅門婦見已喚聞牽挽不動婦即驚怖作是念是沙門大惡乃尒此常出入波斯匿王所末利夫人師若聞某婆羅門家死者我等得大衰惱若活者我與一餅迦留陁夷即出滅受想定身動便起婦即看餅先煎者好意惜不與當更煎之即煎轉勝復不以與即刮兒邊取殘麺煎復勝於前復作是念此等皆好當以先者與之適舉一餅餘皆相著迦留陁夷言姊隨心欲與我幾許便取即舉四餅持與迦留陁夷迦留陁夷不

受言我不須是餅若汝欲施者可以與僧是婆羅門婦先世曾供養佛種善根近正見利根本因緣強堪任今世得道諸善根牽故便作是念是比丘實不貪餅但愍我故來即作是念我所有餅盡當與僧語言善人我盡持筐餅施僧荅言隨意即持餅筐詣祇桓中打揵搥集比丘僧與僧餅竟在迦留陁夷前坐聽說法尒時迦留陁夷即隨順觀本因緣為說妙法即於座上遠塵離垢於諸法中得法眼淨是女人聞法知法見法入法度疑悔不隨他於佛法中得自在心無所畏從坐起頭面礼迦留陁夷足言我從今日歸依佛歸依法歸依僧知我盡形作佛優婆夷時迦留陁夷復為說法示教利喜示教利喜已默然是女人聞法示教利喜已頭面礼長老迦留陁夷足右繞而去還到自舍時夫於後來還婦語夫言汝去後我閉門煎餅時阿闍梨迦留陁夷來現種種神力我持是餅與祇桓僧阿闍梨迦留陁夷為我說法我得須陁洹道

汝今可往亦當為汝說法是婆羅門前世曾供養佛種善根近正見利根本因緣強堪任今世得道諸善根力牽便往詣長老迦留陁夷所頭面礼足在前而坐迦留陁夷即隨順觀本因緣為說種種妙法即於座上遠塵離垢得法眼淨是婆羅門聞法知法見法入法度疑悔不隨他於佛法中得自在心無所畏從座起頭面礼長老迦留陁夷足言我從今日歸依佛歸依法歸依僧知我盡形作佛優婆塞迦留陁夷復為婆羅門說種種法示教利喜示教利喜已默然婆羅門聞法示教利喜已從座起頭面礼足右繞而去還到自舍語婦言我等无有善知識大利益我等如阿闍梨迦留陁夷者何以故我等因阿闍梨迦留陁夷故破二十身見斷三悪道无量苦惱令作有量入正定見四諦大德迦留陁夷所須衣被飲食卧具湯藥種種生活具我等當與婦言便往白恣請婆羅門即時往詣祇桓到迦留陁夷所頭面礼足在前而坐已語

迦留陁夷大德知不我等無有善知識大利益我等如大德者何以故我等因大德迦留陁夷故破二十身見斷三惡道无量苦惱令作有量入正定見四諦大德若有所須衣服飲食卧具湯藥種種生活具自恣受我請當隨意取荅言尒是迦留陁夷有所須衣食卧具湯藥往彼取之是婆羅門有一兒學婆羅門法婦婆羅門女父母語兒言汝知不我等更无好知識大利益我等如大德迦留陁夷者何以故我等因大德迦留陁夷故破二十身見斷三惡道无量苦惱令作有量入正定見四諦如汝好供養我等若我等死後當如是供養大德迦留陁夷荅言尒世法無常如偈所說

常者皆盡　高者亦墮　合會有離
生者有死

是兒父母死已作孝除服洗浣竟往詣迦留陁夷所頭面礼足在一面坐白言我視大德迦留陁夷如父母無異若有所須衣服飲食卧具湯藥種種生活具自恣受我請當隨意取如從

我父母取荅言尒尒時迦留陁夷所須衣服飲食卧具湯藥從彼家取尒時有五百賊作惡事竟入舍衛城賊主年少端正婆羅門兒婦撥上遥見心生染著便喚婢使語共人来入共相娛樂是婢即往語言某婆羅門婦喚汝来入共相娛樂賊主即入一時迦留陁夷晨朝著衣持鉢入是婆羅門舍婦為敷座坐已共相問訊在一面坐婆羅門兒婦疾為辦飲食自手行水自與多美飲食自恣飽滿竟行水洗手取小床坐聽法尒時迦留陁夷為種種因緣訶責婬欲讃歎離婬欲種種因緣訶責破戒讃歎持戒如是說法已從坐起去時婦作是念是比丘種種因緣訶責婬欲讃歎離欲訶責破戒讃歎持戒是比丘必當見我二人共作惡事是故作是語我夫更无同心愛念如是沙門者若以是事語我夫者我當受大苦惱作是念已語賊言汝聞沙門種種因緣訶責婬欲讃歎離欲訶責破戒讃歎持戒耶必當見我等二人共作惡事我夫更

無同心愛念如是沙門者若以是事語我夫者我等當受大苦惱賊主言今當云何荅言當除滅去賊主言此有大威徳力淨飯王師婆羅門子常出入波斯匿王所末利夫人師云何可殺荅言我能作因緣必令可殺是女人中後佯病卧遣人往喚迦留陁夷言来看我病迦留陁夷中後著衣往看即與坐處共相問訊迦留陁夷就坐種種因緣為說法示教利喜已欲起去婦言善人莫去隨尒所時為我說法我漸小差苦受滅樂受生迦留陁夷聞是語已復為說種種法示教利喜已欲去又言善人莫去隨尒所時為我說法我便得差苦受滅樂受生迦留陁夷復為更說種種法示教利喜乃至日没闇時迦留陁夷起到糞聚所賊主以利刀斷頭埋著糞中是時說戒日祇桓中行籌長一籌共相謂言誰不来者比坐皆言迦留陁夷不来誰受欲荅言無有諸比丘不知云何是事白佛佛語諸比丘汝等作布薩迦留陁夷已入涅槃我與善

男子迦留陁夷少一身不滿五百世共伴今則別離佛過夜已晨朝著衣衆僧圍繞恭敬入舍衛城到糞聚所佛神力故死屍踊出在虛空中諸比丘取者牀上持出城諸比丘及弟子以大德供具燒身起塔供養波斯匿王聞長老迦留陁夷某婆羅門家死即滅七世左右十家皆奪財物捕取五百賊悉截手足著祇桓塹中諸比丘入城乞食聞是事食已白佛佛言如是過罪及餘過罪皆由非時入聚落佛言若迦留陁夷不非時入聚落者不於是婆羅門家為人所殺佛種種因緣訶責非時入聚落已語諸比丘以十利故與比丘結戒從今是戒應如是說若比丘非時入聚落波逸提非時者過日中後至地未了是中間名為非時聚落者白衣舍波逸提者煑燒覆障若不悔過能障𨒪道是中犯者若比丘非時入聚落波逸提隨所入隨一一波逸提尒時為病比丘欲從白衣舍索羹飯飲食粥不得去故看病比丘苦惱病者增長諸比

丘不知云何是事白佛佛以是事集比丘僧種種因緣讃戒讃持戒讃戒讃持戒已語諸比丘從今是戒應如是說若比丘非時入聚落不白餘比丘波逸提餘比丘謂眼所見是中犯者若比丘在阿練兒處白餘比丘入聚落從聚落還到阿練兒處即以先白復至聚落波逸提又比丘在阿練兒處白餘比丘入聚落從聚落入聚落僧坊即以先白復至聚落波逸提又比丘在阿練兒處白餘比丘入聚落從聚落入所住處即以先白復入聚落波逸提若比丘在聚落僧坊白餘比丘入聚落從聚落還入聚落僧坊即以先白復至聚落波逸提又比丘在聚落僧坊白餘比丘入聚落從聚落至所住處即以先白復入聚落波逸提又比丘在聚落僧坊白餘比丘入聚落從聚落至阿練兒處即以先白復入聚落波逸提若比丘在所住處白餘比丘入聚落從聚落至所住處即以先白復入聚落波逸提又比丘在所住處白餘比丘入聚落從

聚落至阿練兒處即以先白復入聚落波逸提又比丘在所住處白餘比丘入聚落從聚落入聚落僧坊即以先白復入聚落波逸提若比丘非時入聚落不白餘比丘隨所經過大巷小巷隨得尒所突吉羅隨入白衣家隨一一波逸提有一比丘寄衣在居士舍是比丘聞居士舍為火所燒忘不白餘比丘從僧坊出向聚落尒時憶念我不白餘比丘憶已道中還至僧坊白餘比丘尒所時間居士舍燒盡比丘衣亦居燒盡居士言汝何故後來若先来佐我救火者汝衣亦當不燒是比丘不知云何以是事白佛佛以是事集比丘僧種種因緣讃戒讃持戒讃戒讃持戒已語諸比丘從今是戒應如是說若比丘非時入聚落不白餘比丘波逸提除急因緣急因緣者若聚落失火若八難中一一難起去不犯竟八十

佛在舍衛國尒時有一居士因跋難陁釋子請佛及僧明日食佛默然受請居士知佛默然受已從坐起頭面

礼佛足右繞而去還自舍通夜辦種
種多美飲食跋難陁常出入多家
晨朝著衣持鉢入諸家時僧坊中無
有人唱時到亦无打揵搥者佛告阿
難時到汝自知之阿難即令唱時到
打揵搥佛及僧入是居士舍無有人
迎佛礼敬敷座處者時佛語阿難令
時所應作者便作阿難即約勑主人
令敷座處即敷座處佛及僧坐已佛
語阿難所應次第作事汝自當知阿
難即時語居士言佛及僧坐久食具
已辦何不下食居士言小住待跋難
陁釋子来佛小默然第二復語阿難
次第所應作事汝自當知阿難第二
復語居士食已辦可與佛及僧居士
言小住待跋難陁釋子来佛復默然
第三復語阿難令時次第所應作事
汝自當知阿難第三復語居士佛及
僧坐久食具已辦可與佛及僧居士
復言是會因跋難陁釋子跋難陁釋
子若来者當與若不来者或與或不
與若須食者當住待跋難陁時跋難
陁日時欲過方来居士即自手行水

自與多美飲食自恣飽滿已跋難陁
先疾食竟便起入餘家尒時居士以
多美飲食自恣與佛及僧竟自行水
知佛洗手攝鉢取小牀坐佛前聽說
法佛以種種因緣說法示教利喜已
佛及僧從座起去佛食後語阿難為
我敷座牀辦水集比丘僧竟語我阿
難受教即敷座牀辦水集比丘僧往
白佛言世尊我已敷座辦水集比丘
僧除一比丘跋難陁釋子佛自知時
尒時跋難陁至日暮乃来阿難第二
復到佛所白言世尊我已敷座辦水
集比丘僧佛自知時尒時世尊洗脚
已便坐阿難所敷牀上語諸比丘跋
難陁癡人今日兩時惱僧中前以飲
食因緣中後以集僧因緣佛種種因
緣訶責已語諸比丘以十利故與比
丘結戒從今是戒應如是說若比丘
許他請僧中前中後行到餘家波逸
提許請僧者許為檀越請衆僧来中
前者從地了至日中中後者過日中
至地未了行諸家者白衣舍名為家
行者與白衣同心入出波逸提者煑

燒覆障若不悔過能障导道是中犯
者若比丘在阿練兒處白餘比丘入
聚落從聚落還阿練兒處即以先白
復至聚落波逸提又比丘在阿練兒
處白餘比丘入聚落從聚落入聚落
僧坊即以先白復至聚落波逸提又
比丘在阿練兒處白餘比丘入聚落
從聚落入所住處即以先白復入聚
落波逸提若比丘在聚落僧坊白餘
比丘入聚落從聚落還入聚落僧坊
即以先白復至聚落波逸提又比丘
在聚落僧坊白餘比丘入聚落從聚
落至所住處即以先白復入聚落波
逸提又比丘在聚落僧坊白餘比丘
入聚落從聚落至阿練兒處即以先
白復入聚落波逸提若比丘在所住
處白餘比丘入聚落從聚落至所住
處即以先白復入聚落波逸提又比
丘在所住處白餘比丘入聚落從聚
落至阿練兒處即以先白復入聚落
波逸提又比丘在所住處白餘比丘
入聚落從聚落入聚落僧坊即以先
白復入聚落波逸提若比丘為檀越

家請比丘僧宿是比丘不白諸比丘出至檀越舍界隨所經過大巷小巷隨得尒所突吉羅隨至他家隨得尒所波逸提 八十一竟

十誦律卷第十七

汝今可往亦當為汝說法是婆羅門前世曾供養佛種善根近正見利根本因緣强堪任今世得道諸善根力牽便往詣長老迦留陁夷所頭面礼足在前而坐迦留陁夷即隨順觀本因緣為說種種妙法即於座上遠塵離垢得法眼淨是婆羅門聞法知法見法入法度疑悔不隨他於佛法中得自在心無所畏從座起頭面礼長老迦留陁夷足言我從今日歸依佛歸依法歸依僧知我盡形作佛優婆塞何以故我等因大德迦留陁夷故破二十身見斷三惡道无量苦惱令作有量入正定見四諦如汝好供養我等若我等死後當如是供養大德迦留陁夷荅言尒　世法無常如偈所說

常者皆盡　高者亦墮　合會有離
生者有死

是兒父母死已作孝除服洗浣竟往詣迦留陁夷所頭面礼足在一面坐白言我視大德迦留陁夷如父母無異若有所須衣服飲食卧具湯藥種種生活具自恣受我請當隨意取如從

迦留陁夷大德知不我等無有善知識大利益我等如大德者何以故我等因大德迦留陁夷故破二十身見斷三惡道无量苦惱令作有量入正定見四諦大德若有所須衣服飲食卧具湯藥種種生活具自恣受我請當隨意取荅言尒是迦留陁夷有所須衣食卧具湯藥往彼取之是婆羅門有一兒學婆羅門法婦婆羅門女父母語兒言汝知不我等更无好知識大利益我等如大德迦留陁夷者迦留陁夷復為婆羅門說種種法示教利喜示教利喜已默然婆羅門聞法示教利喜已從座起頭面礼足右繞而去還到自舍語婦言我等无有善知識大利益我等如阿闍梨迦留陁夷者何以故我等因阿闍梨迦留陁夷故破二十身見斷三惡道无量苦惱令作有量入正定見四諦大德迦留陁夷所須衣被飲食卧具湯藥種種生活具我等當與婦言便往白恣請婆羅門即時往詣祇桓到迦留陁夷所頭面礼足在前而坐坐已語

十誦律卷第十七

校勘記

一　底本，金藏廣勝寺本。

一　四〇六頁中一行「三誦之四」，資、磧、普、南、徑、清置於二、三行之間。

一　四〇六頁中八行第五字「賜」，資、磧、普、南、徑、清作「傷」；麗作「𣨼」。

一　四〇六頁中九行第一〇字「牧」，資作「收」。同行「蔓陁羅」，諸本（不含石，下同）作「蔓陁羅藥」。

一　四〇六頁中一二行「華茇」，資作「畢鉢」。

一　四〇六頁中一六行「自恣」，資作「自恣多」；磧、普、南、徑、清、麗作「四月自恣多」。

一　四〇六頁中一七行第六字「與」，資、磧、普、南、徑、清無。

一　四〇六頁中二〇行「瞋心」，資、磧、普、南、徑、清作「妬心瞋」。

一　四〇六頁中二一行「有德」，資、磧、普、南、徑、清作「有功德」。

一　四〇六頁下七行首字「而」，徑、清作「云何」。同行「訶罵」，資、磧、普、南、徑、清作「訶罵佛」。

一　四〇六頁下八行「比丘」，資、磧、普、南、徑、清作「諸比丘」。下同。

一　四〇六頁下一八行「他家」，麗作「何家」。次頁上三行、六行末至七行首同。

一　四〇七頁上四行「兄弟」，麗作「有兄弟」。

一　四〇七頁上六行「比丘」，諸本作「有比丘」。

一　四〇七頁上一六行「不得」，資、磧、普、南、徑、清作「不得者」。

一　四〇七頁上一九行第一〇字「者」，資、磧、普、南、徑、清作「者若先請索」。

一　四〇七頁上二一行末字「竟」，資、磧、普、南、徑、清作「事竟」。

一　四〇七頁中一〇行、一一行、二一行及頁下二行「長老」，資、磧、普、南、徑、清無。

一　四〇七頁中一四行「是中」，資、磧、普、南、徑、清無。

一　四〇七頁中一六行「比丘」，資、磧、普、南、徑、清無。同行「名聞」，徑、清作「多聞」。

一　四〇七頁中一七行「堪往」，資、磧、南、徑、清、麗作「堪任往」；普作「堪住往」。

一　四〇七頁中一七、一八行「比丘尼」，資、磧、普、南、徑、清作「比丘尼僧」。

一　四〇七頁下一八行第一〇字「我」，資、磧、普、南、徑、清作「佛」。

一　四〇八頁上一行「持修多羅持比尼」，資、磧、普、南、徑、清作「持經持律」。下至一八行同。

一　四〇八頁上一二行「諍法」，資、磧、普、南、徑、清作「諍事法」。

一　四〇八頁上一五行「除入」，徑作「餘入」。

一　四〇八頁上一八行末字「竟」，磧、普、南、徑、清作「事竟」。下同。

一　四〇八頁上一九行「佛在」，資、磧、普、南作「佛住」。

一　四〇八頁上二〇行「相詈」，資、磧、普、南、徑、清作「相言」。

一　四〇八頁上二一行「六羣鬭諍」，資、磧、普、南、徑、清作「六羣比丘鬭諍相言」。

一　四〇八頁中二行第三字及同頁下一五行第一三字「羣」，麗作「羣比丘」。

一　四〇八頁中一三行「種種」，資、磧、普、南、徑、清作「以種種」。下同。

一　四〇八頁下三行「下能」，磧作「不能」。

一　四〇八頁下三行末字及七行第五字「得」，資、磧、普、南、徑、清作「能得」。

一　四〇八頁下四行首字「聞」，南作「聞者」。

一　四〇八頁下五行、六行中「若」字，資、磧、普、南、徑、清無。

一　四〇八頁下七行「不聞者」，資、磧、普、南、徑、清作「不能得聞者」。

一　四〇八頁下八行「和合」，資、磧、普、南、徑、清作「和合故」。

一　四〇八頁下一八行、二二行「跋難陁」，資、磧、普、南、徑、清作「跋難陁釋子」。

一　四〇八頁下二一行「後曰」，麗作「後白」。

一　四〇九頁上四行「種種」，資、磧、普、南、徑、清作「種種因緣」。

一　四〇九頁上一一行末字「比」，資、磧、普、南、徑、清作「諸比」。

一　四〇九頁上一四及一八行「白一白二」，資、磧、普、南、徑、清作「白一羯磨白二羯磨」。

一　四〇九頁上一九行第六字「作」，資作「若作」。

一　四〇九頁上二〇行第五字「者」，資、磧、普、南、徑、清無。

一　四〇九頁上二一行第四字「去」，資、磧、普、南、徑、清無。

一　四〇九頁上二二行第七字「時」，資、磧、普、徑、清作「爾時俱舍彌國」；南作「時俱舍彌國」。

一　四〇九頁中一行「異語」，資、磧、普、南、徑、清作「異說」。

一　四〇九頁中二行第五字「汝」，資、磧、普、南、徑、清無。

一　四〇九頁中八行第二字「諸」，資、磧、普、南、徑、清無。同行第一〇字「律」，資、磧、普、南、徑、清作「毗尼」。

一　四〇九頁中一一行第一二字「那」，資、磧、普、南、徑、清作「那言」。

一　四〇九頁中一六行「等記」，資、磧、普、南、徑、清作「等說」。

一　四〇九頁中二二行「當記」，資、磧、普、南、徑、清作「僧當記」。

一　四〇九頁中末行「如是」，諸本作「如是如是」。

一　四〇九頁下八行第七字「心」，諸本作「故」。

一 四〇九頁下九行「女人」，資、磧、普、南、徑、清作「女」。

一 四〇九頁下一〇行第一二字「此」，資、磧、普、南、徑、清無。

一 四〇九頁下一一行第一三字「鉢」，資、磧、普、南、徑、清作「此鉢」。

一 四〇九頁下一六行「當作」，麗作「當莫作」。

一 四〇九頁下二二行「當作」，麗作「當不作」。次頁上一七行同。

一 四一〇頁上三行第七字「汝」，諸本作「語汝」。

一 四一〇頁上一二行第八字「已」，諸本作「已諸比丘語」。

一 四一〇頁上一三行第二字「故」，資、磧、普、南、徑、清無。

一 四一〇頁上一七行「若作」，資、磧、普、南、徑、清作「作故」。

一 四一〇頁上二一行「得到其」，資、磧、普、南、徑、清作「得到其所」；麗作「能得到其」。

一 四一〇頁中九行至一〇行「莎伽陁比丘」，資、磧、普、南、徑、清作「莎伽陀復」；麗作「莎伽陀比丘復」。

一 四一〇頁中一一行「比丘」，資、磧、普、南、徑、清無。

一 四一〇頁中一三行「丸龍」，資、磧、普、南、徑、清作「丸餅龍」。

一 四一〇頁中一九行第二字「龍」，資、磧、普、南、徑、清無。

一 四一〇頁中二一行「光明」，資、磧、普、南、徑、清作「光明長老」。

一 四一〇頁下二行「事心」，麗作「事已」。

一 四一〇頁下四行「歸佛」，麗作「歸依」。

一 四一〇頁下七行「如是」，資、磧、普、南、徑、清作「如先」。

一 四一〇頁下八行「所住」，麗作「其所住」。

一 四一〇頁下一五行「受已」，諸本作「受受已」。

一 四一〇頁下二〇行「寺門」，徑作「寺中」。

一 四一〇頁下二二行「針線囊」，資、磧、普、南、徑、清作「鍼筒」。

一 四一一頁上一二行「諸人」，資、磧、普、南、徑、清作「令諸人」。

一 四一一頁上一三行「聞者言聞」，資、磧、普、南、徑、清作「世尊聞者言聞世尊」。

一 四一一頁上一四行「男子」，諸本作「男子莎伽陁」。

一 四一一頁上一八行「小草」，諸本作「小」。

一 四一一頁上二一行第一〇字「者」，資、磧、普、南、徑、清無。

一 四一一頁上末行「種種」，資、磧、普、南、徑、清作「種」。

一 四一一頁中二行「麴米」，資、磧、普、南、徑、清作「麴不用米」。

一 四一一頁中五行「米根」，資、磧、普、南、徑、清作「不用米不用根」。

一 四一一頁中九行「是謂」，徑作「是爲」。同行「波逸提」，諸本作「波逸提波夜提」。

一 四一一頁中一七行「令人」，諸本作「能令人」。

一 四一一頁下一二行第一〇字「又」，資、磧、普、南、徑、清無。

一 四一二頁上三行第七字「作」，資、磧、普、南、徑、清無。

一 四一二頁上四行「即迴顧即見便」，徑、清作「迴顧即見」。

一 四一二頁上七行「両眼」，資、磧、普、南、徑、清作「而眼」。

一 四一二頁上八行第七字「以」，諸本作「即以」。

一 四一二頁上一二行第一一字「喚」，資作「愛」。

一 四一二頁上一五行「我等」，資、磧、普、南、徑、清作「我」。

一 四一二頁上一八行「先煎者好」，諸本作「先所煎者皆好」。

一 四一二頁中四行至次行「比丘」，資、磧、普、南、徑、清作「沙門」。

一 四一二頁中七行「餅筐」，資、磧、普、南、徑、清作「筐餅」。

一 四一二頁中一八行「女人」，資、磧南、徑、清作「婦」。

一 四一二頁中二〇行第四字「來」，資、磧、普、南、徑、清無。

一 四一二頁中二一行「煎餅」，諸本作「作煎餅」。同行「阿闍梨」，資、磧、普、南、徑、清作「長老」。

一 四一二頁下三行「堪任」，磧作「堪住」。

一 四一二頁下一二行首字「何」至末行末字「從」與次頁上一二行首字「迦」至末行末字「語」倒置，現按諸本順序剪拼。原版附後。

一 四一二頁下一六、一七行「阿闍黎」，資、磧、普、南、徑、清作「大德」。

一 四一二頁下一九行「大德」，資、磧普、南、徑、清作「長老」。

一 四一二頁下二〇行第八字「被」，徑、清作「服」。

一 四一二頁下末行「坐坐」，資、磧、普、南、徑、清作「坐」。

一 四一三頁上二行「大德」，資、磧、普、南、徑、清作「大德迦留陀夷」。

一 四一三頁上一九行第五字「死」，資、磧、普、南、徑、清作「終」。

一 四一三頁上二一行「父母」，資、磧、普、南、徑、清作「父」。

一 四一三頁中一二行「聽法」，資、磧、普、南、徑、清作「聽說法」。

一 四一三頁中一五行第九字「婦」，資、磧、普、南、徑、清作「女人」。

一 四一三頁中一六及二二行「離欲」，資、磧、普、南、徑、清作「離欲種種因緣」。

一 四一三頁中二一行「沙門」，資、磧、普、南、徑、清作「比丘」。

一 四一三頁中二二行末字「耶」，麗作「耶是比丘」。

一 四一三頁下三行首字「今」，麗作「余」。同行「賊主」，資、普作「賊王」。

一 四一三頁下七行「病卧遣人」，資、

磧、普、南、徑、清作「病卧地遺使」；麗作「病卧地遺人」。

一　四一三頁下一七行末字「到」，資、磧、普、南、徑、清作「去到」。

一　四一三頁下二〇行「比坐皆」，資、磧、普作「比座」；南、徑、清作「比丘」。

一　四一三頁下二一行「誰受欲」，資、磧、普、南、徑、清作「誰受欲者」。

一　四一三頁下末行「布薩」，諸本作「布薩說戒」。

一　四一四頁上二行「夜已」，資、磧、普、南、徑、清作「是夜已」。

一　四一四頁上一〇行「事食已」，諸本作「事已」。

一　四一四頁上一七行第一三字「是」，資、磧、普、南、徑、清作「於是」。

一　四一四頁上二一行第四字「隨」，資、磧、普、南、徑、清無。

一　四一四頁上末行「比丘」，資、磧、普、南、徑、清作「比丘得」。

一　四一四頁中五行「比丘」，諸本作「比丘者」。

一　四一四頁中六行「阿練兒」，資、磧、普、南、徑、清作「阿練若」。下同。

一　四一四頁中一七行「至所」，資、磧、普、南、徑、清作「入所」。

一　四一四頁中二一行第一三字「至」，資、磧、普、南、徑、清作「還至」。次頁下一七行第一二字，磧、普、南、徑、清、麗同。

一　四一四頁下七行第二字「隨」，資、磧、普、南、徑、清作「隨得」。

一　四一四頁下一〇行「道中」，資、磧、普、南、徑、清作「中道」。

一　四一四頁下一一行「時閒」，資、磧、普、南、徑、清作「時聞」。

一　四一四頁下一二行「亦居」，諸本作「亦俱」。

一　四一四頁下一八行「波逸提除急因緣急」，資、磧、普、南、徑、清作「除急因緣波逸提」。

一　四一四頁下一九行至次行「一一難起去」，資、磧、普、南、徑、清作「隨一一難起去者」；麗作「一一難起去者」。

一　四一五頁上二、二二、二二行至二三行「跋難陁」，資、磧、普、南、徑、清作「跋難陁釋子」。頁中一行、一一行同。

一　四一五頁上四行「佛告」，資、磧、普、南、徑、清作「佛語」。

一　四一五頁上七行「礼敬」，資、磧、普、南、徑、清作「作禮與」；麗作「作礼敬」。同行「佛語」，徑作「佛與」。

一　四一五頁上一五行「食已」，麗作「食具已」。

一　四一五頁上一六行「復默然」，資、磧、普、南、徑、清作「小默然」。

一　四一五頁上一七行「今時」，資、磧、普、南、徑、清作「今時到」。

一　四一五頁上末行第二字「曰」，資、磧、普、南、徑、清作「日」。同行第一〇字「即」，資、磧、普、南、徑、清無。

一　四一五頁中五行第一三字「喜」，資、磧、普、南、徑、清作「喜示教利喜」。

一　四一五頁中七行第一一字「竟」，資、磧、普、南、徑、清作「已便」。

一　四一五頁中八行「受教」，資、磧、普、南、徑、清作「受佛教」。

一　四一五頁中九行「敷座」，資、磧、普、南、徑、清作「敷坐牀」。

一　四一五頁中一四行「敷牀」，資、磧、普、南、徑、清作「敷座」。

一　四一五頁中二〇行「請僧者許爲」，資、磧、普、南、徑、清作「他請僧者許與」。

十誦律卷第十八　三誦之五　職

後秦北印度三藏弗若多羅譯

九十波逸提之十

佛在舍衛國尒時波斯匿王作是法若佛在祇洹我當日日自往奉見尒時波斯匿王聞佛在祇洹即勅人民掃除祇洹皆令淨潔我欲見佛受勅掃灑除却衆人唯有一人著故弊衣在佛前坐聽法恭敬難佛故不敢駈去使者白王我已掃除祇洹淨潔唯有一人著弊故衣近佛坐聽法我等恭敬難佛故不敢駈却王言一人著弊故衣在佛前坐當何所能即勅御者駕乘調車我欲見佛即嚴駕車往白王言已嚴駕善車王自知時王即上車出舍衛城往詣祇洹至下乘處步入祇洹尒時大衆遥見王来皆起迎王有一須達居士佛邊聽法恭敬佛故不起迎王王即瞋言此是何人著弊故衣在佛前坐見我不起我是灌頂大王我境界中得自在无死罪者能殺有死罪者能放以敬佛故瞋不出

口直詣佛所頭面礼足却坐一面佛為種種説法示教利喜不入王心瞋是人故諸佛常法不為不一心人説法佛即問王何故以二心聽法王言世尊此是何小人著弊故衣在佛前坐見我来不起立迎我於國中得自在無死罪者能殺有死罪者能放須達居士言大王不知耶我於佛前坐聽法恭敬佛故不起迎王無有憍慢王時大著小退一面問諸大臣此是何人著弊故衣在佛前坐不起迎我諸大臣言大王此名須達居士是佛弟子得阿那含道在佛前坐聽法敬佛故不起无憍慢心王聞是語瞋心小息便作是念佛法大力令人心大得無畏力我今何不令諸夫人受學佛法令得大心時王語諸夫人受學佛法受學經法諸比丘不欲教授作是言佛未聽我等教諸夫人法是事白佛佛言從今聽比丘教授諸夫人法時諸夫人各各自請經師有夫人請舍利弗者有請目連者有請阿那律者時末利夫人請迦留陁夷為師尒時

諸夫人次第直宿於王時末利夫人下著珠絧衣上著磨貝衣內身露現如共王宿時即着是衣出在中庭牀上坐尒時迦留陁夷地曉時着衣持鉢入王宮至門下立彈指末利夫人看見師來便言師入即生慚著胡跪而坐不得起迦留陁夷見已亦著還出到祇洹中以是事向諸比丘說諸比丘以是事向佛廣說佛語諸比丘若如是過失及過是過失皆由數入王家故佛言若比丘入王家有十種過失何等十若王與夫人共坐比丘來入尒時夫人見比丘或笑比丘見夫人或笑尒時王作是念如夫人見比丘笑比丘見夫人笑此比丘必起惡業是名第一過失復次王共夫人宿不自憶念是夫人或出外住行還有娠時王見比丘入出王作是念是夫人出外是比丘數入出必共起惡業是名第二過失復次王家失五寶若似五寶王見比丘入出是中必當起惡業是第三過失復次王秘密語論事故或有內鬼神持外唱說王作

是念如此密語外人得聞是比丘常入出必是比丘所傳是名第四過失復次王欲殺王子或時王子欲殺王是中有不喜者謂比丘所作作是念我寧莫與比丘共事是第五第六過失復次王欲遷小為大或欲退大為小是中有不喜者謂比丘所作作是念我寧莫與比丘共事是名第七第八過失復次王大嚴駕幢幡鳴鼓若乘象馬輦輿出駈人遠道是中有不愛比丘者見比丘在王邊必謂是比丘所作作是念我寧莫與比丘共事是名第九過失復次王滅敵國敵國調伏時應死者勑殺又唱莫殺是中不喜者我寧莫與比丘共事是第十過失佛語諸比丘諸王家多有象兵馬兵車兵步兵是家中與白衣相宜非比丘所宜種種因緣呵責入王家已語諸比丘以十利故與比丘結戒從今是戒應如是說若比丘水澆頂刹利王家夜未過未藏寶若過門閫及閫處波逸提王者刹利種吉水澆頂受王職是名為王刹利澆頂若

婆羅門若居士乃至女人受是澆頂王職亦名為王刹利澆頂夜未過者王未出故夫人未入故未藏寶者未藏莊嚴具未舉藏故門閫者門中相閫處者是門中地可安閫處波逸提者煑燒覆障若不悔過能障㝵道是中犯者王未出夫人未入未藏寶尒時比丘入王門得波逸提若王雖出夫人未入未藏寶尒時比丘入王門得波逸提若王出夫人入未藏寶比丘尒時入王門得波逸提若王出夫人已入已藏寶物比丘尒時入王內不犯佛在俱舍弥國尒時優填王千夫人五百人為一部舍弥婆提為一部首阿奴跋摩為一部首是中舍弥婆提所領五百人善好有功德阿奴跋摩所領五百人惡邪不善尒時優填王有小國反叛王作是念我當留誰鎮後令无惡事自往破賊王作是念摩揵提婆羅門利根有威德是我婦父我當留鎮後自往破賊我於是人无有惡事後无憂悔王作是念已即令婆羅門鎮城自往破賊時諸城

邑聚落名聲流布王令摩揵提婆羅門守城後日早起百千種人在婆羅門門下有立讃歎者有稱吉者有合掌恭敬礼拜者有餉象馬車乘牛羊駝驢者有餉金銀琉璃硨璖瑪瑙者摩揵提婆羅門作是念我得如是富貴勢力者皆是我女力故我當以何報是女若與金銀琉璃硨璖瑪瑙者宮中不少女人所有怨嫉憂毒无過對婦若令舍弥婆提五百夫人死者乃當報女恩我何故不殺今不可直殺當作方便火燒殺之作是念已遣使語舍弥婆提夫人汝如我女无異若須酥油薪草材木樹皮松明遣人来取即勑所典舍弥婆提夫人遣人来索酥油薪草兩三倍與受教言尒女人性貪恚集財物以易得故多取積聚滿宮房舍窓向欄楯諸樓閣閒及牀榻下諸瓮瓨器皆悉盛滿摩揵提婆羅門知火具已多勑閉宮門放火燒之即時人民聞王宮中失火畏王刀力鞭杖力瞋力故多人俱集欲破門入摩揵提婆羅門深惡心故

作是念若人民破門入者或能滅火令不燒死作是念已語諸人民汝等不知王心妬耶若聞諸人破門入者對我宮人必當大瞋諸人言今當云何荅言當縛木登梯入如是集木作梯聞舍弥波提及五百女人皆已燒死遣人白王宮中失火舍弥波提夫人等五百人火所燒死王聞是事心生憂惱作是言如是好福田人今永別離王以愁憂因緣迷悶即墮牀諸臣以水灑面即便得醒諸大臣言王莫愁憂更當起宮殿集諸婇女尒時王破賊已還至城外住我不入城乃至新宮殿竟滿五百女人當入城住王以鞭杖力刀力稍力健瞋力故宮殿速成選取貴人女億財主居士女居士有女是舍弥波提夫人妹名威德女於千夫人中最上諸臣白王新宮已成諸夫人已滿王自知時即入新宮與新女共相娛樂王漸漸推問因緣後知摩揵提婆羅門為自女故作是惡事即遣人喚婆羅門来語言

汝出我國去我不憙殺婆羅門王即約勑殺阿奴跋摩夫人時諸新女為王所親信故便白王言是舍弥波提夫人等長夜親近供養佛及僧願聽我等供養佛及僧王時作是言佛不聽諸比丘入王宮即時諸女欲令王起憍慢心故作是言王有大威德力勢諸大事尚能辦何況此事願王成我等供養事諸女急白故令王發憍慢即便聽許王問諸女汝等實欲作供養耶荅言欲作汝等隨力辦供養具諸女有辦僧伽梨者有辦欝多羅僧者有辦安陁衛者有辦缽者有辦漉水囊油囊杖針綖囊尒時王喚巧匠問言汝能令諸夫人不出於宮中得供養佛及僧耶荅言可得王言云何荅言當作行輪宮殿即勑令速作作已白王輪宮已成王自知時王即詣佛所頭面礼足却坐一面佛以種種因緣說法示教利喜示教利喜已默然王知佛種種因緣說法示教利喜已從坐起偏袒右肩合掌白佛言願佛及僧受我明日請佛默然受王知

佛受巳頭面礼佛足右遶而去是夜
勑辦多美種種飲食晨朝敷座處遣
使白佛時到食具巳辦佛自知時諸
比丘往詣王宮佛自房住迎食分尒時
巧匠知僧来至即出輪宮圍繞衆僧
王知僧坐巳自手行水自與多美飲
食自恣飽滿即開宫門諸女皆出問
訊諸比丘問有父母者姉妹兄弟者
及問訊佛者尒時長老舍利弗為上
座語諸比丘我等今日不在王宮耶
當共一心王知僧食巳自行澡水取
小座床坐僧前聽說法語諸夫人所
欲供養者今正是時有夫人施僧伽
棃者施欝多羅僧者施安陁衛者有
施鉢者有施漉水囊者有施針綖囊
者尒時諸比丘皆得滿手滿鉢物相
視而坐王有方便心念當去何令諸
比丘經宫中過即令輪宮遮先来道
便白僧言大德可去諸比丘言佛不
聽我等入王宮中王言我今教出不
教入尒時舍利弗呪願巳及僧從座
起去還到僧坊以是事向佛廣說佛
以是事集比丘僧種種因緣讚戒讚

持戒讚戒讚持戒巳語諸比丘從今
是戒應如是說若比丘水澆頂刹利
五夜未過未藏寶若過闌及門閾處
除急因緣波逸提急因緣者若王遣
使喚比丘若夫人王子如是等諸有力
官屬喚皆不犯八十二事
佛在俱舍弥國尒時長老闡那比丘
有可悔過罪諸比丘憐愍慈心求安
隱故教令悔過闡那言我始知是事
入戒經中半月次来所說是中有比
丘少欲知足行頭陁聞是事心不喜種種因
緣呵責云何名比丘犯可悔罪諸比
丘憐愍教令悔過便作是言我今始
知是事入戒經中半月次来所說種
種因緣呵巳向佛廣說佛以是事集
比丘僧知而故問問闡那言汝實作
是事不荅言實作世尊佛以種種因
緣呵責闡那云何名比丘犯可悔過
罪諸比丘憐愍教令悔過便作是言
我今始知是事入戒經中半月次来
所說種種因緣呵巳語諸比丘以十
利故與比丘結戒從今是戒應如是
說若比丘說戒時作是言我今始知

是事入戒經中隨半月次来所說諸
比丘知是比丘先曾再三聞說此戒
何況復過是比丘非以不知故得脫
隨所犯事應令如法悔過應更令折
伏汝失無利是惡不善說戒時不尊
重戒不一心聽以是事故得波逸提
波逸提者煑燒覆障若不悔過能障
㝵道是中犯者若比丘說四波羅夷
時作是言我今始知是法入戒經中
隨半月次来所說得波逸提若說十
三僧伽婆尸沙時若說二不定法時
若說三十尼薩耆波逸提時若說九
十波逸提時若說四波羅提提舍尼
法時若說衆多學法時若說七止諍
法時及說隨律經時作是言我今始
知是法入戒經中隨半月次来所說
得波逸提除隨律經說餘經時作是
言我今始知是法入戒經中突吉
羅八十三事
佛在舍衛國尒時舍衛城有治角師
名達摩提那冨饒財寶種種成就是
人隨佛及僧所須物自恣請與謂衣
鉤禪鎮衣釘鉢枝匕針筒如是諸比

丘衆多數數往取是人作不能供婦兒空乏餘居士瞋責呵言沙門釋子不知量不知猒足若施者不知量受者應知量是達摩提那居士本富饒財布施不知量故與不能供婦兒空乏是中有比丘少欲知足行頭陀聞是事心不喜向佛廣說佛以是事集比丘僧種種因緣呵責諸比丘云何名比丘不知時不知量若施者不知量受者應知量是達摩提那居士本富饒財布施不知量故與不能供婦兒空乏種種因緣呵已語諸比丘以十利故與比丘結戒從今是戒應如是說若比丘骨牙齒角作針筒者波逸提骨者象骨馬骨䶕骨牙者象牙馬牙䐗牙齒者象齒馬齒䐗齒角者羊角牛角水牛角鹿角波逸提者煑燒覆障若不悔過能障㝵道是中犯者若比丘骨作針筒波逸提若牙若齒若角隨作隨得尒所波逸提若比丘用骨牙齒角作針筒者是比丘應破是針筒已入僧中唱言我用骨牙齒角作針筒得波逸提罪我今發露悔

過不覆藏僧應問汝破針筒未若言已破僧應問汝見罪不若言見罪應教言汝今發露悔過後莫復作若未打破僧應約勅令破若僧不約勅一切僧得突吉羅罪若僧約勅不受是比丘得突吉羅罪　八十四事

佛在俱舍弥國尒時長老闡那用高廣好牀佛與阿難遊行到闡那房是闡那遥見佛来從坐起偏袒右肩合掌白佛言世尊入我房舍看牀佛即入見是牀高好見已語阿難淤汙爛壞云何是癡人用如是高廣好牀佛種種因緣呵責闡那云何名比丘用高廣好牀佛種種因緣呵已集比丘僧語諸比丘以十利故與比丘結戒從今是戒應如是說若比丘欲作牀者當應量作量者足高八指除入梐過是作者波逸提牀者有二種細梐繩牀麁梐繩牀麁梐繩牀有五種阿珊蹄脚波郎劬脚羖羊角脚尖脚曲脚細梐繩牀有五種阿珊蹄脚波郎劬脚羖羊角脚尖脚曲脚高八指者佛言用我八指第三分入梐波逸提者

煑燒覆障若不悔過能障㝵道是中犯者若比丘過八指作牀脚者波逸提隨作隨得尒所波逸提若比丘過八指作牀脚者應截脚入僧中白言我過八指作牀脚得波逸提罪今僧中發露悔過不覆藏僧應問汝截未若言已截問汝見罪不若言見罪僧應言汝如法悔過後莫復作若言未截僧應約勅令截若僧不約勅令截者僧得突吉羅若僧約勅不受是比丘得突吉羅　八十五事

佛在王舍城尒時六群比丘以草木兜羅綿貯卧具諸居士瞋不喜呵罵沙門釋子自言善好有功德乃以兜羅綿貯卧具如王如大臣是中有比丘少欲知足行頭陀聞是事心不喜向佛廣說佛以是事集比丘僧知而故問六群比丘汝實作是事不荅言實作世尊佛以種種因緣呵責云何名比丘以兜羅綿貯卧具種種因緣呵已語諸比丘以十利故與比丘結戒從今是戒應如是說若比丘自以兜羅綿貯卧具若使人貯波逸提兜

羅綿者柳華白楊華阿鳩羅華波鳩羅華鳩舍羅華閻闍華波波闍華離摩華皆波逸提波逸提者煑燒覆障若不悔過能障导道是中犯者若比丘以草木作羅綿貯卧具波逸提隨貯隨得尒所波逸提若比丘以兜羅綿貯卧具者是比丘應擿却兜羅綿到僧中白言我以兜羅綿貯卧具得波逸提罪發露悔過不覆藏僧應問汝擿却未若言已却僧應問汝見罪不若言見罪僧應約勑汝如法悔過後莫復作若言未擿應約勑令擿若不約勑僧得突吉羅若僧約勑不受是比丘得突吉羅罪　八十六事

佛在舍衛國尒時毗舍佉鹿子母往詣佛所頭面礼足却坐一面佛以種種因緣說法示教利喜示教利喜已默然知佛說法示教利喜默然已從坐起偏袒右肩合掌白佛言世尊願佛及僧受我明日請佛默然受之知佛默然受已頭面礼佛足右繞而去還自舍通夜辦種種多美飲食佛是夜共阿難露地遊行佛看星宿相語阿

難言若今有人問知星宿相者何時當雨彼必言七歲當雨佛語阿難初夜過已至中夜是星相滅更有異相出若尒時有人問知相者何時當雨彼必言過七月當雨又語阿難中夜已過至後夜是星相滅更有異相出若尒時問知相者何時當雨彼必言七日當雨是夜已過地了時東方有雲出形如圓拖遍滿空中是雲能作大雨滿諸坑坎尒時佛語阿難語諸比丘是拖雲雨有功德能除病若諸比丘欲洗者當露地立洗阿難受教語諸比丘是拖雲雨有功德能除病若諸比丘欲洗者聽露地立洗時諸比丘隨意露地立洗尒時毗舍佉鹿子母辦飲食已早起敷座處遣婢使白佛時到食具已辦佛自知時婢受教往詣祇洹見諸比丘不見於門孔間看見裸形露洗見已不喜作是念是中都无比丘盡是裸形外道无慙愧人作是念已即還語毗舍佉鹿子母言祇洹中无一比丘盡是裸形外道是毗舍佉智慧利根知今日雨墮

諸比丘必當露地裸形洗浴是婢癡無所知作是言祇洹中无一比丘盡是裸形外道即便喚餘婢往詣祇洹打門作聲白言時到食具已辦即受教去往到祇洹打門作聲白言時到食具已辦佛自知時尒時佛與大衆著衣持鉢衆僧圍繞俱詣其舍佛在僧中坐毗舍佉自行澡水自手與多美飲食食已自手行水知攝鉢已持小牀坐佛前聽說法白佛言世尊與我願佛言諸多陁阿伽度阿羅呵三藐三佛陁不得與汝過願毗舍佉言與我可得願佛言與汝可得願汝欲得何願毗舍佉言一者我欲與比丘僧雨浴衣二者與比丘尼僧浴衣三者客比丘來我舍食四者遠行比丘我與食五者病比丘我與飲食六者看病比丘我與飲食七者我常與比丘僧粥八者多知識少知識比丘我與病緣湯藥及所湏物佛言汝見何因緣故欲與比丘僧雨浴衣荅言大德我今日早起敷座已遣婢使詣祇洹白佛時到婢至門間見諸比丘露地雨

中裸形洗竟還言祇洹中无一比丘但諸外道无慙媿人大德比丘裸形在佛前和上阿闍梨一切上座前則為無羞是故欲與比丘僧雨浴衣著自在露地雨中洗毗舍佉汝見何因緣故欲與比丘尼僧浴衣荅言大德我一時與諸居士婦共至阿耆羅河中洗浴時諸比丘尼亦入河中裸形洗浴諸居士婦見已心不喜呵責言是輩薄福德不吉㢜身大腹垂乳何用學梵行為大德女人裸形醜惡是故我欲與浴衣毗舍佉汝見何因緣故欲與客来比丘飲食荅言大德客来比丘不知何處可去可不去道路疲極未得休息是故欲與飲食後隨知可去不可去處毗舍佉汝見何因緣故欲與遠行比丘食荅言大德遠行比丘若待食時恒鉢那時若行乞食時則伴捨去或夜中入嶮道或獨行曠野我與食故不失伴不入嶮道是故我與飲食毗舍佉汝見何因緣故欲與病比丘飲食荅言大德病比丘不得隨病飲食則病難差是故我與隨病

飲食則病易差毗舍佉汝見何因緣故欲與看病比丘飲食荅言大德看病比丘若待僧中食後食若行乞食去是病比丘瞻養事闕若煑飯作粥作羹煑魚肉煑湯藥出內大小便不淨器若棄唾器是故我與看病比丘飲食瞻養不闕便得煑飯作粥作羹煑肉及煑湯藥出內大小便器棄唾器毗舍佉汝見何因緣欲常與比丘僧粥荅言大德若比丘不食粥有飢渴惱或時腹內風起我常與粥故則無衆惱毗舍佉汝見何因緣故欲與多知識少知識比丘病緣湯藥及所須物荅言病比丘必欲得湯藥所須諸物以是故與復次大德我若聞某比丘彼住處死佛記彼比丘三結斷得須陁洹不墮惡道必得涅槃極至七生天人中往返得盡衆苦大德我當問是長老曾来舍衛國不若我聞是比丘曾来舍衛國我思惟是長老或受我雨浴衣或受客比丘飲食或遠行飲食或隨病飲食或看病飲食或常與粥或病比丘湯藥諸物大德我

以是因緣故覺意滿大德我若聞某比丘彼住處死佛記彼比丘三結盡三毒薄得斯陁含一来是世得盡苦際我當問是長老曾来舍衛國不若我聞是比丘曾来舍衛國大德我如是思惟是長老或受我雨浴衣或受客比丘飲食或受遠行飲食或隨病飲食或看病飲食或常與粥或病比丘湯藥諸物大德我以是因緣故覺意滿大德我若聞某比丘彼住處死佛記彼比丘得阿那舍五下結盡便於天上般涅槃不還是間大德我當問是長老曾来舍衛國不若我聞是比丘曾来我思惟是長老或受我雨浴衣或受客比丘飲食或遠行飲食隨病飲食看病飲食或常與粥病比丘湯藥諸物大德我以是因緣故覺意滿大德我若聞某比丘彼住處死佛記彼比丘得阿羅漢我生已盡梵行已立所作已辦自知作證我當問是長老曾来舍衛國不若我聞是比丘曾来我思惟是長老或受我雨浴衣或受客比丘飲食遠行飲食隨病飲食

看病飲食或常與粥病比丘湯藥諸物我以是因緣故覺意滿大德如是我財福德成就以是因緣攝法福德佛言善哉善哉毗舍佉我聽汝是諸願汝與比丘僧雨浴衣比丘尼僧浴衣客比丘飲食遠行比丘飲食隨病比丘飲食看病比丘飲食比丘僧常與粥多知識少知識比丘與病緣湯藥諸物毗舍佉是福德成就以是因緣攝法福德佛為毗舍佉說種種因緣示教利喜已從坐起去佛以是事集比丘僧語諸比丘從今聽諸比丘畜雨浴衣隨意露地洗是諸比丘知佛聽畜雨浴衣廣長大作是中有比丘少欲知足行頭陀聞是事心不喜種種因緣呵責云何名比丘知佛聽畜雨浴衣便廣長大作種種因緣呵已向佛廣說佛以是事集比丘僧知而故問諸比丘汝實作是事不荅言實作世尊佛以種種因緣呵責云何名比丘知我聽畜雨浴衣便廣長大作畜種種因緣呵已語諸比丘以十利故與比丘結戒從今是戒應如是說若比丘

欲作雨浴衣當應量作量者長佛六磔手廣二磔手半過是作者波逸提波逸提者煑燒覆障若不悔過能障㝵道是中犯者若比丘過量長作雨浴衣波逸提若過量廣作波逸提若過量廣長作波逸提若比丘過量廣長作雨浴衣是衣應截斷入僧中作是言我過量廣長作雨浴衣得波逸提罪今發露悔過不覆藏僧應問汝截斷未若言已截僧應問汝見罪不若言見罪語汝如法悔過後莫復作若言未截僧應約勅令截若僧不約勅僧得突吉羅若約勅不受是比丘得突吉羅八十七事

佛在維耶離國土地鹹濕諸比丘病癩瘡有一比丘瘡中膿血流出汙安陀衛如水漬佛遥見知而故問是比丘汝何以膿血汙安陀衛比丘荅言大德我患癩瘡膿血流出汙安陀衛佛以是事集比丘僧種種因緣讃戒讃持戒讃戒讃持戒已語諸比丘從今聽畜覆瘡衣著乃至瘡差後十日若過是畜波逸提諸比丘知佛聽畜

覆瘡衣便廣長大作是中有比丘少欲知足行頭陀聞是事心不喜種種因緣呵責云何名比丘知佛聽畜覆瘡衣便廣長大作種種因緣呵已向佛廣說佛以是事集比丘僧知而故問諸比丘汝實作是事不荅言實作世尊佛以種種因緣呵責云何名比丘知我聽畜覆瘡衣便廣長大作種種因緣呵已語諸比丘以十利故與諸比丘結戒從今是戒應如是說若比丘欲作覆瘡衣當應量作量者長佛四磔手廣二磔手過是作者波逸提波逸提者煑燒覆障若不悔過能障㝵道是中犯者若比丘過量長作覆瘡衣波夜提若過量廣作波逸提若過量廣長作波逸提若比丘過量廣長作覆瘡衣是衣應截斷入僧中作是言我過量廣長作覆瘡衣得波逸提罪今發露悔過不覆藏僧應問汝截斷未若言已截僧應問汝見罪不若言見罪僧應語汝如法悔過後莫復作若言未截者僧應約勅令截若不約勅僧得突吉羅若僧約勅

不受是比丘得突吉羅罪八十八事

佛在維耶離國尒時諸比丘精汙卧具早起浣精舍門閒曬中前佛著衣持鉢入城乞食見是不淨汙卧具浣曬門閒佛食後以是事集比丘僧語諸比丘我今日中前著衣持鉢入城乞食見諸比丘精汙卧具早起浣精舍門閒曬語諸比丘此不應尒衆僧卧具多用不知量諸居士血肉乾竭用布施作福是中應疇量少用者善若比丘乱念不一心眠時有五過失何等五一者難睡苦二者難覺苦三者見惡夢四者睡眠時善神不護五者覺時心難入善覺觀法若比丘不乱念一心睡眠有五善事何等五一者无難睡二者易覺三者无惡夢四者眠時善神所護五者睡覺心易入善覺觀法若比丘有婬恚癡未得離欲不乱念一心睡眠尚不失精何况離欲種種因緣呵已語諸比丘從今聽諸比丘畜尼師檀護僧卧具故不應不敷尼師檀僧卧具上坐卧諸比丘知佛聽畜尼師檀便廣長大作是

中有比丘少欲知足行頭陁聞是事心不喜種種因緣呵責云何名比丘知佛聽畜尼師檀便廣長大作畜種種因緣呵已向佛廣說佛以是事集比丘僧知而故問諸比丘汝實作是事不荅言實作世尊佛以種種因緣呵責云何名比丘知我聽畜尼師檀便廣長大作畜種種因緣呵已語諸比丘以十利故與比丘結戒從今是戒應如是說若比丘作尼師檀當應量作量者長佛二磔手廣一磔手半過是作者波逸提波逸提者煑燒覆障若不悔過能障导道是中犯者若比丘過量長作尼師檀波逸提若過量廣作波逸提若過量廣長作波逸提若比丘廣長作尼師檀已應截断入僧中白言我過量廣長作尼師檀得波逸提罪我今發露悔過不覆藏僧應問已截断未若言已截僧應問汝見罪不若言見罪應教言汝今如法悔過後莫復作若未剳截僧應約勑令剳截若不約勑僧得突吉羅若僧約勑不受是比丘得突吉羅佛在

舍衛國尒時佛中前著衣持鉢入舍衛城乞食食已入安陁林中一樹下敷尼師檀坐長老迦留陁夷亦入安陁林去佛不遠在一樹下敷尼師檀坐是長老身長大兩膝倒地兩手捉衣作是願言佛何時當聽我等作佛一磔手尼師檀如是滿足佛晡時從禪起以是事集比丘僧語諸比丘我今日食時著衣持鉢入城乞食食已入安陁林一樹下敷尼師檀坐迦留陁夷乞食還亦坐一樹下作是思惟佛今何處行道我亦彼閒行道我時入安陁林一樹下敷尼師檀坐迦留陁夷亦尒是善男子身大兩膝倒地作是願言佛何時當聽作佛一磔手尼師檀如是滿足佛語諸比丘從今是戒應如是說若比丘欲作尼師檀當應量作量者長佛二磔手廣一磔手半及縷際益一磔手過是作者波逸提八十九事

佛在迦維羅衛國尒時長老難陁是佛弟姨母所生與佛身相似有三十相短佛四指時難陁作衣與佛同量

諸比丘若食時會中後會遥見難陁
来謂是佛皆起迎我等大師来世尊
十誦律第十八卷　第二十七張　賦
来近乃知非諸上座皆著作是思惟
此是我等下座云何起迎難陁亦著
言乃令諸上座起迎我諸比丘以是
事向佛廣說佛以是事集比丘僧知
而故問難陁汝實作是事不荅言實
作世尊佛以種種因緣呵責云何名
比丘同佛衣量作衣從今汝衣應減
作是袈裟應以敷曬諸比丘汝等以
敷曬難陁衣更有如是人僧亦當同
心以敷曬語諸比丘以十利故與比
丘結戒從今是戒應如是說若比丘
與佛衣等量作衣過作得波逸提佛
衣量者長佛九磔手廣六磔手是佛
衣量波逸提者煑燒覆障若不悔過
能障㝵道是中犯者若比丘與佛衣
同量作衣波逸提若過佛衣量作波
逸提隨作隨得尒所波逸提若比丘
與佛衣同量作衣是衣應截斷入僧
中白言我如佛衣量作衣得波逸提
罪今發露悔過不覆藏僧應問汝截
斷未若言已截應問汝見罪不若言
見罪僧應言汝今如法悔過後莫復
十誦律第十八卷　第二十八張　賦
作若言未截僧應約勑令截若僧不
約勑僧得突吉羅若僧約勑不受是
比丘得突吉羅罪　九十事

十誦律卷第十八

十誦律卷第十八

校勘記

一　底本，金藏廣勝寺本。

一　四二三頁中一行「三誦之五」，資、磧、普、南、徑、清置於二、三行之間。

一　四二三頁中九行、一一行至一二行「恭敬難」，資、磧、普、南、徑、清作「恭敬」；麗作「敬難」。

一　四二三頁中一一行「弊故」，資、磧、普、南、徑、清作「故弊」。

一　四二三頁中一三行第二字「在」，資、磧、普、南、徑、清作「近」。

一　四二三頁中一五行「已嚴駕善車」，資、磧、普、南、徑、清作「駕嚴已訖」。

一　四二三頁中一八行「居士」，資、磧、普、南、徑、清作「居士坐」。

一　四二三頁中二〇行第一三字「灌」，麗作「澆」。

一　四二三頁下一行及四二九頁上一六行「礼足」，資、磧、普、南、徑、清作「礼佛足」。

一　四二三頁下二行「種種說」，資、磧、普、南、徑、清作「說種種」。

一　四二三頁下一四行「憍慢心」，資、磧、普、南、徑、清作「有憍慢」。

一　四二四頁上二行第九字「貝」，普作「具」。

一　四二四頁上四行第一〇字「曉」，資、磧、普、南、徑、清作「了」。

一　四二四頁上一六行「第一」，資、磧、普、南、徑、清作「初」。

一　四二四頁上一九行第五字「是」，諸本（不含石，下同）無。

一四二四頁上二一行第三字「五」，南作「玉」。

一四二四頁上二二行「是第」，資、磧、普、南、徑、清作「是名第」。頁中五行、一五行諸本同。

一四二四頁上二二行第一二字「秘」，資、磧、普、南、徑、清作「有」。

一四二四頁上末行第三字「故」，諸本無。

一四二四頁中一五行「中不喜者」，資、磧、普、南、徑、清作「中有不喜者言」；麗作「中不喜者言」。

一四二四頁中一九行「與比丘」，資、磧、普、南、徑、清作「與諸比丘」。下同。

一四二四頁中二二行首字「闕」，資、磧、普、南、徑、清作「闞」。下同。同行第一三字「吉」，南、徑、清、麗作「受」。

一四二四頁中末行「澆頂」，資、磧、普、南、徑、清作「灌頂」。頁下一行及二行同。同行第九字「王」，麗作「正」。

一四二四頁下一一行第一三字「出」，資、磧、普、南、徑、清作「已出」。

一四二四頁下一二行「已入已藏寶物」，資、磧、普、南、徑、清作「亦入已藏寶」。

一四二四頁下一二行末字「內」，資、磧、普、南、徑、清作「門」；麗作「內門」。

一四二四頁下末行第六字「鎮」，資、磧、普、南、徑、清作「守」。

一四二五頁上五行「駝驢」，資、磧、普、南、徑、清作「驢騾」。

一四二五頁上九行第一〇字「嫉」，資、磧、普、南、徑、清作「憎」。

一四二五頁上一七行第八字「財」，資、磧、普、南、徑、清作「諸」。

一四二五頁上二〇行「火具已多」，資、磧、普、南作「火具已」；徑、清作「積集已」。

一四二五頁上二一行第一二字「中」，資、磧、普、南、徑、清無。

一四二五頁中九行第一三字「今」，資、磧、普、南、徑、清作「令」。

一四二五頁中一〇行第一一字「即」，資、磧、普、南、徑、清作「欲死」；麗作「欲死即」。

一四二五頁中一五行第七字「力」，資、磧、普、南、徑、清無。

一四二五頁中一六行「貴人」，資、磧、普、南、徑、清作「諸貴人」。

一四二五頁中一九行第二字「女」，諸本作「是女」。

一四二五頁中二〇行首字「宮」，資、磧、普、南、徑、清作「宮殿」。

一四二五頁下七行至八行「力勢」，資、磧、普、南、徑、清作「勢力」。

一四二五頁下八行末字「成」，諸本作「當成」。

一四二五頁下一〇行首字「惕」，諸本作「慢心」。

一四二五頁下一三行第七字「衛」，資、磧、普、南、徑、清作「會」。下同。

一四二五頁下一四行「針綖囊」，資

作「針綖囊者」；磧、普、南、徑、清作「線囊者」。下同。

一 四二五頁下一五行第一二字「於」，資、磧、普、南、徑、清無。

一 四二六頁上二行「刱辦多美種種」，資、磧、普、南、徑、清作「辦種種多美」。

一 四二六頁上四行「比丘」，資、磧、普、南、徑、清作「比丘僧」。

一 四二六頁上八行「問有」，諸本作「有問」。

一 四二六頁上一二行第二字「座」，資、磧、普、南、徑、清無。

一 四二六頁上一四行第三、第九字「施」，資、磧、普、南、徑、清作「有施」。

一 四二六頁上一七行第九字「念」，資、磧、普、南、徑、清無。

一 四二六頁中三行首字「五」，諸本作「王」。

一 四二六頁中五行第二字「喚」，資、磧、普、南、徑、清作「請」。

一 四二六頁中六行末字「事」，資、磧、普、南、徑、清作「事竟」。

一 四二六頁中八行首字「有」，資、磧、普、南、徑、清作「犯」。

一 四二六頁中一六行「問問」，麗作「問」。

一 四二六頁下三行第九字「以」，資、磧、普、南、徑、清無。

一 四二六頁下四行「更令」，資、磧、普、南、徑、清作「令」；麗作「更呵令」。

一 四二六頁下一四行首字「法」，資、磧、普、南、徑、清無。

一 四二六頁下一九行末字「事」，資作「竟」；磧、普、南、徑、清作「事竟」。下同。

一 四二七頁中二行第三字「僧」，資、磧、普、南、徑、清無。同行「答言」，南、徑、清、麗作「若言」。

一 四二七頁中四行首字「打」，資、磧、普、南、徑、清無。

一 四二七頁中六行第七字「罪」，資、磧、普、南、徑、清無。次頁上一四行第八字同。

一 四二七頁中一七行第一三字「梐」，資、磧、普、南、徑、清作「陛」。下同。

一 四二七頁中二一行第五字「有」，資、磧、普、南、徑、清作「亦有」。

一 四二七頁下五行第一三字「令」，麗作「今」。

一 四二七頁下七行首字「若」，資、磧、普、南、徑作「答」。同行第一〇字「答」，麗作「若」。

一 四二七頁下八行第一三字「言」，資、磧、普、南、徑、清無。

一 四二七頁下末行末字至次頁上一行「兜羅綿者」，資、磧、普、南、徑、清作「提華綿者」。

一 四二八頁上一行第五字「華」，徑、清作「華綿」。同行第一二字「華」，資、磧、普、南、徑、清作「綿」。

一 四二八頁上二行第七字「聞」，諸本作「間」。

一 四二八頁上七行、一〇行「摘却」，

資、磧、普、南、徑、清作「擿破却」。

一　四二八頁上一二行第八字「摘」，資、磧、普、南、徑、清作「擿僧」。

一　四二八頁上一八行第三字「知」，資、磧、普、南、徑、清作「如」。

一　四二八頁中五行首字「彼」，資、磧、普、南、徑、清無。

一　四二八頁中六行第一〇字「更」，資、磧、南、徑、清無。

一　四二八頁中八行第七字「已」，資、磧、普、南、徑、清無。

一　四二八頁中一〇行第一〇字「語」，資、磧、普、南、徑、清作「告」。

一　四二八頁中一一行第一二字「病」，資、磧、普、南、徑、清作「諸病」。次頁上二二行首字同。

一　四二八頁中一二行第六字「當」，資、磧、普、南、徑、清無。

一　四二八頁中一四行第八字「聽」，資、磧、普、南、徑、清無。

一　四二八頁中一九行首字「閙」，資、磧、普、南、徑、清作「中」。同行第一〇字「不」，諸本作「心不」。

一　四二八頁中末行「毗舍佉」，資、磧、普、南、徑、清作「毗舍佉鹿子母」；麗作「毗舍佉母」。同行第一二字「日」，資、磧、普、南、徑、清無。

一　四二八頁下二行第四字「作」，諸本作「故作」。

一　四二八頁下三行第七字「便」，資、磧、普、南、徑、清作「更」。

一　四二八頁下五行第四字「到」，資、磧、普、南、徑、清作「詣」。

一　四二八頁下八行「毗舍佉」，諸本作「毗舍佉母」。

一　四二八頁下九行「已自手」，資、磧、普、南、徑、清作「訖自」。

一　四二八頁下一二行第四字「陁」，磧作「薩」。

一　四二八頁下一四行第一〇字「我」，資、磧、普、南、徑、清無。

一　四二八頁下一五行第一二至第一三字「浴衣」，資、磧、普、南、徑、清作「雨浴衣」。次頁上六行、一二行同。

一　四二八頁下一六行第六字「舍」，諸本作「與」。

一　四二八頁下一七行第一〇字、一八行第六字「飲」，資、磧、普、南、徑、清無。

一　四二九頁上一行第四字、五行第五字「洗」，諸本作「洗浴」。

一　四二九頁上七行第一〇字「耆」，資、磧、普作「者」。同行第一三字「中」，磧、南、徑、清作「内」。

一　四二九頁上一五行第七字「欲」，諸本作「我欲」。

一　四二九頁上一八行第一四字「時」，諸本無。

一　四二九頁中五行第四字「魚」，資、磧、普、南、徑、清無。同行至六行「不淨」，資、磧、普、南、徑、清無。

一　四二九頁中六行第七字「是」，資、磧、普、南、徑、清作「以是」。

一　四二九頁中九行第九字「緣」，諸本作「緣故」。

一 四二九頁中一四行首字「湏」，資、磧、普、南、徑、清作「藥」。同行第五字「病」，資、磧、普、南、徑、清作「大德病」。

一 四二九頁中一五行「以是故」，資、磧、普、南、徑、清作「是故我」；麗作「以是故我」。

一 四二九頁中一七行第六字「隨」，諸本作「墮」。

一 四二九頁下三行第七字「含」，徑作「舍」。

一 四二九頁下一〇行第一二字「住」，徑作「往」。

一 四二九頁下一五行末字、末行第一一字「隨」，資、磧、普、南、徑、清作「或隨」。

一 四二九頁下一六行「看病」，諸本作「或看病」。次頁上一行同。同行「病比丘」，資、磧、普、南、徑、清作「或病比丘」。

一 四二九頁下末行「遠行」，資、磧、普、南、徑、清作「或遠行」。

一 四三〇頁上五行末字「浴」，資、磧、普、南、徑、清作「雨浴」。

一 四三〇頁上九行第七字「是」，諸本作「是財」。

一 四三〇頁上一〇行末至一一行首「因緣」，資、磧、普、南、徑、清作「法」。

一 四三〇頁上一三行第九字「洗」，資、磧、普、南、徑、清作「浴」。

一 四三〇頁中一行末字、二行第四字「磔」，麗作「搩」。

一 四三〇頁中九行「截斷」，資、磧、普、南、徑、清作「割截」。

一 四三〇頁中一〇行第三字、一一行末字、一二行第六字「截」，資、磧、普、南、徑、清作「割截」。

一 四三〇頁中一一行首字「語」，資、磧、南、徑、清作「應語」；麗作「應語言」。

一 四三〇頁中一三行第三字「若」，諸本作「若僧」。

一 四三〇頁中一七行第一三字「是」，資、磧、普、南、徑、清無。

一 四三〇頁中一九行第一一字「汙」，南作「汗」。

一 四三〇頁下一九行第一二字「藏」，資、磧、普、南、徑、清作「藏罪」。

一 四三〇頁下二一行第三字「若」，資、磧、普、南、徑、清作「答」。

一 四三〇頁下二二行第九字「者」，資、磧、普、南、徑、清無。

一 四三一頁上一行第一〇字「罪」，資、磧、普、南、徑、清無。

一 四三一頁上八行「舍門閒曬」，資、磧、普、南、徑、清作「曬舍門閒」。

一 四三一頁上九行第八字「諸」，資、磧、普、南、徑、清作「諸婆羅門」。

一 四三一頁上一〇行第一三字「者」，資、磧、普、南、徑、清作「是」。

一 四三一頁上一一行第九字「眠」，資、磧、普、南、徑、清作「睡眠」。

一 四三一頁上一六行第四字「睡」，資、磧、普、南、徑、清作「睡苦」。

一 四三一頁中一六行第五字「廣」，

諸本作「過量廣」。

一　四三一頁中一九行「截斷未」，資、磧、普、徑、清作「割截不」；南作「截斷不」。

一　四三一頁中二一行首字「法」，資、磧、普、南、徑、清作「法發露」。

一　四三一頁中二二行第八字「勑」，資、磧、普、南、徑、清作「勑令割截」。

一　四三一頁下一八行第四字「作」，資、磧、普、南、徑、清作「作是中」。

一　四三一頁下一九行第五字「際」，資、磧、普、南、徑、清作「邊」。

一　四三二頁上七行「作是事」，資、磧、普、南、徑、清作「爾」。

一　四三二頁上八行首字「作」，資、磧、普、南、徑、清作「爾」。

一　四三二頁上一〇行第八字「曬」，資、磧、普、南、徑、清作「灑」。下同。　同行末字「以」，磧、南、清無。

一　四三二頁上一一行「難陁衣更有」，南作「衣更有如難陁」。同行至次行「同心以」，資、磧、普、南、徑、清作「作」。

一　四三二頁上一四行「等量作衣過作得」，資、磧、普、南、徑、清作「同量作衣及過」；麗作「等量作衣及過作得」。

一　四三二頁上一五行第一三字「是」，資、磧、普、南、徑、清作「是名」。

一　四三二頁中一行第七字「今」，資、磧、普、南、徑、清作「今發露」。

一　四三二頁中三行第九字「僧」，資、磧、普、南、徑、清無。

一　四三二頁中四行末字「事」，資作「竟」；磧、普、南、徑、清、麗作「事竟」。

十誦律卷第十九　三誦之六　　　職

後秦北印度三藏弗若多羅譯

四波羅提舍尼法

佛在舍衛國時世飢儉華色比丘尼有德多知多識能多得衣服飲食卧具湯藥諸所須物是比丘尼晨朝早起着衣持鉢入舍衛城乞食時見諸比丘衆舍衛城乞食不得愁惱不樂是比丘尼看諸比丘鉢中少少與少少半與半都无都與是比丘尼一日乞食所得盡以與諸比丘如是二三日以不得食故於巷中迷悶倒地一賈客見已語其婦言華色比丘尼於巷倒地汝扶令起將来婦即去扶起將来入舍疾作粳糧粥與已得醒問言汝何所患若有何疾病有何急於巷中倒地比丘尼言我無病無痛無急我不得食故迷悶巷中倒地又問汝為乞食不能得耶答言我乞食得以諸大衆於舍衛城乞食不得愁惱不樂我看比丘鉢中少少與少少半與半都无都與如是二三日我断食是故迷悶巷中倒地諸居士聞是事心不喜呵責言是沙門釋子不知時不知量若施者不知量受者應知量是華色比丘尼以断食故垂死是中有比丘少欲知足行頭陁聞是事心不喜向佛廣說佛以是事集比丘僧以種種因緣呵責諸比丘云何名比丘不知時不知量若施者不知量受者應知量是華色比丘尼以断食故垂死種種因緣呵責已語諸比丘以十利故與比丘結戒從今是戒應如是說若比丘不病入聚落中非親里比丘尼所自手受食是比丘應向餘比丘說是罪長老我墮可呵法不是處是法可悔我今發露悔過是名波羅提提舍尼法病者風盛熱盛冷盛瘀是食得差是名為病除是因緣名為不病非親里者親里名若母若女若姉妹乃至七世因緣是名親里除是名非親里食者五種佉陁尼五蒱闍尼五似食五佉陁尼食者根莖葉磨果五蒱闍尼食者飯麨糒魚肉五似食者糜粟穬麦莠子迦師是中犯者若

比丘不病入聚落中非親里比丘尼所自手受根食得波羅提提舍尼罪荎蕪磨果食飯麨糒魚肉食糜粟麨麥旁子迦師皆波羅提提舍尼罪不犯者若病若親里比丘尼若天祠中多人聚中與若沙門住處與若聚落外比丘尼坊舍中與者不犯　一法

佛在王舍城尒時有一居士請佛及二部僧明日食佛默然受居士知佛默然受已頭面礼足右遶而去還自舍辦種種多美飲食晨朝敷坐處遣使白佛時到食具已辦佛自知時佛即與二部僧入居士舍居士見佛及僧坐已自手行水欲下食時是中有助調達比丘尼為六群比丘故教檀越言此第一上座此第二上座此是持律此是法師與是比丘飯與是比丘羹諸居士言我等不知誰是第一上座誰是第二上座誰是持律誰是法師此中多有飲食自當遍與莫散乱語若散乱語者汝自起行我等當住佛遥見比丘尼作散乱事聞諸居士呵責食後以是因縁集比丘僧種種

因縁呵責六群比丘云何名比丘敢比丘尼所教與食種種因縁呵已語諸比丘以十利故與比丘結戒從今是戒應如是說有諸比丘白衣家請食是中有比丘尼指示言與是比丘飯與是比丘羹諸比丘應語是比丘尼小住待諸比丘食竟若諸比丘中無有一比丘語是比丘尼小住待諸比丘食竟者是一切諸比丘應向餘比丘言長老我等墮可呵法不是處是法可悔我今發露悔過是名波羅提提舍尼法是中犯者若比丘受比丘尼所教食得波羅提提舍尼罪隨受隨得尒所波羅提提舍尼罪若二部僧共坐一部僧中若有一人語是比丘尼者第二部亦名為語若别入别坐别食别出者是中入檀越門比丘應問出比丘何比丘尼是中教檀越與比丘食荅言某應問約勑未荅言已約勑是入比丘亦名約勑有諸比丘出城門時比丘入者應問出者若出者未約勑入者應約勑若出者已約勑入者亦名約勑　二法

佛在維耶離尒時有象師名首羅富貴有威德多饒財寶人民田宅種種成就是人歸依佛歸依法歸依僧見四諦得初道好檀越施不能籌量是人一月得官禀千金錢持用布施及餘所有物不能供足婦兒飢乏諸居士瞋呵責言沙門釋子不知時不知量若施者不知量受者應知量是首羅象師本富饒財布施不知量與不能供足婦兒飢乏甚可憐愍是中有比丘少欲知足行頭陁聞是事心不喜以是事向佛廣說佛以是事集比丘僧種種因縁呵責諸比丘云何名比丘不知時不知量若施者不知量受者應知量是首羅象師好檀越施不能量故與不能供婦兒飢乏種種因縁呵已語諸比丘汝等與首羅象師作學家羯磨諸比丘比丘尼式叉摩尼沙弥沙弥尼入是家不得自手受食若更有如是人僧亦應與作學家羯磨學家羯磨者僧一心和合一比丘僧中唱言大德僧聽首羅象師學家諸比丘比丘尼式叉摩尼沙弥

沙弥尼入是學家不得自手受食若僧時到僧忍聽僧與首羅居士作學家羯磨諸比丘比丘尼式叉摩尼沙弥沙弥尼不得入是家自手受食白如是如是白二羯磨僧與首羅象師作學家羯磨竟僧忍默然故是事如是持是首羅象師聞僧為作學家羯磨諸比丘比丘尼式叉摩尼沙弥沙弥尼不得入我舍自手受食聞已即詣佛所頭面礼佛足却坐一面白佛言願佛與我捨是學家羯磨佛語諸比丘為首羅居士捨學家羯磨若更有如首羅乞者亦應為捨捨法者一心和合僧是首羅居士從坐起偏袒右肩脫革屣合掌白言大德僧聽我首羅居士布施不知量與不能供婦兒飢乏以是因緣故僧為我作學家羯磨諸比丘比丘尼式叉摩尼沙弥沙弥尼入我舍不得自手受食我今從僧乞捨學家羯磨如本諸比丘比丘尼式叉摩尼沙弥沙弥尼入我舍自手受食如是應第二第三乞僧應籌量豈可捨不可捨若首羅象師財損減

不增長尒時若乞不乞不應捨若首羅居士財物增長若乞不乞皆應捨若首羅象師財物不增不減尒時若乞應捨不乞不應捨是中一比丘應唱言大德僧聽是首羅象師先作檀越布施不知量與不能供婦兒飢乏僧以是故與作學家羯磨諸比丘比丘尼式叉摩尼沙弥沙弥尼入是舍不得自手受食今是首羅象師從僧乞捨學家羯磨如本諸比丘比丘尼式叉摩尼沙弥沙弥尼聽我舍自手受食若僧時到僧忍聽僧與首羅象師捨學家羯磨如本聽諸比丘比丘尼式叉摩尼沙弥沙弥尼入舍自手受食白如是如是白四羯磨僧與首羅居士捨學家羯磨竟僧忍默然故是事如是持佛語諸比丘以十利故與比丘結戒從今是戒應如是說有諸學家僧作學家羯磨竟若比丘如是學家先不請後来自手受食是比丘應向餘比丘說罪作是言長老我墮可呵法不是處是法可悔我今發露悔過是名波羅提提舍尼法學家者得初道

家作學羯磨者僧與是家作學羯磨先不請者是學家先不請後来自手受食者五佉陁尼食五蒱闍尼食五似食是中犯者若比丘學家中先不請後来自手受食受根食波羅提提舍尼罪莖葉磨果飯麨糒魚肉糜粟麨麦荂子迦師食皆波羅提提舍尼隨自手受隨得尒所波羅提提舍尼罪

三法

佛在迦維羅衛國尒時諸釋子向暮食時見食好香美作是念我等不應獨噉如是好飲食何不留佛及僧分作是念已為佛及僧故留暮食分明日地了諸釋婦女以好寶物自莊嚴身持好飲食大語大笑来行向僧坊作是言佛今當先食我食彼亦復言佛先食我食令我長夜得利益安樂尒時尼俱陁林中有賊先犯事擯入是林中持器杖者中園遶而卧但賊主不卧聞人聲語諸賊言諸人皆起捉刀楯弓箭聚財物一處莫令王力聚落力所圍遶得大憂惱是諸人皆起如所約勅捉刀楯弓箭聚財物一

處賊主言小住我當往看為是何人即立樹間闇道上人聲作沙門聲問言汝是誰耶荅言我等是諸釋婦女以好寶物嚴身持好飲食向僧坊入尼俱陁林中佛令者當先食我食我等長夜當得利益安樂賊主即還語諸賊言今得成事但當起取問言云何荅言諸釋婦女以妙寶嚴身持好飲食入尼俱陁林中即時賊皆起剥脫已裸形放去如是名聲流布城邑聚落有惡賊剥脫諸釋婦女倮形放去即以官力聚落力圍遶捕得諸賊尒時諸女裸形往六群比丘往語言此食香美過與我来此食復勝亦與我来尒時諸婦女瞋呵言不是都不憂念我等裸形俱餓得是食諸比丘以是事向佛廣說佛語阿難取捨衣中各各與諸女一衣阿難言尒即取捨衣中各各與諸女一衣諸女著已持食入僧坊中打揵提與僧食分在佛前坐聽說法佛見諸女坐已種種因緣示教利喜示教利喜已默然諸女知佛示教利喜已頭面礼佛足右遶

而去諸女去不久佛以是事集比丘僧種種因緣呵責六群比丘云何名比丘僧未作約勑僧坊外不自手受食而僧坊内受種種因緣呵已語諸比丘以十利故與比丘結戒從今是戒應如是說有比丘僧住阿練兒處有疑怖畏若比丘知是阿練兒住處有疑怖畏難僧未作差不應僧坊外自手受食僧坊内受是比丘應向餘比丘說罪言長老我墮可呵法不是處是法可悔我今發露悔過是名波羅提提舍尼法阿練兒處者去聚落五百弓於摩伽陁國一拘盧舍於北方國則半拘盧舍疑者乃至疑失一水器怖畏者是中乃至畏惡比丘僧未差者僧未一心差是人僧坊外者此僧坊牆障外若籬障外若壍障外僧坊内者僧坊牆障内籬障内壍障内食者五佉陁尼五蒱闍尼五似食是中犯者若比丘僧未與差是人不僧坊外自手受根食僧坊内受得波羅提提舍尼莖菜磨果飯麨糒魚肉麋粟麰麦䅟子迦師皆波羅提提舍尼罪隨自手

受隨得尒所波羅提提舍尼從今應羯磨衆知食人一心和合僧一比丘問言誰能為僧作衆知食人若有言我能若有五法不應差作知食人隨愛隨瞋隨怖隨癡不知有无若成就五法應令作衆知食人不隨愛不隨瞋不隨怖不隨癡知有無是中一比丘僧中唱言大德僧聽某甲比丘能作衆知食人若僧時到僧忍聽某甲比丘作衆知食人白如是如是白二羯磨某甲比丘作衆知食人竟僧忍默然故是事如是持若比丘受僧羯磨已是比丘知是中有賊入應將淨人是中立若是中見有人似賊者應取是食語諸持食人言汝莫來入是中有人似賊若是持食人強来者不犯四法

明一百七衆學法

佛在王舍城尒時諸比丘極高著泥洹僧極下著衆人著衣不周齊著佛見已作是念我當觀過去諸佛云何著泥洹僧空中淨居天言世尊過去諸佛周齊著泥洹僧佛亦自憶知過

去諸佛周齊著泥洹僧佛復念我當
觀未来諸佛去何著泥洹僧空中淨
居天言世尊未来諸佛周齊著泥洹
僧佛亦觀知未来諸佛亦當周齊著
泥洹僧佛復作是念我當看淨居天
去何著泥洹僧空中天言淨居天周
齊著泥洹僧佛亦自知淨居天周齊
著泥洹僧佛以是事集比丘僧以種
種因縁呵責諸比丘去何名比丘極
高著泥洹僧極下著泥洹僧叅差著
泥洹僧不周齊著泥洹僧種種因縁
呵已語諸比丘以十利故與比丘結
戒從今是戒應如是說不極高著泥
洹僧應當學若比丘極高著突吉
羅若不極高着不犯
不極下著泥洹僧應當學若極下著
泥洹僧突吉羅不極下著不犯二
不叅差著泥洹僧應當學若叅差著
泥洹僧突吉羅不叅差著泥洹僧
不犯三
不如斫頭著泥洹僧應當學如斫頭
著泥洹僧突吉羅不如斫頭著不犯四
不如象鼻著泥洹僧應當學如象鼻

著泥洹僧突吉羅不如象鼻著不犯五
不如多羅葉著泥洹僧應當學如多
羅葉著泥洹僧突吉羅不如多羅葉
著泥洹僧不犯六
不如麨摶著泥洹僧應當學如麨摶
著泥洹僧突吉羅不如麨摶著不犯七
不細襵前著泥洹僧應當學如細襵
前著泥洹僧突吉羅不細襵前著
不犯八
不著茸泥洹僧應當學著茸著泥
洹僧突吉羅不著茸著衣不犯九
不并襵兩邊著泥洹僧應當學并襵
兩邊著泥洹僧突吉羅不并襵兩邊
著不犯十
不著細縷泥洹僧應當學著細縷泥
洹僧突吉羅不著細縷不犯十一
周齊著泥洹僧應當學不周齊著泥
洹僧突吉羅周齊著不犯十二
佛在王舍城尒時諸比丘極高被衣
極下被衣叅差被衣不周齊被衣佛
見已作是念我當觀過去諸佛去何
被衣空中淨居天言過去諸佛周齊
被衣佛亦自憶過去諸佛周齊被衣

佛復念我當觀未来諸佛去何被衣
空中天言未来諸佛周齊被衣佛亦
自知未来諸佛周齊被衣佛復念淨
居諸天去何被衣空中天言淨居諸天
周齊被衣佛亦自見淨居諸天周齊
被衣佛以是事集比丘僧種種因縁
呵責諸比丘去何名比丘極高被衣
極下被衣叅差被衣不周齊被衣種
種因縁呵已語諸比丘以十利故與
比丘結戒從今不極高被衣應當學
極高被衣突吉羅不極高被衣不犯十三
不極下被衣應當學極下被衣突吉
羅不極下被衣不犯十四
不叅差被衣應當學叅差被衣突吉
羅不叅差被衣不犯十五
周齊被衣應當學不周齊被衣突吉
羅周齊被衣不犯十六
佛在王舍城尒時有一居士請佛及
僧明日食佛默然受居士知佛默然
受已從坐起頭面礼佛足右遶而去
還自舍通夜辦種種多美飲食晨朝
敷座處遣使白佛時到食具已辦佛
自知時佛中前著衣入居士舍尒時

六群比丘不好覆身入是家内自看
肩臂看胷諸居士呵責言諸沙門釋
子自言善好有功德不好覆身入家
内自看肩臂看胷如王如大臣佛見
六群比丘不好覆身入白衣舍聞居
士呵責如王如大臣佛食後以是事
集比丘僧種種因緣呵責六群比丘
云何名比丘不好覆身入家内自看
肩臂看胷種種因緣呵已語諸比丘
以十利故與比丘結戒從今好覆身
入家内應當學不好覆身入家内突
吉羅好覆身入家内不犯十七
有時六群比丘雖好覆身入家内不
好覆身坐自看肩臂看胷諸居士呵
責言諸沙門釋子自言善好有德不
好覆身坐家内看肩臂看胷如王如
大臣佛見諸比丘不好覆身坐家内
自看肩臂看胷佛見已食後集比丘
僧種種因緣呵責諸比丘云何名比
丘不好覆身坐家内自看肩臂看胷
種種因緣呵已語諸比丘以十利故
與比丘結戒從今好覆身坐家内應當學
不好覆身坐家内突吉羅好覆身坐

不犯十八
有時六群比丘不善攝身入家内脚
蹵大車小車犢車輦輿輪樹柱壁
瓶甕倒地諸居士呵責言諸沙門釋
子自言善好有德不善攝身入他家
脚蹵物自倒地如盲人佛語諸比丘
善攝身入家内應當學不善攝身入
家内突吉羅善攝身入家内不犯十九
又六群比丘雖善攝身入家内不善
攝身坐蹵大車小車犢車輦輿輪樹
柱壁瓶甕牀榻倒地如盲人佛知是
事語諸比丘善攝身坐家内應當學
不善攝身坐家内突吉羅若善攝身
坐不犯二十
佛在舍衛國尒時世尊中前著衣與
諸比丘入舍衛城諸佛常法若以神
通力入城邑聚落時現如是希有事
謂象中鳴馬悲鳴諸牛王吼鵝鴈孔
雀鸚鵡舍利鳥俱枳羅猩猩諸鳥出
和雅音大鼓小鼓箜篌箏笛琵琶
簫瑟篳篥鐃鈸不鼓自鳴諸貴人舍所
有金器内外莊嚴具若在箱篋中自
然作聲盲者得視聾者得聽瘂者能

言拘躄者得申跛蹇者得手足睞眼
得正病瘦者得除苦痛者得樂毒者
得消狂者得正殺者離殺偷者離偷
邪婬者不邪婬妄語者不妄語兩舌
惡口无義語者不無義語貪者不貪
瞋者不瞋邪見者離邪見牢獄閉繫
枷鎖杻械悉得解脫急鬧處者皆得
空閑未種善根者種已種者增長已
增長得解脫諸伏藏寶物自然發出
現如是希有事諸衆生得利益尒時
佛漸漸行到城以右足著門閫上如
是種種希有事皆現尒時人民於屋
上堂壁樓閣上看佛及僧是中有未
曾見佛者有曾見佛者指示言此
是佛此是舍利弗目連阿那律難提
金毗羅此是六群比丘六群比丘聞
已仰看作是言某女人盲某睞眼某
赤眼某短鼻某瘦某背僂某跛某白
某黑某无威德諸女人聞已語六群
比丘我非汝婦不與汝通我等好醜
何豫汝事而字名我等六群比丘言
我從佛及僧入城何豫汝事指我等
言此是六群比丘似如過罪人佛聞

是事語諸比丘從今不高視入家內應當學高視入家內突吉羅不高視入家內不犯二十一

尒時佛及僧露地坐食諸人在堂屋上牆辟樓閣上看佛及僧是中有人未曾見佛者中有曾見佛者指示言此是佛此是舍利弗目連阿那律難提金毗羅此是六群比丘六群比丘聞已即仰視作是言某女人盲某睞眼某赤眼某短鼻某瘦某背僂某跛某黑某白某无威德諸女人聞已語六群比丘言我等非汝婦不與汝通我等好醜何豫汝事而名字我等六群比丘言我從佛及僧受請坐食何豫汝等事而指我等言此是六群比丘似如過罪人佛聞是事語諸比丘從今不高視坐家內應當學高視坐家內突吉羅不高視坐家內不犯二十二

六群比丘嫌呵供養入家內作是言昨日飲食香美熟好次第等與好敷座處今日或當不如昨日香美熟好或不次第等與諸居士呵責言諸沙門釋子不善不種不穫但能敢食出他過罪佛聞是事語諸比丘從今不呵供養入家內應當學呵供養入突吉羅不呵供養入不犯二十三

又六群比丘入時不呵供養坐已便呵作是言昨日飲食香美熟好次第等與好敷座處今日或當不如時日香美熟好或不次第等與諸居士呵言是沙門釋子不善不種不穫但能敢食出他過罪佛聞是事已語諸比丘從今不呵供養坐家內應當學呵供養坐突吉羅不呵供養坐不犯二十四

又六群比丘高大聲入家內諸居士呵責沙門釋子自言善好有德高大聲入家內如婆羅門佛語諸比丘從今靜默入家內應當學若不靜默入家內突吉羅靜默入不犯二十五

又六群比丘雖不高聲入家內便高聲坐如婆羅門諸居士呵責言沙門釋子自言善好有德高大聲坐他家如婆羅門佛聞已語諸比丘從今靜默坐家內應當學若不靜默坐家內突吉羅若靜默坐不犯二十六

又六群比丘蹲行入家內諸居士呵責言沙門釋子自言善好有功德蹲行入家內似如截脚佛聞已語諸比丘從今不蹲行入家內應當學蹲行入家內突吉羅不蹲行入不犯二十七

又六群比丘雖不蹲行入家內便蹲坐家內居士呵責言沙門釋子蹲坐家內如外道佛語諸比丘從今不蹲坐家內應當學若蹲坐家內突吉羅不蹲坐不犯二十八

又六群比丘以衣覆頭入家內諸居士瞋呵責言是諸比丘自言善好有德以衣覆頭入家內似如伺捕人佛言從今不覆頭入家內應當學若覆頭入家內突吉羅不覆頭入不犯二十九

又六群比丘雖不覆頭入家內覆頭坐家內諸居士呵責諸比丘自言善好有德覆頭坐家內似如伺捕人佛言從今不覆頭坐家內應當學若覆頭坐突吉羅不覆頭坐不犯三十

又六群比丘襆頭入家內諸居士呵責言諸沙門釋子自言善好有德襆頭入家內如王如大臣佛聞是事語諸比丘從今不襆頭入家內應當學

若襆頭入突吉羅不襆頭入不犯三十一

又六群比丘雖不襆頭入家內而襆頭坐家內諸居士呵責諸比丘自言善好有德襆頭坐家內如王如大臣佛聞是事語諸比丘從今不襆頭坐家內應當學若襆頭坐突吉羅不襆頭坐不犯三十二

又六群比丘肘隱人肩入家內諸居士呵責言沙門釋子自言善好有德肘隱人肩入家內如王如大臣佛聞是事語諸比丘從今不肘隱人肩入家內應當學肘隱人肩入家內突吉羅不肘隱人肩入不犯三十三

又六群比丘雖不肘隱人肩入家內便肘隱人肩坐家內諸居士瞋呵責言諸沙門釋子自言善好有德肘隱人肩坐家內如王如大臣佛聞是事語諸比丘從今不肘隱人肩坐家內應當學肘隱人肩坐突吉羅不肘隱人肩坐不犯三十四

又六群比丘叉腰入家內諸居士呵責言沙門釋子自言善好有德叉腰入家內如王如大臣佛聞是事語諸

比丘從今不叉腰入家內應當學叉腰入突吉羅不叉腰不犯三十五

又六群比丘雖不叉腰入家內便叉腰坐家內諸居士呵責言沙門釋子自言善好有德叉腰坐家內如王如大臣佛聞是事語諸比丘不叉腰坐家內應當學叉腰坐突吉羅不叉腰坐不犯三十六

又六群比丘左右反抄衣入家內諸居士呵責言沙門釋子自言善好有德左右反抄衣入家內如王如大臣佛聞是事語諸比丘從今不左右反抄衣入家內應當學左右反抄衣入家內突吉羅不左右反抄衣入不犯三十七

尒時六群比丘雖不左右反抄衣入家內便左右反抄衣坐家內諸居士呵責言云何名比丘左右反抄衣坐家內如王如大臣佛聞是事語諸比丘不左右反抄衣坐家內應當學左右反抄衣坐突吉羅不左右反抄衣坐不犯三十八

又六群比丘偏抄衣入家內諸居士訶責言沙門釋子自言善好有德偏

抄衣入家內如王如大臣佛聞是事語諸比丘從今不偏抄衣入家內應當學若偏抄衣入突吉羅不偏抄衣入不犯三十九

又六群比丘雖不偏抄衣入家內便偏抄衣坐家內諸居士呵責言沙門釋子自言善好有德偏抄衣坐家內如王如大臣佛聞是事語諸比丘不偏抄衣坐家內應當學若偏抄衣坐家內突吉羅不偏抄衣坐不犯四十

尒時六群比丘以衣覆右肩全舉左肩上入家內諸居士呵責言諸沙門釋子自言善好有德以衣覆右肩全舉左肩上入家內如王如大臣佛聞是事語諸比丘從今不以衣覆右肩全舉左肩上入家內應當學若以衣覆右肩全舉左肩上入家內突吉羅不以衣覆右肩全舉左肩上入不犯四十一

又六群比丘雖不以衣覆右肩上全舉左肩上入便以衣覆右肩上全舉左肩上坐家內諸居士呵責言沙門釋子自言善好有德以衣覆右肩全舉左肩上坐家內如王如大臣佛聞

是事語諸比丘從今不應以衣覆右肩全舉左肩上坐家內應當學若以衣覆右肩全舉左肩上坐突吉羅不覆右肩全舉左肩上坐不犯四十二

尒時六群比丘掉臂入家內諸居士呵責言諸沙門釋子自言善好有德掉臂入家內似如種穀人佛聞是事語諸比丘從今不掉臂入家內應當學若掉臂入突吉羅若不掉臂入不犯四十三

尒時諸比丘雖不掉臂入家內便掉臂坐諸居士呵責言沙門釋子自言善好有功德掉臂坐家內似如種穀人佛聞是事語諸比丘從今不掉臂坐家內應當學若掉臂坐突吉羅若不掉臂坐家內不犯四十四

尒時六群比丘搖肩入家內諸居士呵責言沙門釋子自言善好有德搖肩入家內如王如大臣佛聞是事語諸比丘從今不搖肩入家內應當學若搖肩入家內突吉羅不搖肩入不犯四十五

尒時六群比丘雖不搖肩入家內便

搖肩坐諸居士呵責言沙門釋子自言善好有德搖肩坐家內如王如大臣佛聞是事語諸比丘從今不搖肩坐家內應當學若搖肩坐突吉羅不搖肩坐不犯四十六

又六群比丘搖頭入家內諸居士呵責言沙門釋子自言善好有德搖頭入家內似如鬼捉佛聞是事語諸比丘從今不搖頭入家內應當學若搖頭入家內突吉羅不搖頭入不犯四十七

又六群比丘雖不搖頭入便搖頭坐家內諸居士呵責沙門釋子自言善好有德搖頭坐家內似如鬼捉佛聞是事語諸比丘從今不搖頭坐家內應當學若搖頭坐突吉羅不搖頭坐不犯四十八

尒時六群比丘搖身入家內諸居士呵責言沙門釋子搖身入家內似如舞人佛聞是事語諸比丘從今不搖身入家內應當學若搖身入突吉羅不搖身入不犯四十九

尒時六群比丘雖不搖身入家內便搖身坐諸居士呵責言沙門釋子搖

身坐家內似如舞人佛聞是事語諸比丘從今不搖身坐家內應當學若搖身坐家內突吉羅不搖身坐家內不犯五十

尒時六群比丘携手入家內蹵蹹瓶甕器物倒地諸居士呵責言沙門釋子自言善好有德携手入家內如王如大臣佛聞是事語諸比丘從今不携手入家內應當學若携手入家內突吉羅不携手入家內不犯五十一

又六群比丘雖不携手入家內便携手坐家內諸居士言諸長老相近坐此請比丘多六群比丘言汝等更有何等事何不廣敷座處令我等相近坐耶佛聞是事語諸比丘從今不携手坐家內應當學若携手坐家內突吉羅不携手坐不犯五十二

又六群比丘翹一脚入家內諸居士呵責言沙門釋子自言有德翹一脚入家內如王如大臣佛聞是事語諸比丘從今不翹一脚入家內應當學若翹一脚入突吉羅不翹一脚入家內不犯五十三

尒時六群比丘雖不翹一脚入家內

便翹一脚坐家內諸居士言諸長老
相近坐我請比丘多六群比丘言汝
等更有何等事何不廣敷座處令我
等相近坐耶佛聞是事語諸比丘從
今不應翹一脚坐家內應當學翹一
脚坐家內突吉羅不翹一脚坐不犯五十四
尒時六群比丘累脛坐家內下露形
體諸居士呵責言沙門釋子自言善
好有德累脛坐家內下露形體佛聞
是事語諸比丘從今不累脛坐家內
應當學若累脛坐家內突吉羅不累
脛坐不犯五十五
尒時六群比丘累脚坐諸居士呵責
言沙門釋子自言善好有德累脚坐
家內如王如大臣佛聞是事語諸比
丘從今不累脚坐應當學若累脚坐突吉
羅不累脚坐不犯五十六
佛在舍衛國尒時六群比丘早起著
衣持鉢入舍衛城乞食有一居士中
門前獨坐牀上以掌扶頰愁憂不樂
時六群比丘共相謂言此人憂感我
能令語笑六群比丘前到是居士所
以掌扶頰愁憂而住居士聞言汝等

何急共相憂愁以掌扶頰而住六群
比丘顧語諸比丘言我即令語笑已
語居士呵責言諸沙門釋子自言善
好有德以掌扶頰令白衣語笑如戲
笑人佛聞是事語諸比丘從今不掌
扶頰坐家內為白衣笑故應當學若
掌扶頰坐突吉羅不掌扶頰坐不犯五十七
佛在王舍城尒時有一居士請佛及
僧明日食佛默然受已居士知佛受
已從坐而起頭面礼佛足右遶而去
還到自舍通夜辦種種多美飲食晨
朝敷座處遣使白佛時到食具已辦佛
自知時佛及僧入居士舍坐是居士
知佛及僧坐已自手行水欲下飲食
時六群比丘持鉢置前四向顧視居
士下飯著鉢中已過去六群比丘言
此中何以不與飯居士言已與六群
比丘言不與居士言看鉢中看已嘆
居士言授我鉢來諸居士言汝等向
者心在何處今方嘆授鉢佛言從今
一心受飯應當學若不一心受飯突
吉羅若一心受不犯五十八
又六群比丘以飯滿鉢向餘處看諸

居士著羹鉢中已過六群比丘言此
中何以不與羹耶荅言已與六群比
丘言不與居士言何不看鉢中看已
語言授我鉢來諸居士言汝向者心
在何處今方嘆授鉢佛聞是事語諸
比丘從今一心受羹應當學若不一
心受羹突吉羅一心受羹不犯五十九
又六群比丘溢鉢受飲食是中飯羹
溢出諸居士言飯當更益羹亦當益
何以溢鉢取棄佛聞是事語諸比丘
從今不溢鉢受食應當學若溢鉢受食突
吉羅不溢鉢不犯六十
又六群比丘以羹菜澆飯但取羹菜
處飯食諸居士呵責言何以澆食如
小兒佛聞是事語諸比丘從今等羹飯和
合食應當學若不等羹飯食突吉
羅若羹飯等食不犯六十一
又六群比丘飯上若有酥酪及羹剜
中取如井諸居士呵責言諸比丘食
如婆羅門食佛聞是事語諸比丘從
今不應剜中取如井應當學剜中食
突吉羅不剜中食不犯六十二
又六群比丘摶飯食諸居士呵責言

諸比丘摶飯如小兒佛聞是事語諸比丘從今不摶飯食應當學若摶飯食突吉羅不摶飯食不犯 六十三

又六群比丘大摶飯食諸居士呵責言諸比丘大摶飯食似如有人欲奪驅逐佛聞是事語諸比丘從今不大摶食應當學若大摶食突吉羅不大摶食不犯 六十四

又六群比丘手把飯食諸居士呵責言諸比丘手把飯食如田種人佛聞是事語諸比丘從今不手把飯食應當學手把飯食突吉羅不手把飯食不犯 六十五

又時諸比丘次第坐食有比丘食未至便大張口六群比丘與比坐以戲故擲土塊著口中尒時衆中有如是不清淨事佛言從今不豫張口待飯食應當學若食未至豫張口待食突吉羅不豫張口待不犯 六十六

有時六群比丘含食語羹飯從口流出比坐比丘見便吐逆佛言從今不含食語應當學若含食語突吉羅不含食語不犯 六十七

又六群比丘齧半食半在口中半在手中佛言從今不齧半食應當學若齧半食突吉羅不齧半食不犯 六十八

佛在迦維羅衛國尒時摩訶南釋請佛及僧明日食佛默然受知佛默然受已即從坐起頭面礼足右遶而去還自舍通夜辦種種多美飲食早起敷座處遣使白言時到食具已辦佛自知時佛著衣持鉢及僧入摩訶南舍坐摩訶南見佛坐已自手行水是食乳已辦自手下飯與乳諸比丘吸食作聲尒時有比丘先是伎兒聞是聲即起舞諸比丘大笑笑時口中飯粒出有鼻孔中出者諸居士呵責言諸沙門釋子自言善好有德云何令他笑如伎兒佛見諸比丘作是事聞諸居士呵責佛時默然食後以是事集比丘僧佛知故問舞比丘汝以何心舞荅言世尊欲出諸比丘吸食過罪及戲笑故佛言從今不吸食應當學若吸食作聲食突吉羅不吸食作聲不犯 六十九

又六群比丘嚼食嘍嘍作聲諸居士

呵責言沙門釋子自言善好有德嚼食嘍嘍作聲如豬嘍食佛言從今不嚼食作聲應當學嚼食作聲食突吉羅不嚼食作聲不犯 七十

又六群比丘滿口著飯漸漸咽諸居士呵責言如獼猴食佛言從今不咽食食應當學未咽食食突吉羅咽已食不犯 七十一

又六群比丘吐舌食作是言誰能全吞令摶不壞諸居士呵責言諸比丘吐舌食如小兒佛言從今不吐舌食應當學吐舌食突吉羅不吐舌不犯 七十二

又六群比丘縮鼻食諸居士呵責言應好棄涕為寒耶為噉蒜耶佛言從今不縮鼻食應當學縮鼻食突吉羅不縮鼻食不犯 七十三

又六群比丘舐手食諸居士呵責言羹飯盡當更益何以舐手佛言從今不舐手食應當學若舐手食突吉羅不舐手食不犯 七十四

又六群比丘指抆鉢食諸居士呵責言羹飯盡當更益何以指抆鉢食佛言從今不指抆鉢食應當學若指抆鉢食

突吉羅不指抆鉢食不犯五七十
又六群比丘食著手振却諸居士呵
責言諸比丘食如王如大臣振手食
棄佛言從今不振手食應當學振手食突
吉羅不振手食不犯六七十
又六群比丘棄著手飯諸居士呵責
言是諸沙門不善不種不穫但噉復
棄佛言從今不棄著手飯應當學棄著
手飯突吉羅不棄不犯七七十
尒時六群比丘膩手便捉飲器比坐
比丘見便吐逆佛言從今不膩手捉
飲器應當學膩手捉飲器突吉羅不
膩手捉不犯八七十
又六群比丘不病自為索飯索羹佛
言從今不病不自為索飯索羹應當
學不病自索羹飯突吉羅若病索不
犯九七十
又六群比丘以飯覆羹更望得故諸
諸居士言此中著羹耆竟先噉鉢中飯
覆者佛言從今不飯覆羹欲望更得應當
學若飯覆羹更望得者突吉羅更
不望得覆者不犯八十
又六群比丘呵相看比坐鉢中作是

言汝多我少我少汝多佛言不呵相
看比坐鉢應當學呵相看比坐鉢突
吉羅不呵相看不犯一八十
又一比丘僧中食時看餘處六群比
丘與作比坐以戲笑故持骨著其鉢
中此比丘持手著鉢中欲食觸骨驚
怖以是事故佛言端視鉢食應當學
若不端視鉢食突吉羅端視鉢食不
犯二八十
又六群比丘多受食不次第噉盡殘
在鉢中便著水湯棄滿澡槃中双殘
食器皆滿諸居士呵責言是諸沙門
不善不種不穫但能噉復棄佛言次
第噉食盡應當學不次第噉食盡突
吉羅次第噉盡不犯三八十
佛在迦毗羅國尒時有居士請佛及
僧明日食佛默然受居士知佛默然
受已從坐起頭面礼佛足右遶而去
還自舍通夜辦種種多美飲食早起
敷座處遣使白佛時到食辦佛自知
時佛及僧到居士舍新堂上水精作
地諸比丘洗鉢水中有殘食捨著堂
上似如吐諸居士呵責言是諸比丘

不善更有屏處可棄此水何以乃棄
此堂上佛言洗鉢水有飯不問主人
不應棄舍內應當學若不問主人棄
舍內突吉羅問主人棄者不犯四八十

十誦律卷第十九

十誦律卷第十九

校勘記

一 底本，金藏廣勝寺本。此卷與宋資福藏本、磧砂藏本，元普寧藏本，明永樂南藏本、徑山藏本及清藏本差異較大，惟與麗藏本相近，故校以麗藏本。另以清藏本作別本，附録於後，并校以資、磧、普、南、徑。卷五十二至五十四亦同。

一 四三八頁中一四行首字「巷」，麗作「巷中」。

一 四三八頁下二〇行第一〇字及末字「尼」，麗作「尼食」。

一 四三九頁上一三行第九字「舍」，麗作「舍坐」。

一 四三九頁上二一行第一〇字「行」，麗作「行食」。

一 四三九頁中一三行第五字「食」，麗作「與食」。

一 四三九頁中二一行「時比丘」，麗作「時有比丘」。

一 四三九頁下九行第七字「財」，麗作「財物」。

一 四四〇頁上一三行「首羅」，麗作「首羅居士」。

一 四四〇頁上一四行末字「祖」，麗作「袒」。

一 四四〇頁中二行第一三字「應」，麗作「應與」。

一 四四〇頁下一二行第一〇字「留」，麗作「當留」。

一 四四〇頁下二一行第三字及末行第八字「楯」，麗作「盾」。

一 四四一頁中八行第七字「應」，麗無。

一 四四一頁下二行第三字「糸」，麗作「差糸」。

一 四四一頁下一七行「四法」，麗作「四法竟」。

一 四四一頁下一八行末字「法」，麗作「法初」。

一 四四一頁下二〇行第九字「衣」，麗無。

一 四四二頁上一五行末字「犯」，麗作「犯一」。

一 四四二頁中一〇行第一二字及次行第九字「着」，麗無。

一 四四二頁中一二行「并襵」，麗作「若并襵」。

一 四四二頁中一五行第一一字「着」，麗作「若着」。

一 四四二頁中一六行末「十一」，麗無。

一 四四二頁中一八行末「十二」，麗作「十一」。

一 四四二頁下一一行末「十三」，麗作「十二」。

一 四四三頁中六行第四字「自」，麗無。

一 四四三頁中一九行第八字「枳」，麗作「均」。

一 四四三頁下七行「急鬧」，麗作「憒鬧」。

一 四四三頁下九行第二字「長」，麗作「長者」。

一　四四三頁下一二行首字「是」，麗作「是等」。
一　四四三頁下二〇行「比丘」，麗作「比丘言」。同行第一〇字「通」，麗作「私通」。
一　四四四頁上一九行首字「六」，麗作「又六」。
一　四四四頁中六行「時日」，麗作「昨日」。
一　四四四頁下六行「居士」，麗作「諸居士」。
一　四四五頁中二行第八字「腰」，麗作「腰入」。
一　四四五頁下一五行第九字「不」，麗作「不應」。
一　四四五頁下二〇行第五字「入」，麗作「入家内」。次頁中一一行第一〇字同。
一　四四六頁中一八行「釋子」，麗作「釋子自言善好有德」。
一　四四六頁下一八行「有德」，麗作「善好有德」。
一　四四七頁上六行首字「脞」，麗作「脚」。
一　四四七頁上末行「問言」，麗作「笑而問言」。
一　四四七頁中三行首字「語」，麗作「諸」。
一　四四七頁下九行末字「益」，麗作「更益」。
一　四四七頁下一二行第五字「鉢」，麗作「鉢受」。
一　四四八頁上一四行第一〇字「有」，麗作「有一」。
一　四四八頁上一六行第二字「離」，麗作「持」。
一　四四八頁中八行第七字「言」，麗作「佛言」。
一　四四八頁中一七行「佛時」，麗作「時佛」。
一　四四九頁下四行末小字「八十四」，麗作「八十四竟」。

十誦律卷第十九　　美九

姚秦三藏弗若多羅共三藏鳩摩羅什譯

第三誦之六

四波羅提提舍尼

佛在舍衛國時世饑儉華色比丘尼有福德多知多識能多得衣服飲食卧具湯藥諸所須物是比丘尼晨朝早起著衣持鉢入舍衛城乞食是時見諸大比丘衆舍衛城乞食不得愁惱不樂是比丘尼看諸比丘鉢中少少與少少半與半都無都與是比丘尼一日乞食所得盡以與諸比丘如是二三日以不得食故於巷中迷悶倒地一賈客見已語其婦言華色比丘尼於巷中倒地汝扶令起將來婦即去扶起將來入舍疾作粰糒粥與已得醒問言汝何所患若有何疾病有何急於巷中倒地比丘尼言我無病無痛無急我不得食故迷悶巷中倒地又問汝爲乞食不能得耶答言我乞食得以諸大衆於舍衛城乞食不得愁惱不樂我看比丘鉢中少少與少少半與半都無都與如是二三日我斷食是故迷悶巷中倒地諸居士聞是事心不喜呵責言是沙門釋子不知時不知量若施者不知量受者應知量是華色比丘尼以斷食故垂死是中有比丘少欲知足行頭陀聞是事心不喜向佛廣說佛以是事集比丘僧以種種因緣呵責諸比丘云何名比丘不知時不知量若施者不知量受者應知量是華色比丘尼以斷食故垂死種種因緣呵已語諸比丘以十利故與諸比丘結戒從今是戒應如是說若比丘不病入聚落中非親里比丘尼所自手取食是比丘應向諸比丘說是罪諸長老我墮可呵法不是處是法可悔我今發露悔過是名波羅提提舍尼法病者風感熱感冷感嗽是食得差是名爲病除是因緣名爲不病非親里者親里名若母若女若姊妹乃至七世因緣是名親里除是名非親里食者五種佉陀尼食五種蒱闍尼食五種似食五佉陀尼食者根莖葉磨果五蒱闍尼食者飯麨糒魚肉五似食者糜粟麳麥莠子迦師是中犯者若比丘不病入聚落中非親里比丘尼所自手取根食得波羅提提舍尼罪莖葉磨果食飯麨糒魚肉食糜粟麳麥莠子迦師皆得波羅提提舍尼罪不犯者若病若親里比丘尼若天祠中多人聚中與若沙門住處與若聚落外比丘尼房舍中與不犯一法竟

佛在王舍城爾時有一居士請佛及二部僧明日食佛默然受居士知佛默然受已頭面禮佛足右繞而去還自舍通夜辦種種多美飲食晨朝敷坐處遣使白佛時到食具已辦佛自知時佛即與二部僧入居士舍坐居士見佛及僧坐已自手行水欲下食時是中有助提婆達多比丘尼爲六羣比丘故教檀越言此第一上座此第二上座此是持律此是法師與是比丘飯與是比丘羹諸居士言我等不知誰是第一上座誰是第二上座誰是持律誰是法師此中多有飯食自當遍與莫散亂語若散亂語者汝自手行食我等當住佛遥見比丘尼作散亂事聞諸居士呵責食後以是因緣故集比丘僧種種因緣呵責六羣比丘云何名比丘敎比丘尼所教與食種

種因緣呵已語諸比丘以十利故與諸比丘結戒從今是戒應如是說有諸比丘白衣家請食是中有比丘尼指示言與是比丘飯與是比丘羹諸比丘應語是比丘尼小住待諸比丘食竟若諸比丘中無有一比丘語是比丘尼小住待諸比丘食竟者是一切諸比丘應向餘比丘言諸長老我等墮可呵法不是處是法可悔我今發露悔過是名波羅提提舍尼法是中犯者若比丘受比丘尼所教與食得波羅提提舍尼罪隨受隨得爾所波羅提提舍尼罪若二部僧共坐一部僧中若有一人語是比丘尼者第二部僧亦名爲語若別入別坐別食別出者是中入檀越門比丘應問出比丘何比丘尼是中教檀越與比丘食答言某應問約勑未答言已約勑是入比丘亦名約勑有諸比丘出城門時有比丘入者應問出者若出者未約勑入者應約勑若出者已約勑入者亦名約勑 二法竟

佛在維耶離國爾時有象師名首羅富貴有威德多饒財寶人民田宅種種成就是人歸依佛歸依法歸依僧見四諦得初道好檀越施不能籌量是人一月得官廩千金錢持用布施及餘所有物不能供足兒婦飢乏諸居士瞋呵責言沙門釋子不知時不知量若施者不知量受者應知量是首羅象師本富饒財物布施不知量與不能供足兒婦飢乏甚可憐愍是中有比丘少欲知足行頭陀聞是事心不喜以是事向佛廣說佛以是事集比丘僧種種因緣呵責諸比丘云何名比丘不知時不知量若施者不知量受者應知量是首羅象師好檀越施不能量故與不能供婦兒飢乏種種因緣呵已語諸比丘汝等與首羅象師作學家羯磨語比丘比丘尼式叉摩尼沙彌沙彌尼入是家不得自手取食若更有如是人僧亦應與作學家羯磨學家羯磨者僧一心和合一比丘僧中唱言大德僧聽首羅象師學家諸比丘比丘尼式叉摩尼沙彌沙彌尼入是學家不得自手取食若僧時到僧忍聽僧與首羅居士作學家羯磨諸比丘比丘尼式叉摩尼沙彌沙彌尼不得入是家自手取食白如是如是白二羯磨僧與首羅象師作學家羯磨竟僧忍默然故是事如是持是首羅象師聞僧爲作學家羯磨諸比丘比丘尼式叉摩尼沙彌沙彌尼不得入我家自手取食聞已即詣佛所頭面禮佛足却坐一面白佛言願佛與我捨是學家羯磨佛語諸比丘爲首羅居士捨學家羯磨若更有如首羅乞者亦應爲捨捨法者一心和合僧是首羅居士從座起偏袒右肩脫革屣合掌白言大德聽我首羅居士布施不知量與不能供婦兒飢乏以是因緣故僧與我作學家羯磨諸比丘比丘尼式叉摩尼沙彌沙彌尼入我舍不得自手取食我今從僧乞捨學家羯磨如本諸比丘比丘尼式叉摩尼沙彌沙彌尼入我舍自手取食如是應第二第三乞僧應籌量可捨不可捨若首羅居士財損減不增長爾時若乞不乞不應捨若首羅居士財物增長若乞不乞皆應與捨若首羅居士財物不增不減爾時若乞應捨不乞不應捨是中一比丘應唱言大德僧聽是首羅象師

先作檀越布施不知量與不能供婦兒飢乏僧以是故與作學家羯磨諸比丘比丘尼式叉摩尼沙彌沙彌尼入是舍不得自手取食今是首羅象師從僧乞捨學家羯磨如本諸比丘比丘尼式叉摩尼沙彌沙彌尼聽我舍自手取食若僧時到僧忍聽僧與首羅象師捨學家羯磨如本聽諸比丘比丘尼式叉摩尼沙彌沙彌尼入舍自手取食白如是如是白四羯磨僧與首羅象師捨學家羯磨竟僧忍默然故是事如是持佛語諸比丘以十利故與比丘結戒從今是戒應如是說有諸學家僧作學家羯磨竟若比丘如是學家先不請後來自手取食是比丘應向餘比丘說罪作是言諸長老我墮可呵法不是處是法可悔我今發露悔過是名波羅提提舍尼法學家者得初道家作學羯磨者僧與是家作學羯磨先不請者是學家先不請後來自手取食者五佉陀尼食五蒲闍尼食五似食是中犯者若比丘學家中先不請後來自手取根食得波羅提提舍尼罪莖葉磨果飯麨糒魚肉糜粟穬麥莠子迦師食皆得波羅提提舍尼罪隨自手取隨得爾所波羅提提舍尼罪

三法竟

佛在迦維羅衛國爾時諸釋子向暮食時見食好香美作是念我等不應獨噉如是好飲食何不留佛及僧分作是念已爲佛及僧故向暮食中留分明日地了諸釋婦女以好寶物自莊嚴身持好飲食大語大笑來向僧坊作是言佛今當先食我食彼亦復言佛先食我食令我長夜得利益安樂爾時尼俱盧陀林中有賊先犯事擯入是林中持器仗著中圍繞而卧但賊主不睡聞人聲語諸賊言諸人皆起捉刀楯弓箭聚財物一處莫令王力聚落力所圍繞得大憂惱是諸人皆起如所約勑捉刀楯弓箭聚財物一處賊主言小住我當往看爲是何人即立樹間看聞道上人聲作沙門聲問言汝是誰耶答言我等是諸釋婦女以好寶物自莊嚴身持好飲食向僧坊入尼俱盧陀林中佛今者先食我食我等長夜當得利益安樂賊主即還語諸賊言今得成事但當起取問言云何答言諸釋婦女以好寶物自莊嚴身持好飲食入尼俱盧陀林即時賊皆起剝脫已裸形而去如是惡聲流布城邑聚落有惡賊剝脫諸釋婦女裸形而去即以官力聚落力圍繞捕得諸賊爾時諸女裸形住六羣比丘往語言此食香美過與我來此食復勝亦與我來爾時諸婦女瞋呵言不是都不憂念我等裸形但念欲得是食諸比丘以是事向佛廣說佛語阿難盈衣中各各與諸女一衣阿難言爾即取盈衣各各與諸女一衣諸女著衣已持食入僧坊中打揵椎與僧食分在佛前坐聽說法佛見諸女坐已種種因緣示教利喜示教利喜已默然諸女知佛種種因緣示教利喜已頭面禮佛足右繞而去諸女去不久佛以是事集比丘僧種種因緣呵責六羣比丘云何名比丘僧未作約勑僧坊外不自手取食而僧坊內取種種因緣呵已語諸比丘以十利故與諸比丘結戒從今是戒應如是說有比丘僧住阿練若處有疑怖畏若比丘知是阿練若住

處有疑怖畏僧未作差不僧坊外自手取食僧坊内取是比丘應向諸比丘説罪言諸長老我墮可呵法不是處是法可悔我今發露悔過是名波羅提提舍尼法阿練若處者去聚落五百弓於摩伽陀國一拘盧舍於此方國則半拘盧舍疑者乃至疑失一水器怖畏者是中乃至畏惡比丘僧未差者僧未一心差是人僧坊外者此僧坊牆障外若籬障外若塹障外僧坊内者此僧坊牆障内籬障内塹障内食者五佉陀尼食五蒱闍尼食五似食是中犯者若比丘僧未與差是人不僧坊外自手取根食僧坊内取得波羅提提舍尼罪莖葉磨果飯麨糒魚肉糜粟麵麥莠子迦師皆得波羅提提舍尼罪隨自手受隨得爾所波羅提提舍尼罪從今應羯磨參知食人一心和合僧一比丘問言誰能爲僧作參知食人若一比丘言我能若有五法隨愛隨瞋隨怖隨癡不知有無不應差作知食人若成就五法應令作參知食人不隨愛不隨瞋不隨怖不隨癡知有無應差是中一比丘僧中唱言大德僧聽某甲比丘能作參知食人若僧時到僧忍聽僧立某甲比丘作參知食人白如是如是白二羯磨某甲比丘作參知食人竟僧忍默然故是事如是持若比丘受僧羯磨已是比丘知是中有賊入應將淨人是中立若是中見有人似賊者應取是食語諸持食人言汝莫來入是中有人似賊若是持食人强來者不犯　四法竟

衆學法初

佛在王舍城爾時諸比丘極高著泥洹僧極下著泥洹僧參差著泥洹僧不周齊著泥洹僧佛見已作是念我當觀過去諸佛云何著泥洹僧空中淨居天言世尊過去諸佛周齊著泥洹僧佛亦自憶知過去諸佛周齊著泥洹僧佛復念我當觀未來世諸佛云何著泥洹僧空中淨居天言世尊未來世諸佛周齊著泥洹僧佛亦自觀知未來諸佛亦當周齊著泥洹僧佛復作是念我當觀淨居天云何著泥洹僧空中天言淨居天周齊著泥洹僧佛亦自見知淨居天周齊著泥洹僧佛以是事集比丘僧以種種因緣呵責諸比丘云何名比丘極高著泥洹僧極下著泥洹僧參差著泥洹僧不周齊著泥洹僧種種因緣呵已語諸比丘以十利故與諸比丘結戒從今是戒應如是説不應極高著泥洹僧應當學若比丘極高著泥洹僧突吉羅若不極高著泥洹僧不犯　一　不極下著泥洹僧應當學若極下著泥洹僧突吉羅不極下著不犯　二　不參差著泥洹僧應當學若參差著泥洹僧突吉羅不參差著泥洹僧不犯　三　不如鋤頭著泥洹僧應當學若如鋤頭著泥洹僧突吉羅不如鋤頭著不犯　四　不如象鼻著泥洹僧應當學若如象鼻著泥洹僧突吉羅不如象鼻著不犯　五　不如多羅葉著泥洹僧應當學若如多羅葉著泥洹僧突吉羅不如多羅葉著不犯　六　不如麨摶著泥洹僧應當學若如麨摶著泥洹僧突吉羅不如麨摶著不犯　七　不細襵前著泥洹僧應當學若細襵前著泥洹僧突吉羅不細襵前著不犯　八　不著苷泥洹僧應當學若著苷泥洹僧突吉羅不著苷不犯

九不并攝兩邊著泥洹僧應當學若并攝兩邊著泥洹僧突吉羅不并攝兩邊著不犯十不著細縷泥洹僧應當學若著細縷泥洹僧突吉羅不著細縷不犯十一周齊著泥洹僧應當學若不周齊著泥洹僧突吉羅周齊著不犯十二事竟

佛在王舍城爾時諸比丘極高披衣極下披衣參差披衣不周齊披衣佛見已作是念我當觀過去諸佛云何披衣空中淨居天言過去諸佛周齊披衣佛亦自憶過去諸佛周齊披衣佛復念我當觀未來諸佛云何披衣空中天言未來諸佛周齊披衣佛亦自知未來諸佛周齊披衣佛復念淨居諸天云何披衣空中天言淨居諸天周齊披衣佛亦自見淨居諸天周齊披衣佛以是事集比丘僧種種因緣呵責諸比丘云何名比丘極高披衣極下披衣參差披衣不周齊披衣種種因緣呵已語諸比丘以十利故與諸比丘結戒從今不極高披衣應當學若極高披衣突吉羅不高披不犯十三不極下披衣應當學若極下披衣突吉羅不極下披不犯十四不參差披衣應當學若參差披衣突吉羅不參差披衣不犯十五周齊披衣應當學若不周齊披衣突吉羅周齊披衣不犯十六事竟

佛在王舍城爾時有一居士請佛及僧明日食佛默然受居士知佛默然受已從座起頭面禮佛足右繞而去還自舍通夜辦種種多美飲食晨朝敷坐處遣使白佛時到食具已辦佛自知時佛中前著衣入是居士舍爾時六羣比丘不好覆身入是家內自看肩臂看胷諸居士呵責言諸沙門釋子自言善好有功德不好覆身入家內自看肩看臂看胷如王如大臣佛見六羣比丘不好覆身入白衣舍聞居士呵責如王如大臣佛食後以是事集比丘僧種種因緣呵責六羣比丘云何名比丘不好覆身入家內自看肩看臂看胷種種因緣呵已語諸比丘以十利故與諸比丘結戒從今好覆身入家內應當學不好覆身入家內突吉羅好覆身入家內不犯十七有時六羣比丘雖好覆身入家內不好覆身坐自看肩看臂看胷諸居士呵責言諸沙門釋子自言善好有德不好覆身坐家內看肩看臂看胷如王如大臣佛見諸比丘不好覆身坐家內看肩看臂看胷佛見已食後集比丘僧種種因緣呵責諸比丘云何名比丘不好覆身坐家內自看肩看臂看胷種種因緣呵已語諸比丘以十利故與諸比丘結戒從今好覆身坐家內應當學不好覆身坐家內突吉羅好覆身坐不犯十八有時六羣比丘不善攝身入家內脚蹴大車小車犢車輦輿輪樹柱壁瓶甕倒地諸居士呵責言諸沙門釋子自言善好有德不善攝身入他家內脚蹋物倒地如盲人佛語諸比丘善攝身入家內應當學不善攝身入家內突吉羅善攝身入家內不犯十九又六羣比丘雖善攝身入家內不善攝身坐蹴大車小車犢車輦輿輪樹柱壁瓶甕牀榻倒地如盲人佛知是事語諸比丘善攝身坐家內應當學若不善攝身坐家內突吉羅善攝身坐不犯二十事竟

佛在舍衛國爾時世尊中前著衣與諸比丘

入舍衛城諸佛常法若以神通力入城邑聚落時現如是希有事謂象呻鳴馬悲鳴諸牛王吼鵝鴈孔雀鸚鵡舍利鳥俱均羅狌狌諸鳥出和雅音大鼓小鼓箜篌箏笛琵琶簫瑟筆築鐃鈸不鼓自鳴諸貴人舍所有金器內外莊嚴具若在箱篋中自然作聲盲者得視聾者得聽瘂者能言拘躄者能伸跛蹇者得手足睞眼得正病瘦者得除愈苦痛者得樂毒者得消狂者得正殺者離殺偷者離偷邪婬者不邪婬妄語者不妄語兩舌惡口無義語者不無義語喜貪者不貪瞋者不瞋邪見者離邪見牢獄閉繫枷鎖杻械悉得解脫憒閙處者皆得閑靜未種善根者種已種者增長已增長者得解脫諸伏藏寶物自然發出現如是希有事諸衆生得利益佛爾時佛漸漸行到城以右足著門閫上如是等種種希有事皆現爾時人民於屋上堂壁樓閣上看佛及僧是中有未曾見佛者中有曾見佛者指示言此是佛此是舍利弗目揵連阿那律難提金毗羅此是六羣比丘六羣比丘聞已

即仰看作是言某女人盲某睞眼某赤眼某短鼻某瘻某背傴某跛某白某黑某無威德諸女人聞已語六羣比丘言我非汝婦不與汝私通我等好醜何豫汝事而名字我等六羣比丘言我從佛及僧入城何豫汝事指我等言此是六羣比丘似如罪人佛聞是事語諸比丘從今不高視入家內應當學若高視入家內突吉羅不高視入不犯二十一爾時佛及僧露地坐食諸人在堂屋上牆壁樓閣上看佛及僧是中有人未曾見佛者中有曾見佛者指示言此是佛此是舍利弗目揵連阿那律難提金毗羅此是六羣比丘六羣比丘聞已即仰視作是言某女人盲某睞眼某赤眼某短鼻某瘻某背傴某跛某白某黑某無威德諸女人聞已語六羣比丘言我非汝婦不與汝通我等好醜何豫汝事而名字我等六羣比丘言我從佛及僧受請坐食何豫汝等事而指我等言此是六羣比丘似如罪人佛聞是事語諸比丘不高視坐家內應當學若高視坐家內突吉羅不高視坐不犯二十二

又六羣比丘嫌呵供養入家內作是言昨日飲食香美熟好次第等與好敷坐處今日或當不如昨日香美熟好或不次第等與諸居士呵責言諸沙門釋子不善不種不穫但能噉食出他過罪佛聞是事語諸比丘從今不呵供養入家內應當學若呵供養入家內突吉羅不呵從今入不犯二十三又六羣比丘入雖不呵供養坐已便呵供養作是言昨日飲食香美熟好次第敷坐處今日或當不如昨日香美熟好或不次第等與諸居士呵言是沙門釋子不善不種不穫但能噉食出他過罪佛聞是事已語諸比丘從今不呵供養坐家內應當學若呵供養坐突吉羅不呵供養坐不犯二十四又六羣比丘高大聲入家內諸居士聞聲呵責言諸沙門釋子自言善好有德高大聲入家內如婆羅門佛語諸比丘不高大聲入家內應當學若不靜默入家內突吉羅靜默入不犯二十五又時六羣比丘雖不高大聲入家內高大聲坐諸居士聞呵責言諸沙門釋子自言善好有德高大聲坐家內

如婆羅門佛聞已語諸比丘從今不高大聲坐家內應當學若高大聲坐家內突吉羅不高大聲坐不犯二十六又六羣比丘蹲行入家內居士呵責言諸沙門釋子自言善好有德蹲行入家內似如截脚佛聞已語諸比丘從今不蹲行入家內應當學若蹲行入家內突吉羅不蹲行入不犯二十七又六羣比丘雖不蹲行入家內便蹲坐家內諸居士呵責言諸沙門釋子蹲坐家內如婆羅門佛語諸比丘從今不蹲坐家內應當學若蹲坐家內突吉羅不蹲坐不犯二十八又六羣比丘以衣覆頭入家內諸居士瞋呵責言是諸比丘自言善好有德以衣覆頭入家內似如伺捕人佛言從今不覆頭入家內應當學若覆頭入家內突吉羅不覆頭入不犯二十九爾時六羣比丘雖不覆頭入家內覆頭坐家內諸居士呵責諸比丘自言善好有德覆頭坐家內似如伺捕人佛言從今不覆頭坐家內應當學若覆頭坐突吉羅不覆頭坐不犯三十爾時六羣比丘襆頭入家內諸居士呵責言諸沙門釋子自言善好有德襆頭入家內如王如大臣佛聞是事語諸比丘從今不襆頭入家內應當學若襆頭入突吉羅不襆頭入不犯三十一爾時六羣比丘雖不襆頭入家內便襆頭坐家內諸居士呵責諸比丘自言善好有德襆頭坐家內如王如大臣佛聞是事語諸比丘從今不襆頭坐家內應當學若襆頭坐突吉羅不襆頭坐不犯三十二爾時六羣比丘肘隱人肩入家內諸居士呵責諸沙門釋子自言善好有德肘隱人肩入家內如王如大臣佛聞是事語諸比丘從今不肘隱人肩入家內應當學若肘隱人肩入家內突吉羅不肘隱人肩入不犯三十三爾時六羣比丘雖不肘隱人肩入而肘隱人肩坐家內諸居士瞋呵責言諸沙門釋子自言善好有德肘隱人肩坐家內如王如大臣佛聞是事語諸比丘從今不肘隱人肩坐家內應當學若肘隱人肩坐突吉羅不肘隱人坐不犯三十四爾時六羣比丘扠腰入家內諸居士呵責言諸沙門釋子自言善好有德扠腰入家內如王如大臣佛聞是事語諸比丘從今不扠腰入家內應當學若扠腰入家內突吉羅不扠腰入不犯三十五爾時六羣比丘雖不扠腰入家內而扠腰坐家內諸居士呵責言沙門釋子扠腰坐家內如王如大臣佛聞是事語諸比丘從今不扠腰坐家內應當學若扠腰坐突吉羅不扠腰坐不犯三十六爾時六羣比丘左右反抄衣入家內諸居士呵責言諸沙門釋子自言善好有德左右反抄衣入家內如王如大臣佛聞是事語諸比丘從今不左右反抄衣入家內應當學若左右抄衣入家內突吉羅不左右抄衣入不犯三十七爾時六羣比丘雖不左右反抄衣入家內而左右抄衣坐家內諸居士呵責言諸沙門自言善好有德左右反抄衣坐家內如王如大臣佛聞是事語諸比丘不左右反抄衣坐家內應當學若左右反抄衣坐突吉羅不左右抄衣坐不犯三十八爾時六羣比丘偏抄衣入家內諸居士呵責言沙門釋子自言善好有德偏抄衣入家內如王如大臣佛聞是事語諸比丘從今不偏抄衣入

家內應當學若偏抄衣入家內突吉羅不偏抄衣入不犯三十九　爾時六羣比丘雖不偏抄衣入家內而偏抄衣坐家內諸居士呵責言諸沙門釋子自言善好有德偏抄衣坐家內如王如大臣佛聞是事語諸比丘不偏抄衣坐家內應當學若偏抄衣坐家內突吉羅不偏抄衣坐不犯四十　爾時六羣比丘以衣覆右肩令舉左肩上入家內諸居士呵責言諸沙門釋子自言善好有德以衣覆右肩令舉左肩上入家內如王如大臣佛聞是事語諸比丘從今不以衣覆右肩令舉左肩上入家內應當學若以衣覆右肩令舉左肩上入家內突吉羅不以衣覆右肩令舉左肩上入不犯四十一　爾時六羣比丘雖不以衣覆右肩令舉左肩上入家內而以衣覆右肩令舉左肩上坐家內諸居士呵責言諸沙門釋子自言善好有德以衣覆右肩令舉左肩上坐家內如王如大臣佛聞是事語諸比丘從今不應以衣覆右肩令舉左肩上坐家內應當學若以衣覆右肩令舉左肩上坐突吉羅若不以衣覆右肩令舉左肩上坐不犯四十二　爾時六羣比丘掉臂入家內諸居士呵責言諸沙門釋子自言善好有德掉臂入家內似如種穀人佛聞是事語諸比丘從今不掉臂入家內應當學若掉臂入家內突吉羅若不掉臂入不犯四十三　爾時六羣比丘雖不掉臂入家內而掉臂坐家內諸居士呵責言諸沙門釋子自言善好有德掉臂坐家內如種穀人佛聞是事語諸比丘從今不掉臂坐家內應當學若掉臂坐家內突吉羅不掉臂坐不犯四十四　爾時六羣比丘搖肩入家內諸居士呵責言諸沙門釋子自言善好有德搖肩入家內如王如大臣佛聞是事語諸比丘從今不搖肩入家內應當學若搖肩入家內突吉羅不搖肩入不犯四十五　爾時六羣比丘雖不搖肩入家內而搖肩坐家內諸居士呵責言諸沙門釋子自言善好有德搖肩坐家內如王如大臣佛聞是事語諸比丘從今不搖肩坐家內應當學若搖肩坐家內突吉羅不搖肩坐不犯四十六　爾時六羣比丘搖頭入家內諸居士呵責言諸沙門釋子自言善好有德搖頭入家內似如鬼捉佛聞是事語諸比丘從今不搖頭入家內應當學若搖頭入家內突吉羅不搖頭入不犯四十七　爾時六羣比丘雖不搖頭入而搖頭坐家內諸居士呵責言諸沙門釋子自言善好有德搖頭坐家內似如鬼捉佛聞是事語諸比丘從今不搖頭坐家內應當學若搖頭坐突吉羅不搖頭坐不犯四十八　爾時六羣比丘搖身入家內諸居士呵責言諸沙門釋子自言善好有德搖身入家內似如僻人佛聞是事語諸比丘從今不搖身入家內應當學若搖身入突吉羅不搖身入不犯四十九　爾時六羣比丘雖不搖身入家內而搖身坐家內諸居士呵責言諸沙門釋子自言善好有德搖身坐家內似如僻人佛聞是事語諸比丘從今不搖身坐家內應當學若搖身坐家內突吉羅不搖身坐不犯五十　爾時六羣比丘攜手入家內蹴蹋瓶甕器物倒地諸居士呵責言諸沙門釋子自言善好有德攜手入家內如王如大臣佛聞是事語諸比丘

從今不攜手入家內應當學若攜手入家內突吉羅不攜手入不犯五十一又六羣比丘雖不攜手入家內而攜手坐家內諸居士言長老相近坐我請比丘多六羣比丘言汝等更有何等事何不廣敷坐處而令我等相近坐耶佛聞是事語諸比丘從今不攜手坐家內應當學若攜手坐家內突吉羅不攜手坐不犯五十二爾時六羣比丘翹一脚入家內諸居士呵責言諸沙門釋子自言善好有德翹一脚入家內如王如大臣佛聞是事語諸比丘從今不翹一脚入家內應當學若翹一脚入突吉羅不翹一脚入不犯五十三爾時六羣比丘雖不翹一脚入家內而翹一脚坐家內諸居士言長老相近坐我請比丘多六羣比丘言汝作何事何不廣敷牀座而令我相近坐耶佛聞是事語諸比丘從今不翹一脚坐家內應當學若翹一脚坐家內突吉羅不翹一脚坐不犯五十四爾時六羣比丘累髀坐家內下露形體諸居士呵責言諸沙門釋子自言善好有德累髀坐家內下露形體佛聞是事語諸比丘從今不累髀坐家內應當學若累髀坐家內突吉羅不累髀坐不犯五十五爾時六羣比丘累脚坐諸居士呵責言沙門釋子自言善好有德累脚坐如王如大臣佛聞是事語諸比丘不累脚坐應當學若累脚坐突吉羅不累脚坐不犯五十六事竟

佛在舍衛國爾時六羣比丘晨朝著衣持鉢入舍衛城乞食有一居士中門前獨坐牀上以掌扶頰愁憂不樂時六羣比丘共相謂言此人憂感我能令語笑六羣比丘到是居士所以掌扶頰愁憂而住居士笑而問言汝有何急共相愁憂以掌扶頰而住六羣比丘頗語諸比丘言我即令語笑已諸居士呵責言諸沙門釋子自言善好有德以掌扶頰令白衣語笑如戲笑人佛聞是事語諸比丘從今不掌扶頰坐家內爲白衣笑故應當學若掌扶頰坐突吉羅不掌扶頰坐不犯五十七佛在舍衛城爾時有一居士請佛及僧明日食佛默然受請居士知佛受已即起頭面禮佛足右繞而去還到自舍通夜辦種種多美飲食晨朝敷坐處遣使白佛時到食辦佛自知時佛及僧入居士舍坐是居士知佛及僧坐已自手行水欲下飲食時六羣比丘持鉢置前四向顧視居士下飯著鉢中已過去六羣比丘言此中何不與飯居士言已與六羣比丘言不與居士言看鉢中看已喚居士言授我鉢來諸居士言汝等向心爲在何處今方喚授鉢佛聞是事語諸比丘從今一心受飯應當學若不一心受飯突吉羅若一心受不犯五十八又六羣比丘以飯滿鉢向餘處看諸居士著羹鉢中已過去六羣比丘言此中何以不與羹答言已與六羣比丘言不與居士言何不看鉢中看已語言授我鉢來諸居士言汝向者心爲在何處今方喚授鉢佛聞是事語諸比丘從今一心受羹應當學若不一心受羹突吉羅一心受不犯五十九又六羣比丘溢鉢受飲食是中飯羹溢出諸居士言飯當更益羹當更與何以溢鉢取棄佛聞是事語諸比丘不溢鉢受羹飯應當學若溢鉢受羹食突吉羅不溢鉢受不犯六十又六羣比丘以

羹菜澆飯但取羹菜處飯食諸居士呵責言何以澆食如小兒佛聞是事語諸比丘從今羹飯等和合食應當學若不等羹飯食突吉羅等羹飯食不犯六十一　又六羣比丘飯上若有酥酪及羹甌中食如井諸居士呵責言諸比丘食如婆羅門食佛聞是事語諸比丘從今不應甌中食應當學若甌中食突吉羅不甌中食不犯六十二　又六羣比丘摶飯食諸居士呵責言諸比丘摶飯食如小兒佛聞是事語諸比丘從今不摶飯食應當學若摶飯食突吉羅不摶飯食不犯六十三　又六羣比丘大摶食諸居士呵責言諸比丘大摶食似如有人欲奪驅逐者佛聞是事語諸比丘從今不大摶食應當學若大摶食突吉羅不大摶食不犯六十四　又六羣比丘手把飯食諸居士呵責言諸比丘手把飯食如田種人佛聞是事語諸比丘從今不手把飯食應當學若手把飯食突吉羅不手把飯食不犯六十五　時有一比丘食未至口便大張口六羣比丘與比坐以戲故持土塊著口中時大衆中有如是不清淨事佛言從今不預張口待飯食應當學若食未至預張口待飯突吉羅不預張口不犯六十六　又六羣比丘含食語羹飯從口中流出比坐比丘見便吐逆佛言不含食語應當學若含食語突吉羅不含食語不犯六十七　又六羣比丘齧半食半在口中半在手中佛言不齧半食應當學若齧半食突吉羅不齧半食不犯六十八事竟

佛在迦維羅衛國爾時摩訶男釋請佛及僧明日食佛默然受知佛默然受已即從座起頭面禮足右繞而去還自舍通夜辦種種多美飲食早起敷坐處遣使白佛時到食辦佛自知時佛著衣持鉢與僧俱入摩訶男舍坐摩訶男見佛坐已自手行水是食乳作自手下飯與乳諸比丘吸食作聲爾時有比丘先是妓兒聞是聲即起儛諸比丘大笑笑時口中飯粒出有鼻孔中出者諸居士呵責言沙門釋子自言善好有德云何令他笑如妓兒佛見諸比丘作是事聞諸居士呵責時佛默然食後以是事集比丘僧佛知故問儛比丘汝以何心儛咨言世尊欲出諸比丘吸食過罪及戲笑故佛言從今不吸食應當學若吸食作聲突吉羅不吸食不犯六十九　又六羣比丘嚼食唼唼作聲諸居士呵責言沙門釋子自言善好有德嚼食唼唼作聲如猪佛言從今不嚼食作聲應當學若嚼食作聲突吉羅不嚼食作聲不犯七十　又六羣比丘漸漸內飯滿頰稍稍咽諸居士呵責言如獼猴食佛言從今不味咽食食應當學若未咽食食突吉羅咽已食不犯七十一　又六羣比丘吐舌食作是言誰能全吞令摶不壞諸居士呵責言諸比丘吐舌食如小兒佛言從今不吐舌食應當學若吐舌食突吉羅不吐舌食不犯七十二　又六羣比丘縮鼻食諸居士呵責言應好棄涕為寒耶為噉蒜耶佛言從今不縮鼻食應當學若縮鼻食突吉羅不縮鼻食不犯七十三　又六羣比丘舐手食諸居士呵責言羹飯盡當更益何以舐手佛言從今不舐手食應當學若舐手食突吉羅不舐手食不犯七十四　又六羣比丘指抆鉢食諸居士呵責言羹飯盡

當更益何故指抆鉢食佛言從今不指抆鉢食應當學若指抆鉢食突吉羅不指抆鉢不犯七十五又六羣比丘食著手振却諸居士呵責言諸比丘食如王如大臣振手棄食佛言從今不振手食應當學若振手食突吉羅不振手食不犯七十六又六羣比丘棄著手飯諸居士呵責言是諸沙門不善不種不穫但能噉復棄佛言從今不棄著手飯應當學若棄著手飯突吉羅不棄不犯七十七爾時六羣比丘膩手捉飲器比坐比丘便見吐逆佛言從今不膩手捉飲器應當學若膩手捉飲器突吉羅不膩手捉不犯七十八又六羣比丘不病自爲索飯索羹佛言從今不病不自爲索飯若羹應當學若不病自爲索羹飯突吉羅若病索不犯七十九又六羣比丘以飯覆羹更望得故語諸居士此中著羹答言先噉鉢中飯覆者佛言從今不飯覆羹更望得應當學若飯覆羹更望得者突吉羅不更望得覆不犯八十又六羣比丘訶相看比坐鉢中作是言汝多我少我多汝少佛言不訶相看比坐鉢中

應當學若訶相看比坐鉢突吉羅不訶相看不犯八十一有一比丘僧中食時看餘處六羣比丘與其比坐以戲故持骨著其鉢中此比丘持手著鉢中欲食觸骨驚怖以是事故佛言端視鉢食應當學若不端視鉢食突吉羅端視不犯八十二又六羣比丘多受食不次第噉盡殘在鉢中便著水蕩棄滿澡盤中收殘食器皆滿諸居士呵責言是諸沙門不善不種不穫但噉復棄佛言次第噉食盡應當學若不次第噉盡突吉羅次第噉盡不犯八十三事竟

佛在迦毗羅婆國爾時有居士請佛及僧明日食佛默然受居士知佛默然受已從座起頭面禮佛足右繞而歸通夜辦種種多美飲食早起敷坐處遣使白佛時到食辦佛自知時佛及僧到是舍新堂上水精作地諸比丘洗鉢水中有殘食瀉著堂上似如吐諸居士呵責言是諸比丘不善更有屏處可棄此水何以乃棄此堂上佛言洗鉢水有飯不問主人不應棄舍內應當學若不問主人棄舍內突吉羅問主人棄不犯八十四

佛在舍衛國爾時波斯匿王立如是法若佛在祇洹我當日日自往時王聞佛在祇洹即勅御者嚴駕御者受教嚴駕已辦白言大王嚴駕已竟王自知時王即乘乘出城向祇洹王在乘上六羣比丘爲王說法言大王色無常受想行識無常是中有比丘少欲知足行頭陀見是事心不喜種種因緣呵責云何名比丘人在乘上步爲說法諸比丘以是事向佛廣說佛語諸比丘人無病乘乘不應爲說法應當學若不病乘乘爲說法者突吉羅爲病說法不犯八十五又時王在前行六羣比丘隨後行爲說法言大王色無常受想行識無常佛語諸比丘人不病在前行不隨後爲說法應當學若爲不病在前行人說法突吉羅爲病說法不犯八十六又時王在前道中行六羣比丘在道外行爲王說法言大王色無常受想行識無常佛語諸比丘若人不病在道中行自在道外行不爲說法應當學若自在道外爲道中行不病說法突吉羅爲病說法

不犯（八十七）諸王行法持牀榻自隨王在高牀上坐六羣比丘立爲說法大王色受想行識無常佛語諸比丘從今無病人坐自立不爲說法應當學若自立爲坐不病人說法突吉羅爲病說法不犯（八十八）王於六羣比丘無大恭敬心六羣比丘或得卑小坐處王自坐高處六羣比丘在卑下處爲王說法言大王色受想行識無常佛語諸比丘人無病在高處自在下處不爲說法應當學自在下處爲高處不病人說法突吉羅爲病說法不犯（八十九）又時王身大坐久便卧六羣比丘坐爲說法大王色受想行識無常佛語諸比丘人無病卧自坐不爲說法應當學若自坐爲卧不病人說法突吉羅爲病說法不犯（九十）又時王覆頭六羣比丘爲王說法言大王色受想行識無常佛語諸比丘不爲覆頭人說法除病應當學若爲覆頭不病人說法突吉羅爲病說法不犯（九十一）又時王裹頭六羣比丘爲說法言大王色受想行識無常佛語諸比丘不爲裹頭人說法除病應當學若爲不病裹頭人說法突吉羅爲病說法不犯（九十二）又時王肘隱人六羣比丘爲說法言大王色受想行識無常佛語諸比丘不應爲肘隱人說法除病應當學若爲肘隱人不病人說法突吉羅爲病說法不犯（九十三）又時王扠腰六羣比丘爲說法言大王色受想行識無常佛語諸比丘不爲扠腰人說法除病應當學若爲不病扠腰人說法突吉羅爲病說法不犯（九十四）又時王左右抄衣六羣比丘爲說法言大王色受想行識無常佛語諸比丘不爲左右抄衣人說法除病應當學若爲左右抄衣不病者說法突吉羅爲病說法不犯（九十五）又時王偏抄衣六羣比丘爲說法言大王色受想行識無常佛語諸比丘不爲偏抄衣人說法除病應當學若爲偏抄衣不病爲說法突吉羅爲病說法不犯（九十六）又時王以衣覆右肩令舉左肩上六羣比丘爲王說法言大王色受想行識無常佛語諸比丘不爲以衣覆右肩令舉左肩上說法除病應當學若爲以衣覆右肩令舉左肩上不病說法突吉羅爲病說法不犯（九十七）又時王著革屣六羣比丘爲說法言大王色受想行識無常佛語諸比丘不爲著革屣說法除病應當學若爲著屣不病說法突吉羅爲病說法不犯（九十八）又時王著屐六羣比丘爲說法言大王色受想行識無常佛語諸比丘不爲著屐人說法除病應當學若爲著屐不病人說法突吉羅爲病說法不犯（九十九）又時佛與無量百千萬衆恭敬圍繞說法波斯匿王眷屬有捉杖者捉蓋者捉刀者捉楯者捉弓箭者六羣比丘別爲說法是衆中有堪得道者以衆作二段故心散亂不得道諸佛常法不一心衆生不爲說法佛即爲王種種說法示教利喜示教利喜已默然王知佛種種說法示教利喜已從座起頭面禮佛足右繞而去王去不久佛以是事集比丘僧以種種因緣呵責六羣比丘云何名比丘爲捉杖不病人說法捉蓋捉大小刀捉矟楯弓箭種種器仗說法種種呵已語諸比丘不爲捉杖說法除病應當學若爲捉杖不病人說法突吉羅爲病說法不犯（百）不爲捉蓋說

法除病應當學若爲捉蓋不病人説法突吉羅爲病説法不犯一百一不爲捉刀人説法除病應當學若爲捉刀人説法突吉羅不爲捉刀人説法不犯一百二不爲捉楯弓箭人説法除病應當學若爲捉楯弓箭人説法突吉羅不爲捉楯弓箭人説法不犯一百三

佛在王舍城爾時六羣比丘往語守菜園人言汝與我等[illegible]問言與價不[illegible]衣乞無價守菜人言索菜空與者我等云何得活六羣比丘言不與我耶答言不與六羣比丘餘時所作六羣比丘往語守菜人言汝知誰汗汝菜答言不知六羣比丘言我等所作隨汝索菜不與我等故作如是事六羣比丘勇健多力不大畏罪守菜人不能柰何諸居士呵責大小便洟唾菜上菜臭爛死守菜人言誰之言沙門釋子自言善好有德菜上大小便洟唾如王如大臣佛聞是事語諸比丘不得菜上大小便洟唾除病應當學若不病大小便洟唾菜上突吉羅若病不犯一百四竟

佛在王舍城爾時六羣比丘往語浣衣人言與我浣衣問言與價不答言無價浣衣人言有浣衣不與價者我等空浣衣云何得活六羣比丘言不與我浣耶答言不與汝浣六羣比丘到淨水中浣衣處大小便洟唾諸浣衣人以先心謂水清淨浸衣著中即臭失色浣衣人念誰作是事六羣比丘餘時往問汝等知不誰汗是水答言不知六羣比丘言我等所作以汝不與我浣衣故作是事六羣比丘勇健多力不大畏罪諸浣衣人不能柰何諸居士呵責言諸沙門釋子自言善好有德淨用水中大小便洟唾是中有比丘少欲知足行頭陀聞是事心不喜向佛廣説佛以是事集比丘僧種種因緣呵責六羣比丘云何名比丘淨用水中大小便洟唾佛但呵責而未結戒

佛在舍衛國爾時舍衛城中有一大池名須摩那多人所用六羣比丘共相謂言可往須摩那池上看皆言隨意即共往池上看便大小便涕唾池中諸居士呵責言是沙門釋子不善更無大小便處耶乃到是淨用水中大小便洟唾是中有比丘少欲知足行頭陀聞是事心不喜向佛廣説佛以是事集比丘僧種種因緣呵責言云何名比丘淨用水中大小便洟唾佛種種因緣呵已語諸比丘不應淨用水中大小便涕唾除病應當學若不病淨用水中大小便涕唾突吉羅病者不犯一百五

佛在舍衛國爾時六羣比丘立大小便共相倚住佛聞是事語諸比丘不得立大小便除病應當學若不病立大小便突吉羅若病不犯一百六

佛在舍衛國有一居士請佛及僧明日食佛默然受居士知佛受已從座起頭面禮佛足右繞而去還自舍通夜辦種種多美飲食早起敷坐處已遣使白佛時到食辦佛自知時六羣比丘與十七羣比丘常相違鬬諍時十七羣比丘次守僧坊六羣比丘次與迎食六羣比丘共相謂言我等今日故斷十七羣比丘食又言云何斷答言但來當知六羣比丘到十七羣比丘所索鉢言與汝迎食分即隨

佛及僧至所請家六羣比丘先食已迎十七羣比丘食分便出出已便作餘事經過餘處諸知識家見已出城或坐樹下或在岸下井上池上多人衆處住時十七羣比丘年少飢急共相謂言食何故遲又相謂言上祇洹門外大樹上遥看見不時有一比丘上樹看見言在某樹下井上岸下多人衆中住至日過中顉上流汗方來喚言汝取食分問言何故遲耶答言我等得食便出問言汝等不在某樹下岸下多人衆中住耶而言得食便出六羣比丘言誰道耶十七羣比丘言我上樹上見是中有比丘少欲知足行頭陀聞是事心不喜呵責言云何名比丘佛未聽上樹而上種種因緣呵已向佛廣說佛知故問十七羣比丘汝實作是事不答言實作世尊佛種種因緣呵責十七羣比丘云何名比丘我未聽上樹而上種種因緣呵已語諸比丘樹過人不應上除急因緣應當學若比丘上過人樹無急因緣突吉羅若急因緣不犯一百七事

衆學竟

十誦律卷第十九

音釋

桴㮰 桴扶牛切㮰力鳩切桴㮰鐽鈘也 蒱 薄胡切 摶 度官切圑也謂以手把聚也 攝 踈葉切聚也 茸 如融切 蹴 七六切蹋也 蹋 徒合切蹋也 跓 所庚切能言獸也 箄籅 箄卑吉切籅力質切箄籅笳管也 跛蹇 跛補火切足偏廢也蹇居偃切亦跛也 瘿 於郢切頸瘤也 背僂 僂力主切背曲也 䉶 胡郭切刈穀曰䉶 蹲 徂尊切蹲踞也 襆頭 襆逢玉切帕也襆頭福巾以裹頭也 儛 文甫切謂足相背而翻弄也 頰 古協切面旁曰頰 嚼 在爵切咀嚼也 唼 所甲切唼食聲也 蒜 蘇貫切葷菜也 舐 神帋切餂也 抆 無粉切拭也

十誦律卷第十九（別本）

校勘記

一 底本，清藏本。

一 四五二頁中一五行「若毋」，資、磧、普、南作「若母」。

一 四五二頁中一九行「鈔精」，資作「鈔麨」。下同。

一 四五二頁下一七行「若散」，徑作「若教」。

一 四五三頁中一四行「手取」，資、磧、普、南作「手受」。下同。

一 四五三頁下三行「持是」，磧作「特是」。

一 四五四頁上一一行「是說」，徑作「是學」。

一 四五四頁上一九行第一四字「自」，普作「白」。

一 四五四頁下一五行末字「此」，資、磧、普、南、徑作「比」。

一 四五四頁下一六行「比丘云何名比丘」，徑作「比云何名比丘丘」。

一　四五五頁上二行第四字「取」，資、磧、普、南作「受」。
一　四五五頁上五行「此方」，資、普作「比方」。
一　四五五頁上一〇行「闍尼」，磧作「闇尼」。
一　四五五頁下一七行「不如」，徑作「不」。
一　四五五頁下一八行「泥洹」，徑作「如泥洹」。
一　四五六頁上六行「十二事竟」，資作「一二竟」；磧作「十七事竟」。
一　四五六頁中四行末「事竟」，資無。
一　四五六頁下一九行「二十事竟」，資作「一十事竟」。
一　四五七頁中六行「似如」，資、磧、普、南作「似如過」。
一　四五七頁中七行「高視」，資作「高顧」。
一　四五七頁中一八行「事而」，資、磧、普、南作「事面」。
一　四五七頁下七行第七字「入」，資、磧、普、南作「人」。
一　四五九頁上八行「左肩」，徑作「右肩」。
一　四五九頁下一三行「不揺」，資作「不授」。
一　四六〇頁上一四行「長老」，資、磧、普、南作「長者」。
一　四六一頁下九行「不味」，資、磧、普、南、徑作「不未」。

十誦律卷第二十　三誦之七　　職

後秦北印度三藏弗若多羅譯

衆學法之餘

佛在舍衛國尒時波斯匿王立如是法若佛在祇洹我當日日往時王聞佛在祇洹即勅御者嚴駕御者受教嚴駕已辦白言大王嚴駕已竟王自知時王即乘乘出城向祇洹王在乘上六群比丘為王說法言大王色無常受想行識无常是中有比丘少欲知足行頭陁見是事心不喜種種因縁訶責云何名比丘人在乘上步為說法諸比丘以是事向佛廣說佛語諸比丘人无病乘乘不應為說法應當學若不病乘乘為說法突吉羅為病人說法不犯八十五

又時王在前行六群比丘隨後行為說法言大王色無常受想行識无常佛語諸比丘人不病在前行不隨後為說法應當學若為不病在前行人說法突吉羅為病人說法不犯八十六

又時王在道中行六群比丘在道外為王說法言大王色无常受想行識無常佛語諸比丘若人不病在道中行比丘在道外行不應為說法應當學若自在道外為道中行不病人說法突吉羅為病人說法不犯八十七

諸王行法持牀榻自隨王在高牀上坐六群比丘立為說法大王色受想行識无常佛語諸比丘從今無病人坐比丘立不為說法應當學若自立為坐不病人說法突吉羅為病人說法不犯八十八

王於六群比丘无大恭敬心六群比丘或得卑小坐處王自坐高處六群比丘在卑下處為王說法言大王色受想行識無常佛語諸比丘人無病在高處自在下處不為說法應當學若自在下處為高處不病人說法突吉羅為病人說法不犯八十九

有時王身大坐久便卧六群比丘坐為說法大王色受想行識无常佛語諸比丘人無病卧比丘坐不為說法應當學若自坐為卧不病人說法突吉羅為病人說法不犯九十

有時王覆頭六群比丘為王說法言大王色受想行識無常佛語諸比丘不為覆頭人說法除病應當學若為覆頭不病人說法突吉羅為病人說法不犯 九十一

有時王裹頭六群比丘為說法言大王色受想行識无常佛語諸比丘不為裹頭人說法除病應當學若為不病裹頭人說法突吉羅為病人說法不犯 九十二

有時王肘隱人肩六群比丘為說法言大王色受想行識无常佛語諸比丘不應為肘隱人肩者說法除病應當學若為肘隱人肩不病人說法突吉羅為病人說不犯 九十三

有時王叉腰六群比丘為說法言大王色受想行識无常佛語諸比丘不為叉腰人說法除病應當學若為不病叉腰人說法突吉羅為病人說法不犯 九十四

有時王左右抄衣六群比丘為說法言大王色受想行識无常佛語諸比丘不為左右抄衣人說法除病應當

學若為左右抄衣不病者說法突吉羅為病人說法不犯 九十五

有時王偏抄衣六群比丘為說法言大王色受想行識无常佛語諸比丘不為偏抄衣人說法除病應當學若偏抄衣不病為說法突吉羅為病者說法不犯 九十六

有時王以衣覆右肩全舉左肩上六群比丘為王說法言大王色受想行識无常佛語諸比丘不為以衣覆右肩全舉左肩上人說法除病應當學若為以衣覆右肩全舉左肩上不病人說法突吉羅為病人說法不犯 九十七

有時王著革屣六群比丘為說法言大王色受想行識无常佛語諸比丘不為著革屣人說法除病應當學若為著革屣不病人說法突吉羅為病者說法不犯 九十八

有時王著屐六群比丘為王說法言大王色受想行識无常佛語諸比丘不為著屐人說法除病應當學若為著屐不病人說法突吉羅為病人說法不犯 九十九

有時佛與无量百千万衆恭敬圍繞說法波斯匿王眷屬有捉仗者捉蓋者捉刀者捉楯者捉弓箭者六群比丘別為說法是衆中有堪得道者以衆作二段故心散亂不得道諸佛常法不一心衆生不為說法佛即為王種種說法示教利喜示教利喜已默然王知佛種種說法示教利喜已從坐起頭面礼佛足右繞而去王去未久佛以是事集比丘僧以種種因緣呵責六群比丘云何名比丘為捉杖不病人說法若捉蓋捉大刀小刀楯弓箭種種器杖人說法種種訶已語諸比丘不為捉杖人說法除病應當學若為捉杖不病人說法突吉羅為病者說法不犯 一百

不為捉蓋人說法除病應當學若為捉蓋不病人說法突吉羅為病人說法不犯 一百一

不為捉刀人說法除病應當學若為捉刀人說法突吉羅不為捉刀人說法不犯 一百二

不為捉楯捉弓箭人說法除病應當

學若為捉楯弓箭人說法突吉羅不為捉楯弓箭人說法不犯一百三

佛在王舍城尒時六群比丘往語守菓園人言汝與我等菓問言與價不荅言我乞無價守菓人言索菓空與者我等云何得活六群比丘言不與我耶荅言不與六群比丘餘時大小便溲唾菓上臭爛死守菓人言誰之所作六群比丘往語守菓人言汝知誰汙汝菓荅言不知六群比丘言我等所作隨汝索菓不與我等故作如是事六群比丘勇健多力不大畏罪守菓人不能柰何諸居士訶責言沙門釋子自言善好有德菓上大小便溲唾如王如大臣佛聞是事語諸比丘不得菓上大小便溲唾除病應當學若不病大小便溲唾菓上突吉羅若病不犯一百四

佛在王舍城尒時六群比丘往語浣衣人言與我浣衣問言與價不荅言無價浣衣人言有浣衣不與價者我等空浣衣云何得活六群比丘言不與我浣耶荅言不與汝浣六群比丘

到淨水中浣衣處大小便溲唾諸浣衣人以先心謂水清淨浸衣著中即臭失色浣衣人念誰作是事六群比丘餘時往問汝等知不誰汙是水荅言不知六群比丘言我等所作以汝不與我浣衣故作是事六群比丘勇健多力不大畏罪諸浣衣人不能柰何諸居士訶責言諸沙門釋子自言善好有德淨用水中大小便溲唾是中有比丘少欲知足行頭陀聞是事心不喜向佛廣說佛以是事集比丘僧種種因緣訶責六群比丘云何名比丘淨用水中大小便涕唾佛但訶責而未結戒又佛在舍衛國尒時舍衛城中有一大池名須摩鄉多人所用六群比丘共相謂言可往須摩鄉池上看皆言隨意即共往池上看便大小便溲唾池中諸居士訶責言是沙門釋子不善无大小便處耶乃到是淨用水中大小便溲唾是中有比丘少欲知足行頭陀聞是事心不喜向佛廣說佛以是事集比丘僧種種因緣訶責言云何名比丘淨用水中

大小便溲唾佛種種因緣訶已語諸比丘不應淨用水中大小便溲唾除病應當學若不病淨用水中大小便溲唾突吉羅病者不犯一百五

佛在舍衛國尒時六群比丘立大小便佛聞是事語諸比丘不得立大小便除病應當學若不病立大小便突吉羅若病不犯一百六

佛在舍衛國有一居士請佛及僧明日食佛默然受居士知佛受已從坐起頭面礼佛足右繞而去還自舍通夜辦種種多美飲食早起敷座處已遣使白佛時到食具已辦佛自知時六群比丘與十七群比丘常共相違鬪諍時十七群比丘次守僧坊六群比丘次與迎食六群比丘共相謂言我等今日故斷十七群比丘食有言云何斷荅言但來當知六群比丘到十七群比丘所索鉢言與汝迎食分即隨佛及僧至所請家六群比丘先食已迎十七群比丘食分便出出已便作餘事經過餘處諸知識家見已出城或坐樹下或在岸上井上池上

多人衆處住時十七群比丘年少飢急共相謂言食何故遲又相謂言上祇洹門外大樹上遥看見不時一比丘上樹看見言在其樹下井上岸下多人衆中住至日垂中額上流汗方来喚言汝取食分問言何故遲耶荅言我等得食便出問言汝等不在樹下岸下多人衆中住耶而言得食便出六群比丘言誰道耶十七群比丘言我上樹上見是中有比丘少欲知足行頭陁聞是事心不喜訶責言云何名比丘佛未聽上樹而上種種因緣訶已向佛廣說佛知故問十七群比丘汝實作是事不荅言實作世尊佛種種因緣訶責十七群比丘云何名比丘我未聽上樹而上種種因緣訶已語諸比丘樹過人不應上除急因緣應當學若比丘上過人樹无急因緣突吉羅若急因緣不犯 一百七衆學法竟

七滅諍法初

佛在王舍城尒時六群比丘勸擅越作浴已辦浴具有客比丘冥来脫衣著諸衣上入浴室洗有因緣故衣服

雜錯客比丘洗已出於本處取衣出外看是他衣作是念此衣當還本處更覓我衣還入衣處六群比丘常與善好比丘相違見客比丘入已語客比丘言汝已出何故来還荅言我後来脫衣著諸衣上入浴室洗有因緣故衣服雜錯先洗浴已出取衣出外看非我衣作是念此衣當還本處更覓我衣是故来還六群比丘言不如汝言汝以偷心取取已心悔欲著本處汝見罪不荅言不見六群比丘共相謂言此云何直尒不自言罪當與作不見擯六群比丘即為作不見擯擯是客比丘客比丘作是念六群比丘為我作不見擯无因緣本末我不自言罪我今何不往舍衛國詣佛所是比丘於王舍城隨意住已持衣鉢遊行向舍衛國詣佛所諸佛常法有客比丘来以如是語勞問忍不足不乞食不乏道路不疲耶尒時佛問客比丘忍不足不乞食不難道路不疲耶客比丘言忍足乞食不難道路不疲即以上事向佛廣說佛知故問是

比丘六群比丘何故與汝作不見擯比丘白佛言世尊无因緣本末我不自言罪強為我作不見擯佛言若六群比丘无因緣本末汝不自言罪強為汝作不見擯者汝莫愁憂我當與汝作法伴佐助汝佛言從今聽自言滅諍法用是自言滅諍衆僧中種種事起應滅自言滅諍有十種非法十種如法十種非法者若比丘犯波羅夷罪自言不犯衆僧問言汝自說犯不自言不犯是名非法又比丘犯僧伽婆尸沙波逸提波羅提提舍尼突吉羅自言不犯衆僧問言汝自說犯不自言不犯是名非法又比丘不犯波羅夷自言我犯衆僧問言汝自說犯波羅夷不自言我犯波羅夷是名非法又比丘不犯僧伽婆尸沙波逸提波羅提提舍尼突吉羅自言我犯衆僧問言汝自說犯不自言我犯是名十非法十種如法者有比丘犯波羅夷自言我犯波羅夷衆僧問言汝自說犯不自言我犯是名如法又比丘犯僧伽婆尸沙波逸提波羅提

提舍尼突吉羅自言我犯衆僧問言汝自說犯不自言我犯是名如法又比丘不犯波羅夷自言不犯波羅夷衆僧問言汝自說犯不自言不犯是名如法又比丘不犯僧伽婆尸沙波逸提波羅提提舍尼突吉羅自言不犯衆僧問言汝自說犯不自言不犯是名十如法自言 一法

尒時六群比丘聞是事我等王舍城中作不見擯比丘到舍衛國諸比丘共事共住我等當往舍衛國六群比丘隨意往王舍城已持衣鉢往舍衛國詣佛所尒時多有比丘祇洹門閒空地經行六群比丘見已問言我等王舍城與不見擯比丘來到舍衛國汝諸比丘共事共住耶諸比丘荅言佛以自言滅諍滅是事六群比丘言此事不滅惡滅我等不現前故尒時六群比丘佛聽自言滅諍法違逆不受謗佛知見事是中有比丘少欲知足行頭陀聞是事心不喜作是言云何名比丘世尊聽自言滅諍法違逆不受謗佛知見事種種因緣訶已向

佛廣說佛以是事集比丘僧種種因緣訶責六群比丘云何名比丘我聽自言滅諍法違逆不受謗如來知見事種種因緣訶已語諸比丘從今聽現前滅諍法用是現前滅諍僧中種種事起應滅現前滅諍有二種非法二種如法二種非法者有非法僧約勑非法僧令折伏與現前滅諍又非法僧約勑非法三人令折伏與現前滅諍又不如法僧約勑不如法二人一人令折伏與現前滅諍又不如法三人約勑不如法三人令折伏與現前比尼又不如法三人約勑不如法二人一人僧令折伏與現前比尼又不如法二人約勑不如法二人一人僧三人令折伏與現前比尼又不如法一人約勑不如法一人僧三人二人令折伏與現前比尼是名一非法現前比尼法又不如法僧約勑如法僧令折伏與現前比尼又不如法僧約勑如法三人二人一人令折伏與現前比尼又不如法三人約勑如法三人二人一人僧令折伏與現前比

尼又不如法二人約勑如法二人一人僧三人令折伏與現前比尼又不如法一人約勑如法一人僧三人二人令折伏與現前比尼是名二非法現前比尼法二種如法現前比尼者有如法僧約勑如法僧令折伏與現前比尼又如法僧約勑如法三人二人一人令折伏與現前比尼又如法三人約勑如法三人二人一人僧令折伏與現前比尼又如法二人約勑如法二人一人僧三人令折伏與現前比尼又如法一人約勑如法一人僧三人二人令折伏與現前比尼是名一如法現前比尼法又如法僧約勑不如法僧令折伏與現前比尼又如法僧約勑不如法三人二人一人令折伏與現前比尼又如法三人約勑不如法三人二人一人僧令折伏與現前比尼又如法二人約勑不如法二人一人僧三人令折伏與現前比尼又如法一人約勑不如法一人僧三人二人令折伏與現前比尼是名二種如法現前比尼 二法

佛在王舍城尒時長老陀驃力士子為弥多羅比丘尼以無根波羅夷謗故若僧若三人二人一人常說是事尒時陀驃力士子以是事語諸比丘弥多羅比丘尼以无根波羅夷謗我故若僧三人二人一人常說是事我當云何諸比丘以是事白佛佛以是事集比丘僧佛知故問陀驃力士子汝實為弥多羅比丘尼以无根波羅夷謗故若僧三人二人一人常說是事汝向諸比丘說我當云何汝實尒不荅言實尒世尊佛言從今聽憶念比尼法用是憶念比尼法僧中種種事起應滅有三種非法憶念比尼有三種如法憶念比尼三種非法者有比丘犯無殘罪自言犯有殘罪是比丘從僧乞憶念比尼若僧與是比丘憶念比尼是名非法何以故是人應與滅擯故又如施越比丘狂癡心顛倒故多作不清淨非法不隨順道非沙門法是人還得本心先所作罪若僧三人二人一人常說是事是人從僧乞憶念比尼若僧與是人憶念比

尼是名非法何以故是人應與不癡比尼故又如訶多比丘无慚无愧破戒有見聞疑罪是人自言我有是罪後言我無是罪是人從僧乞憶念比尼若僧與是人憶念比尼是名非法何以故是人應與實覓比尼故是名三非法憶念比尼三如法者又比丘如陀驃比丘為弥多羅比丘尼無根波羅夷謗故若僧三人二人一人常說是事是比丘從僧乞憶念比尼若僧與是人憶念比尼是名如法何以故是人應與憶念比尼故又如一比丘犯罪是罪已發露悔過除滅若僧三人二人一人猶說是事是比丘從僧乞憶念比尼若僧與是人憶念比尼是名如法何以故是人應與憶念比尼故又如比丘未犯是罪將必當犯以是事故若僧三人二人一人說犯是罪是比丘從僧乞憶念比尼若僧與是比丘憶念比尼是名如法何以故是人應與憶念比尼故是名三如法憶念比尼佛如是語已語諸比丘汝等與陀驃比丘憶念比尼若更

有如是人亦應與憶念比尼憶念比尼法者是陀驃比丘應從坐起偏袒右肩脫革屣胡跪合掌言大德僧聽我陀驃比丘為弥多羅比丘尼以无根波羅夷法謗故若僧三人二人一人常說是事我今從僧乞憶念比尼若僧三人二人一人莫復更說是事僧憐愍故與我憶念比尼如是再三乞尒時一比丘僧中唱言大德僧聽是陀驃比丘為弥多羅比丘尼以无根波羅夷法謗故僧三人二人一人常說是事今陀驃比丘從僧乞憶念比尼若僧三人二人一人莫復更說是事若僧時到僧忍聽僧與陀驃比丘憶念比尼若僧三人二人一人莫復更說是事是名白如是白四羯磨僧與陀驃憶念比尼竟僧忍默然故是事如是持得憶念比尼比丘行法者餘比丘不應出其過罪不應令憶念不應從乞聽亦不應受餘比丘乞聽若被從乞聽得突吉羅若受他聽亦得突吉羅若被不聽若出過罪若令憶念得波逸提　三法

佛在舍衛國尒時有比丘名施越癡狂心顛倒故多作不清淨非法不隨順道非沙門法是人還得本心先所作罪若僧三人二人一人常說是事施越語諸比丘我本狂癡心顛倒故多作不清淨非法不隨順道非沙門法我今還得本心若僧三人二人一人常說我本所作罪我今當云何諸比丘以是事向佛廣說佛知而故問施越汝實狂癡心顛倒故多作不清淨非法不隨順道非沙門法汝還得本心若僧三人二人一人說汝本所作罪汝向諸比丘說我當云何汝實尒不荅言實尒世尊佛言從今聽不癡比尼用是不癡比尼僧中有種種事起應滅不癡比尼有四種非法四種如法四種非法者有比丘不癡狂顛倒現癡狂相貌諸比丘僧中問汝狂癡時所作今憶念不荅言長老我憶念癡故作他人教我使作憶夢中作憶裸形東西走立大小便是人從僧乞不癡比尼若僧與是人不癡比尼是名四非法四如法者有比丘實

狂癡心顛倒現狂癡相貌諸比丘問汝憶念狂癡時所作不荅言不憶念他不教我作不憶夢中所作不憶裸形東西走立大小便是人從僧乞不癡比尼若僧與是人不癡比尼是名四如法一不癡比尼佛言從今聽不癡比尼用是不癡比尼僧中種種事起癡應滅尒時佛語諸比丘汝等與施越比丘不癡比尼若更有如是人僧亦應與不癡比尼與法者是施越比丘應從坐起偏袒右肩脫革屣胡跪合掌言大德僧聽我施越比丘本狂癡心顛倒多作不清淨非法不隨順道非沙門法我今還得本心若僧三人二人一人說我先所作罪我今從僧乞不癡比尼若僧三人二人一人莫復更說是事僧憐愍故與我不癡比尼如是再三乞尒時一比丘僧中唱大德僧聽是施越比丘本狂癡心顛倒多作不清淨非法不隨順道非沙門法今得本心若僧三人二人一人說先所作罪今施越比丘從僧乞不癡比尼若僧三人二人一人莫

復更說是事若僧時到僧忍聽與施越比丘不癡比尼若僧三人二人一人莫復更說是事白如是如是白四羯磨僧與施越比丘不癡比尼竟僧忍默然故是事如是持得不癡比尼行法者餘比丘不應出其過罪不應令憶念不應從乞聽亦不應受他比丘乞聽若從彼乞聽得突吉羅若受他乞聽亦得突吉羅若彼不聽便出過罪若令憶念得波逸提 四法

佛在迦維羅衛國尒時有比丘名訶哆无慙無愧惡欲有見聞疑罪是比丘先自言作後言不作諸比丘以是事向佛廣說佛以是事集比丘僧語諸比丘從今聽實覔滅諍用是實覔比尼僧中種種事起應滅實覔比尼有五種非法五種如法五非法者有比丘犯波羅夷罪先言不犯後言犯若僧與是人實覔比尼是名非法何以故是人應與滅擯故有比丘犯僧伽婆尸沙波逸提波羅提提舍尼突吉羅先言不犯後言犯若僧與是人實覔比尼是名非法何以故是人

隨所犯應治故五如法者有比丘犯波羅夷先言犯後言不犯若僧與是比丘實覓比尼是名如法何以故是人應與實覓比尼故若比丘犯僧伽婆尸沙波逸提波羅提提舍尼突吉羅先言犯後言不犯若僧與是比丘實覓比尼是名如法何以故是人應與實覓比尼故佛語諸比丘汝等與訶哆比丘實覓比尼若更有如是比丘者僧亦應與實覓比尼與法者一心和合僧一比丘僧中唱言大德僧聽是呵哆比丘無慙無愧惡欲有見聞疑罪先自言犯後言不犯以是故僧與實覓比尼若僧時到僧忍聽與訶哆比丘實覓比尼白如是如是白四羯磨僧與訶哆比丘實覓比尼法竟僧忍默然故是事如是持得實覓比尼行法者是比丘不應與他受大戒不得受他依止不應畜沙弥不應受教化比丘尼若僧羯磨教化比丘尼不應教他僧所與作實覓比尼罪更不應犯若似是罪及過是罪亦不應作不應訶僧羯磨亦不應訶作

羯磨人不應舉清淨比丘不應令他憶念不應相言不應從他乞聽欲出他罪亦不應受他乞聽不應遮說戒不應遮受戒不應遮自恣不應出清淨比丘過罪恒自謙卑應調伏心行隨順比丘僧意若不如是行法者盡形不得離是羯磨　五法

佛在俱舍弥國尒時俱舍弥諸比丘喜鬪諍相言多少事起作是念若長老舍利弗作斷事主者我等當得決了諸比丘以是事向佛廣說佛知故問阿難有闡賴吒比丘能受作斷事王不阿難白佛言世尊有能受作斷事主佛即以是事集比丘僧語諸比丘從今聽闡賴吒比丘作斷事主受是斷事法如法如比尼如佛教現前除滅闡賴吒有三種有身善口不善有口善身不善有身善口善身善口不善者是闡賴吒自不往到舉事者有事者所不自作是言從是事若好若不好應尒起不應尒起若汝勝彼負彼勝汝負是人雖不自去語便遣使往作是言汝從是事若好若不好

應尒起不應尒起若汝勝彼負彼勝汝負是名身善口不善口善身不善者自身往到舉事者有事者所已不作是言從是事若好若不好應尒起不應尒起若汝勝彼負彼勝汝負不但遣使到舉事者有事者所作是言從是事若好若不好應尒起不應尒起若汝勝彼負彼勝汝負是名口善身不善口善身善者不自往到舉事者有事者所不作是言從是事若好若不好應尒起不應尒起若汝勝彼負彼勝汝負又不遣使往到舉事者有事者所作是言從是事若好若不好應尒起不應尒起若汝勝彼負彼勝汝負是名身善口善從今作闡賴吒者應如是學不應與舉事者有事者同一道行亦不得別與一人同一道行不應共期若先有少多因緣與期應滅是期期者若中前若中後若晝若夜若阿練兒處若近聚落僧坊是闡賴吒應受是所斷事　如法如比尼如佛教現前除滅用一比尼所謂現前比尼　何等現前　現前有二種

人現前比尼現前人現前者謂有隨助舉事人及有事人共集一處比尼現前者如法如比尼如佛教斷是事是名比尼現前若是闘賴吒不能如法如比尼如佛教斷是事者應捨付僧僧應受是事如法如比尼如佛教斷是事若僧能如法如比尼如佛教斷是事者是名為斷用一比尼所謂現前比尼現前比尼者僧現前人現前比尼現前僧現前者是中所有可中共作羯磨比丘共同心和合一處可受欲者持欲來現前在比丘能遮者不遮是名僧現前人現前者有隨助舉事人有事人共集一處是名人現前比尼現前者如法如比尼如佛教斷是事是名比尼現前若僧不能如法如比尼如佛教斷是事者尒時應僧中舉為迴鳩羅應羯磨為迴鳩羅令斷是事羯磨法者一心和合僧一比丘僧中唱言誰能作為迴鳩羅如法如比尼如佛教斷是事僧中若言我能若有五法不應立作為迴鳩羅何等五隨愛行隨瞋行隨怖行隨癡

行不知斷不斷成就五法應立作為迴鳩羅不隨愛行不隨瞋行不隨怖行不隨癡行能知斷不斷即時一比丘應僧中唱言大德僧聽某甲某甲比丘能作為迴鳩羅如法如比尼如佛教斷隨僧中事若僧時到僧忍聽某甲某甲比丘作為迴鳩羅能如法斷隨僧中事是名白如是白二羯磨僧立某甲某甲比丘作為迴鳩羅斷隨僧事竟僧忍默然故是事如是持是為迴鳩羅若是上座諸下座比丘應與此人欲已遠去若此為迴鳩羅是下座應從諸上座取欲已小遠去當如法如比尼如佛教斷是事若為迴鳩羅能如法如比尼如佛教斷是事者是名為斷用一比尼所謂現前比尼現前比尼者僧現前人現前比尼現前僧現前者如上說人現前比尼現前亦如上說若為迴鳩羅不能如法如比尼如佛教斷是事者應更立為迴鳩羅立法者一心和合僧一比丘僧中唱言誰能作為迴鳩羅斷隨僧中事若言我能一比丘僧中唱言大

德僧聽某甲某甲比丘能作為迴鳩羅如法斷隨僧中事若僧時到僧忍聽某甲某甲比丘作為迴鳩羅能如法斷隨僧中事是名白如是白二羯磨僧立某甲某甲比丘作為迴鳩羅斷隨僧中事竟僧忍默然故是事如是持是為迴鳩羅若是上座諸下座比丘應與欲已小遠去若為迴鳩羅是下座應從諸上座取欲已小遠去當如法如比尼如佛教斷是事若為迴鳩羅能如法如比尼如佛教斷是事者是名為斷用一比尼謂現前比尼現前比尼者僧現前人現前比尼現前僧現前者如上說人現前比尼現前亦如上說若是為迴鳩羅不能如法斷者還付先為迴鳩羅先為迴鳩羅應如法如比尼如佛教斷若能如法斷是事者是名為斷用一比尼謂現前比尼現前比尼者僧現前人現前比尼現前僧現前者如上說人現前比尼現前亦如上說若是先為迴鳩羅復不能如法如比尼如佛教斷是事者應捨付僧僧應受是事如法如

比尼如佛教斷若僧取是事能如法如比尼如佛教斷者是名為斷用一比尼謂現前比尼現前比尼者僧現前人現前比尼現前僧現前如上說人現前比尼現前亦如上說若僧不能如法如比尼如佛教斷是事者僧應遣使往近處僧所作是言此事如是如是因緣起鬪賴吒不能斷衆僧不能斷先為迴鳩羅不能斷後為迴鳩羅亦不能斷還付先為迴鳩羅先為迴鳩羅不能斷還付衆僧汝等大德和合來為斷是事故即時彼衆應和合若僧先安居應受七日去若七日盡應破安居去為和合故是近處僧應受是事如法如比尼如佛教斷若近處僧能如法如比尼如佛教斷是事者是名為斷用一比尼謂現前比尼現前比尼者僧現前人現前比尼現前僧現前如上說人現前比尼現前亦如上說若近處僧不能如法如比尼如佛教斷是事者尒時應僧中羯磨為迴鳩羅令斷羯磨者一心和合僧一比丘僧中問言誰能作為

迴鳩羅如法如比尼如佛教斷此隨僧中事是中若言我能若有五法不應立作為迴鳩羅何等五隨愛隨瞋隨怖隨癡不知斷不斷若成就五法應立作為迴鳩羅不隨愛不隨瞋不隨怖不隨癡知斷不斷即時一比丘僧中唱言大德僧聽某甲某甲比丘能作為迴鳩羅能如法斷隨僧中事若僧時到僧忍聽某甲某甲比丘作為迴鳩羅如法斷隨僧中事是名白如是白二羯磨僧立某甲某甲比丘作為迴鳩羅斷隨僧中事竟僧忍默然故是事如是持是為迴鳩羅若是上座諸下座比丘應來與此比丘欲已遠去若是下座應從諸上座比丘取欲已小遠去當如法如比尼如佛教斷是事是為迴鳩羅若能如法如比尼如佛教斷是事者是名為斷用一比尼謂現前比尼現前比尼者僧現前人現前比尼現前僧現前者如上說人現前比尼現前亦如上說若是為迴鳩羅不能如法如比尼如佛教斷是事者應更立為迴鳩羅立

法者一心和合僧一比丘僧中問言誰能作為迴鳩羅如法斷隨僧中事若言我能一比丘僧中唱言大德僧聽某甲某甲比丘能作為迴鳩羅如法斷隨僧中事若僧時到僧忍聽某甲某甲比丘作為迴鳩羅斷隨僧中事是名白如是白二羯磨立某甲某甲比丘作為迴鳩羅斷隨僧中事竟僧忍默然故是事如是持是為迴鳩羅若是上座諸下座比丘應與欲已小遠去若為迴鳩羅是下座應從諸上座取欲已小遠去應如法如比尼如佛教斷是事若為迴鳩羅能如法如比尼如佛教斷是事者是名為斷用一比尼謂現前比尼現前比尼者僧現前人現前比尼現前僧現前如上說人現前比尼現前亦如上說若是為迴鳩羅不能如法如比尼如佛教斷是事者應還付先為迴鳩羅先為迴鳩羅應受是事如法如比尼如佛教斷是事是為迴鳩羅若能如法如比尼如佛教斷是事者是名為斷用一比尼謂現前比尼現前比尼者

僧現前人現前比尼現前僧現前者如上說人現前比尼現前亦如上說若是先烏迴鳩羅復不能如法如比尼如佛教斷者應捨付僧僧應受是事如法如比尼如佛教斷若僧受是事能如法如比尼如佛教斷者是名為斷用一比尼謂現前比尼現前比尼者僧現前人現前比尼現前僧現前如上說人現前比尼現前亦如上說若是近處僧不能如法如比尼如佛教斷是事者聞某住處僧若有大衆好上座知波羅提木叉是僧中多有比丘持修多羅者持比尼者持摩多羅迦者是近處僧應以是事遣使至某住處僧中應先立傳事人若界外令滿僧數立法者一心和合僧應問言誰能作傳事人從是處持是事至某處若道中能斷者好是中若有人言我能若有五法不應立作傳事人隨愛隨瞋隨怖隨癡不知滅不滅若成就五法應立作傳事人不隨愛不隨瞋不隨怖不隨癡知滅不滅尒時是傳事人應持是事去若道中能如法如

比尼如佛教斷者是名為斷用一比尼謂現前比尼現前者僧現前人現前比尼現前僧現前如上說人現前比尼現前亦如上說

若傳事人不能道中如法如比尼如佛教斷者應持至彼大僧中是僧中若有上座多知多識長老比丘應語是人是事如是如是因緣起闥賴吒不能斷衆僧不能斷先烏迴鳩羅不能斷後烏迴鳩羅亦不能斷還付先烏迴鳩羅先烏迴鳩羅復不能斷還付僧僧復不能斷近住處僧亦不能斷近住處烏迴鳩羅不能斷後烏迴鳩羅亦不能斷還付先烏迴鳩羅復不能斷還近住處僧復不能斷傳事人道中不能斷是事來是間汝長老能受是事斷不若言能斷應與作期若不作期不得與汝期者乃至九月事有五種難斷一者堅二者強三者佷戾四者往來五者疑畏堅者堅執其事強者舉事人有事人勇健強者佷戾者舉事人有事人惡性瞋恨往來者此事從一住處至一住處疑畏者

諸比丘畏斷事時破一心和合僧作兩段故先應立行籌人如是應立一心和合僧應問言誰能作行籌人是中有人言我能有五法不應立作行籌人隨愛隨瞋隨怖隨癡不知行籌不行籌若成就五法應立作行籌人不隨愛不隨瞋不隨怖不隨癡知行籌不行籌是中一比丘唱言大德僧聽某甲比丘能作行籌人若僧時到僧忍聽某甲比丘為僧作行籌人是名白如是白二羯磨某甲比丘作行籌人竟僧忍默然故是事如是持若比丘已作行籌人隨僧多少應作二種籌一分長一分短一分白一分黑說如法者為作長籌說非法者為作短籌說如法者為作白籌說非法者為作黑籌說如法籌以右手捉說非法籌以左手捉說如法籌緩捉說非法籌急捉先行說如法籌後行說非法籌行籌人應作是言此是說如法者籌此是說非法者籌若行籌竟說如法者籌乃至多一是事名斷用二比尼謂現前比尼多覓比尼現前比尼者

是中若有隨助舉事人有事人共和合一處現前如法如比尼如佛教現前除斷是名現前比尼多覓比尼者是中求覓往反問如法除斷若說非法者籌乃至多一是事亦名為斷用二比尼現前比尼多覓比尼現前比尼者是中若有隨助舉事人及有事人共和合在一處現前非法非比尼非佛教除斷行籌人有四種一者藏行籌二者顛倒行籌三者期行籌四者一切行籌藏行籌者若有人闇中行籌若衣障覆行籌是名覆藏行籌顛倒行籌者若比丘顛倒行籌說如法人籌與說非法人以說非法人籌與說如法人是名顛倒期者若諸比丘隨和上阿闍梨作期隨同和上同阿闍梨隨相識隨共語隨善知識隨同心隨國土隨聚落隨家共作期我等取如是籌汝等莫遠我邊莫別莫異莫不共語共同事是名期一切僧取籌者尒時一切僧和合一處不得取欲何以故或多比丘說非法故是名一切僧取籌若是衆僧大上座知波

羅提木叉者能斷是事者即名為斷用一比尼謂現前比尼是中現前比尼者僧現前人現前比尼現前僧現前如上說人現前比尼現前亦如上說若是大上座知波羅提木叉比丘僧不能斷是事者應還付傳事人傳事人應取是事於道中能如法如比尼如佛教斷若是傳事人於道中能如法如比尼如佛教斷是事者是名為斷用一比尼謂現前比尼現前比尼者如上說若是傳事人不能如法如比尼如佛教斷是事者是比丘道中若聞彼處僧坊中若有三比丘若二若一比丘能持修多羅持比尼持摩多羅伽四衆所恭敬尊重是傳事人應到彼住處語彼一比丘言大德是中事如是如是因緣起闥頼吒不能斷僧不能斷先烏迴鳩羅不能斷後爲迴鳩羅不能斷還付先爲迴鳩羅復不能斷是僧復不能斷近住處僧亦不能斷先烏迴鳩羅不能斷後爲迴鳩羅不能斷還先烏迴鳩羅復不能斷還近住處僧復不能斷傳事

人道中亦不能斷大上座持律比丘僧不能斷傳事人於道中不能斷三比丘二比丘不能斷大德取是事如法如比尼如佛教斷是事是一比丘四衆所恭敬尊重讚歎者作是言不可二人相言俱得勝是中必一勝一負若作如是語者名如法說若不作如是語者是名非法說是諸相言比丘若如法斷是事已還更發起犯波逸提若但訶責言是斷不如法犯突吉羅 六法

佛在倶舍弥國尒時倶舍弥比丘喜闘諍相言諸比丘以是事向佛廣說佛言從今聽布草比尼用是布草比尼僧中種種事起應滅云何布草比尼以是布草比尼法滅僧中種種所起事或有一住處諸比丘憙闘諍相言是諸比丘應和合一處已應作是念諸長老我等大失非得大衰非利大惡不善我等以信故佛法中出家求道然今憙闘諍相言若我等求是事根本者僧中或有未起事便起已起事不可滅作是念故白衆僧若僧

時到僧忍聽是事以布草比尼法滅是名白卽時諸比丘兩部各在一處是中若有事比丘向上座大衆大長老應

作是言我等大失非得大衰非利大惡不善我等以信故佛法中出家求道然今憙鬪諍相言若我等求是事根本者僧中或有未起事便起已起事不可滅今我等當自屈意我等所作罪除偷蘭遮罪除白衣相應罪是事我等向長老現前發露悔過不覆藏是中若無一比丘遮是事者應到第二部衆所是中若有長老上座應語言我等大失非得大衰非利大惡不善我等以信故於佛法中出家求道今憙鬪諍相言若我等求是事根本者僧中或有未起事便起已起事不可滅今我等當自屈意我等所作罪除偷蘭遮除白衣相應罪今自爲及爲彼故當現前發露悔過不覆藏諸比丘言汝自見罪不荅言見罪如法悔過莫復更起第二部衆亦如是說是名如草布地比尼法 七法

十誦律卷第二十

十誦律卷第二十

校勘記

一　底本，金藏廣勝寺本。

一　四六七頁中一行經名及「三誦之七」、二行譯者、三行「衆學法之餘」，資、磧、普、南、徑、清無（未換卷）。

一　四六七頁中五行「往時」，資、磧、普、南、徑、清作「自往時」。

一　四六七頁中一五行「說法」，資、磧、普、南、徑、清作「說法者」。

一　四六七頁中一六行「病人說」，資、磧、普、南、徑、清作「病說」。下同。

一　四六七頁中末行第五字「道」，資、磧、普、南、徑、清作「前道」。同行末字「外」，資、磧、普、南、徑、清作「外行」。

一　四六七頁下三行、九行及二一行第八、九字「比丘」，資、磧、普、南、徑、清作「自」。

一　四六七頁下三行「不應」，資、磧、普、南、徑、清作「不」。

一　四六七頁下一七行首字及次頁下一二行第六字「若」，資、磧、普、南、徑、清無。

一　四六七頁下一九行「有時」，資、磧、普、南、徑、清作「又時」。下同。

一　四六七頁下二〇行「說法」，麗作「說法言」。

一　四六八頁上一一行第七字及一四行第八字「肩」，資、磧、普、南、徑、清無。

一　四六八頁上一三行「肩者」，資、磧、普、南、徑、清無。

一　四六八頁上一五行「病人說」，資、磧、徑、清作「病說法」。

一　四六八頁中五行末字「若」，資、磧、普、南、徑作「若爲」。

一　四六八頁中六行、一七行至一八行「病者」，資、磧、普、南、徑、清作「病」。頁下一六行同。

一　四六八頁中八行、一二行「全舉」，資、磧、普、南、徑、清作「令舉」。

一　四六八頁中一七行「革屣」，資、磧、普、南、徑作「屣」。

一　四六八頁中一九行第一一字「王」，資、磧、普、南、徑無。

一　四六八頁下九行末字「未」，資、磧、普、南、徑、清作「不」。

一　四六八頁下一二行「若捉」，資、磧、普、南、清作「捉」。同行「刀小刀」，資、磧、普、南、徑、清作「小刀捉稍」。

一　四六八頁下末行第五字「捉」，資、磧、普、南、徑、清無。

一　四六九頁上八行「臭爛死」，資、磧、普、南、徑、清作「菜臭爛死」；麗作「臭爛死壞」。

一　四六九頁上一八行小字「四」，資、磧、普、南、徑、清作「四竟」。

一　四六九頁中一四行第六字「又」，資、磧、普、南、徑、清無。

一　四六九頁中一九行第七字「无」，諸本(不含石，下同)作「更无」。

一　四六九頁下六行首字「便」，資作「便共相猗往」；磧、普、南、徑作「便共相倚往」；清作「便共相依往」。

一　四六九頁下一三行「具已」，資、磧、普、南、徑、清無。

一　四六九頁下一四行第一二字「共」，資、磧、普、南、徑、清無。

一　四六九頁下一七行第一三字「有」，資、磧、普、南、徑、清作「又」。

一　四六九頁下末行「岸上」，資、磧、普、南、徑、清作「岸下」。

一　四七〇頁上三行第一三字「一」，諸本作「有一」。

一　四七〇頁上四行「在其」，資、磧、普、南、徑、清作「在某」。

一　四七〇頁上五行「日垂」，資、磧、普、南、徑、清作「日過」。

一　四七〇頁上七行「在樹」，諸本作「在某樹」。

一　四七〇頁上一九行小字「一百七衆學法竟」，資、磧、普、南、徑、清作「一百七事學竟」。至此，資、磧、普、南、徑、清換卷，卷第十九終，卷第二十始。

一　四七〇頁上二〇行第四字「法」，資無。

一　四七〇頁中三行「六羣」，資、磧、普、南、徑、清作「諸六羣」。

一　四七〇頁中一七行「往已」，麗作「住已」。

一　四七〇頁下一五行「波羅夷」，資、磧、普、南、徑、清作「波羅夷罪」。

一　四七一頁上八行小字「法」，資、磧、普、南、徑、清作「法竟」。下同。

一　四七一頁上一三行「門間」，資、磧、普、南、徑、清作「門邊」。

一　四七一頁下末行「比尼」，資、磧、普、南、徑、清作「比尼法」。

一　四七二頁中一三行「悔過」，諸本作「如法悔過」。

一　四七二頁中末行第八字「丘」，資、磧、普、南、徑、清作「丘力士子」。

一　四七二頁下七行及次頁中一六行「三人」，資、磧、普、南、徑、清作「若三人」。

一　四七二頁下一七行「陁驃」，資、磧、普、南、徑、清作「陁驃比丘」。

一　四七三頁上五行首字「施」，資、磧、普、南、徑、清作「是施」。

一　四七三頁中三行「不教我作不憶夢中所」，資、磧、普、南、徑、清作「不教我不憶夢中」；麗作「所教我作不憶夢中所」。

一　四七三頁中八行首字「癡」，諸本無。

一　四七三頁中一九行第二字「唱」，資、磧、普、南、徑、清作「唱言」。

一　四七三頁下一行及次頁上一四行「聽與」，資、磧、普、南、徑、清作「聽僧與」。

一　四七三頁下一〇行「波逸提」，資、磧、普、南、徑、清作「波逸提罪」。

一　四七四頁上二〇行「教化比丘尼」，資、磧、普、南、徑、清作「教化比丘尼法」；麗作「教誡比丘尼法」。

一　四七四頁上二一行「教他」，資、磧、普、南、徑、清作「教化」。

一　四七四頁中五行第六字「恒」，資、磧、普、南、徑、清作「不應相言恒」。

一　四七四頁中一三行首字「王」，諸本作「主」。

一　四七四頁下六行「不但」，資、磧、普、南、徑、清作「但不」；麗作「又不」。同行第五字「到」，麗作「往到」。

一　四七四頁下七行、一一行及一三行至一四行「若不好」，資、磧、普、南、徑、清作「不好」。

一　四七四頁下二〇行「阿練兒」，資、磧、普、南、徑、清作「阿練若」。

一　四七四頁下二一行第一二字「所」，資、磧、普、南、徑、清無。

一　四七五頁上二行「助舉」，資、磧、普、南、徑、清作「助成」。

一　四七五頁上一二行第九字「前」，資、磧、普、南、徑、清無。

一　四七五頁中三行第六字「能」，資、磧、普、南、徑、清無。

一　四七五頁中六行「忍聽」，資、磧、普、南、徑、清作「忍聽僧」。頁下二行至三行同。

一　四七五頁中九行末字「僧」，諸本作「僧中」。

一　四七五頁下八行第六字「小」，資、磧、普、南、徑、清無。

一　四七六頁上一二行「和合來」，資、磧、普、南、徑、清作「來和合」。

一　四七六頁下七行「如是」，資、磧、普、南、徑、清作「如是作」。

一　四七六頁下一〇行「與欲」，徑作「從欲」。

一　四七六頁下一八行「如法」，資、磧、普、南、徑、清作「如法斷」。

一　四七六頁下一九行第二字「斷」，資、磧、普、南、徑、清無。

一　四七七頁上三行末字「比」，磧、普無。

一　四七七頁上一一行「住處」，資、磧、普、南、徑、清作「近住處」。

一　四七七頁中六行第九字「大」，麗無。

一　四七七頁中一六行「是問」，資、磧、普、南、徑、清作「是聞」。

一　四七七頁中一九行至次行「很戾」，南作「很戾」；徑、清作「狠戾」。下同。

一　四七七頁中二〇行末字「其」，資、磧、普、南、徑、清作「是」。

一　四七七頁中二一行「健强者」，諸本作「健强力」。

一　四七七頁下一一行「羯磨」，諸本作「羯磨僧與」。

一　四七七頁下二二行第九字「名」，資、磧、普、南、徑、清無。

一　四七八頁上一二行「衣障」，麗作「壁障」。

一　四七八頁上一三行第一一字「籌」，資、磧、普、南、徑、清無。

一　四七八頁上二〇行「同事」，資、磧、普、南、徑、清作「同一事」。

一　四七八頁上二一行「和合」，諸本作「應和合」。

一　四七八頁中一四行首字「二」，資、磧、普、南、徑、清作「二比丘」。

一　四七八頁中一五行「摩多羅伽」，資、磧、普、南、徑、清作「摩怛羅迦」。

一　四七八頁中一六行「住處」，資、磧、普、南、徑、清作「處應」。

一　四七八頁中一七行「如是如是」，資、磧、普、南、徑、清作「如是」。

一　四七八頁中二〇行「是僧」，麗作「還是僧」。

一　四七八頁下二行「道中」，資、磧、普、南、徑、清作「道中亦」。

一　四七八頁下五行「讚歎者」，資、磧、普、南、徑、清作「者應」。

一　四七八頁下七行第八字「名」，諸本作「是名」。

一　四七八頁下一〇行「不如法犯」，資、磧、普、南、徑作「事不如法」；清作「事不如法犯」。

一　四七九頁上一行第五字「聽」，資、磧、普、南、徑、清無。

一　四七九頁上二行「諸比丘」，諸本作「是諸比丘應分作」。

一　四七九頁上四行第二字「是」，資、磧、普、南、徑、清無。

一　四七九頁上一〇行「向長老」，資、磧、普、南、徑、清作「長老」。

一　四七九頁上二一行「第二部」，資、磧、普、南、徑、清作「第二」。

一　四七九頁上二二行小字「七法」，麗作「七法第三誦竟」。

一　四七九頁上二二行與末行之間，資、磧、普、南、徑、清有「布草有二種義　一關諍數起諍人亦多其事轉衆推其原本難可知處佛聽布草除滅如亂草難可整理亂來棄之二者有聽上座勸喻諍者使向兩衆羊皮四布悔過二〔「二」資作「兩」〕衆者各有所助故令各在一處此數行是義非律正本也」。

十誦律卷第二十一 第四誦之二 從

後秦北印度三藏弗若多羅 譯

比法中受具足戒法第一

佛婆伽婆王舍城外住爾時未聽比丘作和尚阿闍梨未有白四羯磨受具足戒時諸比丘以初未有和尚阿闍梨故作袈裟衣不如法著衣亦不如法及身威儀皆不如法又諸比丘從聚落至聚落從城至城從國至國遊行時行乞食時乞飯乞羹乞佉陀尼人請食時索飯索羹索佉陀尼取他殘食鉢殘飯殘羹殘佉陀尼殘漿高聲大聲食譬如婆羅門食有一比丘摩訶盧患苦痛無有等侶无人看視外學異道見如是事譏嫌訶責沙門釋子無善教不被教无調順無調御法作袈裟衣不如法著衣亦不如法及身威儀皆不如法從聚落至聚落從城至城從國至國遊行時行乞食時乞飯乞羹乞佉陀尼人請食時索飯索羹索佉陀尼取他殘食鉢殘飯殘羹殘佉陀尼殘漿高聲大聲食譬如

諸婆羅門食有諸比丘少欲知足行頭陀聞是事心慚愧以是事具白佛佛以是因緣集僧集僧竟諸佛常法有知而問知而不問知時問知時不問有益問無益不問有因緣問今佛知故問佛問諸比丘汝實爾不答言實爾世尊佛種種因緣訶責何以名比丘無和尚阿闍梨作袈裟衣不如法著衣不如法及身威儀皆不如法從聚落至聚落從城至城從國至國遊行時行乞食時乞飯乞羹乞佉陀尼人請食時索飯索羹索佉陀尼取他殘食鉢殘飯殘羹殘佉陀尼殘漿高聲大聲食譬如諸婆羅門食諸外學異道嫉妬譏嫌訶責言沙門釋子無善教不被教無調順无調御法作袈裟衣不如法著衣不如法及身威儀皆不如法從聚落至聚落從城至城從國至國遊行時行乞食時乞飯乞羹乞佉陀尼人請食時索飯索羹索佉陀尼取他殘食鉢殘飯殘羹殘佉陀尼殘漿高聲大聲食譬如諸婆羅門食佛種種因緣訶已語諸比丘從今

聽作和尚阿闍梨聽十僧現前白四羯磨受具足云何白四羯磨受具足衆僧一心和合一比丘僧中唱大德僧聽是某甲從某甲受具足戒是從僧乞受具足戒某甲和尚某甲若僧時到僧忍聽僧當與某甲受具足和尚某甲如是白白四羯磨從今聽和尚共行弟子若病應看欲死應救若病應與隨病飲食隨病藥隨病供給若弟子無財和尚應給若和尚無從他索與若少知識索不能得乞食得好食應與若和尚病弟子亦爾阿闍梨看近住弟子近住弟子看阿闍梨亦如是從今諸有和尚阿闍梨看共住弟子近住弟子養畜如兒想共住弟子近住弟子看和尚阿闍梨如父想汝等如是展轉相依住於我法中增長善法

佛在王舍城是時諸比丘一心念佛已聽我等作和尚阿闍梨已聽十僧現前白四羯磨受具足戒彼年少比丘作和尚若一歲二歲三歲四歲五歲少長老比丘作師是中有比丘少欲知足行

十誦律卷第二十一　第四張　從　覃

頭陀訶責諸比丘何以名比丘佛已聽我等作和尚阿闍梨聽十僧現前白四羯磨受具足戒年少比丘作和尚若一歲二歲三歲四歲五歲少長老比丘彼諸比丘種種訶已以是事具白佛佛以是因緣集僧集僧竟佛知故問問諸比丘汝等實尒不荅言實尒世尊佛種種因緣訶諸比丘何以名比丘佛已聽我等作和尚阿闍梨聽十僧現前白四羯磨受具足戒年少比丘作和尚若一歲二歲三歲四歲五歲少長老比丘佛雖訶責而未結戒佛在舍衛國尒時長老優波斯那婆檀提子一歲授共住弟子具足和尚一歲弟子無歲共往憍薩羅國一處夏安居諸佛常法兩時大會春末月夏末月春末月欲安居時諸方國比丘來聽佛說法心念是法夏安居樂是初大會夏末月自恣作衣竟持衣鉢來詣佛所如是思惟我久不見婆伽婆久不見修伽陁是第二大會是時長老優波斯那是中住處夏安居自恣竟作衣已持衣鉢自身二歲

十誦律卷第二十一　第五張　從

弟子一歲共遊行往舍衛國到佛所頭面礼佛足一面坐諸佛常法問訊客比丘夏安居忍不足不安樂住不乞食不乏道路不疲耶今佛亦如是問優波斯那夏安居忍不足不安樂住不乞食不乏道路不疲耶優波斯那荅言實忍足安樂住乞食不乏道路不疲佛知故問優波斯那是誰善男子荅言是我許佛言是作何等荅言是我共住弟子佛言汝幾歲荅言二歲是善男子幾歲荅言一歲佛以是事集僧集僧已佛種種因緣訶優波斯那汝愚癡人何故先來思惟但欲畜衆二歲比丘畜一歲共住弟子何以名比丘佛聽我等作和尚阿闍梨聽十僧現前白四羯磨受具足戒是年少比丘授共住弟子具足一歲二歲三歲四歲五歲少長老比丘佛種種因緣訶竟語諸比丘從今不滿十歲不得授共住弟子具足若授具足犯突吉羅

是時諸比丘心念佛聽我和尚聽阿闍梨聽十僧現前白四羯磨受具足戒

十誦律卷第二十一　第六張　從

不滿十歲不得授共住弟子具足是諸比丘滿十歲皆授共住弟子具足知法授不知法亦授善者畜不善亦畜住戒度不住戒亦度是中見和尚不知法弟子亦不知法和尚不善弟子亦不善和尚不住戒弟子亦不住戒是時諸比丘自不知法不善不住戒與他出家受具足作依止師畜沙弥有一比丘摩訶盧不知法不善不住戒空滿十歲與共住弟子授具足以小事與弟子鬪諍弟子捨戒還俗諸比丘少欲知足行頭陀訶責言何以名比丘佛聽和尚聽阿闍梨聽十僧現前白四羯磨受具足戒不滿十歲不得授共住弟子具足是諸比丘滿十歲皆授共住弟子具足知法授不知法亦授善者畜不善亦畜住戒度不住戒亦度是中見和尚不知法不善不住戒弟子亦尒與他出家受具足作依止師畜沙弥彼諸比丘種種訶竟以是事具白佛佛以是因緣集僧集僧已佛知故問問諸比丘汝實尒不荅言實尒世尊佛種種因緣訶

責何以名比丘佛聽和尚聽阿闍梨聽十僧現前白四羯磨受具足戒不滿十歲不得授共住弟子具足是諸比丘滿十歲皆授共住弟子具足知法授不知法亦授善者畜不善亦畜住戒度不住戒亦度是中見和尚不知法不善不住戒弟子亦介與他出家受具足作依止師畜沙弥佛種種因緣訶竟語諸比丘從今聽五法成就滿十歲若過應授共住弟子具足何等五一滿十歲若過二持戒不破三多聞四有力能如法除弟子憂悔五能拔弟子惡邪復有五法成就滿十歲應授共住弟子具足何等五一信成二戒成三聞成四捨成五慧成能讚能教弟子令善入住信戒聞捨慧復有五法成就滿十歲應授共住弟子具足何等五一無學戒衆二無學定衆三無學慧衆四無學解脫衆五無學解脫知見衆成就能讚能教弟子善入住戒定慧解脫解脫知見衆復有五法成就滿十歲應授共住弟子具足何等五一知犯二知非犯三

知罪輕四知罪重五知誦波羅提木叉學利廣說復有五法成就滿十歲應授共住弟子具足何等五一知出家法二能作教師三能作戒師四能知依止師法五能知遮道法不遮道法復有五法成就滿十歲應授共住弟子具足何等五一能教弟子清淨戒二能教阿毗曇三能教比尼四弟子在他方愁苦不樂能致使来若自不能因他力致来五弟子若病能供給若自不能能使他供給如是五法成就滿十歲若過應授共住弟子具足右上諸五法不成就滿十歲若過授共住弟子具足得罪

若比丘有上諸五法成就滿十歲應與他依止云何應與所欲求依止比丘從座起偏袒著衣脫革屣蹋跪兩手捉長老兩足應如是語我某甲比丘從長老乞依止長老與我依止我依止長老住第二第三亦如是乞長老應言如汝語若諸五法成就滿十歲應受他依止若無諸五法滿十歲受他依止得罪若比丘有上五法滿

十歲應畜沙弥云何應畜若未剃髮来是時當與剃髮若自有袈裟應著若無和尚應與衣著教長跪合掌戒師應教我某甲歸依佛歸依法歸依僧第二我某甲歸依佛歸依法歸依僧第三我某甲歸依佛歸依法歸依僧我某甲已歸依佛已歸依法已歸依僧從今盡壽是佛優婆塞憶持第二我某甲已歸依佛已歸依法已歸依僧從今盡壽是佛優婆塞憶持第三我某甲已歸依佛已歸依法已歸依僧從今盡壽是佛優婆塞憶持汝某甲聽是佛婆伽婆知見釋迦牟尼多陁阿伽度阿羅訶三藐三佛陁說優婆塞五戒凡是優婆塞盡壽護持何等五盡壽離殺生是優婆塞戒是中盡壽離殺生若能持當言能盡壽離不與取是優婆塞戒是中盡壽離不與取若能持當言能盡壽離邪婬是優婆塞戒是中盡壽離邪婬若能持當言能盡壽離妄語是優婆塞戒是中盡壽離妄語若能持當言能盡壽離飲酒是優婆塞戒是中盡壽離

飲酒穀酒蒲萄酒甘蔗酒能放逸酒
若能持當言能
我某甲已歸依佛已歸依法已歸依
僧出家是佛婆伽婆釋迦牟尼多陁
阿伽度阿羅訶三藐三佛陁出家我
亦隨佛出家和尚某甲第二我某甲
已歸依佛已歸依法已歸依僧出家
是佛婆伽婆釋迦牟尼多陁阿伽度
阿羅訶三藐三佛陁出家我亦隨佛
出家和尚某甲第三我某甲已歸依
佛已歸依法已歸依僧出家是佛婆
伽婆釋迦牟尼多陁阿伽度阿羅呵
三藐三佛陁出家我亦隨佛出家和
尚某甲我某甲已歸依佛已歸依法
已歸依僧已出家是佛婆伽婆釋迦
牟尼多陁阿伽度阿羅呵三藐三佛
陁出家我亦隨佛出家竟和尚某甲尒
時應問汝幾歲隨年荅何時出家冬春
夏有閏無閏隨問應荅此事盡壽憶持
戒師應言汝某甲聽是佛婆伽婆知見
釋迦牟尼多陁阿伽度阿羅訶三藐三
佛陁為沙弥說出家十戒凡是沙弥當
盡壽護持何等十盡壽離殺生是沙

弥戒是中盡壽離殺生若能當言尒
盡壽離不與取是沙弥戒是中盡壽
離不與取若能當言尒盡壽離非梵
行是沙弥戒是中盡壽離非梵行若
能當言尒盡壽離妄語是沙弥戒是
中盡壽離妄語若能當言尒盡壽離
飲酒是沙弥戒是中盡壽離飲酒穀
酒蒲萄酒甘蔗酒能放逸酒若能當
言尒盡壽離處高牀大牀是沙弥戒
是中盡壽離處高牀大牀若能當言
尒盡壽離著華瓔珞香塗身香熏衣
是沙弥戒是中盡壽離著華瓔珞香
塗身香熏衣若能當言尒盡壽離作
伎歌舞不往觀聽種種樂器是沙弥
戒是中盡壽離作伎歌舞不往觀聽
種種莊嚴若能當言尒盡壽離受畜
金銀錢寶是沙弥戒是中盡壽離受
畜金銀錢寶若能當言尒盡壽離非
時食是沙弥戒是中盡壽離非時食
若能當言尒如是五法成就滿十歲
應畜沙弥若不成就五法滿十歲畜
沙弥得罪
佛在王舍城長老大目揵連與王舍

城中和利等十七諸年少樂人授具足
戒是諸人晡時飢極僧坊內高聲大
喚作小兒啼聲佛知故問阿難何以
僧坊內有小兒啼聲阿難荅言世尊
長老大目揵連與王舍城中和利等十
七諸年少樂人與受具足是諸人晡
時飢極僧坊內高聲大喚作小兒啼
聲是時佛以是因緣集僧集僧已佛
知故問問目揵連汝實作是事不目
連荅言實尒世尊佛種種因緣訶目
揵連汝不知時不知量不知限齊汝
其欲度人未滿二十人不能忍寒熱
飢渴蚊虻蚤虱虵蚖毒螫他人惡語
身中苦痛悉不能忍滿二十歲人能
忍寒熱飢渴蚊虻蚤虱虵蚖毒螫他
人惡語及身中苦痛皆悉能忍佛種
種因緣訶已語諸比丘從今不滿二
十年人不應與受具足若與受得波
逸提罪
佛在舍衛國佛語諸比丘若異道人信
善法欲出家是人應四月與波利婆沙
若滿四月得諸比丘意應與出家如是
應與波利婆沙一心集僧是本異道

從坐起偏袒著衣脱革屣入僧中礼
僧足胡跪合掌作如是言諸長老憶念
我某甲本異道今信善法欲出家我某
甲本異道今僧中乞四月波利婆沙
僧與我某甲本異道四月波利婆沙
竟得諸比丘意僧當與我出家受具
足第二第三亦如是乞尒時一比丘
應僧中唱大德僧聽是某甲本異道
信善法欲出家今是某甲本異道從
僧乞四月波利婆沙如是言僧與我某
甲本異道四月波利婆沙竟得諸比丘
意僧當與我出家受具足若僧時到僧
忍聽僧某甲本異道僧當與四月波
利婆沙如是白白四羯磨僧與某甲
本異道四月波利婆沙竟僧忍默然
故是事如是持是中云何得意云何
不得意是本異道現前應讃佛法僧
戒訶諸異道實若讃佛法僧戒時是
本異道心不生喜樂乃至須臾訶諸
異道實時憂愁瞋諍是名不得意若
讃佛法僧戒時是本異道心生喜樂
訶諸異道實時不憂愁不瞋諍是名
得意如是應與出家受具足與法者

一心集僧是本異道從坐起偏袒著
衣脱革屣入僧中礼僧足胡跪合掌
應如是言大德僧憶念我某甲本異
道信善法欲出家我先已僧中乞四
月波利婆沙僧先已與我四月波利
婆沙我某甲本異道已僧中行四月
波利婆沙竟我今從僧乞出家受具
足僧與我某甲本異道四月行波利婆
沙竟已得諸比丘意僧當與我出家
受具足第二第三亦如是乞是中應
一比丘僧中唱大德僧聽是某甲本
異道信善法欲出家彼從僧乞四月
波利婆沙僧先已與四月波利婆沙
彼已僧中行四月波利婆沙行波利
婆沙竟今從僧求出家受具足若僧
時到僧忍聽僧是某甲本異道已僧
中行四月波利婆沙竟得諸比丘意
當與出家受具足如是白白四羯磨
僧是本異道某甲與出家受具足竟
僧忍默然故是事如是持
佛在王舍城自恣竟欲二月南山國
土遊行是時佛告阿難汝語諸比丘
佛王舍城自恣竟欲二月南山國上

遊行誰欲從佛若欲去者集待佛阿
難言受教即出語諸比丘佛在王舍城
自恣竟欲二月南山國土遊行誰欲
從佛欲去者集待佛尒時王舍城多
年少比丘一歲二歲三歲四歲五歲
少大比丘是諸比丘如是思惟若從
佛去處處不久住種種供養利數數
受依止師來還復速我和尚阿闍梨
不去我等何以去諸小比丘不盡從
佛尒時佛與少比丘共行還到王舍
城佛知故問阿難何以少比丘從佛
行阿難荅言世尊是王舍城多年少
比丘大比丘少是諸比丘如是思惟
若從佛行處處不久住種種供養利
數數受依止師来還復速我和尚阿
闍梨不去我等何以去以是事故多
不從佛佛以是因縁集僧集僧已佛
種種因緣讃戒讃持戒讃戒讃持戒
已語諸比丘從今聽比丘有五法成就
滿五歲不受依止何等五一知犯二
知不犯三知輕四知重五誦波羅提
木叉利廣説雖復受戒歲多不知五
法應盡壽依止他住長老優波離問

佛大比丘應從小比丘受依止住不佛言應受優波離復問大比丘應承事供養小比丘不佛言除礼足餘盡應作佛在舍衛國是時舍衛城有一居士無常對至財物妻子眷屬奴婢一切死盡唯有父子三人居士自念諸道中唯有沙門釋子得供養樂無諸憂苦是中出家無諸不可思惟已將二兒到祇園中求出家諸比丘不知其意便與出家經數日乞食時到著衣持鉢將二兒入舍衛城乞食詣賣食肆餅肆糗糒肆煎餅肆餚餅肆歡喜丸肆是二小兒飢見諸餅食從父摩訶盧索言阿父與我食與我餅父語兒言但索無價誰當與汝二兒啼逐父行諸居士訶罵言沙門釋子不斷欲僧坊內共比丘尼生兒一人語二人二人語口人惡名流布遍舍衛城有諸比丘少欲知足行頭陀聞是事心慚愧以是事具白佛佛以是因緣集僧集僧已佛知故問摩訶盧比丘汝實尒不荅言實尒世尊佛種種因緣訶責何以名比丘不滿十五歲

人作沙弥佛種種因緣訶竟語諸比丘從今不滿十五歲人不應作沙弥若作得突吉羅罪

佛在迦維羅衛國是時毗琉璃愚癡人殺迦維羅衛釋子時長老阿難親里二小兒走詣阿難阿難以残食養畜佛知故問阿難是誰小兒荅言是我所親佛言何以不出家阿難報言佛結戒不滿十五歲人不應作沙弥是二小兒不滿十五歲佛問阿難是二小兒能驅僧食上烏未荅言能佛言從今聽能驅烏作沙弥㝡下七歲

佛在舍衛國是時跋難陀釋子有二沙弥一名畢陁二名摩伽僧坊內共作婬欲諸居士来見言沙門釋子無清淨行共作婬欲一人語二人二人語三人惡名流布遍舍衛城諸比丘少欲知足行頭陀聞是事心慚愧以是事具白佛佛以是因緣集僧集僧已佛知故問跋難陀汝實尒不荅言實尒世尊佛種種因緣訶何以名比丘畜兩沙弥佛種種因緣訶竟語諸比丘從今不聽畜兩沙弥若畜得突

吉羅罪若畜二一沙弥不久欲受具足無罪

佛在王舍城跋難陀釋子奴大家不聽與出家出家不久乞食時至著衣持鉢入王舍城乞食本大家見捉是比丘高聲大喚衆人大集問何以尒大家言此是我奴不放自出家衆人言何道中出家報言沙門何等沙門荅言釋子沙門衆人言莫尒洴沙王有令若奴大家不放沙門釋子中出家不得遮何以故沙門釋子難作行若行捨世事向涅槃難故諸居士瞋訶言沙門釋子是無畏處奴大家不放釋子中出家不得說一人語二人二人語三人惡名流布遍王舍城有諸比丘少欲知足行頭陀聞是事心慚愧以是事具白佛佛以是因緣集僧集僧已佛知而故問跋難陀汝實尒不報言實尒世尊佛種種因緣訶何以名比丘奴大家不放與出家佛種種因緣訶竟語諸比丘從今奴大家不放不應與出家若與出家得突吉羅罪

佛在王舍城跋難陀釋子人負債債主不放與出家出家數日乞食時到著衣持鉢入王舍城乞食是債主見捉之高聲大喚衆人来集問何以尒荅言是人負我債不償出家衆人言是何道出家報言沙門何等沙門報言釋子沙門衆人言莫尒洴沙王有令債主不放釋子中出家不得遮何以故沙門釋子難作行梵行捨世事向涅槃難故諸居士瞋訶沙門釋子是不負債處負債人債主不放釋子中出家不得説一人語二人二人語三人惡名流布遍王舍城有諸比丘少欲知足行頭陀聞是事心慚愧以是事具白佛佛以是因緣集僧集僧已佛知故問問跋難陀汝實尒不荅言實尒世尊佛種種因緣訶何以名比丘債主不放與出家佛種種因緣訶竟語諸比丘從今負債人債主不放不應與出家若與出家得突吉羅罪

佛在王舍城有一鍛金小兒来入竹園僧坊到諸比丘所言大德我欲出家與我出家諸比丘不思惟與出家

是兒父母宗親遍覓次到竹園詣諸比丘所問大德有如是如是小兒聞見不是中有比丘不見者言不見不聞者言不聞是諸親里久覓不得便捨去是兒作比丘不久乞食時到著衣持鉢入王舍城乞食宗親見之問汝出家耶荅言出家何道出家荅言沙門何等沙門荅言釋子沙門問近遠荅言竹園中宗親瞋罵沙門釋子故作妄語見言不見聞言不聞一人語二人二人語三人惡名流布遍王舍城有諸比丘少欲知足行頭陀聞是事心慚愧以是事具白佛佛以是因緣集僧集僧已佛語諸比丘從今求出家人兩事應白僧一出家二剃鬚僧若集若不集兩事應白作是語大德僧聽是某甲求出家剃鬚以是事白僧若已剃鬚来僧若集若不集一一事應白言大德僧聽是某甲求出家僧憶持若僧不集應別房行白應言長老是某甲求出家憶持

佛在王舍城是時耆婆藥師治二種人一洴沙王二佛比丘僧何以治洴

沙王以衣食故何以治佛比丘僧自信自欲自愛自清淨故是時諸居士有惡重病癩癰疽癲瘠病到耆婆所與百金錢求治病不肯如是乃至五百不肯是居士大愁憂念言耆婆唯治二種人一治洴沙王以衣食故二治佛比丘僧自信自欲自愛自清淨故今我等與百金錢乃至五百不肯是諸沙門釋子福德成辦人若是中出家者耆婆當治我等是諸病人至諸比丘所求出家諸比丘即與出家受具足諸比丘為諸病人煑飯作羹作糜煑湯煑肉煑藥湯漬治出大小便器及唾壺出入多事多緣妨廢誦經坐禪但念作事是病人多耆婆治不能遍廢洴沙王急事是病人得差平復得色力肥悅捨戒還家有諸比丘少欲知足行頭陀訶責諸比丘何以名比丘是諸惡重病人癩癰疽癲瘠病人與出家受具足為煑飯作羹作粥煑湯煑肉煑藥湯漬治出大小便器唾壺出入多事多緣廢誦經坐禪但念作事是病人多耆婆治

十誦律卷第二十一 第二十三張 [illegible]

不能過廢洴沙王急事是諸病人得老色力肥悅平復捨戒還家種種呵竟以是事具白佛佛以是因緣集僧集僧已佛知故問諸比丘實尒不荅言實尒世尊佛種種因緣呵何以名比丘諸惡病人與出家受具足為煑飯作羹煑湯煑肉煑藥湯漬治出大小便器唾壺出入多事多緣廢誦經坐禪但念作事是病人多耆婆治不能過廢洴沙王急事是病人得老色力肥悅平復捨戒還家佛種種因緣訶竟語諸比丘從今有如是惡重病癩癰疽癲痟病人不應與出家受具足若與出家受具足得突吉羅罪

佛在迦毗羅婆城尒時淨飯王詣佛所頭面礼佛足一面坐合掌白佛大德與我願佛言憍曇佛不與汝過願王言可得願與我佛言可得願當與今求何等願王言佛出家時我心愁憂不忍不喜難陀羅睺羅後諸子出家時我心愁憂不忍不喜今佛與我願父母不放不得與出家何以故父母侍子為榮佛言憍曇我本心念亦

十誦律卷第二十一 第二十三張 從

欲與諸比丘結戒父母不放不得與出家尒時佛與淨飯王種種說法示教利喜已默然王聞法已從坐起頭面礼佛足繞佛而去王去不久佛以是因緣集僧集僧竟語諸比丘從今父母不放不得與出家若與出家得突吉羅罪

佛在舍衛國尒時諸比丘尼從憍薩羅遊行向舍衛國薩羅林中有賊破法刼奪比丘尼作毀辱事諸城國邑惡名流布若王力若聚落力圍捕盡得諸賊唯有一賊逃走至婆歧陁國到比丘所語諸比丘言大德與我出家諸比丘不思與出家諸佛常法兩時大會春末月夏末月春末月欲安居時諸方國比丘來聽佛說法心念是法夏安居樂是初大會夏末月安居自恣作衣竟持衣鉢来詣佛所如是思惟我久不見佛久不見脩伽陁是第二大會諸比丘從婆祇國自恣作衣竟持衣鉢欲遊行至舍衛國小比丘言我欲共行諸比丘荅隨汝意即便共去諸比丘中道見薩羅林憶

十誦律卷第二十一 第二十四張 從

念言是薩羅林中本有惡賊破法刼奪比丘尼作毀辱事小比丘言諸長老惡賊是我同業親友我亦作此惡事諸比丘不知云何漸漸遊行至舍衛國詣佛所頭面礼佛足却坐一面諸佛常法以如是語問訊客比丘忍不足不安樂住不乞食不乏道路不疲耶今佛亦如是語問訊客比丘言忍不足不安樂住不乞食不乏道路不疲耶諸比丘言實忍足安樂住乞食不乏道路不疲諸比丘以是事具白佛佛以是因緣集僧集僧已佛語諸比丘是薩羅林中惡賊大作罪事刼奪比丘尼作不淨事是賊得大罪何以故是諸比丘尼多是阿羅漢是人汙比丘尼不應與出家受具足若與出家受具足應滅擯何以故汙比丘尼人不生我善法比尼故

佛在舍衛國是舍衛城中有一居士無常對至財物家屬妻子奴婢一切死盡是居士作是念言沙門釋子福樂成辦人我當效沙門釋子作僧伽梨欝多羅僧安陁衛鉢瀘水囊錫杖

盛酥革囊革屣針筒如是何苦便如賊住即效作僧伽梨鬱多羅僧安陀衛鉢漉水囊錫杖盛酥革囊革屣針筒如是作已盗入僧中住諸比丘若集若不集徐徐問難長老汝幾歲汝有何時節有閏無閏此賊不知時節更歎語急問彼言我盗作如賊住有諸比丘少欲知足行頭陀訶責何以名比丘得具滿和尚具滿阿闍梨具滿教師得微妙善法比丘何以盗作比丘如賊住諸比丘種種訶責竟以是事具白佛佛以是因緣集僧集僧已佛知故問佛言汝實尒不答言實尒世尊佛種種因緣訶責言得具滿和尚具滿阿闍梨具滿教師得微妙善法比丘何以盗作比丘如賊住佛種種因緣訶竟語諸比丘是名賊住是人不應與出家受具足若與出家受具足便應滅擯何以故賊住人不生我善法比尼故

佛在王舍城是時跋難陀釋子與不能男出家是人夜捫摸諸比丘諸比丘驅出到比丘尼邊式叉摩尼沙彌

沙弥尼邊皆捫摸諸比丘尼學戒尼諸沙弥沙弥尼盡駈出諸居士入僧坊内宿亦捫摸諸居士諸居士言沙門釋子中有不能男出家與受具足一人語二人二人語三人惡名流布遍王舍城有諸比丘少欲知足行頭陀聞是事心慚愧以是事具白佛佛以是因緣集僧集僧已佛知故問跋難陀汝實尒不答言實尒世尊佛種種因緣訶跋難陀何以名比丘與不能男出家佛種種因緣訶竟語諸比丘從今不能男不應與出家受具足若與出家受具足得突吉羅罪佛言有五種不能男何等五一生不能男二半月不能男三妬不能男四精不能男五病不能男何等生不能男從生不能婬是生不能男何等半月不能男半月能婬半月不能婬是爲半月不能男何等妬不能男見他行婬身分用是妬不能男何等精不能男因他人婬身身分用是精不能男何等病不能男若朽爛若墮若蟲噉是病不能男是爲五種不能男生半月妬

精不能男是四種不能男不應與出家受具足若與出家受具足應滅擯何以故不能男不生我善法比尼故是病不能男先出家受具足已若落若朽爛若墮若蟲噉若不動聽住雖不動若捨戒還欲出家受具足不應與出家受具足若與出家受具足應滅擯何以故病不能男不生我善法比尼故

佛在王舍城有比丘與異道出家有小因緣與師鬪諍不捨戒還本異道諸比丘以是事具白佛佛以是因緣集僧集僧已佛語諸比丘辟如狗飢羸與美食不肯食反食不淨是愚癡人亦如是棄善法還本異道佛種種因緣訶竟語諸比丘是越濟人不應與出家受具足若與出家受具足應滅擯何以故是越濟人不生我善法比尼故

佛在舍衛國有一婆羅門奪母命便自思惟我作大罪奪母命何處能除是惡罪我聞沙門釋子能除即到諸比丘所言大德與我出家諸比丘言汝諸婆羅門不信輕慢長夜惡邪怖

法怨家何由得信欲出家婆羅門言大德我本奪母命我自思惟作極大罪何處能除我罪聞沙門釋子能除大罪是故我欲出家諸比丘不知云何是事白佛佛言是人有殺母罪不應與出家若與出家受具足應滅擯何以故有殺母罪不生我善法比尼故殺父亦如是

佛在舍衛國諸比丘從憍薩羅國遊行向舍衛國到薩羅林林中有賊破法劫奪斷諸比丘命諸城國邑惡名流布王力若聚落力圍捕盡得諸賊唯一賊走到祇洹林詣諸比丘所言大德與我出家諸比丘不思惟便與出家是諸賊王勑行刑諸比丘相語共觀世間罪報小比丘言我亦欲去荅言隨意即便共去一面立看是時諸賊斷首流血是小比丘自思惟若我不出家亦當如是即怖倒地諸比丘以水灑面穌起平復問言汝何所患荅汝亦不在是中作惡業亦不思惟是惡業耶諸比丘軟語急問荅言薩羅林中諸賊劫比丘殺比丘是我同業

親友我亦共作是惡如是思惟諸賊斬首流血我不出家亦當如是是故我怖倒地諸比丘不知云何共到佛所以是事白佛佛語諸比丘薩羅林中賊放逸顛倒奪諸比丘命多作惡業彼諸比丘多是阿羅漢此殺阿羅漢人不應與出家受具足若與出家受具足應滅擯何以故殺阿羅漢人不生我善法比尼故

佛在舍衛國是時有一龍信心清淨著猒龍身從宮中出變為人身詣諸比丘所言大德與我出家諸比丘不思慮便與出家是龍與一小比丘次得一小房共宿明日行乞食是龍有福乞食疾得時復自歸宮食食訖先還房掩戶而坐時熱龍法嗜眠忽然傾臥有五因緣龍身不變一生時二死時三婬時四瞋時五眠時是時龍眠重身滿房中同房比丘後来見之心怖失聲龍聞是聲疾疾驚覺還加趺坐諸比丘大集問言何以大喚荅言此是虵諸比丘不知云何是事白佛佛言非虵是龍佛言呼来龍到佛所

頭面礼佛足一面坐佛與說法示教利喜佛種種因緣說法竟即遣去佛語龍言汝還本宮是龍聞說法已啼泣手捫淚從坐起頭面礼佛足右繞而去龍去之後佛以是因緣集僧集僧已語諸比丘從今龍不應與出家受具足若與出家受具足犯突吉羅罪一切非人亦如是

佛在舍衛國瞻蔔園有一長者子出家長病是時宗親遣使呼之大德来此間治病病人即往是人多諸親族親族各請言我今日我明日我後日諸人為病比丘故大與財物是病不可治遂至命終是病比丘名波羅陁有一沙弥於是中間受具足戒是眾中有六群比丘六群比丘言新受戒比丘不應與大比丘分應與沙弥分師言何以故荅言受戒羯磨不滿故師不知云何以是事白佛佛言應問在羯磨中比丘是羯磨滿不滿即問諸比丘諸比丘言我雖在羯磨中不憶又知以是事白佛佛言從今諸比丘聽羯磨時當一心聽莫餘覺莫餘思

惟當專心當勤當敬重當思惟心心等同憶念應如是聽羯磨作羯磨者應分別言是第一羯磨第二羯磨第三羯磨若不分別說得突吉羅罪

佛在舍衛國佛語諸比丘若有人惡心出佛身血不應與出家若與出家受具足應滅擯何以故是惡心出佛身血人不生我善法比尼故有人非法非法想破僧已非法見此後得罪非法法想破僧已非法見此後得罪非法非法想破僧已疑此後得罪是人不應與出家受具足若與出家受具足應滅擯何以故破僧人不生我善法比尼故有人本出家時犯婬乃至共畜生是人不應與出家受具足若與出家受具足應滅擯何以故本犯戒人不生我善法比尼故有人本出家時犯盜乃至五錢若直五錢物是人不應與出家受具足若與出家受具足應滅擯何以故本犯戒人不生我善法比尼故有人本出家時故自手奪人命更無異想無異方便是人不應與出家受具足若與出家受

具足應滅擯何以故本犯戒人不生我善法比尼故有人本出家時空無過人法自讚言我有過人法是人不應與出家受具足若與出家受具足應滅擯何以故本犯戒人不生我善法比尼故有不見擯人捨戒復欲還出家到諸比丘所大德與我出家出家竟我當見罪諸比丘問佛此人應與出家不佛言應與出家出家已言我不見是罪大德與我受具足受具足已我當見是罪應與不佛言應與是人受具足受具足已復言不見是罪更應擯不佛言若得一心和合僧更擯若僧不得和合即本擯

佛在王舍城是時諸鬪將婦隨征行久與非人通是諸非人形體不具象頭馬頭牛頭獼猴頭鹿頭贅頭平頭頭七分現生子亦如是諸母愛故養育長大不能執作駈棄諸子詣天祠論議堂出家舍是諸處覓飲食遊行次到竹園是中六群比丘喜作罪事好人不肯住邊若有住者餘比丘輕笑此人如是惡何以近之是弟子亦

眼見師作罪行便捨去六群比丘見是人等心自思惟我若畜好弟子餘比丘輕笑教捨我去我等當畜是人無有教捨我去者設欲教者是人醜陋誰當喜者如是思惟竟語言汝何以不出家答言我等如是醜陋誰當度我出家六群比丘言汝能代我次第守房若為我送守房人食能代我擔衣鉢與汝出家答言尒時六群比丘即與出家時有人請佛及僧六群比丘以二因緣故先遣弟子擔衣鉢去一行邊二着共行是時諸居士信佛心清淨。諸異道弟子輩輕笑言此是汝等福田所供養者前行者先食者來諸居士聞是事慚愧以是事具白佛佛以是因緣集僧集僧竟佛知故問問六群比丘汝實尒不答言實尒世尊佛種種因緣訶何以名比丘象頭馬頭牛頭獼猴頭鹿頭贅頭平頭頭七分現人與出家佛種種因緣訶竟語諸比丘從今象頭人乃至平頭人不應與出家若與出家受具足犯突吉羅罪佛語諸比丘黃髮人綠髮人赤髮白髮似赤髮豬髮馬髮無髮人一切不應與出家若與出家受具足犯突吉羅罪赤眼深眼凸眼水精眼小眼泡眼一眼無眼人亦如是不應與出家受具足若與出家受具足得突吉羅罪象耳馬耳牛耳羊耳綣耳一耳無耳戾鼻鸚鵡嘴鼻牛鼻獼猴鼻長鼻象鼻平鼻無鼻大脣馬脣垂脣無脣豬頭牛頭驢頭無頭象齒馬齒牛齒魚齒狗齒無齒長項短項曲項無項太長人太短人太黑人太白人純青純黃純赤純白純黑人戾脚脚指殘截脚截指五指不屈截脣截耳截鼻癩陰一丸癀不能男截髀截脞截手截病癃陰脚跛拘手曳臗似鬼盲眼瞎聾雞皮體癵躄癭左手作羊戾短肘短瘖瘂齲年太小大老椳栂不能行不能坐不能卧不能立如是一切汙染僧人盡不應與出家受具足若與出家受具足犯突吉羅罪

佛語諸比丘受具足法有三事現前得受具足何等三一有僧二有人欲

受具足三有羯磨是為三欲受具足人初來應教次第頭面一一執足礼僧礼已教受衣應問此衣是汝有不答言是我衣應教汝效我語我某甲此衣僧伽梨若干條受若割截若未割截是衣持第二我某甲此衣僧伽梨若干條受若割截若未割截是衣持第三我某甲此衣僧伽梨若干條受若割截若未割截是衣持次問此衣是汝有不答言是我某甲此衣憂多羅僧七條受若割截若未割截是衣持第二我某甲此衣憂多羅僧七條受若割截若未割截是衣持第三我某甲此衣憂多羅僧七條受若割截若未割截是衣持次問此衣是汝有不答言是我某甲此衣安陀會五條受若割截若未割截是衣持第二我某甲此衣安陀會五條受若割截若未割截是衣持第三我某甲此衣安陀會五條受若割截若未割截是衣持次問此鉢多羅是汝有不答言是我某甲此鉢多羅應量受長用故第二我某甲此鉢多羅應量受長用故第

三我某甲此鉢多羅應量受長用故受衣鉢已應求和尚應言我某甲求長老為和尚長老為我作和尚依長老和尚故我某甲得受具足第二我某甲求長老為和尚長老為我作和尚依長老和尚故我某甲得受具足第三我某甲求長老為和尚長老為我作和尚依長老和尚故我某甲得受具足戒師應問汝某甲能為某甲作和尚不若言能即時罝界場內捨聞處著見處戒師應唱衆僧和集誰能為某甲作教授師若僧中有比丘言我能若有五法不應立作教授師愛教瞋教怖教愚教不教不知五法成就應立作教師不愛教不瞋教不怖教不愚教教不教知次應如是唱大德僧聽是某甲從和尚某甲求受具足某甲比丘能作教授師若僧時到僧忍聽僧某甲當作教授師為教某甲故如是白大德僧聽是某甲從和尚某甲求受具足是某甲能教某甲僧某甲作教授師教某甲故誰諸長老忍某甲作教授師教某甲是長老默然

詐不忍便說僧已聽某甲作教授師教某甲竟僧忍默然故是事如是持即時教授師往弟子所教偏袒著衣蹹跪合掌應如是問汝某甲聽今是至誠時實語時後僧中亦如是問汝實便言實不實便言不實我今問汝汝是丈夫不年滿二十不非奴不不與人客作不不買得不不破得不非官人不不犯官事不不陰謀王家不不負人債不丈夫有如是病若癩癰漏瘭疽痟癲病如是病比有不父母在不父母聽不先作比丘不若言作清淨持戒不捨戒時一心如法還戒不三衣鉢具不汝字何等和尚字誰應答我名某甲和尚某甲教授師問竟應還白僧問某甲竟戒師語若清淨將来將来已教礼僧礼僧已從僧乞受具足我某甲從和尚某甲受具足我今僧中乞受具足某甲是我和尚僧濟度我僧與我受具足憐愍故第二我某甲從和尚某甲受具足我今僧中乞受具足某甲是我和尚僧濟度我僧與我受具足憐愍故第三我某

甲從和尚某甲受具足我今僧中乞受具足某甲是我和尚僧濟度我僧與我受具足憐愍故即時戒師應僧中唱大德僧聽是某甲從和尚某甲受具足是某甲從僧中乞受具足和尚某甲若僧時到僧忍聽我今僧中問某甲遮道法如是白汝某甲聽今是至誠時實語時今僧中問汝若實當言實不實言不實汝丈夫不年滿二十未非奴不不與人客作不不買得不不破得不非官人不不犯官事不不陰謀王家不不負人債不丈夫有如是病若癩癰漏瘭疽痟癲病如是病比有不父母在不父母聽不先不作比丘不若言作清淨持戒不捨戒時一心如法還戒不三衣鉢具不汝字何等和尚字誰應言我名某甲和尚某甲白僧頗有未問者不若未問者當更問若已問者默然戒師應唱大德僧聽是某甲從和尚某甲受具足是某甲從僧中乞受具足和尚某甲某甲自說清淨無遮道法三衣鉢具某甲和尚某甲若僧時到僧忍聽僧當與某甲受

具足和尚某甲如是白大德僧聽是某甲從和尚某甲受具足是某甲從僧中乞受具足和尚某甲某甲自說清淨無遮道法三衣鉢具某甲和尚某甲僧今與某甲受具足和尚某甲誰諸長老忍僧與某甲受具足和尚某甲是長老默然若不忍便說是初羯磨說竟第二是事更說大德僧聽是某甲從和尚某甲受具足是某甲從僧中乞受具足和尚某甲某甲自說清淨無遮道法三衣鉢具某甲和尚某甲僧今與某甲受具足和尚某甲誰諸長老忍僧與某甲受具足和尚某甲是長老默然若不忍便說是第二羯磨說竟第三是事更說大德僧聽是某甲從和尚某甲受具足是某甲從僧中乞受具足和尚某甲某甲自說清淨無遮道法三衣鉢具某甲和尚某甲僧今與某甲受具足和尚某甲誰諸長老忍僧與某甲受具足和尚某甲是長老默然若不忍便說是第三羯磨說竟僧與某甲受具足竟某甲和尚某甲僧忍默然故是事如是持

若問汝幾歲應言未有歲問時若冬
若春若夏有閏無閏是時節汝盡壽
應憶念即時應說四依汝某甲聽是
佛婆伽婆知見釋迦牟尼多陁阿伽
度阿羅訶三藐三佛陁為受具足人
說四依依是法比丘出家受具足成比
丘法何等四依依糞掃衣比丘出家
受具足成比丘法若更得白麻衣赤
麻衣褐衣憍施耶衣翅夷羅衣欽跋
羅衣劫貝衣如是等餘清淨衣是一
切盈長得是中依糞掃衣能盡壽受
用不若能當言能依乞食比丘出家
受具足成比丘法若更得為作食月
生食月八日二十三日十四日二十
九日十五日三十日月一日十六日
衆僧食別房食請食若僧若私如是
等餘清淨食是一切盈長得是中依
乞食能盡壽受用不若能當言能依
樹下止比丘出家受具足成比丘法
若更得温室講堂殿樓一重舍閣屋
平覆屋地窟山窟漚頭勒迦臥具湯
頭勒迦臥具禪頭勒迦臥具下至草
敷葉敷如是等餘清淨房舍臥具是

一切盈長得是中依樹下止能盡壽受
用不若能當言能依陳棄藥比丘出
家受具足成比丘法若更得四種含
消藥酥油蜜石蜜四種淨脂熊脂驢
脂豬脂鱣脂五種根藥舍利薑赤附子
波提鞞沙昌蒲根五種果藥訶梨勒鞞
醯勒阿摩勒胡椒蓽茇羅五種鹽黑
鹽白鹽紫鹽赤鹽鹵土鹽五種湯根
湯莖湯葉湯花湯果湯五種樹膠藥興
渠薩闍羅薩諦夜諦夜提諦夜婆那
如是等餘清淨藥是一切盈長得是中
依陳棄藥能盡壽受用不若能當言能
汝某甲聽佛婆伽婆知見釋迦牟尼
多陁阿伽度阿羅訶三藐三佛陁為
受具足比丘說四墮法若比丘於是四
墮法若作一一法是非比丘非沙門非
釋子失比丘法如多羅樹頭斷更不生
不青不長不廣比丘亦如是於四墮法
若犯一一法非比丘非沙門非釋子失
比丘法佛種種因緣呵欲欲想欲欲
覺欲熱讚歎斷欲除欲想滅欲熱若比
丘共諸比丘入戒法中不捨戒戒羸不
出作婬法乃至共畜生是非比丘非沙

門非釋子失比丘法汝是中盡壽不
應作是事能持不若能當言能佛種
種因緣訶不與取讚歎不盜乃至一綫
一針一滴油分齊五錢若五錢直比
丘若不與取是事故若王若王等捉
若殺若繫若駈出如是語汝小汝愚
汝癡汝偷如是比丘不與取非比丘非
沙門非釋子失比丘法汝是中盡壽
不應作是事能持不若能當言能
佛種種因緣訶奪他命讚歎不奪命
乃至蟻子不應故奪命何况人若比
丘自手故奪人命若遣人持刀殺若
教死若讚死若作是語咄丈夫用惡
活為死勝生隨心隨忍種種因緣教
死讚死若抗殺若弶殺若擳撥殺若
蹈殺若比陁羅殺若半比陁羅殺若
斷命殺若墮人胎若按腹墮胎若排
著火中若排著水中若在高上排著
下殺若道路遣使殺乃至母腹中初得
二根身根命根初在胎中瞋欲殺從
是因緣死非比丘非沙門非釋子失
比丘法是中盡壽不應作是事能持
不若能當言能佛種種因緣訶妄語

讚歎不妄語乃至戲笑不應妄語何况故妄語若比丘自知空無過人法自讃我得阿羅漢果證若向阿羅漢我得阿那含果證若向阿那含我得斯陁含果證若向斯陁含我得須陁洹果證若向須陁洹我得第一禪第二第三第四禪我得慈悲喜捨空處定識處定無所有處定非有想非无想處定滅盡定不淨觀安那般那念諸天来至我所諸龍閱叉浮陁羅鬼比舍闍鬼拘盤茶毘羅刹鬼如是衆輩問我我亦問彼彼亦荅我我亦荅彼是事空無妄語是非比丘非沙門非釋子失比丘法是中盡壽不應作是事能持不若能當言能汝某甲聽初罪衆不可起第二罪衆雖可起幾時覆藏隨時應行波利婆沙波利婆沙竟六夜應行摩那埵二十比丘衆中與出罪是事衆中可耻為人所輕是中汝不得故出精是事能不作不若能當言尒不得故觸女人身是事能不作不若能當言尒不得向女人惡口語是事能不作不若能當言尒不得

女人前自歎供養身是事能不作不若能當言尒不得媒嫁女人是事能不作不若能當言尒不得自起房佛聽應作不聽不應作是事能不作不若能當言尒不得起大房佛聽應作不聽不應作是事能不作不若能當言尒無根罪不得謗他人是事能不作不若能當言尒少許罪因縁不得謗言大罪是事能不作不若能當言尒不得勸破僧是事能不作不若能當言尒不得佐破僧人是事能不作不若能當言尒不應毀辱他家是事能不作不若能當言尒不得性戾難教是事能不作不若能當言尒當善讌下心樂順從教誨汝受戒竟得具滿和尚具滿阿闍梨具滿比丘僧好國土好行道處如轉輪王願汝今已具滿當加敬三寶佛寶法寶比丘僧寶當學三學正戒學正心學正慧學求三脫門空無相无作當勤三業坐禪誦經勸化衆事行如是法開甘露門得須陁洹果斯陁含果阿那含果阿羅漢果辟支佛佛道辟如青蓮華白蓮華

紅蓮華赤蓮華在水中日日增長汝亦如是比丘法中日日增長其餘戒和尚阿闍梨廣教汝汝已受具足竟

釋師子法中　一切妙善集　深入無崖際
功德之寶海　是願轉輪王　天王善法王
常求作沙門　不遂汝已得　精勤行三業
佛法無量種　汝常憶念法　遠諸無导智
如蓮華在水　漸漸日增長　汝亦如是信
戒聞定慧增　餘戒佛所制　和尚師當教
衆中礼繞竟　喜各從所樂　七法中受具足戒法第一竟

十誦律卷第二十一

甲辰歲高麗國大藏都監奉
勅彫造

十誦律卷第二十一

校勘記

一　底本，麗藏本。

一　四八三頁上一行「第四誦之一」，資無；磧、普、南、徑、清載於二行與三行之間。

一　四八三頁上三行「比法中受具足戒法第一」，資作「七法中受具足法第一四誦之一」；磧、普、南、徑、清作「七法中受具足法第一」。

一　四八三頁上四行「王舍城」，諸本(不含石，下同)作「在王舍城」。

一　四八三頁上五行至次行「受具足戒」，諸本作「受具足」。下同。

一　四八三頁上六行「以初未」，諸本作「以求」。

一　四八三頁上一四行第六字「痛」，諸本無。

一　四八三頁上末行第二字「㖃」，諸本作「殘」。

一　四八三頁中五行「今佛」，南、徑作「令佛」。

一　四八三頁中一五行「嫉妬」，諸本無。

一　四八三頁下一行第一三字及七行第三字「自」，諸本作「白」。

一　四八三頁下一二行「亦尒」，諸本作「亦應尒」。

一　四八三頁下二一行「年少」，徑作「少年」。

一　四八四頁上七行「問問」，諸本作「問」。

一　四八四頁上一五行「共徃」，諸本作「共住」。

一　四八四頁上一六行「常法」，磧作「當法」。

一　四八四頁上末行「持衣鉢」，諸本作「提衣鉢」。

一　四八四頁中四行末字「問」，諸本作「佛問」。

一　四八四頁中一〇行「汝幾歲」，諸本作「汝受幾歲」。

一　四八四頁中二一行「突吉羅」，諸本作「突吉羅罪」。

一　四八四頁下一〇行「授具足」，諸本作「受具足」。

一　四八四頁下一三行第六字「聽」，諸本作「聽我」。次頁上一行第八字同。

一　四八五頁上四行「知法」，諸本作「知法者」。

一　四八五頁上二〇行及本頁中一五行「成就」，諸本無。

一　四八五頁中二〇行至次行「長老」，諸本作「是長老」。

一　四八五頁下三行「長跪」，諸本作「胡跪」。

一　四八五頁下二一行首字「持」，資無。二二行第一〇字及次頁上二行第三字同。

一　四八六頁上一七行第二、第三字「出家」，諸本作「已出家」。

一　四八六頁中一四行「樂器」，諸本作「莊嚴樂器」。

一　四八六頁中二一行「滿十歲」，諸

本作「雖滿十歲」。

一　四八六頁下一行「十七」，諸本作「十七衆」。

一　四八六頁下八行「是時」，諸本無。

一　四八六頁下九行第四字「問」，資作「人」；磧、普、南、徑、清作「大」。同行「作是事」，諸本作「爾」。

一　四八六頁下一一行首字「揵」，諸本無。

一　四八六頁下一二行「二十人」，諸本作「二十歲」。

一　四八七頁上二行第七字「作」，諸本無。

一　四八七頁上一〇行「如是言」，諸本無。

一　四八七頁上一二行第三字「當」，諸本無。

一　四八七頁上一五行「四月」，諸本作「與四月」。

一　四八七頁中四行第九字「先」，諸本無。

一　四八七頁中末行「國上」，諸本作「國土」。

一　四八七頁下二行第一二字「在」，諸本無。

一　四八七頁下一〇行「共行」，諸本作「共行竟」。

一　四八七頁下一八行第五、第六字「讃戒」，諸本作「讃戒讃戒」。

一　四八七頁下二二行「利廣説」，諸本作「學利廣説」。

一　四八八頁上一行「依止住」，諸本作「他依止」。

一　四八八頁上九行第七字「中」，諸本無。同行至次行「不知其意」，諸本無。

一　四八八頁上一二行「餚餅」，諸本作「髓餅」。

一　四八八頁上一八行「口人」，諸本作「三人」。

一　四八八頁中五行「釋子時」，諸本作「諸釋子是時」。

一　四八八頁中八行「所親」，諸本作「親里」。

一　四八八頁中一六行「語二人」，資作「語一人」。

一　四八八頁中一七行「諸比丘」，諸本作「有諸比丘」。

一　四八八頁下四行首字「聽」，諸本作「放」。同行「時至」，諸本作「時到」。

一　四八八頁下五行「見捉」，諸本作「見捉之」。

一　四八八頁下一二行「苦行」，諸本作「梵行」。

一　四八八頁下一八行「而故」，諸本作「故問」。

一　四八九頁上一〇行「瞋訶」，諸本作「瞋訶言」。

一　四八九頁上一四行第八字「間」，諸本作「聞」。

一　四八九頁上末行第一一字及四九二頁上一四行第一一字「惟」，諸本無。

一　四八九頁中八行第七字「言」，諸本無。

一　四八九頁中一六行「作是語」，諸本作「應作是語」。

一　四八九頁下七行首字「二」，㊄作「一」。

一　四八九頁下九行第一二字及次頁中二二行第四字「人」，諸本無。

一　四八九頁下一七行第五字「得」，諸本無。

一　四九〇頁上六行「病人」，諸本作「重病人」。

一　四九〇頁上七行「煑湯」，諸本作「煑粥煑湯」。

一　四九〇頁上九行第九字「是」，諸本無。次頁下四行首字同。

一　四九〇頁上一五行「迦毗羅婆城」，諸本作「迦毗羅城」。

一　四九〇頁上一九行第四字「等」，諸本無。

一　四九〇頁中五行「集僧竟」，諸本作「集僧已」。

一　四九〇頁中八行至次行「憍薩羅」，諸本作「憍薩羅國」。

一　四九〇頁中一二行「婆歧陁國」，諸本作「婆祇陁園」。

一　四九〇頁中一九行第四字「我」，諸本無。

一　四九〇頁中二二行「隨汝意」，諸本作「隨意」。

一　四九〇頁下三行「惡賊」，諸本作「是惡賊」。

一　四九〇頁下八行第八字「語」，諸本無。

一　四九〇頁下一〇行「安樂」，㊉作「無樂」。

一　四九一頁上一行至次行「何苦便如賊住」，諸本作「作便如賊住何苦」。

一　四九一頁上一一行「訶責竟」，諸本作「訶竟」。

一　四九一頁上一八行第一三字「便」，諸本作「知」。

一　四九一頁上末行「沙丘」，諸本作「沙彌」。

一　四九一頁中一行「諸比丘尼學戒尼」，諸本無。

一　四九一頁中八行第一三字「問」，諸本作「問問」。

一　四九一頁下九行「有比丘」，諸本作「有異比丘」。

一　四九一頁下一五行「訶竟」，諸本作「訶責」。

一　四九一頁下一六行第八字「若」，㊄作「苦」。同行末三字「受具足」，諸本無。

一　四九二頁上四行「是故我欲」，諸本作「故」。

一　四九二頁上一二行「圍捕」，諸本作「收捕」。

一　四九二頁上一三行「祇洹林」，諸本作「祇陀林」。

一　四九二頁上一五行第一三字「共」，諸本作「言」。

一　四九二頁上一六行第二字「聞」，諸本無。

一　四九二頁上二二行第三字「耶」，諸本無。

一　四九二頁中一行至次行「諸賊斬首

流血」，諸本無。

一　四九二頁中四行第三字「以」，諸本無。次頁中五行第五字，南同。

一　四九二頁中一三行第二字「慮」，諸本無。

一　四九二頁中二二行「白佛」，諸本作「具白佛」。

一　四九二頁下四行第二字「手」，諸本無。

一　四九二頁下九行「瞻蔔園」，諸本作「瞻匐國」。

一　四九二頁下一二行第三字「各」，諸本作「各各」。

一　四九二頁下一九行「不知」，磧作「言知」。同行第五字「以」，諸本無。

一　四九二頁下二二行「諸比丘」，諸本無。

一　四九二頁下末行「莫餘覺」，諸本作「莫餘思莫餘覺」。

一　四九三頁上六行「不應與出家」，諸本作「人不應與出家受具足」。

一　四九三頁上一五行第二字「共」，諸本無。

一　四九三頁上一七行第一一字「故」，諸本作「故擯」。二一行第七字及本頁中二行第六字同。

一　四九三頁中一二行「受具足受具足」，諸本作「受具足」。

一　四九三頁中一四行「本擯」，諸本作「不擯」。

一　四九三頁中一五行「婦壻」，諸本作「婦夫」。

一　四九三頁中一六行末字「象」，諸本作「或象」。

一　四九三頁中一九行首字「育」，諸本作「畜」。

一　四九三頁中二一行「六羣」，磧作「是羣」。

一　四九三頁中末行首字「笑」，諸本作「笑教令捨去」。

一　四九三頁下六行「如是」，諸本無。

一　四九三頁下七行「出家」，諸本無。同行「比丘」，諸本無。

一　四九三頁下九行「尒時」，諸本作「尒是」。同行末字至次行首字「比丘」，諸本無。

一　四九三頁下一七行第三字「問」，諸本無。

一　四九三頁下二二行「頭人」，諸本作「頭頭七分現人」。

一　四九四頁上五行第六字至七行首字「人……罪」共二十四字，諸本無。

一　四九四頁上八行「戾鼻」，諸本作「狗鼻」。

一　四九四頁上一三行「純黑」，諸本無。同行第一四字「殘」，諸本作「瘃」。

一　四九四頁上一六行「拘手」，諸本作「狗手」。同行至次行首字「盲眼瞎瞽」，諸本作「眼瞎」。

一　四九四頁上一七行「左手」，磧、普作「方手」。同行第一三字「短」，諸本作「頭短」。

一　四九四頁上一八行「尵尳」，資作「瘦[illegible]」；磧、普、南、徑、清作「尥尵楗」。

一 四九四頁中三行第二字「礼」，諸本作「礼僧」。

一 四九四頁下二行「應求」，碛、普作「應來」。

一 四九四頁下六行第七字「故」，諸本無。八行第一〇字同。

一 四九四頁下一八行「教授師」，諸本作「教師」。下同。

一 四九五頁上一行第八字「聽」，諸本作「忍」。

一 四九五頁上三行首字「時」，徑作「是」。

一 四九五頁上四行「應如是問」，諸本無。

一 四九五頁上六行末字「是」，諸本無。

一 四九五頁上一一行「痟癲病」，諸本作「乾痟癲狂病」。下同。

一 四九五頁上一六行第一〇字「語」，諸本作「應語」。

一 四九五頁上一七行「將來已教」，諸本作「教次第一一」。

一 四九五頁中九行首字「言」，諸本作「當言」。同行「二十未」，碛、普、南、徑、清作「二十不」。

一 四九五頁中一四行第一〇字「不」，諸本無。

一 四九五頁中一七行至次行「白僧」，諸本無。

一 四九五頁中一九行「默然」，諸本作「當默然」。

一 四九五頁下九行及一六行「某甲從僧」，諸本作「從僧」。

一 四九六頁上三行首字「應」，諸本無。

一 四九六頁上一三行末字「月」，諸本作「因」。

一 四九六頁上一七行「盈長得」，諸本作「得盈長」。

一 四九六頁中三行第五字「成」，諸本作「依」。同行末字「舍」，諸本作「含」。

一 四九六頁中五行第九字「藥」，諸本無。

一 四九六頁中八行第九字「上」，諸本作「土」。

一 四九六頁中一〇行「掖提」，諸本作「掖婆提」。

一 四九六頁中二〇行第三字「法」下，諸本有「是中盡壽不應作是事能持不若能當言能」十七字。

一 四九六頁下五行「若王等」，諸本無。

一 四九六頁下七行「如是」，諸本作「如是相」。

一 四九六頁下一五行「機撥殺」，諸本作「機發殺」。

一 四九六頁下一九行「殺若」，諸本無。同行「遣使殺」，諸本作「遣命死」。

一 四九六頁下二〇行「胎中」，諸本作「腹中」。

一 四九七頁上一七行「波利婆沙竟」，諸本無。

一 四九七頁中二行「女人」，諸本無。

一　四九七頁中九行第二字「罪」，諸本無。

一　四九七頁中一五行「受戒竟」，諸本作「已」。

一　四九七頁中一七行「行道」，諸本作「得道」。

一　四九七頁中二〇行「無相」，磧作「無想」。

一　四九七頁下四行第一二字「入」，諸本作「大」。

一　四九七頁下九行「所制」，諸本作「所説」。

十誦律卷第二十二　四誦之三　從

後秦北印度三藏弗若多羅　譯

七法中布薩法第二

佛在王舍城是時世尊未聽諸比丘布薩未聽布薩羯磨未聽說波羅提木叉未聽會坐尒時異道梵志問諸比丘汝有布薩布薩羯磨說波羅提木叉會坐不答言不作異道梵志嫉妬譏嫌責數言餘沙門婆羅門尚有布薩布薩羯磨說波羅提木叉會坐汝諸沙門釋子自稱善好有德而不作布薩布薩羯磨說波羅提木叉會坐有諸比丘少欲知足行頭陁聞是事心慚愧以是事具白佛佛以是因緣集僧集僧已佛語諸比丘從今聽作布薩布薩羯磨說波羅提木叉會坐如我結戒半月半月應說波羅提木叉

佛在王舍城尒時長老大劫賓那在王舍城阿練若處中住十五日布薩時獨處坐禪作是念我當往布薩不往耶當往布薩羯磨不往耶當往說

波羅提木叉不往耶當往會坐不往耶清淨成就第一清淨佛知大劫賓那所念佛即如其像入三昧如三昧心忽然不現於大劫賓那處前住從定起語大劫賓那言汝作是念我當往布薩布薩羯磨說波羅提木叉會坐不往耶清淨成就第一清淨不汝婆羅門大劫賓那汝去布薩布薩羯磨說波羅提木叉會坐何以故汝是大上座汝若不恭敬不貴重不供養布薩誰當恭敬供養尊重布薩者汝布薩去來是時佛自捉大劫賓那臂將入布薩衆中佛到僧中在常處坐佛語諸比丘從今聽種布薩一十四日二十五日一食前二食後一晝二夜阿練若處若聚落邊從今我聽一布薩共住和合結界如是應作羯磨隨幾許和合僧一布薩共住處羯磨結界若一拘盧舍若二拘盧舍乃至十拘盧舍是中應一比丘唱四方界相若垣若林若樹若山若石若道若河若池是時一比丘應僧中唱大德僧聽某甲比丘唱四方界相是諸相

十誦律卷第二十二　第三張　從字号

內是界內若僧時到僧忍聽僧是中一布薩共住作結界如是白大德僧聽某甲比丘唱四方界相是諸相內是界內是中僧一布薩共住作結界誰諸長老忍是中一布薩共住作結界默然誰不忍便說僧是中一布薩共住結界竟僧忍默然故是事如是持

佛在王舍城尒時長老大迦葉留僧伽梨著闍崛山中著上下衣以少因緣故來詣竹園值天大雨不得還山與僧伽梨別宿迦葉語諸比丘言長老我留僧伽梨著闍崛山中著上下衣以少因緣故來詣竹園值天大雨不得還山與僧伽梨別宿我當云何諸比丘以是事具白佛佛以是因緣集僧集僧已佛問大迦葉汝實尒不答言實尒世尊佛種種因緣讚戒讚持戒讚戒讚持戒已語諸比丘從今日聽是中一布薩共住結界內作不離衣宿羯磨應如是作一心集僧集僧已僧中一比丘應唱大德僧聽僧一布薩共住隨共住幾許結界內是中除聚落及聚落界取空地及住處若

十誦律卷第二十二　第四張　從字号

僧時到僧忍聽是中僧一布薩共住結界內作不離衣宿羯磨如是白大德僧聽若僧一布薩共住隨幾許結界內是中除聚落及聚落界取空地及住處是中僧一布薩共住結界內作不離衣宿羯磨誰諸長老忍是中一布薩共住結界內作不離衣宿者默然誰長老不忍便說僧是中一布薩共住結界內作不離衣宿竟僧忍默然故是事如是持

佛在舍衛國尒時長老舍利弗病欲一月遊行僧伽梨大重不能持行語諸比丘諸長老我病欲一月遊行病僧伽梨大重不能持行我當云何諸比丘以是事具白佛佛以是因緣集僧集僧已佛知故問舍利弗汝實尒不答言實尒世尊佛種種因緣讚戒讚持戒讚戒讚持戒已語諸比丘從今聽老病比丘欲一月遊行不離僧伽梨宿羯磨應如是作一心集僧是老病比丘從坐起偏袒著衣脫革屣入僧中礼僧足胡跪合掌應如是語諸長老我某甲若病若老欲一月遊行我僧伽

十誦律卷第二十二　第五張　從字号

梨大重不能持行我某甲若病若老我從僧乞一月不離僧伽梨宿羯磨僧我某甲若老若病當與我一月不離僧伽梨宿羯磨憐愍故第二第三亦如是乞是時僧應觀實可與不可與是人若言我病實不病若言我老實不老若言僧伽梨大重實不重不應與是人若言病老僧伽梨大重實病老僧伽梨大重應與是中應一比丘唱大德僧聽是某甲若病若老欲一月遊行是某甲若病若老從僧乞一月不離僧伽梨宿羯磨若僧時到僧忍聽僧我某甲若病若老僧與我一月不離僧伽梨宿羯磨憐愍故若僧時到僧忍聽某甲若病若老與一月不離僧伽梨宿羯磨如是白白二羯磨僧與某甲若病若老一月不離僧伽梨宿羯磨竟僧忍默然故是事如是持欝多羅僧安陁會亦如是若一月如是乃至九月亦尒

佛在舍衛國佛語諸比丘若僧欲促界廣界先捨本界後界若大若小應作如是捨一心集僧僧中一比丘唱大德僧聽此中僧一布薩共住和合結界若僧時到僧忍聽僧一布薩共

住解界捨界如是白大德僧聽僧一布薩共住此中僧結界今僧一布薩共住處解界捨界誰諸長老忍一布薩共住處解界捨界長老忍者默然誰不忍便說僧一布薩共住處解界捨界竟僧忍默然故是事如是持

諸比丘於無僧坊聚落中初作僧坊未結界尒時界應幾許佛言隨聚落界是僧坊界諸比丘無聚落空處初作僧坊未結界尒時界應幾許佛言方一拘盧舍是中諸比丘不應別作布薩及僧羯磨若別布薩及僧羯磨諸比丘犯罪

佛告諸比丘說波羅提木叉有四種何等四一非法別衆說波羅提木叉二非法和合衆三有法別衆四有法和合衆說波羅提木叉非法別衆說波羅提木叉不成就非法和合衆說波羅提木叉不成就有法別衆說波羅提木叉不成就有法和合衆說波羅提木叉成說波羅提木叉復有五種說波羅提木叉云何五僧一心布薩說波羅提木叉序餘殘僧先聞已

說波羅提木叉僧和合布薩竟僧一心布薩說波羅提木叉序說四波羅夷餘殘僧先聞已說波羅提木叉僧和合布薩竟僧一心布薩說波羅提木叉序說四波羅夷說十三僧伽婆尸沙餘殘僧先聞已說波羅提木叉僧和合布薩竟僧一心布薩說波羅提木叉序說四波羅夷說十三僧伽婆尸沙說二不定三十捨墮餘殘僧先聞已說波羅提木叉僧和合布薩竟第五廣說

有一住處布薩時諸比丘小無所知不善如羺羊云何小無所知不善如羺羊是諸比丘不知布薩不知布薩羯磨不知說波羅提木叉不知會坐是諸比丘是中住處布薩時不應住若諸比丘是住處布薩時住一切比丘不得布薩得罪

如是小比丘辭和尚阿闍梨欲遊行和尚阿闍梨應問汝共誰伴去何等比丘共遊行是諸比丘說伴字若是伴比丘不知布薩不知布薩羯磨不知說波羅提木叉不知會坐諸和尚

阿闍梨應留若和尚阿闍梨不留犯突吉羅若留故去犯突吉羅若和尚阿闍梨留是比丘故去何時得罪佛言出界外天明時犯突吉羅

有諸比丘一住處安居先念其諸比丘誦波羅提木叉是諸比丘初布薩時無一比丘能誦波羅提木叉諸比丘應遣舊比丘近住處受說波羅提木叉若略若廣受得來者善好若不得是諸比丘不應是中夏安居住若是諸比丘是處夏安居一切比丘一一布薩時不得布薩得罪是時諸比丘若聞客比丘来清淨共住同見知布薩知布薩羯磨知說波羅提木叉知會坐舊比丘應迎軟語問訊代檐衣鉢示房舍卧具長老是汝等房舍細陛繩床麁陛繩床被褥汝等隨上座次第安住是中舊比丘應為辦洗浴具澡豆湯水塗身蘇油如供給法應作明旦與前食後食供給供養好若不供給供養舊比丘一切得罪何以故無佛時是人補佛處是客比丘二部波羅提木叉能廣分別以是故應供給供養

有一住處四比丘布薩時是比丘應一處和合廣作布薩說波羅提木叉

有一住處三比丘布薩時不應說波羅提木叉是諸比丘應一處集三語應布薩應如是作若上座欲作布薩從座起偏袒著衣脫革屣胡跪合掌應如是語長老憶念今僧布薩日若十四日若十五日長老知我清淨憶持無遮道法清淨作布薩說戒眾滿故第二長老憶念今僧布薩日若十四日若十五日長老知我清淨憶持無遮道法清淨作布薩戒眾滿故第三長老憶念今僧布薩日若十四日若十五日長老知我清淨憶持無遮道法清淨作布薩戒眾滿故若下座欲作布薩從座起偏袒著衣脫革屣胡跪兩手捉上座兩足應如是語長老憶念今僧布薩日若十四日若十五日長老知我清淨憶持無遮道法清淨作布薩戒眾滿故第二長老憶念今布薩日若十四日若十五日長老知我清淨憶持無遮道法清淨作布薩戒眾滿故第三長老憶念今僧布

薩日若十四日若十五日長老知我清淨憶持無遮道法清淨作布薩戒眾滿故

有一住處二比丘布薩時不應說波羅提木叉是二比丘應一處集三語作布薩如是應作與上三比丘同

有一住處一比丘布薩時是比丘應掃塔掃布薩處掃地竟次第敷繩牀應辦火燈籠燈炷燈筯辦籌如是思惟若諸比丘來未作布薩是比丘共布薩說波羅提木叉若不來是中有高處立望若見有比丘喚言疾疾來諸長老今日布薩若不見應待至暮還坐本處如是心念口言今日僧布薩若十四日若十五日我亦今日布薩如是一比丘作布薩竟

佛在舍衛國佛語諸比丘是夜多過應說波羅提木叉是時一比丘從坐起偏袒合掌白佛言　有諸病比丘不來佛言應取清淨來如是應取應語比丘與清淨來答言與是名得清淨若言為我僧中說清淨是名得清淨若身動與是名得清淨若口言與是名得清淨若身不與口不與是名不得清淨

是時一切比丘應往就病比丘若將來莫別彼比丘作布薩說波羅提木叉若別彼比丘作布薩說波羅提木叉一切比丘得罪

有一住處二比丘住布薩時不應取清淨不應與清淨是二比丘應集一處三語布薩與上三比丘布薩同

有一住處三比丘住布薩時不應取清淨不應與清淨是三比丘應一處集三語布薩與上三比丘布薩同

有一住處四比丘住布薩時不應取清淨不應與清淨是諸比丘一處集廣作布薩說波羅提木叉若過四人布薩時應和集是中病比丘隨意取清淨應如是取若一人取一人是名取清淨若一人取二三四人是名取清淨隨幾人但憶名字是名取清淨若取清淨人不欲取應更與他人清淨若取清淨人言我白衣我沙弥我非比丘我外道不見擯不作擯惡邪不除擯不共住種種不共住犯重罪本白衣不能男汙比丘尼越濟人煞父母煞阿羅漢破僧若言我惡心出

佛身血應更與他清淨若取他清淨竟而不去是名清淨不到僧取他清淨竟若言我白衣我沙弥我非比丘我外道不見擯不作擯惡邪不除擯不共住種種不共住犯重罪本白衣不能男汙比丘尼越濟人煞父母煞阿羅漢破僧惡心出佛身血是名清淨不到若取他清淨竟八難中一一難起不去是名清淨不到復次取他清淨竟故不去若放逸若懶若睡若入定是名清淨不到是取清淨人有三因緣得罪若故不行若放逸若懶二因緣無罪若睡若入定復次取他清淨竟到僧中不說是名清淨到若取他清淨到僧中若言我白衣我沙弥我非比丘我異道不見擯不作擯惡邪不除擯不共住種種不共住犯邊罪本白衣不能男汙比丘尼越濟人煞父母煞阿羅漢破僧若言我惡心出佛身血是名清淨到復次取他清淨竟到僧中八難若一一難起不說是名清淨到復次取他清淨竟到僧中若故不說若放逸若懶若睡若

入定是名清淨到僧中是中受清淨人有三因緣得罪若故不說若放逸若懶二因緣無罪若睡若入定

有一住處布薩時比丘若王捉若賊若怨怨黨若怨黨之黨捉僧應遣使語彼所言今日僧布薩汝若當来若與清淨若出界我等不應別布薩是比丘若得来若與清淨若出界如是好若都不得諸比丘不應別布薩若別布薩一切比丘得罪

佛語諸比丘僧莫起有僧事是時應與長老施越波利婆沙一比丘從座起偏袒著衣脫草屣合掌白佛言大德有諸病比丘不来與清淨竟佛言是比丘自身清淨故與清淨今是比丘應取欲来應如是取語是比丘言與欲来若言與欲是名得欲若言為我向僧說欲是名得欲若身動與是名得欲若口言與是名得欲若身不與口不與是名不得欲是一切比丘應就病比丘邊若將来作羯磨諸比丘不應別作羯磨若別作一切比丘得罪若一人取一人欲是名得欲若

一人取二三四人是名得欲隨幾人憶名字是名得欲若取欲人不欲取應更與他人若取欲人若言我白衣我沙弥我非比丘我異道不見擯不作擯惡邪不除擯不共住種種不共住犯邊罪本白衣不能男汙比丘尼越濟人煞父母煞阿羅漢破僧惡心出佛身血應更與他欲若取他欲竟而不去是名欲不到取他欲人若言我白衣我沙弥我非比丘我異道不見擯不作擯惡邪不除擯不共住種種不共住犯邊罪本白衣不能男汙比丘尼越濟人煞父母煞阿羅漢破僧惡心出佛身血是名欲不到若取他欲竟八難若一一難起故不到是名欲不到取他欲竟故不去若放逸若懶若睡若入定是名欲不到取他欲人有三因緣得罪若故不去若放逸若懶二因緣無罪若睡若入定

復次取他欲竟到僧中不說是名欲到取他欲竟到僧中若言我白衣我沙弥我非比丘我異道不見擯不作擯惡邪不除擯不共住種種不共住

犯邊罪本白衣不能男汙比丘尼越濟人煞父母煞阿羅漢破僧我惡心出佛身血是名欲到復次取他欲竟到僧中八難若一一難起故不說是名欲到復次取他欲竟到僧中若故不說若放逸若懶若睡若入定是名欲到是中受欲人有三因緣得罪若故不說若放逸若懶二因緣無罪若睡若入定

有一住處僧羯磨時比丘若王捉若賊若怨怨黨若怨黨之黨捉僧應遣使語彼今日僧羯磨汝若得來若與欲若出界我等不應別羯磨是比丘若得來若與欲若出界如是好若都不得諸比丘不應別羯磨若別羯磨一切比丘得罪

佛在王舍城尒時長老施越狂心顛倒是長老有時來布薩有時不來有時來僧羯磨有時不來諸比丘有疑心悔諸比丘以是事具白佛佛以是因緣集僧集僧已佛知故問施越汝實尒不答言實尒世尊佛語諸比丘汝等集與施越作狂羯磨若更有如

是狂比丘僧亦應與羯磨如是應作一心集僧一比丘唱大德僧聽是施越狂心顛倒有時來布薩有時不來有時來僧羯磨有時不來諸比丘有疑心悔若僧時到僧忍聽僧與施越狂羯磨若有施越若別施越僧隨意作布薩及諸羯磨如是白白二羯磨僧作施越狂羯磨竟僧忍默然故是事如是持若未作狂羯磨不應別布薩及僧羯磨若已作狂羯磨若別若共僧隨意作布薩及諸羯磨

有一住處布薩時一切比丘有罪不知除是罪有一客比丘清淨共住同見是客比丘知舊比丘中善好有德是客比丘應問長老若比丘作如是如是事當得何等罪答言比丘作如是如是事得如是如是罪彼言長老汝自憶作如是如是事不答言自憶非我一人得是罪一切僧得是罪客比丘言長老汝說一切僧於汝何益汝何不是罪如法懺悔若舊比丘受客比丘語是罪如法懺悔餘諸比丘見此比丘懺悔亦應如法懺悔若如

是作好若不作知有益舉無益莫強舉

有一住處布薩時比丘憶有罪是比丘應與比丘邊是罪如法懺悔如是作竟應布薩說波羅提木叉不應闕布薩說波羅提木叉

有一住處布薩時有比丘一罪疑是比丘應語餘比丘長老我一事疑後當問是事如是作竟應布薩說波羅提木叉不應破布薩

有一住處布薩說波羅提木叉時比丘憶念罪欲出是比丘應自一心念我後是罪當如法懺悔如是作竟應布薩說波羅提木叉不應破布薩若說波羅提木叉時比丘一罪疑是比丘應自一心念後是罪當問如是作竟應布薩說波羅提木叉不應破說波羅提木叉

有一住處布薩時一切比丘僧有罪知是罪不能得客比丘清淨共住同見是罪如法懺悔是諸比丘應遣一比丘近住處疾到彼間是罪如法懺悔竟來還我等從汝邊是罪如法懺

悔是比丘若能辦是事好若不能辦
僧應使一比丘唱大德僧聽我等是
住處一切僧得罪知罪不能得清淨
客比丘共住同見是罪如法懺悔亦
不能辦遣舊比丘近住處疾到彼聞
是罪如法懺悔竟来還諸比丘於是
比丘邊是罪如法懺悔若僧時到僧
忍聽若彼是罪如法懺悔如是白如
是作竟應布薩說波羅提木叉不應
破布薩說波羅提木叉

有一住處布薩時一切比丘一事中
疑是中應一比丘如是唱大德僧聽
是中住處一切比丘一事中疑若僧
時到僧忍聽僧後當問是事如是白
如是作竟應布薩說波羅提木叉不
應破布薩

有一住處布薩時舊比丘若四若過
布薩處集作布薩說波羅提木叉有
異住處比丘来清淨共住同見多是
諸比丘應更說波羅提木叉先比丘
無罪若諸比丘布薩說波羅提木叉
竟一切坐處未起未去更有異住處
諸比丘来清淨共住同見多是諸比

丘應更說如是作竟先比丘無罪若
諸比丘作布薩說波羅提木叉竟有
起去有未起去更有異處住比丘来
清淨共住同見多是諸比丘應更說
如是作竟先比丘無罪若是諸比丘
布薩說波羅提木叉竟一切坐處起
未去更有異住處比丘来清淨共住
同見多諸比丘應更說如是作竟先
比丘無罪等亦如是有一住處布薩
時舊比丘若四若過布薩處集作布
薩說波羅提木叉更有異處比丘来
清淨共住同見少是諸比丘應聽次
第若布薩說波羅提木叉竟一切坐
處未起未去更有異處比丘来清淨
共住同見少是諸比丘舊比丘作三語布
薩若諸比丘作布薩說波羅提木叉
竟有起去有未起去更有異處比丘
来清淨共住同見少是未起去比丘
邊應三語布薩若諸比丘布薩說波
羅提木叉竟一切起未去更有異處
比丘来清淨共住同見少見諸比丘
若能得同心應更廣布薩說波羅提
木叉好若不得同心應出界三語作

布薩若舊比丘布薩說波羅提木叉
時更有舊比丘来若多若等若少若
多若等應更說若少應聽次第

若舊比丘說波羅提木叉時客比丘
来若多若等若少若多應更說等少
應聽次第若舊比丘布薩說波羅提
木叉時更有舊比丘客比丘共来若
多若等若少多等應更說少應聽
次第

若客比丘布薩說波羅提木叉時更
有客比丘来若多若等若少若多應
更說等少應聽次第

若客比丘布薩說波羅提木叉時舊
比丘来若多若等若少若多等應更
說少應聽次第若客比丘布薩說波
羅提木叉時舊比丘客比丘共来若
多若等若少若多等應更說少應聽
次第

若舊比丘客比丘共布薩說波羅提
木叉時舊比丘客比丘共来若多若
等若少若多等應更說少應聽次第

若舊比丘客比丘共布薩說波羅提
木叉時舊比丘来若多若等若少若

多等應更說少應聽次第若舊比丘客比丘共布薩說波羅提木叉時客比丘来若多若等若少若多應更說等少聽應次第有一住處布薩時舊比丘若四若過布薩處集欲布薩說波羅提木叉更有異處比丘来清淨共住同見多彼如是念是中舊比丘若四若過布薩處集欲布薩說波羅提木叉我等應作布薩說波羅提木叉淨想比尼想別同別想作布薩說波羅提木叉更有異處比丘来清淨共住同見多彼應更說先比丘得罪彼比丘淨想比尼想別同別想作布薩說波羅提木叉竟若一切坐處未起未去若有起去有未起去若一切起未去更有異處比丘来清淨共住同見多彼比丘應更說先比丘得罪

有一住處布薩時舊比丘若四若過布薩處集欲布薩說波羅提木叉更有異處比丘来清淨共住同見多彼作是念舊比丘若四若過布薩處集欲布薩說波羅提木叉我等不應是中布薩說波羅提木叉是諸比丘心

悔別同別想是中布薩說波羅提木叉更有異處比丘来清淨共住同見多彼諸比丘應更說先比丘得罪諸比丘心悔別同別想布薩說波羅提木叉竟一切坐處未起未去有起去有未起去若一切起未去更有異處比丘来清淨共住同見多彼諸比丘應更說先比丘得罪

有一住處布薩時諸舊比丘若四若過布薩處集欲布薩說波羅提木叉更有異處比丘来清淨共住同見多是諸比丘作是念我等若應若不應是中作布薩說波羅提木叉淨不淨別同別想更有異處比丘来清淨共住同見多彼諸比丘應更說先比丘得罪諸比丘疑淨不淨別同別想作布薩說波羅提木叉竟一切坐處未起未去有起去有未起去有一切起未去更有異處比丘来清淨共住同見多是諸比丘應更說先比丘得罪

有一住處布薩時諸舊比丘若四若過布薩處集欲布薩說波羅提木叉更有異處比丘来清淨共住同見多

先住比丘聞更有異處比丘来清淨共住同見多聞已如是念更有異處比丘来清淨共住同見多是滅壞除捨我不須是諸比丘為欲喜破僧有別同別想布薩說波羅提木叉更有異處比丘来清淨共住同見多是諸比丘應更說先比丘得偷蘭遮罪近破僧故是諸比丘欲意破僧別同別想作布薩說波羅提木叉竟若一切坐處未起未去有起去有未起去有一切起未去更有異處比丘来清淨共住同見多是諸比丘應更說先比丘得偷蘭遮罪近破僧故若舊比丘說波羅提木叉時舊比丘来若多若等若少若多等應更說若舊比丘說波羅提木叉時客比丘来若多若等若少若多等應更說若舊比丘說波羅提木叉時舊比丘客比丘共来若多若等若少若多等應更說若客比丘說波羅提木叉時客比丘来若多若等若少若多等應更說

客比丘說波羅提木叉時舊比丘来若多若等若少若多等應更說客比

丘說波羅提木叉時舊比丘客比丘共來若多若等若少若多等應更說

若舊比丘客比丘共說波羅提木叉時舊比丘客比丘共來若多若等若少若多等應更說

舊比丘客比丘共說波羅提木叉時舊比丘來若多若等若少若多等應更說

舊比丘客比丘共說波羅提木叉時客比丘來若多若等若少若多等應更說

舊諸比丘十四日布薩多客比丘十五日布薩少客比丘應隨舊比丘是日應布薩舊比丘十四日少客比丘十五日多舊比丘應隨客比丘是日不應布薩舊比丘十五日多客比丘初日少客比丘應隨舊比丘是日更布薩舊比丘十五日少客比丘初日多舊比丘應隨客比丘出界作布薩客比丘十四日多舊比丘十五日少舊比丘應隨客比丘是日布薩客比丘十四日少舊比丘十五日多客比丘應隨舊比丘是日不應布薩客比

丘十五日多舊比丘初日少舊比丘應隨客比丘是日更作布薩客比丘十五日少舊比丘初日多客比丘應隨舊比丘出界作布薩

有一住處布薩時諸舊比丘聞客比丘相客比丘因緣若脚聲若杖聲若草屣聲若異人聲是諸比丘不求不覓便布薩說波羅提木叉舊比丘得罪若求得不喚布薩說波羅提木叉舊比丘得罪若求不能得疑布薩說波羅提木叉舊比丘得罪若求不能得無所疑布薩說波羅提木叉如是舊比丘無罪若求得客比丘一心歡喜應布薩說波羅提木叉如是舊比丘無罪

有一住處布薩時諸客比丘聞舊比丘相舊比丘因緣若戶籥聲若斫聲若斧聲誦經聲是諸客比丘不求不覓便布薩說波羅提木叉客比丘得罪若求得不喚布薩說波羅提木叉客比丘得罪若求不能得疑布薩說波羅提木叉客比丘得罪若求不能得無疑布薩說波羅提木叉客比丘無

罪若求覓得舊比丘一心歡喜應布薩說波羅提木叉客比丘無罪

有一住處布薩時舊比丘見客比丘相客比丘因緣若不識衣鉢若不識杖若盛油革囊草屣針筒是諸比丘不求布薩說波羅提木叉舊比丘得罪若求得不喚布薩說波羅提木叉舊比丘得罪若求不能得疑布薩說波羅提木叉舊比丘得罪若求不能得無所疑布薩說波羅提木叉如是舊比丘無罪若求得一心歡喜應布薩說波羅提木叉如是舊比丘無罪

有一住處布薩時諸客比丘見舊比丘相舊比丘因緣若新掃灑地次第敷牀是諸客比丘不求不覓布薩說波羅提木叉客比丘得罪若覓得不喚布薩說波羅提木叉客比丘得罪若覓不能得疑布薩說波羅提木叉客比丘得罪若覓不能得無所疑布薩說波羅提木叉客比丘無罪若覓得一心歡喜作布薩說波羅提木叉客比丘無罪

布薩時不應往此有比丘有住處彼

有比丘有住處彼比丘無住處彼比丘有住處無住處彼闇比丘不共住

布薩時不應往此有比丘有住處彼非比丘有住處彼非比丘無住處彼非比丘有住處無住處彼闇比丘不共住

布薩時不應往此有比丘無住處彼比丘無住處彼比丘有住處無住處彼非比丘有住處彼非比丘無住處彼非比丘有住處無住處彼比丘有住處彼闇比丘不共住

布薩時不應往此有比丘有住處無住處彼有比丘有住處無住處彼非比丘有住處彼非比丘無住處彼非比丘有住處無住處彼比丘有住處彼比丘無住處彼闇比丘不共住

布薩時不應往此有比丘非比丘有住處彼非比丘有住處彼非比丘無住處彼非比丘有住處無住處彼比丘有住處彼比丘無住處彼比丘有住處無住處彼闇比丘不共住

布薩時不應往此有比丘非比丘無住處彼非比丘無住處彼非比丘有

住處無住處彼比丘有住處彼比丘無住處彼比丘有住處無住處彼非比丘有住處彼闇比丘不共住

布薩時不應往此有比丘非比丘有住處無住處彼有非比丘有住處無住處彼比丘有住處彼比丘無住處彼比丘有住處無住處彼非比丘有住處彼非比丘無住處彼闇比丘不共住

布薩時不應往此有比丘有住處彼比丘有住處彼比丘無住處彼比丘有住處無住處彼非比丘有住處彼非比丘無住處彼非比丘有住處無住處彼闇比丘不共住除僧事急事

布薩時不應往此有比丘無住處彼比丘無住處彼比丘有住處無住處彼非比丘有住處彼非比丘無住處彼非比丘有住處無住處彼比丘有住處彼闇比丘不共住除僧事急事

布薩時不往住此有比丘有住處無住處彼比丘有住處無住處彼非比丘有住處彼非比丘無住處彼非比丘有住處無住處彼非比丘有住處

彼比丘無住處彼闇比丘不共住除僧事急事

布薩時不應往此有比丘非比丘有住處彼非比丘有住處彼非比丘無住處彼非比丘有住處無住處彼比丘有住處彼比丘無住處彼比丘有住處無住處彼闇比丘不共住除僧事急事

布薩時不應往此有比丘非比丘無住處彼非比丘無住處彼非比丘有住處無住處彼比丘有住處彼比丘無住處彼比丘有住處無住處彼非比丘有住處彼闇比丘不共住除僧事急事

布薩時不應往此有比丘非比丘有住處無住處彼非比丘有住處無住處彼比丘有住處彼比丘無住處彼比丘有住處無住處彼非比丘有住處彼非比丘無住處彼闇比丘不共住除僧事急事

布薩時應往此有比丘有住處彼有比丘有住處彼比丘無住處彼比丘有住處無住處彼比丘清淨共住

布薩時應往此有比丘有住處彼非比丘有住處彼非比丘無住處彼非比丘有住處無住處彼比丘清淨共住

布薩時應往此有比丘無住處彼比丘無住處彼比丘有住處無住處彼非比丘有住處彼非比丘無住處彼非比丘有住處無住處彼比丘有住處彼比丘清淨共住

布薩時應往此有比丘有住處無住處彼比丘有住處無住處彼非比丘有住處彼非比丘無住處彼非比丘有住處無住處彼非比丘有住處彼比丘無住處彼比丘清淨共住

布薩時應往此有比丘非比丘有住處彼非比丘有住處彼非比丘無住處彼非比丘有住處無住處彼比丘有住處彼比丘無住處彼比丘有住處無住處彼比丘清淨共住

布薩時應往此有比丘非比丘無住處彼非比丘無住處彼非比丘有住處無住處彼比丘有住處彼比丘無住處彼比丘有住處無住處彼非比丘有住處彼比丘清淨共住

布薩時應往此有比丘非比丘有住處無住處彼非比丘有住處無住處彼比丘有住處彼比丘無住處彼比丘有住處無住處彼非比丘有住處彼非比丘無住處彼比丘清淨共住

精舍法竟

佛言不應白衣前布薩説波羅提木叉不應沙弥前非比丘異道不見擯不作擯惡邪不除擯不共住種種不共住犯邊罪本白衣不能男汙比丘尼越濟人殺父母殺阿羅漢破僧惡心出佛身血如是一切不應在前布薩説波羅提木叉一切先事作已僧應布薩説波羅提木叉若應與現前比尼與竟應與憶念比尼與竟若應與不癡比尼與竟若應與自言比尼與竟若應與覓罪相比尼與竟若應與多覓比尼與竟若應與苦切羯磨與竟若應與依止羯磨與竟若應與駈出羯磨與竟若應與下意羯磨與竟若應與不見擯羯磨與竟不作擯惡邪不除擯羯磨與竟若應與別住羯磨與竟若應與摩那埵本日治出罪羯磨

與竟僧應布薩説波羅提木叉若比丘宿受清淨不應共布薩説波羅提木叉若衆僧未起如是得布薩日未到不應布薩説波羅提木叉除鬪僧還和合一心聽布薩説波羅提木叉

七法中布薩法竟

十誦律卷第二十二

十誦律卷第二十二

校勘記

一　底本，金藏廣勝寺本。

一　本卷經文中之小字，諸本（不含石、下同）均作正文。

一　五〇四頁中一行「四誦之三」，資作「四誦之二」，載於三行「第二下；磧、普、南、徑、清作「第四誦之二」，載於二行與三行之間；麗作「第四誦之二」。

一　五〇四頁下四行末字「從」，資、磧、普、南、徑、清作「佛從」。

一　五〇四頁下七行第一三字「不」，資、磧、普、南、徑、清作「不者」；麗無。

一　五〇四頁下一一行末字「者」，資、磧、普、南、徑、清無。

一　五〇四頁下一六行「阿練若」，諸本作「若阿練若」。

一　五〇四頁下一八行至次行「處羯磨」，資、磧、普、南、徑、清無。

一　五〇五頁上二行第六字「作」，資、磧、普、南、徑、清無。四行第一一字同。

一　五〇五頁上五行「共住作結界」，資、磧、普、南、徑、清作「共住結界者」；麗作「共住作結界者」。

一　五〇五頁上六行第六字「僧」，資、磧、普、南、徑、清作「僧已」。

一　五〇五頁上一九行首字「日」，資、磧、普、南、徑、清無。

一　五〇五頁上二二行第六、第七字「共住」，資、磧、普、南、徑、清無。

一　五〇五頁中三行第四字「若」，麗無。

一　五〇五頁中五行末字「作」，徑作「住」。

一　五〇五頁中七行第一三字「者」，資、磧、普、南、徑、清作「羯磨者」。

一　五〇五頁中八行「長老」，資、磧、普、南、徑、清無；麗作「諸長老」。

一　五〇五頁中九行第一一字「竟」，資、磧、普、南、徑、清作「羯磨竟」。

一　五〇五頁中一三行末字「病」，諸本無。

一　五〇五頁中一九行首字「老」，資、磧、普、南、徑、清作「諸老」。

一　五〇五頁中二二行末字「我」，資、磧、普、南、徑、清作「念我」。

一　五〇五頁下二行「一月」，磧作「十月」。

一　五〇五頁下七行「實不重」，資、磧、普、南、徑、清作「實不大重」。

一　五〇五頁下九行「大重」，資、磧、普、南、徑、清作「大重者」。

一　五〇五頁下一二行小字右「僧我」，資、磧、普、南、徑、清作「我」；麗無。同行小字左「僧與我」，資、磧、普、南、徑、清作「與我」；麗作「與」。又同行小字左「憐愍故若僧時」，麗無。

一　五〇五頁下一二行末字至一四行第六字「到……羯磨」共二十一字，麗無。

一　五〇六頁上四行小字左「長老忍」，諸本無。

一　五〇六頁上一八行、一九行及二〇行「成就」，諸本作「成說」。

一　五〇六頁中九行「三十捨墮」，資、磧、普、南、徑、清無。

一　五〇六頁中末行第一二字「諸」，資、磧、普、南、徑、清無。

一　五〇六頁下四行「突吉羅」，資、磧、普、南、徑、清作「突吉羅罪」。

一　五〇六頁下九行「木叉」，資、磧、普、南、徑、清作「木叉法」。

一　五〇六頁下一二行第一二字「時」，資、磧、普、南、徑、清無。

一　五〇六頁下一五行第八字「迎」，資、磧、普、南、徑、清作「共迎」。

一　五〇六頁下一六行末二字「房舍」，諸本作「房舍卧具」。

一　五〇六頁下一七字小字「細陛繩床麄陛繩床被褥汝等」，資、磧、普、南、徑、清作「汝等」；麗作「細陛繩牀麄陛繩牀被褥」。

一　五〇六頁下一八行第四字「爲」，資、磧、普、南、徑、清無。

一　五〇七頁上一行第一一字「是」，資、磧、普、南、徑、清作「是處」。

一　五〇七頁上四行末字「應」，諸本無。

一　五〇七頁上六行「偏祖」，諸本作「偏袒」。下同。

一　五〇七頁上九行「布薩説戒」，麗作「布薩戒」。

一　五〇七頁上一二行「布薩戒」，資、磧、普、南、徑、清作「布薩説戒」。下同。

一　五〇七頁上二一行首字「今」，諸本作「今僧」。

一　五〇七頁中六行「如是應作」，麗無。

一　五〇七頁中一〇行「是比丘」，資、磧、普、南、徑、清作「是諸比丘」。

一　五〇七頁中一九行「偏袒」，資、磧、普、南、徑、清作「偏袒右肩」。

一　五〇七頁中二一行「身動」，磧、南作「身重」。

一　五〇七頁下一一行第八字「住」，南、徑、清作「共」。

一　五〇七頁下一八行「他人」，資、磧、普、南、徑、清作「他人取」。

一　五〇八頁上二行「僧取」，麗作「若取」。

一　五〇八頁中一二行「施越波利婆沙」。資、磧、普、南、徑、清作「越施婆利婆沙」。

一　五〇八頁下一行「二三四人」，資、磧、普、南、徑、清作「二人三人四人」。

一　五〇八頁下二行「欲取」，徑作「取取」。

一　五〇九頁上二行第一二字「我」，徑、清無。

一　五〇九頁上一三行第七字「不」，南作「來」。

一　五〇九頁上一五行第一一字「若」，資、磧、普、南、徑、清無。

一　五〇九頁上二〇行「心悔」，資、磧、普、南、徑、清作「悔心」；頁中五行，徑、清同。

一　五〇九頁中二行「僧一比丘唱」，資、普作「僧僧中一比丘唱」；磧、南、徑、清作「僧僧中一比丘應唱」。

一　五〇九頁中一一行「諸羯磨」，麗作「僧羯磨」。

一　五〇九頁中一四行末字「德」，麗作「德者」。

一　五〇九頁中一九行第一一字「得」，諸本作「亦得」。

一　五〇九頁中二一行「何不」，資、

磧、普、南、徑、清作「何不説」。

一　五〇九頁下三行「憶有罪」，資、磧、普、南、徑、清作「憶念欲出罪」。

一　五〇九頁下四行「是罪」，資、磧、普、南、徑、清作「出罪」。

一　五〇九頁下五行末字「閡」，資、磧、普、南、徑、清作「破」。

一　五〇九頁下八行第四字「語」，徑作「與」。

一　五〇九頁下一七行末字「説」，徑、清、麗作「布薩説」。

一　五一〇頁上五行末字「聞」，諸本作「間」。

一　五一〇頁上八行「若彼」，諸本作「僧若後」。

一　五一〇頁上二〇行「木叉」，諸本作「木叉如是作竟」。

一　五一〇頁中三行「處住」，資、磧、普、南、徑、清作「住處」。

一　五一〇頁中七行「異住處」，諸本作「異處住」。

一　五一〇頁中八行「諸比丘」，磧、南、徑、清作「是諸比丘」。

一　五一〇頁中一〇行第一三字「作」，諸本作「欲作」。

一　五一〇頁中二一行「見諸」，諸本作「是諸」。

一　五一〇頁下五行第一三字「等」，諸本作「若等」。

一　五一〇頁下八行第六字「多」，諸本作「若多」。

一　五一一頁上四行「聽應」，諸本作「應聽」。

一　五一一頁中一三行「淨不淨」，諸本作「疑淨不淨」。

一　五一一頁中一四行第四字「想」下，諸本有「作布薩説波羅提木叉」九字。

一　五一一頁下四行首字「捨」，諸本作「捨別異」。

一　五一二頁中一八行「誦經」，資、磧、普、南、徑、清作「讀經」。

一　五一二頁中末行首字「無」，資、磧、普、南、徑、清作「無所」。

一　五一三頁上一行第七字及第一三字「彼」，資、磧、普、南、徑、清作「彼有」。

一　五一三頁上三行第六字「往」，資、磧、普、南作「住」。七行第六字、一七行第六字同。

一　五一三頁中五行第七字「有」，麗無。

一　五一三頁中二〇行「不往住」，諸本作「不應往」。

一　五一三頁中末行第九字「非」，諸本無。

一　五一四頁上四行第五字「往」，麗作「住」。

一　五一四頁中九行第一〇字「共」，磧、普作「若」。

一　五一四頁中二一行第七字「與」，資、磧、普、南、徑、清無。

一　五一四頁下六行小字「七法中布薩法竟」，資無；磧、普、南、徑、清作「七法中受布薩法第二竟」；麗作「七法中布薩法竟」。

十誦律卷第二十三　四誦之三　　從

後秦北印度三藏弗若多羅譯

七法中自恣法第三

佛在舍衛國諸比丘夏安居時先作如是制限長老我等不共語言不相問訊是諸比丘作是制已一處夏安居先作如是法若有初乞食還敷獨坐牀安洗足水洗足机拭足巾淨水瓶常用水瓶若有長食盛淨器中蓋著一處食不足者食此長食若復有乞食後來不足者取而食之若復有殘者無草地若无虫水中是諸長老盛食器淨洗摩拭著一處獨坐牀洗足机拭足巾淨水瓶常用水瓶著屏處掃灑食堂掃除竟入室坐禪是諸長老晡時從禪先起見淨水瓶常用水瓶洗足盆若空無水持至水處若獨能持來著一面若不能持來手招餘比丘共舉持來還著本處不共語言不相問訊諸佛常法兩時大會春末月夏末月春末月欲安居時諸方國比丘來聽佛說法心念是法夏安居樂是初大會夏末月安居訖自恣作衣竟持衣鉢來詣佛所如是思惟我久不見佛久不見修伽陀是第二大會是諸比丘是中住處夏安居自恣作衣竟持衣鉢往到佛所頭面礼畢一面坐諸佛常法如是語問訊客比丘夏安居忍不足不安樂住不乞食不難道路不疲耶令佛亦如是問訊諸比丘夏安居忍不足不安樂住不乞食不難道路不疲耶諸比丘言忍足安樂住乞食不難道路不疲諸比丘以是事具白佛佛以是因緣集僧集僧已佛種種因緣呵諸比丘汝愚癡人如怨家共住云何自言安樂住何以名比丘我衆以法相教而受瘂法佛種種因緣訶已語諸比丘從今不應受瘂法若受得偷蘭遮何以故不共語是外道法故從今聽夏安居竟諸比丘一處集應三事求他說自恣何等三若見若聞若疑罪如是應自恣一心集僧集僧已應差能作自恣人應如是唱誰能為僧作自恣人是中若有言我能佛言若比丘五

惡法成就不應作自恣人何等五一愛自恣二瞋自恣三怖自恣四愚自恣五自恣不自恣不知比丘成就五善法應作自恣人何等五不愛自恣不瞋自恣不怖自恣不愚自恣自恣不自恣知介時一比丘應僧中唱言大德僧聽是某甲某甲比丘能為僧作自恣人若僧時到僧忍聽僧某甲某甲比丘當作僧自恣人如是白大德僧聽是某甲某甲能為僧作自恣人僧某甲某甲比丘為僧作自恣人誰諸長老忍某甲某甲比丘為僧作自恣人者是長老默然誰不忍便說某甲某甲比丘為僧作自恣人竟僧忍默然故是事如是持應如是作自恣羯磨大德僧聽今日僧自恣若僧時到僧忍聽僧一心受自恣如是白是時諸比丘一切從坐起䠒跪地若作自恣人是上座應從坐起偏袒著衣曲身應語第二上座長老今日自恣来是時第二上座從坐起偏袒著衣䠒跪兩手捉上座足應如是語長老憶念今僧自恣日我某甲比丘長

老僧自恣語若見聞疑罪語我憐愍故我若見罪當如法除第二長老憶念今僧自恣日我某甲比丘長老僧自恣語若見聞疑罪語我憐愍故我若見罪當如法除第三長老憶念今僧自恣日我某甲比丘長老僧自恣語若見聞疑罪語我憐愍故我若見罪當如法除若下座作自恣人應從坐起偏袒著衣䠒跪合掌應如是語上座今日自恣来上座亦應從坐起偏袒著衣䠒跪合掌應如是言長老憶念今僧自恣日我某甲比丘長老僧自恣語若見聞疑罪語我憐愍故我若見罪當如法除第二長老憶念今僧自恣日我某甲比丘長老僧自恣語若見聞疑罪語我憐愍故我若見罪當如法除第三長老憶念今僧自恣日我某甲比丘長老僧自恣語若見聞疑罪語我憐愍故我若見罪當如法除如是次第一切僧自恣若一切僧自恣竟為僧作自恣人共作自恣自恣竟應至上座前唱言僧一心自恣竟佛語諸比丘自恣有四種

何等四一非法別自恣二非法和合自恣三有法別自恣四有法和合自恣是中非法別自恣佛不聽非法和合自恣佛不聽有法別自恣佛不聽是中有法和合自恣如是佛聽有一住處自恣時五比丘住是諸比丘應一處集差為僧作自恣人廣說自恣有一住處自恣時四比丘住是諸比丘不應差為僧作自恣人是諸比丘應一處集三語自恣應如是自恣上座應從坐起偏袒著衣䠒跪合掌如是語長老憶念今僧自恣日我某甲比丘長老自恣語若見聞疑罪語我憐愍故我若見罪當如法除第二長老憶念今僧自恣日我某甲比丘長老自恣語若見聞疑罪語我憐愍故我若見罪當如法除第三長老憶念今僧自恣日我某甲比丘長老自恣語若見聞疑罪語我憐愍故我若見罪當如法除若下座應從坐起偏袒著衣䠒跪兩手捉上座兩足應如是語長老憶念今僧自恣日我某甲比丘長老自恣語若見聞疑罪語我憐

愍故我若見罪當如法除第二長老憶念今僧自恣曰我某甲比丘長老自恣語若見聞疑罪語我憐愍故我若見罪當如法除第三長老憶念今僧自恣日我某甲比丘長老自恣語若見聞疑罪語我憐愍故我若見罪當如法除如是諸比丘得自恣三比丘二比丘亦如是有一住處一比丘自恣時應掃塔處及自恣處次第布牀辦燃燈籠燈炷燈擔辦籌如是思惟諸比丘來未作自恣者是比丘應共自恣若不見來是中有高處立望若見有比丘喚言疾疾來長老今日僧自恣若不見應待至暮還坐本處如是心念口言今日僧自恣我亦今日自恣如是一比丘得自恣

佛在舍衛國是中佛語諸比丘是夜多過自恣時到一比丘從坐起偏袒著衣長跪合掌白佛言世尊諸比丘病不來佛言應取自恣如是應取應語病比丘與自恣答言與是名得自恣若言爲我僧中說自恣是名得自恣若身動與是名得自恣若口言與

是名得自恣若身不與口不與不得自恣是時一切僧應就病比丘邊作自恣若將來僧中作自恣諸比丘不應別自恣若諸比丘別作自恣一切比丘得罪有一住處二比丘作自恣時是二比丘不應取自恣是二比丘共一處三語自恣三比丘四比丘亦如是有一住處五比丘自恣時是諸比丘不應取自恣不應與自恣是諸比丘應一處集差爲僧自恣人應廣自恣若過五比丘自恣時集一處差病比丘隨意取自恣與自恣若一人取一人是名得自恣若一人取二人三人四人是名得自恣隨幾許人能憶識名字是名得自恣若取自恣人不欲取應更與他自恣取自恣人若言我白衣我沙弥我非比丘我異道不見擯不作擯惡邪不除擯不共住種種不共住犯邊罪本白衣不能男汙比丘尼越濟人殺父母殺阿羅漢破僧惡心出佛身血應更與他自恣若取他自恣竟不去是名自恣不到若言我白衣我沙弥我非比丘我異

道不見擯不作擯惡邪不除擯不共住種種不共住犯邊罪本白衣不能男汙比丘尼越濟人殺父母殺阿羅漢破僧惡心出佛身血是名自恣不到若取他自恣竟八難中一一難起故不去是名自恣不到復次取他自恣竟故不去若放逸若嬾若睡若入定是名自恣不到是取自恣人有三因緣得罪若故不去若嬾若放逸二因緣無罪若睡若入定復次取他自恣竟到僧中不說自恣是名自恣到若取他自恣竟到僧中若言我白衣我沙弥我非比丘我異道不見擯不作擯惡邪不除擯不共住種種不共住犯邊罪本白衣不能男汙比丘尼越濟人殺父母殺阿羅漢破僧惡心出佛身血是名自恣到復次取他自恣竟到僧中八難一一難起故不說是名自恣到復次取他自恣竟到僧中故不說若放逸若嬾若睡若入定是名自恣到是中取他自恣人有三因緣得罪若故不說若放逸若嬾二因緣無罪若睡若入定有一住處自

恣時比丘若王捉若賊若怨家若怨黨若怨黨之黨捉僧中應遣使語彼言今日僧自恣若是比丘當来若與自恣来若出界我曹不應別作自恣是比丘若得来若與自恣若出界如是好若不得諸比丘不應別自恣若別自恣一切比丘得罪

有一住處自恣時一切比丘僧有罪不知是罪除有一客比丘清淨共住同見是客比丘知舊比丘中善好有德是客比丘應問長老若比丘作如是如是事當得何等罪答言若比丘作如是如是事當得如是如是罪彼言長老汝自憶作如是事不答言自憶不獨我一人得是罪一切僧亦得是罪客比丘言長老汝說一切僧於汝何益汝何以不如法懺悔是罪舊比丘受客比丘語是罪如法懺悔餘諸比丘見此比丘懺悔亦應如法懺悔如是作者善若不如是作知有益舉無益莫強舉有一住處自恣時比丘憶罪欲出是比丘應異比丘邊是罪如法懺悔如是作竟應作自恣不

應與自恣作畢有一住處自恣時比丘一罪疑是比丘應語他比丘長老我一罪疑後是事當問如是作竟應自恣不應與自恣作畢

有一住處自恣時憶念罪欲出是比丘應疾一心念我後是罪當如法懺悔如是作竟應自恣不應與自恣作畢若自恣時比丘一罪疑是比丘應疾一心念後是罪當問如是作竟應自恣不應與自恣作畢有一住處自恣時一切比丘僧有罪覺是罪不能得客比丘清淨共住同見是罪如法懺悔是諸比丘應遣一舊比丘近住處疾到彼是罪如法懺悔竟来還我曹從汝邊是罪如法懺悔是諸比丘若得辦是事如是好若不能辦是僧中一比丘應唱大德僧聽我等是住處一切僧得罪覺是罪不能得清淨客比丘共住同見是罪如法懺悔亦不能得辦遣一舊比丘近住處疾到彼是罪如法懺悔竟来還我等是邊是罪如法懺悔若僧時到僧忍聽僧若後是罪如法懺悔如是白如是作

竟應作自恣不應與自恣作畢

有一住處自恣時一切僧一罪中疑是中應一比丘僧中如是唱大德僧聽是中住處一切僧一罪中疑若僧時到僧忍聽僧後是事當問如是白如是作竟應作自恣不應與自恣作畢

有一住處自恣時舊比丘若五若過自恣處集作自恣異住處諸比丘来清淨共住同見多是諸比丘應更作自恣如是作竟先比丘無罪若諸比丘自恣竟一切坐處未起未去更有異住處比丘来清淨共住同見多是諸比丘應更作自恣如是作竟先比丘無罪若諸比丘自恣竟有起去有未起去更有異住處比丘来清淨共住同見多是諸比丘應更作自恣如是作竟先比丘無罪若是諸比丘自恣竟一切坐處起未去更有異住處比丘来清淨共住同見多是諸比丘應更作自恣如是作竟先比丘無罪等亦如是有一住處自恣時舊比丘若五若過自恣處集作自恣有異住

處比丘来清淨共住同見少是諸比丘應次第自恣若諸比丘自恣竟一切坐處未起未去有異住處比丘来清淨共住同見少是諸比丘邊應作三語自恣若諸比丘自恣竟有起去有未起去有異住處比丘来清淨共住同見少是未起去諸比丘邊應三語自恣若是諸比丘自恣竟一切起未去更有異住處比丘来清淨共住同見少是諸比丘若能得和同應廣作自恣若不得和同應出界作三語自恣若舊比丘自恣時更有舊比丘来若多若等若少若多等應更作自恣若少應次第作自恣若舊比丘自恣時客比丘来若多若等若少若多應更作自恣若等少應次第作自恣若舊比丘自恣時更有舊比丘客比丘共来若多若等若少若多等應更作自恣若少應次第作自恣若客比丘自恣時更有客比丘来若多若等若少若多應更作自恣若等少應次第作自恣客比丘自恣時舊比丘来若多若等若少若多等應更作自

恣若少應次第自恣客比丘自恣時舊比丘客比丘共来若多若等若少若多等應更自恣若少應次第作自恣若舊比丘客比丘共自恣時更有舊比丘来若多若等若少若多等應更作自恣若少應次第作自恣若舊比丘客比丘共自恣時更有客比丘来若多若等若少若多等應更作自恣若等少應次第作自恣若舊比丘客比丘共自恣時更有舊比丘客比丘来若多若等若少若多等應更作自恣若少應次第作自恣

有一住處自恣時舊比丘若五若過自恣處集欲自恣更有異住處比丘来清淨共住同見多彼作是念是中舊比丘若五若過自恣處集欲作自恣我等應作自恣淨想比尼想別衆同衆想作自恣更有異住處比丘来清淨共住同見多彼應更作自恣先比丘得罪彼比丘淨想比尼想別衆同衆想作自恣竟若一切坐處未起未去若有起去有未起去若一切起未去更有異住處比丘来清淨共住

同見多彼比丘應更作自恣先比丘得罪有一住處自恣時舊比丘若五若過自恣處集欲作自恣更有異住處比丘来清淨共住同見多彼作是念舊比丘若五若過自恣處集欲作自恣我等不應是中作自恣彼比丘言我作自恣不淨心悔別衆同衆想是中作自恣更有異住處比丘来清淨共住同見多彼諸比丘應更作自恣先比丘得罪彼諸比丘不淨心悔別衆同衆想作自恣竟一切坐處未起未去有起去有未起去有一切起未去更有異住處比丘来清淨共住同見多彼諸比丘應更作自恣先比丘得罪

有一住處自恣時舊比丘若五若過自恣處集欲作自恣更有異住處比丘来清淨共住同見多彼諸比丘作是念我等若應若不應是中作自恣疑淨不淨別衆同衆想更有異住處比丘来清淨共住同見多彼諸比丘應更作自恣先比丘得罪若疑淨不淨別衆同衆想作自恣竟一切坐處

未起未去有起去有未起去有一切起未去更有異住處比丘来清淨共住同見多是諸比丘應更作自恣先比丘得罪

有一住處自恣時諸舊比丘若五若過自恣處集欲自恣更有異住處比丘来清淨共住同見多聞已作是念更有異住處比丘来清淨共住同見多是滅壞除捨別異我不須是諸比丘為欲破僧別衆同衆想作自恣更有異住處比丘来清淨共住同見多彼諸比丘應更作自恣先比丘得偷蘭遮近破僧故若是諸比丘為欲勸破僧別衆同衆想作自恣竟若一切坐處未起未去有起去有未起去一切起未去更有異住處比丘来清淨共住同見多是諸比丘應更作自恣先比丘得偷蘭遮近破僧故若舊比丘自恣時更有舊比丘来若多等應更作自恣若舊比丘自恣時客比丘来若多等應更作自恣若舊比丘自恣時舊比丘客比丘共来若多等應更作自恣若客比丘自恣時客比丘

来若多等應更作自恣客比丘自恣時舊比丘舊比丘来若多等應更作自恣客比丘自恣時客比丘共来若多等應更作自恣舊比丘客比丘共自恣時舊比丘来若多等應更作自恣舊比丘客比丘自恣時客比丘来若多等應更作自恣舊比丘客比丘自恣時舊比丘客比丘共来若多等應更作自恣舊比丘十四日多客比丘十五日少客比丘應隨舊比丘是日應自恣舊比丘十四日少客比丘十五日多舊比丘應隨客比丘是日不應自恣舊比丘十五日多客比丘初日少客比丘應隨舊比丘是日更自恣舊比丘十五日少客比丘初日多舊比丘應隨客比丘出界作自恣若客比丘十四日多舊比丘十五日少舊比丘應隨客比丘是日應自恣客比丘十四日少舊比丘十五日多客比丘應隨舊比丘是日不應自恣客比丘十五日多舊比丘初日少舊比丘應隨客比丘是日更自恣客比丘十五日少舊比丘初日多客比丘應隨舊比丘出界作自恣有一住處自恣時諸

舊比丘聞客比丘聲客比丘因緣若脚聲若杖聲若革屣聲若異人聲是諸舊比丘不求不覓作自恣舊比丘得罪若求得不喚自恣舊比丘得罪若求不能得疑自恣舊比丘得罪若求不能得無所疑自恣如是舊比丘無罪若求得是諸客比丘一心歡喜應作自恣如是舊比丘無罪有一住處自恣時諸客比丘聞舊比丘聲舊比丘因緣若戶鑰聲釿聲若斧聲讀經聲是諸客比丘不求不覓自恣客比丘得罪若求得不喚自恣客比丘得罪若求不能得疑自恣客比丘得罪若求不能得無所疑自恣客比丘無罪若求得是諸舊比丘一心歡喜應作自恣如是客比丘無罪有一住處自恣時舊比丘見客比丘相客比丘来因緣若不識衣鉢若不識杖若盛油革囊革屣針筒是諸比丘不求不覓自恣是諸舊比丘得罪若求得不喚自恣舊比丘得罪若求不能得疑自恣舊比丘得罪若求不能得無所疑自恣如是舊比丘无罪若求

得是諸客比丘一心歡喜應作自恣如是舊比丘無罪

有一住處自恣時諸客比丘見舊比丘相舊比丘来因緣若新掃灑地次第敷牀座是諸客比丘不求不覔作自恣客比丘得罪若求得不喚作自恣客比丘得罪若求不得疑作自恣客比丘得罪若求不能得無所疑作自恣客比丘無罪若求得是諸舊比丘共一心歡喜應作自恣如是客比丘無罪

有一住處自恣時比丘若他人舉若不舉若令憶念若不令憶念自言我有僧伽婆尸沙罪是比丘應與別住不成與是中應一比丘僧中唱大德僧聽是中住處有比丘若他人舉若不舉若令憶念若不令憶念自言有僧伽婆尸沙罪是比丘應與別住不成與若僧時到僧忍聽僧是比丘後當與別住如是白如是作竟應自恣不應與自恣作㝵

有一住處自恣時比丘若他人舉若不舉若令憶念若不令憶念自言有

僧伽婆尸沙罪是比丘若應與摩那埵若應與本日治若應與出罪不成與是中應一比丘僧中唱大德僧聽是中住處有比丘若他人舉若不舉若令憶念若不令憶念自言有僧伽婆尸沙罪是比丘應與摩那埵本日治出罪不成與若僧時到僧忍聽僧是比丘後當與摩那埵當與本日治當與出罪如是白如是作竟應自恣不應與自恣作㝵

有一住處自恣時比丘若他人舉若不舉若令憶念若不令憶念自言有提舍迦羅尼罪是事共諍有比丘言是中應出悔有比丘言是事應心生悔是中一比丘應僧中唱大德僧聽是中住處有比丘若他人舉若不舉若令憶念若不令憶念自言有提舍迦羅尼罪是事共諍有比丘言是事應出悔有比丘言是事應心生悔若僧時到僧忍聽是比丘若得異比丘清淨共住同見是比丘邊是罪如法懺悔如是白如是作竟應自恣不應與自恣作㝵

有一住處自恣時比丘若他人舉若不舉若令憶念若不令憶念自言有提舍迦羅尼罪是事共諍有比丘言是波逸提罪有比丘言是罪波羅提提舍尼是中應一比丘僧中唱大德僧聽是中住處有比丘若他人舉若不舉若令憶念若不令憶念自言有提舍迦羅尼罪是事共諍有比丘言是波逸提罪有比丘言是罪波羅提提舍尼若僧時到僧忍聽僧是比丘若得異比丘清淨共住同見是比丘邊是罪如法懺悔如是白如是作竟應自恣不應與自恣作㝵

有一住處自恣時比丘若他人舉若不舉若令憶念若不令憶念自言有提舍迦羅尼罪是事共諍有比丘言是罪殘可治有比丘言無殘不可治是中言有殘可治是應共自恣是中言無殘不可治是不應共自恣彼應置自恣而去不應鬪諍相言

有一住處自恣時有比丘說他比丘罪若見若聞若疑諸比丘知是說他罪人身業不淨能婬能偷能奪人命

能自稱過人法能出精能身身相觸能殺生草能非時食能飲酒不應信是比丘語治他罪僧應語汝長老莫瞋莫鬪莫諍莫相言如是無蓄人僧莫數僧應自恣不應與自恣作导

有一住處自恣時比丘向餘比丘說他罪若見若聞若疑諸比丘知是長老說他罪人口業不淨是能妄語不知言知知言不知不見言見見言不見不疑言疑疑言不疑如是比丘語不應信治他人罪僧應語是比丘長老汝莫瞋莫鬪莫諍莫相言如是無蓄人僧莫數僧應自恣不應與自恣作导

有一住處自恣時一比丘向餘比丘說他罪若見若聞若疑諸比丘知是長老說他罪人身業不淨口業不淨是能婬能偷能奪人命能自稱過人法能故出精能故觸女人身能殺生草能非時食能飲酒是亦能妄語不知言知知言不知不見言見見言不見不疑言疑疑言不疑如是比丘語不應信治他人罪僧應語是比丘長

老汝莫瞋莫鬪莫諍莫相言如是無蓄人僧莫數僧應自恣不應與自恣作导

有一住處自恣時一比丘向餘比丘說他罪若見若聞若疑諸比丘知是長老說他罪人身業淨是長老能不婬不偷不奪人命不自稱過人法不故出精不故觸女身不殺生草不非時食不飲酒是長老少智不决定不善知是人亦能非法言法法言非法非善言善善言不善如是比丘語不應信治他人罪僧應語是比丘長老汝莫瞋莫鬪莫諍莫相言如是少智人僧莫數僧應自恣不應與自恣作导

有一住處自恣時一比丘向餘比丘說他罪若見若聞若疑諸比丘知是長老口業淨是長老不能不知言知知言不知不見言見見言不見不疑言疑疑言不疑是長老少智不决定不善知是人亦能非法言法法言非法善言非善非善言善如是比丘語不應信治他人罪僧應語是比丘長老汝莫瞋莫鬪莫諍莫相言如是少

智人僧莫數僧應自恣不應與自恣作导

有一住處自恣時一比丘向餘比丘說他罪若見若聞若疑諸比丘知是長老說他罪人身業淨口業淨是長老能不婬不偷不故奪人命不自稱過人法不故出精不故觸女身不殺生草不非時食不飲酒不能不知言知知言不知不見言見見言不見不疑言疑疑言不疑是長老少智不决定不善知是人亦能非法言法法言非法善言非善非善言善如是比丘語不應信治他人罪僧應語是比丘長老汝莫瞋莫鬪莫諍莫相言如是少智人僧莫數僧應自恣不應與自恣作导

有一住處自恣時一比丘向餘比丘說他罪若見若聞若疑諸比丘知是長老說他罪人身業淨口業淨是長老能不婬不偷不奪人命不自稱過人法不故出精不故觸女身不殺生草不非時食不飲酒不能不知言知知言不知不見言見見言不見不疑

言疑疑言不疑是長老說他罪人有智人决定人善知人是人亦不法言非法非法言法善言非善非善言善是長老尒時應安詳竊問竊教汝長老說他罪為眼見耳聞心疑耶是長老若言眼見諸比丘應問若眼見不應說耳聞心疑見何等何處見去何見見作何事何因緣到彼是人若言耳聞不應說眼見心疑聞何等偪處聞去何聞聞作何事男邊聞女邊聞不能男邊聞二根人邊聞若言心疑不應說眼見耳聞疑何等何處疑去何疑疑（何事老疑罪中疑口罪中）疑疑殘罪不殘罪殘不殘罪中疑邪聚落處空處何處疑如是安詳竊問竊教是長老得實者諸比丘應一心治是罪比丘若罪比丘言我是白衣僧應語汝出去僧應作自恣不應與自恣作㝵

若言我沙弥非比丘異道不見擯不作擯惡邪不除擯不共住種種不共住犯邊罪本白衣不能男汙比丘尼越濟人殺父母殺阿羅漢破僧惡心出佛身血人僧應語汝出去諸比丘

應自恣不應與自恣作㝵

若安居比丘聞彼住處有比丘瞋鬪諍相言来欲遮此間比丘自恣諸比丘應二三四促作布薩差為僧作自恣人應廣自恣是諸比丘成辦促二三四作布薩差為僧作自恣人廣自恣如是好若不成諸比丘若聞彼比丘瞋鬪諍相言從彼發来為遮自恣故是時應疾疾集差自恣人廣自恣諸比丘若成疾疾集差自恣人廣自恣如是好若不成諸比丘若聞彼比丘瞋鬪諍相言從彼来入界内是時舊比丘應一心軟語迎問訊歡喜為持衣鉢開房舍示卧具長老是汝曺牀坐麁䏶繩牀細䏶繩牀被蓐汝隨上座次第安住是中應為辦洗浴具薪火澡豆湯水塗身蘇油客比丘入浴室竟舊比丘應出界差為僧作自恣人廣自恣若舊比丘成辦是事好若不成舊比丘應語客比丘長老我等是布薩不自恣後布薩時我等當自恣客比丘語舊比丘言長老後布薩時不應自恣若有說事今日說為

何事故我等佛聽自恣是事不得舊比丘應語客比丘汝等置舊比丘自知自恣時若客比丘是時餘處去好若不去舊比丘應語客比丘我等不後布薩時自恣我等八月四月自恣我夏末月自恣多得布施若客比丘語舊比丘言長老不聽汝八月四月自恣若有說事今日說為何事故我等佛聽自恣是事不得舊比丘應語客比丘汝等置舊比丘自知自恣時若客比丘是時餘處去好若不去是中應不自恣而去我等不應瞋鬪諍相言故

若有病比丘遮不病比丘自恣僧應語是病比丘汝長老病莫遮不病比丘自恣何以故病人少安隱故有不病比丘遮病比丘自恣僧應語是不病比丘長老汝莫遮病比丘自恣何以故病人少安隱故有病比丘遣使遮不病比丘自恣僧應語是使長老莫受病人語遮不病比丘自恣何以故病人少安隱故是使到病人邊語長老僧約勑汝病莫遮不病比丘自

恣何以故病人少安隱故病人言為遮是病比丘得突吉羅罪是使受病人語遮不病比丘自恣是使得突吉羅罪不病比丘遣使遮病比丘自恣亦如是四種非法遮自恣四種有法遮自恣何等四非法遮自恣一無根破戒遮自恣二無根破正見三無根破正命四無根破威儀遮自恣是為四非法遮自恣何等四有法遮自恣一有根破戒遮自恣二有根破正見三有根破正命四有根破威儀遮自恣是為四有法遮自恣

佛在舍衛國佛語諸比丘從今聽一說自恣二說自恣我前已聽三說自恣若一說自恣時初說未竟若遮是非法遮自恣若一說竟遮是有法遮自恣若二說自恣時初說未竟若遮是非法遮自恣初說竟若遮是非法遮自恣二說未竟若遮是非法遮自恣二說竟遮是有法遮自恣若三說自恣時初說未竟若遮是非法遮自恣初說竟若遮是非法遮自恣二說未竟若遮是非法遮自恣二說竟若

遮是非法遮自恣三說未竟若遮是非法遮自恣若三說竟遮是有法遮自恣何處佛聽應一說自恣如一住處自恣時大會僧中諸比丘如是思惟是住處僧大會若我等三說自恣夜多過不得自恣若僧時到僧忍聽僧當一說自恣如是白如是作竟應自恣不應與自恣作㝵如是住處應一說自恣如一住處自恣時王若王等諸比丘邊坐欲聽法是中諸比丘說法夜多過諸比丘思惟是住處王若王等諸比丘邊坐欲聽法是中諸比丘說法夜多過若我等三說自恣夜多過不得自恣若僧時到僧忍聽僧當一說自恣如是白如是作竟應自恣不應與自恣作㝵如是住處應一說自恣如一住處自恣時大得布施是中諸比丘作分段夜多過諸比丘思惟是住處僧大得布施諸比丘作分段夜多過若我等三說自恣夜多過不得自恣若僧時到僧忍聽僧當一說自恣如是白如是作竟應自恣不應與自恣作㝵如是住處應一說自

恣如一住處自恣時二法師義辯名辯辭辯應辯是二比丘說法時夜多過諸比丘思惟是住處二法師義辯名辯辭辯應辯是諸比丘說法夜多過若我等是中三說自恣夜多過不得自恣若僧時到僧忍聽僧當一說自恣如是白如是作竟應自恣不應與自恣作㝵如是住處應一說自恣如一住處自恣時諸比丘四事若一一事起以是故夜多過諸比丘思惟是住處諸比丘四事若一一事起以是故夜多過若我等是中三說自恣是夜多過不得自恣若僧時到僧忍聽僧當一說自恣如是白如是作竟應自恣不應與自恣作㝵如是住處應一說自恣如一住處自恣時多比丘病是中諸比丘如是念是住處諸比丘病若我等三說自恣有病比丘不堪踞跪若僧時到僧忍聽僧當一說自恣如是白如是作竟應自恣不應與自恣作㝵如是住處應一說自恣如一住處自恣時天雨覆屋薄是中諸比丘如是念是住處天雨覆屋薄

若我等三說自恣屋漏汙僧卧具濕諸比丘衣若僧時到僧忍聽僧當一說自恣如是白如是作竟應自恣不應與自恣作㝵如是住處應一說自恣如一住處自恣時八難若一一難起若王難若賊難若火難水難惡獸難腹行虫難人難非人難云何王難若王瞋約勑捕諸沙門釋子打殺繫縛駈出奪袈裟與白衣者令作象兵馬兵車兵步兵射兵捉象鉤捉草鞘舉轝出入軍陣若一一官雜役是中諸比丘思惟是住處王瞋約勑捕諸沙門釋子殺繫駈出奪袈裟與白衣著令作象兵馬兵車兵步兵射兵捉象鉤捉草鞘舉轝入出軍陣一一官雜役若三說自恣或奪命或破戒若僧時到僧忍聽僧當一說自恣如是白如是作竟應自恣不應與自恣作㝵如是住處應一說自恣云何賊難若諸賊瞋約勑捕諸沙門釋子繫殺駈出取頭血塗户耳窻向作幟作字門闌户串牛頭象牙杙梁棟桄衣架僧房別房牆壁食處門閣禪窟大

小便處重閣經行道頭樹下皆持血作字作幟諸比丘如是思惟是住處賊瞋約勑捕諸沙門釋子殺繫駈出取頭血塗户耳窻向作字作幟門闌户串牛頭象牙杙梁椽桄衣架僧房別房牆壁食處門閣禪窟大小便處重閣經行道頭樹下皆持血作字作幟若我等三說自恣或奪命或破戒若僧時到僧忍聽僧當一說自恣如是白如是作竟應自恣不應與自恣作㝵如是住處應一說自恣云何火難諸比丘樹林中作僧坊是中天火大火来是火燒諸樹林經行道頭重閣僧坊別房垣牆食處門閣大小便處居士牛羊驢馬駱駝穀場使人皆燒諸比丘思惟是樹林中作精舍天火大火来燒樹林經行道頭乃至燒居士甘蔗田稻田麦田胡麻田蒲萄田牛羊驢馬駱駝穀場使人皆燒我等三說自恣或奪命或破戒若僧時到僧忍聽僧當一說自恣如是白如是作竟應自恣莫與自恣作㝵如是住處應一說自恣云何水難若諸比

丘河曲中作僧坊是中諸龍依止雪山住身增長得力入大河歸大海令河水大長漂諸樹林經行道里重閣僧坊別房食處門閣大小便處亦復漂諸居士甘蔗田稻田乃至漂諸穀場人民是中諸比丘思惟是河曲僧坊諸龍大龍依止雪山住乃至漂人民我等三說自恣或奪命或破戒若僧時到僧忍聽僧當一說自恣如是白如是作竟應自恣不應與自恣作㝵如是住處應一說自恣云何惡獸難若諸比丘惡獸處作僧坊是中諸小比丘不知宜法非處大小便涴弊衣曬之諸惡獸瞋恚惡獸者謂師子兇虎豹豺狼熊羆是惡獸至僧坊別房中垣牆食處禪窟門閤大小便處浴室重閣經行道頭樹下諸比丘思惟是惡獸處作僧坊是中諸小比丘不知宜法非處大小便涴弊衣曬諸惡獸瞋来入僧坊乃至經行道頭樹下我等三說自恣或奪命或破戒若僧時到僧忍聽僧當一說自恣如是白如是作竟應自恣不應與自恣作㝵

如是住處應一說自恣去何腹行虫
難若諸比丘在龍處作僧坊是中諸
小比丘不知宜法非處大小便涕唾
衣曬之是中諸龍瞋放毒虵蜈蚣
入諸比丘牀下牀上獨坐牀下戶耳
窓向門閒戶串牛頭象牙杙梁椽衣
架僧戶別房垣牆食處門閒禪窟浴
室重閣大小便處經行道頭樹下是
中諸比丘思惟是龍處作僧坊諸小
比丘不知宜法乃至樹下我等三說
自恣或奪命或破戒若僧時到僧忍
聽僧當一說自恣如是白如是作竟
應自恣不應與自恣作㝵如是住處
應一說自恣去何人難若諸比丘或
依城聚落住諸比丘不知宜法貴人
婦女若歎語若罵詈欲令伏從是中
諸人瞋約勑捕沙門釋子殺繫駈出
不聽入城邑聚落街陌行不聽入舍
莫使坐莫使乞食莫與供養是中諸
比丘思惟是諸比丘不知宜法貴人
婦女若歎語若罵詈欲令伏從是中
諸人瞋約勑捕殺乃至莫供養我等
三說自恣或奪命或破戒若僧時到

僧忍聽僧當一說自恣如是白如是
作竟應自恣不應與自恣作㝵如是
住處應一說自恣去何非人難有諸
比丘非人住處作僧坊是諸比丘不
知宜法非處大小便涕唾衣曬是中
非人復瞋恐怖諸比丘持比丘著牀
上牀下獨坐牀上獨坐牀下戶耳窓
向門閒戶串牛頭象牙杙梁椽衣架
僧房別房垣牆食處門閒禪窟浴室
重閣大小便處經行道頭樹下或捉
比丘倒懸是中諸比丘思惟是諸比
丘不知宜法乃至捉比丘倒懸我等
三說自恣或奪命或破戒若僧時到
僧忍聽僧當一說自恣如是白如是
作竟應自恣不應與自恣作㝵如是
住處應一說自恣

有一住處自恣時有比丘言置罪事
共人自恣僧應語是比丘長老不得
置罪事共人自恣若有說事令說為
何事故我等佛聽自恣是事不得有
比丘言置人置罪餘人共自恣僧應
語是比丘長老不得置人置罪餘人
共自恣若有說事令說為何事故我

等佛聽自恣是事不得有比丘言置
罪置人置伴黨餘殘人共自恣僧應
語是比丘長老不得置罪置人置伴
黨餘殘人共自恣若有說事令說為
何事故我等佛聽自恣是事不得有
一住處自恣時識罪不識人僧應過
自恣求說不應自恣時求說若自恣
時求說僧得罪有一住處自恣時識
人不識罪僧應過自恣求說不應自
恣時求說若自恣時求說僧得罪有一
住處自恣時識罪識人僧應自恣時
求說不應過自恣求說若過自恣求
說僧得罪有一住處自恣時不識罪
不識人僧應過自恣求說不應自恣
求說若自恣時求說僧得罪有一住
處自恣時諸比丘作如是制限諸長
老我等非三月自恣八月中四月自
恣若我等夏末月多得布施用是自
恣攝布施故是時有一比丘本不要
若父母遣使若兄弟若姊妹若兒女
若本第二是中不獲已強去是比丘
語諸比丘諸長老我本不要父母遣
使若兄弟若姊妹若兒女若本第二

十誦律卷第二十三　第三十六張　從字号

遣使是中不獲已強去汝等集我今
欲自恣欲遮一比丘自恣僧應語是
比丘長老不得今日自恣亦不得遮
他比丘自恣若有說事今說自身清
淨故佛聽自恣是比丘言汝諸長老
集今日我自恣後来已當遮是一比
丘自恣僧應語長老不得今日自恣
後来已遮一比丘自恣若有說事今
說自身清淨故佛聽自恣是比丘若
言汝諸長老集今日自恣後来已不
復遮他比丘自恣佛言僧應和合與
是比丘自恣何以故入自恣制限故
自恣時不應往此有比丘有住處彼
有比丘有住處彼有比丘無住處彼
有比丘有住處無住處彼閒比丘不
共住
自恣時不應往此有比丘有住處彼
有非比丘有住處非比丘無住處彼
非比丘有住處無住處彼閒比丘不
共住餘如布薩中廣說
佛語諸比丘不應白衣前自恣不應
沙弥前非比丘異道不見擯不作擯
惡邪不除擯不共住種種不共住犯

十誦律卷第二十三　第三十七張　從字号

邊罪本白衣不能男汙比丘尼越濟
人殺父母殺阿羅漢破僧惡心出佛
身血人如是一切不應在前自恣一
切先事作覓僧應自恣若應與現前
比尼與覓應與憶念比尼與覓應與
不癡比尼與覓應與自言比尼與覓
應與實覓比尼與覓應與多覓比尼
與覓是比丘若應與苦切羯磨與覓
若應與依止羯磨與覓若應與駈出
羯磨與覓若應與下意羯磨與覓若
應與不見擯羯磨與覓若應與別住
羯磨與覓若應與摩那埵羯磨與覓
若應與本日治羯磨與覓若應與出
罪羯磨與覓僧應自恣宿受自恣比
丘僧不應共自恣若僧未起如是得
自恣時未至不應自恣除鬪僧還和
合聽自恣　七法中自恣法第四竟

十誦律卷第二十三

道訥刀土

十誦律卷第二十三

校勘記

一　底本，金藏廣勝寺本。

一　五一八頁中一行「四誦之三」，資無；磧、普、南、徑、清作「第四誦之三」，置於二行與三行之間；麗作「第四誦之三」。

一　五一八頁中三行「七法中自恣法第三」，資作「七法中自恣法第四誦之三」。

一　五一八頁中一二行第六字「若」，資、磧、普、南、徑、清作「若著」。

一　五一八頁中一七行首字「水」，資、磧、普、南、徑、清無。

一　五一八頁中一八行「著一面」，磧、徑、清作「著於一面」。

一　五一八頁中二〇行第一〇字「雨」，資作「兩」。

一　五一八頁中末行第七字「說」，徑作「法」。

一　五一八頁下八行、一〇行、一一

行「不難」，資、磧、普、南、徑、清作「不乏」。

一　五一八頁下一七行「偷蘭遮」，資、磧、普、南、徑、清作「偷蘭遮罪」。

一　五一九頁上一〇行「某甲某甲」，諸本（不含石，下同）作「某甲某甲比丘」。

一　五一九頁上一三行末字「説」，資、磧、普、南、徑、清作「説僧」。

一　五一九頁上一七行末字「自」，諸本作「白」。

一　五一九頁上一八行第二字「時」，資、磧、普、南、徑、清無。同行「跰跪」，資、磧、普、南、徑、清作「胡跪」。下同。

一　五一九頁中二二行第一二字「言」，資、磧、普、南、徑、清無。

一　五一九頁下九行第四字「差」，磧作「善」。

一　五一九頁下二一行「兩手」，資、磧、普、南、徑、清作「合掌」。

一　五二〇頁上九行第七字「處」，資、磧、普、南、徑、清無。

一　五二〇頁上一四行第九字「至」，磧作「坐」。同行第一一字「還」，磧、南作「遠」。

一　五二〇頁上一九行「長跪」，資、磧、普、南、徑、清作「胡跪」。

一　五二〇頁中四行第二字「別」，諸本作「別作」。

一　五二〇頁中二一行第二字「僧」，資、磧、普、南、徑、清作「僧若言我」。

一　五二〇頁中二二行末字「到」，資、磧、普、南、徑、清作「到若死」。

一　五二〇頁下一七行第一〇字「復」，磧、徑、清作「僧」。

一　五二一頁上二行第八字「僧」，資、磧、普、南、徑、清作「是僧」。

一　五二一頁上三行「當來」，麗作「得來」。

一　五二一頁上五行第八字「與」，資、磧、普、南、徑、清作「得」。

一　五二一頁中九行第四字「念」，磧作「念我」。

一　五二一頁下一三行「比丘」，資、磧、普、南、徑、清作「諸比丘」。

一　五二一頁下末行末字至次頁上一行首字「住處」，資、磧、普、南、徑、清作「處住」。

一　五二二頁上一〇行第三字「見」，磧、普作「是」。

一　五二二頁上一一行「不得和」，磧、普、南、徑、清作「不得知」。

一　五二二頁上二二行「客比丘」，麗作「若客比丘」。

一　五二二頁中一行「次第」，諸本作「次第作」。同行「客比丘」，麗作「若客比丘」。

一　五二二頁中三行「更自恣」，諸本作「更作自恣」。

一　五二二頁中一二行第七字「作」，資、磧、普、南、徑、清無。

一　五二二頁下一〇行「不淨」，資、磧、普、南、徑、清無。

一　五二二頁下二〇行「衆同衆」，磧、

普、南作「同别」。同行第九字「想」，徑、清作「想作自恣」。

一　五二三頁上一行第九字「木」，諸本作「未」。

一　五二三頁上一〇行第二字「爲」，資、磧、普、南、徑、清作「若」。

一　五二三頁上一二行至次行「偷蘭遮」，資、磧、普、南、徑、清作「遮罪」。

一　五二三頁上一八行「偷蘭庶」，資、磧、普、南、徑、清作「偷蘭遮罪」；麗作「偷蘭遮」。

一　五二三頁中二行第二至第四字「舊比丘」，諸本無。

一　五二三頁中三行第二字「時」，諸本作「時舊比丘」。

一　五二三頁中五行及六行第一一、一二字「自恣」，諸本作「共自恣」。

一　五二三頁中七行第六字「共」，資、磧、普、南、徑、清無。

一　五二三頁中一六行「十五日」，資、磧、普、南作「十四日」。

一　五二三頁下一行第八字及九行末字「聲」，資、磧、普、南、徑、清作「相」。

一　五二三頁下三行第三字「舊」，資、磧、普、南、徑、清無。

一　五二四頁上末行「若不令憶念」，資、磧、普、南、徑、清無。

一　五二四頁中一行「僧伽婆尸沙」，磧作「僧作婆尼沙」。同行第一〇字「若」，資、磧、普、南、徑、清無。

一　五二四頁下九行第一一字「罪」，資、磧、普、南、徑、清無。

一　五二四頁下一〇行「提舍尼」，資、磧、普、南、徑、清作「提舍尼罪」。

一　五二五頁上一行第七字「能」，資、磧、普、南、徑、清作「能故」。同行末字「觸」，資、磧、普、南、徑、清作「摩觸」。

一　五二五頁上二〇行「欲酒」，諸本作「飲酒」。

一　五二五頁中一一行「不善」，資、磧、普、南、徑、清作「非善」。

一　五二五頁下一〇行至次行「不决定」，資、磧、普、南、徑、清無。

一　五二五頁下一三行第七字「人」，資、磧、普、南、徑、清無。

一　五二五頁下一五行第八字「應」，諸本作「應作」。

一　五二五頁下二〇行「不奪」，麗作「不故奪」。

一　五二六頁上四行及一五行「羯問羯教」，資、磧、普、南、徑、清作「切問切教」。

一　五二六頁上一三行「疑疑」，諸本作「疑」。

一　五二六頁中一行末字「昇」下，諸本有「一切事先作竟僧應自恣若應與現前毗尼與竟應作憶念毗尼與竟應與不癡毗尼與竟應與自言毗尼與竟應與實覓毗尼與竟應語多覓毗尼與竟是比丘若應與若切（「若切」，資、麗作「苦切」）羯磨與竟若應與依止羯磨與竟若應與驅出羯磨與竟若應與下意羯磨與竟若應與不見擯羯磨與竟若與別住羯磨與竟若應與摩那埵羯磨與竟若應與本日治羯磨與竟若應與出罪羯磨與竟僧應自恣」一段經文，共一百五十字。

一　五二六頁中一八行第一〇字「差」，資、磧、普、南、徑、清作「若」。

一　五二七頁中五行第三字「住」，資、磧、普、南、徑、清無。

一　五二八頁上六行第八字及次頁下二〇行第九字「若」，資、磧、普、南、徑、清無。

一　五二八頁上一五行「入出」，資、磧、普、南、徑、清作「出入」。

一　五二八頁上二〇行至次行「繫殺」，諸本作「殺繫」。

一　五二八頁上二二行「户串」，資、磧、普、南、徑、清作「户店」；麗作「户樿」。下同。同行第一二字「楝」，資、磧、普、南、徑、清作「椽」。

一　五二八頁中四行第六字「耳」，資、磧、普、南、徑、清作「耳取」。

一　五二八頁下一行第四字「中」，資、磧、普、南、徑、清無。

一　五二八頁下二行末字「令」，資、磧、普、南、徑、清作「先令」。

一　五二八頁下三行「大長」，麗作「大漲」。同行「道里」，資、磧、普、南、徑、清作「道頭」。

一　五二八頁下四行「食處門間」，資、磧、普、南、徑、清作「門間食處」。

一　五二八頁下五行「穀場」，資、磧、普、南、徑、清作「禾穀場」。

一　五二八頁下一四行末字「先」，資、磧、普、徑、清無。

一　五二八頁下一九行第一二字「矖」，諸本作「及矖」。

一　五二九頁上五行「牀上」，諸本作「牀上榻下榻上」。

一　五二九頁上六行第四字及本頁中八行第三字「閉」，資、磧、普、南、徑、清作「關」。

一　五二九頁上七行「僧户」，資、磧、普、南、麗作「僧房」；徑、清作「僧坊」。

一　五二九頁上一五行「宜法」，徑作「作法」。

一　五二九頁上一七行「沙門」，諸本作「諸沙門」。

一　五二九頁上一八行第八字「街」，資、磧、普、南、徑、清作「階」。

一　五二九頁中六行第三字「復」，資、磧、普、南、徑、清無。

一　五二九頁中八行第一二字「椽」，資、磧、普、南、徑、清作「椽袱」。

一　五二九頁下七行首二字及一四行末二字「自恣」，諸本作「自恣時」。

一　五二九頁下一〇行第八字「時」，資、磧、普、南、徑、清無。

一　五三〇頁上二行「自恣欲遮」，諸本作「自恣欲遮自恣欲遮」。

一　五三〇頁上一八行末字「彼」，諸本作「彼有」。

一　五三〇頁中一一行第一二字「與」，諸本作「與不作擯羯磨與竟若應與惡邪不除擯羯磨與竟若應與」。

一　五三〇頁中一四行「宿受」，諸本作「若宿受」。

一　五三〇頁中一七行首字「合」，諸本作「合一心」。同行小字「七法中自恣法第四竟」，資作「第一竟」；磧、普、南、清、麗作「七法中自恣法第三竟」；徑作「七法中自法第三竟」。

越城縣廣勝寺

十誦律卷第二十四　四誦之五　從

後秦北印度三藏弗若多羅　譯

七法中安居法第四

佛在王舍城諸比丘夏中遊行諸國土踐踏生草奪諸虫命尒時諸異道出家譏嫌責數言諸異道沙門婆羅門夏安居時潛處隱靜辟如鳥日中熱時避暑巢窟諸異道沙門婆羅門夏安居時潛處隱靜沙門釋子常作此心自稱有德而夏中遊行踐蹋生草殘害物命有諸比丘少欲知足行頭陁聞是事心慙愧以是事具白佛佛以是因緣集僧集僧已佛知故問問諸比丘汝實作是事不荅言實作世尊佛種種因緣訶諸比丘云何名比丘夏中遊行踐蹋生草奪諸虫命佛種種因緣訶已語諸比丘從今應夏安居長老優波離問佛誰應安居佛言五衆應安居何等五一者比丘二者比丘尼三者式叉摩尼四者沙弥五者沙弥尼云何應受安居佛言若上座欲安居應從坐起偏袒著衣胡跪合掌應如是語長老憶念我某甲比丘是住處夏安居前三月依止某甲可行處聚落某甲僧坊孔破治故第二長老憶念我某甲比丘是住處夏安居前三月依止某甲可行處聚落某甲僧坊孔破治故第三長老憶念我某甲比丘是住處夏安居前三月依止某甲可行處聚落某甲僧坊孔破治故下座荅言莫放逸上座言受持若下座從上座受安居應從坐起偏袒著衣胡跪兩手捉上座兩足應如是語長老憶念我某甲比丘是住處夏安居前三月依止某甲可行處聚落某甲僧坊孔破治故第二長老憶念我某甲比丘是住處夏安居前三月依止某甲可行處聚落某甲僧坊孔破治故第三長老憶念我某甲比丘是住處夏安居前三月依止某甲可行處聚落某甲僧坊孔破治故上座言莫放逸下座言受持後三月亦如是若不安居得突吉羅罪

佛在舍衛國尒時迦夷國土有聚落名象力是中有居士字憂田大富田

業穀寶實物豊足歸依佛歸依法歸依僧見諦得道果為僧興立僧坊遣使言是中多有好飲食及諸衣施長老来受我飲食供養僧坊卧具施四方僧時諸比丘發遣使還報居士言佛為比丘結戒夏中不應遊行諸國汝莫愁惱以為憂苦居士自念願不從心憂苦愁惱我為僧故作此僧坊僧不肯来[illegible]處少多請諸常住比丘来集飲食僧坊卧具施四方僧諸佛常法歳兩時大會春末月夏末月春末月諸方國土處處比丘往詣佛所聽佛說法夏安居樂是初大會諸比丘往詣佛所夏末月比丘安居竟過三月作衣畢與衣鉢俱漸漸遊行往詣佛所久不見婆伽婆久不見脩伽陁是第二大會諸比丘往詣佛所有餘比丘王舍城安居竟過三月作衣畢與衣鉢俱漸漸遊行来到佛所頭面礼足一面坐諸佛常法有客比丘来如是語問訊忍不足不安樂住不乞食不乏道路不疲耶今佛亦如是問客比丘忍不足不

安樂住不乞食不乏道路不疲耶諸比丘言忍足安樂住乞食不乏道路不疲以是事向佛廣說佛以是事集僧集僧已種種因緣讃戒讃持戒讃戒讃持戒已語諸比丘從今有事聽受七夜法

長老優波離問佛有事七夜聽去為誰故應去佛言為七衆故應去何等七一比丘二比丘尼三式叉摩尼四沙弥五沙弥尼六優婆塞七優婆夷去何為優婆夷故應去如優婆夷作房舍遣使詣比丘所白言我作房舍大德来作入舎供養有如是事聽去七夜如優婆夷作象廐馬廐門屋食堂遣使詣比丘所白言大德我作象廐馬廐門屋食堂大德来作入舎供養有如是事聽去七夜如優婆夷為僧故作房舍若温堂涼堂合霤堂重閣一重舎平覆舎遣使詣比丘所白言大德我為僧作房舍温堂涼堂合霤堂重閣一重舎平覆舎大德来作入舎供養有如是事聽去七夜如優婆夷為多比丘二一為多比丘尼二

一為多式叉摩尼二一為多沙弥二一為多沙弥尼二一為多出家二一為多出家尼二一若為一出家尼故作房舍温堂涼堂合霤堂重閣一重舎平覆舎遣使詣比丘所白言大德我為一出家尼故作房舍温堂涼堂合霤堂重閣一重舎平覆舎大德来作入舎供養有如是事聽去七夜如一優婆夷王挺若賊若怨若怨黨若怨黨之黨挺遣使詣比丘所白言大德我若王若賊若怨若怨黨若怨黨之黨挺大德来欲見比丘有如是事聽去七夜為欲聽法聽去七夜為欲布施聽去七夜為欲見比丘聽法欲見比丘布施欲聽法布施欲見比丘聽法布施有如是事聽去七夜如優婆夷病苦極遣使詣比丘所白言我病苦極大德来欲見比丘有如是事聽去七夜為聽法聽去七夜為欲布施聽去七夜欲見比丘聽法欲見比丘布施欲聽法布施欲見比丘聽法布施有如是事聽去七夜如優婆夷病苦極遣使詣比丘所白言大德我

病苦極大德来教我隨病食有如是事聽去七夜教我隨病藥聽去七夜教我　具滿看病人聽去七夜為隨病食隨病藥為隨病食具滿看病人隨病藥具滿看病人為隨病食隨病藥具滿看病人有如是事聽去七夜如優婆夷為是多識多知諸大經有波羅桼提伽(晉言清淨經)波羅桼大尼(晉言一淨經)般闍提利劎(晉言三昧經)摩鄉闍藍(晉言化經)波羅小闍藍(晉言梵經)阿吒鄉劎(晉言見神成經)摩訶桼摩耆劎(晉言大會經)阿羅伽度波摩(晉言灺辟經)室嗘咆鄉都叉耶時月提(晉言審滅解脫經)釋伽羅波羅念奈(晉言釋問經也)摩呵尼陁鄉波梨耶夜(晉言大因經)頻波桼羅波羅時伽摩南(晉言洴沙迎經)般闍優波陁鄉肝提伽(晉言五受陰却經)沙陁耶多尼(晉言六情部經)尼陁鄉散猶乞多(晉言同男部經)波羅延(晉言過道經)阿陁波耆耶修姤路(晉言衆德經)薩耆陁舍修姤路(晉言諦見經也)若未學欲學若學忘欲誦遣使詣比丘所白言大德是多識多知諸大經波羅桼乃至薩耆陁舍修姤路若未學欲學若先學忘欲誦大德来教我

受學讀誦問義有如是事聽去七夜如為優婆夷應去優婆塞亦如是云何為沙弥尼故應去如沙弥尼為僧故作房舍若温堂涼堂合溜堂重閣一重舍平覆舍遣使詣比丘所白言我為僧故作房舍温堂涼堂合溜堂重閣一重舍平覆舍大德来作入舍供養有如是事聽去七夜若為多比丘二一多比丘尼二一多式叉摩尼二一多沙弥二一多沙弥尼二一多出家二一多出家尼二出家為一出家尼故作房舍温堂涼堂合溜堂重閣一重舍平覆舍遣使詣比丘所白言大德我為一出家尼作房舍温堂涼堂合溜堂重閣一重舍平覆舍大德来作入舍供養有如是事聽去七夜如一沙弥尼若王捉若賊若怨若怨黨若怨黨之黨捉捕治遣使詣比丘所白言大德我若王捉若賊若怨若怨黨若怨黨之黨捉捕治大德来欲見比丘有如是事聽去七夜為欲聽法聽去七夜為欲布施聽去七夜為欲見比丘聽法欲見比丘布施

欲聽法布施欲見比丘聽法布施有如是事聽去七夜如沙弥尼病苦極遣使詣比丘所白言我病苦極大德来欲見比丘有如是事聽去七夜為欲聽法聽去七夜為欲布施聽去七夜欲見比丘聽法欲見比丘布施欲聽法布施欲見比丘聽法布施有如是事聽去七夜如沙弥尼病苦遣使詣比丘所白言我病苦大德来教我隨病食有如是事聽去七夜教我隨病藥聽去七夜教我具滿看病人聽去七夜為隨病食隨病藥為隨病食具滿看病人為隨病藥具滿看病人為隨病食隨病藥具滿看病人有如是事聽去七夜如沙弥尼病苦遣使詣比丘所白言大德我病苦大德来若此間將我到彼間如法若彼間將我到此間如法有如是事聽去七夜如沙弥尼愁思欲捨戒遣使詣比丘所白言大德我愁思欲捨戒大德来為我說法有如是事聽去七夜如沙弥尼有惡邪起遣使詣比丘所白言我有惡邪起大德来為我除惡邪有

如是事聽去七夜如沙弥尼心疑悔遣使詣比丘所白言我心疑悔大德来為我如法除有如是事聽去七夜如沙弥尼滿十歳在夫家若滿十八歳童女遣使詣比丘所白言我滿十歳在夫家滿十八歳童女大德来為我受學法有如是事聽去七夜如沙弥尼為多識多知諸大經名波羅棃提伽乃至薩耆随舍修妒路若未學欲學若學忘欲誦遣使詣比丘所白言大德是多識多知諸大經波羅棃提伽乃至薩耆陁舍修妒路我若未學欲學若學忘欲誦大德来教我受學問誦有如是事聽去七夜如為沙弥尼沙弥亦如是餘隨所應

云何為式叉摩尼故應去如式叉摩尼為僧故作房舍温堂涼堂合霤堂重閣一重舍平覆舍遣使詣比丘所白言大德我為僧故作房舍温堂涼堂合霤堂重閣一重舍平覆舍大德来作入舍供養有如是事聽去七夜若為多比丘二一多比丘尼二一多式叉摩尼二一多沙弥二一多沙弥

尼二一多出家二一多出家尼二一若為一出家尼故作房舍温堂涼堂合溜堂重閣一重舍平覆舍遣使詣比丘所白言大德我為一出家尼故作房舍温堂涼堂合溜堂重閣一重舍平覆舍大德来作入舍供養有如是事聽去七夜如式叉摩尼若王捉若賊若怨若怨黨若怨黨之黨捉捕治遣使詣比丘所白言大德我若王捉若賊若怨若怨黨若怨黨之黨捉捕治我大德来欲見比丘有如是事聽去七夜為欲聽法聽去七夜為欲布施聽去七夜欲見比丘聽法欲見比丘布施為聽法布施欲見比丘聽法布施有如是事聽去七夜如式叉摩尼病苦遣使詣比丘所白言大德我病苦大德来欲見比丘有如是事聽去七夜為欲聽法聽去七夜為欲布施聽去七夜為欲見比丘聽法為聽法布施為欲見比丘聽法布施有如是事聽去七夜如式叉摩尼病苦遣使詣比丘所白言大德我病苦大德来教我隨病食有如是事聽去七

夜教我隨病藥聽去七夜教我具滿看病人聽去七夜為隨病食隨病藥為隨病食具滿看病人為隨病藥具滿看病人為隨病食隨病藥具滿看病人如是事聽去七夜如式叉摩尼病苦遣使詣比丘所白言大德我病苦大德来若此間將我到彼間如法若彼間將我到此間如法有如是事聽去七夜如式叉摩尼愁思欲捨戒遣使詣比丘所白言大德我愁思欲捨戒大德来為我說法有如是事聽去七夜如式叉摩尼有惡邪起遣使詣比丘所白言大德我惡邪起大德来為我除惡邪有如是事聽去七夜如式叉摩尼心疑悔遣使詣比丘所白言大德我心疑悔大德来為我除有如是事聽去七夜若式叉摩尼犯後二戒遣使詣比丘所白言大德我犯後二戒大德来為我更受戒有如是事聽去七夜若式叉摩尼已嫁滿十二歳二十歳童女遣使詣比丘所白言大德我已嫁滿十二歳滿二十歳童女大德来與我受具足戒有如

是事聽去七夜如式叉摩尼為是多識多知諸大經波羅棃提伽乃至薩耆陁舍修姤路若未學欲學若學忘欲誦遣使詣比丘所白大德是多識多知諸大經波羅棃提伽乃至薩耆陁舍修姤路我若未學欲學若學忘欲誦大德来教我受學誦問義有如是事聽去七夜去何為與學沙弥尼故應去如與學沙弥尼為僧故住房舍溫堂涼堂合霤堂重閣一重舍平覆舍遣使詣比丘所白言我為僧故作房舍溫堂涼堂合霤堂重閣一重舍平覆舍大德来作入舍供養有如是事聽去七夜若為多比丘二一多比丘尼二一多式叉摩尼二一多沙弥二一多沙弥尼二一多出家二一多出家尼二一為一出家尼故作房舍溫堂涼堂合霤堂重閣一重舍平覆舍遣使詣比丘所白言大德我為一出家尼故作房舍溫堂涼堂合霤堂重閣一重舍平覆舍大德来作入舍供養有如是事應去七夜如與學沙弥尼若王捉若賊若怨若怨黨若

怨黨之黨捉捕治遣使詣比丘所白言大德我若王捉若賊若怨若怨黨若怨黨之黨捉捕治大德来欲見比丘有如是事聽去七夜為欲聽法聽去七夜為欲布施聽去七夜為欲見比丘聽法為欲見比丘布施為欲聽法布施為欲見比丘聽法布施有如是事聽去七夜如與學沙弥尼病苦遣使詣比丘所白言我病苦大德来欲見比丘有如是事聽去七夜為欲聽法聽去七夜為欲布施聽去七夜為欲見比丘聽法為欲見比丘布施為欲聽法布施為欲見比丘聽法布施有如是事聽去七夜如與學沙弥尼病苦遣使詣比丘所白言我病苦大德来教我隨病食有如是事聽去七夜教我隨病藥聽去七夜教我具滿看病人聽去七夜教我隨病食隨病藥教我隨病食具滿看病人教我隨病藥具滿看病人教我隨病食隨病藥具滿看病人有如是事聽去七夜如與學沙弥尼病苦遣使詣比丘所白言大德我病苦大德来若此間

將我到彼間如法若彼間將我到此間如法有如是事聽去七夜如與學沙弥尼愁思欲捨戒遣使詣比丘所白言大德我愁思欲捨戒大德来為我説法有如是事聽去七夜如與學沙弥尼有惡邪起遣使詣比丘所白言大德我有惡邪起大德来為我除惡邪有如是事聽去七夜如與學沙弥尼心疑悔遣使詣比丘所白言大德我心疑悔大德来為我如法除疑有如是事聽去七夜如與學沙弥尼僧欲作治羯磨若苦切羯磨若依止羯磨若駈出羯磨若下意羯磨遣使詣比丘所白言大德僧欲為我作治羯磨若苦切羯磨若依止羯磨若駈出羯磨若下意羯磨大德来如法助我有如是事聽去七夜如與學沙弥尼僧作治羯磨竟苦切羯磨依止羯磨駈出羯磨下意羯磨竟遣使詣比丘所白言大德僧與我作治羯磨竟苦切羯磨依止羯磨駈出羯磨下意羯磨竟大德来令輕作莫令重作有如是事聽去七夜如與學沙弥尼僧

欲作憶念比尼不癡比尼遣使詣比丘所白大德僧欲為我作憶念比尼不癡比尼大德来當令與我憶念比尼不癡比尼有如是事聽去七夜如與學沙弥尼僧欲與作實覓羯磨遣使詣比丘所白言大德僧欲為我作實覓羯磨大德来如法助我有如是事聽去七夜如與學沙弥尼僧與作實覓羯磨竟遣使詣比丘所白言大德僧為我作實覓羯磨竟大德来令輕作莫令重有如是事聽去七夜如與學沙弥尼僧欲作不見擯不作擯惡邪不除擯遣使詣比丘所白言大德僧欲為我作不見擯不作擯惡邪不除擯大德来我不見教見不作教作不除教除有如是事聽去七夜如與學沙弥尼犯僧伽婆尸沙若應與摩那埵若應與本日治若應與出罪羯磨遣使詣比丘所白言大德我犯僧伽婆尸沙僧欲與我摩那埵本日治若出罪大德来當令與我若摩那埵若本日治若出罪有如是事聽去七夜如與學沙弥尼二部波羅提木

叉分別若未學欲學若學忘欲誦遣使詣比丘所白言大德我二部波羅提木叉分別若未學欲學若學忘欲誦大德来教我受學誦問義有如是事聽去七夜如與學沙弥尼為是多識多知諸大經波羅㮈提伽乃至婆耆耶修妬路若未學欲學若學忘欲誦遣使詣比丘所白言大德是多識多知諸大經波羅㮈提伽乃至薩耆陁舍修妬路我若未學欲學若學忘欲誦大德来教我受學誦問義有如是事聽去七夜如為與學沙弥尼應去與學沙弥亦如是除隨其所應如為比丘應去為比丘尼亦如是他事應去自事應去亦如是遣使應去不使應去亦如是比丘比丘尼若為自身若為他遣使若不遣使應去聽一七夜不聽二七夜有病比丘夏安居若不得隨病食有是事難故出去無罪

有病比丘夏安居若不得隨病藥有是事難故出去無罪

有病比丘夏安居若不得具滿看病

人有是事難故出去無罪

有病比丘夏安居不得隨病食隨病藥若不得隨病食具滿看病人若不得隨病藥具滿看病人若不得隨病食隨病藥具滿看病人有如是事難故出去無罪

有比丘夏安居是中女人不如法語大德我與汝女若姊妹汝為我作女夫作姊妹聟比丘如是思惟是中女人不如法語言大德我與汝女若姊妹為我作女夫姊妹聟若我是處住或失命若失梵行有是事難故出去無罪有比丘夏安居是中男子不如法語大德我與汝女若姊妹汝作女聟作姊妹夫比丘如是思惟是中男子不如法語大德我與汝女若姊妹汝作女聟姊妹夫我若是處住若失命若失梵行有如是事難故出去無罪有比丘夏安居不正思想取相思惟女人若来若去若立若坐若笑若語若啼若歌若作妓若舞若赤倮若多少著衣若嚴飾若不嚴飾比丘如是思惟我是處住不正思惟取相思

惟女人若去来坐立語笑若啼歌舞
作妓赤倮若多少著衣若嚴飾若不
嚴飾若我是處住或失命或失梵行
有如是難故出去無罪有比丘夏安
居見伏藏大價珎寶比丘如是思惟
我是中見伏藏大價珎寶若是處住
或失命或失梵行有是事難故出去
無罪

有比丘夏安居若父母来兄弟姊妹
兒女本第二来比丘如是思惟我是
中若父母来兄弟兒女姊妹本第二
来我若是處住或失命或失梵行有
是難故出去無罪

有比丘夏安居見破僧作二部比丘
如是思惟是中破僧作二部我若是
中住或生悪心或作悪口是我長夜
折减墮悪道有是難故出去無罪

有比丘夏安居見僧勤欲破僧比丘
如是思惟是中住處僧欲勤破僧我
若是中住或生悪心或作悪口我長
夜有折减墮悪道有是事難故出去
無罪

見多比丘二一多比丘尼二一多式

叉摩尼二一多沙弥二一多沙弥尼
二一多出家二一多出家尼二見
一出家尼勤欲破僧比丘如是思惟
是中出家尼勤欲破僧我若是中住
或生悪心或作悪口我長夜有折减
墮悪道有是事難故出去無罪

有比丘夏安居若聞彼住處有勤欲
破僧方便合會比丘如是思惟彼閒
住處有勤欲破僧方便合會我能如是軟語約
勅令彼心息還使一心和合有是事
故出去無罪

有比丘夏安居若聞彼閒住處有僧
勤欲破僧比丘如是思惟彼閒住處
有僧勤欲破僧我能如是軟語約勅
令彼心息能令不勤破僧還一心和
合有是事故出去無罪

若多比丘二一多比丘尼二一多式
叉摩尼二一多沙弥二一多沙弥尼
二一多出家二一多出家尼二一如
一出家尼勤欲破僧比丘如是思惟
彼閒有一出家尼勤欲破僧我能如
是軟語約勅令和合不勤破僧還一
心和合為是事故出去無罪

有比丘夏安居聞彼閒住處有勤欲
破僧方便合會比丘如是思惟彼閒
有欲破僧方便合會我不能如是約
勅如是軟語令彼心息還一心和合
我彼中有親是親力能軟語約勅令
彼破僧方便合會事息還一心和合
為是事故出去無罪

有比丘夏安居聞彼閒僧欲勤破僧
方便合會比丘如是思惟彼閒僧勤
欲破僧我力不能軟語約勅令彼心
息還一心和合我彼中有親親力能
軟語約勅令彼破僧方便合會心息
還一心和合為是事故出去無罪

如是多比丘二一多比丘尼二一多
式叉摩尼二一多沙弥二一多沙弥
尼二一多出家二一多出家尼二一
如一出家尼勤欲破僧方便合會比
丘如是思惟彼閒有出家尼勤欲破
僧方便合會我力不能軟語約勅令
彼心息還一心和合我彼中有親親
力能軟語約勅令彼破僧方便合會
心息還一心和合為是事故出去無罪

有比丘夏安居時八難若一一難起

有如是事難故出去無罪廣說如自

恣中
比丘發心欲彼處前三月夏安居此
間有急事起若至彼不得已應還是
比丘作是念我此間事未訖而至彼
間者必當還此間事訖然後往彼住
處是比丘不應彼間住處前三月自
違言得罪
比丘發心欲彼處夏安居是二住處
一布施別布薩是比丘如是思惟我
若是中作布薩得此處衣分若彼間
住處布薩亦得此處衣分是比丘不
安居處作布薩後還至安居處是比
丘不應彼住處前三月自違言得罪
比丘欲往彼處住往彼處住竟不作
布薩出界去是比丘不應彼住處前
三月自違言得罪
比丘欲往彼住處往彼住處竟作布
薩竟不受牀卧具出界去是比丘不
應彼住處前三月自違言得罪
比丘欲往彼住處往彼住處竟作布
薩受牀卧具竟無因緣出界去是比
丘不應彼住處前三月自違言得罪

比丘欲往彼住處往彼住處竟作布

薩受牀卧具竟不受七夜出界去是
比丘不應彼住處前三月自違言
得罪
比丘欲往彼住處往彼住處竟作布
薩受牀卧具竟受七夜出界去界外
盡七夜而還是比丘不應彼住處前
三月自違言得罪
比丘欲往彼住處往彼處竟作布薩
受牀卧具竟受七夜出界去不盡七
夜而還是比丘應彼住處前三月不
自違言無罪後三月亦應如是廣說
第七日當自恣受宿出界不犯若六
夜若五夜若四夜若三夜若二夜若
一夜受宿出界外無罪　七法中安居法第四竟

十誦律卷第二十四

十誦律卷第二十四

校勘記

一　底本，金藏廣勝寺本。

一　五三五頁中一行「四誦之五」，資無；磧、普、南、徑、清作「第四誦之四」，載於二行與三行之間；麗作「第四誦之四」。

一　五三五頁中三行「第四」，資作「第四誦之四」。

一　五三五頁中六行第六字「數」，資、磧、普、南、徑、清作「毀」。

一　五三五頁中一三行「因緣」，麗作「事」。

一　五三五頁中一七行第一三字「今」，資、磧、普、南、徑、清作「今日」。次頁中五行第一一字同。

一　五三五頁中二〇行「二者」、「三者」、「四者」及二一行「五者」，資、磧、普、南、徑、清分別作「二」、「三」、「四」、「五」。

一　五三五頁中末行「著衣」，資、磧、

普、南、徑、清作「著衣脱革屣」。
一 五三五頁下一行「跙跪」，資、磧、普、南、徑、清作「胡跪」。下同。
一 五三五頁下九行第七字「座」，徑作「應」。
一 五三五頁下二二行「國土」，普作「國王」。
一 五三六頁上二行第七字「果」，資、磧、普、南、徑、清無。
一 五三六頁上三行「好飲食」，資、磧、普、南、徑、清作「好美飲食」。
一 五三六頁上六行「比丘」，資、磧、普、南、徑、清作「僧」。
一 五三六頁上八行「憂苦愁惱」，資、磧、普、南、徑、清作「憂愁苦惱」。
一 五三六頁上九行「當可如何」，資、磧、普、南、徑、清作「當可如何莫斷功德」。
一 五三六頁上一一行第七字「常」，資、磧、普、南、徑、清作「在世」。
一 五三六頁上二〇行「礼足」，資、磧、普、南、徑、清作「作禮」。
一 五三六頁上末行「如是」，諸本(不含石，下同)作「如是語」。
一 五三六頁中六行末字「法」，資、磧、普、南、徑、清作「法去」。
一 五三六頁中一八行「温堂」，資、磧、普、南、徑、清作「温室」。下同。
一 五三六頁中二〇行「爲僧」，諸本作「爲僧故」。
一 五三六頁下一行「叉摩尼」，資、磧、普、南作「叉摩那」。
一 五三六頁下三行「一若」，資、磧、普、南、徑、清作「出家尼」。
一 五三六頁下四行第八字「合」，資、磧、普作「舍」。
一 五三六頁下五行「大德」，諸本作「大德來」。
一 五三六頁下九行第五字「王」，資、磧、南、徑、清作「若王」；普作「若三」。
一 五三六頁下一九行第五字「爲」，諸本作「爲欲」。
一 五三七頁上三行「教我」，麗作「教我食」。
一 五三七頁上八行末至一九行首，其間之夾註「晉言」，資、磧、普、南、徑無。
一 五三七頁上九行「摩那闍藍」，資、磧、普、南、徑、清作「摩那闍藍裯」。
一 五三七頁上一〇行夾註「化經」，資、磧、普作「代經」。
一 五三七頁上一二行「咆那」，資、磧、普、南、徑、清作「咤那」。
一 五三七頁上一四行「摩呵尼」，資、磧、普、南、徑、清作「摩阿尼」。同行夾註「大因經」，諸本作「大因緣經」。
一 五三七頁上一六行夾註「五受陰却經」，資、磧、普、南、徑、清作「陰却五受經」。
一 五三七頁上一七行末夾註「同男部經」，麗作「同界部經」。
一 五三七頁上二〇行「若學」，諸本作「若先學」。五三八頁上一〇行，麗同。

一　五三七頁中九行至一二行「多比丘尼……出家尼故」，資、磧、普、南、徑、清作「比丘多比丘尼二一比丘尼多式叉摩那（「那」徑作「尼」）二一式叉摩那（「那」徑作「尼」）多沙彌二一沙彌多沙彌尼二一沙彌尼多出家二一出家多出家尼二出家尼爲一出家尼故」；麗作「多比丘尼二一多式叉摩尼二一多沙彌二一多沙彌尼二一多出家二一多出家尼二一若爲一出家尼故」。

一　五三七頁下九行第九字「苦」，資、磧、普、南、徑、清作「苦極」。

一　五三八頁上九行「乃至」，資、磧、普、南、徑、清作「波羅槃大尼　那闍提利劍　摩那闍藍稠婆羅小闍藍　阿吒那劍　摩訶娑摩耆劍　阿羅伽度波摩　室唳咤那都叉那時月提　釋伽羅波羅念柰　摩阿尼陀那波梨耶夜　頻波濲羅波羅時伽摩南　般闍復波陀那肝提伽　沙陀耶多尼　尼陀那散猶乞多波羅延　阿陀婆耆耶修姤路」。次頁上二行及五四○頁中六行同。

一　五三八頁上一二行第一二字「我」，磧無。

一　五三八頁上二二行至本頁中二行「多比丘尼……若爲一出家尼故」，資、磧、普、南、徑、清作「比丘多比丘尼二一比丘尼多式叉摩尼二一式叉摩那（「那」徑作「尼」）多沙彌二一沙彌多沙彌尼二一沙彌尼多出家二一出家多出家尼二一出家尼爲一出家尼故」。

一　五三八頁中三行末字「詣」，徑作「諸」。

一　五三八頁中一五行至次行及二一行「式叉摩尼」，資、磧、普、南作「式叉摩那」。

一　五三八頁中二一行第四字「聽」，資、磧、普、南作「應」。

一　五三八頁下五行「如是」，諸本作「有如是」。

一　五三九頁上四行第九字「白」，諸本作「白言」。

一　五三九頁上九行「故住」，資、磧、普、南、徑、清作「作」；麗作「故作」。

一　五三九頁上一一行「白言」，麗作「白言大德」。中一五行，資、普、南、徑、清、麗同。

一　五三九頁上一四行末字至一七行「多比丘尼……一爲一出家尼故」，資、磧、普、南、徑、清作「比丘多比丘尼二一比丘尼多式叉摩尼二一式叉摩尼多沙彌二一沙彌多沙彌尼二一沙彌尼多出家二一出家多出家尼二出家尼爲一出家尼故」；麗作「多比丘尼二一多式叉摩尼二一多沙彌二一多沙彌尼二一多出家二一多出家尼二一若爲一出家尼故」。

一　五三九頁上二二行第八字「應」，諸本作「聽」。

一　五三九頁下一○行末字「疑」，諸本作「疑悔」。

一　五三九頁下二二行第一三字及次頁下一五行第二字「作」，資、磧、普、南、徑、清無。

一　五四〇頁上二行「白大德」，諸本作「白言大德」。

一　五四〇頁上九行第五字「竟」，資、磧、普、南、徑、清無。

一　五四〇頁上一一行「莫令重」，資、徑、清、麗作「莫令重作」；磧、普、南作「莫念重作」。

一　五四〇頁中六行至次行「婆耆耶」，諸本作「薩耆陁舍」。

一　五四〇頁中一〇行「未學」，磧、普、南作「不學」。

一　五四〇頁中一二行「如爲與學沙彌尼」，資、磧、普、南、徑、清作「如與學沙彌尼事」。

一　五四〇頁中一四行「他事」，諸本作「如他事」。

一　五四〇頁中一六行首字「使」，諸本作「遣使」。

一　五四〇頁中一七行第五、六字「遣使」，資、磧、普、南、徑、清作「若遣使」。

一　五四〇頁下五行第一一字「如」，資、磧、普、南、徑、清無。

一　五四〇頁下八行「汝爲我」，資、磧、普、南、徑、清作「汝若爲我」。

一　五四〇頁下一一行「爲我」，諸本作「汝爲我」。

一　五四〇頁下一八行第六字「有」，資、磧、普、南、徑、清作「者」。

一　五四〇頁下一九行「思想」，諸本作「思惟」。

一　五四〇頁下二〇行首字「惟」，資、磧、普、南、徑、清作「想」。次頁上一行首字同。

一　五四〇頁下末行「處住」，資、磧、普、南、徑、清作「住處」。

一　五四一頁上一行「若去來」，資、磧、普、南、徑、清作「若來若去」。

一　五四一頁上二行「若嚴飾若」，資、磧、普、南、徑、清作「嚴飾」。

一　五四一頁上一三行首字「是」，資、磧、普、南、徑、清作「是事」。

一　五四一頁上一七行「折減」，諸本作「有折減」。

一　五四一頁上末行至本頁中二行「多比丘尼……多出家尼二」，資、磧、普、南、徑、清作「比丘多比丘尼二一比丘尼多式叉摩尼二一式叉摩尼多沙彌二一沙彌多沙彌尼二一沙彌尼多出家二一（「二一」，資、普、作「一二」）出家多出家尼二出家尼」；麗作「多比丘尼二一多式叉摩尼二一多沙彌二一多沙彌尼二一多出家二一多出家尼二一」。

一　五四一頁中六行「有是」，資、磧、普、南、徑、清作「或是」。

一　五四一頁中八行末字「問」，資、磧、普、南、徑、清作「聞」。

一　五四一頁中九行小字，諸本爲正文。

一　五四一頁中一〇行「心息」，資、磧、普、南、徑、清作「伏」。同行「一心」，磧、南作「一方」。

一　五四一頁中一七行第七字至一九行第一三字「多比丘尼……多出家尼二一」，資、磧、普、南、徑、清作「比丘多比丘尼二一比丘尼多式叉摩尼二一式叉摩尼多沙彌二一沙彌多沙彌尼二一沙彌尼多出家二一出家多出家二出家尼」。本頁下一四行第八字至一六行末字同。

一　五四一頁下二行「彼間」，麗作「彼間住處」。

一　五四一頁下八行「欲勤」，資、磧、普、南、徑、清作「勤欲」。

一　五四一頁下一〇行「破僧」，資、磧、普、南、徑、清作「破僧方便」。

一　五四一頁下一二行「心息」，資、磧、普、南、徑、清作「事息」。

一　五四二頁上三行「前三月夏安居」，資、磧、普、南、徑、清作「夏安居前三月安居」。

一　五四二頁上九行第一一字「是」，資、磧、普、南、徑、清無。

一　五四二頁上一四行第四字「彼」，資、磧、普、南、徑、清作「往」。

一　五四二頁上一五行「往彼處住往彼處住」，資、磧、普、南、徑、清作「往彼住處往彼住處」。

一　五四二頁上一八行第一〇至一一字「住處」，資、磧、普、南、徑、清作「處住」。

一　五四二頁中九行第一〇字「處」，資、磧、普、南、徑、清作「住處」。

一　五四二頁中一〇行「出界去」，資、磧、普、南、徑、清作「出界外」。

十誦律卷第二十五　四誦之六　從

後秦北印度三藏弗若多羅　譯

七法中皮革法第五

佛在舍衛城尒時阿濕摩伽阿槃提國有聚落名王薩薄中有大富居士財寶豐盈種種具足唯少一事無有兒息從諸神祇池神冢神交道大神滿賢大神高賢大神大自在天神郁羅延神韋紐天神下至鉢婆羅神為有子故求請乞索而不能得有子時到居士婦乃覺有身利根女人有四不共知何等四一知男愛二知男不愛三知妊身時四知所從得婦自知有身語居士言我已有身居士聞之心歡喜踊躍或當生男好加供給洗浴淨潔以香塗身隨時將息令身安隱若有所至多人衛從莫令憂惱九月已過娩身生男耳有金環是兒端正見者歡喜居士聞之心喜踊躍集諸知相婆羅門相之問言是兒德力何如諸婆羅門言居士是兒實有福德威力居士言當為作字是時國法作

二種字若隨宿若隨吉諸人言居士是兒何時生荅言某日生是諸婆羅門筭知語言是兒沙門宿日生即名沙門居士復集婆羅門及諸居士善知金寶相者以兒耳示之是兒耳環價直幾許諸人言居士是兒耳環非世所作不易平價意想平之可直死金一億兒字沙門耳環直一億衆人即字為沙門億耳衆人當識是居士令五種養母養視何等五一者治身母二者除垢母三者乳母四者吉母五者戲笑母云何治身母為是兒治頭手足耳鼻諸指是名治身母云何除垢母時時為兒洗浴浣濯是名除垢母云何乳母時時飲食乳養是名乳母云何吉母是兒行時執孔雀拂持三般叉侍衛擁護是名吉母云何戲笑母為兒作機關木人象馬車乘弓箭種種戲具隨時娛樂之是名戲笑母是兒福德威力而疾長大便教書數筭印善知諸物價相貴賤是王薩薄聚落是四方賓客所聚集處時四方賓客来詣聚落問言是中阿誰善好

有德可寄可信示我利害諸人示沙門億耳善好有德可寄可信善別利害是諸賈客即詣沙門億耳託為主人沙門億耳問諸賈客從何處来荅言從某方某國来即問彼方國中有何好惡賈客具荅好惡之事是時復有諸賈客海中来者至王薩薄聚落問言是中阿誰善好有德可寄可信示我利害諸人示沙門億耳善好有德可寄可信善別利害是諸賈客即託為主人沙門億耳問諸賈客從何處来荅言大海中来問大海中有何好惡賈客具荅海中諸事大海中有波怖龜怖提迷魚怖提迷者羅魚怖失収摩羅魚怖迴波怖水覆山怖黒風怖惡龍處惡羅刹怖億耳百千人去時一得還若得来還種種珎寳布施作福七世不盡何况巳身是諸賈客見沙門億耳有大威力如是思惟若作薩薄共多人入海必安隱来出諸人言沙門億耳汝何以不入大海荅言我入大海作何等是中多諸恐怖百千人去時一得還是諸賈客激厲言

何等人仰他活命乃至婬女仰他活命若人求作布施福德是事善好諸賈客如是激厲沙門億耳信受欲去到父母所辝欲入海時父母説諸怖事欲令變悔以制留之人為財故入大海我家中多諸寳物汝用布施作福七世不盡何為入海時不隨父母語父母語諸貴人佐我留億耳時諸大官長者居士億財主大富薩薄如是貴人留之不隨父母知其意正則聽令去於是乘象振鈴遍告聚落令言沙門億耳欲入大海我作薩薄誰欲共去是人福德五百賈人皆悉樂從彼國土法作薩薄者要出二十萬金錢十萬辦舡十萬辦資糧莊嚴竟已下舡者水中以七枚繩繫日日唱言誰能捨父母兄弟姊妹妻子閻浮提種種樂及捨樂壽誰欲得金銀摩尼琉璃種種寳物七世隨用布施作福者共入大海如是日日唱曰斷一繩如是斷六繩殘第七繩待伊勒風譖好隨風既得伊勒風断第七繩舡疾勝箭是薩薄福德威力是舡疾到寳

渚勅語諸賈客言取諸寳物載使滿舡莫令大重取寳物竟得伊勒風是時舡去疾勝于箭還閻浮提向王薩薄聚落有二道水道陸道沙門億耳語諸商人何道去諸人言陸道去時有空澤是中夜住語諸商人我曽聞賊来刧諸賈客若前殺薩薄則諸賈客無所成辦若不殺薩薄則以錢物力若自身力若以他力必能得賊我當餘處宿去時當喚我諸人言尒億耳駈驢別處宿是諸賈客夜半發去人人相覺竟不喚億耳後夜大風雨墮億耳覺喚諸賈客賈客無人應者億耳如是思惟奈何諸人棄我去耶即逐去是道多沙土風雨流漫路無遺跡仰驢齅跡而前億耳飢極前行見有一城嚴好淨潔如是思惟念想得食立於城門隨念失聲唱言食食時無數百千萬餓鬼来出皆言何等食阿誰與億耳言無食我行飢極念想得食因出此言我無食也如是思惟我當城邊得食是故唱言食耳諸餓鬼言此是餓鬼城我百千萬歲今

日乃聞唱食聲我等以不布施慳心多故墮餓鬼中汝欲郍去億耳言欲至王薩薄聚落鬼言從是道去於是前行復見一城如是復念前城不得食今或能得水即到門立唱言水水時無數百千餓鬼来出皆言何等水阿誰與億耳言無水我渴極念想得水因出是聲我無水也如是思惟我當城邊得水是故唱言水耳餓鬼言此是餓鬼城百千万歲今日乃聞水聲我等以不布施慳心多故墮餓鬼中汝欲郍去億耳言欲至王薩薄聚落鬼言從是道去前行不久復見樹名婆羅夜於下宿搖樹落葉細者自食麁者與驢如是日暮至夜是中即有牀出男出女出顏貌端正者天寶冠共相娛樂沙門億耳作是思惟我不應尒看他私事時夜過晝来即時牀滅女滅有群狗来噉是男子肉盡骨在億耳念言我悔不問是人先作何行今得此報夜善晝惡我當住待問之至夜更有好牀男出女出顏貌端正者珠寶天冠共相娛樂億耳即

往問男汝作何行今得是報夜善晝惡男言汝何用問為億耳言意欲知之男言汝識阿濕摩伽阿槃地國中王薩薄聚落不億耳言識男言我是某甲屠兒有長老迦旃延常出入我家我常供給飲食衣被湯藥億耳彼常語我言莫作惡行後得大苦我時荅言先世以来以此為業今若不作郍得自活時迦旃延復語我言汝作此惡晝多夜多我言晝多即語我言汝夜受五戒可獲微善我即從受今得此報夜善晝惡皆由作行悔恨何益男問億耳汝欲郍去荅言至王薩薄聚落男言從是道去億耳便去前行不久復見一樹名波羅住下止宿搖樹落葉細者自食麁者與驢時夜過晝来是處復有牀出男出女出顏貌端正者珠寶天冠共相娛樂億耳即念我不應住此觀他私事如是至暮牀滅女滅百足虫出噉是男子肉盡骨在億耳念言我悔不問汝作何行今得此報晝善夜惡當住待問夜過晝来復有牀出男出女出顏貌端

正者珠寶天冠共相娛樂億耳往問男子汝作何行今獲此報晝善夜惡男言汝何用問為億耳言意欲知之男言汝識阿濕摩伽阿槃地國中王薩薄聚落不荅言識是中某甲男子婬犯他婦有長老迦旃延出入我家我家常供給飲食衣被湯藥億耳尒時彼教我言莫作惡行後得苦報我荅言不能自抑當可如何復語我言汝於此事何時偏多我言夜多時迦旃延即語我言受晝五戒可獲微善我用其言受晝五戒故獲斯報晝善夜惡悔恨先行無所復益男問億耳汝欲郍去荅言欲至王薩薄聚落男言從是道去前行復見林樹池水清淨億耳於中洗欲飲驢是池邊有堂衆寶莊嚴億耳仰覩見堂即作是念我飢渴欲死當何所在即便上堂誦佛經偈

飢為第一病　行為第一苦　如是知法寶
涅槃第一樂

上堂見女人坐象牙牀牀脚繫二餓鬼是女識億耳字問訊沙門億耳道

路不極不渴不飢耶億耳自念是女
人生不見我乃識我字何以得尒女
即喚億耳坐共相問訊語女言貴女
乞我食女言相與但莫與是二餓鬼
億耳言貴女今我飢急何能與鬼女
即與水洗手與食是女欲令億耳知
此因緣故小出堂外時二餓鬼申手
語沙門億耳乞我一口乞我半口我
腹中飢如火燒沙門億耳先好布施
憐愍衆生作是思惟我飢急辛苦是
餓鬼那得不苦各各與一口是二餓
鬼者食口中是食變成膿血少多咽
還吐出滿堂臭惡女人還入見臭處
滿堂女言我語汝莫與何以與之億
耳言姉妹我不知是事故與女即除
吐掃灑燒香還坐本處億耳語姉妹
更與我食女言我不惜食設與汝者
恐更與鬼是事不可億耳言姉妹我
先不知故與今不復尒是女即以水
洗手與億耳食是時更有一女來語
貴女與我食女言食汝常食作是語
已即有三錡鑊爇火湯沸是女脫衣
著一面入鑊中皮肉爛盡唯有骨鏁

冷風来吹即得出鑊還活著衣敢其
爛肉敢已而去億耳故食更有女来
言貴女與我食女言食汝常食作是
語竟女變成羖羊敢草沙門億耳如
是思惟自疑我或人中死生此餓鬼
國耶即語貴女是何等事女言何用
問為億耳言意欲得知女言汝識阿
濕摩伽阿槃地國中王薩薄聚落不
億耳言識是一鬼繫我頭邊牀脚者
是我夫某甲居士繫我脚邊牀脚者
是我兒有長老迦旃延出入我舍受
我衣服湯藥供養是二人瞋我言我
作財辛苦而持與他汝空自疲勞後
世當得膿血之報以是慳貪不憙布
施墮餓鬼中是惡口業故與食變為
膿血億耳言是女何以自敢肉女言
是女我兒婦以物與舉或自敢若與人
我問時如是言我不敢不與他若自
敢若與他者我當自敢肉是故今自
敢肉是第二女復作何等變作羖羊
敢草貴女言是我婢我使舂磨或自
敢或與他若問時言我不自敢不與
他若自敢若與他者我後世當作羊

敢草以是因緣今作羊敢草億耳言
汝作何行女言我有少罪我是中不
久住我此間死當生四天王天中汝
能少為我不億耳言何等事女言王
薩薄聚落中我有女未知脩善汝還
至彼為我語是女某甲我見汝父母
兄兄婦婢唯汝母獨受福餘者受罪
汝母因我語汝莫作惡事後世多受
苦報汝若不信汝母言是處有藏大
有錢財取為我作福供養僧亦供養
長老迦旃延殘餘可以自活作是語
已問億耳言汝欲去耶荅言欲去女
言汝眠眼即如其言便眠眼須臾之
須便於王薩薄聚落不遠置之是諸
賈客先到聚落者諸人問之何以不
見沙門億耳諸賈客言大海中失是
時聚落諸人聞其失億耳舉邑啼哭
如喪父母億耳問之何以如此諸人
言沙門億耳大海中失以其失故啼
哭相弔億耳即作是念我死消息聞
是聚落如是憂憒若今見我必復撥
動何須復歸彼貴女囑我語其女當
為至彼億耳漸到女舍共相問訊語

十誦律卷第二十五　第十二張　從字号

其女言某甲知不我見汝父母兄兄婦婢盡在餓鬼中唯汝母獨受福餘者受苦汝母語汝莫作惡事後受苦報女言咄男子汝癡人汝狂人我父母布施作福德死必生天何以故在餓鬼中億耳即語女言汝母言某處有藏廣大錢物在中為我作福供養僧及長老迦旃延殘餘自活是女聞已便至藏所發取大得錢財得以生信如其母勑即以供養衆僧是沙門億耳先世供養佛種善根利根近見諦以是因緣力能得今世無漏智是人為善根力所追便自思惟愁憂我用歸家為當往大迦旃延所即往到已頭面礼竟一面坐沙門億耳心猒本事怖畏世間長老迦旃延隨順其意而為説法即於座上得諸法清淨無垢法眼是人見法得法知法知淨法度疑悔不信他不隨他立道果中得無所畏從坐起頭面礼長老迦旃延足白言大德我歸依佛歸依法歸依僧我作優婆塞憶念我從今盡壽不殺生心信清淨大德我欲善勝法

十誦律卷第二十五　第十三張　從字号

中出家受具足戒作比丘欲善勝法中行道迦旃延言沙門億耳父母聽汝出家不荅言大德我父母未聽迦旃延言我曹法父母不聽不得出家受具足戒億耳言大德我自求是事若父母聽當来出家受具足戒迦旃延言汝冝知是時億耳頭面礼長老迦旃延足即便歸家見父母礼拜問訊億耳父母先愁苦故失明聞億耳從大海中安隱還歸悲喜淚出眼還得明億耳住過五六日已白父母言聽我善勝法中出家父母言億耳我唯有汝本至心求願得汝汝不用我語入大海得汝死消息愁憂故眼盲汝今大海中安隱来還我大歡喜眼得開視汝今便為更生汝受我語則為供養我曹我曹壽命不過幾時若能畢我等壽不出家者我死不恨億耳荅言諾供養滿十二年終父母壽如偈説

生者有死　高者亦墮　一切皆盡
無有常者

億耳澡浴到長老迦旃延所頭面礼

十誦律卷第二十五　第十四張　從字号

足一面坐大德我今得正法信欲佛法中出家修梵行長老迦旃延即與億耳出家是時阿濕摩伽阿槃地國土少比丘十衆難得是沙弥夏安居過自恣竟長老迦旃延共住弟子近住弟子諸方来見師問訊尒時比丘滿十衆是時與億耳受具足戒時諸比丘欲遊行東方國到佛所見佛供養億耳問諸比丘長老鄉去諸人言欲至舍衛國見佛世尊親近礼拜億耳言我亦欲去諸人言隨意億耳言小待我辞和尚億耳向長老迦旃延所頭面礼足一面坐如是言大德和尚我今安居竟欲遊行東方國土見佛世尊親近礼拜願聽我去迦旃延言欲往隨意汝當代我頭面礼佛足問訊少病少惱起居輕利安樂住不及餘比丘如是問訊長老摩訶迦旃延是我和尚阿濕摩伽阿槃地國土中舊比丘摩摩帝帝帝陁羅濟度我是長老頭面礼佛足問訊少病少惱起居輕利安樂住不及餘比丘亦如法問訊已從婆伽婆乞請五事一

者阿濕摩伽阿槃地國土少比丘受具足十衆難得頞佛聽此國少比丘受具足二者阿濕摩伽阿槃地國土地堅多碎石土塊頞佛聽此國比丘著一重革屣三者阿濕摩伽阿槃地國人憙洗浴以水為淨頞佛聽此國諸比丘常洗浴四者如東方國土用如是麻䕯覆毛䕯覆花衣䕯覆頞佛聽阿濕摩伽阿槃地國比丘皮䕯覆羊韋麞韋羖羊韋五者有比丘遣比丘使與他比丘衣他不取是衣中間失我曹當云何億耳汝若去東方國土見佛世尊親近礼拜代我如是問訊以此五事具白世尊是時億耳受長老迦旃延語誦利從坐處起頭面礼長老摩訶迦旃延竟已即向自房付卧具持衣鉢遊行諸國土漸漸到舍衛國見佛頭面礼足一面坐諸佛常法有客比丘來以如是語問忍不足不安樂住不乞食不難道路不疲耶尒時佛以是語問億耳忍不足不安樂住不乞食不難道路不疲耶是比丘荅言實忍足安樂住乞食不

難道路不疲諸佛常法共客比丘一處宿時勑侍者為客比丘房舍內敷牀卧具是時佛勑阿難為客比丘房內敷牀卧具阿難如是思惟如佛所勑為客比丘敷牀卧具佛世尊今日必與客比丘同一房舍宿即向佛房與客比丘敷牀卧具竟還白言大德與客比丘敷牀卧具竟佛自知時佛從坐起向自房到坐處敷尼師檀結加趺坐億耳向佛房到已頭面礼佛足坐處敷尼師檀結加趺坐是二人夜多坐禪默然中夜過至後夜佛語億耳汝比丘唄億耳發細聲誦波羅延薩遮陁舍修妬路竟佛讚言善哉比丘汝善讃法汝能以阿槃地語聲讃誦了了清淨盡易解比丘汝好學好誦佛知故問汝何以晚入道億耳言大德我久知欲患有緣事不得出家即說偈言

已見世間過　見法不樂漏　聖人不樂惡
惡人不樂善　决定見法味　法味息煩惱
除熱離衆惡　服法喜法味

億耳如是思惟是我時到當以五事

廣問世尊於是億耳從坐起偏袒著衣合掌白佛言世尊長老大迦旃延是我和尚阿濕摩伽阿槃地國中舊住摩摩帝帝陁羅濟度我稽首礼佛足問訊少病少惱起居輕利安樂住不及餘比丘亦如法問訊以五事廣問世尊佛語億耳汝且止須我問時當說佛以是因緣會僧會僧已告億耳汝所問便問是時億耳白佛言大德長老迦旃延是我和尚阿濕摩伽阿槃地國土舊比丘摩摩帝帝陁羅濟度我是長老頭面礼佛足問訊少病少惱起居輕利安樂住不餘比丘亦如法問訊五事廣白世尊何等五一者阿濕摩伽阿槃地國土比丘少受具足十衆難得頞佛聽此國少比丘受具足二者阿濕摩伽阿槃地國土地堅碎石多土塊多頞佛聽此國土比丘著一重革屣三者阿濕摩伽阿槃地國土人憙洗浴以水為淨頞佛聽此國土諸比丘常洗浴四者大德若東方國土用如是麻䕯覆毛䕯覆華衣䕯覆頞佛聽此國土

比丘皮作蕣覆羊韋麞韋羖羊韋五者有比丘遣比丘使與他比丘衣他不取是衣中間失是中我曹當云何佛種種因緣讚戒讚持戒讚戒讚持戒已佛語諸比丘從今日聽邊國中持律第五受具足戒是中南方白木聚落白木聚落外是邊國也西方有住婆羅門聚落婆羅門聚落外是邊國北方優尸羅山去山不遠有蒱泉薩羅樹薩羅樹外是邊國東方有婆羅聚落字伽郎伽郎外是邊國東北方有竹河竹河外是邊國從今日聽阿濕摩伽阿槃地國土比丘作一重革屣若穿破更補兩頭置中央厚重革屣不應著毛革屣不應著聲革屣不應著縺革屣不應著一切青革屣一切黄一切赤一切白一切黑青皮間黄皮間赤皮間白皮間黑皮間青韋繡黄韋繡赤韋繡白韋繡黑韋繡師子皮繡虎皮繡豹皮繡獺皮繡猫皮繡兜羅衿屣毛衿屣刼貝衿羖羊毛衿羖羊毛縷縫屣羖羊角革屣廣前革屣孔雀筋縷縫孔雀翅雜革屣

一切種雜色莊嚴縷繡革屣不應著若著犯突吉羅罪從今日聽阿濕摩伽阿槃地國中常洗浴如東方麻蕣覆毛[蕣覆　華摩]覆我今聽阿濕摩伽阿槃地國中如是皮作蕣覆羊韋麞韋羖羊韋有比丘遣比丘使與他衣他比丘不取是衣中間失佛言若得衣彼比丘十日應畜若過十日犯捨墮

佛婆伽婆在舍婆提國住六群比丘尒時畜大皮師子皮虎皮豹皮獺皮貍皮佛言五大皮不應畜若畜犯突吉羅罪更有五皮不應畜象皮馬皮狗皮野干皮黑鹿皮若畜犯突吉羅罪

佛在俱睒尼國是時長老闡那有高好牀佛與阿難詣闡那房闡那遥見佛來見已向佛合掌如是語大德來入房看佛見闡那布高好牀見已語阿難是癡人敷高好牀內爛外流佛種種因緣訶竟語諸比丘從今日高好牀不應畜若畜犯波逸提罪

佛在毗耶離國時有一惡優婆塞與跋難陀釋子作弟子共語恭敬更相

愛念跋難陀釋子晨朝著衣持鉢至其家惡優婆塞與布坐處命跋難陀坐共相問訊其家有犢子雜色斑駮見已即生貪心是好可用作尼師檀跋難陀語言汝犢子雜色斑駮是可用作尼師檀優婆塞言汝須耶語言須即殺犢子剥皮持與便持皮去犢母鳴吼從後逐之是時諸比丘維耶離僧坊門間立地經行遥見跋難陀來諸比丘相語是跋難陀釋子無羞人多有見聞疑惡欲人牸牛吼隨後來必作惡事若欲作若已作漸漸到諸比丘所問言長老此牛何以從汝後鳴吼跋難陀向諸比丘廣說諸比丘種種因緣訶跋難陀何以名比丘故奪畜生命汝無慈愍心如是種種因緣訶已是事白佛佛以是因緣集僧集僧已佛知故問跋難陀汝實尒不荅言實尒世尊佛種種因緣訶何以名比丘故奪畜生命無憐愍心佛種種因緣訶已語諸比丘從今日白衣舍牛皮不應受不應坐卧比丘家中燥牛皮應受不應坐卧

佛在舍衛國六群比丘載女乘種種不清淨佛言女乘不應載若載得突吉羅罪六群比丘共女載種種不清淨佛言不應共女載若共載得突吉羅罪六群比丘共女有閒載種種不清淨佛言不應共女有閒載若載得突吉羅罪

長老畢陵伽婆蹉患眼親里遣使兩犍牛駕車來迎長老乘車來此閒洽眼荅言佛未聽乘兩犍牛車以是事白佛佛言聽載犍牛車當使餘人御不得自御尒時六群比丘捉牸牛尾度河種種不清淨佛言不應捉牸牛尾度河若捉得突吉羅罪若師子虎象馬牛雄者捉尾度河無罪六群比丘捉小女人手度河種種不清淨佛言不應捉小女人手度河若捉小女人手度河得突吉羅罪

有諸居士婦向阿脂羅河洗浴脫衣岸上入水洗浴河水卒長漂去尒時諸比丘在河岸邊空地經行時諸女人語諸比丘大德見救捉我等諸比丘言姊妹佛結戒不應故觸女人身

諸女人言大德慈悲愍人何處沙門釋子中我等今為水漂是非見捉諸比丘不知云何以是事白佛佛言應救諸比丘如是捉時婬心起還放諸女言大德小時莫(放待)到彼岸諸比丘不知云何是事白佛佛言雖婬心起但捉一處莫放到岸不應故觸(若更)觸得罪若繡畫女木女不應故觸觸得突吉羅罪

佛婆伽婆在阿羅毗國阿羅毗諸比丘着木屐時時到和尚阿闍梨所受經學經問經是時精舍內曳屐朗朗作聲有一摩呵盧比丘蹈斷長行虫佛知故問阿難何以故精舍內曳屐聲阿難言世尊是阿羅毗諸比丘著木屐時時到和尚阿闍梨所受經學經問經是故曳屐作聲佛以是事集僧集僧已知而故問諸比丘汝實尒不荅言實尒世尊佛種種因緣訶何以名比丘畜木屐種種因緣訶已告諸比丘從今不得著木屐多羅奢屐竹屐竹葉屐文若屐婆毗屐若畜犯突吉羅罪

長老婆提從高貴中出家是人本白衣時著欽婆羅屐如本法畜欽婆羅屐諸居士譏嫌訶責沙門釋子自稱善好有德著欽婆羅屐如王如大臣有諸比丘少欲知足行頭陁聞是事心慙愧以是事具白佛佛以是因緣集僧集僧已佛知故問汝實尒不荅言實尒世尊佛種種因緣訶何以名比丘着欽婆羅屐種種因緣訶已語諸比丘從今日欽婆羅屐不應著若著犯突吉羅罪

佛在王舍城瞻蔔國中有長者子字沙門二十億是人棄二十億金捨瞻蔔城五百聚落阿尼目佉出家徒跣空地經行足下血出遍流經行地經行此頭彼頭烏啄血佛與阿難到是處見是事佛知故問阿難誰是處經行地血流阿難荅言世尊是瞻蔔國中長者子字沙門二十億棄二十億金捨瞻蔔城五百聚落阿尼目佉出家徒跣經行足下血流遍經行地經行此頭彼頭烏啄血佛以是事集僧集僧已佛知故問汝實尒不荅言實

尒世尊佛言沙門汝能著一重經行
草屣不荅言不能佛言何以不能荅
言世尊我儻有同守戒諸比丘當言
瞻蔔國中長者子字沙門二十億棄
二十億金捨瞻蔔城五百聚落阿尼
目佉出家而染著一重革屣若佛聽
一切比丘著我當著佛種種因緣讃
戒讃持戒讃戒讃持戒已語諸比丘
從今聽著一重經行革屣破補兩頭
置中央厚重革屣不應著毛革屣不
應著聲革屣不應著縺革屣不應著
一切青一切黃一切赤一切白一切
黑革屣不應著青皮間黃皮間赤皮
間白皮間黑皮間青皮繡黃皮繡赤
皮繡白皮繡黑皮繡師子皮繡虎皮
繡豹皮繡獺皮繡狸皮繡兜羅貯屣
毳貯屣刧貝貯屣羖羊毛貯屣羖羊
毛縷縫屣羖羊角屣廣前屣孔雀筋
縫屣孔雀翅縫屣一切雜色革屣不
應著若著犯突吉羅罪
佛在舍衛國東國摩伽羅母堂上晡
時從禪起下堂在露地經行是時諸
比丘著革屣隨佛經行佛顧視見諸

比丘著革屣隨佛經行語諸比丘有
外道出家師弟子尊重恭敬師故不
著革屣從師經行何況多陀阿伽度
阿羅訶三藐三佛陀汝曹著革屣隨
佛經行佛種種因緣訶已語諸比丘
從今佛前不得著革屣和尚阿闍梨
一切上座前佛塔中得道塔中溫室
講堂食厨門間禪窟大小便處洗大
小便處洗浴處一切多衆行處不應
著革屣若著者犯突吉羅罪
佛在舍衛國長老畢陵伽婆蹉病眼
痛徒跣入聚落蹵石傷脚增益眼痛
以是事語諸比丘諸比丘以是事白
佛佛以是因緣集僧集僧已佛知故
問畢陵伽婆蹉汝實尒不荅言實尒
世尊佛種種因緣讃戒讃持戒讃戒
讃持戒已語諸比丘從今聽著一重
革屣入聚落厚重革屣不應著毛革
屣不應著乃至種種雜色縷縫革屣
不應著若著者犯突吉羅罪
佛在舍衛國諸比丘露地洗脚以脚
指行脚跟行或登樹蔡行若石上跳
行入户牀上坐或時用草若衣若獘

納拭脚住處諸草若衣獘納狼藉在
地卧具垢臭尒時有一居士請佛及
僧明日食佛黙然受居士知佛受請
從坐起頭面礼足繞佛而去到自舍
具多美飲食氣味香潔辦具竟敷坐
處遣人白佛時到食具已辦佛自知
時諸比丘至居士舍佛自房住迎食
分諸佛常法如是遊觀看諸比丘房
持户鉤處處大房別房遍諸房看開
一房見草及衣獘納狼藉在地卧具
垢臭佛入房安徐舉被褥出牀榻棄
地草及衣獘納掃房中塗地竟還内
被褥牀榻閉户下中向自房別坐處
敷尼師檀結加趺坐是時中間居士
見僧坐已自行澡水自手與種種多
美飲食氣味香潔僧自恣飽滿已持
獨坐牀是中坐欲聞法上座說法已
次第而去還到精舍頭面礼佛足一
面坐諸佛常法比丘食還歡喜軟語
如是問諸比丘美食飽滿不尒時諸
比丘還佛以如是語問諸比丘美食
飽滿不荅言飽滿佛言我今日持户
鉤處處大房別房遍諸房看開一房

見革及衣弊納狼藉在地卧具垢臭是事不是汝曹云何不愛護僧卧具諸居士婆羅門血肉乾竭布施作福諸比丘是中應少受善愛護佛種種因縁訶已語諸比丘從今聽一重洗脚革屣若穿更補兩頭置中央厚重革屣不應著乃至種種雜色縷縫革屣不應著若著犯突吉羅罪

佛在舍衛國有一比丘失一重洗脚革屣比丘到居士所乞言我失一重洗脚革屣汝與我居士約勑皮師汝與是比丘作一重革屣我與汝價是皮師以厚重革屣貴直二三錢不肯與作一重革（比丘不得還從居士求言居士是屣比丘到皮師所索皮師不與作）皮師竟不與我作一重革屣居士言大德我已約勑不肯與我當云何汝能著厚重革屣不比丘如是思惟我當壞厚重革屣作一重革屣著是比丘持縷錐往祇桓門間欲壞厚重革屣作一重革屣佛食後彷徉經行往到是處見是比丘門下坐佛知故問比丘汝作何等荅言世尊我失一重洗脚革屣我從居士乞居士約勑皮師

令作言與是比丘作一重洗脚革屣我與汝價是皮師以厚重革屣貴直二三錢故不肯與我作一重革屣我到皮師所重索皮師故不與我我不得已還從居士乞語言居士是皮師竟不與我一重革屣居士言我已約勑不肯與汝我當云何便語我言汝能著厚重革屣不我如是思惟當壞作一重洗脚革屣佛語比丘莫壞厚重革屣何以故不堅牢故從今聽作破染著淨若有人施厚重革屣還令主著行下至二三步如是得畜

佛在王舍城六群比丘以佛聽著破染著淨革屣故求種種雜色革屣畜有時六群比丘到諸釋子邊乞革屣若主不與一比丘高舉一比丘脫取以是事故釋子恒不敢出恐六群比丘脫我革屣故諸居士譏嫌訶責沙門釋子自稱善好有德著種種雜色莊嚴革屣如王如大臣有比丘少欲知足行頭陁聞是事心慙愧以是事具白佛佛以是因縁集僧集僧已佛知故問六群比丘汝實尒不荅言實

尒世尊佛以種種因縁訶何以名比丘著種種雜色莊嚴革屣種種因縁訶已語諸比丘若有一重革屣若有破染著淨厚重革屣聽畜一切雜色莊嚴革屣不應著若著犯突吉羅罪

佛在舍衛國自恣竟夏末月與大比丘衆遊行諸國有一比丘手捉革屣跣行佛見是比丘知而故問比丘何以手捉革屣跣行荅言世尊我革屣內鼻堅足指間破痛故跣行佛言應用軟物作（七法中皮革法第五竟）

十誦律卷第二十五

十誦律卷第二十五

校勘記

一 底本，金藏廣勝寺本。

一 五四七頁中一行「四誦之六」，資無；磧、普、南、徑、清作「第四誦之五」，載於二行與三行之間；麗作「第四誦之五」。

一 五四七頁中九行第五字「紐」，麗作「細」。

一 五四七頁中一二行「共知」，諸本(不含石，下同)作「共智」。

一 五四七頁中一四行第三字「語」，資、磧、普、南、徑、清作「婦語」。

一 五四七頁中一六行「以香」，資、磧、普、南、徑、清作「香油」。

一 五四七頁中一八行「金環」，資、磧、普、南、徑、清作「金鐶」。

一 五四七頁中一九行「心喜」，資、磧、普、南、徑、清作「心歡」。

一 五四七頁下一五行第二字「六」，諸本作「云」。

一 五四七頁下一七行「三般」，諸本作「三股」。

一 五四七頁下二二行第九字「所」，資、磧、普、南、徑、清無。

一 五四八頁上四行第一三字「言」，資、磧、普、南、徑、清無。

一 五四八頁上一四行末字「收」，資作「牧」。

一 五四八頁上一六行第四字「惡」，麗作「怖惡」。

一 五四八頁上一九行「沙門」，麗作「是沙門」。同行「大威力」，磧作「天威力」。

一 五四八頁中九行第九字「主」，資、磧、普、南、徑、清作「主人」。

一 五四八頁中二一行夾註「晉」，資、磧、普、南、徑、清無。

一 五四八頁下一行第三字「語」，資、磧、普、南、徑、清無。同行及一一行「賣貝客」，資作「估客」；磧、普、南、徑、清作「賈客」。

一 五四八頁下七行及下一三行第七至第八字「賣客」，資、磧、普、南、徑、清作「賈客」。下同。

一 五四八頁下一五行「逐去」，磧、普、南、徑、清作「遂」。

一 五四八頁下一六行「飢極」，徑作「飢急」。

一 五四九頁中二行第五字「何」，資、磧、普、南、徑、清無。

一 五四九頁中一七行「復有」，資、磧、普、南、徑、清作「復見」。同行及末行「男出女出」，資、磧、普、南、徑、清作「男女出」。

一 五四九頁中二二行「當住待問」，資、磧、普、南、清作「當住待問之」；徑作「當往待問之」。

一 五四九頁下一五行「見林樹」，資、磧、普、南、徑、清作「見有樹林」。

一 五四九頁下一六行「洗欲」，諸本作「洗浴」。

一 五四九頁下一七行「仰親」，諸本作「仰視」。

一 五五〇頁上四行「相與」，諸本作

「相與汝」。

一 五五〇頁上一一行「各各」，資、磧、普、南、徑、清作「各」。

一 五五〇頁上二二行「爇火」，資、磧、普、南、徑、清作「炭火」。

一 五五〇頁上末行「骨鏁」，資、磧、普、南、徑、清作「骨璅」。

一 五五〇頁中一五行「業故」，諸本作「業報故」。

一 五五〇頁中二一行「春磨」，諸本作「舂磨」。

一 五五〇頁中二二行第一一字「自」，磧作「息」。

一 五五〇頁下二行「何行」，資、磧、普、南、徑、清作「何等行」。

一 五五〇頁下一三行第三字及第一〇字「眠」，麗作「瞋」。

一 五五〇頁下一九行「以其」，徑作「是此」。

一 五五一頁上三行第三字「苦」，資、磧、普、南、徑、清作「罪」。

一 五五一頁上五行第一三字「故」，資、磧、普、南、徑、清無。

一 五五一頁上一五行「礼竟」，資、磧、普、南、徑、清作「礼敬」。

一 五五一頁上一八行「知法知淨」，諸本作「知法淨」。

一 五五一頁下一二行第九字「向」，磧作「尚」。

一 五五二頁上三行第五字「者」，資、磧、普、南、徑、清無。五行第七字、七行第八字同。

一 五五二頁上七行「國土」，資、磧、普、南、徑、清作「國土中」。本頁下二二行同。

一 五五二頁上八行「如是」，資、磧、普、南、徑、清作「如是褥覆」。

一 五五二頁上一五行「從坐處起」，資、磧、普、南、徑、清作「從坐起去」。

一 五五二頁上一九行第一三字「問」，資、磧、普、南、徑、清作「勞問」；麗作「問訊」。

一 五五二頁上二〇行「乞食不難」，資、磧、普、南、徑、清作「乞食不乏」。下同。

一 五五二頁上二一行第九字「問」，資、磧、普、南、徑、清作「勞問」。

一 五五二頁中三行末字「房」，資、磧、普、南、徑、清作「房舍」。

一 五五二頁中六行首字「必」，諸本作「必欲」。

一 五五二頁下一一行第七字「舊」，資、磧、普、南、徑、清作「舊住」。

一 五五二頁下一四行「如法」，麗作「如是」。

一 五五二頁下二一行首字「淨」，資、磧、普、南、徑、清作「清淨」。

一 五五三頁上五行第二字「已」，資、磧、普、南、徑、清作「竟」。

一 五五三頁上一六行「縺革」，麗作「緾革」。下同。

一 五五三頁上一八行「黃皮閇」，資、磧、普、南、徑、清無。

一 五五三頁上一九行第九字至二一行首二字「白章……皮繡」，資、磧、普、南、徑、清作「白繡黑韋師子皮虎皮狗皮獺皮狸皮等繡」。

一　五五三頁上二一行第五字「衧」，資、磧、普、南、徑、清作「貯」；麗作「紵」。下同。

一　五五三頁上末行第七字「縷」，資、磧、普、南、徑、清無。

一　五五三頁中四行小字「華蓐」，徑、清作「華衣褥」。

一　五五三頁中一五行「俱睒尼」，麗作「俱睒彌」。

一　五五三頁中一八行「佛見」，徑作「佛高」。

一　五五三頁中一九行「阿難」，資、磧、普、南、徑、清作「阿難言阿難」。

一　五五三頁下六行「汝須郙語言」，資、磧、普、南、徑、清作「汝須耶答言」；麗作「汝須耶語言」。

一　五五三頁下九行「立地」，諸本作「空地」。

一　五五三頁下二一行第一三字「日」，資、磧、普、南、徑、清無。

一　五五四頁上九行「駕車」，資、磧、普、南、徑、清作「駕一車」。

一　五五四頁上二〇行第一〇字「長」，麗作「漲」。

一　五五四頁上末行「女人身」，資、磧、普、南、徑、清作「女子身」。

一　五五四頁中一行第一一字「人」，資、磧、普、南、徑、清無。

一　五五四頁中二行第四字「中」，資、磧、普、南、徑、清作「中有如是」。

一　五五四頁中五行小字「待」，麗作「得」。

一　五五四頁中一二行「學經問經」，資、磧、普、南、徑、清作「學經誦經問經」。下同。

一　五五四頁中一四行「阿難」，資、磧、普、南、徑、清作「阿難阿難」。

一　五五四頁中二〇行第一二字「告」，資、磧、普、南、徑、清作「語」。

一　五五四頁下一行「婆提」，麗作「跋提」。同行「高貴」，資、磧、普、南、徑、清作「憍貴」。

一　五五四頁下一八行第四字「流」，諸本作「流漫」。

一　五五四頁下二一行第八字「血」，資、磧、普、南、徑、清作「血出」。

一　五五五頁上一行「汝能」，資、磧、普、南、徑、清作「汝若能」。

一　五五五頁上六行第六字「染」，資、磧、普、南、徑、清無。

一　五五五頁上九行「破補」，諸本作「若破補」。

一　五五五頁上一六行「狸皮」，資、磧、普、南、麗作「猫皮」。

一　五五五頁上一八行「羝羊」，諸本作「羖羊」。

一　五五五頁上二一行「東國」，諸本作「東園」。

一　五五五頁上末行第一三字「見」，普作「語」。

一　五五五頁中二行第一二字「師」，資、普、南、徑、清無。

一　五五五頁中一〇行第六字「犯」，資、磧、普、南、徑、清作「得」。次頁下五行第一〇字同。

一　五五五頁中一三行第一一字「以」，資、磧、普、南、徑、清無。

一　五五五頁中末行「或時」，資、磧、普、南、徑、清作「時或」。

一　五五五頁下一〇行第二字「房」，資、磧、普、南、徑、清作「房户」。

一　五五五頁下一一行「被褥」，資、磧、普、南、徑、清作「被褥枕」。下同。

一　五五五頁下一三行「閉户下中」，資、磧、普、南、徑、清作「門户下店」；麗作「閉户下橝」。同行第一二字「别」，諸本作「到」。

一　五五五頁下一七行第九字「法」，資、磧、普、南、徑、清作「説法」。

一　五五五頁下一八行「而去」，資、磧、普、南、徑、清作「而出」。

一　五五五頁下末行末字「房」，諸本作「房户」。

一　五五六頁上五行至次行「洗脚」，資、磧、普、南、徑、清作「洗足」。下同。

一　五五六頁上一四行小字「比丘不得還……不與作」，諸本作正文「屣比丘到皮師所索皮師不與作比丘不得還從居士求言居士是」。

一　五五六頁中一〇行「不堅牢」，磧、南作「一堅牢」。

一　五五六頁下一行「訶何以」，資、磧、普、南、徑、清作「訶責云何」。

一　五五六頁下九行首字「以」，資、磧、普、南、徑、清作「故」。

趙城縣廣勝寺

十誦律卷第二十六　四誦之六　　從

後秦北印度三藏弗若多羅譯

七法中醫藥法第六

佛在王舍城秋時諸比丘冷熱發癖癊患動食不能飽羸瘦少色力佛見諸比丘羸瘦少色力佛知故問阿難諸比丘何以羸瘦少色力阿難白佛言世尊諸比丘秋時冷熱發癖癊患動食不能飽是故羸瘦少色力尒時世尊作是念當以何藥與服令差色力還復若食麁餅麨糒不能益身當聽服四種含消藥蘇油蜜石蜜佛以是因緣故集僧集僧已告諸比丘從今日聽諸病比丘服四種含消藥蘇油蜜石蜜尒時諸比丘中前服過中不服猶故羸瘦少色力佛見已復問阿難諸比丘何以故羸瘦荅言世尊世尊雖聽病比丘服四種含消藥諸比丘中前服過中不服是以猶故羸瘦佛以是因緣集僧集僧已佛種種因緣讚戒讚持戒讚戒讚持戒已告諸比丘從今日聽四種含消藥中前

中後自恣服

佛在舍衛國是時長老畢陵伽婆蹉目痛藥師語言以羅散禪塗眼荅言佛未聽我等以羅散禪塗眼諸比丘以是事白佛佛言聽以羅散禪塗眼是長老以羅散禪盛著鉢中半鉢鍵鎡小鍵鎡絡結懸象牙杙上取藥時流汙壁及卧具房舍中臭穢佛言應用函盛雖盛不覆土塵墮中用時增益眼痛佛言應作蓋蓋直動脫佛言子口合作是時諸比丘用鳥翮雞翮孔雀尾著眼藥眼痛更增佛言用匕長老優波離問佛應用何等物作匕佛言若鐵若銅若貝若象牙若角若木若瓦

佛在毗耶離國住是地鹹濕諸比丘病疥膿血流汙安陁會如水漬佛知故問問諸比丘何以汙安陁會如水漬諸比丘言世尊我病疥膿血流出汙安陁會佛言從今日聽諸病疥比丘用苦藥塗長老優波離問佛何等苦藥佛言拘頻闍樹拘波羅樹拘真利他樹師羅樹波伽羅樹波足無祇

僑陁樹諸比丘不曉擣磨佛言聽石磨石磨藥墮地佛言聽石臼杵擣諸比丘手壞佛言聽作木杵作木杵不曉作捉處手上下脫佛言中央令細所擣藥麁佛言應從令細以油塗瘡以藥坌上

佛在舍衛國長老施日狂病受他語噉生肉飲血狂病當差施日語諸比丘我狂受他語噉生肉飲血我今當云何諸比丘以是事白佛佛以是因緣集僧集僧已佛知故問問施日汝實狂受他語噉生肉飲血語諸比丘我今當云何汝實作是事不荅言實作世尊佛種種因緣讚戒讚持戒讚戒讚持戒已語諸比丘從今日若有如是病聽噉生肉飲血應屏處噉莫令人見

佛在舍衛國共大衆夏安居是時長老畢陵伽婆蹉王舍城夏安居是長老多知多識多得蘇油蜜石蜜盛著大小鉢大小鍵鎡中絡結懸象牙杙上取時流出汙壁卧具房舍臭穢有諸比丘共行弟子近住弟子取蘇油

蜜石蜜舉殘惡捉不受內宿合置一器中噉諸佛常法兩時大會春末月夏末月春末月諸方國比丘來詣佛所聽佛說法夏安居樂是初大會夏末月安居竟過三月作衣畢持衣鉢漸漸遊行來詣佛所我久不見佛久不見修伽陁是第二大會諸比丘王舍城安居訖過三月作衣竟與衣鉢俱漸漸遊行來詣佛所頭面礼佛足一面坐諸佛常法有客比丘来如是問忍不足不安樂住不乞食不難道路不疲耶今佛亦如是佛問客比丘忍不足不安樂住不乞食不難道路不疲耶諸比丘言忍足安樂住乞食不難道路不疲以是事向佛廣說佛以是因緣集僧集僧已佛種種因緣訶諸比丘我憐愍諸病比丘聽服四種含消藥蘇油蜜石蜜而舉殘惡捉不從淨人受內宿種種因緣訶已語諸比丘從今病比丘聽服四種含消藥一受已七日自恣服若過七日犯尼薩耆波逸提

佛在舍衛國長老疑離越見作石蜜

若麪若細糠若燋土若臭煤合煎見已語諸比丘諸長老是石蜜若麪若細糠若燋土若臭煤合煎不應過中噉諸比丘以是事白佛佛以是因緣集僧集僧已佛知故問問疑離越汝實見作石蜜若麪若細糠若燋土若臭煤合煎語諸比丘不應過中噉不荅曰實尒世尊佛種種因緣讚戒讚持戒讚戒讚持戒已語諸比丘從今聽作石蜜若麪若細糠若燋土若臭煤合煎若中前應噉過中不得噉

佛在舍衛國時長老舍利弗病風冷藥師言應服蘇提羅漿舍利弗言佛未聽我服蘇提羅漿諸比丘以是事白佛佛言從今聽服蘇提羅漿長老優波離問佛用何等物作蘇提羅漿佛言以大麦去麁皮不破少煑著一器中湯浸令酢晝受晝服夜受夜服不應過時分服

佛故在舍衛國時長老舍利弗熱血病藥師言應服首盧漿舍利弗言佛未聽我服首盧漿諸比丘以是事白佛佛言聽服首盧漿長老優波離問佛

何等物作首盧漿佛言蘗若磨若擣合油等分水和之令酢時應服非時不應服佛在波羅奈國與大衆共夏安居是中有優婆夷字摩訶斯那大富饒錢穀田宅寶物豐足種種福德成就信佛法僧見諦得道請佛及僧夏四月供給病人飲食湯藥自恣所須有一比丘病服下藥須肉語諸看病人言汝去到摩訶斯那優婆夷所作如是語有一比丘病服下藥須肉看病人即往摩訶斯那優婆夷所語言有一比丘病服下藥須肉優婆夷即持物與婢使買肉與看病人婢持物遍波羅奈城中求肉不能得王波摩達斷殺故還語大家言王斷殺我遍求不能得優婆夷思惟何以辛苦如是我請佛及僧夏四月自恣所須一比丘病服下藥須肉不能得若不得肉或當增病如是思惟已捉利刀入室自割䏶肉持與婢汝好熟煑與比丘婢煑竟與看病人看病人持去以水洗病比丘手持肉與病比丘病比丘不知是何肉便食病從是得差摩訶

斯那優婆夷極患瘡痛不能出坐起其夫有小因緣事不在行還不見其婦即問摩訶斯那優婆夷那去家人言病苦痛在一室中卧不能坐起其夫到邊問汝有何苦痛為風熱冷病耶優婆夷廣說上事其夫聞已大瞋不忍不信何緣尒沙門釋子不知時不籌量若施者不知量受者應知量乃使我婦苦痛如是不能坐起含瞋詣佛佛時與大衆圍繞說法遥見優婆塞来漸近佛以大慈力感彼瞋恚漸息清淨心生頭面礼佛足一面坐佛為說法示教利喜示教利喜已黙然便從坐起偏袒右肩合掌白佛言世尊受我明日請食并比丘僧佛黙然受知佛黙然受已頭面作礼繞佛而去通夜辦具多美飲食辦竟晨朝布座遣使白佛食具已辦唯聖知時佛著衣持鉢大衆圍繞往到其家在衆中坐優婆塞見大衆坐竟自行澡水行澡水已自手與飲食隨意所須大衆食訖澡手執鉢持一小床在佛前坐聽佛說法佛知故問優婆塞摩訶斯

那優婆夷在何處荅言大德摩訶斯那優婆夷病苦痛在一室中卧不能行来佛言優婆塞汝去語摩訶斯那優婆夷佛呼汝優婆塞到優婆夷邊語言佛呼汝是時優婆夷聞喚歡喜瘡即差平復優婆夷言汝看我師有如是大神力汝語我言佛呼汝是時我身患即差平復夫見婦如是蒙佛神力歡喜心生俱詣佛所頭面礼佛足一面坐佛知二人信心歡喜隨意說法優婆夷得斯陁含道優婆塞得須陁洹道佛與二人更說要法善心即生示教利喜已佛從坐起而去還到精舍以是因緣集僧集僧已佛知故問問病比丘汝實作是事不荅言實作世尊佛種種因緣訶責何以名比丘噉人肉佛種種因緣訶已語諸比丘從今日不應噉人肉人脂人血人筋若噉犯偷蘭遮噉人骨無罪從今小因緣不應索肉若食時得肉應問是何等肉若不問得突吉羅罪佛故在波羅奈國是時飢餓乞求難得象大瘦死有諸貧賤人象子馬子

牛子客燒死人人除糞人皆噉象肉諸比丘時至到其家乞食諸人言大德我此無飯无麨糒正有象肉汝能噉不答言汝等自噉我何以不噉即與象肉諸比丘持去餘比丘問此何肉答言象肉諸比丘種種因緣訶何以名比丘佛未聽噉象肉而噉訶已以是事具白佛佛以是因緣集僧集僧已佛知故問問諸比丘汝實作是事不諸比丘言實作世尊佛種種因緣訶諸比丘何以名比丘噉象肉若梵摩達王聞沙門釋子噉象肉心不喜何以故象是官物故佛種種因緣訶已告諸比丘從今不應噉象肉象脂象血象筋若噉得突吉羅罪若噉象骨無罪

佛故在波羅奈國是時飢餓乞求難得馬大疫死有諸貧賤人象子馬子牛子客燒死人人除糞人皆噉馬肉諸比丘時至到其家乞食諸人言大德此無飯无麨糒正有馬肉汝等能噉不諸比丘言汝等能噉我何以不噉即與馬肉諸比丘持去餘比丘問

此是何肉答言馬肉諸比丘種種因緣訶責何以名比丘佛未聽噉馬肉而噉訶已以是事白佛佛以是因緣集僧集僧已佛知故問問諸比丘汝實作是事不答言實作世尊佛種種因緣訶諸比丘何以名比丘噉馬肉若梵摩達王聞沙門釋子噉馬肉心不喜何以故馬是官物故佛種種因緣訶已告諸比丘從今馬肉不應噉馬脂馬血馬筋馬骨若噉得突吉羅罪

佛故在波羅奈國是時飢餓乞求難得諸貧賤人象子馬子牛子客燒死人人除糞人皆殺狗噉諸比丘時至到其家乞食諸人言大德此無飯无麨餅糒正有狗肉汝能噉不諸比丘言汝等能噉我何以不能噉即與狗肉諸比丘持去餘比丘問此是何肉答言狗肉諸比丘種種因緣訶何以名比丘佛未聽噉狗肉而噉訶已以是事白佛佛以是因緣集僧集僧已佛知故問問諸比丘汝實作是事不答言實作世尊佛種種因緣訶諸比

丘何以名比丘噉狗肉汝等若至貴人邊若貴人来看汝若聞沙門釋子噉狗肉則棄捨汝去如旃陀羅佛種種因緣訶已語諸比丘從今不應噉狗肉狗脂狗血狗筋狗骨若噉得突吉羅罪

佛故在波羅奈國時世飢餓乞求難得有諸貧賤人象子馬子牛子客燒死人人除糞人皆殺虵噉諸比丘時至到其家乞食諸人言大德此無餅無麨无糒正有虵肉汝等能噉不諸比丘言汝等尚能噉我何以不能噉即與虵肉諸比丘持去餘比丘問此是何肉答言虵肉諸比丘種種因緣訶責云何名比丘佛未聽噉虵肉而噉訶已以是事具白佛佛以是因緣集僧集僧已佛知故問問諸比丘汝實作是事不答言實作世尊佛種種因緣訶責云何名比丘噉虵肉若諸龍聞沙門釋子噉虵肉心不喜何以故虵龍類故佛種種因緣訶已語諸比丘從今不應噉虵肉虵脂虵血虵筋若噉得突吉羅罪若噉虵骨無罪

佛在舍衛國佛身中冷氣起藥師言
應服三辛粥佛告阿難辦三辛粥阿
難受勑即入舍衛城乞胡麻秔米摩
沙豆小豆合煑和三辛以粥上佛佛
知故問問阿難誰煑此粥荅言我
佛告阿難汝持是粥棄著無草地无
虫水中何以故若外道梵志見如是
事必作是語諸沙門釋子師在時漏
處法出阿難受勑即持粥棄著無草
地無虫水中佛以是因緣集僧集僧
已告諸比丘從今大比丘煑食不應
噉若噉得突吉羅罪内宿内煑内宿
外煑外宿内煑自煑不應噉若噉得
突吉羅罪
佛在舍衛國有一居士請佛及僧明
日食佛黙然受居士知佛受已從坐
起頭面礼佛足繞佛而去還家辦種
種餚饍多美飲食敷牀坐褥遣使白
佛食具已辦唯聖知時僧到其舍佛
自房住迎食分居士見僧坐訖自行
澡水手自下食阿難先食迎佛食分
佛患老末久飯不大熟阿難思惟世
尊若食儻發冷患即持薪火於祇桓

門聞煑熟時佛彷徉經行見知故問阿
難汝作何等荅言飯不大熟世尊若
食恐動先患我今更煑佛言善哉善
哉阿難是食如是更煑應法從今食
生聽更煑若生食聽火淨已得煑去
何名火淨乃至火一觸
佛故在舍衛國有一比丘痔病藥師
名阿帝利瞿妬路以刀割大行處時
近祇桓門聞露現處治苦痛切身時
佛欲入祇桓藥師遥見佛來合掌請
佛看是處佛言惡口人中阿帝利瞿
妬路此最第一乃請如来示如是處
從今不應示語大行處若示語犯罪
從今人行處不應聽刀治若聽犯偷
蘭遮罪
佛故在舍衛國毗羅然國有婆羅門
王字阿者達是王有小因縁事来到
舍衛國宿一居士舍問居士言是中
頗有高德沙門婆羅門為大衆師人
所宗重者不若有我當時時往問訊
我心或得清淨居士言有沙門瞿曇
出家信淨剃除鬚髮著袈裟得阿耨多
羅三藐三佛陁汝若時時能往問訊

汝心或得清淨婆羅門言沙門瞿曇
今在何處我欲往見荅言今在祇樹
給孤獨園欲見便往即如其言往見
世尊在林樹間大衆圍繞說上妙法
諸根靜黙容貌端正如紫金山既到
問訊退坐一面佛為說法示教利喜
示教利喜已黙然即從坐起偏袒著
衣合掌白佛願受我請夏坐一時并
比丘僧佛念本行因緣必應受報以
是事故黙然受之既蒙許可即起繞
佛三匝而去還歸本國為佛及僧辦
諸供具種種餚饍以俟三月勑守門
人我今一夏安樂自娛外事好醜一
不得白守門受勑一如其教佛已安
居時到集僧集僧已告諸比丘今往
詣毗羅然國諸比丘言敬如佛教佛與
五百大衆俱入其國其國信邪先無
精舍城北有林号曰勝葉波其林蔚
茂其地平博世尊大衆止頓其中此
邑陝隘邊鄙寂陋民窮少信乞食難
得佛便集僧集僧已勑諸比丘汝等
當知此邑窮隘又多不信乞食難得
若欲於此安居者住不者隨意衆中

是時舍利弗獨往阿耨達山安居受天王釋及其后阿須羅女請夏四月天食供養時佛與五百少一比丘於毗羅然國安居彼國諸居士及婆羅門以少信心供佛及僧滿五六日便止諸比丘乞食極苦難得時長老大目犍連白佛有樹名閻浮提閻浮提因以為名我欲取此樹果供養大衆有呵梨勒林阿摩勒林欝單曰有自然秔米忉利天食修陁味普皆欲取以供大衆有甘地味我以一手擎諸衆生一手反地令諸比丘自取而噉願見聽許佛言汝雖有大神力諸比丘惡行報熟不可移轉一皆不聽是國清涼水草豐美有波羅奈國人逐水草放馬欲令肥丁来到此處馬子信佛心淨見諸比丘乞食極苦難得言諸長老汝等辛苦耶諸比丘言極辛苦彼言我等知汝極飢餓我等糧食盡正有馬麦汝能噉不諸比丘言佛未聽我等食馬麦諸比丘不知云何以是事白佛佛言馬屬看馬人若是諸牧馬人能以好草塩水

食馬此麦自在應受是馬有五百疋比丘五百少一一馬食麦二斗一比丘給一斗一斗與馬中有良馬給麦四斗給佛二斗二斗與良馬阿難取佛分并自取分持入聚落於一女前讚佛言功德佛有如是念定智慧解脫解脫知見大慈大悲一切智人身有三十二相八十種好紫磨金色項有大光大梵音聲覩無猒足若不出家當作轉輪聖王（猶如日出當有大光及千子我與汝等）無不屬者今出家得阿耨多羅三藐三佛陁未度者度未解者解未滅度者滅度除生老病死憂悲苦惱有小因緣在此安居汝能持此麦為作乾飯不女言大德阿難我家中多務多事不得為作傍有一女人聞佛功德即生敬心如是人者世所希有白阿難言可持麦来我為作飯從今日汝分我亦當作更有歡喜智慧持戒比丘我亦與作又即作飯持與阿難阿難敬佛情深如是思惟佛為王種常食餚饍此飯麁惡安能益身念已行水授飯見佛食之悲哽交懷佛知其意欲解釋之

汝能噉此飯不阿難言能受以食之滋味非常實是諸天以味加之欣悅無量悲哽即除佛食訖阿難行澡水洗手攝鉢白佛言今日有一女人我倩作飯不肯傍有一女不倩而作佛言阿難是女不肯作飯所應得者不得若即作者此功德報應作轉輪王第一夫人不倩而作者此福無量不假餘福此福巳大是時世尊宿行未除一時之中無有知佛共僧毗羅然國噉馬麦者魔王化作諸比丘飯食充滿盈長賷行諸國路相逢者問所從来荅言從毗羅然國来諸居士言佛於彼住有四供養不荅言彼常有奢餚饍盈長我所持者即是彼之遺餘尒時世尊宿行巳畢十六大國咸聞世尊與五百比丘毗羅然國三月食馬麦尒時諸國貴人長者居士大富薩薄偹衆供具種種餚饍車馱盈溢塡道而来奉餉世尊自恣垂至七日未訖佛知故問阿難自恣有幾日在阿難言餘有七日佛告阿難汝行入城告阿耆達佛語汝我於汝國夏安

居竟欲餘國遊行諸比丘言世尊是人於佛衆僧有何恩德在此安居窮困理極而與之別佛言此婆羅門雖無恩分賓主之宜理應與別阿難受勅與一比丘(俱入聚落)到其門下告守門者可白汝阿耆達婆羅門令知阿難在外守門者思惟阿難名吉清旦聞之云何不白時阿耆達早起沐浴著白淨衣獨坐中堂守門者入白王言阿難在外婆羅門相法名吉則吉信名求淨即語令前阿難前已即喚令坐時間小默而問阿難阿難以何事來答言佛遣我來語汝夏三月住汝國界安居安居已竟欲餘國遊行婆羅門驚問阿難瞿曇沙門毗羅然國夏住耶阿難言然婆羅門言云何得住阿誰供給阿難言窮苦理極佛與衆僧三月食馬麥是時婆羅門始自覺悟念前請佛并及衆僧夏四月供具充備如何令佛及僧三月食馬麥惡聲醜名流布諸國當言阿耆達長夜惡邪憎嫉佛法惱佛及僧乃令困極即語阿難今沙門瞿曇可得懺悔留

不阿難言不得是婆羅門憂愧愁惱熱悶躃地時諸宗親以水灑面扶起乃蘇親里諭言汝莫愁憂我當與汝懺謝瞿曇當請留住若不肯住當賷飯食隨後逐去乏少時供養婆羅門及諸宗親共往詣佛懺悔請留佛便思惟我若不受彼當吐熱血死佛憐愍故受旨請婆羅門思惟此供具俟夏四月云何七日能盡佛自恣竟欲往越祇國二月遊行越祇國人聞佛當來各設供具一日二日一施兩施令畢二月次第作竟佛自恣竟二月越祇國遊行阿耆達賷諸供具追隨佛後若乏少時當設供養越祇諸人聞已相率集會共作要令若有請佛皆當日日備具前食後食怛鉢那無令乏少莫使異人間錯其中阿耆達知佛宿處輙賷食具器物先往施設言我當今日施若明日若後日諸越祇人不聽語言汝長夜惡邪是佛怨家故惱佛及僧今欲悅他意故作如是語我當今日施若明日若後日汝有何事介許時令佛及僧毗羅然國三

月噉馬麥而今急急欲求施日婆羅門聞是語慚愧交懷在一面立看衆僧少何等我當與之值時無粥即辦種種粥蘇粥油粥胡麻粥乳粥小豆粥磨沙豆粥麻子粥清粥辦已奉佛佛告婆羅門與僧作分即與比丘比丘不受言佛未聽我食八種粥以是事白佛佛言從今日聽食八種粥粥有五事利身一者除飢二者除渴三者下氣四者却臍下冷五者消宿食婆羅門思惟我四月安樂自娛二月逐沙門瞿曇以我一人廢諸國事今此供具多不可盡且當布地令佛及僧以足蹈上即是受用具以所懷白佛願佛受用佛告婆羅門不得如汝所言此是食物應以口受用佛欲遣婆羅門即為說偈

若在天祠中　供養火為冣　婆羅門書中
薩鞞帝為冣　一切諸人中　轉輪王為冣
一切諸江河　大海深為冣　於諸星宿中
月為第一冣　一切照明中　日光曜為冣
十方天人中　佛福田為冣

佛說偈竟從坐起去

佛在越祇國中遊行向阿那伽頻頭國中有外道弟子舊象師名毗羅吒大富多財穀帛充溢田宅寶物悉皆豐足無量福德成就此一國人盡皆邪見聞佛當來相率集會至象師所向城中人種種毀佛及僧沙門瞿曇難滿難養多欲無猒將千二百五十比丘千優婆塞五百乞殘食人從聚落至聚落從城至城如霜雹蝗虫殘賊人聚所經過處破人家業次第復欲不利我等象師及城中人惡心轉生共作要令沙門瞿曇來至不聽往看佛到其國國無精舍城北有林号勝葉婆其樹欝茂其地平博世尊大衆止頓其中象師聞佛已到其人先世供養佛種善根近正見利根宿因力故能得今世無漏智為善根力所追便自思惟我於此國人所宗敬尊貴第一若不看佛人當謂我惜費即告諸人諸人先作要令我自思惟此要不全諸人白言以何事故荅言我於此國人所宗敬尊貴第一若不看佛人當謂我惜費諸人言今見瞿曇

以何供養荅言石蜜諸人言沙門瞿曇難滿難養多欲無猒若以千二百五十瓶滿中石蜜盡受不讓象師大富不計重費即將千二百五十人負千二百五十瓶石蜜奉佛佛告聚落主分與衆僧此人思惟果如人語多受不讓即以一瓶與一比丘諸比丘不受言是蜜太多我不應受其人白佛比丘不受願佛有勑佛與鉢及刀令割分之千二百五十比丘皆得滿鉢一瓶石蜜猶故未盡白佛佛言重與猶故不盡佛言與千優婆塞及五百乞殘食人猶尚不盡佛言重與仍不可盡一切皆足瓶蜜如故象師白佛衆已飽足此諸瓶蜜用作何等佛言聚落主我不見有人若天若魔若梵若世間衆生及沙門婆羅門食是石蜜能消助身者除佛及僧汝擔石蜜棄著無草地無虫水中象師言尒即如佛教擔諸瓶蜜棄著無虫水中是石蜜火烟出水沸聲震辟如竟日火燒熱鐵投著水中烟出水沸聲震象師見此二種神力向佛意喜心信清淨

知重佛德其心軟伏佛知其心隨意說法得遠塵離垢諸法眼生見法得法知法淨法度疑不信他不隨他除疑悔住初果佛教法中得無畏從坐起頭面礼佛足白佛言世尊我今歸依佛歸依法歸依僧我是優婆塞憶持從今盡形壽不殺生願受我食後住處請佛默然受知佛受已頭面礼佛足繞佛三匝而去還家摒擋大堂重閣四合舍廳舍小房舍除去種種所有灑掃清淨懸雜色繒幡燒衆名香布種種花敷金銀頗梨紺琉璃牀各千二百五十如是思惟此四寶牀若不受一當受一辦千二百五十金瓶盛湯水千二百五十使人一比丘給一人一切房舍地布軟氈拘執欽婆羅雜色綾羅處處寶瓶盛水諸香蘇燈一切辦已遣使白佛衆具已辦唯聖知時佛食後著衣與比丘僧俱到其舍一比丘給一人於門外洗浴象師自浴佛身如一比丘浴須千二百五十人一時皆竟佛及僧俱入其舍象師以千二百五十金牀奉佛佛不受次奉銀牀頗

梨牀紺琉璃牀盡皆不受却四寶牀更布淨牀以細氎拘執欽婆羅雜色綾綺布淨牀上佛及衆僧坐訖自行澡水奉非時漿及含消藥即辦具種種餚饍又辦金鉢銀鉢頗梨鉢紺琉璃鉢各千二百五十如是思惟若不受一當受一又辦金槃銀槃頗梨槃紺琉璃槃各千二百五十如是思惟若不受一當受一供具已辦白佛唯聖知時佛及僧坐訖自行澡水以千二百五十金槃奉佛佛不受次奉銀槃頗梨紺琉璃槃盡皆不受即却四寶槃更奉木槃銅槃佛即受之次以千二百五十金鉢奉佛佛不受次以銀鉢紺琉璃鉢各千二百五十奉佛佛不受佛告諸比丘先已聽二種鉢若鐵若瓦八種鉢不應畜象師見佛及僧食訖自行澡水攝鉢已持一小牀在佛前坐欲聽說法復白佛言願佛受我阿郍伽賓頭國中盡形壽住我爲作千二百五十房舍千二百五十牀褶被褥拘執卧具如是秔米飯隨飯羹王所食者以供養佛及僧佛言聚

落主汝心信淨於我已足如汝等諸善男子應度者衆不得獨受汝請是時佛說偈言

若在天祠中　供養火爲最　婆羅門書中
薩鞞帝爲最　一切諸人中　轉輪王爲最
一切諸江河　大海深爲最　於諸星宿中
月爲第一最　一切照明中　日光曜爲最
十方天人中　佛福田爲最

佛說偈竟從坐起去

佛在阿郍伽賓頭國中夏住已持衣鉢向毗耶離城時諸利昌輩聞佛越祇遊行欲来是毗耶離城衆人爲佛及僧故具種種餚饍佛到不久非時雲起諸飲食在露地天雨諸利昌語阿難我諸利昌爲佛及僧設種種飯食在露地天雨我當云何時阿難與諸利昌俱詣佛所頭面礼足一面立阿難白佛是諸利昌爲佛及僧故具種種飯食在露地天雨諸利昌不知當云何佛告阿難於一房舍應作淨地羯磨云何應作僧一心和合一比丘唱大德僧聽某甲房舍作淨地若僧時到僧忍聽僧某甲房作淨地如

是白白二羯磨僧某甲房舍作淨地竟僧忍默然故是事如是持房中作淨地竟著飲食具舍內煑飯作羹作餅煑肉諸外道妬嫉譏嫌言是禿居士舍內作飯食諸居士內有庫藏食篅倉廚諸沙門釋子自言善好有德而舍內亦有庫藏食廚與白衣何異諸比丘少欲知足行頭陁聞是事心慚愧以是事白佛佛以是因縁集僧集僧已告諸比丘從今日僧坊外作食僧坊外作食烟火起露地多人見来索飯食比丘各各分與使僧食少以是事白佛佛言從今日不聽作淨地羯磨若作犯突吉羅罪先作者應捨佛在毗耶離城中有一大將字師子大冨多錢穀帛田宅寶物豐足種種福德成就其人本是外道弟子於佛法中始得信心以好肥肉時時施僧外道以妬嫉心譏嫌訶責沙門釋子正應尒耳人故爲殺而敢何以故師子殺肥衆生以肉時時施僧諸比丘少欲知足行頭陁聞是事心慚愧以是事白佛佛以是因縁集僧集僧

巳告諸比丘三種不淨肉不應噉何等三若見若聞若疑云何見自見是生為我奪命如是見云何聞可信人邊聞是生故為汝殺如是聞云何疑有因緣故生疑是處無屠兒無自死是主人惡能故為我奪命如是疑是三種不淨肉不應噉三種淨肉聽噉何等三若眼不見耳不聞心不疑云何不見自眼不見是生故為我奪命如是不見云何不聞可信優婆塞人邊不聞是生故為我奪命如是不聞云何不疑心中無有緣生疑是中有屠兒家有自死者是主人善不故為我奪命如是不疑是三種淨肉聽噉復次有諸天祀象走所極馬走所極烏飛所極閃摩婆羅薩杞尼羅伽羅杞天祠中非天祠中分陁利華以彼中祀天祠內不淨沙門釋子不應噉何以故是諸天祠為客作故

佛故在毗耶離國是時飢餓乞食難得有一居士請佛及僧明日食佛默然受知佛受已從坐起頭面礼佛足而歸具種種多美飲食時國吉日清

晨衆僧太得猪肉乾飯諸比丘受思惟欲噉居士供具已辦敷牀座遣人白佛時到是時僧入其舍佛自房住迎食分僧坐訖自行澡水下食食已澡漱攝鉢持一小牀坐僧前欲聽說法上座說法已次第而出諸比丘食訖不受殘食法諸比丘小食先受在精舍內不知云何以是事白佛佛言從今日聽如是飢餓時比丘若食竟小食先受不受殘食法聽噉何等受小食諸比丘早起受而不食是也佛故在毗耶離是時飢餓乞食難得有一居士請佛及僧明日食佛默然受知佛受已從坐起頭面礼佛足還具種種餚饍辦已敷牀蓐遣人白佛時到尒時僧入其舍佛自房住迎食分居士白衆僧大德是施早辦僧等飽食殘可持去須臾更食諸比丘食飽如居士言持殘食去諸比丘食竟不受殘食法所持殘食諸比丘不知當云何是事白佛佛言從今日聽飢餓時食竟持殘食去若不受殘食法而食何等是持食去諸比丘食竟持殘食去是名持食去食

有仙人守雞泥耶取木果奉佛佛言雞泥耶與僧作分彼即與諸比丘諸比丘言我曹食竟不受殘食法諸比丘不知云何是事白佛佛言從今日飢饉時諸比丘若食竟不受殘食法聽食木果若胡桃栗柹杷更有如是種種木果是一切聽食長老舍利弗熱血病藥師語言應食池物舍利弗言佛未聽我食池物白佛佛言從今日聽食池物長老大目揵連至漫陁耆尼池中取藕大如人髀極美如淳淨白蜜其汁如乳以授舍利弗舍利弗問何處得来目連言至漫陁耆尼池中得来舍利弗言是池非人處何誰授汝目連言非人授我舍利弗言佛未聽我非人授食噉白佛佛言諸比丘從今日非人授聽食

是池物多得来食殘與諸比丘諸比丘不受諸比丘言我食竟不受殘食法諸比丘不知云何白佛佛言從今日飢餓時聽諸比丘食竟不受殘食法聽噉池物何等池物若蓮根蓮子菱芡雞頭子如是種種池物聽食

佛故在毗耶離先飢餓時憐愍諸比丘聽小食受已後食食已持出木果池物諸比丘豊時乞食易得如本飢餓時淨食戒比丘違是時諸比丘少欲知足行頭陀訶責何以名比丘佛飢餓時憐愍諸比丘聽小食時受已後食食已持出木果池物諸比丘豊時乞食易得如本飢餓時淨食戒比丘違是時諸比丘種種因緣訶已以是事白佛佛以是因緣集僧集僧已佛知故問問諸比丘汝實作是事不諸比丘言實作世尊佛種種因緣訶諸比丘云何名比丘佛飢餓時憐愍諸比丘聽小食受已後食食已持出木果池物諸比丘豊時乞食易得如本飢餓時淨食戒比丘違是時佛種種因緣訶已告諸比丘從今日如本飢餓時為憐愍諸比丘聽小食受已後食食已持出木果池物如飢餓時淨不應食若食犯波逸提

佛在毗耶離隨所住竟著衣持鉢向修摩國遊行此國有二城一名婆提城二名蜜城婆提城中有六大福德

人何等六一居士名民大二民大婦三民大兒四民大兒婦五民大奴六民大婢何等民大居士福德民大持少金銀琉璃珠寶坐市肆中若諸宗族五親知識朋友一切閻浮提人為金銀琉璃寶來者是居士不起坐處能令求者自恣所須寶物如故不盡是為民大居士大福德民大居士婦有何等福德若民大居士婦食時若一切閻浮提人來為飲食故一切諸人自恣飽滿食故不盡是民大居士婦大福德民大居士兒有何等大福德其兒入倉庫寶藏中看上向觀見有孔譬如車轂錢財寶物從上流下寶藏即滿是民大居士兒大福德民大居士兒婦有何等大福德其兒婦持華香瓔珞諸雜塗香好衣上服至中庭牀上坐欲奉舅姑及夫坐處未起若一切閻浮提人來為華香瓔珞諸雜塗香好衣上服來者一切自恣給與如故不盡是民大兒婦大福德民大居士奴有何等大福德民大居士奴若持犁一出耕時七壟成就

是為民大居士奴大福德民大居士婢有何等大福德民大居士婢一切穀麦舂磨還輸倉一切閻浮提人為米麵故來者一切自恣給與米麵如故不盡是為居士婢大福德是時民大居士憍慢心生一切閻浮提福德無人勝我是民大居士及婆提城中人皆是外道弟子是諸外道聞沙門瞿曇蘇摩國土遊行來向婆提城是外道輩相率集會入城至民大居士前毀佛及僧是人難滿難養多欲無厭是沙門瞿曇與千二百五十比丘俱千優婆塞五百乞殘食人從一聚落至一聚落從城至城譬如霜雹蝗蟲賊殘害人民穀麦其所至處破人家業今來復欲殘毀我輩時民大居士即生惡心共作要令不聽一人往見瞿曇若往見者輸城中人五百金錢是時民大居士問諸人言是沙門瞿曇人不欲與不强索不諸人言不强索又問王勑與不答言不又問不與是人作傷害不諸人言不是居士言云何與答曰自信自欲自愛自心清

淨故與是居士言若沙門瞿曇人不欲與不強奪不王勑若不與不作傷害法應與是人福德力故令汝許衆人得樂如是人福徳必勝我是時民大居士未見佛便憍慢心除佛從是諸國遊行到婆提城無有精舍城北有林号曰勝葉其樹欝茂其地平博世尊大衆於中止頓民大居士聞佛已到其人先世供養佛及僧種善根近正見宿因力故能得今世無漏智為善根力所追便自思惟我於此國人所宗敬富樂第一若我不看佛者人當謂我慳貪惜費即告諸人諸人先作要令我自思惟此要不全我寧輸五百金錢諸人言以何事故吝言我於此國富樂第一若不看佛人當謂我慳貪惜費諸人宗重民大居士有負其債者有蒙供給者雖欲輸錢無敢取者諸人言何須破要皆當共去一切倶行到已頭面礼佛足一面坐佛為居士隨意說法得遠塵離垢諸法眼生見法得法知法信淨度疑不信他不隨他除疑悔住初果中得

無所畏從坐起頭面礼佛足言大徳我歸依佛歸依法歸依僧證知我是佛弟子從今日盡形壽歸依三寶居士即遣使喚五福徳人語言佛大師在此宜速時来使到具告情事此五人亦先世供養佛種善根近正見利根宿因力故能得今世無漏智善根力所追即到佛所頭面礼佛足一面坐佛為五人隨意說法亦得遠塵離垢諸法眼生見法得法知法信淨度疑不信他不隨他除疑悔住初果中得無所畏從坐起頭面礼佛足言我歸依佛歸依法歸依僧證知我是佛弟子從今日盡形壽歸依三寶民大居士從坐起叉手合掌白佛言世尊願佛及僧受我舍宿佛默然許之既蒙許可即礼佛足還家拼擋房舍除去所有灑掃清淨懸繒幡蓋雜色綾羅燒衆名香布種種花辦金牀銀牀頗梨牀紺琉璃牀各千二百五十如是思惟此四寶牀若不受一當受一又辦千二百五十金瓶盛湯水千二百五十使人一比丘給一人一切辦

已遣使白佛唯聖知時佛晡時著衣持鉢與大衆倶向居士舍千二百五十沙門居士給千二百五十使人一比丘給一人在門外洗浴居士自洗浴佛一時浴訖而入其舍居士以千二百五十金牀奉佛佛不受次以銀牀頗梨紺琉璃牀各千二百五十奉佛盡不受居士更布淨牀以細氎拘執欽婆羅雜色綾羅布淨牀上大衆坐訖自行澡水奉進非時漿及含消藥即起辦具種種餚饍飲食又辦金鉢銀鉢頗梨鉢紺琉璃鉢各千二百五十如是思惟若不受一當受一又千二百五十如是思惟若不受一當復辦金槃銀槃頗梨槃紺琉璃槃各受一辦訖白佛時到佛及僧坐定自行澡水奉佛千二百五十金槃佛不受次奉銀槃頗梨槃紺琉璃槃各千二百五十佛盡不受更奉木槃銅槃即為受之復以千二百五十金鉢奉佛佛不受次奉銀紺琉璃頗梨鉢各千二百五十奉佛佛不受告諸比丘我先聽兩種鉢鐵瓦八種鉢不應畜

居士供施已訖自行澡水食畢攝鉢持一小牀在佛前坐欲聽佛說法復白佛言願受我是修摩國中盡形壽供養我當為佛作千二百五十房舍千二百五十牀襜被褥拘執以好秔米王所食者供養世尊及比丘僧佛告聚落主汝心淨信於我已足諸有如是善男子依信法中住我憐愍應度不得長受汝請佛為居士說偈呪願

若在天祠中　供養火為最　婆羅門書中
薩鞞帝為最　一切諸人中　帝王尊為最
一切諸江河　大海深為最　於諸星宿中
明月第一最　一切照明中　日光曜為最
十方天人中　佛福田為最

佛呪願已從坐起去諸弟子次第而出從婆提城持衣鉢向頻闍山遊行民大居士為佛故遣五百人以五百乳牛五百乘車載秔米及隨飲羹王所食者語使人言若佛在無聚落空處宿時汝構五百乳牛作秔米穌乳糜和以黑白石蜜上佛五百人受民大居士語佛在無聚落處宿五百人

即構乳作糜上佛佛言與僧作分即與僧僧不受如是思惟是食具以我曹故送來已舉宿不淨以是事白佛佛言比丘有二種請一者即日食二者冷食若即日得二請應自受一請一請與人若得冷請隨所施隨受有淨隨受有不淨隨受淨隨受者謂五種佉陀尼五種蒲闍尼食五似食不淨隨受者謂五寶五似寶彼淨隨受受已作淨不淨隨受者言此不淨得淨當受佛漸漸遊行到頻闍山彼頻闍山中有一夜叉鬼字優毱摩舊在彼山中住此鬼信佛言心淨思惟我當何物上佛此中唯有蒲萄即取上佛佛言與僧作分彼即與比丘比丘不受言佛未聽我曹取蒲萄以是事白佛佛言從今日聽取蒲萄時大有蒲萄食飽多殘諸比丘不知當云何白佛佛言壓汁飲若蒲萄不作淨若汁中不以水作淨不應飲若蒲萄作淨汁中不作淨若汁作淨蒲萄不作淨不應飲蒲萄淨汁亦淨應飲尒時佛遊行集人轉多有千二百五十比丘

有千優婆塞五百乞殘食人五百作人五百乳牛五百乘車佛欲散此眾即入定辟如士夫屈申臂頃從頻闍山沒至濕陁耆尼池岸上現岸上有結髮仙人字難尼耶先在此住見佛不起又不問訊亦不讓坐佛亦不與仙人語言問訊佛即於濕陁耆尼池中洗足已即於岸上在一樹下布尼師檀結跏趺坐尒時微雨灑地輕風來掃風吹種種華弥濕布地難尼耶思惟微雨灑地輕風雜華布地皆是我力非是沙門瞿曇力也是夜多過尒時四大天王與無數百千眷屬俱欲來向佛時有四青衣鬼神來向仙人在四邊住仙人開眼見之問汝何人諸鬼神言我青衣鬼神言何以來言相守護問言何以守護鬼神言今夜多過四大天王當與無數百千萬眷屬來至佛所此中儻有鬼神來相觸嬈仙人言不守護沙門瞿曇耶荅言不仙人思惟此微雨輕風雜華布地乃是沙門瞿曇力非我力也即時四大天王與無數百千眷屬後夜来

見佛頭面礼佛足一面立佛以聖語說四諦法苦集盡道二天王解得道二天王不解佛更為二天王以駄婆羅語說法呬寗(苦諦)弥寗(習諦)多咃陁辟(盡諦)陁羅辟支(道諦)佛闍陁(知也)薩婆休(一切)轙舍摩遮(滅求)薩婆多羅(一切黠)毗樓利多咃欲(遠離)薩婆休(一切)鞞羅地(不作)波跋(惡也)頭吃想姤(苦邊盡也)涅樓遮諦(如是說也)是二天王一解一不解佛復作弥梨車語摩舍兜舍鄉舍婆薩婆多羅毗比諦伊數安兜頭却婆阿地婆地四天王盡解示教利喜已礼佛足而去佛於湧陁耆尼池岸上持衣鉢遊行向阿摩鄉國是結髮仙人舊住此國深敬信佛而作是念當以何物奉上於佛復作是念如古昔仙人所受水淨八種漿當以奉佛即辦此衆多漿持来上佛告雞尼耶與僧作分卽與比丘比丘言佛未聽我飲八種漿以是事白佛佛言從今日聽飲八種漿何等八一周梨漿二茂梨漿三拘樓漿四捨樓漿五說波多漿六頗留沙漿七梨漿八蒲萄漿以水作淨應飲佛

從阿摩鄉國隨所住竟持衣鉢向阿頭佉國遊行此國中有父子比丘本作剃毛鬚髮師其父摩呵羅闍佛從阿摩鄉國遊行到阿頭佉國此中無檀越供給僧亦無供養誰當供養佛便語兒言我聞佛從阿摩鄉國土遊行欲来至此此中無檀越供給僧亦無供養汝可持鉢入城求胡麻秫米小豆磨沙豆供養世尊其子巧能其事即持鉢入城大得胡麻秫米小豆摩沙豆世尊既到父子選擇房舍布好坐具即辦種種粥胡麻油粥乳粥二種豆粥清粥辦已奉佛及僧諸粥太多餘殘棄一房舍内地佛食後經行摩訶羅從佛彷徉到是處見地粥狼藉佛知故問摩呵羅何許得是多粥有檀越與耶荅言無佛言是衆僧物耶荅言非佛言何處得摩訶羅以是事具白佛佛以是因緣故集僧集僧已佛種種因緣訶摩訶羅何以名比丘教子作不淨事佛種種因緣訶已告諸比丘從今日五衆不得相教作不淨事若教得突吉羅從今日前巧

師時種種作具不應畜若畜得罪若先縫衣人畜針筒不犯先能書人畜筆筒不犯先銅作人畜鑽不犯佛從阿頭佉國持衣鉢向波婆國遊行此國中諸豪族先作要佛来入國一切應一由延迎佛若不迎者罰五百金錢既聞佛来出迎中有一豪族字盧芝第一力士是阿難舊知識其人於佛無信阿難遥見其来語言盧芝汝来迎佛甚善盧芝言我非信佛而迎我順親族法故阿難言有何法荅言我親族先作要法若佛来者應一切一由延迎若不迎者罰金錢五百阿難我不惜五百金錢恐親族不穆以是故来阿難執手牽至佛所到已頭面礼佛足一面立阿難白佛言是盧芝我舊知識特相親善於佛不信願佛說法令其開解尒時世尊以慈心感覆彼即信悟尋為說法示教利喜示教利喜已礼佛而出還坐本處諸人去不久時佛從坐起向自房盧芝從佛如犢隨母佛入房坐盧芝礼佛足一面坐佛為說法示教利喜即從

坐起礼佛而去思惟我持何等物上佛即以諸餅奉佛佛言與僧作分彼即與比丘比丘不受語言佛未聽我噉餅道事白佛佛言從今日聽噉餅何等餅若麵若大小麥餅若豆餅刻鏤餅重華餅有如是種種淨餅一切聽噉佛從波婆國隨所住竟持衣鉢遊行到舍衛國諸比丘乞食得甘美餚饍乳酪蘇油魚肉脯諸比丘不受思惟乞美飲食或墮罪以是事白佛佛言不自乞檀越施應受從今日聽僧服四種藥何等四種藥一時藥二時分藥三七日藥四盡形藥時藥者五種佉陀尼五種蒲闍尼五似食何等五種佉陀尼一根食二莖食三葉食四磨食五果食何等根食芋根旋根藕根蘆蔔根無菁根如是等種種根可食何等莖食蘆蔔莖穀梨莖羅勒莖柯藍莖如是等種種是莖佉陀尼何等葉食蘆蔔穀梨羅勒柯藍如是等種種葉可食是葉佉陀尼何等磨食稻大麥小麥如是等種種是磨佉陀尼食何等果食菴羅果閻浮

果波鄉薩果鎮頭佉果鄉梨耆羅果如是等種種是果佉陀尼何等五種蒲闍尼食一飯二麨三糒四魚五肉如是五種蒲闍尼食何等五種似食糜粟穬麥莠子迦師如是等種種是名似食未漉漿汁是名時藥時分藥者若淨漉漿汁是名時分藥七日藥者若蘇油蜜石蜜是名七日藥盡形藥者五種根藥何等五種一舍利二薑三附子四波提毗沙五昌蒲根是藥盡形壽共房宿無罪五種果藥呵梨勒鞞醯勒阿摩勒胡椒蓽鉢羅盡形壽共房宿有五種鹽黑鹽紫鹽赤鹽鹵土鹽白鹽盡形壽共房舍宿有五種樹膠藥興渠薩闍羅茶帝夜帝夜波羅帝夜槃鄉盡形壽共房宿五種湯根湯莖湯葉湯華湯果湯盡形壽共房宿是四種藥時藥時分藥七日藥盡形藥若即日受時藥時分藥七日藥盡形藥若和合一處此藥時應服非時不應服時藥力故若即日受時分藥七日藥盡形藥和合一處是藥應時分服過時分不應服時

分藥力故若即日受七日藥盡形藥是藥和合一處七日應服過七日不應服七日藥力故盡形藥隨意服若即日受時藥不淨受時分藥七日藥盡形藥和合一處不應服即日受時分藥不淨受七日藥盡形藥和合一處不應服即日受七日藥不淨受盡形藥和合一處不應服長老優波離問佛是三種藥時分藥七日藥盡形藥是三種藥舉宿得口受不佛言不得是三種藥惡捉得口受不佛言不得是三種藥手受口受不病得服不佛言不得是三種藥手受口受病得服不佛言得 七法中醫藥法第六竟

十誦律卷第二十六

十誦律卷第二十六

校勘記

一 底本，金藏廣勝寺本。

一 五六一頁中一行「四誦之六」，資無；磧、普、南、徑、清作「第四誦之六」，載於二行與三行之間；麗作「第四誦之六」。

一 五六一頁中三行「七法中毉藥法第六」，資作「七法中醫藥第六四誦之六」；磧、南作「七法中醫藥第六」。

一 五六一頁中六行「阿難」，資、磧、普、南、徑、清作「佛問阿難」。

一 五六一頁下四行「我等」，資、磧、普、南、徑、清作「我曹」。

一 五六一頁下七行第六字「結」，麗作「囊」。

一 五六一頁下九行「土塵」，資、磧、普、南、徑、清作「塵土」。

一 五六一頁下一二行末字「匕」，南、徑、清作「籌」。下一三行末字，資、磧、普、南、徑、清同。

一 五六一頁下一七行「流汙」，資、磧、普、南、清作「流出汙」；徑作「汙出汙」。

一 五六一頁下一九行第八字「我」，諸本（不含石，下同）作「我曹」。

一 五六一頁下二二行末字「真」，資、磧、普、南、徑、清作「直」。

一 五六二頁上二行第二字「石」，資、磧、普作「不」。

一 五六二頁上三行第一一字「作」，資、磧、普、南、徑、清無。

一 五六二頁上五行第八字「篵」，諸本作「篩」。

一 五六二頁上七行「施日」，資、磧、普、南、徑、清作「施曰」；麗作「施越」。下同。

一 五六二頁上一九行第一三字「是」，資、磧、普、南、徑、清作「是時」。

一 五六二頁中三行「比丘來」，資、磧、普、南、徑、清作「比丘處處來集」。

一 五六二頁中五行第九字「作」，磧作「住」。

一 五六二頁中一一行「不難」，資、磧、普、南、徑、清作「不乏」。

一 五六二頁中一二行第一〇字「佛」，資、磧、普、南、徑、清作「語」。

一 五六二頁中一八行第一二字「殘」，資、磧、普、南、徑、清作「殘宿」。

一 五六二頁中二〇行「從今」，資、磧、普、南、徑、清作「從今日」。下同。

一 五六二頁下八行「實尒」，資、磧、普、南作「實作」；徑、清作「實見作」。

一 五六二頁下一一行「過中不得噉」，資、磧、普、南、徑、清作「若過中不噉」。

一 五六二頁下一三行第四字「應」，磧作「愚」。

一 五六三頁上一行第一〇字「蘗」，資、磧、普、南作「若蘗」；徑、清作「若蘗」。同行末字「擣」，資、磧、普、南、徑、清無。

一 五六三頁上二行第五字「水」，諸

本作「以水」。同行第一〇字「時」，資、磧、普、南、徑、清作「時中」。
一　五六三頁上八行第一一字「諸」，資、磧、普、南、徑、清無。
一　五六三頁上一九行第一〇字「捉」，磧作「提」。
一　五六三頁上二二行首字「洗」，磧作「洸」。
一　五六三頁中一行「出入」，資、磧、普、南、徑、清無。
一　五六三頁中二行「有小因緣事」，資、磧、普、南、徑、清作「有小緣事」。下同。
一　五六三頁中五行「熱冷病」，資、磧、普、南、徑、清作「冷熱病」。
一　五六三頁中六行「上事」，南作「此事」。
一　五六三頁中一〇行第三字「時」，資、磧、普、南、徑、清作「是時」。
一　五六三頁中一七行首字「通」，資、磧、普、南、徑、清無。
一　五六三頁中二二行「澡手」，徑作「澡水」。
一　五六三頁中末行末三字至本頁下一行首字「摩訶斯陁」，諸本作「摩訶斯那」。
一　五六三頁下三行「佛言」，資、磧、普、南、徑、清作「佛語」。
一　五六三頁下一九行第九字「嗽」，資、磧、普、南、徑、清作「若嗽」。
一　五六四頁上三行「正有」，磧、普、南、徑、清作「止有」。
一　五六四頁上四行「自嗽」，麗作「尚嗽」。同行「不嗽」，資、磧、普、南、徑、清作「不能嗽」。
一　五六四頁上二一行「正有」，南、徑、清作「止有」。下同。
一　五六四頁中四行末字「汝」，資、磧、普、南、徑、清無。
一　五六四頁中一四行第三字「除」，資、磧、普、南、徑、清作「及除」。
一　五六四頁中一六行第二字「餅」，資、磧、普、南、徑、清無。同行第八字「汝」，資、磧、普、南、徑、清作「汝等」。
一　五六四頁下三行第九字「如」，諸本作「汝如」。
一　五六四頁下一〇行末字「餅」，資、磧、普、南、徑、清作「飯」。
一　五六四頁下一一行第三字「无」，資、磧、普、南、徑、清無。同行第一〇字「等」，資、磧、普、南、徑、清無。
一　五六五頁上四行「以粥」，資、磧、普、南、徑、清作「粥以」。
一　五六五頁上五行末字「我」，資、磧、普、南、徑、清作「我煑」。
一　五六五頁上九行第二字「法」，資、磧、普、南、徑、清作「流」。
一　五六五頁中一行「故問」，資、磧、普、南、徑、清作「故問問」；麗作「而故問」。
一　五六五頁中四行「是食」，資、磧、普、南、徑、清作「是飯」。
一　五六五頁中一四行第三字「人」，諸本作「大」。同行第一二字「聽」，資、磧、普、南、徑、清作「刀治」；麗作「治」。

一　五六五頁中一九行「婆羅門」，資、磧、普、南、徑、清作「若婆羅門」。

一　五六五頁中二一行「瞿曇」，磧、普、南、徑、清、麗作「瞿曇釋子」。

一　五六五頁中二二行第五字「剃」，諸本無。

一　五六五頁下二行「祇樹」，資、磧、普、南作「祇桓林」；徑、清作「祇洹林」。

一　五六五頁下六行「示教利喜」，資、磧、普、南、徑、清無。

一　五六五頁下七行「默然」，資、磧、普、南、徑、清作「默然無言」。

一　五六五頁下一四行「守門」，資、磧、南作「侍門」。

一　五六五頁下二〇行第七字「陋」，資、磧、普、南作「漏」。

一　五六六頁上一一行第一〇字「甘」，資、磧、普、南、徑、清作「甘美」。

一　五六六頁中二行第一二字「斗」，資、磧、普、南、徑、清作「升」。下同。

一　五六六頁中四行「給佛」，資、磧、普、南、徑、清作「供佛」。

一　五六六頁中六行「功德」，資、磧、普、南、徑、清作「姊妹」；麗作「妹妹」。同行第一二至一三字「解脱」，資、磧、普、南、徑、清無。

一　五六六頁中八行末字「大」，諸本作「圓」。

一　五六六頁中一〇行小字「猶如……汝等」，諸本作正文。其中「七寶」，磧作「一寶」。

一　五六六頁中一四行「爲作乾飯」，資、磧、普、南、徑、清作「爲佛作飯」；麗作「爲佛作乾飯」。

一　五六六頁中一六行第五字「人」，資、磧、普、南、徑、清無。

一　五六六頁中二〇行首字「又」，諸本作「女」。

一　五六六頁下九行「此福」，資、磧、普、南、徑、清作「此德」。

一　五六六頁下一二行「諸國」，諸本作「出向諸國」。

一　五六六頁下一四行至次行「有大會餚饍」，諸本作「大會有餚饍」。

一　五六七頁上五行小字「俱入聚落」，資、磧、普、南作正文「俱聚落」；徑、清、麗作正文「俱」。

一　五六七頁上一一行第一一字「入」，麗無。

一　五六七頁中一行「憂愧」，資、磧、普、南、徑、清作「憂慙」。

一　五六七頁中五行「逐去」，磧作「遂去」；麗作「逐之」。

一　五六七頁中八行「受七日請」，諸本作「受請七日」。

一　五六七頁下一五行「不得」，麗作「不可得」。

一　五六七頁下一六行「食物」，磧作「食用」。

一　五六八頁上一四行「勝業婆」，資、磧、普、南、徑、清作「勝華婆」。

一　五六八頁上一五行「止頓」，資、磧、普、南、徑、清作「頓止」。

一　五六八頁中一行「以何供養」，資、磧、普、南、徑、清作「何以供給」。

一　五六八頁中六行首字「主」，麗作「王」。

一　五六八頁中一三行第二字「殘」，南作「錢」。同行第五字「猶」，資、磧、普、南、徑、清作「故」。

一　五六八頁中二二行「熱鐵」，資、磧、普、南、徑、清作「大熱鐵」。

一　五六八頁下一行小字「德其心軟伏佛」，諸本作正文。

一　五六八頁下四行小字「佛教法中」，資、磧、普、南、徑、　清作正文「法中」；麗作正文「中」。

一　五六八頁下六行至次行「不殺生願受我食」，資、磧、普、南、徑、清作「歸依願受我中」。

一　五六八頁下九行「摒擋」，資、磧、普、南、徑、清作「併當」。下同。

一　五六八頁下二一行第四字「浴」，資、磧、普、南、徑、清作「洗浴」。

一　五六九頁上四行小字「於夜辦」，資、磧、普、南、徑、清作正文「於夜」；麗作正文。

一　五六九頁上一四行「銀鉢」，徑、清作「銀鉢玻瓈鉢」。

一　五六九頁上一六行第七字「先」，諸本作「我先」。

一　五六九頁上一九行第五字「聽」，資、磧、普、南、徑、清作「聽佛」。

一　五六九頁上二〇行末字「爲」，諸本作「爲佛」。

一　五六九頁中一七行「礼足」，資、磧、普、南、徑、清作「礼佛足」。

一　五六九頁中一九行及本頁下一二行「飯食」，資、磧、普、南、徑、清作「飲食」。

一　五六九頁中末行「其甲房」，資、磧、普、南、徑、清作「某甲房舍」。

一　五六九頁下五行至次行「食簞倉厨」，資、磧、普、南、徑、清作「倉篅食厨」；麗作「食簞食厨」。

一　五六九頁下七行「食厨」，徑、清作「食篅」。

一　五六九頁下一一行首字及第六字「食」，資、磧、普、南、徑、清作「飲食」。

一　五六九頁下一九行「妬嫉心譏嫌」，資、磧、普、南、徑、清作「妬嫉心嫌譏」；麗作「嫉妬心譏嫌」。

一　五七〇頁上一五行第五字「天」，資、磧、南作「大」。

一　五七〇頁上一六行「摩裟」，麗作「摩婆」。

一　五七〇頁上二一行第三字「一」，麗無。

一　五七〇頁中五行第一二字「欲」，資、磧、普、南、徑、清無。

一　五七〇頁中七行小字「諸比丘小食」，資、磧、普、南、徑、清作正文；麗作正文「小食」。

一　五七〇頁中一四行第一〇字「還」，諸本作「還家」。同行小字「種鐥鐥」，諸本作正文。

一　五七〇頁中二〇行小字「諸比丘不知」，資、磧、普、南、徑、清作正文；

麗作正文「不知」。

一　五七〇頁下一行第四字「守」，諸本作「字」。

一　五七〇頁下五行「飢饉」，徑、清作「飢餓」。

一　五七〇頁下六行「枇杷」，資、磧、普、南、徑、清作「梨枇杷」。

一　五七〇頁下八行第六字「語」，資、磧、普、南、徑、清無。

一　五七〇頁下一四行至次行「何誰授汝」，資、磧、普、南、徑、清作「阿誰授與汝」。

一　五七〇頁下二二行第三字「噉」，麗作「敢」。

一　五七一頁上一一行「問問」，資、磧、普、南、徑、清作「問」。

一　五七一頁上二二行「修摩國」，徑、清作「蘇摩國」。下同。

一　五七一頁中三行「福德」，諸本作「大福德」。中九行，徑同。

一　五七一頁中六行第五字「寶」，諸本作「珠寶」。

一　五七一頁中二二行「居士」，麗作「吉士」。

一　五七一頁下四行第五字「者」，資、磧、普、南、徑、清無。

一　五七一頁下五行「爲居士」，資、磧、普、麗作「爲民大居士」；南、徑、清作「爲名大居士」。

一　五七一頁下一四行「從城至城」，資、磧、普、南、徑、清作「從一城至一城」。

一　五七一頁下一五行首字「賊」，資、磧、普、南、徑、清無。

一　五七二頁上九行「及僧」，資、磧、普、南、徑、清作「僧曾」。

一　五七二頁上二二行「信浮」，諸本作「信淨」。

一　五七二頁上末行「疑海」，諸本作「疑悔」。

一　五七二頁中二行「歸依僧」，資、磧、普、南、徑、清作「歸依比丘僧」。

一　五七二頁中七行「無漏智」，麗作「無漏智慧」。

一　五七二頁下八行首字及五七四頁上一八行第三字「佛」，諸本作「佛佛」。

一　五七二頁下一〇行「奉進」，徑作「奉淨」。

一　五七二頁下一四行第六字及第九字「槃」，資、磧、普、南、徑、清無。

一　五七二頁下二一行「次奉銀紺琉璃頗梨鉢」，資、磧、普、南、徑、清作「次以銀頗梨紺琉璃鉢」。

一　五七三頁上六行「比丘」，資、磧、普、南、徑、清作「諸比丘」。

一　五七三頁上七行「淨信」，資、磧、普、南、徑、清作「信淨」。

一　五七三頁上一二行「帝王尊」，徑、清作「轉輪王」。

一　五七三頁上一三行「諸江河」，麗作「江河中」。

一　五七三頁上一四行「明月」，資、磧、普、南作「月明」；徑、清作「月爲」。

一　五七三頁上一六行「諸弟子」，資、磧、普、南、徑、清作「勑諸弟子」。

一五七三頁上二一行第五字「搆」，諸本作「穀」。下同。

一五七三頁中三行第六字「舉」，磧、普、南、徑、清作「與」。

一五七三頁中四行第八字「請」，資、磧、普、南、徑、清作「請食」。

一五七三頁中一三行第九字「言」，資、磧、普、南、徑、清無。

一五七三頁下四行第一二字「岸」，資、磧、普、南、徑、清作「池岸」。

一五七三頁下一一行「輕風」，諸本作「輕風吹」。

一五七四頁上一一行「婆地」，資、磧、普、南、徑、清作「婆陁」。

一五七四頁中二行「父子」，資、磧、普、南、徑、清作「子父」。

一五七四頁中一二行第四字「即」，資、磧、普、南、徑、清作「即爲」。同行「胡麻」，資、磧、普、南、徑、清作「酥胡麻」。

一五七四頁中一三行「奉佛」，資、磧、普、南、徑、清作「上佛」。

一五七四頁中一六行「摩呵羅」，資、磧、普、南、徑、清作「摩訶羅摩訶羅」。

一五七四頁中末行「若教得突吉羅」，資、磧、普、南、徑、清作「若教作得突吉羅罪」。同行末字「巧」，諸本作「工」。

一五七四頁下一行第二字「時」，資、磧、普、南、徑、清作「持」。

一五七四頁下七行「佛來」，資、磧、普、南、徑、清作「佛至」。

一五七四頁下一三行「金錢五百」，資、磧、普、南、徑、清作「五百金錢」。

一五七四頁中二〇行「而出」，資、磧、普、南、徑、清作「而去」。

一五七五頁上五行至次行「刻鏤」，資、磧、普、南、徑、清作「剋漏」。

一五七五頁上一五行末字「葉」，徑作「菜」。

一五七五頁上一六行末字「旋」，資、磧、普、南、徑、清作「茷」；麗作「蔙」。

一五七五頁上一七行「無菁」，諸本作「蕪菁」。

一五七五頁上二〇行「蘆蔔穀梨羅勒柯藍」，麗作「蘆蔔穀梨葉羅勒葉柯藍葉」。

一五七五頁中一行「波鄁薩」，麗作「波羅薩」。

一五七五頁中三行「三糒」，資、磧、普、南、徑、清作「三麵」。

一五七五頁中五行「迦師」，資、磧、普、南、徑、清作「迦師錯麥」。

一五七五頁中七行「若淨漉漿汁」，資、磧、普、南、徑、清作「淨漉漿淨漉汁」。

一五七五頁中一二行「畢鉢」，諸本作「蓽茇」。

一五七五頁中一三行「形壽」，資、磧、普、南、徑、清作「形受」。下同。

一五七五頁中一四行第一二字「舍」，資、磧、普、南、徑、清無。

一五七五頁中一五行第三字「樹，」

[賨]、[磧]、[普]、[南]、[徑]、[清]無。同行第一一字「茶」，[賨]、[磧]、[普]、[南]、[徑]、[清]作「葵」。

一　五七五頁中一六行「波羅帝」，[賨]、[磧]、[普]、[南]、[徑]、[清]作「波提帝」。

一　五七五頁中二二行第一一字「藥」、諸本作「藥是藥」。

一　五七五頁下一二行末字「佛」，[徑]作「服」。

十誦律卷第二十七　四誦之七　從

後秦北印度三藏弗若多羅譯

衣法上

七法中衣法第七

佛在王舍城五比丘白佛應著何等衣佛言應著賕藪衣

佛在王舍城佛身冷濕須服下藥佛告阿難我身冷濕是事汝自知阿難受教往耆婆藥師所語耆婆言佛身冷濕須服下藥是事汝自知耆婆言長老還去我隨後往耆婆思惟佛德尊重不宜進木藥苦藥如餘人法當取青蓮華以下藥草熏之持用上佛即取青蓮華以下藥熏作已持詣佛所頭面礼足白佛言是優鉢羅華熏以下藥可以治身願佛受之此藥一齅十下二齅二十下三齅三十下佛受已默然耆婆欲還具教阿難侍病節度而去佛一齅其藥十下二齅二十下三齅二十九下耆婆明識時數復來瞻佛問訊世尊不審下不佛言向齅汝藥二十九下耆婆知佛身病未盡白佛言須飲少暖水飲已更一下如是隨順滿三十下耆婆還家辦隨病藥飲食軟飯粥羹耆伽羅藥奉進所須起居輕利無復患苦佛得瞎力還復本色耆婆持深摩根衣價直百千欲奉上佛頭面礼足一面立白佛言我治王大臣皆與我願今日治佛願世尊賜我一願佛告耆婆多陁阿伽度阿羅呵三藐三佛陁已過諸願白佛言可得願與我佛告耆婆汝索何等願耆婆言大德是深摩根衣價直百千願佛受著憐愍故佛默然受知佛默然受即以深摩根衣價直百千上佛頭面礼佛足而去佛以是事集僧集僧已告諸比丘今日耆婆與我價直百千深摩根衣從今日聽若有施比丘如是衣者得隨意取著從今日若比丘欲著賕藪衣聽著若欲著居士施衣亦聽著

佛在王舍城是時洴沙王乘象轝清旦出王舍城欲見佛王信佛恭敬時有外道梵志從道而来王遥見謂是沙門便勑御者住象欲下礼拜大臣問王欲作何等王言欲礼来比丘大

臣言大王是非佛弟子外道梵志耳王耆愧王問御者今往見佛去此幾許可乘何處可下御者具荅到已頭面礼佛足一面坐白佛言世尊頗令僧衣與外道衣異使可分別佛告大王何以故欲令衣異王以是事具白佛佛為王說法示教利喜礼佛而去時阿難侍佛後執扇扇佛佛顧語阿難我欲南山國土遊行阿難受勑尋從既到南山國土時至乞食食訖到一樹下敷尼師檀結跏趺坐是時近山有好稻田畦畔齊整佛告阿難汝見彼稻田畦畔齊整不荅言見佛告阿難此深摩根衣能法此作衣不阿難言能即以衣與阿難阿難受已小却即割截簪縫中脊衣葉兩向双襞展張還奉佛佛讃善哉善哉此衣割截如是應法佛從南山國土持衣鉢向王舍城到已以是因緣集僧集僧已告諸比丘從今日聽著割截衣不著割截衣不得入聚落若入得突吉羅罪佛聽諸比丘著居士施衣諸居士婆羅門有信施者多施僧衣欽婆

羅拘執雜色氎諸比丘畜多衣佛知諸比丘畜多衣多物妨行道欲作齊限告阿難言吾欲向維耶離國遊行阿難受勑尋從既到會值冬節八夜寒風破竹佛著一割截衣初夜空地經行初夜過中夜来佛身寒告阿難持第二割截衣来阿難即取衣授佛佛取衣著中夜空地經行中夜過後夜来佛身寒告阿難持第三割截衣来阿難即授衣佛取衣著空地經行佛思惟諸比丘介所衣足是夜過已佛以是因緣集僧集僧已告諸比丘從今聽三衣不應少不應多若少畜得突吉羅罪若多畜得尼薩耆波逸提罪有一比丘有糞掃衣比丘聞佛結戒不應者不割截衣入聚落思惟我有糞掃衣破裂當補帖作鈎紐施緣即持針綫近祇林門間補帖糞掃衣用當割截衣佛將侍者阿難食後經行至彼處見之佛知故問汝欲作何等荅言世尊與我等結戒不應者不割截衣入聚落我有糞掃衣破裂欲補帖施緣當割截衣佛言比丘善哉

糞掃衣補帖應用當割截衣從今聽畜糞掃衣四種何等四種一塜間衣二出来衣三無主衣四土衣何等塜間衣有衣裹死人棄塜間是為塜間衣何等出来衣裹死人衣持来施比丘是為出来衣何等無主衣若聚落中若空地衣不屬他若男子若女人若黃門若二根是為無主衣何等為土衣有巷陌中若塜間若糞掃中有棄弊物是為土衣若比丘得塜間新衣應兩重作僧伽梨一重欝多羅僧一重安陀會二重尼師檀復次欲作三重僧伽梨三重尼師檀若比丘得塜間故衣應四重作僧伽梨二重欝多羅僧二重安陀會四重作尼師檀出来衣無主衣亦如是土衣聽隨意作重

佛在舍衛國有摩伽羅母名毗舍佉詣佛所頭面礼足却坐一面佛以種種因緣說法示教利喜已默然知佛說法示教利喜默然已從坐起偏袒著衣合掌白佛言世尊願佛及僧受我明日請佛默然受知佛默然受已

頭面礼佛足右繞而去還舍通夜辦種種多美飲食佛是初夜共阿難露地經行佛看星宿相語阿難言若今有人問知宿星相者何時當雨彼必言七歲當雨佛語阿難初夜過已中夜至是宿相滅更有星相出若尒時有人問知相者何時當雨彼必言過七月當雨又語阿難中夜過已至後夜是星相滅更有星相出若尒時問知相者何時當雨彼必言七日當雨是夜過地了時東方有雲出形如圓椀遍滿空中是雲能作大雨滿諸坈坎尒時佛告阿難語諸比丘是椀雲雨有功德能除病若諸比丘欲洗浴者露地立洗阿難受教語諸比丘是椀雲雨有功德能除病諸比丘欲洗浴者露地立洗時諸比丘隨意露地立洗尒時毗舍佉鹿子母辦飲食已早起敷坐處遣婢白佛時到食具已辦佛自知時婢即受教往詣祇林請諸比丘於門孔中看見裸形露洗見已心不喜作是念是中都無比丘盡是裸形外道無慙愧人作是念已即

還語大家言祇陁林中無一比丘盡是裸形外道是毗舍佉母智慧利根知今日雨諸比丘必當露地裸形洗浴是婢癡無所知故作是言祇林中無一比丘盡是裸形外道即更喚餘婢往詣祇林打門作聲白言時到食具已辦即受教去往祇林打門作聲時到食具已辦佛自知時尒時佛與大衆著衣持鉢衆僧圍遶俱詣其舍佛在僧中坐毗舍佉母自行澡水自手與多美飲食食訖行水知攝鉢已持小牀坐佛前欲聽說法白佛言世尊與我願佛言諸多陁阿伽度阿羅訶三藐三佛陁已過諸願毗舍佉言與我可得願佛言與汝可得願欲得何願毗舍佉言欲與比丘僧雨浴衣與比丘尼僧浴衣客比丘来我與食遠行比丘我與食病比丘我與食看病比丘我與食我常與比丘僧粥多知識少知識比丘我與病緣湯藥及所須物佛言汝見何因緣故欲與比丘僧雨浴衣荅言大德我今日早起敷座已遣使詣祇林白佛時到門間

見諸比丘露地雨中裸形洗浴婢還言祇林中無一比丘但諸外道大德比丘裸形在佛前和尚阿闍梨一切上座前則為無羞是故與比丘僧雨浴衣自在露地雨中洗浴毗舍佉汝見何因緣故欲與比丘尼僧浴衣荅言大德我一時與諸居士婦共至阿耆羅河中洗浴時諸比丘尼亦入河中裸形洗浴諸居士婦見心不喜訶責言是華薄福德不吉處身大腹垂乳何用作比丘尼大德女人裸形醜惡是故我欲與尼僧浴衣毗舍佉汝見何因緣故欲與客来比丘飲食荅言大德客来比丘不知何處可去不可去道路疲極未得休息是故我欲與飲食後隨知可去不可去處毗舍佉汝見何因緣故欲與遠行比丘食荅言大德遠行比丘若待僧食若行乞食則伴捨去或夜中入險道或獨行曠野我與食故不失伴不入險道是故我與飲食毗舍佉汝見何因緣故欲與諸病比丘飲食荅言大德病比丘不得隨病飲食則病難差是故

我與隨病飲食則病易差眠舍佉汝見何因緣故欲與看病比丘飲食荅言大德看病比丘若待僧中食後食若行乞食去是病比丘瞻養事闕若煑飯作粥作羹煑肉煑藥湯出入大小便器若棄唾器以是故我與看病比丘飲食瞻養不闕便得煑飯作粥作羹煑肉及煑藥出入大小便器棄唾器眠舍佉汝見何因緣故欲常與比丘僧粥荅言大德若比丘不食粥有飢渴惱或時腹內風起我常與粥故則無衆惱眠舍佉汝見何因緣故欲與多知識少知識比丘病緣湯藥及所須物荅言大德病比丘必欲得湯藥所須諸物以是故我與復次大德我若聞某比丘彼住處死佛記彼比丘三結斷得須陁洹不墮惡道必得涅槃極至七生天上人中往返得盡衆苦大德我當問是長老曾來舍衛國不若聞是比丘曾來舍衛國我思惟是長老或受我雨浴衣或受客比丘飲食或遠行比丘飲食或隨病飲食或看病飲食或常與粥或病比

丘湯藥諸物大德我以是因緣故覺意滿大德我若聞某比丘彼住處死佛記彼比丘三結盡三毒薄得斯陁含一來是世得盡苦際我當問是長老曾來舍衛國不若我聞是比丘曾來舍衛國大德我如是思惟是長老或受我雨浴衣或受客比丘飲食或受遠行飲食或隨病飲食或看病飲食或常與粥或病比丘湯藥諸物大德我以是因緣故覺意滿大德我若聞某比丘彼住處死佛記彼比丘得阿那含五下結盡便於天上般涅槃不還是間大德我當問是長老曾來舍衛國不若我聞是比丘曾來我思惟是長老或受我雨浴衣或客比丘飲食或遠行飲食隨病飲食或看病飲食或常與粥或病比丘湯藥諸物大德我以是因緣故覺意滿大德我若聞某比丘彼住處死佛記彼比丘得阿羅漢是生已盡梵行已立所作已辦自知作證我當問是長老曾來舍衛國不若聞是比丘曾來我思惟是長老或受我雨浴衣或受客比丘

飲食遠行飲食隨病飲食看病飲食或常與粥病比丘湯藥諸物我以是因緣故覺意滿大德如是我則福德成就以是因緣攝法福德佛言善哉善哉眠舍佉我聽汝是諸願聽汝與比丘僧雨浴衣比丘尼僧浴衣客比丘飲食遠行比丘飲食隨病比丘飲食看病比丘飲食比丘僧常與粥多知識少知識比丘與病緣湯藥諸物眠舍佉是則福德成就以是因緣攝法福德佛為眠舍佉說種種法示教利喜已從坐起去佛以是事集僧集僧已告諸比丘從今日聽諸比丘畜雨浴衣隨意露地浴是諸比丘知佛聽畜雨浴衣便廣長大作畜是中有比丘少欲知足行頭陁聞是事種種因緣訶責云何名比丘佛聽畜雨浴衣便廣長大作畜種種因緣訶已向佛廣說佛以是事集僧集僧已知而故問諸比丘汝實作是事不荅言實作世尊佛種種因緣訶責云何名比丘知我聽畜雨浴衣便廣長大作畜訶已告諸比丘從今日欲作雨浴衣

應量作是中量者長佛六搩手廣二搩手半若過量作犯波逸提罪

佛在毗耶離國土地鹵濕諸比丘病癰瘡有一比丘瘡中膿血流出汙安陁會如水漬佛遥見之知而故問是比丘汝身何以膿血流出汙安陁會如水漬比丘荅言世尊我癰瘡中膿血流出汙安陁會佛以是事集僧集僧已告諸比丘從今日聽諸病癰瘡比丘者覆瘡衣乃至瘡差後十日若過犯波逸提罪

諸比丘知佛聽畜覆瘡衣便廣長大作畜有諸比丘少欲知足行頭陁聞是事心不喜訶責言云何名比丘知佛聽畜覆瘡衣便廣長大作畜諸比丘種種因緣訶已具白佛佛以是事集僧集僧已佛知故問諸比丘汝實作是事不荅言實尒世尊佛種種因緣訶云何名比丘知佛聽畜覆瘡衣便廣長大作畜佛種種因緣訶已告諸比丘從今日欲作覆瘡衣先應量作是中量長四搩手廣二搩手若過作犯波逸提罪

佛在毗離耶國諸比丘不淨汙卧具浣早起近精舍門間懸曬食時佛著衣持鉢入城乞食見不淨汙卧具浣早起精舍門間懸曬食後佛以是事集僧集僧已告諸比丘我今日食時著衣持鉢入城乞食見諸比丘不淨汙卧具晨朝浣精舍門間懸曬汝等諸比丘此事不是不應尒衆僧卧具多用不籌量諸婆羅門居士身心疲苦血肉枯竭布施作福是中應籌量少用乱念比丘不一心睡眠時有五過失何等五一者難睡苦二者難覺苦三者見惡夢四者睡眠時善神不護五者覺時心難入諸善覺觀法不乱念比丘一心睡眠有五善事何等五一者無難睡苦二者睡易覺三者睡無惡夢四者睡時善神来護五者睡覺心易入善覺觀法比丘有婬怒癡未離欲不乱念一心眠尚不失精何況離欲入佛種種因緣訶已告諸比丘從今日聽畜尼師檀覆護僧卧具故不應不敷尼師檀僧卧具上卧諸比丘知佛聽畜尼師檀便廣長大作

畜有諸比丘少欲知足行頭陁聞是事心不喜訶責言云何名比丘佛聽畜尼師檀便廣長大作畜種種因緣訶已具白佛佛以是因緣集僧集僧已佛知故問諸比丘汝實作是事不荅言實作世尊佛種種因緣訶諸比丘何以名比丘知佛聽畜尼師檀便廣長大作畜訶已告諸比丘從今日作尼師檀應量作是量長二搩手廣一搩手半若過作犯波逸提罪

佛在舍衛國食時著衣持鉢入城乞食食已還向安陁林中在一樹下敷尼師檀結跏趺坐長老迦留陁夷亦復入安陁林去佛不遠在一樹下敷尼師檀坐是長老身大兩膝到地兩手捉衣頭言佛何時當聽我縷邊一搩手作尼師檀我願滿足佛晡時從禪起以是因緣集僧集僧已告諸比丘我今日食時著衣持鉢入城乞食食已還入安陁林中一樹下敷尼師檀坐迦留陁夷乞食還亦坐樹下作是思惟佛今日何處行道我亦彼閒行道我入安陁林中一樹下布尼師

檀坐迦留陀夷亦介是善男子身大
兩䏶到地兩手捉衣作是願言佛何
時當聽我縷邊一搩手作尼師檀如
是滿足佛告諸比丘從今日聽尼師
檀縷邊一搩手作是戒應如是說若
比丘欲作尼師檀應量作是量長二
搩手廣一搩手半益縷邊一搩手若
過作得波逸提罪

佛在迦毗羅婆國長老難陀是佛弟
姨母所生與佛身相似三十相短四
指不及佛難陀作衣與佛衣等量諸
比丘若食時集若中後集遥見来起
迎思惟我等大師佛来漸近知是難
陀上座比丘著思惟是我等下座而
起迎難陀亦慙愧言乃令諸上座起
迎我諸比丘具白佛佛以是事集僧
集僧已佛知故問難陀汝實作是事
不荅言實作世尊佛言從今日汝衣
應減作壊染淨佛告諸比丘汝等與
難陀衣作怖裓若更有如是人僧亦
當如是同心作怖裓從今日若比丘
作衣與佛衣等若過得波逸提罪佛
衣長九搩手廣六搩手

佛在舍衛國有一比丘到佛所礼佛
足一面立白佛聽我著蒭摩衣佛言
聽汝著蒭摩衣何以故蒭摩衣不妨
得道及知足少欲知時知量勤學少
取節用頭陀靜處隨涅槃有一比丘
白佛聽我著憍施耶衣佛言聽汝著
憍施耶衣何以故憍施耶衣不妨得
道知足少欲乃至隨涅槃有一比丘
白佛言聽我著沙尼衣佛言聽汝著
沙尼衣沙尼衣不妨得道少欲知足
乃至隨涅槃有一比丘白佛聽我著
野麻衣佛言聽汝著野麻衣野麻衣
不妨得道少欲知足鞞由羅欽婆羅
亦如是有一估客有翅弥樓欽婆羅
賣不得價聞布施長老須菩提得令
世報即持衣施須菩提須菩提不取
言佛未聽我受此衣諸居士瞋恨言
諸沙門釋子恒讚布施今與不肯受
諸比丘以是事白佛佛言從今日聽
畜欽婆羅衣欽婆羅衣不妨得道少
欲知足乃至隨涅槃有一比丘白佛
聽我受裸形法佛言裸形法不應受
若受裸形犯偷蘭遮罪何以故受裸

形法是外道相故有一比丘白佛言
聽我著駮欽婆羅佛言駮欽婆羅不
應著若著得偷蘭遮罪何以故是外
道相故有一比丘白佛聽我著角鵄
翅衣佛言角鵄翅衣不應著若著得
偷蘭遮罪何以故是外道相故有一
比丘白佛聽我著麁氀衣佛言麁氀
衣不應著若著得突吉羅罪有一比
丘白佛聽我著皮衣佛言不聽著皮
衣若著得突吉羅罪有一比丘白佛
聽我著一衣佛言不聽著一衣若著
得突吉羅罪有一比丘白佛聽我著
上下衣佛言我先以聽三衣不應少
不應多若比丘少畜得突吉羅罪若
多畜墮尼薩耆波逸提罪若持上下
衣得突吉羅罪有一比丘白佛聽我
著打木衣佛言不聽著打木衣若著
得突吉羅罪有一比丘白佛聽我著
阿拘草衣跋拘草衣拘賖草衣文若
草衣婆婆草衣稟草衣佛言一切不
聽著若著得突吉羅罪
六群比丘白佛聽我除身毛佛言不
應除身毛除身毛得突吉羅罪六群

比丘白佛聽我著真青衣佛言六群比丘索二種先索除身毛今索真青衣佛言真青衣及真黄真赤真白一切毛皮衣偏袖衣裙衣一切氈衣一切貫頭衣兩袖衣一切繡衣一切衫一切袴一切衧袴一切襌一切波羅弥利衣一切舍勒衣一切白衣衣比丘不應著若著得突吉羅罪

有一比丘白佛聽我著樹生衣佛言不聽著樹生衣若著得突吉羅罪有一比丘白佛聽我著麁毛欽跋佛言不聽著麁毛欽跋若著得突吉羅罪麁毛欽跋有五種不可事何等五寒時大寒熱時大熱麁澁堅硬令人皮麁佛在舍衛國長老比丘喜隨於安隱林中留僧伽梨著上下衣入舍衛城乞食失僧伽梨食後覔不得語諸比丘諸長老我安隱林中留僧伽梨著上下衣入城乞食失僧伽梨我當云何諸比丘以是事白佛佛以是因緣集僧集僧已佛知故問比丘喜隨汝實作是事不答言實作世尊佛種種因緣讚持一切物去若比丘少欲

住衣趣蓋形食趣充軀是比丘所行處共衣鉢俱無所顧戀譬如鳥飛與毛羽俱飛在空中比丘亦如是少欲知足衣趣蓋形食趣充軀是比丘所行處共衣鉢俱無所顧戀亦如鳥飛佛種種因緣讚持一切物去已告諸比丘從今日不持三衣不應入俗人家若入得突吉羅罪

佛在舍衛國長老阿難天雨時祇林中留僧伽梨著上下衣入舍衛城乞食諸比丘以是事白佛佛以是事集僧集僧已佛知故問阿難汝實天雨時祇林中留僧伽梨著上下衣入城乞食不阿難言實尒世尊佛言何以故阿難言天雨故佛種種因緣讚戒讚持戒讚戒讚持戒已告諸比丘有五因緣聽留僧伽梨何等五一有比丘住處二若受迦絺那衣三若天雨四若欲雨五若聚落外有施會是為五因緣復有五因緣留僧伽梨衣何等五一有比丘住處二若受迦絺那衣三若店肆施會四市肆施會五四衢道頭是為五因緣

佛在王舍城是時諸外道出家夏安居竟自恣時諸外道居家弟子布施衣物諸優婆塞佛法中信心清淨思惟言是諸邪法惡師夏安居竟自恣時尚知布施衣我等聖僧夏安居竟自恣時云何不布施諸衣耶即持衣㡤詣竹園施僧諸比丘不受言佛未聽我等受夏安居竟自恣時布施安居衣以是事白佛佛言聽安居竟自恣時受安居起衣諸沙弥来索衣分諸比丘言佛未聽我等與沙弥安居起衣分以是事白佛佛言聽與諸比丘如是思惟佛言聽與不知與幾許白佛佛言沙弥若立若坐次第諸檀越手與布施多少應属沙弥若諸檀越不分別與作四分第四分與沙弥

佛在王舍城是時諸外道出家夏安居竟自恣時語居家弟子以諸物施澡罐繩瓔樓遮迦火鑪蓋扇草屣曲杖諸優婆塞佛法中信心清淨思惟是諸邪法惡師夏安居竟自恣時尚知布施諸物我等聖僧夏安居竟自恣時云何不布施諸物即隨比丘法布

施種種諸物若鉢若拘鉢多羅若半拘鉢多羅鍵鎡半鍵鎡帶鏁禪鎮衣㲲鉢支澡罐鉢囊蓋扇革屣如是等種種比丘所須物持詣竹園布施僧諸比丘不受言佛未聽我等夏安居竟自恣時受隨比丘所須物以是事白佛佛言聽夏安居起自恣時受隨比丘所須物時諸沙弥来索隨比丘所須物分諸比丘不與語沙弥言佛聽夏安居起自恣時施衣與沙弥分未聽隨比丘所須物與沙弥分以是事白佛佛言應與諸比丘如是思惟佛言應與不知與幾許白佛佛言諸沙弥若立若坐若次第諸檀越手自布施多少屬沙弥若諸檀越不分別與作四分第四分與沙弥

佛在舍衛國跋難陀釋子兩處安居為布施故諸比丘不知何處與衣分白佛佛言安居處與諸比丘言兩處安居佛言何處住日多荅言兩處日等佛言何處自恣荅言兩處自恣佛言何處先自恣是處與衣分

佛在舍衛國跋難陀釋子夏後月㮏行諸精舍欲知何處安居比丘多得衣物布施多處即往諸比丘遥見起迎與布坐處令坐共相問訊樂不樂小黙然語諸比丘長老是中住處僧得布施衣不諸比丘言得分未荅言未分言持来是間分諸比丘持来著跋難陀前分分已上座取分欲去跋難陀言大德小待問言有何等事荅言但小待跋難陀能說法雜語好語無盡語如是好說法上座聞法大歡喜愛法故語跋難陀我衣分屬汝如是第二第三上座亦如是一切僧衣分盡與跋難陀如是一處兩處三處多得衣大幞持入祇林諸比丘祇林門間空地經行遥見来自共相語跋難陀釋子来耐著人多作見聞疑惡多取衣幞来漸近諸比丘問是諸衣何處得荅言與諸比丘廣說法故得諸比丘少欲知足行頭陀訶責何以名比丘餘處安居餘處受衣分諸比丘種種因縁訶已具白佛佛以是事集僧集僧已佛知故問跋難陀汝實尒不荅言實尒佛種種因縁訶何以名比丘餘處安居餘處安居受衣分尒時佛但呵未為比丘結戒

佛在憍薩羅國一住處與大比丘僧安居是國中諸居士見僧多家家與比丘僧衣若別房衣亦後安居衣佛後歲祇林中夏安居是住處有兩老比丘安居諸居士思惟我等施僧如舊令事不廢諸比丘得布施我等得福諸居士送多衣物如本法與住處僧是二老比丘思惟是諸衣多我等人少若分知當得何等罪心疑不分是時跋難陀夏後月㮏行諸精舍欲知何處安居比丘多得衣物布施跋難陀思惟佛往年安居處是中必有多衣施即往彼住處二老比丘遥見来起迎與坐處共相問訊樂不樂小黙然問言是中住處僧得布施衣物不荅言得問分未荅未問言何故不分荅言是諸衣多我等人少若分知當得何等罪心疑不分跋難陀言汝不分好若分知汝得何罪二老比丘問汝能分不荅言能是中應作羯磨即持諸衣物来置前跋難陀分作三

十誦律卷第二十七　第二十二張　從字号

十誦律卷第二十七　第二十三張　從字号

衆是二比丘聞者一衆自二衆聞立言汝聽作羯磨

汝二人一衆　如是汝有三　兩衆并及我

如是我有三

問是羯磨好不荅言善跋難陀大擔衣去彼言大德上座我等諸衣物未分跋難陀言我與汝分知法人應與一好衣彼言當與跋難陀是衆中取大價衣著一處餘與分作二分已自擔多衣幞入祇林諸比丘門間空地經行遥見來自共相語是跋難陀無耆人多作見聞疑惡多取諸衣幞遂近來至諸比丘言跋難陀是諸衣何處得跋難陀具說向諸比丘有比丘少欲知足行頭陀聞是事心慚愧訶責何以名比丘故奪老比丘物諸比丘種種因緣訶已具白佛佛以是事集僧集僧已佛知故問跋難陀汝實尒不荅言實尒佛種種因緣訶何以名比丘故奪老比丘物佛種種因緣訶已告諸比丘是跋難陀非但今世奪前世亦奪是事聽乃過去世一河曲中有二獺河中得大鯉魚不能分

是二獺一面住守之有野干来欲飲水見言外甥是中作何等獺言阿舅是河曲中得此鯉魚不能分汝能分不野干言能是中應說偈野干分作三分問獺汝誰喜入淺荅言是獺誰能入深荅言是獺野干言聽我說偈

入淺應與尾　入深應與頭　中閒身肉分

應與知法者

野干銜魚身　雌者来說偈問

汝何處銜来　滿口河中得　如是無頭尾

鯉魚好肉食

雄野干說偈荅

人有相言擊　不知分別法　能知分別者

如官藏所得　無頭尾鯉魚　是故我得食

佛語諸比丘時二獺者二老比丘是野干者跋難陀是跋難陀前世曾奪今世復奪佛種種因緣呵跋難陀已告諸比丘從今日是處安居不應餘處受衣分若受得突吉羅罪

有一住處一比丘夏安居是中諸人為夏安居僧故布施諸衣應分物雖諸人為夏安居僧故布施諸衣物一比丘獨夏安居應得受二比丘三比

丘四比丘亦如是有住處無住處亦如是無聚落阿練若亦如是有一住處一比丘夏安居是中諸人為客比丘故多布施僧諸衣物應分物雖諸人為客故多布施僧諸衣現前僧應分物是一比丘夏安居是衣應獨受如是二比丘三比丘四比丘亦尒有住處無住處亦如是無聚落阿練若處亦如是若自恣竟僧破應與夏安居衣分不佛言應與自恣竟被舉比丘應與衣分不佛言不應與自恣竟有比丘至彼朋黨應與安居衣分不佛言若至如法衆中應與自恣竟有比丘自言我白衣應與夏安居衣分不佛言不應與自恣竟有比丘自言我是沙弥應與夏安居衣分不佛言應與沙弥分自恣竟有比丘自言我非比丘應與夏安居衣分不佛言不應與若言我外道不見擯不作擯惡邪不除擯不共住種種不共住自言犯邊罪本白衣不能男汙比丘尼越濟人殺父母殺阿羅漢破僧惡心出佛身血如是人等應與夏安居衣分

十誦律卷第二十七　第二十張　從字号

不佛言不應與自恣竟有比丘進行至他國應與夏安居衣分不佛言有應與有不應與與者知當還不與者知不還若囑人取者一切衣分應與不囑人取者不應與受囑者一切僧使應代作

十誦律卷第二十七

十誦律卷第二十七

校勘記

一　底本，金藏廣勝寺本。

一　五八三頁中一行「四誦之七」，資無；磧、普、南、徑、清作「第四誦之七」，載於二行與三行之間；麗作「第四誦之七」。

一　五八三頁中三行「七法中衣法第七」，資作「七法中衣法第七四誦之七」；麗作「七法中衣法第七之上」。同行小字「衣法上」，諸本（不含石，下同）無。

一　五八三頁中五行「脲藪衣」，資、磧、普、南、徑、清作「般藪衣」。下同。

一　五八三頁中一三行「熏作」，資、磧、普、南、徑、清作「熏之」。

一　五八三頁中一九行第三字「三」，資、磧、普、南、徑、清作「第三」。

一　五八三頁中二〇行「下不」，麗作「下下」。

一　五八三頁下二行第二字「病」，資、磧、普、南、徑、清無。

一　五八三頁下八行「阿羅呵」，磧作「阿羅向」。

一　五八三頁下二一行第一〇字「王」，資、磧、普、南、徑、清作「王望」。

一　五八三頁下末行第九字「欲」，資、磧、普、南、徑、清作「敬」。

一　五八四頁上一四行第一〇字「此」，諸本作「此田」。

一　五八四頁上一六行「簪縫」，資、磧、普、南、徑、清作「篸縫」。

一　五八四頁上一七行「展張」，資、磧、普、南、徑、清作「張展」。

一　五八四頁上一八行「應法」，諸本作「作應法」。

一　五八四頁上二〇行「割裁衣」，諸本作「割截衣」。

一　五八四頁上二二行「佛聽」，徑作「佛告」。

一　五八四頁中一行「拘執」，資、磧、普、南、徑、清作「拘攝」。

一　五八四頁中二行「多物」，諸本作「多衣」。

一　五八四頁中三行「維耶離」，徑、清作「毗耶離」。

一　五八四頁中五行「風破竹佛著」，資、磧、普、南、徑、清作「霜風破竹佛時着」；麗作「風破竹佛時著」。

一　五八四頁中一〇行「即授衣」，資、磧、普、南、徑、清作「即取衣授佛」。

一　五八四頁中一一行「是夜過已」，資、磧、普、南、徑、清作「夜已過」。

一　五八四頁中一三行首字「今」，資、磧、普、南、徑、清作「今日」。本頁下一行第一三字同。

一　五八四頁中一七行第七字「當」，諸本作「我當」。同行「補怙」，資、磧、普、南、清、麗作「補帖」；徑作「補貼」，下同。同行「菜欄」，資、磧、普、南、徑、清作「蘭」。

一　五八四頁中一八行「衹林」，資、磧、普、南、徑、清作「衹桓」。

一　五八四頁中末行「善哉」，資、磧、普、南、徑、清作「善哉善哉」。

一　五八四頁下九行「掃中」，資、磧、普、南、徑、清作「掃衣」。

一　五八四頁下一〇行「比丘」，資、磧、普、南、徑、清作「比丘受糞掃衣法」。

一　五八四頁下一二行「二重」，資、磧、普、南、徑、清作「二重作」。

一　五八四頁下末行第八字「受」，資、磧、普、南、徑、清作「受之」。

一　五八五頁上一行第一一字「舍」，資、磧、普、南、徑、清作「自舍」。

一　五八五頁上四行「宿星」，資、磧、普、南、徑、清作「星宿」。

一　五八五頁上六行第九字「星」，諸本作「異星」。九行第八字同。

一　五八五頁上一八行第二字「洗」，麗作「洗浴」。

一　五八五頁上二〇行「衹林」，資、磧、普、南、徑、清作「衹陁林」。下至五八九頁中一三行同。

一　五八五頁上二〇行末字「請」，資、磧、普、南、徑、清作「見」。

一　五八五頁上二一行「比丘」，資、磧、普、南、徑、清作「比丘不見」。

一　五八五頁中三行第四字「雨」，諸本作「雨墮」。

一　五八五頁中六行「白言」，資、磧、普、南、徑、清作「白佛言」。

一　五八五頁中七行「往衹林」，諸本作「往詣衹陁林」。

一　五八五頁中一三行第二字「與」，諸本作「請與」。

一　五八五頁中一七行及本頁下六行、一二行、次頁下六行第一一至一二字「浴衣」，資、磧、南、徑、清作「雨浴衣」；麗作「水浴衣」。

一　五八五頁中二〇行第一一字「緣」，資、磧、普、南、徑、清作「因緣」。

一　五八五頁下五行第二字「衣」，資、磧、普、南、徑、清作「衣着」。

一　五八五頁下一一行第二字「何」，資、磧、普、南、徑、清無。同行「大德」，資、磧、普、南、徑、清作「爲大德」。

一　五八五頁下一八行「僧食」，資、磧、普、南、徑、清作「食時」；麗作「僧食時」。

一　五八六頁上五行第二字「飯」，資、普、南、徑、清作「飲」。

一　五八六頁上一三行「病緣」，資、磧、普、南、徑、清作「與病緣」。

一　五八六頁上一六行「某比丘」，資、磧、普、南、徑、清作「某甲比丘」。

一　五八六頁上二二行第八至第九字

「比丘」，資、磧、普、南、徑、清無。

一　五八六頁上末行第一三字「病」，資、磧、普、南、徑、清作「病緣」。

一　五八六頁中四行第三字「來」，麗作「來生」。

一　五八六頁中一六行「隨病」，資、磧、普、南、徑、清作「或隨病」。

一　五八六頁中末行第一一字「受」，資、磧、普、南、徑、清無。

一　五八六頁下三行「則福德」，麗作「財福德」。下同。

一　五八七頁上一行「搮手」，資、磧、普、南作「磔手」。下同。

一　五八七頁上二二行第三字「中」，徑、清無。同行第五字「長」，資、磧、普、南、徑、清作「長佛」。本頁下九行第一〇字、次頁上六行第一三字同。

一　五八七頁中一行「毗離耶」，資、磧、普、南、徑、清作「毗耶離」。

一　五八七頁中五行「集僧集僧」，資、磧、普、南、徑、清作「集比丘僧集比丘僧」。下同。

一　五八七頁中一一行「一心」，資、磧、普、南、徑、清作「一心眠」。

一　五八七頁中一六行第六字「苦」，徑作「若」。

一　五八七頁下二行第一三字「佛」，諸本作「知佛」。

一　五八七頁下五行「佛知」，資、磧、普、南、徑、清作「知而」。

一　五八八頁上一九行第四字「壞」，資、磧、普、南、徑、清作「壞色」。

一　五八八頁上二〇行「怖蓰」，麗作「敷曬」。下同。

一　五八八頁上末行第二字「長」，資、磧、普、南、徑、清作「量長」。

一　五八八頁中二行「芻摩衣」，資、普、南、徑、清作「蒭麻衣」；磧作「芻麻衣」。下同。

一　五八八頁中末行第二字「受」，資、磧、普、南、徑、清無。

一　五八八頁下七行第九字「𣯧」，資、磧、普、南、徑、清作「縷」。下同。

一　五八九頁上四行「裙衣」，諸本作「複衣」。

一　五八九頁上五行「繡衣」，資、磧、普、南、徑、清作「繈衣」。同行末字「衫」，資、磧、普、南、徑、清作「衫衣」。

一　五八九頁上六行「衧袴」，資、磧、普、南、徑、清作「貯袴」。

一　五八九頁上一一行「欽跋」，資、磧、普、南作「欽跋羅」；徑、清作「欽婆羅」。下同。

一　五八九頁上一八行「僧伽梨」，南作「一僧伽梨」。

一　五八九頁中一八行第五字「若」，南作「者」。

一　五八九頁中二〇行小字「留僧伽梨衣」，諸本作正文。

一　五八九頁中二二行「道頭」，南作「道明」。

一　五八九頁下一〇行第五字「起」，資、磧、普、南、徑、清無；麗作「施」。

一　五八九頁下一一行末字「起」，磧、

麗作「施」。

一　五八九頁下一四行「次第」，資、磧、普、南、徑、清作「若次第」。

一　五八九頁下一五行第一二字「諸」，資、磧、普、南、徑、清無。

一　五八九頁下一六行「與作」，資、磧、普、南、徑、清作「具作」。

一　五八九頁下一八行第六字「語」，諸本作「諸」。

一　五八九頁下一九行「繩瓔」，諸本作「繩纓」。同行第一三字「屐」，資作「蓰」；次頁上三行第一一字同。

一　五九〇頁上四行第九字「詣」，南作「諸」。

一　五九〇頁上七行第七字「夏」，資、磧、普、南、徑、清無。

一　五九〇頁中一〇行「好說法」，麗作「好語說法」。

一　五九〇頁中一四行「祇林」，資、磧、普、南作「祇桓」；徑、清作「祇洹」。下同。

一　五九〇頁中二〇行第八字「處」，資、磧、普、南、徑、清作「處安居」。

一　五九〇頁下一行小字「安居受」，諸本作正文。

一　五九〇頁下六行「是住處」，資、磧、普、南、徑、清作「是中住處」。

一　五九〇頁下一八行第五字「問」，資、磧、普、南、徑、清無。同行「答未」，資、磧、普、南、徑、清作「答言未」；麗作「答未分」。

一　五九一頁上七行「我與」，資、磧、普、南、徑、清作「我爲」。

一　五九一頁上九行首字「大」，麗作「一大」。

一　五九一頁中一行「二獺」，麗作「一獺」。

一　五九一頁中二行第六字「是」，資、磧、普、南、徑、清作「在」。

一　五九一頁中九行末字「問」，資、普、南、徑、清無。

一　五九一頁下二行「阿練若」，資、南作「阿練兒處」；磧、普、徑、清作「阿練若處」。

一　五九一頁下四行第九字「物」，資、磧、普、南、徑、清無。

一　五九一頁下五行第三字「客」，麗作「客比丘」。

一　五九一頁下六行「夏安居」，資、磧、普作「憂安居」。

一　五九二頁上六行首字「使」，資、磧、普、南、徑、清作「作分」。

十誦律卷第二十八　四誦之九　從

後秦北印度三藏弗若多羅譯

七法中衣法第七　衣法下

佛語比丘布施有八種何等八一界布施二依止布施三制限布施四給得布施五僧得布施六現前布施七夏安居得布施八指示得布施

云何名界布施有一人言是衣布施是中住處僧夏後月受迦絺那衣是衣誰應受佛言雖夏後月受迦絺那衣若比丘入是界內者應受是名界得布施

界夏安居自恣竟捨本界結僧坊垣壁作內界是中人為夏安居衆僧故布施諸衣應分物是衣誰應受佛言雖捨本界是諸比丘本多住處作內界夏安居是衣物諸比丘盡應分是為依止得布施

云何制限布施有一住處有二部比丘僧夏安居有受法衆有不受法衆是衆僧夏安居竟作如是制限此族布施我等受彼族布施汝等受此家布施我等受彼家布施汝等受是閭行處布施我等受彼閭行處布施汝等受是閭聚落布施我等受彼閭聚

落布施汝等受是閭去處聚落布施我等受彼閭去處聚落布施汝等受是閭街巷多人處布施我等受彼閭街巷多人處布施汝等受是中諸人為夏安居僧故捉上座手布施與僧諸衣應分物白佛言是衣物誰應受佛言隨何部作上座是物應屬一部若檀越捉第一上座手第二上座手言是物施僧是物應屬誰答言二上座是一部上座應屬一部若二上座各是一部應屬二部云何應分答言次第等分四分第四分應與沙弥是名制限得布施云何給得布施若為人作布施為因緣作布施月八日二十三日十四日二十九日十五日三十日十六日月一日乃至布薩時一錢給某處是諸物給處與是為給得布施

云何僧得布施是住處有檀越言是住處與僧是時夏後月是住處不受迦絺那衣白佛是衣誰應受佛言夏後月是住處雖不受迦絺那衣諸比丘是中住處住是衣應屬是為僧得

布施

云何現前得布施有檀越言是住處與現前僧是時夏後月是住處受迦絺那衣白佛言是衣誰應受佛言雖夏後月是住處受迦絺那衣諸比丘是中住處現在是衣是輩應屬是為現前得布施

云何夏安居得布施有檀越言是衣與是住處夏安居僧是時非夏後月此住處迦絺那衣不受白佛言是衣誰應受佛言若非夏後月此住處迦絺那衣不受諸比丘是中住處夏安居竟是衣是輩應受是為夏安居得布施

云何亦得布施有檀越言是衣與耆闍崛山中若毗婆羅跋首山中若薩波燒持迦波婆利山中若薩多般那舊河山中白佛是衣誰應受佛言是衣何處亦亦處應受是為亦得布施

佛在舍衛國是時長老意師夏後月與大比丘僧五百人遊行諸國以長老意師故僧大得供養時食但鉢那種種粥多諸衣布施是時諸比丘如

是思惟以是長老意師故僧大得供養時食但鉢那多諸衣布施諸比丘往詣意師所問言為大德大得供養時食但鉢那多諸衣物布施長老是衣物誰應受長老意師言諸長老如佛毗尼中語有一住處一比丘夏安居諸人雖為客比丘故布施僧諸衣應分物是一比丘獨在此夏安居是衣應獨受二比丘三比丘四比丘亦如是有住處無住處无聚落阿練兒處亦介諸長老汝等如是比衣應受如長老意師多亦如是如長老耶舍長老耶首陁亦如是

又一時眾多大上座比丘大迦葉為首波羅利弗城雞園中住是時摩竭國一住處獨一比丘住是中諸人為夏安居僧故布施諸衣應分物是比丘如是思惟是住處諸人為僧故布施諸衣應分物我一人非僧我當往問長老迦葉等諸上座比丘是衣物誰應受即具以是事問諸長老諸長老言如佛毗尼中說有一比丘一住處夏安居是諸人為夏安居僧故布

施諸衣應分物是一比丘獨夏安居是衣應受二比丘三比丘四比丘亦如是有住處無住處无聚落阿練若處亦介如是比衣應受

佛在舍衛國是時給孤獨兒字僧迦羅又頂結髮故詣祇林中多設食供養僧諸比丘大會千二百五十人諸居士見大眾集是中為僧故布施諸衣現前僧應分物舊比丘言是夏末月是中受一日成衣是時施夏安居僧應分物諸比丘不知當云何以是白佛佛言雖夏末月受迦絺那衣是名因緣衣現前僧應分

佛在舍衛國有阿羅漢比丘般涅槃為是比丘故詣祇林中多設食供養僧諸比丘多會千二百五十人諸居士見大眾集是中為僧故布施諸衣應現前僧分物舊比丘言夏末月是中受迦絺那衣是衣夏安居僧應分諸比丘不知當云何以是事白佛佛言雖夏末月住處受迦絺那衣是因緣衣現前僧應分沙弥來索衣分諸比丘不與諸比丘言佛說夏安居衣

分應與沙弥隨比丘法物應與沙弥佛不語因緣多應與以是事白佛佛言聽與諸比丘不知與幾許以是事白佛佛言諸擅越布施沙弥若立若坐若次第自手布施應屬沙弥若擅越不分別與作次第分竟四分與沙弥一分

佛在舍衛國是時給孤獨居士死故祇林破諸比丘不知當云何白佛佛言比丘若可治便如法治諸比丘治不能辦轉破壞白佛佛言給孤獨居士有子字僧迦羅叉應語是祇林汝父作而今傾損汝能治不諸比丘到語言僧迦羅叉是祇林汝父所作今日傾損汝何以不治答言諸大德我先知我父十八億金買空地與佛及僧今日破此非我事僧若持祇林與我我當治諸比丘不知當云何以是事白佛佛言應與有二人大得福德一人新起一人補故二人俱得無量福德云何應與僧迦羅叉者內界中比丘應僧中如是唱大德僧聽是祇林無主僧迦羅叉欲治若僧時到僧

忍聽僧祇林無主當與僧迦羅叉治故如是白大德僧聽是祇林無主僧迦羅叉能治是祇林無主當與僧迦羅叉治故誰諸長老忍祇林與僧迦羅叉治者是長老默然誰不忍便說僧與竟祇林無主僧迦羅叉治僧忍默然故是事如是持

憍薩羅國中一住處一比丘住春月迦絺那衣訖是中僧得布施現前應分物是比丘如是思惟是中住處僧得諸衣物現前應分物我一人非僧我何以不到佛所問是衣物誰應受是比丘即到佛所頭面礼足却坐一面須臾以是事白佛言春月迦絺那衣訖

憍薩羅國中一住處一比丘住是中僧得布施現前僧應分物我一人非僧是衣物應云何受佛言有一比丘一住處住諸人為僧故布施諸衣現前僧應分物是比丘得此衣應心生口言是衣物僧所得應分物應屬我我護我受我用如是作是名得羯磨若餘比丘來不得強與若不如是作

是比丘此衣不應受若受得突吉羅罪亦應共餘比丘分若如是不作者出界得突吉羅罪亦應共異比丘分若有二比丘一住處當云何分應展轉分自受分云何展轉分一比丘應如是言是衣諸人為僧故布施諸衣僧應分物是邊尒許為我分即此分與汝長老是分屬長老汝護汝受汝用第二比丘亦如是是名展轉分云何名自受分一比丘應如是言是衣諸人為僧故布施諸衣僧現前應分物是衣物中尒許汝應得應屬汝汝護汝受汝用第二比丘亦如是是名自受分若如是作名得羯磨若餘比丘來不得強與若不如是作是比丘此衣不應受若受得突吉羅罪亦應共異比丘分如是不作出界得突吉羅罪亦應共異比丘分若有三比丘一住處云何分三比丘應展轉分若自受分若隨籌分云何展轉分如上說自受分亦尒云何隨籌分是衣作兩分應如是言是分屬上座是分屬下座復次是分屬下座是分屬上座

如是作竟應墮一籌異比丘見不應更墮籌若墮者諸比丘得突吉羅罪亦應異比丘共分若如是不作者出界得突吉羅罪應異比丘共分若有四比丘一住處當云何分四比丘應展轉分若自受分若墮籌分若僧羯磨分展轉分自受分墮籌分亦如上說云何僧羯磨分是衣僧應羯磨與一比丘一心會僧僧中一比丘應唱大德僧聽是衣是中住處僧得現前應分物若僧時到僧忍聽僧是衣僧作羯磨與某甲比丘如是白白二羯磨僧是衣僧羯磨與某甲比丘竟僧忍默然故是事如是持若是比丘得僧羯磨與衣取不肯還如是言實布施善與善取法善斷事皆出僧中何以還索佛言是比丘應如是教是布施為清淨故施還者善若不還應强奪教突吉羅罪懺悔

介時諸沙弥來索衣分諸比丘不與如是言佛說安居起衣與沙弥分隨比丘所須物與沙弥分因緣衣與沙弥分未說非時衣與沙弥分諸比丘

不知云何以是事白佛佛言應與諸比丘不知與幾許白佛佛言沙弥若坐若立若次第擅越自手布施應屬沙弥若不如是與第四分與沙弥

佛在舍衛國憍薩羅土地有一住處一比丘死諸比丘不知衣鉢當云何以是事白佛佛言應羯磨與一比丘羯磨者和合僧中一比丘唱大德僧聽某甲比丘死是比丘所有資生輕物若衣若非衣現前僧應分物僧羯磨與某甲比丘若僧時到僧忍聽某甲比丘死是比丘所有資生輕物若衣若非衣現前僧應分物僧羯磨與某甲比丘如是白大德僧聽某甲比丘死是比丘所有資生輕物若衣若非衣現前僧應分物僧某甲比丘資生輕物若衣若非衣僧羯磨與某甲比丘誰諸長老忍某甲比丘死是比丘資生輕物若衣若非衣現前僧應分物僧羯磨與某甲比丘是長老忍默然若不忍便說僧某甲比丘所有資生輕物若衣若非衣現前僧應分物僧羯磨與某甲比丘竟僧忍默然故

是事如是持

憍薩羅國一住處一比丘死是比丘衣鉢僧分竟問諸比丘誰看是病比丘有比丘言我僧言擔是死人去比丘言大德我非旃陀羅非白癩病衣鉢物僧分我何以擔死人去是人活時恭敬愛念我我已報竟是死人誰欲得者便擔去是諸比丘不知云何以是事白佛佛言應先與看病比丘六物餘輕物僧應分重物不應分看病人六物云何與一心會僧僧中一比丘應唱大德僧聽某甲比丘死是比丘所有六物現前僧應分物僧羯磨與看病人若僧時到僧忍聽僧某甲比丘死是比丘所有六物現前僧應分僧羯磨與看病人如是白大德僧聽某甲比丘死是比丘所有六物現前僧應分僧某甲比丘死是比丘所有六物現前僧應分僧羯磨與看病人誰諸長老忍某甲比丘死是比丘所有六物現前僧應分僧羯磨與看病人忍者長老默然不忍是長老便說僧已忍某甲比丘死是比丘所

有六物現前僧應分僧羯磨與看病人竟僧忍默然故是事如是持

憍薩羅國一住處一比丘死是比丘衣物處處寄是比丘衣物現前僧分竟僧問是看病比丘誰供養瞻視答言我等僧言汝等彼處處所寄處衣索取諸瞻病人往索不得便起鬪諍相言以是事白佛佛言現前六物先與看病人餘輕物僧應分重物不應分

憍薩羅國一住處一比丘死是比丘多衣多鉢多財物不知是比丘受何等僧伽梨何等欝多羅僧何等安陁會何等鉢何等漉水囊何等尼師檀以是事白佛佛言誰是根本看病人看病人先應問病者受何等僧伽梨何等欝多羅僧何等安陁會何等鉢何等漉水囊何等尼師檀若如是問已資生六物與看病人餘輕物僧應分重物不應分若如是不問若不知不信與不大好不大惡六物餘輕物僧應分重物不應分

憍薩羅國一住處一比丘死僧在死

比丘尸前分衣鉢物是死比丘動起語諸比丘諸大德上座莫分我衣鉢物諸比丘不知云何以是事白佛佛言莫即於死尸前分若死尸已去若僧在異處應分

憍薩羅國土地與學沙弥死是衣鉢物諸比丘不知云何以是事白佛佛言當死時現前僧應分衣鉢物

憍薩羅國一住處有沙弥死諸比丘不知衣鉢當云何以是事白佛佛言所著内外衣應與看病人餘輕物僧應分重物不應分云何應與一心會僧僧中一比丘應唱大德僧聽某甲沙弥死是沙弥所有内外衣若僧時到僧忍聽僧某甲沙弥死内外衣現前僧應分僧羯磨與看病人如是白大德僧聽某甲沙弥死是沙弥所有内外衣現前僧應分物僧羯磨與看病人誰諸長老忍某甲沙弥死内外衣現前僧應分物僧羯磨與看病人誰諸長老忍者默然不忍者便說僧與某甲沙弥死是沙弥所有内外衣現前僧應分物僧羯磨與看病人竟

僧忍默然故是事如是持

佛在舍衛國長老優波離問佛言可分物不可分物何等可分物何等不可分物佛言一切田地一切房舍一切牀褥卧具一切細車一切麁車半庄車步輦車不應分

一切鐵物不應分除釜瓶受二斗已下應分除鉢小鉢半鉢揵鎡小揵鎡剃頭刀鉗鑷截抓刀針刀子戶鈎曲戶鈎剃刀匣刮汗篦灌鼻筒熨斗香鑪熏鉢鈎衣鈎壁上鈎匕鉢楮禪鎮除上尒所物餘一切鐵物不應分

一切銅物不應分除釜瓶受二斗已下應分除水盆瓮蓋刀匣刮汗篦灌鼻筒熨斗香鑪熏鉢鈎衣鈎壁上鈎禪鎮匕鉢楮除上尒所物 切銅物不應分

一切石物不應分除釜瓶受二斗已下應分水瓶水盆蓋水物刮汗篦灌鼻筒熨斗香鑪熏鉢鈎禪鎮除上尒所物一切石物不應分一切水精物不應分除釜熏鉢鈎香鑪熨斗餘如上說

一切瓦物不應分除盆受二斗已下應分除水瓶水盆蓋水物鉢小鉢半鉢鍵鎡小鍵鎡刀匣刮汗篦灌鼻筒熨斗香鑪禪鎮除上尒所物餘一切瓦器不應分

一切貝物不應分除刀匣刮汗篦灌鼻筒熨斗禪鎮香鑪熏鉢鉤衣鉤盛藥函匕鉢搘是一切貝物應分餘一切不應分

一切牙齒物亦如是

一切角物不應分除受半升已下應分除刀匣衣鉤壁上鉤刮汗篦灌鼻筒禪鎮盛藥匕鉢搘如是一切角物可分餘不應分

一切皮物不應分除盛蘇油囊受半升已下褩革屣韋繫韡韋座韋熟韋裹脚跟指韋應分一切木物不應分除杅受二升已下水盆瓮蓋刀匣刮汗篦衣鈎鉢鈎壁上鈎鉢搘禪鎮如是一切木物可分餘一切不應分

一切竹物不應分除蓋扇箱莚席杖等應分一切楮土不應分

一切染色若煮若未煮不應分

佛在舍衛國是時語諸比丘有住處一守戒比丘一被擯比丘共住若守戒比丘死衣物屬彼擯比丘若被擯比丘死衣物屬守戒比丘若餘擯比丘来不應與

一住處一守戒比丘二被擯比丘共住若守戒比丘死衣物屬被擯比丘若被擯比丘死衣物屬守戒比丘餘擯比丘来不應與

一住處一守戒比丘三被擯比丘共住若守戒比丘死衣物屬被擯比丘若被擯比丘死衣物屬守戒比丘若餘擯比丘来不應與

有一住處一守戒比丘四被擯比丘共住若守戒比丘死衣物屬被擯比丘若被擯比丘死衣物屬守戒比丘若餘擯比丘来不應與

有一住處二守戒比丘一被擯比丘二守戒比丘二被擯比丘二守戒比丘三被擯比丘二守戒比丘四被擯比丘亦如是

一住處有三守戒比丘一被擯比丘三守戒比丘二被擯比丘三守戒比

丘三被擯比丘三守戒比丘四被擯比丘亦如是

一住處四守戒比丘一被擯比丘四守戒比丘二被擯比丘四守戒比丘三被擯比丘四守戒比丘四被擯比丘亦如是

一住處一擯比丘一守戒比丘共住若擯比丘死衣物屬守戒比丘若守戒比丘死衣物屬擯比丘若餘守戒比丘来應與一擯比丘二守戒比丘一擯比丘三守戒比丘一擯比丘四守戒比丘亦如是

一住處二擯比丘一守戒比丘二擯比丘二守戒比丘二擯比丘三守戒比丘二擯比丘四守戒比丘亦如是

一住處三擯比丘一守戒比丘三擯比丘二守戒比丘三擯比丘三守戒比丘三擯比丘四守戒比丘亦如是

一住處四擯比丘一守戒比丘四擯比丘二守戒比丘四擯比丘三守戒比丘四擯比丘四守戒比丘亦如是

憍薩羅國一住處二比丘住一比丘死是一比丘如是思惟佛毗尼中說若

比丘死時現前僧中衣鉢物應分我一人非僧我當往佛所問是衣鉢物應屬誰即詣佛所頭面礼佛足一面坐須臾退坐白佛言大德我等二比丘憍薩羅國住一比丘死我如是思惟佛毗尼中說若比丘死時衣鉢物現前僧應分我一人非僧我今問世尊是衣鉢物應屬誰佛言有二比丘共一處住一比丘死即死時餘一比丘應心念口言某甲比丘死是比丘有尒許現前資生輕物若衣若非衣現前僧可分物是物屬我我護我受我用如是作羯磨竟異比丘來不得强與若不如是作是比丘衣鉢物不應受若受犯突吉羅罪亦應共餘比丘分如是不作出界犯突吉羅罪亦應共異比丘分若有三比丘一住處一比丘死二比丘是衣鉢物若展轉分若自受分云何展轉分一比丘應如是念言長老某甲比丘死是比丘有尒所現前資生輕物若衣若非衣現前僧應分物是邊尒許分物屬我是分與汝長老是分汝自護自受自用第

二比丘亦如是念言長老某甲比丘死是比丘有尒許資生輕物若衣若非衣現前僧應分是邊尒許分物屬我是分與汝長老是分汝自護自受自用是為展轉分云何自受分一比丘應如是言念長老某甲比丘死是比丘有尒許資生輕物若衣若非衣現前僧應分是邊尒許分物屬汝是分長老自護自受自用第二比丘亦如是言念長老某甲比丘死是比丘有尒許資生輕物若衣若非衣現前僧應分物是邊尒許分物屬汝是汝分長老自護自受自用是為自受分如是作竟若異比丘來不得强與若不如是作是比丘是衣不應受若受犯突吉羅罪亦應共異比丘分如是不作者出界犯突吉羅罪亦應異比丘分

若四比丘一住處一比丘死三比丘若展轉分若自受分若墮籌分展轉分自受分如上說云何墮籌分是衣鉢物作二分應如是言是分屬上座是分屬下座若是分屬下座是分

屬上座如是竟一籌應墮異比丘見不應墮若墮第二籌諸比丘犯突吉羅罪亦應異比丘共分若如是不作者出界犯突吉羅罪亦應異比丘分若五比丘一住處一比丘死餘四比丘是衣鉢物若展轉分若自受分若墮籌分若羯磨分展轉分自受分墮籌分如上說云何羯磨分是衣鉢物僧應羯磨與一比丘一心會僧僧中一比丘應唱大德僧聽某甲比丘死有尒許資生輕物若衣若非衣現前僧應分物若僧時到僧忍聽僧某甲比丘有尒許資生輕物若衣若非衣現前僧應分物僧當羯磨與某甲比丘如是白作白二羯磨僧已與某甲比丘羯磨某甲比丘死是比丘所有資生輕物若衣若非衣現前僧應分物僧羯磨與某甲比丘竟僧忍默然故是事如是持

僧羯磨與比丘衣鉢物是比丘自受不肯還言一切僧如法與如法取如法誓如法語竟今何以還索佛言應如是語比丘清淨故施汝應還僧若

還善若不還應强奪教突吉羅罪懺
悔諸沙弥来索是衣分諸比丘不與
言自恣衣分應與隨比丘法物應與
因緣衣分應與非時衣分應與佛未
語死比丘衣分應與以是事白佛佛
言聽與諸比丘不知與幾許佛言應作
四分第四分應與沙弥
佛言諸比丘有受法比丘不受法比
丘中住是受法比丘死不受法諸比
丘遣使至受法比丘所言汝等一比
丘是間死衣鉢物持去受法諸比丘
若取去善若不取應用治四方僧房
卧具
若不受法比丘受法比丘中住若死
受法比丘遣使至不受法比丘所言
汝等一比丘是間死衣鉢物取去諸
不受法比丘若取去善若不持去應
用治四方僧房卧具
有受法諸比丘擯一比丘到不受法
比丘所言諸大德除我罪作清淨我
當作不受法若未除罪而死受法諸
比丘應還攝衣鉢若除罪而死衣鉢
物屬不受法諸比丘

有不受法諸比丘擯一比丘是比丘
往受法諸比丘所言大德除我罪作
清淨我當作受法若未除罪而死衣
鉢物屬不受法諸比丘若除罪而死
衣鉢物應屬受法諸比丘
有一比丘有衣應捨是比丘與六群
諸比丘六群比丘取自用不肯還歸
尒時有異諸比丘苦惱不能得清淨
可信比丘佛夏後月遊行諸國諸比
丘著新染衣是比丘著弊故衣佛見
是比丘知而故問是比丘汝何以著
故弊衣答言我有衣應捨與六群諸
比丘六群比丘取自用不肯還我亦
有異諸比丘苦惱不能得清淨可信
比丘與佛言是清淨故布施是時比
丘即應還取若取得善若不還應强
奪教突吉羅罪懺悔
佛在舍衛國有一居士請佛及僧明
日食佛默然受知佛受已從坐起頭
面礼佛足繞佛而還其夜多辦淨妙
種種飲食清且布坐處遣人白佛食
具已辦唯聖知時佛自房住迎食分
一切僧入居士舍阿難送佛食分有

五因緣佛住精舍迎食分何等五一
若欲入定二欲為諸天説法三欲諸
房遊看四看病比丘五若未結戒欲
結佛知諸比丘入居士舍捉户鉤遍
看諸房見一住處閉門扇一病比丘
苦痛無侶自卧大小便中佛知故
問病比丘汝何所患苦獨無人瞻視
自卧大小便上是比丘忠直相實相
白佛大德我性嬾他有事我不助我
今病他人亦復不看我佛如是思惟
是忠實善男子我當以手摩其身是
時佛即以手摩之當手摩時比丘苦
痛即除愈身心安樂佛安徐扶起與
著衣將出房安置床坐洗之授淨衣
令著不淨者為浣挨曬還入安徐却
不淨涕唾除草蓐灑掃塗地更布草
蓐已安徐扶起著衣將入房床令草
蓐中坐告病比丘汝若不勤求未得
事為得故未到事為到故未識事為
識故汝隨尒許時具受苦痛方當復
劇是比丘亦自思惟今佛威神力以
手摩我身當下手時我身苦痛即除
愈身心安樂是比丘念佛大恩善心

生焉得清淨信立種種頌佛功德尊
重於佛撿意一心佛隨比丘意善為
說法是比丘在草坐上一切諸法不
受得阿羅漢佛安是比丘第一漏盡
中已從是房出閉門下撢還本房布
尼師檀結跏趺坐居士是時見衆僧
坐已從坐起自行澡水種種飲食自
恣所須食畢澡手執鉢持一小牀在
僧前坐欲聽說法時上坐比丘說法
還到佛所頭面禮佛足一面坐諸佛
常法諸比丘中食還如是問諸比丘
飲食多美僧得滿足不諸比丘言大
德食美飽滿諸比丘食還尒時世尊
以如是問汝等飲食美不僧飽滿不
諸比丘言大德食美飽滿
佛告諸比丘今日我捉戶鉤諸房遍
看見一病比丘苦痛病惡獨無人看
卧大小便中汝諸比丘是事不是何
以不相看不相供給入我法中汝無
父母兄弟若不相看誰當看汝佛種
種因緣呵諸比丘已告諸比丘從今
日應看病人長老憂波離問佛誰應
供給瞻視病人佛言和尚阿闍梨同

和尚同阿闍梨若無四種人僧應供
給若僧不與僧得突吉羅罪若僧差
人不肯去者得突吉羅罪從今日結
看病比丘法看病人法者當隨病人
所須應作隨時到病人邊問病因緣
問病因緣已若問藥師若問知病比
丘見病比丘如是以何藥若藥師
教應服是藥明日到厨中看僧作何
食若有隨病應食看病人則往若無
應病食應取僧所供給供給是病人
若是事無是住處若善好有德比丘
從是比丘索供給病人若無是事應
從多知識大德比丘索若無是事應
留病比丘六物餘物應貿所須供給
病人若無是事以所受重物貿輕物
受持得錢求所須供給病人若無是
事所受鐵鉢為貿瓦鉢受持得錢市
所須供給病人若無是事看病人應
自與若自無應從他乞供給病人若
無知識乞不能得乞食美者供給病
人看病比丘應隨時到病人邊為說
深法是道非道發其智慧是病比丘
如是隨意說法若是阿練若病應現

前讚阿練若法若學修妬路經現前
讚學修妬路若學毗尼現前讚毗尼
若作法師現前讚阿毗曇若佐助衆
事應讚佐助衆事若有大德多人所
識應問初地相第二第三第四地相
須陁洹果乃至阿羅漢果若死隨其
功德供給供養竟諸衣若應浣者浣
抆曬燥捲襞徐徐擔入僧中應如是
唱某甲比丘死是比丘僧伽梨是憂
多羅僧是安陁會是鉢是漉水囊是
尼師檀是餘資生物自得如是勝趣
佛言有三種病人有病人若得隨病
飲食若不得若得隨病藥若不得若
得隨意看病人若不得不能差
有病人若得隨病飲食若不得若得
應病藥若不得若得隨意看病人若
不得能差
有病人若得隨病飲食差若不得死
若得應病藥差若不得死若得隨意
看病人差若不得死以是病故聽看
病人若上二種病人為供養供給亦
善病人有五事難看何等五一惡性
不可共語二看病人教不信不受三

應病飲食不應病飲食不知自節量四不肯服藥五不能自忍節量有是五法病人難看病人有五事易看何等五一不惡性二看病人教能信受三別隨病應食不應食四能自服藥五能自忍節量有是五法病人易看

有五法看病人不能看病何等五一者惡性不可共語二者病人教不隨語三者不別知隨病應食不應食四者不能為病人他邊索藥五者不能忍有是五法不能看病人

有五法能看病人一者不惡性可共語二者病人教即隨語三者能知應病飲食是應食是不應食四者能為病人他邊索藥五者能忍有是五法能看病人

有五法病人難看何等五一惡性不可共語二不知諸病起滅無常三身中起病辛苦不樂奪命性不能忍四一切喜從他索少自能作而不作五受陰中起滅不觀是色陰是色陰習是色陰盡是痛陰是想陰是行陰是識陰是識陰習是識陰盡有是五法病人難看有五法病人易看何等五一者不惡性可共語二知諸痛起滅觀無常三身中起病辛苦痛惡不樂奪命性能忍四一切不喜從他索少自能作自作五受陰中起滅能觀是色陰是色陰習是色陰盡是痛陰是想陰是行陰是識陰是識陰習是識陰盡有是五法病人易看

復有五法看病人不能看病何等五一者惡性不可共語二者若多惡病人屎尿瓦甌唾盡出入時若棄唾時不喜三為財物飲食不為法故四五受陰中起滅不能觀是色陰是色陰習是色陰盡是痛陰是想陰是行陰是識陰是識陰習是識陰盡五不能隨到病人邊為說深妙法示是道非道不能生其智慧是為五法不能看病

佛告諸比丘有比丘遺比丘使與他比丘衣所與比丘衣者死彼死比丘邊同意取是惡取死者衣受是惡受若本主活在與彼同意取是好取長衣受是好受有比丘遺比丘使與他比丘衣本主死主與是同意取是惡取死者衣受是惡受所與比丘活在與彼同意取是好取長衣受是好受

十誦律卷第二十八

十誦律卷第二十八

校勘記

一　底本，金藏廣勝寺本。

一　五九六頁中一行「四誦之九」，資無；磧、普、南、徑、清作「第四誦之八」，載於二行與三行之間；麗作「第四誦之八」。

一　五九六頁中三行「七法中衣法第七」，資作「七法中衣法第七之餘四誦之八」；磧、普、南、徑、清作「七法中衣法第七之餘」；麗作「七法中衣法第七之下」。同行「衣法下」，諸本（不含石，下同）無。

一　五九六頁中四行第一三字「一」，

資、磧、普、南、徑、清作「一者」。同行第一七字「二」，資、磧、普、南、徑、清作「二者」。

一 五九六頁中六行「現前布施」，諸本作「現前得布施」。同行第一〇字及第一六字「得」，資、磧、普、南、徑、清無。

一 五九六頁中一一行首字「界」，諸本作「云何名依止布施如多比丘多住處作内界」。

一 五九六頁中一二行第五字「人」，諸本作「諸人」。

一 五九六頁中一四行「内界」，麗作「界内」。

一 五九六頁下三行首字「是」，資、磧、普、南作「彼」。

一 五九六頁下八行第九字「手」，資、磧、普、南、徑、清無。

一 五九六頁下二〇行「住處與僧」，資、磧、普、南、徑、清作「衣與是住處僧」；麗作「衣與住處僧」。

一 五九七頁上二行第八字「有」，資、磧、普、南、徑、清無。

一 五九七頁上一五行第三字「示」，資、磧、普、南、徑、清作「指示」。

一 五九七頁上一八行末字「是」，徑作「示」。

一 五九七頁中六行第四字「語」，資、磧、普、南、徑、清作「諸」。

一 五九七頁中八行第八字「在」，資、磧、普、南、徑、清無。

一 五九七頁中一〇行「阿練兒」，磧、普、南、徑、清作「阿練若」。

一 五九七頁中一一行及本頁下四行「比衣」，資、磧、普、南、徑、清作「比丘衣」。

一 五九七頁中一五行「雍園」，資作「癰園」；磧、普、南、徑、清作「癰國」。

一 五九七頁下三行「阿練若」，資、麗作「阿練兒」。

一 五九七頁下五行「是時」，資、磧、普、南、徑、清作「尒時」。

一 五九七頁下一〇行第一一字「施」，諸本作「布施」。

一 五九七頁下一一行「僧應分物」，資、磧、普、南、徑、清作「應分」。

一 五九七頁下一二行「未月」，諸本作「末月」。

一 五九七頁下一九行「是衣」，資、磧、普、南、徑、清作「是時衣施」；麗作「是衣施」。

一 五九八頁上一行第一〇字「物」，資、磧、普、南、徑、清作「衣物」。

一 五九八頁上二行第六字「衣」，資、磧、普、南、徑、清作「衣分」。

一 五九八頁上二二行「比丘」，諸本作「一比丘」。

一 五九八頁中二行第四字「白」，磧作「曰」。

一 五九八頁中一四行第九字「佛」，諸本作「佛佛」。

一 五九八頁中末行「强與」，麗作「强索」。下同。

一 五九九頁上五行第一〇字「分」，資、磧、普、南、徑、清無。

一　五九九頁上六行「若自受分」，資、磧、普、南、徑、清作「若受自分」。

一　五九九頁上一八行第九字「者」，資、磧、普、南、徑、清無。

一　五九九頁中八行「羯磨者和合僧」，資、磧、普、南、徑、清作「羯磨法者和合僧僧」。

一　五九九頁中一六行至次行「資生輕物若衣」，資、磧、普、南、徑、清作「死是比丘所有資生輕物若衣」；麗作「死是比丘所有資生輕物若衣現前僧應分物」。

一　五九九頁中二〇行末字「忍」，資、磧、南、徑、清無。

一　五九九頁中二一行「比丘」，諸本作「比丘死」。

一　五九九頁下二二行第四字「忍」，資、磧、普、南、徑、清無。同行「長老默然不忍」，資、磧、普、南、徑、清作「是長老默然誰不忍」；麗作「是長老默然不忍」。

一　六〇〇頁上六行首字「言」，資、磧、普、南、徑、清無。

一　六〇〇頁上七行「便起」，資、磧、普、南、徑、清作「便共」。

一　六〇〇頁上九行第二字「看」，資、磧、普、南、徑、清作「瞻」。

一　六〇〇頁中一行「是死比丘」，資、磧、普、南、徑、清作「是死屍」。

一　六〇〇頁中二一行「誰諸長老忍」，麗無。

一　六〇〇頁中二二行首字「與」，資、磧、普、南、徑、清作「與某甲比丘」。

一　六〇〇頁下七行「二升」，麗作「二斗」。

一　六〇〇頁下八行第一〇字「揵」，諸本作「鍵」。

一　六〇〇頁下九行第七字「抓」，諸本作「爪」。同行第一三字「鈎」，資、磧、普、南、徑、清作「排」。

一　六〇〇頁下一〇行「刮汗篦」，諸本作「刮汙篦」。下同。

一　六〇〇頁下一一行「匕鉢楮」，資、磧、普、南、徑、清作「匕鉢枝」。下同。

一　六〇〇頁下一四行「水盆」，資、磧、普、南、徑、清作「水瓶水盆」。

一　六〇〇頁下一六行「切銅物」，資、磧、普、南、徑、清作「餘一切銅物」；麗作「一切銅物」。

一　六〇〇頁下二一行「一切石物不應分」，資、磧、普、南、徑、清作「餘一切石物不應分一切牛驢等不應分」。

一　六〇一頁上一行第九字「盆」，資、磧、普、南、徑、清作「盆瓶」。同行「二斗」，資、磧、普、南、徑、清作「二升」。

一　六〇一頁上二行第三字「除」，麗無。

一　六〇一頁上一三行「盛藥」，諸本作「盛藥函」。

一　六〇一頁上一六行「下繫革屣」，資、磧、普、南、清作「下靴革屣繫革屣」；徑作「下靴革屣繫草屣」。同行「鹿韋」，資、磧、普、南、徑、清作「生鹿韋」。

一 六〇一頁上一八行第三字「杅」，磧、普、南、徑、清作「盂」。同行「水盆」，資、磧、普、南作「應分水瓶水盆」；徑、清作「應分除水瓶水盆」；麗作「水瓶水盆」。

一 六〇一頁上一九行「鉢鈎」，資、磧、普、南、徑、清無。同行「鉢楮」，徑、清作「匕鉢枝」。

一 六〇一頁上二一行第一三字「席」，資、磧、普、南、徑、清作「坐席」。

一 六〇一頁上末行「未煑」，資、磧、普、南、徑、清作「不煑」。

一 六〇一頁中三行第六字「物」，資、磧、南無。同行第八字「彼」，諸本作「被」。

一 六〇一頁中一四行首字及二二行第四字「有」，徑、清無。

一 六〇一頁中一八行首字「有」，資、磧、普、南、徑、清無。

一 六〇一頁中一九行第六字「二」，麗作「一」。

一 六〇二頁上二行末字「物」，資、磧、普、南、徑、清作「物應分」。

一 六〇二頁上八行第五字「物」，資、磧、普、南、徑、清無。

一 六〇二頁上一三行「羯磨」，資、磧、普、南、徑、清無。

一 六〇二頁上一四行「不如是」，資、磧、普、南、徑、清作「如是不」。

一 六〇二頁上一五行第九字及次頁上六行第一四字「應」，資、磧、普、南、徑、清無。

一 六〇二頁上二〇行及本頁中一行「念言」，資、磧、南、徑、清作「言憶念」。

一 六〇二頁中五行「云何」，資、磧、普、南、徑、清作「云何名」。

一 六〇二頁中六行第六字「念」，資、磧、普、南、徑、清作「憶念」。一〇行第四字同。

一 六〇二頁中九行首字「分」，麗作「分汝」。

一 六〇二頁中一二行至次行「汝分」，諸本作「分汝」。

一 六〇二頁中一四行第三字「作」，資、磧、普、南、徑、清作「作羯磨」。

一 六〇三頁上三行首字「言」，諸本作「佛言」。

一 六〇三頁上一四行「若死」，徑、清作「若不受法比丘死」。

一 六〇三頁中一二行末字「諸」，資、磧、普、南、徑、清無。

一 六〇三頁中二一行「清且」，諸本作「清旦」。

一 六〇三頁下六行末字「故」，麗作「故問」。

一 六〇三頁下八行第六字「上」，麗作「二」。

一 六〇三頁下一四行「置扶」，諸本作「徐扶」。

一 六〇三頁下一五行第一三字「徐」，資、磧、普、南、徑、清作「除」。

一 六〇三頁下二〇行「具受」，資、磧、普、南、徑、清作「受是」。

一 六〇四頁上五行第一〇字「撢」，

一 資、磧、普、南、徑、清作「店」。

一 六〇四頁上七行第九字「水」，資、磧、普、南、徑、清作「水下」。

一 六〇四頁上八行「小牀」，資、磧、普、南、徑、清作「畢座」。

一 六〇四頁上一一行至次行「諸比丘飲食多美」，資、磧、普、南、徑、清作「汝等得施食美不」。

一 六〇四頁上一二行至次行「言大德食美飽滿諸比丘」，資、磧、普、南、徑、清無。

一 六〇四頁上一四行第七字「飲」，資、磧、普、南、徑、清作「得施」。

一 六〇四頁上一七行第一三字「人」，資、磧、普、南、徑、清作「一人」。

一 六〇四頁上二〇行第八字「著」，諸本作「看」。

一 六〇四頁上二二行首字「日」，資、磧、普、南、徑、清無。

一 六〇四頁中五行第一二字「病」，資、磧、普、南、徑、清作「病起」。六行第二字同。

一 六〇四頁中九行第一二字「往」，資、磧、普、南、徑、清作「住」。

一 六〇四頁中一〇行「病人」，資、磧、普、南、徑、清作「病比丘」。

一 六〇四頁中一一行首字「若」，資、磧、普、南、徑、清無。

一 六〇四頁下七行「供給」，資、磧、普、南、徑、清作「供養」。

一 六〇四頁下八行「曬燥」，資、磧、普、南、徑、清作「曬乾」。

一 六〇四頁下一〇行第四字「是」，資、磧、普、南、徑、清無。

一 六〇四頁下二一行「二種」，徑、清作「三種」。

一 六〇五頁上二行「不能」，資、磧、普、南、徑、清作「不肯」。

一 六〇五頁上二〇行第七字「少」，資、普、南、徑、清作「小」。同行末字「五」，麗作「五五」。本頁中五行第六字同。

一 六〇五頁中二行「諸痛」，徑、清作「諸病」。

一 六〇五頁中三行「痛急」，徑作「痛極」。

一 六〇五頁中一六行首字「隨」，諸本作「隨時」。

一 六〇五頁下一行第七字「主」，諸本無。

一 六〇五頁下三行末字「受」後，磧、普、南、徑、清、麗有夾註「七法中衣法第七竟」。

十誦律卷第二十九 五誦之二　　從

後秦北印度三藏弗若多羅譯

八法迦絺那衣法第一

佛在舍衛國介時諸比丘於衆祇陁國安居過三月自恣竟作衣畢持衣鉢向舍衛國道路多雨泥水是諸比丘以多雨泥水故甚大疲極熱風所惱往詣佛所頭面礼足却坐一面諸佛常法有客比丘来以如是語勞問忍不足不安居樂不乞食不乏道路不疲耶佛以如是語勞問諸比丘忍不足不安居樂不乞食不乏道路不疲耶諸比丘荅言世尊忍足安居樂乞食不乏但道路疲極佛問諸比丘汝等去何忍足安居樂乞食不乏道路疲極諸比丘荅言我等於衆祇陁國安居過三月自恣竟作衣已持衣鉢遊行向舍衛國道中值兩多泥水故熱風所惱甚大疲極佛言汝等比丘實忍足安居樂乞食不乏道路疲極從今聽諸比丘安居自恣竟和合一處受迦絺那衣受迦絺那衣者先

衣尚不失何況新衣受迦絺那衣法者一心和合僧隨得衣日受云何隨得衣日若月一日得衣即日受若二日若三日乃至八月十五日亦如是一比丘應僧中唱言大德僧聽今日僧和合受迦絺那衣若僧時到僧忍聽受迦絺那衣如是白應先立受迦絺那衣人應問誰能與僧作受迦絺那衣人是中若一比丘言能佛言若有五法不應立作受迦絺那衣人何等五隨愛隨瞋隨怖隨癡不知受不受若成就五法應立作受迦絺那衣人不隨愛不隨瞋不隨怖不隨癡知受不受是中一比丘應僧中唱言大德僧聽比丘某甲能為僧作受迦絺那衣人若僧時到僧忍聽僧立某甲比丘作受迦絺那衣人如是白大德僧聽比丘某甲能為僧作受迦絺那衣人僧今立某甲為僧作受迦絺那衣人誰諸長老忍某甲比丘為僧作受迦絺那衣人者默然不忍者說僧立某甲比丘為僧作受迦絺那衣人竟僧忍默然故是事如是持

介時若僧初得施衣安居僧應分應以是衣羯磨與受迦絺那衣人與法者一心和合僧一比丘僧中唱言大德僧聽此住處僧得是施衣安居僧應分若僧時到僧忍聽僧羯磨與某甲比丘以是衣作迦絺那衣不離是住處受持如是白大德僧聽是住處僧得是施衣安居僧應分僧羯磨與某比丘以此衣僧作迦絺那衣不離是住處受持誰諸長老忍僧羯磨此衣與某甲比丘作迦絺那衣不離是住處受持者默然不忍者說僧羯磨此衣與某比丘作迦絺那衣不離是住處受持竟僧忍默然故是事如是持

介時與了了能作四比丘浣染裁割縩刺綖隱量度浣時應生心以此衣我作迦絺那衣受染裁割簪刺安隱量度時作是念我以此衣作迦絺那衣受若生此六心名善作迦絺那衣若無此六心不名善作迦絺那衣復有三心作是念我以是衣當作迦絺那衣受以此衣今作迦絺那衣受以此衣作迦絺那衣受竟若生此三心是

名善作迦絺那衣若無此三心不名善作迦絺那衣復有二心作是念我以是衣作迦絺那衣受以此衣作迦絺那衣受竟若生此二心名善作迦絺那衣若無此二心作迦絺那衣人得突吉羅罪

介時長老優波離偏袒右肩合掌問佛言世尊云何名受迦絺那衣法佛言與僧作受迦絺那衣人應一心浣一心染一心割截一心簪一心刺一心安隱量度作迦絺那衣人浣是衣時應作是念以是衣我作迦絺那衣受染時割截時簪時刺時安隱量度時皆作是念以是衣我作迦絺那衣受是比丘若生是六心名善作迦絺那衣若無是六心不名善作迦絺那衣復有三心作是念我以此衣當作迦絺那衣受以是衣今作迦絺那衣受以是衣作迦絺那衣受竟是比丘若生此三心者名善作迦絺那衣若無是三心不名善作迦絺那衣復次應生二心作是念我以是衣作迦絺那衣受以是衣作迦絺那衣受竟是比

丘生此二心者名善作迦絺那衣若無是二心作迦絺那衣者得突吉羅罪佛語優波離不但量度名受迦絺那衣不但染不但緣不但怗四角不但出葉不但簪故名受迦絺那衣若用故爛衣作迦絺那衣者不名為受先已受作迦絺那衣今更受者不名為受若用非時衣作迦絺那衣者不名為受若以欝金色染作迦絺那衣者不名為受若以經宿衣作迦絺那衣者不名為受若不以決定心受迦絺那衣者不名為受若以不淨衣作迦絺那衣者不名為受若減量作迦絺那衣者不名為受若以減量作僧伽梨若欝多羅僧若安陀衛作迦絺那衣者不名為受若以不割截衣作迦絺那衣者不名為受若以不割截僧伽梨欝多羅僧安陀衛作迦絺那衣者不名為受若作迦絺那衣未竟不名為受若以異比丘比丘尼式叉摩尼沙弥沙弥尼衣作迦絺那衣者不名為受

佛語優波離僧如法受迦絺那衣日

有一安居比丘出還聞已受迦絺那衣不隨喜者是人不得受迦絺那衣佛語優波離如是名為受迦絺那衣若得急施衣用作迦絺那衣者名為善受用時衣作迦絺那衣者名為善受用新衣作迦絺那衣者名為善受用般宿衣作迦絺那衣者名為善受若用淨衣作迦絺那衣者名為善受若用作淨衣作迦絺那衣者名為善受若用割截僧伽梨欝多羅僧安陁衛作迦絺那衣者名為善受若以怗衣作迦絺那衣者名為善受若用比丘比丘尼式叉摩尼沙弥沙弥尼衣作迦絺那衣者名為善受佛語優波離僧如法受迦絺那衣日有一安居比丘出界行即日還聞已受迦絺那衣歡喜隨順者是人名善受

長老優波離問佛言世尊云何名捨迦絺那衣佛言有八事名捨迦絺那衣何等八一者衣成時二者衣垂成時三者去時四者聞時五者失時六者發心時七者過齊限時八者捨時初六者有人受迦絺那衣持所有衣

出界去作是念我不還此作衣去時即名捨迦絺那衣有人受迦絺那衣持所有衣出界去作是念我不還此處作衣是比丘出界已又作是念我不還彼處亦不作衣去時即名捨迦絺那衣

有人受迦絺那衣持所有衣出界去作是念我不還此處作衣於界外作衣作是念我不還彼處衣成時即名捨迦絺那衣

有人受迦絺那衣持所有衣出界去作是念我不還此處作衣是人於界外作衣作衣已不好守護故失更無物作是人失衣時即名捨迦絺那衣

有人受迦絺那衣持所有衣出界去作是念我還此處作衣是人即出界去彼於界外作衣若作若未作作是念我還本處徐徐作久久不成是人過齊限時即名捨迦絺那衣

有人受迦絺那衣持所有衣出界外去作是念我還此處作衣彼於界外聞僧已捨迦絺那衣即作是念迦絺那衣已捨我不復還是名聞捨迦絺

那衣

有人受迦絺那衣持所有衣出界去作是念我還此處作衣即於界外作衣彼衣若成若未成作是念我還本處未捨迦絺那衣到已共僧捨迦絺那衣即名為捨是名初六

第二六者若比丘受迦絺那衣已作尒所毗波羅衣持所有衣出界去作是念我不還此住處作衣是比丘去時即名捨迦絺那衣若比丘受迦絺那衣已作尒所毗波羅衣持衣出界去作是念我不還此處作衣是比丘出界已又作是念我不還彼處亦不作衣是比丘出界已即名捨迦絺那衣

若比丘受迦絺那衣已作尒所毗波羅衣持所有衣出界去作是念我不還此住處作衣於界外作衣作是念我不還彼處衣成時即名捨迦絺那衣

若比丘受迦絺那衣已作尒所毗波羅衣持所有衣出界去作是念我不還此處作衣是人於界外作衣不好守

護故失更無物作是人失衣時即名捨迦絺那衣

若比丘受迦絺那衣已作尒所毗波羅衣持所有衣出界去作是念我還此處作衣是人即出界去彼於界外作衣若未作若作作是念我還本處徐徐作久久不成是人過齊限時即名捨迦絺那衣

若比丘受迦絺那衣已作尒所毗波羅衣持所有衣出界去作是念我當還此處作衣彼於界外聞僧已捨迦絺那衣即作是念迦絺那衣已捨我不還本處是比丘聞時即名捨迦絺那衣

若比丘受迦絺那衣已作尒所毗波羅衣持所有衣出界去作是念我當還此處作衣即於界外作衣若作若未作作是念我還本處未捨迦絺那衣到已共僧捨迦絺那衣即名爲捨是名第二六竟

復有二十若比丘受迦絺那衣持所有衣出界外去作是念我不還此住處作衣是比丘出界已又作是念我

不還本住處亦不作衣是比丘去時即名捨迦絺那衣

二者若比丘受迦絺那衣持所有衣出界去作是念我不還此住處作衣是比丘出界外作衣時作是念我不還本住處是衣成時即名捨迦絺那衣

三者若比丘受迦絺那衣持所有衣出界作是念我不還此住處作衣是比丘界外作衣作衣已不好守護故失更無物作是人失衣時即名捨迦絺那衣

四者若比丘受迦絺那衣持所有衣出界去作是念我不還此住處作衣是比丘界外作衣已作尒所尒所未作徐徐作久久不成又作是念我當還本處是比丘過齊限時即名爲捨迦絺那衣是名初四

第二四者若比丘受迦絺那衣持所有衣出界去不經理亦不言還亦不言不還出界去時作是念我不還此住處作衣是比丘去時即名捨迦絺那衣

二者若比丘受迦絺那衣持所有衣出界去不經理亦不言還亦不言不還出界作衣作是念我不還本處作衣衣成時即名捨迦絺那衣

三者若比丘受迦絺那衣持所有衣出界去不經理亦不言還亦不言不還是比丘界外作衣作衣已不好守護故失更無物作失衣時即名捨迦絺那衣

四者若比丘受迦絺那衣持所有衣出界去不經理亦不言還亦不言不還出界外作是念我不還本處即於彼處作衣若成若不成徐徐作久久不成是比丘過齊限時即名捨迦絺那衣是名第二四

第三四者若比丘受迦絺那衣持衣出界作是念我當還此處作衣是比丘界外又作是念我不還本處亦不作衣是比丘去時即名捨迦絺那衣

二者若比丘受迦絺那衣持衣出界作是念我當還此處作衣是比丘界外作衣又作是念我不還本處作衣衣成時名捨迦絺那衣

三者若比丘受迦絺那衣持衣出界作是念我當還此處作衣是比丘於界外作衣作衣已不好守護故失更無物作失衣時即名捨迦絺那衣

四者若比丘受迦絺那衣持衣出界作是念我當還此處作衣是比丘界外作衣已作尒所尒所未作徐徐作久久不成又作是念我當還本處是比丘過齊限時即名捨迦絺那衣是名第三四

第四四者若比丘受迦絺那衣持衣出界去作是念我當還此處作衣是比丘界外聞已捨迦絺那衣作是念我不還本處亦不作衣是比丘去時即名捨迦絺那衣

二者若比丘受迦絺那衣持衣出界作是念我當還此處作衣界外聞已捨迦絺那衣是比丘便界外作衣又作是念我不還本處作衣成時即名捨迦絺那衣

三者若比丘受迦絺那衣持衣出界去作是念我不還此處作衣是人於界外聞捨迦絺那衣即於界外作衣

作衣已不好守護故失更無物作失時即名捨迦絺那衣

四者若比丘受迦絺那衣持衣出界作是念我當還此處作衣是比丘界外聞已捨迦絺那衣界外作衣已作尒所尒所未作徐徐作久久不成作是念我不還本處是比丘過齊限時即名捨迦絺那衣是名第四四

第五四者若比丘受迦絺那衣持衣出界作是念我當還此住處作衣是比丘界外作衣又作是念我不還本處是比丘作衣成時即名捨迦絺那衣

二者若比丘受迦絺那衣持所有衣出界去作是念我當還此處作衣是人於界外作衣作衣已眣波羅衣垂成留置是人作是念此眣彼羅衣不還彼處衣垂成時即名捨迦絺那衣

三者若比丘受迦絺那衣持衣出界作是念我當還此處作衣是比丘界外聞已捨迦絺那衣是比丘作是念若僧已捨迦絺那衣不還本處亦不作衣以聞故即名捨迦絺那衣

四者若比丘受迦絺那衣持衣出界作是念我當還此住處作衣是比丘界外作衣已作尒所尒所未作徐徐作未捨迦絺那衣還此住處共僧捨迦絺那衣即名爲捨是名第五四捨迦絺那衣

復有二十捨迦絺那衣若比丘受迦絺那衣持所有衣出界望得衣故作是念我不還此住處作衣是比丘界外作是念我不還本住處亦不作衣是比丘去時即名捨迦絺那衣

二者若比丘受迦絺那衣持衣出界望得衣故作是念我不還此住處作衣出界外作衣時作是念我不還本住處是衣成時即名捨迦絺那衣

三者若比丘受迦絺那衣持衣出界望得衣故作是念我不還此住處作衣是比丘界外作衣作衣已不好守護故失更無物作衣失時即名捨迦絺那衣

四者若比丘受迦絺那衣持衣出界望得衣故作是念我不還此住處作衣是比丘界外作衣已作尒所尒所

未作徐徐作久久不成又作是念我當還本處是比丘過齊限時即名捨迦絺那衣是名初四餘三四不經理當來還聞已捨亦如上說

第五四者若比丘受迦絺那衣持所有衣出界望得衣故作是念我當還此住處作衣是比丘界外作衣又作是念我不還本處是比丘作衣成時即名捨迦絺那衣

二者若比丘受迦絺那衣持所有衣出界望得衣故作是念我當還此處作衣是人於界外作衣作衣已毗波羅垂成留置作是念此毗波羅衣不還彼處衣成時即名捨迦絺那衣

三者若比丘受迦絺那衣持所有衣出界望得衣故作是念我當還此處作衣是比丘界外聞已捨迦絺那衣是比丘作是念若僧已捨迦絺那衣我不還本處亦不作衣以聞故即名捨迦絺那衣

四者若比丘受迦絺那衣持所有衣出界望得衣故作是念我當還此處作衣是比丘界外作衣已作尒所尒所未作徐徐作未捨迦絺那衣還此處共僧捨迦絺那衣即名為捨是名第五四捨迦絺那衣是名第二五四捨迦絺那衣

復有二十捨迦絺那衣一者若比丘受迦絺那衣持所有衣出界望得衣故作是念我不還此處作衣不得所望非望而得是比丘界外作是念我不還本處亦不作衣是比丘去時即名捨迦絺那衣

二者若比丘受迦絺那衣持衣出界望得衣故作是念我不還此處作衣不得所望非望而得是比丘出界外作衣時作是念我不還本處是衣成時即名捨迦絺那衣

三者若比丘受迦絺那衣持衣出界望得衣故作是念我不還此處作衣不得所望非望而得是比丘界外作衣作衣已不好守護故失更無物作衣失時即名捨迦絺那衣

四者若比丘受迦絺那衣持衣出界望得衣故作是念我不還此處作衣不得所望非望而得是比丘界外作衣已作尒所尒所未作徐徐作久久不成又作是念我當還本處是比丘過齊限時即名捨迦絺那衣餘三四不經理當來還聞已捨亦如是

第五四者若比丘受迦絺那衣持衣出界望得衣故作是念我還此住處作衣不得所望非望而得是比丘界外作衣又作是念我不還本處是比丘作衣成時即名捨迦絺那衣

二者若比丘受迦絺那衣持所有衣出界望得衣故作是念我當還此處作衣不得所望非望而得是人於界外作衣作衣已毗波羅垂成留置作是念此毗波羅衣不還本處衣成時即名捨迦絺那衣

三者若比丘受迦絺那衣持所有衣出界望得衣故作是念我當還此處作衣不得所望非望而得是比丘界外聞已捨迦絺那衣是比丘作是念若僧已捨迦絺那衣不還本處亦不作衣以聞故即名捨迦絺那衣

四者若比丘受迦絺那衣持衣出界望得衣故作是念我當還此處作衣

十誦律卷第二十九　第十八張　從字号

不得所望非望而得是比丘界外作衣已作尒所尒所未作徐徐作未捨迦絺那衣還此處共僧捨迦絺那衣即名捨是名第五四捨迦絺那衣是名第三五四

復有二十捨迦絺那衣一者若比丘受迦絺那衣持所有衣出界望得衣故作是念我不還此處作衣斷所望得非望而得出界已作是念我不還本住處亦不作衣是比丘去時即名捨迦絺那衣

二者若比丘受迦絺那衣持所有衣出界望得衣故作是念我不還此處作衣斷所望得非所望而得是比丘出界外作衣時作是念我不還本處是衣成時即名捨迦絺那衣

三者若比丘受迦絺那衣持衣出界望得衣故作是念我不還此處作衣斷所望得非望而得是比丘界外作衣作衣已不好守護故失更無物作衣失時即名捨迦絺那衣

四者若比丘受迦絺那衣持衣出界望得衣故作是念我不還此處作衣

十誦律卷第二十九　第十九張　從字号

斷所望得非望而得是比丘界外作衣已作尒所尒所未作徐徐作久久不成又作是念我當還本處是比丘過齊限時即名捨迦絺那衣餘三四不經理當來還聞已捨亦如是

第五四者若比丘受迦絺那衣持衣出界望得衣故作是念我還此住處作衣斷所望得非望而得是比丘界外作衣又作是念我不還本處是比丘作衣成時即名捨迦絺那衣

二者若比丘受迦絺那衣持所有衣出界去望得衣故作是念我當還此處作衣斷所望得非望而得是人於界外作衣作衣已毗波羅垂成留置作是念此毗波羅衣不還彼處作衣成時即名捨迦絺那衣

三者若比丘受迦絺那衣持衣出界望得衣故作是念我當還此處作衣斷所望得非望而得是比丘界外聞已捨迦絺那衣是比丘作是念若僧已捨迦絺那衣不還本處亦不作衣以聞故即名捨迦絺那衣

四者若比丘受迦絺那衣持衣出界

十誦律卷第二十九　第二十張　從字号

望得衣故作是念我當還此處作衣斷所望得非望而得是比丘界外作衣已作尒所尒所未作徐徐作未捨迦絺那衣還此處共僧捨迦絺那衣即名為捨是名第五四捨迦絺那衣是名第四五四

復有二十捨迦絺那衣一者若比丘受迦絺那衣持所有衣出界望得衣故作是念我不還此住處作衣不得所望不斷所望非望而得是比丘出界外已又作是念我不還本處亦不作衣是比丘去時即名捨迦絺那衣

二者若比丘受迦絺那衣持所有衣出界望得多衣故作是念我不還此處作衣不得所望不斷所望非望而得是比丘出界外作衣時作是念我不還本處是衣成時即名捨迦絺那衣

三者若比丘受迦絺那衣持衣出界望得衣故作是念我不還此住處作衣不得所望不斷所望非望而得是比丘出界外作衣作衣已不好守護故失更無物作衣失時即名捨迦

絺䋲衣

四者若比丘受迦絺䋲衣持衣出界望得衣故作是念我不還此住處作衣不得所望不斷所望非望而得是比丘界外作衣已作尒所尒所未作徐徐作久久不成又作是念我當還本處是比丘過齊限時即名捨迦絺䋲衣餘三四不經理當來還聞已捨亦如是

第五四者若比丘受迦絺䋲衣持所有衣出界望得衣故作是念我當還此處作衣不得所望不斷所望非望而得是比丘界外作衣又作是念我不還本處是比丘作衣時即名捨迦絺䋲衣

二者若比丘受迦絺䋲衣持所有衣出界望得衣故作是念我當還此處作衣不得所望不斷所望非望而得是人於界外作衣作衣已毗波羅垂成留置作是念此毗波羅衣不還彼處作衣衣成時即名捨迦絺䋲衣

三者若比丘受迦絺䋲衣持所有衣出界望得衣故作是念我當還此處

作衣不得所望不斷所望非望而得是比丘界外聞已捨迦絺䋲衣是比丘作是念若僧已捨迦絺䋲衣我不還本處亦不作衣以聞故即名捨迦絺䋲衣

四者若比丘受迦絺䋲衣持所有衣出界望得衣故作是念我當還此處作衣不得所望不斷所望非望而得是比丘界外作衣已作尒所尒所未作徐徐作未捨迦絺䋲衣還此處共僧捨迦絺䋲衣即名為捨是名第五四捨迦絺䋲衣是名第五五四

復有二十捨迦絺䋲衣一者若比丘受迦絺䋲衣持衣出界望得多衣故作是念我不還此處作衣不得所望不斷所望非望而得復勤求所望是望亦斷非望而得是比丘出界已又作是念我不還本處亦不作衣是比丘去時是名捨迦絺䋲衣

二者若比丘受迦絺䋲衣持衣出界望得多衣故作是念我不還此處作衣不得所望不斷所望非望而得復勤求所望是望亦斷非望而得是比

丘出界外作衣時作是念我不還本處衣成時即名捨迦絺䋲衣

三者若比丘受迦絺䋲衣持衣出界望得多衣故作是念我不還此處作衣不得所望不斷所望非望而得復勤求所望是望亦斷非望更得是比丘界外作衣作衣已不好守護故失更無物作衣失時即名捨迦絺䋲衣

四者若比丘受迦絺䋲衣持所有衣出界望得多衣故作是念我不還此住處作衣不得所望不斷所望非望而得復勤求所望是望亦斷非望更得是比丘界外作衣已作尒所尒所未作徐徐作久久不成又作是念我當還本處是比丘過齊限時即名捨迦絺䋲衣餘三四不經理當來還聞已捨亦如是

第五四者若比丘受迦絺䋲衣持所有衣出界望得多衣故作是念我當還此住處作衣不得所望不斷所望非望而得復勤求所望是望亦斷非望而得是比丘界外作衣又作是念我不還本住處是比丘作衣時即名

捨迦絺那衣

二者若比丘受迦絺那衣持所有衣出界望得多衣故作是念我當還此處作衣不得所望不斷所望非望而得復勤求所望是望亦斷非望而得是人於界外作衣作衣已眦波羅垂成留置作是念此眦波羅衣不還彼處衣成時即名捨迦絺那衣

三者若比丘受迦絺那衣持所有衣出界望得多衣故作是念我當還此處作衣不得所望不斷所望非望而得復勤求所望是望亦斷非望而得是比丘界外聞已捨迦絺那衣是比丘作是念若僧已捨迦絺那衣我不還本處亦不作衣以聞故即名捨迦絺那衣

四者若比丘受迦絺那衣持所有衣出界望得多衣故作是念我當還此處作衣不得所望不斷所望非望而得復勤求所望是望亦斷非望而得是比丘界外作衣已作尒所尒所未作俆俆作未捨迦絺那衣還此處共僧捨迦絺那衣即名為捨是名第五

四捨迦絺那衣是名第六五四

復有十二捨迦絺那衣一者若比丘受迦絺那衣持衣出界衣裁不足故作是念我當還此處作衣是比丘界外他語言持衣來當為汝作是比丘界外作是念我不還本處亦不作衣是比丘去時即名捨迦絺那衣

二者若比丘受迦絺那衣持衣出界衣裁不足故作是念我當還此住處作衣是比丘界外他語言持衣來當為汝作是人界外令他作衣作是念我不還本處界外作衣成時即名捨迦絺那衣

三者若比丘受迦絺那衣持衣出界衣裁不足故作是念我當還此住處作衣是比丘界外他語言持衣裁來我為汝作是比丘界外作衣作衣已不好守護故失更無物作是比丘失衣時即名捨迦絺那衣

四者若比丘受迦絺那衣持衣出界衣裁不足故作是念我當還此住處作衣界外他語言持衣來我為汝作是比丘界外令他作衣已作尒所尒

所未作俆俆作久久不成又作是念我當還本處是比丘過齊限時即名捨迦絺那衣

五者若比丘受迦絺那衣持衣出界衣裁不足故作是念我當還此住處作衣界外他語言持衣來我為汝作是比丘界外聞已捨迦絺那衣作是念我不還本處亦不作衣是比丘時即名捨迦絺那衣

六者若比丘受迦絺那衣持衣出界衣裁不足故作是念我當還此住處作衣界外他語言持衣來我為汝作是比丘界外聞已捨迦絺那衣又作是念我不還本處是比丘界外作衣衣成時即名捨迦絺那衣

七者若比丘受迦絺那衣持衣出界衣裁不足故作是念我當還此住處作衣界外他語言持衣來我為汝作是比丘界外聞已捨迦絺那衣是比丘界外作衣作衣已不好守護故失更無物作衣失衣時即名捨迦絺那衣

八者若比丘受迦絺那衣持衣出界衣裁不足故作是念我當還此住處

作衣界外他語言持衣来我為汝作是比丘界外聞僧已捨迦絺那衣界外作衣已作介所介所未作徐徐作衣久久不成過齊限時即名捨迦絺那衣持衣九者若比丘受迦絺那衣出界衣裁不足故作是念我當還此住處作衣界外他語言持衣来我為汝作衣是比丘界外作是念我不還本處是比丘界外作衣成時即名捨迦絺那衣

十者若比丘受迦絺那衣持衣出界衣裁不足故作是念我當還此住處作衣界外他語言持衣来我為汝作是比丘界外令他作衣作衣已毗波羅垂成留置是人作是念此毗波羅衣不還本處衣成時即名捨迦絺那衣十一者若比丘受迦絺那衣持衣出界衣裁不足作是念我當還此住處作衣界外他語言持衣来我為汝作是比丘界外聞僧已捨迦絺那衣作是念若僧已捨迦絺那衣我不還本處亦不作衣是比丘聞時即名捨迦絺那衣

十二者若比丘受迦絺那衣持衣出界衣裁不足故作是念我當還此住處作衣界外他語言持衣来我為汝作是比丘界外作衣已作介所介所未作還此住處僧未捨迦絺那衣共僧捨時即名為捨迦絺那衣

復有十二捨迦絺那衣一者若比丘受迦絺那衣毗波羅衣持衣出界衣裁不具足故作是念我當還此住處作衣是比丘界外他語言持衣来我為汝作是比丘界外作是念我不還本處亦不作衣是比丘去時即名捨迦絺那衣

二者若比丘受迦絺那衣毗波羅衣持衣出界衣裁不足故作是念我當還此住處作衣是比丘界外他語言持衣来我為作是比丘界外令他作衣作是念我不還本處界外作衣作衣成時即名捨迦絺那衣

三者若比丘受迦絺那衣毗波羅衣持衣出界衣裁不足故作是念我當還此住處作衣界外他語言持衣来我為汝作是比丘界外作衣作衣已

不好守護故失更無物作是比丘失衣時即名捨迦絺那衣

四者若比丘受迦絺那衣毗波羅衣持衣出界衣裁不足故作是念我當還此住處作衣界外他語言持衣来我為汝作是比丘界外令他作衣已作介所介所未作徐徐作久久不成又作是念我當還本處是比丘過齊限時即名捨迦絺那衣

五者若比丘受迦絺那衣毗波羅衣持衣出界衣裁不足故作是念我當還此住處作衣界外他語言持衣来我為汝作是比丘界外聞已捨迦絺那衣作是念我不還本處亦不作衣是比丘去時即名捨迦絺那衣

六者若比丘受迦絺那衣毗波羅衣持衣出界衣裁不足故作是念我當還此住處作衣界外他語言持衣来我為汝作衣是比丘界外聞已捨迦絺那衣又作是念我不還本處是比丘界外作衣成時名捨迦絺那衣

七者若比丘受迦絺那衣毗波羅衣持衣出界衣裁不足故作是念我當

還此住處作衣界外他語言持衣來我為汝作是比丘界外聞已捨迦絺那衣界外作衣作衣已不好守護故失更無物作失衣時即名捨迦絺那衣

八者若比丘受迦絺那衣毗波羅衣持衣出界衣裁不足故作是念我當還此住處作衣界外他語言持衣來我為汝作是比丘界外聞僧已捨迦絺那衣界外作衣已作尒所尒所未作徐徐作久久不成過齊限時即名捨迦絺那衣

九者若比丘受迦絺那衣毗波羅衣持衣出界衣裁不足故作是念我當還此住處作衣界外他語言持衣來我為汝作是比丘界外作是念我不還本處是比丘界外作衣衣成時即名捨迦絺那衣十者若比丘受迦絺那衣毗波羅衣持衣出界衣裁不足故作是念我當還此住處作衣界外他語言持衣來我為汝作是比丘界外令他作衣作衣毗波羅垂成留置是人作是念此毗波羅不還本處作

衣成時即名捨迦絺那衣

十一者若比丘受迦絺那衣毗波羅衣持衣出界衣裁不足故作是念我當還住此處作衣界外他語言持衣來我為汝作是比丘界外聞僧已捨迦絺那衣作是念若僧已捨迦絺那衣我不還本處亦不作衣是比丘聞時即名捨迦絺那衣

十二者若比丘受迦絺那衣毗波羅衣持衣出界衣裁不足故作是念我當還此住處作衣界外他語言持衣來我為汝作是比丘界外作衣已作尒所尒所未作還此住處僧未捨迦絺那衣共僧捨時即名捨迦絺那衣是為十二

復有二五捨迦絺那衣初五者若比丘受迦絺那衣作衣竟持衣出界以安隱心作是念我當往某住處某住處吉若彼處可樂者當住不可樂者便還是比丘出界已作是念我不還本處是比丘法時即名捨迦絺那衣二者若比丘受迦絺那衣作衣竟持衣出界以安隱心作是念我當往

某住處某住處若彼可樂者當住不可樂者便還是比丘出界已又作是念我不往某處某處亦不還本處是比丘去時即名捨迦絺那衣

三者若比丘受迦絺那衣作衣竟持衣出界以安隱心作是念我當往某住處某住處若彼可樂者當住不可樂者便還是比丘界外不至彼住處亦不還本住處久久住在界外是比丘過齊限故即名捨迦絺那衣

四者若比丘受迦絺那衣作衣竟持衣出界以安隱心作是念我當往某住處某住處若彼可樂者便住不可樂者當還是比丘界外聞僧已捨迦絺那衣是比丘作是念若僧已捨迦絺那衣我不還本住處亦不至某處是比丘聞時即名捨迦絺那衣

五者若比丘受迦絺那衣作衣竟持衣出界以安隱心作是念我當往某住處某住處若彼可樂者便住不可樂者當還是比丘界外若往彼住處若不往未捨迦絺那衣便還此住處共僧捨迦絺那衣即名捨是名初五捨

迦絺那衣

後五者若比丘受迦絺那衣作衣竟持衣出界作是念我得伴者當往某方某方若不得者當還是比丘出界作是念我不還本住處是比丘去時即名捨迦絺那衣

二者若比丘受迦絺那衣作衣竟持衣出界作是念我得伴者當往某方某方若不得者當還是比丘出界已又作是念我不往某方某方亦不還本處是比丘去時即名捨迦絺那衣

三者若比丘受迦絺那衣作衣竟持衣出界作是念我得伴者當往某方某方若不得者當還此住處是比丘出界外不至彼方亦不還本處久久住在界外是比丘過齊限時即名捨迦絺那衣

四者若比丘受迦絺那衣作衣竟持衣出界作是念我得伴者當往某方某方若不得者當還是比丘界外聞僧已捨迦絺那衣是比丘作是念僧已捨迦絺那衣我不還本處亦不至某方是比丘以聞故即名捨迦絺

那衣

五者若比丘受迦絺那衣作衣竟持衣出界作是念我得伴者當往某方某方若不得者當還是比丘界外若往彼方若不往未捨迦絺那衣便還此處共僧捨迦絺那衣即名為捨是名二五捨迦絺那衣竟（八法中迦絺那衣法第一竟）

二六六二十　雙十三二五　合百六十六

十誦律卷第二十九

十誦律卷第二十九

校勘記

一　底本，金藏廣勝寺本。

一　六一〇頁中一行「五誦之二」，資作「五誦之一」；磧、普、南、徑、清作「第五誦之一」，載於二行與三行之間；麗作「第五誦之一」。

一　六一〇頁中三行「八法」，磧、普、南、徑、清、麗作「八法中」。

一　六一〇頁下七行第二字「受」，麗作「僧受」。

一　六一一頁上一行第一三字「分」，資、磧、普、南、徑、清作「分物」。

一　六一一頁上六行首字「甲」，資、磧、普、南、徑、清無。

一　六一一頁上八行末字「某」，麗作「某甲」。一三行第三字同。

一　六一一頁上九行第六字「僧」，徑、清無。

一　六一一頁上一六行首字「篸」，資、磧、普、南無。

一　六一一頁下四行第一〇字「怗」，徑、清、麗作「帖」。

一　六一一頁下一〇行第七字「經」，徑作「輕」。

一　六一二頁中一行第一〇字「此」，徑、清作「此處」。

一　六一二頁中二〇行末字「外」，徑、清無。

一　六一二頁中末行「名聞」，徑、清作「比丘聞時即名」。

一　六一二頁下一四行「是比丘出界已」，麗作「去時」。

一　六一二頁下二二行第九字「去」，資、磧、普、南無。

一　六一二頁下末行第一一字「衣」，資、磧、普、南、徑、清作「衣衣」。六一四頁上一九行第九字，諸本同。

一　六一三頁上六行「若未作若作」，諸本作「若作若未作」。

一　六一三頁上一七行「若作」，麗作「彼衣若作」。

一　六一三頁上二一行「二十」，資、磧、普、南、徑、清作「二十捨迦絺那衣一者」；麗作「二十捨迦絺那衣」。

一　六一三頁中五行第六字「外」，磧、南、徑、清無。

一　六一三頁下末行第四字「名」，諸本作「即名」。

一　六一四頁上一七行小字「我當」，資、磧、普、南作正文「我」；徑、清、麗作正文。

一　六一四頁上二二行「不還」，徑、清作「當還」。

一　六一四頁上末行第三字「聞」，資、磧、普、南、徑、清作「聞僧巳」；麗作「聞巳」。

一　六一四頁中一八行「衣垂」，資、磧、普、南、徑、清作「作衣衣」。

一　六一四頁下七行「若比丘」，資、磧、普、南、徑、清作「一者若比丘」。

一　六一五頁上一二行至次行「毗波羅」，諸本作「毗波羅衣」。下同。

一　六一五頁中二二行「此處」，資、磧、普、南、徑、清作「此住處」。

一　六一五頁下六行第一〇字「我」，徑、清作「我當」。次頁中七行第一〇字同。

一　六一五頁下二〇行首字「若」，資、磧、普、南、麗作「我若」。同行第九字「不」，徑、清作「我不」。

一　六一六頁上四行第二字「名」，資、磧、普、南、徑、清作「名爲」。

一　六一六頁上一四行第八字「所」，徑、清無。

一　六一六頁上二一行第二字「失」，資、磧、普、南、徑、清作「失衣」。次頁下八行第六字同。

一　六一六頁中一五行第一三字「作」，諸本無。

一　六一六頁下一四行第五字「多」，麗無。

一　六一七頁上九行「如是」下，磧、南有「次」字。

一　六一七頁上一四行「作衣時」，資、磧、普、南、徑、清作「衣成時」；麗作「作衣成時」。

一　六一七頁上二一行「作衣」，麗無。同行小字「衣成」，麗作正文。

一　六一七頁中一九行「是名」，諸本作「即名」。

一　六一七頁下六行「更得」，諸本作「而得」。下同。

一　六一七頁下末行「作衣時」，諸本作「作衣成時」。

一　六一八頁中一二行第九字「衣」，諸本作「衣衣」。次頁上九行第七字麗同。

一　六一八頁中一六行第一三字「裁」，徑、清無。

一　六一八頁中二〇行末字「界」，麗作「界外」。

一　六一八頁下八行末字「時」，諸本作「去時」。

一　六一九頁上五行「持衣」，諸本無。

一　六一九頁上一六行第六字「衣」，徑、清作「作衣」。

一　六一九頁中一七行第五字「爲」，諸本作「爲汝」。

一　六一九頁下一三行第一一字「巳」，資、磧、普、南無。

一　六一九頁下一九行第五字「衣」，資、磧、普、南、徑、清無。

一　六一九頁下二一行「衣成時」，麗作「衣衣成時即」。

一　六二〇頁上一七行「衣衣」，徑、清作「衣」。

一　六二〇頁上二二行「作衣作衣」，徑、清作「作衣作衣巳」。

一　六二〇頁中四行「住此處」，諸本作「此住處」。

一　六二〇頁中一九行第二字「吉」，資、磧、普、南、徑、清作「去」。

一　六二〇頁中二〇行第一〇字「作」，諸本作「又作」。

一　六二〇頁中二一行第七字「法」，諸本作「去」。

一　六二〇頁下一行第六字「處」，資、磧、普、南、徑、清作「處去」。

一　六二〇頁下三行「某處某處」，資、磧、普、南、徑、清作「某處」。

一　六二〇頁下一四行「當還」，資、磧、普、南、徑、清作「便還」。

一　六二一頁中七行「二五」，資、磧、普、南、徑、清作「第二五」。同行夾註「八法中迦絺那衣法第一竟」，資作「一法竟」；磧、普、南、徑、清作「八法中一法竟」。

十誦律卷第三十 第五誦之二 從

後秦北印度三藏弗若多羅譯

八法中俱舍弥法第二

佛在俱舍弥尒時有一比丘犯可悔過罪諸比丘憐愍欲益利安樂故語其過罪教令如法悔過是比丘言我不知所犯既不知當見何罪云何懺悔諸比丘作是念此比丘不肯直尒便首當與作不見擯作是念已即與作不見擯是比丘樂持戒有慚愧多知多識多有力勢佐助所住處四邊多諸比丘共相狎習是人遣使語言我無罪而諸比丘不如法羯磨擯我是擯可破汝等来集四邊諸比丘即時俱集欲滅是事故是比丘具向諸比丘説我以如是因緣故無罪諸比丘不如法強與我作不見擯此事可破諸比丘聞已不忍心轉謂是比丘實無罪僧不如法強與作不見擯是事可破如是决定隨順擯人與諸作擯比丘共相違逆以是故相言鬪諍事起僧破僧諍僧別僧異作破僧因緣分作兩部一部言此比丘有罪一部

言此比丘無罪一部言如法擯一部言不如法擯一部言不如法擯可破一部言如法擯不可破如是相言鬪諍不息僧遂破作二部諸比丘以是事向佛廣説佛即時却隨順比丘及擯比丘令小遠去語諸作擯比丘汝等若事無因緣根本彼不自首不應作擯何以故有比丘犯可悔過罪諸比丘憐愍欲益利安樂故語其過罪教令如法悔過是比丘樂持戒有慚愧多知多識有大力勢多人佐助有如是人僧先應思惟有五法不應作擯何等五若我等與是比丘作不見擯不共説戒及僧羯磨不共恒鉢那不共中食不隨上座起礼迎送以是因緣故鬪諍相言僧破僧諍僧別僧異諸比丘亦應思惟有是五法故不應作擯又比丘犯可悔過罪諸比丘憐愍欲益利安樂故語其過罪教令如法悔過是比丘樂持戒有慚愧少知識無大勢力無多相助四邊住處少知識共語共事者佛言僧應先思惟

丘作不見擯不共說戒及僧羯磨不共恒鉢那不共中食不隨上座起礼迎送以是因緣故不起鬪諍相言僧和合無諍無別無異思惟是五法已應作擯佛如是語已又却作擯諸比丘令小遠去喚隨順擯諸比丘來語言汝等比丘莫為犯罪不自見罪人何以故若比丘犯可悔過罪諸比丘憐愍欲益利安樂故語其過罪教令如法悔過是犯罪比丘能思惟五法如法見罪何等五若我是罪不如法見僧或與我作不見擯不得共說戒及僧羯磨不得共恒鉢那不得共中食不得隨上座受他起礼迎送何以故諸比丘樂持戒有慚愧不能為我故隨愛隨瞋隨怖隨癡行是犯罪人思惟是五法故能如法見罪

佛在俱舍弥尒時俱舍弥諸作擯比丘在界內說戒作僧羯磨隨佛所聽羯磨皆如是作諸隨順比丘及擯比丘亦出界外說戒作僧羯磨隨佛所聽羯磨皆如是作諸比丘以是事向佛廣說佛尒時即却隨順助擯比丘及

擯比丘令小遠去問諸作擯比丘汝等實於界內共住處說戒作僧羯磨隨我所聽羯磨皆如是作耶荅言實尒世尊又問彼隨順比丘及擯比丘出界外說戒作僧羯磨隨我所聽羯磨皆如是作耶荅言實尒世尊佛言善哉善哉比丘若汝等與隨順比丘及擯比丘界內共說戒作僧羯磨隨我所聽羯磨共作者是諸羯磨皆名非法何以故汝等與彼別異故彼不與汝共住汝等不與彼共住汝等不與彼共事彼不與汝等共事彼若共女等界內說戒作僧羯磨隨我所聽羯磨共作者皆名非法何以故彼與汝等別異故彼不與汝等共住汝等不與彼共住汝等不與彼共事彼亦不與汝等共事彼所作羯磨亦皆如法何以故彼與汝等別異不應共住共事故有二種不共住何等二一者比丘身自作不共住二者僧和合如法與作不共住羯磨有二種共住一者身自作共住二者僧和合如法與作共住羯磨若苦切擯比丘捨彼部衆

入此部衆即應共住若依止羯磨駈出羯磨下意羯磨比丘捨彼部衆入此部衆即應共住若擯人折伏下意出界外與解擯者即得與所解擯衆共住佛尒時遣作擯諸比丘令小遠去告諸隨順擯比丘及擯比丘言汝等實出界外說戒作僧羯磨隨我所聽羯磨皆如是作耶荅言實作世尊又問彼諸比丘實在界內說戒作僧羯磨隨我所聽羯磨皆如是作耶荅言實尒世尊佛言善哉善哉比丘若汝等與作擯諸比丘界外共說戒作僧羯磨隨我所聽羯磨共作者是諸羯磨皆名非法何以故汝等與彼別異故彼不共汝等住汝等不共彼住汝等不與彼共事彼不與汝等共事彼若共汝等界外說戒作僧羯磨隨我所聽羯摩共作者皆名非法何以故彼等與汝別異故彼不與汝等共住汝等不與彼共住汝等不與彼共事彼亦不與汝等共事彼所作羯磨亦皆如法何以故彼與汝等別異不

應共住共事故有二種不共住一者身自作不共住二者僧和合如法與作不共住羯磨有二種共住一者身自作共住二者僧和合如法與作共住羯磨若苦切擯比丘捨彼部衆入此部衆即應共住若依止羯磨駈出羯磨下意羯磨（得罪見羯磨比丘）捨彼部衆入此部衆即應共住若擯比丘折伏下意出界外與解擯者即得與所解擯衆共住

佛在俱舍弥時有一居士請佛及僧明日食佛默然受請居士知佛默然受已頭面礼佛足右遶而去還舍通夜辦種種多美飲食早起敷座處遣使白佛時到佛自知時諸比丘往居士舍佛自房住迎食分諸比丘入居士舍鬪諍事起相言相罵起身惡業出家人所不應作是居士語諸比丘言大德小住皆令就座自手行水自與多美飲食自恣飽滿已行澡水畢取小床坐欲聽說法上座說法已從座起去諸比丘食後還房舉衣鉢往詣佛所頭面礼佛足却坐一面諸佛

常法諸比丘食來以是語言問訊飲食多美衆僧滿足不佛即以是語勞問諸比丘飲食多美僧飽滿不諸比丘荅言世尊飲食多美衆僧飽滿以上事向佛廣說佛以是事集比丘僧種種因緣訶責言云何名比丘入白衣舍起鬪諍事相言相罵起身惡業出家人所不應作佛言從今別部異衆不應共相近坐令起身惡業如是異衆集時聽知法比丘令相遠敷座中間留一床處然後說戒作諸羯磨及教化比丘尼

佛在俱舍弥尒時俱舍弥比丘憙鬪諍相言佛尒時教化是諸比丘汝等莫鬪諍相言何以故

用瞋恨者　不滅瞋恨　唯忍辱力

乃能滅之

是中有比丘白佛言世尊法王且置彼人惱我云何不報尒時世尊小却不遠作是念我今得離常喜鬪諍相言相詈俱舍弥比丘所行威儀法則廣說長壽王經已即從座起往支提國漸漸遊行到舍衛國尒時俱舍弥

諸賢者聞佛不憙俱舍弥比丘鬪諍言語所行威儀法則故捨詣他國作是念我等應輕賤是諸比丘少起敬心作是念已即便相語咸共輕賤不復尊重供養讚歎敬心轉少尒時諸比丘作是念諸居士輕賤我等不復尊重供養讚歎心轉少我等何不往舍衛國詣佛所作是念已隨意住竟持衣鉢往舍衛國詣佛所長老舍利弗聞俱舍弥諸比丘喜鬪諍相言彼諸賢者不復尊重供養讚歎起慢心故來向舍衛國聞已往詣佛所頭面礼佛足却坐一面白佛言世尊俱舍弥比丘憙鬪諍相言彼諸賢者不復尊重供養讚歎起慢心故便來向此世尊我等於此比丘當應何所作佛語舍利弗是中有說非法者不應尊重供養讚歎有說法者應尊重供養讚歎舍利弗白佛言世尊我等云何知說非法者說法者佛語舍利弗若比丘非法說法法說非法非律說律律說非律犯說非犯非犯說犯輕說重重說輕無殘說有殘有殘說無

殘常所行法說非常所行法非常所行法說是常所行法說言非說非說言說是名說非法者不應尊重供養讚歎不應教讀誦經法從問所疑不應從受讀誦經法荅所問疑不應與衣鉢戶鉤時藥時分藥七日藥盡形藥亦不應從受衣鉢戶鉤時藥時分藥七日藥盡形藥舍利弗若比丘非法說非法法說法非律說非律律說律犯說犯非犯說非犯輕說輕重說重無殘說無殘有殘說有殘常所行法說是常所行法非常所行法說非常所行法說言是說非說言非說是名說法者應尊重供養讚歎應教讀誦經法荅所問疑亦應從受讀誦經法從問所疑應與衣鉢戶鉤時藥時分藥七日藥盡形藥亦應從受衣鉢戶鉤時藥時分藥七日藥盡形藥一切盡應與床臥具長老目連阿那律難提金毗羅亦如是問尒時摩訶波闍波提比丘尼聞俱舍弥比丘意鬪諍相言彼諸賢者不尊重供養起慢心故來向舍衛國聞已往詣佛所頭面礼足在一面立白

佛言世尊俱舍弥比丘意鬪諍相言彼諸賢者不尊重供養讚歎起慢心故便來向此世尊我等於此比丘當應何所作佛言瞿曇弥是中有說非法者不應敬重供養讚歎有說法者應敬重供養瞿曇弥言云何知說非法者說法者佛告瞿曇弥善聽若比丘非法說法法說非法非律說律律說非律犯說非犯非犯說犯重說輕輕說重無殘說殘殘說無殘常所行法說非常所行法非常所行法說是常所行法說言非說非說言說是名說非法者不應敬重供養讚歎不應教讀誦經法荅所問疑不應從受讀誦經法從問所疑不應與衣鉢戶鉤時藥時分藥七日藥盡形藥不應從受衣鉢戶鉤時藥時分藥七日藥盡形藥不應從是人受半月教誡法瞿曇弥若比丘非法說非法法說法非律說非律律說律犯說犯非犯說非犯輕說輕重說重無殘說無殘有殘說有殘常所行法說是常所行法非常所行法說非常所行法說言是說

非說言非說是名說法者應敬重供養讚歎教讀誦經法荅所問疑亦應從受讀誦經法從問所疑應與衣鉢戶鉤時藥時分藥七日藥盡形藥亦應從是人受衣鉢戶鉤時藥時分藥七日藥盡形藥應從是人受半月教誡法翅舍瞿曇弥比丘尼優鉢羅花色比丘尼周那難陀比丘尼頻頭比丘尼脂梨沙弥尼亦如是問憍薩羅王波斯匿王聞俱舍弥比丘意鬪諍相言彼諸賢者不尊重供養故來向此國聞已往詣佛所頭面礼足却坐一面白佛言世尊我等當應何所作佛言大王是中有說非法者不應敬重供養有說法者應供養世尊云何知說法者說非法者佛言大王應聽兩人語若比丘非法說法法說非法是名說非法者不應敬重供養讚歎不應教讀誦經法荅所問疑不應從受讀誦經法從問所疑不應與衣鉢戶鉤時藥時分藥七日藥盡形藥大王若有比丘非法說非法法說是法應恭敬供養讚歎教讀誦經法荅所問

疑亦應從受讀誦經法從問所疑應與衣鉢户鉤時藥時分藥七日藥盡形藥大王應與一切部僧飲食大居士須達多阿難邠坻梨師達多富羅那亦如是問末利夫人聞俱舍弥比丘憙鬪諍相言彼諸賢者不尊重供養讃歎故来向此國聞已往詣佛所頭面礼佛足却坐一面白佛言世尊我等於此比丘當應何所作佛言末利夫人是中有說非法者不應尊重供養讃歎有說法者應尊重供養讃歎世尊我等云何知說法者說非法者佛言末利夫人應聽兩人語若比丘非法說法法說非法是名說非法者不應尊重供養讃歎不應教讀誦經法荅所問疑不應從受讀誦經法從問所疑不應與衣鉢户鉤時藥時分藥七日藥盡形藥末利夫人若比丘非法說非法法說是法是名說法者應尊重供養讃歎教讀誦經法荅所問疑亦應從受讀誦經法從問所疑應與衣鉢户鉤時藥時分藥七日藥盡形藥應與一切部僧飲食毗舍佉鹿子母布薩多

居士婦脩闍多居士婦亦如是問介時長老舍利弗聞俱舍弥比丘憙鬪諍相言故已来入界聞已往詣佛所頭面礼佛足却坐一面白佛言世尊俱舍弥比丘憙鬪諍相言来入此界我等云何與卧具分佛言我先說應與卧具隨彼部上座先與卧具舍利弗受佛教已隨彼上座先與卧具佛在俱舍弥介時得擯比丘獨行獨住作是思惟為我故衆僧鬪諍相言僧破僧諍僧別僧異是中有比丘言是人有罪有言是人無罪有言如法擯有言不如法擯有言如法擯不可破有言不如法擯可破皆為我故我實犯罪如法擯不可破今當去何作是思惟已到隨順比丘所言我獨行獨住作是思惟為我故僧鬪諍相言僧破僧諍僧別僧異是中有比丘言是人有罪有言是人無罪有言如法擯有言不如法擯有言如法擯不可破有言不如法擯可破皆為我故我實犯罪如法擯不可破我今去何隨順諸比丘即將擯比丘到作擯諸比

丘所言是擯比丘到我所言我獨行獨住作是思惟為我故僧鬪諍相言僧破僧諍僧別僧異是中有比丘言是人有罪有言是人無罪有言如法擯有言不如法擯有言如法擯不可破有言不如法擯可破皆為我故我實犯罪如法擯不可破我今去何作擯諸比丘即將擯比丘及隨順諸比丘往詣佛所頭面礼佛足却坐一面白佛言世尊是隨順比丘將擯比丘至我等所言是擯比丘言我獨行獨住作是思惟為我故僧鬪諍相言僧破僧諍僧別僧異是中有比丘言是人有罪有言是人無罪有言如法擯有言不如法擯有言如法擯不可破有言不如法擯可破皆為我故我實犯罪如法擯不可破我今去何佛言是比丘實犯罪如法擯不可破若是比丘心悔折伏自首者應與解擯解擯法者一心和合僧是擯比丘應從坐起偏袒右肩脫革屣䠒跪合掌作是言大德僧憶念為我故僧鬪諍相言僧破僧諍僧別僧異是中有比

丘言是人犯罪有言是人無罪有言如法擯有言不如法擯有言如法擯不可破有言不如法擯可破皆為我故我某甲比丘實犯罪如法擯不可破我今心悔折伏自首從僧乞解擯我比丘某甲心悔折伏自首僧當與我解擯憐愍故第二第三亦如是乞即時一比丘僧中唱言大德僧聽是擯比丘某甲言為我故僧鬬諍相言僧破僧諍僧別僧異是中有比丘言是人有罪有言是人無罪有言如法擯有言不如法擯有言如法擯不可破有言不如法擯可破皆為我故我實犯罪如法擯不可破是擯比丘某甲心悔折伏自首今從僧乞解擯若僧時到僧忍聽與某甲比丘解擯是名白大德僧聽是擯比丘某甲言為我故僧鬬諍相言僧破僧諍僧別僧異是中有比丘言是人有罪有言是人無罪有言如法擯有言不如法擯有言如法擯不可破有言不如法擯可破皆為我故我實犯罪如法擯不可破是擯比丘某甲心悔折伏自首僧今

與某甲比丘解擯誰諸長老忍聽與某甲比丘解擯者默然不忍者說如是白四羯磨僧與某甲比丘解擯竟僧忍默然故是事如是持

佛在俱舍弥尒時彼比丘獨行獨住作是思惟為我故僧鬬諍相言僧破僧諍僧別僧異是中有比丘言是人有罪有言是人無罪有言如法擯有言不如法擯有言如法擯不可破有言不如法擯可破皆為我故我實犯罪如法擯不可破我心悔折伏自首僧已與我解擯我今應入僧中共作和合作是思惟已往隨順諸比丘所言我獨行獨住作是思惟為我故僧鬬諍相言僧破僧諍僧別僧異是中有比丘言是人有罪有言是人無罪有言如法擯有言不如法擯有言如法擯不可破有言不如法擯可破皆為我故我實犯罪如法擯不可破我心悔折伏自首僧已與我解擯我今應入僧中共作和合隨順諸比丘即將是比丘往詣作擯比丘所言是比丘言我獨行獨住作是思惟為我故僧

鬬諍相言僧破僧諍僧別僧異是中有比丘言是人有罪有言無罪有言如法擯有言不如法擯有言如法擯不可破有言不如法擯可破皆為我故我實犯罪如法擯不可破我心悔折伏自首故僧已與我解擯我今應入僧中共作和合作擯諸比丘即將是比丘及隨順諸比丘往詣佛所頭面礼足却坐一面白佛言世尊是隨順諸比丘將是比丘到我所言是比丘說我獨行獨住作是思惟為我故僧鬬諍相言僧破僧諍僧別僧異是中有比丘言是人有罪有言無罪有言如法擯有言不如法擯有言如法擯不可破有言不如法擯可破皆為我故我實有罪如法擯不可破我心悔折伏自首故僧已與我解擯我今應入僧中作和合佛言善哉善哉諸比丘汝為和合因緣故細求是事如破一毛為百分莫為破僧因緣細求是事佛言應共作和合若布薩時未到應僧中唱言大德僧聽今僧為和合故若僧時到僧忍聽今非布薩

時作布薩說波羅提木叉為衆僧和合故是名白即時作布薩說波羅提木叉（八法中俱舍彌法第二竟）

八法中瞻波法第三

佛在瞻波國尒時六群比丘處處作非法羯磨一人擯一人一人擯二人三人四人二人擯二人二人擯三人四人一人三人擯三人三人擯四人一人二人四人擯四人是中有比丘少欲知足行頭陀聞是事心不喜訶責言云何名比丘處處作非法羯磨一人擯一人二人三人四人二人擯二人三人四人一人三人擯三人四人一人二人四人擯四人如是訶已向佛廣說佛以是事集比丘僧知而故問六群比丘汝實作是事不荅言實作世尊佛訶責言云何名比丘處處作非法羯磨一人擯一人二人三人四人二人擯二人三人四人一人三人擯三人四人一人二人四人擯四人佛但訶責而未結戒

佛在瞻波羅國尒時阿葉摩伽國聚落名王薩婆是中有舊比丘名共金作摩摩帝帝帝陁羅六群比丘遊行迦尸國向瞻波國到王薩婆聚落是比丘遥見彼来出迎代持衣鉢開房舍亦言此房舍床卧具被枕汝等隨上座安住與辦洗浴具與油澡豆欲揩摩者即與揩摩是摩摩帝夜坐禪晨朝入王薩婆聚落到諸貴人舍讚歎六群比丘言六群比丘是佛弟子多聞善巧說法辯才無导以是故汝等應與僧怛鉢那食中食即時諸婆羅門居士信者與作怛鉢那食中食與僧六群比丘敢是食已肥盛得色得力身柔軟共相謂言是好善男子尊重讚歎我等作如是好食數日之中更不復續六群比丘共相謂言是善男子轉更不好不復尊重供養讚歎我等當唤其来即唤来到六群問言汝何故不復尊重供養讚歎我等荅言此王薩婆聚落婆羅門居士信我語者約勑作供養我力勢正能齊是更不能得六群比丘言汝見罪不荅言我有何罪六群言汝看我等不如本尊重供養讚歎彼言我不見罪六群比丘言此人不肯直首當與作不見擯即與作不見擯是人作是念六群比丘無因緣我不自首強作不見擯我何不向瞻波國詣佛所如是思惟已隨意住王薩婆聚落已持衣鉢往瞻波國詣佛所頭面礼佛足一面立諸佛常法有客比丘来如是問訊可忍不足不安樂住不乞食不難道路不疲極耶佛如是語問訊共金比丘可忍不足不安樂住不乞食不難道路不疲極耶荅佛世尊可忍足乞食無難道路不疲以是事向佛廣說佛知而故問共金比丘六羣比丘何因緣故擯汝荅言世尊無因無緣我無罪強與我作不見擯佛言六群比丘無因無緣汝無罪強擯汝者汝莫愁憂我與汝作法伴六群比丘聞與作擯比丘向瞻波國詣佛所我等亦當往詣佛所如是思惟隨意住已持衣鉢遊行向瞻波國詣佛所頭面礼佛足一面立諸佛常法有客比丘来以如是語問訊可忍不足不安樂住不乞食不難道路不疲極耶佛即以是語問訊

六群比丘可忍不足不安樂住不乞食不難道路不疲極耶六群比丘荅佛言世尊可忍足安樂住乞食不難道路不疲極佛知而故問六群比丘汝等於王薩婆聚落有與比丘作不見擯耶荅言實有世尊問何因緣故擯荅言無因無緣彼無罪強為作擯佛以是事及先因緣集比丘僧種種因緣呵責六群比丘言云何名比丘無因無緣彼無罪強為作擯云何名比丘處處作非法羯磨一人擯一人二人三人四人二人擯二人三人四人一人三人擯三人四人一人二人四人擯四人若比丘一人擯一人犯一突吉羅一人擯二人犯二突吉羅一人擯三人犯三突吉羅一人擯四人四突吉羅二人擯二人二突吉羅二人擯三人三突吉羅二人擯四人犯四突吉羅三人擯一人一突吉羅三人擯三人三突吉羅三人擯四人四突吉羅三人擯一人一突吉羅三人擯二人二突吉羅四人擯四人偷蘭遮作破僧因緣故一人擯一人是

非法羯磨不應作一人擯二人三人四人是非法羯磨不應作二人擯二人三人四人一人是非法羯磨不應作三人擯三人四人一人二人是非法羯磨不應作四人擯四人是非法羯磨不應作若一人擯一人不成羯磨一人擯二人三人四人不成羯磨二人擯二人三人四人一人不成羯磨三人擯三人四人一人二人不成羯磨四人擯四人不成羯磨可四衆作羯磨是中四比丘成可五衆作羯磨是中五比丘成可十衆作羯磨是中十比丘成可二十衆作羯磨是中二十比丘成若四衆可作羯磨是中減四比丘作是非法羯磨不應作若白衣作第四人是非法羯磨不應作若沙弥若非比丘若外道若不見擯人不作擯人惡邪不除擯人不共住人種種不共住人自言犯重罪人本白衣汙比丘尼不能男人越濟人殺父母人殺阿羅漢破僧惡心出佛身血如是人作第四人是非法羯磨不應作可五衆作羯磨減五比丘作者

是非法羯磨不應作若白衣作第五人是非法羯磨不應作若沙弥若非比丘若外道若不見擯人不作擯人惡邪不除擯人不共住人種種不共住人自言犯重罪人本白衣汙比丘尼不能男人越濟人殺父殺母殺阿羅漢破僧惡心出佛身血如是人作第五人是非法羯磨不應作可十衆作羯磨減十衆作者是非法羯磨不應作若白衣作第十人是非法羯磨不應作若沙弥非比丘若外道不見擯人不作擯人惡邪不除擯人不共住人種種不共住人自言犯重罪本白衣汙比丘尼人不能男人越濟人殺父殺母殺阿羅漢破僧惡心出佛身血如是人作第十人是非法羯磨不應作可二十衆作羯磨減二十衆作者是非法羯磨不應作若白衣作第二十人是非法羯磨不應作若沙弥非比丘若外道不見擯不作擯惡邪不除擯不共住人種種不共住人自言犯重罪本白衣汙比丘尼不能男人越濟人破內外道殺父殺母殺阿羅漢破僧

十誦律卷第三十　第二十四張　從

惡心出佛身血如是人作第二十人是非法羯磨不應作若可四衆作羯磨減四比丘作者不成羯磨若可四衆作羯磨若白衣作第四人是非法羯磨不成羯磨不應作若沙弥乃至惡心出佛身血人作第四人是非法羯磨不成羯磨不應作若五衆可作羯磨減五比丘作者不成羯磨若可五衆作羯磨若白衣作第五人是非法不成羯磨不應作若沙弥非比丘若外道不見擯不作擯惡邪不除擯不共住種種不共住自言犯重罪本白衣汙比丘尼不能男人越濟人殺父殺母殺阿羅漢破僧惡心出佛身血如是等人作第五人是非法不成羯磨不應作若可十衆作羯磨減十衆作者不成羯磨不應作若可十衆作羯磨若白衣作第十人是非法不成羯磨不應作若沙弥非比丘若外道不見擯不作擯惡邪不除擯不共住種種不共住自言犯重罪本白衣汙比丘尼不能男人越濟人殺父殺母殺阿羅漢破僧惡心出佛身血如是等

十誦律卷第三十　第二十五張　從

人作第十人是非法不成羯磨不應作若可二十衆作羯磨者減二十比丘作羯磨不成羯磨不應作若可二十僧作羯磨若白衣作第二十人是非法不成羯磨不應作若沙弥非比丘若外道不見擯不作擯惡邪不除擯不共住種種不共住自言犯重罪本白衣汙比丘尼不能男人越濟人殺父殺母殺阿羅漢破僧惡心出佛身血如是等人作第二十人是非法羯磨不成不應作

佛言從今別住人作第四人不應作別住羯磨若別住竟人作第四人不應作別住羯磨行摩那埵人作第四人不應作別住羯磨行摩那埵竟人作第四人不應作別住羯磨若不共住人作第四人不應作別住羯磨極少四清淨同見比丘得作別住羯磨從今若別住人作第四人不應作摩那埵羯磨若別住竟人作第四人不應作摩那埵羯磨行摩那埵人行摩那埵竟人作第四人不應作摩那埵羯磨不共住人作第四人不應作

十誦律卷第三十　第二十六張　從

摩那埵羯磨極少四清淨同見比丘得作摩那埵羯磨從今若別住人作第四人不應作本日治羯磨別住竟人作第四人不應作本日治羯磨若行摩那埵人作第四人不應作本日治羯磨行摩那埵竟人作第四人不應作本日治羯磨不共住人作第四人不應作本日治羯磨極少四清淨同見比丘得作本日治羯磨從今若別住人作第二十人不應作出罪羯磨若別住竟人若行摩那埵人若行摩那埵竟人作第二十人不應作出罪羯磨若不共住人作第二十人不應作出罪羯磨極少二十清淨同見比丘得作出罪羯磨佛語諸比丘清淨同見四比丘是名衆僧若五比丘清淨同見是名衆僧若十比丘清淨同見是名衆僧若二十比丘清淨同見是名衆僧是中四比丘清淨同見僧中可如法作諸羯磨除自恣羯磨除受大戒羯磨除出罪羯磨是中五比丘清淨同見僧中可如法作諸羯磨除中國受大戒羯磨除出罪羯磨

是中十比丘清淨同見僧中可如法作諸羯磨除出罪羯磨是中二十比丘清淨同見僧中可如法作一切羯磨尒時長老優波離問佛言世尊頗有僧不如法作羯磨耶佛語優波離有五種僧一者無慙愧僧二者羺羊僧三者別衆僧四者清淨僧五者真實僧無慙愧僧者破戒諸比丘是名無慙愧僧羺羊僧者若比丘凡夫鈍根無智慧如諸羺羊聚在一處無所知是諸比丘不知布薩不知布薩羯磨不知說戒不知法會是名羺羊僧別衆僧者若諸比丘一界內處處別作諸羯磨清淨僧者凡夫持戒人及凡夫勝者是名清淨僧真實僧者學無學人是名真實僧是中前三種僧能作非法羯磨後二種不能作非法羯磨佛告優波離復有四種羯磨非法羯磨如法羯磨別衆羯磨和合羯磨非法羯磨者若白羯磨離白作是名非法羯磨若白二羯磨離白作者是亦非法復有作白不唱說羯磨是亦非法若唱說羯磨不作白是亦非法若白四羯磨離白作者是亦非法若白已不三唱說羯磨是亦非法若三唱說羯磨不作白是非法羯磨若應與現前比丘與憶念比丘是非法羯磨應與憶念比丘與現前比丘是非法羯磨應與憶念比丘與不癡比丘是非法羯磨應與不癡比丘與現前比丘是非法羯磨應與不癡比丘與自言比丘是非法羯磨應與自言比丘與不癡比丘是非法羯磨應與自言比丘與實覓比丘是非法羯磨應與實覓比丘與自言比丘是非法羯磨應與實覓比丘與苦切羯磨是非法羯磨應與苦切羯磨與實覓比丘是非法羯磨應與苦切羯磨與依止羯磨是非法羯磨應與依止羯磨與苦切羯磨是非法羯磨應與依止羯磨與駈出羯磨是非法羯磨應與駈出羯磨與依止羯磨是非法羯磨應與駈出羯磨與下意羯磨是非法羯磨應與下意羯磨與駈出羯磨是非法羯磨應與下意羯磨與別住羯磨是非法羯磨應與別住羯磨與下意羯磨是非法羯磨應與別住羯磨與摩那埵羯磨是非法羯磨應與摩那埵羯磨與本日治羯磨是非法羯磨應與出罪羯磨與本日治羯磨是非法羯磨應與出罪羯磨與摩那埵羯磨是非法羯磨若僧種種事起不如法不如比丘不如佛教斷皆非法是名非法羯磨如法羯磨者若白羯磨用白作是如法羯磨若白二羯磨白已一唱是如法羯磨若白四羯磨白已三唱是如法羯磨若應與現前比丘與現前比丘是如法羯磨若應與憶念與憶念應與不癡與不癡應與自言治與自言治應與實覓比丘與實覓比丘應與苦切羯磨與苦切應與依止羯磨與依止應與下意羯磨與下意應與駈出羯磨與駈出應與別住羯磨與別住應與摩那埵與摩那埵應與本日治與本日治應與出罪與出罪是比丘如法羯磨若僧中種種事起如法如比丘如佛教斷是名如法羯磨別衆羯磨者是羯磨中所須比丘不和合一處可與欲者不與欲

現前比丘遮成遮是名別衆羯磨復有別衆羯磨是羯磨中所須比丘和合一處可與欲者不與欲現前比丘遮成遮是名別衆羯磨復有別衆羯磨是羯磨中所須比丘和合一處可與欲者不與欲現前比丘遮成遮是名別衆羯磨和合羯磨者所須比丘和合一處可與欲者與欲現前比丘能遮不遮是名和合羯磨長老優波離問佛何比丘遮可受何比丘遮不可受佛言若僧如法作羯磨是中有比丘遮不應受若白衣遮若沙弥若非比丘若外道不見擯不作擯惡邪不除擯不共住種種不共住自言犯重罪本白衣汙比丘尼不能男人越濟人殺父殺母殺阿羅漢破僧惡心出佛身血如是等人遮不應受若界內人遮界外作羯磨不應受若界外人遮界內作羯磨不應受若在下人遮高處作羯磨不應受若在高處人遮下處作羯磨不應受若遮人不到作羯磨僧所若到不乞聽若破戒人遮皆不應受若破戒人心遮亦不應

受是名不應受應受遮者若僧作非法羯磨是中有比丘遮應受若僧界內作非法羯磨界內比丘遮應受若遮比丘到僧所乞聽已遮應受若持戒比丘遮應受是名應受有諸比丘非法別衆擯比丘有比丘僧來解非法別衆非法和合衆似法別衆似法和合衆如法別衆如法和合衆復有諸比丘非法和合衆擯比丘有比丘僧來解非法別衆非法和合衆似法別衆似法和合衆如法別衆如法和合衆復有諸比丘似法別衆擯比丘有比丘僧來解非法別衆非法和合衆似法別衆似法和合衆如法別衆如法和合衆復有諸比丘似法和合衆擯比丘有比丘僧來解非法別衆非法和合衆似法別衆似法和合衆如法別衆如法和合衆復有諸比丘僧如法別衆擯比丘有比丘僧來解非法別衆非法和合衆似法別衆似法和合衆如法別衆如法和合衆復有比丘僧如法和合衆擯比丘有比丘僧來解非法別衆非法和合衆似法別

衆似法和合衆如法別衆如法和合衆佛語優波離是中一衆名真實作擯所謂如法和合衆一衆名真實解擯所謂如法和合衆解（八法中瞻波法第三竟）

十誦律卷第三十

甲辰歲高麗國大藏都監奉
勑彫造

十誦律卷第三十

校勘記

一　底本，金藏廣勝寺本。六二四頁中至次頁下、六三二頁上、中及六三四頁中、下共九版原版漫漶嚴重，以麗藏本換。

一　六二四頁上一行「第五誦之二」，資無；磧、普、南、徑、清載於二行與三行之間。

一　六二四頁中三行「第二」下，資有「五誦之二」；磧、普、南有夾註「俱舍彌法瞻波法」。

一　六二四頁中五行「益利」，資、磧、普、南、徑、清作「利益」。下同。

一　六二四頁中八行第一二字「直」，資、磧、普、南、徑、清作「正」。

一　六二四頁中一八行第八字「心」，資、磧、普、南、徑、清無。

一　六二四頁下四行第六字「破」，資、磧、普、南、徑、清作「破破」。

一　六二四頁下七行「根本」，資、磧、普、南、徑、清作「相本」。

一　六二五頁下七行「說戒」，徑作「說界」。

一　六二五頁下一一行首字「言」，資、磧、普、南、徑、清無。

一　六二六頁上七行小字「得如是羯磨比丘」，諸本作正文。

一　六二六頁中一行第一一字「言」，資、磧、普、南、徑、清作「勞」。

一　六二六頁中七行第七字「相」，磧作「佛」。

一　六二六頁中一六行至次行「用瞋恨者……乃能滅之」四句四言偈，徑、清作一般經文。

一　六二六頁中二一行「相詈」，諸本作「相罵」。

一　六二六頁下八行末字「住」，資、磧、普、南、徑、清作「作」。

一　六二七頁上五行第七字「法」，資、磧、普、南、徑、清作「法不應」。

一　六二七頁上七行「衣鉢」，資、磧、南作「鉢衣」。

一　六二七頁上一五行小字「亦應從受讀誦經法從問」，諸本作正文。

一　六二七頁上一八行「卧具」，資、磧、普、南、徑、清作「卧具等」。

一　六二七頁中六行「供養」，清作「供養讚歎」。同行末字至次行「非法者說法者」，資、磧、普、南、徑、清作「法者說非法者」。

一　六二七頁下一〇行第五字「王」，諸本無。

一　六二七頁下一五行第七字「應」，徑、清作「應敬重」。

一　六二七頁下二二行第六字「法」，磧作「佛」。

一　六二八頁上三行「一切二部」，磧、南、徑、清作「一切部」。同行末字至次行「須達多」，資、磧、普、南、徑、清作「修達多」。

一　六二八頁上一二行小字「等云何知說法者」，資、磧、普、南、徑、清作正文「云何知說法者」；麗作正文。

一　六二八頁上一三行第七字「語」，資、磧、普、南無。

一　六二八頁上末行「二部僧」，資、磧、普、南、徑、清作「夫人」。

一　六二八頁中一六行第四字「已」，磧、普、南、徑、清作「即」。

一　六二八頁中末行第一〇字「到」，資、磧、普、南、徑、清作「至」。

一　六二八頁下二一行「距跪」，資、磧、普、南、徑、清作「胡跪」。

一　六二九頁下二行及一三行「無罪」，徑、清作「是人無罪」。

一　六三〇頁上一行第一一字「爲」，資、磧、普、南、徑、清無。

一　六三〇頁上三行小字「八法中俱舍彌法第二竟」，徑、清作「俱舍彌法竟」。

一　六三〇頁上二二行「瞻波羅國」，諸本作「瞻波國」。

一　六三〇頁下七行「如是」，資、磧、普、南、徑、清作「如是語言」。

一　六三〇頁下一一行第二字「耶」，資、磧、普、南、徑、清無。同行「答佛世尊可忍足」，資、磧、普、南、徑、清作「答言世尊可忍可足安樂住」；麗作「答言世尊可忍可足」。

一　六三〇頁下一四行「無因無緣」，資、磧、普、南、徑、清作「無因緣」。

一　六三一頁上三行首字「佛」，諸本無。同行第七字「足」，諸本作「可足」。

一　六三一頁上一九行「三人」，資、磧、普、南、徑、清作「二人」。

一　六三一頁下一一行「非比丘」，徑、清作「若非比丘」。同行「不見」，徑、清作「若不見」。

一　六三一頁下一三行第一二字「罪」，徑、清作「罪人」。

一　六三一頁下二二行至次行「男人」，資、磧、普、南、徑、清作「男」。下至次頁中八行同。

一　六三一頁下末行「破内外道」，資、磧、普、南、徑、清無。

一　六三二頁下九行第一四字「日」，資、磧、普、南、徑、清無。

一　六三二頁下二二行第一三字「諸」，資、磧、普、南、徑、清無。

一　六三三頁下七行「皆非法」，麗作「皆名非法」。

一　六三三頁下二〇行「比丘」，麗作「名」。

一　六三三頁下二一行「比丘」，資、磧、普、南、徑、清作「毗尼」；麗作「比尼」。

一　六三四頁上六行第四字「不」，麗無。

一　六三四頁上一六行「敎母」，資、磧、普、南、徑、清作「母人」。

一　六三四頁中一九行第一一字「僧」，資、普、南、徑、清無。中二二行第二字，資、磧、普、南、徑、清同。

一　六三四頁下四行小字「八法中瞻波法第三竟」，徑、清作「瞻波法竟」。

十誦律卷第三十一　五誦之三

後秦北印度三藏弗若多羅譯

八法中般茶盧伽法第四

佛在舍衛國介時舍衛國有二比丘一名般茶二盧伽喜鬪諍相言共諸比丘鬪諍相言已知是鬪諍比丘便到其所言汝等決定堅持是事莫為他擊汝等取勝我當相助復語第二部言汝等決定堅持是事莫為他擊汝等取勝我當相助以是因緣故未破比丘便破已破者不可和合僧中未起事便起已起事不可滅是中有比丘少欲知足行頭陀聞是事心不喜呵責言云何名比丘喜鬪諍相言知是鬪諍比丘便到其所言汝等決定堅持是事莫為他擊汝等取勝我當相助復語第二部言汝等決定堅持是事莫為他擊汝等取勝我當相助以是因緣故未破比丘便破已破者不可和合未起事便起已起事不可滅如是呵已向佛廣說佛以是事集比丘僧知而故問般茶盧伽比丘汝等實作是事不答言實作世尊佛以種種因緣呵責言云何名比丘喜鬪諍相言知是鬪諍相言便到其所言汝等決定堅持是事莫為他擊汝等取勝我當相助復語第二部言汝等決定堅持是事莫為他擊汝等取勝我當相助以是因緣故未破比丘便破已破者不可和合僧中未起事便起已起事不可滅如是呵已語諸比丘汝等與般茶盧伽比丘作苦切羯磨若更有如是人者亦應與作苦切羯磨若比丘於三事中有犯應與作苦切羯磨若破戒若破正見若破威儀復有三事應與作苦切羯磨喜鬪諍喜相言有三種作苦切羯磨非法非比尼可破人不現前作不先說其事作不令憶念作有三種如法不可破人現前作先說其事作令憶念作有三種可破非法作別衆作人不現前作有三種不可破如法作和合僧作人現前作有三種可破非法作別衆作不先說其事作有三種不可破如法作和合僧作先說其事作有三

種可破非法作別衆作不令憶念作有三種不可破如法作和合僧作令憶念作復有三種非法非比丘可破與不犯罪人作與犯不可悔過作與已悔過作有三種如法不可破為犯罪人作為犯可悔過作與未悔過作有三種可破不如法作別衆作與不犯罪作有三種不可破非如法作和合僧作為犯罪作有三種可破非法作別衆作不為可悔過作有三種不可破如法作和合僧作為犯可悔過作有三種可破非法作別衆作與已悔過作有三種不可破如法作和合僧作與未悔過作苦切羯磨法者一心和合僧一比丘僧中唱言大德僧聽是般荼盧伽比丘喜鬪諍相言知是鬪諍比丘便到其所言汝等堅持是事莫為他擊汝等取勝我當相助復語第二部比丘言汝等堅持是事莫為他擊汝等取勝我當相助以是因緣故未破比丘便破已破者不可和合僧中未起事便起已起事不可滅若僧時到僧忍僧與般荼盧伽比丘

作苦切羯磨隨汝般荼盧伽比丘幾時作不清淨行惡口不止隨介所時僧與汝等作苦切羯磨是名白如是白四羯磨僧與般荼盧伽比丘作苦切羯磨竟僧忍默然故是事如是持得苦切羯磨比丘行法者是比丘不應與他受大戒不應受他依止不得畜沙弥不得受教化比丘尼羯磨若先受不應教化不應重犯苦切羯磨罪不應作相似罪不應作過是罪不應呵諸羯磨不應呵作羯磨人不應出清淨比丘過罪不應從他乞聽不應言我當出汝罪不應遮布薩自恣不應違逆清淨比丘應折伏心如法恭敬若不如是法行者盡形不得離是苦切羯磨即時諸比丘受佛教小却一面與般荼盧伽比丘作苦切羯磨般荼盧伽比丘得苦切羯磨已心悔折伏恭敬柔軟從僧乞解苦切羯磨諸比丘以是事白佛佛語諸比丘若般荼盧伽心悔折伏僧應與解若更有如是人者亦應與解若比丘不如法行僧不應與解苦切羯磨若與他

受大戒與他作依止畜沙弥若受教化比丘尼羯磨若教化比丘尼若重犯罪若作相似罪若作過是罪若呵羯磨若呵羯磨人若從他乞聽出清淨比丘罪若言我當出汝罪若遮說布薩自恣違逆清淨比丘不心悔折伏不柔軟不應與解若如法行僧應與解苦切羯磨不與他受大戒不與他作依止不畜沙弥不受教化比丘尼若已羯磨不教化比丘尼不重犯罪不作相似罪不作過是罪不呵羯磨不呵羯磨人不從他乞聽不出清淨比丘罪不言我當出汝罪不遮說戒受歲不違逆清淨比丘若心悔折伏柔軟應與解苦切羯磨解苦切羯磨法者一心和合僧般荼盧伽比丘從坐起偏袒右肩脫革屣胡跪合掌作是言大德僧念我般荼盧伽比丘喜鬪諍相言知是鬪諍相言比丘便到其所言汝等堅持是事莫為他擊汝等取勝我當相助復語第二部比丘言汝等堅持是事莫為他擊汝等取勝我當相助以是因緣故未破比

丘便破已破者不可和合僧中未起事便起已起事不可滅故僧與我等作苦切羯磨我等得苦切羯磨心悔折伏今從僧乞僧苦切羯磨我等般荼盧伽比丘今心悔折伏僧憐愍故與我等解第二第三亦如是乞即時一比丘僧中唱言大德僧聽般荼盧伽比丘喜鬪諍相言知是鬪諍比丘便到其所言汝等堅持是事莫為他擊汝等取勝我當相助復語第二部比丘言汝等堅持是事莫為他擊汝等取勝我當相助以是因緣故未破比丘便破已破不可和合僧中未起事便起已起事不可滅故僧與作苦切羯磨是般荼盧伽比丘得苦切羯磨故心悔折伏今從僧乞解苦切羯磨若僧時到僧忍聽僧般荼盧伽比丘解苦切羯磨是名白如是白四羯磨僧與般荼盧伽比丘解苦切羯磨竟僧忍默然故是事如是持

佛在舍衛國介時施越比丘數數犯罪數數悔過無有齊限諸比丘以是事白佛佛語諸比丘汝等與施越比丘作依止羯磨若更有如是比丘亦應與作依止羯磨佛言比丘三事中有犯應與作依止羯磨若破戒若破見若破威儀復有三種憙鬪憙諍憙相言有三種作依止羯磨非法非比尼可破人不現前作不先說其罪作不令憶念作有三種作依止羯磨如法如比尼不可破人現前作先說其罪作令憶念作有三種可破非法作別衆作人不現前作有三種不可破如法作和合衆作人現前作有三種可破非法作別衆作不先說其罪作有三種不可破如法作和合僧作先說其罪作有三種可破非法作別衆作不令憶念作有三種不可破如法作和合僧作令憶念作有三種可破與不犯罪作為不可悔過作與已悔過作有三種不可破為犯作為可悔過作與未悔過作有三種可破非法作別衆作與不犯作有三種不可破如法作和合僧作為犯作有三種可破非法作別衆作為不可悔過作有三種不可破如法作和合僧作為可悔過作有三種可破非法作別衆作為已悔過作有三種不可破如法作和合僧作與未悔過作依止羯磨有二種一應教汝依止某甲住二者應說依止羯磨法依止羯磨法者一心和合僧一比丘衆中唱言大德僧聽是施越比丘數數犯罪數數懺悔無有齊限若僧時到僧忍聽僧與施越比丘作依止羯磨隨汝施越幾時作不清淨行不隨順道隨介所時僧與汝作依止羯磨是名白如是白四羯磨僧與施越比丘作依止羯磨竟僧忍默然故是事如是持得依止羯磨比丘行法者不應與他受大戒不應受他依止不應畜沙弥不得受教化比丘尼羯磨若先受不應教化不應重犯罪不應作相似罪不應作過是罪不應呵羯磨不應呵作羯磨人不應出清淨比丘過罪不應從他乞聽不應言我當出汝罪不應遮說戒受歲不應違逆清淨比丘即時諸比丘受佛教小却一面與施越比丘作依止羯磨施越得羯磨故心悔折伏柔軟從僧乞解

依止羯磨諸比丘以是事白佛佛語諸比丘若施越比丘心悔折伏僧應與解若更有如是人者亦應與解若比丘不如法行僧不應與解依止羯磨若與他受大戒與他作依止畜沙弥若受教化比丘尼羯磨若先受不應教化比丘尼若重犯罪若作相似罪若作過是罪若呵羯磨若呵羯磨人若從他乞聽若出清淨比丘罪若言我當出汝罪若遮布薩自恣違逆清淨比丘若不心悔折伏柔軟不應與解若如法行僧應與解依止羯磨不與他受大戒不與他依止不畜沙弥不受教化比丘尼羯磨若先受不應教化比丘尼不重犯罪不作相似罪不作過是罪不呵羯磨不呵羯磨人不從他乞聽不出清淨比丘罪不言我當出汝罪不遮布薩自恣不違逆清淨比丘若心悔折伏柔軟應與解依止羯磨解依止羯磨法者一心和合和合僧施越比丘從坐起偏袒右肩脫革屣胡跪合掌作是言大德僧念我施越比丘數數犯罪數數悔

過無有齊限故僧與我作依止羯磨我得依止羯磨故心悔折伏今從僧乞解依止羯磨僧憐愍故與我解第二第三亦如是乞即時一比丘僧中唱言大德僧聽是施越比丘數數犯罪數數悔過無有齊限僧與作依止羯磨是施越比丘得依止羯磨故心悔折伏今從僧乞解依止羯磨若僧時到僧與忍僧與施越比丘解依止羯磨是名白如是白四羯磨僧與施越比丘解依止羯磨竟僧忍默然故是事如是持

佛在舍衛國介時黒山國土有馬宿滿宿二比丘汙他家行惡行汙他家皆見皆聞皆知行惡行亦見亦聞亦知是比丘共女人一牀坐共一按食共器飲酒中後食共食宿轍宿食不受而食不受殘食法鼓簧捻脣作音樂聲齒作伎樂彈銅杅彈多羅樹葉作餘種種伎樂歌儛著鬘瓔珞以香塗身著香薰衣以水相灑自手採華亦使人採自貫花鬘亦使人貫自頭上著華亦使人著自著耳環亦使人

著自將他婦女去若使人將去若令象鬪馬鬪車鬪步鬪羊鬪水牛鬪狗鬪雞鬪男鬪女鬪亦自共鬪手打脚蹹四向馳走變易服餙駈行跳躑水中浮沒破截樹木打鞞拍髀啼哭大喚或鼎漯語諸異國語躑絶反行如魚娍轉擲物空中還自接取與女人共大船上載令作伎樂乘象馬車轝與多人衆吹貝導道入園林中作如是種種惡不淨事諸比丘以是事白佛佛語諸比丘汝等與馬宿滿宿比丘作駈出羯磨若更有如是比丘亦應與作駈出羯磨佛言比丘於三事中有犯僧應與作駈出羯磨若破戒破見破威儀有三種應作（駈出羯磨鬪諍）憙諍憙相言有三種非法非比尼作駈出羯磨可破人不現前作不先說其罪作不令憶念作有三種如法如比尼作駈出羯磨不可破人現前作先說其罪作令憶念作有三種可破非法作別衆作人不現前作有三種不可破如法作和合僧作人現前作有三種可破非法作別衆作不先說其罪

作有三種不可破如法作和合僧作先說其罪作有三種不可破非法作別衆作不令憶念作有三種不可破如法作和合僧作令憶念作有三種作駈出羯磨可破與不犯罪作為不可悔過作與已悔過作有三種作駈出羯磨不可破為犯罪作為可悔過作與未悔過作有三種可破非法作別衆作與不犯罪作有三種不可破如法作和合僧作為犯罪作有三種可破非法作別衆作為不可悔過作有三種不可破如法作和合僧作與未悔過作駈出羯磨駈出羯磨法者一心和合僧一比丘應僧中唱言大德僧聽是馬宿滿宿比丘汙他家行惡行汙他家皆見皆聞皆知行惡行亦見亦聞亦知（僧當與某甲作駈出羯磨若僧時到）僧忍聽僧與馬宿滿宿比丘作駈出羯磨隨汝馬宿滿宿樂時不捨是不清淨行隨介所時與汝作駈出羯磨是名白如是白四羯磨僧與馬宿滿宿比丘作駈出羯磨竟僧忍默然故是事如是持得駈出羯磨比丘行法者不應共與他受

大戒不得受他依止不得畜沙弥不得受教化比丘尼羯磨若先受不應教化不應重犯得駈出羯磨罪不應作相似罪不得作過是罪不應呵羯磨不應呵作羯磨人不應出清淨比丘過罪不應從他乞聽不應言我當出汝罪不應遮布薩自恣不應違逆清淨比丘應折伏心如法恭敬若不如是法行者盡形壽不得離駈出羯磨即時諸比丘受佛教小卻一面與馬宿滿宿作駈出羯磨馬宿滿宿得駈出羯磨故心悔折伏柔軟從僧乞解駈出羯磨諸比丘以是事白佛佛語諸比丘若馬宿滿宿比丘心折伏者僧應與解若更有如是人僧亦應與解若比丘下如法行僧不應與解駈出羯磨若與他受大戒與他作依止畜沙弥若受教化比丘尼羯磨若教化比丘尼若重犯罪若作相似罪若作過是罪若呵羯磨呵羯磨人若從他乞聽若出清淨比丘罪若言我當出汝罪若遮布薩自恣違逆清淨比丘不心悔折伏柔軟不應與解若

如法行僧應與解駈出羯磨不與他受大戒不與他作依止不畜沙弥不受教化比丘尼羯磨不教化比丘尼不重犯罪不作相似罪不作過是罪不呵羯磨不呵羯磨人不從他乞聽不出清淨比丘罪不言我出汝罪不遮布薩自恣不違逆清淨比丘若心悔折伏柔軟應與解駈出羯磨解駈出羯磨法者一心和合僧馬宿滿宿比丘從坐起偏袒右肩脫革屣胡跪合掌作是言大德僧憶念我馬宿滿宿比丘汙他家行惡行汙他家皆見皆聞皆知行惡行亦見亦聞亦知故僧與我作駈出羯磨我等得駈出羯磨故心悔折伏今從僧乞解駈出羯磨僧憐愍故與我等解第二第三亦如是即時一比丘僧中唱言大德僧聽是馬宿滿宿比丘汙他家行惡行汙他家皆見皆聞皆知行惡行亦見亦聞亦知僧與作駈出羯磨是馬宿滿宿比丘得駈出羯磨故心悔折伏今從僧乞解駈出羯磨若僧時到僧忍聽僧與馬宿滿宿比丘解駈出

羯磨是名白如是白四羯磨僧與馬宿滿宿比丘作解駈出羯磨竟僧忍默然故是事如是持

佛在舍衛國尒時迦尸國有聚落名磨叉止陁是中有豪貴居士名曰質多羅饒財寶田宅人民奴婢眷屬是人歸依佛法僧不疑佛法僧不疑苦集盡道見諦得道於磨叉止陁聚落菴羅林中起僧房請比丘僧願諸大德於此菴羅林中僧房中住我當供養衣鉢戶鈎時藥夜分藥七日藥盡形藥亦能教讀誦經法荅所問疑唯除比尼時有比丘名欝多羅於質多羅居士菴羅林中作僧房摩摩帝帝陁羅尒時有優波斯那比丘和檀提子與大比丘衆五百人俱皆阿練兒納衣乞食樂處空地來去坐立飲食衣鉢威儀清淨起人敬心遊行迦尸國到磨叉止陁聚落質多羅居士見是客比丘來去坐立飲食衣鉢威儀清淨即起敬心清淨因是客比丘故請僧明日到自舍食時僧房主聞質多居士不先語我因客比丘故請僧

舍食我是質多居士菴羅林中摩摩帝帝陁羅僧房主質多居士不問我因客比丘故請僧舍食過是夜巳我當共是居士語是欝多羅比丘作是思惟至地了著衣持鉢到是居士舍見辦種種多美飲食敷種種雜色坐具問言何以無胡麻歡喜丸居士荅言我今樂說一喻若聽者當說之大德欝多羅北方有估客衆擔雞東方市易有烏來下與雞共合生子鳴時亦不能作雞聲復不能作烏聲設欲鳴時作雞烏聲欝多羅汝亦復如是雖種種說佛法善語又說惡語欝多羅比丘言汝呵罵我此是汝菴羅僧房還以相付我當往東方詣佛所供養親侍居士言大德住我僧房中我當盡形供給衣鉢戶鈎時藥夜分藥七日藥盡形藥又當教讀誦經法荅所問疑唯除比尼是比丘再三語居士言汝呵罵我此是汝菴羅僧房還以相付我至東方詣佛所供養親侍是居士又第二第三請言欝多羅住我僧房中當盡形供養衣鉢戶鈎時

藥夜分藥七日藥盡形藥又當教讀誦經法荅所問疑唯除比尼尒時欝多羅比丘欲往東方詣佛所時居士語言汝所說事及我所說具向佛說莫得增減汝今不受我請後必還來欝多羅比丘即持衣鉢遊行向舍衛國詣佛所頭面礼佛足在一面立諸佛常法有客比丘來以是語言問訊可忍不足不安樂住乞食不難道路不疲極耶佛以是語問訊欝多羅比丘可忍可足安樂住乞食不難道路不疲極耶荅言世尊可忍可足安樂住乞食不難道路不疲極以是事向佛廣說佛聞巳語諸比丘汝等與欝多羅比丘作下意羯磨令向質多羅居士下意懺悔若更有如是人僧亦應與作下意羯磨若比丘三事中有犯應與作下意羯磨破戒破見破威儀又三種應與作下意羯磨鬪亂意諍意相言若比丘有五法僧應與下意羯磨若比丘呵責佛若呵法若呵僧若呵戒若破威儀又有五法僧應與下意羯磨惡口向白衣若罵白衣

若毀呰白衣家若別離白衣家若方便求駈白衣出欲令得衰惱復有五法僧應與作下意羯磨惡口向比丘罵比丘毀呰比丘破比丘利養求方便駈比丘出令得衰惱復有五法僧應與作下意羯磨教白衣共白衣鬪教白衣共比丘鬪教比丘共比丘鬪說白衣所不喜事僧作下意羯磨時先應思惟三事是居士所說為實不實此比丘能作是事不是比丘可令下意不如是思惟已然後作下意羯磨作下意羯磨法者一心和合僧一比丘唱言大德僧聽質多居士供給僧如事大家是欝多羅比丘現前惡口呵罵若僧時到僧忍聽僧與欝多羅比丘作下意羯磨令向質多居士懺悔是名白如是白四羯磨僧與欝多羅比丘作下意羯磨令向質多羅居士懺悔竟僧忍默然故是事如是持尒時僧應遣一堪能比丘將欝多羅比丘到質多羅居士所語居士言是比丘現前惡口呵罵汝僧已如法治汝今聽是比丘懺悔若受懺悔者即時令是居士離聞處著可見處欝多羅比丘應向是比丘作突吉羅懺悔

若是居士不受者僧尒時應更與二堪能比丘語居士言欝多羅比丘現前惡口罵汝僧已如法治汝當受懺悔若受者即令居士離聞處住可見處欝多羅比丘應向二比丘作突吉羅懺悔若復不受者尒時僧即更受與若三若四堪能比丘語居士是比丘現前惡口呵罵汝僧已如法治汝當受懺悔過若受者即令居士離聞處住可見處欝多羅比丘應向是諸比丘作突吉羅懺悔若復不受者若是居士多知多識有大力勢有官力賊力自能作惡事惱乱衆僧若令人作僧應語是比丘言是居士多知多識有官力有賊力能自作惡事亦能令人作汝當離是住處去若是比丘強住者衆僧無罪

佛在俱舍弥尒時車匿比丘犯可悔過罪諸比丘憐愍欲益利安樂故語其罪数令如法見罪悔過莫覆藏車匿言我不見罪云何悔過諸比丘以是事向佛廣說佛語諸比丘汝等與車匿作不見擯若更有如是比丘亦應與作若比丘三事中有犯應與作不見擯破戒破見破威儀復有三事僧應與作不見擯憙鬪諍憙相言僧欲作不見擯時先應思惟五事若我等與是比丘作不見擯不共布薩說戒自恣不共作諸羯磨不共中食不共怛鉢䣺不得隨上座起礼迎送以是因緣故鬪諍事起相言相罵僧破僧諍僧別僧異思惟是五法已不應作擯若我等與是比丘作不見擯不共布薩說戒自恣作諸羯磨不共中食不共帶鉢䣺不隨上座起礼迎送以是因緣故不起鬪諍相言相罵僧和合無諍無別無異思惟是五事已應與作不見擯犯罪比丘亦應思惟五事若諸比丘與我作不見擯不得共我布薩說戒自恣作諸羯磨不共中食不共帶鉢䣺不得隨上座起礼迎送何以故諸比丘樂持戒有慙愧不能為我故隨愛隨瞋隨怖隨癡行思惟是法已應受不見擯作不見擯羯磨法者一心和合僧一比丘僧中唱言大德僧聽是車匿比丘犯罪不如法見若僧時

到僧忍聽僧與車匿比丘作不見擯隨汝車匿幾時犯罪不如法見僧隨尒所時與汝作不見擯諸比丘不共汝作羯磨不共汝住於僧事中若白羯磨白二羯磨白四羯磨布薩自恣不得入十四人數不與汝共事共住猒惡如旃陁羅是名白如是白四羯磨僧與車匿比丘作不見擯羯磨竟僧忍默然故是事如是持得不見擯比丘行法者不應與他受大戒不應受他依止不應畜沙弥不應受教化比丘尼羯磨若先受不應教化不應重犯罪不應作相似罪不應作過是罪不應呵羯磨不應呵羯磨人不應受清淨比丘起礼迎送供養衣鉢卧具洗脚拭脚脚机若無病不應受他按摩心悔折伏柔軟佛言若不如是法行者盡形不得離是羯磨即時諸比丘受佛教已小遠一面與車匿比丘作不見擯羯磨已車匿比丘心不折伏作是言我何豫汝等事我不數汝作是語已便持衣鉢向鴦伽國摩竭國迦尸國憍薩羅國鳩留國般闍

羅國阿葉摩伽阿般提國從一住處至一住處諸國土比丘聞車匿被擯不共作羯磨若白羯磨白二羯磨白四羯磨布薩自恣不入立十四人數不得共事猒惡如旃陁羅皆不共住不共事遂來倶舍弥國心悔折伏從僧乞解不見擯諸比丘以是事白佛佛語諸比丘汝等與車匿比丘解不見擯若更有如是人亦應與解若比丘不如法行者僧不應與解不見擯應與他受大戒與他作依止若畜沙弥若受教化比丘尼羯磨若教化比丘尼若重犯罪若作相似罪若作過是罪若訶羯磨若呵羯磨人若受清淨比丘起礼迎送衣鉢卧具洗脚拭脚脚机若不病受他按摩若作白衣相若作外道相若與外道共事不應作便作不學比丘戒呵罵比丘惡口向比丘毀呰比丘作方便令僧失住處失供養欲折伏界內界外比丘喜鬪諍相言心不折伏不恭敬柔軟若如是行者不應與解不見擯若得不見擯比丘不與他受大戒不與作依止

不畜沙弥不受教化比丘尼羯磨不教化比丘尼不重犯罪不作相似罪不作過是罪不呵羯磨不呵羯磨人不受清淨比丘起礼迎送供養衣鉢卧具不受洗脚拭脚脚机不病不應受他按摩不作白衣相外道相不與外道共事作所應作學比丘戒不呵罵比丘不惡口向比丘不毀呰比丘不作方便令僧失住處失供養不欲折伏界內界外比丘不喜鬪諍相言心悔折伏恭敬柔軟若如是行者應與解不見擯解不見擯法者一心和合僧車匿比丘應從坐起偏袒右肩脫革屣胡跪合掌作是言我車匿犯可悔過罪不如法見故僧與我作不見擯諸比丘不與我事共住作白羯磨白二羯磨白四羯磨布薩自恣及諸羯磨不得入立十四人數猒惡我如旃陁羅今我車匿已心悔折伏柔軟從僧乞解不見擯羯磨僧憐愍故與我解第二第三亦如是乞即時一比丘僧中唱言大德僧聽是車匿比丘犯罪不如法見僧與作不見擯

羯磨諸比丘不與共事作白羯磨白二羯磨白四羯磨布薩自恣不得入十四數猒惡如旃陁羅車匿比丘今心悔折伏從僧乞解不見擯羯磨若僧時到僧忍聽與車匿比丘解不見擯羯磨是名白如是白四羯磨僧與車匿比丘解不見擯羯磨竟僧忍默然故是事如是持

佛在俱舍弥國尒時長老車匿犯可悔過罪諸比丘憐愍欲利益安樂故語其過罪教令如法悔過荅言我見是罪不能如法悔過諸比丘以是事白佛佛語諸比丘汝等與車匿作不作擯羯磨若更有如是人亦應與作佛言若比丘三事中隨犯應與作不作擯羯磨若破戒若破見若破威儀應與不作擯復有三事僧應與不作擯喜鬪諍喜相言僧欲作不作擯時先應思惟五事若我等與是比丘作不作擯不共布薩作諸羯磨不共中食不共帶鉢鄉不隨上座起礼迎送以是因緣故鬪諍事起僧破僧諍僧別僧異思惟是五法已不應作擯若我

等與是比丘作不作擯不共布薩作諸羯磨不共中食帶鉢鄉不隨上座起礼迎送以是因緣故不起鬪諍僧和合無諍無別無異思惟是五法已應與作擯犯罪比丘亦應思惟五法是諸比丘與我作不作擯不得共我布薩自恣作諸羯磨不共中食帶鉢鄉不隨上座起迎礼拜何以故諸比丘樂持戒有慚愧不能為我故隨愛隨瞋隨怖隨癡行思惟是五法已應受不作擯羯磨不作擯羯磨法者一心和合僧一比丘僧中唱言大德僧聽是車匿比丘犯罪見罪不能如法悔過若僧時到僧忍聽僧與車匿比丘作不作擯隨汝車匿幾時犯罪見罪不能如法悔過僧隨尒所時與汝作不作擯諸比丘不共汝作諸羯磨若白羯磨白二羯磨白四羯磨布薩自恣不得入立十四人數不與汝共事共住猒惡汝如旃陁羅是名白如是白四羯磨僧與車匿比丘作不作擯羯磨竟僧忍默然故是事如是持得不作擯比丘行法者不應與他受具

戒不應與他作依止不應畜沙弥不應受教化比丘尼羯磨若先受不應教化不應重犯罪不應作相似罪不應作過是罪不應呵羯磨不應呵羯磨人不應出清淨比丘過不應受清淨比丘起礼迎送供養衣鉢卧具不應受洗脚拭脚脚机供養除病不應受他按摩應心悔折伏柔軟佛言若不如是法行者盡形不得離是羯磨即時諸比丘受佛教小却一面與車匿比丘作不作擯羯磨已車匿比丘心不折伏作是言我何豫汝等事我不數汝等作是語已便持衣鉢向鴦伽國摩竭國迦尸國憍薩羅國鴦留國阿葉磨伽阿般提國從一住處至一住處諸國土比丘聞車匿比丘被擯諸比丘不共作羯磨不共住於衆事中若白羯磨白二羯磨白四羯磨布薩自恣不得入立十四人數不得共事共住猒惡我如旃陁羅皆不共住共事車匿比丘還俱舍弥國心悔折伏從僧乞解　不作擯羯磨諸比丘以是事白佛佛語諸比丘汝等與車

匿比丘解不作擯若更有如是人亦應與解若擯比丘不如行法者僧不應與解若與他受具戒與他作依止若畜沙弥若受教化比丘尼羯磨若教化比丘尼若重犯罪若作相似罪若作過是罪若呵羯磨若呵羯磨人若受清淨比丘起礼迎送供養衣鉢卧具洗脚拭脚脚机若不病受他按摩若作白衣相作外道相若與外道共事不應作便作不學比丘戒呵罵比丘惡口向比丘毀呰比丘作方便令僧失住處失供養欲折伏界内界外比丘喜闘諍相言心不悔折伏恭敬柔軟若不如是行者不應與解不作擯若得不作擯比丘不與他受具戒不與他作依止不畜沙弥不受教化比丘尼羯磨不教化比丘尼不重犯罪不作相似罪不作過是罪不呵羯磨不呵羯磨人不受清淨比丘起礼迎送供養衣鉢卧具洗脚拭脚脚机不病不受按摩不作白衣相不作外道相不與外道共事作所應作學比丘戒不呵罵比丘不惡口向比丘不毀呰比丘不作方便令僧失住處失供養不欲折伏界内界外比丘不憙闘諍相言心悔折伏恭敬柔軟若如是行者應與解不作擯解不作擯法者一心和合僧車匿比丘應從坐起偏袒右肩脫革屣胡跪合掌作是言大德憶念我車匿犯罪見罪不能如法悔故僧與我作不作擯諸比丘不與我共事共住作白羯磨白二羯磨白四羯磨布薩自恣不得入立十四人數猒惡我如旃陁羅我車匿今心悔折伏柔軟從僧乞解不作擯羯磨僧憐愍故與我解第二第三亦如是乞即時一比丘僧中唱言大德僧聽是車匿比丘犯罪見罪不能如法悔過僧與作不作擯羯磨諸比丘不與共事共住共作白羯磨白二羯磨白四羯磨布薩自恣不得入立十四人數猒惡如旃陁羅車匿比丘得是羯磨故心悔折伏柔軟從僧乞解不作擯羯磨若僧時到僧忍聽與車匿比丘解不作擯羯磨是名白如是白四羯磨僧與車匿比丘解不作擯羯磨竟僧忍默然故是事如是持

佛在舍衛國尒時阿利吒比丘生惡邪見言我如是知佛法義佛所說障法行是障法不能障道諸比丘以是事白佛佛語諸比丘汝等與阿利吒比丘作不捨惡邪見擯若更有如是人亦應與作佛言若比丘三事中有犯應與作惡邪不除擯若破戒破見若破威儀復有三事憙闘憙諍憙相言僧與作惡邪不除擯尒時先應思惟五法若我等與是比丘作惡邪不除擯不共布薩自恣作諸羯磨不共中食帶鉢郍不隨上座起礼迎送以是因緣故闘諍事起相言相罵僧破僧諍僧別僧異思惟是事已不應作擯若我與是比丘作惡邪不除擯不共布薩作諸羯磨不共中食帶鉢郍不隨上座起礼迎送以是因緣故不起闘諍相言相罵僧和合無諍無別無異思惟是事已應與作擯犯罪比丘亦應思惟五事是諸比丘與我作惡邪不除擯不得共我布薩作諸羯磨不得共我中食帶鉢郍不隨上座

起礼迎送何以故諸比丘有慚愧樂持戒不能為我故隨愛隨瞋隨怖隨癡行思惟是事已應受惡邪不除擯惡邪不除擯法者一心和合僧一比丘僧中唱言大德僧聽是阿利吒比丘生惡邪見言我如是知佛法義佛所說障法行是障法不能障道若僧時到僧忍聽僧與阿利吒比丘作惡邪不除擯汝阿利吒隨汝幾時生惡邪見不如法悔過僧隨尒所時與汝作惡邪不除擯諸比丘不共汝作羯磨不共汝住於僧事中若白羯磨白二羯磨白四羯磨布薩自恣不得入十四人數不與汝共事共住㢾惡汝如旃陀羅是名白如是白四羯磨僧與阿利吒比丘作惡邪不除擯羯磨竟僧忍默然故是事如是持惡邪不除擯比丘行法者不應與他受具戒不應與他作依止不應畜沙弥不應受教化比丘尼羯磨若先受者不應教化不應重作罪不應作相似罪不應作過是罪不應呵羯磨不應呵羯磨人不應受清淨比丘起礼迎送供養衣鉢臥具洗脚拭脚脚机若不病不應受他按摩應悔心折伏柔軟佛言若得擯比丘不如是行者盡形不得離是羯磨即時諳比丘受佛教已小却一面與阿利吒比丘作惡邪不除擯心悔折伏柔軟從僧乞解諸比丘以是事白佛佛語諸比丘汝等與阿利吒比丘解惡邪不除擯若更有如是人亦應與解若擯比丘不如惡邪不除擯行法者僧不應與解若與他受具戒與他作依止若畜沙弥若受教化比丘尼羯磨若教化比丘尼若重犯罪若作相似罪若作過是罪若呵羯磨若呵羯磨人若受清淨比丘起礼迎送供養衣鉢臥具洗脚拭脚脚机若不病不應受他按摩若作白衣相作外道相若與外道共事不應作便作不學比丘戒呵罵比丘惡口向比丘毀呰比丘作方便令僧失住處失利養不折伏界內界外比丘意鬪諍相言心不折伏恭敬柔軟若如是行者不應與解若擯比丘不與他受具戒不與他作依止不畜沙弥不受教化比丘尼羯磨不教化比丘尼不重犯罪不作相似罪不作過是罪不呵羯磨不呵羯磨人不受清淨比丘起礼迎送供養衣鉢臥具洗脚拭脚脚机不病不應受他按摩不作白衣相外道相不與外道共事作所應作學比丘戒不可罵比丘不惡口向比丘不毀呰比丘不作方便令僧失住處失利養不欲折伏界內界外比丘不意鬪諍相言心悔折伏恭敬柔軟若如是行者應與解惡邪不除擯解惡邪不除擯法者一心和合僧阿利吒比丘應從坐起偏袒右肩脫革屣胡跪合掌作是言大德僧念我阿利吒生惡邪見作如是言我知佛法義佛所說障法行是障法不能障道故僧與我作惡邪不除擯諸比丘不與我共事共住作白羯磨白二羯磨白四羯磨布薩自恣不得入十四人數㢾惡我如旃陀羅我阿利吒今心悔折伏柔軟從僧乞解惡邪不除擯羯磨僧憐愍故與我解第二第三亦如是乞即時一比丘僧中唱言大德僧

聽是阿利吒比丘生悪邪見作如是言我知佛法義佛説障法行是障法不能障道僧與作悪邪不除擯羯磨諸比丘不與共事共住作白羯磨白二羯磨白四羯磨布薩自恣不得入十四人數厭悪如旃陀羅阿利吒比丘得是羯磨故心悔折伏柔軟從僧乞解悪邪不除擯羯磨若僧時到僧忍聽與阿利吒比丘解悪邪不除擯羯磨是名白如是白四羯磨僧與阿利吒比丘解悪邪不除擯羯磨竟僧忍默然故是事如是持

十誦律卷第三十一

十誦律卷第三十一

校勘記

一　底本，金藏廣勝寺本。

一　六三七頁中一行經名下，麗有夾註「五誦之三」。

一　六三七頁中三行前，資、磧、普、南、徑、清有「第五誦之三」。三行下，磧、普、南、徑、清有夾註「亦云苦切羯磨」；麗夾註作「丹本云八法中苦切羯磨法第四之初」。

一　六三七頁中五行「二盧伽」，資、磧、普、南、徑、清作「二名盧伽」。

一　六三七頁下一七行第四字「今」，資、磧作「令」。

一　六三八頁上八行「非如法」，諸本（不含石下同）作「如法」。

一　六三八頁上末行「僧忍」，諸本作「僧忍聽」。

一　六三八頁中八行「教化」，麗作「教誡」。下同。

一　六三八頁下一行至次行「教化」，麗作「教識」。

一　六三八頁下一三行至次行及次頁下二〇行「説戒受歲」，麗作「布薩自恣」。

一　六三八頁下一八行第七字「念」，資、磧、普、南、徑、清作「憶念」。

一　六三九頁上四行「乞僧」，諸本作「乞解」。

一　六三九頁上七行第一一字「聽」，諸本作「聽是」。

一　六三九頁上一三行第六字「破」，麗作「破者」。

一　六三九頁下三行「作依」，資、磧、普、南、徑、清作「作作依」。

一　六三九頁下一五行「不應」，麗作「不得」。同行「不得」，徑作「不應」。

一　六四〇頁上七行「重犯罪」，磧作「種犯罪」。

一　六四〇頁上一四行至次行「若先受不應教化」，資、磧、普、南、徑、清作「不教化」。

一　六四〇頁上二一行首二字「和合」，諸本無。

一　六四〇頁上末行「僧念」，資、磧、普、南、徑、清作「僧憶念」。

一　六四〇頁中九行「與忍」，諸本作「忍聽」。

一　六四〇頁中一六行「一按」，諸本作「一槃」。

一　六四〇頁中一八行第九字「鼓」，資、磧、普、南、徑、清作「彈鼓」。

一　六四〇頁下四行「駈行」，麗作「馳行」。

一　六四〇頁下二一行「三種」，麗作「二種」。

一　六四一頁上二行第八字「不」，諸本無。

一　六四一頁上一二行第一一字「作」後，諸本有「爲可悔過作有三種可破非法作別衆作與已悔過作有三種不可破如法作和合僧作」。

一　六四一頁上一七行小字右「當與」，麗作「今與」。

一　六四一頁上一九行「不清淨」，南作「清淨」。

一　六四一頁上末行第一一字「共」，諸本無。

一　六四一頁中一四行第一二字「心」，資、磧、普、南、徑、清作「心悔」。

一　六四一頁中二〇行第一〇字「呵」，諸本作「若呵」。

一　六四一頁下一七行「如是」，諸本作「如是乞」。

一　六四二頁上二行第一二字「竟」，磧作「意」。

一　六四二頁上六行「饒財寶」，麗作「饒財多寶」。

一　六四二頁上一〇行「羅林中」，麗作「羅林」。

一　六四二頁上一六行「阿練兒」，磧、普、南、徑、清作「阿練若」。

一　六四二頁上一九行第五字「止」，磧作「上」。同行「質多羅」，資、磧、普、南、徑、清作「質多」。下同。次頁上一八行麗同。

一　六四二頁中二一行「我至」，麗作「我往」。

一　六四二頁下九行「不足不安樂」，諸本作「可足安樂」。同行及一一行「乞食」，麗作「不乞食」。

一　六四二頁下二〇行「應與」，麗作「應與作」。

一　六四二頁下二二行「呵戒」，諸本作「破戒」。

一　六四二頁下末行「惡口」，諸本作「若惡口」。

一　六四三頁上八行首字「說」，諸本作「教比丘共白衣鬬說」。同行末字「時」，諸本作「作下意羯磨時」。

一　六四三頁上一九行「如是」，諸本作「事如是」。同行「遣一」，南、徑作「遣一一」。

一　六四三頁中五行「聞處」，資作「門處」。

一　六四三頁中七行「更受與」，資、磧、普、南、徑、清作「更與」。

一　六四三頁中一〇行「懺悔過」，資、

一　碛、普、南、徑、清作「悔過」。

一　六四三頁中一三行「力勢」，麗作「勢力」。

一　六四三頁中一四行「自能作」，資、碛、普、南、徑、清作「能自作」。

一　六四三頁中二〇行「益利」，資、碛、普、南、徑、清作「利益」。

一　六四三頁下四行第一〇字「諍」，碛、普、南、徑、清、麗作「喜諍」。

一　六四三頁下七行「怛鉢郍不得」，資、碛、南、徑、清作「怛鉢郍不」；麗作「帶鉢郍不得」。

一　六四三頁下一〇行「五法」，資、碛、南、清作「不法」。

一　六四三頁下一一行正文第九字「作」，資、碛、普、南、徑、清作「不共作」。

一　六四三頁下一二行「帶鉢郍」，資、碛、普、南、徑、清作「怛鉢郍」。下同。

一　六四三頁下一七行小字左「作諸」，資、碛、普、南、徑、清作「不共作諸」。

一　六四四頁上七行第三字「如」，諸本作「汝如」。

一　六四四頁上二〇行「羯磨」，麗作「羯磨作不見擯羯磨」。

一　六四四頁上二二行首字「汝」，麗作「汝等」。

一　六四四頁中三行「不共作」，資、碛、普、南、徑、清作「不共住」。

一　六四四頁中四行「入立十四人」，資、碛、普、南、徑、清作「入十四人」。下同。

一　六四四頁中一一行「應與」，諸本作「若與」。

一　六四四頁中一二行第六字「化」，資、碛、普、南、徑、清無。

一　六四四頁中一五行「衣鉢」，麗作「供養衣鉢」。

一　六四四頁中末行「不與」，麗作「不與他」。

一　六四四頁下三行「是罪」，清作「提罪」。

一　六四四頁下五行「不病」，麗作「若不病」。

一　六四四頁下一四行「是言」，麗作「是言大德僧念」。

一　六四五頁上一行「共事」，麗作「共事共住」。

一　六四五頁上一八行第三字「諍」，諸本作「喜諍」。

一　六四五頁上二二行「事起」，麗作「事起相言相罵」。

一　六四五頁中三行「鬭諍」，麗作「鬭諍相言相罵」。

一　六四五頁下一〇行「即時」，碛、普作「即得」。

一　六四五頁下二〇行第七字「我」，麗無。

一　六四五頁下二二行第五字「解」，資、碛、普、南、徑、清作「解作」。

一　六四六頁上六行「呵羯磨若」，資、碛、普、南、徑、清作「事不應作」。

一　六四六頁上一四行「若不如是」，資、碛、普、南、徑、清作「若如是」。

一　六四　六頁中七行「憶念我車匿」，資、磧、普、南、徑、清作「僧憶念我車匿比丘」；麗作「僧憶意我車匿」。

一　六四六頁中一七行第四字「共」，資、磧、普、南、徑、清無。

一　六四六頁下八行「破見」，諸本作「若破見」。

一　六四七頁上一三行「不得入」，資、磧、普、南、徑、清作「不復入」。

一　六四七頁中二行「悔心」，資、磧、普、南、徑、清作「心悔」。

一　六四七頁中二〇行第四字「不」，諸本作「欲」。

一　六四七頁下一四行「僧念」，諸本作「僧憶念」。

一　六四八頁上二行「佛說」，資、磧、普、南、徑、清作「佛所說」。

一　六四八頁上一二行末字「持」下，資、磧、普、南、徑、清有夾註「八法中苦切羯磨法第四(「四」資作「三」)」「竟」；麗夾註作「八法般荼盧伽法第四竟」。

十誦律卷第三十二　五誦之四　政

後秦北印度三藏弗若多羅譯

八法中僧殘悔法第五

佛在舍衛國尒時迦留陁夷比丘故出精犯一僧伽婆尸沙罪不覆藏語諸比丘言大德我故出精犯一僧伽婆尸沙罪不覆藏我當云何諸比丘以是事白佛佛語諸比丘迦留陁夷比丘故出精犯一僧伽婆尸沙罪不覆藏應與作六夜摩那埵羯摩若更有如是比丘僧亦應與作作法者一心和合僧是迦留陁夷比丘從坐起偏袒右肩脫革屣胡跪合掌作是言大德僧憶念我迦留陁夷比丘故出精犯此僧伽婆尸沙罪一罪不覆藏我迦留陁夷比丘故出精犯此僧伽婆尸沙罪一罪不覆藏我今從衆僧乞六夜摩那埵僧與我迦留陁夷比丘故出精犯此僧伽婆尸沙罪一罪不覆藏與我六夜摩那埵憐愍故

第二更說大德僧憶念我迦留陁夷比丘故出精犯此僧伽婆尸沙罪一罪不覆藏我迦留陁夷比丘故出精犯此僧伽婆尸沙罪一罪不覆藏我今從衆僧乞六夜摩那埵僧與我迦留陁夷比丘故出精犯此僧伽婆尸沙罪一罪不覆藏與我六夜摩那埵憐愍故

第三更說大德僧憶念我迦留陁夷比丘故出精犯僧伽婆尸沙罪一罪不覆藏我迦留陁夷比丘故出精犯此僧伽婆尸沙罪一罪不覆藏我今從衆僧乞六夜摩那埵僧與我迦留陁夷比丘故出精犯此僧伽婆尸沙罪一罪不覆藏與我六夜摩那埵憐愍故即時一比丘僧中唱言大德僧聽是迦留陁夷比丘故出精犯此僧伽婆尸沙罪一罪不覆藏是迦留陁夷比丘故出精犯此僧伽婆尸沙罪一罪不覆藏從僧乞六夜摩那埵若僧時到僧忍聽是迦留陁夷比丘故出精犯此僧伽婆尸沙罪一罪不覆藏當與六夜摩那埵是名白

第一大德僧聽是迦留陁夷比丘故出精犯此僧伽婆尸沙罪一罪不覆

藏是迦留陁夷比丘故出精犯此僧伽婆尸沙罪一罪不覆藏從僧乞六夜摩那埵僧迦留陁夷比丘故出精犯此僧伽婆尸沙罪一罪不覆藏當與六夜摩那埵誰諸長老忍迦留陁夷比丘故出精犯此僧伽婆尸沙罪一罪不覆藏當與六夜摩那埵者默然若不忍便說是初羯磨第二我更說大德僧聽是迦留陁夷比丘故出精犯此僧伽婆尸沙罪一罪不覆藏是迦留陁夷比丘故出精犯此僧伽婆尸沙罪一罪不覆藏從僧乞六夜摩那埵僧是迦留陁夷比丘故出精犯此僧伽婆尸沙罪一罪不覆藏當與六夜摩那埵誰諸長老忍迦留陁夷比丘故出精犯此僧伽婆尸沙罪一罪不覆藏當與六夜摩那埵者默然若不忍便說是第二羯磨第三我更說大德僧聽是迦留陁夷比丘故出精犯此僧伽婆尸沙罪一罪不覆藏是迦留陁夷比丘故出精犯此僧伽婆尸沙罪一罪不覆藏從僧乞六夜摩那埵僧迦留陁夷比丘故出精犯此僧伽婆尸沙罪一罪不覆藏當與六夜摩那埵誰諸長老忍迦留陁夷比丘故出精犯此僧伽婆尸沙罪一罪不覆藏當與六夜摩那埵者默然若不忍說第三羯磨

僧已與迦留陁夷比丘犯此僧伽婆尸沙罪故出精一罪不覆藏六夜摩那埵竟僧忍默然故是事如是持

迦留陁夷比丘僧中行六夜摩那埵竟語諸比丘言諸大德我當云何諸比丘以是事白佛佛語諸比丘汝等當與迦留陁夷比丘出罪犯此僧伽婆尸沙罪故出精一罪不覆藏已僧中行六夜摩那埵當與出罪若更有如是人亦應與出罪出罪法者一心和合僧是迦留陁夷比丘應從坐起偏袒右肩脫革屣胡跪合掌作是言大德僧憶念我迦留陁夷比丘故出精犯此僧伽婆尸沙罪一罪不覆藏我先已僧中乞六夜摩那埵僧已與我六夜摩那埵我已僧中行六夜摩那埵我迦留陁夷比丘犯此僧伽婆尸沙罪故出精一罪不覆藏僧中行六夜摩那埵竟今從僧乞出罪我迦留陁夷比丘犯僧伽婆尸沙罪故出精一罪不覆藏已僧中行六夜摩那埵竟僧當與我出罪憐愍故第二我更說大德僧憶念我迦留陁夷比丘故出精犯此僧伽婆尸沙罪一罪不覆藏我先已僧中乞六夜摩那埵僧已與我六夜摩那埵我已僧中行六夜摩那埵我迦留陁夷比丘犯此僧伽婆尸沙罪故出精一罪不覆藏僧中行六夜摩那埵竟今從僧乞出罪僧我迦留陁夷比丘犯此僧伽婆尸沙罪一罪不覆藏已僧中行六夜摩那埵竟僧當與我出罪憐愍故第三我更說大德僧憶念我迦留陁夷比丘故出精犯此僧伽婆尸沙罪一罪不覆藏我先已僧中乞六夜摩那埵僧已與我六夜摩那埵我已僧中行六夜摩那埵我迦留陁夷比丘犯此僧伽婆尸沙罪故出精一罪不覆藏僧中行六夜摩那埵竟今從僧乞出罪僧我迦留陁夷比丘犯此僧伽婆尸沙罪一罪不覆藏已僧中行六夜摩那埵

竟僧當與我出罪憐愍故即時一比丘僧中唱言大德僧聽是迦留陀夷比丘犯此僧伽婆尸沙罪故出精一罪不覆藏先已從僧乞六夜摩那埵僧與六夜摩那埵已僧中行六夜摩那埵竟是迦留陀夷比丘犯此僧伽婆尸沙罪故出精一罪不覆藏僧中已行六夜摩那埵竟從僧乞出罪若僧時到僧忍聽僧是迦留陀夷比丘犯此僧伽婆尸沙罪故出精一罪不覆藏已僧中行六夜摩那埵竟僧今當與出罪如是白

第一大德僧聽是迦留陀夷比丘犯此僧伽婆尸沙罪故出精一罪不覆藏先已從僧乞六夜摩那埵僧與六夜摩那埵已僧中行六夜摩那埵竟是迦留陀夷比丘犯此僧伽婆尸沙罪故出精一罪不覆藏僧中已行六夜摩那埵竟今從僧乞出罪僧迦留陀夷比丘犯此僧伽婆尸沙罪故出精一罪不覆藏已行六夜摩那埵竟僧當與出罪誰諸長老忍是迦留陀夷比丘犯此僧伽婆尸沙罪故

出精一罪不覆藏已行六夜摩那埵竟僧今當與出罪者默然若不忍便說是初羯磨

第二我更說大德僧聽是迦留陀夷比丘犯此僧伽婆尸沙罪故出精一罪不覆藏先已從僧乞六夜摩那埵僧與六夜摩那埵已僧中行六夜摩那埵竟迦留陀夷比丘犯此僧伽婆尸沙罪故出精一罪不覆藏僧中已行六夜摩那埵竟今從僧乞出罪僧迦留陀夷比丘犯此僧伽婆尸沙罪故出精一罪不覆藏已行六夜摩那埵竟僧當與出罪誰諸長老忍是迦留陀夷比丘犯此僧伽婆尸沙罪故出精一罪不覆藏已行六夜摩那埵竟僧今當與出罪者默然若不忍便說是第二羯磨

第三我更說大德僧聽是迦留陀夷比丘犯此僧伽婆尸沙罪故出精一罪不覆藏先已從僧乞六夜摩那埵僧與六夜摩那埵已僧中行六夜摩那埵竟是迦留陀夷比丘犯此僧伽婆尸沙罪故出精一罪不覆藏僧中已行六夜摩那埵

竟今從僧乞出罪僧迦留陀夷比丘犯此僧伽婆尸沙罪故出精一罪不覆藏已行六夜摩那埵竟僧當與出罪誰諸長老忍是迦留陀夷比丘犯此僧伽婆尸沙罪故出精一罪不覆藏已行六夜摩那埵竟僧今當與出罪者默然若不忍便說是第三羯磨僧已與迦留陀夷比丘出罪竟犯此僧伽婆尸沙罪故出精一罪不覆藏已僧中行六夜摩那埵竟僧忍默然故是事如是持

佛在舍衛國尒時迦留陀夷比丘故出精犯一僧伽婆尸沙罪不覆藏語諸比丘我故出精犯一僧伽婆尸沙罪不覆藏我今云何諸比丘以是事白佛佛語諸比丘汝等與迦留陀夷比丘六夜摩那埵若更有如是人亦應作是法者一心和合僧迦留陀夷從坐起偏袒右肩脫革屣胡跪合掌作是言大德僧憶念我迦留陀夷比丘故出精犯此僧伽婆尸沙罪罪不覆藏我迦留陀夷比丘故出精犯此僧伽婆尸沙罪一罪不覆藏我今從僧乞

六夜摩那埵僧與迦留陁夷比丘故出精犯此僧伽婆尸沙罪一罪不覆藏與我六夜摩那埵憐愍故第二更說大德僧憶念我迦留陁夷比丘故出精犯此僧伽婆尸沙罪罪不覆藏我迦留陁夷比丘故出精犯僧伽婆尸沙罪一罪不覆藏我今從僧乞六夜摩那埵僧與迦留陁夷比丘故出精犯此僧伽婆尸沙罪一罪不覆藏與我六夜摩那埵憐愍故第三更說大德僧憶念我迦留陁夷比丘故出精犯此僧伽婆尸沙罪一罪不覆藏我迦留陁夷比丘故出精犯此僧伽婆尸沙罪一罪不覆藏我今從僧乞六夜摩那埵僧與我迦留陁夷比丘故出精犯此僧伽婆尸沙罪一罪不覆藏與我六夜摩那埵憐愍故即時一比丘僧中唱言大德僧聽是迦留陁夷比丘故出精犯此僧伽婆尸沙罪罪不覆藏是迦留陁夷比丘故出精犯此僧伽婆尸沙罪一罪不覆藏從僧乞六夜摩那埵若僧時到僧忍聽是迦留陁夷比丘故出精犯此僧伽婆尸沙

罪一罪不覆藏與六夜摩那埵是名白大德僧聽是迦留陁夷比丘故出精犯此僧伽婆尸沙罪一罪不覆藏是迦留陁夷比丘故出精犯此僧伽婆尸沙罪一罪不覆藏從僧乞六夜摩那埵僧迦留陁夷比丘故出精犯此僧伽婆尸沙罪一罪不覆藏當與六夜摩那埵誰諸長老忍與迦留陁夷比丘故出精犯此僧伽婆尸沙罪一罪不覆藏當與六夜摩那埵者默然若不忍者說是初羯磨

第二大德僧聽是迦留陁夷比丘故出精犯此僧伽婆尸沙罪一罪不覆藏是迦留陁夷比丘故出精犯此僧伽婆尸沙罪一罪不覆藏從僧乞六夜摩那埵僧是迦留陁夷比丘故出精犯此僧伽婆尸沙罪一罪不覆藏當與六夜摩那埵誰諸長老忍迦留陁夷比丘故出精犯此僧伽婆尸沙罪一罪不覆藏當與六夜摩那埵者默然不忍者說是第二羯磨第三更說大德僧聽是迦留陁夷比丘故出精犯此僧伽婆尸沙罪一罪不覆藏

是迦留陁夷比丘故出精犯此僧伽婆尸少罪一罪不覆藏從僧乞六夜摩那埵僧迦留陁夷比丘故出精犯此僧伽婆尸沙罪一罪不覆藏當與六夜摩那埵誰諸長老忍迦留陁夷比丘故出精犯此僧伽婆尸沙罪一罪不覆藏當與迦留陁夷比丘六夜摩那埵者默然不忍者說是第三羯磨僧已與迦留陁夷比丘犯此僧伽婆尸沙罪故出精一罪不覆藏六夜摩那埵竟僧忍默然故是事如是持

是迦留陁夷比丘行六夜摩那埵時已過尒所日尒所日未過是中故出精更犯一僧伽婆尸沙罪不覆藏迦留陁夷語諸比丘大德我故出精犯一僧伽婆尸沙罪不覆藏故從僧乞六夜摩那埵僧與我六夜摩那埵我行六夜摩那埵時已尒所日尒所日未過是中故出精更犯一僧伽婆尸沙罪不覆藏今當云何諸比丘以是事白佛佛語諸比丘汝等與迦留陁夷比丘行摩那埵時故出精犯一僧伽婆尸沙罪不覆藏故與作本日治若

更有如是人亦應與作作法者一心和合僧迦留陁夷比丘從坐起偏袒右肩脱革屣胡跪合掌作是言大德僧憶念我迦留陁夷比丘故出精犯此僧伽婆尸沙罪一罪不覆藏從僧乞六夜摩那埵僧與我六夜摩那埵我行六夜摩那埵已尒所日尒所日未過更犯一僧伽婆尸沙罪故出精一罪不覆藏今從僧乞本日治僧與我迦留陁夷比丘犯此僧伽婆尸沙罪故出精一罪不覆藏僧當與我本日治憐愍故第二大德僧憶念我迦留陁夷比丘故出精犯此僧伽婆尸沙罪一罪不覆藏從僧乞六夜摩那埵僧與我六夜摩那埵我行六夜摩那埵已尒所日尒所日未過更犯一僧伽婆尸沙罪故出精一罪不覆藏今從僧乞本日治僧我迦留陁夷比丘犯此僧伽婆尸沙罪故出精一罪不覆藏僧當與我本日治憐愍故第三更說大德僧憶念我迦留陁夷比丘故出精犯此僧伽婆尸沙罪一罪不覆藏從僧乞六夜摩那埵僧與我六夜摩那埵

我行六夜摩那埵已尒所日尒所日未過更犯一僧伽婆尸沙罪故出精一罪不覆藏今從僧乞本日治僧我迦留陁夷比丘犯此僧伽婆尸沙罪故出精一罪不覆藏僧當與我本日治憐愍故

即時一比丘僧中唱言大德僧聽是迦留陁夷比丘犯此僧伽婆尸沙罪故出精一罪不覆藏先已從僧乞六夜摩那埵僧與我六夜摩那埵行六夜摩那埵已尒所日尒所日未過是中更犯此僧伽婆尸沙罪故出精一罪不覆藏僧是迦留陁夷比丘犯此僧伽婆尸沙罪故出精一罪不覆藏從僧乞本日治若僧時到僧忍聽是迦留陁夷比丘犯此僧伽婆尸沙罪故出精一罪不覆藏僧今當與本日治如是白

大德僧聽是迦留陁夷比丘犯此僧伽婆尸沙罪故出精一罪不覆藏先已從僧乞六夜摩那埵僧與六夜摩那埵行六夜摩那埵已尒所日尒所日未過是中更犯此僧伽婆尸沙罪

故出精一罪不覆藏僧是迦留陁夷比丘犯此僧伽婆尸沙罪故出精一罪不覆藏從僧乞本日治僧迦留陁夷比丘犯僧伽婆尸沙罪故出精一罪不覆藏僧今當與本日治誰諸長老忍是迦留陁夷比丘犯此僧伽婆尸沙罪故出精一罪不覆藏當與本日治者默然若不忍便說是初羯磨第二更說大德僧聽是迦留陁夷比丘犯此僧伽婆尸沙罪故出精一罪不覆藏先已從僧乞六夜摩那埵僧與六夜摩那埵行六夜摩那埵已尒所日尒所日未過是中更犯此僧伽婆尸沙罪故出精一罪不覆藏僧是迦留陁夷比丘犯此僧伽婆尸沙罪故出精一罪不覆藏從僧乞本日治僧迦留陁夷比丘犯僧伽婆尸沙罪故出精一罪不覆藏僧今當與本日治誰諸長老忍是迦留陁夷比丘犯此僧伽婆尸沙罪故出精一罪不覆藏當與本日治者默然若不忍便說是第二羯磨第三更說大德僧聽是迦留陁夷比丘犯此僧伽婆尸沙罪

故出精一罪不覆藏先巳從僧乞六夜摩那埵僧與六夜摩那埵行六夜摩那埵巳尒所日尒所日未過是中更犯此僧伽婆尸沙罪故出精一罪不覆藏僧是迦留陁夷比丘犯此僧伽婆尸沙罪故出精一罪不覆藏從僧乞本日治僧迦留陁夷比丘犯僧伽婆尸沙罪故出精一罪不覆藏僧今當與本日治誰諸長老忍是迦留陁夷比丘犯此僧伽婆尸沙罪故出精一罪不覆藏當與本日治者默然若不忍便說三羯磨僧巳與本日治竟迦留陁夷比丘犯此僧伽婆尸沙罪故出精一罪不覆藏僧忍默然故是事如是持迦留陁夷比丘中間犯一罪　本日治行六夜摩那埵竟語諸比丘我當云何諸比丘以是事白佛佛語諸比丘汝等當與迦留陁夷比丘出罪中間犯一罪行本日治行六夜摩那埵竟若更有如是人亦應與出罪出罪法者一心和合僧是迦留陁夷比丘從坐起偏袒右肩脫革屣胡跪合掌作是言大德僧憶念我迦留陁夷比丘

故出精犯一僧伽婆尸沙一罪不覆藏從僧乞六夜摩那埵僧與我六夜摩那埵我行六夜摩那埵時巳尒所日尒所日未過中間更犯一罪我先從僧乞本日治僧與我本日治迦留陁夷比丘中間犯一罪得本日治行六夜摩那埵竟今從僧乞出罪僧我迦留陁夷比丘中間犯一罪行本日治行六夜摩那埵竟當與我出罪憐愍故

第二大德僧憶念我迦留陁夷比丘故出精犯此僧伽婆尸沙罪罪不覆藏從僧乞六夜摩那埵僧與我六夜摩那埵我行六夜摩那埵時巳尒所日尒所日未過中間犯一罪我先從僧乞本日治僧與我本日治我迦留陁夷比丘中間犯一罪行本日治行六夜摩那埵竟今從僧乞出罪僧與我迦留陁夷比丘中間一罪行本日治行六夜摩那埵竟僧當與我出罪憐愍故第三大德僧憶念我迦留陁夷比丘故出精犯一僧伽婆尸沙罪不覆藏從僧乞六夜摩那埵僧與我六夜摩那埵我行

六夜摩那埵時巳尒所日尒所日未過中間犯一罪我先從僧乞本日治僧與我本日治我迦留陁夷比丘中間犯一罪行本日治行六夜摩那埵竟今從僧乞出罪僧我迦留陁夷比丘中間犯一罪行本日治行六夜摩那埵竟僧當與我出罪憐愍故即時一比丘僧中唱大德僧聽是迦留陁夷比丘故出精犯一僧伽婆尸沙罪不覆藏從僧乞六夜摩那埵僧與六夜摩那埵僧中行六夜摩那埵時巳尒所日尒所日未過是中更犯一罪故出精犯一僧伽婆尸沙罪一罪不覆藏從僧乞本日治僧巳與本日治是迦留陁夷比丘中間犯一罪巳行本日治巳僧中行六夜摩那埵竟今從僧乞出罪若僧時到僧忍聽僧是迦留陁夷比丘中間犯一罪巳行本日治巳僧中行六夜摩那埵竟僧今當與出罪如是白

大德僧聽是迦留陁夷比丘犯僧伽婆尸沙罪故出精不覆藏先巳從僧乞六夜摩那埵僧與六夜摩那埵僧

中行六夜摩那埵時已尒所日尒所日未過是中閒犯一僧伽婆尸沙罪故出精不覆藏先已從僧乞本日治僧與本日治是迦留陁夷比丘是中更犯一罪行本日治僧中行六夜摩那埵竟從僧乞出罪僧迦留陁夷比丘是中犯一罪行本日治竟已行六夜摩那埵竟當與出罪誰諸長老忍是迦留陁夷比丘是中犯一罪行本日治行六夜摩那埵竟當與出罪者默然若不忍便說是初羯磨

第二更說大德僧聽是迦留陁夷比丘犯僧伽婆尸沙罪故出精不覆藏先已從僧乞六夜摩那埵僧與六夜摩那埵僧中行六夜摩那埵時已尒所日尒所日未過是中閒犯一僧伽婆尸沙罪故出精不覆藏先已從僧乞本日治僧與本日治是迦留陁夷比丘是中更犯一罪行本日治僧中行六夜摩那埵竟從僧乞出罪僧迦留陁夷比丘是中犯一罪行本日治已行六夜摩那埵竟當與出罪誰諸長老忍是迦留陁夷比丘是中犯一罪

行本日治行六夜摩那埵竟當與出罪者默然若不忍便說是第二羯磨

第三更說大德僧聽是迦留陁夷比丘犯僧伽婆尸沙罪故出精不覆藏先已從僧乞六夜摩那埵僧與六夜摩那埵僧中行六夜摩那埵時已尒所日尒所日未過是中閒犯一僧伽婆尸沙罪故出精不覆藏先已從僧乞本日治僧與本日治是迦留陁夷比丘是中更犯一罪行本日治僧中行六夜摩那埵竟從僧乞出罪僧迦留陁夷比丘是中犯一罪行本日治竟已行六夜摩那埵竟當與出罪誰諸長老忍是迦留陁夷比丘是中犯一罪行本日治行六夜摩那埵竟當與出罪者默然若不忍便說是第三羯磨

僧已與迦留陁夷比丘出罪中閒犯一罪行本日治竟行六夜摩那埵竟僧忍默然故是事如是持

佛在舍衛國尒時迦留陁夷比丘故出精犯一僧伽婆尸沙罪覆藏語諸比丘諸長老我迦留陁夷比丘故出

精犯一僧伽婆尸沙罪覆藏今當云何諸比丘是中以事白佛佛語諸比丘汝等當與迦留陁夷比丘故出精犯一僧伽婆尸沙罪若干日覆藏隨覆藏日與作別住若更有如是比丘僧亦應和合與作別住如是應作一心和合僧迦留陁夷比丘從坐起偏袒右肩脫革屣胡跪合掌作是言大德僧憶念我迦留陁夷比丘故出精犯一僧伽婆尸沙罪覆藏我迦留陁夷比丘故出精犯僧伽婆尸沙罪若干日覆藏隨覆藏日從僧乞別住僧我迦留陁夷比丘故出精犯僧伽婆尸沙罪隨覆藏日與我別住憐愍故

第二更說大德僧念我迦留陁夷比丘故出精犯一僧伽婆尸沙罪覆藏我迦留陁夷比丘故出精犯僧伽婆尸沙罪若干日覆藏隨覆藏日從僧乞別住僧我迦留陁夷比丘故出精犯僧伽婆尸沙罪隨覆藏日與我別住憐愍故

第三更說大德僧憶念我迦留陁夷比丘故出精犯一僧伽婆尸沙罪覆藏

我迦留陁夷比丘故出精犯僧伽婆尸沙罪若干日覆藏隨覆藏日從僧乞別住僧我迦留陁夷比丘故出精犯僧伽婆尸沙罪隨覆藏日與我別住憐愍故

即時一比丘應僧中唱言大德僧聽是迦留陁夷比丘故出精犯此僧伽婆尸沙罪一罪覆藏是迦留陁夷比丘故出精犯此僧伽婆尸沙罪一罪若干日覆藏從僧乞別住法若僧時到僧忍聽是迦留陁夷比丘故出精犯此僧伽婆尸沙罪一罪若干日覆藏與別住法如是白

大德僧聽是迦留陁夷比丘故出精犯此僧伽婆尸沙罪一罪覆藏是迦留陁夷比丘故出精犯此僧伽婆尸沙罪一罪若干日覆藏從僧乞別住法僧迦留陁夷比丘故出精犯此僧伽婆尸沙罪一罪若干日覆藏當與別住誰諸長老忍迦留陁夷比丘故出精犯此僧伽婆尸沙罪一罪若干日覆藏今與別住者默然若不忍便說是初羯磨

第二更說大德僧聽是迦留陁夷比丘故出精犯此僧伽婆尸沙罪一罪覆藏是迦留陁夷比丘故出精犯此僧伽婆尸沙罪一罪若干日覆藏從僧乞別住僧迦留陁夷比丘故出精犯此僧伽婆尸沙罪一罪若干日覆藏當與別住誰諸長老忍迦留陁夷比丘故出精犯此僧伽婆尸沙罪一罪若干日覆藏今與別住者默然若不忍者便說是第二羯磨

第三更說大德僧聽是迦留陁夷比丘故出精犯此僧伽婆尸沙罪一罪覆藏是迦留陁夷比丘故出精犯此僧伽婆尸沙罪一罪若干日覆藏從僧乞別住僧迦留陁夷比丘故出精犯此僧伽婆尸沙罪一罪若干日覆藏當與別住誰諸長老忍迦留陁夷比丘故出精犯此僧伽婆尸沙罪一罪若干日覆藏今與別住者默然若不忍便說是第三羯磨僧與迦留陁夷比丘犯此僧伽婆尸沙罪一罪若干日覆藏與別住竟僧忍默然故是事如是持

是迦留陁夷比丘行若干日覆藏別住竟語諸比丘言諸長老我當云何諸比丘以是事白佛佛語諸比丘汝等當與迦留陁夷比丘六夜摩那埵犯此僧伽婆尸沙罪故出精一罪若干日覆藏已僧中行別住當與六夜摩那埵若更有如是人亦應與作六夜摩那埵作法者一心和合僧是迦留陁夷比丘從坐起偏袒右肩脫革屣胡跪合掌作是言大德僧憶我迦留陁夷比丘故出精犯此僧伽婆尸沙罪一罪若干日覆藏我先已僧中乞別住僧已與我別住我已僧中行別住我迦留陁夷比丘犯此僧伽婆尸沙罪故出精一罪若干日覆藏僧中行別住竟今從僧乞六夜摩那埵僧我迦留陁夷比丘犯此僧伽婆尸沙罪故出精一罪若干日覆藏已僧中行別住竟僧當與我六夜摩那埵憐愍故如是三說

即時一比丘僧中唱言大德僧聽是迦留陁夷比丘犯此僧伽婆尸沙罪故出精一罪若干日覆藏先已從僧

乞別住僧與別住已僧中行別住今從僧乞六夜摩那埵是迦留陁夷比丘犯此僧伽婆尸沙罪故出精一罪若干日覆藏已僧中行別住竟從僧乞六夜摩那埵若僧時到僧忍聽僧是迦留陁夷比丘犯此僧伽婆尸沙罪故出精一罪若干日覆藏已僧中行別住竟僧今當與六夜摩那埵如是白大德僧聽是迦留陁夷比丘犯此僧伽婆尸沙罪故出精（一罪若干日）覆藏先已從僧乞若干日別住僧與若干日別住已僧中行若干日別住竟是迦留陁夷比丘犯此僧伽婆尸沙罪故出精一罪若干日覆藏僧中行別住竟今從僧乞六夜摩那埵僧迦留陁夷比丘犯此僧伽婆尸沙罪故出精一罪（若干日覆藏）已僧中行若干日別住竟僧當與六夜摩那埵誰諸長老忍是迦留陁夷比丘犯此僧伽婆尸沙罪故出精一罪若干日覆藏已行若干日別住竟僧今當與六夜摩那埵者默然不忍便說是初羯磨如是應三說僧已與迦留陁夷比丘犯此僧伽婆

尸沙罪故出精一罪若干日覆藏與別住竟與六夜摩那埵僧忍默然故是事如是持

是迦留陁夷比丘僧中行若干日覆藏別住六夜摩那埵竟語諸比丘言諸長老我當云何諸比丘以是事白佛佛語諸比丘汝等當與迦留陁夷比丘出罪若干日覆藏別住竟僧與六夜摩那埵竟若更有如是比丘亦應與作作法者一心和合僧是迦留陁夷比丘從坐起偏袒右肩脫革屣胡跪合掌作是言大德僧憶念我迦留陁夷比丘故出精犯此僧伽婆尸沙罪（一罪若干日）覆藏我先已僧中乞若干日覆藏別住僧與我若干日覆藏別住我僧中行若干日覆藏別住我僧中行若干日覆藏別住竟從僧乞六夜摩那埵僧與我六夜摩那埵我僧中行六夜摩那埵我迦留陁夷比丘故出精犯此僧伽婆尸沙罪（一罪若干日）覆藏僧中行若干日別住竟僧中行六夜摩那埵竟今從僧乞出罪僧我迦留陁夷比丘故出精犯此僧伽婆尸沙

罪一罪若干日覆藏已行若干日別住竟僧中行六夜摩那埵竟僧當與我出罪憐愍故（如是三說）

即時一比丘僧中唱言大德僧聽是迦留陁夷比丘故出精犯此僧伽婆尸沙罪一罪覆藏先已從僧乞若干日覆藏別住僧與若干日覆藏別住已僧中行若干日覆藏別住已僧中行若干日覆藏別住竟僧中乞六夜摩那埵僧與六夜摩那埵已僧中行六夜摩那埵竟是迦留陁夷比丘故出精犯此僧伽婆尸沙罪一罪覆藏已僧中行若干日覆藏別住竟僧中行六夜摩那埵竟從僧乞出罪若僧時到僧忍聽僧是迦留陁夷比丘故出精犯此僧伽婆尸沙罪一罪覆藏已僧中行若干日覆藏別住竟已僧中行六夜摩那埵竟僧今與出罪如是白大德僧聽是迦留陁夷比丘故出精犯此僧伽婆尸沙罪一罪覆藏先已從僧乞若干日覆藏別住僧與若干日覆藏別住已僧中行若干日覆藏別住已僧中行若干日覆藏別

任竟僧中乞六夜摩那埵僧與六夜摩那埵已行六夜摩那埵竟是迦留陁夷比丘故出精犯此僧伽婆尸沙罪一罪覆藏已僧中行若干日覆藏別住竟僧中行六夜摩那埵竟今從僧乞出罪僧迦留陁夷比丘故出精犯此僧伽婆尸沙罪一罪覆藏已行若干日覆藏別住竟已僧中行六夜摩那埵竟僧當與出罪誰諸長老忍是迦留陁夷比丘故出精犯此僧伽婆尸沙罪一罪覆藏已行若干日覆藏別住竟僧中行六夜摩那埵竟僧今當與出罪者默然若不忍便説是初羯磨如是三説僧已與迦留陁夷比丘出罪犯此僧伽婆尸沙罪一罪覆藏已行若干日覆藏別住竟僧中行六夜摩那埵竟僧忍默然故是事如是持佛在舍衛國介時迦留陁夷比丘故出精犯此僧伽婆尸沙罪一罪覆藏語諸比丘我迦留陁夷故出精犯僧伽婆尸沙罪覆藏我當云何諸比丘以是事白佛佛語諸比丘汝等迦留陁夷比丘故出精犯此僧伽

婆尸沙罪一罪覆藏隨覆藏日與別住若更有如是人亦應與作作法者一心和合僧迦留陁夷比丘從坐起偏袒右肩脫革屣合掌作是言大德僧憶念我迦留陁夷比丘故出精犯此僧伽婆尸沙罪一罪覆藏是我迦留陁夷故出精犯此僧伽婆尸沙罪一罪覆藏隨覆藏日從僧乞別住僧與我迦留陁夷比丘故出精犯此僧伽婆尸沙罪一罪覆藏隨覆藏日與我別住憐愍故如是三乞

即時一比丘僧中唱言大德僧聽是迦留陁夷比丘故出精犯此僧伽婆尸沙罪一罪覆藏是迦留陁夷比丘故出精犯此僧伽婆尸沙罪一罪覆藏隨覆藏日從僧乞別住若僧時到僧忍聽僧是迦留陁夷比丘故出精犯此僧伽婆尸沙罪一罪覆藏隨覆藏日僧當與別住如是白

大德僧聽是迦留陁夷比丘故出精犯此僧伽婆尸沙罪一罪覆藏是迦留陁夷比丘故出精犯僧伽婆尸沙罪一罪覆藏隨覆藏日從僧乞別住

僧迦留陁夷比丘故出精犯此僧伽婆尸沙罪一罪覆藏隨覆藏日當與別住誰諸長老忍是迦留陁夷比丘故出精犯此僧伽婆尸沙罪一罪覆藏隨覆藏日與別住者默然若不忍便説是初羯磨如是三説僧已與迦留陁夷比丘故出精犯此僧伽婆尸沙罪一罪覆藏隨覆藏日與別住僧忍默然故是事如是持

迦留陁夷比丘隨覆藏日行別住竟語諸比丘我當云何諸比丘以是事白佛佛語諸比丘汝等與迦留陁夷比丘故出精犯僧伽婆尸沙罪一罪覆藏隨覆藏日行別住竟與作六夜摩那埵若更有如是比丘亦應與六夜摩那埵作法者一心和合僧迦留陁夷比丘從坐起偏袒右肩脫革屣胡跪合掌作是言大德僧憶念我迦留陁夷比丘故出精犯此僧伽婆尸沙罪一罪覆藏隨覆藏日從僧乞別住僧隨覆藏日與我別住我已僧中隨覆藏日行別住我迦留陁夷比丘故出精犯此僧伽婆尸沙罪一罪覆藏

隨覆藏日行別住竟從僧乞六夜摩那埵僧我迦留陁夷比丘故出精犯此僧伽婆尸沙罪一罪覆藏隨覆藏日行別住竟僧當與六夜摩那埵憐愍故如是應三乞

即時一比丘僧中唱言大德僧聽是迦留陁夷比丘故出精犯此僧伽婆尸沙罪一罪覆藏隨覆藏日從僧乞別住僧隨覆藏日與別住已僧中隨覆藏日行別住竟是迦留陁夷比丘故出精犯此僧伽婆尸沙罪一罪覆藏隨覆藏日行別住竟今從僧乞六夜摩那埵若僧時到僧忍聽僧是迦留陁夷比丘故出精犯僧伽婆尸沙罪一罪覆藏隨覆藏日行別住竟當與六夜摩那埵如是白

大德僧聽是迦留陁夷比丘故出精犯此僧伽婆尸沙罪一罪覆藏隨覆藏日從僧乞別住僧隨覆藏日與別住已僧中隨覆藏日行別住是迦留陁夷比丘故出精犯此僧伽婆尸沙罪一罪覆藏隨覆藏日行別住竟從僧乞六夜摩那埵僧是迦留陁夷比

丘故出精犯此僧伽婆尸沙罪一罪覆藏隨覆藏日行別住竟僧當與六夜摩那埵誰諸長老忍是迦留陁夷比丘故出精犯此僧伽婆尸沙罪一罪覆藏隨覆藏日行別住竟今當僧與六夜摩那埵者默然若不忍便說是初羯磨如是三說

僧已與是迦留陁夷比丘故出精犯此僧伽婆尸沙罪一罪覆藏隨覆藏日行別住竟與六夜摩那埵僧忍默然故是事如是持

迦留陁夷比丘僧中行六夜摩那埵時已尒所日尒所日未過更故出精犯僧伽婆尸沙罪一罪不覆藏語諸比丘諸長老我迦留陁夷比丘故出精犯此僧伽婆尸沙罪一罪不覆藏行六夜摩那埵時已尒所日尒所日未過更故出精犯此僧伽婆尸沙罪一罪不覆藏我當云何諸比丘以是事白佛佛語諸比丘汝等當與迦留陁夷比丘故出精犯此僧伽婆尸沙罪一罪不覆藏當與本日治若更有如是比丘亦應作本日治作法者一心

和合僧是迦留陁夷比丘從坐起偏袒右肩脫革屣胡跪合掌作是言大德僧憶念我迦留陁夷比丘故出精犯此僧伽婆尸沙罪一罪覆藏隨覆藏日從僧乞別住僧隨覆藏日與我別住我隨覆藏日僧中行別住隨覆藏日僧中行別住竟從僧乞六夜摩那埵僧已與六夜摩那埵我僧中行六夜摩那埵時已尒所日尒所日未過更故出精犯此僧伽婆尸沙罪一罪不覆藏僧我迦留陁夷比丘故出精犯此僧伽婆尸沙罪一罪不覆藏今從僧乞本日治僧我迦留陁夷比丘故出精犯此僧伽婆尸沙罪一罪不覆藏僧當與我本日治憐愍故如是三說

即時一比丘僧中唱言大德僧聽是迦留陁夷比丘故出精犯此僧伽婆尸沙罪一罪覆藏隨覆藏日從僧乞別住僧隨覆藏日與我別住已僧中隨覆藏日行別住僧中隨覆藏日行別住竟從僧乞六夜摩那埵僧與六夜摩那埵僧中行六夜摩那埵時已尒

所曰尒所曰未過更故出精犯此僧伽婆尸沙罪一罪不覆藏是迦留陁夷比丘故出精犯此僧伽婆尸沙罪一罪不覆藏從僧乞本日治若僧時到僧忍聽僧是迦留陁夷比丘故出精犯此僧伽婆尸沙罪當與本日治如是白

大德僧聽是迦留陁夷比丘故出精犯此僧伽婆尸沙罪一罪覆藏先以隨覆藏日從僧乞別住僧隨覆藏日與別住已僧中隨覆藏日行別住僧中隨覆藏日行別住竟從僧乞六夜摩那埵僧與六夜摩那埵僧中行六夜摩那埵僧中行六夜摩那埵時已尒所日尒所日未過更故出精犯此僧伽婆尸沙罪一罪不覆藏是迦留陁夷比丘故出精犯此僧伽婆尸沙罪一罪不覆藏從僧乞本日治僧是迦留陁夷比丘故出精犯此僧伽婆尸沙罪一罪不覆藏從僧乞本日治僧是迦留陁夷比丘故出精犯僧伽婆尸沙罪一罪不覆藏僧與本日治誰諸長老忍是迦留陁夷比丘故出

精犯此僧伽婆尸沙罪一罪不覆藏從僧乞本日治迦留陁夷比丘故出精犯此僧伽婆尸沙罪一罪不覆藏與本日治者默然若不忍便說是初羯磨如是三說

僧已與本日治迦留陁夷比丘故出精犯僧伽婆尸沙罪一罪不覆藏與本日治竟僧忍默然故是事如是持

是迦留陁夷比丘中間犯罪得本日治先罪行別住竟僧中行六夜摩那埵竟語諸比丘長老我當云何諸比丘以是事白佛佛語諸比丘汝等與迦留陁夷比丘出罪中間犯罪得本日治先罪行別住竟僧中行六夜摩那埵竟與出罪若更有如是比丘亦應作出罪出罪法者一心和合僧是迦留陁夷比丘從坐起偏袒右肩脫革屣胡跪合掌作是言大德僧憶念我迦留陁夷比丘故出精犯僧伽婆尸沙罪一罪覆藏隨覆藏日從僧乞別住僧隨覆藏日與我別住我隨覆藏日僧中行別住隨覆藏日僧中行別住竟從僧乞六夜摩那埵僧已與我

六夜摩那埵我僧中行六夜摩那埵時已尒所日尒所日未過中間故出精犯此僧伽婆尸沙罪一罪不覆藏從僧乞本日治僧與我本日治我迦留陁夷比丘中間犯罪行本日治先罪行別住竟行六夜摩那埵竟今從僧乞出罪僧我迦留陁夷比丘中間犯罪行本日治先罪行別住行六夜摩那埵竟與我出罪憐愍故如是三說

即時一比丘僧中唱言大德僧聽是迦留陁夷比丘故出精犯僧伽婆尸沙罪一罪覆藏隨覆藏日從僧乞別住僧隨覆藏日與別住已僧中隨覆藏日行別住僧中隨覆藏日行別住竟從僧乞六夜摩那埵僧與六夜摩那埵僧中行六夜摩那埵時已尒所日尒所日未過中間故出精犯僧伽婆尸沙罪一罪不覆藏從僧乞本日治僧與本日治迦留陁夷比丘中間犯罪行本日治先罪行別住竟行六夜摩那埵竟從僧乞出罪若僧時到僧忍聽迦留陁夷比丘中間犯罪行本日

治先罪行別住竟行六夜摩那埵竟僧當與出罪如是白大德僧聽是迦留陁夷比丘故出精犯僧伽婆尸沙罪一罪覆藏隨覆藏日從僧乞別住僧隨覆藏日與別住已僧中隨覆藏日行別住僧中隨覆藏日行別住竟從僧乞六夜摩那埵僧與六夜摩那埵僧中行六夜摩那埵時已尒所日過尒所日未過更故出精犯僧伽婆尸沙罪一罪不覆藏從僧乞本日治僧中行本日治是迦留陁夷比丘中間犯罪行本日治先罪行別住竟僧中行六夜摩那埵竟從僧乞出罪僧迦留陁夷比丘中間犯罪行本日治先罪行別住竟僧中行六夜摩那埵竟當與出罪誰諸長老忍迦留陁夷比丘中間犯罪行本日治先罪行別住竟僧中行六夜摩那埵竟與出罪者默然若不忍便說是初羯磨如是三說

僧已與迦留陁夷比丘出罪中間犯罪行本日治先罪行別住竟僧中行六夜摩那埵竟僧忍默然故是事如是持

佛在舍衛國尒時迦留陁夷比丘犯種種僧伽婆尸沙罪第一犯故出精一夜覆藏第二犯觸女人身二夜覆藏第三與女麤語三夜覆藏第四讚歎已身供養四夜覆藏第五犯媒嫁五夜覆藏語諸比丘我當云何諸比丘以是事白佛佛語諸比丘應與是人五夜別住羯磨行別住竟與六夜摩那埵行摩那埵竟與出罪羯

佛在舍衛國尒時有一比丘犯種種僧伽婆尸沙罪覆藏第一犯故出精犯一僧伽婆尸沙罪一夜覆藏第二犯觸女人二夜覆藏第三犯與女人麤惡語三夜覆藏第四犯讚歎已身供養四夜覆藏第五犯行媒嫁五夜覆藏第六犯無主自為身作房六夜覆藏第七犯有主自為身作大房舍七夜覆藏第八無根波羅夷法謗餘比丘八夜覆藏第九犯取小片事作波羅夷法謗餘比丘九夜覆藏第十破和合僧勸求方便十夜覆藏第十一犯助破和合僧十一夜覆藏第十二犯汙他家行惡行十二夜覆藏第十三犯戾語十三夜覆藏以上事語諸比丘我當云何諸比丘以是事白佛佛語諸比丘汝等應與是人十三日別住別住竟與六夜摩那埵六夜摩那埵竟與出罪羯磨

十誦律卷第三十二 八法卷第四

我迦留陁夷比丘故出精犯僧伽婆

尸沙罪若干日覆藏隨覆藏日從僧
乞別住僧我迦留陁夷比丘故出精
犯僧伽婆尸沙罪隨覆藏日與我別
住憐愍故
即時一比丘應僧中唱言大德僧聽
是迦留陁夷比丘故出精犯此僧伽
婆尸沙罪一罪覆藏是迦留陁夷比
丘故出精犯此僧伽婆尸沙罪一罪
若干日覆藏從僧乞別住法若僧時
到僧忍聽是迦留陁夷比丘故出精
出精犯此僧伽婆尸沙罪一罪覆藏
已僧中行若干日覆藏別住竟僧中
行六夜摩那埵竟從僧乞出罪若僧
時到僧忍聽僧是迦留陁夷比丘故
出精犯此僧伽婆尸沙罪一罪覆藏
已僧中行若干日覆藏別住竟已僧
中行六夜摩那埵竟僧今與出罪如
是白大德僧聽是迦留陁夷比丘故
出精犯此僧伽婆尸沙罪一罪覆藏
先已從僧乞若干日覆藏別住僧與
若干日覆藏別住已僧中行若干日
覆藏別住已僧中行若干日覆藏別

罪一罪若干日覆藏已行若干日別

住竟僧中行六夜摩那埵竟僧當與
我出罪憐愍故如是三說
即時一比丘僧中唱言大德僧聽是
迦留陁夷比丘故出精犯此僧伽婆
尸沙罪一罪覆藏先已從僧乞若干
日覆藏別住僧與若干日覆藏別住
已僧中行若干日覆藏別住已僧中
行若干日覆藏別住竟僧中乞六夜
摩那埵僧與六夜摩那埵已僧中行
六夜摩那埵竟是迦留陁夷比丘故
犯此僧伽婆尸沙罪一罪若干日覆
藏與別住法如是白
大德僧聽是迦留陁夷比丘故出精
犯此僧伽婆尸沙罪一罪覆藏是迦
留陁夷比丘故出精犯此僧伽婆尸
沙罪一罪若干日覆藏從僧乞別住
法僧迦留陁夷比丘故出精犯此僧
伽婆尸沙罪一罪若干日覆藏當與
別住誰諸長老忍迦留陁夷比丘故
出精犯此僧伽婆尸沙罪一罪若干
日覆藏令與別住者默然若不忍便
說是初羯磨

十誦律卷第三十二

校勘記

一 底本，金藏廣勝寺本。六五九頁上與六六〇頁下兩版原版錯簡，已剪拼。原版附卷末。

一 六五二頁中一行「五誦之四」，資、磧、普、南、徑、清無；麗作「第五誦之四」。

一 六五二頁中三行「八法中僧殘悔法第五」，資、磧、普、南、徑、清作「第五誦之四　八法中僧殘悔法第五」；麗作「悔法第五　八法中苦切羯磨第四之餘」。

一 六五二頁下八行第五字「犯」，麗作「犯此」。

一 六五二頁下二一行首字「當」，諸本（不含石，下同）無。

一 六五三頁上一八行末字「我」，徑無。

一 六五三頁中五行第五字「說」，徑，清作「說是」。

一　六五三頁中六行第二字「巳」，資、磧、南、徑、清作「已忍」。六五五頁下九行第三字諸本同。

一　六五三頁下一行「出罪」，麗作「出罪僧」。

一　六五三頁下四行小字右「第二我更說」，資、磧、普無。

一　六五四頁中二一行首字「巳」，資、磧、普、南、徑、清作「竟」。

一　六五四頁下一八行「是法者」，資、磧、普、南、徑、清作「作法者」；麗作「作是法者」。

一　六五五頁上三行「與我」，資作「我與」。

一　六五五頁上一一行、本頁中三行及六五七頁中一二行「犯此」，資、磧、普、南、徑、清作「犯」。

一　六五五頁中一一行「者說」，諸本作「便說」。中二一行及頁下八行，麗同。

一　六五六頁上一二行「第二」，徑、清作「第二更說」。

一　六五六頁上二二行「一罪」，資、磧、普、南、徑、清無。

一　六五六頁中一〇行第七字「我」，麗無。

一　六五七頁上一二行「三羯磨」，資、磧、普、南無；徑、清、麗作「是第三羯磨」。同行「僧已與」，資、磧、普、南、徑、清作「僧已忍與」。下同。

一　六五七頁上一五行「一罪」，諸本作「一罪行」。

一　六五七頁上一六行及六六一頁上八行「行六夜」，資、磧、普、南、徑、清作「六夜」。

一　六五七頁中一行「一僧」，麗作「此僧」。下同至頁下一三行。

一　六五七頁中六行第一〇字「得」，麗作「行」。

一　六五七頁中七行末字「我」，麗作「與我」。

一　六五七頁中一七行、一九行及本頁下六行「一罪行」，資、磧、普、南、徑、清作「一罪」。

一　六五七頁中一八行「與我」，資、磧、普、南、徑、清作「我」。

一　六五七頁中一九行「一罪」，麗作「犯一罪」。

一　六五七頁中二〇行「第三」，徑、清作「第三更說」。

一　六五七頁中二二行第七字「罪」，麗作「一罪」。

一　六五七頁下七行第二字「竟」，資、磧、普、南、徑、清作「六夜摩那埵竟」。

一　六五七頁下八行「僧中唱」，徑作「僧中唱言」。

一　六五七頁下一一行「僧中」，資、磧、普、南、徑、清無。同行第一二字「時」，資、磧、普、南、徑、清無。

一　六五八頁上二一行「是中」，資、磧、普、南、徑、清作「是中間」。

一　六五八頁中一三行「竟已」，麗無。

一　六五八頁中一九行第七字「竟」，麗無。

一　六五八頁下二行「是中以」，諸本

作「以是」。

一　六五八頁下一五行「僧念」，諸本作「僧憶念」。

一　六五九頁中一〇行第三字「者」，麗無。

一　六六〇頁上八行第四字「竟」，資、磧、普、南、徑、清無。

一　六六〇頁中二二行第一一字「僧」，麗無。

一　六六一頁上八行第一二字「行」，資、磧、普、南、徑、清無。

一　六六一頁上末行首字「等」，諸本作「等與」。同行第一二字「此」，資、磧、普、南、徑、清無。

一　六六一頁中四行「合掌」，諸本作「胡跪合掌」。

一　六六一頁下八行「別住」，麗作「別住竟」。

一　六六二頁上九行第四字「藏」，資、磧、普、南無。

一　六六二頁中五行至次行「當僧」，諸本作「僧當」。

一　六六三頁下一八行「中間」，資、磧、普、南、徑、清無。

一　六六四頁上八行第一〇字「時」，資、磧、普、南、徑、清無。

一　六六四頁上九行首字「過」，諸本無。

一　六六四頁上一八行第一二字「與」，資、磧、普、南、徑、清無。

一　六六四頁中五行「與女鹿語」，資、磧、普、南、徑、清作「與女鹿惡語」；麗作「與女人鹿惡語」。

一　六六四頁中一〇行第九字「與」，資、磧、普、南、徑、清作「應與」。同行末字「羯」，諸本作「羯磨」。

一　六六四頁下一行首字「二」，磧作「一」。

一　六六四頁中六行「羯磨」下，資、磧、普、南、徑、清有夾註「八法中僧殘悔法第五（「五」，資作「四」）竟」；麗作「八法中苦切羯磨竟」。

一　六六四頁下卷末經名下「八法卷第四」，資、磧、普、南、徑、清無。

十誦律卷第三十三 五誦之五　政

後秦北印度三藏弗若多羅譯

八法中僧殘悔法之餘

佛在王舍城尒時六群比丘犯罪同相似同未淨同未脫同未起同出界外與餘比丘作別住摩那埵本日治出罪犯罪同相似同未淨同未脫同未起同入界內受清淨比丘隨上座起迎禮拜合掌供養是中有比丘少欲知足行頭陁聞是事心不喜作是言云何名比丘犯罪同相似同未淨同未脫同未起同出界外與餘比丘作別住六夜摩那埵本日治出罪犯罪同相似同未淨同未脫同未起同入界內受清淨比丘隨上座起迎禮拜合掌供養如是訶已向佛廣說佛以是事集比丘僧已知而故問六群比丘汝等實作是事不荅言實作世尊佛種種因緣呵責云何名比丘犯罪同相似同未淨同未脫同未起同出界外與餘比丘作別住六夜摩那埵本日治出罪犯罪同相似同未淨同未脫同未起同入界內受住戒比丘隨上座起迎禮拜合掌供養種種呵已語諸比丘從今行別住人作第四人不應作別住羯磨若行別住竟人作第四人亦不應作別住羯磨若行摩那埵人作第四人不應作別住羯磨若行摩那埵竟人作第四人不應作別住羯磨若不共住人作第四人不應作別住羯磨極少清淨同見四比丘得作別住羯磨從今行別住人作第四人不應作摩那埵羯磨若行別住竟人行摩那埵人行摩那埵竟人不共住人作第四人皆不應作摩那埵羯磨極少清淨同見四比丘得作摩那埵羯磨從今行別住人作第四人不應作本日治羯磨若作行別住竟人行摩那埵人行摩那埵竟人不共住人作第四人皆不應作本日治羯磨極少清淨同見四比丘得作本日治羯磨從今行別住人作第二十人不應作出罪羯磨若行別住竟人行摩那埵羯磨人行摩那埵竟人不共住人作第二十人不應作出罪羯磨極少清淨同見二十比丘得作出罪羯磨若比丘自有罪不得受他除罪從今說別住人行

法是別住人應當學別住人法不應受住戒比丘隨上座迎送礼拜合掌恭敬供養衣鉢卧具洗手洗脚洗手洗脚水拭脚脚机若不病不應受他按摩供養行別住人不得共住戒比丘同一牀坐不得好牀上坐若住戒比丘行別住人不應坐若二別住人不得共同一牀坐何況多不得在住戒比丘經行處行不得與住戒比丘共一經行處行不得好經行處行不得在清淨比丘前經行二別住人不得共同一經行處行何況多別住人有客比丘來應向說已所犯罪布薩時應入僧中三自說罪若病應遣使到僧中白言其別住人病不得來僧當知別住人不得受他懺悔不應與他受具戒不應與他作依止不應畜沙弥不應受教誡比丘尼羯磨若先受不應教化不應重犯罪不應作相似罪不應作過是罪不應呵羯磨不應呵羯磨人不應從清淨比丘乞聽不應言我當出汝罪不應遮逆清淨比丘不應遮布薩自恣及諸羯磨不應出清淨比丘罪不應令他憶念罪不應相言應心悔折伏柔軟恭敬應在清淨比丘後行在下行坐若僧次第差會應隨上座次第受應隨上座次第滿鉢水應隨上座次第受雨浴衣應隨上座次第坐自恣不應以是心語清淨比丘與我迎食分恐人知我見我罪故諸別住人共飲食時隨上座次第坐應與諸別住人最下房舍下卧具畀下坐處諸別住人若多隨上座次第與房舍卧具坐處行別住人不應作前行比丘入他舍作後行者隨意二別住人有比丘住處無比丘不應住無比丘無住處不應住若行別住人與行別住竟人若行別住人與行摩那埵人若行別住人與行摩那埵竟人若行別住人與不共住人有比丘住處無比丘不應住無比丘無住處亦不應住行別住人不應共清淨比丘一覆住處住不應共一覆非住處住若行別住人與別住竟人若別住人與行摩那埵人若別住人與行摩那埵竟人若別住人與不共住人不應共一覆住處住不應共一覆非住處住若別住人欲行時先思惟我今日行當到前比丘住處不若知能到便去若不去者卽失是一夜若不及行是法者應作是念我不及行是事應作是言我應行別住摩那埵法小停我不及作長老憂波離問佛行別住人行摩那埵人若有因緣不及行是事應聽停幾夜佛言應聽二十五夜從今行別住人作第四人不應作別住羯磨若二別住人二清淨人亦不得作別住羯磨若三別住人一清淨人一切別住人不得作別住羯磨極少四清淨共住同見比丘得作別住羯磨從今行別住竟人作第四人不得作別住羯磨若二別住竟人二清淨人若三別住竟人一清淨人若一切別住竟人皆不得作別住羯磨極少四清淨共住同見比丘得作別住羯磨從今若行摩那埵人作第四人不得作別住羯磨二行摩那埵人二清淨人若三行摩那埵人一清淨人若一切行摩那埵人皆不得

作別住羯磨極少四清淨共住同見比丘得作別住羯磨從今若行摩那埵竟人作第四人不應作別住羯磨若二行摩那埵竟人二清淨人若三行摩那埵竟人一清淨人若一切摩那埵竟人皆不得作別住羯磨極少四清淨共住同見比丘得作別住羯磨從今不共住人作第四人不應作別住羯磨若二不共住人二清淨人若三不共住人一清淨人若一切不共住人皆不應作極少清淨同見四比丘應作別住羯磨從今若別住人作第四人不應作摩那埵羯磨若二別住人二清淨人若三別住人一清淨人若一切別住人皆不應作摩那埵羯磨極少四清淨共住同見四比丘得作摩那埵羯磨從今若別住竟人作第四人不應作摩那埵羯磨若二別住竟人二清淨人若三別住竟人一清淨人若一切別住竟人皆不應作摩那埵羯磨極少四清淨共住同見比丘得作摩那埵羯磨從今行摩那埵人作第四人不應作摩那埵羯磨

若二摩那埵人二清淨人若三摩那埵人一清淨人若一切摩那埵人皆不應作摩那埵羯磨極少四清淨共住同見比丘得作摩那埵羯磨從今若行摩那埵竟人作第四人不應作摩那埵羯磨若二行摩那埵竟人二清淨人若三行摩那埵竟人一清淨人若一切行摩那埵竟人皆不應作摩那埵羯磨極少四清淨共住同見比丘得作摩那埵羯磨從今不共住人作第四人不應作摩那埵羯磨若二不共住人二清淨人若三不共住人一清淨人若一切不共住人皆不應作摩那埵羯磨極少四清淨同見比丘應作摩那埵羯磨從今別住人作第四人不應作本日治羯磨若二別住人二清淨人若三別住人一清淨人若一切別住人皆不應作本日治羯磨從今若別住竟人作第四人不應作本日治羯磨若二別住竟人二清淨人若三別住竟人一清淨人若一切別住竟人皆不應作本日治羯磨從今行摩那埵人作第四人不

應作本日治羯磨若二摩那埵人二清淨人若三行摩那埵人一清淨人若一切摩那埵人皆不應作本日治羯磨極少四清淨共住同見比丘得作本日治羯磨從今行摩那埵竟人作第四人不應作本日治羯磨若二摩那埵竟人二清淨人若三摩那埵竟人一清淨人若一切摩那埵竟人皆不應作本日治羯磨從今不共住人作第四人不應作本日治羯磨若二不共住人二清淨人若三不共住人一清淨人若一切不共住人皆不應作本日治羯磨極少四清淨同見比丘應作本日治羯磨從今別住人作第四人不得是衆中行別住若二別住人二清淨人若三別住人一清淨人若一切別住人皆不應是衆中行別住極少四清淨同見比丘應是中行別住從今行別住竟人作第四人是衆中不得行別住若二別住竟人二清淨人若三別住竟人一清淨人若一切別住竟人皆不得是衆中行別住極少四清淨同見比丘是中

得行別住從令行摩那埵人作第四人不應是衆中行別住若二摩那埵人二清淨人若三摩那埵人一清淨人若一切摩那埵人不應是衆中行別住從令若摩那埵竟人作第四人不應是衆中行別住若二摩那埵竟人二清淨人若三摩那埵竟人一清淨人若一切摩那埵竟人皆不應是衆中行別住極少四清淨同見比丘應是衆中行別住從令不共住人作第四人不應是衆中行別住若二不共住人二清淨人若三不共住人一清淨人若一切不共住人皆不應是衆中行別住極少四清淨同見比丘應是衆中行別住從令行別住人作第四人不應是衆中行摩那埵若二別住人二清淨人若三別住人一清淨人若一切別住人皆不應是衆中行摩那埵極少四清淨同見比丘應是衆中行摩那埵從令別住竟人作第四人不應是衆中行摩那埵若二別住竟人二清淨人若三別住竟人一清淨人若一切別住竟人皆不應是衆中行摩那埵極少四清淨同見比丘應是衆中行摩那埵從令行摩那埵人作第四人不應是衆中行摩那埵若二摩那埵人二清淨人若三摩那埵人一清淨人若一切摩那埵人皆不應是衆中行摩那埵從令行摩那埵竟人作第四人不應是衆中行摩那埵若二摩那埵竟人二清淨人若三摩那埵竟人一清淨人若一切摩那埵竟人皆不應是衆中行摩那埵極少四清淨同見比丘應是衆中行摩那埵從令不共住人作第四人不應是衆中行摩那埵若二不共住人二清淨人若三不共住人一清淨人若一切不共住人皆不應是衆中行摩那埵極少四清淨同見比丘應是衆中行摩那埵從令行別住人作第四人不應是衆中行本日治若二別住人二清淨人若三別住人一清淨人若一切別住人皆不應是衆中行本日治從令行別住竟人作第四人不應是衆中行本日治若二別住竟人二清淨人若三別住竟人一清淨人若一切別住竟人不應是衆中行本日治極少四清淨同見比丘應是衆中行本日治從令行摩那埵人作第四人不應是衆中行本日治若二摩那埵人二清淨人若三摩那埵人一清淨人若一切摩那埵人皆不應是衆中行本日治從令行摩那埵竟人作第四人不應是衆中行本日治若二摩那埵竟人二清淨人若三摩那埵竟人一清淨人若一切摩那埵竟人皆不應是衆中行本日治極少四清淨同見比丘應是衆中行本日治從令不共住人作第四人不應是衆中行本日治若二不共住人二清淨人若三不共住人一清淨人若一切不共住人皆不應是衆中行本日治極少四清淨同見比丘應是衆中行本日治從令別住人作第二十人不應作出罪羯磨若二別住人十八清淨人若三別住人十七清淨人若四別住人十六清淨人若五別住人十五清淨人六別住人十四清淨人七別住人十三清淨人八別住人

十二清淨人九別住人十一清淨人若十別住人十清淨人十一別住人九清淨人若十二別住人八清淨人若十三別住人七清淨人若十四別住人六清淨人若十五別住人五清淨人十六別住人四清淨人十七別住人三清淨人十八別住人二清淨人若十九別住人一清淨人若一切別住皆不應作出罪羯磨極少二十清淨同見比丘得作出罪羯磨從今別住竟人作第二十人行摩那埵人作第二十人若行摩那埵竟人作第二十人若不共住人作第二十人皆不應作出罪羯磨從今二別住竟人十八清淨人乃至一切不共住人亦如是極少一十清淨同見比丘應出罪羯磨

八法中遮法第六

佛在瞻波國尒時世尊十五日布薩時在衆僧前敷座處坐觀諸比丘心觀諸比丘心已初夜默然入定尒時有一比丘從坐起偏袒右肩右膝著地合掌白佛言世尊初夜分過佛及

僧坐久願世尊說波羅提木叉佛時默然至中夜分是比丘第二從坐起偏袒右肩合掌白佛言世尊初夜已過中夜又過佛及僧坐久願世尊說波羅提木叉佛故默然至後夜是比丘第三從坐起偏袒右肩合掌白佛言世尊初夜分過中夜亦過後夜分多過東方欲動佛及僧坐久願世尊說波羅提木叉尒時佛語是比丘我衆不清淨時長老目連在衆中坐便作是念佛為誰故作是言我衆不清淨我當入定觀之佛為誰故乃說是語即便入定觀一切衆心如是觀時見佛所為不清淨比丘尋從定起詣是比丘所捉臂挽出語言癡人汝遠去滅去永離比丘法汝今僧中末後共住時目連駈比丘出已閉門下橝往詣佛所頭面礼佛足却坐一面白佛言世尊佛所說衆不清淨比丘我已駈出語言癡人遠去滅去永離比丘法汝今僧中末後共住世尊初夜已過中夜亦過後夜多過東方欲動佛及僧坐久願世尊說波羅提木叉

佛語目連是癡人得大重罪惱佛及僧故目連若佛於不淨衆中說波羅提木叉者是不清淨人頭破七分目連從今汝等當自說波羅提木叉佛不復為汝等說目連辟如大海漸漸深廣佛法亦如是次第結戒次第立制次第教學目連若我法中次第結戒次第立制次第教學是我法中希有目連辟如大海不越常限我法亦如是若比丘比丘尼優婆塞優婆夷乃至失命因緣護戒不缺目連若我法中所可制戒若比丘比丘尼優婆塞優婆夷乃至失命因緣不越戒是我法中希有目連辟如大海深廣深廣無量法亦如是深義無量目連若佛法義深廣深廣無量是我法中希有目連辟如大海淳一鹹味佛法亦如是淳一解脫味目連若佛法淳一解脫味者是我法中希有目連辟如大海大衆生住處摩竭魚黿鼉婆留耆魚提麑魚提麑耆羅魚此等在海中未足為奇有百由旬身者二百三百乃至七百由延身此等衆生處海中亦未

為奇目連佛法海中大人住處亦如是大人者若阿羅漢向阿羅漢若阿那含向阿那含若斯陀含向斯陀含若須陀洹向須陀洹目連佛大法海中大人所住若阿羅漢乃至向須陀洹是我法中希有目連辟如大海多寶無量寶種種積滿諸寶蓋蠡貫珠硨渠瑪瑙琉璃摩尼珠貝珊瑚樓枝等目連佛法海亦如是多寶無量寶種種積滿所謂四念處四正勤四如意足五根五力七覺八正道目連若佛法中多寶無量寶種種積滿四念處四正勤四如意足五根五力七覺八道是我法中希有目連辟如大海清淨不宿臭屍若有臭屍風吹上岸目連如來法海清淨亦如是不宿臭屍臭屍者所謂破戒人也心樂惡法內爛外流非梵行自說梵行非沙門自言沙門是名臭屍如是等人雖常隨衆而實遠離佛法清淨不宿臭屍是我法中希有目連辟如大海閻浮提界四大河流入所謂恒河流夜摩那河娑羅河醯羅娑提摩駛河流入大

海有龍力出水及澍洪雨如車軸下受如是水海不增不減佛法中亦如是剎利種以信出家剃除鬚髮服三法衣得證不壞心解脫不增不減如是若婆羅門種毗舍種首陀羅種以信出家剃除鬚髮服三法衣得不壞證心解脫無增無減目連若佛法中有剎利種乃至首陀羅種以信出家得不壞心解脫不增不減是我法中希有佛說是已語諸比丘從今汝等自共說戒如來不復為汝等說尒時佛不復說戒故諸比丘說戒時有來者有不來者坐中比丘有犯罪者諸比丘以是事白佛佛言布薩說波羅提木叉時一切比丘應來若有因緣者應當與欲清淨中有犯戒者應遮時諸比丘有欲遮者有不欲遮者佛言欲遮者應遮不欲者不應強遮諸比丘聞欲遮者應遮不知當云何遮佛言若眼見事應遮

尒時有比丘得天眼者見諸比丘犯罪如雨駛下見已便遮以是因緣故鬪諍事起不得布薩說波羅提木叉

是事白佛佛語諸比丘莫用天眼隨以宍眼所見應遮諸比丘以宍眼遮時有鬪諍事起不得布薩說波羅提木叉佛言應以所聞事遮用聞遮時多有所聞聞某比丘犯波羅夷某犯僧伽婆尸沙某犯波夜提某犯波羅提提舍尼某犯突吉羅聞已皆遮以是因緣故鬪諍事起不得布薩說戒佛言應以疑遮諸比丘多有所疑若疑身犯口犯若疑犯有殘犯无殘若聚落中若阿練兒處以是疑故遮鬪諍事起不得布薩說戒佛言應以自言遮清淨者黙然

有一非法遮說戒有一如法遮說戒若比丘於五種犯中無根遮說戒是名非法如法者若比丘於五種犯中有根本遮說戒是名如法有二種非法遮說戒二種如法遮說戒二非法者於五種犯中無根若作若不作遮說戒是名二非法二如法者於五種犯中有根作不作是名二如法復有三種非法遮說戒三種如法遮說戒三非法者若比丘無根破戒無根破見無

根破威儀是名三非法遮說戒三如法者有根破戒破見破威儀是名三如法遮說戒復有四種非法遮說戒四如法遮說戒四非法遮者無根破戒破正見破正命破威儀是名四非法遮說戒四如法者有根破戒破正見破正命破威儀是名四如法遮說戒復有五非法遮說戒五如法遮說戒五非法遮者無根波羅夷遮說戒是名非法遮無根僧伽婆尸沙波夜提波羅提提舍尼突吉羅遮說戒是名五非法遮五如法者有根波羅夷遮說戒是名如法遮有根僧伽婆尸沙波夜提波羅提提舍尼突吉羅遮說戒是名五如法遮復有六非法遮說戒六如法遮說戒六非法者無根破戒作不作無根破見作不作無根破命作不作是名六非法遮六如法者有根破戒作不作有根破見作不作有根破命作不作是名六如法遮說戒復有七非法遮說戒七如法遮說戒七非法者無根波羅夷遮說戒無根僧伽婆尸沙波夜提波羅提提舍

尼突吉羅從偷蘭遮起突吉羅是名七非法遮七如法者有根波羅夷僧伽婆尸沙波夜提波羅提提舍尼突吉羅從惡口起突吉羅從偷蘭遮起突吉羅遮說戒是名七如法遮復有八非法遮說戒八如法遮說戒八非法者無根破戒作不作無根破見作不作無根破命作不作無根破威儀作不作遮說戒是名八非法遮說戒八如法者有根破戒作不作有根破見作不作有根破命作不作有根破威儀作不作遮說戒是名八如法遮說戒復有九非法遮說戒九如法遮說戒九非法者無根有殘作遮說戒若無根有殘不作若無根有殘作不作若無根無殘作若無根無殘不作若無根無殘作不作若無根有殘無殘作若無根有殘無殘不作若無根有殘無殘作不作遮說戒是名九非法遮九如法者有根有殘作有根有殘不作有根有殘作不作有根無殘作有根無殘不作有根無殘作不作有根有殘無殘作

有根有殘無殘不作有根有殘無殘作不作遮說戒是名九如法遮說戒復有十非法遮說戒十如法遮說戒十非法者若比丘不犯波羅夷若比丘犯波羅夷僧未出是罪若不輕呵僧若比丘輕呵僧僧未欲出罪若不捨戒若僧未欲出捨戒事若不隨順如法僧事若破戒破見破威儀不見不聞不疑遮說戒是名十非法遮十如法者若比丘犯波羅夷若僧欲出波羅夷事若輕呵僧若僧欲出輕呵僧事若捨戒若僧欲出捨戒事若比丘不隨順如法僧事若破戒若破見若破威儀若見若聞若疑遮說戒是名十如法遮說戒若比丘犯波羅夷者有比丘見餘比丘犯波羅夷相貌若從他聞某比丘犯波羅夷若彼自說我犯波羅夷若比丘雖不現前眼見展轉聞信聞疑某比丘犯波羅夷諸比丘若用見若用聞若用疑欲此住處彼住處遮是比丘說戒應作是言遮某比丘說戒某比丘在衆中僧不得布薩說戒是名比丘犯波羅夷僧欲出

波羅夷事者，如比丘犯波羅夷事，僧欲檢校是比丘事時有是難起及餘難起，若八難中一一難起，事未決斷僧從坐起去，即時一比丘僧中唱言：大德僧聽，今僧欲檢校某比丘犯波羅夷事，有是難起及餘難起，若八難中一一難起，是事未斷僧從坐起去。若僧時到僧忍聽，僧後布薩時當先斷某比丘事。是名白。若諸比丘後布薩時能先斷是比丘事者善；若不能斷，諸比丘若欲此住處彼住處遮是比丘說戒，應作是言：遮某比丘說戒，某比丘在衆中僧不得布薩說戒。是名僧欲出比丘犯波羅夷事。輕呵僧者，若比丘見餘比丘輕呵僧相貌，以是相貌輕呵僧；若從他聞某比丘輕呵僧；若彼比丘自說我輕呵僧；若比丘雖不現前眼見，展轉聞信聞疑某比丘輕呵僧。諸比丘若用見若用聞若用疑，若欲此住處彼住處遮是比丘說戒，應作是言：遮某比丘說戒，某比丘在衆中僧不得說戒。是名輕呵僧。僧欲出輕呵僧事者，如比丘輕呵僧，僧欲檢

校是比丘事時有是難起及餘因緣，若八難中一一難起，是時未斷僧從坐起去，即時一比丘僧中唱言：大德僧聽，今僧欲檢校某比丘輕呵僧事，以是難起若餘因緣，若八難中一一難起，是事未斷僧從坐起去。若僧時到僧忍聽，僧後布薩時當先斷某比丘是事。是名白。若諸比丘後布薩時能先斷是比丘事者善；若不能斷，諸比丘若欲此住處彼住處遮是比丘說戒，應作是言：遮某比丘說戒，某比丘在衆中僧不應布薩說戒。是名欲出輕呵僧事。捨戒者，若比丘見餘比丘捨戒相貌，以是相貌捨戒；若從他聞某比丘捨戒；若彼比丘自說我捨戒；若比丘雖不現前眼見，展轉聞信聞疑某比丘捨戒。諸比丘若用見若用聞若用疑，若欲此住處彼住處遮是比丘說戒，應作是言：遮某比丘說戒，某比丘在衆中僧不得說戒。是名捨戒。欲出捨戒事者，如比丘捨戒，僧欲檢校是比丘事時有是難起及餘難起，若八難中一一難起，僧從坐起去，即

時一比丘僧中唱言：大德僧聽，今欲檢校某比丘捨戒事，為是難起及餘因緣，若八難中一一難起，是事未斷僧從坐起去。若僧時到僧忍聽，僧後布薩時當先斷某比丘是事。是名白。若諸比丘後布薩時能先斷是比丘事者善；若不能斷，諸比丘若欲此住處彼住處遮是比丘說戒，應作是言：遮某比丘說戒，某比丘在衆中僧不應布薩說戒。是名欲出捨戒事。不隨順如法僧事者，隨僧所作事，若白一羯磨、白二羯磨、白四羯磨、布薩、自恣、立十四人羯磨。若比丘見餘比丘不隨順如法僧事相貌；若從他聞某比丘不隨順如法僧事；若彼比丘自說我不隨順如法僧事；若比丘雖不現前眼見，展轉聞信聞疑某比丘不隨順如法僧事。諸比丘若用見若用聞若用疑，若此住處彼住處遮是比丘說戒，應作是言：遮某比丘說戒，某比丘在衆中僧不應布薩說戒。是名不隨順如法僧事。破戒者，有比丘犯波羅夷、犯僧伽婆尸沙、波夜提、波羅提提

舍尼突吉羅若諸比丘見比丘犯戒相貌若從他聞某比丘破戒若彼自説若比丘雖不現前眼見展轉聞信聞疑某比丘破戒諸比丘若用見若用聞若用疑若欲此住處彼住處遮是比丘説戒應作是言遮某比丘説戒某比丘在衆中不得説戒是名破戒破見者除身見為本六十二見若起餘見謂無罪無福無施無善無惡無善惡果報無今世後世無父無母無世間阿羅漢得正行今世後世自身作證我生已盡所作已辦梵行已立從是身更不受後有若諸比丘見是比丘破見相貌若從他聞若彼比丘自説若比丘雖不現前眼見展轉聞信聞疑某比丘破見諸比丘若用見若用聞若用疑若此住處彼住處欲遮是比丘説戒應作是言遮某比丘説戒某比丘在衆中不得説戒是名破見破威儀者有比丘於和上阿闍梨一切上座所作邪惡破威儀行若諸比丘見是比丘破威儀相貌若從他聞某比丘破威儀若彼自説若比

十誦律卷第三十三　第三四張　政字号

丘雖不現前眼見展轉聞信聞疑某比丘破威儀諸比丘若用見若用聞若用疑若此住處彼住處欲遮是比丘説戒者應作是言遮某比丘説戒某比丘在衆中不得説戒是名破威儀

八法中遮法第六竟

十誦律卷第三十三　第三五張　政字号

十誦律卷第三十三

十誦律卷第三十三

校勘記

一　底本，金藏廣勝寺本。

一　六六八頁中一行「五誦之五」，資、磧、普、南、徑、清無；麗作「第五誦之五」。

一　六六八頁中二行與三行間，磧、普、南、徑、清有「第五誦之五」。

一　六六八頁中三行「八法中僧殘悔法之餘」，資作「八法順行法第五誦之五」；磧、普、南作「八法順行法第六」；徑、清作「八法中順行法第六」。末字「餘」下，麗有夾註「丹本云八法中順行法第五」。

一　六六八頁下七行第三字「若」，資、磧、普、南、徑、清無。六七〇頁中一九行第六字及六七二頁上八行第二字同。

一　六六八頁下九行「行別」，資、磧、普、南作「別行」。

一　六六八頁下一二行第三字「埵」，

一　資、磧、普、南、徑、清作「埵羯磨」。

一　六六八頁下一四行「若作」，資、磧、普、南、徑、清作「若」；麗無。

一　六六八頁下一六行「本日」，磧作「不日」。

一　六六八頁下一九行第一三至一四字「羯磨」，資、磧、普、南、徑、清無。

一　六六九頁上四行第五字「脚」，磧、南作「貼」。

一　六六九頁上一九行「教化」，麗作「教誡」。

一　六六九頁上末行「不應」，資、磧、普、南、徑、清作「不聽」。

一　六七〇頁上八行「從今」，資、磧、普、南、徑、清無。

一　六七〇頁上一六行「四比丘」，麗作「比丘」。

一　六七〇頁中二行第一一字「郙」，資作「耶」。

一　六七〇頁中一二行第六字「二」，資、磧、普、南、徑、清作「一」。

一　六七〇頁中二一行第一一字「一」，磧作「二」。

一　六七〇頁下一行第九字「二」，麗作「二行」。

一　六七〇頁下三行「一切」，麗作「一切行」。

一　六七〇頁下二〇行「二別住」，資、磧、普、南作「一別住」。

一　六七一頁中末行「三別住」，清作「別三住」。

一　六七二頁上一六行「一十」，諸本（不含石，下同）作「二十」。同行末字「出」，諸本作「作出」。

一　六七二頁上一七行末字「磨」下，諸本有夾註「八法中順行法第六（「六」，資、麗作「五」）竟」。

一　六七二頁上一八行「八法中遮法第六」，資作「遮法第六」；磧、普、南、徑、清作「八法中遮法第七」。

一　六七二頁中二行「第二」，磧作「第一」。

一　六七二頁中一七行末字「欅」，資、普、南、徑、清作「居」；磧作「居」。

一　六七二頁下六行首字「廣」，資、磧、普、南、徑、清無。

一　六七二頁下一一行「不缺」，資、磧、普、南、徑、清作「不虧」。

一　六七三頁上三行首字「郙」，徑作「羅」。

一　六七三頁上四行「大法」，麗作「法大」。

一　六七三頁上一一行第九字「正」，資、磧、普、南、徑、清無。

一　六七三頁上二〇行末字「是」，資、磧、普、南、徑、清作「如是」。

一　六七三頁上末行「娑羅河醢羅娑」，資、磧、普、南、徑、清作「娑羅河阿醢羅娑」；麗作「婆羅河阿醢羅婆」。

一　六七三頁下一〇行第一三字「殘」，資、磧、普、南、徑、清作「殘犯」。

一　六七三頁下一一行「阿練兒」，磧、普、南、徑、清作「阿練若」。

一　六七三頁下二一行第一〇字「法」，資、磧、普、南、徑、清作「法遮」。次頁上一六行第一一字及頁下一〇行首字同。

一　六七四頁上一二行「如法」，麗作「如法遮」。

一　六七四頁下六行末字「不」，資、磧、南、徑、清作「未」。

一　六七四頁下七行第七字「出」，磧、南作「未」。同行第一二字「不」，麗無。

一　六七四頁下二一行第一四字「言」，資、磧、普、南、徑、清作「言我」。同行末字「某」，麗作「其」。

一　六七五頁上二行第九字「有」，資、磧、普、南、徑、清無。

一　六七五頁上三行首字「起」，諸本無。同行第一〇字「事」，麗作「是事」。

一　六七五頁中二行第一〇字「時」，諸本作「事」。

一　六七五頁中一二行首字「在」，資、磧、普、南、徑、清作「在此」。

一　六七五頁中一九行第一四字「戒」，南、徑、清作「遮」。

一　六七五頁下一行末字「欲」，資、磧、普、南、徑、清作「僧欲」。

一　六七六頁上一行「犯戒」，資、磧、普、南作「說戒」；徑、清作「破戒」。

一　六七六頁上七行及一九行「不得」，麗作「僧不得」。

一　六七六頁上一〇行「無父無母」，資、磧、普、南、徑、清作「無父母」。

一　六七六頁上一三行「諸比丘」，磧、普、南、徑、清作「彼比丘」。

一　六七六頁上二一行第九字「邪」，資、磧、普、南、徑、清無。

一　六七六頁中六行「第六」，磧、普、南、徑、清作「第七」。

十誦律卷第三十四　五誦之六　政

後秦北印度三藏弗若多羅譯

八法中具足法第七

佛在王舍城尒時諸比丘不相輕慢無恭敬行佛見諸比丘不相輕慢無恭敬行以是因緣故集比丘僧問諸比丘於汝等意云何誰比丘應作上座先受水先受飲食有比丘荅言世尊若比丘刹利種以信出家剃除鬚髮服法衣是人應先坐先受水先受飲食復有比丘言世尊若比丘是婆羅門種以信出家剃除鬚髮服法衣是人應先坐先受水先受飲食復有比丘言世尊若比丘毗舍種以信出家剃除鬚髮服法衣是人應先坐先受水先受飲食復有比丘言世尊若比丘得阿羅漢漏盡所作已辦捨離重擔盡諸有結能具正智心得解脫如是比丘應先坐先受水先受飲食復有比丘言世尊若比丘得阿那含斷五下分結不還生此世界如是比丘應先坐先受水先受飲食復有比

丘言世尊若比丘得斯陁含斷三結三毒薄一來生此世間得盡苦際如是比丘應先坐先受水先受飲食複有比丘言世尊若比丘得須陁洹斷三結不墮三惡道必至淨智往来人天七死七生得盡苦際如是比丘應先坐先受水先受飲食諸比丘雖種種說不合佛意佛語諸比丘汝等當一心聽誰比丘應先坐先受水先受飲食尒時世尊說本生因緣語諸比丘過去世時近雪山下有三禽獸共住一鷄二獮猴三象是三禽獸不相輕慢無恭敬行是三禽獸同作是念我等何不共相恭敬若前生者應供養尊重教化我等尒時鷄與獮猴問象言汝憶念過去何事時是處有大蓽茇樹象言我小時行此此樹在我腹下過象鷄問獮猴言汝憶念過去何事荅言我憶小時坐地捉此樹頭按令到地象語獮猴汝年大我我當恭敬尊重汝汝當為我說法獮猴問鷄言汝憶念過去何事荅言彼處有大蓽茇樹我時噉其子於此大便乃

生斯樹長大如是是我所憶獼猴語
鷄汝年大我我當供養尊重汝汝當
為我說法尒時象恭敬獼猴從聽受
法為餘象說獼猴恭敬鷄從聽受為
餘獼猴說鷄為餘鷄說法此三禽獸
先喜煞衆生偷奪他物邪婬妄語斯諸
禽獸咸作是念我等何不捨煞生偷
奪邪婬妄語惡業作是念已即捨煞
盜邪婬妄語畜生中無酒具足行是
四法命終皆生天上佛言尒時鷄法
廣行流布顯現諸天世人畜生等何
故行善不復侵食人穀又作是念畜
生尚能相敬何況我等尒時世人皆
相敬重廣修鷄法奉行五戒命終生
天佛語諸比丘尒時鷄者豈異人乎
則我身是獼猴者舍利弗是象者目
連是佛言畜生無知尚相恭敬行尊
重法自得大利亦利益他何況汝等
以信出家剃除鬚髮服法衣應相尊
敬有三人不如何等三一切未受大
戒人不如受大戒人一切下座不如
上座一切受事說非法人雖作上座
不如下座不受事人說如法者一切

受大戒人勝不受戒人一切上座勝
下座佛勝衆聖尒時世尊即說偈言
若人不敬佛　及佛弟子衆　現世人訶罵
後世墮惡道　若人知敬佛　及佛弟子衆
現世人讚歎　後世生天上
佛種種因緣讚歎恭敬法已語諸比
丘從今先受大戒乃至大須臾時是
人應先坐先受水先受飲食
佛在舍衛國尒時有一居士請佛及
僧明日食佛默然許居士知佛受請
還家通夜辦種種多美飲食早起敷
坐處遣使白佛時到唯聖知時時佛
及僧往居士舍跋難陀釋子常出入
他家時跋難陀釋子早起著衣持鉢
入出他家時次跋難陀釋子下座比
丘問跋難陀弟子達磨言汝師来不
答言我和上多事多緣喜入出他家
今旦早起入出他家或来或不来是
比丘不留跋難陀坐處便坐時居士
見佛及僧坐竟自手行水下食未遍
跋難陀釋子来就次第坐令下坐比
丘起是比丘又令次下比丘起如是
三四諸下坐皆起以是因緣僧坐散

乱諸居士呵責跋難陀言飲食甚多
一切等施何須次坐若汝急欲次坐
者何不早来我今不知誰得不得誰
重得不重得佛聞居士呵責見諸比
丘散乱已默然食後以是因緣集比
丘僧種種因緣呵責跋難陀釋子云
何名比丘下飲食時以上座故令下
坐起如是呵已語諸比丘從今下飲
食時若下已訖不應令下座起若令
起者得突吉羅若比丘有和上阿闍
梨因緣以恭敬心故起不應令第二
下坐起若令起得突吉羅佛言從今
聽比丘三歲中間得共一床坐聽三
比丘共一麁梐床上坐聽細梐床二
人共獨坐床上一人坐佛在波羅㮈
國尒時五比丘白言世尊我等當何
處住佛言汝等應山巖竹林樹下住
諸比丘於山巖竹林樹下宿早起到
和上阿闍梨所受讀經誦經問疑受
法故
尒時跋提居士早起出王舍城欲詣
竹園礼覲世尊時居士見諸比丘從
山巖竹林樹下来問言大德從何處

来荅言從山巖竹林樹下来居士言何故在此山巖竹林樹下耶諸比丘言更無住處居士言我當為汝等起諸房舍荅言佛未聽我等房舍中住諸比丘以是事白佛佛言從今聽諸比丘房舍中住時居士即為諸比丘作諸房舍高廣嚴好雜色彩畫无臥覆處物諸比丘不得臥是事白佛佛言聽敷草樹葉臥别作覆身衣别作覆處物是國土多熱草葉生虫佛言聽作薦蓆蘧篨受救猶故生虫佛言聽作床褕諸比丘身軟木作床挑床簀故隱身苦惱是事白佛佛言聽作蓐等長老優波離問佛以何物作蓐佛言聽用甘蔗滓瓠蔓瓜蔓毳蒭摩劫貝文闍草婆婆闍草麻乃至水衣貯蓐時諸比丘卧无枕頭垂是事白佛佛言聽作草枕諸比丘頭軟草枕剌頭佛言聽用納若毳諸房舍無户有狗牛馬麞鹿獮猴来入是事白佛佛言聽作户扇户扇不作關鑰故賊入偷衣鉢是事白佛佛言聽繩鑿諸比丘不知云何繫佛言聽下擿諸比丘不

知云何作佛言應作孔用繩穿牽閉閉已不能開佛言應作開户鉤長老優波離問佛用何等作佛言應用鐵若銅若木作作已不知云何開佛言户扇中作孔内鉤却擿諸比丘閉户時无所捉佛言户扇上應作孔施紐長老優波離問佛以何物作紐佛言應用鐵若銅若木毛蒭摩劫貝文闍草麻皮時諸房舍無向故闇佛言應作向作向已有鵄鳫孔雀鸚鵡舍利鳥鴝耆羅鳥命命鳥雀從向中入作聲故妨諸比丘坐禪讀經是事白佛佛言應施擩子施擩子已鳥故得入佛言應施網長老優波離問佛何物作網佛言應用毛蒭摩劫貝文闍婆婆闍麻皮作作已朽壞佛言應遮長老優波離問佛以何物遮佛言應用木作施槺櫨作已室中闇佛言應作雀目作已亦闇佛言應作向沓尒時熱過寒到向中無扇寒入佛言應作扇作扇已小動便脫佛言應上下作掩作已兩扇開不合佛言應廣作令掩作已動摇佛言施關向高不知云

何閉佛言應以繩牽閉閉已不能開佛言應作孔施兩繩一繩牽閉一繩挽開尒時諸房舍不泥故蟿間有虵蜈蚣毒虫生齧諸比丘佛言應泥泥已壁麁澁破衣佛言應細泥塗尒時諸房舍用泥覆故久雨便漏佛言應用草覆覆已當脊上漏佛言脊上厚覆覆已為風所發佛言應繫兩邊繫已兩頭故漏佛言應多著草泥以撅釘上雨時泥爛墮落佛言應用瓮覆瓮又墮地破壞佛言應穿瓮以撅釘之雨從孔入佛言應作覆盆蓋蓋孔上

佛在王舍城尒時舍衛國給孤獨氏有少因緣至王舍城宿一居士舍是居士請佛及僧明日食故後夜起喚兒息奴婢内外作人汝等速起破薪取水安施釜鑊煮飯作羹是居士自莊嚴堂舍敷衆坐處時給孤獨作是念是居士為欲嫁娶為請國王及大臣耶為作大施會耶作是念已問居士言汝欲嫁娶為欲請國王大臣為作大施會耶居士荅言我不嫁娶亦

不請王及大臣也請佛及僧明日食故作大施會給孤獨氏初聞佛名心喜毛竪問言何人是佛居士荅言有釋王太子以信出家得無上道故号為佛又問何名為僧荅言有種種人種種雜姓種種異人出家剃除鬚髮服法衣隨佛出家是名為僧又問佛今所在荅言近在寒林欲見隨意給孤獨氏至心欲見夜現明相即從舍出至勢神門門自然開此門常法初夜吹貝為客入故後夜吹貝為人出故介時給孤獨氏見此門開怱怱了出門不遠明相不現闇無所覩即時驚怖毛竪將無非人嬈固我耶尋欲退還時大勢門神為現光明徹照寒林語言汝去勿復恐懼我前世時是汝善知識窒肩婆羅門同心相敬居士我昔因到王舍城見舍利弗目連我頭面作礼現前坐即為我說法示教利喜示教利喜已我受三歸五戒以是因緣故生四王天上頓止斯門是故語汝去得大利直進勿疑是時天神即說偈言

若人得百馬　百瓔珞嚴具　葷馬車一百
不如前一步　若百雪山象　脩廣大身牙
又以純金飾　嚴身最殊異　不如前一步
十六分之一　北方百美女　瓔珞環金印
以是莊嚴具　年少端正妙　比汝前一步
十六不及一　乃至轉輪王　第一玉女寶
比汝前一步　十六不及一　是故汝直前
勿復疑悔還

時給孤獨氏念佛法僧必大不小乃令天神慇懃致教即從光中進到寒林于時地了佛在露地經行住待居士介時居士以白衣法問訊佛世尊卧安隱不佛說偈言

我除諸欲漏　解脫離世間　已斷一切漏
心滅諸熱惱　得寂滅處故　我卧常安隱

介時世尊即於經行處坐是居士頭面礼佛足却坐一面佛為說法示教利喜為說初法布施持戒生天果報說五欲過世間苦惱出家安樂分別垢淨佛知是人心調柔軟堪受上法為說四諦苦習盡道如白淨衣易受染色是人亦介聞法開悟即於座上見法得法知法通達法斷疑不隨他

於佛法中得無所畏從坐起頭面礼佛足作是言世尊我心樂佛法知我盡壽作優婆塞願世尊及僧受我夏請住舍衛國佛知故問居士汝字何等荅言我字須達供給孤獨故國人稱我為給孤獨氏佛問須達舍衛國有僧坊不荅言未有世尊佛言若有僧坊住處諸比丘可得来往若無有者諸比丘不得往来止頓又言願世尊憂我請我能為辦僧坊令諸比丘得来往止頓願世尊遣舍利弗為我作僧坊師佛勑舍利弗汝與居士作僧坊師是居士即往詣竹園看講堂温室食堂作食處洗浴處門屋坐禪處廁處取相貌已是居士於王舍城因緣事訖還向舍衛國行路知佛所當宿處語諸知親相識諸負債人言汝等知不今佛出世我當為佛於此作如是講堂温室食堂食廚洗浴處門屋禪坊大小便處介時給孤獨氏限半由旬起僧坊約勑左右供給所須如是次第約勑至舍衛國到已不入城內不還自舍遶城推求立僧坊

處路行思惟誰有好園来往穩便樹林豐茂流水清潔无諸毒螫蚊虻之類無大風熱晝夜少聲我於斯處當起僧坊施佛及僧如是行時是祇陀王子有園来往穩便樹林豐茂有好流水無諸毒虽蚊虻之類无大風大熱晝夜閑靜少諸音聲即便生念我於斯處當起僧坊奉佛及僧時給孤獨氏還舍衛城不自入舍即詣祇陀王子所言請買君園願以與我王子荅言我園此非可買者乃至側布金錢滿中亦不賣也居士言園價已斷王子荅言我不斷價以是因緣遂相共諍即詣斷事大臣富貴人所具說是事時大臣能斷事者語王子言汝園已賣宜時納價汝何故言側布金錢給孤獨氏尋便還歸遣象馬車乘負載金錢到祇陀園側布其地餘少未足居士思惟出何藏金令滿此地而不多不少王子祇陀見其靜默語居士言欲悔隨意以金相付園地還我報言王子吾心不悔但自思惟開何藏金不多不少而得滿足王子聞已便作

是念佛法僧衆必大不小能令居士捨尒所寶物作是念已語居士言莫復布錢吾於此中當起門屋施佛及僧時居士聽以憐愍故王子於中起立門屋施佛衆僧尒時居士以舍利弗為師於此園中起十六大重閣作六十窟屋佛知舍衛國僧坊已辦集比丘僧而告之言吾將遊行至舍衛國汝等俱去比丘受教願皆隨從爾時世尊與大比丘衆五百人俱向舍衛國時六群比丘知佛及僧暮所宿處告其弟子汝等往宿處好房留佛餘有好者為我占取弟子受教先往宿處好房留佛次有好者為師占取尒時舍利弗目連從佛後至除佛房舍次欲取房有比丘言他已先取如是第二第三第四皆言先取舍利弗目連取邊房住佛知故問阿難舍利弗目連今何處住荅言世尊邊房中住佛言喚来即時来至問舍利弗汝等何故邊房中住荅言世尊六群比丘知佛暮所宿處先遣弟子汝往宿處好房留佛餘有好者為我占取為子

受教先来到此好房留佛次占好者我等從佛後至除佛房舍次欲取房有比丘言他先取如是第二第三第四皆言先取是故我等邊房中住佛言從今聽隨上座次第取房舍住即時六群比丘遣病比丘出房時看病比丘持病比丘大小便器涕唾器草蓐從一房至一房受諸疲苦病者增劇是事白佛佛言從今不應隨上座駈病比丘出房駈出者突吉羅六群比丘聞佛不聽隨上座駈病比丘出房即時託病有時客比丘日沒来打户索住六群比丘在内應聲客比丘問汝幾歲六群比丘言我是病人何須問歲問汝何病荅言我患口懸癰痛兼患脚指間劈諸比丘以是事白佛佛言是人若託病應次第駈出僧中作使一切應作諸病比丘聞佛語已皆住好房是事白佛佛言雖實病人不應好上房舍中住知卧具人應籌量房舍及諸病人與中房舍中房舍者容受病人看病人及卧具令得坐卧尒時佛次第到舍衛國諸比丘欲

安居先作本事泥塗壁孔及土墮急床榻繩抖擻被褥枕六群比丘性懶立住遥看作是念待彼作竟受　床榻已我等當往隨上座次第駈出諸比丘作本事竟敷床榻卧具坐已六群比丘打房内比丘應聲六群比丘言汝等幾歲答言若干歲六群比丘言汝起出去我是上座諸比丘言汝等共我来不答言共来作本事不答言不作諸比丘言汝等與我俱来不作本事我不能去六群比丘言佛不説不作本事不與次第住但説隨上座次第受房舍卧具我等是上座汝去何不去六群比丘勦健多力不念護戒即便入舍強挺拽讃諸比丘身軟頭首傷壞衣鉢破裂是事白佛佛言從今應立知分卧具人立知分卧具人法者一心和合僧應作是言誰能為僧作分卧具人是中若有比丘言我能佛言若有五法不應立作知分卧具人何等為五隨愛隨瞋隨怖隨癡不知得不得若成就五法應立作分卧具人何等五不隨愛不隨瞋不

隨怖不隨癡知得不得即時一比丘應僧中唱言大德僧聽比丘某甲能為衆僧作知分卧具人若僧時到僧忍聽僧立比丘某甲作知分卧具人如是白如是白二羯磨僧立某甲比丘作知分卧具人竟僧忍默然故是事如是持作知分卧具人應問舊比丘善好不妄語能分別卧具者問此別房中有何等供養彼別房中此重閣上悉有何等供養彼重閣上悉有何等供養舊比丘應以實答知分卧具人應籌量卧具多少及諸比丘多少如是籌量卧具諸比丘多少若一比丘應得一房便與別房應先隨上座自恣取作是言大德上座某別房中有如是供養某甲別房復有如是供養上座欲取何者隨所欲取取已次應語第二上座隨意取已又語第三上座若初上座言我欲取第三上座房佛言不應與應教作突吉羅悔過如是次第一切應與若比丘房舍足者與房舍如是次第若重足者重與如是次第若床卧具足者與床卧

具與法者知卧具人應先語上座自恣隨意取應言某床上有如是供養某床上有如是供養上座欲取何者初上座隨意取已次語第二上座第二上座取已次語第三上座第三上座取已若初上座言我欲取第三上座床卧具佛言不應與應教作突吉羅悔過有一時跋難陀釋子於祇洹中取卧具分餘處復取諸比丘言汝於此處取分何故復餘處取答言我不復取諸比丘不知云何是事白佛佛言若比丘更於彼取卧具者此處已名為捨若言我不復取亦名捨彼卧具如守牧婆羅門婦本生經廣説佛言昔者有守牧婆羅門婦教賊煞夫持財物去中道值水賊語婦言汝住此岸我先渡物還當渡汝賊尋持衣物渡彼岸婦便喚言汝渡我来賊言弊婢汝自夫不愛何能愛我即便捨去婦躶形住跋難陀亦如是捨此卧具更彼處取此處已失復言我不復取彼處復失復有往昔野干銜肉到水岸上見魚水中反腹即便捨肉

欲往取魚時有飛烏持此肉去䟦難陁釋子亦如是佛如是呵已語諸比丘從今若比丘取一分卧具已不應復取若更取者突吉羅

佛在憍薩羅國與大比丘衆俱一處安居尒時衹洹中安居比丘少而卧具多諸比丘各各分已有餘不盡隨居士所造房者来問言我所作卧具有比丘住不荅言无人住何以故今衹洹比丘少卧具多佛聽受一卧具不聽受多卧具故无有人住諸居士言我房中先有敷具被枕前食時食我當與房舍衣住中食用者善諸比丘不知云何是事白佛佛言應先人與一若有長者與應更與為盡蔵物故若復不盡應第三更與為經行故若復不盡次與令盡為護治故尒時憍薩羅國荒乱以怖畏故諸比丘多集一處安居結夏坐已有客比丘来在洗脚處講堂門屋經行處經行頭持衣鉢著是諸處住待卧具佛見諸比丘在洗脚處講堂門屋經行處經行頭持衣鉢著是諸處住待卧具佛

知故問阿難諸比丘何以故持衣鉢著講堂門屋經行處經行頭住何所待荅言是憍薩羅國荒乱諸比丘怖畏故多集一處安居是客比丘来在洗脚處講堂門屋經行處經行頭持衣鉢著是諸處待卧具分佛言從今聽二種安居一先安居二後安居當以後安居比丘房舍卧具彼聞佛聽與後安居比丘房舍卧具即欲從前安居上座比丘取房舍卧具以是因緣故闘諍事起佛言後安居上座比丘不應從前安居上座比丘取房舍卧具若前安居上座有二分卧具者應與後一分憍薩羅國又復荒乱有諸比丘多集一處安居分房舍卧具竟有餘處諸比丘来在洗脚處講堂門屋經行處經行頭持衣鉢著是諸處待卧具分佛見諸比丘持衣鉢著是諸處待卧具分佛知而故問阿難諸比丘何故在洗脚處講堂門屋經行處經行頭持衣鉢著是諸處住何所待荅言世尊憍薩羅國荒乱怖畏諸比丘安居分卧具竟是諸比丘從餘處

来在洗脚處講堂門屋經行處經行頭持衣鉢著是諸處待卧具分佛言若有未分卧具者應與分已分者應共住又時憍薩羅國荒乱有臣處處闘戰諸比丘已結後安居多有客比丘来在洗脚處講堂門屋經行處經行頭持衣鉢著是諸處待卧具分佛見客比丘持衣鉢著是諸處待卧具分佛知故問阿難諸客比丘何故在洗脚處講堂門屋經行處經行頭持衣鉢著是諸處住何所待荅言世尊憍薩羅國荒乱有臣處處闘戰諸比丘後結坐竟是客比丘来至洗脚處講堂門屋經行處經行頭持衣鉢著是諸處待卧具分佛言若有空房者應與若無者應共住與温室令安衣鉢當應隨僧乞食若是中有舊比丘善好樂福徳者應為客比丘求索衣物莫令是比丘无所得去時有阿練兒比丘從舊比丘求索舉衣鉢屋諸比丘言佛未聽我等與阿練兒舉衣鉢屋是事白佛佛言從今聽與阿練兒比丘舉衣鉢屋尒時有諸客比丘卒来无

住處疲極苦惱是事白佛佛言應驅起便去是房中所有供養前食時食乃至房舍衣舊比丘生疑客比丘来是房中宿早起便去有是供養分不知云何是事白佛佛言客比丘雖在中宿住者房舍應受

佛在舍衛國尒時諸比丘廢學比尼誦讀修多羅阿毗曇遠離比尼佛見諸比丘不學比尼誦讀修多羅阿毗曇遠離比尼故見巳讃歎比尼通利比尼者面前讃歎長老優波離諸持比尼中寂勝第一諸比丘作是念佛讃歎比尼通利比尼者面前讃歎長老優波離諸持比尼中寂第一我等何不讀誦比尼諸上座長老比丘從長老優波離受誦比尼長老優波離不為高處坐教恭敬上座故亦不下處坐教為尊法故若經行時若立時教尒時長老優波離行立久故患脚痛蹲膝脞腰脇脊痛是事白佛佛以是事集比丘僧知而故問長老優波離實有上座比丘從汝受比

尼汝不高處坐教恭敬上座故又不下處坐教為尊法故汝經行時若立時教行立久故患脚痛蹲膝脞腰脇痛汝實尒不荅言實尒世尊佛種種因縁讃戒讃持戒讃戒讃持戒巳語諸比丘從今聽下座比丘欲教上座法者應在高處坐教為尊法故若上座欲從下座受法者應在下處坐受法為尊法故從今聽下座比丘教上座法者得共等床坐為上座故佛與大比丘衆俱遊行憍薩羅國諸長老舍利弗目連阿那律難提金毗羅皆隨從佛是諸長老所言真實能苦切語折伏衆人為諸比丘作種種羯磨苦切羯磨依止羯磨下意羯磨駈出羯磨時憍薩羅國有一住處多諸比丘住是諸比丘聞佛與大比丘僧舍利弗目連阿那律難提金毗羅等俱来遊行憍薩羅國是諸長老所言真實能苦切語折伏衆人為諸比丘作諸羯磨苦切羯磨依止羯磨下意羯磨駈出羯磨今當至此必為我等作諸羯磨我等何不以此住處羯磨付一比

丘作是念巳即用羯磨付一比丘佛来到是處是比丘為佛敷好坐具畳好房中然後小遠避蔵作是念若我住者佛必令我為諸客比丘敷坐卧具佛受是房巳鉢客比丘在洗脚處講堂門屋經行處經行頭持衣鉢著是諸處待卧具分佛見諸比丘持衣鉢者是諸處待卧具分佛知故問阿難諸比丘何以故洗脚處講堂門屋經行處經行頭以衣鉢著是諸處住何所待荅言世尊待舊比丘與卧具分佛告阿難汝往語舊比丘開房與客比丘卧具阿難受教語舊比丘開房與客比丘卧具舊比丘言汝知不此非僧房我等以羯磨付一比丘是中有比丘少欲知足行頭陁聞是事心不喜呵責云何名比丘以僧房羯磨與一比丘呵巳向佛廣説佛以是事集比丘僧種種因縁呵責舊比丘云何名比丘以僧房羯磨與一比丘呵巳語諸比丘從今不聽以僧房羯磨與一比丘若與者得突吉羅是僧房雖與不成與

佛復與大比丘僧遊行諸國土或無僧房處投林中宿尒時六群比丘告其弟子必先往宿處好樹留佛次有好者與我占取弟子先去好樹留佛占次好者舍利弗目連隨佛後至次欲取樹有比丘言他已占取如是第二第三第四皆言已取乃至外行樹下宿佛知故問阿難舍利弗目連今在何處荅言在外行樹下佛言喚來阿難受教即往喚來佛知故問舍利弗目連汝等何故外行樹下荅言世尊六群比丘知佛宿處告其弟子汝先往宿處好樹留佛次有好者為我占取我等隨佛後到次欲取樹有比丘言他已占取如是第二第三第四皆言已取是故我等外行樹下佛言從今聽諸比丘隨上座次住樹下諸下座比丘聞已好樹下所有草敷蓐敷盡取持去上座比丘從索不與以是故鬪諍事起佛言不應持去諸上座比丘聞不聽持去樹下先有草敷蓐敷及下座比丘自所敷者皆不與去佛言先者應留餘者聽持去

佛與大比丘衆迦尸國中遊行諸大弟子舍利弗目連阿㝹律難提金毗羅等皆悉隨從是諸長老所言真實能苦切語折伏衆人與諸比丘作諸羯磨苦切羯磨依止羯磨下意羯磨駈出羯磨尒時迦羅山上有諸比丘不念護戒聞佛與大比丘衆舍利弗目連阿㝹律難提金毗羅等迦尸國遊行是諸長老所言真實能苦切語折伏衆人與諸比丘作苦切羯磨依止羯磨下意羯磨駈出羯磨是等今來將無為我等作諸羯磨佛比𡰱中說不得以僧房羯磨與一比丘我等今以此僧房作四分隨僧地房舍園林根莖枝葉花果皆作四分作是念已即分僧房僧地房舍園林根莖枝葉花果皆分作四分羯磨與四比丘佛與諸比丘遊行次到是處是中舊比丘敷一好房與佛小遠避藏作是念恐佛約勑為諸比丘開房與卧具分諸客比丘來洗脚處講堂門屋經行處經行頭持衣鉢者是諸處立待卧具分佛見諸比丘以衣鉢著是處待卧具分知

而故問阿難誰立何故以衣鉢著洗脚處講堂門屋經行處經行頭住何所待荅言世尊是諸比丘待舊比丘與卧具分佛告阿難汝往約勑舊比丘開房與客比丘卧具阿難受教即往語舊比丘開房與客比丘房舍卧具舊比丘言此處僧坊房舍園林根莖枝葉花果皆作四分羯磨與四比丘非是僧物是中有比丘少欲知足行頭陁聞是事心不喜呵責言云何名比丘以僧坊分作四分羯磨與四比丘呵已向佛廣說佛言從今不聽以僧房舍分作四分若分者突吉羅此不成為分

佛在阿羅毗國尒時阿羅毗國僧坊崩壞佛知故問阿難是僧房重閣何故崩壞荅言世尊修治是僧坊人有死者病者反戒者餘國去者佛言死者反戒者所應作事僧更應羯磨立知是事人若有病者應問汝故能治是壞房舍不若言我能應待若言不能應更立餘人他國去者若疑當還應待若知不還者應更立餘人令知

是人所作事佛作是語已諸比丘便立知事人是知事人有掃少地者有塞小孔者或以少草覆舍者佛言如是作小小事者不應立作知事人若能辦大事應羯磨立作知事人諸比丘有能多致財物能成辦事者諸比丘便盡形立作知事人佛言不應尒若房舍故壞應六年立作若新房舍應十二年立作佛言從今知房舍人應三事自恣冬房春房夏房僧問言汝須何房冬房春房夏房也若言我須冬房以春房夏房隨上座次與若言我須夏房以冬房春房隨上座次與

佛在王舍城尒時跋提居士起僧房重閣高大莊嚴多諸男女觀看諸人生念此必佛塔若阿羅漢塔是僧坊中多人礼拜圍繞多象聲馬聲男女聲妨坐禪讀經尒時長老上座捨是重閣住小房中時有客比丘来者皆作是念重閣中必有上座我等何不至邊小房住即往打户房内應聲客比丘問汝幾歲荅言我尒所歲客比

丘念若小房中比丘尒所歲者何況大房有舊洗脚處講堂中門屋下宿晨起至重閣前立欲礼敬上座有年少比丘及沙弥從重閣上来下問客比丘汝作何等荅言欲礼敬上座語言此无上座問言誰是中宿荅言我等客比丘言我等知者應是中宿問客比丘汝何處宿有洗脚處宿者荅言洗脚處宿講堂中者荅言講堂中宿乃至門屋下者荅言門屋中宿諸比丘以是事白佛佛言應立知敷卧具人知敷卧具人應隨上座次第與應作是言此是上座房舍卧具次第住佛在迦尸國與大比丘衆一處安居諸居士見佛及僧衆故共相約令今日汝辦種種飲食明日次某如是展轉種種飲食相食故作食十五日食三十日食立如是制已有早辦者有晚辦者有近者有遠者有美者有不美者是中無知食比丘約勑令至某家有早辦者有晚辦者有近者是食美好尒時六群比丘數數從是處取居士問言汝等何以數来諸大長

老何故不来荅言无知食人約勑我等汝舍近早辦飲食美好是故我等數来居士言我等施食為諸長老不但為汝等何故數来諸比丘不知云何是事白佛佛言應立知食人立知食人法者一心和合僧應問言誰能為僧作知食人是中若有一比丘言我能若有五法不應立作知食人何等為五隨愛隨瞋隨怖隨癡不知得不得若成就五法應立作知食人何等五不隨愛不隨瞋不隨怖不隨癡知得不得即時一比丘應僧中唱言大德僧聽比丘某甲能為衆僧作差食人若僧時到僧忍聽某甲比丘作差食人是名白如是白二羯磨僧立某甲比丘作差食人竟僧忍默然故是事如是持差食人法者應次第差若汝某甲至某處所差比丘某早得者有晚得者近得者遠得者有得美者得不美者有晚得者作是言故與我是處得遠處者亦言故與我遠處得不美者言故與我如是中間更作餘語佛言應條名有比丘得悪處者

便拭名改易好處佛言應書板作字集量一處和合從上座隨次第取有晚得者有得遠處者早至主人門外在巷頭立待食久住心悶吐逆不樂諸居士出見語言我等門內自恣聽汝入坐比丘言佛未聽我等入白衣門內坐待食是事白佛佛言聽是比丘入白衣門內坐待食時有象聲馬聲男女聲妨讀經坐禪佛言若妨者出門外待時諸人来遠四邊看見已皆笑是事白佛佛言應作土基為風雨所惱佛言聽作屠蘇覆薄故雨漏佛言應厚覆厚覆已春上漏佛言更覆又无坐處佛言應覓板木坐上有人偷板去佛言應陷著地中又復失去佛言應作土墡不泥故中有毒虵蜈蚣蠍諸比丘佛言應泥泥已麁澁破衣佛言應以細塗諸比丘須水佛言應作井作井已即以鉢鍵瓷取水甚難佛言應作鉼取水取水時不及佛言以繩繫諸比丘手軟牽繩手痛佛言應作轆轤有人墮井佛言應作欄長老優波離問佛以何物作井欄

佛言應以木石塼作作已有婦女大小跆井取水時兩手相翻佛言井上作隔障應各在一邊汲水有居士從舍內出語比丘言我某僧坊作食汝尒所人往彼僧坊中食去時道中師子虎狼熊羆諸難是事白佛佛言應語檀越是中有如是怖畏此閒與我食

佛在王舍城尒時諸居士作種種粥蘇粥胡麻粥油粥乳粥小豆粥磨沙豆粥麻子粥薄粥辦是粥已持詣竹園時六群比丘在僧坊門邊立遥見已問言持何等物荅言是粥又問何等粥荅言蘇粥胡麻粥油粥乳粥小豆粥磨沙豆粥麻子粥薄粥尒時六群比丘言我等行去先與我等蘇粥胡麻粥油粥乳粥小豆粥磨沙豆粥麻子粥汝持薄粥入僧坊與上座諸比丘聞不知云何是事白佛佛言從今應羯磨立分粥人所持盛粥器即用是器分粥是中蘇粥胡麻粥油粥乳粥小豆粥磨沙豆粥麻子粥上座得上肥膩者下座得底滓若分薄粥時上座得汁下座得滓是事白佛佛言從今聽畜大盔大瓮以粥集著是器中和合以

大鉢大鍵瓷分與分與時不便佛言應作杓用分用分已有殘者有不足者佛言應更作小杓用分

佛在王舍城竹園中諸居士辦種種帶鉢那胡麻歡喜丸石蜜歡喜丸蜜歡喜丸舍俱利餅波波羅餅曼提羅餅象耳餅餛飩餅閻浮利餅持是餅向僧坊六群比丘早起在門邊立見已問言持何等物荅種種帶鉢那餅所謂胡麻歡喜丸石蜜歡喜丸蜜歡喜丸舍俱利餅波波羅餅曼提羅餅象耳餅餛飩餅閻浮利餅六群比丘言我欲行去先與我等胡麻歡喜丸石蜜歡喜丸舍俱利餅波波羅餅曼提羅餅汝持象耳餛飩持閻浮利入與上座諸比丘不知云何是事白佛佛言應羯磨立分帶鉢那人分帶鉢那人應和合等分若更有美者来亦應次第與若今日不遍者明日更有應續次與

佛在王舍城尒時諸居士辦種種藥所謂蘇油蜜石蜜薑胡椒蓽茇黑鹽訶梨勒鞞醯勒阿摩勒波盧路毗呪曼

陁多耶摩那伽頭攎醯持詣竹園尒時六群比丘早起門邊立見已問言持何等物荅言種種藥所謂蘇油蜜石蜜薑椒蓽茇黑鹽訶梨勒鞞醯勒阿摩勒波攎路毗呪曼陁多耶摩那伽頭攎醯六群比丘言我欲行去與我蘇油蜜石蜜薑椒蓽茇黑鹽汝持訶梨勒鞞醯勒呵摩勒波攎路毗呪曼陁多耶摩那伽頭攎醯入僧坊與上座諸比丘不知云何是事白佛佛言從今應立分藥人分藥人和合平等分與若有貴價藥来者應别舉置若病比丘索者應與兩錢半價藥若索多者應從索直

佛在阿羅毗國尒時阿羅毗國諸比丘常從居士索作器諸居士言我等云何能常供給汝等何不自畜作器荅言佛未聽畜作器是事白佛佛言從今聽畜作器阿羅毗國僧坊中有客作木師有半月客作者有一月一歲客作者是木師晝日作暮去留作器便失佛言應立知作器比丘立知作器比丘作竟持作器聚在一處有

復失盡是事白佛佛言應羯磨一房舍舉作器立作器房法者一心和合僧一比丘唱言大德僧聽某房舍僧立作舉作器房若僧時到僧忍聽某房作舉作器處是名白如是白二羯磨僧立某房作舉作器房竟僧忍默然故是事如是持立是房已知作器比丘便持作器著上下二房中佛言不應置兩處若著上房者下房應與僧若著下房應與僧上房又一時諸比丘從憍薩羅國向舍衛國道中過一空僧坊中宿諸比丘明日入村乞食諸居士問汝何處宿荅言僧坊中宿是何房舍中宿荅言某房中居士言此是我房何還使語我等當供養湯藥燈燭卧具種種所須諸居士隨所房中宿者各自將歸與敷坐處坐自手行水自與多美飲食自恣飽滿以水澡漱取小床坐聽說法語諸比丘我僧房中有卧具前食後食何不住此復當供養衣被願令是僧坊有用諸比丘不知云何是事白佛佛言從今聽若先空僧坊中諸比丘欲去應羯

磨立一比丘令常住知僧坊立法者一心和合僧問言誰能作常住比丘知某甲空僧坊若有比丘言我能有五法不應立作常住比丘何等五隨愛隨瞋隨怖隨癡行不知分别應作不應作若成就五法應立作常住比丘不隨愛不隨瞋不隨怖不隨癡知分别應作不應作即時一比丘僧中唱言大德僧聽某甲比丘能作常住知某甲空僧坊人若僧時到僧忍聽立某甲比丘常住知某甲空僧坊人是名白如是白二羯磨僧立某甲比丘常住知某甲空僧坊竟僧忍默然故是事如是持知空僧坊常住比丘應巡行坊坊先修治塔次作四方僧事次知僧料理飲食事次知應可分物次知上座中座下座比丘事隨有大德高明比丘不應作使知僧坊比丘應作是願諸比丘未来者當来已来者供給衣食卧具湯藥不令有乏能作是願行者僧隨彼意與若須食應自恣與好食若須房舍卧具皆應自恣與

有衆多王臣數數詣竹園房舍觀看若來時索食薪火燈燭若與畏犯不與懼作患不知云何以是事白佛佛言應立分處人立分處人已不白衆僧得用十九錢供給客若更須應白僧竟與

憍薩羅國有阿練兒住處尒時有賊到阿練兒處乞食作食人言食不由我不得與汝汝自從比丘索諸賊即從比丘索比丘言我不得與汝汝自從知食比丘索即從知食比丘索知食比丘言為僧故辦是食不為汝等賊相謂言是比丘何肯政尒與我食便捉一比丘手脚截腰斷諸比丘不知云何是事白佛佛言若有如是怖畏處若少乞與少若乞半與半若都索都與莫以是因緣故得大衰惱

佛在王舍城尒時衆僧得衣無人守護佛言應立守護衣人立守護衣人法者一心和合僧應問言誰能為僧守護諸衣若比丘言我能若有五法不應立何等五不知是衣所從得不知衣價若得衣不知云何受不知頭

數忘著衣處若成就五法應立何等五知衣所從得知是衣價知應受知頭數不妄著衣處即時一比丘僧中唱言大德僧聽是某甲能為僧作守護衣人若僧時到僧忍聽僧立某甲比丘作守衣人是名白如是白二羯磨僧立某甲比丘作守護衣人竟僧忍默然故是事如是持立守衣人已未有分衣人佛言應立分衣人立法者一心和合僧應問言誰能為僧作分衣人若有比丘言我能若有五法不應立何等五不知衣財不知衣色不知衣價不知衣頭數不知與未與復有五法不應立作分衣人何等五隨愛隨瞋隨怖隨癡不知與未與若比丘成就五法應立作分衣人知衣財知衣色知衣價知衣頭數知與未與又有五法不隨愛不隨瞋不隨怖不隨癡知與未與即時一比丘僧中唱言大德僧聽某甲比丘能為僧作分衣人若僧時到僧忍聽僧立某甲比丘作分衣人是名白如是白二羯磨僧立某甲比丘作分衣人竟僧忍

默然故是事如是持

佛在舍衛國無分浴衣人是事白佛佛言應立分浴衣人是知分浴衣人應隨上座次與

佛在舍衛國尒時祇陁林中僧坊中无比丘知時限唱時无人打揵稚无人掃灑塗治講堂食處無人次第相續敷床榻无人教淨果菜無人看苦酒中虫飲食時無人行水衆散乱語時无人彈指是事白佛佛言應立維那立法者一心和合僧應問誰能為僧作維那是中若比丘言我能有五法不應立作維那何等五隨愛隨瞋隨怖隨癡不知淨不淨若成就五法應立作維那五法者不隨愛不隨瞋不隨怖不隨癡知淨不淨即時一比丘僧中唱言大德僧聽是某甲比丘能為僧作維那若僧時到僧忍聽僧立某甲比丘作維那是名白如是白二羯磨僧立某甲比丘作維那竟僧忍默然故是事如是持作維那比丘應知時限知唱時知打揵稚知掃灑塗治講堂食處知次第相續敷床榻知教淨果菜知看苦酒

中亞知飲食時行水衆散乱語時彌指尒時諸沙弥隨與和上阿闍梨作隨同和上阿闍梨隨相識共語共事隨同國土同城邑同聚落諸比丘無沙弥者有諸惱乱是事白佛佛言應立一人為主使沙弥作先修治塔事次作四方僧事次作飲食事次作可分物次教與上座中座下座如是周遍一切僧作應立分處沙弥人立分處沙弥人竟應教先修治塔事四方僧事作飲食事次作可分物次第與上座中座下座如是周遍一切僧作

佛在王舍城尒時瓶沙王往詣竹園觀看王問長老摩訶迦葉今何所在比丘荅言大王長老大迦葉今於耆闍崛山上踏泥王即往見問言大德何故自作荅言大王誰當為我作王言我當與作人語已便還第二瓶沙王又時往到竹園觀看王問長老大迦葉今何所在比丘荅言於耆闍崛山上踏泥王即往見問言大德何故自作荅言大王誰當為我作王言我當與作人大迦葉荅言大王數數語而

不與時王慙愧小却一面問諸大臣我先有是言不大臣荅言王先有是言王言何時荅言某時日月即計先語已来經五百日王即下山時人捕得五百群賊與王王問此是何人荅言是賊王問應與何罪大臣荅言罪應至死王問賊言汝能隨我意行不賊言大王欲何所作王言汝等能供給善人以不賊言若我等受王大恩不隨行者當隨阿誰大臣言此賊必當偷奪諸比丘物王言我能作方便令不偷奪時王多給田宅人民倍與稟食去竹園不遠立作淨人聚落時諸淨人隨相識共語共事隨同國城邑隨怖畏隨有因緣者供給餘者不供給是事白佛佛言應立使淨人率應教先作塔事次作四方僧事次作飲食事次作可分物事次教與上座中座下座作如是周遍一切僧作聽立使淨人耆還立白衣中勤修能處分者　八法中臥具法第七竟

十誦律卷第三十四

十誦律卷第三十四

校勘記

一　底本，金藏廣勝寺本。

一　六七九頁中一行「五誦之六」，資、磧、普、南、徑、清無；麗作「第五誦之六」。

一　六七九頁中二行與三行間，磧、普、南、徑、清有「第五誦之六」。

一　六七九頁中三行「八法臥具法第七」，資作「臥具法第二誦之六」；磧、普、南、徑、清作「八法中臥具法第八」；麗作「八法中臥具法第七」。

一　六七九頁中一五行至一六行「先坐先受水」，資、磧、普、南、徑、清作「先受水先作」。

一　六七九頁下七行第一三字「雖」，磧作「難」。

一　六八〇頁上六行第四字「衆」，諸本（不含石，下同）無。

一　六八〇頁上九行第一〇字「酒」，

麗作「猶」。

一　六八〇頁上一三行首字「生」，資、磧、南作「法」。同行「相敬」，資、磧、普、南、徑、清作「恭敬」。

一　六八〇頁上一五行「異人」，磧作「共人」。

一　六八〇頁上二二行「非法」，資、磧、普、南、徑、清作「妄法」。

一　六八〇頁中五行第六字「後」，資、磧、普作「佛」。

一　六八〇頁下一五行第二字「共」，諸本作「共坐」。

一　六八一頁上七行第二字「諸」，資、磧、普、南、徑、清無。

一　六八一頁上一二行第八字「身」，諸本作「取」。

一　六八一頁上一六行第九字「麻」，磧、普、南、徑、清作「麻皮」。

一　六八一頁上一九行末字「有」，南、徑、清作「扇」。

一　六八一頁上末行第一〇字「樺」，資、磧、普、南、徑、清作「居」。下同。

一　六八一頁中六行「所捉」，磧作「所提」。

一　六八一頁中九行首字「草」，資、磧、普、南、徑、清作「草婆婆闍草」。同行末字「應」，麗作「聽」。

一　六八一頁中一一行第八字「烏」，資、磧、普、南、徑、清無。

一　六八一頁中一二行第九字「讀」，資、磧、普、南、徑、清作「讀誦」。

一　六八一頁中一四行第一三字「何」，諸本作「何等」。

一　六八一頁中一九行第二字「目」，資作「自」。同行第一二字「沓」，諸本作「闒」。

一　六八一頁中二二行及末行「掩作」，資、磧、普、南、徑、清作「樞作」。

一　六八一頁中二二行第六字「開」，麗作「閉」。

一　六八一頁下一〇行首字「釘」，資、磧、普、南、徑、清作「釘木」。

一　六八一頁下一二行第一一字「盆」，資、磧、普、南、徑、清作「釜」。

一　六八一頁下二二行第一〇字「國」，資、磧、普、南、徑、清無。

一　六八一頁下末行末字「亦」，資、磧、普、南、徑、清作「又」。

一　六八二頁上一一行「吹貝」，麗均作「吹唄」。

一　六八二頁上一二行第一四字「地」，麗作「夜」。

一　六八二頁中六行「王女」，諸本作「玉女」。

一　六八二頁下九行「往來」，資、磧、普、南、徑、清作「來往」。

一　六八三頁上四行第一一字「是」，諸本作「見」。

一　六八三頁上一〇行「言請」，麗作「白言」。

一　六八三頁上一一行「園此」，諸本作「此園」。同行第七字「買」，資、磧、普、南、徑、清作「賣」。

一　六八三頁上一三行末字「即」，資、磧、普、南、徑、清作「即便俱」。

一　六八三頁中四行「時居士聽」，資、

一 磧、普、南、徑、清作「居士聽便」；麗作「時居士聽便」。

一 六八三頁中一二行第六字「等」，資、磧、普、南、徑、清無。

一 六八三頁中末行「爲子」，諸本作「弟子」。

一 六八三頁下三行第五字「他」，諸本作「他巳」。

一 六八三頁下二二行第九字「及」，資、磧、普、南、徑、清作「及知」。

一 六八四頁上一行第一三字「墮」，麗作「埵」。

一 六八四頁上六行第三字「打」，諸本作「打户」。

一 六八四頁上一五行小字「諸比丘出」，諸本作「出」。

一 六八四頁上一六行第二字「首」，資、磧、普、南、徑、清作「目」。

一 六八四頁中八行首字「丘」，麗作「丘中」。

一 六八四頁下一九行第三字「婢」，資、磧、普、南、徑、清作「婦」。

一 六八五頁上九行「无人」，資、磧、普、南、徑、清作「無有人」。

一 六八五頁上一一行「受多」，資、磧、普、南、徑、清作「取二」。

一 六八五頁上一五行第七字「與」，麗作「又」。

一 六八五頁上一七行第五字「次」，資、磧、普、南、徑、清作「應次」。

一 六八五頁中八行首字「以」，諸本作「與」。

一 六八五頁中一三行「安居」，資、磧、普、南、徑、清無。

一 六八五頁下一六行至一七行「當應」，麗作「應當」。

一 六八五頁下一七行第四字「乞」，資、磧、普、南、徑、清無。

一 六八五頁下一九行「阿練兒」，磧、普、南、徑、清作「阿練若」。下同。

一 六八六頁上七行末字「受」後，徑、清換卷，卷第第三十四終，卷第三十五始；且有「第五誦之六八法中卧具法第八之餘」一行。

一 六八六頁上一一行及一四行「比尼」，麗作「比丘」。

一 六八六頁上一三行第一一字「作」，南、徑、清作「等」。

一 六八六頁上一五行第一〇字「寂」，諸本作「最爲」。

一 六八六頁上末行「優波離」，資、磧、普、南、徑、清無。

一 六八六頁中三行末字「痛」，諸本作「脊痛」。

一 六八六頁下一行「即用」，資、磧、普、南、徑、清作「即作」。

一 六八六頁下一七行第五字「云」，諸本作「言云」。

一 六八七頁上二行「投林」，南作「樹林」。

一 六八七頁上三行第四字「必」，諸本作「汝」。

一 六八七頁上六行「占取」，麗作「先取」。

一 六八七頁上一九行第六字「上」，麗作「下」。

一六八七頁上二一行第四字「鬪」，諸本作「閙」。

一六八七頁中二〇行「比丘」，資、磧、普、南、徑、清作「客比丘」。

一六八七頁中末行第八字「是」，資、磧、普、南、徑、清作「是諸」。同行末字「知」，資、磧、普、南、徑、清作「佛知」。

一六八七頁下四行第一〇字「往」，麗作「柱」。

一六八七頁下八行「皆作」，資、磧、普、南、徑、清作「比丘分作」。

一六八七頁下一三行第一三字「此」，資、磧、普、南、徑、清作「此分」。

一六八八頁上一一行第一一字「也」，麗作「耶」。

一六八八頁中一五行「僧衆」，資、磧、普、南、徑、清作「衆僧」。

一六八八頁中一七行第二字「轉」，資、磧、普、南、徑、清作「轉辦」。

一六八八頁下九行第二字「爲」，資、磧、普、南、徑、清無。

一六八八頁下一四行第六字「到」，南作「別」。

一六八八頁下一八行「某處」，麗作「某家」。同行第一二字「某」，諸本作「有」。

一六八九頁上一〇行「門外」，諸本作「門外門外」。

一六八九頁上一二行第六字「聽」，磧、南、徑、清作「應」。

一六八九頁上一八行「細塗」，諸本作「細泥」。

一六八九頁上二一行第三字「以」，諸本作「應以」。

一六八九頁中末行「大盔大瓮」，資、磧、普、南、徑、清作「大瓮大盆」。同行第九字「是」，資、磧、普、南、徑、清無。

一六八九頁下九行第八字「答」，資、磧、普、南、徑、清作「答言」。

一六八九頁下一四行第五字「丸」，資、磧、普、南、徑、清作「丸蜜歡喜丸」。

一六八九頁下一五行第一〇字「持」，磧、普、南、徑、清作「餅」。同行第一三字「利」，資、磧、普、南、徑、清作「利餅」；麗作「梨餅」。

一六八九頁下二二行第九字「胡」，資、磧、普、南、徑、清無。

一六九〇頁上三行「所謂」，資、磧、普作「所請」。

一六九〇頁上五行及九行「多耶」，資、磧、普、南、徑、清作「多邪」。

一六九〇頁上八行「呵摩」，資、磧、普、南、徑、清作「阿摩」。

一六九〇頁上一七行第七字「汝」，麗作「汝汝」。

一六九〇頁上一八行第五字「聽」，諸本作「聽我等」。

一六九〇頁上二〇行末字「一」，資、磧作「作」。

一六九〇頁上末行第五字「作」，資、磧、普、南、徑、清作「立作」。同行末字「有」，麗作「又」。

一六九〇頁中三行「唱言」，麗作「僧

中唱言」。

一 六九〇頁中八行「比丘」，資作「比器立」。同行第六字「器」，資無。

一 六九〇頁中九行「兩處若著上房」，資、磧、南作「兩房處若著上」。

一 六九〇頁下四行第一三字「爲」，資、磧、南、徑、清無。

一 六九〇頁下五行第八字「行」，麗無。

一 六九〇頁下一五行第四字「坊」，諸本作「僧」。

一 六九〇頁下一六行第四字「僧」，資、磧、普、南、徑、清無。

一 六九〇頁下一八行「作使」，資、磧、普、南、徑、清作「使作」。

一 六九〇頁下二一行第四字「行」，資、磧、普、南、徑、清無。

一 六九一頁上九行及一〇行「比丘」，諸本均作「沙彌」。

一 六九一頁中三行「不妄」，南、徑、清、麗作「不忘」。

一 六九一頁下六行第五字「稚」，資、磧、普、南、徑、清作「槌」。

一 六九一頁下一〇行「立法」，資、磧、普、南、徑、清作「立維那法」。

一 六九一頁下一一行第五字「能」，資、磧、普、南、徑、清無。

一 六九一頁下一二行第五字「有」，資、磧、普、南、徑、清作「若有」。

一 六九一頁下一六行末字「僧」，資無。

一 六九二頁上三行「和上」，資、磧、普、南、徑、清作「和尚同」。

一 六九二頁上二〇行第九字「言」，資、磧、普、南、徑、清無。

一 六九二頁中一三行首字「稟」，資、磧、普、南、徑、清作「廩」；麗作「粟」。

一 六九二頁中一六行末字「率」，資、磧、普、南、徑、清作「主」。

一 六九二頁中二一行小字「第七」，磧、普、南、徑、清作「第八」；麗作「第十」。

一 六九二頁中末行「第三十四」，徑、清作「第三十五」。

趙城縣廣勝寺

十誦律卷第三十五　五誦之七　政

後秦北印度三藏弗若多羅譯

八法中諍事法第八

佛在王舍城尒時諸比丘共比丘諍悪口相言諸比丘尼共比丘尼諍諸式叉摩尼共式叉摩尼諍諸沙弥共沙弥諍諸沙弥尼共沙弥尼諍悪口相言迦留陁夷比丘共諸比丘諍悪口相言已隨順佐助諸比丘尼是中有比丘少欲知足行頭陁聞是事心不喜訶責言云何名比丘共比丘諍已強佐助比丘尼如是訶已向佛廣說佛以是事集比丘僧知而故問迦留陁夷比丘汝實作是事不荅言實作世尊佛種種因緣訶責迦留陁夷比丘云何名比丘共諸比丘諍悪口相言已強佐助諸比丘尼如是訶已語諸比丘從今有四種諍事出一者鬪諍事二者無根事三者犯罪事四者常所行事鬪諍事者如諸比丘共比丘諍悪口相言是法是非法是善是不善是中共諍故相助別異是名

鬪諍事無根事者如諸比丘出餘比丘犯罪若有殘作有殘不作有殘作不作若無殘作無殘不作無殘作不作若有殘無殘作有殘無殘不作有殘無殘作不作是中出犯罪無根故共相纒著是名無根事犯罪事者有五種犯犯波羅夷僧伽婆尸沙波逸提波羅提提舍尼突吉羅若犯若汙若不悔是名犯罪事常所行事者衆僧所作事若白一羯磨白二羯磨白四羯磨布薩自恣立十四人羯磨是名常所行事鬪諍事者以何為本有十四破僧因緣及六鬪諍本是名鬪諍事本無根事以何為根本有三根本見根聞根疑根若比丘與比丘鬪諍相言已身作罪令他人說有殘作若有殘不作有殘作不作若無殘作無無殘不作無殘作不作若有殘無殘作有殘無殘不作有殘無殘作不作若口若意作罪令他人說有殘作有殘不作有殘作不作無殘作無殘不作無殘作不作有殘無殘作有殘無殘不作有殘無殘作不作從是中出

他罪異是名無根事根本犯罪諍以何為本從何事起從五種犯起以五種犯為本有犯身作非口非心作有犯口作非身非心作有犯身作心作非口作有犯口作心作非身作有犯身作口作心作無但心犯從是犯起是名犯罪根本常所行事以何為本從何事起所作事從僧起僧為根本是名常所行事根本所有鬪諍皆名諍事耶有諍事亦名鬪諍耶有鬪諍非諍事有諍事非鬪諍有鬪諍亦是諍事有非鬪諍非諍事有鬪諍非諍事者若比丘但相道說未成鬪事有諍事非鬪諍者三種諍事有鬪諍亦是諍事者若比丘相道說亦成鬪諍事有非鬪諍非諍事者除上三句所有無事諍皆名為諍事耶有諍事亦名無事諍耶有無事諍非諍事有諍事非無事諍有無事諍亦諍事有非無事諍非諍事有無事諍非諍事者但說他罪未起諍事有諍事非無事諍者三種諍事是有無事諍亦諍事者有比丘無事諍亦起諍事非無事諍

非諍事者除上三句所有犯罪皆名諍事耶有諍事亦名犯罪耶有犯罪非諍事有諍事非犯罪有犯罪亦諍事有非犯罪非諍事有犯罪非諍事者所名犯罪有諍事非犯罪者三種諍事有犯罪亦諍事者所名犯罪亦諍非犯罪非諍事者除上三句所有常所行事皆名諍事耶有諍事亦名常所行事耶有常所行事非諍事有諍事非常所行事有常所行事亦諍事有非常所行事非諍事有常所行事非諍事者所名作法有諍事非常所行者三種諍事有常所行法亦諍事者常所行亦諍非常所行事非諍事者除上三句鬪諍事為善為不善為無記或善或不善或無記云何名善有諸比丘善心共諍所謂是法是非法是律是非律是名善云何不善有比丘不善心共諍是法是非法是律是非律是名不善云何名無記諸比丘不以善心不善心共諍是法是非法是律是非律是名無記无根事諍為善為不善為無記或善或不善或無記

善者若諸比丘善心共諍出他比丘罪有殘作有殘不作有殘作不作無殘作無殘不作無殘作不作有殘無殘作有殘無殘不作有殘無殘作不作是名為善不善者若諸比丘不善心共諍出他罪有殘作有殘不作有殘作不作無殘作無殘不作無殘作不作有殘無殘作有殘無殘不作有殘無殘作不作是名不善無記者若諸比丘不以善心不善心共諍出他罪有殘作有殘不作有殘作不作無殘作無殘不作無殘作不作有殘無殘作有殘無殘不作有殘無殘作不作是名無記犯罪事為善為不善為無記耶犯罪事或不善或無記不善者若諸比丘知佛結戒故犯是名不善無記者不故犯佛所結戒是名無記常所作事為善為不善為無記或善或不善或無記善者若諸比丘善心作白羯磨白二羯磨白四羯磨布薩自恣立十四人羯磨是名善不善者若諸比丘以不善心作白羯磨白二羯磨白四羯磨布薩自恣立十四

人羯磨是名不善無記者若諸比丘不以善心不善心作白羯磨白二羯磨白四羯磨布薩自恣立十四人羯磨是名無記長老優波離問佛鬪諍事以幾比尼滅諍事滅佛言以二比丘滅諍事滅何等二以現前比尼滅及多覓比尼滅又問世尊無根事以幾滅諍事滅佛言以四滅諍事滅以現前比尼及憶念比尼滅現前比尼及不癡比尼滅現前比尼及實覓比尼滅又問世尊犯三比尼滅諍事滅諍事滅佛言以罪諍以幾比尼滅現前比尼及自言比尼滅現前比尼及布草比尼滅又問世尊常所行事用幾滅諍事滅佛言以一滅諍事滅現前比尼滅鬪諍事云何以二滅諍事滅隨以何住處有諍相言比丘是事付闥賴吒闥賴吒比丘應受此事如法如比尼如佛教滅若闥賴吒比丘能如法如比尼如佛教滅者是事名滅以一滅諍事滅謂現前比尼現前者人現前比尼現前人現前者是中能說教授人隨助舉事人有事人共集一處是名人現前比尼現前者

如法如毗尼如佛教滅是事是名比尼現前若是闥賴吒不能如法如比尼如佛教斷是事者應捨付僧僧應受是事如法如比尼如佛教斷是事若僧能如法如比尼如佛教斷是事者是為斷用一比尼所謂現前比尼現前比尼者僧現前人現前比尼現前僧現前者是中所有可中共作羯磨比丘共同心和合一處可受欲者持欲来現在比丘能遮者不遮是名僧現前人現前者有隨助舉事人有事人共集一處是名人現前比尼現前者如法如比尼如佛教斷是事是名為斷若僧不能如法如比尼如佛教斷是事者尒時應僧中立二烏迴鳩羅應羯磨此人令斷是事羯磨者一心和合僧一比丘僧中問言誰能作烏迴鳩羅如法如比尼如佛教斷是事僧中若言我能若有五法不應立作烏迴鳩羅何等五隨愛行隨瞋行隨怖行隨癡行不知斷不斷成就五法應立作烏迴鳩羅不隨愛行不隨瞋行不隨怖行不隨癡行知斷不斷

即時一比丘應僧中唱言大德僧聽某甲某甲比丘能作烏迴鳩羅如法如比尼如佛教斷隨僧中事若僧時到僧忍聽某甲某甲比丘作烏迴鳩羅能如法斷隨僧中事是名白如是白二羯磨僧立某甲某甲比丘作烏迴鳩羅斷隨僧中事竟僧忍默然故是事如是持是二烏迴鳩羅比丘若是上座諸下座比丘應與此二人欲已遠去若此二烏迴鳩羅是下座應從諸上座取欲已小遠去當如法如比尼如佛教斷是事若二烏迴鳩羅能如法如比尼如佛教斷是事者是名為斷用一比尼所謂現前比尼現前比尼者僧現前人現前比尼現前僧現前者如上說人現前比尼現前亦如上說若二烏迴鳩羅不能如法如比尼如佛教斷是事者是二烏迴鳩羅應更立二烏迴鳩羅立法者一心和合僧一比丘僧中問言誰能作烏迴鳩羅斷隨僧中事若言我能一比丘僧中唱言大德僧聽某甲某甲比丘能作烏迴鳩羅如法如比尼如

佛教斷隨僧中事若僧時到僧忍聽
立某甲某甲比丘作烏迴鳩羅能如
法斷隨僧中事是名白如是白二羯
磨僧立某甲某甲比丘作烏迴鳩羅
斷隨僧中事竟僧忍默然故是事如
是持是二烏迴鳩羅若是上座諸下
座比丘應與欲已小遠去若二烏迴
鳩羅是下座應從諸上座比丘取欲
已小遠去當如法如比尼如佛教斷
是事若二烏迴鳩羅能如法如比丘
如佛教斷是事者是名為斷用一比
尼所謂現前比尼現前比尼者僧現
前人現前比尼現前僧現前者如上
說人現前比尼現前亦如上說若是
二烏迴鳩羅不能如法斷者還付先
二烏迴鳩羅先二烏迴鳩羅應如法
如比尼如佛教斷若能如法斷是事
者是名為斷用一比尼謂現前比尼
現前比尼者僧現前人現前比尼現
前僧現前者如上說人現前比尼現
前亦如上說若是先二烏迴鳩羅復
不能如法如比尼如佛教斷是事者
應捨付僧僧應受是事如法如比尼

如佛教斷若僧取是事能如法如比
尼如佛教斷者是名為斷用一比尼
謂現前比尼現前比尼者僧現前人
現前比尼現前僧現前如上說人現
前比尼現前亦如上說僧不能如法
如比尼如佛教斷是事者僧應遣使
往近住處僧所作是言此事如是如
是因緣起鬪頼吒不能斷衆僧不能
斷二烏迴鳩羅不能斷後二烏迴鳩
羅復不能斷還先二烏迴鳩羅復不
能斷還僧復不能斷汝等大德和合
為斷是事故即時彼衆應和合若僧
先安居應受七日去若七日盡應受
三十九夜去若三十九夜盡應破安
居来集一處受是事應斷近處僧應
受是事如法如比尼如佛教斷是事
若近處僧能如法如比尼如佛教斷
者是名為斷用一滅諍滅所謂現前
比尼現前比尼者僧現前人現前比
尼現前僧現前如上說人現前比尼
現前亦如上說若近處僧不能如法
如比尼如佛教斷是事者尒時應僧
中立二烏迴鳩羅令斷立二烏迴鳩

羅羯磨法者一心和合僧一比丘僧
中問言誰能作烏迴鳩羅如法如比
尼如佛教斷此隨僧中事是中若言
我能若有五法不應立作何等五隨
愛隨瞋隨怖隨癡不知斷不斷若成
就五法應立作烏迴鳩羅不隨愛不
隨瞋不隨怖不隨癡知斷不斷即時
一比丘僧中唱言大德僧聽某甲某
甲比丘能作烏迴鳩羅能如法斷隨
僧中事若僧時到僧忍聽某甲比丘
某甲比丘作烏迴鳩羅如法斷隨僧
中事是名白如是白二羯磨僧立某
甲某甲比丘作烏迴鳩羅斷隨僧事
竟僧忍默然故是事如是持是二烏
迴鳩羅比丘若是上座諸下座比丘
應来與此二烏迴鳩羅比丘欲已小
遠去若此二烏迴鳩羅比丘是下座
應從上座比丘取欲已小遠去當如
法如比尼如佛教斷是事是二烏迴
鳩羅若能如法如比尼如佛教斷是
事者是名為斷用一比尼謂現前比
尼現前比尼者僧現前人現前比尼
現前僧現前者如上說人現前比尼

現前亦如上說若二烏迴鳩羅不能如法如比丘如佛教斷是事者應更立二烏迴鳩羅立法者一心和合僧中問言誰能作烏迴鳩羅如法斷隨僧中事若言我能一比丘僧中唱言大德僧聽某甲某甲比丘能作烏迴鳩羅如法斷隨僧中事若僧時到僧忍聽某甲某甲比丘作烏迴鳩羅斷隨僧中事是名白如是白二羯磨僧立某甲某甲比丘作烏迴鳩羅斷隨僧中事竟僧忍默然故是事如是持是二烏迴鳩羅若是上座諸下座比丘應與欲已小遠去若二烏迴鳩羅是下座應從諸上座取欲已小遠去應如法如比丘如佛教斷是事若烏迴鳩羅能如法如比丘如佛教斷是事者是名為斷用一比丘謂現前比丘現前比丘者僧現前人現前比丘現前僧現前如上說人現前比丘現前亦如上說若是烏迴鳩羅不能如法斷是事者應還付先鳩羅先鳩羅應受是事如法如比丘如佛教斷是事是烏迴鳩羅若能如法如比丘如

佛教斷是事者是名為斷用一比丘謂現前比丘現前比丘者僧現前人現前比丘現前僧現前者如上說人現前比丘現前亦如上說若是先烏迴鳩羅復不能如法如比丘如佛教斷者應捨付僧僧應受是事如法如比丘如佛教斷用一比丘謂現前比丘現前比丘者僧現前人現前比丘現前僧現前如上說人現前比丘現前亦如上說若是近住處僧不能如法如比丘如佛教斷是事者近處僧若聞某處有衆僧好上座知說波羅提木叉法是僧多有比丘持修多羅者持律者持摩達伽者是近住處僧應以是事遣使至某處大僧中應先立傳事人若界外令滿衆僧數立法者一心和合僧應問誰能作傳事人從是處持是事至某處若道中能斷是事是中若有人言我能若有五法不應立作傳事人隨愛隨瞋隨怖隨癡不知滅不滅若成就五法應立作傳事人不隨愛不隨瞋不隨怖不隨癡知滅不滅尒時傳事人應持是事

去若道中能如法如比丘如佛教斷是事者是名為斷用一比丘謂現前比丘現前比丘者僧現前人現前比丘現前僧現前如上說人現前比丘現前亦如上說若傳事人不能道中如法如比丘如佛教斷者應持至彼住處至彼住處已是中若有上座多知多識長老比丘應語是人言是事是諍事如是因緣起鬪頼吒不能斷衆僧不能斷先二烏迴鳩羅不能斷後二烏迴鳩羅不能斷還付先二烏迴鳩羅復不能斷還付僧僧復不能斷近住處僧亦不能斷近住處二烏迴鳩羅不能斷後二烏迴鳩羅亦不能斷還付先二烏迴鳩羅復不能斷還付近住處僧復不能斷傳事人道中不能斷是事来至此間汝長老能受是事斷不若言能斷應與作期若不作期不得與汝期者乃至九月事有五種難斷一者堅二者強三者佷戾四者往来五者疑畏堅者執是事強者舉事人有事人勤健強力佷戾者舉人惡性往来者此事從一住

處至一住處疑畏者諸比丘畏斷事時彼一心和合僧作兩段故先應立行籌人如是應立一心和合僧應問誰能作行籌人是中有人言我能有五法不應立作行籌人隨愛隨瞋隨怖隨癡不知行籌不行籌若成就五法應立作行籌人不隨愛不隨瞋不隨怖不隨癡知行籌不行籌是中一比丘唱言大德僧聽某比丘能為僧作行籌人若僧時到僧忍聽立某甲比丘作行籌人是名白如是白二羯磨僧立某比丘作行籌人竟僧忍默然故是事如是持若比丘已作行籌人隨僧多少應作二種籌一分長一分短一分白一分黑說如法者為作長籌說非法者為作短籌說如法者為作白籌說非法者為作黑籌說如法籌以右手捉說非法籌以左手捉說如法籌緩捉說非法籌急捉先行說如法籌後行說非法籌行籌人應作是言此是說如法者籌此是說非法者籌若行籌竟說如法者籌乃至多一是事名斷用二比丘謂現前比

丘多覓比丘現前比丘者是中若有隨助舉事人有事人共和合處現前如法如比丘如佛教現前除斷是名現前比丘是中多覓比丘者是中應求覓往來問如法除斷若說非法者籌乃至多一是事亦名為斷用二比丘現前比丘多覓比丘現前比丘者是中若有隨助舉事人及有事人共和合一處現前如法如比丘如佛教除斷是名現前比丘是中多覓比丘者是中應求覓往來問非法除斷行籌人有四種一者藏行籌二者顛倒行籌三者期行籌四者一切行籌藏行籌者若有人闇中行籌若有辟障處行籌是名覆藏行籌顛倒行籌者若顛倒行籌以說如法人籌與說非法人以說非法人籌與說如法人是名顛倒期者若諸比丘隨和上阿闍梨作期隨同和上同阿闍梨隨相識隨共語隨善知識隨同心隨國土隨聚落隨處共作期我等取如是如是籌汝等莫遠我邊莫別莫異莫不共語共同一事是名期一切僧取籌者

尒時一切僧應和合一處不得取欲何以故或多比丘說非法故是名一切僧取籌若是衆僧及大上座大長老能如法如比丘如佛教斷是事者即名為斷用一比丘謂現前比丘是中現前比丘者僧現前人現前比丘現前僧現前如上說人現前比丘現前亦如上說若是衆僧及上座說波羅提木叉不能斷是事者應還付傳事人傳事人應取是事於道中斷如法如比丘如佛教斷若是傳事人於道中能如法如比丘如佛教斷是事者是名為斷用一比丘謂現前比丘現前比丘者如上說若是傳事人不能如法如比丘如佛教斷者是比丘道中若聞彼處僧坊中若有三比丘若二若一比丘能持修多羅持律持摩得勒伽四部衆所恭敬尊重是傳事人應到彼住處應語一比丘言大德是事如是如是因緣起闥賴吒不能斷僧不能斷先烏迴鳩羅不能斷後烏迴鳩羅不能斷還先烏迴鳩羅復不能斷還僧復不能斷近住處僧

亦不能斷先烏迴鳩羅不能斷後烏迴鳩羅不能斷還先烏迴鳩羅復不能斷還近住處僧復不能斷傳事人道中亦不能斷有大衆僧及上座知說波羅提木叉不能斷傳事人於道中不能斷三比丘二比丘能持修多羅者持律者持摩得勒伽者四衆所恭敬者皆不能斷大德取是事如法如比尼如佛教斷是事是一比丘四衆所恭敬尊重者應作是言不可二人相言俱得勝是中必一勝一負若作如是語者是名說如法若不作如是語者是名說非法者若比丘如法滅事已還更發起者波逸提若但訶責突吉羅有十種如法行籌有十非法行籌十非法行籌者不以小事行籌已過事行籌不問長老行籌非法行籌別衆行籌非法別衆行籌用是行籌欲令多有非法者用是行籌當多有非法者用是行籌欲破和合僧用是行籌當破和合僧問言云何名不以小事行籌荅不為可懺悔事行籌已過事行籌者是事從此住處到

彼住處不問長老行籌者有比丘持修多羅比尼摩得勒伽者不數往諮問何善何不善何者有罪何者無罪何者白何者黑何者令世利何者後世利何者導利人行是好非惡非法行籌者不如法行籌別衆行籌者同一界內別處行籌非法別衆行籌者不如法同一界中別處行籌用是行籌欲令多有非法者是比丘先作意用是行籌令多有說非法者用是行籌當多有比丘非法者是比丘先立意用是行籌當多有說非法者用是行籌欲破和合僧者是比丘先作意用是行籌令破和合僧用是行籌當破和合僧者是比丘先作意我是行籌當破和合僧是名十種非法行籌十如法行籌者以小事行籌未過事行籌問長老行籌如法行籌和合衆行籌如法和合衆行籌用是行籌欲令多有如法者用是行籌當多有如法者用是行籌欲令僧和合用是行籌當和合僧問云何名以小事行籌荅為可懺悔事行籌未過事行籌者

是事在此住處未到彼住處問長老行籌者有比丘持修多羅比尼摩得勒伽者數往諮問何善何不善何者有罪何者無罪何者白何者黑何者令世利何者後世利何者導利人行是好非惡如法行籌者不違法行籌和合衆行籌者同界內僧和合一處行籌如法和合衆行籌者如法同界內衆一處集行籌用是行籌欲令多有如法者是比丘先作意以此行籌令多有說如法者用是行籌當多有比丘如法者是比丘先作意用是行籌當多有比丘說如法者用是行籌欲和合僧者是比丘先作意用是行籌欲令僧和合用是行籌當和合僧者是比丘先作意用是行籌當和合僧是名十如法行籌若僧事可付僧可付三人二人一人僧事者僧應受僧事三人二人一人應受僧事僧應滅僧事三人二人一人應滅是名諍事用二比尼滅云何無根事用四比尼滅所謂現前及憶念滅若現前及不癡滅若現前及實覔罪滅云何現

前及憶念滅如隨驃力士子比丘弥多羅比丘尼以無根波羅夷法謗以是事故或僧或三人二人一人數數說是事令憶念是陁驃比丘從僧乞憶念比尼僧與憶念比尼如法如比尼如佛教現前比尼者所與憶念比尼人得憶念比尼者和合一處如法如比尼如佛教是名現前及憶念比尼滅云何現前及不癡滅如施越沙比丘狂心顛倒作種種惡不清淨事不隨順道出家人所不應作是人還得本心以是事故或僧或三人二人一人數數說令憶念是施越沙比丘從僧乞不癡比尼僧與不癡比尼如法如比尼如佛教是中何等是現前比尼與不癡比尼人得不癡比尼者和合一處如法如比尼如佛教是名現前及不癡比尼滅云何現前及實覔比尼如象首比丘釋子無慙無愧犯見聞疑罪先自言犯後言不作僧與是人實覔比尼如法如比尼如佛教是中何等是現前比尼與實覔比尼人得實覔比尼者和合一處如法如

比尼如佛教是名現前比尼及實覔比尼滅是名無根事用四比尼滅所謂現前及憶念現前及不癡現前及實覔問犯罪事云何以三比尼滅諍事滅答所謂現前及自言現前及布草云何現前及自言如比丘若他比丘說罪若不說罪若令憶念若不令憶念自言我犯僧伽婆尸沙是比丘從僧乞別住僧如法如比尼如佛教與別住是中云何名現前與別住人及得別住者和合一處如法如比尼如佛教作作者與彼人作別住是中云何復名如法自言如比丘若他比丘說罪若不說罪若令憶念若不令憶念自言我犯僧伽婆尸沙是應與摩那埵本日治應與出罪是比丘從僧乞摩那埵本日治出罪羯磨僧如法如比尼如佛教作出罪羯磨是事何等現前與出罪人得出罪者和合一處如法如比尼如佛教作者與是比丘作出罪是中云何復名如法自言如比丘若他說罪若不說罪若令憶念若不令憶念自言我犯可悔過罪是中

現前者與悔過人作悔過人和合一處如法如比尼如佛教作作者與作可悔過是名現前比尼及自言比尼滅又問云何現前比尼及布草如一住處諸比丘喜鬪諍惡口相言是諸比丘和合一處作是念言我等大衰失利我等於佛法中以信出家而今作惡口相言我等若求覔是事根本者未起事便起已起事不可滅是中一比丘應唱言大德僧聽若僧時到僧忍聽是事以布草比尼滅是名白即時是諸比丘應分作兩部是中若有上座若似上座若波羅提木叉通義若波羅提木叉語此一部言我等大失非得大衰非利大惡不善我等信故佛法中出家求道然今喜鬪諍相言若我等求是事根本者僧中有未起事便起已起不可滅今汝等當自屈意我等所作罪除偷蘭罪除白衣相應罪是事汝等現前發露悔過不覆藏是中若無一比丘語者應到第二部衆所是中有長老上座應語言我等大失非得大衰非利大惡不

善我等信故於佛法中出家求道今喜鬪諍相言若我等求是事根本者僧中未起事便起已起事不可滅今汝等當自屈意我等所作除偷蘭遮除白衣相應罪今自為及為彼故當現前發露悔過不覆藏諸比丘言汝自見罪不答言見罪如法悔過莫復更起第二部衆亦應如是說是名布草比丘是中云何名現前與布草人及得布草者和合一處如法如比丘如佛教作作者與作布草羯磨是名現前及布草滅是名犯事用三比丘滅所謂現前自言布草問常所作事云何以一現前比丘滅與作白人得作白者和合一處如法如比丘如佛教作白一羯磨白二羯磨白四羯磨布薩說戒自恣受歲立十四人羯磨與羯磨人得羯磨者和合一處如法如比丘如佛教作者是名所作事用一比丘滅所謂現前比丘八法中諍事法第八竟

十誦律卷第三十五

十誦律卷第三十五

校勘記

一　底本，金藏廣勝寺本。

一　六九七頁中一行「三十五」，徑、清作「三十六」。卷末經名同。同行「五誦之七」，資、磧、普、南、徑、清無；麗作「第五誦之七」。

一　六九七頁中二行與三行間，磧、普、南、徑、清有「第五誦之七」。

一　六九七頁中三行「八法中諍事法第八」，資作「八法諍事法第五誦之七」；磧、普、南、徑、清作「八法中諍事法第九」。

一　六九七頁中一六行首二字「比丘」，麗作「比丘已」。

一　六九七頁下一行「比丘」，資、磧、普、南、徑、清作「比丘共比丘諍惡口相言已」。

一　六九七頁下六行「罪事」，資、磧、南作「事罪」。

一　六九七頁下一一行第六字「自」，磧作「白」。

一　六九七頁下一四行第一〇字「根」，資、磧、普、南、徑、清無。

一　六九七頁下一六行末字「若」，麗無。

一　六九七頁下一七行末字「無」，諸本（不含石，下同）無。

一　六九八頁上一行第一三字「諍」，徑、清作「事」。

一　六九八頁上一三行第一三字「事」，麗作「諍」。

一　六九八頁中一三行「作法」，麗無。

一　六九八頁中二〇行「諸比丘」，麗作「有諸比丘」。

一　六九八頁下一八行「作事」，麗作「行事」。

一　六九九頁上五行「比尼」，諸本無。同行「一比丘」，諸本作「二」。

一　六九九頁上一一行第三字「犯」至次行第七字「滅」，諸本作「犯罪事以幾滅諍事滅佛言以三滅諍事滅」。

一六九九頁上一七行第一〇字「吒」，麗作「吒斷」。

一六九九頁上二二行小字「能說教授人隨助」，麗作「隨助」。

一六九九頁中六行第二字「是」，諸本作「是名」。

一六九九頁中一三行及本頁下一六行「前者」；資、磧、普、南、徑、清、作「前」。

一六九九頁下四行第五字「聽」，諸本作「聽立」。

一六九九頁下一九行第三字「應」，資、磧、普、南、徑、清無。同行第六字「二」，磧作「三」。

一六九九頁下二一行末字「一」，資無。

一七〇〇頁上二行首字及七〇二頁上一〇行第一二字「立」，諸本作「僧立」。

一七〇〇頁中一八行第九字「諍」，諸本作「諍事」。

一七〇〇頁中末行第二字「立」，資、磧、普、南、徑、清作「應立」。同行「令斷立二」，資、磧、普、南、徑、清作「羯磨」。

一七〇〇頁下一行「羯磨」，資、磧、普、南、徑、清作「令斷羯磨」。

一七〇〇頁下九行第一三字「斷」，麗作「如比尼如佛教斷」。

一七〇〇頁下一〇行「比丘」，麗無。

一七〇一頁上一五行第一三字「若」，麗作「若二」。

一七〇一頁上二一行「鳩羅」，資、磧、普、南、徑、清皆作「烏迴鳩羅」。

一七〇一頁中一四行「持律者持摩達」，麗作「持比尼者持摩多羅」。

一七〇一頁下一行第九字「此」，諸本無。

一七〇一頁下九行第二字「是」，麗無。同行「如是」，資、磧、普、南、徑、清作「如是如是」。

一七〇一頁下末行「舉人惡性」，資、磧、普、南、徑、清作「舉事人有事人惡性很戾」；麗作「舉事人有事人惡性很戾惡性」。

一七〇二頁上二行第二字「彼」，麗作「破」。

一七〇二頁上九行及一二行「某比丘」，麗作「某甲比丘」。

一七〇二頁下五行至六行「是中」，麗無。

一七〇二頁下一四行第五字「者」，資、磧、普、南、徑、清作「有」。

一七〇二頁下一七至一八行「持律持摩得勒」，麗作「持比尼持摩多羅」。

一七〇三頁上四行「大衆」，徑、清作「大德」。

一七〇三頁上七行「持律者持摩得勒」，麗作「持比尼者持摩多羅」。

一七〇三頁上一二行「如法」，諸本作「如法者」。

一七〇三頁中二行「摩得勒」，麗作「摩多羅」。下同。

一七〇三頁中一五行「是行」，資、磧、普、南、徑、清作「行是」。

一　七〇三頁下六行首字「是」，資、磧、普、南、徑、清作「是者」。

一　七〇三頁下九行第一一字「籌」，資作「籌者」；磧、普、南、徑、清作「籌者如法同界内衆一處集行籌用是行籌」。

一　七〇三頁下二一行第一一字「事」，資、磧、普、南、徑、麗作「事諍」；清作「事錚」。

一　七〇四頁中二行第三字「滅」，磧、徑、清作「如」。

一　七〇四頁中四行「比尼」，諸本無。

一　七〇四頁中六行、一三行及二一至二二行「如比丘」，徑、清作「如毗尼」。

一　七〇四頁中一三行「如比丘」，資、磧、普、南作「如毗尼」。同行末字「罪」，資、磧、普、南、徑、清無。

一　七〇四頁中二〇行第八字「作」，諸本作「作作」。

一　七〇四頁下二行「與作」，資、磧、普、南、徑、清作「作與」。

一　七〇四頁下一三行「若似」，麗作「若次」。

一　七〇四頁下一八行第七字「起」，麗作「起事」。

一　七〇五頁上四行第一〇字「作」，諸本作「作罪」。

一　七〇五頁上一二行第九字「犯」，諸本作「犯罪」。同行「三比尼」，磧、南作「或比尼」。

一　七〇五頁上一三行「所作」，麗作「所行」。

一　七〇五頁上一九行「所作」，諸本作「常所行」。

一　七〇五頁上二〇行夾註「第八」，磧、普、南、徑、清作「第九」。

趙城縣廣勝寺

十誦律卷第三十六 六誦之一 政

後秦北印度三藏弗若多羅譯

雜誦第一 調達事上

佛在王舍城介時調達於佛法中信敬心清淨著三十万金錢直莊嚴具出家乘調善象直十万金錢是象以金網等莊嚴亦直十万金錢調達所著衣服復直十万金錢是調達出家作比丘十二年中善心修行讀經誦經問疑受法坐禪介時佛所說法皆悉讀誦時諸比丘有大神通勢力以閻浮樹故名閻浮樹斯諸比丘從是閻浮提取果還噉去閻浮提不遠有訶梨勒林阿摩勒林鞞醯勒林取是諸果還所住噉從欝單越取自然秔米還噉從忉利天取須陁天食還噉東西南北現種種神力調達見已即生貪心作是念我何時當能有大神通勢力以閻浮樹故名閻浮提從是閻浮樹取果還噉去閻浮樹不遠有訶梨勒林阿摩勒林鞞醯勒林取是諸果還所住噉從欝單越取自然秔

米還噉從忉利天取須陁食還噉東西南北現種種神力我今何不往詣佛所問神通道作是念已即詣佛所頭面礼佛問神通道佛先知是人於此法中當作惡事是故不說語言調達汝止何用是神通道為當觀无常苦空無我調達聞是語不忍不樂但一心向神通力作是念舍利弗於佛第一經中說諸智慧弟子中最上第一我當往詣舍利弗所問神通道當為我說念已即往問神通道舍利弗亦先知是人於此法中當作惡事是故不說語言調達汝止何用神通道為當觀無常苦空无我調達聞是語不忍不樂但一心向神通道作是念目連於佛第一經中說諸神通道弟子中最勝第一我當往詣問神通道當為我說念已即往問神通道目連先知是人於此法中當作惡事是故不說語言調達汝止何用神通道為當觀無常苦空無我調達聞已不忍不樂但一心向神通道如是展轉至最少一不滿五百大弟子所皆不為

説尒時調達作是念阿難是我弟佛第一經中説諸多聞弟子中阿難最勝第一我何不往詣其所問神通道當為我説念已即往問神通道阿難未離欲故不知過去未來事便以多聞慧為説神通道調達受神通法已於山林曠野坑谷中勤修習勤修習故得世俗四禪因是四禪起神通力起神通力已以閻浮樹故名閻浮提從是閻浮林取果還到去閻浮林不遠有大訶梨勒林阿摩勒林鞞醯勒林取是諸果還到從欝單越取自然秔米還到從忉利天上取須陁天食還到東西南北現種種神力是調達先來惡心於佛作是念是沙門瞿曇種姓不勝我彼姓瞿曇生釋家我亦姓瞿曇生釋家諸人以清淨心多有供養者皆為神通力故我於何家以神通力攝取令多人隨順我作是念鉼沙王於國中最大是佛不退轉弟子我正使神通力牽終不可得調達素知種種外書星宿相人吉凶天地怪相見鉼沙王太子阿闍世王相明了

我當以神通力攝取決定是我檀越以是因緣多人隨從作是念已變身作象寶於阿闍世太子家不從門入從門中出或從門入不從門出現如是相欲令知是調達復變身作馬寶或從非門入門中出或從門入非門出現如是相欲令知是調達復現作寶鬘從太子膝上出時太子捉鬘以繫頸上現如是相欲令知是調達復現作端正小兒著金寶瓔珞在太子膝上東西宛轉太子嗚抱共戲唾其口中現如是相欲令知是調達以是神通力牽阿闍世太子心令生惡邪見謂調達神通力勝佛生愛敬心供養衣服卧具湯藥乃至日日送五百釜飲食五百乘車圍遶來至調達所自手下食

尒時諸比丘中前著衣持鉢入王舍城乞食聞阿闍世太子如是供養調達衣服卧具湯藥日日送五百釜飲食五百乘車圍遶自至調達所自手下食調達與五百弟子受是供養聞已食後詣佛所頭面礼足却坐一面

白佛言世尊我今日著衣持鉢入城乞食聞阿闍世太子如是供養調達衣服卧具湯藥日日送五百釜飲食五百乘車圍遶自至調達所自手下食調達與五百比丘受是供養佛語諸比丘汝等莫貪調達供養何以故是調達得供養自損減故如竹以實死芭蕉實亦然如騾懷妊死調達得供養亦如是為自損減故譬如竹蘆以實死尒時世尊欲明了此事而説偈言

芭蕉以實死　竹蘆實亦然　騾懷妊故死
小人得養壞

此亦復如是調達癡人隨幾時得如是利養隨尒所時長夜受諸苦惱生惡處故語諸比丘譬如健夫打破惡狗鼻於汝意云何是狗寧更惡不荅言實惡世尊佛言調達癡人亦如是隨幾時得是供養隨尒所時長夜受苦惱生惡處故尒時調達供養轉增貪著供養覆心生如是惡心佛今捨僧者我當將導衆僧生如是心時退失神通尒時目連在支提國迦陵伽

十誦律卷第三十六　第五張　政字号

盧谷中時有迦扶陁比丘俱羅子是長老目連弟子是比丘捨離五欲修四梵行命終生梵世迦扶陁梵天見調達退失神通見已如壯士屈伸臂須於梵世沒目連前現從禪定起語目連言汝知不調達退失神通汝向佛所說者善以是事白佛目連作是念我何不入定觀調達心即時入定觀調達心見已失神通即從定起默然受迦扶陁梵天語

尒時梵天知目連默然受已頭面礼足右遶即沒目連受梵天請已即入禪定於支提國迦陵伽盧谷中沒於王舍城現離佛不遠

尒時目連即從定起往詣佛所頭面礼佛足却坐一面白佛言世尊如迦扶陁梵天所說調達實退神通

佛言汝先不知調達心如是迦扶陁梵天語耶佛共目連作如是語時調達即與四弟子俱来佛遥見調達来語目連言汝莫有所說是癡人来自現其事目連作是念我何不入定於此座上令調達不見即尋入定於此座而調達不見調達前詣佛所頭面礼佛足及四弟子却坐一面白佛言世尊年已老耄可以衆僧付我佛但獨受現法樂令僧屬我我當將導佛言舍利弗目連有大智慧神通佛尚不以衆僧付之況汝敢唾癡人死人而當付囑

十誦律卷第三十六　第六張　政字号

尒時調達聞佛說敢唾癡人死人如是字名即便大瞋欲毀世尊兩肩垂下憂慼低頭靜默無說作是思惟已即便起去作是念言佛但讃歎舍利

可破非法作別衆作不先說其罪作有三種不可破如法作和合僧作先說其罪作有三種可破非法作別衆作不令憶念作有三種不可破如法作和合僧作令憶念作有三種可破與不犯罪作為不可悔過作與已悔過作有三種不可破為犯作為可悔過作與未悔過作有三種可破非法作別衆作與不犯作有三種不可破如法作和合僧作為犯作有三種可破非法作別衆作為不可悔過作有三種不可破如法作和合僧作為可

十誦律卷第三十六　第八張　政字号

自言持戒清淨若我等說師實者或當不喜若師不喜當云何說我等蒙師故得衣服卧具湯藥飲食師好看我等者自當覺知如是師為弟子覆護持戒是師亦從弟子求覆護持戒是世間初師第二師者不淨命自言淨命弟子共住故知師不淨命自言淨命若我等說師實者或當不喜若師不喜當云何說我等蒙師故得衣服卧具湯藥飲食師好看我等者自當覺知如是師者為弟子覆護淨命是師亦從弟子求覆護淨命是名世間第二師第三師者知見不清淨自言知見清淨弟子共住故知師知見不清淨自言知見清淨若我等說師實者或當不喜若師不喜當云何說我等蒙師故得衣服卧具湯藥飲食師好看我等者自當覺知如是師者為弟子覆護知見是師亦從弟子求覆護知見是名世間第三師第四師者不善記事自言善記事弟子共住故知師不善記事自言善記事若我說師實者或當不喜若師不喜當云

何說我等衆師故得衣服卧具湯藥飲食師好看我等者自當覺知如是師者為弟子覆護善記事是師亦從弟子求覆護善記事是名世間第四師第五師者非說清淨法自言說清淨法弟子共住故知師非說清淨法自言說清淨法若我等說師實者或當不喜若師不喜當云何說我等衆師故得衣服卧具湯藥飲食師好看我等者自當覺知如是師者為弟子覆護說清淨法是師亦從弟子求覆護說清淨法是名世間第五師佛言如來清淨持戒亦自言我清淨持戒諸弟子不覆護如來清淨持戒如來亦不求諸弟子覆護清淨持戒如來是淨命自言我淨命弟子不覆護如來淨命如來亦不求諸弟子覆護淨命如來是知見清淨自言我知見清淨諸弟子不覆護如來知見清淨如來亦不求諸弟子覆護知見清淨如來是善記事自言我善記事諸弟子不覆護如來善記事如來亦不求諸弟子覆護善記事如來是說清淨法

自言我說清淨法諸弟子不覆護如來說清淨法如來亦不求諸弟子覆護說清淨法佛言如來實有是法何不如實說佛非隨順他又非弱語人辟如陶師持坏缾時不敢疾捉如來是真實語了了語折伏語若堅固者住不堅固者去汝等於如來法語中宜應忍受

佛在王舍城尒時調達欲破和合僧受持破僧事姤心方便故作是念我獨不能得破沙門瞿曇和合僧壞轉法輪是調達有四同黨弟子一名俱伽梨二名乹陁陁驃三名加留羅提舍四名三聞達多調達到是四人所作是言我與汝等當共破沙門瞿曇和合僧壞轉法輪我等當得如是名聲破沙門瞿曇和合僧壞轉法輪我等能破彼四人語調達言沙門瞿曇諸弟子有大智慧大神通力得天眼知他心是人知見我等欲破沙門瞿曇和合僧壞轉法輪我等云何能破調達語四人言沙門瞿曇有年少弟子新入彼法出家不久我等到是邊留五

法誘取語諸比丘言汝盡形壽受著納衣盡形壽受乞食法盡形壽受一食法盡形壽受露地坐法盡形壽受斷肉法若比丘受是五法疾得涅洹若有長老上座比丘多知多識久習梵行得佛法味當語之言佛已老耄年在衰末自樂閑靜受現法樂汝所須事我當相與我等以如是方便能破沙門瞿曇和合僧壞轉法輪四比丘言如是調達調達後時到諸年少比丘所以五法誘之語諸比丘言汝盡形壽受著納衣法盡形壽受乞食法盡形壽受一食法盡形壽受露地坐法盡形壽受斷肉法汝等行是五法疾得涅洹復語諸長老上座比丘佛已老耄年在衰末自樂閑靜受現法樂汝所須事我當相與尒時調達非法說法法說非法非律說律律說非律非犯說犯犯說非犯輕說重重說輕有殘說無殘無殘說有殘常所行法說非常所行法非常所行法說常所行法非教說教教說非教時諸比丘見調達欲破和合僧壞轉法輪已

往詣佛所頭面礼佛足却坐一面白佛言世尊是調達令欲破和合僧受持破僧因緣事是人非法說法法說非法非律說律律說非律非犯說犯犯說非犯輕說重重說輕有殘說無殘無殘說有殘常所行法說非常所行法非常所行法說常所行法非教說教教說非教佛語諸比丘汝等當訶調達令捨是破僧因緣事是諸比丘受佛說已到調達所言汝莫求破和合僧莫受持破僧事當與僧和合與僧和合者歡喜無諍一心一學如水乳合得安樂住汝當捨是破僧因緣事時調達不捨是事尒時調達四伴黨訶諸比丘言汝等莫說調達是事何以故是人說法說律是人所說是我等意是知說非不知說是人所說皆是我等所欲樂忍如是諸比丘再三諫調達不能令捨惡邪便從座起往詣佛所頭面礼足一面坐已白佛言世尊我等已約勑調達不捨惡邪有四伴黨復作是言汝等莫說調達是事何以故是人說法說律是人

所說皆我等意是知說非不知說是人所說皆是我等所欲樂忍諸比丘再三約勑不捨是事尒時佛作是念如調達癡人及四伴黨或能破我和合僧壞法輪我當自約勑調達令捨是事佛作是念已即自約勑調達汝莫求破和合僧莫受持破僧因緣事汝當與僧和合與僧和合者歡喜無諍一心一學如水乳合得安樂住汝莫非法說法法說非法非律說律律說非律非犯說犯犯說非犯輕說重重說輕有殘說無殘無殘說有殘常所行法說非常所行法非常所行法說常所行法非教說教教說非教汝當捨是破僧因緣事尒時調達聞佛口教暫捨是事佛在王舍城尒時阿闍世　太子所有大臣將帥信敬調達是諸人民為助調達比丘作供養前食後食恒鉢那諸有年少比丘出家不久者調達以大鉢小鉢大小鍵鎡衣鈎禪鎮繩牀匙匕鉢支扇蓋革屣隨比丘所須物皆用誑誘調達自共百比丘或二百三百四百五百比

丘恭敬圍繞入王舍城別受好供養前食後食恒鉢那諸有上座長老比丘得佛法味久修梵行是諸比丘入城乞食得宿冷飯或不得或得臭麨或不得如是麁食或飽不飽是中有比丘少欲知足行頭陁聞是事心不喜種種訶責云何名比丘自共百人二百三百四百五百比丘恭敬圍繞別受供養前食後食恒鉢那諸有上座長老比丘得佛法味久修梵行是諸比丘入城乞食得宿冷飯或不得或得臭麨或不得如是麁食或飽不飽種種因緣訶已向佛廣說佛以是事集比丘僧知而故問汝實作是事不答言實作世尊佛以種種因緣訶責云何名比丘自共百人二百三百四百五百比丘恭敬圍繞別受供養前食後食恒鉢那諸上座長老比丘得佛法味久修梵行是諸比丘入城乞食得宿冷飯或不得或得臭麨或不得如是麁食或飽不飽種種因緣訶已語諸比丘從今以二利因緣故遮別眾食聽三人共食一利者守護

檀越以憐愍故二利者破諸惡欲比丘力勢故莫令惡欲人別作衆別作法與僧共諍

佛在王舍城耆闍崛山上欽婆羅夜叉石窟中住早起著衣持鉢入王舍城乞食食後還耆闍崛山入欽婆羅夜叉石窟中坐禪尒時調達勤作方便欲害佛即雇四惡健人往上耆闍崛山共持大石到欽婆羅夜叉石窟上待佛經行時佛晡時從石窟出在石窟前陰中經行時四人共調達推石欲擲佛上尒時欽婆羅夜叉深敬念佛見已以兩手接石擲著餘處有碎石迸來向佛佛欲令衆生生猒畏心及亦諸業不失果報以是因緣故入定於經行頭沒現於東方碎石隨去南西北方亦復如是佛尒時沒大海水中碎石亦隨佛復入須弥山中石亦隨逐到四天王上石亦隨逐佛從四天王上至忉利天炎摩天兜率陁天化樂天他化自在天復至梵衆天梵輔天大梵天少光天無量光天光曜天少淨天無量淨天遍淨天阿

鞞婆訶天福德天廣果天不熱天喜見天樂見天阿迦尼吒天石亦隨逐尒時世尊攝神足力還經行頭立石墮佛足上傷足上血出深生苦惱佛以精進力遮是苦已而說偈言

非空非海中　非入山石間　非天上地中
可遮業報處　非空非海中　非入山石間
非天上地中　得免宿惡殃

尒時調達及四惡健人初作逆罪佛即仰看四人怖走似如人捕佛喚四人來為汝說法尋還佛所頭面礼足在一面坐佛種種說法示教利喜示教利喜已語言汝去莫從來道調達即瞋更雇八人教往殺是四人佛見八人語言汝來為汝說法八人即詣佛所頭面礼足於一面坐佛種種說法示教利喜示教利喜已語言童子汝去莫從來道尒時調達復遣十六人欲殺八人語言汝往殺是八人斷口舌故佛遥見十六人語言年少汝來為汝說法即詣佛所頭面礼足却坐一面佛種種因緣說法示教利喜示教利喜已語言汝去莫從來道調

達復遣三十二人語言汝往殺是十六人轉滅口舌故佛遥見三十二人語言年少汝來為汝說法尋詣佛所頭面礼足却坐一面佛種種因緣說法示教利喜示教利喜已語言隨汝意去尒時諸比丘繞石窟四邊有立者坐者恐調達害佛佛見諸比丘知而故問阿難諸比丘何故石窟四邊立坐住何所待荅言世尊調達欲害佛是故諸比丘繞石窟四邊立坐住待願令調達不來害佛佛語阿難若調達能害佛命無有是處若佛為他因緣死亦無是處尒時佛語阿難汝將從行比丘入王舍城巷陌市肆多人住處唱言調達所作事若身作口作莫謂是佛事法事僧事此是調達及弟子所作事阿難受教即將從行比丘詣王舍城巷陌市肆多人住處唱言調達身作口作事莫謂是佛事法事僧事此調達及弟子所作事如是唱已阿闍世太子內宮大官聞是語作是念沙門瞿曇妬瞋調達故令作是唱是上人調達身口可作惡耶

調達亦聞沙門瞿曇遣人入王舍城巷陌市肆多人住處唱言調達身作口作事莫謂是佛法僧事此是調達及弟子事聞已倍增瞋恨向佛即往阿闍世太子所言汝殺父我殺佛汝於摩竭國作王我當作佛此摩竭國便有新王新佛不亦快乎阿闍世太子聞是語喜深入其心受調達語有時缾沙王駕駛馬車入林園中遊戲尒時太子持利劒於巷頭待尒時王晝日於園中伎樂自娛向暮還宮王来轉近即以頻遲羅劒選用擲王馬車速疾故得免斯難太子以不害王故即便走逃衆官尋時圍繞收捕將詣王所王問言太子汝欲作何等荅言欲奪王命問言用誰語耶荅言用上人調達語尒時大臣有言一切沙門釋子皆應打殺有言一切沙門釋子有何等罪應殺調達及其弟子有言調達弟子有何等罪但殺調達有言何以殺諸沙門釋子何以殺調達弟子何以殺調達大王善好賢柔應死者放去何殺諸沙門出家人耶我

等何不以此事白王隨王教治事亦成斷何煩我等自用力耶王還宮已因此事故於治處坐大臣官屬皆来朝覲於一面立王言昨所起事當去何斷荅言大臣有言一切沙門釋子皆應打殺有言一切沙門釋子有何等罪應殺調達及其弟子有言調達弟子有何等罪但殺調達有言何以殺諸沙門釋子何以殺調達弟子何以殺調達大王善好賢柔應死者放去何殺諸沙門出家人我等何不以此事白王隨王教治事亦成斷何煩我等自用力耶王言諸沙門釋子先時遣人唱言調達身口所作事莫謂是佛法僧事此是調達及弟子所作事此事先已唱說王聞大臣有言一切沙門釋子皆應打殺王不可是語有言諸沙門釋子有何等罪應殺調達及其弟子王復不可是語有言調達弟子有何等罪應殺調達王亦不可是語有言何以殺一切沙門釋子何以殺調達弟子何以殺調達大王善好賢柔應死者放隨王教治事亦

成斷何煩我等自用力耶王即可之賞賜聚落田宅財物時王自問太子言汝欲作何等即除慙愧荅言我欲奪王命何以故王有王鼓王伎樂王持蓋王行時金缾導前我無王鼓王伎樂王持蓋王行時持金澡缾導前王便與太子王鼓王伎樂王持蓋行時金澡缾導前尒時二王打鼓二王唱導二王持蓋二王持金澡缾在前治國土法不可隨一切人意缾沙王先未得道時所可作惡不隨人意是諸人民心懷瞋恨而作是念時到當報是諸惡人親近阿闍世白言何國土中有二主者王言云何二主荅言二王打鼓二王作伎樂二王持蓋二王行時持金澡缾在前二王唱導汝父王後若須國時當奪汝命獨自作王汝應方便治王阿闍世王聞已心喜忍受即勑大臣官人捕取父王令著獄中大臣受教即便收捕繫在牢獄大王善好賢柔百千万人持諸餚饍往問訊王王噉以自活過數日已阿闍世王問大王活不荅言活云何

得活荅言問訃人與飲食活王即勑獄官自今已後莫聽人入後王夫人盜持食入王敢得活過數日已王復問言大王活耶荅言活去何得活荅言有王夫人来與飲食故即勑獄官莫聽夫人入有大夫人深敬念大王以食塗衣更著上衣往到獄中脫衣與王令食得活過數日已王復問言父王活耶荅言活去何得活荅言大夫人来緣得食活王言莫聽大夫人入父王在獄中遥見耆闍崛山大王見佛及僧舍利弗目連阿那律難提金鞞羅上山下山大王得遥見佛及僧歡喜故活過數日已阿闍世復問心荅言遥見佛及僧故活王即勑令父王活耶荅言活去何得活大臣如障幔莫令得見諸佛常法有大因緣入城時現如是神通力象深鳴馬悲鳴諸牛乳鵝鴈孔雀鸚鵡舍利鳥俱耆羅鳥狌狌諸鳥出和雅音大鼓少鼓箜篌箏笛琵琶簫瑟箄篥鐃鏡不鼓自鳴諸貴人舍所有金銀寶器內外莊嚴具若在箱篋中自然作聲盲者得視聾者得聽瘂者能言病躄者得伸跛蹇得手足睞眼得正癭者得除苦痛得樂毒者消歇狂者得止殺者離殺偷者離偷邪婬者不邪婬妄語者不妄語兩舌惡口綺語者不綺語貪者不貪瞋者不瞋邪見者離邪見牢獄閉繫枷鎖杻械悉得解脫急內處者皆得空閑未種善根者種已種者增長已增長者得解脫諸伏藏寶物自然發出現如是希有事諸衆生得利益尒時佛入王舍城以右足蹈門閫上悉現如是種種瑞應缾沙王曾見是相知佛當入城王從樓閣向孔閒立看佛入城王得聖道見佛及僧歡喜故活過數日已阿闍世復問王令活耶荅言活去何得活諸大臣始心荅言佛入城現神通力父王從向孔中見佛故活阿闍世王言以利刀削大王脚底皮却急繫莫令東西即受教削大王脚底急繫不得東西王以是故卧日就羸篤又一時阿闍世王共母俱食王有一子字優陁耶跋陁於道頭與狗子共戲王問優陁耶跋陁今何所在荅言道中與狗子共戲王言喚来我與共食即抱狗子隨信俱至王子不食王言何故王子言王聽我與狗子食者尒乃食耳王言隨意王子自食隨持與狗王語母言我作難事何以故我澆頂剎利王以愛念兒故與狗共食母言此非作難事何以故人有敢狗肉者與食何怯曾知汝父作難事不王言作何難事母言汝年小時手指生癰受急苦痛晝夜不寐汝父抱著膝上口含癰指大王體軟汝得安睡由口暖故癰熟膿潰大王心念却指墮膿復增子苦即隨咽膿汝父作是難事願汝時放王聞默然母謂已放宮中聲出已放大王巷陌諸處聞大王得出王賢善故百千種人皆稱善哉咸到獄所各作是言大王得出大王聞已作是念我兒惡逆無慈愍心不知當復何事治我作是念已自投牀下遂便命絕尒時阿闍世王奪父王命得大逆罪

佛在王舍城耆闍崛山中與大比丘衆五百人俱尒時世尊中前著衣持

鉢入王舍城乞食食已還上耆闍崛山七日之中結加趺坐受禪定樂過七日已中前著衣持鉢入城為乞食故尒時調達聞瞿曇沙門在王舍城耆闍崛山中與大比丘衆五百人俱瞿曇中前著衣持鉢入王舍城乞食食已還上耆闍崛山七日之中結加趺坐受禪定樂過七日已中前著衣持鉢入城為乞食故尒時阿闍世王有象名守財兇惡多力四方無雙于時調達持五百金錢與象師言汝知不耶王敬待我我今於人能有損益此五百金錢今並與汝若事果成厚相供給田宅民人問言何事荅言沙門瞿曇與大比丘衆五百人俱在耆闍崛山中瞿曇中前著衣持鉢入王舍城乞食食已還上耆闍崛山七日之中結加趺坐受禪定樂過七日已中前著衣持鉢入城為乞食故汝能以酒與象令醉解鎖却靽令奪瞿曇沙門命不象師荅言尒此是小事斯象屬我想不忘報調達語言我聞瞿曇却後七日當来入城即屈指度筭到

七日時與象酒醉繫住待佛諸佛常法有大因緣入城時現如是瑞應象深鳴馬悲鳴諸牛王吼鵝鴈孔雀鸚䳇舍利鳥俱耆羅鳥狌狌諸鳥出和雅音大鼓小鼓箜篌箏笛琵琶簫瑟箄篥鐃鏡不鼓自鳴諸貴人舍所有金器銀器内外莊嚴具若在箱篋中自然作聲盲者得視聾者得聽瘂者能言痾躄者得伸跛蹇得手足睞眼得正癲者得除苦痛得樂毒者消歇狂者得止殺者離殺偷者離偷邪婬者不邪婬妄語者不妄語兩舌惡口綺語者不綺語貪者不貪瞋者不瞋邪見者離邪見牢獄閉繫枷鎖杻械悉得解脫急内處者皆得空閑未種善根者種已種者增長已增長得解脫諸伏藏寶物自然發出現如是諸希有事一切衆生皆得利益佛到城以右足著門閫上即現如是種種瑞應象師曽見是相知佛入城即解象靽放去欲令害佛無能遮者是象面有三瘡醉狂蹩踴百千万衆皆大怖畏有入舍者在屏處者巷陌皆空除

佛及弟子有賢者遥見守財象来向佛所白佛言世尊是象飲能醉酒象已離鞲靽遣来害佛無能遮者願佛入舍若還出城勿令此象害佛世尊命佛言若守財象奪佛命者無有是處若佛為他因緣死亦無是處是賢者心大歡喜言若守財象能奪佛命无有是處若佛為他因緣死者亦無是處尒時衆人於屋上樓閣上向中立作高大聲時有不信者言是守財象或能殺佛有信者言是守財象能殺佛者無有是處象遥見佛即便鼓齒舉鼻竪尾弭耳努力走向佛所諸比丘遥見象来皆大驚怖捨佛走避唯除一阿難象来逼佛佛即以慈三昧力象醉即醒頭面礼佛以鼻拭佛足佛以右手摩其頭即說偈言

世尊以長辟　柔軟相輪手　摩扠象頭教
如父教其子
佛言大象　莫起惡業　起惡業者
不生善處　伊羅軟象　跋陁和象
提羅遮象　醘摩和象　有兇行象
有牛王象

天象等礼佛　不放逸調戲　放逸調戲者
不得生善處　若汝不放逸　當得生天上
佛說偈已為守財象說法示教利喜
示教利喜已默然時守財象從佛聞
法故心悔淚出頭面礼佛足右繞而
去尒時衆人聞佛摧伏惡象希有事
故無量衆集佛見无量衆集已告阿
難言汝為我敷座辦水阿難受教即
於是處敷座辦水合掌白佛言世尊
已敷座辦水佛自知時佛即洗足就
所敷座坐已便入禪定於此處沒出
於東方虛空中現四威儀行立坐卧
入火光三昧現種種色光青黃赤白
紅縹紫碧身下出火身上出水復從
身上出火身下出水南西北方亦復
如是現如是種種神通力已還坐本
處時坐衆人先懷猒惡怖畏心者見
佛神變及調伏醉象即於佛所深生信
敬佛知衆生深信柔軟隨其所應為
說道法是衆中有人得煗法者頂法
者順道忍法者三毒薄者離欲者世
間第一法者有得須陁洹果斯陁含
果阿那含果者有種聲聞乘因緣者
有種辟支佛乘因緣者有種佛乘因
緣者如是利益无量衆生佛於是日
無所食敢捉阿難辟便從虛空還耆
闍崛山中諸比丘聞世尊還皆詣佛
所頭面礼佛足却坐一面白佛言希
有世尊如是急怖畏時阿難不捨離
佛佛語諸比丘阿難不但今急怖時
不捨離佛乃過去世急怖時亦不捨離
佛今當說之有過去世近雪山下有
鹿王名威德作五百鹿主時有獵師
安穀施羂鹿王前行右脚墮毛羂中
鹿王心念若我現相則諸鹿不敢食
穀須敢穀盡尒乃現相現脚相時諸
鹿皆去唯一女鹿住說偈言
大王當知　是羂師来　願勤方便
出是羂去
尒時鹿王以偈荅言
我勤方便　力勢已盡　毛羂轉急
不能得出
尒時女鹿見獵師轉近重說偈言
大王當知　羂師轉近　願勤方便
求出是羂
鹿王荅言
我勤方便　力勢已盡　毛羂轉急
不可得脫
女鹿見獵師到已向說偈言
汝以利刀　先煞我身　然後願放
鹿王令去
獵師聞之生憐愍希有心畜生深愛
他故乃能與命以偈荅言
我終不殺汝　亦不殺鹿王　放汝及鹿王
隨意所樂去
獵師即時解放鹿王佛語諸比丘昔
鹿王者豈異人乎莫作異觀則我身
是五百鹿者則汝等五百比丘是汝
等過去世急怖時捨離我今急怖時
亦捨我去時獵師者則守財象是過
去世不惱害我今世亦不害我時女
鹿者阿難是過去世急怖時不捨我
去今世急怖時亦不捨我去佛即以
是因緣故說第二本生佛言過去世
時有波羅柰城城邊有池池名雨成
是池中有多水多魚多龜多鵝鴈鴨
中有鴈王名治國作五百鴈主尒時
有獵師先施毛羂近穀是鴈王前行
右脚著羂中作是念若我出是羂脚

者餘鴈不敢取敢㲉須取㲉盡然後當
現取㲉盡已即便現脚衆鴈捨王飛
去唯有一大臣名蘇摩不捨王去治
國鴈王語大臣言我與汝職作王在
諸鴈前行荅言不能問言何故尒時
大臣以偈荅言
我願隨王　死生不變　寧共王死
勝相離生　大王當知　是羂師來
但勤方便　求脫此羂
尒時鴈王以偈荅言
我勤方便　力勢已盡　毛羂轉急
不能得脫
尒時大臣見羂師轉近復說偈言
大王當知　羂師欲至　願勤方便
求脫此羂
尒時鴈王以偈荅言
我勤方便　力勢已盡　毛羂轉急
不可得脫
蘇摩大臣見羂師到已向說偈言
大王毛脂肉　我與等無異　汝以刀殺我
放王不損汝
尒時羂師作是念畜生深愛他故乃
能與命甚為希有作是念已語大臣

言我不相殺放汝及王隨意樂去獵
師即解鴈王放去是二鴈小遠共相
謂言是獵師作希有事與我等壽命
若先殺一復殺一誰能遮者我等資
生之具當以厚報獵師聞已問言汝
等何誑不能去耶二鴈荅言我等能
去但具說汝作希有事與我等命汝
先殺一復殺一誰能遮者我等資生
之具當以報汝獵師問鴈汝是畜生
有何生具以用報我二鴈荅言波羅
奈王名梵德汝持我與時獵師言彼
或害汝云何當與鴈言汝莫繫縛我
但散將去尒時獵師持二鴈著兩肩
上到城巷陌中行是鴈端正衆人樂
見多人愛念衆中有言我與汝五錢
有與十錢二十錢者皆言小待莫殺
是人比至王宮大得財物獵師到王
宮門已置鴈于地鴈王語守門者汝
白梵德王治國鴈王今在門外便往
白王王即聽入與設金牀蘇摩大臣
隨所應與共相問訊然後就座以偈
問訊梵德王言
王體安隱不　國土豊足不　如法化民不

等心治國不
尒時梵德王以偈荅言
我常自安隱　國土恒豊寧　以法化國民
等心無偏私
如是詶對說五百偈梵德王聞其所
說而作是念鴈王乃尒明達蘇摩大
臣時默然住梵德王言汝何故默然
大臣荅言汝是人王國主此鴈王陂
澤國主二王共語何敢閒錯王作是
念此是賢臣語言蘇摩我有好園汝
能於中住不當更集諸鴈為汝等作
池與汝等作隨所樂食荅言不能王
問何故鴈言王或睡覺忘不勑我
作鴈肉食若宰人不能得餘鴈或殺
我等以充王厨治國鴈王入王宮中
諸鴈從雨成池出於王宮上徘徊悲
鳴翅濕有水灑汙宮殿王仰看見水
汙宮殿怪而問曰此是何等鴈王荅
言是我眷屬王言汝欲去耶荅言欲
去王言汝何所須荅言我為獵師所
得於我等作希有事與我等壽若先
殺一復殺一誰能遮者王言當何以
報之二鴈荅言與金銀車渠瑪瑙衣

眼飲食作是語已飛昇虛空佛語
諸比丘尒時治國鴈王豈異人乎則
我身是五百鴈者則五百比丘是過
去急怖時捨我去今世急怖時亦捨
我去傶師者守財象是過去世時不
惱害我今亦不惱害我梵德王者即
淨飯王是蘇摩大臣者阿難是過去
急怖畏時不捨我今急怖畏時亦不
捨我佛即時以是因緣故說第三本
生有過去世近雪山下有師子獸王
住作五百師子主是師子王後時老
病便眼闇在諸師子前行墮空井中
五百師子皆捨離去尒時去空井不
遠有一野干見師子王作是念我所
以得此林住安樂飽滿肉者由師子
王故師子王今墮急處云何當報時
此井邊有渠流水野干即以口脚通
水入井隨水滿井師子浮出時此林
神而說偈言

身雖自雄健　應以弱為友　小野干能救
師子王井難

佛語諸比丘尒時師子王者豈異人
乎則我身是五百師子者諸比丘是

過去世急怖時捨離我去今急時亦
捨我去野干者阿難是過去世時愛
念我今亦愛念我佛即以是因緣故
如是廣說五百本生

十誦律卷第三十六

等何不以此事白王隨王教治事亦
成斷何煩我等自用力耶王還宮已
因此事故於治處坐大臣官屬皆來
朝覲於一面立王言前所起事當云
何斷荅言大臣有言一切沙門釋子
皆應打殺有言一切沙門釋子有何
等罪應殺調達及其弟子有言調達
弟子有何等罪但殺調達有言何以
殺諸沙門釋子何以殺調達弟子何
以殺調達大王善好賢柔應死者放
云何殺諸沙門出家人我等何不以
諸人民心懷瞋恨而作是念時到當
報是諸惡人親近阿闍世白言何國
土中有二主者王言云何二主荅言
二王打鼓二王作伎樂二王持蓋二
王行時持金澡缾在前二王唱導汝
父王後若須國時當奪汝命獨自作
王汝應方便治王阿闍世王聞已心
喜忍受即勑大臣官人捕取父王令
著獄中大臣受教即便收捕繫在牢
獄大王善好賢柔百千万人持諸饍
饍往問訊王王噉以自活過數日已
阿闍世王問大臣活不荅言活云何

成斷何煩我等自用力耶王即可之賞賜聚落田宅財物時王自問太子言汝欲作何等即除慙愧荅言我欲奪王命何以故王有王鼓王伎樂王持蓋王行時金鉼導前我無王鼓王伎樂王持蓋王行時持金澡鉼導前王便與太子王鼓王伎樂王持蓋行時金澡鉼導前尒時二王打鼓二王唱導二王持蓋二王持金澡鉼在前治國土法不可隨一切人意跰沙王先未得道時所可作惡不隨人意是此事白王隨王教治事亦成斷何煩我等自用力耶王言諸沙門釋子先時遣人唱言調達身口所作事莫謂是佛法僧事此是調達及弟子所作事此事先已唱說王聞大臣有言一切沙門釋子皆應打殺王不可是語有言諸沙門釋子有何等罪應殺調達及其弟子王復不可是語有言調達弟子有何等罪應殺調達王亦不可是語有言何以殺一切沙門釋子何以殺調達弟子何以殺調達大王善好賢柔應死者放隨王教治事亦

弗目連令大而
故皆我等使令卑小是調達初向佛所生瞋
恨心及舍利弗目連等諸大弟子爾時阿難
在佛後立以扇扇佛佛顧語阿難諸比丘依
止王舍城住者令集講堂集已白我阿難受
存六　五
教即令諸比丘依王舍城住者皆集講堂集
已往白佛言世尊依王舍城諸比丘已集講
堂佛自知時佛即將侍者阿難往詣講堂於
衆僧中敷座處坐教化諸比丘世有五師何
謂為五一師者不清淨持戒自言持戒清淨
是弟子共住故知師持戒不清淨

十誦律卷第三十六

校勘記

一　底本，金藏廣勝寺本。七一四頁中、下兩版原版錯簡，已剪拼，原版附後。

一　七〇八頁中一行「第三十六」，徑、清作「第三十七」。卷末經名同。

一　同行「六誦之一」，資、磧、普、南、徑、清無，麗作「第六誦之一」。

一　七〇八頁中三行「雜誦第一調達事上」，資作「第六誦之一調達事初」；磧、普、南、徑、清作「第六誦之一雜誦調達事初」。

一　七〇八頁中一二行第八字「樹」，諸本（不含石，下同）作「提」。

一　七〇八頁中一三行第一三字「提」，諸本均作「樹」。

一　七〇八頁中一四行「醯勤」，諸本作「醯勸」。

一　七〇八頁下一三行「神通」，麗作「是神通」。

一　七〇九頁上一〇行「閻浮林」，麗均作「閻浮樹」。

一　七〇九頁上一二行第五字「還」，諸本作「還所住」。

一　七〇九頁中二〇行「日目」，諸本作「日日」。

一　七〇九頁中二二行第二字「食」，資、磧、普、南、徑、清作「飲食」。

一　七〇九頁中末行第四字「詣」，諸本作「往詣」。

一　七〇九頁下一四行首字「此」，磧、普作「比」。

一　七〇九頁下一七行「汝意」，諸本作「汝等意」。

一　七〇九頁下二〇行末字「增」，資作「僧」。

一　七一〇頁上一八行第一一字「是」，諸本無。

一　七一〇頁上二〇行第二字「即」，諸本作「即時」。

一　七一〇頁中五行「目連」，資、磧、普、南、徑、清作「目犍連」。

一　七一〇頁中九行「字名」，諸本作「名字」。

一　七一〇頁中一〇行「靜默」，諸本作「默然」。

一　七一〇頁中一二行首字「可」至末行末字「可」，底本與諸校本大異，現據磧本附於卷末（附三），並校以其餘校本。

一　七一〇頁下二二行第四字「不」，磧作「人」。

一　七一〇頁下末行第三字「實」，磧作「寶」。

一　七一一頁中一三行「虺虺」，諸本作「虺」。

一　七一一頁中一七行第一〇字「壞」，資、磧、普、南、徑、清無。

一　七一一頁中末行第一三字「留」，諸本作「用」。

一　七一一頁下五行末字「習」，資、磧、普、南、徑、清作「修」。

一　七一二頁上一〇行「佛說」，諸本作「佛語」。

一　七一二頁上一二行第八字及頁中八行末字「無」，資、磧、普、南、徑、清作「不」。

一　七一二頁中五行「法輪」，諸本作「轉法輪」。

一　七一二頁中一五行第九字「介」，磧、南無。

一　七一二頁中一七行第一〇字「師」，磧、徑作「帥」。

一　七一二頁下七行「種種」，諸本作「種種因緣」。

一　七一三頁上一一行「四人」，諸本作「四惡人」。

一　七一三頁上一八行「復入」，資、磧、普、南、徑、清作「後入」。

一　七一三頁下一一行「不來」，磧、普、南、徑、清作「不得」。

一　七一三頁下二一行「内宫」，資、磧、普、南、徑、清作「官」。

一　七一四頁上三行及本頁中一五行「佛法」，諸本作「佛事法事」。

一　七一四頁上六行第八字「當」，磧、

普、南、徑、清作「亦」。

一　七一四頁上八行末字「有」，資作「又」；磧、普、南、徑、清作「是」。

一　七一四頁上一五行首字「詣」，資、磧、普、南、徑、清作「至」。同行「問言太子」，諸本作「問太子言」。

一　七一四頁上一六行第一三字「言」，資、磧、普、南、徑、清無。

一　七一四頁上一九行及本頁中二二行「弟子」，資、磧、普、南、徑、清均作「伴」。

一　七一四頁上末行第一三字「耶」，資、磧、普、南作「所」；徑、清作「也」。

一　七一四頁中二行「何煩」，徑作「何須」。頁中一二行，及頁下一行資、磧、普、南、徑、清同。

一　七一四頁中四行第一〇字「所」，資、磧、普、南、徑、清作「等」。

一　七一四頁中六行第五字「有」，資、磧、普、南、徑、清作「又」。

一　七一四頁中一一行第九字「人」，諸本作「人也」。

一　七一四頁中一四行第二字「遣」，資作「違」。

一　七一四頁中一九行第三字「其」，資、磧、普、南、徑、清無。同行第七字「復」，諸本作「亦」。

一　七一四頁下五行「金鉼」，諸本作「金澡鉼」。

一　七一四頁下六行第九字「持」，資、磧、普、南、徑、清無。

一　七一四頁下七行末字「行」，諸本作「主行」。

一　七一四頁下八行「金澡鉼導前」，資、磧、普、南、徑、清作「持金澡鉼導在前」。

一　七一四頁下一五行第七字「作」，資、磧、普、南、徑、清作「作王」。

一　七一四頁下一七行「須國」，麗作「治國」。

一　七一四頁下二〇行「即便」，資、磧、普、南、徑、清作「尋便」。

一　七一五頁上七行第四字「衣」，資、磧、普、南、徑、清作「衣裹」。

一　七一五頁上一五行末字「如」，諸本作「妬」。

一　七一五頁上二〇行及次頁中四行「狌狌」，資、磧、普、南、徑、清作「鴻鵠」；麗作「猩猩」。

一　七一五頁上二〇行末字「少」，諸本作「小」。

一　七一五頁上二一行第一三字及次頁中六行第四字「鏡」，諸本作「鈹」。

一　七一五頁中一行「能言病躄」，資、磧、普、南、徑、清作「得言病癖」。

一　七一五頁中二行第四字及次頁中九行第九字「蹇」，資、磧、普、南、徑、清作「蹇者」。

一　七一五頁中二行第九字「眼」，資、磧、普、南、徑、清作「眼者」。

一　七一五頁中三行「苦痛」，資、普、徑、清作「苦痛者」；磧、南作「苦惱者」。同行及次頁中一一行「得止」，資、磧、普、南、徑、清作「得志」。

一　七一五頁中一〇行第四字「發」，

麗無。

一七一五頁中一三行第九字「城」，資、磧、普、南、徑、清無。

一七一五頁中一七行首字「始」，資、磧、普、南、徑、清作「姤」；麗作「姤」。

一七一五頁中二一行「又一時」，資、磧、普、南、徑、清作「有一時」。

一七一五頁下一〇行第六字「小」，資、磧、普、南、徑、清作「少」。同行第一三字「急」，資、磧、普、南、徑、清作「篤」。

一七一五頁下一一行第九字「著」，資、磧、普、南、徑、清作「汝」。

一七一五頁下二一行首字「絶」，資、磧、普、南、徑、清作「終」。

一七一六頁上一四行「民人」，諸本作「人民」。

一七一六頁上一六行及二二行「瞿曇」，諸本作「沙門瞿曇」。

一七一六頁中二二行第二字「三」，磧作「王」。

一七一六頁中末行第七字「屏」，諸本作「屏覆」。

一七一六頁下二行末字「象」，資、磧、普、南、徑、清無。

一七一六頁下四行第一二字「佛」，資、磧、普、南、徑、清無。

一七一六頁下二一行第七字「軷」，諸本作「轅」。

一七一七頁中五行第八字「坐」，資、磧、普、南、徑、清作「住」。

一七一七頁中八行第八字「世」，資、磧、普、南、徑、清無。

一七一七頁中一一行及一二行「鹿王」，資、磧、普、南、徑、清作「鹿主」。

一七一七頁下二行「不可」，資、磧、普、南、徑、清作「不能」。

一七一七頁下五行「王令」，資作「主命」；磧、普、南、徑、清作「王命」。

一七一七頁下一四行第二字「捨」，資、磧、普、南、徑、清作「捨離」。

一七一八頁上二行第九字「脚」，諸本作「脚相」。

一七一八頁中三行第一三字「壽」，資、磧、普、南、徑、清無。

一七一八頁中四行、八行及頁下二二行「復殺」，諸本作「後殺」。

一七一八頁中七行末字「汝」，諸本作「若汝」。

一七一八頁中九行「報汝」，諸本作「厚報」。同行「問鴈」，資、磧、普、南、徑、清作「問言」。

一七一八頁中一三行「將去」，資、磧、普、南、徑、清作「持去」。

一七一八頁中一六行第七字「錢」，資、磧、普、南、徑、清無。

一七一八頁中二二行「問訐」，磧、普、南、徑、清作「問於」。

一七一八頁下三行末字「民」，磧、普、南、徑、清作「人」。

一七一八頁下五行第三字「訕」，資、磧、普、南、徑、清作「酬」。

一七一八頁下八行「汝是」，徑、清作「汝得」。

一　七一八頁下九行「二王」，麗作「二主」。

一　七一八頁下一三行第四字「鴈」，諸本作「鴈王」。

一　七一八頁下一八行第四字「恠」，磧、南作「故」。

一　七一九頁上六行第四字「今」，資作「令」。

一　七一九頁上一二行第二字「便」，諸本作「痩」。

一　七一九頁上一六行第五字「王」，資、磧、普、南、徑、清無。

一　七一九頁中一行第一二字「急」，諸本作「急怖」。

一　七一九頁中二行首字「捨」，資、磧、南、徑作「捨離」。

附(三)

一　七二〇頁中四行第一〇字「顧」，徑作「頭」。

一　七二〇頁中五行首字「止」，麗無。

一　七二〇頁中一一行「持戒」，麗作「不持戒」。

十誦律卷第三十七　第六誦之二

後秦北印度三藏弗若多羅譯　政

雜誦中調達事之二

佛在王舍城方黑石聖山與大比丘
衆七百人俱尒時世尊中前著衣持
鉢阿難隨後入王舍城乞食食後往
詣講堂於衆僧前敷坐處坐調達亦
如是中前著衣持鉢迦留羅提舍隨
後入王舍城乞食食後詣講堂隨次
第坐坐已調達僧中唱言比丘應盡
形受著納衣應盡形受乞食應盡形
受一食應盡形受露地住應盡形受
斷宍魚是五法隨順少欲知足易養
易滿知時知量精進持戒清淨一心遠
離向泥洹門若比丘行是五法疾得
泥洹調達尒時非法說法法說非法
善說非善非善說善犯說非犯非犯
說犯輕說重重說輕有殘說無殘無
殘說有殘常所行法說非常所行法
非常所行法說常所行法言說非言
非言說言佛尒時自約勑調達汝莫
作方便破和合僧莫受持破僧因緣

事汝與僧共和合和合者歡喜無諍
一心一學如水乳合安樂行汝莫非
法說法法說非法非善說善善說非
善非犯說犯犯說非犯輕說重重說
輕有殘說無殘無殘說有殘常所行
法說非常所行法非常所行法說常
所行法言說非言非言說言調達聞
佛如是約勑不捨破僧因緣事當
佛約勑調達不捨是事尒時迦留羅
提舍比丘在調達後以扇扇調達加
留羅提舍比丘即時偏袒右肩合掌
白佛言如佛讚歎頭陁功德上人調
達亦讚歎頭陁功德佛何以生妬心
佛言癡人我有何妬心過去諸佛讚
歎納衣聽著納衣我今亦讚歎納衣
聽著納衣亦聽著居士衣癡人過去
諸佛讚歎乞食聽乞食我今亦讚歎
乞食聽乞食亦聽請食癡人過去諸
佛讚歎一食聽一食我今讚歎一食
聽一食亦聽再食癡人過去諸佛讚
歎露地住聽露地住我今讚歎露地
住聽露地住亦聽房舍住癡人我不
聽噉三種不淨宍若見若聞若疑見

者自眼見是畜生為我故殺聞者從
可信人聞為汝故殺是畜生疑者是
中無屠賣家又無自死者是人凶惡
能故奪畜生命癡人如是三種宍我
不聽噉癡人我聽噉三種淨宍何等
三不見不聞不疑不見者不自眼見
為我故煞是畜生不聞者不從可信
人聞為汝故煞是畜生不疑者是中
有屠兒是人慈心不能奪畜生命我
聽噉如是三種淨宍癡人若大祠所
謂象祠馬祠人祠和闍毗耶祠三若
波陁祠隨意祠若諸世會殺生處祠
如是大祠世會中不聽沙門釋子噉
宍何以故是大祠世會皆為客故佛
說是已即從坐起入室坐禪尒時調
達作是言我調達僧中唱言比丘應
盡形著納衣應盡形乞食應盡形一
食應盡形露地住應盡形不噉宍魚
隨何比丘憙樂是五法者便起捉籌
唱已調達及四伴即起捉籌調達第
二復作是言我調達僧中唱言比丘
應盡形著納衣應盡形乞食應盡形
一食應盡形露地住應盡形不噉宍

魚隨何比丘喜樂是五法者便起捉
籌唱第二語已有二百五十比丘從
坐起捉籌調達第三復作是言我調
達僧中唱言比丘應盡形著納衣應
盡形乞食應盡形一食應盡形露地
住應盡形不噉宍魚隨何比丘憙樂
是五法者便起捉籌第三唱已復有
二百五十比丘從坐起捉籌尒時調
達即將是衆還自住處更立法制調
達作是言應盡形著納衣應盡形乞
食應盡形一食應盡形露地住應盡形
不噉宍魚隨何比丘不憙樂不忍受
是五法者是人去我等遠與我別異
不共語世尊晡時從禪室起於僧中
坐告諸比丘調達以八邪法覆心不
覺破僧何等八利衰毀譽稱譏苦樂
惡知識惡伴黨調達聞佛說其破僧
壞轉法輪歡喜作是念瞿曇沙門有
大神通力勢我能破彼和合僧我好
名聲流布四方瞿曇沙門有大神通
力勢調達能破彼和合僧便如佛在僧
中坐時右舍利弗目連在左調達亦如
是右俱迦梨左迦留羅提舍時舍利

弗目連白佛言世尊我等今往調達
衆中有可化者開導令還佛言隨意
舍利弗目連即詣調達講堂有一比
丘見舍利弗目連往調達衆所宛轉
啼哭似木段轉作是念如是惡世舍
利弗目連捨離世尊反就調達佛見
比丘知而故問汝今何以宛轉啼哭
如似木段荅言世尊如是惡世舍利
弗目連捨離如来反就調達佛言比
丘若舍利弗目連捨我去更求智慧
者無有是處比丘聞佛語心大歡喜
稱言舍利弗目連捨如来去更求智
慧者無有是處尒時調達遥見舍利
弗目連来心大歡喜作是念瞿曇沙
門第一好大弟子二人今轉屬我如
佛見舍利弗目連来時舉右手言善
来舍利弗目連調達亦尒見舍利弗目
連来亦舉右手言善来舍利弗目連即
遣右俱伽梨安舍利弗遣左迦留羅提
舍安目連如佛在衆中語舍利弗目
連汝等為衆說法我脊痛小息調達
亦尒在衆中語舍利弗目連汝等為
諸比丘說法我脊痛小息如佛四褺

鬱多羅僧敷以僧伽梨作枕右脇卧
調達亦尒四褺鬱多羅僧敷以僧伽
梨作枕右脇卧時有天神深愛佛法
故令調達睡轉左脇卧鼾睡寱語齘
呻振擺齘齒作聲時舍利弗為諸比
丘說法種種因緣讚歎佛法僧戒種
種呵責說調達過罪惡道分當墮阿
鼻地獄一劫壽不可救目連即入如
是禪定以是定方於是處沒出於東
方虛空中現四威儀行立坐卧入火
光三昧現種種色光青黃赤白紫碧
縹綠身上出水身下出火或身上出
火身下出水南西北方亦復如是現
神變已還坐本處時是衆中五百比
丘見神通聞說法已作是念我等或
錯墮邪道中第二舍利弗復為諸比
丘說法種種因緣讚歎佛法僧戒種
種呵責說調達過罪惡道分當墮阿
鼻地獄一劫壽不可救目連即入如是
禪定以是定方於是處沒出於東方
虛空中現四威儀行立坐卧入火光
三昧現種種色光青黃赤白紫碧縹
綠身上出水身下出火或身上出火

身下出水南西北方亦復如是現神變已還坐本處第二諸比丘生疑作是念我等在邪道耶第三舍利弗復為說法種種因緣讃歎佛法僧戒種種呵責說調達過罪惡道分當墮阿鼻地獄一劫壽不可救目連即入如是禪定以是定力於是處沒出於東方虛空中現四威儀行立坐卧入火光三昧現種種色光青黃赤白紫碧縹緑身上出水身下出火或身上出火身下出水南西北方亦復如是現神變已還坐本處第三諸比丘作是念我等實錯定墮邪道舍利弗目連即從坐起去五百比丘亦從坐起去時舍利弗目連及五百比丘俱詣佛所頭面札佛足却坐一面時調達講堂空無大衆唯有四伴在迦留羅提舍先在調達左調達見目連來駈迦留羅提舍安目連尒時迦留羅提舍以是因緣故以右脚蹴調達令覺語言樂衆調達舍利弗目連奪汝衆去調達覺已見講堂空迷悶墮床時四伴以冷水灑還得醒悟作是念我是糯

種姓瞿曇大人不可屈下從他語諸比丘先有外道法隱沒不了我今當發起明了住是法中汝等當知我從今不復屬沙門瞿曇作是語時即名捨戒諸比丘白佛言希有世尊舍利弗目連求調達便疾得其便佛言不但今世得調達便過去世時亦得其便汝今善聽佛即廣說本生因緣語諸比丘過去世時有一射師多諸弟子師作是念諸弟子中第一巧者以女妻之及四馬車附叙千箭千金錢其後知一弟子最上巧射即嫁女與及四馬車附叙千箭及千金錢弟子與女同載一車還所住處道中有千賊餘人見賊語弟子言是中有千賊莫從此道為賊所惱是弟子發憍慢心自恃技能從是道去時千賊下道側食是弟子亭車道中遣婦語賊主與我食分婦即詣彼語其賊主言某射師弟子故遣我来索食分賊主作是念如是道中遣如是使必是無畏當與食分諸賊憂愁咸作是念我等用是活為何不殺是人取是女

作婦取四馬車千箭千金錢用語女言還去不與食分是女還言不肯與我等食分更遣往語言若汝等不肯與我食分各起莊嚴来共鬪戰即復往語時彼賊中百人莊嚴来共鬪戰弟子以百箭殺百人如是二百三百乃至九百九十九人唯留一箭以擬賊主賊主作是念我用是活為一人殺滅千人即起著杖捉弓標箭是二人皆善知射俱相求便弟子作是念我云何當得其便即語婦云汝小遠於彼歌儛動身令莊嚴具作聲擧衣現身是婦即於一面歌儛動身令莊嚴具作聲擧衣現身賊主見聞已心動弟子得便放一箭殺之佛言尒時射師者豈異人乎則我身是弟子者舍利弗是女人者目連是尒時賊主調達是尒時二人求便得便今亦求便得便尒時世尊廣說如是本生

佛在舍衛國尒時長老優波離問佛言世尊所言破僧者云何名破僧齊幾所名破僧佛語優波離用十四破僧事若從是中隨所用事十四者非

法說法法說非法非善說善善說非善犯說非犯非犯說犯輕說重重說輕有殘說無殘無殘說有殘常所行法說非常所行法非常所行法說常所行法非說言說說言非說於是中非法說法偷蘭遮法說非法偷羅遮非善說善偷羅遮善說非善偷羅遮非犯說犯偷蘭遮犯說非犯偷蘭遮有殘說無殘偷蘭遮無殘說有殘偷蘭遮輕說重偷蘭遮重說輕偷蘭遮常所行法說非常所行法偷蘭遮非常所行法說常所行法偷蘭遮非說言說偷蘭遮說言非說偷蘭遮若是比丘非法說法以是非法教衆折伏衆破和合僧破和合僧已得大罪得大罪已一劫壽墮阿鼻地獄中若比丘非法說法法說非法非善說善善說非善犯說非犯非犯說犯有殘說無殘無殘說有殘輕說重重說輕常所行法說非常所行法非常所行法說常所行法說言非說非說言說若比丘以是等十四非法教衆折伏衆破和合僧破和合僧已得大罪得大罪已一

劫壽墮阿鼻地獄中優波離是十四事名破僧若十四事中隨用何事亦名破僧若比丘非法中生非法想於破僧中生非法見知破僧是非法以是心破僧得逆罪若比丘非法中生非法想破僧中生疑以是心破僧得逆罪若比丘非法中生非法想破僧中生是法見是人不得逆罪若比丘非法中生法想破僧中生法見是比丘不得逆罪若比丘非法中生法想破僧因緣中生疑是比丘不得逆罪優波離又問佛言世尊云何名和合僧佛語優波離有十四事名破僧若滅此事名和合僧十四者非法說非法法說法善說善非善說非善犯說犯非犯說非犯有殘說有殘無殘說無殘輕說輕重說重常所行法說常所行法非常所行法說非常所行法說言是說非說言非說若比丘非法說非法以是教衆折伏衆和合破衆永受天上樂若比丘如法說如法以是教衆折伏衆和合破衆永受天上樂若比丘善說善非善說非善犯說

犯非犯說非犯有殘說有殘無殘說無殘輕說輕重說重常所行法說常所行法非常所行法說非常所行法說言說非說言非說若以是等十四法教衆折伏衆和合破衆永受天上樂是名十四事和合僧若比丘從十四事中隨所用事和合僧永受天上樂佛語優波離一比丘不能破和合僧若二若三四五六七八亦不能破和合比丘僧極少乃至九清淨同見比丘能破和合比丘僧優波離一比丘尼不能破和合僧若二若三四五六七八九清淨同見比丘尼亦不能破和合僧優波離非一式叉摩尼非一沙弥沙弥尼非一出家出家尼能破和合僧若二若三四五六七八九清淨同見亦不能破和合僧優波離有二因緣名破僧一唱說二取籌唱說者如調達於僧中乃至第二第三唱言我調達作是語取籌者如調達初唱竟共四伴取籌長老優波離問佛言世尊擯比丘能破僧不及隨順擯比丘助隨順擯比丘若作擯比丘及隨順

作擯比丘助隨順作擯比丘若大長
老及隨順大長老比丘助隨順大長
老比丘皆能破僧不佛言一切比丘
皆能破僧唯除擯人不能破僧
佛在王舍城尒時六群比丘以木棒
自打治身諸居士呵責言諸沙門釋
子自言善好有德以木棒自治身如
王如大臣是事白佛佛言從今不應
以木棒治身治者突吉羅諸比丘以
木丸自治身佛言從今不聽以木丸
治身治者突吉羅佛在舍衛國六群
比丘洗浴以鉋刮身毛脫諸居士呵
責言諸沙門釋子自言善好有德洗
浴以鉋刮身毛脫如王如大臣是事
白佛佛言從今洗浴不聽以鉋刮身
毛脫刮者突吉羅尒時有比丘名強
耆羅多毛洗浴已毛中水濕衣爛壞
身躰臭穢是事白佛願聽洗浴時以
鉋刮去水佛言聽尒時六群比丘以
香塗身諸居士呵責言諸比丘自言
善好有德以香塗身如王如大臣是事
白佛佛言從今不聽以香塗身塗者

突吉羅六群比丘以掌治身諸居士
呵責言諸比丘自言善好有德以掌
治身如王如大臣是事白佛佛言從
今不聽以掌治身治身者突吉羅掌有
二種手掌脚掌手掌治突吉羅脚掌
治亦突吉羅除手掌脚掌以餘身分
治者亦突吉羅尒時六群比丘就柱
治身是事白佛佛言從今不聽就柱
治身就治者突吉羅六群比丘就壁
治身就石治身佛言從今不應就壁
石治身就治者突吉羅
佛在迦維羅衛國尒時釋摩男請佛
及僧明日食佛默然受釋摩男知佛
默然受請已頭面礼佛足右遶而去
還舍通夜辦種種多美飲食早起敷
坐處遣使白佛時到唯聖知時尒時
諸比丘以油塗足是國多塵土著比
丘脚諸居士婦以兩手接比丘足作
礼然後洗手捉鉢下食有比丘語居
士婦言先洗手已捉鉢荅言已洗若
汝不油塗脚上来者當有何過佛見居
士婦呵責比丘作如是事佛食後還
僧坊以是事集比丘僧語諸比丘從

今不應以油塗足入白衣家塗足入
白衣舍者突吉羅若有泥有瘡塗入
者不犯六群比丘油塗頭諸居士呵
責言諸沙門釋子自言善好有德以
油塗頭如白衣佛言從今不聽比丘
以油塗頭塗者突吉羅若新剃髮若
頭痛若房舍内塗者不犯六群比丘
莊嚴面目諸居士呵責言諸比丘自
言善好有德莊嚴面目如王如大臣
是事白佛佛言從今不應莊嚴面目
莊嚴者突吉羅六群比丘以莊嚴故
畫眼諸居士呵責言諸比丘自言善
好有德畫眼如王如大臣是事白佛
佛言從今不聽比丘為莊嚴故畫眼
畫者突吉羅畫眼有五種一者墨畫
二者空青畫三者雜畫四者華畫五
者樹汁畫若為治病故畫眼不犯六
群比丘腕上繫縷諸居士呵責言諸
比丘自言善好有德以雜色縷繫腕
上如王如大臣是事白佛佛言從今
不聽以雜色縷繫腕上繫者突吉羅
六群比丘縷絡脓諸居士呵責言諸
比丘自言善好有德以縷絡脓如婆

羅門是事白佛佛言從今不聽比丘以纓絡腋絡者突吉羅六群比丘畜莊嚴身具諸居士呵責言諸沙門釋子自言善好有德畜莊嚴身具自莊嚴身如王如大臣是事白佛佛言從今不聽比丘畜莊嚴身具畜者突吉羅六群比丘以辟釧自莊嚴佛言不應畜臂釧自莊嚴畜者突吉羅六群比丘著指環如王如大臣佛言不應著指環著者突吉羅六群比丘著瓔珞佛言比丘不應著瓔珞著者突吉羅六群比丘著纓辟釧佛言比丘不應著纓辟釧著者突吉羅六群比丘以金銀鑞鑷穿耳佛言不得以鑞鑷穿耳穿耳者突吉羅長老跋提本白衣時著葡萄葉鑷作比丘已本習氣故猶故著之諸居士呵責言是比丘著葡萄葉鑷如王如大臣是事白佛佛言從今不應著著者突吉羅佛遮一切莊嚴具故六群比丘便以幣帛繩樹葉樹皮木白鑞鉛錫作耳圈著諸居士言汝等不著金銀葉鑷何用圈耳為佛言從今不聽比丘以幣帛繩樹葉樹皮木白鑞

鉛錫作耳圈著者突吉羅乃至以草簪穿耳孔中者突吉羅尒時六群比丘著耳環佛言不應著耳環著者突吉羅又六群比丘畜約髮寶物諸居士呵責言諸沙門釋子自言善好有德畜約髮寶物如王如大臣是事白佛佛言從今不應畜約髮寶物畜者突吉羅又六群比丘著金鐍諸居士呵責言沙門釋子自言善好有德著金鐍如王如大臣佛言比丘不應著金鐍著者突吉羅又六群比丘治爪使白佛言不應治爪使白治者突吉羅佛在王舍城尒時諸比丘入王舍城乞食得菴羅果菴羅果羹諸比丘言佛不聽我等受菴羅果菴羅果羹是事白佛佛言從今聽比丘受菴羅果菴羅果羹佛在王舍城尒時缾沙王有菴羅樹常生果王信敬佛法故問諸比丘食菴羅果不荅言食王言食我此菴羅樹果是守果人不信敬佛法有黃熟好果留作王分及夫人王子大臣大官分此果中有生者青者瘀者虫鳥所落者持與比丘六群比丘到是處取

黃熟好果已語守果人授與我來是人荅言汝等已取何須更受是中有比丘少欲知足行頭陀聞是事心不喜向佛廣說佛以是因緣集比丘僧集比丘僧已問六群比丘汝實作是事不荅言實作世尊佛以種種因緣呵責六群比丘云何名比丘先自觸菴羅果然後從淨人受瞰從今比丘若自手觸菴羅果後從淨人受者不應食食者突吉羅如菴羅果餘一切果亦如是

佛在舍衛國尒時憍薩羅國波斯匿王遣使至缾沙王所讚歎波斯匿王言我王善好有福德四缾自然有乳滿以供王飲自然粳米日滿八斛器以供王食缾沙王亦自讚歎已國我此土有菴羅果常生樹提居士樹果生妙衣缾沙王即遣信勑守園人送菴羅果守園人作是念以此沙門取果因緣故世尊必遮比丘噉菴羅果守園人即語王使言此園無有菴羅果所有果沙門釋子先已噉盡使還白王守園人言所有菴羅果沙門釋子先已

噉盡王言我亦自知此非果時若少多有者可示彼使令知相貌守園人得少多果已往送奉王有比丘少欲知足行頭陁聞是事心不喜呵責言云何名比丘敢菴羅常生果令灌頂王自遣使索不得呵責已以是事白佛佛以是因緣集比丘僧集僧已佛種種因緣呵責云何名比丘敢菴羅常生果令灌頂王自遣使索不得種種因緣呵責已語諸比丘從今菴羅常生果不應敢敢者突吉羅

佛在舍衛國尒時諸比丘入舍衛國乞食得菴羅菓諸比丘疑不受作是念我等將不墮乞美食耶是事白佛佛言若不索他自與得取憍薩羅國一住處僧得施果諸比丘不知云何是事白佛佛言應以五種作淨敢何謂為五火淨刀淨爪淨鸜鵒淨子不生淨

佛在萬摩國尒時阿㝹律共行弟子口乾病醫師教含阿摩勒口可得差弟子答言佛未聽我含阿摩勒是事白佛佛言聽比丘口病含阿摩勒何

以故口乾病相宜故有憍薩羅國一住處僧得施果從淨人受未作淨諸比丘不知云何是事白佛佛言應食外膚莫食子佛在王舍城尒時樹提居士舉物客從海中還持一栴檀段餉樹提居士居士大富多金銀珍寶車璖馬瑙珊瑚等无量得是栴檀不以在意即使作栴檀鉢著絡囊中懸高象牙杙上作是言若沙門婆羅門不以梯杖能得者便取尒時富樓那迦葉聞樹提居士為我故作栴檀鉢即往問言汝為我作栴檀鉢耶居士答言我作栴檀鉢懸高象牙杙上沙門婆羅門不以梯杖能得者與富樓那作是念居士欲見神通力即挑頭而去摩伽梨俱賒子珊闍耶毗羅荼子尼揵陁若提子迦求陁迦旃延阿耆陁翅舍欽婆羅聞樹提居士為我作栴檀鉢往詣其所問言汝為我作栴檀鉢耶居士言我作栴檀鉢懸高象牙杙上沙門婆羅門不以梯杖能得者與非不與皆作是念是居士欲見神通力故挑頭而去尒時長老賓頭盧

頗羅墮聞樹提居士作栴檀鉢絡囊盛懸高象牙杙上沙門婆羅門不以梯杖能得者與非不與聞已詣目連所言長老目連汝知不樹提居士作栴檀鉢絡囊盛懸高象牙杙上作是言諸沙門婆羅門不以梯杖能取者與非不與目連言汝師子吼中第一便可往取尒時長老賓頭盧頗羅墮過夜中前著衣持鉢以好威儀行住坐立往詣樹提居士舍樹提居士遥見賓頭盧行住坐立威儀清淨著衣持鉢作是念如是比丘行住坐立威儀清淨著衣持鉢必能取鉢居士即從坐起偏袒右肩合掌向賓頭盧言善来頗羅墮久不来此命就座坐樹提居士頭面礼頗羅墮足賓頭盧坐已問居士言汝實作栴檀鉢盛絡囊中懸高象牙杙上作是言諸沙門婆羅門不以梯杖能取者與非不與答言實尒賓頭盧即入如是禪定便於座上申手取鉢以示居士居士語言如我先語即便屬汝居士又言暫與我来即取鉢入盛滿粳米飯授與賓

頭盧賓頭盧食已便持是鉢示諸比丘言汝等看是鉢香好可愛諸比丘言實尒從何處得賓頭盧廣說上事是中有比丘少欲知足行頭陀聞是事心不喜種種因縁呵責言云何名比丘為赤裸外道物故未受大戒人前現過人聖法呵已向佛廣說佛以是事集比丘僧知而故問賓頭盧頗羅墮汝實作是事不荅言實作世尊佛種種因縁呵責賓頭盧云何名比丘為赤裸外道物木鉢故於未受大戒人前現過人聖法呵責已語頗羅墮盡形壽擯汝不應此閻浮提住賓頭盧受佛教已頭面礼佛足右遶還自房所受僧卧具牀榻盡以還僧持衣鉢入如是定於閻浮提没瞿耶尼現到已多教化優婆塞優婆夷多畜弟子起僧坊房舍畜共行弟子近行弟子廣宣佛法佛尒時遣賓頭盧去不久集比丘僧集僧已語諸比丘從今不聽畜八種鉢何等八金鉢銀鉢琉璃鉢摩尼珠鉢銅鉢白鑞鉢木鉢石鉢畜者突吉羅聽汝等畜二種鉢鐵鉢

瓦鉢瓦鉢喜破佛言綴用優波離問佛以何物綴佛言應用毛蒭摩劫貝麻文闍草婆婆草彼國多熱故綴中生虫佛言應解綴曬已還綴諸比丘日日解曬還綴疲極有一比丘能鍛銅是比丘白佛言願聽以二種物綴鉢若鐵若銅佛言聽用若鐵若銅

佛在舍衞國尒時有比丘起欲心故自截男根苦惱垂死諸比丘以是事白佛佛言汝等看是癡人應斷異所斷異應斷者貪欲瞋恚愚癡如是呵已語諸比丘從今不聽斷男根斷者偷蘭遮復有比丘為作浴破薪故毒虵從朽木中出齧比丘指比丘作是念此毒必入身即自斷指由是指摒諸居士入寺中見比丘摒指作是言沙門釋子亦有摒指是中有比丘少欲知足行頭陀聞是事心不喜是事白佛佛種種因縁呵責云何名比丘自斷指如是呵已語諸比丘從今不應自斷指自斷指者突吉羅佛言從今有如是因縁聽以繩纒指以刀刺出毒有六群比丘往觀伎樂歌儛諸

居士呵責言諸沙門釋子自言善好有德往觀聽伎樂歌儛如王如大臣是中有比丘少欲知足行頭陀聞是事心不喜是事白佛佛知故問六群比丘汝實作是事不荅言實作世尊佛以種種因縁呵責言云何名比丘自往觀聽伎樂歌儛如是呵已語諸比丘從今比丘不應往觀聽伎樂歌儛往觀者突吉羅又六群比丘自歌諸居士呵責言諸沙門釋子自言善好有德歌如白衣是中有比丘少欲知足行頭陀聞是事心不喜是事白佛佛語諸比丘從今不應歌歌者突吉羅歌有五過失自心貪著令他貪著獨處多起覺觀常為貪欲覆心諸居士聞作是言諸沙門釋子亦歌如我等無異復有五過失自心貪著令他起貪著獨處多起覺觀常為貪欲覆心諸年少比丘聞亦隨學隨學已常起貪欲心便反戒有比丘名跋提於唄中第一是比丘聲好白佛言世尊願聽我作聲唄佛言聽汝作聲唄有五利益身躰不疲不忘所憶心不疲

勞聲音不壞語言易解復有五利身
不疲極不忘所憶心不懈惓聲音不
壞諸天聞唄聲心則歡喜佛在舍衛
國尒時諸比丘鐵鉢中食已置鉢在
地濕氣生壞佛言從今聽用𨆍納著
鉢下是國中多熱納衣中生虫佛言
應作安鉢物長老優波離問佛以何
物作安鉢物佛言應以白鑞鉛錫作作
巳故生虫佛言應作安鉢棧作巳瓦
鉢棧上墮地破壞佛言應著箱中露
鉢著箱中相觸作聲佛言聽以𨆍納褁
著箱中長老疑離越比丘洗瓦鉢置
日中日炙津出語諸比丘瓦鉢不淨
有膩比丘不應用食諸比丘不知云
何是事白佛佛知故問疑離越汝實
洗瓦鉢置日中日炙津出語諸比丘
瓦鉢津膩不淨比丘不應用食荅言
實尒世尊佛言從今洗瓦鉢巳不應
著日中炙著日中者突吉羅尒時比
丘有貫價衣水中浣淨欲裁作衣以齒
齧邊若共挽裂此衣處處縱橫破裂佛
言從今聽畜月頭刀子用截衣尒時
以鷄毛鳥毛縫衣縫巳易壞褰縮佛

言聽用二種鍼鐵鍼銅鍼尖鼻圓鼻
方鼻時諸比丘以衣著膝上縫縫時皺
佛言敷地縫諸比丘敷地縫時土著佛
言當以牛屎塗地時或有不正佛言聽
繩綴四邊綴巳或有不直佛言處處拼
拼時或有不均佛言刻木為準縫時鍼
難得前指頭傷破佛言聽著指㩧尒時
鍼刀指㩧木準各著異處求覓難得
佛言聽以物盛著一處綴衣縫時喜
壞衣緣佛言聽著偽緣此衣舒在外
邊喜失佛言聽卷疊卷時喜舒佛言
以繩繫或時風雨汙衣佛言聽著覆
處在覆處著地有虫蟻佛言聽打橛
著壁上時橛頭滑衣墮地佛言聽作
曲頭橛諸比丘身有長短有短比丘
截縫衣牀就身有長比丘更處處覓
求長牀佛言聽鑿作孔盈兩頭出令
得共用佛在王舍城尒時六群比丘
以鏡照面佛言不聽照面照面者突
吉羅尒時六群比丘或以鉢中照面
或水中照面佛言若鉢中水中照面
者突吉羅若照看面瘡者不犯佛在王
舍城尒時六群比丘以梳梳頭佛言

比丘不得以梳梳頭若梳頭者突吉
羅尒時六群比丘又以刷刷頭佛言
若刷者突吉羅
佛在王舍城尒時六群比丘頂上留
少髮佛言不聽留若留者突吉羅尒
時六群比丘留髮令捲佛言不應留
髮令捲若留者突吉羅尒時六群比
丘留髮令長佛言不應留髮令長若
留者突吉羅若阿練兒比丘長至二
寸無罪
佛在舍衛國尒時比丘有癩病疥瘙
病語藥師耆婆治我病耆域言入浴
室洗可差比丘言佛未聽入浴室洗
諸比丘以是事白佛佛言聽入浴室
洗洗有五功德一者除垢二者身清
淨三者除去身中寒冷病四者除風
五者得安隱尒時浴室中無有坐物
諸比丘無處可坐洗佛言浴室中聽
安坐物長老優波離問佛用何物作
佛言用木石塼作尒時浴室地泥
出諸比丘以泥水洗佛言聽浴室安
橙優波離問佛用何物作橙佛言以
木石塼作尒時當浴室中著火爐諸比

丘浴時不安隱佛言應著壁安尒時
不作竈火炎直上至屋佛言聽安竈
竈中一時著薪後比丘來洗時火勢
已盡佛言籌量著尒時著長薪喜墮
落若以手舉便燒手佛言以叉舉當
舉叉時比丘頭上無髮熱痛佛言以
濕物覆頭尒時須土塗身佛言應畜
盛土物尒時須水佛言應畜盛水器
尒時水器小佛言聽畜瓮瓮中盛滿
水尒時瓮水著竈邊上有木薪墮上
破瓮佛言鑿壁安木著水瓮尒時瓮
高有比丘取水不及佛言不應高安
尒時安著下處有比丘撲觸佛言不
得太下太高齊肩齊頭安時浴室無
户風入佛言應安户扇時比丘入浴
室時不得閇户佛言令一比丘看户
時浴室無窓故闇佛言安窓時浴室
无出烟處故熏黑佛言施出烟處時
比丘或有用澡豆或有用土以濕熱
故浴室垂生佛言應蕩除令淨尒時
浴室中大有水佛言應出水出水時
諸比丘吐悶或得病佛言應安伏竇
伏竇中有虵蝎蜈蚣来入盤諸比丘

佛言應織物遮水竇口尒時浴竟棄
浴室去後火燒浴室佛言最後比丘
應收諸物事却瓮却坑滅火閉户下
橝乃去
佛在維耶離有一長者名大名梨昌
大富多饒財寶大有田宅力勢有一
比丘名迦留羅提舍與是長者相識
知舊出入往反時迦留羅提舍食時
著衣持鉢持坐具往大名梨昌所是
梨昌遥見比丘来讃言善来在此處坐
即敷坐具時大名梨昌頭面礼足已
一面坐比丘語大名梨昌今可往世
尊所向世尊作如是說云何比丘作
非梵行是陁驃力士子共我婦作非
梵行大名梨昌語迦留羅提舍云何
以無根謗清淨比丘迦留羅提舍比
丘語大名梨昌言若不向佛說此語
者不復與汝言語来往不入汝舍大
名梨昌與此比丘深相愛敬故即作是
念若我不作是語者迦留羅提舍比
丘必不共我語不入我舍便語比丘
我當向佛作是語是時大名梨昌往
詣佛所白佛言世尊云何比丘作非

梵行是陁驃力士子共我婦作非梵
行佛尒時語諸比丘汝等皆覆鉢
莫至是大名梨昌家諸比丘比丘尼
式叉摩尼沙弥沙弥尼不得到大名
梨昌家自手受食更有如是人亦應
與作覆鉢作覆鉢法者一心和合僧
一比丘唱言大德僧聽此大名梨昌
誹謗比丘是陁驃力士子清淨梵行
無根波羅夷謗若僧時到僧忍聽
僧和合與是大名梨昌作覆鉢諸比
丘比丘尼式叉摩尼沙弥沙弥尼不
得至是家手受食如是白白二羯磨
僧作覆鉢竟僧忍默然故是事如是
持尒時諸比丘作如是念僧已為是大名
梨昌覆鉢諸比丘比丘尼式叉摩尼
沙弥沙弥尼不得至大名梨昌家手
受食諸比丘復作是念誰能往長者
家作如是言僧已覆鉢一切比丘比
丘尼式叉摩尼沙弥沙弥尼不得至
汝家手受食復作是念長老阿難是
佛侍者於諸比丘中讚歎清淨梵行
阿難能至是大名梨昌家作如是言
僧已作覆鉢一切比丘比丘尼式叉

摩尼沙弥沙弥尼不復得至汝家手受食諸比丘共相謂言我等往至阿難所作是言僧已為大名梨昌作覆鉢一切比丘比丘尼式叉摩尼沙弥沙弥尼不得往大名梨昌家手受食諸比丘作是語已往至阿難所頭面礼足在一面坐已白阿難言長老阿難僧已為大名梨昌作覆鉢一切五衆不得往大名梨昌家手受食我等心念誰能往長者家作是語衆僧為汝作覆鉢一切五衆不得至汝家手受食諸比丘復作是念唯長老阿難是佛侍者佛常於比丘衆中讃歎梵行清淨堪任能往作是言僧今已為長者作覆鉢一切五衆不得至汝家手受食長老阿難今可往大名梨昌家作是言僧已為汝覆鉢一切五衆不復至汝家手受食尒時阿難黙然受諸比丘見阿難受已從坐起作礼右遶而去尒時阿難過夜已中前著衣持鉢至大名梨昌家大名梨昌遥見阿難来即從坐起著衣在一處立叉手言善来阿難就此處坐阿難荅言我

不得坐大名梨昌問言何故不得阿難言僧已為大名梨昌作覆鉢一切五衆不得至汝家手受食大名梨昌語阿難我今便為自損功德不生阿難荅言汝實自損功德不生問阿難言我今可得往佛所仰鉢不阿難言不得大名梨昌聞是語已心愁迷悶躃地大名梨昌婦扶頭起以水灑面久乃得醒婦語大名梨昌正有是苦更有過是苦耶自言我無過罪而面向佛說我過於清淨比丘衆中我謗作非梵行尒時大名梨昌往詣佛所白佛言世尊願為我仰鉢佛語諸比丘為是大名梨昌仰鉢仰鉢法者一心和合僧是大名梨昌偏袒右肩合掌胡跪言衆僧憶念我大名梨昌罵詈道說比丘陁驃力士子清淨梵行人我以無根非梵行故謗僧作覆鉢一切五衆不得至我家手受食我今願衆僧還仰鉢一切五衆如本往来我舍手受食憐愍故如是三乞一比丘應僧中唱言大德僧聽是大名梨昌罵詈道說比丘陁驃力士子清淨梵行

人以無根波羅夷謗故僧為作覆鉢一切五衆不得往至大名梨昌家手受食若僧時到僧忍聽為大名梨昌仰鉢如本往来自手受食如是白白四羯磨僧已仰鉢竟僧忍黙然故是事如是持

十誦律卷第三十七　雜誦第二

甲辰歲高麗國大藏都監奉
勑彫造

十誦律卷第三十七

校勘記

一　底本，麗藏本。

一　七二五頁上一行「十誦律卷第三十七」，[徑]、[清]作「十誦律卷第三十八」，卷末經名同。同行「第六誦之二」，諸本無。

一　七二五頁上三行「雜誦中調達事之二」，[資]作「雜誦第六誦之二調達事下」；[磧]、[南]、[徑]、[清]作「第六誦之二雜誦中調達事下」。

一　七二五頁上一〇行至次行「盡形受」，[磧]、[普]、[南]、[徑]、[清]作「盡形壽」。下同。

一　七二六頁下一二行末字「祠」，諸本(不含[石]，下同)作「華祠」。

一　七二六頁上一九行第九字「彼」，諸本無。

一　七二六頁上末行第一二字「時」，諸本作「爾時」。

一　七二六頁中五行「哭似」，諸本作「亦哭如似」。

一　七二六頁中一八行第三字「亦」，諸本無。

一　七二六頁中末行及本頁下二行「四褺」，諸本作「四牒」。

一　七二六頁下五行首字「呻」，諸本作「伸」。同行第四字「齗」，諸本作「齘」。

一　七二六頁下九行及二〇行「定方」，諸本作「定力」。

一　七二六頁下一六行首字「錯」，諸本無。

一　七二六頁下一九行第一二字「即」，諸本作「即時」。

一　七二七頁中一一行及一三行「附叙」，諸本作「附鞁」。

一　七二七頁下三行第五字「更」，[資]、[磧]、[南]、[徑]、[清]作「又更」。

一　七二七頁下四行「來共鬪戰」，諸本作「共汝等鬪」。

一　七二七頁下九行「擩箭」，諸本作「注箭」。

一　七二七頁下一一行第一一字「云」，諸本作「言」。

一　七二七頁下一二行末字「衣」，[磧]作「言」。

一　七二八頁上二行及本頁下四行「以是等」，諸本作「以是」。

一　七二八頁中七行第一二字「破」，諸本作「於破」。

一　七二八頁中八行第二字「是」，諸本作「如非」。

一　七二八頁中一九行首字「說」，諸本作「是說」。

一　七二九頁上四行後，諸本有「次明雜法」。

一　七二九頁上一二行第五字「以」，諸本作「則以」。

一　七二九頁中五行第九字「治」，諸本作「治者」。

一　七二九頁中九行「六羣」，諸本作「尒時六羣」。

一　七二九頁中一七行第七字「足」，[資]、[磧]、[普]、[南]作「足上下」；[徑]、[清]作

「足上」。
一　七二九頁下一行「塗足」，諸本均作「塗足上」。
一　七二九頁下六行「剃髮」，諸本作「剃頭」。
一　七二九頁下一五行第一三字「墨」，諸本作「黑」。
一　七二九頁下一八行「腕上」，諸本作「胯上」。一九行至二〇行、二一行同。
一　七三〇頁上一五行第二字「耳」，諸本無。
一　七三〇頁中一二行「治者」，諸本作「使白者」。
一　七三〇頁中二二行第四字「果」，磧、普、南、徑、清作「是」。
一　七三〇頁下二行第一一字「受」，諸本作「授」。
一　七三〇頁下四行第九字「因」，諸本無。
一　七三〇頁下六行首字「事」，諸本無。
一　七三〇頁下一五行第一三字「斗」，諸本作「升」。
一　七三〇頁下一七行第一一字「居」，資、磧、普無。
一　七三〇頁下一八行首字「生」，資、磧、普作「居生」；南、徑、清作「常生」。
一　七三一頁上五行第一二字「令」，徑、清作「今」。
一　七三一頁上六行第三字「自」，資、磧、南、徑、清無。
一　七三一頁上七行第一三字「僧」，諸本作「比丘僧」。
一　七三一頁上一二行末字「國」，諸本作「城」。
一　七三一頁上一三行「不受」，磧、南作「不愛」。
一　七三一頁中一六行及末行「而去」，諸本作「已去」。
一　七三一頁下一八行第八字「作」，諸本作「近作」。
一　七三二頁中三行首字「麻」，諸本作「摩」。
一　七三二頁中一二行「不聽」，諸本作「不應」。
一　七三二頁中一三行第一〇字「浴」，諸本作「浴室」。
一　七三二頁中一四行「朽木」，諸本作「腐木」。
一　七三二頁中一六行「比丘」，諸本無。
一　七三二頁中一七行「搌指」，諸本作「指搌」。
一　七三二頁中一九行「佛佛」，諸本作「佛」。
一　七三二頁下九行「自歌」，諸本作「自作技樂歌舞」。
一　七三二頁下一一行第四字「歌」，諸本作「歌舞」。
一　七三三頁上二行「不忠」，諸本作「不忘」。
一　七三三頁上六行第九字「衣」，諸本無。
一　七三三頁上八行末字「作」，磧作

「下」。

一 七三三頁上一一行末字「褁」，諸本作「裹鉢」。

一 七三三頁中五行至六行「拼拼」，諸本作「絣絣」。

一 七三三頁中七行第一三字及八行第四字「揩」，資、磧、徑、清作「沓」。

一 七三三頁中九行第一二字「縫」，清作「繩」。

一 七三三頁中一六行至次行「覓求」，諸本作「求覓」。

一 七三三頁中一九行第一二字「面」，諸本無。

一 七三三頁中二〇行第一二字「中」，諸本無。

一 七三三頁下一行第一〇字「梳」，諸本作「梳梳」。

一 七三三頁下九行「阿練兒」，諸本作「阿練若」。

一 七三三頁下一二行首字「病」，諸本無。同行第六字「婆」，諸本作「域」。同行末字「谷」，諸本作「浴」。

一 七三三頁下一八行「無處可坐洗」，諸本作「無坐處可洗」。

一 七三三頁下一九行「何物作」。諸本作「何等作坐物」。

一 七三三頁下二〇行第三字「用」，諸本作「當用」。

一 七三三頁下二二行「橙」，諸本均作「凳」。同行「何物」，諸本作「何等」。同行末字「以」，諸本作「當以」。

一 七三四頁上二行第三字「竈」，資、磧、南作「爐」。同行第九字「屋」，諸本作「屋間」。

一 七三四頁上九行至一一行「瓮」，諸本均作「坈」。

一 七三四頁上一三行第一〇字「揲」，諸本作「棖」。

一 七三四頁中四行首字「樿」，諸本作「居」。

一 七三四頁中一一行末字「已」，諸本作「在」。

一 七三四頁中一三行「云何」，諸本作「云何名」。

一 七三四頁下五行第四字「自」，諸本無。

一 七三四頁下六行第五字「作」，諸本作「與作」。

一 七三五頁上五行第六字「往」，諸本作「至」。

一 七三五頁上一四行第四字「住」，諸本作「任」。

一 七三五頁上一六行第八字「住」，諸本作「往」。

一 七三五頁中八行第九字「起」，磧、南作「是」。

一 七三五頁中九行「正有」，南、徑、清作「止有」。

一 七三五頁中一一行「我謗」，諸本作「謗我」。

一 七三五頁下四行第八字「手」，諸本無。

一 七三五頁下末行夾註，諸本無。

十誦律卷第三十八 第六誦之三　政

後秦北印度三藏弗若多羅譯

明雜法之三

佛遊波伽國人間教化有一處名失守羅毗師藍蜜伽藍是失守羅處善伽王子家有新堂成名鳩摩羅未有沙門婆羅門入中坐者尒時王子聞佛遊波伽國人間教化在失守羅處毗師藍蜜伽藍教化我今有新堂名鳩摩羅成來未久脩飾畫治訖亦未久未有沙門婆羅門入中坐者若世尊與衆僧先入我舍者我大得利何以故佛入我舍故佛入已我當後入善伽王子即喚薩若瞿姤路摩牢向作是語我聞世尊遊波伽國人間教化在失守羅處毗師藍蜜伽藍遊行教化我今有新堂名鳩摩羅新成未有沙門婆羅門入中坐者若佛先入者我得大利佛入已我當後入薩若瞿姤路摩牢汝往世尊所以我語白佛言世尊善伽王子頭面礼佛足問訊世尊作是言善伽

王子有新成堂名鳩摩羅未有沙門婆羅門入者善伽王子請佛及僧時薩若瞿姤路摩牢受王子語已往世尊所作如是言世尊善伽王子頭面礼足問訊世尊少病少惱安樂住不我有新成堂名鳩摩羅成來未久脩飾畫治訖亦未久請佛及僧明日食佛言使是王子常得安樂佛語薩若瞿姤路摩牢天人常求樂諸龍夜叉乹闥婆阿脩羅迦留羅緊那羅摩睺羅伽及餘衆生亦皆求樂佛說已默然時薩若瞿姤路摩牢見佛默然右遶而去到善伽王子所作如是言瞿曇沙門已受王子請隨王子意尒時善伽王子竟夜辦具種種多美飲食辦已晨朝敷坐處以衣布地莊嚴鳩摩羅堂及階陛莊嚴竟即語薩若瞿姤路摩牢往世尊所白言時到薩若瞿姤路摩牢受語已即往世尊所白言時到尒時世尊中前著衣持鉢大衆圍遶到善伽王子舍尒時王子約勑家內一切大小皆出門外時王子遥見世尊來即從坐起叉手

在一面立作如是言善來世尊王子前詣佛所頭面礼足迎世尊到鳩摩羅堂王子在階道邊立佛及僧徃至階頭立住尒時善伽王子叉手白佛言世尊願前堂上從敷氍處上令我等長夜安隱時長老阿難在佛後以扇扇佛佛語阿難隨法約勑王子尒時阿難語善伽王子却地所敷衣被牀上者置王子不肯阿難語王子佛憐愍後來衆生故且却時善伽王子即却地所敷衣被尒時王子叉手白佛言已却地敷願佛上堂令我等常得安隱佛即上堂敷坐具在諸比丘前坐尒時王子自行水已下種種飲食僧得飽滿食已攝鉢行水行水時王子執澡盤承水竟聽佛說法佛為說種種法示教利喜示教利喜已從坐起去時佛食後集比丘僧語諸比丘若地敷衣不應在上行在上行者突吉羅

佛在舍衛國有一婆羅門大富多饒財寶田宅牛羊唯少一種無有兒息求一切天神所謂水神樹神為求兒故窮極不能得有一比丘常出入

其舍後日来時婆羅門婦有不淨現時比丘尼語婦人言汝不清淨我曾聞取阿羅漢行跡處物浥取汁洗浴便得有兒此中除佛及弟子衆餘處更無世尊若来入汝舍者可得生兒時婆羅門婦聞已去何方便令佛入舍便以方便語婆羅門我曾聞取阿羅漢行跡處物浥取汁洗浴便得有兒除佛及弟子衆餘處更無若佛入舍者可得生兒時婆羅門不信是語以求兒故荅言隨意婦言汝往請佛時婆羅門往世尊所一面坐問訊世尊佛為種種説法示教利喜已默然婆羅門言願佛及僧明日受我請佛默然受知佛受已從坐起右遶而去到自舍通夜辦種種多美飲食辦已晨朝敷坐處以種種物布地乃至外門徃白佛言時到食具已辦佛自知時諸比丘徃婆羅門舍佛自住房迎食分介時諸比丘自却地敷前入其舍時婆羅門心念入時不行地敷上出時當在上行諸比丘坐已自行澡水下食僧飽滿食已攝鉢洗手呪願

呪願已從上座次第却地敷而出時婆羅門心意不樂是沙門斷種人破我婆羅門行我有所為作是供養而常不果諸比丘食後到佛所頭面礼足在一面坐諸佛常法食後比丘来以是語勞問諸比丘飲食多美僧飽滿不佛即以是語勞問諸比丘飲食多美僧飽滿不諸比丘言飲食多美衆僧飽滿以上因緣向佛廣説佛以是事集比丘僧集僧已種種因緣讃戒讃持戒讃戒讃持戒已語諸比丘從今憐愍衆生故聽汝等地敷上行時諸比丘尼聞佛聽地敷上行以婆羅門因緣故先往婆羅門家比丘尼便徃語婆羅門婦言佛先結戒不聽比丘地敷上行以是因緣故聽汝可更請令蹈上過時婆羅門婦以方便語夫佛先結戒不聽比丘行地敷上以是因緣故聽今可更請婆羅門心亦不喜以為兒故荅言隨意婦語夫言可徃請佛婆羅門徃到世尊所一面坐問訊世尊佛為婆羅門説種種法示教利喜示教利喜已默然婆羅門

白佛言願受我明日請佛默然受婆羅門知佛受已從坐起去竟夜辦種種多美飲食晨朝以種種物布地乃至外門徃白佛時到食具已辦介時世尊著衣持鉢諸比丘僧前後圍遶到舍就座坐已自行澡水下食食已攝鉢行澡水婆羅門在佛前聽説法聽説法已白佛言世尊我家當生兒不佛言生生已當出家第二生者亦當出家第三生者亦當出家次後生者當在家佛自恣後遊行教化有一比丘手捉鉢藥草革屣而行佛見此比丘知而故問汝何以捉鉢藥草革屣遊行荅言我更無著處佛言從今聽畜三種囊鉢囊藥草囊革屣囊

佛在王舍城介時六群比丘所受持坐具量一處已餘處宿佛言從今日所受坐具不應離宿犯者突吉羅

佛在舍衛國憍薩羅國有阿練兒處有二比丘在彼住一人犯戒一人淨持戒此二比丘未曾見佛欲共徃見佛道中值有虫水破戒者語持戒者言可共飲是水持戒者言水中有虫

去何可飲犯戒者言我若不飲便死
不得見佛聞法及僧持戒者言至死
不飲時犯戒者便飲持戒者不飲便
死即生三十三天上得天身具足
先到佛所頭面礼足在一面立在一
面立已佛為種種說法得法眼淨即
時礼佛足言歸依佛歸依法歸依僧
我盡形壽為優婆塞佛更為說法已
默然時天礼佛已忽然不現時飲水
者後到佛所佛為無量衆圍遶說法
佛見此比丘來到佛所佛時披憂多
羅僧示金色身汝癡人欲見我肉身為
不如持戒者先見我法身佛說偈言
心不善觀察　見則不審諦　愚如蛾投火
而貪觀我身　色身但不淨　汝欲見何為
內有腦血肉　外為薄皮覆　彼為渴所燒
猶行恭敬戒　至死護我教　彼見我非汝
佛說是偈已告諸比丘從今不持漉水
囊不聽行若不持行者突吉羅不犯者
有清流水或大河或泉水從此寺至彼
寺二十里內不犯尒時比丘聚落中有
緣事無漉水囊故不去若不去者此
事不成以是事白佛佛言若一比丘

有漉水囊便得共去尒時六群比丘
聚落中有緣事往語知識比丘我有
緣事可共至聚落是比丘言我無漉
水囊六群比丘言我有可共俱往荅言
可尒行時道中共諍值有蟲水六群比
丘以漉水囊自漉水飲彼比丘索不
與是比丘極渴急垂死以是因緣白
佛佛言若比丘先不共諍無嫌心者
應共行有嫌心者不應共去
佛在王舍城尒時六群比丘木上食
佛言從今不聽木上食若用食者突
吉羅尒時六群比丘自畜木橙食或
畜床子食或畜盤食佛言不聽畜木橙
木床木賜食若用食者突吉羅佛在王
舍城尒時六群比丘二人共一鉢食
佛言不得共鉢食若共鉢食突吉羅
不犯者食休已過與不犯
佛在王舍城六群比丘不著袈裟食
佛言不聽不著袈裟食不著食者突
吉羅
佛在王舍城尒時六群比丘露形揩
佛言不得露形揩犯者突吉羅又六
群比丘揩露形者佛言不聽揩露形

者犯者突吉羅有二比丘俱露形相
揩佛言若露形相揩者俱突吉羅
佛在舍衛國有比丘名疑離越小豆
羹中得生小豆便出著地此豆可生
芽葉華實是比丘語諸比丘此羹不
淨不應食諸比丘以是事白佛佛知
故問疑離越汝實羹中得生小豆出著
地可生芽葉華實語諸比丘此羹不
淨不應食耶荅言實尒世尊佛種種
因緣讃戒讃持戒讃戒讃持戒已語
諸比丘此羹若未熟者應更煮若先
生者應作淨已煮
佛在舍衛國諸比丘作淨地羯磨佛
言從今不聽作淨地若作者突吉羅
佛在舍衛國有比丘名牛呞食已更
呞諸比丘見非時嚼食各相謂言是
比丘過中食聞已心愁不樂是事白
佛佛以是因緣集比丘僧語諸比丘
莫謂是比丘過中食何以故是比丘
先五百世時常生牛中是比丘雖得
人身餘習故在佛言若更有如是呞
食者應在屏覆處不應衆人前呞
佛在波伽國尒時菩伽王子請佛及

僧明日食佛默然受王子知佛受已從坐起去還家竟夜辦種種多美飲食晨朝敷坐處往白佛時到食具已辦唯聖知時尒時佛與諸比丘前後圍遶至菩伽王子家就座而坐其家大小多不信佛或是婆羅門或邊地人行食不如法半著鉢中半棄在地是諸比丘不知云何得食是事白佛佛言食隨所受草葉上者應食若有土著者吹土却而食或有多土著者水洗得食佛在王舍城尒時六群比丘銅杅中食諸居士呵責言諸沙門釋子自言善好有德銅杅中食如婆羅門佛言不聽銅杅中食犯者突吉羅佛在王舍城尒時六群比丘洗脚處洗脚洗脚時並共人語餘比丘見吐悶佛言從今不得洗脚時共他語犯者突吉羅佛自恣後遊行教化有比丘手捉革屣行佛見是比丘知而故問汝何以手捉革屣行荅言革屣齧脚脚中瘡悶無揩脚物佛言聽畜揩脚木用除脚痒故

佛在王舍城尒時有擅越施僧扇諸

比丘不受佛未聽我等畜扇是事白佛佛言聽畜僧得畜一人亦得畜復有人施僧拂諸比丘不受佛未聽我等畜拂是事白佛佛言聽畜僧得畜一人亦得畜時有人施僧犛牛尾拂諸比丘不受不知何所用是事白佛佛言聽受用拂佛塔及諸阿羅漢塔尒時有人以摩尼珠作拂柄施比丘諸比丘不受不知云何用是事白佛佛言聽受用拂佛塔及阿羅漢塔尒時有檀越施僧多羅樹葉諸比丘言佛未聽我等畜多羅樹葉是事白佛佛言僧得受一人亦得受

佛在王舍城尒時六群比丘自持蓋入他舍諸居士呵責言云何名比丘持蓋入他舍如王如大臣是事白佛佛言不聽持蓋入他舍犯者突吉羅不犯者若解若置門外

佛在舍衛國有二婆羅門一名瞿婆二名夜婆於佛法中篤信出家本誦外道四圍陁書出家已以是音聲誦佛經時一人死一人獨在所誦佛經忘不通利更求伴不得心愁不樂是

事白佛佛言從今以外書音聲誦佛經者突吉羅

佛在舍衛國有比丘捨修多羅阿毗曇毗尼誦外書文章兵法遠離佛經佛言從今諸比丘若有學誦外書文章兵法者突吉羅佛未制是戒時長老舍利弗目連處高座上為諸新比丘沙弥說法教學誦外書為破外道論故制是戒已長老舍利弗目連便不處高座為新比丘沙弥說法教學外書尒時諸外道聞沙門瞿曇不聽弟子學誦外書是婆羅門便往語諸信佛優婆塞言可共往到諸比丘所荅言隨意外道到已與新比丘沙弥共論議諸新比丘沙弥皆不能荅以二事故一者新入道二者佛制不聽學故時諸外道輕拃諸優婆塞言汝之大師汝所供養汝所尊重上坐先食者正如是耶諸優婆塞悶是事心愁不樂以是事白佛佛言從今聽為破外道故誦讀外道書佛在舍衛國尒時長老迦留陁夷放火燒諸草木以放燒故多煞種種虫佛言從令比

丘不得放火燒若放火燒者隨所煞得罪

佛在舍衛國有看病人未滿五臘為病人出行離依止入聚落求藥不得尒時心念佛制戒不得離依止一夜別宿即於彼處便求依止依止師復病是人心念彼依止師病此依止師亦病我今當作何等是事白佛佛言從今聽若五夜若六夜無依止不犯結此戒已六群比丘聞佛聽故便五夜不求依止何以故若得依止者須我供給諸比丘以是事白佛佛言從今有好依止師者乃至一夜不依止突吉羅若比丘無依止乃至不得取僧洗脚水用佛在舍衛國尒時長老迦留陁夷反著俱執諸比丘見已怖畏是事白佛佛言從今不得反著俱執犯者突吉羅自舍內覆身不犯

佛在舍衛國尒時有人持表裏莊俱執施長老須菩提須菩提言佛未聽受表裏莊俱執是事白佛佛言從今聽畜表裏莊俱執衆得畜一人亦得畜復有人施長老須菩提俱執半成

色半不成色時須菩提不受作是言佛未聽我等受半成色半不成色俱執是事白佛佛言從今聽畜半成色半不成色俱執衆僧得受一人亦得受佛在舍衛國有五比丘得長五肘廣三肘衣著是衣入聚落乞食衣長曳地土所汙脚蹋頭墮地著不周正是事白佛佛言聽長衣施鞋細施近緣故衣曳地土汙脚蹋墮地著不周正佛言從今聽反攝上著尒時佛自施鞋紐前去緣四指施鞋後八指施紐語諸比丘應如是作

佛在舍衛國有比丘不繫泥洹僧入聚落於聚落中墮地是比丘大慙愧是事白佛佛言從今不繫泥洹僧入聚落者突吉羅有比丘一匝繫泥洹僧入聚落時速故帶斷墮地是事白佛佛言從今不聽一匝繫泥洹僧入聚落犯者突吉羅尒時有人施長老須菩提細縷繫腰帶須菩提不受作是言佛未聽我受細縷繫腰帶是事白佛佛言聽畜三種帶一者細縷帶二者索繩三者編帶帶時泥

洹僧喜破佛言應施環六群比丘如兩耳著泥洹僧細攝著泥洹僧釿頭著泥洹僧參差著泥洹僧著細生踈泥洹僧佛言不得如兩耳著泥洹僧細攝著泥洹僧釿頭著泥洹僧參差著泥洹僧著細生踈泥洹僧者突吉羅佛在王舍城尒時六群比丘手摩鬚髮如牛舌舐是事白佛佛言從今不聽手摩鬚髮犯者突吉羅

佛在王舍城尒時六群比丘二人共床卧是事白佛佛言從今不聽二人共一床卧犯者突吉羅若一人坐一人卧不犯尒時六群比丘二人共地敷卧佛言從今不聽二人共一敷卧犯者突吉羅各自別有敷具不犯尒時六群比丘二人共一覆衣中卧佛言從今不得共一覆衣中卧犯者突吉羅不犯者各別有襯身衣

佛在王舍城尒時六群比丘著俗人衣諸居士呵責言沙門釋子自言善好有德著俗衣與白衣何異是事白佛佛言從今不得著俗衣犯者突吉羅

佛在王舍城尒時六群比丘抄擧涅洹僧如相撲人又似作人是事白佛佛言從今不得抄擧衣著犯者突吉羅不犯者登梯覆屋泥屋

佛在王舍城尒時六群比丘負擔行如似驢牛負䭾是事白佛佛言從今不聽負擔行犯者突吉羅

佛在舍衛國尒時憍薩羅國有邊聚落是中常畏賊聚落人民畏賊故捨此處去尒時有比丘從憍薩羅國向舍衛國是比丘捉瓦鉢捉杖所經聚落中人遥見來作是念此是賊來捉稍捉楯見已怖畏還入樓閣比丘漸漸来近知是沙門問言汝是何沙門荅言釋子沙門言汝失沙門法壞沙門法令我等怖畏是比丘不知云何是事白佛佛言從今行時不聽捉杖捉絡囊犯者突吉羅佛自恣後人間遊行有一羸瘦比丘手捉鉢行佛知故問汝何以手捉鉢行荅言無物可盛佛言從今羸瘦老病比丘僧羯磨聽杖絡囊盛鉢行應如是作一心和合僧是老病比丘從坐起偏袒右肩脱

革屣胡跪合掌作是言大德僧聽我某甲老病比丘從僧乞捉杖絡囊盛鉢行僧憐愍故聽我老病比丘捉杖絡囊盛鉢行如是三乞僧應聽實是比丘若言老病實不老病不應聽若言老病實老病應聽一比丘僧中唱言大德僧聽某甲比丘老病從僧乞捉杖絡囊盛鉢行若僧時到僧忍聽與是老病比丘捉杖絡囊盛鉢行如是白白二羯磨僧與是老病比丘捉杖絡囊盛鉢行竟僧忍默然故是事如是持

佛在舍衛國佛與大衆前後圍繞說法尒時憍薩羅王波斯匿在會中坐有比丘噉蒜遠大衆行是比丘作是念莫使佛及王聞臭佛遥見是比丘佛為王說種種法示教利喜王聞法已心大歡喜佛說法已默然王右遶佛而去尒時長老阿難佛後以扇扇佛王去不久佛知故問阿難此比丘何以遠大衆行荅言此比丘噉蒜恐佛及王聞臭不敢近佛佛知故問阿難比丘噉如是比相食耶荅言噉若噉

如是比相食失法利佛言此比丘若入衆中聞我法應得正見語諸比丘是事不應作佛告諸比丘比丘不得噉蒜若噉者突吉羅

佛在舍衛國尒時長老舍利弗得風病藥師教言乳中煮蒜噉舍利弗言佛未聽乳中煮蒜噉是事白佛佛言聽乳煮蒜噉隨噉蒜法行云何隨法行噉蒜者不應近佛乃至和上阿闍梨一切上座佛塔聲聞塔温室講堂僧食厨下不得近僧坊外門立不得入僧廁大小便不得入僧浴室不得入衆人坐處當於屏房住若急大小便者應使人掘地作處若無淨人應就遠屏處大小便若病差已應掃灑所住處塗地卧具牀席更應抖擻故有臭者應洗浣是比丘從房出閉户下擲下擲已去

佛在王舍城尒時六群比丘自取呵梨勒果與淨人已從受噉是事白佛佛語諸比丘不應自手取呵梨勒果與淨人更從受噉犯者突吉羅餘一切果亦如是佛在舍衛國有比丘名

難提是比丘作與淨學沙弥如先所
說佛在舍衛國尒時長老畢陵伽婆
蹉眼痛時藥師教言和藥作丸著火
上燒眼烟優波離問佛用何物作藥
佛言但除青木香藥和合餘一切香
著火中手接取烟而咽時以手接烟不
得佛言作筒時筒太長不得烟佛言
莫長作又復短作便燒手佛言莫太
短又時丸藥在一處筒在一處取時
難得佛言應畜囊盛時筒破藥丸
佛言中應施蔄施蔄巳不繫頭筒墮
地佛言應繫頭佛在舍衛國有病
比丘𧂐油塗身不洗痒悶是事白佛
佛言應用澡豆洗優波離問佛用何
物作澡豆佛言以大豆小豆摩沙豆
豌豆迦提婆羅草梨頻陁子作佛在
舍衛國長老舍利弗患熱血病時藥
師教言以婆摩尼水洗優波離問佛
用何物作婆摩尼佛言除毒樹取餘
一切樹華葉作佛在舍衛國長老畢
陵伽婆蹉患眼痛時藥師教言應脂
灌鼻時比丘以指沛鼻中或以毳取而
沛沛時不便流入眼更增痛劇是事

白佛佛言作筒灌作筒大鼻不受復
小作溢失不中用是事白佛佛言莫
大莫小作得受一波羅若一波羅半
欲噬以手承取以手承取故便欲吐佛
言聽用嶡衲承取
佛在舍衛國尒時長老畢陵伽婆蹉
患眼痛時親里遣乘来喚荅言佛未
聽乘乘是事白佛佛言病者聽乘車
輦尒時佛不聽乘輦是事白佛佛言
聽乘輦是比丘乘輦時垂脚佛言應
攝脚在板上攝脚巳身不安佛言聽
捉木格尒時有少樂比丘捉木格手
痛佛言以物纏木坐時日照面佛言
應施軒若一切乘上所湏莊嚴物皆
聽作佛在舍衛國尒時諸比丘衹桓
中處處大便密迹執金剛神諸非人
皆瞋呵責言此中應作不淨耶佛語
諸比丘不應處處大便當在一處作
一處作巳大聚糞佛言除却除却時
諸比丘吐悶佛言掘地作坑作坑巳
坑邊有大便汙比丘脚佛言應施安
脚處優波離問佛用何等物作安脚
處佛言以木石塼作大便時露地無

障人見佛言應作障時兩相見佛言
應施蔄施蔄巳出入時故相見佛言
應別施户時有老比丘上廁時憙倒
欲起時便却偃佛言應施格令得㐲
起時須水洗大便處佛言應畜水器
又無土洗手佛言應安土土或少佛
言大器盛是時平地著器或畜生牛馬
麞鹿獼猴狗来蹈壞佛言應鑿地安
器又不覆上有毒虵蛆蝲蜈蚣百足
入中齧比丘佛言應覆上又洗手時
地大作泹汙脚佛言應作安脚處長
老優波離問佛用何物作安脚處佛
言用木石塼作諸比丘洗時露現佛
言應施障或二三人俱洗相見佛言
應施蔄又出入時相見佛言應別
施户
佛在舍衛國衹桓中諸比丘處處小
便金剛神諸非人皆瞋呵責此中應
作不淨耶是事白佛佛言不得處處
小便應在一處作一處巳如渠流佛
言應安瓮瓮滿佛言應棄棄時比丘
吐悶佛言瓮下作孔令出瓮久便臭
佛言應蓋上比丘却蓋時小便臭

劆佛言蓋上開小孔令臭氣出時瓮
四邊小便流汙脚佛言應作安脚處
優波離問佛用何物作佛言應用木
石塼作諸比丘小便時露現佛言應
施障小便時兩相見佛言應施萬施
萬已出入時故相見佛言應施户佛在
舍衛國尒時有人施僧瓦瓨諸比丘
不受不知何所用是事白佛佛言應
受用盛水取水浴室中用
佛在舊摩國與大比丘僧說五陰法
所謂色受想行識尒時佛嚏遍五百
比丘一時同聲言老壽佛語諸比丘
以汝等言老壽故便得老壽耶不也
世尊佛言從今不得稱老壽稱老壽
者得突吉羅
佛在舍衛國諸比丘入舍衛城乞食
時檀越施種種好食乳酪生酥熟酥
油蜜魚肉脯諸比丘不取將無是乞
美食耶是事白佛佛言不乞而得
應受初二十法竟中二十法上
佛在王舍城尒時跋提長者作大僧
坊種種莊嚴不覆上房舍漏是事白
佛佛言應覆覆已脊上漏佛言更厚

覆厚覆已風發佛言應釘撥釘撥已撥
孔頭漏佛言應施瓮覆覆已瓮喜墮
地佛言應穿底作孔釘釘已木入佛
言應釘上安覆瓮安覆瓮已風吹撥
動搖作聲佛言應以草葉樹皮纒頭
纒頭已安覆瓮佛在舍衛國尒時比
丘畜貴價火浣衣時諸比丘二三人
共抖擻抖擻時衣褰縮不正佛言應
細杖打塵土打時土入長條中佛言
更以小杖打打時土入短條中佛言
更以小杖打
佛在舍衛國尒時比丘新成染衣以
掃篲掃却染滓是衣色壞衣上成道
是事白佛佛言應以新手巾却滓
佛在王舍城尒時跋提長者作僧坊
極廣大種種莊嚴多人来看無地覆
故多塵土出坌僧坊內諸比丘心念
若佛聽地覆者善是事白佛佛言應
安地覆佛在舍衛國諸比丘無擣藥
物是事白佛佛言應石上磨
佛在王舍城尒時缾沙王於竹園中
起五百僧坊有成者有未成者時王
命終王阿闍世到竹園中看見是房

舍即問此為誰作比丘荅言大王是
父王所作有成者有未成者王便
命終王問比丘何不成竟荅言無直
王言我當與直時房舍成竟无隥道
故無人在上住王問諸比丘是房中
有人不荅言無何以故荅言以無隥
道故王言我當作比丘荅言佛未聽
作是事白佛佛言聽作時長老優波
離問佛用何物作隥道佛言用木石塼
作佛住王舍城時僧坊極大一切時
多有客比丘来初夜中夜後夜来者
有持大牀去有持繩牀去者有持大
褥去者有持座褥去者夜即被閉宿
明日棄去尒時陁驃摩羅子知僧卧
具後日處處持牀褥来時極苦作是
念佛聽以緘綴牀褥者善是事白佛
佛言聽緘綴時牀褥中央不綴持牀
東西時麁并聚一處即作是念佛聽
我綴中央者善是事白佛佛言聽
以緘綴長老優波離問佛用何物作
緘佛言以鐵作銅作木作
佛在舍衛國尒時長老舍利弗熱血
病藥師教言燒石著乳中飲荅言佛

未聽燒石著乳中飲是事白佛佛言聽燒石著乳中飲燒石時諸比丘或以草木葉若破瓦捻著乳中灰土汙乳是事白佛佛言從今聽以銅鐵作支安鏁以石著中燒舉鏁抖擻去灰著乳中

佛在舍衛國有人持火爐施長老須菩提須菩提言佛未聽受是事白佛佛言得受時然薪火燋墮地比丘以手舉燒手佛言聽作抄火物

佛在舍衛國尒時長老舍利弗風病藥師教言以煗水洗荅言佛未聽煗水洗是事白佛佛言聽煗水洗洗時或用鉢揵鎡煗水水少不足是事白佛佛言聽釜中煗諸比丘盛滿釜水著露地四邊著薪然時釜破是事白佛佛言應施三碣時碣上安釜下然火薪難然是事白佛佛言應以斧破薪然

佛在阿羅毗國時寺門楣破佛見已知而故問阿難是寺門楣何以破耶荅言木師忙懅不得作佛語阿難求木作具来阿難受佛教求木取作具

来與佛佛取以自手治塔門楣治已語諸比丘從今聽一切木作具應畜隨比丘能治者治佛在阿羅毗國時覆僧坊比丘在地立授草不及佛言應施橙施橙已故不及佛言應施梯施梯已不過佛言應施棚施棚已不知云何施佛言栿上應釘橛以繩繫橛隨意移棚

佛在舍衛國有比丘患男根腫膿血汙衣是事白佛佛言應以物纒褁佛在舍衛國有比丘病看病人歲小立抱病比丘久立迷悶躃地垂死是事白佛佛言年少看病比丘得共病人坐病人憐愍故

佛在舍衛國諸比丘著新染色衣入舍衛城乞食值雨時比丘襞衣著一處濕故色異是事白佛佛言應曬曬時敷地曬曬已土著佛言應以牛屎塗地曬曬已衣不時乾佛言繩上曬故不時乾佛言應施曲橛施曲橛已故不時乾佛言應牀上曬曬已故不時乾佛言應施架施架時妨行處佛言應并一處并一處已近壁土汙佛言應離壁離壁已故不時乾佛言應高懸曬

佛在阿羅毗國時諸比丘辦浴具有比丘浴時脫衣著空地入浴室洗有毒虵蛆蝜百足入衣中比丘著衣時為虫所螫佛言施衣架安衣已入浴室洗佛在舍衛國尒時末利夫人入祇桓聽法諸比丘闇中說法末利夫人語諸比丘何不然燈荅言無燈夫人言我與燈荅言佛未聽我等然燈是事白佛佛言聽佛在舍衛國時末利夫人施僧高座諸比丘言佛未聽我等受是事白佛佛言聽受末利夫人心念佛聽我畫此高座者善佛言除男女交會像餘者聽畫

佛在舍衛城尒時六群比丘嚼長楊枝時諸居士見已呵責言諸沙門釋子自言善好有德去何嚼長楊枝有比丘少欲知足行頭陁聞是事心不喜是事白佛佛以是事集比丘僧知而故問六群比丘汝實作是事不荅言實作世尊佛種種呵責六群比丘云何名比丘嚼長楊枝佛言從今不得嚼長楊枝犯者突吉羅時諸比丘嚼短楊枝佛是處經行諸比丘遥見

佛来恭敬故即咽是楊枝塞咽不下垂死是事白佛佛以是事集比丘僧語諸比丘從今聽用三種楊枝上中下上者長十二指下者長六指此二中間名中佛在舍衛國時有比丘度兒作共行弟子弟子不如法餘比丘言此弟子不如法何不駈去荅言此是我子弟子云何駈去比丘不知云何是事白佛佛言若兒若弟子不如法者應駈去佛在舍衛國尒時沙弥羅睺羅違逆師迦留陁夷時迦留陁夷駈出寺時沙弥羅睺羅在祇桓門外啼泣佛從外来入祇桓時見羅睺羅啼泣佛知故問何故啼耶羅睺羅向佛廣說是事佛語諸比丘從今不得駈沙弥出僧伽藍應駈出房舍

佛在舍衛國時諸比丘唾淨地地發壞是事白佛佛言從今不得唾淨地犯者突吉羅時諸比丘不知唾何處是事白佛佛言應以手承唾承唾時心中吐悶佛言應畜唾器時唾器滿佛言應棄棄時復欲吐佛言唾器中著灰著沙著燋物令消唾

佛在王舍城時長老迦葉從耆闍崛山出上下時日炙面汗入眼眼痛是事白佛佛言聽畜手巾拭

佛在舍衛國長老跋提行頭陁入浴室洗時不聽他人揩摩作是念若佛聽我編繩自揩身者善是事白佛佛言聽用編繩長老優波離問佛以何物作佛言以毳芻摩劫貝文闍草麻婆婆草舍利弗病患脊痛作是念佛聽我著禪帶坐者善是事白佛佛言聽著禪帶坐優波離問佛以何物作禪帶佛言用毳芻摩劫貝文闍草及婆婆草皮作佛在舍衛國時世尊患風脊痛時藥師教言酥油塗身塗身已槽盛燸水入中卧佛語阿難燸水著槽中持来阿難受教槽盛燸水来時佛酥油塗身入中卧卧已病得除愈佛以是事集比丘僧語諸比丘從今聽若有風病以酥油塗身燸水中卧佛在阿羅毗國諸比丘辦卧具時暮多有客比丘来僧敷具少諸比丘不知云何是事白佛佛言從今應上座次第與不得敷具者與草與葉各

令自敷卧具卧佛在舍衛國憍薩羅國阿練兒處有一比丘住是比丘以頗梨珠出火時賊住彼處見比丘珠中出火作是念必是毗琉璃珠賊即語比丘與我此琉璃珠比丘荅言善人我無琉璃珠時賊心念是比丘不肯正尒與我我當殺此比丘即殺比丘已覓珠於鐵線囊中乃得頗梨珠是賊相語言乃以此頗梨珠故殺此比丘時賊仰卧死比丘還以頗梨珠著其齊中便去時諸比丘食後經行見是死比丘各相謂言以此珠故為人所害諸比丘不知云何是事白佛佛以是事集比丘僧已語諸比丘從今不得畜月珠日珠若畜者突吉羅

佛在王舍城時諸比丘以大價火浣衣石上浣浣已破壞佛言應著板上手揉浣

佛在舍衛國時末利夫人作一講堂種種莊嚴施僧諸比丘言佛未聽我等受種種莊嚴講堂在中出入諸比丘不知云何是事白佛佛言此堂清淨可受在中出入時有鵝鴛鴦孔雀俱舍羅鳥

烏耆羅命命飛鵽諸鳥入出作聲妨
諸比丘坐禪誦經是事白佛佛言應
施欄楯施已故來入佛言應施網時
優波離問佛以何物作網佛言以毳
以芻摩劫貝文闍草麻龍鬚皮等作
作已喜爛壞佛言應施雀目諸鳥故
得來佛言應懸簾懸簾時闇佛言應
施繩牽上佛在阿羅毗國新作僧伽
藍無掃地物諸比丘不知云何是事
白佛佛言應作掃篲
佛在舍衛國時長老畢陵伽婆蹉眼
痛心念若聽我高處坐者善是事白
佛佛言聽高處坐在高處時畏墮地
作是念若佛聽我高處作欄楯者善
是事白佛佛言聽高處作欄楯佛在
舍衛國時僧坊無門牛馬獼猴狗等
來入是事白佛佛言應作門佛在舍
衛國時諸比丘不知何處著鍼佛言
應作鍼筒
佛在舍衛國諸比丘不知何處著藥
草是事白佛佛言應畜盛藥物諸比
丘無曬藥物是事白佛佛言應作曬
藥物佛在舍衛國給孤獨居士施僧

褥諸比丘言佛未聽受褥是事白佛
佛言聽僧畜私亦得畜時諸比丘不
自畜褥覆壞僧臥具露身坐上起時
毛著身是事白佛佛言應自畜褥覆
著僧褥上若不自敷者突吉羅
佛在阿羅毗國比丘露地翹一脚洗
便倒地垂死是事白佛佛言應畜洗
脚物長老優波離問佛用何物作洗
脚物佛言用木石塼作佛在阿羅毗
國作新僧伽藍時天久旱地乾燋後
便大雨地皆發壞諸比丘行出入時
脚蹈地壞佛言應施脚蹈處長老優
波離問佛用何物作蹈處佛言應用
木石塼作彼僧伽藍多房舍時諸比
丘各自房前作脚蹈處佛言應周
匝行行作蹈處者好佛在舍衛國諸
比丘從憍薩羅國向舍衛國中道有
流水渠諸比丘到渠岸邊住脫革屣
已兩屣相拍相拍時塵出諸天神皆瞋
呵責比丘此中不應作是諸比丘不
知云何是事白佛佛言從今不得道
中拍革屣犯者突吉羅若道中行革
屣有土時應用軟羊皮拭佛在舍衛

國尒時龍子信樂佛法來入祇桓為
聽法故有比丘以繩繫咽棄無人處
時龍子向母啼泣母言汝何以啼泣
荅言我為聽法入祇桓中有一比丘
以繩羂我項棄无人處龍母大瞋往
詣佛所向佛言諸比丘時佛為大衆
圍遶說法佛遥見龍來佛以慈心三
昧力滅彼毒心龍母到佛所在一面
立白佛言是諸比丘弊惡不善我子
信心故來入祇桓聽法諸比丘以繩
羂咽遠著無人處龍子在彼被繩羂
者是大不好如被擯棄尒時佛種種
因緣為龍母說法示教利喜已默然
時龍母聞法已礼佛右遶而去龍母
去不久佛以是事集比丘僧語諸比
丘從今不得羂虵棄犯者突吉羅聽
以器盛覆頭遠著無人處不得畜押
虵羂犯者突吉羅
佛在舍衛國時放馬人有緣事來至
舍衛城為僧作種種麨盛滿器施僧
諸比丘言佛未聽我受恒鉢榔是事
白佛佛言是淨食應受佛在舍衛國
諸比丘無物浸衣是事白佛佛言應畜

十誦律卷第三十八　第三十四張　政

槽杅瓮浸衣佛在舍衛國諸比丘無物浣衣是事白佛佛言應畜槽杅瓮浣衣佛在舍衛國時跋提長者作大僧坊青赤白黑種種莊嚴施僧作是念若佛聽我以青赤白黑色莊嚴房施僧者善是事白佛佛言聽汝以青赤白黑色莊嚴房施僧

佛在舍衛國憂伽長者持牛頭栴檀器直十万兩金及閻浮㲲具持到佛所白佛言世尊此牛頭栴檀器直十万兩金及閻浮㲲具願佛受之若佛得風病以此栴檀器盛油塗身佛默然受時長者見佛默然受已即持牛頭栴檀器與佛已頭面作礼右遶而去是長者去不久佛以是事集比丘僧語諸比丘今憂伽長者施牛頭栴檀器直十万兩金及閻浮㲲具從今若有如是病比丘不求自與應受用佛在舍衛國有人施僧種種和香諸比丘不受不知何所用是事白佛佛言應受用塗房舍時諸比丘塗舍外多有衆人来看塔寺衆人見此香塗舍外謂是佛塔聲聞塔時多有人衆象

十誦律卷第三十八　第三十五張　政

馬牛車男女音聲妨諸比丘坐禪讀經諸比丘心不喜是事白佛佛言從今若得和香應塗舍內塗牀牀脞牀脚牀板牀擋衣㯓衣架塗地四壁如是塗者坊舍得香施者得福

十誦律卷第三十八　雜誦卷第三

甲辰歲高麗國大藏都監奉
勑彫造

十誦律卷第三十八

校勘記

一　底本，麗藏本。

一　七三九頁上一行「三十八」，徑、清作「三十九」。卷末經名同。

一　七三九頁上二行後，磧、普、南、徑、清有「第六誦之三」。

一　七三九頁上三行「明雜法之三」，資作「雜誦第六誦之三初中各二十法」；磧、普、南、徑、清作「雜誦初二十法初中後各二十法」。

一　七三九頁下四行「叉手」，諸本（不含石，下同）作「叉手立」。

一　七三九頁下六行「長老」，磧作「長者」。

一　七三九頁下一八行「時佛」，諸本作「佛時」。

一　七三九頁下二一行第一〇字「種」，諸本作「事」。

一　七四〇頁上一行末字「現」，諸本作「出」。

一七四〇頁上一二行第一一字「坐」，徑作「生」。

一七四〇頁上末行第一〇字「鉢」，諸本作「衣鉢」。

一七四〇頁中二行「心意」，諸本作「心重」。

一七四〇頁中一〇行「比丘」，諸本無。

一七四〇頁中一一行「已語」，磧作「已飽」。

一七四〇頁中一三行首字「諸」，諸本無。

一七四〇頁下七行第四字「渫」，諸本無。

一七四〇頁下一二行「而行」，磧、普、南、徑、清作「遊行」。

一七四〇頁下一九行「阿練兒」，磧、普、南、徑、清作「阿練若」。下同。

一七四一頁上一一行第一二字「拔」，諸本作「發」。

一七四一頁上一三行第九字「法」，諸本無。

一七四一頁上一九行第九字「者」，諸本作「者犯」。

一七四一頁中七行第八字「垂」，諸本作「至」。

一七四一頁中一一行第六字「聽」，諸本作「得」。

一七四一頁中一四行第一二字「羅」，磧、普、南、徑、清作「羅時」。

一七四一頁中一六行第一一字「食」，諸本作「食者」。

一七四一頁中二一行至頁下二行「露形」，諸本均作「露身」。

一七四一頁下一二行第二字及次頁上一〇行第三字「者」，諸本無。

一七四一頁下二二行首字「食」，諸本作「病」。

一七四二頁上一三行第五字「善」，資無。

一七四二頁中七行及一〇行「佛塔」，資作「拂塔」。

一七四二頁中二〇行第九字「篤」，諸本作「得」。

一七四二頁中二二行第二字「經」，諸本作「經法」。

一七四二頁下八行第六字「法」，資、磧、南、徑、清無。

一七四三頁上八行第二字「亦」，諸本無。

一七四三頁上一九行第一三字「𩊠」，諸本作「鞾」。下同。

一七四三頁中八行第一二字「細」，諸本作「紐」。

一七四三頁中一〇行第七字「攝」，諸本作「襵」。

一七四三頁中一一行第九字「鞍」，諸本作「鉤」。

一七四三頁中二一行第七字「受」，諸本無。

一七四三頁中末行第六字「繩」，諸本作「繩帶」。同行第九字「編」，諸本作「辮」。

一七四三頁下一三行末字「地」，諸本作「一」。

一七四三頁下一五行「各自」，諸本

作「若自」。

一 七四三頁下一八行「別有」，諸本作「有別」。

一 七四三頁下二一行第五字「俗」，諸本作「俗人」。

一 七四四頁上一〇行第一二字「羅」，諸本無。

一 七四四頁上一一行「捉杖所經」，諸本作「添杖所捨」。

一 七四四頁上一三行第七字「還」，諸本無。

一 七四四頁上一五行第六字「言」，諸本無。

一 七四四頁上一六行第七字「是」，諸本無。

一 七四四頁上一七行末字「捉」，諸本無。

一 七四四頁上二二行首字「杖」，資、磧、普、南、清作「捉杖」；徑作「作杖」。

一 七四四頁中末行及本頁下一行「比相」，諸本作「此」。

一 七四四頁下七行第四字「聽」，諸本作「聽我」。

一 七四四頁下九行「乃至」，諸本作「及」。

一 七四四頁下一六行第一一字「應」諸本無。

一 七四四頁下一八行「擇」，諸本均作「居」。

一 七四五頁上一行第八字「淨」，諸本無。

一 七四五頁上六行「著火中」，資、普、南、徑、清作「著火」；磧作「者火」。同行末字「不」，諸本作「難」。

一 七四五頁上七行「不得」，諸本作「不大得」。

一 七四五頁上九行第四字「丸」，諸本作「見」。

一 七四五頁上二一行末字「脂」，諸本無。

一 七四五頁上二二行「指渧」，諸本作「脂灌」。

一 七四五頁中四行第一一字「故」，徑作「胡」。

一 七四五頁中一八行首字「諸」，諸本無。

一 七四五頁中二二行第一〇字「等」，諸本無。

一 七四五頁下二行第三字「萵」，磧、普、南、徑、清作「篇」。下同。

一 七四五頁下三行第二字「別」，諸本無。

一 七四五頁下四行末字「仚」，諸本作「企」。

一 七四五頁下五行第一二字「畜」，磧、普、南、徑、清作「留」。

一 七四五頁下八行首字「麞」，諸本作「麋」。同行第五字「狗」，諸本無。

一 七四五頁下九行「蛆蝲」，諸本作「蟽蝲」，下同。

一 七四五頁下二〇行「作一處」，諸本作「一處作」。

一 七四五頁下二二行第一一字「瓮」，資作「瓮」。

一　七四五頁下末行「小便」，諸本作「小便時」。

一　七四六頁上一行第五字「上」，諸本作「上上」。

一　七四六頁上二〇行「初二十法竟中」，資作「初一十法竟中」；磧作「法竟初二十法雜誦中」；南作「法初二十法竟雜誦中」；徑、清作「初二十法竟雜誦中」。

一　七四六頁中五行第一二字「皮」，諸本作「皮泥」。

一　七四六頁中一三行第一一字「衣」，諸本作「牀」。

一　七四六頁中末行第一三字「是」，諸本無。

一　七四六頁下四行第一三字「隆」，諸本作「梯」。

一　七四六頁下一〇行第三字「住」，諸本作「在」。

一　七四六頁下一四行「知僧」，資、普、南、徑、清作「典僧」；磧作「典增」。

一　七四六頁下一七行「綴綴」，諸本作「綴」。

一　七四七頁上一行第二字「聽」，諸本作「聽我」。

一　七四七頁上三行第五字「若」，諸本無。

一　七四七頁上六行末字「中」，磧作「中灰」。

一　七四七頁上末行「求木取」，諸本作「取木」。

一　七四七頁中三行第四字「能」，諸本作「得」。

一　七四七頁中七行第七字「栿」，資、磧、南、徑、清作「伏」。

一　七四七頁中一二行「年少」，諸本作「年小」。

一　七四七頁中一五行第三字「城」，諸本作「國」。

一　七四七頁中一八行第七字「時」，諸本作「得」。

一　七四七頁下九行第一三字及次頁中一三行第一一字「時」，諸本作「爾時」。

一　七四八頁上八行第三字「子」，諸本無。同行「比丘」，諸本作「是比丘」。

一　七四八頁上一四行第一〇字「耶」，諸本作「也」。

一　七四八頁上二〇行末字「時」，諸本作「故」。

一　七四八頁上二一行第一二字「唾」，諸本無。

一　七四八頁中二行第九字「汙」，諸本作「汗」。

一　七四八頁中九行及一三行「婆娑」，諸本作「婆婆」。同行第一〇字「痛」，資、普作「病」。

一　七四八頁中一九行「酥油」，諸本作「油酥」。

一　七四八頁下二行第三字「皃」，資作「若」。

一　七四八頁下三行第七字「住」，諸本作「主」。

一　七四八頁下一二行末字「害」，諸

本作「殺」。

一 七四八頁下一四行首字「事」，諸本作「事集比丘僧」。

一 七四八頁下一五行第六字「若」，諸本無。

一 七四八頁下一七行第一二字「著」，諸本作「平」。

一 七四八頁下一八行第二字「揉」，諸本作「拍」。

一 七四八頁下二〇行「我等」，諸本無。

一 七四九頁上一一行「時長老」，諸本作「爾時長老」。

一 七四九頁中一一行首字「便」，諸本無。

一 七四九頁中一五行第六字「作」，諸本作「作安」。

一 七四九頁中二〇行第三、四字「比丘」，諸本作「是比丘」。

一 七四九頁下五行第五字「項」，諸本作「頸」。

一 七四九頁下七行第八字「龍」，諸本作「龍母」。

一 七五〇頁上四行「青赤白黑」，諸本無。

一 七五〇頁上一〇行第七字「此」，諸本作「此中」。

一 七五〇頁上一一行「閻浮」，諸本作「閻浮提」。

一 七五〇頁上二〇行第六字「何」，資、磧、南、徑、清作「云何」。

一 七五〇頁中三行「牀牀」，諸本作「牀」。

一 七五〇頁中四行第五字「檔」，諸本作「當」。

一 七五〇頁中末行小字「雜誦卷第三」，諸本無。

趙城縣廣勝寺

十誦律卷第三十九六誦之四　政

雜誦初中各二十法　後秦北印度三藏弗若多羅譯

佛在蘇摩國與五百大衆共會。介時世尊與五百比丘說五陰法。所謂色受想行識。時諸比丘持鉢著露地。天魔變作大牛身来向鉢。有一比丘遥見牛来向鉢。語比座比丘言。看此大牛来向我鉢。不破我鉢耶。佛語諸比丘。此非牛。是魔所作。欲壞汝等心。佛言。從今房舍中應作安鉢處。

佛在舍衛國。有比丘從憍薩羅國共估客遊行来向舍衛國。時估客載滿車油在道行。險難處有一估客車破牛脚跛。是人語諸伴言。隨力多少為我取油。莫棄於此。諸伴言。我等車各自滿重。若取者共汝倶失。諸伴捨去。是一估客獨守此油。心愁不樂。諸比丘從後来。諸比丘以二事故在後。一者恐塵坌。二者惡車聲。守油人見比丘来大歡喜。作是念。此油非是我有。今當施僧。諸比丘来至。便語諸比丘。集在一處。我施僧油。時諸比丘各分取油。盛鉢中半鉢中鍵鎡中。盛已持去道經市中。前去估客見諸比丘持油来。即生妬心。語諸比丘言。汝此油何處買来。何處賣去。何處下馱。何處取利。諸比丘聞是語心不喜。是事白佛。佛言。從今不得道中擔油行。犯者突吉羅。佛自恣後遊行教化。有比丘手執革屣行。佛見已知而故問。何以手執革屣行。荅言。我脚指間破無物可塗。佛言。從今聽畜盛蘇油囊。受一升若半升。又更應畜覆囊物。

佛從迦羅衛國行向舍衛國。諸天神隨比丘行。作是念。若諸比丘或能說法。我等當聽。得大利益。諸比丘行時作戲調言語。諸天神皆瞋呵責。比丘言。沙門釋子道路遊行。何不說法呪願。諸天神得歡喜利益。諸比丘不知云何。是事白佛。佛言。從今諸比丘道路行時應說法呪願。天神歡喜利益。比丘在國中住。樹下住。或水邊住。或泉邊住。或多人處住時。諸天神多有来集。皆作是念。諸比丘或能說法。我等聽受得大利益。諸比丘在園中住樹下住水邊住泉邊住多人處住時說法呪願諸天神得歡喜利益諸比丘不知云何是事白佛佛言從今國中住樹下住水邊住泉邊住多人處住時當說法呪願天神歡喜利益

佛在舍衛國比丘向暮有賊處行見賊已是比丘畏賊故失衣諸比丘不知云何是事白佛佛言從今比丘不得向暮賊處行若有事緣向暮行時以衣分著兩肩上以繩繫腰疾過賊道佛在阿羅毗國時阿羅毗無水諸比丘是事白佛佛言應作井佛在阿羅毗國是國中有新成僧坊比丘掃地無棄糞物是事白佛佛言應畜糞箕佛在舍衛國有比丘患下數數起故大疲極是事白佛佛言應牀上穿孔牀下安器佛在舍衛國長老優波離問佛世尊如弗迦羅沙王婆羅門從佛乞三種礼敬若沙門瞿曇見我乘象時若手持鑾若著革屣若鍜脚時若却頭上幞見是已當知我已礼敬沙門瞿曇我在道行時或竪脚或却天冠或却蓋見是已當知我已礼敬世尊若沙門瞿曇見我在大衆中大聲語時喜笑時或掉衣角時見是已當知我已礼敬世尊比丘應作是三種礼不佛言不得佛語優波離稱和南者是口語若曲身者是心淨優波離若比丘礼時從座起偏袒右肩脫革屣右膝著地以兩手接上座足佛在舍衛國諸比丘於祇桓中處處剃髮時諸天神金剛神皆瞋訶責此處不應作是諸比丘不知云何是事白佛佛言從今不應處處剃髮時多積髮佛言應除棄除棄時比丘吐逆佛言應一處作埦佛在舍衛國有人施僧華鬘諸比丘不受不知用華鬘作何物是事白佛佛言聽受應以鐵釘著壁上房舍得香施者得福佛在舍衛國時衆僧髮長時剃髮人大懱時有一剃髮人作比丘是比丘作是念若佛聽我畜剃髮刀剃僧髮者善是事白佛佛言聽畜剃刀與僧剃髮佛在舍衛國時僧指爪長剃髮人懱時有剃髮人作比丘是比丘作是念若佛聽我畜截爪刀與僧截爪者善是事白佛佛言聽畜刀與僧截爪佛在舍衛國尒時僧鼻毛長時剃髮人懱時有剃髮人作比丘是比丘作是念若佛聽我畜鑷拔僧鼻中毛者善是事白佛佛言聽畜鑷拔僧鼻中毛佛在舍衛國諸比丘露地敷繩牀結跏趺坐禪天熱睡時頭動有一毒虵繩牀前行見比丘頭動虵作是念或欲惱我即跳螫比丘額是比丘故睡不覺第二螫額亦復不覺第三螫額比丘即死諸比丘食後彼處經行見是比丘死不知云何是事白佛佛以是事集比丘僧已語諸比丘從今繩牀脚下施跂跂令八指佛在舍衛國尒時長老畢陵伽婆蹉眼痛入浴室洗時汗入眼中便增痛佛言應以泥塗額上時泥氣入眼眼復增劇是事白佛佛言應以香和泥塗額上佛在舍衛國長老優波離問佛如佛說汝目連從今僧自說戒我不入僧中諸比丘不知誰應說戒佛言應上座說若上座不利次第二上座如是次第能者

十誦律卷第三十九　第六張　政

說時有說戒人處處忘忘時默然住
佛言應授諸比丘次第授佛言不應
次第授但授忘處佛在舍衛國長老
優波離問佛阿耆達婆羅門施佛八
種漿周羅漿牟羅漿俱羅漿樓伽漿
說提盤漿頗棃沙棃漿杝漿蒲萄漿
等今日受明日得飲不佛言無滓病
者得飲有滓不聽飲佛在王舍城有
大僧坊是中有客比丘初夜中夜後
夜一一時來見下座比丘脫衣坐遣
令起下座荅言上座不知時諸比丘
不知云何是事白佛佛言從今若唱
時若打揵稚時分取卧具時然後敷私
卧具然燈星宿出時禪鎮著頭上自
是以後不應遣下座起遣者突吉羅
佛在阿羅毗國阿羅毗上座初夜坐
禪中夜還房還房時道中畏師子虎
狼熊羆是事白佛佛言房舍四邊應
作牆若作籬繞四邊竪柵佛在阿羅
毗國有新房舍天旱久不雨後卒雨
大水漬牆壁爛壞是事白佛佛言應
作水竇繞四邊應作渠
佛在舍衛國尒時比丘尼僧鬚長時

十誦律卷第三十九　第七張　政

剃鬚人懅不得剃有一比丘尼名提
舍先是剃鬚人作是念若佛聽我畜
剃刀與比丘尼剃鬚者善是事白佛
佛言聽畜刀剃比丘尼鬚佛在舍衛
國時比丘尼僧爪長剃鬚人懅有比
尼名提舍先是剃鬚人作是念若佛
聽我畜剪爪刀與諸比丘尼剪爪者
善是事白佛佛言聽畜剪爪刀與比
丘尼僧剪爪
佛在舍衛國時諸比丘尼僧鼻毛長
剃鬚人懅有一比丘尼名提舍先是
剃鬚人作是念若佛聽我畜鑷與比
丘尼拔鼻中毛者善是事白佛佛言
聽畜鑷拔諸比丘尼鼻中毛
佛在王舍城尒時六群比丘以貝珠褆
衣著諸居士呵責言諸沙門釋子自
言善好有德以貝珠褆衣著如王如大
臣是中有比丘少欲知足行頭陁聞
是事心不喜向佛廣說佛以是因緣
集比丘僧知而故問六群比丘實作
是事不荅言實作世尊佛以種種因
緣呵責六群比丘云何名比丘以貝珠
褆衣著種種因緣呵已語諸比丘從

十誦律卷第三十九　第八張　政

今不得貝珠褆衣著著者突吉羅
佛在舍衛國阿耆達婆羅門持衣施
佛佛語阿耆達是衣分與僧時分與
僧諸比丘不受作是言我三衣具足
何用是衣為是婆羅門還到佛所作
是言世尊諸比丘不受我衣時佛持
刀與阿耆達教言以刀割一張氎作
衣緣一人與一段
佛在舍衛國時長老跋提著納衣段
段裂壞佛見是跋提知而故問跋提
汝納衣何以破壞荅言我糞掃衣故
世尊是以破壞佛語跋提若糞掃衣
若居士衣好割截治縫令周正別施
緣佛自恣後人間遊行教化有一比
丘手執革屣行佛見是比丘手執革屣行知而故
問何以故手執革屣行荅言革屣敗
斷尒時革師懅不得治佛言從今聽
畜錐刀畜皮若能縫者隨意縫治佛
在舍衛國尒時比丘尼僧誦戒不利
瞿曇弥比丘尼往到佛所頭面作礼
在一面立已白佛言比丘尼僧誦戒
不利願世尊教令誦利佛言不得何
以故若比丘尼能一聞我語能受持

者將来瞿曇弥還所住處諸比丘尼問瞿曇弥得教誦戒不荅言不得何以故不得佛言若比丘尼能一聞我語能受持者將来時修目佉比丘尼是婆羅門種出家有大念力白瞿曇弥言我能受持時瞿曇弥將修目佉比丘尼往到佛所尒時世尊欲二月遊行教化是時多有諸天龍夜叉乹闥婆阿修羅緊那羅摩睺羅伽人與非人皆詣佛所時二比丘尼不得聞戒即還住處諸比丘尼問言得教誦戒不荅言不得何以故不得荅佛欲二月遊行多有天龍夜叉乹闥婆阿修羅迦樓羅緊那羅摩睺羅伽人與非人皆詣佛所不得聞戒尒時世尊二月遊行竟還舍衛國即時瞿曇弥將修目佉比丘尼往到佛所頭面作礼在一面立已白佛言世尊諸比丘尼誦戒不利願世尊教諸比丘尼佛言不得何以故若有比丘尼一聞我語能受持者將来瞿曇弥言願世尊說是修目佉比丘尼能受持佛即為說修目佉比丘尼即時受持尒時世

尊更為瞿曇弥修目佉比丘尼種種說法示教利喜時佛為瞿曇弥修目佉比丘尼說法示教利喜已默然即從座起頭面作礼右遶而去時佛見瞿曇弥修目佉比丘尼右繞去不久以是事集比丘僧已語諸比丘從今比丘應誦比丘尼戒莫令忘失何以故諸女人喜忘智慧散乱我般涅洹後諸比丘尼當從大僧問戒法佛在舍衛國尒時長老阿難與大衆圍繞說法時有上座比丘後来起第二下座第二下座復起第三如是上座来時次第起故衆乱妨聽說法諸長者作是念言此中亦無有前食後食何用次第坐為妨聽說法尒時世尊見諸長者呵責比丘佛以是事集比丘僧語諸比丘從今聽法時上座来不應遣下座起起者突吉羅若和上阿闍梨来恭敬故自起不得起他若起他者突吉羅佛言從今三比丘中間高三歲得共大牀坐二人得共一繩牀坐不得三人獨坐牀上應一人不應二人

佛在舍衛國有一長者請佛及僧明日食佛默然受知佛受已從座起頭面作礼右繞而去還家竟夜辦種種多美飲食尒時六群比丘與十七群比丘先共諍時十七群次應守僧坊六群比丘次與迎食不時来還如上樹因緣說佛在舍衛國有二比丘一名旃陁二名藴陁是二比丘共作知識是二比丘試者他衣如善誦中說佛在舍衛國有一放猪人失猪有弊悪人祇洹塹邊殺猪割肉各分持去尒時諸比丘中前著衣持鉢入舍衛城乞食見地猪腸各相謂言汝取是煑我入城乞食有煑者有乞食者時失猪人入祇洹求猪見煙起至比丘邊問言大德此中何所作荅言煑猪腸是人言我今失猪汝等煑腸必殺我猪荅言不殺問言何處得荅言塹邊地得共相謂言是比丘不肯直首將詣官斷即將詣官時斷事人言大德實殺猪不荅言不殺我等祇洹塹邊地得是腸時斷事人多信佛法能正斷事作是言比丘必不殺猪語

比丘去從今莫復取露地膓是比丘向諸比丘說諸比丘以是事向佛廣說佛言從今露地猪膓不得取取者突吉羅及園中甘蔗多羅果亦如是尒時有一人親里死是人即以白疊纒死人棄阿難從道行見是死人上有疊欲往取時死人動肩言莫取我疊阿難即捨疊而去至祇洹中向諸比丘說我道中行見死人上有白疊時有比丘名黑阿難身躰強壯問死人在何處阿難言在某處是比丘即到死人上取白疊死人動肩語長老黑阿難莫取我白疊尒時黑阿難唾是死人作是言餓鬼汝從何處来貪著此衣汝前世慳貪故墮餓鬼中黑阿難即擔衣前去鬼隨後啼逐黑阿難持此白疊入祇洹中尒時守祇洹門大力善神不聽此鬼入即墮塹中時黑阿難以疊示諸比丘言我從彼死人邊取是疊来諸比丘問言死人在何處荅言今墮祇洹塹中諸比丘不知云何是事白佛佛言從今死屍未壞不得取物取者偷蘭遮尒時六

群比丘以鍼畫死屍身令壞取衣有人見呵責言沙門釋子自言善好有功德云何如旃陁羅以鍼破死屍取衣是中有比丘少欲知足行頭陁聞是事心不喜是事白佛佛言從今不得以鍼破死屍畫者突吉羅尒時佛語黑阿難還送死屍著本處還以白疊覆上當在餓鬼後行莫在前行當在左邊莫在右邊當近頭莫近脚莫為鬼所打

佛在舍衛國有人施比丘尼僧木桶諸比丘尼不受不知何所用是事白佛佛言應取用威澡豆佛在舍衛國有比丘尼名周郍難提面貌端正顏色清淨以麁繫腰繩并襵兩邊著涅洹僧令胯麁大而腰細有估客見已語諸伴言看是比丘尼胯比丘尼聞已心不喜是事白佛佛語諸比丘從今比丘尼不得并襵兩胯上著涅洹僧犯者突吉羅佛在舍衛國有一比丘不著襯身衣倚新畫壁立綵畫剥落是事白佛佛言從今比丘不著襯身衣倚畫壁者突吉羅

佛在舍衛國諸比丘於祇洹中處處然火如似鍛作處諸金剛神皆瞋呵責言云何名比丘汙此地諸比丘不知云何是事白佛佛言從今不得處處然火犯者突吉羅應一處然

佛在舍衛國諸比丘於祇洹中處處洗浴或用澡豆或用土以濕熱故生虫諸金剛神皆瞋呵責言云何比丘汙此地諸比丘不知云何是事白佛佛言從今不得處處洗浴應一處就水竇洗佛在釋迦國釋摩訶男請佛及僧明日食佛默然受知佛受已頭面作礼右繞而去到舍通夜辦種種多美飲食晨朝敷坐處已往到佛所白言時到佛自知時佛與諸比丘僧入其舍是會有肉佛及僧次第坐竟釋摩訶男自手行飯下肉尒時六群比丘畜狗疾食竟拾滿鉢骨疊前舉眼高視時釋摩訶男循行看僧食誰得誰不得誰重得見是鉢中盛滿物語諸比丘大德此鉢恒沙諸佛標幟何以輕賤此鉢汝自賤鉢我亦不憂但恐汝後持此不淨鉢與我食尒時

佛見釋摩訶男呵責已時佛呵責六群比丘云何以鉢威不淨物從今不得以鉢威不淨物威者突吉羅佛在王舍城尒時六群比丘以脚扶鉢受食是事白佛佛言從今不得以脚扶鉢受食犯者突吉羅尒時六群比丘以革屣頭扶鉢受食是事白佛佛言從今不得革屣頭扶鉢受食犯者突吉羅佛在王舍城六群比丘與無鉢人受具戒尒時六群比丘與十七群比丘喜共諍時六群比丘大守僧坊十七群次與迎食時十七群比丘從守僧坊比丘索鉢來問作何等荅言與汝請食彼比丘言無鉢問言汝無鉢出家耶荅言如是時十七群比丘作是言汝是大智德人無鉢便得受具戒是比丘聞是語心不喜是事白佛佛言從今無鉢人不得與出家受具戒若與受者突吉羅

佛在王舍城尒時䟦難陁釋子度一賊主出家作比丘後入王舍城乞食所可到家諸婦女見是比丘來便藏衣物作是言此人詐作乞食看我衣物必欲來取是比丘聞是語心不喜向諸比丘說諸比丘以是事向佛廣說佛以是事集比丘僧已知而故問䟦難陁汝實作是事不荅言實作世尊佛以種種因緣呵責䟦難陁云何名比丘度賊主出家種種因緣呵已語諸比丘從今不得度賊主出家若度者突吉羅若因緣欲度者度已應令離本處去五六由旬若知善好有德還可將來

佛在舍衛國尒時飢餓乏食有一比丘未滿五臘應受依止往到親里家四五日住已辭別欲去親里問言何以故去荅言我須依止故親里言大德今飢餓世或當餓死何用依止諸比丘不知云何是事白佛佛言從今飢餓時可得日日見和上處聽住可日日來若日日不得來者可至五日若五日不得來者布薩時應來若布薩時不得來乃至二由旬半至自恣時應來見和上

佛在舍衛國憍薩羅國有邊聚落尒時波斯匿王税是邊聚落邊聚落人即皆捨去彼處有比丘住不得衣食故捨房舍去王後有教不復税奪諸人聞已即還本處諸比丘未還尒時諸外道從憍薩羅國來向舍衛國逕入僧坊見是僧坊清淨莊嚴釜鑊甕器盆物坐具卧具滿僧坊中語諸居士汝此僧坊空聽我等住者善荅言隨意諸外道便住有諸比丘從憍薩羅國遊行向舍衛國到是僧坊乃見是房中清淨莊嚴釜鑊甕器盆物坐具卧具滿是坊中諸比丘共相謂言此倮形外道無田宅民户何由能辦如是供養必先是比丘住處諸比丘語言汝去荅言何以去語言此先是我等住處外道荅言大德此不從汝等得汝亦不安我在此我從居士邊得居士遣者我等當去諸比丘往語居士此本是我等沙門住處還使我等此中住者善諸居士問比丘言捨是僧坊去幾歲荅言十歲諸居士問外道住來幾歲荅言十歲諸居士作是言是不可得何以故比丘捨去已經十歲外道住來亦經十歲不得遣去諸比

丘默然以是事白王王言誰言十歲捨去十歲住中不得遣去時王即遣人往以拳打外道齒折遣去諸比丘不知云何是事白佛佛令從今兩寺相近者應共作羯磨一處受施兩處布薩如是應作作者一心和合僧一比丘唱言大德僧聽是某處某處應一處受施兩處布薩若僧時到僧忍聽某處某處一處受施兩處布薩如是白大德僧聽是某處某處一處受施兩處布薩誰諸長老忍某處某處一處受施兩處布薩者默然不忍者說僧作某處某處一處受施兩處布薩竟僧忍默然故是事如是持是二處中或一處空是中所有衣被臥具諸物應并著一處後有僧來則還分取

佛在王舍城尒時六群比丘或頭上戴物或臂間帶物諸比丘以是事白佛佛言從今不得頭上戴物臂間帶物行犯者突吉羅佛在王舍城尒時跋難陀釋子度王軍將尒時邊國人叛時王撿挍此將有人答言出家何處出家答言沙門何等沙門答言釋

子沙門王瞋言是比丘必當度我一切將是中有比丘少欲知足行頭陀聞是事心不喜是事白佛佛以是事集比丘僧知而故問跋難陀汝實作是事不答言實作世尊佛以種種因緣呵責云何名比丘輙度王所識將佛言從今不得度王所識將犯者突吉羅

佛在舍衛國跋難陀釋子共一估客兒諍估客兒瞋以拳打跋難陀時跋難陀往到斷事所言此估客兒打我問何以諍即答以上事時斷事人即唤估客兒來已問言打比丘不答言實打時斷事人便問法制打比丘得何罪答言依制隨以何身分打應斷此分即問估客兒言以何身分打答言右手時斷事人截其右手時城中人聞沙門釋子言人截手一人語二人二人語三人如是惡名流布滿舍衛城是中有比丘少欲知足行頭陀聞是事心不喜向佛廣說佛以是事集比丘僧知而故問跋難陀汝實作是事不答言實作世尊佛種種因緣

訶責跋難陀釋子云何名比丘言人截手佛言從今不得言人截手犯者偷蘭遮佛在舍衛國有一外道有信樂心欲得出家往語諸比丘我欲出家出家法中有何難事比丘答言有四依法一者依著糞掃衣得出家受具足戒答言我不能著死人弊衣問言除是更有何難比丘言常依乞食得出家受具足戒答言我法乞食更有何難答言依樹下住得出家受具足戒答言我法樹下住更有何難答言依弊棄藥得出家受具足戒答言我不能服是藥聞是事不肯出家受具戒諸比丘不知云何是事白佛佛語諸比丘不應先說四依應先與受具足竟乃說四依佛在舍衛國有比丘失衣鉢有一知識比丘餘處見是衣鉢即捉是衣言此是某衣鉢今從汝手中得彼言我買得問言買時誰見諸比丘不知云何是事白佛佛言買得者非賊若偷取者是賊佛語諸比丘此衣買用幾許實買得者應還本直取

佛在舍衛國尒時諸比丘二月遊行時六群比丘有知識比丘以衣寄六群比丘去亦如先說佛在王舍城尒時有五比丘問佛用何物染衣佛言應以根染莖染葉染花染果染新生犢屎染佛在阿羅毗國作新僧伽藍諸比丘無經行處是事白佛佛言應作經行處彼土熱經行時汗流佛言應經行處種樹中二十法上竟

中二十法下

佛初成阿耨多羅三藐三菩提時估客施酥乳麋佛食已腹内風發時釋提桓因見佛患風因閻浮樹故名閻浮提去是樹不遠有訶梨勒林尒時釋提桓因取好訶梨勒来奉上佛作是言世尊去閻浮樹不遠有訶梨勒林我取色好訶梨勒来願佛受食可除風病得遊步進止佛默然受尒時釋提桓因見佛受已頭面作礼右繞而去釋去不久佛即服此訶梨勒風病即除以子擲地即生訶梨勒樹長大生訶梨勒熟黄色墮地遍滿佛見已知而故問阿難諸比丘何故不敢

此訶梨勒阿難言世尊制此不得噉宿受食故佛語阿難先受訶梨勒已滅此今敢無罪佛在舍衛國諸比丘無威衣物佛言應作箱彼土熱故生虫佛言應以青木香鄣毗羅草根著衣箱中以香故虫不生佛在舍衛國給孤獨居士施衆僧被諸比丘不受佛未聽我受被是事白佛佛言僧得受一人亦得受

佛在王舍城尒時六群比丘著留縷頭衣結縷頭衣交結縷頭衣刷縷頭衣不作淨衣是事白佛佛言不得著留縷頭衣結縷頭衣交結縷頭衣刷縷頭衣著者突吉羅若著不作淨衣者波逸提

佛在舍衛國尒時諸比丘不著僧及居士留縷頭衣結縷頭衣交結縷頭衣刷縷頭衣不作淨衣是事白佛佛言若僧及居士有留縷頭衣結縷頭衣交結縷頭衣刷縷頭衣不作淨衣得著佛在舍衛國有阿羅漢般涅槃諸比丘心念如佛所說身中八万户虫若燒身者當殺是虫諸比丘不知云何是事白佛佛言人死時諸虫亦死諸比丘心念佛聽我燒阿羅漢身者善是事白佛佛言聽燒阿羅漢身諸比丘心念佛聽我等與阿羅漢起塔者善是事白佛佛言聽起阿羅漢塔諸比丘心念佛聽我等供養阿羅漢塔者善是事白佛佛言聽供養阿羅漢塔

佛在舍衛國長老迦旃延有一估客弟子從海中還以貝作鉋身物施迦旃延迦旃延不受佛未聽我受貝鉋身物是事白佛佛言得受佛在舍衛國有病比丘語看病人汝能好看我愛念我我若命終所有物盡當與汝語已便終打揵稚集僧僧語看病人死比丘所有物盡持来現前僧應分看病人言非僧物何以故我看病人病人語我言汝能好看我愛念我我若命終所有諸物盡當與汝是事故非僧物諸比丘不知云何是事白佛佛言無如是死當與汝若比丘命終物現前僧應分佛在舍衛國有比丘淨施一比丘已物主命終即打揵稚

十誦律卷第三十九　第二十四張　琢

集僧僧遣人取死比丘衣物來時受淨施比丘答言非僧物何以故死比丘先淨施我諸比丘不知云何是事白佛佛言此為淨故施彼命終已現前僧應分佛在舍衛國有比丘淨施一比丘受施者死時打揵稚集僧彼比丘自持衣來與僧作是言此是僧物僧問何故答言我先淨施死比丘諸比丘不知云何是事白佛佛言若彼受淨施人死更應淨施餘人佛在舍衛國有比丘淨施一比丘受施者反戒諸比丘不知云何是事白佛佛言若反戒更淨施餘人佛在舍衛國有比丘淨施共行弟子弟子有不如法事師瞋語言莫我邊住是弟子往到六群比丘邊住弟子先欲悔過以近六群比丘故無有悔心師往語弟子言汝何不悔過於我答言不能師言我先淨施汝衣弟子言今當與佛諸比丘不知云何是事白佛佛言若弟子被師責不聽教作應更淨施餘人

佛在毗舍離國尒時地濕諸比丘作

十誦律卷第三十九　第二十五張　琢

衣帳住諸比丘作是念此中將不犯彼過十夜長衣耶諸比丘不知云何是事白佛佛言此衣作舍用不犯

佛在阿羅毗國時井水有虫諸比丘不知云何是事白佛佛言應漉漉時二三人共捉捉時不正佛言應作機漉水已寫虫著井中井中虫轉多佛言一器感水漉水已以虫寫中寫中已持寫流水中長老優波離問佛頗有比丘在僧中受功德衣時有不得者耶答言有若比丘餘處安居此處受功德衣是名不得長老優波離問佛頗有比丘不受功德衣得受耶答言有若比丘是處安居自恣已出界行還來入界聞僧今日受功德衣聞已隨喜者得名為受長老優波離問佛頗有比丘捨功德衣時有不捨者耶佛言有若比丘餘處受功德衣此處僧捨衣彼比丘雖在中不名為捨長老優波離問佛頗有比丘僧捨功德衣彼比丘不在得名捨耶答言有若比丘受功德衣出界行聞捨功德衣隨喜是名得捨佛在舍衛國憍薩

十誦律卷第三十九　第二十六張　琢

羅國住處有人施僧物打揵稚集僧和合分物已起尒時六群比丘從界外來語諸比丘此衆僧所有物我當共分諸比丘還更共分諸比丘不知云何是事白佛佛言若打揵稚僧和合分物已起界外有比丘來欲與者與不得強分佛在舍衛國憍薩羅國有人施僧衣尒時有六群比丘到僧坊中兩兩共語看諸比丘欲分衣時在屏處住彼分物已我等當出到邊使更共分尒時六群比丘看彼比丘已在屏處住尒時打揵稚集僧諸比丘共相謂言喚是六群比丘來求覓所在處不得有人言是比丘多緣事必當出行即和合分物已起六群比丘便界內來言此應共我等分時六群比丘作是言若不信我在界內者此中有比丘見諸比丘更與共分諸比丘不知云何是事白佛佛言若打揵稚僧分物已起若有界內比丘來欲與者與不得強分佛在舍衛國尒時比丘貴價火浣及深摩根衣敷牀上坐起時欲破壞諸比丘不知云何是事白佛

佛言應數者數應著者著隨所宜作

佛在舍衛國諸比丘為布薩故打揵稚說戒者言若不來囑授者說有一比丘作是言某比丘清淨與欲問言彼比丘趣去荅言出界去諸比丘不知云何是事白佛佛言從今與欲者不得出界犯者突吉羅

佛在舍衛國諸比丘為布薩故打揵稚說戒者言與欲者說有比丘唱言某甲清淨與欲問言是比丘在何處荅言在界外諸比丘不知云何是事白佛佛言從今不得受界外人欲犯者突吉羅

佛在舍衛國為布薩故打揵稚集僧說戒者言誰受教誡比丘尼荅言迦留陁夷問言在何處荅言出界行諸比丘不知云何是事白佛佛言從今受教誡比丘尼者不得出界行犯者突吉羅

佛在王舍城尒時六群比丘展轉與清淨與欲與自恣與除罪諸比丘不知云何是事白佛佛言從今不得展轉與清淨與欲與自恣與除罪犯者

突吉羅佛在舍衛國憍薩羅國去僧坊不遠有阿練若處布薩時天雨坊中僧心念阿練若比丘當來阿練若處僧復作是念僧坊中比丘當來尒時兩不相就不得布薩諸比丘不知云何是事白佛佛言應羯磨一處布薩應如是作作法者一心和合僧一比丘僧中唱言大德僧聽此某堂舍應作布薩處若僧時到僧忍聽某堂舍作布薩處如是白白二羯磨僧聽某堂舍作布薩處竟僧忍默然故是事如是持

佛在舍衛國尒時末利夫人為聽法故到祇洹中問諸比丘言此處有幾僧荅言不知諸比丘不知云何是事白佛佛言應數尒時諸比丘喚名字數喚名字數時參錯失數佛言應行籌夫人又問有幾沙弥荅言不知諸比丘不知云何是事白佛佛言沙弥亦應行籌

佛在舍衛國僧布薩時末利夫人施僧錢諸比丘不受佛未聽受布薩錢諸比丘不知云何是事白佛佛言聽

受時諸比丘未到布薩二日三日便說戒布薩比丘為布薩故來不得布施諸比丘不知云何是事白佛佛言不得先前二日三日說戒犯者突吉羅佛言布薩時應布薩為布薩比丘來令得布施故尒時諸沙弥索分荅言汝不布薩不作羯磨不說戒不入布薩故不與分諸比丘不知云何是事白佛佛言沙弥受籌故應與分佛雖聽與不知與幾許佛言若沙弥在行次檀越自手與者應等與若但施僧大比丘得三分沙弥得一分佛在王舍城尒時六群比丘共白衣一牀坐諸比丘不知云何是事白佛佛言從今不得與白衣共一牀坐犯者突吉羅

尒時六群比丘共沙弥一牀坐諸比丘不知云何是事白佛佛言從今不得與沙弥共牀坐犯者突吉羅

佛在舍衛國尒時比丘共沙弥二夜宿第三夜遣出出時沙弥先以油塗脚蹈地敷上油汙地敷諸比丘不知云何是事白佛佛言從今油塗脚不

得地敷上行犯者突吉羅佛在王舍城尒時六群比丘共相謗弟子時上座呵責言諸比丘云何得畜弟子教化如法如是六群比丘謗我弟子諸比丘不知云何是事白佛佛言從今不得謗他弟子犯者突吉羅尒時六群比丘各呪擿言我若謗汝弟子者作佛呪法呪僧呪諸比丘不知云何是事白佛佛言從今比丘不得自呪不得呪他若自呪若呪他者突吉羅尒時六群比丘以物作擿我若謗汝弟子者便沒是物諸比丘不知云何是事白佛佛言從今不得以物自擿擿他若以物自擿擿他者突吉羅佛在王舍城尒時六群比丘失衣鉢語諸比丘言我失衣鉢當共作投竄時諸比丘各各思惟不知云何是事白佛佛言從今比丘法不得自投竄亦不得令他投竄若自作令他作者突吉羅何以故呪與投竄一種故佛在王舍城尒時六群比丘貸白衣物語取物者言至時不得者當倍責汝取物者怖畏諸比丘不知云何是事白佛佛言從今不得要他索倍犯者突吉羅佛在舍衛國尒時虎狼煞鹿選擇好肉噉有比丘過中從此道行見是死鹿各相謂言當持歸明日食即持殘鹿歸時虎飢起求覔殘鹿繞祇洹吼聲佛見虎吼佛知而故問阿難是虎何故吼荅言世尊比丘持虎殘肉来故佛言從今不得取虎殘犯者突吉羅何以故虎不斷望故若取師子殘者無犯何以故師子斷望故佛在舍衛國有比丘先不從比丘求聽出罪便出他罪是比丘聞是事心不喜是事白佛佛言從今他不聽不得說他罪不得令他憶罪不得遮他說戒自恣不得遮他教誡比丘尼遮者突吉羅

佛在舍衛國尒時有下座比丘不恭敬喚上座上座聞已心不喜諸比丘不知云何是事白佛佛言從今不得不恭敬喚上座若不恭敬喚上座者突吉羅尒時諸比丘不知云何喚上座是事白佛佛言從今下座比丘喚上座言長老尒時但喚長老不便佛言從今喚長老某甲如喚長老舍利弗長老目揵連長老阿難長老難提長老金毗羅佛在舍衛國有郁羅比丘有施羅比丘尼二人共戲笑言語惱乱諸比丘是事白佛佛言是郁羅比丘施羅比丘尼所作不善所噉食如偷盜佛以是事集比丘僧語諸比丘應與二人作不清淨羯磨一心和合僧一比丘唱言大德僧聽是郁羅比丘施羅比丘尼共戲笑言語惱乱諸比丘若僧時到僧忍聽是郁羅比丘施羅比丘尼共戲笑言語惱乱諸比丘是所噉食如偷盜如是白白二羯磨僧與郁羅比丘施羅比丘尼作不清淨羯磨竟僧忍默然故是事如是持僧與二人作不清淨羯磨竟是二人心生悔自見過罪四布懺悔作是言我先惱乱衆僧今生清淨心乞捨不清淨羯磨諸比丘不知云何是事白佛佛言是郁羅比丘施羅比丘尼悔過生清淨心應與捨不清淨羯磨應如是作一心和合僧是郁羅比丘施羅比丘尼從座起偏袒右肩脱

革屣右膝著地合掌作是言大德僧聽我𨙸羅比丘施羅比丘尼共戲笑言語惱乱僧故僧與我等作不清淨羯磨所敢食如偷盜我等今悔過生清淨心乞捨不清淨羯磨我𨙸羅比丘施羅比丘尼所受食莫如偷盜憐愍故第二第三亦如是乞僧中一比丘唱言大德僧聽是𨙸羅比丘施羅比丘尼共戲笑言語惱乱僧故與不清淨羯磨所敢食如偷盜是二人今自悔過生清淨心從僧乞捨不清淨羯磨所敢食莫如偷盜若僧時到僧忍聽僧與是𨙸羅比丘施羅比丘尼捨不清淨羯磨所敢食莫如偷盜如是白白四羯磨僧與𨙸羅比丘施羅比丘尼捨不清淨羯磨竟僧忍默然故是事如是持尒時比丘問佛用何等皮作革屣佛言除五種皮師子皮虎皮豹皮獺皮猫皮更除五種皮象皮馬皮狗皮野干皮黒鹿皮餘者聽作佛在舍衛國尒時有人施僧鱣魚皮革屣諸比丘不受佛未聽我著鱣魚皮革屣是事白佛佛言應受鱣魚皮革屣為麁故以牛皮覆上佛在舍衛國尒時有人施僧錯魚皮革屣諸比丘不受佛未聽我受錯魚皮革屣是事白佛佛言聽受錯魚皮革屣以眼痛故以牛皮覆上

佛在舍衛國有人施僧筋諸比丘不受不知何所用是事白佛佛言聽受用作閉户紐開户繩佛在舍衛國有人施僧熊皮諸比丘不受不知何所用是事白佛佛言應受應著僧房户内用拭脚入房佛自恣後遊行教化有一比丘手捉革屣行佛見已知而故問何以故手捉革屣行白佛言世尊革屣壞我脚故佛言應以耎皮遮遮已行時撥地佛言應後施綱佛在阿羅毗國國有營理比丘日日為材木為竹入山入山時道中畏師子虎狼熊羆多羅叉畏不依道行行時棘刺皂莢棘刺脚是比丘以龍鬚草作履道中多受泥水壞脚佛言應作鞋通泥水出佛在舍衛國祇梨園有佛親里聞同姓中有出家得佛即白父母我欲往見佛父母作是念若往佛所或當出家尒時父母為說諸難言道中有師子怖虎狼熊羆等怖又白父母我必當去父母知必欲去作是念我今與汝別若出家者當来至此荅言尒即往佛所到已頭面作礼在一面立佛與出家受戒後辭佛言世尊我欲還見父母親里佛言去莫久住即便還家諸親里多人人留一日如是經久時龍雨雪墮尒時是比丘與親里别欲還佛所荅言龍雨雪云何得去汝能著白衣鞾不荅言佛未聽著白衣鞾即時還道中手冷脚疼眼痛来到佛所頭面作礼在一面坐諸佛常法客比丘来以如是語勞問忍不足不安樂住不乞食不乏道路不疲耶佛即以是語勞問是比丘忍不足不安樂住不乞食不乏道路不疲耶比丘言忍足安樂住乞食不乏道路不疲即以如是事向佛廣說佛知故問彼土何如荅言多雪佛言從今多雪國土聽著白衣鞾為遮雪故佛在舍衛國尒時給孤獨居士以赤朱塗五百繩牀脚施祇洹僧諸比

十誦律卷第三十九第十六張　政字号

丘不受言佛未聽朱塗繩牀脚是事白佛佛言是牀清淨應受佛在王舍城介時跋提長者種種莊嚴僧坊施僧諸比丘不受佛未聽我受種種莊嚴僧坊是事白佛佛言是坊清淨應受佛在舍衛國郁伽蘇跋郁長者往到佛所頭面作礼在一面坐已佛以種種說法示教利喜已默然介時郁伽長者見佛種種說法默然已白佛言世尊請佛及僧明日食佛默然受知已還家竟夜辦種種多美飲食又莊嚴五百金牀銀牀琉璃牀頗梨牀作是念不受一當受一又辦五百金槃銀槃琉璃槃頗梨槃作是念不受一當受一又辦五百金鉢銀鉢琉璃鉢頗梨鉢作是念不受一當受一明朝往白佛時到佛著衣持鉢與比丘僧倶入其舍以五百金牀奉佛時佛不受又奉銀牀琉璃牀頗梨牀佛亦不受介時長者除是寶牀更敷餘牀以蓐重覆上佛即就坐介時長者以五百金槃奉佛佛不受又奉銀槃琉璃槃頗梨槃佛亦不受介時長者以五百金鉢奉佛佛亦不受又奉銀鉢琉璃鉢頗梨鉢佛亦不受佛言我先聽二種鉢鐵鉢瓦鉢八種鉢不應畜長者即行水下食種種豐美佛及僧滿足收鉢已持小牀佛前坐欲聽法佛為種種說法示教利喜竟從座起去

十誦律卷第三十九

十誦律卷第三十九　校勘記

一　底本，金藏廣勝寺本。

一　七五五頁中一行「第三十九」，徑、清作「第四十」。卷末經名同。

一　七五五頁中一行「六誦之四」，資、磧、普、南、徑、清無；麗作「第六誦之四」。

一　七五五頁中二行小字「雜誦初中名二十法」，磧、普、南、徑、清作「第六誦之四雜誦中二十法上之餘」；麗作「明雜法之四」。

一　七五五頁中一五行第九字「伴」，資作「佔客」；磧、普、南、徑、清作「賈客」。

一　七五五頁中一九行「車聲」，資、磧、普、南、徑、清作「聞車聲」。

一　七五五頁下二行第一〇字「見」，資、磧、普、南、徑、清作「見是」。

一　七五五頁下一二行第七字「行」，諸本作「與諸比丘行」。

一七五五頁下一九行及次頁上二行「呪願」，資、磧、普、南、徑、清作「呪願供養」。

一七五五頁下二〇行「比丘在」，資、磧、普、南、徑、清作「若比丘」；麗作「若比丘在」。

一七五六頁上二行「說法」，徑作「當說法」。同行「諸天神得」，徑作「天神」。

一七五六頁上三行首字「諸」至六行末字「益」，徑無。

一七五六頁上四行第二字「園」，資、磧、普、南作「國」。

一七五六頁上五行「呪願」，資、磧、普、南、清作「呪願供養」。

一七五六頁中二行末字「大」，資、磧、普、南、徑、清作「高」。

一七五六頁中三行第八字「掉」，資、磧、南、徑、清作「挑」。

一七五六頁中四行「礼敬」，資、磧、普、南、徑、清作「敬禮」。

一七五六頁中六行第一〇字「是」，諸本作「是名」。

一七五六頁中一二行第七字「應」，資、磧、普、南、徑、清作「得」。

一七五六頁下一三行「比丘死」，資、磧、普、南、徑、清作「死比丘」。

一七五六頁下一四行第五字「僧」，諸本作「僧集比丘僧」。

一七五六頁下一五行「跂跂」，諸本作「支」。同行「八指」，南作「八指跋」；徑、清作「八指跂」。

一七五六頁下一八行第一〇字「劇」，資、磧、普、南、徑、清作「痛」。

一七五七頁上二行「比丘」，諸本作「比丘便」。

一七五七頁上三行第四字「但」，資、磧、普、南、徑、清作「應」。同行「長老」，資、磧、普、南、徑、清無。

一七五七頁上六行「提盤」，諸本作「槃提」。同行第八字「梨」，徑、清無。

一七五十頁上一一行「上座」，麗作「住上座」。

一七五七頁上一三行「揵稚」，磧、普、南、徑、清作「揵椎」。下同。同行第一一字「時」，麗無。

一七五七頁上二二行末字「渠」，諸本作「塹」。

一七五七頁中四行第五字「刀」，諸本作「剃刀」。

一七五七頁中五行第一三字「有」，資、磧、普、南、徑、清無。

一七五七頁中一五行「珠䃂」，資、磧、普、徑、清作「指」；南作「衮」。下同至本頁下一行。

一七五七頁下八行「一人」，資、磧、普、南、徑、清作「人人」。

一七五七頁下一二行第五字「破」，資、磧、普、南、徑、清作「裂」。同行第一一字「若」，資、磧、普、南、徑、清作「若著」。

一七五七頁下一五行小字「手執革屣行知而」，麗作「知而」。

一七五七頁下一六行末字「敗」，資、磧、普作「股」。

一七五七頁下一七行第四字「革」，資、磧、普、南、徑、清作「革屣」。

一七五八頁上九行「阿修羅」，諸本作「阿修羅迦樓羅」。

一七五八頁中六行第七字「僧」，資、磧、普、南、徑、清作「僧集比丘僧」；麗作「僧集僧」。

一七五八頁中二一行首字「高」，諸本作「隔」。

一七五八頁中二二行「一人」，諸本作「一人坐」。

一七五八頁下三行「作礼」，資、磧、普、南、徑、清作「禮佛」。

一七五八頁下一一行「殺猪」，清作「便殺」。

一七五八頁下一五行第二字「失」，清作「食」。

一七五八頁下末行末字「語」，麗作「諸」。

一七五九頁上一行第一一字「膓」，諸本作「猪膓」。

一七五九頁中三行首字「功」，麗無。

一七五九頁中一〇行末字「打」，麗作「持」。

一七五九頁下八行「云何」，諸本作「云何名」。

一七五九頁下二〇行第六字「重」，資、磧、南作「看」。

一七五九頁下二一行「此鉢」，諸本作「此鉢是」。同行末字「幟」，資作「誌」。

一七五九頁下二二行末字「憂」，資、磧、普、南、徑、清作「愁」。

一七五九頁下末行第一〇字「與」，麗作「受」。

一七六〇頁上一八行「具戒」，資、磧、普、南、徑、清作「具足」。同行末字「受」，資、磧、普、南、徑、清作「具戒」。

一七六〇頁上二二行第四字「家」，資、磧、普、南、徑、清作「處」。

一七六〇頁下四行「逕入」，麗作「經入」。

一七六〇頁下一三行「先是」，諸本作「是先」。

一七六〇頁下一四行「何以去」，徑、清作「故」。

一七六〇頁下二〇行末字「住」，諸本作「汝等此中住」。

一七六一頁上四行第一〇字「令」，諸本作「言」。

一七六一頁上六行「作者」，諸本作「作法者」。

一七六一頁上一二行「不忍」，資、磧、普、南、徑、清作「誰不忍」。

一七六一頁上一五行第三字「或」，資、磧、普、南、徑、清作「或有」。

一七六一頁下九行第八字「答」，資、磧、普、南、徑、清無。

一七六一頁下一二行第三字「弊」，諸本作「塵」。

一七六一頁下一四行「具戒」，諸本作「具足戒」。

一七六一頁下一五行首字「語」，資、磧、普、南、徑、清作「言」。

一七六一頁下一六行「具足」，諸本

作「具足戒」。
一　七六二頁上三行第八字「說」，徑作「識」。
一　七六二頁上六行「作新」，麗作「新作」。
一　七六二頁上一〇行「中二十法下」，資無；磧、普、南、徑、清作「雜誦中二十法下」。
一　七六二頁中一行第一一字「此」，麗無。
一　七六二頁中二二行「身中」，諸本作「身中有」。
一　七六二頁下一〇行第一〇字及一一行末字「鉋」，麗作「飽」。
一　七六二頁下一三行第二字「有」，諸本作「有一」。
一　七六二頁下二一行第九字「汝」，麗作「法」。
一　七六二頁下二二行第五字「應」，資、磧、普、南、徑、清無。
一　七六三頁上六行「比丘」，資、磧、普、南、徑、清作「比丘物」。
一　七六三頁上一五行第四字「瞋」，諸本作「責」。
一　七六三頁上二一行「教作」，麗作「執作」。
一　七六三頁中二行首字「彼」，麗無。同行第六字「衣」，資作「宿衣」；磧、普、南、徑、清作「衣宿」。
一　七六三頁中七行末字「佛」，徑作「信」。
一　七六三頁中八行末二字「寫中」，磧、南作「爲中」。
一　七六三頁下二二行第四字「浣」，諸本作「浣衣」。
一　七六四頁上六行第一一字「今」，資、磧、普、南、徑、清作「今日」。
一　七六四頁上九行「有比丘」，諸本作「有一比丘」。
一　七六四頁上一〇行「某甲」，諸本作「某甲比丘」。
一　七六四頁上一二行「外人」，資、磧、普、南、徑、清作「外比丘」。
一　七六四頁中一行第三字「羅」，資作「罪」。
一　七六四頁下二行末字「布」，麗作「布薩」。
一　七六五頁上二行「王舍城」，麗作「舍衛城」。
一　七六五頁上三行「云何」，麗作「不知云何」。
一　七六五頁上一八行第一二字「法」，麗無。
一　七六五頁中六行第七字「聲」，資、磧、普、南、徑、清作「聲時」。
一　七六五頁中一〇行「無犯」，資、磧、普、南、徑、清作「不犯」。
一　七六五頁下八行「二人」，諸本作「是二人」。
一　七六五頁下一一行第一〇字「聽」，資、磧、普、南、徑、清無。
一　七六六頁中二行至四行「錯魚」，資、磧、普、南、徑、清均作「鯌魚」。
一　七六六頁中一一行首字「內」，資、磧、普、南、徑、清無。
一　七六六頁中一六行第六字「國」，

一　麗無。
一　七六六頁中一九行第五字「棘」，諸本作「剌」。
一　七六六頁下四行第二字「念」，諸本作「言」。
一　七六六頁下六行「佛言」，諸本作「白佛言」。
一　七六六頁下九行及一〇行「龍雨」，麗作「新雨」。
一　七六六頁下一二行及次頁上一行「未聽」，諸本作「未聽我」。
一　七六六頁下一四行首字「坐」，諸本作「立」。
一　七六六頁下二〇行第二字「知」，諸本作「知而」。
一　七六七頁上一行「朱塗」，徑作「塗朱」。
一　七六七頁上八行「利喜」，資、磧、普、南、徑、清作「利喜示教利喜」。
一　七六七頁上一〇行「受知」，諸本作「受知佛默然受」。
一　七六七頁上二一行「重覆」，資、磧、普、南、徑、清作「重敷」。
一　七六七頁上二二行「不受」，諸本作「亦不受」。
一　七六七頁上末行第五字「佛」，諸本作「施佛佛」。

趙城縣廣勝寺

十誦律卷第四十　六誦之五　政

後秦北印度三藏弗若多羅共羅什譯

雜誦初中各二十法

佛在舍衛國有一婆羅門生女面貌端正顏色清淨顏色清淨故名曰妙光此女生時相師占曰是女後當與五百男子共通諸人聞已女年十二無有求者時婆羅門有隣比估客常入海採寶是估客於樓上遥見是女即生欲心問餘人言是誰女荅言是某甲婆羅門女有取者耶荅曰無也有求者耶荅曰未也又問曰何故无人求耶荅曰此女有一過有何過荅曰此女生時有相師占曰是女後當與五百男子共通諸人聞已女年十二無有求者時估客作是念除沙門釋子無能强入我舍者沙門釋子亦無是過我當取之即往求取女到舍未久諸估客結伴欲入海中彼國入海法要得曾入海者若自不肯去要强將去時估客喚守門者作是言我欲入海莫聽男子强入我舍除沙門釋子沙門釋子亦無此過荅言尒作是語已便去後沙門婆羅門於其舍乞食是女見已語言共我行欲諸比丘不知云何是事白佛佛言從今日如是舍未曾往者不應往若往者不應坐何以故此舍必有非梵行過故此女後得病於夜命終其家人以莊嚴具合棄死人處時有五百賊於此處行見是死女即生欲心便就行欲行欲已五百人去是女以先語沙門婆羅門共我行欲因緣故墮惡道在彼國北方生作𪀚龍名毗達多

佛在王舍城有比丘病癰往語耆婆治我此病耆婆荅言膃令熟比丘言佛未聽膃諸比丘是事白佛佛言聽膃令熟耆婆又言應破荅言佛未聽破癰是事白佛佛言聽破耆婆又言應搽去膿比丘言佛未聽搽是事白佛佛言聽搽耆婆又言應著食膿物比丘言佛未聽著是事白佛佛言聽著種種治癰藥

佛在王舍城尒時王舍城一月大祠耆梨龍尒時諸人於王倉庫中出物

辦具種種飲食與一切人時處處多有
人来集或有人胷凸或有胷凸或有人脚似爲脚
或有如馬脚又似爲耳馬耳或耳如
箕如是似爲馬人衆多男女大小皆
滿其中甚大歡樂時客觀中多有四
方諸估客来王作祠時不取稅故亦
無禁限渡者不稅行不須送此祠有
少日在諸估客各作是念此王不一時
稅我等耶祠未竟即去於後祠竟諸
人各還本處時凹胷凸胷爲脚馬脚爲
耳馬耳如箕耳者恙住後日往諸多
人處天祠處沙門婆羅門處遊行尒
時六群比丘弊惡故好沙弥弟子不
在邊住以二事故一者犯戒二者畏
令我等犯戒時六群比丘見如是人
已作是念我等若度餘人必捨我去
今當度此無教去者六群比丘往語
彼人汝等何不出家荅言我等如是
誰當度我有能度者我便出家時六
群比丘言汝能爲我守舍與我迎食
能擔鉢者我當度汝六群比丘即度
此人若有請佛及僧處先遣持鉢去
以二事故一者行遅二者著共行諸

外道見以呵諸檀越言汝等所供養
者是汝等塔者汝等第一者汝等先食
者汝等在前行者汝等所供養者正
如是耶諸優婆塞聞已心不喜以是
事向佛廣說佛以是事集比丘僧已
知而故問六群比丘汝實作是事不
荅言實作世尊佛以種種因緣呵責
六群比丘云何名比丘度凸胷人凹
胷人爲脚馬脚爲耳馬耳箕耳人種種呵
已語諸比丘從今不得度凹胷凸胷
人爲脚馬脚爲耳馬耳如箕耳人若
度者突吉羅
佛在舍衛國長老優波離有二沙弥
一名陁薩二名波羅當受戒時二沙弥
陁薩語波羅言汝先受戒我供汝所
須波羅語陁薩言汝先受戒我供汝
所須時長老優波離問佛得二沙
弥一時羯磨受具戒不佛言得應如
是作一心和合僧是中一比丘唱言
大德僧聽是陁薩波羅優波離與受
具戒從僧乞受具戒長老優波離作
和上若僧時到僧忍聽僧與陁薩波
羅受具戒長老優波離作和上如是

白白四羯磨僧已與陁薩波羅受具
戒長老優波離作和上竟僧忍默然
故是事如是持
佛在舍衛國長老優波離問佛世尊
我等不知佛在何處說修多羅毗尼
阿毗曇我等不知云何佛言在六大
城瞻波國舍衛國毗舍離國王舍城
波羅㮈迦夷羅越城何以故我多在
彼住種種變化皆在是處
佛在舍衛國尒時長老耶舍與五百
比丘從憍薩羅来至舍衛國欲安居
時舊比丘客比丘共相問訊代客比
丘擔衣鉢擔衣鉢時有大高聲多人
聲佛聞是大聲多人聲知而故問
阿難此僧坊内何故有是大聲多人
聲白佛言世尊是長老耶舍與五百
比丘從憍薩羅来至舍衛國欲安居
時舊比丘客比丘共相問訊代客比
丘擔衣鉢是故有是大聲多人聲佛
語阿難汝往語耶舍等五百人言汝
等作大聲故驅汝等不得舍衛國安居阿難
受教往語耶舍言汝等作大聲故世尊驅汝等不
得舍衛國安居尒時耶舍等五百人

即往婆求摩河邊聚落中安居尒時諸比丘作是念佛遣我等以大聲故我等默然者善是事白佛佛言聽默然時諸比丘睡已共相謂言佛聽我等獨房住者善是事白佛佛言聽獨房住獨房中住亦睡復相謂言佛聽我等衆住者善是事白佛佛言聽衆住衆住亦睡復相謂言佛聽我等水洗頭者善是事白佛佛言聽水洗頭時諸比丘以手取水洗時不便佛言應作器器大水澆衣濕即便小作小集得水是事白佛佛言不得大不得小受一鉢羅若一鉢羅半時作器無柄澆時墮他頭上癩惱甃是事白佛佛言應施柄有比丘坐睡餘比丘以水澆便言我不睡何以水澆我是事白佛佛言睡者不可信澆者可信有五法以水澆他一者憐愍二者不惱他三者睡四者頭倚壁五者舒脚諸比丘故睡共相謂言聽手撲者善是事白佛佛言聽以手撲有比丘坐睡餘比丘以手撲便言我不睡何以故推我諸比丘不知云何是事白佛佛言睡

者不可信推者可信有五法以手推他一者憐愍二者不惱他三者睡四者頭倚壁五者舒脚諸比丘故睡共相謂言佛聽我等以𢫫擲者善是事白佛佛言聽以𢫫擲 擲已後日還歸後日諸比丘不知與誰佛言歸本擲主若擲主不在與然燈者然燈者不在與執作者執作者不在應著堂中央地覆上著堂中央地覆上已還坐坐已見餘餘比丘睡者取是𢫫擲彼言不睡何以擲我佛言睡者不可信擲者可信有五法以𢫫擲他一者憐愍二者不惱他三者睡四者頭倚壁五者舒脚諸比丘故睡共相謂言佛聽我用禪杖者善是事白佛佛言聽用禪杖時禪杖頭尖築時壞安䩭會共相謂言佛聽我等以物裹杖頭者善是事白佛佛言應以物裹頭時禪杖著地作聲佛言下頭亦應裹諸比丘不知云何取禪杖是事白佛佛言取禪杖時應生敬心諸比丘不知云何生敬心是事白佛佛言應以兩手捉杖戴頂上有比丘坐睡一比丘捉禪杖築睡者睡者驚起立看諸比丘默然無聲即

時迷悶躄地諸比丘不知云何是事白佛佛言若比丘坐睡應起看餘睡者應以禪杖築築已還坐若無睡者應出户彷徉来入更看若見睡者以禪杖築築已還坐若無睡者還以杖著本處已坐有比丘坐睡餘比丘以禪杖築便言不睡何以築我是事白佛佛言睡者不可信築者可信有五法以禪杖築他一者憐愍二者不惱他三者睡四者頭倚壁五者舒脚諸比丘故睡共相謂言佛聽我著禪鎮者善是事白佛佛言聽著禪鎮時禪鎮無孔者時墮地共相謂言佛聽我作孔者善是事白佛佛言聽作孔作孔已以繩貫孔中繩頭施細串耳上去額前四指著禪鎮諸比丘以繩絡頭後著是事白佛佛言從今不得以繩絡頭後著禪鎮絡者突吉羅時禪鎮墮故睡是事白佛佛言禪鎮一墮聽一舒脚二墮二舒脚墮者應起行行時来往故相亂是事白佛佛言應如鴈法次第行行時下坐觸上座肩是事白佛佛言下座行行時不得觸

上座肩下座應在上座後行不得近
上座諸比丘故睡共相謂言佛與我
等作時節者善是事白佛佛言聽作
時節諸比丘共相謂言佛聽作兩時
者善是事白佛佛言聽作兩時復相
謂言竟夜作時節者善是事白佛佛言
聽竟夜作時節復相謂言聽我晝日作時節者
善是事白佛佛言聽晝日作時節復
相謂言佛聽我等七日坐者善是事
白佛佛言聽七日坐復相謂言佛聽
我等常坐禪者善是事白佛佛言聽
常坐禪
尒時聽作時節兩時夜時晝時七日
時常坐時不嚼楊枝口中氣臭共相
謂言佛聽我等嚼楊枝者善是事白
佛佛言聽嚼楊枝有五利益一者口
不苦二者口不臭三者除風四者除
熱病五者除痰癊復有五利益一者
除風二者除熱三者口滋味四者能
食五者眼明尒時便作時節兩時夜時
晝時七日時常坐禪時不洗浴垢臭
諸比丘共相謂言佛聽洗者善是事
白佛佛言聽洗尒時渠水流駛入者

為水所漂是事白佛佛言水中應施
柱作障礙捉洗尒時聽作時節兩時
夜晝時七日時常坐禪時諸比丘得
无量知見證得須陁洹斯陁含阿那
含阿羅漢佛知諸比丘已得證以是
因緣集僧語諸比丘是處有光明諸
佛在世法歲二時大會春末月夏末
月春末月者諸方國土處處諸比丘
来作是念佛所說法我等當安居時
修習得安樂住是名初大會夏末月
者諸比丘夏三月安居竟作衣畢持
衣鉢詣佛所作是念我等久不見佛
久不見世尊是第二大會是時婆求
摩訶邊諸比丘夏安居三月過作衣竟
持衣鉢来到佛所佛遥見婆求摩訶
比丘来已佛入初禪婆求摩訶比丘
亦入初禪佛從初禪起入第二禪第三禪第四
禪空無相無作婆求摩比丘亦從初
禪起入第二禪第三禪第四禪空无相
無作尒時長老阿難遥見婆求摩比
丘来即合掌白佛言世尊願世尊共
婆求摩比丘語令婆求摩比丘長夜
安樂佛語阿難莫作是語阿難如我所

知汝能知耶阿難我遥見婆求摩比丘
来時我入初禪婆求摩比丘亦入初
禪我起初禪入第二第三第四禪空
無相无作婆求摩比丘亦起初禪入
第二第三第四禪空無相無作
佛在舍衛國尒時黒山土地有比丘
名馬宿滿宿在此處住汚他家皆見皆聞
皆知是比丘共女人一牀坐共一盤
食共器飲酒中後食共食宿啜殘宿
食不受而食不受殘食請食彈鼓簧捻
脣作音樂聲齘齒作伎樂彈銅杅彈多
羅樹葉作餘種種伎樂歌舞者鬘瓔
珞以香塗身著香熏衣以水相灑自
手採華亦使人採自貫華鬘亦使人
貫頭上著華亦使人著自著耳環亦
使人著自捋他婦女去若使人捋去
若合為鬪車鬪步鬪羊鬪水牛鬪狗鬪
鷄鬪男女鬪大男鬪大女鬪小男鬪小
女鬪亦自共鬪拍手蹹節四向馳走
變異服飾馳行跳躑水中浮没斫
截樹木振辟拍髀啼哭大喚作譺語
諸異國語躑絶返行如魚婉轉擲物
空中還自接取與女人共舩上載令

作伎樂或騎象馬乘車輦輿與多人衆吹唄導道入園林中作如是等種種惡不淨事。尒時長老阿難從伽尸國來向舍衛城，到黒山邑宿，晨朝時到著衣持鉢入城乞食，阿難持空鉢入城還空鉢出城。出城不遠多人衆集問阿難：到彼聞衆人言：汝此土地豐樂多諸人衆，今我乞食持空鉢入還持空鉢出，無有沙門釋子在此多少作惡事耶？尒時有賢者名憂樓伽在彼衆中，從坐起偏袒合掌語阿難言：大德知不？此有馬宿滿宿比丘作諸惡行，如上廣說。大德阿難，是二比丘作此諸惡，恭汙諸家，皆見聞知。時憂樓伽賢者即請阿難將入自舍，敷座令坐，自手與水，多美飲食自恣飽滿。飽滿已洗手攝鉢，賢者取小牀座欲聽法故。阿難以種種因緣說法示教利喜已，從坐起去，向自房舍，隨所受卧具還付舊比丘，持衣鉢遊行向舍衛國，漸到佛所，頭面礼足在一面立。諸佛常法，有客比丘來，以如是語勞問：忍不足不安樂住不？乞食不乏？道路不疲耶？

佛以如是語勞問阿難：忍不足不安樂住不？乞食不難？道路不疲耶？阿難荅言：世尊，忍足　安樂住，乞食不乏，道路不疲。以是因緣向佛廣說。佛以是事集比丘僧，種種因緣呵責馬宿滿宿：云何名比丘共女人一牀坐，乃至綺語？種種因緣呵已，語諸比丘：從今不得共女人一牀坐，共坐者突吉羅；不得與女人共食，食者突吉羅；不得共女人一器飲酒，飲者突吉羅；不得非時食，食者波夜提；不得敢殘宿食，食者波夜提；不得惡捉食，食者突吉羅；不得不受食，食者波夜提；不受殘食法食者波夜提；内宿食敢者突吉羅；不得彈琴鼓簧，不得齘齒作節，不得吹物作節，不得彈銅杅作節，不得擊多羅樹葉作節，不得歌，不得拍節，不得舞，犯者皆突吉羅；不得著華瓔珞，不得著香瓔珞，不得香油塗身，不得著香熏衣，犯者突吉羅；不得以水相灑，犯者隨得罪；不得自採華及使人採者，若自取若教他者波夜提；不得貫華瓔及使人貫華瓔，若自貫使

人貫者突吉羅；不得自作華鬘，不得教他作，　若自作教他作者突吉羅；不得自貫雜華，不得教他貫，若自貫使他人貫者突吉羅；不得自作使到童男童女家，不得教作使到童男童女家，若自到教他到者隨得突吉羅；不得鬬象鬬馬鬬車，不得合人戲，不得鬬羊，不得鬬水牛，不得鬬雞，不得鬬狗，不得鬬女人，不得鬬男子，不得鬬小男小女，不得自鬬，不得教他鬬，犯者突吉羅；不得振臂，不得蹈節，不得空中掉物，不得莊面，不得走，不得跳，犯者皆突吉羅；不得斬伐草木，犯者波夜提；不得作帳行，犯者突吉羅；不得笑，不得大喚，不得罵，犯者皆突吉羅；不得倒立，不得擲絕，不得如魚婉轉，犯者皆突吉羅；不得弄鈴，犯者隨得罪；不得共女人舩上歌作樂，犯者皆突吉羅；不得乘象馬車，不得乘人，不得作鹵薄入園觀中，犯者皆突吉羅；不得祠火，不得綺語，犯者隨得罪。

佛在舍衛國，迦羅梨比丘往看鬬象

鬪馬鬪車相撲鬪羊鬪水牛鬪鷄鬪狗鬪男女鬪小男小女自往觀看諸比丘以是事白佛佛言從今不得往看鬪爲馬乃至小男小女犯者皆突吉羅中二十竟後二十法上

佛在舍衛國尒時長老優波離問佛言世尊摩訶波闍波提瞿曇弥受八重法故即是出家受具足戒成比丘尼法餘比丘尼當云何佛言應現前白四羯磨

佛在王舍城尒時諸比丘與比丘尼作羯磨諸比丘尼心不喜是事白佛佛言從今諸比丘不應與比丘尼作羯磨比丘尼還比丘尼作羯磨除受具足戒羯磨摩那埵羯磨出罪羯磨

佛在舍衛國尒時諸比丘尼與比丘作羯磨諸比丘心不喜是事白佛佛言諸比丘尼不得與比丘作羯磨比丘還與比丘作羯磨除不礼拜不共語不供養羯磨

佛在王舍城尒時諸婦人爲夫舅姑所苦惱故出家作比丘尼尒時爲和上尼阿闍梨尼共住比丘尼所苦惱

故還作白衣諸居士呵責言是諸不吉弊女輩我等先是其主中閒作比丘尼受我尊重今我等還受其尊重無有決定是事白佛佛言若比丘尼一返戒不復聽出家受具戒

佛在王舍城尒時長老摩訶迦葉中前著衣持鉢從耆闍崛山入王舍城乞食尒時偷蘭難陀比丘尼在大迦葉前趍行大迦葉言姝汝若疾行若避我道即罵言汝本是外道有何急事而不徐徐行大迦葉言惡女我不責汝我責阿難是事白佛佛言從今不聽比丘尼在比丘前行若在前行突吉羅

佛在舍衛國尒時偷蘭難陀比丘尼中前著衣持鉢行乞食食後以尼師檀著左肩上入安陁林中大坐一樹下時有虵来入女根中是事白佛佛言從今不聽比丘尼大坐若大坐突吉羅若展脚坐不犯佛在舍衛國尒時優波離問佛言世尊不聽比丘尼出比丘見聞疑罪頗有因緣比丘尼出比丘見聞疑罪不犯罪耶佛言無也除語莫近惡知

識惡伴黨

佛在舍衛國尒時有比丘教一比丘返戒隨得罪若教比丘尼式叉摩尼沙弥沙弥尼令返戒突吉羅若比丘尼教比丘尼返戒突吉羅若比丘尼教式叉摩尼沙弥沙弥尼比丘返戒突吉羅若式叉摩尼教式叉摩尼返戒突吉羅若教沙弥沙弥尼比丘比丘尼返戒突吉羅若沙弥教沙弥返戒突吉羅若教沙弥尼比丘比丘尼式叉摩尼返戒突吉羅若沙弥尼教沙弥尼返戒突吉羅若教比丘比丘尼式叉摩尼沙弥返戒突吉羅若比丘以種種物謗餘比丘得罪若謗比丘尼式叉摩尼沙弥沙弥尼突吉羅若比丘尼以種種物謗比丘尼犯罪若謗式叉摩尼沙弥沙弥尼比丘突吉羅若式叉摩尼以種種物謗式叉摩尼突吉羅若謗沙弥沙弥尼比丘比丘尼突吉羅若沙弥以種種物謗沙弥突吉羅若謗沙弥尼比丘比丘尼式叉摩尼突吉羅若沙弥尼以種種物謗沙弥尼突吉羅若。謗比丘比丘尼式叉摩尼沙弥突吉羅若比丘向餘比丘喑噁突吉羅若向比丘尼式叉摩尼沙弥沙弥尼喑噁突吉羅若比丘尼向比丘尼喑噁突吉羅向式叉摩尼沙弥沙弥尼喑噁突吉羅若比丘尼向比丘喑噁波夜提若式叉摩尼向式叉摩尼喑噁突吉羅若向比丘比丘尼沙弥沙弥尼喑噁突吉羅若沙弥向沙弥喑噁突吉羅向比丘比丘尼式叉摩尼沙弥尼喑噁突吉羅若沙弥尼向沙弥尼喑噁突吉羅若向比丘比丘尼式叉摩尼沙弥喑噁突吉羅若比丘輕比丘突吉羅若比丘輕比丘尼式叉摩尼沙弥沙弥尼突吉羅若比丘尼輕比丘尼突吉羅若比丘尼輕式叉摩尼沙弥沙弥尼突吉羅若式叉摩尼輕式叉摩尼突吉羅若輕沙弥沙弥尼比丘比丘尼突吉羅若沙弥輕沙弥突吉羅若輕沙弥尼比丘比丘尼式叉摩尼皆突吉羅若沙弥尼輕沙弥尼突吉羅若輕比丘比丘尼式叉摩尼沙弥皆突吉羅若比丘惡語向餘比丘犯罪若惡

語向比丘尼式叉摩尼沙弥沙弥尼突吉羅若比丘尼惡語向比丘尼犯罪若惡語向式叉摩尼沙弥沙弥尼比丘突吉羅若式叉摩尼惡語向式叉摩尼突吉羅若向沙弥沙弥尼比丘比丘尼皆突吉羅若沙弥惡語向沙弥突吉羅若沙向弥尼比丘比丘尼式叉摩尼惡語突吉羅若沙弥尼向沙弥尼惡語突吉羅若向比丘比丘尼式叉摩尼沙弥突吉羅

佛在舍衛國尒時諸比丘尼到祇洹聽法諸比丘敷敷具竟多有殘在諸比丘尼求敷具故苦惱語比丘言大德已敷敷具餘者借我等坐諸比丘言佛未聽我等敷敷具竟殘與比丘尼諸比丘不知云何是事白佛佛言從今聽諸比丘敷敷具竟殘與比丘尼坐

佛在王舍城尒時長老大迦葉中前著衣持鉢從耆闍崛山入王舍城乞食偷蘭難陁比丘尼隨後來至以肘隱大迦葉背大迦葉言惡女我不責汝我責阿難是事白佛佛言從今

不聽比丘尼隱比丘背若隱者突吉羅

佛在舍衛國尒時助提婆達多比丘尼著雜綵服㡓襠諸居士呵責言諸比丘尼自言善好有德著雜綵服如王夫人大臣婦是事白佛佛言從今比丘尼不應著雜綵服若著者突吉羅

佛在王舍城尒時諸比丘尼以雜色繩腤膸帶雜綵縚繫身是事白佛佛言從今不聽比丘尼以雜色繩腤膸帶雜綵縚繫身若繫身者突吉羅

佛在王舍城尒時助提婆達多比丘尼衣著細襵著衣著毦衣生起著細踈衣是事白佛佛言從今不聽比丘尼著四種衣若著著突吉羅

佛在舍衛國尒時偷蘭難陁比丘尼故嚬呻諸比丘尼問言汝作何等荅言受觸樂是事白佛佛言比丘尼不應嚬呻若嚬呻突吉羅

佛在舍衛國有異比丘乞食一時乞兩分先乞者自食後乞者還房與比丘尼此比丘乞二分食時天雨故比丘尼不來無人食此分棄著僧坊内衆鳥来集作大音聲佛食後將阿

難往至其所佛見已知而故問阿難此中何以衆鳥来集作大音聲阿難白佛言世尊有異比丘乞二分食前乞者自食後分與比丘尼乞兩分食時天雨故比丘尼不来無人食此分棄著僧坊中以是因緣故衆鳥大集作大音聲佛知故問阿難諸比丘與非親里比丘尼食耶阿難荅言世尊與佛以是因緣集比丘僧集僧已種種因緣呵責諸比丘云何名比丘與非親里比丘尼食佛告諸比丘從今比丘不應與非親里比丘尼食與者突吉羅

佛在舍衛國時世飢儉乞食難得諸比丘節日得食多有餘殘諸比丘尼求食不得生苦惱語諸比丘言汝等與我殘食諸比丘言佛未聽我等與諸比丘尼殘食是事白佛佛言如是飢儉時聽與比丘尼殘食飢儉世過至豐樂時諸比丘如飢餓時與比丘尼殘食諸比丘尼不受作是言汝等殘宿於我亦殘宿汝等不淨於我亦不淨諸比丘不知云何是事白佛佛言

從今比丘殘宿比丘尼淨比丘尼殘宿比丘淨

佛在舍衛國諸比丘問比丘尼遮道法諸比丘尼羞不喜是事白佛佛言從今不聽比丘問比丘尼遮道法比丘尼應問比丘尼遮道法

佛在舍衛國尒時諸比丘尼問比丘遮道法比丘羞不喜是事白佛佛言從今不聽比丘尼問比丘遮道法比丘應問比丘遮道法

佛在舍衛國尒時諸比丘尼與不能正語式叉摩尼受具戒是式叉摩尼白僧言度我語不正故便言塗我諸年少比丘尼笑之是式叉摩尼羞故起去以是事故遂不復受具戒是事白佛佛言從今有語不正式叉摩尼餘比丘尼應代乞代乞法者一心和合比丘尼僧代乞比丘尼應從坐起偏袒右肩胡跪合掌作是言大德僧聽是某式叉摩尼語不正從僧乞受具戒和上尼某甲僧當濟度與某式叉摩尼受具足戒憐愍故第二亦應言大德僧聽是某式叉摩尼語不正從僧乞受具

足戒和上尼某甲僧當濟度與某甲式叉摩尼受具足戒和上尼某甲憐愍故第三亦應言大德僧聽是某甲式叉摩尼語不正從僧乞受具足戒和上尼某甲僧當濟度與某式叉摩尼受具足戒憐愍故

佛在王舍城尒時長老摩訶迦葉雨時中前著衣持鉢入王舍城乞食偷蘭難陁比丘尼隨後来至齅大迦葉大迦葉言妹若在前行莫齅我比丘尼言大德先去復齅不已大迦葉言惡女我不責汝我責阿難是事白佛佛言從今不聽比丘尼齅比丘若齅突吉羅

佛在舍衛國尒時城中有一估客婦夫行不在與他男子私通腹漸漸大是婦怖夫故即自墮胎作是念無同心人持死兒去者愁守是兒有一比丘尼常出入是家中前著衣持鉢到是家見婦愁憂問言何故荅言我夫不在與他私通有娠畏夫瞋故即自墮胎無同心人與我棄者汝能與我持去不荅言我能蔵持去誰有知者即

以死兒著一瓫中一瓫盖上持去棄屏處時有年少戲笑　人見比丘尼棄瓫共相謂言是所棄瓫中有何物即便往看見死小兒作是言諸沙門釋子作婬欲令比丘尼墮煞棄一人語二人二人語三人如是展轉惡名流布滿舍衛城有諸比丘少欲知足行頭陁聞是事心不喜是事白佛佛言從今比丘尼不應為他棄死胎若棄犯罪

佛在舍衛國尒時崛多生男兒作是念佛結戒不聽觸男子我生男兒不知云何是事白佛佛言從今聽母自觸小兒乃至未能離母餘比丘尼不應觸若觸者犯罪若能離母母觸者突吉羅

佛在舍衛國尒時崛多生男兒作是念佛結戒乃至一夜不應共男子宿我生此兒今當云何是事白佛佛言從今聽乃至未能離乳得共宿若能離乳共宿者母得突吉羅餘比丘尼共宿波夜提

佛在舍衛國尒時崛多生男兒作是

念佛說比丘尼不得獨房宿乃至一夜須一比丘尼共房宿我今云何是事白佛佛以是事集僧語諸比丘尼汝等與崛多比丘尼作獨房羯磨若更有如是比丘尼者亦應與作獨房羯磨獨房羯磨法者一心和合僧崛多比丘尼從坐起脫革屣右膝著地作是言大德比丘尼僧憶念我崛多生男兒從僧乞獨房羯磨僧與我作獨房羯磨憐愍故第二第三亦如是乞是中一比丘尼應僧中唱言大德僧聽是崛多生男兒從僧乞獨房羯磨若僧時到僧忍聽僧與崛多比丘尼作獨房羯磨是名白白二羯磨僧與崛多比丘尼作獨房羯磨竟僧忍默然故是事如是持

佛在舍衛國尒時諸比丘入出他家共作知識諸居士婦語比丘言汝度我女令作優婆夷比丘荅言我等手不觸女人云何得度諸比丘不知云何是事白佛佛言慈愍故應度令作優婆夷

佛在舍衛國尒時諸比丘尼出入他

家共作知識諸居士言度我兒作優婆塞比丘尼言我等手不觸男兒云何得度是事白佛佛言慈愍心故應度為優婆塞

佛在舍衛國尒時諸比丘尼入出他家共作知識諸居士婦語比丘尼言汝等與我少許弊壞衣守護小兒故比丘尼言汝等倒語汝白衣應供養我等云何返索諸比丘尼不知云何是事白佛佛言慈愍心故應與

佛在舍衛國尒時多有諸貴釋種女出家作比丘尼露胷行乞食諸居士呵責言諸比丘尼自言善好有德露胷行乞如王夫人大臣婦諸比丘尼不知云何是事白佛佛言從今聽諸比丘尼用覆膊衣覆胷行乞食

佛在舍衛國尒時有比丘尼獨入樂善園中值賊剥脫裸形諸比丘尼不知云何是事白佛佛言從今不聽諸比丘尼入樂善園中餘一切園中亦不得入犯突吉羅

佛在王舍城助提婆達多比丘尼男子前入池浴諸居士呵責言比丘尼

十誦律卷第四十　第二十三張　丙字号

自言善好有德在男子前浴如婬女無異有比丘尼少欲知足行頭陀聞是事心不喜已是事白佛佛以是事集僧集僧已種種因緣呵責言云何名比丘尼男子前浴從今比丘尼不應男子前浴浴者波夜提

佛在舍衛國尒時摩訶波闍波提瞿曇弥深護佛法以折伏語為諸比丘尼作羯磨謂苦切羯磨依止羯磨驅出羯磨下意羯磨諸比丘尼輕傷言某是我和上尼某是我阿闍梨尼我從某僧中受具足戒是老弊比丘尼不知誰是某和上尼阿闍梨尼從何僧中受具戒瞿曇弥聞是事心不喜是事白佛佛以是事集僧語比丘尼汝等莫說摩訶波闍波提瞿曇弥瞿曇弥通受八重法時即出家得具足戒成比丘尼

佛在舍衛國尒時華色比丘尼中前著衣持鉢入城乞食食後以尼師檀著肩上入安陁林中敷尼師檀在一樹下半迦趺坐尒時有婆羅門見於比丘尼生貪著心到比丘尼所言共行不淨事来華色比丘尼念言我若逆者或强

十誦律卷第四十　第二十九張　丙字号

捉我語言小住問言何故但當小住是比丘尼即以神力變内身為外身婆羅門見瞋言為我獸恶即以拳打頭兩目脫出餘比丘尼即以水器承眼住詣佛所佛語諸比丘尼當作誠實語華色比丘尼於佛法中深心信樂於佛法僧無有淨物於佛法僧而不施者以此實故令其兩眼還復如故諸比丘尼作是實語已眼復如故佛語諸比丘從今比丘尼不得住向練兒處若住得突吉羅

佛在舍衛國尒時諸比丘尼依放牧人住以為聲馬聲男女聲童男童女聲故妨坐禪誦經是諸比丘尼早起著衣持鉢到親里知識檀越家諸居士問言汝安隱不荅言不安隱何以故我等近放牧人住為聲馬聲男女聲童男童女聲故妨我等坐禪誦經行道諸居士言我為汝等作房舍比丘尼言佛未聽我等住房舍是事白佛佛言從今聽諸比丘尼起僧坊

佛在王舍城尒時助提婆達比丘尼共諸善比丘尼住惱諸善比丘尼比

十誦律卷第四十　第二十九張　丙字号

丘尼中前著衣持鉢到親里知識檀越家諸居士問言汝等安隱不荅言不安隱何以故荅言與助提婆達比丘尼共住惱亂我等居士語言我為汝等別作房舍比丘尼言佛未聽我等別住房舍是事白佛佛言從今聽諸比丘尼别作房舍

佛在王舍城尒時助提婆達比丘尼喜在門外高處立看諸居士呵責言諸比丘尼自言善好有德門外高處立看如婬女是事白佛佛言從今不聽諸比丘尼門外高處立看若立看波夜提佛既不聽門外高處看故便於牕櫺中看諸居士呵責言諸比丘尼自言善好有德在牕櫺中看如王夫人如大臣婦有比丘尼少欲知足聞是事心不喜是事白佛佛言種種因緣呵責云何名比丘尼牕櫺中看從今不得牕櫺間看看者突吉羅

佛在舍衛國尒時諸比丘尼與式叉摩尼受具戒問言汝是女也荅言我有二根諸比丘尼不知云何是事白佛

佛言是二根人（不能女不能女故不聽出家）受具戒若已出家受具戒者當作滅擯何以故二根人不能女於我法中不生善比尼法故

佛在舍衛國介時諸比丘尼與式叉摩尼受具戒問言汝是女人耶荅言我小便時大便出大便時小便出諸比丘尼不知云何是事白佛佛言二道合不能女不應出家受具戒若已出家受具戒者應作滅擯何以故二道合人不能女於我法中不生善法比丘尼故

佛在舍衛國介時諸比丘尼與式叉摩尼受具戒問言汝有月忌不荅言常有諸比丘尼不知云何是事白佛佛言常有月忌不能女不應與出家受具戒若已出家受具戒者應作滅擯何以故常月忌不能女（於我法中不生善）比丘尼故

佛在舍衛國介時諸比丘尼與式叉摩尼受具戒問言汝月忌止耶荅言常無月忌諸比丘尼不知云何是事白佛佛言常無月忌不能女不德出家受具戒若已出家受具戒者應作

滅擯何以故常無月忌不能女於我法中不生善法比丘尼故

佛在舍衛國介時諸比丘尼與式叉摩尼受具戒問言汝是女人耶荅言我少有女相諸比丘尼不知云何是事白佛佛言少有女相不能女不聽出家受具戒若已出家受具戒者應作滅擯何以故少有女相不能女於我法中不生善法比丘尼故

佛在舍衛國介時有偷蘭難陁比丘尼月忌未止而巷中行血墮汙地諸居士呵責言不吉弊女若有此月忌病何以出巷中行諸比丘尼不知云何是事白佛佛言從今比丘尼月忌未止出外行者突吉羅有諸比丘尼貧窮月忌未止從他乞飯羹菜薪草燈燭受諸苦惱是事白佛佛言應以衣裹出外行乞

佛在王舍城介時長老大迦葉中前著衣持鉢從耆闍崛山向王舍城乞食時偷蘭難陁比丘尼早起城門中立看出入男子誰好誰醜是大迦葉入即嚅言不吉我早起見本外道大迦

葉言惡女我不責汝我責阿難諸比丘尼以是事白佛佛言諸比丘尼不應唾比丘若唾突吉羅

佛在舍衛國介時諸比丘尼在比丘前懺悔發露麁罪諸比丘尼羞愧不知云何是事白佛佛言從今比丘尼麁罪不應比丘前發露應向比丘尼前發露諸比丘尼發露時不知是何罪攝在何處是事白佛佛言應問比丘作是言大德作是事犯何罪是罪何名比丘應荅作是事者得如是罪攝在其處是罪名某

佛在舍衛國介時比丘尼月忌未止至祇洹聽法坐比丘敷具上有血汙之陁驃力士子知衆僧敷具餘日浣時嫌言諸比丘尼有如是病何故坐僧敷具上是事白佛佛言從今若比丘尼月忌未止不得坐僧敷具上坐者突吉羅

佛在王舍城介時助提婆達多比丘尼立沽酒店索價時受諸苦惱諸居士呵責言汝出家人何以立酒店諸比丘尼不知云何是事白佛佛言從今

十誦律卷第四十　第十三張　政

比丘尼不應立酒店沽酒作突吉羅
佛在舍衛國尒時偷蘭難陀比丘尼畜婢為眷屬諸居士呵責言諸比丘尼自言善好有德畜婢為眷屬如王夫人大臣婦諸比丘尼不知云何是事白佛佛言從今不聽畜婢為眷屬若畜為眷屬突吉羅
佛在舍衛國偷蘭難陀比丘尼度婬女為弟子晨朝時到著衣持鉢入舍衛城乞食先共作不淨行諸居士語諸居士我先共此比丘尼作不淨彼比丘尼愁惱是事白佛佛言從今不聽度婬女若度者突吉羅
佛在舍衛國尒時長老迦留陀夷中前著衣持鉢入城乞食偷蘭難陀比丘尼隨後來至以手摩觸迦留陀夷迦留陀夷即以手脚熟打卧地語言弊妖蘗摩訶迦葉謂我亦尒耶諸比丘尼不知云何是事白佛佛言從今比丘尼不得摩觸比丘身摩觸者犯罪
佛在俱舍弥國尒時迦留羅提舍比丘命過是人有姊妹比丘尼七人偷蘭難陀周那難陀提舍優婆提舍城娀

十誦律卷第四十　第十四張　政字号

多提舍和梨提舍勒又多有大力勢祭祀被燒死屍諸居士呵責言汝等出家入道何以與死人飲食諸比丘尼不知云何是事白佛佛言從今諸比丘尼不得祭祀死人若祭祀者突吉羅
佛在舍衛國尒時有比丘失男根成女根諸比丘不知云何是事白佛佛言即以先出家受具戒歲數還入比丘尼衆中
佛在舍衛國尒時有比丘尼失女根得男根諸比丘尼不知云何是事白佛佛言即以先出家受具戒歲數還入比丘衆中
佛在舍衛國城尒時有比丘不失男根得女根諸比丘不知云何是事白佛佛言應與滅擯佛在舍衛國尒時有比丘尼不失女根得男根諸比丘尼不知云何是事白佛佛言應與滅擯

十誦律卷第四十

十誦律卷第四十
校勘記

一　底本，金藏廣勝寺本。七八二頁中、下原版殘缺，以麗藏本補。
一　七七二頁中一行「第四十」，徑、清作「第四十一」。卷末經名同。
一　七七二頁中一行「六誦之五」，資、磧、普、南、徑、清無；麗作「第六誦之五」。
一　七七二頁中三行「雜誦初中各二十法」，資作「第六誦之五」；磧、普、南、徑、清作「第六誦之五雜誦中二十法下之餘」；麗作「明雜法之五」。
一　七七二頁下一三行及一四行「者婆」，資、磧、普、南、徑、清作「耆婆達」。
一　七七二頁下一四行第九字「軀」，資、磧、普、南、徑、清作「漚」。下同。
一　七七二頁下一五行第四字「軀」，麗作「漚熟」。

一 七七二頁下二一行第五字「癰」，麗作「膿」。

一 七七三頁上八行第七字「各」，資、磧、普、南、徑、清無。

一 七七三頁上一一行第一三字「諸」，資、磧、普、南、徑、清無。

一 七七三頁中七行第八字「以」，資、磧、普、南、徑、清無。

一 七七三頁中一四行第一三字「二」，諸本無。

一 七七三頁下八行「夷羅越」，諸本作「維羅衛」。

一 七七三頁下一七行第六字「羅」，諸本作「羅國」。

一 七七四頁上四行第六字「睡」，諸本作「睡睡」。

一 七七四頁上六行「獨房中」，資、磧、普、南、徑、清無。

一 七七四頁上一〇行第九字「洗」，資、磧、普、南、徑、清作「澆」。

一 七七四頁上二〇行第八字「撲」，資、磧、普、南、徑、清作「振」；麗作「敲」。下同。

一 七七四頁中一行「推」，資、磧、普、南、徑、清均作「振」；麗均作「敲」。

一 七七四頁中九行第四字「上」，磧、普、南作「止」。同行第一一字南同。

一 七七四頁中一〇行「餘餘」，諸本作「餘」。

一 七七四頁中一七行第七字「頭」，麗作「杖頭」。同行第九字「禅」，資、磧、普、南、徑、清無。

一 七七四頁中二二行第一二字「筞」，諸本作「染」。下同至本頁下九行。

一 七七四頁下五行末字「杖」，資、磧、普、南、徑、清作「禅杖」。

一 七七四頁下一四行末字「孔」，南作「我」。

一 七七四頁下一五行「串耳」，資、磧、南、徑、清作「掛耳」。

一 七七四頁下末行「行行」，諸本作「行」。

一 七七五頁上一行末字「近」，麗作「迫」。

一 七七五頁上六行第三字及七行第二字「竟」，麗無。

一 七七五頁中二行第四字「礙」，資、磧、普、南、徑、清作「閡」。

一 七七五頁中三行首字「夜」，諸本作「夜時」。

一 七七五頁中六行第九字「是」，諸本作「彼」。

一 七七五頁中一二行第三字「詣」，麗作「諸」。同行「久不見佛」，資、磧、普、南、徑、清無。

一 七七五頁中一五行第九字「遥」，麗作「通」。

一 七七五頁中一七行「第二禅」，資、磧、普、南、徑、清作「第二」。

一 七七五頁中一八行、一九行及頁下四行、五行「無相」，諸本作「無想」。

一 七七五頁下一三行第六字「著」，清作「箸」。

一 七七五頁下一七行第二字「合」，諸本作「令」。

一七七五頁下一八行「男女」，資、磧、普、南、徑、清作「男子」。同行第一四字「闕」，資、磧、普、南、徑、清無。

一七七五頁下一九行「路節」，資、磧、南、徑作「躡節」。下同。

一七七五頁下二二行第五字「躑」，資、徑作「擲」。

一七七六頁上一一行「偏袒」，諸本作「偏袒右」。

一七七六頁上一二行至一三行「如上」，資、磧、普、南、徑、清作「汙他家皆見皆聞皆知是比丘共女人一牀坐共一槃食共一器飲酒中後食共食宿噉殘宿食不受而食不受殘食法彈琴鼓箜捻脣作音樂聲齘齒作伎樂彈銅盂彈多羅樹葉作餘種種伎樂歌儛著鬘瓔珞以香塗身著香熏衣以水相灑如上種種諸惡」。

一七七六頁上一八行「利喜」，資、磧、普、南、徑、清作「利喜示教利喜」。

一七七六頁中一行第三字「如」，資、磧、普、南、徑、清無。

一七七六頁中九行「食者」，諸本作「共食者」。

一七七六頁中一〇行第二字「得」，麗無。同行第九字「酒」，資、磧、普、南、徑、清作「一器」。

一七七六頁中一三行「不得」，資、磧、普、南、徑、清無。

一七七六頁中一五行「不得」，資、磧、普、南、徑、清作「不得噏不得」。

一七七六頁中二〇行第八字「者」，諸本作「者皆」。

一七七六頁中二二行第四字「者」，諸本無。

一七七六頁中末行第四字「瓔」，麗作「⿱髟男」。同行末字「使」，資、磧、普、南、徑、清作「若使」。

一七七六頁下四行「他人」，資、磧、普、南、徑、清作「人」。

一七七六頁下七行「突吉罪」，資、磧、普、南、徑、清作「罪」，麗作「突吉羅」。

一七七六頁下一一行第七字「者」，資、磧、普、南、徑、清作「者皆」。

一七七六頁下一二行第九字「掉」，諸本作「擲」。同行「疰面」，資、普作「裝而」；磧、南、徑、清作「裝飾」。

一七七六頁下一四行「作帳」，麗作「作伎」。

一七七六頁下二〇行「不得乘人」，資、磧、普、南、徑、清無。同行第一〇字「鹵」，資、磧、普、南、徑、清作「虜」。同行第一一字「薄」，資作「簿」。

一七七六頁下二二行末字「罪」，資、磧、普、南、徑、清作「罪不得乘人犯者突吉羅」。

一七七七頁上五行「中二十竟後二十法上」，資作「中二十事竟」；磧、普作「事竟中二十雜誦後二十法上」；南作「中二十事竟雜誦後二十法上」；徑、清作「雜誦後二十法上」；麗作「中二十法竟　次明比丘尼法」。

一七七七頁上一一行首字「佛」，磧、

南作「爾佛」。同行第六字「介」，磧、普、南、徑、清無。

一　七七七頁上一八行「不得」，諸本作「不應」。

一　七七七頁上二一行「舅姑」，資、磧、普、南、徑、清作「姑舅」。

一　七七七頁中七行第一一字「入」，諸本作「出入」。

一　七七八頁上二行「暗嗌」，資、磧、普、南、徑、清作「暗噫」。下同。

一　七七八頁上四行第一一字「向」，諸本作「若向」。

一　七七八頁上九行第一一字「向」，資、磧、普、南、徑、清作「若沙彌向沙彌尼」；麗作「若向」。

一　七七八頁上一〇行「沙彌尼」，資、磧、普、南、徑、清無。

一　七七八頁中二行第七字「尼」，磧、普、徑、清作「惡」。

一　七七八頁中七行「沙向」，諸本作「向沙」。

一　七七八頁中九行「惡語」，麗無。

一　七七八頁下三行「服裲襠」，資、磧、普、南、徑、清作「服兩襠」；麗作「裲襠」。

一　七七八頁下六行及一四行「若菩」，資、磧、普、南、徑、清作「著者」。

一　七七八頁下一〇行第九字「身」，麗無。

一　七七八頁下一二行第二字「衣」至第一二字「起」，資、磧、普、南、徑、清作「細襵著衣著毦衣生起著衣」；麗作「著細襵衣著毦衣著生死衣」。

一　七七八頁下一六行及一八行「呻」，資、磧、南均作「伸」。

一　七七八頁下一八行第四字「若」，諸本作「若故」。

一　七七九頁上一二行末字「者」，資、磧、普、南、徑、清作「食者」。

一　七七九頁中一三行首字「僧」，麗作「佛」。

一　七七九頁中一九行第一二字「某」，諸本作「某甲」。二一行第八字、末行第二字、頁下五行第一〇字同。

一　七七九頁下三行第四字「三」，麗作「二」。

一　七七九頁下一七行第三字「怖」，諸本作「怖畏」。

一　七八〇頁上七行「舍衛城」，資、磧、普、南、徑、清作「舍衛國」。

一　七八〇頁上一九行「此兒」，資、磧、普、南、徑、清作「此男」。

一　七八〇頁中七行「右膝」，諸本作「偏袒右肩右膝」。

一　七八〇頁中八行「憶念」，資、磧、普、南、徑、清作「聽」。

一　七八〇頁下二一行第二字「犯」，諸本作「犯者」。

一　七八〇頁下末行「比丘尼」，諸本作「諸比丘尼」。

一　七八一頁上一一行第七字「某」，資、磧、普、南、徑、清作「某甲」。

一　七八一頁上一三行第四字「某」，諸本作「其」。

一　七八一頁上一六行「莫說」，諸本

作「莫惱」。同行小字左「通受」，諸本作「隨受」。
一　七八一頁中一一行第二字「兒」，磧、普、南、徑、清作「若」。
一　七八一頁中一六行第九字「言」，資、磧、普、南、徑、清無。
一　七八一頁中二二行「提婆達」，諸本作「提婆達多」。下同。
一　七八一頁中末行末字「比」，諸本作「諸善比」。
一　七八一頁下七行「別作」，資、磧、普、南、徑、清作「作別」。
一　七八一頁下一八行首字「言」，諸本無。
一　七八一頁下一九行第一〇字「閒」，諸本作「中」。
一　七八一頁下二二行第一一字「也」，諸本作「耶」。
一　七八二頁上二行「受具戒」，資、磧、普、南、徑、清作「受戒」。
一　七八二頁上三行至四行「善毗尼法」，資、磧、普、南、徑、清作「毗尼善法」。
一　七八二頁上九行第七字「應」，諸本作「應與」。
一　七八二頁上一〇行「具戒」，資、磧、普、南、徑、清作「具足戒」。
一　七八二頁上一八行小字左「善」，諸本作「善法」。
一　七八二頁上二〇行第八字「汝」，諸本作「汝有」。同行末字「言」，諸本作「言我」。
一　七八二頁上二二行「不德」，諸本作「不聽」。
一　七八二頁中一一行第六字「而」，資、磧、普、徑、清作「市」；南作「言」。
一　七八二頁中一三行第四字「出」，資、磧、普、南、徑、清作「故」。
一　七八二頁下一五行第三字「驟」，資、磧、普、南、清作「濧」；徑作「澍」。
一　七八二頁下一七行首字「僧」，資、磧、普、南、徑、清作「衆僧」。
一　七八二頁下二一行「沽酒店」，資、磧、普、南、徑、清作「酒酤」。
一　七八二頁下二二行及次頁上一行「酒店」，資、磧、普、南、徑、清作「酒酤」。
一　七八三頁上七行第六字「屬」，諸本作「屬者」。
一　七八三頁上一〇行第一一字「諸」，南、徑、清作「詣」。
一　七八三頁上一七行第九字「熟」，麗作「尠」。
一　七八三頁中一行第三字「陁」，磧無。同行第七字「陁」，磧作「陀陀」。同行第一四字「城」，資、磧、普、南、徑、清作「提舍」；麗無。
一　七八三頁中一六行首字「佛」至二〇行末字「檳」，諸本無。

十誦律卷第四十一　六誦之六　存

後秦北印度三藏弗若多羅共羅什譯

雜誦初中各二十法

佛在舍衛國尒時有比丘不失男根得女根諸比丘不知云何是事白佛佛言應與滅儐

佛在舍衛國尒時有比丘尼不失女根得男根諸比丘尼不知云何是事白佛佛言應與滅儐

佛在舍衛國尒時迦尸國有婆羅門生一女端正姝好價直半迦尸國此女嫁與婆羅門家不久智死多有人來求此女所謂大臣大官居士薩薄主是女人心樂出家作是言我欲出家作比丘尼不樂憂俗即詣王園作比丘尼諸弊惡人聞半迦尸女出家我等今當劫奪取之復作是念諸比丘尼王所守護若强奪者或得官罪若出家受具戒時我等當道路劫取諸比丘尼聞是事不知云何是事白佛佛言從今聽半迦尼遣使受具戒若有如是(正端)者亦聽遣使受具戒使受戒法者一心和合僧是使從坐起偏袒右肩脫革屣胡跪合掌作是言大德僧聽某半迦尸尼和上尼某甲是半迦尸尼遣我從僧乞受具戒僧當濟度與受具戒和上尼某甲僧憐愍故第二亦言大德僧聽某半迦尸尼和上尼某甲是半迦尸尼遣我從僧乞受具戒僧當濟度與受具足和上尼某甲僧憐愍故第三亦言

大德僧聽某甲半迦尸尼和上尼某甲是半迦尸尼遣我從僧乞受具戒僧當與受具戒和上尼某甲僧憐愍故尒時一比丘當僧中唱言大德僧聽某半迦尸尼和上尼某甲是半迦尸尼遣使從僧乞受具戒和上尼某甲若僧時到僧忍聽我當僧中問半迦尸尼使六法事是名白應作是言汝半迦尸尼使聽今是實語時今僧中問汝實當言實不實言不實問使言半迦尸尼先來清淨不二歲學六法不比丘尼為作本事不比丘尼僧一心和合作屬和上尼羯磨不五衣鉢具不半迦尸尼字何等和上尼字

何等和尼字某甲半迦尸尼字某甲若未問事當問問竟語言汝默然大德僧聽半迦尸尼（某甲和上尼某甲是半迦尸尼遣使從僧乞受具戒和上尼某甲）使說半迦尸尼先來清淨二歲學六法諸比丘尼已作本事一心和合比丘尼僧作屬和上尼羯磨五衣鉢具半迦尸尼字某甲和上尼某甲若僧時到僧忍聽僧用使與半迦尸尼受具戒和上尼某甲是名白大德僧聽半迦尸尼某甲和上尼某甲是半迦尸尼遣使從僧乞受具戒和上尼某甲使說半迦尸尼先來清淨二歲學六法諸比丘尼已作本事一心和合比丘尼僧作屬和上尼羯磨五衣鉢具僧與半迦尸尼某甲受具足戒和上尼某甲誰諸長老忍與半迦尸尼受具戒者默然不忍者說是名初羯磨竟第二更應說大德僧聽半迦尸尼某甲和上尼某甲是半迦尸尼遣使從僧乞受具戒使說半迦尸尼先來清淨二歲學六法諸比丘尼已作本事一心和合比丘尼僧作屬和上尼羯磨五衣鉢具半迦尸尼某甲和上

尼某甲僧與半迦尸尼受具戒和上尼某甲誰諸長老忍與半迦尸尼某甲受具戒和上尼某甲者默然誰不忍者說是名第二羯磨竟第三更應說大德僧聽半迦尸尼某甲和上尼某甲是半迦尸尼遣使從僧乞受具足戒和上尼某甲使說半迦尸尼先來清淨二歲學六法諸比丘尼已作本事一心和合比丘尼僧作屬和上尼羯磨五衣鉢具半迦尸尼某甲和上尼某甲僧與半迦尸尼受具戒和上尼某甲誰諸長老忍與半迦尸尼某甲受具戒和上尼某甲者默然誰不忍者說是第三羯磨竟僧與半迦尸尼使某甲受具戒和上尼某甲竟僧忍默然故是事如是持是使即應還比丘尼僧坊中向半迦尸尼說羯磨不應多不應少亦應為說時為說三依止八墮法餘殘戒法和上阿闍梨當漸漸為汝廣說

佛在舍衛國尒時有一比丘尼於迦留陁夷所作過失事迦留陁夷遮是比丘尼不聽入寺諸比丘尼語是比

丘尼汝何不向迦留陁夷悔過答言遮我不聽入寺云何悔過諸比丘尼不知云何是事白佛佛言比丘不應遮比丘尼入寺應遮自坊舍不應入

佛在舍衛國尒時諸比丘尼於比丘所作過失諸比丘心不喜是事白佛佛言若比丘尼於比丘所作過失是比丘應遮是比丘尼說戒自恣受教誡法佛如是約勑已是比丘遮比丘尼說戒自恣受教誡法餘比丘便聽以是事故鬪諍起諸比丘不知云何是事白佛佛言是遮比丘應聽餘人不應聽

佛在舍衛國尒時諸比丘於比丘尼所有過失諸比丘尼心不喜作是言我等比丘尼所作過失比丘遮我等說戒自恣受教誡法比丘於我等所作過失誰能共語是事白佛佛言若比丘於比丘尼所作過失比丘還應向是比丘尼悔過佛如是約勑已比丘悔過向比丘尼比丘尼不受是事白佛佛言比丘悔過向比丘尼比丘尼應受

佛在舍衛國尒時有比丘尼於迦留陁夷所作過失迦留陁夷遮受教誡法竟出界去諸比丘尼言汝何不悔過向迦留陁夷是比丘尼言遮我教誡法已出界去向誰悔過諸比丘尼不知云何是事白佛佛言從今比丘遮比丘尼不應出界去若出界得突吉羅

佛在舍衛國尒時王園比丘尼精舍有剃髮師與比丘尼剃髮誘誑一式叉摩尼壞出家心如是誘誑第二第三人以是事故尼僧减少諸比丘尼不知云何是事白佛佛言剃髮時應令一善比丘尼在邊立看

佛在王舍城尒時助提婆達多比丘尼賃房舍後債價時得苦惱諸居士呵責言汝等出家何以賃舍是事白佛佛言從今諸比丘尼不得賃舍若賃得突吉羅

佛在王舍城尒時助提婆達多比丘尼以治身具治身諸居士呵責言諸比丘尼自言善好有功德以治身具治身如王夫人大目婦是事白佛佛言諸比丘尼不應以治身具若治突吉

羅有比丘尼便以瓦石手拳自治身是事白佛佛言不應以瓦石手拳治身若以是物自治身得突吉羅佛言略說比丘尼不應以一切物治身若治突吉羅

佛在舍衛國尒時自恣時兩部僧和合尒時驅式叉摩尼沙弥尼沙弥出自相謂言汝等知不何故驅我等出令夜是等共集一處各隨所喜共和合故諸比丘聞是事心不喜是事白佛佛言從今比丘尼不應夜來自恣諸比丘尼應早起來從比丘作自恣

尒時諸比丘尼多五百餘人一一自恣食時已過是事白佛佛言從今諸比丘尼不應一一從比丘僧自恣應一比丘尼代一切比丘尼便從比丘僧自恣代自恣法者代自恣人從坐起脫革屣胡跪合掌作是言比丘尼僧和合礼大德僧足問訊少病少惱起居安不問訊已作是言大德僧憶念我等三月安居竟我等今求大德說見聞疑罪僧憐愍故大德僧為我等說罪者增長善法第二亦應言大德僧憶念和合比丘尼僧稽首礼大德

僧足問訊少病少惱起居安不問訊已作是言我等三月安居竟今求僧自恣說見聞疑罪僧憐愍故大德僧為我等說罪者增長善法第三亦應言大德僧憶念和合比丘尼僧稽首礼大德僧足問訊少病少惱起居安不問訊已作是言我等三月安居竟今求僧自恣說見聞疑罪僧憐愍故大德僧為我等說罪者增長善法

佛在舍衛國尒時有一居士請佛及二部僧明日食佛默然受居士知佛受已頭面礼足右遶而去還自舍通夜辦種種多美飲食早起敷座遣使白佛時到食具已辦唯聖知時佛及二部僧入其舍諸比丘尼隨智慧多者先坐是居士見佛及二部僧坐已自手行水欲下飲食助提婆達多比丘尼語居士言此比丘尼是第一上座此是第二上座此是持律此是持阿毗曇居士言我等不知不識誰是第一上座第二上座持律持阿毗曇多有飯食足飽一切莫散亂語汝莫止者汝等起行食我等當坐佛還見

比丘尼作是語聞居士訶責食後以是事故集比丘僧語諸比丘從今聽諸比丘尼隨上座次第坐

佛在舍衛國尒時有居士請佛及二部僧明日食佛默然受居士知佛受已頭面礼足右遶而去還自舍通夜辦種種多美飲食早起敷座遣使白佛時到食具已辦唯聖知時佛及二部僧入其舍有比丘尼問一比丘尼汝幾歲荅言小住當問和上尼阿闍梨尼共活尼即往問和上尼阿闍梨尼共活尼言我幾歲和上尼等荅言我等疑忘諸比丘尼不知云何是事白佛佛言上座兩三人應問次第坐餘不憶念者但坐

佛在舍衛國尒時有比丘尼上山至阿練若處欲受教誡故遇賊剥衣倮形諸比丘尼不知云何是事白佛佛言諸比丘尼應住聚落中待比丘比丘尼聚落中待有比丘入聚落乞食從餘道還山阿練若處日已向中諸比丘尼毋當断食是事白佛佛言應二人共行即二人共行又不知法所可至處看彩畫舍比丘問言汝等欲受教誡耶荅言如是是事白佛佛言應遣二知法了了比丘尼受教誡即遣二知法了了比丘尼是二比丘尼欲令一切比丘僧和合我等當受教誡是事白佛佛言不須一切僧和合隨所見比丘應受教誡餘時到比丘所有欲教誡者有不欲者不欲者便捨起去諸比丘尼即便隨去諸居士在僧坊者作是言比丘尼欲行婬欲比丘不欲故捨起去諸比丘不知云何是事白佛佛言比丘不應起去若不欲者應言我不能教誡比丘尼

佛在舍衛國諸比丘尼受教誡法還說戒竟明日詣僧坊不知報誰是事白佛佛言隨受教誡比丘應還報是人時是比丘尼門下立問言此中有是人不荅言誰耶比丘尼言如此者是事不應尒諸比丘尼不知云何是事白佛佛言比丘尼應問所教誡比丘名字種姓善好憶持應問言其比丘和上某比丘阿闍梨某比丘弟子

佛在舍衛國尒時比丘尼僧得帽布施諸比丘尼不受作是言佛未聽我等畜帽是事白佛佛言從今聽比丘尼僧受帽施私亦受

佛在舍衛國尒時有比丘尼乞食時手持鉢食巷中行屋上有毒虵屎墮食中比丘尼噉是食毒發垂死是事白佛佛言應作盖覆食器上

佛在王舍城尒時助提婆達多比丘尼背上負物似畜生負駄是事白佛佛言從今諸比丘尼不應背上負物若負物者突吉羅

佛在王舍城尒時助提婆達多比丘尼客作華鬘責價時受苦惱諸居士呵責言汝等出家何用客作華鬘是事白佛佛言從今不聽比丘尼客作華鬘客作者突吉羅

佛在王舍城尒時助提婆達多比丘尼畜盛大便器銅盤澡盤銅杓諸居士呵責言諸比丘尼自言善好有德畜如是器如王夫人大臣婦是事白佛佛言從今不聽比丘尼畜銅盋盛大便器銅盤澡盤銅杓若畜突吉羅不犯者畜銅水瓶銅澡罐銅盖

佛在舍衛國有比丘尼作酒居士言汝等出家人何以作酒有少欲知足比丘尼聞是事心不喜以是事白佛佛言以是事集比丘僧集僧已語諸比丘從今比丘尼不得作酒作酒者突吉羅

佛在舍衛國尒時諸婦人新來不久其夫出行死是諸婦人捨舍肆出家作比丘尼作比丘尼已賃舍與他住後索價時受諸苦惱諸居士呵責言汝等出家何用賃舍是事白佛佛言從今不聽比丘尼賃舍市肆若賃與他者突吉羅

佛在舍衛國尒時偷羅難陀比丘尼着新踈衣市巷多人中行內身露現諸居士言善女是名何衣荅言是名新踈衣諸居士呵責言諸比丘尼自言善好有德去何着新踈衣如王夫人如大臣婦是事白佛佛言從今不聽比丘尼着薄踈衣着者突吉羅

佛在王舍城尒時有助提婆達多比丘尼在女人洗處浴諸居士呵責言諸比丘尼自言善好有德在女人洗處浴如王夫人大臣婦是事白佛佛言從今不聽諸比丘尼女人洗處浴若浴突吉羅

佛在舍衛國尒時偷羅難陀比丘尼用澡豆浴身入女根中是事白佛佛言從今不聽比丘尼用澡豆浴用者突吉羅

佛在舍衛國尒時偷羅難陀比丘尼水中逆行諸比丘尼問言汝何以逆水行荅言欲受觸樂是事白佛佛言從今不聽比丘尼水中逆行若逆水行突吉羅

佛在王舍城尒時助提婆達多比丘尼畜雜色莊嚴鉢支諸居士呵責言諸比丘尼自言善好有德畜雜色鉢支如王夫人大臣婦是事白佛佛言從今不聽比丘尼畜雜色鉢支若畜突吉羅

佛在舍衛國尒時比丘尼僧得水精器布施諸比丘尼不受我何用是為是事白佛佛言從今聽比丘尼受水精器作僧水精器用　　後二十法下

佛在舍衛國有乞食比丘中前著衣持鉢入舍衛城乞食到乞食家入外門不記識中門內門亦不記識還時錯入餘門謂是出門入已見一女人仰卧此女人夢中失不淨比丘見已慚愧還出出已此女人夫來見婦露身卧不淨出即作此念是比丘必共我婦作非梵行便往捉比丘言比丘汝好耶共我婦作不淨行比丘荅言不作夫言何以入我舍耶荅言我謂是可出門即罵比丘云何我房戶謂是可出門是人即以手脚極打是比丘便放打比丘聲故女人即覺語夫言作何物荅言打比丘何以故打以汝故打婦語夫言此比丘於我無過我自夢中失不淨夫即罵婦汝共作不淨事云何不伏耶以手脚打是比丘勞熱已捨去是比丘大受苦痛已還去以是事向諸比丘說諸比丘以是事向佛廣說佛以是事集比丘僧集比丘僧已語諸比丘乞食有二種一者受請二者不受請若受請已欲受僧物分者應捨乞食法已受僧物分若不捨乞食法受僧物分者得突吉羅若受僧物僧物分已故言我乞食者犯妄語波夜提不受

請人若欲受請若欲受僧物分者應捨乞食法已受請受僧物分若不捨乞食法受請受僧物分者得突吉羅若受請受僧物分已故言我乞食者犯妄語波夜提佛言從今教汝等乞食法若比丘乞食時應學行是法若欲下牀時應徐下一脚次下第二脚安徐起徐就架上取安陁衛莫牽安徐著著已應左右看齊正不若不齊正者更應著若齊正者止徐就架上取泥洹僧莫牽安徐著著已左右看齊正不若不齊正者更應著若齊正者徐就架上取欝多羅僧莫牽安徐著著已左右看齊正不若不齊正者更應著著齊正者止徐就架上取僧伽梨莫牽安徐著左肩上徐徐取鉢莫放地徐取錫杖不應曳地向戶時安徐推擇開戶徐出出戶時莫以衣觸兩邊出已應左手牽扇右手牽擇若戶扇在右擇在左者以右手牽扇左手下擇下擇已應排看堅牢不若不牢更閉堅牢者止若共佛行應在佛後應白和上應右遶佛塔聲聞塔

已徐徐寫水著鉢中莫使鉼鉢相觸應安徐洗鉢莫使有聲不得挑水洗鉢底若僧坊門閉者應徐却擇開門安徐出門出門時莫以衣觸兩邊應徐以鉢杖著一處已徐著一重革屣應徐取鉢杖應安徐在道行行時莫拖曳革屣近聚落已徐以鉢杖著一處應徐取僧伽梨著著已應看齊正不若不齊正應更著若齊正者止應徐取鉢杖入巷時不得上下看應直前若還見狂象狂馬狂牛狂狗狂倮形人者應避道若至乞食家應好識外門中門內門相入遶中住彈指若無所得應第二彈若復不得應更三彈三彈已若得者應兩手捉鉢曲身受食若更餘處乞時應看日時節若日故早更乞若日時至便止不應上下看直視前行若遙見狂象狂馬狂牛狂狗狂倮形人者應避出聚落時徐捉鉢杖著一處徐取僧伽梨中媟抖揀著左肩上徐取鉢杖若先到食處應敷座牀取楷脚物拭脚物安淥水瓶應掃灑飲處塗地若和上阿闍梨在食處

者若得好食先與和上阿闍梨與飲時莫令指入器中若在後者應舉牀座舉楷脚物拭脚物安水現水瓶掃灑除糞還入房中入房中時應牽擇閉戶就牀座徐徐攝一脚次攝一脚結加趺坐思惟法行

佛在舍衛國介時一長者有好蘆蔔是長者為蘆蔔故請佛及僧恒鉢那佛默然受知佛受已還家竟夜辦種種多美飲食晨朝敷座往白時到佛自知時佛與比丘僧往入其舍坐已長者自手行水自行蘆蔔根諸比丘嚼蘆蔔根作聲有一比丘先是伎兒見食作聲即便起舞時有比丘笑蘆蔔根從口鼻中出諸居士呵責言諸沙門釋子自言善好有德云何使他笑如伎兒佛見是比丘作如是事諸居士呵責食已還去佛以是事集比丘僧知而故問是比丘汝以何心作吞以二事故一者看他二者欲令笑佛言為看他故無罪為笑故突吉羅佛語諸比丘從今已若先未敢熟食不得噉菓果若先噉者突吉羅

佛在舍衛國新造祇洹竟諸居士辦供具多諸比丘來千二百五十人諸比丘亂入亂坐亂食亂起亂去諸居士呵責言有餘沙門婆羅門次第入次第坐次第食次第起次第去是沙門釋子自言善好有德亂入亂坐亂食亂起亂去不知誰得誰不得誰重得諸比丘不知云何是事白佛佛言從今日應次第入次第坐次第食次第起次第去時諸比丘次第入次第坐次第食次第起次第去時默然入默然坐默然起默然去諸居士呵責言有餘沙門婆羅門讚唄呪願讚歎沙門釋子自言善好有德默然入默然坐默然食默然起默然去我等不知食好不好諸比丘不知云何是事白佛佛言從今食時應唄呪願讚歎諸比丘不知誰應作佛言上座作佘時偷羅難陁少學寡聞時為上座佛言若上座不能次第二應作第二不能第三應作如是次第能者應作

佛在舍衛國時諸女人次第請佛及僧辦種種飲食諸比丘食已不唄不呪願而去諸女人作是言我等女人薄福誰當為我等唄呪願讚歎諸比丘不知云何是事白佛佛言從今亦應為女人唄呪願讚歎若無淨人者留上座四人住住時諸上座讀問佛佛言應語諸女人已去

佛在舍衛國有一比丘名昜頭羅是婆羅門種出家作比丘患下作是念云何數數用水洗佛言應以物拭拭時用一葉拭更一葉拭已不淨佛言應用兩重用兩重拭時一重舒汙手佛言應截屈處時截處傷大便道佛言不應截應用一枚淨拭拭時擲棄著廁中著已廁滿佛言應著一處時淨葉不淨葉共著一處取時汙手佛言右邊安淨葉左邊棄不淨葉著一處時大聚佛言除却除却時吐逆佛言應安器若滿遠棄餘處

佛在王舍城佘時六群比丘洗脚處嚼楊枝後比丘來見不淨吐逆諸比丘不知云何是事白佛佛以是事集僧知而故問六群比丘汝實作是事不荅言實作世尊佛以種種因緣呵責六群比丘云何名比丘僧洗脚處嚼楊枝呵已語諸比丘從今佛前不得嚼楊枝和上阿闍梨前一切上座前佛塔前聲聞塔前温室講堂廚下大門前廁邊安水邊處小便處浴室中多人行處不得嚼楊枝嚼者突吉羅不犯者同歲比丘前不犯

佛在王舍城有倮形外道病齊癃往語耆婆治我此病荅言浴室中洗乃可得差外道作是言我是外道倮形無所著何由得浴室洗耶耆婆言頗有親里相識比丘不荅言無耆婆言唯得浴室洗可差是外道即往到竹園問新學比丘及沙弥言汝等何時浴室洗耶荅言某日時外道屈指數日或擲石數日或作籌數日若干日已過若干日在到浴日来至入竹園在一面立看諸比丘云何入浴室洗或有比丘著衣入或以泥塗身入是外道即以泥塗身入如似老上座諸比丘作是念是上座比丘從何處来共相謂言上座来與上座牀即便與牀盛滿器水著前汗出已諸比丘亦與

指脚髀腨胸背舉身指已疥瘙即除身得清淨清淨已喚揩衣来與上座是外道言汝等不好用著衣為諸比丘言不善將不與外道洗耶諸比丘不知云何是事白佛佛言從今日露身不得揩他亦不得揩露身着露身亦不得相揩比丘闇中不得作礼不得礼覆面者不得礼睡者不得礼入三昧者不得礼嚼揚枝者自嚼揚枝亦不得作礼自洗面不得作礼亦不得向洗面者礼自食時不得礼不得礼食者自縫衣時不得礼不得向縫衣者作礼自剃髮時不得作礼亦不得礼剃髮者自在高處不得礼下處下處亦不得礼高處佛前不得礼人佛塔前聲聞塔前亦不得礼人大小便處取水處浴室乃至不安隱處皆不得礼在道行時不得礼若至心欲礼者語上座住我欲礼若住者應礼不住者不應礼

佛在舍衛國有客比丘暮来次得空房舍時牀上有蟹虵睡比丘不看便坐虵上為虵所螫與虵俱死經五六日有青蠅出諸比丘見蠅出入共相謂言此房中有青蠅出當入看来入已便見作是言是比丘必坐是虵上為虵所螫二俱死耳諸比丘不知云何是事白佛佛以是事集比丘僧語諸比丘從今教客比丘儀法若客比丘到僧坊中應偏袒著衣著泥洹僧高應下著衣囊在右肩上應轉著左肩上若杖油囊革屣針筒在右手中應移左手中若欲大小便應先外却已入僧坊若得水洗足入若不得水以草樹葉拭足已入若門閉應求開門若開應入若不開僧坊外有牆壍刺棘應在現處立一心淨持威儀作大人相起他善心若見舊比丘應問此僧坊中有若干歲比丘房不若言有即語開門已入又問是房中為有人不若言空應問用何水若言井水應索盆及繩掃篲應開房戶彈指若有毒虵彈指令去當徐徐出枕被褥牀榻覆地物出已應掃灑塗地抖揀牀席被褥枕覆地物覓虫已還敷如本洗脚瓮常用水瓶皆著水持革屣至水邊浣拭革屣物撥曬已捉革屣先拭前頭次拭後中拭帶若水器在左邊應左手取水右手洗足若在右邊右手取水左手洗足洗足已著革屣入房閉門下𣝋却坐繩牀先攝一脚次攝一脚攝已大坐正觀諸法地了時應問舊比丘此僧坊中有前食無前食有時食無時食何處有惡狗惡牛大童女寡婦家何處是僧羯磨學家覆鉢羯磨家何處可行何處不可行問是事已應行乞食若客比丘欲去時以灌繩掃篲還付本主摒擋卧具閉門下𣝋已去

佛在阿毗羅國時新作僧伽藍有比丘作匠著僧伽梨擔石擔墼擔草擔泥以手泥壁黑泥糠泥汙灑泥壁赤色泥白色泥塗壁壓灑掃僧坊塗地故汙衣著是汙衣入聚落乞食諸居士呵責有餘沙門婆羅門著淨衣入聚落乞食是沙門釋子自言善好有德著是汙衣入聚落乞食如壓油人是中有比丘少欲知足行頭陀聞是事心不喜以是事白佛佛以是事集比

丘僧語諸比丘從今不得著僧伽梨輦石輦浞輦草浞塗壁以手塗壁糠浞汙灑塗壁黑色赤白色塗壁掃灑僧坊塗地不得脚蹋僧伽梨不得數僧伽梨坐不得卧僧伽梨上不得襯身著(僧伽梨著僧伽梨如著僧)伽梨法著欝多羅僧如著欝多羅僧法著安陁衛如安陁衛法以三種壞色作淨不得著五種純色衣(除納衣) 若比丘貧少衣不能得割截衣衣上安㵾若五若七若九若十一若十三若十五若過十五若能得應割截作僧伽梨欝多羅僧安陁衛是為衣法

佛在王舍城有大僧坊初夜中夜後夜多有客比丘一切時来宿晨朝便去上座問下坐言何以無客比丘荅言有何以不来見上座我等不知彼人来去諸比丘不知云何是事白佛佛言若客比丘来應先礼拜上座時彼僧坊有千二百五十比丘客比丘一一礼拜過初夜道行疲極不能得遍諸比丘不知云何是事白佛佛言應問評四上座有客比丘暮来問第一上

座在何處荅言在耆闍崛坊又問第二上座復在何處荅言在毗伽羅坊又問第三上座在何處荅言在貴守陁羅坊又問第四上座在何處荅言在薩多訶求坊往問評時道中有師子虎狼畏豹熊羆多羅刹等畏諸比丘不知云何是事白佛佛言隨所入坊舍中即礼彼四上座礼時在大坊舍門外住立久迷悶(逆不樂)諸比丘不知云何是事白佛佛言若時得見上座者應礼不時得見者則止

佛在舍衛國憍薩羅國阿練若處有一比丘在中住時賊来入僧坊見是比丘在閣上即遣人將是比丘下時彼賊主信敬佛法作是言莫將比丘下當看有火不言無有食不言無有水不言無共相謂言是沙門釋子清淨看洗脚處有水不言無看淨水瓶常用水瓶有水不言無作是言將是比丘来即將来下問言大德有火不荅言無有鑽火具不欲鑽火荅言無大德我等飢有食不荅言無問有食器不我欲食荅言無大德我等渴有

水不荅言無有取水器不荅言無大德是沙門釋子清淨有洗脚水不有淨水瓶常用水瓶不荅言無又問大德我欲至彼聚落示教我道處荅言不知又問時節早晚荅言不知又問今是何日荅言不知又言作唄荅言不能(又言呪願荅言不能又言讃)法荅言不能是賊共相謂言此阿練若比丘無一阿練若法是比丘畏不能自活故出家當熟打之即時以手脚打是比丘已捨去是比丘大受苦惱以是事語諸比丘諸比丘以是事白佛佛以是事集比丘僧語諸比丘從今當教阿練若比丘儀法應學是法從今阿練若比丘有人来先應共語好正憶念和悦顏色不應垂頭應言善来應畜火及(火鑽應畜食食器應)畜水水器應畜洗脚水水器淨水瓶常用水瓶盛滿水應知道知日時知夜知夜分應知星宿應學星宿法應誦修多羅毗尼阿毗曇應學解修多羅毗尼阿毗曇應知初禪二禪三禪四禪須陁洹斯陁含阿那含阿羅漢果若未得者應知誦讀不應畜日珠月珠如是

法應廣知應畜禪杖如瞿昆沙修多羅中廣說應修行之

佛在舍衛國阿耆達婆羅門摺釋俱梨餅往到佛所與佛佛言分與僧即分與僧已在佛前聽呪願佛為種種說法諸比丘齒餅作聲阿耆達叉手白佛言世尊沙門瞿曇教化一切弟子皆能受耶佛言有受者未受者婆羅門言皆爾瞿曇有為法者有為食者佛為阿耆達種種說法示教利喜已默然時阿耆達聞佛說法示教利喜已從坐起礼佛右遶而去不久佛以是事集比丘僧語諸比丘從今說法時呪願時讚法時不得食食者突吉羅

佛在波羅㮈國佛中前著衣持鉢入波羅㮈城欲乞食有一新比丘中前著衣持鉢先入城乞食佛還見是比丘在他門前是比丘亦見佛見佛已慙愧低頭佛乞食還攝衣鉢竟以是事集比丘僧語諸比丘我今日中前著衣持鉢入城乞食見一新比丘亦著衣持鉢先入城乞食我見是比丘比丘見我故慚愧低頭語諸比丘誰中前

著衣持鉢入城乞食是比丘慙愧長跪合掌白佛言我是佛言善哉善哉見我故慚愧攝情若見比丘比丘尼優婆塞優婆夷及諸外道沙門婆羅門亦應攝情低頭長夜得安樂

佛在舍衛國長老薝提有共行弟子無恭敬心入僧坊中亦無恭敬心時長老薝提往到佛所頭面礼足在一面坐已白佛言世尊我共行弟子無恭敬心入僧坊中亦無恭敬心世尊云何令弟子於和上有恭敬心佛言小住薝提我問汝時當說佛以是事集比丘僧已語薝提言汝欲說者說薝提言世尊我共行弟子無恭敬心入僧坊中亦無恭敬心云何令弟子於和上有恭敬心佛語薝提共行弟子於和上應生敬心入僧坊亦應生敬心應與和上鉢衣户鉤時藥時分藥七日藥盡形壽藥若和上作衣時應代作浣衣時染衣時割截衣時簪衣時判衣時舒展時皆應代作若自不能者應倩他作若自不能盡作者亦應倩他若能盡作者應作不得閑住佛語薝

提若和上欲浴室中洗時弟子先應辦欲具著薪著油澡豆若和上入浴室時弟子應持浴衣與攝取所著衣與牀應與水瓶授杖若和上少力弟子應手扶若大羸劣應負入浴室應攝衣著一面應坐著牀上以水瓶著前若弟子欲洗時應白和上向壁洗應生病想生藥想佛言和上汗出時弟子先應揩脚次揩髆髀腰脊胷背若和上洗竟應授衣與取牀取水器取杖應以薪著竈中若和上少力者應手扶若大羸劣應負還房坐牀上應取浴衣舉應授卧衣應安大小便器應安唾器若弟子更欲洗應白和上已洗若最後浴室中洗者應舉繩床著一處舉水瓶水盆應以灰覆火出浴室閉門下𨷲已去若欲誦時至三問能得者應隨力從和上受受已在一處憶念思惟若得者誦若不得者更問明日應攝大小便器唾器棄已應問和上須粥須食不若言須粥應安釜器辦杓辦匕若言須食應辦食應辦食器若和上病者弟子應看若活若

死應覓隨病食隨病藥應取和上物
作供養若和上無者自辦若自無者
從他求若無知識不能得者乞食時
得好者應與和上欝提若僧與和上
憶念羯磨若與不癡羯磨時應代和
上去作是言僧與我和上憶念羯磨
若不癡羯磨僧與和上苦切羯磨依
止羯磨驅出羯磨下意羯磨時弟子
以法佐和上言僧莫與我和上苦切
羯磨依止羯磨驅出羯磨下意羯磨
若僧已與和上作是苦切羯磨依止
羯磨驅出羯磨下意羯磨竟弟子應
言僧與我和上輕作羯磨莫重作欝
提若僧與和上覓罪相羯磨弟子應
往言僧如法莫與我和上覓罪羯磨
若僧與和上覓罪羯磨竟弟子應從
僧乞輕作莫重作若僧與和上不見
擯羯磨不作擯羯磨惡邪不除擯羯
磨弟子應往白僧言不見擯見不作
教作不除教除欝提若和上犯僧殘
罪應與別住摩那埵本日治出罪羯
磨弟子應往言僧如法與我和上別住
摩那埵本日治出罪羯磨欝提是弟

子不白和上不得教他讀經不得誦
經令他憶念不得並誦不白和上不
得從他受法不得受他法不得從他受憶念不得
並誦不得與他衣鉢户鈎時藥時分
藥七日藥盡形壽藥不得與他作衣
不得使他作衣不得與他剃髮不得
使他剃髮不白和上不得一切有所
作除大小便及嚼楊枝礼佛欝提若
和上欲入聚落弟子應授入聚落衣
應襟卧衣舉弟子若隨和上入聚落
應取鉢杖僧伽梨不應在前行不應
大逼近不得並行若師說非法者應
諫止若說法應隨喜若說法時得施
弟子應取若到聚落應授鉢杖僧伽
梨弟子若在前出聚落不應遠住應
取和上鉢杖僧伽梨若和上共道行弟
子應取杖取感油囊革屣針綖囊欝
提弟子應日日三時至和上邊早起
食後日没時早起時應除大小便器
唾器食後時應掃灑塗地日没時應
持大小便器唾器著邊欝提白佛言
世尊弟子於和上行如是法和上於
弟子當云何佛語欝提弟子作是行

者和上應教誦修多羅毗尼阿毗曇
與衣鉢杖户鈎與時藥時分藥七日
藥盡形藥若弟子作衣時和上應
佐作若浣衣染衣割截縫刺舒展時
皆應佐作若自不能佐他若自不能
盡作亦應使他若隨能者盡佐作不
得閑住若和上見弟子病時應看若
活若死應與覓隨病食隨病藥應取
弟子物作弟子無者和上與物若自無物
從他求與無知識求不能得若乞食時
得好食者與若僧與弟子憶念羯磨與
不癡羯磨作是言如法與我弟子憶
念羯磨不癡羯磨若僧與弟子苦切
羯磨依止羯磨駈出羯磨下意羯磨
和上應如法佐言莫與我弟子苦切
羯磨依止羯磨駈出羯磨下意羯磨
若僧已作苦切羯磨依止羯磨駈出羯磨下意羯磨竟應言輕作莫重作若僧欲與弟子
覓罪羯磨應如法佐言莫作若僧與
覓罪羯磨竟和上應佐言輕作莫重作
欝提若僧與弟子不見儐羯磨不作儐
羯磨惡邪不除儐羯磨和上應言不
見教見不作教作不除教除欝提若
弟子犯僧殘罪應與作別住摩那埵

本日治出罪羯磨和上作是言僧與我弟子別住摩那埵本日治出罪羯磨贊提應日日三時教弟子早起食後日沒時早起教言莫近惡知識惡伴弊惡人食後教言莫近惡知識惡伴弊惡人日沒時教言莫近惡知識惡伴弊惡人若作非法應呵止贊提有三種可止一者不喚作二者不共語三者欲有所作不聽作

十誦律卷第四十一

十誦律卷第四十一

校勘記

一　底本，金藏廣勝寺本。

一　七八八頁中一行「十誦律卷第四十一」，磧、南、徑、清作「十誦律卷第四十二」。同行「六誦之六」，資無；磧、普、南、徑、清作「第六誦之六」，載於二行與三行之間；麗作「第六誦之六」。

一　七八八頁中三行「雜誦初中各二十法」，資作「第六誦之六」；磧、普、南、徑、清作「雜誦後二十法上之餘」；麗作「明雜法之六」。

一　七八八頁中末行小字「正端」，諸本（不含石，下同）作正文「端正」。同行「受具戒使」，資、磧、普、南、徑、清作「受具戒遣使」。

一　七八八頁下三行第三字「某」，資、磧、普、南、徑、清作「某甲」。

一　七八八頁下八行「具足」，諸本作「具戒」。

一　七八八頁下一二行「僧當」，諸本作「僧當濟度」。

一　七八八頁下一三行第七字「當」，諸本作「應」。

一　七八八頁下一四行第二字「某」，南作「其」。

一　七八八頁下一七行第一〇字「曰」，諸本作「白」。次頁上九行第一〇字同。

一　七八八頁下一九行「言不實」，諸本作「當言不實」。

一　七八八頁下二二行「屬和上尼羯磨」，資、磧、普、南、徑、清作「畜衆羯磨」。下同。

一　七八九頁上七行「和上尼某甲」，諸本作「和上尼字某甲」。

一　七八九頁上八行「用使」，資、磧、普、南、徑、清無。同行末字「受」，資、磧、普、南、徑作「使受」。

一　七八九頁上一五行「受具足戒」，麗作「受具戒」。本頁中六行末二字至次行首二字同。

一 七八九頁中二行「與半」，諸本作「僧與半」。

一 七八九頁中三行第一三字「誰」，資、磧、普、南、徑、清無。一三行第一四字同。

一 七八九頁中一五行第二字「使」，麗無。

一 七八九頁中一八行「爲説時爲説」，資、磧、普、南、徑、清作「爲説時爲」；麗作「爲説」。

一 七八九頁下四行「坊舍」，資、磧、普、南、徑、清作「房舍」。

一 七八九頁下一九行「還應」，諸本作「應還」。

一 七九〇頁上一五行「債價」，磧、普、南、徑、清作「賃價」。

一 七九〇頁上二一行「有功德」，資、磧、普、南、徑、清作「有德」。

一 七九〇頁中三行「略説」，徑、清作「喀説」。

一 七九〇頁中六行「式叉摩尼沙彌尼沙彌」，資、磧、普、南、徑、清作「式叉摩那沙彌沙彌尼」；麗作「式叉摩尼沙彌沙彌尼」。

一 七九〇頁中八行「各隨」，資、磧、普作「名隨」。

一 七九〇頁中一五行「便徒比丘」，資、磧、普、南、徑、清作「僧徒大比丘」；麗作「僧徒比丘」。

一 七九〇頁中一七行「胡跪」，南、徑、清作「相跪」。

一 七九〇頁中一九行「大德僧」，資、磧、普、南、徑、清作「諸大德僧」。

一 七九〇頁中二一行「大德僧」，資、磧、普、南、徑、清作「大德」。

一 七九〇頁下一八行「此比丘尼」，徑作「此丘丘尼」。

一 七九一頁上二行「集比丘僧」，資、磧、普、南、徑、清作「集僧」。

一 七九一頁上七行「早起」，麗作「旦起」。

一 七九一頁上末行「又不知法」，諸本作「二人不知法」。

一 七九一頁中四行「了了」，資、普、南、徑、清作「勤了」。

一 七九一頁中一五行「戒竟」，資、磧、南作「戒意」。

一 七九一頁中末行第一三字「帽」，資作「帽」。下同。

一 七九一頁下一三行「責價」，磧、普、南、徑、清作「賃價」。

一 七九二頁上四行第二字「言」，麗無。

一 七九二頁上八行第六字「是」，資、磧、普、南、徑、清無。

一 七九二頁上一三行「羅難陁」，資、磧、普、南、徑、清作「蘭難陁」。徑、清下同。

一 七九二頁中一一行首字「行」，資、磧、普、南、徑、清作「行者」。

一 七九二頁中一五行「大臣婦」，資、磧、普、南、徑、清作「如大臣婦」。

一 七九二頁中一六行「若畜」，資、磧、普、南、徑、清作「若畜者」。

一 七九二頁中二一行「水精器用」，諸本作「水器用」。同行「後二十法下」，磧、普、南、徑、清作「雜誦後二十法下」。

一　七九二頁下九行「我房戶」，諸本作「入我房户」。

一　七九二頁下一〇行「極打」，資、磧、普、南、徑、清作「熟打」。

一　七九二頁下一八行小字「集比丘僧已語」，麗作「已語」。同行「諸比丘」，資、磧、普、南、徑、清作「諸比丘比丘」。

一　七九二頁下二二行「僧物僧物」，資、磧、普、南、徑、清作「僧物」。

一　七九二頁下末行第四字「我」，資、磧、普、南、徑、清無。

一　七九三頁上一二行末三字「齊正者」，諸本作「齊正者止」。

一　七九三頁上一五行第三字「著」，諸本作「若」。

一　七九三頁上一六行「莫牽」，徑作「若牽」。

一　七九三頁上一七行首字「放」，資、磧、普、南、徑、清作「著」。

一　七九三頁上一八行第三字「撣」，資、磧、南、徑、清作「居」；麗作「橝」。下同。同行「徐出」，資、磧、普、南、徑、清作「徐出户」。

一　七九三頁上一九行「牽扇」，麗作「牽户扇」。

一　七九三頁上二〇行第八字「左」，資、磧、普、南、徑、清作「左手」。

一　七九三頁上二二行「不牢」，諸本作「不堅牢」。

一　七九三頁上末行末字「塔」，徑作「搭」。

一　七九三頁中二行「挑水洗」，資、磧、普、南、徑、清作「掉水洗」；麗作「挑水澆」。

一　七九三頁中一三行第六字「相」，資、磧、普、南、徑、清作「廂」。

一　七九三頁中一四行第六字「彈」，諸本作「彈指」。下同。

一　七九三頁中一六行「乞時」，諸本作「乞食時」。

一　七九三頁中二〇行「抖捒」，諸本作「抖擻」。下同。

一　七九三頁下八行小字「怛鉢那」，資、磧、普、南、徑、清作「恒鉢那」。

一　七九三頁下一四行「起舞舞時」，資、磧、普、南、徑、清作「起舞時」。

一　七九三頁下一九行第一二字「答」，諸本作「答言」。

一　七九三頁下二二行「今已」，資、磧、普、南、徑、清作「今已去」。

一　七九三頁下末行「菓果」，資、磧、普、南、徑、清作「菜果」。同行「突吉羅」，資、磧、普、南、徑、清作「得突吉羅」。

一　七九四頁上一二行「默然坐」，諸本作「默然坐默然食」。

一　七九四頁中一〇行「更一菜」，資、磧、普、南、徑、清作「一菜」；麗無。

一　七九四頁下五行「水邊處」，諸本作「水處」。

一　七九四頁下六行至次行「突吉羅」，資、磧、普、南、徑、清作「皆突吉羅」。

一七九四頁下一一行「無所著」，資、磧、普、南、徑、清作「無所衣著」。

一七九四頁下一七行第一〇字「至」，資、磧、普、南、徑、清無。

一七九四頁下一九行第七字「或」，諸本作「或有」。

一七九五頁上一行第三字「脞」，資、磧、普、南、徑、清作「揩」。同行第一二字「瘙」，資作「搔」。

一七九五頁上五行第一一字「日」，資、磧、普、南、徑無。

一七九五頁中八行「在右肩上」，資作「在肩上」；磧、普、南、徑、清作「右肩上」。

一七九五頁中一一行「洗足入」，諸本作「洗足已入」。

一七九五頁中一九行「索盥」，資、磧、普、南作「索灌」；徑、清作「索罐」。

一七九五頁中二二行「牀廗」，磧、南作「牀席」；麗作「牀榻」。

一七九五頁下三行「左手取水右手洗足」，資、磧、普、南、徑、清作「右手取水左手洗足」。

一七九五頁下四行「右手取水左手洗足」，資、磧、普、南、徑、清作「左手取水右手洗足」。

一七九五頁下一一行第一〇字「若」，資、磧、普、南、徑、清作「若是」。

一七九五頁下一二行「灌繩」，徑、清作「罐繩」。

一七九五頁下一四行「阿毗羅國」，資、磧、普、南、徑、清作「阿羅毗國」。

一七九五頁下一六行首字「泥」，資、磧、普、南、徑、清作「泥塗」。

一七九五頁下一七行「泥塗」，資、磧、普、南、徑、清作「泥泥」。

一七九六頁上二行「泥葦草泥」，資、磧、普、南、徑、清作「塈葦草葦泥」。

一七九六頁上六行小字「僧伽梨著僧伽梨如著僧」，資、磧、普、南、徑、清作正文「僧伽梨如著僧」。

一七九六頁上七行第一一字「如」，諸本作「如著」。

一七九六頁上一一行「十三」，麗作「十二」。

一七九六頁中五行「薩多訶」，資、磧、普、南、徑、清作「薩羅訶」。

一七九六頁中六行「畏豹」，磧、普、南、徑、清作「兕豹」。

一七九六頁中一四行第一一、一二字「比丘」，諸本作「比丘來」。

一七九六頁下四行第八字「教」，資、磧、普、南、徑、清無。

一七九六頁下九行「畏不能」，麗作「當不能」。

一七九六頁下一〇行首字「時」，諸本無。同行「已捨去」，資、磧、普、南、徑、清作「熟已捨去」。

一七九六頁下一一行「苦惱」，清作「若惱」。

一七九六頁下二〇行第七字「學」，資、磧、普、南、徑、清無。

一七九七頁上一一行至次行「礼佛右遶而去不久」，諸本作「礼佛足右遶而去去不久」。

一　七九七頁中二二行首二字「倩他」，[麗]作「賃他」。同行末二字「倩他」，[麗]作「借他」。

一　七九七頁下二行「欲具」，諸本作「浴具」。

一　七九七頁下六行「一面」，[資]、[磧]、[普]、[南]、[徑]、[清]作「一邊」。同行「水瓶」，[麗]作「水瓮」。

一　七九七頁下一四行第四字「若」，[資]、[磧]、[普]、[南]、[徑]、[清]無。

一　七九七頁下二〇行第七字「器」，[資]、[磧]、[普]、[南]、[徑]、[清]無。

一　七九八頁中一〇行「應牒」，[徑]、[清]、[麗]作「應揲」。

一　七九八頁下三行第三字「形」，[資]、[磧]、[普]、[南]、[徑]、[清]作「形壽」。

一　七九八頁下五行「佐他」，[南]、[徑]、[清]作「佐作」；[麗]作「倩他」。

一　七九八頁下一〇行第五字「無」，[資]、[磧]、[普]、[南]、[徑]、[清]作「與」。

一　七九九頁上卷末經名，[徑]、[清]作「十誦律卷第四十二」。

十誦律卷第四十二　存

後秦北印度三藏弗若多羅共羅什譯

七誦之八波羅夷法

尼律第一

佛在舍衛國尒時舍衛國中王園精舍有比丘尼名周那難陀年少端正有庶子居二見亦年少端正是男子於周那難陀比丘尼深生漏心是比丘尼於是男子亦生漏心是庶子見如是思惟若我語是比丘尼作是事者身自得罪王當治我惡名流布四方身壞命終當墮地獄比丘尼亦如是思惟若我語是男子作是事者身自得罪而令他得罪惡名流布四方諸比丘比丘尼以法治我諸天善神不復守護我身壞命終當墮地獄是比丘尼常憶念是男子不得從意故生病羸瘦在房內臥斷威儀不能行來是男子聞是比丘尼得病受苦惱在房內臥不能行來聞已作是念是比丘尼更無有病但以念我故致是羸瘦受諸苦惱我何不往是比丘尼所不說是事亦能除病作是念已即往王園比丘尼精舍到已問諸比丘尼言周那難陀比丘尼為在何處答言在某房內病臥受苦惱斷威儀不能行來是男子即往到比丘尼房中摩觸抱捉作是言汝病小差不可忍不苦惱不增長耶答言病不差不可忍苦惱增長尒時比丘尼口出惡不淨語作是言此是我分他不愛念我我便愛念他是中有比丘尼少欲知足行頭陀聞是事心不喜呵責言云何名比丘尼有漏心聽漏心男子摩觸抱捉種種因緣呵已向佛廣說佛以是事集二部僧佛知故問周那難陀比丘尼汝實作是事不答言實作世尊佛以種種因緣呵責云何名比丘尼有漏心聽漏心男子摩觸抱捉種種因緣呵已語諸比丘以十利故與比丘尼結戒攝僧故僧極好攝故僧安樂住故折伏高心人故有慚愧者得安樂故不信者得淨信故已信者增長信故遮今世惱漏故斷後世惡趣故梵行久住故從今是戒應如是說若比丘尼有漏心聽漏心男子髮際以下至腕

膝以上却衣順摩逆摩牽推案搯抱上抱下是比丘尼得波羅夷不共住漏心者於是人邊生愛結深厚男子漏心亦如是男者謂人男能作婬事波羅夷者是罪弊惡深重退墮不如是故名波羅夷不共住者諸比丘尼不與此比丘尼共作法事謂白羯磨白二羯磨白四羯磨說戒自恣作十三比丘尼羯磨是中犯者有八種若比丘尼生漏心聽漏心男子却衣順摩面犯波羅夷若摩咽若胷脅脊腹臍大幽便處髀乃至膝如順摩逆摩牽推案搯亦如是髮際以上腕以前膝以下却衣摩觸偷蘭遮若比丘尼有漏心聽漏心男子却衣從地抱著机上波羅夷從机上著獨坐牀上從獨坐牀上著大床毯大床上著轝上從轝上著車上從車上著馬上從馬上著為上從舄上著堂上皆波羅夷又比丘尼有漏心聽漏心男子却衣從堂上抱著舄上從舄上著馬上從馬上著車上從車上著轝上從轝上著大床毯大牀上著獨坐牀上

從獨坐牀上著机上從机上著地上犯波羅夷若髮際以上腕以前膝以下聽却衣抱舉上下偷蘭遮若比丘尼有漏心聽漏心男子合衣順摩面偷蘭遮若咽若胷脅脊腹臍大小便處髀膝得偷蘭遮如順摩逆摩牽推案搯亦如是合衣摩觸髮際以上腕以前膝以下突吉羅又比丘尼有漏心聽漏心男子合衣抱從地著机上偷蘭遮從机上著獨坐牀上從獨坐牀上著大床毯大牀上著轝上從轝上著車上從車上著馬上從馬上著舄上從舄上著堂上皆偷蘭遮又比丘尼有漏心聽漏心男子合衣抱從堂上著舄上從舄上著馬上從馬上著車上從車上著轝上從轝上著牀上從牀上著獨坐牀上從獨坐牀上著机上從机上著地上皆偷蘭遮若髮際以上腕以前膝以下聽合衣抱舉上下突吉羅不犯者若父想兄弟想兒子想若水漂若火燒若刀矟弓杖若欲墮坑若值惡獸難惡鬼難不犯一切無著心不犯五事竟

佛在王舍城介時助調達比丘尼聽六群比丘捉手捉衣共立共語共期入屏覆處待男子來舉身如白衣女介時有比丘尼少欲知足行頭陀聞是事心不喜種種因緣呵責言云何名比丘尼有漏心聽漏心男子捉手捉衣共立共語共期入屏覆處待男子來舉身如白衣女種種因緣呵已向佛廣說佛以是事集二部僧知而故問助調達比丘尼汝實作是事不荅言實作世尊佛以種種因緣呵責云何名比丘尼有漏心聽漏心男子捉手捉衣共立共語共期入屏覆處待男子來舉身如白衣女種種因緣呵已語諸比丘以十利故與比丘尼結戒從今是戒應如是說若比丘尼有漏心聽漏心男子捉手捉衣共立共語共期入屏覆處待男子來舉身如白衣女以是八事示貪著相是比丘尼犯波羅夷不應共住漏心者於是人邊生愛結深厚男子漏心亦如是男者謂人男能作婬事捉手者從腕前名為手捉衣者捉襯身衣共立者

可說不淨語處共語者可說不淨語處共期者可作惡處入屏覆處者若壁覆障草席覆障衣幔覆障處待男子來者可作惡處舉身如白衣女者若捉若抱不逆男子如白衣女用是八事示貪著相犯波羅夷波羅夷者是罪弊惡深重退墮不如若比丘尼犯是罪不名沙門尼非釋女失比丘尼法不共住者諸比丘尼不共作法事謂白羯磨白二羯磨白四羯磨說戒自恣立十三比丘尼羯磨是中犯者若比丘尼有漏心聽漏心男子捉手偷蘭遮聽捉衣偷蘭遮若共立偷蘭遮若共語偷蘭遮若共期偷蘭遮若入屏覆處偷蘭遮待男子來偷蘭遮身與男子如白衣女偷蘭遮若具作八事犯波羅夷 八事竟

佛在王舍城尒時有二比丘尼是姊妹姊名弥多羅妹名弥帝條弥多羅比丘尼作不淨行犯婬欲弥帝條比丘尼善好不犯婬欲弥多羅比丘尼後時反戒作白衣諸比丘尼徃語弥帝條比丘尼言汝姊反戒作白衣為

好不荅言我亦先知是比丘尼犯如是如是不淨行我但不欲自舉不欲向僧說或有人言云何名比丘尼自汙姊是中有比丘尼少欲知足行頭陁聞是事心不喜種種因緣呵責言云何名比丘尼知他比丘尼麁罪覆藏種種因緣呵已向佛廣說佛以是事集二部僧知而故問弥帝條比丘尼汝實作是事不荅言實作世尊佛以種種因緣呵責云何名比丘尼知比丘尼麁罪覆藏種種因緣呵已語諸比丘以十利故與比丘尼結戒從今是戒應如是說若比丘尼知比丘尼犯麁罪覆藏乃至一夜是比丘尼知彼比丘尼若退若住若滅若去後作是言我亦先知是比丘尼犯如是如是不淨行但不欲自舉不欲向僧說或有人言云何比丘尼自汙姊是比丘尼犯波羅夷不應共住知者若自知若從他聞若罪比丘尼自說麁罪者若波羅夷若僧伽婆尸沙復次一切罪皆名為麁但分別五種罪故二種名麁一夜者從日沒至地未了是名夜彼

比丘尼退者退失比丘尼法住者住白衣法是中滅儐者如法如毗尼如佛教與滅擯羯磨去者入外道去然後作是言我先知是比丘尼犯如是如是不淨行我不欲自舉不欲向僧說或有人言云何姝自汙姊是比丘尼犯波羅夷不應共住波羅夷者是罪弊惡深重退墮不如若比丘尼作是罪非沙門尼非釋女失比丘尼法不共住者諸比丘尼不共作法事謂白羯磨白二羯磨白四羯磨說戒自恣立十三比丘尼羯磨是中犯者若比丘尼見餘比丘尼地了時犯波羅夷罪是比丘尼波羅夷中生波羅夷想竟日覆藏他罪至地了時犯波羅夷若是比丘尼僧與作不見儐不作儐惡邪不除儐狂心亂心痛壞心不犯若僧與是比丘尼若解儐若苦痛止還得本心是時覆藏他罪至地了時犯波羅夷若比丘尼見餘比丘尼地了巳日出時日出巳中前日中日昳晡時日沒時日沒巳初夜初分初夜中分初夜後分中夜初分中夜中分中夜後分後夜初分後夜中分後

夜後分覆藏他罪至地了時犯波羅夷是波羅夷中生波羅夷想覆藏他罪至地了時犯波羅夷若是比丘尼僧與作不見擯不作擯惡邪不除擯狂心亂心病壞心尒時覆藏不犯若僧與是比丘尼解擯若苦痛止還得本心尒時覆藏他罪至地了時犯波羅夷若比丘尼見餘比丘尼地了時犯波羅夷於波羅夷中謂波羅夷謂僧伽婆尸沙謂波逸提謂波羅提提舍尼突吉羅是比丘尼於波羅夷中生僧伽婆尸沙想覆藏他罪至地了時犯波羅夷又比丘尼日日時日出巳中前日中日昳晡時日沒日沒巳初夜初分初夜中分初夜後分中夜初分中夜中分中夜後分後夜初分後夜中分後夜後分見比丘尼犯波羅夷是波羅夷中謂僧伽婆尸沙謂波逸提謂波羅提提舍尼突吉羅於波羅夷中生僧伽婆尸沙想覆藏他罪至地了時犯波羅夷生波逸提想生波羅提提舍尼想突吉羅想亦如是若僧與是比丘尼作不見擯不作擯惡邪不除擯狂心亂心尒時覆藏病壞心不犯

若僧與是比丘尼解擯若苦痛止還得本心覆藏他羅至地了時犯波羅夷若比丘尼見餘比丘尼地了時犯波羅夷罪於波羅夷中生疑為波羅夷為非波羅夷後時斷疑於波羅夷中生波羅夷想覆藏他罪至地了時犯波羅夷又比丘尼日出時日出巳中前日中日昳晡時日沒日沒巳初夜初分初夜中分初夜後分中夜初分中夜中分中夜後分後夜初分後夜中分後夜後分見比丘尼犯波羅夷於波羅夷中生疑為波羅夷非波羅夷後時斷疑於波羅夷中生波羅夷想覆藏他罪至地了時犯波羅夷若僧與是比丘尼作不見擯不作擯惡邪不除擯若是比丘尼狂心亂心病壞心尒時覆藏不犯若僧與是比丘尼解擯若苦痛止還得本心尒時覆藏他罪至地了時犯波羅夷若比丘尼見餘比丘尼地了時犯波羅夷於波羅夷中生疑為波羅夷為僧伽婆尸沙為波羅夷為波逸提為波羅夷為波羅提提舍尼為波羅夷為突吉羅後時斷疑於波羅夷中生波羅夷想覆藏至地了時

犯波羅夷又比丘尼日出時日出巳中前日中日昳晡時日沒日沒巳初夜初分初夜中分初夜後分中夜初分中夜中分中夜後分後夜初分後夜中分後夜後分見比丘尼犯波羅夷罪於波羅夷中生疑為波羅夷為僧伽婆尸沙為波羅夷為波逸提為波羅夷為波羅提提舍尼為波羅夷為突吉羅後時斷疑於波羅夷中生波羅夷想覆藏他罪至地了時犯波羅夷若僧與是比丘尼作不見擯不作擯惡邪不除擯若狂心亂心病壞心尒時覆藏不犯波羅夷若僧與是比丘尼解擯若苦痛止還得本心尒時覆藏他罪至地了時犯波羅夷若比丘尼見餘比丘尼地了時犯波羅夷於波羅夷中生疑為波羅夷為僧伽婆尸沙為波逸提為波羅提提舍尼為突吉羅後時斷疑於波羅夷中生僧伽婆尸沙想覆藏他罪至地了時犯波羅夷又比丘尼日出時日出巳中前日中日昳晡時日沒日沒巳初夜初分初夜中分初夜後分中夜初分中夜中

分中夜後分後夜初分後夜中分後夜後分見餘比丘尼犯波羅夷於波羅夷中生疑為波羅夷為僧伽婆尸沙為波逸提為波羅夷為波羅提提舍尼為波羅夷為突吉羅後時斷疑於波羅夷中生僧伽婆尸沙想覆藏他罪至地了時犯波羅夷若僧與是比丘尼作不見擯不作擯惡邪不除擯若狂心亂心病壞心尒時覆藏不犯若僧與是比丘尼解擯若苦痛止還得本心尒時覆藏他罪至地了時犯波羅夷若比丘尼見他比丘尼地了時犯波羅夷於波羅夷中生疑為波羅夷為僧伽婆尸沙為波逸提為波羅提提舍尼為突吉羅後時斷疑於波羅夷中生波逸提想覆藏他罪至地了時犯波羅夷又比丘尼日出時日出已中前日中日昳晡時日沒日沒已初夜初分初夜中分初夜後分中夜初分中夜中分中夜後分後夜初分後夜中分後夜後分見比丘尼犯波羅夷於波羅夷中生疑為波羅夷為僧伽婆尸沙為波逸提為波羅提提舍尼為突吉羅後時斷疑於波羅夷中生波逸提想覆藏至地了時犯波羅夷若僧與是比丘尼作不見擯不作擯惡邪不除擯若狂心亂心病壞心尒時覆藏不犯波羅夷若僧

與是比丘尼解擯若苦痛止還得本心尒時覆藏他罪至地了時犯波羅夷若比丘尼地了時見他比丘尼犯波羅夷於波羅夷中生疑為波羅夷為僧伽婆尸沙為波逸提為波羅提提舍尼為突吉羅後時斷疑於波羅夷中生波羅提提舍尼想覆藏他罪至地了時犯波羅夷又比丘尼日出時日出已中前日中日昳晡時日沒日沒已初夜初分初夜中分初夜後分中夜初分中夜中分中夜後分後夜初分後夜中分後夜後分見比丘尼犯波羅夷於波羅夷中生疑為波羅夷為僧伽婆尸沙為波逸提為波羅提提舍尼為突吉羅後時斷疑於波羅夷中生波羅提提舍尼想覆藏他罪至地了時犯波羅夷若僧與是比丘尼作不見擯不作擯惡邪不除擯若是比丘尼狂心亂心病壞心尒時覆藏不犯波羅夷若僧與是比丘尼解擯若苦痛止還得本心尒時覆藏他罪至地了時犯波羅夷若比丘尼地了時見他比丘尼犯波羅夷於波羅夷中生

疑為波羅夷為僧伽婆尸沙為波逸提為波羅提提舍尼為突吉羅後時斷疑於波羅夷中生突吉羅想覆藏他罪至地了時犯波羅夷又比丘尼日出時日出已中前日中日昳晡時日沒日沒已初夜初分初夜中分初夜後分中夜初分中夜中分中夜後分後夜初分後夜中分後夜後分見比丘尼犯波羅夷於波羅夷中生疑為波羅夷為僧伽婆尸沙為波逸提為波羅提提舍尼為突吉羅後時斷疑於波羅夷中生突吉羅想覆藏他罪至地了時犯波羅夷若僧與是比丘尼作不見擯不作擯惡邪不除擯若比丘尼狂心亂心病壞心尒時不犯波羅夷若僧與是比丘尼解擯若苦痛止還得本心尒時覆藏他罪至地了時犯波羅夷七事竟

佛在俱舍彌國尒時衆僧一心和合與迦留羅提舍比丘作不見擯是迦留羅提舍比丘有姊妹比丘尼七人一偷羅難陀尼二周那難陀尼三提舍尼四優波提舍尼五提舍域多尼六舍波羅那

十誦律卷第四十二　第十五張　存字號

尼七提舍羅叉多尼是諸比丘尼聞迦留羅提舍僧與作不見擯往問迦留羅提舍言僧實與汝作不見擯耶荅言實作是諸比丘尼言汝莫下意軟語折伏我等當供養汝財物衣鉢戶鉤時藥夜分藥七日藥盡形藥若讀經誦經問疑我等教汝汝何故折伏是中有比丘尼少欲知足行頭陀聞是事呵責言云何名比丘尼知比丘一心和合僧作不見擯一無二无伴無侶不休不息隨順行諸比丘尼如是呵已向佛廣說佛以是事集二部僧知而故問是諸比丘尼汝等實作是事不荅言實作世尊佛以種種因緣呵責云何名比丘尼知比丘一心和合僧如法作不見擯一無二無伴无侶不休不息隨順行種種因緣呵已語諸比丘以十利故與比丘尼結戒從今是戒應如是說若比丘尼知是比丘一心和合僧如法作不見擯一無二無伴无侶不休不息隨順行諸比丘尼應如是諫是比丘尼是比丘一心和合僧作不見擯一無二無伴无侶

十誦律卷第四十二　第十六張　存字號

不休不息汝莫隨順行是比丘尼諸比丘尼如是諫時堅持是事不捨者諸比丘尼應第二第三諫令捨是事第二第三諫時若捨是事善若不捨者是比丘尼犯波羅夷不共住知者若自知若從他聞若彼罪比丘自說如法者如法如毗尼如佛教獨一無二無伴無侶者一切擯比丘尼一無一無伴無侶不休者不下意不折伏不息者不捨惡邪見隨順者有二種與財與法諸比丘尼應語是擯比丘汝應折伏下意向大僧汝若不折伏下意者諸比丘尼僧當作不礼拜不共語不供養羯磨若是比丘折伏下意者善若不折伏悔過者諸比丘尼應當一心和合與是比丘作不礼拜不共語不供養羯磨羯磨法者一心和合比丘尼僧一比丘尼唱言大德尼僧聽某甲比丘一心和合僧作不見擯一無二無伴無侶不休不息若僧時到僧忍聽與某甲比丘作不礼拜不共語不供養羯磨是名白如是白四羯磨僧與某甲比丘作不礼拜不

十誦律卷第四十二　第十七張　存字號

共語不供養羯磨竟僧忍默然故是事如是持比丘尼僧亦應如是語是隨助比丘尼是比丘一心和合僧作不見擯一無二無伴無侶不休不息汝等莫隨順助行是比丘尼諸比丘尼如是諫時堅持是事不捨者諸比丘尼應第二第三諫令捨是事第二第三諫時捨是事善若不捨者是比丘尼犯波羅夷不共住波羅夷者是罪弊惡深重退墮不如若比丘尼犯是事者不名沙門尼非釋女失比丘尼法不共住者謂比丘尼不共作法事謂白羯磨白二羯磨白四羯磨說戒自恣立十三比丘尼羯磨是中犯者若比丘尼僧亦作不礼拜不共語不供養羯磨令時比丘尼教是比丘經若是偈說偈偈突吉羅若是章說章章突吉羅若是別句說句句突吉羅若擯比丘教比丘尼讀誦經若比丘尼受偈說偈偈突吉羅若受章說章章突吉羅若受別句說句句突吉羅若比丘尼與財供養與鉢突吉羅與衣突吉羅與戶鉤時藥夜分藥七日藥盡

形藥皆突吉羅若償比丘與比丘尼財供養若與衣鉢比丘尼受者皆突吉羅若與户鉤時藥夜分藥七日藥盡形藥比丘尼受者皆突吉羅若比丘尼僧作不礼拜不共語不供養羯磨竟尒時比丘尼教比丘讀誦經若是偈說偈偈偷蘭遮若章說章章偷蘭遮若別句說句句偷蘭遮若償比丘教比丘尼讀誦經若是偈說偈偈偷蘭遮若章說章章偷蘭遮若別句說句句偷蘭遮若比丘尼與償比丘財供養若與鉢偷蘭遮若與衣偷蘭遮若與户鉤時藥皆偷蘭遮夜分藥七日藥盡形藥皆偷蘭遮若償比丘與比丘尼財供養若與鉢比丘尼受者偷蘭遮若與衣户鉤時藥夜分藥七日藥盡形藥比丘尼受者皆偷蘭遮諸比丘尼先應軟語教是隨助比丘尼言汝莫佐助儐比莫隨順行若軟語時捨者應教令作衆多突吉羅衆多偷蘭遮悔過出罪若軟語不捨者應與白四羯磨約勑約勑法者一心和合比丘尼僧一比丘尼唱言大德

尼僧聽某甲比丘一心和合僧與作不見償一無二無伴無侶不休不息某甲比丘尼隨助巳軟語約勑不捨若僧時到僧忍聽今僧約勑某甲比丘尼是比丘一心和合僧與作不見償一無二無伴無侶不休不息汝等比丘尼莫隨順行是名白如是白四羯磨僧約勑某甲比丘尼竟僧忍默然故是事如是持如佛先說是諸比丘尼應約勑乃至三教令捨是事者是名約勑是名為教是名約勑教若軟語約勑不捨者未犯初說未竟說竟第二說說未竟說竟第三說說未竟若非法別衆非法和合衆似法別衆似法和合衆若法別衆若異法異律異佛教若約勑不捨者未犯若如法如律如佛教三約勑竟不捨者是比丘尼犯波羅夷（八波羅夷竟）

十七僧殘中第四事

佛在舍衛國尒時有比丘尼名施越年少端正有一估客見巳生漏心作是念諸比丘尼王所守護不得强為不淨事我當請供養所須作是念巳便

到是比丘尼所言汝所須物若飲食衣服卧具湯藥所須我當相給比丘尼言當受汝請是比丘尼後時所須飲食衣服卧具湯藥薪草燈燭皆從索取估客知比丘尼心轉柔軟便語比丘尼言作婬事来比丘尼言莫作是語我是持戒斷婬欲人估客瞋言小婢汝若持戒斷婬欲者何故受我衣食供養即便强捉比丘尼比丘尼高聲大喚即時多人来集問言何故大喚估客言是比丘尼受我衣食不隨我意諸居士語比丘尼汝受他物何故不隨他意比丘尼言我不為婬欲故受彼財物是估客自来請我作是言汝所須衣食湯藥薪草燈燭自恣相給我不知以何心故與我諸居士言是估客為是汝父親里毋親里耶比丘尼言不是諸居士言若非汝父母親又非賢者不求福德何故不知與汝財物與汝財衣時必為婬欲事諸居士呵責云何諸比丘尼自言善好有功德如婬女法取他財物是中有比丘尼少欲知足行頭陀聞是

十誦律卷第四十二　第二十二張　存字

事心不喜向佛廣說佛以是事集二部僧知而故問施越比丘尼汝實作是事不答言實作世尊佛以種種因緣呵責言云何名比丘尼有漏心從漏心男子自手取食種種因緣呵已語諸比丘以十利故與比丘尼結戒從今是戒應如是說若比丘尼有漏心從漏心男子自手取食是法初犯僧伽婆尸沙可悔過漏心者於是人邊愛結深厚男子漏心亦如是男子者謂人男能作婬事食者五佉陀尼五蒲闍尼五似食五佉陀尼者根食莖食葉食華食果食五蒲闍尼者飯麨糒魚肉五似食者糜粟麲麥莠子加師食僧伽婆尸沙者是罪屬僧僧中有殘因僧前悔過得除滅故名僧伽婆尸沙是中犯者若比丘尼有漏心自手從漏心男子手取根食得僧伽婆尸沙若取莖葉華果飯麨糒魚肉糜粟麲麥莠子加師食皆僧伽婆尸沙若有居士因是比丘尼故與比丘尼僧作食偏與所愛比丘尼多食比丘尼受者偷蘭遮 第四事竟

十誦律卷第四十二　第二十二張　存字號

佛在王舍城尒時有比丘尼往語施越比丘尼言若汝無漏心男子有漏心但從自手取食噉若隨意用於汝何所能是中有比丘尼少欲知足行頭陀聞是事心不喜種種因緣呵責言云何名比丘尼語他比丘尼言汝無漏心男子有漏心但從自手取食噉若隨意用於汝何所能種種因緣呵責已向佛廣說佛以是事集二部僧知而故問是比丘尼汝實作是事不答言實作世尊佛以種種因緣呵責是比丘尼言云何名比丘尼勸他比丘尼言汝無漏心從漏心男子自手取食噉若隨意用於汝何所能種種因緣呵已語諸比丘以十利故與比丘尼結戒從今是戒應如是說若比丘尼言若汝無漏心從漏心男子自手取食噉若隨意用於汝何所能是法初犯僧伽婆尸沙可悔過僧伽婆尸沙者是罪屬僧僧中有殘因僧前悔過除滅是名僧伽婆尸沙是中犯者若比丘尼語比丘尼言汝有漏心從漏心男子自手取食噉若隨意用於汝

十誦律卷第四十二　第二十三張　存字

何所能僧伽婆尸沙若比丘尼語比丘尼言若汝無漏心漏心男子與汝食但取噉隨意用於汝何所能僧伽婆尸沙若比丘尼語比丘尼言若汝有漏心漏心男子於汝何所能汝莫從彼自手取食噉莫隨意用偷蘭遮若比丘尼語比丘尼言若汝無漏心男子有漏心於汝何所能但莫自手取食噉莫隨意用偷蘭遮 第五事竟

佛在舍衛國尒時有比丘尼名跋陁是加毗羅婆羅門女跋陁比丘尼有姉死往問訊姉夫因為說法遂至日沒比丘尼作是念我若還精舍恐道中有賊即住居士舍是居士思惟此比丘尼不還去者必欲得反戒我當求令代其姉處作是念已語比丘尼言我舍多有財物珎寶汝姉所有手脚頭面莊嚴具悉在我若更取婦餘人則不能好看我兒兒亦不愛樂汝若欲反戒者作我兒母汝看我兒如兒我兒等看汝如母比丘尼作是念若我違逆是語者或强逼我何不默然即默然坐居士心念謂欲反戒但以

姉新死故黙然中夜復作是語後夜復作是語地了時是比丘尼從悤惱處得脫還至精舍向諸比丘尼廣說是事是中有比丘尼少欲知足行頭陁聞是事心不喜種種因緣呵責言云何名比丘尼一身獨宿種種因緣呵已向佛廣說佛以是事集二部僧知而故問跋陁比丘尼汝實作是事不荅言實作世尊佛以種種因緣呵責言云何名比丘尼一身獨宿種種因緣呵已語諸比丘以十利故與比丘尼結戒從今是戒應如是說若比丘尼一身獨宿乃至一夜是法犯僧伽婆尸沙可悔過夜者從日沒至地未了是中間名夜僧伽婆尸沙者是罪屬僧僧中有殘因僧前悔過除滅是名僧伽婆尸沙是中犯者若比丘尼日沒時一身獨宿至地了時犯僧伽婆尸沙日沒已初夜初分初夜中分初夜後分中夜初分中夜中分中夜後分後夜初分後夜中分後夜後分亦如是又比丘尼地了時一身獨宿乃至明日地了時犯僧伽婆尸沙若共行

比丘尼若反戒若死若入外道若八難中隨有一一難起不犯

佛在舍衛國今時有比丘尼名偷蘭難陁多知多識喜入出諸家是比丘尼早起著衣入一家出一家出一家復入一家晡時來還大疲極僧房中卧自言脚痛蹲痛脅痛背痛語諸比丘尼與我按摩諸比丘尼言善女從何處来荅言入某家出某家出某家復入某家問言汝為佛事僧事耶荅言不為諸比丘尼言若不為佛事僧事去者何以故為作是行得大疲極是中有比丘尼少欲知足行頭陁聞是事心不喜種種因緣呵責言云何名比丘尼晝日一身獨行種種因緣呵已向佛廣說佛以是事集二部僧知而故問偷羅難陁比丘尼汝實作是事不荅言實作世尊佛以種種因緣呵責言云何名比丘尼晝日一身獨行到白衣家種種因緣呵已語諸比丘以十利故與比丘尼結戒從今是戒應如是說若比丘尼若夜若晝一身獨行到白衣家是法初犯僧伽婆尸沙

可悔過晝日者從地了至日未沒是中間名晝日是中犯者若比丘尼一身獨行地了時去至日沒時来犯僧伽婆尸沙日出時日出已中前日中日昳晡時日沒時去日沒已来還皆僧伽婆尸沙若共行比丘尼若反戒若死若入外道若八難中隨有一一難起不犯四竟

佛在舍衛國偷蘭難陁比丘尼喜見男子故晨朝至城門下立看男子出入誰好誰醜見一男子出端正生著心問言汝欲何去荅言詣某聚落偷蘭難陁言我共汝去居士言隨意是比丘尼於道中共居士戲笑語言大喚居士有因緣故入聚落是比丘尼無事於聚落外立待居士居士又入第二聚落比丘尼亦復在外待居士又入第三聚落是比丘尼晡時来還僧房中卧語諸比丘尼言我大疲極脚痛蹲痛膝痛脅痛背痛與我按摩諸比丘尼言汝從何来荅言我從聚落至一聚落来問汝為佛事僧事耶荅言不為諸比丘尼言若不為佛事

僧事去者何故為作是行得大㵃極是中有比丘少欲知足行頭陀聞是事心不喜種種因緣呵責言云何名比丘尼獨一身至餘聚落種種因緣呵已向佛廣說佛以是事集二部僧知而故問偷蘭難陀比丘尼汝實作是事不荅言實作世尊佛以種種因緣呵責言云何名比丘尼獨一身往餘聚落種種因緣呵責已語諸比丘從今是戒應如是說若比丘尼若夜若晝一身獨行往餘聚落初犯僧伽婆尸沙可悔過行者有二種水道行陸道行是中犯者若比丘尼陸道一人獨行往餘聚落僧伽婆尸沙中道還偷蘭遮若無聚落空地乃至一拘盧舍僧伽婆尸沙中道還偷蘭遮水道亦如是若共行比丘尼若反戒若死若入外道若八難中隨有一一難起不犯　第五事竟

佛在舍衛國尒時諸比丘尼遊行憍薩羅國向舍衛國道中至河岸上住言誰能先入水看深淺是中有比丘尼名修目佉勒健多力出婆羅門家

作是言我能先入即便入水渡到彼岸水尋瀑漲不能得還獨彼岸宿夜有賊来剥衣倮飛是中有比丘尼少欲知足行頭陀聞是事心不喜種種因緣呵責云何名比丘尼獨彼岸宿種種因緣呵責已向佛廣說佛以是事集二部僧知而故問修目佉比丘尼汝實作是事不若言實作世尊佛以種種因緣呵責云何名比丘尼獨彼岸宿種種因緣呵已語諸比丘從今是戒應如是說若比丘尼若夜若晝若異聚落若異界若渡河彼岸一身獨宿是法初犯僧伽婆尸沙可悔過河者有二種一者脫衣得渡二者不脫衣得渡有兩岸中有水来去處隨岸中流是名為河是中犯者若比丘尼獨一身脫衣渡河僧伽婆尸沙中道還偷蘭遮若二比丘尼共渡河一渡一還渡者僧伽婆尸沙還者偷蘭遮若比丘尼脫衣渡池水渡者偷蘭遮中道還者突吉羅若二比丘尼共渡池水一渡一還渡者偷蘭遮還者突吉羅若比丘尼褰衣渡河者偷蘭遮中道

還者突吉羅若二比丘尼褰衣渡河一渡一還渡者偷蘭遮還者突吉羅若比丘尼褰衣獨渡池水渡者突吉羅中道還者亦突吉羅若二比丘尼褰衣渡池一渡一還渡者突吉羅還者亦突吉羅若從橋梁舩渡不犯若共渡比丘尼若反戒若死若入外道若八難中隨有一一難起不犯　第六事竟

佛在舍衛國尒時諸比丘近婆祇多城起僧坊是中漸漸多有居士家園遶有烏鳴馬鳴大小男女音聲故妨諸比丘讀經坐禪行道是中有居士名安闍那有威德多饒財寶人民田宅車乘馬瑙種種富貴相貌成就諸比丘數令餘處起僧坊居士即於安闍那林中起僧坊諸比丘捨近城僧坊入安闍那林僧坊中住諸比丘尼遊行憍薩羅國向舍衛國次到婆祇陁城故僧坊中宿見其中床褥卧具瓫器釜鑊種種備具清淨可住諸比丘尼往語比丘言諸大德已捨此僧坊者我等當於中住諸比丘言隨意是僧坊主死後諸兒分財物是僧坊亦

在分中一兒得此僧坊者往語比丘尼言汝等出去諸比丘尼言何故使我等出耶答言我分得此僧坊比丘尼言我不從汝得我從諸比丘得若諸比丘使我出者我當出不隨汝語是中有比丘尼名脩目佉是婆羅門種中出家勤健多力作强語共諍居士兒不忍瞋故便打比丘尼是比丘尼即詣衆官言某甲兒打我衆官問言何故打汝比丘尼即廣說上事衆官言諸沙門釋子不應失是僧坊何以故公與兒奪兒與公奪事不得尒衆官遣人喚是兒來問言汝打比丘尼不答言實打衆官案法律撿挍打出家人應得何罪律言隨所用身分即應截之衆官問言汝以何物打答言手打又問何手答言右手即截右手尒時惡名流布諸沙門釋女言門人截他手一人語二人二人語三人如是展轉滿婆祇多城是中有比丘尼少欲知足行頭陁聞是事心不喜種種因緣呵責云何名比丘尼言人令截他手種種因緣呵已向佛廣說佛

以是事集二部僧知而故問脩目佉比丘尼汝實作是事不答言實作世尊佛以種種因緣呵責言云何名比丘尼言人令截他手種種因緣呵已語諸比丘以十利故與諸比丘尼結戒從今是戒應如是說若比丘尼詣王若官人若婆羅門若居士所恃勢言人者是法初犯僧伽婆尸沙可悔過王者刹利種受王位水澆頂是名為王刹利水澆頂若婆羅門若居士若女人受王職亦名為王水澆頂官人者食官稟田宅婆羅門者婆羅門種中生居士者除王除官人除婆羅門餘不出家人名為居士恃勢言人者依他勢力喜鬪諍相言僧伽婆尸沙者是罪屬僧僧中有殘因僧前悔過除滅是名僧伽婆尸沙是中犯者若比丘尼詣王若衆官婆羅門居士恃勢力言人者僧伽婆尸沙若斷事時在斷事人前瞋恨呵罵本所打人者僧伽婆尸沙若向餘人呵罵本所打人者偸蘭遮若屛處瞋罵不言者不犯 第七事竟

十誦尼律卷第四十二

十誦律卷第四十二

校勘記

一　底本，金藏廣勝寺本。

一　八〇四頁中一行經名，徑、清作「十誦律卷第四十三」；麗作「十誦律卷第四十二第七誦之一」。

一　八〇四頁中二行與三行之間，磧、普、南、徑、清有「第七誦之一」一行。

一　八〇四頁中三行「尼律第一七誦之一八波羅夷法」，資作「第七誦之一尼律不共八波羅夷第五事」；磧、普、南、徑、清作「尼律不共八波羅夷第五事凡（「凡」，磧、普、南作「共」）四事」；麗作「尼律第一不共之戒八波羅夷法」。

一　八〇四頁中六行「二兒」，諸本（不含石，下同）作「士兒」。

一　八〇四頁中九行「是事」，磧、普作「事事」。

一　八〇四頁中一七行首字「度」，諸本作「度」。

一　八〇四頁下一八行第四字「僧」，資、磧、普、南、徑、清無。

一　八〇五頁上八行末字「恣」，諸本作「恣」。

一　八〇五頁上一二行「大幽便」，諸本作「大小便」。同行第一三字「如」，資、磧、普、南、徑、清作「如是」。

一　八〇五頁中二行首字「犯」，諸本作「皆」。

一　八〇五頁中一一行第六字「土」，諸本作「上」。

一　八〇五頁中一六行「牀上」，諸本作「大牀上」。一七行第二至第三字同。

一　八〇五頁中末行夾註「五事竟」，徑、清作「第五事竟」。

一　八〇五頁下一三行第一三字「處」，磧作「漏」。

一　八〇五頁下二二行首字「男」，麗作「男子」。

一　八〇六頁上五行「男子」，諸本作「男子意」。

一　八〇六頁上八行第四字「罪」，諸本作「罪者」。

一　八〇六頁上一七行夾註「六事竟」，徑、清作「第六事竟」。

一　八〇六頁上一九行「彌帝條」，諸本作「彌帝隸」。下同。

一　八〇六頁上末行第一一字「你」，諸本作「作」。

一　八〇六頁中六行第四字「知」，麗作「有知」。同行「麁罪」，諸本作「有麁罪」。

一　八〇六頁中一〇行至次行「麁罪」，諸本作「犯麁罪」。

一　八〇六頁中一八行「云何」，諸本作「云何名」。

一　八〇六頁下二行第四字「是」，諸本無。同行第七字「償」，諸本無。

一　八〇六頁下一一行「二羯磨」，磧作「羯磨磨」。

一　八〇六頁下一五行「他罪」，麗無。

一　八〇六頁下一七行「不犯」，諸本作「彌時覆藏不犯」。同行「若僧與是比丘尼若」，資、磧、普、南、徑、清作「若僧與是比丘尼」；麗作「若」。

一　八〇七頁上五行及頁中一行「僧與是比丘尼」，麗無。

一　八〇七頁上一〇行「突吉羅」，諸本作「謂突吉羅」。一八行末字至次行首同。

一　八〇七頁上一一行第六字「主」，諸本作「生」。

一　八〇七頁上一二行「日日」，諸本作「日出」。

一　八〇七頁上二一行「突吉羅想」，麗作「生突吉羅想」。

一　八〇七頁上末行「尒時覆藏病壞心」，諸本作「病壞心尒時覆藏」。

一　八〇七頁中一行「他羅」，諸本作「他罪」。

一　八〇七頁中一四行「是比丘尼」，麗無。同行「不作」，磧作「不見」。

一　八〇七頁中一六行第九字「福」，諸本作「僧」。

一　八〇七頁中末行「覆藏」，資、磧、普、南、徑、清作「覆藏他罪」。次頁上二一行同。

一　八〇七頁下二行第一〇字「没」，諸本作「没時」。

一　八〇八頁上九行第四字「他」，資、磧、普、南、徑、清作「餘」。

一　八〇八頁上一三行「他罪」，麗無。

一　八〇八頁上二三行第四字「不」，磧、南作「惡」。

一　八〇八頁中二〇行「波羅夷」，資、磧、普、南、徑、清無。

一　八〇八頁下一五行「比丘尼」，諸本作「是比丘尼」。同行「尒時」，諸本作「尒時覆藏」。

一　八〇八頁下一八行夾註「七事竟」，徑、清作「第七事竟」。

一　八〇八頁下二〇行第九字「你」，諸本作「作」。

一　八〇八頁下末行「域多尼尼六舍波羅」，諸本作「域多尼六提舍波羅」。

一　八〇九頁上七行第八字「教」，磧作「故」。

一　八〇九頁上一〇行「一無二」，諸本作「獨一無二」。下同。

一　八〇九頁中七行第一一字「教」，諸本作「教擯」。

一　八〇九頁中八行「比丘尼」，資、磧、普、南、徑、清作「比丘」。同行末二字至次行首字「一無一」，諸本作「獨一無二」。

一　八〇九頁下三行「隨助」，資、磧、普、南、徑、清無。

一　八〇九頁下一一行「非釋女」，諸本作「非釋種女」。

一　八〇九頁下一二行「謂比丘尼」，諸本作「諸比丘尼」。

一　八〇九頁下一三行小字「日二」，諸本作「白二」。

一　八一〇頁中九行第一三字「諸」，磧、普、南、徑、清作「說」。

一八一○頁中一二行「初說」，諸本作「若初說」。
一八一○頁中一五行「若法」，諸本作「若如法」。同行「若異法」，麗作「異法」。
一八一○頁中一六行首字「異」，磧、普、南、徑、清無。
一八一○頁中一九行「十七僧殘中第四事」，磧、普、南、徑、清作「十七僧殘中第四事」，並有夾註「凡十三事」；麗作「十七僧殘中不共戒有十之初」，並有夾註「此初一事即十七中第四」。
一八一○頁下二○行第八字「財」，資、磧、普、南、徑、清無。同行第一一字「必」，資、磧、普、南、徑、清無。
一八一○頁下二一行「呵責云何」，資、磧、普、南、徑、清作「呵責言」；麗作「呵責言云何」。
一八一○頁下末行第一三字「閒」，諸本作「聞」。
一八一一頁上一四行首字「補」，諸本作「精」。
一八一一頁上末行夾註「第四事竟」，麗作「第四戒竟」。
一八一一頁中二二行「有漏心」，資、磧、普、南、徑、清作「無漏心」。
一八一一頁中末行第一二字「用」，資、磧、普、南、徑、清無。
一八一一頁下九行「第五事竟」，至此，徑、清換卷，卷第四十三終，卷第四十四始；並有「十七僧殘中第四事之餘」一行。
一八一一頁下一八行「取婦餘人」，資、磧、普、南、徑、麗作「取餘人作婦」；清作「取人作婦」。
一八一二頁上一三行第一○字「犯」，諸本作「初犯」。
一八一二頁中二行末字「犯」下，磧、普、南、徑、清有夾註「第六事竟」；麗有夾註「第六戒有四事中一事竟」。
一八一二頁中三行「偷蘭」，資、磧、普、南、徑、清作「偷羅」。下同。
一八一二頁中一九行首字「言」，資、磧、南、徑無。
一八一二頁下八行夾註「四竟」，資無；磧、普、南、徑、清作「第七事竟」；麗作「二事竟」。
一八一二頁下一七行「居士」，資、磧、普、南、徑、清作「居士居士」。
一八一三頁上一二行「陸道」，諸本作「陸道」。下同。
一八一三頁上一九行夾註「第五事竟」，磧、普、南、徑、清作「第八事竟」。
一八一三頁中一行「即便」，資作「即使」。
一八一三頁中六行第三字「責」，資、磧、普、南、徑、清無。
一八一三頁中八行第五字「若」，諸本作「答」。
一八一三頁中二○行第九字「者」，資、磧、普、南、徑、清作「去」。
一八一三頁中末行第九字「者」，諸本作「渡者」。

一　八一三頁下一行第二字「者」，資、磧、普、南、徑無。
一　八一三頁下三行第一〇字「水」，資、磧、普、南、徑、清無。
一　八一三頁下五行第四字「池」。諸本作「池水」。
一　八一三頁下八行夾註「第六事竟」，磧、普、南、徑、清作「第九事竟」。
一　八一四頁上一三行第五字「呂」，諸本作「召」。
一　八一四頁上一八行第一四字「門」，諸本無。
一　八一四頁中五行第四字「以」，南作「尼」。
一　八一四頁中九行「澆頂」，資、磧、普、南、徑、清作「澆頭」。下同。
一　八一四頁中末行夾註「第七事竟」，資作「七事竟」；磧、普、南、徑、清作「第十事竟」；麗作「第七戒竟」。
一　八一四頁下一行「十誦尼律卷第四十二」，資、磧、普、南、徑、清無（未換卷）；麗作「十誦律卷第四十二」。

趙城縣廣勝寺

十誦律卷第四十三　存

後秦北印度三藏弗若多羅共羅什譯

尼律第二　七誦之二

佛在舍衛國尒時波斯匿王有千鬪將半刹利種半婆羅門種一部名伊舍羅一部名達多摩郁波斯匿王有小國反叛約勅千鬪將令往伐之即往伐破還白王言我等得勝願王常勝王聞心歡喜悅汝欲何願我當與汝鬪將白言我婦有罪不隨我意聽六日與死飲至七日以牛舌刀破裂其身王言與汝此願尒時一刹利將婦不隨意欲六日與死飲至七日以牛舌刀裂破其身是婦多有親里力勢來遮不聽與死飲諸鬪將法一人有事餘者盡助刹利衆集已强與死飲待至七日以牛舌刀破裂其身作兩分時有比丘尼名斯郁是摩郁居士女常是家出入早起著衣入是家見諸刹利婦澡浴莊嚴身著好衣服瓔珞是刹利婦獨著垢衣不莊嚴身愁憂而坐比丘尼問言餘婦皆著莊

嚴好衣汝何故獨著垢衣又不莊嚴愁憂而坐荅言汝不聞耶問言何等荅言我不隨夫意令受六日死飲至七日當以牛舌刀裂破我身作兩分汝能將我去不我去誰當覺者荅言能比丘尼即袈裟覆此婦將走詣尼僧坊中與出家後日諸刹利衆集以牛舌刀欲煞衆人言喚此婦來即入舍覓不見求覓不得刹利衆言誰常出入是家荅言有斯郁比丘尼常出入我家或能將去刹利衆即往圍遶王園比丘尼僧坊刹利婦出家未久諸比丘尼欲遮刹利衆是衆中有年少刹利不知罪福作是言一切比丘尼皆應以牛舌刀破裂作兩分中有長老刹利言比丘尼是王所守護我等不宜横作惡事或能不可汝等小待我先白王王有所勅當隨王教諸比丘尼即詣末利夫人廣說上事夫人即向王說王先知故於殿上坐諸刹利往詣王所拜言大王常勝王言我先與汝願汝今當與我願刹利衆言隨大王所願當與王言是刹利婦今已

出家便是更生非刹利婦刹利衆言令隨王意當放去王即遣使語比丘尼諸善女是事不是汝等過賊女應死知王不聽刹利不聽知是女人不應與出家諸刹利若破汝等作兩分者我當云何佛聞是事必當與汝等結戒若比丘尼知是賊女決斷隨死衆人皆知王及刹利不聽不得度作弟子是中有比丘尼少欲知足行頭陁聞是事心不喜向佛廣説佛以是事集二部僧知而故問斯那比丘尼汝實作是事不荅言實作世尊佛以種種因緣呵責言云何名比丘尼知賊女決斷隨死度作弟子種種因緣呵已語諸比丘以十利故與比丘尼結戒從今是戒應如是説若比丘尼知賊女決斷隨死衆人皆知王及刹利衆不聽度作弟子是法初犯僧伽婆尸沙可悔過知者若自知若從他聞若賊女自説賊者有二種一者偷奪財物二者偷身隨死者作罪應死衆人知者多人所知見聞不聽者王不聽活刹利衆不聽者二部不聽活

僧伽婆尸沙者是罪屬僧僧中有殘因僧前悔過除滅是名僧伽婆尸沙是中犯者若和上尼知阿闍梨尼知比丘尼僧知和上尼犯僧伽婆尸沙阿闍梨尼知偷蘭遮僧犯突吉羅若和上尼知阿闍梨尼知僧不知和上尼犯僧伽婆尸沙阿闍梨尼偷蘭遮僧不犯和上尼知阿闍梨尼不知僧不知和上尼犯僧伽婆尸沙阿闍梨尼及僧不犯若都不知都不犯 第八竟

佛在俱舍彌國尒時長老車匿母作比丘尼名憂婆和妹作比丘尼名闡提闡提為人惡性作不善行常惱諸比丘尼諸比丘尼欲為闡提作儐羯磨是憂婆和是衆僧斷事人於僧中遮不得作羯磨有時憂婆和餘行不在諸比丘尼言我等今與闡提比丘尼作儐羯磨有比丘尼言憂婆和或能中閒遮更有比丘尼言憂婆和已餘處去多知識卒未得還諸比丘尼即打揵椎集尼僧與闡提作儐羯磨明日衆人聞闡提比丘尼被儐憂婆和比丘尼還到其妹所共相問訊闡

提言莫共我語問言何故荅言諸比丘尼羯磨儐我憂婆和念言是事不是我作僧斷事人不在便强作儐令我不能問諸比丘尼不取欲出界外當與解儐時憂婆和不問諸比丘尼不取欲即出界外為闡提解儐是中有比丘尼少欲知足行頭陁聞是事心不喜種種因緣呵責云何名比丘尼知尼僧如法和合作羯磨儐比丘尼不問比丘尼僧不取諸比丘尼欲出界外與他解儐種種因緣呵已向佛廣説佛以是事集二部僧知而故問憂婆和比丘尼汝實作是事不荅言實作世尊佛以種種因緣呵責云何名比丘尼知比丘尼僧如法作儐不問比丘尼僧亦不取欲出界外與比丘尼解儐種種因緣呵已語諸比丘以十利故與比丘尼結戒從今是戒應如是説若比丘尼知比丘尼一心和合僧作不見儐不問比丘尼僧亦不取欲出界外與他解儐是法初犯僧伽婆尸沙可悔過知者若自知若從他聞若彼自説如法者如法如

比丘尼如佛教儐不問比丘尼僧者不以是事白比丘尼僧不取欲者乃至不取四人欲出界外者衆僧離外壁外塹障外解儐者若自解若使他令解僧伽婆尸沙者是罪属僧僧中有殘因僧前悔過除滅是名僧伽婆尸沙是中犯者若和上尼知作羯磨人知僧知和上尼犯僧伽婆尸沙羯磨人犯偷蘭遮僧犯突吉羅若和上尼知羯磨人知僧不知和上尼犯僧伽婆尸沙羯磨人偷蘭遮僧不犯若和上尼知羯磨人不知僧不知和上尼犯僧伽婆尸沙羯磨人及僧不犯若一切不知不犯第九事竟

十七事第十四

佛在舍衛國爾時有比丘尼名曰迦羅本是外道喜鬪諍相言是比丘尼共餘比丘尼鬪諍時作是言我捨佛捨法捨僧捨戒非但沙門釋子知道更有餘沙門婆羅門有慚愧善好樂持戒我當從彼修梵行是中有比丘尼少欲知足行頭陀聞是事心不喜種種因緣呵責言云何名比丘尼鬪諍

時作是言我捨佛捨法捨僧捨戒非但沙門釋子知道更有餘沙門婆羅門有慚愧善好樂持戒我當從彼修梵行種種因緣呵已向佛廣說佛以是事集二部僧知而故問迦羅比丘尼汝實作是事不荅言實作世尊佛以種種因緣呵責言云何名比丘尼共鬪諍時作是言我捨佛捨法捨僧捨戒不但沙門釋子知道更有餘沙門婆羅門有慚愧善好樂持戒我當從彼修梵行種種因緣呵已語諸比丘以十利故與比丘尼結戒從今是戒應如是說若比丘尼共比丘尼鬪諍時作是言我捨佛捨法捨僧捨戒非但沙門釋子知道更有餘沙門婆羅門有慚愧善好樂持戒者我當從彼修梵行諸比丘尼應諫是比丘尼言汝莫共諸比丘尼鬪諍時作是言我捨佛捨法捨僧捨戒非但沙門釋子知道更有餘沙門婆羅門有慚愧善好樂持戒者我當從彼修梵行汝應佛法中樂修梵行當捨離自不樂心是比丘尼諸比丘尼如是諫時堅

持是事不捨者諸比丘尼應第二第三諫令捨是事若是比丘尼第二第三諫時捨者善若不捨者是法乃至三諫僧伽婆尸沙可悔過僧伽婆尸沙者是罪属僧僧中有殘因僧前悔過除滅是名僧伽婆尸沙是中犯者若比丘尼言我捨佛偷蘭遮言捨法偷蘭遮若言捨僧偷蘭遮若言捨戒皆偷蘭遮若言非但沙門釋子知道更有餘沙門婆羅門有慚愧善好樂持戒我當從彼修梵行呵衆僧故得波逸提諸比丘尼先應軟語約勑令時捨者應教四偷蘭遮一波逸提悔過出罪若軟語不捨者應白四羯磨約勑約勑法者僧一心和合一比丘尼應唱言大德尼僧聽是迦羅比丘尼先是外道今共諸比丘尼鬪諍時作如是言我捨佛捨法捨僧捨戒非但沙門釋子知道更有餘沙門婆羅門有慚愧善好樂持戒我當從彼修梵行已軟語約勑不捨惡邪若僧時到僧忍聽今僧約勑迦羅比丘尼汝莫共諸比丘尼鬪諍時作是言我捨佛

捨法捨僧捨戒非但沙門釋子知道更有餘沙門婆羅門有慚愧善好樂持戒我當從彼修梵行是名白如是白四羯磨僧約勅某甲比丘尼竟僧忍默然故是事如是持如佛先說是比丘尼諸比丘尼應約勅乃至三諫令捨是事者是名為約勅是名為教是名約勅教若軟語約勅不捨者未犯初說說未竟說竟第二說說未竟說竟第三說說未竟非法別衆非法和合衆似法別衆似法和合衆如法別衆異法異律異佛教若約勅不捨者未犯若如法如律如佛教三約勅不捨者是比丘尼犯僧伽婆尸沙

第十四事竟

佛在舍衛國尒時迦羅比丘尼喜鬪諍相言時作是言諸比丘尼僧隨愛行隨瞋行隨怖行隨癡行是中有比丘尼少欲知足行頭陀聞是事心不喜種種因緣呵責言云何名比丘尼共鬪諍時作是言諸比丘尼僧隨愛行隨瞋行隨怖行隨癡行種種因緣呵已向佛廣說佛以是事集二部僧知而故

問迦羅比丘尼言汝實作是事不荅言實作世尊佛以種種因緣呵責言云何名比丘尼共鬪諍時作是言諸比丘尼僧隨愛行隨瞋行隨怖行隨癡行種種因緣呵責已語諸比丘以十利故與諸比丘尼結戒從今是戒應如是說若比丘尼共比丘尼鬪諍時作是言比丘尼僧隨愛行隨瞋行隨怖行隨癡行是比丘尼諸比丘尼應如是諫汝莫共諸比丘尼鬪諍時作是言比丘尼僧隨愛行隨瞋行隨怖行隨癡行何以故比丘尼僧不隨愛行不隨瞋行不隨怖行不隨癡行汝比丘尼捨是隨愛語隨瞋語隨怖語隨癡語是比丘尼諸比丘尼如是諫時堅持是事不捨者諸比丘尼應第二第三諫令捨是事若第二第三諫時捨是事者善若不捨者是比丘尼至三諫僧伽婆尸沙可悔過僧伽婆尸沙者是罪屬僧僧中有殘因僧前悔過除滅是名僧伽婆尸沙是中犯者若比丘尼作是言比丘尼僧隨愛行偷蘭遮隨瞋行偷蘭遮隨怖行偷蘭

遮隨癡行偷蘭遮諸比丘尼先應軟語約勅尒時捨者應教作四偷蘭遮悔過出罪若軟語不捨者應白四羯磨約勅約勅法者一心和合僧一比丘尼應僧中唱言大德尼僧聽迦羅比丘尼先是外道今共諸比丘尼鬪諍時作是言諸比丘尼僧隨愛行隨瞋行隨怖行隨癡行已軟語約勅不捨若僧時到僧忍聽今僧約勅迦羅比丘尼汝莫共諸比丘尼鬪諍時作是言諸比丘尼僧隨愛行隨瞋行隨怖行隨癡行是名白如是白四羯磨僧約勅迦羅比丘尼竟僧忍默然故是事如是持如佛先說是比丘尼諸比丘尼應約勅乃至三諫令捨是事者是名為約勅是名為教是名為約勅教若軟語約勅不捨者未犯初說說未竟說竟第二說說未竟說竟第三說說未竟非法別衆非法和合衆似法別衆似法和合衆如法別衆異法異律異佛教若約勅不捨者未犯若如法如比尼如佛教三約勅不捨者是比丘尼犯僧伽婆尸沙　十五事竟

十誦律卷第四十三　第十六張　存字号

佛在舍衛國尒時有二比丘尼一名違摩二名曇弥同心共作惡業有惡名聲常惱比丘尼僧乎相覆罪是中有比丘尼少欲知足行頭陁聞是事心不喜種種因緣呵責言云何名比丘尼同心共作惡業有惡名聲常惱比丘尼僧乎相覆罪種種因緣呵已向佛廣說佛以是事集二部僧知而故問違摩曇弥比丘尼汝實作是事不荅言實作世尊佛以種種因緣呵責云何名比丘尼同心共作惡業有惡名聲常惱比丘尼僧乎相覆罪種種因緣呵已語諸比丘以十利故與比丘尼結戒從今是戒應如是說若二比丘尼同心共作惡業有惡名聲常惱比丘尼僧乎相覆罪是二比丘尼諸比丘尼應如是諫汝等莫共同心共作惡業有惡名聲常惱比丘尼僧乎相覆罪汝等各遠離行若汝等遠離行者佛法得增長汝等捨是隨順惡行諸比丘尼如是諫時是二比丘尼堅持是事不捨者諸比丘尼應第二第三諫令捨是事第二第三

十誦律卷第四十六　第十三張　存字号

諫時捨者善若不捨者是法乃至二諫僧伽婆尸沙可悔過二比丘尼作惡業者作惡邪事身口惡業有惡名聲者四方聞知惱比丘尼僧者乃至惱四比丘尼乎相覆罪者共作不淨事各相覆藏不令人知僧伽婆尸沙者是罪屬僧僧中有殘因僧前悔過除滅是名僧伽婆尸沙是中犯者若二比丘尼同心共作不善因緣偷蘭遮有惡名聲偷蘭遮惱比丘尼僧偷蘭遮乎相覆罪偷蘭遮諸比丘尼先應軟語教捨是事若捨者應教作四偷蘭遮悔過出罪若軟語不捨者應白四羯磨約勅羯磨法者一心和合僧一比丘尼僧中唱言大德尼僧聽是二比丘尼違摩曇弥同心作惡業有惡名聲常惱衆僧乎相覆罪已軟語教化不捨若僧時到僧忍聽今僧約勅是二比丘尼汝等莫同心作惡業有惡名聲常惱比丘尼僧乎相覆罪是名白如是白四羯磨僧約勅竟僧忍默然故是事如是持如佛先說是比丘尼諸比丘尼應約勅乃

十誦律卷第四十三　第十四張　存字号

至三諫令捨是事者是名爲約勅是名爲教是名約勅教若軟語約勅不捨者未犯初說說未竟說竟第二說說未竟說竟第三說說未竟非法別衆非法和合衆似法別衆似法和合衆如法別衆異法異律異佛教若約勅不捨者未犯若如法如毗尼如佛教三約勅不捨者是比丘尼僧伽婆尸沙第十六事竟

佛在王舍城尒時助調達諸比丘尼往語違摩曇弥二比丘尼作是言汝等莫別離行當同心行若汝等別離行者不得增長同心行者便得增長比丘尼僧衆中亦有如汝等者僧以瞋故教汝別離行是中有比丘尼少欲知足行頭陁聞是事心不喜種種因緣呵責言云何名比丘尼往語違摩曇弥比丘尼言汝等莫別離行當同心行若別離行者不得增長同心行者便得增長比丘尼僧中亦有如汝等者僧以瞋故教汝別離行種種因緣呵已向佛廣說佛以是事集二部僧知而故問助調達比丘尼汝實

作是事不答言實作世尊佛以種種因緣呵責言云何名比丘尼佐語違摩曇弥比丘尼言汝等莫別離行當同心行若別離行者不得增長同心行者便得增長比丘尼僧中亦有如汝等者僧以瞋故教汝別離行種種因緣呵責已語諸比丘以十利故與比丘尼結戒從今是戒應如是說若比丘尼教二比丘尼言汝等莫別離行當同心行別離行者不得增長同心行者便得增長比丘尼僧中亦有如汝等者僧以瞋故教汝別離行諸比丘尼應如是諫是比丘尼汝莫教是二比丘尼作是言汝等莫別離行當同心行別離行者不得增長同心行者便得增長比丘尼僧中亦有如汝等者僧以瞋故教汝別離行汝當捨是勸邪行事諸比丘尼如是諫時是比丘尼堅持是事不捨者諸比丘尼應第二第三諫令捨是事第二第三諫時捨者善若不捨者是法至三諫僧伽婆尸沙可悔過僧伽婆尸沙者是罪属僧僧中有殘因僧前悔過除滅是名僧伽婆尸沙是中犯者若比丘尼勸二比丘尼言汝等莫別離行偷蘭遮當同心行偷蘭遮若言別離行者不得增長偷蘭遮同心行者便得增長偷蘭遮若言比丘尼僧中亦有如汝等者僧瞋故教汝別離行呵責比丘尼僧故波逸提諸比丘尼先應軟語教捨者應教作四偷蘭遮一波逸提悔過出罪若軟語不捨者應白四羯磨約勑羯磨法者一心和合僧一比丘尼僧中唱言大德尼僧聽是某甲比丘尼教某甲二比丘尼作是言汝等莫別離行當同心行別離行者不得增長同心行者便得增長比丘尼僧中亦有如汝等者但僧瞋故教汝別離行已軟語約勑不捨若僧時到僧忍聽今僧約勑某甲比丘尼汝莫教某甲二比丘尼作是言汝莫別離行當同心行別離行者不得增長同心行者便得增長僧中亦有如汝等者僧以瞋故教汝等別離汝當捨是勸邪行事是名白如是白四羯磨僧與某甲比丘尼約勑竟僧忍默然故是事如是持如佛先說是比丘尼諸比丘尼乃至三諫令捨是事者是名為約勑是名為教是名約勑教若軟語約勑不捨者未犯初說說未竟說竟第二說說未竟說竟第三說說未竟非法別衆非法和合衆似法別衆似法和合衆如法別衆異法異律異佛教若約勑不捨者未犯若如法如律如佛教三約勑不捨者是比丘尼犯僧伽婆尸沙（同不同十七事竟）

尼三十捨墮法第三（此十九同故不出 餘不同者出之）

佛在王舍城尒時有助調達比丘尼多畜鉢破壞不用是中有比丘尼少欲知足行頭陁聞是事心不喜種種因緣呵責言云何名比丘尼多畜鉢破壞不用種種因緣呵已向佛廣說佛以是事集二部僧知而故問助調達比丘尼汝實作是事不答言實作世尊佛以種種因緣呵責言云何名比丘尼多畜鉢破壞不用種種因緣呵責已語諸比丘以十利故與比丘尼結戒從今是戒應如是說若比丘尼畜長鉢乃至一夜過是畜者尼薩耆

波逸提一夜者從日沒至地未了是中間名一夜鉢者有三種上中下上鉢者受三鉢他飯一鉢他羹餘可食物半羹是名為上鉢下鉢者受一鉢他飯半鉢他羹餘可食物半羹是名下鉢上下中間是名中鉢若過上減下不名鉢尼薩耆波逸提者是鉢應捨波逸提罪應悔過是中犯者若比丘尼畜長鉢過一夜者尼薩耆波逸提 十九事竟

十誦律卷第四十三 第十八張 存字號

佛在舍衛國尒時有善比丘尼是舊助調達比丘尼是客是住處得布施衣安居僧應分舊比丘尼言是夏末後月是住處受迦絺那衣此是時衣安居僧應分助調達比丘尼言汝等不善知難夏末月受迦絺那衣此是非時衣現前僧應分尒時助調達比丘尼時衣作非時衣分是中有比丘尼少欲知足行頭陀聞是事心不喜種種因緣呵責言云何名比丘尼時衣作非時衣分種種因緣呵已向佛廣說佛以是事集二部僧知而故問助調達比丘尼汝實作是事不荅言實作世尊佛以種種因緣呵責言云何名比丘尼時衣作非時衣分種種因緣呵已語諸比丘以十利故與比丘尼結戒從今是戒應如是說若比丘尼時衣作非時衣分尼薩耆波逸提尼薩耆波逸提者是衣應捨波逸提罪應悔過是中犯者若比丘尼時衣作非時衣分者隨分時隨得尒所尼薩耆波逸提 二十事竟

十誦律卷第四十三 第十九張 存字號

佛在王舍城尒時助調達比丘尼是舊有善比丘尼是客是中僧得布施衣現前僧應分客比丘尼言此非夏末月是住處不受迦絺那衣是衣應現前僧分助調達比丘尼言雖非夏末月不受迦絺那衣然此是時衣此安居僧應分尒時助調達比丘尼非時衣作時衣分是中有比丘尼少欲知足行頭陀聞是事心不喜種種因緣呵責言云何名比丘尼非時衣作時衣分種種因緣呵責已向佛廣說佛以是事集二部僧知而故問助調達比丘尼汝實作是事不荅言實作世尊佛以種種因緣呵責云何名比丘尼非時衣作時衣分種種因緣呵已語諸比丘以十利故與比丘尼結戒從今是戒應如是說若比丘尼非時衣作時衣分尼薩耆波逸提尼薩耆波逸提者是衣應捨波逸提罪應悔過是中犯者若比丘尼非時衣作時衣分尼薩耆波逸提隨分時隨得尒所尼薩耆波逸提 二十一事竟

十誦律卷第四十三 第二十張 存字號

佛在舍衛國尒時偷蘭難陀比丘尼有弟子名施越沙善好有功德偷蘭難陀與是弟子一割截衣著詣祇洹是比丘尼與跋難陀知舊相識跋難陀見是比丘尼来於是衣中心生貪著是比丘尼頭面礼足一面坐跋難陀言善女汝衣好可愛比丘尼言實好跋難陀言可以施我比丘尼言我不得與跋難陀言我當以衣與汝貿比丘尼言不能跋難陀是大法師辯才能善說法即為說種種微妙法令比丘尼生歡喜心持割截衣與跋難陀跋難陀即與一可可衣比丘尼著是衣入比丘尼精舍和上尼問言汝衣所在荅言與他貿易為與誰貿荅言

與跋難陀和上尼言跋難陀欺誑誘汝弟子言若誑若誘已與貿竟和上尼言是衣價大汝今所著者價直甚少弟子言大價小價我以貿竟和上尼言可還取来若不得者終身驅汝出是弟子畏盡形驅出故即往索衣言本衣還我我還汝本衣跋難陀言我已貿竟不還汝衣施越沙言汝誑我誘我荅言若誑若誘我已貿竟終不相還施越沙言若不還我割截衣者和上尼盡形驅我荅言若驅以不驅我已貿竟是中有比丘尼少欲知足行頭陀聞是事心不喜呵責施越沙言云何名比丘尼與比丘貿衣還悔言我還汝衣汝還我衣種種因緣呵已向佛廣說佛以是事集二部僧知而故問施越沙比丘尼汝實作是事不荅言實作世尊佛以種種因緣呵責言云何名比丘尼與比丘貿衣還悔言我還汝衣汝還我衣種種因緣呵已語諸比丘以十利故與比丘尼結戒從今是戒應如是說若比丘尼與比丘貿衣後到比丘所作是言我還汝衣汝

還我衣尼薩耆波逸提尼薩耆波逸提者是衣應捨波逸提罪應悔過是中犯者若比丘尼與比丘貿衣後到比丘所作是言我還汝衣汝還我衣尼薩耆波逸提若比丘尼後到比丘所言汝衣還屬汝我衣雖非我許但與我来突吉羅　二十二事竟

佛在舍衛國尒時衆多居士居士婦為偷蘭難陀比丘尼故各各辦衣價作是言我等以是衣價買如是如是衣與偷蘭難陀偷蘭難陀聞已問諸居士實尒不荅言實尒問言是衣何似荅言如是如是比丘尼言善好我等比丘尼貧窮汝等不能常有施心若不能得各各辦者可共作如是如是一衣與我諸居士言尒諸居士先所辦衣價更出再三倍價買衣與比丘尼竟瞋呵責言諸比丘尼不知時不知量若施者不知量受者應知量我等先所辦物更再三倍出我等不是不利供養是難滿難養無猒足人是中有比丘尼少欲知足行頭陀聞是事心不喜向佛廣說佛以是事集二部

僧知而故問偷蘭難陀比丘尼汝實作是事不荅言實作世尊佛以種種因緣呵責云何名比丘尼衆多非親里居士居士婦作同意種種因緣呵已語諸比丘以十利故與比丘尼結戒從今是戒應如是說若為比丘尼故衆多非親里居士居士婦各各辦衣價作是言我等持是衣價各各買如是如是衣與某甲比丘尼是比丘尼先不請後到衆多居士居士婦所作是言汝等以是衣價共買如是如是一衣與我為好故是比丘尼得衣者尼薩耆波夜提為比丘尼者為偷蘭難陀非親里親里者父母兄弟乃至七世因緣除是名非親里居士居士婦者白衣男名居士白衣女名居士婦衣者白麻衣赤麻衣芻麻衣翅夷羅衣欽婆羅衣劫貝衣憍施耶衣衣價者金銀車渠馬瑙乃至米穀如是如是衣者如是價如是色如是量與某甲比丘尼者與偷蘭難陀先不請者衆多居士居士婦先不言汝有所須来至我家取同心者信是居

士隨我所索不瞋故衆多居士共買
如是如是一衣與我為好者難滿難
養無猒足。故若得是衣尼薩耆波夜
提尼薩耆波夜提者是衣應捨波夜
提罪應悔過是中犯者有三種價色
量價者若比丘尼到衆多居士所言
汝等共買一錢直衣與我若得衣者
三種犯尼薩耆波夜提三種者若言
與我一錢直衣若言衆共合若言合
買一衣若不得突吉羅若言二錢三
錢乃至百錢直得衣者三種犯尼薩
耆波夜提三種者若言百錢直若言
衆共合若言共買一衣不得者突吉
羅是名價色者若比丘尼語居士言
與我青衣得者三種犯尼薩耆波夜
提三種者若言青若言衆共合若共
買一衣不得者突吉羅黃赤白黑赤
麻白麻茧麻翅夷羅憍施耶衣欽婆
羅劫貝衣得衣者三種犯尼薩耆波
夜提三種者若言劫貝若言衆共合
若言共買一衣不得者突吉羅是名
色量者若比丘尼言與我四肘衣得
衣者三種犯尼薩耆波夜提三種者

若言與我四肘衣若言衆共合若言
共買一衣不得者突吉羅若言五肘
六肘乃至十八肘衣得衣者三種犯
尼薩耆波夜提三種者若言十八肘
若言衆共合若言共買一衣不得者
突吉羅若比丘尼乞異衣得異衣若
乞青衣得黃突吉羅若乞青得赤白
黑白麻赤麻茧麻衣翅夷羅衣憍施
耶衣欽婆羅衣劫貝衣皆突吉羅如
是等索異得異者突吉羅若從親里
索若自恣請若不索自與不犯 二十三事竟
佛在王舍城尒時助調達比丘尼自
為身故乞金銀諸居士問言汝出家
人用金銀為汝比丘尼法政應乞羹
飯燈燭薪草諸比丘尼言汝等居士
無所知若乞飲食燈燭薪草者乞名
雖多所得利少若乞金銀者乞名少
所得利多諸居士瞋呵責言諸比丘
尼自言善好有功德自為乞金銀如
王夫人大臣婦是中有比丘尼少欲
知足行頭陁聞是事心不喜種種因
緣呵責言云何名比丘尼從居士自
為乞金銀種種因緣呵已向佛廣說

佛以是事集二部僧知而故問助調
達比丘尼言汝實作是事不荅言實
作世尊佛以種種因緣呵責言云何
名比丘尼自為身乞金銀種種因緣
呵已語諸比丘以十利故與比丘尼
結戒從今是戒應如是說若比丘尼
自為身乞金銀者尼薩耆波夜提尼
薩耆波夜提者是金銀應捨波夜提
罪應悔過是中犯者若比丘尼自為
乞金銀得尼薩耆波夜提隨乞隨得
尒所尼薩耆波夜提若為佛圖乞若
為僧乞若不乞自與不犯 二十四事竟
佛在舍衛國尒時有比丘尼名施越
多知多識能多得酥油蜜石蜜有一
估客見是比丘尼即請言若汝所須
酥油蜜石蜜者到我舍取比丘尼即
受請有一時施越比丘尼到估客舍
作是言我須酥即與酥便言我不須酥
當與我油復與油又言我須蜜復與
蜜又言我須石蜜復與石蜜又言我
不用石蜜還與我酥估客言善女汝
欲貿我何等過適與是便言不須更與
餘者又言不須汝謂我獨施汝耶多

人待我以汝故妨尒所人諸居士聞是事呵責言諸比丘尼自言善好有功德乞是適與便索須如王夫人大臣婦是中有比丘尼少欲知足行頭陀聞是事心不喜種種因緣呵責言云何名比丘尼乞是適與便言我不須更索餘物種種因緣呵已向佛廣說佛以是事集二部僧知而故問施越比丘尼汝實作是事不荅言實作世尊佛以種種因緣呵責言云何名比丘尼乞是與是便言不須更索餘物種種因緣呵已語諸比丘以十利故與比丘尼結戒從今是戒應如是說若比丘尼乞是已更索餘者尼薩耆波夜提尼薩耆波夜提者是物應捨波夜提罪應悔過是中犯者若比丘尼乞酥適與酥便言不須酥我須油蜜石蜜尼薩耆波夜提若乞油與油便言我不須油與我蜜石蜜酥尼薩耆波夜提若比丘尼乞蜜與蜜便言我不須蜜與我石蜜酥油尼薩耆波夜提若比丘尼乞石蜜與石蜜便言我不須石蜜與我酥油蜜尼薩耆波夜

提所乞者未受更取餘者尼薩耆波夜提　二十五事竟

佛在舍衛國尒時諸比丘尼乞財物欲作尼僧坊諸居士問言汝用作何等荅言作比丘尼僧坊有信婆羅門居士多與財物是比丘尼得財物已值世飢儉比丘尼作是思惟今時儉世宜自活命若我活者後當作比丘尼僧坊即於儉世食是物盡飢儉世過豐樂時至諸比丘尼復行乞物欲作僧坊諸居士問言用作何等荅言作比丘尼僧坊諸居士言我等先所施物今何所在荅言我先乞財物已值世飢儉我等作是思惟如今飢儉宜自活命我若活者後當作僧坊我等飢儉時食此物盡諸居士呵責言諸比丘尼自言善好有功德為異事乞作異事用如王夫人大臣婦是中有比丘尼少欲知足行頭陀聞是事心不喜種種因緣呵責云何名比丘尼異乞異用種種因緣呵已向佛廣說佛以是事集二部僧知而故問是比丘尼汝實作是事不荅言實作世

尊佛以種種因緣呵責言云何名比丘尼異乞異用種種因緣呵已語諸比丘以十利故與比丘尼結戒從今是戒應如是說若比丘尼為僧事乞作餘事用尼薩耆波夜提尼薩耆波夜提者是物應捨波夜提罪應悔過是中犯者若比丘尼為僧事隨乞作餘事用隨得尒所尼薩耆波夜提　二十六事竟

佛在舍衛國尒時諸比丘尼行乞財物欲自作房諸居士問言用作何等荅言欲自作房有婆羅門居士信者多與財物諸比丘尼得財物已值世飢儉作是思惟今世飢儉宜自活命若我活者後當作房即於儉世食是物盡飢儉世過豐樂時至諸比丘尼復行欲乞自作房諸居士問言欲作何等荅言欲自作房舍居士言我先所與財物今何所在荅言我等先得財物於飢儉世作是思惟如今儉世宜自活命若我等活者後當起房舍我等於飢儉時食此物盡諸居士呵責言諸比丘尼自言善好有功德自為是事乞作餘事用如王夫人大臣

婦是中有比丘尼少欲知足行頭陀聞是事心不喜種種因緣呵責言云何名比丘尼與乞異用如王夫人大臣婦種種因緣呵已向佛廣說佛以是事集二部僧知而故問是比丘尼汝實作是事不荅言實作世尊佛以種種因緣呵責言云何名比丘尼與乞異用種種因緣呵已語諸比丘以十利故與比丘尼結戒從今是戒應如是說若比丘尼自為是事乞作餘事用尼薩耆波夜提尼薩耆波夜提者是物應捨波夜提罪應悔過是中犯者若比丘尼自為是事乞作餘事用尼薩耆波夜提隨用時隨得尼薩耆波夜提　二十七事竟

十誦尼律卷第四十三

十誦律卷第四十三

校勘記

一　底本，金藏廣勝寺本。

一　八一九頁中一行經名，資、磧、普、南、徑、清無(未換卷)；麗在經名下有「第七誦之二」。

一　八一九頁中二行譯者，資、磧、普、南、徑、清無(未換卷)。

一　八一九頁中三行「尼律第二　七誦之二」，資作「第七誦之二　尼律不共三十事中第八」；磧、普、南、徑、清無；麗作「尼律第二　十七僧殘中不共戒有十之餘」。

一　八一九頁中一三行「不隨意」，諸本(不含石，下同)作「不隨夫意」。

一　八一九頁中一五行第七字「死」，磧、普、南、徑、清作「諸」。

一　八一九頁中一七行「破裂」，諸本作「裂破」。

一　八一九頁中末行第一三字「著」，資、磧、普、南、徑、清無。

一　八一九頁下七行第二字「與」，資、磧、普、南、徑、清無。

一　八一九頁下一五行第一一字「中」，資、磧、普、南、徑、清無。

一　八一九頁下一六行第一一字「護」，磧作「諸」。

一　八一九頁下一九行「未利夫人」，資、磧、徑、清、麗作「末利夫人」；普、南作「末利天人」。

一　八二〇頁上二行第一〇字「遣」，資、磧、普、南、徑、清無。

一　八二〇頁中五行第五字「知」，諸本無。

一　八二〇頁中八行「不知」，資、磧、普、南、徑、清作「及」。

一　八二〇頁中一〇行夾註「第八事竟」，磧、普、南、徑、清作「第十一事竟」。

一　八二〇頁中一六行「有時」，資、磧、普、南、徑、清作「後時」。

一　八二〇頁中二一行「作償羯磨」，磧、南、徑、清作「作羯磨竟」；普作

「作羯磨」。

一 八二一頁上三行「離外」，諸本作「籬外」。

一 八二一頁上四行「塹障外」，諸本作「障外」。

一 八二一頁上一一行「偷蘭遮」，諸本作「犯偷蘭遮」。

一 八二一頁上一四行夾註「第九事竟」，磧、普、南、徑、清作「第十二事竟」。

一 八二一頁上一五行「十七事第十四」，磧、南作「十七事中第十四闕第十三事」；徑、清作「十七事中闕第十三事」；麗無。

一 八二一頁上二二行至次行「種種因緣」，資、磧、普、南、徑、清無。

一 八二一頁中一行末字「非」，資、磧、普、南、徑、清作「不」。

一 八二一頁中一一行「修梵行」，資、磧、普、南、徑、清作「修行梵行」。

一 八二一頁中二一行第六字「者」，資、磧、南、徑、清無。

一 八二一頁下八行「偷蘭遮」，資、磧、普、南、徑、清無。

一 八二一頁下二〇行第一三字「修」，資、磧、普、南、徑作「修學」。

一 八二二頁上一〇行「未竟」，徑作「非竟」。

一 八二二頁上一五行夾註及次頁下九行夾註「第」，資、磧、普、南無。

一 八二二頁中五行「呵責已」，資、磧、普、南、徑、清作「呵已」。下同。

一 八二二頁下一六行第一一字「爲」，資、磧、普、南、徑、清無。

一 八二二頁下一七行「約勅」，資、磧、普、南、徑、清作「教勅」。

一 八二二頁下二一行第五字「説」，諸本無。

一 八二二頁下末行夾註「十五事竟」，徑、清、麗作「第十五事竟」。

一 八二三頁中一行末字「二」，諸本作「三」。

一 八二三頁中五行「不淨」，諸本作「不清淨」。

一 八二三頁中一八行「教化」，諸本作「約勅」。

一 八二三頁下一四行「僧衆中」，諸本作「僧中」。

一 八二四頁上一四行首字「是」，資、磧、普、南、徑、清無。

一 八二四頁中一三行第九字「當」，磧、南作「常」。

一 八二四頁中二一行「等別離」，諸本作「別離行」。

一 八二四頁下三行末四字「是名」，資、磧、普、南、徑、清作「是名爲」。

一 八二四頁下一〇行夾註「同不同十七事竟」，資、磧、普、南無；徑、清、麗作「第十七事竟」。至此，資、磧、普、南換卷，卷第四十二終，卷第四十三始；徑、清換卷，卷第四十四終，卷第四十五始。

一 八二四頁下一一行「尼三十捨墮法第三」，資無；磧、普、南作「第七誦之二尼律不共三十事中第十八」；徑、清作「第七誦之二尼律不共三十事中第十九」。同行夾註「此十九同故不出餘不同者出之」，資、磧、普、南無；徑、清作「闕第十八事」；麗作「此中十九同故不出餘不同者具出之」。

一　八二五頁上一〇行夾註「十九事竟」，徑、清作「第十九事竟」；麗作「第十九事竟　前註既云同故不出此同比丘何獨重出此但一夜彼過十日耳」。

一　八二五頁上二〇行第四字「言」，資、磧、普、南、徑、清無。次頁上一八行第一二字同。

一　八二五頁中九行夾註「二十事竟」，徑、清、麗作「第二十事竟」。以下例同。

一　八二六頁上七行第八字「本」，麗無。

一　八二六頁中一五行第四字「得」，資、磧、普、南、徑、清無。同行至次行「如是如是一衣」，資、磧、普、南、徑、清作「如是一衣如是衣」。

一　八二六頁中一六行末字「所」，資、磧、普、南、徑、清無。

一　八二六頁中一七行第一〇字「買」，資、磧、普、南、徑、清無。

一　八二六頁中二〇行末字「不」，諸本作「失」。

一　八二六頁下一四行「非親里親里者」，諸本作「非親里者親里名」。

一　八二六頁下一七行「芻麻」；資、磧、普、南作「芻摩」；徑、清作「芻摩」。下同。

一　八二八頁上末行首字「我」，資、磧、普、南、徑、清無。同行「酥油瓮」，資、磧、普、南、徑、清作「酥油」。

一　八二八頁下七行至次行「隨乞作餘事用隨得」，諸本作「乞作餘事用隨用隨得」。

一　八二八頁下八行夾註「竟」，資無。

一　八二八頁下一六行「欲乞」，資、磧、普、南、徑、清作「乞欲」。

一　八二九頁上三行「名比丘尼」，麗作「若比丘尼」。

一　八二九頁上卷末經名，資、磧、普、南、徑、清無（末換卷）。

十誦律卷第四十四 第七誦之三 存

後秦北印度三藏弗若多羅共羅什譯

尼律第三 三十捨墮法之一

佛在舍衛國尒時諸比丘尼行乞欲
為多人作房舍諸居士問言欲作何
等答言為多人起房舍諸婆羅門居
士有信者多與財物比丘尼得財物
已值世飢儉作是思惟今世飢儉宜
自活命若我活者後當為多人作房
即於儉世食是物盡飢儉世過豐樂
時到諸比丘尼復行乞財物諸居士問
言欲作何等答言欲作多人房舍諸
居士言我等先所施物今何所在答
言我等先所乞財物已值世飢儉作
是思惟如今飢儉時宜自活命若我
活者後當作多人房舍我等於飢儉
時食是物盡諸居士呵責言諸比丘
尼自言善好有功德異乞異用如王
夫人大臣婦是中有比丘尼少欲知
足行頭陀聞是事心不喜種種因緣
呵責言云何名比丘尼異乞異用種
種因緣呵已向佛廣說佛以是事集

二部僧知而故問是比丘尼汝實作
是事不答言實作世尊佛以種種因
緣呵責是比丘尼云何名比丘尼異
乞異用種種因緣呵已語諸比丘以
十利故與比丘尼結戒從今是戒應
如是說若比丘尼為多人是事乞作
餘事用尼薩耆波夜提尼薩耆波夜
提者是物應捨波夜提罪應悔過是
中犯者若比丘尼為多人是事乞作
餘事用尼薩耆波夜提隨用時隨得
尒所尼薩耆波夜提 二十八事竟
佛在舍衛國尒時有比丘尼名達摩
提那於冬八夜寒風破竹時著單薄
衣行乞食有估客見是比丘尼往語
諸闍將言汝得富樂皆由達摩提那
比丘尼因緣汝等不能各各與比丘
尼作厚衣耶是比丘尼今冬八夜寒
風破竹時著單衣行乞食汝等若不
能各各作一衣與者當共合作一衣
與估客令其發憍慢心故皆言當共
作與即喚比丘尼言汝須何衣隨汝
意與是比丘尼言我須五百錢直衣
時諸闍將隨意買與是比丘尼著貴

價衣行乞食諸居士呵責言諸比丘
尼自言善好有功德著貴價衣行乞
食如王夫人大臣婦是中有比丘尼
少欲知足行頭陀聞是事心不喜呵
責言云何名比丘尼著貴價衣行乞
食種種因緣呵已向佛廣說佛以是
事集二部僧知而故問達摩提那比
丘尼汝實作是事不答言實作世尊
佛以種種因緣呵責云何名比丘尼
著貴價衣行乞食種種因緣呵已語
諸比丘以十利故與比丘尼結戒從
今是戒應如是說若比丘尼欲乞重
衣乃至直四錢應乞若過是乞者尼
薩耆波夜提錢者謂大錢乃至直十
六小錢尼薩耆波夜提者是衣應捨
波夜提罪應悔過是中犯者若比丘
尼乞過四錢重衣尼薩耆波夜提隨
乞隨得尒所尼薩耆波夜提 二十九事竟
佛在舍衛國尒時冬寒過至熱時達
摩提那比丘尼著重衣頭面流汗眼
闇而行乞食有一估客見已即往語
諸闍將言聚落主汝等得富樂者皆
由達摩提那比丘尼因緣汝等不能

各各與作輕衣耶是比丘尼令熱時著重衣頭面流汗眼闇而行乞食汝等若不能各各作輕衣與者當共合作一衣與估客令諸鬬將發憍慢心皆言當共作與即喚比丘尼來問言汝須何衣隨汝意與荅言我須二百五十錢直衣時諸鬬將隨意實與是比丘尼著是衣行乞食諸居士呵責言諸比丘尼自言善好有功德著貴價輕衣行乞食如王夫人大臣婦是中有比丘尼少欲知足行頭陁聞是事心不喜種種因緣呵責言云何名比丘尼著貴價輕衣行乞食種種因緣呵已向佛廣說佛以是事集二部僧知而故問是比丘尼汝實作是事不荅言實作世尊佛以種種因緣呵責言云何名比丘尼著貴價輕衣行乞食種種因緣呵已語諸比丘以十利故與比丘尼結戒從今是戒應如是說若比丘尼欲乞輕衣應乃至直二錢半過是乞者尼薩耆波夜提錢者謂大錢乃至直十六小錢尼薩耆波夜提者是衣應捨波夜提罪應悔過是中

犯者若比丘尼乞過二錢半輕衣尼薩耆波夜提隨乞隨得尒所尼薩耆波夜提 三十事竟

百七十八單波夜提法 前七十一与大僧同故不出從此第七十二戒已下一百七戒不同比丘故別明之

初食蒜戒

佛在舍衛國尒時有守蒜園人名阿耆達多是人蒜菜茂盛請諸比丘尼言須蒜者來取時式叉摩尼沙弥尼一年來拔蒜至二三年蒜園不成即捨蒜園去不能復種更有居士於故處種蒜諸式叉摩尼沙弥尼以本意故復來拔蒜是園主作是念誰偷我蒜我當伺捕是居士即於屏處伺看見諸式叉摩尼沙弥尼拔蒜居士言莫取我蒜荅言舍衛城阿耆達多居士請我取蒜何豫汝事是居士言本田主以汝等因緣故捨田而去今我於中種蒜汝等莫取諸式叉摩尼沙弥尼著作是言我等不知自今以後不敢復取諸居士瞋呵責言諸比丘尼自言善好有功德取蒜如白衣女是中有比丘尼少欲知足行頭陁聞

是事心不喜種種因緣呵責言云何名比丘尼噉蒜如白衣女種種因緣呵已向佛廣說佛以是事集二部僧知而故問是比丘尼汝實作是事不荅言實作世尊佛以種種因緣呵責言云何名比丘尼噉蒜如白衣女種種因緣呵已語諸比丘以十利故與比丘尼結戒從今是戒應如是說若比丘尼噉生蒜熟蒜波夜提波夜提者燒煮覆障若不悔過能障礙道是中犯者若比丘尼噉生蒜波夜提噉熟蒜波夜提若噉蒜子波夜提若噉茎葉波夜提若噉蒜皮蒜鬚突吉羅若治病若塗瘡不犯 七十二事竟

佛在舍衛國尒時偷蘭難陁比丘尼使人剃大小便處毛諸比丘尼問言汝作何等荅言剃大小便處毛為好故是中有比丘尼少欲知足行頭陁聞是事心不喜種種因緣呵責言云何名比丘尼使人剃大小便處毛種種因緣呵已向佛廣說佛以是事集二部僧知而故問偷蘭難陁汝實作是事不荅言實作世尊佛以種種因緣呵責

言云何名比丘尼使人剃大小便處毛種種因緣呵已語諸比丘以十利故與比丘尼結戒從今是戒應如是說若比丘尼剃大小便處毛波夜提波夜提者燒煮覆障若不悔過能障礙道是中犯者若比丘尼剃大便處毛波夜提剃小便處毛波夜提除二處剃餘處毛突吉羅 七十三事竟

佛在舍衛國尒時偷蘭難陀比丘尼以指刺女根中諸比丘尼問言汝作何等荅言受細滑故是中有比丘尼少欲知足行頭陀聞是事心不喜呵責言云何名比丘尼以指刺女根中受細滑故種種因緣呵已向佛廣說佛以是事集二部僧知而故問偷蘭難陀汝實作是事不荅言實作世尊佛以種種因緣呵責云何名比丘尼以指刺女根中為細滑故種種因緣呵已語諸比丘以十利故與比丘尼結戒從今是戒應如是說若比丘尼以指刺女根中波夜提波夜提者燒煮覆障若不悔過能障礙道是中犯者若比丘尼以指刺女根中波夜提隨著隨得尒所波夜提一時有比丘尼久不洗女根故臭爛諸比丘尼以是事白佛佛以是事集二部僧讚戒讚持戒讚持戒已語諸比丘從今是戒應如是說若比丘尼以指刺女根中除洗時波夜提是中犯者若比丘尼不洗以指刺女根中波夜提隨著隨得尒所波夜提又比丘尼洗因緣故以指深刺女根中諸比丘尼以是事白佛佛以是事集二部僧語諸比丘從今是戒應如是說若比丘尼洗時以指刺女根中過二指節波夜提是中犯者若比丘尼以指刺女根中洗時過二指節波夜提隨著隨得尒所波夜提 七十四事竟

佛在舍衛國尒時偷蘭難陀比丘尼以掌拍女根諸比丘尼問言汝作何等荅言欲使肥好是中有比丘尼少欲知足行頭陀聞是事心不喜種種因緣呵責言云何名比丘尼以手掌拍女根欲使肥好種種因緣呵已向佛廣說佛以是事集二部僧知而故問偷蘭難陀汝實作是事不荅言實作世尊佛以種種因緣呵責云何名比丘尼以手掌拍女根欲使肥好種種因緣呵已語諸比丘以十利故與比丘尼結戒從今是戒應如是說若比丘尼以掌拍女根波夜提掌者有二種手掌脚掌波夜提者燒煮覆障若不悔過能障礙道是中犯者若比丘尼以手掌拍女根波夜提若以脚掌拍亦波夜提除手脚掌以餘物拍突吉羅 七十五事竟

佛在舍衛國尒時有二比丘尼一名羅吒二名波羅吒本出貴家是二比丘尼早起行至諸親里知識檀越家得好飲食噉皆言不美問言誰作此食主人荅言厨士所作比丘尼言何以作無氣味食主人問言汝能作不比丘尼言能若有好日欲作節會若欲詣水上便來語我我當為汝作飲食後時主人好日至欲入園中便喚比丘尼是比丘尼來為作飲食是家中有客作食人護厨到門下立見有熟食來出問言誰煮是食主人荅言有二比丘尼一名羅吒二名波羅吒煮是食客作食人瞋言是失比丘尼

法燒比丘尼法衣我生活業是中有比丘尼少欲知足行頭陀聞是事心不喜向佛廣說佛以是事集二部僧知而故問二比丘尼汝實作是事不荅言實作世尊佛以種種因緣呵責言云何名比丘尼煑生物作食種種因緣呵已語諸比丘以十利故與比丘尼結戒從今是戒應如是說若比丘尼煑生物作食波夜提波夜提者燒煑覆障若不悔過能障礙道是中犯者若比丘尼煑生物作食波夜提隨煑隨得尒所波夜提不犯者若重煑若有急因緣以火淨煑者不犯 七十六事竟

佛在舍衛國尒時有一居士以無常因緣故失財物田宅家人死盡唯有夫婦二人居士作是念諸福德樂人無衰惱者無過沙門釋子我何不詣彼求出家夫即詣祇洹作比丘婦詣王園精舍作比丘尼是比丘得食時持食詣比丘尼精舍是比丘尼先為辦盤器菜果蓏待比丘來時此比丘持食詣比丘尼精舍坐食此比丘尼起與器菜并說本居家中時事比丘瞋不忍故

即以手中飯擲比丘尼面比丘尼瞋故以熱羹澆比丘頭不淨可著是中有比丘尼少欲知足行頭陀聞是事心不喜呵責言云何名比丘尼比丘食時在前立侍種種因緣呵已向佛廣說佛以是事集二部僧知而故問是比丘尼汝實作是事不荅言實作世尊佛以種種因緣呵責云何名比丘尼比丘食時在前立侍種種因緣呵已語諸比丘以十利故與比丘尼結戒從今是戒應如是說若比丘尼比丘食時在前立侍波夜提波夜提者燒煑覆障若不悔過能障礙道是中犯者若比丘尼比丘食時在前立侍波夜提隨立隨得尒所波夜提若與比丘食已還坐若餘處去不犯 七十七事竟

佛在舍衛國尒時偷蘭難陀比丘尼擲大小便牆外是僧坊近大巷時波斯匿王大臣名摩尼著淨衣服從是巷過屎墮頭上是大臣尒時為王所責有知相婆羅門隨大臣後行婆羅門言汝疾洗頭還到王所此是吉相必得大利大臣即洗頭詣王所王歡

喜還復本職諸比丘尼聞偷蘭難陀比丘尼以屎尿擲牆外墮波斯匿王大臣頭上汙大臣頭故王與本職是摩尼大臣兇惡無慈知當與我等作何苦惱事以是思惟怖畏故除者病比丘尼餘皆走去尒時摩尼大臣作是念我得本職者皆由比丘尼僧房因緣故我當往安慰諸比丘尼是摩尼大臣即往比丘尼僧房見諸比丘尼少問諸老病比丘尼言是中比丘尼僧何以故少比丘尼言汝不知耶荅言不知比丘尼言偷蘭難陀比丘尼以屎尿擲牆外波斯匿王大臣摩尼從此巷過墮其頭上王與本職是人兇惡無慈諸比丘尼作是思惟知當與我等作何等苦惱事如是思惟怖畏故諸比丘尼皆悉走去我等老病無力故不能去是大臣言波斯匿王大臣摩尼者即我身是汝等莫怖畏我與汝等飲食薪草燈燭衣服及無畏施是中有比丘尼少欲知足行頭陀聞是事心不喜種種因緣呵責言云何名比丘尼以屎尿擲牆外種種因緣呵已向佛

十誦律卷第四十四　第十三張　存

廣說佛以是事集二部僧知而故問偷蘭難陀比丘尼汝實作是事不荅言實作世尊佛以種種因緣呵責言云何名比丘尼以屎尿擲牆外種種因緣呵已語諸比丘以十利故與比丘尼結戒從今是戒應如是說若比丘尼以屎尿擲牆外波夜提波夜提者燒煑覆障若不悔過能障礙道是中犯者若比丘尼以屎尿擲牆外波夜提隨擲隨得尒所波夜提若二比丘尼共大小便一器中一人舉授一人擲牆外舉者突吉羅擲者波夜提若比丘尼若以手擲波夜提若以草土裹擲牆外者突吉羅　七十八事竟

佛在舍衛國尒時王園精舍比丘尼僧房門前有好生草多有雜人在中集坐看諸比丘尼出入時形相輕笑言汝看是比丘尼睞眼是眼爛是短鼻是瘦是白是黑是好是醜諸比丘尼聞是語心不喜作是念諸人集此中者皆由生草茂盛好故若無草者不於中住諸比丘尼集諸屎尿棄著草上草即臭爛乾死諸居士呵責言

十誦律卷第四十四　第十四張　存

諸比丘尼不吉弊女餘無屏廁耶於此淨茂草處著大小便是中有比丘尼少欲知足行頭陀聞是事心不喜向佛廣說佛以是事集二部僧知而故問是比丘尼汝等實作是事不荅言實作世尊佛以種種因緣呵責言云何名比丘尼棄屎尿生草上種種因緣呵已語諸比丘以十利故與比丘尼結戒從今是戒應如是說若比丘尼棄屎尿著生草上波夜提波夜提者燒煑覆障若不悔過能障礙道是中犯者若比丘尼棄屎尿生草上波夜提隨棄隨得尒所波夜提　七十九事竟

佛在王舍城尒時助調達比丘尼獨與六群比丘屏處共立共語是中有比丘尼少欲知足行頭陀聞是事心不喜種種因緣呵責云何名比丘尼獨與一比丘屏處共立共語種種因緣呵已向佛廣說佛以是事集二部僧知而故問助調達比丘尼汝實作是事不荅言實作世尊佛以種種因緣呵責言云何名比丘尼獨與一比丘屏處共立共語種種因緣呵已語諸比丘

十誦律卷第四十四　第十五張　存　宋卷

以十利故與比丘尼結戒從今是戒應如是說若比丘尼獨與一比丘屏處共立共語波夜提獨者一比丘尼一比丘更無第三人屏處者若壁障若衣障籬障共立者可疑處共語者可疑處波夜提者燒煑覆障若不悔過能障礙道是中犯者若比丘尼獨與一比丘屏處共立共語波夜提隨共立共語隨得尒所波夜提　八十竟

佛在王舍城尒時助調達比丘尼獨與六群比丘露地共立共語是中有比丘尼少欲知足行頭陀聞是事心不喜種種因緣呵責言云何名比丘尼獨與一比丘露地共立共語種種因緣呵已向佛廣說佛以是事集二部僧知而故問助調達比丘尼汝實作是事不荅言實作世尊佛以種種因緣呵責云何名比丘尼獨與一比丘露地共立共語種種因緣呵已語諸比丘以十利故與比丘尼結戒從今是戒應如是說若比丘尼獨與一比丘露地共立共語波夜提獨者一比丘尼一比丘更無第三人露地者無壁障

無衣障無籬障共立者可疑處共語
者可疑處波夜提者燒煮覆障若不
悔過能障㝵道是中犯者若比丘尼
獨與一比丘露地共立共語波夜提隨
共立共語隨得尒所波夜提 八十一竟
佛在王舍城尒時助調達比丘尼獨
與一白衣男子屏處共立共語是中
有比丘尼少欲知足行頭陀聞是事心
不喜種種因緣呵責言云何名比丘尼
獨與一白衣男子屏處共立共語種種
因緣呵已向佛廣說佛以是事集
二部僧知而故問助調達比丘尼汝
實作是事不荅言實作世尊佛以種
種因緣呵責云何名比丘尼獨與一
白衣男子屏處共立共語種種因緣
呵已語諸比丘以十利故與比丘尼
結戒從今是戒應如是說若比丘尼
獨與一白衣男子屏處共立共語波
夜提獨者一比丘尼一白衣男子更
無第三人屏處者若壁障若籬障若
衣障共立者可疑處共語者可疑處
波夜提者燒煮覆障若不悔過能障
礙道是中犯者若比丘尼獨與一白衣

男子屏處共立共語波夜提隨共立
共語隨得尒所波夜提 八十二竟
佛在王舍城尒時助調達比丘尼獨
與一白衣男子露地共立共語諸居
士呵責言看此等為是婦為是私通
是中有比丘尼少欲知足行頭陀聞
是事心不喜種種因緣呵責云何名
比丘尼獨與一白衣男子露地共立
共語種種因緣呵已向佛廣說佛以
是事集二部僧知而故問助調達比
丘尼汝實作是事不荅言實作世尊
佛以種種因緣呵責言云何名比丘
尼獨與一白衣男子露地共立共語
種種因緣呵已語諸比丘以十利故
與比丘尼結戒從今是戒應如是說
若比丘尼獨與一白衣男子露地共
立共語波夜提共立者可疑處共語
者可疑處波夜提者燒煮覆障若不
悔過能障礙道是中犯者若比丘尼
獨與一白衣男子露地共立共語波
夜提隨共立共語隨得尒所波夜
提 八十三竟
佛在舍衛國尒時王園比丘尼僧坊

中有客作人日暮雨墮故入助調達
比丘尼房中時助調達比丘尼有大式
叉摩尼是客作人先不與期夜中摩
觸式叉摩尼式叉摩尼大喚多比丘
尼集問言何故式叉摩尼言然燈問
言何故但然燈來即然燈來見偷蘭
難陀比丘尼於闇中共男子坐是中
有比丘尼少欲知足行頭陀聞是事心
不喜種種因緣呵責云何名比丘尼闇
中無燈共男子坐種種因緣呵責已向
佛廣說佛以是事集二部僧知而故
問汝實作是事不荅言實作世尊佛
以種種因緣呵責言云何名比丘尼
闇中無燈共白衣男子坐種種因緣
呵已語諸比丘以十利故與比丘尼
結戒從今是戒應如是說若比丘尼
闇中無燈與男子共立共坐波夜提
波夜提者燒煮覆障若不悔過能障
㝵道是中犯者若比丘尼闇中無燈
與男子共立共坐波夜提隨共立共
坐隨得尒所波夜提 八十四竟
佛在舍衛國尒時偷蘭難陀比丘尼
以樹膠作男根繫著脚跟後著女根

十誦律卷第四十四　第一九張　存

中尒時失火燒比丘尼房舍偷蘭難陁比丘尼忩不解却走出房外語諸居士言是中失火以水澆滅有一估客見偷蘭難陁有如是事語餘人言汝等看是比丘尼有如是好莊嚴具是中有比丘尼少欲知足行頭陁聞是事心不喜種種因緣呵責已向佛廣說佛以是事集二部僧知而故問汝實作是事不荅言實作世尊佛以種種因緣呵責言云何名比丘尼作男根著女根中種種因緣呵已語諸比丘以十利故與比丘尼結戒從今是戒應如是說若比丘尼作男根著女根中波夜提波夜提者燒煑覆障若不悔過能障礙道是中犯者若比丘尼以樹膠作男根著女根中波夜提若蒭囊若脚指若肉臠若藕根若蘿蔔根若蕪菁根若瓜若瓠若梨著女根中皆波夜提作時突吉羅若著他比丘尼女根中突吉羅 八十五 事竟

佛在舍衛國尒時偷蘭難陁比丘尼惡性喜瞋諸善比丘尼善比丘尼不喜共住誑　無智比丘尼言汝来共

十誦律卷第四十四　第二十張　存

我住諸所須物我當與汝是比丘尼荅言可尒偷蘭難陁比丘尼喜出入他家多知多識天雨墮時早起至他家從一家復至一家日没時衣被皆濕如阿羅羅鳥還入房舍作是言我脚痛蹲痛脇痛背痛無智比丘尼言汝從何来荅曰我從某家出復到某家白汝為佛事為僧事耶荅言不為若不為佛事僧事何以雨中去諸白衣多事尚不於雨中出行汝不善汝何以於雨中去偷蘭難陁比丘尼言汝是我和上阿闍梨耶何以教我我前喚汝時欲使汝教我耶汝遠出去是比丘尼老病無力偷蘭難陁比丘尼强挽出垂死是中有比丘尼少欲知足行頭陁聞是事心不喜種種因緣呵責云何名比丘尼自喚他比丘尼言善女来共我住諸所須物我當與汝後瞋挽出種種因緣呵已向佛廣說佛以是事集二部僧知而故問偷蘭難陁比丘尼汝實作是事不荅言實作世尊佛以種種因緣呵責言云何名比丘尼自喚他比丘尼言善女

十誦律卷第四十四　第二十一張　存

来共我住諸所須物我當與汝後瞋挽出種種因緣呵已語諸比丘以十利故與比丘尼結戒從今是戒應如是說若比丘尼語比丘尼言善女来共我房中住後瞋不喜若自挽出若使人挽出作如是言汝遠滅去莫此中住以是因緣無異者波夜提波夜提者燒煑覆障若不悔過能障礙道是中犯者若比丘尼瞋不喜若自挽若使人挽皆波逸提不能挽出者突吉羅隨自挽出隨使人挽隨得尒所波夜提不能出者突吉羅 八十六 事竟

佛在王舍城尒時助調達二比丘尼共一牀卧作種種不清淨事是中有比丘尼少欲知足行頭陁聞是事心不喜種種因緣呵責言云何名比丘尼一人共一牀卧作種種不清淨事種種因緣呵已向佛廣說佛以是事集二部僧知而故問助調達比丘尼汝等實作是事不荅言實作世尊佛以種種因緣呵責言云何名比丘尼二人共一床卧作種種不清淨事種種因緣呵已語諸比丘以十利故與比丘

尼薩戒從今是戒應如是說若二比丘尼共一牀卧波夜提波夜提者燒煑覆障若不悔過能障礙道是中犯者若二比丘尼共一牀卧波逸提隨共卧隨得尒所波夜提不犯者若一人卧一人坐不犯 八十七事竟

佛在王舍城尒時助調達二比丘尼共一敷卧作種種不清淨事是中有比丘尼少欲知足行頭陁聞是事心不喜種種因緣呵責言云何名比丘尼共一敷卧種種因緣呵已向佛廣說佛以此事集二部僧知而故問助調達比丘尼汝實作是事不荅言實作世尊佛以種種因緣呵責言云何名比丘尼共一敷卧種種因緣呵已語諸比丘以十利故與比丘尼結戒從今是戒應如是說若二比丘尼共一敷卧波夜提波夜提者燒煑覆障若不悔過能障礙道是中犯者若二比丘尼共一敷卧波夜提隨共卧隨得尒所波夜提不犯者若各各有別褥不犯 八十八事竟

佛在王舍城尒時助調達二比丘尼共

一衣覆卧作種種不清淨事是中有比丘尼少欲知足行頭陁聞是事心不喜種種因緣呵責言云何名比丘尼二人共一衣覆卧種種因緣呵已向佛廣說佛以是事集二部僧知而故問助調達比丘尼汝等實作是事不荅言實作世尊佛以種種因緣呵責言云何名比丘尼共一衣覆卧種種因緣呵已語諸比丘以十利故與比丘尼結戒從今是戒應如是說若二比丘尼共一衣覆卧波夜提波夜提者燒煑覆障若不悔過能障礙道是中犯者若二比丘尼共一衣覆卧波夜提隨共卧隨得尒所波夜提不犯者若各各別有襯身衣不犯 八十九事竟

佛在王舍城尒時助調達比丘尼入檀越舍獨與六群比丘共立共語竊語遣共行比丘尼去是中有比丘尼少欲知足行頭陁聞是事心不喜種種因緣呵責云何名比丘尼入白衣舍獨與一比丘共立共語竊語種種因緣呵已向佛廣說佛以是事集二部僧知而故問助調達比丘尼汝實

作是事不荅言實作世尊佛以種種因緣呵責言云何名比丘尼入白衣舍獨與一比丘共立共語竊語種種因緣呵已語諸比丘以十利故與比丘尼結戒從今是戒應如是說若比丘尼入白衣舍獨與一比丘共立共語竊語遣共行比丘尼去求閑便故波夜提波夜提者燒煑覆障若不悔過能障礙道是中犯者若比丘尼入白衣舍獨與一比丘共立突吉羅共語突吉羅共竊語突吉羅求閑便故遣共行比丘尼離聞處去波逸提不離聞處突吉羅 九十事竟

佛在王舍城尒時助調達比丘尼入白衣舍獨與白衣男子共立共語竊語遣共行比丘尼去求閑便故是中有比丘尼少欲知足行頭陁聞是事心不喜種種因緣呵責言云何名比丘尼入白衣舍獨與一白衣男子共立共語共竊語遣共行比丘尼去種種因緣呵已向佛廣說佛以是事集二部僧知而故問是比丘尼汝實作是事不荅言實作世尊佛以種種因

緣呵責言云何名比丘尼入白衣舍獨與一白衣男子共立共語共竊語遣共行比丘尼去種種因緣呵已語諸比丘以十利故與比丘尼結戒從今是戒應如是說若比丘尼入白衣舍獨與一白衣男子共立共語竊語遣共行比丘尼去求獨語故波夜提波夜提者燒煑覆障若不悔過能障礙道是中犯者若比丘尼入白衣舍獨與一男子共立突吉羅共語突吉羅共竊語突吉羅求獨語故遣共行比丘尼離聞處去波夜提不離聞處突吉羅 九十一事竟

佛在舍衛國尒時迦羅比丘尼本是外道共諸比丘尼鬪諍相瞋自打身啼是中有比丘尼少欲知足行頭陁聞是事心不喜種種因緣呵責言云何名比丘尼共比丘尼鬪諍相瞋自打身啼種種因緣呵已向佛廣說佛以是事集二部僧知而故問迦羅比丘尼汝實作是事不荅言實作世尊佛以種種因緣呵責云何名比丘尼共比丘尼鬪諍相瞋自打身啼種種

因緣呵已語諸比丘以十利故與比丘尼結戒從今是戒應如是說若比丘尼共比丘尼鬪諍相瞋自打身啼者波夜提波夜提者燒煑覆障若不悔過能障礙道是中犯者若比丘尼共諸比丘尼鬪諍相瞋自打身啼波夜提若自打身不啼得突吉羅隨打身啼隨得尒所波夜提 九十二事竟

佛在舍衛國尒時迦羅比丘尼本是外道共諸比丘尼鬪諍時自作法呪泹犂呪若汝謗我是事者令汝不得四念處四正勤四如意足五根五力七覺八道令汝世世墮地獄畜生餓鬼若我有是事者令我不得四念處四正勤四如意足五根五力七覺八道當世世墮地獄畜生餓鬼是中有比丘尼少欲知足行頭陁聞是事心不喜種種因緣呵責言云何名比丘尼共比丘尼鬪諍時作法呪泹犂呪種種因緣呵已向佛廣說佛以是事集二部僧知而故問迦羅比丘尼汝實作是事不荅言實作世尊佛以種種因緣呵責言云何名比丘尼共比

丘尼鬪諍時作法呪泹犂呪種種因緣呵已語諸比丘以十利故與比丘尼結戒從今是戒應如是說若比丘尼共比丘尼鬪諍時作法呪泹犂呪波夜提波夜提者燒煑覆障若不悔過能障礙道是中犯者若比丘尼共比丘尼鬪諍時作法呪泹犂呪作是言若汝以是事謗我者令汝不得四念處波夜提不得四正勤四如意足五根五力七覺八道皆波夜提若言汝當世世墮地獄波夜提墮畜生餓鬼皆波夜提若言我有是事者令我不得四念處四正勤四如意足五根五力七覺八道皆波夜提若言我世世墮地獄畜生餓鬼皆波夜提隨作是語隨得尒所波夜提 九十三事竟

佛在舍衛國尒時偷蘭難陁比丘尼有共行弟子名施越沙善好樂持戒專忘師教令舉物時著異處餘處求須是物時覓不能得又時偷蘭難陁比丘尼從聚落還弟子施越沙往迎欲代持衣鉢却身不與施越沙即瞋語諸比丘尼言我不偷奪和上尼不

十誦律卷第四十四　第二十八張　存　又甲

信我諸比丘尼言云何不信師行來還我於道中迎欲代持鉢却身不與我欲代持衣又却身不與諸比丘尼往語偷蘭難陀比丘尼言汝弟子善好持戒何故不信答言我云何不信諸比丘尼言汝弟子欲代汝持鉢汝却身不與欲代汝持衣又却身不與偷蘭難陀比丘尼言我非不信是人憙忘舉物異處便餘處覓若須物時覓不能得是故不與是中有比丘尼少欲知足行頭陀聞是事心不喜種種因緣呵責言云何名比丘尼不審諦看物便嫌恨種種因緣呵已向佛廣說佛以是事集二部僧知而故問施越沙比丘尼汝實作是事不答言實作世尊佛以種種因緣呵責言云何名比丘尼不審諦看物便嫌恨種種因緣呵已語諸比丘以十利故與比丘尼結戒從今是戒應如是說若比丘尼不審諦看物便嫌恨波夜提波夜提者燒煮覆障若不悔過能障礙道是中犯者若比丘尼不審諦看物便嫌恨波夜提隨嫌恨隨得爾所波夜提九十四竟

十誦律卷第四十四　第二十九張　存　得林

佛在王舍城與多比丘僧王舍城安居舍利弗目連阿那律難提金毗羅等是諸大弟子皆共佛安居爾時諸比丘尼夏中遊行到他國土行時殺諸生草小虫諸居士瞋呵責言佛與大衆舍利弗目連阿那律難提金毗羅等王舍城安居是諸比丘尼自言善好有功德夏中遊行諸國殺諸生草小虫是中有比丘尼少欲知足行頭陀聞是事心不喜種種因緣呵責言云何名比丘尼夏中遊行諸國殺諸生草小虫種種因緣呵已向佛廣說佛以是事集二部僧知而故問諸比丘尼汝實作是事不答言實作世尊佛以種種因緣呵責言云何名比丘尼夏中遊行諸國殺諸生草小虫佛以種種因緣呵已語諸比丘以十利故與比丘尼結戒從今是戒應如是說若比丘尼夏中無因緣遊行他國波夜提波夜提者燒煮覆障若不悔過能障礙道是中犯者若比丘尼夏中無因緣遊行他國波夜提隨遊行隨得爾所波夜提九十五竟

十誦律卷第四十四　第三十張　存　得林

十誦尼律卷第四十四

甲辰歲高麗國大藏都監奉

勑彫造

十誦律卷第四十四

校勘記

一　底本，麗藏本。

一　八三二頁上一行經名、二行譯者及三行，諸本（不含石，下同）無（未換卷）。

一　八三二頁上九行首字「目」，諸本作「自」。

一　八三二頁上一〇行「飢儉」，諸本作「饑儉」。下同。

一　八三二頁上一一行第二字「到」，徑、清作「至」。

一　八三二頁中一一行夾註「二十八事竟」，徑、清作「第二十八事竟」。以下例同。

一　八三二頁下一一行第九字「比」，徑、清作「戒」。

一　八三三頁中四行「百七十八單波夜提法」，資作「一百七十八」；磧、普、南、徑、清作「一百七十八波逸提法」。同行夾註至次行夾註「前……之」，資作「中第七十二共一百六不共」；磧、普、南、徑、清作「內七十二共一百六不共」。

一　八三三頁中六行「初食蒜戒」，諸本無。

一　八三三頁中二一行「瞋呵責」，諸本作「皆呵責」。

一　八三三頁下一四行夾註八三五頁中一六行夾註、八三九頁中一五行夾註及八四一頁中一行夾註「事竟」，資作「竟」。

一　八三四頁中八行「比丘尼」，諸本作「時比丘尼」。

一　八三四頁中一五行夾註「七十四竟」，資、磧、普、南作「七十四事竟」；徑、清作「第七十四事竟」。

一　八三四頁下九行夾註「七十五竟」，磧、普、南作「七十五事竟」；徑、清作「第七十五事竟」。

一　八三五頁上一三行「耆者」，諸本作「者耆」。

一　八三五頁上末行第七字「中」，諸本無。

一　八三五頁下五行第一一字「者」，諸本作「老」。

一　八三六頁上一四行「突吉羅」，諸本作「突吉羅罪」。

一　八三六頁下九行夾註「八十竟」，資、磧、普、南作「八十事竟」；徑、清作「第八十事竟」。以下例同。

一　八三七頁下八行至次行「心不喜」，諸本無。

一　八三八頁上二行「却走」，資、磧作「脚走」。

一　八三八頁上七行「種種因緣呵責已」，諸本無。

一　八三八頁上一九行「比丘尼」，諸本無。

一　八三八頁上二二行第一〇至一三字「善比丘尼」，諸本無。

一　八三八頁上末行第四字「誑」，諸本作「誑一」。

一　八三八頁中四行第一一字「時」，諸本無。

一　八三八頁中五行「阿羅羅烏」，諸本作「阿羅烏」。

一　八三八頁中七行「復到」，諸本作「復至」。

一　八三八頁中八行「曰汝爲佛事爲僧事」，諸本作「汝爲佛事僧事」。

一　八三八頁中一三行第一一字「遠」，諸本作「速」。

一　八三八頁下一〇行「使人挽」，諸本作「使他挽」，(下同)。同行第一二字「者」，諸本無。

一　八三八頁下一七行「一人」，諸本作「二人」。同行「種種不清淨事」，諸本作「種種不淨事」(下同)。

一　八三八頁下二二行「共一床」，諸本作「共床」。

一　八三九頁上一行「薩戒」，諸本作「結戒」。

一　八三九頁上一七行「若二」，磧、普、南、徑、清作「共二」。

一　八三九頁上二一行第八字「若」，諸本無。

一　八三九頁上二二行夾註「八十八事竟」，資、磧、普作「八十六事竟」。

一　八三九頁中一五行「襯身衣」，磧、南作「觀身衣」。

一　八三九頁下二〇行「共語共竊語」，資、磧、普、南、徑作「共語竊語」。下同。

一　八四〇頁上一三行夾註「九十一事竟」，磧作「九十事竟」。

一　八四〇頁中八行夾註「九十二事竟」，至此，資、磧、普、南卷第四十三終，卷第四十四始；徑、清卷第四十五終，卷第四十六始。諸本並有「第七誦之三」及章名「尼律不共單提」各一行。章名下，磧、普、南、徑、清有夾註「共十八事」。

一　八四〇頁中末行第六字「言」，諸本無。次頁上一六行第一一字同。

一　八四〇頁下一九行第八字「時」，諸本無。

一　八四一頁上六行末字「汝」，諸本無。

一　八四一頁下一行「九十五事竟」後，卷末經名前，麗藏本原有一段經文，因其與以金藏廣勝寺本爲底本之卷第四十五經文重復(因分卷不同)，故删，詳見下卷校勘記。

一　八四一頁下卷末經名，諸本無(未換卷)。

十誦律卷第四十五存

後秦北印度三藏弗若多羅共羅什譯

尼律第四　　七誦之四

佛在王舍城自恣竟二月遊行他國舍利弗目連阿那律難提金毗羅等諸大弟子皆從佛遊行他國是諸比丘尼住不去諸居士呵責言佛在王舍城自恣竟二月遊行他國與大弟子舍利弗目連阿那律難提金毗羅等遊行諸比丘尼不去不善小女不欲出是房舍是中有比丘尼少欲知足行頭陁聞是事心不喜向佛廣說佛以是事集二部僧知而故問諸比丘尼汝等實尒不荅言實尒世尊佛以種種因緣呵責言云何名比丘尼自恣竟不遊行餘處一宿種種因緣呵已語諸比丘以十利故與比丘尼結戒從今是戒應如是說若比丘尼自恣竟不遊行餘處一宿波逸提波逸提者燒煮覆障若不悔過能障㝵道是中犯者若比丘尼自恣竟不遊行餘處一宿波逸提隨不去隨得尒所波逸提

九十六　串竟

十誦律卷第四十五　第張　才

佛在舍衛國尒時憍薩羅國主波斯匿王有小國反王集四種兵象兵馬兵車兵步兵集四種兵已王自往伐諸比丘尼從憍薩羅國遊行向舍衛國道中見是軍是比丘尼衆中有長老知法比丘尼言我等小避諸年少比丘尼言何故避去波斯匿王信佛法王子祇陁居士給孤獨尼師達多富羅郍等皆信佛法誰能遮我等者但當直去語已直去為前軍人所剥脫倮形諸比丘尼白王言前行軍人剥脫我等王言此兵衆我悉供給衆落金銀廪賞尒乃鬪耳今奪汝衣不可還得令國土內有兵衆汝等何以遊行若佛聞者必當與汝結戒國內疑處畏處不應遊行是中有比丘尼少欲知足行頭陁聞是事心不喜向佛廣說佛以是事集二部僧知而故問諸比丘尼汝實作是事不荅言實

作世尊佛以種種因緣呵責言云何名比丘尼國内疑處畏處遊行種種因緣呵已語諸比丘以十利故與比丘尼結戒從今是戒應如是説若比丘尼國内疑處畏處遊行波逸提波逸提者燒煑覆障若不悔過能障礙道是中犯者若比丘尼國内疑處畏處遊行波逸提隨遊行隨得尒所波逸提（九十七事竟）

佛在王舍城尒時阿闍世王國界邊有小國反集四種兵爲兵馬兵車兵步兵集四種兵已王自往伐諸比丘尼從跋耆國向王舍城道中見王軍是中有長老比丘尼知法遥見軍來言我等避去諸年少不知法比丘尼言何苦是阿闍世王信佛法阿婆跋随童子耆婆童子阿盧耶皆信敬佛法我等但當直去語已直去爲前行軍人剥脱倮形諸比丘尼白王言前行軍人剥脱我等王言此諸兵衆我悉供給聚落金銀稟賞尒乃闘耳今奪汝等衣不可還得今國外疑處畏處汝等何以遊行若佛聞是事必當

與汝等結戒諸比丘尼國外疑處畏處不應遊行是中有比丘尼少欲知足行頭陀聞是事心不喜向佛廣説佛以是事集二部僧知而故問諸比丘尼汝實作是事不荅言實作世尊佛以種種因緣呵責言云何名比丘尼國外疑處畏處遊行種種因緣呵已語諸比丘以十利故與比丘尼結戒從今是戒應如是説若比丘尼國外疑處畏處遊行波逸提波逸提者燒煑覆障若不悔過能障礙道是中犯者若比丘尼國外疑處畏處遊行波逸提隨遊行隨得尒所波逸提（九十八事竟）

佛在舍衛國尒時迦羅比丘尼本是外道喜行遊觀是比丘尼早起到天祠中伎樂舍論法舍出家舍看畫彩舍諸居士呵責言諸比丘尼自言善好有功德故往看畫舍如外道女是中有比丘尼少欲知足行頭陀聞是事心不喜向佛廣説佛以是事集二部僧知而故問迦羅比丘尼汝實作是事不荅言實作世尊佛以種種因緣呵責言云何名比丘尼故往看畫舍

種種因緣呵已語諸比丘以十利故與比丘尼結戒從今是戒應如是説若比丘尼故往看畫舍波逸提波逸提者燒煑覆障若不悔過能障礙道是中犯者若比丘尼故往看畫舍能得見者波逸提不得見者突吉羅若從下至高處能得見者波逸提不得見者突吉羅若從高至下能得見者波逸提不能得見者突吉羅若不故往道由中過者不犯（九十九事竟）

佛在王舍城尒時助調達比丘尼舊住有善好比丘尼見是客時舊比丘尼往迎與持衣鉢共相問訊與湯洗足與油塗足與好床榻客比丘尼言然燈舊比丘尼言欲作何等客比丘尼言初夜當坐禪誦經唄呪願舊比丘尼言汝等行路疲極但當卧作是語已即便自卧客比丘尼作是念我等云何初夜不坐禪不誦經唄不呪願便卧即然燈坐禪誦經唄呪願竟欲卧助調達比丘尼聞聲已覺問言善女汝作何物荅言我等坐禪誦經唄呪願竟欲卧舊比丘尼言諸善女瞻

無果無報佛讚不睡眠呵責睡眠令我等覺不卧不睡眠即展一脚坐善比丘尼思惟我等云何於燈明中卧舊比丘尼於中夜分坐禪誦經唄呪願至後夜分便卧客比丘尼作是思惟我等云何於後夜分卧客比丘尼道路疲極竟夜不得卧故身體不安是中有比丘尼少欲知足行頭陀聞是事呵責言云何名比丘尼先住者惱後住者種種因緣呵已向佛廣說佛以是事集二部僧知而故問是比丘尼汝實作是事不荅言實作世尊佛以種種因緣呵責言云何名比丘尼先住惱後住者佛以種種因緣呵已語諸比丘以十利故與比丘尼結戒從今是戒應如是說若比丘尼先住惱後住者波逸提波逸提者燒煮覆障若不悔過能障礙道是中犯者若比丘尼先住惱後住者波逸提隨惱隨得尒所波逸提一百事竟

佛在舍衛國尒時諸善比丘尼是舊助調達比丘尼是客時舊比丘尼見客比丘尼来出迎問訊代擔衣鉢與湯

洗脚以油塗足與牀卧具舊比丘尼言善女然燈客比丘尼言莫然燈我道路疲極不得坐禪誦經唄呪願我等欲卧舊比丘尼思惟我等云何初夜不坐禪不誦經唄不呪願便卧即起然燈坐禪誦經唄呪願已欲卧客比丘尼聞是聲覺作是言善女欲作何等荅言我等坐禪竟欲卧客比丘尼言睡眠無果无報佛讚歎不睡眠訶責睡眠我等覺令不睡即然燈坐禪舊比丘尼思惟我等云何燈明中卧客比丘尼中夜分坐禪竟至後夜分便卧舊比丘尼思惟我等云何後夜分卧以是故竟夜不卧身不安隱是中有比丘尼少欲知足行頭陀聞是事心不喜種種因緣呵責言云何名比丘尼後住惱前住者種種因緣呵已向佛廣說佛以是事集二部僧知而故問客比丘尼汝實作是事不荅言實作世尊佛以種種因緣呵責言云何名比丘尼後住惱先住比丘尼種種因緣呵已語諸比丘以十利故與比丘尼結戒從今是戒應如是

說若比丘尼後住惱前住者波逸提波逸提者燒煮覆障若不悔過能障礙道是中犯者若比丘尼後住惱前住者波逸提隨惱隨得尒所波逸提一百一事竟

佛在舍衛國尒時偷蘭難陀比丘尼有共活比丘尼病苦偷蘭難陀比丘尼棄到餘聚落恐須供給看病人故諸比丘尼往到病比丘尼所言偷蘭難陀所有作事汝悉與作汝今病苦云何看汝病比丘尼言偷蘭難陀比丘尼當能供給我耶恐須看我故棄捨我去是中有比丘尼少欲知足行頭陀聞是事心不喜種種因緣呵責言云何名比丘尼共活比丘尼病苦棄至餘聚落種種因緣呵已向佛廣說佛以是事集二部僧知而故問偷蘭難陀汝實作是事不荅言實作世尊佛以種種因緣呵責言云何名比丘尼共活比丘尼病苦棄至餘聚落種種因緣呵已語諸比丘以十利故與比丘尼結戒從今是戒應如是說若比丘尼共活比丘尼病苦不

十誦律卷第四十五第八張　存字号

供給波逸提波逸提者燒煑覆障若不悔過能障礙道是中犯者若比丘尼共活比丘尼病苦不供給波逸提隨不供給隨得尒所波逸提　一百二事竟

佛在舍衛國尒時長老大迦葉中前著衣持鉢入一居士家為乞食故時所立處有居士婦遥見大迦葉即起出迎偷蘭難陀先在其家遥見大迦葉不起往迎是居士婦以手捺足頭面礼長老摩訶迦葉已洗手取鉢盛滿飯以羹澆上與大迦葉持去居士婦到偷蘭難陀所言汝知是長老大迦葉是佛大弟子天人所敬良祐福田汝若起迎者有何惡事偷蘭難陀言大迦葉本是外道婆羅門汝所貴敬非我所尊居士婦瞋呵責言諸比丘尼自言善好有功德見比丘來不起如外道女是中有比丘尼少欲知足行頭陁聞是事心不喜向佛廣說佛以是事集二部僧知而故問汝實作是事不荅言實作世尊佛以種種因緣呵責言云何名比丘尼見比丘來不起種種因緣呵已語諸比丘以

十誦律卷第四十五第九張　存字号

十利故與比丘尼結戒從今是戒應如是說若比丘尼見比丘來不起波逸提波逸提者燒煑覆障若不悔過能障礙道是中犯者若比丘尼見比丘來不起波逸提隨見不起隨得尒所波逸提　一百三事竟

佛在舍衛國尒時長老迦留陁夷常出入一家中前著衣持鉢到其舍有比丘尼名瘦瞿曇弥先在是家遥見迦留陁夷來即起出迎入示坐處共相問訊頭面礼足前叉手立迦留陁夷為說法久是比丘尼迷悶眼闇倒地居士婦即以水灑面還得本心居士婦言汝何所患苦何所憂愁荅言我無病无憂愁但久立住故迷悶倒地諸比丘尼以是事白佛佛以是事集二部僧種種因緣讃戒讃持戒讃戒讃持戒已語諸比丘以十利故與比丘尼結戒從今是戒應如是說若比丘尼不問比丘便坐者波逸提波逸提者燒煑覆障若不悔過能障礙道是中犯者若比丘尼不問比丘輙坐者波逸提隨不問坐隨得尒所

十誦律卷第四十五　第十張　存字号

波逸提　一百四事竟

佛在舍衛國尒時諸比丘尼欲遊行他國白王言我等欲遊行他國王當為我約勑諸國莫令人民遮道惱我王即遣使約勑四方莫惱諸比丘尼供給所須飲食燈燭諸比丘尼遊行次到無僧坊聚落至一居士家欲宿謂居士言汝出舍去我於中宿居士言善女我在自舍教我何去比丘尼重言汝但出去汝欲惱我欺我耶汝若不去者我有官力令汝得惱居士作是思惟諸比丘尼為王所護有官力勢或當惱我作是念已怖畏即出是居士老瘦無力於冬寒時出舍垂死諸居士呵責言云何諸比丘尼自言善好有功德不問主人便敷卧處如王夫人大臣婦是中有比丘尼少欲知足行頭陁聞是事心不喜向佛廣說佛以是事集二部僧知而故問汝實作是事不荅言實作世尊佛以種種因緣呵責言云何名比丘尼不問主人便敷卧具種種因緣呵已語諸比丘以十利故與比丘尼結戒從今

是戒應如是說若比丘尼不問主人便數卧具若使人數波逸提波逸提者燒煮覆障若不悔過能障礙道是中犯者若比丘尼不問主人若自數卧具波逸提若使人數波逸提隨不問自數使人數隨得尒所波逸提 一百五 事竟

佛在舍衛國尒時諸比丘尼欲共諸比丘等作是言汝等五歲不依止他我等亦如是汝等十歲畜弟子我等亦尒有何差別是中有比丘尼少欲知足行頭陀聞是事心不喜種種因緣呵責向佛廣說佛以是事集二部僧知而故問諸比丘尼汝等實作是事不答言實作世尊佛以種種因緣呵責言云何名比丘尼輙大衆種種因緣呵已語諸比丘從今聽諸比丘尼受大戒滿六歲不依止他不滿六歲依止他十二歲得畜衆以十利故與比丘尼結戒從今是戒應如是說若比丘尼不滿十二歲畜衆者波逸提波逸提者燒煮覆障若不悔過能障礙道是中犯者若比丘尼不滿十二歲畜衆者波逸提隨畜隨得尒所

波逸提 一百六 事竟

佛在舍衛國尒時偷蘭難陀比丘尼滿十二歲欲畜衆語諸比丘尼我受大戒滿十二歲今欲畜衆當作何等諸比丘尼以是事白佛佛言汝等當為偷蘭難陀比丘尼作畜衆羯磨若更有如是比丘尼亦應與作畜衆羯磨畜衆羯磨法者一心和合比丘尼僧偷蘭難陀比丘尼應從坐起偏袒右肩脫革屣胡跪合掌作如是言大德尼僧聽我偷蘭難陀比丘尼受大戒滿十二歲欲畜衆我今從僧乞畜衆羯磨僧為我偷蘭難陀比丘尼作畜衆羯磨僧憐愍故第二第三亦如是乞尒時一比丘尼應僧中唱言大德尼僧聽是偷蘭難陀比丘尼受大戒滿十二歲欲畜衆是偷蘭難陀比丘尼從僧中乞畜衆羯磨若僧時到僧忍聽僧今與偷蘭難陀比丘尼作畜衆羯磨是名白如是白四羯磨僧與偷蘭難陀比丘尼作畜衆羯磨竟僧忍默然故是事如是持以十利故與比丘尼結戒從今是戒應如是說若

比丘尼滿十二歲未作畜衆羯磨畜衆者波逸提波逸提者燒煮覆障若不悔過能障礙道是中犯者若比丘尼滿十二歲未作畜衆羯磨畜衆者波逸提隨畜隨得尒所波逸提 一百七 事竟

佛在舍衛國尒時偷蘭難陀比丘尼畜不滿十二歲已嫁女作衆是中有比丘尼少欲知足行頭陀聞是事心不喜種種因緣呵責言云何名比丘尼畜未滿十二歲已嫁女作衆種種因緣呵已向佛廣說佛以是事集二部僧知而故問偷蘭難陀比丘尼汝實作是事不答言實作世尊佛以種種因緣呵責言云何名比丘尼畜未滿十二歲已嫁女作衆種種因緣呵已語諸比丘以十利故與比丘尼結戒從今是戒應如是說若比丘尼畜未滿十二歲已嫁女作衆波逸提波逸提者燒煮覆障若不悔過能障礙道是中犯者若比丘尼畜未滿十二歲已嫁女作衆波逸提隨畜隨得尒所波逸提 一百八 事竟

佛在舍衛國尒時偷蘭難陀比丘尼

滿十二歲已嫁女未作屬和上尼羯
磨便畜作衆是中有比丘尼少欲知
足行頭陁聞是事心不喜種種因緣
呵責云何名比丘尼滿十二歲已嫁
女未作屬和上尼羯磨便畜作衆種
種因緣呵已向佛廣說佛以是事集
二部僧知而故問汝實作是事不荅
言實作世尊佛以種種因緣呵責言
云何名比丘尼滿十二歲已嫁女未
作屬和上尼羯磨便畜作衆種種因
緣呵已語諸比丘以十利故與比丘
尼結戒從今是戒應如是說若比丘
尼滿十二歲已嫁女未作屬和上尼
羯磨便畜作衆波逸提波逸提者燒
煑覆障若不悔過能障礙道是中犯
者若比丘尼滿十二歲已嫁女未作
屬和上尼羯磨便畜作衆波逸提隨
畜隨得尒所波逸提　一百九事竟
佛在舍衛國尒時偷蘭難陁比丘尼
畜衆不教誡不為說法弟子白言和
上尼何以不教化我不為我說法荅
言我不教化汝不為汝說法弟子以
是事向諸比丘尼說諸比丘尼以是

事向佛廣說佛以是事集二部僧知
而故問偷蘭難陁比丘尼汝實作是
事不荅言實作世尊佛以種種因緣
呵責言云何名比丘尼畜衆不教化
不為說法種種因緣呵已語諸比丘
尼汝等為偷蘭難陁作止羯磨若更
有如是者亦應與作止羯磨作止羯
磨法者一心和合僧一比丘尼僧中
唱言大德尼僧聽偷蘭難陁比丘尼
畜弟子不教化不為說法若僧時到
僧忍聽僧與偷蘭難陁作止羯磨汝
偷蘭難陁莫復畜衆是名白如是白二
羯磨僧與偷蘭難陁作止畜衆羯磨
竟僧忍默然故是事如是持以十利
故與比丘尼結戒從今是戒應如是
說若比丘尼僧與止羯磨畜衆者波
逸提波逸提者燒煑覆障若不悔過
能障礙道是中犯者若比丘尼僧與
作止羯磨畜衆者波逸提隨畜衆隨
得尒所波逸提　一百一十事竟　六法壇文
佛在舍衛國尒時舍衛城有居士婦
名和羅訶大冨多財田宅種種冨相
成就是居士婦以無常因緣故財物

失盡家人分散唯一身在是居士婦
有娠以憂愁失親里財物夫聟故身
自枯瘦兒胎縮小便作是念我腹中兒
若死若爛又作是念諸福德樂人無
過沙門釋子我當是中出家作比丘
尼便往詣王園精舍作比丘尼是人
出家歡樂肥故腹漸漸大諸比丘尼
驅出僧坊汝犯婬人莫住此間荅言
我出家以來不作婬欲先在家時有
娠諸比丘尼以是事向佛廣說佛語
諸比丘尼汝莫說是比丘尼是事是
比丘尼非破梵行先白衣時有娠從
今聽沙弥尼二歲學六法可知有娠
無娠受六法者若沙弥尼初來應教
次第頭面人人礼僧足礼已次應乞
和上尼戒師應教言我沙弥尼某甲
求尊為我作和上尼尊為我作和上
尼故僧當與我二歲學戒第二第三
亦如是說一比丘尼應問和上尼能
為某甲作和上尼不若言能即應將
至界場內著眼見處離聞處尒時應
問僧和合不僧一心和合當作僧事
是和上尼某甲沙弥尼某甲僧當與

十誦律卷第四十五　第十七張　存字號

二歲學戒第二第三亦如是說若僧一心和合者應與沙弥尼來教一礼比丘尼僧足頭面礼足已次應教令從僧乞二歲學戒作是言我沙弥尼某甲因和上尼某甲從僧乞二歲學戒因和上尼某甲僧當與我二歲學戒和上尼某甲憐愍故第二第三亦如是說即時戒師應僧中唱言大德尼僧聽是沙弥尼某甲因和上尼某甲從僧乞二歲學戒和上尼名某甲若僧時到僧忍聽僧與沙弥尼某甲二歲學戒和上尼某甲如是白大德尼僧聽是沙弥尼某甲從僧乞二歲學戒和上尼某甲僧令與沙弥尼某甲二歲學戒和上尼某甲誰諸尼僧忍與沙弥尼某甲二歲學戒和上尼某甲者默然若不忍者說是名初羯磨第二更說大德尼僧聽是沙弥尼某甲從僧乞二歲學戒和上尼某甲僧令與沙弥尼某甲二歲學戒和上尼某甲誰諸尼僧忍與沙弥尼某甲二歲學戒和上尼某甲者默然若不忍者說是名第二羯磨第三更說大

十誦律卷第四十五　第十八張　存字號

德尼僧聽沙弥尼某甲從僧乞二歲學戒和上尼某甲僧令與沙弥尼某甲二歲學戒和上尼某甲誰諸尼僧忍與沙弥尼某甲二歲學戒和上尼某甲者默然若不忍者說是名第三羯磨僧已忍與沙弥尼某甲二歲學戒竟僧忍默然故是事如是持即時為說式叉摩尼六法汝式叉摩尼聽佛世尊多陁阿竭度阿羅訶三耶三佛是知者見者說式叉摩尼六法汝式叉摩尼盡形受行佛世尊種種因緣呵欲欲想欲欲欲覺欲熱佛說斷欲除欲想滅欲熱若式叉摩尼入式叉摩尼法不捨戒戒羸不出相隨心變婬欲與乃至共畜生是非式叉摩尼非沙沙尼非釋女失式叉摩尼法是事盡形不應作若能持者當言能佛世尊以種種因緣呵責偷奪讚歎不偷奪乃至一條縷一寸納一渧油不與不應取是中佛制極少至五錢若五錢直若式叉摩尼隨所偷事若王捉若打若縛若儐出若作是言汝賊汝小兒汝癡汝墮官罪若式叉摩尼如是偷

十誦律卷第四十五　第十九張　存字號

奪者非式叉摩尼非沙門尼非釋女失式叉摩尼法是事盡形不應作若能持者當言能佛世尊種種因緣呵責煞生讚歎離煞乃至蟻子尚不應故奪命何況於人若式叉摩尼故自手奪人命若與刀若教死歎死作是言咄人用惡活為死勝生隨是人意種種因緣教死歎死若作憂多煞作頭多煞作網作攙作撥若作毗陁羅煞若作似毗陁羅煞若斷氣煞若墮胎煞若按腹煞若推著火中推著水中若從高推下若遣使道中煞若母腹中初受二根身根命根迦羅羅中生惡心方便令奪命若以是因緣死者是非式叉摩尼非沙門尼非釋女失式叉摩尼法是事盡形不應作若能持當言能佛以種種因緣呵責妄語讚歎不妄語乃至戲笑尚不應妄語何況故妄語若式叉摩尼不知不見過人法自言我如是知如是見我是阿羅漢向阿羅漢我是阿那含向阿那含若斯陁含向斯陁含若須陁洹向須陁洹若得初禪第二禪第三

十誦律卷第四十五　第二十張　存字号

禪第四禪若得慈悲喜捨無量心若
得無色　空處定識處定無所有處
定非想非非想處定若得不淨觀阿
那般那念諸天来到我所諸龍夜叉
薜荔伽毗舍闍鳩槃茶羅刹来到我
所彼問我我荅彼我問彼彼荅我若
式叉摩尼如是妄語者非式叉摩尼
非沙門尼非釋女失滅式叉摩尼法
是事盡形不應作若能持者當言能
佛以種種因緣呵欲欲想欲欲欲覺
欲熱佛說斷欲除欲想滅欲熱若式
叉摩尼有漏心聽漏心男子邊髮際
至腕膝巳上裸身受細滑若順摩若
逆摩若推若牽若從下抱者上從上
抱著下若捺搙是非式叉摩尼非沙門
尼非釋女失滅式叉摩尼法若犯者
可更受是中盡形壽不應作汝能持
不若能持當言能佛種種因緣呵欲
欲想欲欲欲覺欲熱讚歎斷欲除欲
想滅欲熱若式叉摩尼漏心聽漏心男
子邊若受捉手若捉衣若共立若共
語若共期若入屏處若待男子若自
身與如在家女法以此八事是貪犢

十誦律卷第四十五　第二十一張　存字号

是非式叉摩尼非沙門尼非釋女失滅
式叉摩尼法若犯可更受是中盡形
壽不應作汝能持不若能當言能汝
某甲聽僧巳與汝學戒法式叉摩尼
受持六法名式叉摩尼汝得具滿和
上尼具滿阿闍梨尼具滿比丘尼僧
得具滿行處得具滿國土得轉輪王
願汝今巳滿當恭敬三寶佛寶法寶
僧寶和上尼阿闍梨尼恭敬上中下
座當勤三學善戒學善定學善慧
學當修三脫門空無相无作當勤三
業坐禪誦經勸化作福行是諸法開
涅槃門得須陁洹果斯陁含果阿那
含果阿羅漢果如蓮華在水中日日
增長開敷汝亦如是增長道法後當
受具足戒

釋師子法中　巳獲難得戒　無難時難得
巳得勿使空　頭面礼僧足　右遶歡喜去

以十利故與比丘尼結戒從今是戒
應如是說若比丘尼弟子不二歲學
六法畜為衆者波逸提波逸提者燒
煑覆障若不悔過能障礙道是中犯
者若比丘尼弟子不二歲學六法便

十誦律卷第四十五　第二十二張　存字号

畜為衆波逸提隨畜隨得尒所波逸
提一百一十一事竟

佛在舍衛國尒時偷蘭難陁比丘尼
弟子二歲學六法未作屬和上尼羯
磨便畜為衆是中有比丘尼少欲知
足行頭陁聞是事種種因緣呵責言
云何名比丘尼弟子二歲學六法未
作屬和上尼羯磨便畜為衆種種因
緣呵已向佛廣說佛以是事集二部
僧知而故問偷蘭難陁比丘尼汝實
作是事不荅言實作世尊佛以種種
因緣呵責云何名比丘尼弟子二歲
學六法未作屬和上尼羯磨便畜為
衆種種因緣呵巳語諸比丘以十利
故與比丘尼結戒從今是戒應如是
說若比丘尼弟子二歲學六法未作
屬和上尼羯磨便畜為衆波逸提波
逸提者燒煑覆障若不悔過能障礙
道是中犯者若比丘尼弟子二歲學
六　法者未作屬和上尼羯磨便畜
為衆波逸提隨畜隨得尒所波逸提
一百一十二事竟

佛在舍衛國尒時諸比丘尼為畜衆

故受勤苦為浣衣染衣割截簝縫弟

十誦律卷第四十五　第十三張　存字號

子受大戒竟捨和上尼去諸比丘尼聞是事呵責言是不吉弊女我為汝作衣浣衣染衣割截簝縫受大辛苦受大戒已便捨我去種種因緣呵已向佛廣說佛以是事集二部僧語諸比丘從今聽比丘尼二歲隨逐和上尼以十利故與比丘尼結戒從今是戒應如是說若比丘尼受大戒已不二歲學隨智尼波逸提波逸提者燒煑覆障若不悔過能障礙道是中犯者若比丘尼受大戒已不二歲隨和上尼波逸提隨不逐和上尼隨得尒所波逸提 一百一十三事竟

佛在舍衛國尒時偷蘭難陁比丘尼畜衆不與財法諸弟子言和上尼何不與我等財法偷蘭難陁比丘尼言我不與汝等財法諸弟子言若不以財法與我等者當餘處去偷蘭難陁言佛結戒汝等應二歲隨逐我若餘處去得波逸提罪是中有比丘尼少欲知足行頭陁聞是事心不喜種種因緣呵責言云何名比丘尼畜弟子不與財法種種因緣呵已向佛廣

十誦律卷第四十五　第十四張　存字號

說佛以是事集二部僧知而故問汝實作是事不荅言實作世尊佛以種種因緣呵責言云何名比丘尼畜弟子不與財法種種因緣呵已語諸比丘以十利故與比丘尼結戒從今是戒應如是說若比丘尼畜弟子不與財法波逸提波逸提者燒煑覆障若不悔過能障礙道是中犯者若比丘尼畜衆不與財法波逸提隨不與隨得尒所波逸提 一百一十四事竟

佛在舍衛國尒時偷蘭難陁比丘尼畜婬女為衆是婬女比丘尼中前著衣持鉢入舍衛城乞食是中有居士作是言我曾共是比丘尼作如是如是事此比丘尼聞是事心不喜向諸比丘尼說諸比丘尼以是事向佛廣說佛以是事集二部僧知而故問偷蘭難陁比丘尼汝實作是事不荅言實作世尊佛以種種因緣呵責言云何名比丘尼畜婬女為衆種種因緣呵已語諸比丘尼從今不應畜婬女為衆畜者突吉羅若有因緣畜者應將

十誦律卷第四十五　第十五張　存字號

遠本處五由延若六由延以十利故與比丘尼結戒從今是戒應如是說若比丘尼畜婬女為衆不遠本處五六由延波逸提波逸提者燒煑覆障若不悔過能障礙道是中犯者若比丘尼畜婬女為衆不遠本處五六由延波逸提隨不遠去隨得尒所波逸提 一百一十五事竟

佛在舍衛國尒時偷蘭難陁比丘尼畜未滿二十歲童女為衆是中有比丘尼少欲知足行頭陁聞是事心不喜種種因緣呵責言云何名比丘尼畜未滿二十歲童女為衆種種因緣呵已向佛廣說佛以是事集二部僧知而故問偷蘭難陁比丘尼汝實作是事不荅言實作世尊佛以種種因緣呵責云何名比丘尼畜未滿二十歲童女為衆種種因緣呵已語諸比丘以十利故與比丘尼結戒從今是戒應如是說若比丘尼畜未滿二十歲童女為衆波逸提波逸提者燒煑覆障若不悔過能障礙道是中犯者若比丘尼畜未滿二十歲童女為衆

波逸提隨畜隨得尒所波逸提 一百一十六事竟

佛在舍衛國尒時偷蘭難陁比丘尼未作屬和上尼羯磨畜二十歲童女為衆是中有比丘尼少欲知足行頭陁聞是事心不喜種種因緣呵責云何名比丘尼未作屬和上尼羯磨畜二十歲童女為衆種種因緣呵已向佛廣說佛以是事集二部僧知而故問偷蘭難陁比丘尼汝實作是事不荅言實作世尊佛以種種因緣呵責云何名比丘尼未作屬和上尼羯磨畜滿二十歲童女為衆種種因緣呵已語諸比丘以十利故與比丘尼結戒從今是戒應如是說若比丘尼滿二十歲童女未作屬和上尼羯磨畜為衆者波逸提波逸提者燒煑覆障若不悔過能障礙道是中犯者若比丘尼未作屬和上尼羯磨畜滿二十歲童女為衆波逸提隨畜隨得尒所波逸提

一百一十七事竟

佛在舍衛國尒時偷蘭難陁比丘尼畜孝女為衆是孝女比丘尼不誦經不問荅不坐禪諸比丘尼問言汝何

以故不讀誦經問荅坐禪荅言諸善女我父死　母死兄弟死姉妹兒女死夫聟死故憂愁云何能讀誦經問荅坐禪是中有比丘尼少欲知足行頭陁聞是事心不喜種種因緣呵責云何名比丘尼畜孝女為衆種種因緣呵已向佛廣說佛以是事集二部僧知而故問偷蘭難陁比丘尼汝實作是事不荅言實作世尊佛以種種因緣呵責言云何名比丘尼畜孝女為衆種種因緣呵已語諸比丘以十利故與比丘尼結戒從今是戒應如是說若比丘尼畜孝女為衆波逸提波逸提者燒煑覆障若不悔過能障礙道是中犯者若比丘尼畜孝女為衆波逸提隨畜隨得尒所波逸提

一百一十八事竟

佛在舍衛國尒時偷蘭難陁比丘尼畜有男女自隨女人為衆是比丘尼中前著衣持鉢男女前後圍遶共行乞食諸居士共相謂言汝知不諸沙門釋子作婬欲人共比丘尼僧坊中生兒女是中有比丘尼少欲知足行

頭陁聞是事心不喜種種因緣呵責言云何名比丘尼畜將男女自隨女人為衆種種因緣呵已向佛廣說佛以是事集二部僧知而故問偷蘭難陁比丘尼汝實作是事不荅言實作世尊佛以種種因緣呵責云何名比丘尼畜將男女自隨女人為衆種種因緣呵已語諸比丘以十利故與比丘尼結戒從今是戒應如是說若比丘尼畜有男女自隨女人為衆波逸提波逸提者燒煑覆障若不悔過能障礙道是中犯者若比丘尼畜有男女自隨女人為衆波逸提隨畜隨得尒所波逸提 一百一十九事竟

佛在舍衛國尒時偷蘭難陁比丘尼畜惡性女人為衆是中有比丘尼少欲知足行頭陁聞是事心不喜種種因緣呵責言云何名比丘尼畜惡性女為衆種種因緣呵已向佛廣說佛以是事集二部僧知而故問偷蘭難陁比丘尼汝實作是事不荅言實作世尊佛以種種因緣呵責云何名比丘尼畜惡性女人為衆種種因緣呵

巳語諸比丘以十利故與比丘尼結（十誦律卷第四十五 第二十九張 存字号）戒從今是戒應如是說若比丘尼畜惡性女人為衆波逸提波逸提者燒煑覆障若不悔過能障礙道是中犯者若比丘尼畜惡性女人為衆波逸提隨畜隨得尒所波逸提（一百二十事竟）

佛在舍衛國尒時偷蘭難陁比丘尼滿二十歲童女不二歲學六法畜為衆是中有比丘尼少欲知足行頭陁聞是事心不喜種種因緣呵責言去何名比丘尼滿二十歲童女不二歲學六法畜為衆種種因緣呵巳向佛廣說佛以是事集二部僧知而故問偷蘭難陁比丘尼汝實作是事不荅言實作世尊佛以種種因緣呵責去何名比丘尼滿二十歲童女不二歲學六法畜為衆種種因緣呵巳語諸比丘以十利故與比丘尼結戒從今是戒應如是說若比丘尼滿二十歲童女不二歲學六法畜為衆者波逸提波逸提者燒煑覆障若不悔過能障礙道是中犯者若比丘尼滿二十歲童女不二歲學六法畜為衆者波逸提隨畜隨得尒所波逸提尒時諸（十誦律卷第四十五 第三十張 存字号）比丘尼不知云何為六法佛言共四波羅夷及駁際至䏶膝巳上（受八事 示貪著）相是名六法（一百二十一事竟）

佛在舍衛國尒時偷蘭難陁比丘尼滿二十歲童女二歲學六法不作屬和上尼羯磨畜為衆是中有比丘尼少欲知足行頭陁聞是事心不喜種種因緣呵責去何名比丘尼滿二十歲童女二歲學六法不作屬和上尼羯磨畜為衆種種因緣呵責巳向佛廣說佛以是事集二部僧知而故問偷蘭難陁比丘尼汝實作是事不荅言實作世尊佛以種種因緣呵責去何名比丘尼滿二十歲童女二歲學六法不作屬和上尼羯磨便畜為衆種種因緣呵巳語諸比丘以十利故與比丘尼結戒從今是戒應如是說若比丘尼滿二十歲童女二歲學六法不作屬和上尼羯磨便畜為衆者波逸提波逸提者燒煑覆障若不悔過能障礙道是中犯者若比丘尼滿二十歲童女二歲學六法不作屬和上尼羯磨便畜為衆波逸提隨畜隨得尒所波逸提（十誦律卷第四十五 第三十一張 存字号）（一百二十二事竟）

十誦尼律卷第四十五

十誦律卷第四十五

校勘記

一 底本，金藏廣勝寺本。

一 八四四頁中一行經名，中二行譯者資、磧、普、南、徑、清無（未换卷）。中一行經名下，麗有夾註「第七誦之四」。

一 八四四頁中三行「尼律第四、七誦之四」，資、磧、普、南、徑、清無；麗作「尼律第四」，並有夾註「百七十八單提之二」。

一 八四四頁中四行至本頁下一行「佛在王舍城……九十六事竟」，麗載於卷第四十四卷末經名前。（參照上卷校勘記）。

一　八四四頁中八行第三字「在」，資、磧、普、南、徑、清無。

一　八四四頁中一六行第六字「言」，資、磧、普、南、徑、清無。

一　八四四頁下一行夾註「九十六事竟」，徑、清作「第九十六事竟」。以下例同。

一　八四四頁下四行「集四種兵已」，資、磧、普、南、徑、清作「集四兵已」。下同。

一　八四四頁下一二行第一二字「行」，資、磧、普、南、徑、清無。

一　八四四頁下一五行「國土」，磧、南作「國王」。

一　八四五頁上八行「尒所」，資、磧、普、南、徑、清無。

一　八四五頁上一六行「何苦」，磧、南作「何故」。

一　八四五頁中一行第三字「等」，資、磧、普、南、徑、清無。

一　八四五頁下一二行第八字「見」，諸本（不含石，下同）無。

一　八四五頁下一三行「洗足」，資、磧、普、南、徑、清作「洗脚」。

一　八四五頁下二二行「何物」，徑、清作「何等」。

一　八四五頁下末行第一一字「諸」，資、磧、普、南、徑、清無。

一　八四六頁上六行第六字「於」，資、磧、普、南、徑、清無。

一　八四六頁上九行「是事」，諸本作「是事心不喜」。

一　八四六頁上一〇行「呵已」，麗作「呵責已」。

一　八四六頁上二二行第八字「時」，資、磧、普、南、徑、清無。

一　八四六頁中二一行「先住」，資、磧、普、南、徑、清作「前住」。

一　八四六頁下一行第九字「前」，資、磧、普、南、徑、清作「先」。三行末字同。

一　八四六頁下一一行「云何」，資、磧、普、南、徑、清作「何不」。

一　八四七頁上八行「其家」，資、磧、普、南、徑、清作「其舍」。

一　八四七頁上九行「往迎」，資、磧、普、南、徑、清無。

一　八四七頁上一三行第一三字「祜」，諸本作「祐」。

一　八四七頁中五行第九字「見」，資、磧、普、南、徑、清無。

一　八四七頁下七行末字「謂」，資、磧、普、南、徑、清作「語」。

一　八四八頁中一二行第九字「我」，資、磧、普、南、徑、清無。次頁上二一行第一一字同。

一　八四八頁中一八行第五字「中」，麗無。

一　八四八頁下二一行末字至二二行首字及次頁中二〇行「尒所」，資、磧、普、南、徑、清無。

一　八四九頁上九行「十二」，麗作「一一」。

一　八四九頁上二一行第二字「尼」，資、磧、普、南、徑、清無。

一　八四九頁上二二行第九字「汝」，

資、磧、普、南、徑、清無。

一　八四九頁中一六行「止羯磨」，諸本作「作止羯磨」。

一　八四九頁中一九行第一三字「衆」，資、磧、普、南、徑、清無。

一　八四九頁中二〇行夾註「一百一十事竟」，至此，徑、清換卷，卷第四十六終，卷第四十七始，並有「第七誦之三之餘」一行。同行「六法壇文」下，磧、普、南、徑、清有夾註「共十六事」。

一　八四九頁下二行末字至次行「身自祐瘦兒胎縮小便作是念」，資、磧、普、南、徑、清作「身自消瘦兒胎小縮作是念」。

一　八四九頁下九行「以來」，資、磧、普、南、徑、清作「來」。

一　八四九頁下一五行「人人」，麗作「一一」。同行「礼已」，資、磧、普、南、徑、清作「礼僧足已」。

一　八四九頁下一七行第四、第五字「我作」，資、磧、普、南、徑、清無。

一　八四九頁下一八行至次行「第二第三亦如是說」，諸本作「第二亦應言我沙彌尼某甲求尊爲和尚尼尊爲我作和尚尼故僧當與我二歲學戒第三亦應言我沙彌尼某甲求尊爲和尚尼尊爲我作和尚尼故僧當與我二歲學戒」。

一　八五〇頁上一行「第二第三亦如是說」，諸本作「第二亦應言僧一心和合當作僧事是和上尼某甲沙彌尼某甲僧當與二歲學戒第三亦應言僧一心和合當作僧事是和尚尼某甲沙彌尼某甲僧當與二歲學戒」。

一　八五〇頁上七行至次行「第二第三亦如是說」，諸本作「第二亦應言我沙彌尼某甲因和上尼某甲從僧乞二歲學戒因和上尼某甲僧當與我二歲學戒和上尼某甲憐愍故第三亦應言我沙彌尼某甲因和上尼某甲從僧乞二歲學戒因和上尼某甲僧當與我二歲學戒和上尼某甲憐愍故」。

一　八五〇頁上一〇行第一二字「名」，資、磧、普、南、徑、清無。

一　八五〇頁中一行「沙彌尼」，諸本作「是沙彌尼」。

一　八五〇頁中六行第五字「忍」，資、磧、普、南、徑、清無。

一　八五〇頁中七行首字「竟」，麗作「和上尼某甲竟」。

一　八五〇頁中九行「阿竭度」，資、磧、普、南、徑、清作「阿伽度」。同行「三耶三佛」，資、麗作「三耶三佛陀」；磧、普、南、徑、清作「三藐三佛陀」。

一　八五〇頁中一一行「受行」，磧、普、南、徑、清作「壽」。

一　八五〇頁中一四行「心想」，資、磧、普、南、徑、清作「心法」。

一　八五〇頁中一五行第二字「與」，諸本無。同行至一六行「沙沙尼」，資、磧、普、南、徑、清作「沙門尼」；麗作「沙彌尼」。

一　八五〇頁下一行「沙門尼」，麗作「沙彌尼」。一五行、次頁上一五行及次頁中一行同。

一　八五〇頁下一〇行首字及第八字「煞」，資、磧、普、南、徑、清無。

一　八五〇頁下一一行第一二、一三字「推著」，資、磧、普、南、徑、清無。

一　八五〇頁下一二行第二字「若」，資、磧、普、南、徑、清無。

一　八五〇頁下一七行第二字「持」，諸本作「持者」。同行第七字「以」，資、磧、普、南、徑、清無，次頁上一〇行第二字同。

一　八五一頁上八行「失滅式叉摩尼法」，諸本作「失叉摩尼法」。下同。

一　八五一頁上一四行「從上」，資、磧、普、南、徑、清作「若從上」。

一　八五一頁上一七行第八字「壽」，資、磧、普、南、徑、清無。本頁中三行首字同。

一　八五一頁上一八行「種種」，麗作「以種種」。

一　八五一頁上末行「是貪欲相」，諸本作「自身與」。

一　八五一頁中四行「戒法」，資、磧、普、南、徑、清無。

一　八五一頁下一行「介所」，資、磧、普、南、徑、清無。下同。

一　八五一頁下六行「聞是事」，諸本作「聞是事心不喜」。

一　八五一頁下一二行「弟子」，資、磧、普、南、徑、清作「爲弟子」。

一　八五二頁上一行「篸縫」，麗作「篸揵」，下同。同行末至次行首「弟子」，資、磧、普、南、徑、清作「諸弟子」。

一　八五二頁上一〇行第三字「學」，諸本無。

一　八五二頁上一三行「隨不逐」，諸本作「隨不隨逐」。

一　八五二頁中四行第六字「言」，資、磧、普、南、徑、清無。本頁下一二行第八字同。

一　八五二頁中二二行「比丘尼」，麗作「比丘」。

一　八五三頁中一行第二字「故」，資、磧、普、南、徑、清無。

一　八五三頁中二行「母死兄弟死」，資、磧、普、南、徑、清作「母死兄死弟死」；麗作「若母死兄弟死」。

一　八五三頁下三行「呵已」，諸本作「呵責已」。

一　八五四頁上二〇行第一二字及中二一行首字「者」，資、磧、普、南、徑、清無。

一　八五四頁中二行第四字「不」，資、磧無。

一　八五四頁下末行「十誦尼律卷第四十五」，資、普作「十誦律卷第四十四」；磧、南、徑、清無（未換卷）。

十誦律卷第四十六　第七誦之五　　存

後秦北印度三藏弗若多羅共羅什譯

百七十八單提法之三

佛在王舍城尒時助調達比丘尼常入出他家有居士婦言汝度我出家比丘尼言汝與我鉢我當度汝與我衣戶鉤時藥時分藥七日藥盡形藥我當度汝出家居士婦言汝等客作度人耶是比丘尼言尒他日諸善比丘尼至是居士舍居士婦問言汝等實客作度人耶善比丘尼言誰作是語居士婦言我語助調達比丘尼汝當度我出家便語我言與我鉢來我當度汝與我衣戶鉤時藥時分藥七日藥盡形藥我當度汝是中有比丘尼少欲知足行頭陀聞是事心不喜呵責言云何名比丘尼作是言汝與我鉢與我衣戶鉤時藥時分藥七日藥盡形藥我當度汝種種因緣呵已向佛廣說佛以是事集二部僧知而故問助調達比丘尼汝實作是事不荅言實作世尊佛以種種因緣呵

責云何名比丘尼作是言汝與我鉢衣來戶鉤時藥時分藥七日藥盡形藥我當度汝佛種種因緣呵已語諸比丘以十利故與比丘尼結戒從今是戒應如是說若比丘尼作是言若汝與我鉢衣戶鉤時藥時分藥七日藥盡形藥我當度汝波夜提波夜提者燒煑覆障若不悔過能障礙道是中犯者若比丘尼作是言汝與我鉢衣戶鉤時藥時分藥七日藥盡形藥我當度汝皆波夜提隨作是語隨得波夜提 一百二十七事

佛在舍衛國尒時舍衛國居士有婦不隨夫教以手脚打驅出自舍有比丘尼常入出是家婦往至比丘尼所是居士到餘聚落作是念我婦將無走去耶還舍覓不得居士念言我婦必往至比丘尼精舍居士復作是念置使在彼令好調伏後當將還是婦五六日住已語所知識比丘尼善女何不度我荅言汝聟尚在云何度汝婦言夫不用我若須我者應當自來亦當遣使比丘尼即度令出家是居士

聞婦出家瞋恚語婦師言汝惡比丘尼賊比丘尼汝破我家何故破汝家荅言奪我婦作比丘尼比丘尼言此是汝婦汝便將去諸居士呵責言諸比丘尼自言善好有功德主不聽便度他婦如王夫人大臣婦是中有比丘尼少欲知足行頭陀聞是事心不喜種種因緣呵責言云何名比丘尼主不聽便度他婦種種因緣呵已向佛廣說佛以是事集二部僧知而故問是比丘尼汝實作是事不荅言實作世尊佛以種種因緣呵責云何名比丘尼主不聽便畜為眾種種因緣呵責已語諸比丘以十利故與比丘尼結戒從今是戒應如是說若比丘尼女人主不聽畜為眾者波夜提主不聽者有三種若未嫁女父母不聽若已嫁未至夫家者尒時兩邊不聽若已至夫家夫主不聽波夜提波夜提者燒煑覆障若不悔過能障礙道是中犯者若比丘尼夫主不聽便度波夜提隨不聽度隨得波夜提 一百二十八事竟

佛在王舍城尒時助調達比丘尼有

十誦律卷第四十六　第四張　存

大式叉摩尼可受大戒施越沙比丘
尼見是式叉摩尼即便語言汝何
不受大戒荅言助調達比丘尼兇惡
喜鬪我不欲從彼受大戒汝若與我
作和上尼者我當受大戒施越沙言
汝二歲學六法我當畜汝為衆是大
式叉摩尼二歲學六法已語施越沙
言汝語我二歲學六法我當畜汝為
衆我已二歲學六法汝當畜我施越
沙言我不畜汝何以故是助調達比
丘尼兇惡喜鬪諍自能傷他亦能殺人
作以是故我不畜汝又言汝若不能
畜我何以語我二歲學六法若汝先
不語我者我不二歲學六法是中有
比丘尼少欲知足行頭陁聞是事種
種因緣呵責言云何名比丘尼語他
言汝二歲學六法我當畜汝後便不
畜種種因緣呵已向佛廣說佛以是
事集二部僧知而故問是比丘尼汝
實作是事不荅言實作世尊佛以
種種因緣呵責言云何名比丘尼語
他言汝二歲學六法我當畜汝後便
不畜種種因緣呵已語諸比丘以十

十誦律卷第四十六　第五張　存

利故與諸比丘尼結戒從今是戒應
如是說若比丘尼語他言汝二歲學
六法後當畜汝若不畜者波夜提波
夜提者燒煑覆障若不悔過能障礙
道是中犯者若比丘尼語他言汝二
歲學六法我當畜汝後便不畜者波
夜提隨不畜隨得波夜提 一百二十五事竟
佛在舍衛國介時偷蘭難陁比丘尼
歲歲度弟子語諸弟子言我所入處
汝等皆隨我入若我有所得者汝亦
當得偷蘭難陁比丘尼一時著衣持
鉢行乞食入一家得滿鉢去次弟子
入又得滿鉢去第二第三亦復次入居
士不能復與即閉門作是言誰能與
是諸不吉比丘尼食是中有比丘尼
少欲知足行頭陁聞是事心不喜向
佛廣說佛以是事集二部僧知而故
問汝實作是事不荅言實作世尊佛
以種種因緣呵責偷蘭難陁比丘尼
云何名比丘尼歲歲度弟子種種因緣
呵已語諸比丘以十利故與比丘尼結
戒從今是戒應如是說若比丘尼歲
歲度弟子者波夜提波夜提者燒煑

十誦律卷第四十六　第六張　存

覆障若不悔過能障礙道是中犯者
若比丘尼歲歲度弟子者波夜提隨
歲歲度隨得波夜提不犯者若隔歲
度一若度二者不犯 一百二十六事竟
比丘尼壇文
佛在舍衛國介時有迦毗羅女作比丘
尼名跋陁有式叉摩尼可受大戒介
時阿難常為比丘尼差十比丘衆與
受大戒時阿難中前著衣持鉢入舍
衛城乞食跋陁比丘尼遥見阿難舍
衛城乞食往到其所頭面礼足一面
住白言大德阿難我有式叉摩尼可受
大戒願差十比丘衆阿難問言比丘
尼僧作乞屬和上尼羯磨未荅言已
作何時作耶荅言昨日作阿難即默
然受跋陁比丘尼知阿難受已頭面
礼足而去阿難乞食食已到祇洹持
戶鉤遊行從一房至一房佛遥見阿
難持戶鉤從房至房遊行佛知故問
阿難汝何故持戶鉤遊行從房至房阿
難白言世尊跋陁比丘尼有式叉摩尼
可受大戒語我差十比丘衆我今欲
差是故持戶鉤遊行諸房佛問阿難

十誦律卷第四十六　第七張　存

諸比丘尼作乞屬和上尼羯磨未答言已作何時作耶答言昨日作佛知故問阿難諸比丘尼用宿作乞屬和上尼羯磨欲畜衆耶答言用宿作世尊佛以是事集二部僧知而故問跋陀比丘尼汝實作是事不答言實作世尊佛以種種因緣呵責云何名比丘尼用宿作乞屬和上尼羯磨畜衆種種因緣呵已語諸比丘以十利故與比丘尼結戒從今是戒應如是說若比丘尼宿作乞屬和上尼羯磨畜衆者波夜提波逸提者燒煮覆障若不悔過能障礙道是中犯者若比丘尼用宿作乞屬和上尼羯磨畜衆者波夜提隨畜隨得波夜提佛雖如是聽受大戒法諸比丘尼不知云何受佛言受具足法者比丘尼初來將式叉摩尼入尼僧中教人人頭面禮僧足竟尼羯磨師應教受衣鉢問此衣是汝有不答言是應教效我語我某甲是衣僧伽梨若干條受割截衣持第二是衣僧伽梨若干條受割截衣持第三是衣僧伽梨若干條受割截衣持次問此衣是汝

十誦律卷第四十六　第八張　存

有不答言是我某甲是衣欝多羅僧七條受兩長一短割截衣持第二是衣欝多羅僧七條受兩長一短割截衣持第三是衣欝多羅僧七條受兩長一短割截衣持次問此衣是汝有不答言是我某甲是衣安陀會五條受一長一短割截衣持第二是衣安陀會五條受一長一短割截衣持第三是衣安陀會五條受一長一短割截衣持若僧伽梨縵是僧伽梨縵衣受持若欝多羅僧縵是欝多羅僧縵衣受持安陀會縵是衣縵安陀會受持次教言此衣覆肩衣受是是汝有不答言是應教言此衣覆肩衣受長四肘廣二肘半是覆肩衣持第二此衣覆肩衣受長四肘廣二肘半是覆肩衣持第三此衣覆肩衣受長四肘廣二肘半是衣覆肩衣持次教此衣厥修羅受長四肘廣二肘半此衣厥修羅衣持第二此衣厥修羅受長四肘廣二肘半此衣厥修羅衣持第三此衣厥修羅受長四肘廣二肘半此衣厥修羅衣持次問

十誦律卷第四十六　第九張　存

言此鉢多羅是汝有不答言是應教言我某甲此鉢多羅應量受長用故第二此鉢多羅應量受長用故第三此鉢多羅應量受長用故受衣鉢已次教令乞屬和上尼我某甲式叉摩尼求尊為和上尼願尊為我作和上尼我某甲因尊和上尼故僧當與我作乞屬和上尼羯磨憐愍故第二我某甲求尊為和上尼願尊為我作和上尼我某甲因尊和上尼故僧當與我作乞屬和上尼羯磨憐愍故第三我某甲求尊為和上尼願尊為我作和上尼我某甲因尊和上尼故僧當與我作乞屬和上尼羯磨憐愍故應問和上尼能不若言能應教者見處離聞處即時呈羯磨師應僧中如是唱誰能為某甲作教師若有一比丘尼言我能佛言是比丘尼有五法不應令作教師何等五隨愛教隨瞋教隨怖教隨癡教不知教不教若成就五法應作教師何等五法不隨愛教不隨瞋教不隨怖教不隨癡教知教不教即時應唱言大德尼僧聽是式叉

摩尼某甲從和上尼某甲欲受具足
戒比丘尼某甲能為作教師教某甲故
若僧時到僧忍聽比丘尼某甲為教師
教某甲故如是白大德尼僧聽是某甲
式叉摩尼從和上尼某甲欲受具足戒
某甲能作教師教某甲誰諸尼僧忍
立某甲為教師教某甲者默然誰不
忍便說僧已立某甲為教師教某甲
竟僧忍默然故是事如是持已欲羯磨
者應性教正衣服右膝著地合掌而問言
汝某甲聽今是至誠時實語時後
尼僧中亦如是我今問汝若實者
當言實若不實當言不實我今問
汝汝是女不是人不非是非人不
非畜生不非是不能女不女根上有
毛不不枯壞不無癃下病不非偏不不
二道合不女根不小不非是不能産
不非是無乳不非是一乳不非是恒有
月水不非無月忌不非婬不非客作
不非買得不非破得不非兵婦不非
吏婦不非犯官罪不不負他物不女
人有如是等病癩病癰疽病痟盡病
癲狂病長熱病無如是等病不父母

夫主在不父母夫主聽出家不五衣
鉢具不汝字何等和上尼字誰荅言
我字某甲和上尼名某甲尼教師問竟應白僧
是式叉摩尼某甲我已問竟尼羯磨師應言若清淨者將來更一一禮尼僧足已
次教乞屬和上尼羯磨羯磨法者我
某甲從和上尼某甲欲受具足戒我
今從僧乞屬和上尼羯磨和上尼某
甲僧當與我屬和上尼羯磨和上尼
某甲憐愍故第二我某甲從和上尼
某甲欲受具足戒我今從僧乞屬和
上尼羯磨和上尼某甲僧當與我作乞
屬和上尼羯磨和上尼某甲憐愍故第
三我某甲從和上尼某甲欲受具足
戒我今從僧乞屬和上尼羯磨和上尼
某甲僧當與我某甲作乞屬和上尼
羯磨和上尼某甲憐愍故
尼羯磨師應僧中作如是唱大德尼
僧聽是某甲從某甲和上尼欲受具
足戒是某甲從僧乞屬和上尼羯磨
和上尼某甲若僧時到僧忍聽我今
僧中問某甲遮道法如是白應作是
言汝某甲聽今是至誠時實語時我
今僧中問汝若實言實若不實當言

不實汝是女不是人不非是非人不非
畜生不非是不能女不女根上有毛
不不枯壞不無癃下病不非偏不不
二道合不女根不小不非是不能産
不非是無乳不非是一乳不非恒有
月水不非無月忌不非婬不非客作
不非買得不非破得不非兵婦不
非吏婦不非犯官事不不負他物不
女人有如是等病癩病癰疽病痟盡
病癲狂病長熱病無有如是等病不
父母夫主在不父母夫主聽出家不
五衣鉢具不汝名何等和上尼字誰
應荅言我名某甲和上尼名某甲頗有
未問者不若未問者我當更問若已
問者應嘿然即語言汝某甲默然是中
尼羯磨師僧中唱大德尼僧聽某甲式
叉摩尼從和上尼某甲欲受具足戒
是某甲從僧乞屬和上尼羯磨和上
尼某甲某甲自說清淨無遮道法
五衣鉢具某甲名某甲和上尼名某
甲若僧時到僧忍聽僧與某甲為作
乞屬和上尼羯磨和上尼名某甲如
是白大德尼僧聽某甲式叉摩尼欲

從和上尼某甲受具足戒是某甲從僧乞屬和上尼羯磨和上尼名某甲某甲自說清淨無遮道法五衣鉢具某甲名某甲和上尼名某甲僧當與某甲作乞屬和上尼羯磨和上尼名某甲誰諸比丘尼僧忍某甲作乞屬和上尼羯磨和上尼某甲者默然不忍者說是初羯磨竟第二大德尼僧聽某甲式叉摩尼欲從和上尼某甲受具足戒是某甲從僧乞屬和上尼羯磨和上尼名某甲某甲自說清淨無遮道法五衣鉢具某甲名某甲和上尼名某甲僧當與某甲作乞屬和上尼羯磨和上尼名某甲是中誰諸比丘尼僧忍某甲作乞屬和上尼羯磨和上尼某甲者默然不忍者說是第二羯磨竟第三大德尼僧聽某甲式叉摩尼欲從和上尼某甲受具足戒是某甲從僧乞屬和上尼羯磨和上尼名某甲某甲自說清淨無遮道法五衣鉢具某甲名某甲和上尼名某甲僧當與某甲作乞屬和上尼羯磨和上尼名某甲誰諸比丘尼僧忍

某甲作乞屬和上尼羯磨和上尼名某甲者默然不忍者說是第三羯磨竟僧已為某甲作屬和上尼羯磨和上尼名某甲僧忍默然故是事如是持（比丘尼衆應在比丘尼寺中作如是羯磨書作竟即將至大僧寺中二部僧和合與受具戒）將至大僧中一一礼僧足應教從僧乞受具足戒我某甲從和上尼某甲欲受具足戒今從僧乞受具足戒法和上尼名某甲僧當濟度我與我受具足戒憐愍故第二我某甲從和上尼某甲欲受具足戒我今從僧中乞受具足戒法和上尼名某甲僧當濟度我與我受具足戒憐愍故第三我某甲從和上尼某甲欲受具足戒我今從僧乞受具足戒法和上尼名某甲僧當濟度我與我受具足戒憐愍故一比丘應僧中唱言大德僧聽是某甲從和上尼某甲欲受具足戒今從衆僧中乞受具足戒和上尼名某甲若僧時到僧忍聽我當僧中問某甲六法如是白應語彼言汝某甲聽今是至誠時實語時我今僧中問汝實

者當言實不實者當言不實汝某甲清淨不汝從出家來順行出家法不二歲學六法不比丘尼僧作本事不比丘尼僧和合已作乞屬和上尼羯磨未五衣鉢具不汝字誰和上尼字誰荅言我名某甲和上尼名某甲頗有未問者不若未問者我當更問已問者汝默然大德僧聽某甲從和上尼某甲欲受具足戒某甲今從僧乞受具足戒和上尼名某甲某甲自說清淨順行出家法已二歲學六法比丘尼僧已作本事竟比丘尼僧和合已作屬和上尼羯磨五衣鉢具某甲名某甲和上尼名某甲若僧時到僧忍聽與某甲受具足戒某甲名某甲和上尼名某甲如是白大德僧聽某甲從和上尼某甲欲受具足戒今從衆僧中乞受具足戒和上尼名某甲某甲自說清淨順行出家法已二歲學六法比丘尼僧已作本事竟比丘尼僧和合已作屬和上尼羯磨五衣鉢具某甲名某甲和上尼名某甲僧當與某甲受具足戒和上尼名某甲誰諸長老忍

某甲受具足戒和上尼名某甲者默
然誰不忍者說是初羯磨說竟弟
二大德僧聽某甲從和上尼某甲欲
受具足戒今從衆僧中乞受具足戒和
上尼名某甲某甲自說清淨順行出
家法已二歲學六法比丘尼僧已作本
事竟比丘尼僧和合已作屬和上尼
羯磨五衣鉢具某甲名某甲和上尼
名某甲僧當與某甲受具足戒和上
尼名某甲誰諸長老忍某甲受具足
戒和上尼名某甲默然誰不忍者
說是第二羯磨說竟第三大德僧聽
某甲從和上尼某甲欲受具足戒今
從衆僧中乞受具足戒和上尼名某
甲某甲自說清淨順行出家法已二
歲學六法比丘尼僧已作本事竟比丘
尼僧和合已作屬和上尼羯磨五衣
鉢具某甲名某甲和上尼名某甲僧
當與某甲受具足戒和上尼名某甲
誰諸長老忍某甲受具足戒和上尼
名某甲者默然誰不忍者便說是第三
羯磨說竟僧已與某甲受具足戒竟
和上尼名某甲僧忍默然故是事如

是持應教言若人問汝幾歲應答言
無歲何時節隨時應答若春若夏若
冬若閏無閏皆應隨實答是事汝盡
形應憶念即應為說三依止法汝某甲
聽佛世尊多陁阿竭阿羅呵三耶三
佛是知者見者說受大戒比丘尼三
依止法比丘尼依是法得出家受戒行
比丘尼法何等三一者依糞掃衣比
丘尼依是得出家受戒行比丘尼法
若更得盈長衣所謂赤麻衣白麻衣
芻麻衣翅夷羅衣繒衣欽婆羅衣刧
貝衣如是清淨衣皆是盈長衣得
是中汝盡形依糞掃衣能持不若能
當言能二者依乞食比丘尼出家受
戒行比丘尼法若更得盈長施食若
相食故作食齋日食月一日食十六
日食衆僧食別房食請食若僧若別
請如是等清淨諸食皆名盈長得是
中盡形依乞食能持不若能當言能
三者依腐棄藥比丘尼出家受戒行
比丘尼法若更得盈長施酥油蜜石
蜜四種淨脂熊脂驢脂豬脂鱣脂五
種根藥舍梨薑赤附子波提鞞沙菖

蒱根五種果藥訶梨勒阿摩勒鞞醯
勒胡椒蓽茇羅五種鹽紫鹽赤鹽白
鹽黑鹽鹵土鹽五種湯華湯葉湯根
湯莖湯果湯五種樹膠興渠膠薩闍
賴膠底夜膠底夜和提膠底夜和那
膠如是等諸餘清淨藥是盈長得故
當依腐棄藥汝盡形能持不若能當
言能次應說八墮法汝某甲聽佛世
尊多陁阿竭阿羅呵三耶三佛是
知者見者說是受具足戒比丘尼得三
依止八墮法若比丘尼於八墮法中隨
所犯一一法非比丘尼非沙門尼非
釋女失滅比丘尼法如截多羅樹頭
畢竟不生不復增長比丘尼亦如是
八墮法中隨所犯者非比丘尼非沙
門尼非釋女失滅比丘尼法佛世尊
種種因緣呵責欲欲想欲欲覺欲熱
佛讚歎斷欲除欲想滅欲熱若比丘
尼同入比丘尼戒法不捨戒戒羸不
出想隨心受婬欲乃至共畜生是非
比丘尼非沙門尼非釋女失滅比丘
尼法是事盡形不應作若能持者當
言能佛種種因緣呵責偷奪法讚歎

十誦律卷第四十六　第十九張　存　富

不偷奪法乃至一條縷一寸納一渧油尚不應偷奪是中佛制極少乃至五錢若五錢直若比丘尼隨所偷事若王捉若打若縛若擯出作是言汝賊汝小兒汝癡汝墮官罪若比丘尼如是偷奪者非比丘尼非沙門尼非釋女失滅比丘尼法是事盡形不應作若能持者當言能佛種種因緣呵責煞生讃歎不煞生乃至蟻子尚不應故奪命何況於人若比丘尼自手故奪人命若與刀若教死歎死作是言咄人用惡活為死勝生隨彼心樂死種種因緣教死歎死若作憂多煞若作頭多煞作弶作網作撥若作毗陁羅若作似毗陁羅若斷氣煞若墮胎煞若按腹煞若推著火中水中若從高推下若使道中死若母腹中初受二根身根命根加羅羅中生惡心方便令奪命若以是因緣死者是非比丘尼非沙門尼非釋女失滅比丘尼法是事盡形不應作若能持者當言能佛種種因緣呵責妄語種種因緣讃歎不妄語是中乃至戲笑尚不應妄語

十誦律卷第四十六　第二十張　存　寸元

何況故妄語若比丘尼不知不見過人法自言我如是知如是見我是阿羅漢向阿羅漢若阿那含向阿那含若斯陁含向斯陁含若須陁洹向須陁洹若得初禪第二禪第三禪第四禪若得慈悲喜捨無量心若得無色虛空定識處定無所有處定非想非非想處定若得不淨觀阿那般那念諸天来至我所諸龍夜叉薜荔伽毗舍闍鳩槃荼羅刹来到我所彼問我我荅彼我問彼彼荅我若比丘尼如是妄語者非比丘尼非沙門尼非釋女失滅比丘尼法是事盡形不應作若能持者當言能佛以種種因緣呵欲欲想欲欲覺欲熱佛說斷欲除欲想滅欲熱若比丘尼有漏心聽漏心男子髮際至腕膝已上却衣順摩逆摩抱捉牽推舉上舉下捺瘡者非比丘尼非沙門尼非釋女失滅比丘尼法是事盡形不應作若能者當言能佛種種因緣呵欲欲想欲欲覺欲熱佛說斷欲除欲想滅欲熱若比丘尼有漏心聽漏心男子捉手捉衣共立共

十誦律卷第四十六　第二十一張　存　寸元

語共期入屏覆處待男子来自身往就如白衣女以此八事示貪著相是非比丘尼非沙門尼非釋女失滅比丘尼法是事盡形不應作若能持者當言能佛種種因緣呵責惡知識惡伴黨讃歎善知識善伴黨若比丘尼知他比丘尼犯重罪覆藏乃至一夜是比丘尼知彼比丘尼若退若住若失若遠去後作是言我先知是比丘尼有如是如是事不欲自向人說不欲向僧說不欲令人知作是言云何妹自汙姉是非比丘尼非沙門尼非釋女失滅比丘尼法是事盡形不應作若能持者當言能佛種種因緣呵責惡知識惡伴黨讃歎善伴黨善知識若比丘尼知比丘一心和合僧作不見擯獨一無二无伴無侶不休不息隨順相助諸比丘尼應語是比丘尼言僧一心和合作不見擯是比丘獨一無二無伴無侶不休不息汝莫隨順若是比丘尼諸比丘尼如是諫時堅持是事不捨者諸比丘尼應第二第三諫令捨是事故第二第三諫時捨者善不

捨者是非比丘尼非沙門尼非釋女失滅比丘尼法是事盡形不應作若能持者當言能應語言汝從今應善軟心易教化隨順師教汝某甲已受大戒竟好和上尼好阿闍梨尼好衆僧好僧坊好檀越好行道處好國土轉輪聖王所願尚不能得滿汝今得滿汝應恭敬三寶佛寶法寶僧寶應學三學善戒學善心學善慧學修三脫門空無相無願勤行三業坐禪誦經佐助衆事汝勤行是法者得開須陀洹果門斯陀含果門阿那含果門阿羅漢果門如青赤白蓮華在水中日日增長汝等諸善根亦日日增長餘殘戒法和上阿闍梨漸漸為汝廣說即說偈言

汝得受具戒　深知於佛法　普善真微妙
廣大珍寶聚　天王釋所願　轉輪王所願
閻羅王所願　汝今已得滿　常當勤精進
修習諸善法　勤修行三業　當開甘露門
於一切法中　得無障礙慧　如華日增長
汝善根亦爾　餘殘諸戒法　佛世尊所說
和上阿闍梨　當為汝廣說　頭面禮僧足

右遶歡喜去 一百二十七事竟

佛在舍衛國爾時舍衛城諸居士婦向阿耆羅河洗浴先有比丘尼倮形河中洗浴諸居士婦呵責言不吉弊女截身大腹垂乳何用作比丘尼為何不反戒作婢是中有比丘尼少欲知足行頭陀聞是事心不喜以是事向佛廣說佛以是事集二部僧知而故問是比丘尼汝實作是事不答言實作世尊佛以種種因緣呵責言云何名比丘尼倮形露處洗種種因緣呵責已語諸比丘從今聽比丘尼畜浴衣著露地洗爾時諸比丘尼知佛聽畜浴衣便廣長作是中有比丘尼少欲知足行頭陀聞是事心不喜種種因緣呵責云何名比丘尼知佛聽畜浴衣便廣長大作種種因緣呵已向佛廣說佛以是事集二部僧知而故問諸比丘尼汝實作是事不答言實作世尊佛以種種因緣呵責言云何名比丘尼知我聽畜浴衣便廣長大作種種因緣呵已語諸比丘以十利故與比丘尼結戒從今是戒應如

是說若比丘尼欲作浴衣當應量作量者長五修伽陀揲手廣二揲手半過是作者波夜提波夜提者燒煮覆障若不悔過能障礙道是中犯者若比丘尼欲作浴衣若過長量不過廣量波夜提若過廣量不過長量波夜提隨過長廣量隨得波夜提 一百二十八事竟

佛在王舍城爾時有助調達比丘尼數數易衣服是時有比丘尼少欲知足行頭陀聞是事心不喜種種因緣呵責云何名比丘尼數數易衣服種種因緣呵已向佛廣說佛以是事集二部僧知而故問助調達比丘尼汝實作是事不答言實作世尊佛以種種因緣呵責云何名比丘尼數數易衣服種種因緣呵已語諸比丘以十利故與比丘尼結戒從今是戒應如是說若比丘尼數數易衣服波夜提波夜提者燒煮覆障若不悔過能障礙道是中犯者若比丘尼數數易衣服波夜提隨易隨得波夜提 一百二十九事竟

佛在舍衛國爾時偷蘭難陀比丘尼有弟子名施越沙善好樂持戒但喜

忘施越沙摘故衣不自縫不使人縫所摘衣散在異處是中有比丘尼少欲知足行頭陀聞是事心不喜呵責云何名比丘尼摘故衣不自縫不使人縫散在異處種種因緣呵已向佛廣說佛以是事集二部僧知而故問施越沙比丘尼汝實作是事不荅言實作世尊佛以種種因緣呵責云何名比丘尼摘故衣不自縫不使人縫散在異處種種因緣呵已語諸比丘從今聽諸比丘尼作衣極久五夜應還受以十利故與比丘尼結戒從今是戒應如是說若比丘尼作衣極久乃至五夜過是成者波逸提波逸提者燒煮覆障若不悔過能障礙道是中犯者若比丘尼作衣時過五夜波逸提隨過隨得波逸提 一百三十事竟

佛在王舍城尒時助調達比丘尼多畜衣不分別何者是所受僧伽梨何者是所受欝多羅僧何者是所受安陀會何者是所受覆肩衣何者所受俱修羅諸比丘尼問助調達比丘尼何者是汝所受僧伽梨欝多羅僧安

陀會覆肩衣俱修羅荅言小待我問和上尼問阿闍梨尼問共活尼即往問言何者我所受僧伽梨欝多羅僧安陀會覆肩衣俱修羅諸人荅言我不知不憶疑何者是汝所受非所受是中有比丘尼少欲知足行頭陀聞是事心不喜種種因緣呵責言云何名比丘尼多畜衣不知何者是所受僧伽梨欝多羅僧安陀會覆肩衣俱修羅種種因緣呵責已向佛廣說佛以是事集二部僧知而故問助調達比丘尼言汝實作是事不荅言實作世尊佛以種種因緣呵責云何名比丘尼多畜衣不知何者是所受僧伽梨欝多羅僧安陀會覆肩衣俱修羅種種因緣呵已語諸比丘從今比丘尼五夜應看五衣以十利故與比丘尼結戒從今是戒應如是說若比丘尼五夜不看五衣波逸提波逸提者燒煮覆障若不悔過能障礙道是中犯者若比丘尼五夜不看五衣波逸提隨不看隨得波逸提 一百三十一事竟

佛在王舍城尒時助調達比丘尼常

入出諸家諸居士婦言與我少許衣段守護小兒故是比丘尼即脫衣與後諸善比丘尼復到是家諸居士婦言與我少許衣段守護小兒故善比丘尼言汝等倒語白衣應與出家人衣而反從我索我等受他信施云何壞他供養居士婦言汝等慳惜前有比丘尼來我索小段便脫衣與我是中有比丘尼少欲知足行頭陀聞是事心不喜種種因緣呵責云何名比丘尼以衣與白衣種種因緣呵已向佛廣說佛以是事集二部僧知而故問助調達比丘尼汝實作是事不荅言實作世尊佛以種種因緣呵責云何名比丘尼以衣與白衣種種因緣呵已語諸比丘以十利故與比丘尼結戒從今是戒應如是說若比丘尼以衣與白衣波逸提波逸提者燒煮覆障若不悔過能障礙道是中犯者若比丘尼以衣與白衣波逸提隨與隨得波逸提 一百三十二事竟

佛在舍衛國尒時偷蘭難陀比丘尼月病休止浣病衣已淨不欲起去妨

十誦律卷第四十六第二十八張存

餘有月病比丘尼不得故憂諸比丘尼苦惱是中有比丘尼少欲知足行頭陀聞是事心不喜種種因緣呵責云何名比丘尼月病休止浣病衣已淨不欲起去種種因緣呵已向佛廣說佛以是事集二部僧知而故問偷蘭難陀比丘尼汝實作是事不答言實作世尊佛以種種因緣呵責言云何名比丘尼月病休止得浣衣竟不欲起去種種因緣呵已語諸比丘以十利故與比丘尼結戒從今是戒應如是說若比丘尼月病休止浣衣已淨不起去者波夜提波夜提者燒煑覆障若不悔過能障礙道是中犯者若比丘尼月病休止浣衣已淨不起去者波夜提隨不起隨得波夜提一百三十三事竟

佛在舍衛國尒時有一居士欲與比丘尼僧衣偷蘭難陀比丘尼常入出是家聞已往問言汝實欲與比丘尼僧衣耶答言實尒偷蘭難陀言比丘尼僧多有衣厚舉畜腐爛不能用汝今有事且出城還更自思惟以是因緣

十誦律卷第四十六第二十九張存

故是衣竟不與比丘尼僧是中有比丘尼少欲知足行頭陀聞是事心不喜種種因緣呵責言云何名比丘尼居士欲與比丘尼僧衣遮令不與種種因緣呵責已向佛廣說佛以是事集二部僧知而故問偷蘭難陀比丘尼汝實作是事不答言實作世尊佛以種種因緣呵責言云何名比丘尼居士欲與比丘尼僧衣遮令不與種種因緣呵已語諸比丘以十利故與比丘尼結戒從今是戒應如是說若比丘尼遮與僧衣波夜提波夜提者燒煑覆障若不悔過能障礙道是中犯者若比丘尼遮與僧衣波夜提隨遮隨得波夜提一百三十四事竟

佛在舍衛國尒時偷蘭難陀比丘尼所望得衣弱便受迦絺那衣後時打揵搥捨迦絺那衣偷蘭難陀比丘尼不欲來遣比丘尼喚言僧欲捨迦絺那衣汝來答言不去問何故不去偷蘭難陀言我所望衣未得是中有比丘尼少欲知足行頭陀聞是事心不喜種種因緣呵責言云何名比丘

十誦律卷第四十六第三十張存

尼所望得衣弱而受迦絺那衣種種因緣呵已向佛廣說佛以是事集二部僧知而故問偷蘭難陀比丘尼汝實作是事不答言實作世尊佛以種種因緣呵責云何名比丘尼所望得衣弱而受迦絺那衣種種因緣呵已語諸比丘以十利故與比丘尼結戒從今是戒應如是說若比丘尼所望得衣弱而受迦絺那衣波夜提波夜提者燒煑覆障若不悔過能障礙道是中犯者若比丘尼所望得衣弱而受迦絺那衣波夜提隨所望得衣弱隨受隨得波夜提一百三十五事竟

佛在舍衛國尒時諸比丘尼僧打揵搥欲捨迦絺那衣優婆和比丘尼作僧斷事人不欲到僧中遣比丘尼喚言善女來比丘尼僧欲捨迦絺那衣瞋言我是僧斷事人何故不問我而打揵搥我不能去即以是因緣故不成捨迦絺那衣是中有比丘尼少欲知足行頭陀聞是事心不喜種種因緣呵責言云何名比丘尼僧欲捨迦絺那衣不隨順從種種因緣呵已向

十誦律卷第四十六第三十張存　有林

佛廣說佛以是事集二部僧知而故問優婆和比丘尼汝實作是事不答言實作世尊佛以種種因緣呵責云何名比丘尼僧捨迦絺那衣不隨順種種因緣呵已語諸比丘以十利故與比丘尼結戒從今是戒應如是說若比丘尼僧捨迦絺那衣時不隨者波夜提波夜提者燒煮覆障若不悔過能障礙道是中犯者若比丘尼僧捨迦絺那衣時不隨者波夜提隨不隨順隨得波夜提一百三十六事竟

佛在舍衛國尒時比丘尼僧打揵搥和合欲分衣優婆和比丘尼作僧斷事人不往僧中遣使喚言僧已和合欲分衣汝來答言不往汝遠去是事非法不正邪事隨欲隨瞋隨怖隨癡我是僧斷事人云何離我分衣是故不去以是因緣故僧不得分衣是中有比丘尼少欲知足行頭陀聞是事心不喜種種因緣呵責云何名比丘尼僧分衣不隨順種種因緣呵已向佛廣說佛以是事集二部僧知而故問優婆和比丘尼汝實作是事不答

十誦律卷第四十六第三十二張存

言實作世尊佛以種種因緣呵責言云何名比丘尼僧分衣不隨順種種因緣呵已語諸比丘以十利故與比丘尼結戒從今是戒應如是說若比丘尼僧分衣時不隨者波夜提波夜提者燒煮覆障若不悔過能障礙道是中犯者若比丘尼僧分衣時不隨者波夜提隨不隨隨得波夜提一百三十七事竟

佛在舍衛國尒時比丘尼僧打揵搥和合欲斷事優婆和比丘尼不往遣使喚言僧已和合欲斷事汝來答言汝遠去我思惟是事非法不正隨愛隨瞋隨怖隨癡是故不去以是因緣故僧不成斷事是中有比丘尼少欲知足行頭陀聞是事心不喜種種因緣呵責言云何名比丘尼僧斷事不隨順種種呵已向佛廣說佛以是事集二部僧知而故問優婆和比丘尼汝實作是事不答言實作世尊佛以種種因緣呵責云何名比丘尼僧斷事不隨順種種因緣呵已語諸比丘以十利故與比丘尼結戒從今是戒應如是說若比丘尼僧斷事時不隨

十誦律卷第四十六第三十三張存　燕

順者波夜提波夜提者燒煮覆障若不悔過能障礙道是中犯者若比丘尼僧斷事時不隨順者波夜提隨不隨順隨得波夜提一百三十八事竟

佛在舍衛國尒時偷蘭難陀比丘尼不囑他房舍遊行聚落中後失火燒僧坊諸比丘尼各各自出衣鉢共相謂言出偷蘭難陀比丘尼衣鉢有比丘尼言偷蘭難陀惡性喜瞋失言不失燒言不燒都不與出火燒物盡是中有比丘尼少欲知足行頭陀聞是事心不喜種種因緣呵責云何名比丘尼不囑他房舍遊行聚落中種種因緣呵已向佛廣說佛以是事集二部僧知而故問偷蘭難陀比丘尼汝實作是事不答言實作世尊佛以種種因緣呵責云何名比丘尼不囑他房舍遊行聚落中種種因緣呵已語諸比丘以十利故與比丘尼結戒從今是戒應如是說若比丘尼不囑他房舍至聚落中波夜提波夜提者燒煮覆障若不悔過能障礙道是中犯者若比丘尼不以房舍囑他至

十誦律卷第四十六　第三十四張　存　晨

聚落中波夜提隨不囑他隨得波夜
提一百三十九事竟
佛在舍衛國尒時有迦羅比丘尼先
是外道棄捨經律阿毗曇誦讀種種
呪術是中有比丘尼少欲知足行頭
陁聞是事心不喜種種因緣呵責云
何名比丘尼棄捨經律阿毗曇誦讀
種種呪術種種因緣呵已向佛廣說
佛以是事集二部僧知而故問迦羅
比丘尼汝實作是事不荅言實作世
尊佛以種種因緣呵責云何名比丘
尼棄捨經律阿毗曇讀誦種種呪術
種種因緣呵已語諸比丘以十利故
與比丘尼結戒從今是戒應如是說
若比丘尼讀誦種種呪術波逸提波
逸提者燒煮覆障若不悔過能障礙
道是中犯者若比丘尼讀誦種種呪
術若是偈說偈偈波逸提若是章說
章章波逸提若別句說句句波逸提
不犯者若讀誦治齒呪腹痛呪治毒
呪若為守護安隱不犯一百四十事竟
佛在舍衛國尒時迦羅比丘尼先是
外道棄捨經律阿毗曇教白衣兒讀

十誦律卷第四十六　第三十五張　存　晨

誦種種呪術是中有比丘尼少欲知
足行頭陁聞是事心不喜種種因緣
呵責言云何名比丘尼棄捨經律阿
毗曇教白衣讀誦種種呪術種種因
緣呵責已向佛廣說佛以是事集二
部僧知而故問迦羅比丘尼汝實作
是事不荅言實作世尊佛以種種因
緣呵責言云何名比丘尼棄捨經律
阿毗曇教白衣讀誦種種呪術種種因
緣呵已語諸比丘以十利故與比丘尼
結戒從今是戒應如是說若比丘尼教
白衣讀誦種種呪術波夜提波夜提
者燒煮覆障若不悔過能障礙道
是中犯者若比丘尼教白衣讀誦種
種呪術若是偈說偈偈波夜提若是
章說章章波夜提若別句說句句波
夜提不犯者教讀誦治齒呪腹痛呪
治毒呪若為守護安隱故不犯一百四十一事竟
佛在舍衛國尒時助調達比丘尼常
入出他家到他家中居士婦言善女汝
掃灑敷床榻然火煮食下食是比丘
尼即隨所教更有善比丘尼来到是
家居士婦言善女汝掃灑敷牀榻然

十誦律卷第四十六　第三十六張　存　宿

火煮食下食荅言我是汝婢供養汝
耶今汝等坐使我執作居士婦言汝
惡性憍慢助調達比丘尼来隨我語
作是中有比丘尼少欲知足行頭陁
聞是事心不喜種種因緣呵責云何
名比丘尼與白衣掃灑敷牀榻然火
煮食下食種種因緣呵已向佛廣說
佛以是事集二部僧知而故問助調
達比丘尼汝實作是事不荅言實作
世尊佛以種種因緣呵責云何名比
丘尼與白衣作種種因緣呵已語諸
比丘以十利故與比丘尼結戒從今
是戒應如是說若比丘尼與白衣作
波夜提波夜提者燒煮覆障若不悔
過能障礙道是中犯者若比丘尼白
衣使掃地掃者波夜提若使灑地敷
牀榻然火煮食煮羹下食作者波夜
提若隨語問門突吉羅一百四十二事竟
佛在舍衛國尒時舍衛國節日諸居
士辦種種好飲食出城至園中但有
諸新婦在家偷蘭難陁比丘尼與一
家知識早起著衣持鉢入是家新婦
畏聟来若聟父母来於中門外與敷坐

（十誦律卷第十六　第二十七張　存）

共相問訊便坐諸新婦頭面礼比丘尼足現前而坐比丘尼即為說法經久閉目便唄新婦恐聟來見若聟父母來故即便起去第二第三新婦亦復如是比丘尼開眼看見前無人在心生慚愧捨坐處去是家近大巷有諸弊惡人入門見其坐牀四顧無人便偷持去諸新婦不聞比丘尼聲共相謂言往看在不咸言不在坐床在不荅言不在作是念比丘尼必持至僧坊中遣使索言還我牀來是比丘尼蓋瞋故不復至是家是居士後於市中見人賣牀即還奪取遣使語比丘尼言以得先牀汝可還來是中有比丘尼少欲知足行頭陀聞是事心不喜種種因緣呵責言云何名比丘尼坐白衣牀不付囑主便去種種因緣呵已向佛廣說佛以是事集二部僧知而故問偷蘭難陀比丘尼汝實作是事不荅言實作世尊佛以種種因緣呵責云何名比丘尼坐白衣牀不還付主便去種種因緣呵已語諸比丘以十利故與比丘尼結戒從今

（十誦律卷第四十六　第三十六張　存）

是戒應如是說若比丘尼坐白衣牀不還付主便去波夜提波夜提者燒煮覆障若不悔過能障礙道是中犯者若比丘尼坐白衣牀不還付主便去波夜提隨不付去隨得波夜提

一百四十三事竟

佛在舍衛國尒時舍衛國有一大目淨潔自喜好出他過語其婦言諸比丘尼不淨著弊棄衣莫聽坐我床上婦荅言尒言已便去偷蘭難陀常入出是家中前著衣持鉢往到其家居士婦言我丈夫淨潔自喜好出他過是語我言諸比丘尼不淨著弊棄衣莫聽坐我牀上偷蘭難陀比丘尼即便瞋言速去汝等姓勝我耶家勝我耶若我不作比丘尼者汝等當供給我即高褰衣坐其牀上諸居士呵責言諸比丘尼自言善好有功德不問主人輒坐他牀上如王夫人如大目婦是中有比丘尼少欲知足行頭陀聞是事心不喜向佛廣說佛以是事集二部僧知而故問偷蘭難陀比丘尼汝實作是事不荅言實作世尊佛以

（十誦律卷第四十六　第三十九張　存）

種種因緣呵責言云何名比丘尼不問主人坐他牀上種種呵已語諸比丘以十利故與比丘尼結戒從今是戒應如是說若比丘尼不問主人坐他牀上波夜提波夜提者燒煮覆障若不悔過能障礙道是中犯者若比丘尼不問主人坐他牀上波夜提隨不問坐隨得波夜提

一百四十四事竟

佛在舍衛國尒時舍衛國節日諸居士辦種種好飲食欲出城詣園林中諸白衣婦洗浴以香塗身莊嚴頭面治目塗䀹著新好衣內外莊嚴具助調達比丘尼入是家見居士婦問言汝洗浴以香塗身莊嚴頭面治目塗䀹著新好衣內外莊嚴具欲作何等荅言欲詣園林中遊戲語比丘尼言善女汝能去不荅言能去問言汝欲乘乘為當步去比丘尼言我等為是娌供養汝耶云何當步居士婦言汝能上乘不比丘尼言汝等尚能我何以不能是中有婦女著夫聟著夫聟父母者便開車前後有無聟及父母者開車而去諸比丘尼無所畏故開

車大語戲共相隨去諸居士呵責言諸比丘尼自言善好有功德乘車行如王夫人大臣婦是中有比丘尼少欲知足行頭陀聞是事心不喜向佛廣說佛以是事集二部僧知而故問助調達比丘尼汝實作是事不荅言實作世尊佛以種種因緣呵責云何名比丘尼乘乘種種因緣呵已語諸比丘以十利故與比丘尼結戒從今是戒應如是說若比丘尼無病乘乘波夜提波夜提者燒煑覆障若不悔過能障礙道是中犯者若比丘尼無病乘乘波夜提隨無病乘乘隨得波夜提若病不犯一百四十五事竟

佛在舍衛國尒時舍衛城王園精舍諸比丘尼在中庭講堂内土埵上有主作者有紡者有擘治者有抖擻者有作縈者有經手者尒時眾多闘將到王園精舍見諸比丘尼種種作作是言若王聞者諸麁氎細氎雜色氎欽婆羅如是等物一時多辦是中有比丘尼少欲知足行頭陀聞是事心不喜向佛廣說佛以是事集二部僧

知而故問諸比丘尼汝實作是事不荅言實作世尊佛以種種因緣呵責言云何名比丘尼紡作種種因緣呵已語諸比丘以十利故與比丘尼結戒從今是戒應如是說若比丘尼紡績波夜提波夜提者燒煑覆障若不悔過能障礙道是中犯者若比丘尼紡績波夜提若縈若績若擘若抖擻若經手皆波夜提隨動手隨得波夜提方便欲作突吉羅若還合縷一轉一突吉羅若為縫衣綖乃至六兩不犯一百四十六事竟

佛在舍衛國尒時偷蘭難陀比丘尼得他貿錢腰絡著市中行有鈴聲出諸居士聞已呵責言諸比丘尼自言善好有功德著腰絡行市中如王夫人如大臣婦是中有比丘尼少欲知足行頭陀聞是事心不喜向佛廣說佛以是事集二部僧知而故問偷蘭難陀比丘尼汝實作是事不荅言實作世尊佛以種種因緣呵責言云何名比丘尼著腰絡種種因緣呵已語諸比丘以十利故與比丘尼結戒從

今是戒應如是說若比丘尼著腰絡波夜提波夜提者燒煑覆障若不悔過能障礙道是中犯者若比丘尼著腰絡波夜提若作突吉羅若治突吉羅若與他著突吉羅一百四十七事竟

佛在王舍城尒時助調達比丘尼捉蓋入他舍諸居士呵責言諸比丘尼自言善好有功德捉蓋入他家如王夫人如大臣婦是中有比丘尼少欲知足行頭陀聞是事心不喜向佛廣說佛以是事集二部僧知而故問助調達比丘尼汝實作是事不荅言實作世尊佛以種種因緣呵責言云何名比丘尼捉蓋入白衣家舍種種因緣呵已語諸比丘以十利故與比丘尼結戒從今是戒應如是說若比丘尼捉蓋入白衣舍波夜提波夜提者燒煑覆障若不悔過能障礙道是中犯者若比丘尼捉蓋入白衣舍波夜提隨捉隨得波夜提若倒蓋入不犯一百四十八事竟

佛在舍衛國尒時有比丘尼名脩闍多端正姝好人所憙見有一長者兒

名鬱多羅舊相知識共語共事是見往憍薩羅國鉢多羅聚落是比丘尼為是見故離有比丘住處安居是中有比丘尼少欲知足行頭陀聞是事心不喜種種因緣呵責言云何名比丘尼離有比丘住處安居種種因緣呵已向佛廣說佛以是事集二部僧知而故問偷闍多汝實作是事不荅言實作世尊佛以種種因緣呵責言云何名比丘尼離有比丘住處安居種種呵已語諸比丘以十利故與比丘尼結戒從今是戒應如是說若比丘尼離有比丘住處安居波夜提波夜提者燒煑覆障若不悔過能障㝵道是中犯者若比丘尼離有比丘住處安居波夜提隨離隨得波夜提一百四十九事竟

佛在王舍城爾時助調達比丘尼安居竟不二部僧中求三事自恣說見聞疑罪是中有比丘尼少欲知足行頭陀聞是事心不喜種種因緣呵責言云何名比丘尼安居竟不二部僧中求三事自恣說見聞疑罪種種因

緣呵已向佛廣說佛以是事集二部僧知而故問助調達比丘尼汝實作是事不荅言實作世尊佛以種種因緣呵責言云何名比丘尼安居竟不二部僧中求三事自恣說見聞疑罪種種因緣呵已語諸比丘以十利故與比丘尼結戒從今是戒應如是說若比丘尼安居竟不二部僧中求三事自恣說見聞疑波夜提波夜提者燒煑覆障若不悔過能障礙道是中犯者若比丘尼安居竟不於二部僧中求三事自恣說見聞疑罪波夜提隨不求三事自恣說隨得波逸提一百五十事竟

佛在王舍城爾時助調達比丘尼半月半月不往僧中求教誡是中有比丘尼少欲知足行頭陀聞是事心不喜種種因緣呵責言云何名比丘尼半月半月不往僧中求教誡種種因緣呵已向佛廣說佛以是事集二部僧知而故問助調達比丘尼汝實作是事不荅言實作世尊佛以種種因緣呵責言云何名比丘尼半月半月

不往僧中求教誡種種因緣呵已語諸比丘以十利故與比丘尼結戒從今是戒應如是說若比丘尼半月半月不往僧中求教誡波夜提波夜提者燒煑覆障若不悔過能障礙道是中犯者若比丘尼半月不往僧中求教誡波夜提隨不求隨得波夜提一百五十一事竟

佛在王舍城爾時助調達比丘尼無病不往受教誡是中有比丘尼少欲知足行頭陀聞是事心不喜種種因緣呵責言云何名比丘尼無病不往受教誡種種因緣呵已向佛廣說佛以是事集二部僧知而故問助調達比丘尼汝實作是事不荅言實作世尊佛以種種因緣呵責言云何名比丘尼無病不往受教誡種種因緣呵已語諸比丘以十利故與比丘尼結戒從今是戒應如是說若比丘尼無病不往僧中受教誡波夜提波夜提者燒煑覆障若不悔過能障礙道是中犯者若比丘尼無病不往受教誡波夜提隨無病不往受教誡隨得波夜提若病不犯一百五十二事竟

十誦尼律卷第四十六

十誦律卷第四十六

校勘記

一　底本，麗藏本。

一　八五八頁上一行經名及夾註，資作「十誦律卷第四十五」；磧、普、南、徑、清無(未換卷)。

一　八五八頁上二行譯者，磧、普、南、徑、清無(未換卷)。

一　八五八頁上三行「百七十八單提法之三」，資作「第七誦之四」；磧、普、南、徑、清無。

一　八五八頁中二行第二字「來」，諸本(不含石，下同)無。

一　八五八頁中六行「鉢衣」，諸本作「衣鉢」。

一　八五八頁中一二行夾註「一百二十三事」，資、磧、普、南作「一百二十三事竟」；徑、清作「第一百二十三事竟」。

一　八五八頁中一九行第六字「好」，諸本無。

一　八五八頁下二二行夾註「一百二十四事」，磧、普、南作「一百二十四事竟」；徑、清作「第一百二十四事竟」。

一　八五九頁上一三行「語我」，諸本作「教我」。

一　八五九頁中一行第四字「諸」，諸本無。

一　八五九頁中七行夾註「一百二十五事竟」，徑、清作「第一百二十五事竟」。以下例同。

一　八五九頁下四行「度二者不犯」，諸本作「二歲度一者不犯」。同行夾註「一百二十六事竟」，至此，磧、普、南換卷，卷第四十四終，卷第四十五始；徑、清卷第四十七終，卷第四十八始；磧、普、南、徑、清有「第七誦之四」一行。

一　八五九頁下一七行第一一字「到」，諸本作「還到」。

一　八六〇頁上一八行「教人人」，諸本作「教令人人」。

一　八六〇頁中一三行至次行「此衣覆肩衣受是是汝有不答言是應教言」，諸本無。

一　八六〇頁中一五行「二肘」，資、普作「一肘」。

一　八六〇頁下五行第五字「属」，諸本無。

一　八六〇頁下一三行末字「與」，徑、清作「爲」。

一　八六〇頁下一四行第二字「作」，諸本無。

一　八六一頁上一〇行夾註左「問言」，諸本作「問也」。

一　八六一頁上一二行「我今」，諸本無。

一　八六一頁上一四行「汝是女不是人不」，諸本作「汝是人不是女不」。

一　八六一頁上一五行「女不」，諸本作「女人不」。

一　八六一頁上一六行第八字「㿃」，資、磧、普、南、徑作「帶」，下同。同行末字「不」，諸本作「非」，本頁下三行末字同。

一 八六一頁上一八行末字「有」，諸本無。

一 八六一頁上二〇行第七字「破」，諸本作「破壞」。本頁下七行第七字同。

一 八六一頁上二二行「痟盡病」，賚作「消盡病」。下同。

一 八六一頁下一五行「哩然」，諸本作「默然」。

一 八六一頁下二〇行「名某甲」，諸本無。次頁下一三行、一五行同。

一 八六一頁下二〇行至次行首字「和上尼名某甲」，諸本作「和上尼某甲」。下至次頁中四行同。次頁下一〇行至八六三頁上二一行同。

一 八六一頁下末行末字「欲」，諸本無。次頁上九行第八字、一八行第五字同。

一 八六二頁上一行「受具足戒」，諸本作「欲受具戒」。

一 八六二頁上三行至次行「某甲名某甲」，諸本無。下至二一行同。

一 八六二頁上五行「乞屬和上尼」，諸本作「屬和尼」。下至本頁中一行同。

一 八六二頁上六行「諸比丘尼僧忍」，諸本作「諸尼僧忍」。下至末行同。

一 八六二頁上八行第二字「說」，諸本作「便說」。次頁上二行第六字、一二行首字同。

一 八六二頁上一〇行首字「受」，諸本作「欲受」。一八行第一二字同。

一 八六二頁上一四行「是中」，諸本無。

一 八六二頁上一七行第四字「竟」，諸本作「說竟」。本頁中三行首字同。

一 八六二頁中五行夾註右第一三字「如」及左第三字「作」，諸本無。

一 八六二頁中六行夾註左第三字「戒」，諸本作「戒也」。

一 八六二頁中一六行第三字「僧」，諸本作「僧中」。

一 八六二頁下四行末字「未」，南、徑、清作「不」。

一 八六二頁下一七行「衆僧中」，諸本作「僧」。下至次頁上一四行同。

一 八六三頁中五行第五字至次行首字「多……三佛」，賚作「多陁阿伽度阿羅呵三耶三佛陁」；磧、普、南、徑、清作「多陁阿伽度阿羅呵三藐三佛陁」。

一 八六三頁中七行末字「行」，諸本無。

一 八六三頁中一三行第三字「汝」，諸本作「汝能」。

一 八六三頁中一六行首字「相」，諸本作「根」。

一 八六三頁下五行「和提」，諸本作「波提」。同行「底夜和郍」，諸本作「夜和那」。

一 八六三頁下七行「腐棄」，諸本作「腐爛」。

一 八六三頁下九行「多薩阿竭阿羅呵三耶三佛」，諸本作「多陁阿伽度阿羅呵三藐三佛陁」。

一　八六三頁下一〇行「得三」，諸本無。

一　八六三頁下二〇行第二字「想」，諸本作「相」。

一　八六四頁上一行「一絛縷」，諸本作「一條線」。

一　八六四頁中三行第一一字至第一三字「阿郁舍」，諸本作「阿那含」。

一　八六四頁下二二行「不捨」，諸本無。

一　八六五頁上六行第九字「道」，諸本無。

一　八六五頁上一四行第五字「等」，諸本無。

一　八六五頁上一七行「具戒」，諸本作「具足」。

一　八六五頁中六行第六字「婢」，諸本作「婦」。

一　八六五頁下二行第八字及第一二字「搩」，資作「蹀」；磧、普、南、徑、清作「磔」。

一　八六六頁上一七行夾註「一百三十事竟」，至此，徑、清换卷，卷第四十八終，卷第四十九始，並有「比丘尼壇文之餘」一行。

一　八六六頁中四行第五字「肩」，諸本作「右肩」。

一　八六六頁中一〇行「呵責已」，諸本作「呵已」。

一　八六六頁中一六行第八字「諸」，諸本無。

一　八六七頁上一行「故處」，諸本作「處故」。

一　八六七頁上二二行第六字「厚」，諸本作「停」。

一　八六七頁上末行第七字「還」，諸本無。

一　八六八頁上一三行第一二字「作」，諸本無。

一　八六八頁上一五行「遠去」，諸本作「速去」。中一二行南、徑、清同。

一　八六八頁中三行「呵已」，諸本作「呵責已」。

一　八六八頁中八行「隨隨」，諸本作「隨」。

一　八六九頁上一行第一〇字「他」，諸本無。

一　八六九頁上七行「誦讀」，諸本作「讀誦」。

一　八七〇頁上七行「蔽惡」，諸本作「弊惡」。

一　八七〇頁上二二行第四字「主」，清作「王」。

一　八七〇頁中一九行第三字「輙」，諸本無。

一　八七〇頁下八行夾註末字「竟」，資無。

一　八七〇頁下一二行第一三字「具」，諸本作「具足」。

一　八七一頁下一三行末字至一五行第六字「呵責言云何名比丘尼捉蓋入白衣家舍種種因緣」，諸本無。

一　八七一頁下二一行夾註「一百四十八事竟」，資作「百四十八竟」。

一　八七二頁上一行第七字「知」，諸

本無。

一　八七二頁上三行首字「是」，諸本無。

一　八七二頁上一九行「不二部」，徑、清作「不於二部」。下同。

一　八七二頁中一三行第五字「三」，諸本無。

一　八七二頁下卷末經名「十誦尼律卷第四十六」，資、磧、普、南作「十誦律卷第四十五」；徑、清作「十誦律卷第四十九」。

趙城縣廣勝寺

十誦律卷第四十七　淨

後秦北印度三藏弗若多羅共羅什譯

尼律第六　七誦之六

佛在俱舍弥國。介時迦留羅提舍比丘命終，有姊妹比丘尼七人，名偷蘭難陁尼、周那難陁尼、提舍尼、憂波提舍尼、提舍域多尼、提舍婆羅那尼、提舍叉多尼。是諸比丘尼有大勢力，集薪木村燒是比丘身，拾骨起塔。介時有一比丘名迦陁，從和耆國遊行向維耶離。道中見是塔，問：是誰塔？荅言：迦留羅提舍比丘塔。又言：凡夫人何用起塔？即壞是塔，敷繩牀坐上。偷蘭難陁比丘尼聞迦陁比丘破其兄塔，敷牀坐上，聞已瞋恚語諸妹言：各持針線來縫是比丘著牀。是僧坊近道，時優波離過，聞如是事，即往語是比丘言：汝在此中坐者，諸比丘尼正介當來縫汝著牀。荅言：若縫我著牀者，我從此臭身得脫。優波離言：汝雖脫臭身，諸比丘尼當得大罪。是比丘即入禪定，令身不現。優波離即出去。諸比丘尼入，共相謂言：是比丘在不？即看不見，手摸繩牀，看猶覺有暖，作是言：必是本剃毛人優波離教使走去。是中有比丘尼少欲知足行頭陁，聞是事心不喜，種種因緣呵責言：云何名比丘尼，有比丘住處外門不問便入？種種因緣呵已，向佛廣說。佛以是事集二部僧，知而故問偷蘭難陁比丘尼：汝實作是事不？荅言：實作。世尊。佛以種種因緣呵責：云何名比丘尼，有比丘住處外門不問便入？種種因緣呵已，語諸比丘：以十利故與比丘尼結戒。從今是戒應如是說：若比丘尼有比丘住處外門不問便入，波逸提。波逸提者，燒煑覆障，若不悔過能障礙道。是中犯者，若比丘尼有比丘住處外門不問便入，波逸提。隨不問入，隨得介所波逸提。一百五十三事竟

佛在舍衛國。介時佛不在，比丘尼僧前結同戒，在比丘僧前結同戒已，語諸比丘：汝等向比丘尼僧說。佛即入房坐禪。諸比丘共相謂言：佛結同戒，教我等向諸比丘尼僧說，誰能為諸

十誦律卷四十七　第二張　存字號

十誦律卷第四十七 第三張 存字号

比丘尼僧說又念長老跋提比丘有福德威力名聞流布是長老跋提比丘能往詣王園精舍為比丘尼僧說同戒諸比丘即往是比丘所言佛為我等結同戒語我等言汝等向比丘尼僧說即入房坐禪我等作是思惟誰能為比丘尼僧說同戒又作是念長老跋提比丘有福德威力名聞流布必能為說汝能為王園精舍比丘尼僧說同戒不長老跋提默然受之諸比丘即頭面礼跋提足右遶而去是夜過已跋提比丘著衣持鉢共後行比丘入舍衛城乞食食後到王園比丘尼精舍諸比丘尼遥見長老跋提比丘來即起與敷床榻坐處有辦水者有辦草者跋提到已洗脚就坐已令集比丘尼僧集已語言諸善女佛結同戒我及汝等應共受持是中有長老善好比丘尼皆言善好偷蘭難陁比丘尼暗嗌不受是中有比丘尼少欲知足行頭陁聞是事心不喜種種因緣呵責言云何名比丘尼暗嗌向比丘種種因緣呵已向佛廣說佛以

十誦律卷第四十七 第四張 存字号

是事集二部僧知而故問是比丘尼汝實作是事不荅言實作世尊佛以種種因緣呵責言云何名比丘尼暗嗌向比丘種種因緣呵已語諸比丘以十利故與比丘尼結戒從今是戒應如是說若比丘尼暗嗌向比丘者波逸提波逸提者燒煑覆障若不悔過能障礙道是中犯者若比丘尼暗嗌向比丘波逸提隨暗嗌向比丘隨得尒所波逸提 一百五十四事竟

佛在舍衛國尒時迦羅比丘尼本是外道喜鬬諍瞋恚共諸比丘尼鬬諍惡口恐他作是言某王是我相識是我檀越某大臣鬬將居士是我相識檀越當用是力治汝諸比丘尼恐怖是中有比丘尼少欲知足行頭陁聞是事心不喜種種因緣呵責言云何名比丘尼共他鬬諍惡口恐他作是言某王是我相識是我檀越某大臣鬬將居士是我相識檀越當用是力治汝令諸比丘尼恐怖種種因緣呵責已向佛廣說佛以是事集二部僧知而故問汝實作是事不荅言實作

世尊佛以種種因緣呵責言云何名比丘尼共他鬬諍惡口恐他作是言某王與我相識是我檀越某大臣鬬將居士與我相識檀越當用是力治汝令諸比丘尼恐怖種種因緣呵已語諸比丘以十利故與比丘尼結戒從今是戒應如是說若比丘尼共比丘尼鬬諍惡口恐怖他波逸提波逸提者燒煑覆障若不悔過能障礙道是中犯者若比丘尼共比丘尼鬬諍惡口恐怖他言某王是我知識當以王力治汝波逸提大臣力鬬將力居士力治汝皆波逸提隨作是語隨得尒所波逸提 一百五十五事竟

佛在舍衛國尒時偷蘭難陁比丘尼喜出入他家早起行詣諸家中庭立大門中立廚下立是中若有沙門婆羅門來為乞食故來偷蘭難陁比丘尼語言食未辦若言主人不在如是從家至家遮諸乞食人乞食人不得食故呵責言是不吉樂女慳惜他家故令我等不得食是中有比丘尼少欲知足行頭陁聞是事心不喜向佛

廣說佛以是事集二部僧知而故問偷蘭難陀比丘尼汝實作是事不荅言實作世尊佛以種種因緣呵責言云何名比丘尼護惜他家種種因緣呵已語諸比丘以十利故與比丘尼結戒從今是戒應如是說若比丘尼護惜他家波逸提波逸提者燒煑覆障若不悔過能障礙道是中犯者若比丘尼護惜白衣家波逸提隨護惜隨得尒所波逸提（一百五十六事竟）

佛在迦維羅衛國尒時摩訶南釋請佛及二部僧明日食佛默然受知佛默然受已頭面礼足右遶而去還家通夜辦種種多美飲食早起敷坐處遣使白佛時到食具已辦唯聖知時佛與二部僧入已皆坐知佛坐已自手行水自與種種多美飲食自恣滿足尒時助調達比丘尼滿鉢中飯以羹澆上在前不敢四向顧視摩訶南釋作是念我當遍看誰少誰不少誰食誰不食見助調達比丘尼滿鉢飯羹在前不食語言善女何故不食荅言我先已食何故取飯荅言汝便持去摩訶

南釋善好不嬾諸居士隨摩訶南釋者作是言摩訶南釋供給衆僧如事大家諸比丘尼現前呵辱佛遥見比丘尼所作聞諸居士呵責食後到僧坊中集二部僧種種因緣呵責助調達比丘尼摩訶南釋供給衆僧如事大家云何現前毀辱種種因緣呵責已語諸比丘從今聽諸比丘尼數數食何以故女人喜數數食故以十利故與比丘尼結戒從今是戒應如是說若比丘尼受請都不食者波逸提波逸提者燒煑覆障若不悔過能障礙道是中犯者若比丘尼受請乃至不食一口波逸提隨受請不食隨得尒所波逸提（一百五十七事竟）

佛在釋氏國是中有比丘尼名結駿作法師善能說法見一年少比丘無深智慧即問難阿毗曇事是比丘不能隨順問荅是比丘尼出自貢高語諸比丘尼言我今問一比丘阿毗曇事不能隨順荅我是中有比丘尼少欲知足行頭陀聞是事心不喜種種因緣呵責言云何名比丘尼比丘不

聽問經律阿毗曇事便問種種因緣呵已向佛廣說佛以是事集二部僧知而故問結駿比丘尼汝實作是事不荅言實作世尊佛以種種因緣呵責言云何名比丘尼比丘不聽問經律阿毗曇事便問種種因緣呵已語諸比丘以十利故與比丘尼結戒從今是戒應如是說若比丘尼比丘不聽問經律阿毗曇事便問波逸提波逸提者燒煑覆障若不悔過能障礙道是中犯者若比丘尼比丘不聽問難經律阿毗曇中事若以偈問偈偈波逸提若以章問章章波逸提若別句問句句波逸提（一百五十八事竟）

佛在王舍城尒時助調達比丘尼倮形露地洗浴諸居士見不喜呵責言諸比丘尼自言善好有功德倮形露地洗浴如婬女是中有比丘尼少欲知足行頭陀聞是事心不喜向佛廣說佛以是事集二部僧知而故問助調達比丘尼汝實作是事不荅言實作世尊佛以種種因緣呵責云何名比丘尼倮形露地洗浴種種因緣呵

十誦律卷第四十七 第九張 存字號

已語諸比丘以十利故與比丘尼僧結戒從今是戒應如是說若比丘尼倮形露地洗浴波逸提波逸提者燒煑覆障若不悔過能障礙道是中犯者若比丘尼倮形露地洗浴波逸提隨倮形露地洗浴隨得尒所波逸提

一百五十九事竟

佛在王舍城尒時助調達比丘尼著白衣嚴身具諸居士呵責言諸比丘尼自言善好有功德著白衣嚴身具如王夫人大臣婦是中有比丘尼少欲知足行頭陀聞是事心不喜向佛廣說佛以是事集二部僧知而故問助調達比丘尼汝實作是事不荅言實作世尊佛以種種因緣呵責言云何名比丘尼著白衣嚴身具種種因緣呵已語諸比丘以十利故與比丘尼結戒從今是戒應如是說若比丘尼著白衣嚴身具波逸提波逸提者燒煑覆障若不悔過能障礙道是中犯者若比丘尼著白衣嚴身具波逸提隨著隨得尒所波逸提 一百六十事竟

佛在王舍城尒時助調達比丘尼故往觀聽歌儛伎樂著莊嚴伎兒諸居士呵責言諸比丘尼自言善好有功德故往觀聽歌儛伎樂莊嚴伎兒如王夫人如大臣婦是中有比丘尼少欲知足行頭陀聞是事心不喜向佛廣說佛以是事集二部僧知而故問是比丘尼汝實作是事不荅言實作世尊佛以種種因緣呵責言云何名比丘尼故往觀聽歌儛伎樂莊嚴伎兒種種因緣呵已語諸比丘以十利故與比丘尼結戒從今是戒應如是說若比丘尼故往觀聽歌儛伎樂莊嚴伎兒波逸提波逸提者燒煑覆障若不悔過能障礙道是中犯者若比丘尼故往觀聽歌儛伎樂莊嚴伎兒得見者波逸提不得見者突吉羅若從下至高得見波逸提不得見突吉羅若從高至下得見波逸提不得見突吉羅不犯者不故往道由中過不犯 一百六十一事竟

十誦律卷第四十七 第十張 存字號

佛在舍衛國尒時偷蘭難陀比丘尼兩道中間生癰即喚白衣解看還繫是中有比丘尼少欲知足行頭陀聞是事心不喜種種因緣呵責言云何名比丘尼屏處有癰令白衣解看還繫種種因緣呵已向佛廣說佛以是事集二部僧知而故問偷蘭難陀比丘尼汝實作是事不荅言實作世尊佛以種種因緣呵責言云何名比丘尼屏處有瘡使白衣解看還繫種種因緣呵已語諸比丘以十利故與比丘尼結戒從今是戒應如是說若比丘尼有瘡使白衣解繫者波逸提瘡者有三種一者癰瘡等自生二者物傷三者中風堅劈劈有三種冷劈熱劈風劈若比丘尼自能繫不能解應自繫令他解若自能解不能繫應自解令他繫是中犯者若比丘尼令白衣繫而不解波逸提若令解不繫波逸提隨令繫解隨得尒所波逸提 一百六十二事竟

十誦律卷第四十七 第十一張 存字號

佛在舍衛國尒時修闍陀比丘尼年少端正與欝多羅長者兒共相識共事是比丘尼共行坐起言語說俗事是中有比丘尼少欲知足行頭陀聞是事心不喜種種因緣呵責言云何名比丘尼共男子行說俗事種種因緣

呵已向佛廣說佛以是事集二部僧知而故問偷蘭陀比丘尼汝實作是事不荅言實作世尊佛以種種因緣呵責云何名比丘尼與男子共行說俗事種種因緣呵已語諸比丘以十利故與比丘尼結戒從今是戒應如是說若比丘尼與男子共行說俗事波逸提波逸提者燒煮覆障若不悔過能障礙道是中犯者若比丘尼與男子共行說俗事波逸提隨共行說俗事隨得尒所波逸提（一百六十三事竟）

佛在王舍城尒時助調達比丘尼以好香揩身復以塗香胡麻屑胡麻滓揩身是中有比丘尼少欲知足行頭陀聞是事心不喜種種因緣呵責言云何名比丘尼以香揩身以塗香胡麻屑胡麻滓揩身種種因緣呵已向佛廣說佛以是事集二部僧知而故問助調達比丘尼汝實作是事不荅言實作世尊佛以種種因緣呵責云何名比丘尼以塗香胡麻屑胡麻滓揩身種種因緣呵已語諸比丘以十利故與比丘尼結戒從今是戒應如

是說若比丘尼以塗香胡麻屑胡麻滓揩身波逸提波逸提者燒煮覆障若不悔過能障礙道是中犯者若比丘尼以香揩身波逸提若以塗香胡麻屑胡麻滓揩身皆波逸提隨用揩身隨得尒所波逸提（一百六十四事竟）

佛在王舍城尒時助調達比丘尼不自以香塗身復不自以香揩身胡麻屑胡麻滓揩身使式叉摩尼沙弥尼白衣女揩身是中有比丘尼少欲知足行頭陀聞是事心不喜種種因緣呵責言云何名比丘尼使式叉摩尼沙弥尼白衣女以香塗身復以香揩身胡麻屑胡麻滓揩身種種因緣呵已向佛廣說佛以是事集二部僧知而故問助調達比丘尼汝實作是事不荅言實作世尊佛以種種因緣呵責言云何名比丘尼使式叉摩尼沙弥尼白衣女以香塗身復以香揩身胡麻屑胡麻滓揩身種種因緣呵已語諸比丘以十利故與比丘尼結戒從今是戒應如是說若比丘尼使人以香塗身復以香揩身胡麻屑胡麻滓揩身

波逸提波逸提者燒煮覆障若不悔過能障礙道是中犯者若比丘尼使人以香揩身波逸提若使人以香塗身波逸提胡麻屑胡麻滓揩身皆波逸提隨使人揩隨得尒所波逸提（一百六十五事竟）

佛在舍衛國尒時偷蘭難陀比丘尼著頭光在婬女門中立諸婆羅門居士來欲近之即以脚蹴蹹作是言汝欲共我作婬欲耶諸居士呵責言諸比丘尼自言善好有功德著頭光在婬女門中立見諸人來近以脚蹴蹹是中有比丘尼少欲知足行頭陀聞是事心不喜向佛廣說佛以是事集二部僧知而故問偷蘭難陀比丘尼汝實作是事不荅言實作世尊佛以種種因緣呵責言云何名比丘尼著頭光在婬女門中立種種呵已語諸比丘以十利故與比丘尼結戒從今是戒應如是說若比丘尼著頭光波逸提波逸提者燒煮覆障若不悔過能障礙道是中犯者若比丘尼著頭光波逸提若作突吉羅若治故光突

吉羅若與他著突吉羅 一百六十六事竟
佛在王舍城尒時助調達比丘尼有
大式叉摩尼年少端正可愛欲愛大
惑有弊惡人見生貪著心作是念比
丘尼為王守護不得强奪諸比丘尼
法應從比丘受大戒若是式叉摩尼
出受戒時我當捉取將去是式叉摩
尼出受大戒是弊惡人强捉將去是
中有比丘尼少欲知足行頭陁聞是事
心不喜種種因緣呵責言云何名比
丘尼不語僧坊中比丘尼出遠門去
種種因緣呵已向佛廣說佛以是事
集二部僧種種因緣呵責言云何名
比丘尼不語僧坊中比丘尼出遠門
去種種呵已語諸比丘以十利故與
比丘尼結戒從今是戒應如是說若
比丘尼不語餘比丘尼出遠門去波
逸提波逸提者燒煑覆障若不悔過
能障礙道是中犯者若比丘尼從比
丘尼僧坊中不語餘比丘尼出遠門
去波逸提隨不語出門隨得尒所波
逸提 一百六十七事竟
佛在王舍城尒時助調達比丘尼以

刷刷頭諸居士呵責言諸比丘尼自
言善好有功德以刷刷頭如白衣女
是中有比丘尼少欲知足行頭陁聞
是事心不喜向佛廣說佛以是事集
二部僧知而故問助調達比丘尼汝
實作是事不荅言實作世尊佛以種
種因緣呵責言云何名比丘尼以刷
刷頭種種因緣呵已語諸比丘以十
利故與比丘尼僧結戒從今是戒應
如是說若比丘尼以刷刷頭波逸提波
逸提者燒煑覆障若不悔過能障礙
道是中犯者若比丘尼以刷刷頭波
逸提隨刷隨得尒所波逸提 一百六十八事竟
佛在王舍城尒時助調達比丘尼使
他刷頭諸居士呵責言善女汝等以
出家何用刷頭為是中有比丘尼少
欲知足行頭陁聞是事心不喜種種
因緣呵責言云何名比丘尼使他刷
頭種種因緣呵已向佛廣說佛以是
事集二部僧知而故問助調達比丘
尼汝實作是事不荅言實作世尊佛
以種種因緣呵責言云何名比丘尼
使他刷頭種種因緣呵已語諸比丘

以十利故與比丘尼僧結戒從今是
戒應如是說若比丘尼使他刷頭波
逸提波逸提者燒煑覆障若不悔過
能障礙道是中犯者若比丘尼使他
刷頭波逸提隨使他刷頭隨得尒所
波逸提 一百六十九事竟
佛在王舍城尒時助調達比丘尼以
梳疎頭是中有比丘尼少欲知足行
頭陁聞是事心不喜向佛廣說佛以
是事集二部僧知而故問助調達比
丘尼汝實作是事不荅言實作世尊
佛以種種因緣呵責言云何名比丘
尼以梳疎頭種種因緣呵已語諸比
丘以十利故與比丘尼結戒從今是
戒應如是說若比丘尼以梳疎頭波
逸提波逸提者燒煑覆障若不悔過
能障礙道是中犯者若比丘尼以梳
梳頭波逸提隨疎隨得尒所波逸提
一百七十事竟
佛在舍衛國尒時助調達比丘尼使
他疎頭是中有比丘尼少欲知足行
頭陁聞是事心不喜向佛廣說佛以
是事集二部僧知而故問助調達比

丘尼汝實作是事不荅言實作世尊佛以種種因緣呵責言云何名比丘尼使他䟫頭種種因緣呵已語諸比丘以十利故與比丘尼結戒從今是戒應如是說若比丘尼使他䟫頭波逸提波逸提者燒煑覆障若不悔過能障礙道是中犯者若比丘尼使他䟫頭波逸提隨使他䟫頭隨得尒所波逸提 一百七十一事竟

佛在王舍城尒時助調達比丘尼編頭髮諸居士呵責言汝比丘尼出家人何故編頭髮為是中有比丘尼少欲知足行頭陁聞是事心不喜向佛廣說佛以是事集二部僧知而故問助調達比丘尼汝實作是事不荅言實作世尊佛以種種因緣呵責言云何名比丘尼編頭髮種種因緣呵已語諸比丘以十利故與比丘尼結戒從今是戒應如是說若比丘尼編頭髮波逸提波逸提者燒煑覆障若不悔過能障礙道是中犯者若比丘尼編頭髮波逸提隨編隨得尒所波逸提 一百七十二事竟

佛在王舍城尒時助調達比丘尼使他編頭髮是中有比丘尼少欲知足行頭陁聞是事心不喜向佛廣說佛以是事集二部僧知而故問助調達比丘尼汝實作是事不荅言實作世尊佛以種種因緣呵責言云何名比丘尼使他編頭髮種種因緣呵已語諸比丘以十利故與比丘尼結戒從今是戒應如是說若比丘尼使他編頭髮波逸提波逸提者燒煑覆障若不悔過能障礙道是中犯者若比丘尼使他編頭髮波逸提隨使他編頭髮隨得尒所波逸提 一百七十三事竟

佛在舍衛國尒時王園比丘尼精舍門前有好草地淨潔故多人衆集是中多有弊惡人見諸比丘尼出入時便形相說其過罪共相謂言是睞眼是爛眼是瘻是黑是白是好是醜是有威德是無威德諸比丘尼聞是事心不喜作是念諸人集此者以是好草故我等何不壞是草耶即大小便其上草既乾死諸居士呵責言不吉弊女更無餘處行處耶淨草中大小便

是中有比丘尼少欲知足行頭陁聞是事心不喜向佛廣說佛以是事集二部僧知而故問諸比丘尼汝實作是事不荅言實作世尊佛以種種因緣呵責言云何名比丘尼生草上大小便種種因緣呵已語諸比丘以十利故與比丘尼結戒從今是戒應如是說若比丘尼生草上大小便波逸提波逸提者燒煑覆障若不悔過能障礙道是中犯者若比丘尼生草上大小便波逸提隨生草上大小便隨得尒所波逸提 一百七十四事竟

佛在舍衛國尒時偷蘭難陁比丘尼故出精是中有比丘尼少欲知足行頭陁聞是事心不喜種種因緣呵責言云何名比丘尼故出精種種因緣呵已向佛廣說佛以是事集二部僧知而故問偷蘭難陁比丘尼汝實作是事不荅言實作世尊佛以種種因緣呵責言云何名比丘尼故出精種種因緣呵已語諸比丘以十利故與比丘尼結戒從今是戒應如是說若比丘尼故出精波逸提波逸提者燒

煑覆障若不悔過能障礙道是中犯者若比丘尼故出精波逸提隨故出精隨得尒所波逸提

佛在舍衛國尒時諸比丘尼夢中失精覺已作是念佛結戒不聽我等故出精今夢中失精我當云何是事白佛佛以是事集二部僧種種因緣讃戒讃持戒讃戒讃持戒已語諸比丘尼從今是戒應如是說若比丘尼故出精除夢中波逸提一百七十五事竟

佛在舍衛國尒時迦留陁夷與堀多比丘尼相識知舊共語共事時迦留陁夷二月遊行他國堀多比丘尼聞已心不喜迦留陁夷二月遊行還到舍衛國堀多比丘尼聞已洗浴莊嚴面目香油塗髮著輕染衣到迦留陁夷所頭面礼足在前而坐時迦留陁夷生染著心諦視其面比丘尼亦生染心觀比丘面比丘尼作是念此視我面必生染著我何不在前起行時迦留陁夷但著泹洹僧共行来往欲心動發畏犯戒故不敢相觸諦相視面便失不淨離急熱已即還本坐堀

多比丘尼知失不淨語迦留陁夷持是衣来我當與浣即脫衣與比丘尼持是衣小却一面緣衣取汁分作二分一分飲一分著女根中即時有福德人来受毋胎是比丘尼腹漸漸大諸比丘尼言汝是犯婬欲人驅出僧坊是比丘尼言我不作婬自說如上因緣諸比丘尼不知云何以是事向佛廣說佛以是事集二部僧知而故問是比丘尼汝實作是事不荅言實作世尊佛語諸比丘尼汝等莫說是比丘尼此事以如是因緣故得娠佛以種種因緣呵責言云何名比丘尼飲精種種因緣呵已語諸比丘以十利故與比丘尼結戒從今是戒應如是說若比丘尼飲精波逸提波逸提者燒煑覆障若不悔過能障礙道是中犯者若比丘尼飲男子精波逸提隨飲隨得尒所波逸提一百七十六事竟

佛在王舍城尒時助調達比丘尼男子洗處浴諸居士呵責言諸比丘尼自言善好有功德在男子洗處浴如婬女是中有比丘尼少欲知足行頭陁

聞是事心不喜向佛廣說佛以是事集二部僧知而故問助調達比丘尼汝實作是事不荅言實作世尊佛以種種因緣呵責言云何名比丘尼在男子洗處浴種種因緣呵已語諸比丘以十利故與比丘尼結戒從今是戒應如是說若比丘尼男子洗處浴波逸提波逸提者燒煑覆障若不悔過能障礙道是中犯者若比丘尼男子洗處浴波逸提隨男子洗處浴隨得尒所波逸提一百七十七事竟

佛在王舍城尒時助調達比丘尼喜門中立諸居士呵責言諸比丘尼自言善好有功德在門中立如婬女是中有比丘尼少欲知足行頭陁聞是事心不喜向佛廣說佛以是事集二部僧知而故問助調達比丘尼汝實作是事不荅言實作世尊佛以種種因緣呵責言云何名比丘尼喜門中立種種呵已語諸比丘以十利故與比丘尼結戒從今是戒應如是說若比丘尼在門中立波逸提波逸提者燒煑覆障若不悔過能障礙道是中

犯者若比丘尼在門中立波逸提隨門中立隨得尒所波逸提一百七十八波逸提事具足竟

八波羅提提舍尼法

佛在釋氏國尒時釋摩南請佛及二部僧明日食佛默然受知佛默然受已頭面礼佛足右遶而去還舍通夜辦種種多美飲食煑藥草乳汁早起敷坐處遣使白佛食具已辦唯佛知時佛及二部僧往入其舍就座而坐釋摩南見佛及二部僧坐已自手行水自下飯與藥草乳汁澆上尒時助調達比丘尼威滿鉢飯以藥草乳汁澆上著前不食四向顧視釋摩南作是念我當遍看誰少誰不少誰食誰不食見助調達比丘尼置鉢在前不食問言何故不食荅言汝有未煎乳不有者當食荅言是藥草乳汁美好可食若有未煎乳者當以相與又問汝有酪生酥熟酥油魚肉脯者我當得食語言藥草乳汁可並食若有酪生酥熟酥油魚肉脯當以相與助調達比丘尼言汝請佛及僧汝若無力能隨意與者何故請佛及僧耶若餘

人請者當隨意與是熟乳何處無有釋摩南善好聞是語不瞋餘隨從釋摩南者瞋言諸比丘尼自言善好有功德是釋摩南供給衆僧如事大家云何現前呵辱佛見助調達比丘尼作是事聞諸居士呵責食後以是事集二部僧種種因緣呵責助調達比丘尼言云何名比丘尼釋摩南供給衆僧如事大家云何現前呵辱種種因緣呵已語諸比丘以十利故與比丘尼結戒從今是戒應如是說若比丘尼無病自為索乳是比丘尼應諸比丘尼前說是事作是言諸善女我墮可呵法不隨順道可悔過我今悔過是名初波羅提提舍尼法是中犯者若比丘尼無病自為索乳得者波羅提提舍尼不得者突吉羅為病者索得者不犯若從親里索若先請若不索自與不犯一事竟

酪生酥熟酥油魚肉脯亦如是是名為八波羅提提舍尼不共戒都竟共戒如比丘戒中廣說

比丘尼八敬法

比丘尼布薩日到寺中隨意請一比

丘受教誡法比丘尼僧要當自和合僧差一比丘尼來受教誡要須伴共來來到已頭面礼教誡比丘足問訊應如是語比丘尼僧和合頭面礼和合比丘僧足乞半月教誡法所勑教誡法我當受持比丘應語比丘尼言釋迦牟尼佛多陁阿伽度阿羅呵三藐三佛陁知者見者為比丘尼說半月八敬法何等八一者百歲比丘尼見新受具戒比丘應一心謙敬礼足二者比丘尼應從比丘僧乞受具戒三者若比丘尼犯僧殘罪應從二部僧乞半月摩那埵法四者無比丘住處比丘尼不得安居五者比丘尼安居竟應從二部僧中自恣求見聞疑罪六者比丘尼半月從比丘受八敬法七者比丘尼語比丘言聽我問修多羅毗尼阿毗曇比丘聽者應問若不聽者不得問八者比丘尼不得說比丘見聞疑罪是為八一比丘尼受是八敬法布薩時應白比丘尼僧中說是八敬法布薩竟至明日是先受八敬法比丘尼應還來礼是教誡比丘

足比丘尼僧和合頭面礼和合比丘僧足比丘尼僧和合布薩竟次說比丘法僧和合說戒時是教誡比丘尼比丘若聞說戒比丘言僧今和合先作何事是受教誡比丘尼比丘應至上座所偏袒右肩胡跪合掌比丘尼僧和合頭面礼和合比丘僧足乞半月教誡法所勅教誡法我當都受上座應語和合比丘尼僧不須作教誡羯磨是比丘還語比丘尼衆僧語汝和合比丘尼僧教誡比丘尼羯磨佛已捨凡教誡比丘尼比丘不得出界外若出界得突吉羅罪

十誦尼律卷第四十七

十誦律卷第四十七

校勘記

一　底本，金藏廣勝寺本。

一　八七七頁中一行經名，資、磧、普、南作「十誦律卷第四十六」；徑、清作「十誦律卷第五十」。麗經名下有「第七誦之六」。

一　八七七頁中三行「尼律第六、七誦之六」，資作「第七誦之五」；磧、南、徑、清作「第七誦之五尼律不共之餘」；麗作「尼律第六」。

一　八七七頁中五行至次行「偷蘭難陁」，資作「偷羅難陁」。

一　八七七頁中七行「提舍城」，麗作「提舍域」。

一　八七七頁中九行「拾骨」，資、磧、普、南、徑、清作「收骨」。

一　八七七頁中一一行末字「言」，資、磧、普、南、徑、清無。

一　八七七頁中一二行「凡夫人」，資、磧、普、南、徑、清作「此凡夫」；麗作「此凡夫人」。

一　八七七頁中一四行第三、四字「比丘」，資、磧、普、南、徑、清無。

一　八七七頁下一八行「尒所」，資、磧、普、南、徑、清無。下同。

一　八七七頁下一八行夾註「一百五十三事竟」，資、磧、普、南作「百五十三事竟」，徑、清作「第一百五十三事竟」。以下例同。

一　八七七頁下末行第五字「諸」，資、磧、普、南、徑、清無。

一　八七八頁上二行「呵責言」，資、磧、普、南、徑、清作「呵責」。下同。

一　八七八頁中六行末字「者」，資、磧、普、南、徑、清無。

一　八七八頁中二二行首字「責」，資、磧、普、南、徑、清無。

一　八七八頁下一六行「出入」，諸本（不含石，下同）作「入出」。

一　八七八頁下二〇行第一〇字至第一二字「乞食人」，諸本作「諸乞食人」。

一八七九頁上八行末字「若」，資、磧、普、南、徑、清無。

一八七九頁上一四行「飲食」，資、磧、普、南、徑、清作「飯食」。

一八七九頁上二一行「飯羹」，資、磧、普、南、徑、清作「羹飯」。

一八七九頁中七行「因緣呵責」，資、磧、普、南、徑、清作「呵」。

一八七九頁下一行及六行「便問」，資、磧、普、南、徑、清無。

一八八〇頁上一行末字「僧」，諸本無。

一八八〇頁上一〇行第七字「功」，資、磧、普、南無。

一八八〇頁中四行第四字「如」，資、磧、普、南、徑、清無。

一八八〇頁下一〇行末字「者」，資、磧、普、南、徑、清無。

一八八〇頁下一二行第六字「劈」，諸本作「癖」。下同。

一八八〇頁下一四行至次行「若自能解不能繫應自解令他繫」，資、磧、普、南、徑、清作「若自能解應自解不能繫令他繫」。

一八八〇頁下一七行「隨令」，資、磧、普、南、徑、清作「隨得」。

一八八〇頁下一九行第一一字「共」，資、磧、普、南、徑、清無。

一八八一頁中八行第六字至一〇行第五字「復不自以香揩身胡麻屑胡麻滓揩身使式叉摩尼沙彌尼白衣女揩身」，資、磧、普、南、徑、清作「使式叉摩尼沙彌尼以香塗身復以香揩身胡麻屑胡麻滓揩身」。

一八八一頁中一一行小字「是事心不喜」，諸本作正文。

一八八一頁中一三行「白衣女」，資、磧、普、南、徑、清無。

一八八二頁上五行「守護」，諸本作「所守護」。

一八八二頁上七行「捉取」，南作「提取」。

一八八二頁上二〇行至次行「出遠門去」，麗作「出門遠去」。

一八八二頁中九行第七字及下一行第九字「僧」，諸本無。

一八八二頁中一三行第四字「刷」，麗作「刷刷」。

一八八二頁中一五行末字「以」，資、磧、普、南、徑、清無。

一八八二頁中一九行「因緣」，資、磧、普、南、徑、清無。

一八八三頁上一二行「何故」，資、磧、普、南、徑、清作「何用」。同行第六字「爲」，資、磧、普、南、徑、清無。

一八八三頁中末行第五字「處」，諸本無。

一八八四頁上八行「比丘尼」，麗作「比丘」。

一八八四頁上一九行第三字「觀」，諸本作「視」。

一八八四頁中三行「緱衣」，資、磧、普、南、徑、清作「㨈衣」。

一八八四頁中四行第四字「飲」，資、磧、普、南、徑、清作「飲之」。

一　八八四頁下二〇行「種種」，資、磧、普、南、徑、清作「種種因緣」。

一　八八五頁上二行夾註左「事具足」，資、磧、普、南、徑、清無。

一　八八五頁上六行「還舍」，資、磧、普、南、徑、清作「還家」。

一　八八五頁上八行「唯佛」，諸本作「唯聖」。

一　八八五頁中八行第四字「言」，資、磧、普、南、徑、清無。

一　八八五頁中一三行首字「諸」，資、磧、普、南、徑、清作「詣」。

一　八八五頁中一八行首字「者」，資、磧、普、南、徑、清作「是」。

一　八八五頁中二一行「爲八波羅提提舍尼」，資、磧、普、南、徑、清作「八波羅提提舍尼法」；麗作「爲八波羅提提舍尼法」。同行夾註左「比丘戒中」，資、磧、普、南、徑、清作「比丘中」。

一　八八五頁下三行「來來」，資、磧、普、南、徑、清作「來」。

一　八八五頁下八行第九字「爲」，資、磧、普、南、徑、清作「是」。

一　八八五頁下九行「八一」，磧、南作「八敬」；徑、清作「八敬一」。

一　八八五頁下一二行首字「若」，資、磧、普、南、徑、清無。

一　八八五頁下一五行「二部」，磧、普、南、徑、清作「一部」。

一　八八五頁下一六行「比丘」，資、磧、普、南、徑、清作「僧」。

一　八八五頁下一八行「比丘」，資、磧、普、南、徑、清作「若比丘」。同行第一二字「若」，資、磧、普、南、徑、清無。

一　八八五頁下二一行「布薩時」，資、磧、普、南、徑、清作「布薩日」。

一　八八六頁上一三行「出界」，諸本作「出界外」。同行末字「罪」，資、磧、普、南、徑、清無。

一　八八六頁上卷末經名，資、磧、普、南作「十誦律卷第四十六」；徑、清作「十誦律卷第五十」。

十誦律卷第四十八　存

後秦北印度三藏弗若多羅共羅什譯

八誦之三

增一法

佛婆伽婆住舍婆提長老優波離問佛若男子作女人威儀女人相女人服作女人形制已如男子法受戒得戒不佛言得戒衆僧得罪又問若女人作男子威儀男子相男子服作男子形制已如女人法受戒得戒不佛言得戒衆僧得罪

又問若未度出家便與受具戒得戒不佛言得戒衆僧得罪尒時六群比丘誘他弟子與法與食諸上座呵責言云何得教化弟子如法六群比丘便誘將去與法與食諸比丘不知云何以是事白佛佛言從今不得誘他弟子與法與食若誘者得突吉羅

又問若比丘不欲反戒便語他言汝與我作和上爲受和上耶反戒耶佛言不也是戲語佛知故問阿難小兒能食上驅烏不荅言能世尊佛言從今聽沙弥能驅烏乃至七歲得作沙弥

尒時瓶沙王以六歲一潤諸比丘不知云何以是事白佛佛言應隨王法時王瓶沙一歲作六月小諸比丘不知云何以是事白佛佛言應隨王法春初月大二月小三月大四月小夏初月大二月小三月大四月小冬初月大二月小三月大四月小又問若非比丘住處說戒是說戒不佛言若比丘尼說戒者是說戒

又問得戒沙弥說戒是說戒不佛言不名說戒得聽說戒受歲不得足數說戒受歲及餘羯磨頗有比丘在地與空中清淨不佛言不得在空中與地清淨不佛言不得二俱在空中得與清淨不佛言不得界內得與界外清淨不佛言不得界外得與界內清淨不佛言不得合界者得共界內者得又問在地者得與空中清淨說戒不佛言不得空中得與地清淨說戒不佛言不得又問二俱在空中得與清淨布薩不佛言不得界內得與界外清淨說戒不佛言不得界外得與界內清淨說戒不佛言不得若合界

者得共在界内者得又問在地得與空中欲不佛言不得空中得與地欲不佛言不得二俱在空中得與欲不佛言不得界内得與界外欲不佛言不得界外得與界内欲不佛言不得合界者得共在界内者得又問在地得與空中欲羯磨不佛言不得空中得與在地欲羯磨不佛言不得二俱在空中得與欲羯磨不佛言不得界内得與界外欲羯磨不佛言不得界外得與界内欲羯磨不佛言不得合界者得共在界内者得又問在地得與空中欲不佛言不得空在中得與地欲不佛言不得二俱在空中得與欲不佛言不得界内得與界外欲不佛言不得界外得與界内欲不佛言不得合界者得共在界内者得又問在地得與空中欲結界不佛言不得空中得與地欲結界不佛言不得二俱在空中得與欲結界不佛言不得界内得與界外欲結界不佛言不得界外得與界内欲結界不佛言不得合界者得共在界内者得又問若不捨先

界得廣界狹界不佛言不得又問得并結界不佛言周匝說外相内相者得又問頗有結界不隨羯磨捨耶佛言有若牆壍内又問比丘在樹上得結界不佛言若羯磨時衆數滿者得又問若僧破得結界羯磨不佛言如法者結界得又問過去佛法幾時住世佛言隨清淨比丘不壞法說戒時名法住世又問未来佛法幾時住世佛言隨清淨比丘不壞法說戒時名法住世又問今世尊法幾時住世佛言隨清淨比丘不壞法說戒時名法住世又問若比丘聚落中初作僧坊齊幾許作界佛言隨聚落隨聚落界齊行来處又問若比丘阿練若住處初作僧坊齊幾許作界佛言面各一拘盧舍一拘盧舍此内諸比丘皆共一處布薩作羯磨不得別衆說戒作羯磨別作者得罪又問法滅時結界名結界不佛言不名結界法滅時一切結界一切受戒一切戒一切羯磨皆滅又問若作羯磨比丘死餘比丘不知界相得捨界不佛言得捨又問

比丘山上作僧坊山下十拘盧舍得安居不佛言得又問何處與安居物佛言安居處應與又問比丘山下作僧坊山上十拘盧舍得安居不佛言得何處應與安居物佛言隨安居處與又問僧破作二分若一分中有比丘出界至地了時是名破安居不失衣得自違言罪不佛言不破安居不失衣但得自違言罪又問何處受七日法佛言界内受從誰受佛言從五衆受比丘比丘尼式叉摩那沙弥沙弥尼又問心念得受七日法不佛言不得除五種人所謂阿練兒獨住人遠行人長病人飢餓時親里邊住人又問有外道親里遣使喚比丘大德来今祠摩醯首羅天揵陁天摩尼跋陁天得破安居去不佛言得去為彼清淨故又問若比丘誦阿含不通利欲更誦利欲問欲更從他受得破安居去不佛言得又問若未能得者求得未解者求解未證者求證故得破安居去不佛言得去

比丘白佛用何皮作革屣如先說入

問云何名坐皮上佛言身著者名為坐又問云何名為臥皮上佛言脅著者名為臥云何名著佛言從足至膝是名為著又問師子皮肉血筋得食不佛言一切不得噉食又問黑鹿皮血肉筋得食不佛言除皮餘者得食又問佛先說不得食生肉血若病餘藥不能治者得食不佛言得食若餘藥能治差者不得食食者得偷蘭遮若比丘病痔往語耆域言治我此病耆域言應刀割比丘言佛不聽刀割是事白佛佛言以指爪掐掐時不能斷佛言用箄竹籤竹割又不能斷是事白佛佛言應屏處刀割

瓶沙王死時諸比丘平相謂言瓶沙王死我等將不共內食宿耶佛言比丘汝謂瓶沙王死故共內食宿耶阿闍世王代處故不名共內食宿有比丘為沙弥淨人擔食共道行食時淨人持食與比丘比丘不食將非舉宿食耶諸比丘不知云何是事白佛佛言為他擔者無犯又問不割截衣得受持不佛言得受又問得著入聚落不佛言

不得云何應割截佛言長五肘廣三肘有衣不滿五肘佛言聽畜三種衣上中下上者長五肘廣三肘下者長四肘廣二肘半此二中間名為中以繩繫泥洹僧故破佛言應作俱修多羅者有軟體比丘掐膞傷破是事白佛佛言下開五寸許又問比丘應受俱修多羅不佛言不應受得壞所受衣作俱修多羅

憍薩羅國有人施僧衣諸比丘不知云何分是事白佛佛言分作四分三分與比丘一分與沙弥憍薩羅國有一比丘死不知云何分衣鉢是事白佛佛言分作四分三分與比丘一分與沙弥

新作祇桓竟多有比丘集千二百五十人諸居士見大眾集施比丘僧衣諸比丘不受佛未聽我等受僧施衣是事白佛佛言得受施僧衣有人施比丘尼僧衣諸比丘尼不受佛未聽我等受比丘尼僧施衣是事白佛佛言聽受比丘尼僧施衣有人施二部僧衣是二部僧不受佛未聽我等受

二部僧衣是事白佛佛言聽受二部僧衣不知云何分是事白佛佛言作四分三分與比丘比丘尼一分與式叉摩那尼沙弥沙弥尼

有居士見大眾集施比丘僧衣居士志念一比丘與我等唱說者善諸比丘以是事白佛佛言聽唱唱者在地不得遠聞佛言聽在塼上塼上亦不得遠聞佛言應在高處令遠處得見亦聞有諸居士見大眾集施衣作是念聽我安衣架上入僧者善以是事白佛佛言聽有居士見大眾集施僧衣作是念聽一人讚歎僧者善以是事白佛佛言聽讚歎讚歎僧者作是言僧持戒具足念具足三昧具足智慧具足解脫具足度知見具足學無學俱解脫向果得果是中有未得道者疑不受分我非學無學非俱解脫非向果得果故不應受分以是事白佛佛言應受若持戒與僧和合求解脫離生死向泥洹不求後生行三業坐禪誦經佐助眾事如是行者得清淨受分介時世尊與五百阿羅漢入首

波城到長者蛆毗揵拏舍受食已至
阿耨大池上食庻子母聞今日世尊
與五百阿羅漢入首波城詣長者蛆
毗揵拏舍受食已到阿耨大池上食
聞已生信淨心往到佛所頭面礼足
在一面坐已白佛言世尊今日與五
百阿羅漢入首波城詣長者蛆毗揵
拏舍受食已至阿耨大池上食世尊
我今請佛及別請五百阿羅漢明日
食佛默然受知佛默然受已頭面作
礼右遶而去到舍竟夜辦種種多美
飲食晨朝敷坐處阿難與佛迎食分
時庻子母先喚阿難入舍已閉門往
白時到飲食已辦佛自知時時五百
阿羅漢各以神力從窻孔入者或從
空中下者或從地出者有座上出者
庻子母見僧坐已開門自手行食時
阿難先自食已送佛食分往到佛所
行水授食佛食已行澡水攝鉢攝鉢
已阿難白佛言世尊今日庻子母別
請五百阿羅漢食佛知故問阿難僧
中請一比丘不荅言無佛言是庻子
母無智不善不僧中請一人佛語阿

難庻子母若僧中請一人者因是後
身得大功德得大果報得大利益一
切遠近遍聞佛語僧中請一人得大
福勝別請五百阿羅漢
有信婆羅門居士與僧作小食中食
怛鉢那作是念佛聽請人讚歎僧者
善是事白佛佛言聽讚歎讚歎者作
是言持戒具足念具足三昧具足智
慧具足解脫具足度知見具足學無
學具足俱解脫向果得果是中有未
得道者心疑不受我非學非無學非
俱解脫非向果得果故不食是事白
佛佛言聽食若持戒與僧和合求解
脫離生死向泥洹不求後生行三業
坐禪誦經佐助衆事如是行者得清
淨受食
又問若僧受迦絺那衣時有比丘在
中不名受耶佛言有如雜誦中說頗
有比丘受迦絺那衣時在中得名受
耶佛言有如雜誦中說頗有比丘捨
迦絺那衣時在中不名捨耶佛言有如
雜誦中說頗有比丘不捨迦絺那衣
得名捨耶佛言有如雜誦中說

又問得戒沙彌得遮他不佛言不得
又問得受寄受遮他不佛言不得
又問得遮羯磨不佛言不得又問白
衣得遮不佛言不得又問沙彌得遮
不佛言不得又問非比丘外道不見
儐不作儐惡耶不除儐不共住種種
不共住自言犯重罪本白衣婬比丘
尼不能男破内外道煞父母煞阿羅漢
破僧惡心出佛身血如是等得遮不
佛言不得
又問若在地空中空中在地二俱在
空中界内界外界外界内不到僧中
不白衆僧破戒人念欲遮得遮不佛
言不得又問得戒沙彌得說羯磨不
佛言不得如先說先犯重罪人賊住
比丘本白衣時破戒若先言我破戒後
作羯磨得名羯磨不佛言不得若先
作羯磨後言我破戒得名羯磨不佛
言得
又問頗有受戒時作羯磨受戒已捨羯
磨耶佛言有捨何羯磨荅言大戒羯
磨是頗有受戒人作羯磨未受大戒
人捨耶佛言有云何有荅言我是白

衣即捨一切羯磨頗有僧比丘心悔下意界外與捨僧得捨不佛言得捨諸比丘得罪

又問犯何罪與苦切羯磨佛言鬪諍又問犯何罪作依止羯磨佛言數數犯戒又問犯何罪作驅出羯磨佛言汙他家又問犯何罪作下意羯磨佛言罵白衣又問若比丘罵比丘得作下意羯磨不佛言得作若罵比丘尼式叉摩尼沙弥沙弥尼得作下意羯磨不佛言得作若比丘尼罵比丘尼得作下意羯磨不佛言得作若罵式叉摩尼沙弥沙弥尼比丘得作下意羯磨不佛言得作若式叉摩尼罵式叉摩尼得作下意羯磨不佛言得作若罵沙弥沙弥尼比丘比丘尼得作下意羯磨不佛言得作若沙弥罵沙弥得作下意羯磨不佛言得作若罵沙弥尼比丘比丘尼式叉摩尼得作下意羯磨不佛言得作若沙弥尼罵沙弥尼得作下意羯磨不佛言得作若罵比丘比丘尼式叉摩尼沙弥得作下意羯磨不佛言得作又問沙

弥自言作婬與滅儐不佛言與滅儐又問頗有比丘減五歲畫形不依止他不得罪耶佛言有若比丘未滿五歲便死若畫形和上邊住

又問頗有比丘犯僧伽婆尸沙不相似罪犯故失精一夜覆藏犯故觸女身二夜覆藏犯惡口語三夜覆藏犯讚歎以身供養四夜覆藏犯媒嫁五夜覆藏五夜別住六夜摩那埵得與出罪羯磨不佛言得又問如佛所說犯相似罪不相似罪云何名相似佛言波羅夷波羅夷相似僧伽婆尸沙僧伽婆尸沙相似波逸提波逸提相似波羅提提舍尼波羅提提舍尼相似突吉羅突吉羅相似是名犯相似云何不相似波羅夷與僧伽婆尸沙波逸提波羅提提舍尼突吉羅不相似僧伽婆尸沙與波逸提波羅提提舍尼突吉羅波羅夷不相似波逸提與波羅提提舍尼突吉羅波羅夷僧伽婆尸沙不相似波羅提提舍尼與突吉羅波羅夷僧伽婆尸沙波逸提不相似突吉羅與波羅夷僧伽婆尸

沙波逸提波羅提提舍尼不相似

又問如佛說有犯可量犯不可量云何可量犯佛言可得說數云何不可量犯佛言不可說數又問如佛說犯覆藏犯不覆藏云何犯覆藏佛言須臾頃不發露云何名不覆藏須臾頃不覆藏佛語優波離有一種犯性各各異波羅夷性各各異僧伽婆尸沙性各各異波逸提性各各異波羅提提舍尼性各各異突吉羅性各各異

諸比丘與他別住已遣使掃餘房舍處處出入多人見佛言與他別住已應使掃住處房內不得遣使掃餘房舍時在屏處住客比丘來不見佛言不應在屏處住客比丘來時應見介時自喚客比丘喚已擾亂佛言不得喚他但語令知有客比丘去便走逐佛言如常行法不應走逐時逐出界佛言不應出界若前人出界自齊界住從今語汝等別住法應掃灑佛塔塗地布薩處亦應掃灑塗地食處亦應掃灑塗地次第布牀坐應辦洗脚水淨水瓶常用水瓶盛滿水應

語客比丘應拭富羅拭脚一切別住
法應作不應屏處住不應現處住又
問得別住已得與他作別住摩那埵
本日治出罪不佛言不得又問得或
沙弥得與他作別住摩那埵本日治
出罪不佛言不得又問得就別住人
邊行別住不佛言不得又問得就得
戒沙弥行別住摩那埵不佛言不得
又問得與別住人欲清淨受歲出罪
不佛言不得又問得與得戒沙弥清
淨欲受歲出罪不佛言不得又問得
受別住人清淨欲受歲出罪不佛言
不得又問得受得戒沙弥清淨欲受
歲出罪不佛言是大比丘故得受又
問用何物作户紐佛言以銅鐵木羊
毛蒭摩刼貝龍鬚麻婆娑草皮等作
又問用何物作絡佛言羊毛蒭麻刼
貝龍鬚麻婆娑草皮等作又問用何
物作襌帶佛言用羊毛蒭摩刼貝龍
鬚麻婆娑草皮等作又問用何物作
雀目佛言用木竹作尒時瓶沙王請
佛及僧百歲供養所供給人少信作
食不如法諸比丘求食時惱亂多人

見是王信心清淨問諸比丘惱亂耶
荅言惱亂王言我亦知大德惱亂我
當供給田宅具足隨意諸比丘言佛
未聽我等受田宅是事白佛佛言聽
受又居士祇洹中作房舍已供養衣
食卧具醫藥是房舍主比丘後日往
到居士舍索所須到已就坐問訊時居
士婦頭面礼足在前坐即為種種說
法善軟說法辯才說法以如是說妙
法居士婦聞法已信心清淨白言大
德此衣為大德故施僧房中僧是男
女兒婦等亦施僧房內僧是比丘作
是念我止須一衣今此衣多不知云
何以是事向佛廣說佛言若居士作
僧房若為一比丘施僧房內僧者房
內僧應共分時阿羅毗僧房壞佛見
已知而故問阿難此房何以壞阿難
荅言六群比丘所護故無人敢治佛
言是六群比丘房舍壞不能治者應
與他治餘人得已少治便止若着一
團泥一把草塗少地少塞壁孔少治
土墢佛言少治者不應與多治者與
又盡形與佛言不應盡形與不應少

時與若壞房舍者六歲與若新房舍
十二歲與阿羅毗巧匠比丘日日從
他索作具諸居士言大德何不自作
荅言佛未聽畜是事白佛佛言應
畜作具阿羅毗新作僧房時有半月
客作人或一月或一歲作木作若天
雨時索食薪草燈比丘與時心疑畏
罪不與若不與便不作諸比丘不知
云何是事白佛佛言若知早晚喚来
便作者應與有比丘着新染衣天雨
時露地洗脚汙衣失色斑駮如白癩
病是事白佛佛言應作舍作已不覆
故雨時漏佛言應覆覆已脊上漏佛
言應厚覆脊上王舍城大僧坊常多
有客比丘来初夜中夜後夜来時上
座比丘驅下座起擾亂諸比丘不知
云何是事白佛佛言若打揵搥唱時
然燈分坐具敷卧具見星宿出時着
襌鎮頭上若上座来不應驅起若驅
起者突吉羅又下座在上座處坐上
座呵責云何下座在上座處坐是事
白佛佛言下座不得坐上座處若坐
者突吉羅下座比丘應看坐處看臈

十誦律卷第四十八　第十八張　存字号

數應可坐處坐阿羅毗上座初夜坐禪中夜還房時弟子送上座去後下坐比丘沙弥從地起或從板上起就牀上卧上座還來次第駈去不肯與起鬪諍諸比丘不知云何是事白佛佛言若中夜歎卧具竟不得次第起他若起他者突吉羅六群比丘大小便處取水處隨上座次第驅起惱亂有比丘得惱諸比丘不知云何是事白佛佛言從今大小便處取水處不得次第驅起驅起者突吉羅罪六群比丘洗脚處次第驅他起惱亂諸比丘不知云何是事白佛佛言從今洗脚處他著水不得次第驅他起僧拭脚物有比丘先取浣撥屐拭富羅時六群比丘次第奪取他不與鬪諍諸比丘不知云何是事白佛佛言前取者用後來者應待用竟

衆僧煮粥釜杓杝有比丘已取洗六群比丘次第奪取他不與鬪諍諸比丘不知云何以是事白佛佛言先取者用後來者應待竟僧有木檻木盂有比丘取洗欲用六群比丘次第奪

十誦律卷第四十八　第十九張　存字号

取他不與鬪諍諸比丘不知云何是事白佛佛言先取者用後來者應待竟僧有鉢匙子杅子鍵瓷有比丘已取澡豆洗用六群比丘次第奪取他不與鬪諍諸比丘不知云何是事白佛佛言先取者用後來者應待竟僧有剃刀鑷截甲刀有比丘先取磨用六群比丘次第奪取他不與鬪諍諸比丘不知云何是事白佛佛言先取者用後來者待竟僧有衣牀絣衣繩針刀木灌指揩有比丘先取張衣綴衣縫衣六群比丘次第奪取破裂壞衣他不與鬪諍諸比丘不知云何是事白佛佛言不應與先用者用後來者待竟從今如是種種事不得次第奪他取若奪取者突吉羅尒時長老畢陵伽婆蹉患眼痛往到醫所醫言應灌鼻答言佛不聽灌鼻是事白佛佛言聽灌鼻時或以指著或以物著流入眼痛更增痛是事白佛佛言應作灌鼻筒大不可用又小作亦不可用是事白佛佛言莫大作莫小作可受一波羅半波羅許

十誦律卷第四十八　第二十張　存字号

僧有香爐香奩針筒有比丘先取用六群比丘次第奪取他不與鬪諍諸比丘不知云何是事白佛佛言先取者用後來者待竟尒時六群比丘浴室中相謂言是揩某甲是揩某甲諸比丘不知云何以是事白佛佛言浴室中不得言揩某甲揩某甲犯者突吉羅有比丘共白衣浴室中洗有下座比丘沙弥揩上座是白衣共相謂言但揩是耶更作如是如是事諸比丘聞已心不喜以是事白佛佛言從今不得共白衣浴室中洗犯者得突吉羅罪有優婆塞病欲入浴室中洗佛言應白比丘已入洗時白比丘比丘不聽佛言諸比丘若知是優婆塞善好無口過者聽入有比丘浴室中揩白衣佛言浴室中不得揩白衣犯者得突吉羅阿羅毗國分卧具多有客比丘暮來卧具少諸比丘不知云何以是事白佛佛言隨上座次與不得者與草葉各歎敷具各著襯身衣六群比丘以浮石揩身毛落佛言不得以浮石揩身犯者得突吉羅維耶

離菴羅樹園有好果黃色在地佛見是已知而故問阿難諸比丘何不噉此果阿難言世尊佛先結戒四種物僧不應分三人二人一人亦尒不應分僧坊地僧坊舍僧園林僧卧具佛言果應分分　時一人取二人三人分有多得者有不得者時共鬪諍佛言果不應分使淨人作五種淨已受噉有比丘共比丘鬪是比丘後更共餘比丘鬪即捉是耳作證失聲大喚多有比丘来問何故大喚荅言是比丘打我問言實打不荅言我不打但捉耳作證是比丘先共我鬪欲謗我故大喚佛言從今不得捉他耳作證犯者突吉羅罪若有如是事應語傍人言是比丘罵我打我時六群比丘謗他弟子諸上座呵責言我等云何得教他弟子如法是六群比丘便誘將去佛言從今不得誘他弟子犯者得突吉羅罪有諸比丘捨僧坊去作是言我不復還是處是名捨界不佛言捨又問用何物作錐佛言用銅鐵作又問用何物作刀佛言用銅鐵作又問

用何物作熨斗佛言用銅鐵泥作又問用何物作甕佛言用銅鐵泥木作又問用何物作釜佛言用銅鐵泥作又問用何物作澡豆如先說憍薩羅國父子共出家父語子言何不與我衣食荅言俱共出家無物可用與諸比丘不知云何是事白佛佛言有者應與無者不得强索尒時六群比丘有大沙弥隱處毛生小違逆師意師即剥衣倮身可羞人所不喜是事白佛佛言不應小事折伏沙弥若折伏時應留一衣諸比丘不能得蓯藥物佛言應作蓯藥器給孤獨居士施僧褥諸比丘言佛未聽我受是事白佛佛言僧得受一人亦受又問佛先說牀脚下安高八指枝云何牀脚下著八指枝佛言若牀脚减八指者應著木枝有比丘先取價與他藥吐下是人即死有比丘謂言汝犯波羅夷何以故荅言先取價與他下藥是比丘心疑將不犯波羅夷耶是事白佛佛知故問汝以何心與荅言憐愍故與佛言無罪佛言從今不得先取價與

他藥犯者得突吉羅有比丘從憍薩羅共估客向舍衛國時賊來劫估客纔得活命是估客為賊所剥纔得活命已諸比丘拾他衣取心疑將不犯波羅夷耶是事白佛佛言無罪憍薩羅國有天祠舍有塚以白汙灑有諸比丘從憍薩羅遊行向舍衛國右遶此塚左遶祠舍時天祠主言大德何以右遶塚左遶祠荅言我謂是佛塔聲聞塔諸比丘不知云何以是事白佛佛言若塚若天祠不必右遶亦不必左遶但隨道行有比丘飢餓時至親里家四五日住已言我欲還去何故去如先說六群比丘授無鉢人戒是六群常與十七群共諍六群次守僧坊十七群次與迎食往語六群弟子言取鉢来與汝迎食荅言無鉢語言汝無鉢受戒耶荅言尒又言汝是大力勢人無鉢受戒是比丘聞是事心不喜是事白佛佛言從今不得授無鉢人戒犯者得突吉羅有二比丘共鬪一比丘書他鉢作字著婬女門前時有識字婆羅門居士入是舍見鉢

有字作是言比丘亦入是舍比丘聞是語心不喜是事白佛佛言從今不得鉢上作字若鉢上作字者突吉羅如鉢一切餘物亦尒不犯者作式有外道信心欲出家往到比丘所言大德與我出家問言有鉢無荅言無鉢我等不得與無鉢人出家聞是語已還去斷出家因緣諸比丘不知云何以是事白佛佛言不得先問鉢度出家已求鉢給孤獨居士施僧被諸比丘不受佛未聽我受是事白佛佛言僧得受一人亦受有居士兒出家是居士得病語諸親里我若死後財物與我兒語已命終此兒後還家看坐已共相問評諸親里言汝父臨死時作是言我死後財物與兒比丘荅言佛不聽我受死後布施是比丘不知云何是事白佛佛言我先為比丘故說不為白衣應隨意取有比丘二月遊行與六群比丘知識即以衣寄六群六群問言何去荅言我欲二月遊行如先說尒時助調達比丘尼語白衣言我共汝作婚姻諸居士言汝是

出家人云何共我作婚姻諸比丘尼不知云何是事白佛佛言從今比丘尼不得語白衣共作婚姻若語者突吉羅有比丘先與居士衣價是比丘後命終諸比丘不知云何是事白佛佛言應索物取與僧分有比丘先取他衣未與價是比丘後命終是居士到比丘所言大德是比丘先取我衣未與我價諸比丘荅言是比丘生時何不來索諸比丘不知云何是事白佛佛言若是衣故在者應還若無者應賣衣鉢還六群比丘與白衣作義仲取鬘取華諸白衣呵責言汝等出家人何用此義仲用取鬘取華為諸比丘聞是事白佛佛言從今不得作義仲截鬘取華犯者突吉羅六群比丘與一比丘作善知識是比丘寄一比丘鉢與六群是鉢中道破是比丘見六群時作是念我若不疾語者或多索價便言某甲比丘寄我鉢與汝是鉢中道破六群言是汝鉢破不破我鉢汝償我來是比丘不知云何是事白佛佛言若好心捉破者不應從

責償有比丘用未熏鉢食放地剥落垢生是事白佛佛言應熏時比丘取鉢放地四邊著牛屎燒時破是事白佛佛言應作熏鉢爐作已放地燒燒時融壞是事白佛佛言先下著灰著灰已汙鉢是事白佛佛言應以石支支時不周匝遮爐風入故皷起是事白佛佛言應周匝好遮

給孤獨居士往到佛所頭面作礼一面坐已白佛言世尊若世尊遊行人間教化時我恒渴仰欲見佛願世尊與我少物使得供養佛即與髮爪甲汝供養是即白佛言世尊聽我以髮爪起塔佛言聽起又言佛聽我以赤色黑色白色塗壁不佛言聽以赤色黑色白色塗壁又言佛聽我畫塔者善佛言除男女合像餘者聽畫有人作蓋供養無安蓋處佛言應釘橛安時塔户無扇牛鹿獮猴狗等入以是事白佛佛言應作户扇佛聽我户前施欄楯者善以是事白佛佛言聽作佛聽我周匝施欄楯者善以是事白佛佛言聽作是中無著華處是事白佛

佛言聽作安華物者華已器滿佛言應施曲𢸰施曲𢸰亦滿佛言應周匝懸繩時居士作是念佛聽我作摩尼珠鬘新華鬘者善以是事白佛佛言聽作又作是言佛聽我作龕者善佛言聽作又言佛聽我龕中作塔者善佛言聽龕中起塔佛聽我施龕門者善是事白佛佛言聽作佛聽我覆龕中塔者善佛言聽覆佛聽我出舍扶頭者善佛言聽出佛聽我安攎拱者善佛言聽作佛聽我施柱作塔者善佛言聽作佛聽我以彩色赤土白灰莊嚴塔柱者善佛言聽莊嚴柱佛聽我畫柱塔者善佛言除男女合像餘者聽作尒時給孤獨居士信心清淨往到佛所頭面作礼一面坐已白佛言世尊如佛身像不應作願佛聽我作菩薩侍像者善佛言聽作又作是言佛本在家時引幡在前願佛聽我作引幡在前者善佛言聽作佛聽我塔前作高架安師子者善佛言聽作佛聽師子四邊作欄楯者善佛言聽作佛聽我以銅作師子者善是事白佛佛

言聽作佛聽銅師子上繫幡者善是事白佛佛言聽繫佛聽我以香華燈伎樂供養者善是事白佛佛言聽作佛聽我以香華油塗塔地者善是事白佛佛言聽香華油塗塔佛聽我作安華架者善佛言聽作佛聽我作安燈處者善佛言聽作佛聽我作團堂者善佛言聽作佛聽堂上安木懸幡者善佛言聽作

時給孤獨居士親里相識舉物人莊嚴男女舉案上著華香瓔珞遣至居士家居士見已作是念此物在前行者善以是事白佛佛言聽佛聽我作香爐在前行者善佛言聽在前行有諸外道生嫉妬心見已呵責言如送死人是居士作是念佛聽我像前作伎樂者善以是事白佛佛言聽作尒時給孤獨居士信心清淨作是念以何方便得集大衆供給衣食往白佛願佛聽我集大衆食者善佛言聽集大衆食作是言佛聽我供養塔時與大衆食者善是事白佛佛言聽作佛聽我作般闍于瑟會者善是事白佛佛

言聽作般闍于瑟會佛聽我作六年會者善是事白佛佛言聽作佛聽我正月十六日乃至二月十五日作會者善是事白佛佛言聽作佛聽我寺中作會者善是事白佛佛言聽作時諸比丘不次第入不次第坐不次第食不次第起不次第去有前入者有行食時入者有食時入者有食竟入者佛言應唱時至唱時至聲不遠聞是事白佛佛言應打揵椎打揵椎巳亦不遠聞是事白佛佛言應打鼓打鼓時在地打鼓亦不遠聞是事白佛佛言在垛上打垛上打時亦不遠聞佛言應在高處打使聞遠處時見大衆集多人来者與供養塔物與四方僧物　與食物與應分物諸比丘不知何者是塔物何者四方僧物何者食物何者應分物是事白佛佛言與物時使一比丘在彼立看知分別是塔物四方僧物食物應分物長老優波離問佛言世尊是四種物塔物四方僧物食物應分物得錯互用不佛言不得佛語優波離塔物者不可得

與四方僧不得作食不得分四方僧物者不得作食不得分不得作塔食物者不得分不得作塔不得與四方僧應分物者隨僧用

一法初

說一語竟名為捨戒云何說一語名為捨戒謂言捨佛說是一語名為捨戒如是法僧和上阿闍梨同和上阿闍梨比丘比丘尼式叉摩尼沙弥沙弥尼知我是白衣我是沙弥我非比丘我是外道非沙門非釋子我不受汝法說是一語名為捨戒若比丘多知識有力勢所可說者人皆信用衆所知識能供給僧非法說法法說非法非毗尼說毗尼毗尼說非毗尼犯說不犯不犯說犯重說輕輕說重無殘說有殘有殘說無殘非常所行事說是常所行事是常所行事說非常所行事非說說說言說言非說是人得大罪若比丘多知識有力勢所可說者人皆信用衆所知識能供給僧非法說非法法說法非毗尼說非毗尼毗尼說毗尼犯說犯非犯說非犯重說重

輕說輕無殘說無殘殘說殘非常所行事說非常所行事是常所行事說是常所行事非說說言非說說言是說是人得大功德

若比丘多知識有力勢所可說者人皆信用衆所知識能供養僧非法說法法說非法乃至說言非說非說言說是人不能自利亦不利他不能益多人不能憐愍衆生不能利益安樂天人若比丘多知識有大力勢所可說者人皆信用衆所知識能供給僧非法說非法法說法乃至非說言非說說言是說是人能自利亦能利他能益多人憐愍衆生利安天人若比丘多知識有力勢所可說者人皆信用衆所知識能供給僧非法說法法說非法乃至非說言說說言非說是人有罪有犯有悔心悔所作皆生悔心非清淨非解脫損減不增長自羞退沒人所輕毀造諸罪業若比丘多所知識有勢力所可說者人皆信用衆所知識能供給僧非法說非法法說法乃至非說說言非說說言說是人無

罪無犯無悔无惱所作不悔清淨解脫不損減得增長自身所作人所讚歎造諸善業如来出世現毗尼法不一時說戒漸漸說如来出世現毗尼法不一時破漸漸破有比丘多知識有力勢所可說者人皆信用衆所知識能供給僧於如来所現毗尼法中更生異想於文字中更作相似文句遮法覆法不隨順法所說不了是邊人下賤人无益於世無男子行若比丘多知識有力勢所可說者人皆信用衆所知識能供給僧於如来所現毗尼法中不生異想於文字中不作相似文句不遮法不覆法隨順法所說明了是非邊人非下賤人非無利益有男子行

佛在釋迦國大愛道往到佛所在一面坐已白佛言世尊願壽住一劫住世以是因緣故佛語大愛道不應如是讚歎如来汝所讚歎者非好讚歎不應以是讚歎如来是非讚歎如来法有一法令法滅忘沒破僧故有一法法不滅不忘不沒和合僧故有一法

十誦律卷第四十八　第三十三張　存字号

法滅忘没闘故法滅忘没如是共諍相罵相言故法滅忘没有一法法不滅不忘不没不闘故法不滅不忘不没如是不共諍不相罵不相言故法不滅不忘不没有一法法滅忘没貪故法滅忘没如是無猒多欲不知足悪欲悪見故法滅忘没有一法法不滅不忘不没不貪故法不滅不忘不没如是有猒少欲知足不悪欲不悪見故法不滅不忘不没隨何方有比丘闘共諍相罵相言如是方不應闘何况憶念有如是闘諍相罵相言過故隨何方比丘有比丘闘諍相罵相言更不應念何况往到多有闘諍相罵相言過故隨何方有比丘不闘不諍不相罵不相言如是方應闘何况不憶念無是闘諍相罵相言過故隨何方有比丘不闘不諍不相罵不相言如是方應更憶念何况不往無如是闘諍相罵相言過故隨何方有比丘闘諍相罵相言實知是處捨三法受三法捨三法者捨遮欲覺捨遮瞋覺捨遮嫉妬覺是名捨三法受三法者受欲

十誦律卷第四十八　第三十四張　存字号

覺受瞋覺受嫉妬覺是名受三法多有是闘諍相罵相言過故隨何方有比丘不闘不諍不相罵不相言實知是處捨三法受三法捨三法者捨欲覺捨瞋覺捨嫉妬覺受三覺者受遮欲覺受遮瞋覺受遮嫉妬覺無是闘諍相罵相言過故隨何方有比丘闘諍相罵相言實知彼處捨三法受三法捨三法者捨遮欲想捨遮瞋想捨遮嫉妬想是名捨三法受三法者受欲想受瞋想受嫉妬想是名受三法有是諸過闘諍相罵相言故隨何方有比丘不闘不共諍不相罵不相言實知彼處捨三法受三法捨三法者捨欲想捨瞋想捨嫉妬想是名捨三法受三法者受遮欲想受遮瞋想受遮嫉妬想是名受三法無是闘諍相罵相言過故隨何方有比丘共闘諍相罵相言實知是處捨三法受三法捨三法者捨遮欲界捨遮瞋界捨遮嫉妬界是名捨三法受三法者受欲界受瞋界受嫉妬界是名受三法有是比丘闘諍相罵相言過故隨何方有比丘

十誦律卷第四十八　第三十五張　存字号

不闘諍不相罵不相言實知是處捨三法受三法捨三法者捨欲界捨瞋界捨嫉妬界是名捨三法受三法者受遮欲界受遮瞋界受遮嫉妬界是名受三法無是闘諍相罵相言過故

一法竟

二法初

有二法無智犯罪不自見過不悔是罪有二法有智犯罪見過見過已能悔是罪有二法犯輕犯重更有二犯有殘無殘更有二犯可向他悔過可自心悔過有二衆法衆非法衆復有二衆濁衆清淨衆有二法故僧名苦住不樂住數數犯不隨順教隨順悪法有二無智　應悔不悔不悔便悔有二智　應悔便悔不應悔不悔有二無智有犯有覆藏有二智不犯不覆藏無智覆藏者有二果地獄餓鬼有智不覆藏者有二果人天佛言我有所說不信受故便覆藏覆藏者不得離生老病死憂悲苦惱我有所說能信受者是名不覆藏不覆藏者得離生老病死憂悲苦惱有二善知犯知

悔過有二清淨見清淨戒清淨有二非法見非法法見非法有二法見非法見非法法見法有二毗尼貪欲毗尼瞋恚毗尼有二毗尼比丘毗尼比丘尼毗尼有二毗尼遍毗尼不遍毗尼有二法多知識人有過罪非法作法法作非法是名有過有二法多知識人無過非法作非法法作法是名無過有二法斷事人有過非法作法斷法作非法斷是名有過有二種斷事無過非法作非法斷法作法斷是名無過有二種說有過非法說法法說非法是名有過有二說無過非法說非法法說法是名無過

有二種法教化人有過非法作法教法作非法教是名有過有二法教化人無過非法作非法教法作法教是名無過有二法法滅忘沒有比丘疑法疑毗尼是名二法法滅忘沒有二法法不忘不沒不滅不疑法不疑毗尼是名二法法不忘不沒不滅有二法法滅忘沒有比丘教他非法教他非毗尼是名二法法滅忘沒有二法法

不滅不忘不沒如法教如毗尼教是名二法法不滅不忘不沒有二事故佛斷別衆食利益檀越不令惡人得力清淨衆得安樂有二事故世尊作苦切羯磨令惡人不得力清淨人得力如是依止羯磨驅出羯磨下意羯磨不見擯不作擯惡邪不除擯別住摩那埵本日治出罪令惡人不得力清淨人得力有二法鬬諍非法言法法言非法是名二法鬬諍相罵相言不止種種相言不用毗尼法僧破僧惱僧別僧異有二法不鬬諍非法言非法法言法如是不鬬諍不相罵不相言止不種種相言用毗尼法僧不破僧不惱僧不別僧不異有二事故世尊教作和上現得清淨持戒後得安樂梵行久住如是阿闍梨共行弟子近行弟子沙弥教誡比尼波羅提木叉說波羅提木叉遮波羅提木叉自恣自恣人遮自恣證他罪令他憶罪羈繫羯磨共要羯磨　聽羯磨聽自羯磨　皆現前得清淨持戒後得安樂梵行久住有二事故世尊說現前

毗尼現得清淨持戒後得安樂梵行久住如是憶念毗尼不癡毗尼自言毗尼覓罪相毗尼多覓毗尼布草毗尼是亦現得清淨持戒後得安樂梵行久住有二事故世尊說苦切羯磨現得清淨持戒後得安樂梵行久住如是依止羯磨驅出羯磨下意羯磨不見擯不作擯惡邪不除擯別住摩那埵本日治出罪羯磨是亦現得清淨持戒後得安樂梵行久住有二謗佛非法言法法言非法有二不謗佛非法言非法法言法有二出佛過非法言法法言非法有二不出佛過非法言非法法言法有二不隨佛語非法言法法言非法有二隨佛語非法言非法法言法有二不隨毗尼非法言法法言非法有二隨毗尼非法言非法法言法有二罪非法言法法言非法有二無罪非法言非法法言法有二棄　自作棄所須和合僧如法棄所須有二不棄自不作棄所須和合僧如法不棄所須有二不共住自作不共住和合僧如法與不共住有

二共住自作共住和合僧如法與共住有二不共住有過自作不共住和合僧如法與不共住有二共住無過自住共住和合僧如法與共住有二擯自作擯　和合僧如法與擯有二不擯自作不擯和合僧如法不與擯有二狂人與癡羯磨有念者有不念者有二本先狂有二呪狂有二藥狂有二心狂有二苦痛狂有二白法護世間有慙有愧若是二白法慙愧不護世間者則不分別父母兄弟姊妹兒女親里則破人法如牛羊鷄狗野干鳥獸若是二白法慚愧在世間者則分別父母兄弟姊妹兒女親里不破人法非如牛羊雞狗野干鳥獸無是慚愧有白法者終無是處心無白法但有生死無有解脫有是慙愧白法在心即得清淨則不生死度生死岸更不受有　二法竟

十誦律卷第四十八

十誦律卷第四十八

校勘記

一　底本，金藏廣勝寺本。

一　八八九頁中一行經名，資、磧、普、南作「十誦律卷第四十七」；徑、清作「十誦律卷第五十一」。麗經名下有「第八誦之一」。

一　八八九頁中三行「增一法　八誦之二」，資、磧、普、南作「增一法第八誦之一增一法」；徑、清作「增一法第八誦之一」；麗作「增一法之一」。

一　八八九頁中四行「佛婆伽婆住舍婆提」，資、磧、普、南、徑、清作「佛在舍衛國」。

一　八八九頁中一一行「具戒」，資、磧、普、南、徑、清作「大戒」。

一　八八九頁中一六行第二字「以」，資、磧、普、南、徑、清無。本頁下二行第四字、四行第四字同。

一　八八九頁中一九行第一〇字「耶」，麗作「即」。

一　八八九頁中二〇行「戲語」，麗作「戲語耳」。

一　八八九頁下一行「一潤」，諸本（不含石，下同）作「一閏」。

一　八八九頁下一八行第六字「者」，資、磧、普、南、徑、清無。

一　八八九頁下二一行「布薩」，麗作「說戒」。

一　八九〇頁上八行第三字「在」，資、磧、普、南、徑、清無。

一　八九〇頁上一三行「空在中」，諸本作「在空中」。

一　八九〇頁上二一行第二字「得」，資、磧、普、南、徑、清無。二二行第二字同。

一　八九〇頁中二行「外相內相」，諸本作「內相外相」。

一　八九〇頁中三行「又問」，磧、普作「人問」。

一　八九〇頁中六行「羯磨」，麗無。

一　八九〇頁中一三行「初作僧坊」，

資、磧、普、南、徑、清作「初造僧坊」。下同。

一　八九〇頁中一五行第一三字「住」，資、磧、普、南、徑、清無。

一　八九〇頁中一六行「面各」，資、磧、普、南、徑、清作「各面」。

一　八九〇頁中一八行末字「作」，資、磧、普、南、徑、清無。

一　八九〇頁中二一行「結界」，徑作「結戒」。

一　八九〇頁下二行「又問」，磧作「入問」。

一　八九〇頁下七行第一二字「不」，麗無。

一　八九〇頁下一一行「式叉摩郁尼」，諸本作「式叉摩尼」。下同。

一　八九〇頁下一三行「阿練兒」，資、磧、普、南、徑、清作「阿練若」。

一　八九〇頁下二〇行「未能得」，麗作「未得」。

一　八九一頁上二行第七字「爲」，資、磧、普、南、徑、清無。

一　八九一頁上四行末字及上六行第五字「食」，資、磧、普、南、徑、清作「噉」。六行下至九行第九字同。

一　八九一頁上五行第九字「食」，資、磧、普、南、徑、清無。

一　八九一頁上九行第一一字「得」，資、磧、普、南、徑、清無。

一　八九一頁上一〇行首字「若」，諸本作「有」。

一　八九一頁上一三行「籤竹」，資、磧、普、南、徑、清作「箭竹」。

一　八九一頁上一五行第四字「死」，資、磧、普、南、徑、清作「命終」。一六行第二字同。

一　八九一頁上一六行「不共內食宿」，資、磧、普、南、徑、清作「不犯內宿」；麗作「不內宿」。

一　八九一頁上一七行及一八行「共內食宿」，諸本作「內宿」。

一　八九一頁上二〇行第一〇字「舉」，麗作「殘」。

一　八九一頁上二二行第九字「截」，磧作「裁」。同行第一三字「持」，資、磧、普、南、徑、清無。

一　八九一頁中二行「三種」，徑作「二種」。

一　八九一頁中五行「俱修多羅」，資、磧、普、南、徑、清作「拘修羅」；麗作「俱修羅」。下同。

一　八九一頁下八行末字「得」，資、磧、普、南、徑、清無。

一　八九一頁下一一行第一一字「以」，資、磧、普、南、徑、清無。一三行第一二字、一九行第一〇字同。

一　八九一頁下一四行第一〇字「僧」，資、磧、普、南、徑、清無。

一　八九二頁上一行末字「至」，資、磧、普、南、徑、清作「到」。

一　八九二頁上二行「阿耨大池」，麗作「阿耨達池」。下同。

一　八九二頁上七行「長者」，資、磧、普、南、徑、清無。

一　八九二頁上九行「請佛」，資、普、南、徑作「詣佛」。

一八九二頁上一四行首字「白」，資、磧、普、南、徑、清作「白佛」。

一八九二頁上一六行第四字「者」，資、磧、普、南、徑、清無。同行第一三字「出」，資、磧、普、南、徑、清作「坐」。

一八九二頁中一一行第一一字「非」，資、磧、普、南、徑、清無。

一八九二頁下二行第六字「受」，資、磧、普、南、徑、清作「授」。

一八九二頁下七行第一二字「姪」，諸本作「汙」。

一八九二頁下八行「破内外道」，麗作「越濟人」。

一八九二頁下二二行第二字「是」，資、磧、普、南、徑、清無。同行「未受」，資、磧、普、南、徑、清作「不受」。

一八九三頁上一行「比丘」，資、磧、普、南、徑、清作「人」。

一八九三頁上一九行「沙彌尼」，諸本作「沙彌沙彌尼」。

一八九三頁中六行「失精」，諸本作「出精」。

一八九三頁中七行第九字「語」，諸本無。

一八九三頁中八行「歎以」，資、磧、普、南、徑、清作「已」。

一八九三頁下一二行「多人見」，麗作「多有人見」。

一八九三頁下二二行「布牀」，諸本作「敷牀」。

一八九四頁上一行「比丘」，麗作「比丘令知」。

一八九四頁上一六行「婆婆」，資、磧、普、南、徑、清作「披披」。下同。

一八九四頁上一七行「羊毛茤麻」，諸本作「以羊毛芻摩」。

一八九四頁上二〇行第六字「皮」，資、磧、普、南、徑、清無。

一八九四頁中四行「未聽」，資、磧、普、南、徑、清作「不聽」。本頁下四行第四、第五字同。

一八九四頁中六行「房舍主」，資、磧、普、南、徑、清作「房主」。

一八九四頁中八行「頭面」，資、磧、普、南、徑、清無。

一八九四頁中一一行「中僧是」，資、磧、普、南、徑、清作「内僧」。

一八九四頁中一四行「向佛」，資、磧、普、南、徑、清作「白佛」。

一八九四頁下六行「木作」，麗無。

一八九四頁下一八行第四字「坐」，資、磧、普、南、徑、清作「卧」。

一八九四頁下二一行「下座在上座處坐」，資、磧、普、南、徑、清作「下座坐上座處」。

一八九五頁上一一行第一〇字「罪」，資、磧、普、南、徑、清無。本頁下一三行第三字、次頁上一五行第四字及二〇行第三字同。

一八九五頁上二一行「以是事白佛」，資、磧、普、南、徑、清作「是事白佛」。下同。

一八九五頁上二二行「應待竟」，資、磧、普、南、徑、清作「應待用竟」。同行「木檻」，資、磧、普、南、徑、清作「木料」；麗作「木盉」。

一八九五頁中三行「瓮子杅子鍵瓷」，資、磧、普、南、徑、作「瓶子盂子揵瓷」；清作「瓶子盂子鍵瓷」。

一八九五頁中一〇行「待竟」，諸本作「應待竟」。同行第一二字「絣」，資、磧、普、南、徑、清作「拼」。

一八九五頁中一一行「木灌指揩」，資、磧、普、南、徑、清作「木錐指沓」。

一八九五頁中一四行「先用」，南、徑、清作「先取」。

一八九五頁中一五行「待竟」，徑、清作「應待竟」。

一八九五頁中一八行「醫言」，資、磧、普、南、徑、清作「醫教言」。同行「不聽」，麗作「未聽」。

一八九五頁中一九行「灌鼻時」，麗作「灌時」。

一八九五頁中二〇行第六字「痛」，諸本無。

一八九五頁下一二行「浴室」，資、磧、普、南、徑、清作「共浴室」。同行至次行「得突吉羅」，資、磧、普、南、徑、清作「突吉羅」。下同。

一八九六頁上一行第五字「園」，徑、清作「國」。

一八九六頁上四行第一二字「尒」，資、磧、普、南、徑、清無。

一八九六頁上五行「僧坊舍」，資、磧、普、南、徑、清作「房舍」。

一八九六頁上一〇行第六字「是」，麗作「是人」。

一八九六頁上一四行首字「大」，資、磧、普、南、徑、清無。

一八九六頁上一八行首字「他」，諸本作「化」。

一八九六頁上一九行第四字「今」，資、磧、普、南、徑、清作「今日」。

一八九六頁中一行第九字「用」，資、磧、普、南、徑、清作「以」。

一八九六頁中六行第一二字「用」，資、磧、普、南、徑、清無。

一八九六頁中一一行「小事」，諸本作「以小事」。

一八九六頁中一五行「亦受」，麗作「亦得受」。

一八九六頁中一六行第八字「枝」，麗作「楮」。一七行第三字、一八行第二字同。

一八九六頁下四行第六字「拾」，資、磧、普、南、徑、清作「捨」。

一八九六頁下六行「白汙」，麗作「血汙」。

一八九六頁下七行「憍薩羅」，資、磧、普、南、徑、清作「憍薩羅國」。同行「舍衛國」，資、磧、普、徑、清作「舍衛」。

一八九六頁下九行第六字「祠」，資、磧、普、南、徑、清作「天祠」。

一八九六頁下一九行及八九九頁上二〇行「力勢」，資、磧、普、南、徑、清作「勢力」。

一八九六頁下二二行第五字「書」，資、磧、普、南、徑、清作「畫」。

一八九七頁上四行第一三字「式」，諸本作「幟」。

一八九七頁上一七行「不聽」，諸本作「未聽」。

一八九七頁上二〇行至次行「六羣六羣」，資、磧、普、南、徑、清作「六羣比丘六羣比丘」。

一八九七頁中三行第八字「作」，資、磧、普、南、徑、清無。

一八九七頁中四行「有比丘」，諸本作「有一比丘」。

一八九七頁中一二行至次行「義仲」，資、磧、普、南、徑、清作「議仲」。下同。

一八九七頁中一八行「六羣」，資、磧、普、南、徑、清作「六羣比丘」。

一八九七頁中二一行「鉢破不破」，諸本作「鉢不破破」。

一八九七頁下七行「支時」，資、磧、普、南、徑、清作「石支時」。

一八九七頁下一二行「爪甲」，資、磧、普、南、徑、清作「指甲」。

一八九七頁下一五行第七字「不」，資、磧、普、南、徑、清無。

一八九七頁下一七行第六字「合」，麗作「和合」。同行第一二字「有」，資、磧、普、南、徑、清作「又」。

一八九七頁下一八行「應釘撅安」，資、磧、普、南作「應打橛安」；徑、清作「聽打橛安」。

一八九七頁下一九行第四字「扇」，資、磧、普、南、徑、清作「扉」。二〇行第八字同。

一八九七頁下二一行「以是事白佛」，資、磧、普、南、徑、清無。次頁上四行同。

一八九七頁下二一行「聽作」，資、磧、普、南、徑、清作「聽汝作欄楯」。

一八九七頁下末行「聽作」，資、磧、普、南、徑、清作「聽汝作周帀欄楯」。

一八九八頁上二行第五至第七字「施曲撅」，資、磧、普、南、徑、清無。

一八九八頁上五行第三字「又」，資、磧、普、南、徑、清作「摩尼珠鬘新華鬘」。

一八九八頁上六行「聽作」，資、磧、普、南、徑、清作「聽作窟」。

一八九八頁上八行「聽作」，資、磧、普、南、徑、清作「聽施窟門」。

一八九八頁上九行「聽覆」，資、磧、普、南、徑、清作「聽覆窟中塔」。同行至次行「舍扶頭」，資、磧、普、南、徑、清作「舍伏頭」；麗作「舍栿頭」。

一八九八頁上一〇行「聽出」，資、磧、普、南、徑、清作「聽出舍伏頭」。

一八九八頁上一一行「聽作」，資、磧、普、南、徑、清作「聽作安櫨栱」。

一八九八頁上一二行「聽作」，資、磧、普、南、徑、清作「聽施柱作塔」。同行「赤土」，諸本作「赭土」。

一八九八頁上一三行「聽疰嚴柱」，資、磧、普、南、徑、清作「聽彩色赭土白灰莊嚴柱」。

一八九八頁上一四行「柱塔上」，資、磧、普、南、徑、清作「柱上塔上」。

一八九八頁上一五行首字「作」，資、磧、普、南、徑、清作「畫作」。

一八九八頁上一八行「聽作」，資、

磧、普、南、徑、清作「聽作菩薩像」。

一　八九八頁上二〇行「聽作」，資、磧、普、南、徑、清作「聽作引旛在前」。

一　八九八頁上二一行「聽作」，資、磧、普、南、徑、清作「聽作高埰安師子」。

一　八九八頁上二二行「聽作」，資、磧、普、南、徑、清作「聽汝師子四邊安欄楯」。

一　八九八頁中一行「聽作」，資、磧、普、南、徑、清作「聽汝銅作師子」。同行「銅師子」，資、磧、普、南、徑、清作「我銅師子」。

一　八九八頁中二行「聽繫」，資、磧、普、南、徑、清作「聽汝銅師子上繫旛」。

一　八九八頁中三行「聽作」，資作「聽汝華香燈伎樂供養」；磧、普、南、徑、清作「聽汝香華燈妓樂供養」。

一　八九八頁中六行「聽作」，資、磧、普、南、徑、清作「聽汝作安華埰」。

一　八九八頁中七行「聽作」，資、磧、普、南作「聽汝作安燈」；徑、清作「聽汝作安燈處」。

一　八九八頁中八行「聽作」，資、磧、普、南、徑、清作「聽汝作圍堂」。同行「堂上」，資、磧、普、南、徑、清作「我堂」。

一　八九八頁中九行「聽作」，磧、南、徑、清作「聽汝堂上安木懸旛」。

一　八九八頁中一〇行首字「時」，資、磧、普、南、徑、清作「爾時」。

一　八九八頁中一三行第一〇字「聽」，資、磧、普、南、徑、清作「聽汝盤桉上著華香瓔珞在前行」。

一　八九八頁中一四行「聽在前行」，資、磧、普、南、徑、清作「聽汝香爐在前行」。

一　八九八頁中一七行「聽作」，資、磧、普、南、徑、清作「聽作妓樂」。

一　八九八頁中一九行「往白佛」，諸本作「往白佛言」。

一　八九八頁中二二行「聽作」，資、磧、普、南、徑、清作「聽供養塔時與大衆食」。

一　八九八頁下一行「我作六年」，資、磧、普、南、徑、清作「作六歲」。

一　八九八頁下二行「聽作」，資、磧、普、南、徑、清作「聽作六歲會」。

一　八九八頁下三行「十六日乃至」，資、磧、普、南、清作「十六日至」；徑作「十五日至」。

一　八九八頁下五行「聽作」，資、磧、普、南、徑、清作「聽汝寺中作會」。

一　八九八頁下一一行末字「鼓」，資、磧、普、南、徑、清無。

一　八九八頁下一四行「使聞遠處」，資、磧、普、南、徑、清作「使遠處得聞見」；麗作「使遠處得聞」。同行第一二字「見」，資、磧、普、南、徑、清無。

一　八九八頁下一五行「來者」，諸本作「來看」。

一　八九八頁下末行「不可得」，諸本作「不得」。

一　八九九頁上二行末字「食」，資、磧、普、南、徑、清作「作食」。

一　八九九頁上四行「僧用」，至此，資、磧、普、南换卷，卷第四十七終，卷第四十八始；徑、清换卷，卷第五十一終，卷第五十二始。

一　八九九頁上五行「一法初」，資、磧、普、南、徑、清作「增一法第八誦之二一法初」。

一　八九九頁上一七行「説有殘」，麗作「説殘」。

一　八九九頁上一八行第五字「是」，資、磧、普、南、徑、清無。

一　八九九頁上二一行「衆所知識」，資、磧、普、南、徑、清作「衆所識知」。

一　八九九頁中六行「供養」，諸本作「供給」。

一　八九九頁中一〇行第九字「大」，諸本無。

一　八九九頁中一三行「能自利」，資、磧、普、南、徑、清作「能自利益」。

一　八九九頁中一六行「供給僧」，資、磧、普、南、徑、清作「供給衆僧」。

一　八九九頁中一八行第四字及下一行第一一字「悔」，諸本作「惱」。

一　八九九頁中二〇行末字「所」，資、磧、普、南、徑、清無。

一　八九九頁中二一行「有勢力」，諸本作「有力勢」。

一　八九九頁下一八行第二字「坐」，諸本作「立」。同行「願久壽住」，資、磧、普、南、徑、清作「願久壽」；麗作「願壽」。

一　八九九頁下二一行第一一字「歎」，資、磧、普、南、徑、清無。

一　八九九頁下二二行第七字「忘」，麗作「亡」。下同。

一　九〇〇頁上一三行「比丘有比丘」諸本作「有比丘」。

一　九〇〇頁中三行「不鬪不淨」，資、磧、普、南、徑、清作「不鬪淨」。

一　九〇〇頁中五行「三覺」，諸本作「三法」。

一　九〇〇頁中二二行「比丘」，麗無。

一　九〇〇頁下一〇行「有二法犯輕犯重」，諸本作「有二犯輕犯重犯」。

一　九〇〇頁下一五行「不悔便悔」，諸本作「不應悔便悔」。

一　九〇一頁上一行「見清淨戒」，諸本作「戒清淨見」。

一　九〇一頁上六行第一二字「罪」，諸本無。

一　九〇一頁上一五行「有二種法」，資、磧、普、南、徑、清作「有二法」。

一　九〇一頁上二〇行及二一行「法不忘不没不滅」，資、磧、普、南、徑、清作「法不滅不忘不没」；麗作「法不滅不亡不没」。

一　九〇一頁中三行末字「人」，麗作「比丘」。

一　九〇一頁中二一行「聽羯磨」，麗作「聽聽羯磨」。

一　九〇一頁中二二行第六字「前」，麗無。

一　九〇一頁下二一行「自不作棄」，麗作「自作不棄」。

一　九〇二頁上四行「自住」，諸本作「自作」。

一　九〇二頁上六行至七行「不與損」，麗作「與不損」。

一　九〇二頁上卷末經名，資、磧、普、南、徑、清無（未換卷）。

十誦律卷第四十九　存

後秦北印度三藏弗若多羅共羅什譯

毗尼增一第二　八誦

三法初

有三羯磨攝諸羯磨謂白羯磨白二羯磨白四羯磨有三人必墮惡趣地獄中何等三若人以無根波羅夷謗清淨梵行比丘是名初人必墮地獄有人生惡邪見作是言諸欲中無罪以是故是人深作放逸自恣五欲是第二人必墮地獄有人出家作比丘犯戒內爛流出非沙門自言沙門非梵行自言梵行是第三人必墮地獄尒時世尊欲明此事而說此偈言

妄語墮地獄　及餘作重罪是惡不善人
後俱受罪報　夫人生世間斧在口中生
以是自斬身　斯由作惡言　應呵而讚歎
應讚歎而呵　口過故得衰　衰故不受樂
如擲失財物　是衰為尠少　惡口向善人
是衰重於彼　尼羅浮地獄　其數有十萬
阿浮陀地獄　三十六及五　惡心作惡言
輕毀聖人故　壽終必當墮　如是地獄中

十誦律卷第四十九第二張　存字号

有三種證罪見證罪聞證罪疑證罪有三法毗尼中歌如哭法毗尼中露齒笑如狂法毗尼中掉譬僻如小兒法如來有三種不護無能知無能見如來身行清淨無不清淨是如來不護無能知無能見如來口業意業清淨無不清淨是如來不護無能知無能見世間有三大賊無能及者久壽作大罪人無能捉何等三有人野住有嶮處住有强力住云何野住謂草林叢中云何嶮處住謂山嶮水曲中云何强力住謂手力脚力是名三法世間大賊久壽作大罪人無能捉如是三事有惡比丘久壽作大罪久住僧不能儐有野住山嶮住强力住野住者梵行自言梵行是名野住嶮住者邪見不如實說如是見如是語無施无果無善惡報無父母世間無阿羅漢無須陁洹無斯陁含無阿那含無今世無後世無得證法是名嶮住强力住者依語力依廣解力是名强力住是名三法有惡比丘久壽作大罪僧

不能疾償有三法名大賊久住作大
罪人不能疾捉野住嶮處住多有財
物云何名野住如先說云何名嶮處
住如先說云何名多有財物大有田宅
人民財寶是人作是念若有道我者
我當與財物是名多有財物是名三
法大賊久壽作大罪人不能疾捉如
是三法有惡比丘久壽作大罪僧不
能疾償野住嶮住依物住云何野住
如先說云何嶮住如先說云何依物
住若多得施物衣被飲食卧具醫藥
種種諸物作是念若有道我者我與
是物是名依物住是名三法有惡比
丘久壽作大罪僧不能疾償復有三
法名大賊久壽作大罪人不能疾捉
依野住依嶮處住依力住云何依野
住如先說云何依嶮住如先說云何
依力住若依王若依王等故作是念
有導我者此人助我是名依力住是
為三法大賊久壽作大罪人不能捉
如是三法有惡比丘久壽作大罪僧
不能疾償依野住依嶮住依力住云
何依野住如先說云何依嶮住如先

說云何依力住若比丘依誦修多羅
者誦毗尼者誦阿毗曇者作是念有
人導我者此人助我是名三法有惡
比丘久壽作大罪僧不能疾償世間
有三大賊何等三一者作百人主故
百人恭敬圍遶二百三百四百五百
人主故五百人恭敬圍遶入城聚落
穿踰牆壁斷道偷奪破城煞人是名
初大賊二者有比丘用四方僧園林
中竹木根莖枝葉華果財物飲食賣
以自活若與白衣知識是名第二大
賊三者有比丘為飲食供養故空無
過人聖法故作妄語自說言得若與
百人乃至五百人恭敬圍遶入城聚
落受他供養小食中食是名第三大
賊是中百人賊主二百三百四百五
百人主恭敬圍遶入城聚落穿踰牆
壁斷道偷奪破城煞人此名小賊若
有比丘用四方僧園林中竹木根莖
枝葉華果財物飲食賣以自活若與
知識白衣亦名小賊佛言是第三賊
於天人世間魔界梵世沙門婆羅門
天人衆中冣是大賊謂為飲食故空

無過人聖法故作妄語自說言得若
與百人至五百人恭敬圍遶入城聚
落受他供養小食中食是名大賊佛
說偈言

比丘未得道　自說言得道　天人中大賊
極惡破戒人　是癡人身壞　當墮地獄中三法竟

四法初

有四種和上有和上與法不與食有
和上與食不與法有和上與法與食
有和上不與食不與法是中與法不
與食者應住是和上邊與食不與法
者不應住與食與法者如是應盡形住
不與法不與食者不應住晝夜亦應
捨去阿闍梨亦如是有四種人數數
犯數數悔過一者無羞二者輕戒三
者無怖畏心四者愚癡是名四種人
數數犯戒數數悔過世間有四種人見
犯罪生怖畏何等四若有人著黑衣
弃頭往至多人所作是言我作惡罪
不善可羞隨衆人所喜我當作之時
彼衆人呵責駈出有智人見已作是
言是人著黑衣弃頭往多人所作是
言我作惡不善可羞隨衆人所喜我

當作之作惡業故衆呵駈棄我當自勑亦教餘人莫作如是惡業如是有比丘於波羅提提舍尼中生怖畏心應如是知未犯者不犯若已犯者疾如法悔過是名初人見罪怖畏有人著黑衣奔頭捉捧著肩上徃多人所作是言我作惡罪不善可羞隨衆所喜我當作之時彼衆人即取其棒打已駈出有智人見作是言是人作惡不善故得大罪我當自勑亦教餘人莫作如是惡業如是有比丘於波逸提中生怖畏心（如是惡業如是有比丘於波夜提知來）犯者不犯若已犯者疾悔過是名第二見罪怖畏有人著黑衣奔頭捉鐵鈗著肩上徃多人所作是言我作惡不善隨衆所喜我當作之時彼衆人即取鐵鈗打之便捉利刀恐之駈出城西門著於壍中有智人見已作是言是人作惡業故得大罪我當自勑亦教餘人莫作如是惡如是有比丘於僧伽婆尸沙中生怖畏心應如是知未犯者不犯若已犯者疾應悔過是名第三見罪怖畏有如捕賊師捕得實賊

反縛兩手打鼓循行出南城門坐著摽下便截其首有智人見已作是言是人作惡業故得大罪我當自勑亦教餘人莫作如是惡業如是有比丘於波羅夷中生怖畏心應如是知未犯者終不敢犯是名第四見罪怖畏有四種羯磨非法別衆非法和合衆有法別衆有法和合衆是中非法別衆羯磨者是不名作羯磨非法和合衆（作羯磨者）亦不名作羯磨有法別衆（作羯磨者）不名作羯磨有法和合衆（作羯磨者）名作羯磨非法別衆作羯磨者是羯磨非法別衆應遮應置非法和合衆作羯磨者是羯磨非法和合衆應遮應置有法別衆作羯磨者是羯磨有法別衆應遮應置有法和合衆作羯磨者是羯磨有法和合衆應遮不應置非法別衆作羯磨者是非法別衆羯磨莫作不名作不好不名好應遮應置非法和合衆作羯磨者是羯磨非法（和合衆）作不名作不好不名好應遮應置有法別衆作羯磨者是羯磨有法別衆莫作不名作不好不名好應遮應置有法和

合衆作羯磨者是羯磨有法和合衆是應作名作是好名好不應遮不應置有四種人一者麁人二者濁人三者中間人四者上上人如是僧中有四種斷事人有僧斷事人無羞不善義不善文句有僧斷事人無羞善義善文句有僧斷事人有羞不善義不善文句有僧斷事人有羞善義善文句若僧斷事人無羞不善義不善文句者是為麁人若僧斷事人無羞善義善文句者是名濁人若僧斷事人有羞不善義不善文句者是名中間人若僧斷事人有羞善義善文句者是名上人若僧斷事人無羞不善義不善文句者無人親近若僧斷事人無羞善義善文句者有人親近若僧斷事人有羞不善義不善文句者無人親近若僧斷事人有羞善義善文句者有人親近若僧斷事人無羞不善義不善文句者是名不可共語若僧斷事人無羞善義善文句者是可共語若僧斷事人有羞不善義不善文句者是不可共語若僧斷事人有羞

善義善文句者是可共語若僧斷事人無羞不善義不善文句者如是斷事人可嫌可呵可儐是不好人迷亂愁憂生悔恨心何以故如是斷事人僧中未起諍事便起已起事不能滅若僧斷事人無羞善義善文句者如是斷事人可嫌可呵可儐是不好人迷亂愁憂生悔恨心何以故如是斷事人僧中未起諍事便起已起事不能滅若僧斷事人有羞不善義不善文句者如是斷事者應教義應教文句若僧斷事人有羞善義善文句是斷事者應讚歎稱善何以故是人來僧中斷事時未起諍者不起已起者滅有四種義有義非法分別他不撿究撿究不受有義非法不分別他撿究撿究受有義如法分別他不撿究撿究不受有義如法不分別他撿究撿究受是中義非法分別他不撿究撿究不受是名三過如非法者是過如分別他者是過如不撿究撿究不受者是二過是中有義非法不分別他撿究撿究受是一過如非法者是

過如不分別他者是非過如撿究撿究受是非過是中如法義分別他不撿究撿究不受是二過如法者是非過如分別他者是過如不撿究撿究不受是過是中如法義不分別他撿究撿究受是皆非過如法者是非過如不分別他者是非過如撿究撿究受者是非過有四行闥賴吒比丘不能滅諍愛瞋怖癡是名四行闥賴吒比丘不能滅諍有四行闥賴吒比丘能滅諍不愛不瞋不怖不癡是名四行闥賴吒比丘能滅諍有四行闥賴吒比丘不善觀義不善取義不應讚便讚應讚而不讚不應敬而敬應敬而不敬

有四行闥賴吒比丘善觀義善取義不應讚歎不讚歎應讚歎而讚歎不應敬不敬應敬而敬是名四行闥賴吒比丘能滅諍有四行闥賴吒比丘不善觀義不善取義以力勢語不從他乞聽便出他罪先有嫌心悔心有見嫌見悔自用意是名四行不能滅諍有四行闥賴吒比丘能滅諍善觀義善取義不以力勢從他

乞聽先無嫌心悔心無見嫌見悔不自用意是名四行能滅諍有四行闥賴吒比丘有罪愛瞋怖癡故有罪過有四行闥賴吒比丘無罪不愛不瞋不怖不癡故無罪過有四行闥賴吒比丘有罪過不善觀義不善取義不應讚而讚應讚不讚不應清淨令清淨應清淨令不清淨是名四行有罪過有四行闥賴吒比丘無罪過善觀義善取義不應讚不讚應讚而讚不清淨不與清淨應清淨與清淨是名四行無罪過有四行闥賴吒比丘有罪過不善觀義不善取義以力勢不先乞聽有嫌心悔心有見嫌見悔自用意是名四行有過有四行闥賴吒比丘無過善觀義善取義不以力勢從他乞聽先無嫌心悔心無見悔不自用意是四無過四法竟

五法初

佛婆伽婆住釋迦國大愛道比丘尼往詣佛所頭面作礼在一面立白佛言善哉世尊願略說法非法毗尼非毗尼令我知是法是毗尼是佛法佛言

瞿曇弥若知是法隨欲不隨無欲隨過不隨無過隨增長不隨不增長一向不轉隨煩惱不離大愛道汝定知是非法非毗尼非佛法瞿曇弥若知是法不隨欲隨無欲不隨過隨無過隨不增長不隨增長不隨煩惱大愛道汝定知是法是毗尼是佛法尒時瞿曇弥比丘尼往詣佛所頭面作礼在一面立白佛言善哉世尊願略說法非法毗尼非毗尼令我知是法是毗尼是佛法佛言瞿曇弥汝若知是法隨貪不隨無貪隨無猒不隨猒隨多欲不隨少欲隨難滿不隨不難滿隨難養不隨不難養瞿曇弥汝定知是非法非毗尼非佛法瞿曇弥汝知是法隨無貪不隨貪隨少欲不隨多欲隨有猒不隨無猒隨不難滿不隨難滿隨不難養不隨難養瞿曇弥汝定知是法是毗尼是佛法

尒時長老優波離往詣佛所頭面作礼在一面坐白佛言世尊有幾法正法滅忘没佛言優波離有五法正法滅忘没何等五有比丘無欲是名一

鈍根是名二誦義句不能正受亦不能令他解了是名三不能令受者有恭敬威儀有說法者不能如法教是名四鬪諍相罵不在阿練若處亦不愛敬阿練若處優波離是名五法令正法滅忘没有五法正法不滅忘没有欲利根能誦義句能正受能為人解說能令受者有威儀恭敬有說法者能如法教無鬪諍相言在阿練若處愛敬阿練若處是名五正法不滅不忘不没優波離更有五法正法滅忘没何等五有比丘不隨法教隨非法教不隨忍法隨不忍法不敬上座無威儀上座不以法教授上座說法時愁惱令後衆生不得學修多羅毗尼阿毗曇上座命終已後比丘放逸習非法失諸善法是名五法正法滅忘没佛語優波離更有五法正法不滅不忘不没有比丘隨法教不隨非法教隨忍不隨不忍敬上座有威儀上座能以法教說法時不愁惱令後衆生得受學修多羅毗尼阿毗曇上座命終命終已後比丘不放逸習善法是

名五法正法不滅不忘不没長老難提往詣佛所頭面作礼在一面坐白佛言世尊正法滅像法時有幾非法在世佛言難提正法滅像法時有五非法在世何等五佛言正法滅像法時有比丘心得小止便謂已得聖法是名初非法在世難提正法滅像法時白衣生天或有出家者墮悪道中是名第二非法在世難提正法滅像法時有人捨世間業出家破戒是名第三非法在世難提正法滅像法時有破戒者多人佐助有持戒者無人佐助是名第四非法在世難提正法滅像法時無不被罵者乃至阿羅漢亦被他罵是名五非法在世更有比丘重問此事佛即以是事語諸比丘佛告優波離當来有五怖畏今者未有應知是事求方便滅何等五後有比丘不修身不修戒不修心不修智是不修心身戒智已度他出家受戒不能令修身修戒修心修智自不調伏復度他出家受戒是亦不能令修身修戒修心修智是法中過比尼中過毗尼中

過是法中過優波離是名當来初怖畏今未有當来有應知是事求方便滅優波離後有比丘不修身不修戒不修心不修智是不修身戒心智已與他依止畜沙弥不能令修身修戒修心修智是不調伏復與他依止畜沙弥不能令修身修戒修心修智是法中過毗尼中過毗尼中過是法中過優波離是名第二第三怖畏應知是事求方便滅優波離後有比丘不修身不修戒不修心不修智是不修身戒心智已與淨人沙弥相近住不知三相掘地斷草用水溉灌是法中過毗尼中過毗尼中過是法中過優波離是名第四怖畏今未有當来有應知是事求方便滅優波離後有比丘不修身不修戒不修心不修智是不修身戒心智已共誦修多羅毗尼阿毗曇以前後著中以中著前後現見不知白法犯非犯是名法過毗尼過毗尼過法過優波離是名第五怖畏今未有當来有應知是事求方便滅佛語優波離更有五怖畏今未有當来

有應知是事求方便滅何等為五優波離當来有比丘不修身不修戒不修心不修智是不修身心戒智已無欲鈍根雖誦句義不能正受優波離是初怖畏今未有當来有應知是事求方便滅優波離當来有比丘不修身不修戒不修心不修智是不修身戒心智已與比丘尼相近或犯大事捨戒還俗是第二怖畏優波離今未有當来有應知是事求方便滅優波離當来有比丘不修身不修戒不修心不修智是不修身戒心智已如来所說甚深修多羅空無相無願十二因緣諸深要法不能信樂受持雖受不能通利如是說時無憐愍心無愛樂心如好作文頌莊嚴章句樂世俗法隨世所欲有信樂心說俗事時有愛樂心是故如来所說甚深修多羅空無相無願十二因緣諸深法滅優波離是第三怖畏今未有當来有應知是事求方便滅優波離當来有比丘不修身不修戒不修心不修智是不修身戒心智已為衣食故捨阿練若

處捨林樹下入聚落中若為衣食故多所求覓求覓時擾亂優波離是名第四第五怖畏今未有當来有應知是事求方便滅尒時有迦羅比丘喜往不可行處與他共語大童女寡婦婦婬女比丘尼佛言比丘有五不應行處何等五童女寡婦婦婬女比丘尼更有五不應行處何等五賊家栴陁羅家屠家婬女家沽酒家若比丘往五不應行處與他共語令人生疑謂非梵行童女寡婦婦婬女比丘尼是名五不應行處令人生疑謂非梵行復有五事不應行處與他共語令人生疑謂作惡法行賊家栴陁羅家屠家婬女家沽酒家是名五不應行處令他生疑謂作惡法有五惡法故應知惡比丘如小兒不能善語無男子行所謂欲瞋怖癡不消供養是五法故名惡比丘如小兒癡不能善語無男子行如是惡比丘尼惡式叉摩尼惡沙弥沙弥尼皆知是小兒癡不善語無男子行欲瞋怖癡不消供養故有五法惡比丘有罪過欲瞋怖癡

不消供養是名五法惡比丘有罪有
過如是惡比丘尼惡式叉摩尼惡沙
弥沙弥尼欲瞋怖癡不消供養故有
罪過有五非毗尼何等五犯波羅夷
僧伽婆尸沙波逸提波羅提提舍尼
突吉羅是名五非毗尼有五毗尼不犯
波羅夷僧伽婆尸沙波逸提波羅提
提舍尼突吉羅是名五毗尼有五塵
坌不更受得噉食塵穀塵水塵衣塵
一切塵是名五塵坌不須更受得噉
有五種受手來手受衣裓來衣裓受
筐來筐受器來器受汙賤國放地受
是名五受更有五受身身受身身相
觸受身身竝受身竝相觸受汙賤國
放地受是名五受有五非法自言何
等五以王怖自言以賊怖自言以斷
事人怖自言以惡獸怖自言誙已自
言是名五非法自言有五如法自言
非王怖自言非賊怖自言非斷事人
怖自言非惡獸怖自言非誙已自言
是名五如法自言有五非法見過何
謂五向別住人不共住人非受大戒
衆犯無殘罪不見是事悔過是名五

非法見過有五如法見過不向別住
人不向不共住人不向未受大戒衆
犯有殘事見是事悔過是名五如
法見過有五種阿闍梨出家阿闍梨
教授阿闍梨羯磨阿闍梨依止阿闍
梨受法阿闍梨是名五種阿闍梨有
五種弟子出家弟子教授弟子羯磨
弟子依止弟子受法弟子是名五種
弟子應好恭敬五種阿闍梨若不恭
敬者有罪過有五種布薩說戒經布
薩心念布薩獨在住處布薩清淨布
薩自恣布薩是名五種布薩有諸比
丘不乞聽舉他罪令憶念是比丘嫌
以是事白佛佛言從今先不乞聽不
得舉他罪令憶念若舉令憶念者突
吉羅罪是有罪人於僧中無恭敬心
無恭敬語佛言若來者應教住五法
中教從坐起偏袒著衣脫革屣右膝
著地合掌在前有舉罪者無恭敬佛
言應教住五法中教從坐起偏袒右
肩脫革屣右膝著地合掌在前諸比
丘不知云何乞聽佛言有五事乞聽
應語彼言我今語汝示汝舉汝令汝

憶念汝聽我諸比丘不知云何與聽是
事白佛佛言有五事與聽應言語我
示我舉我令我憶念聽汝是名五又
現前不知云何與聽佛言有五種與
汝云何舉我見耶聞耶疑耶身犯口
犯更有五種現前與聽汝舉我波羅
夷僧伽婆尸沙波逸提波羅提提舍
尼突吉羅耶更有五種現前與聽汝
舉我犯惡口突吉羅耶犯偷蘭遮突
吉羅耶犯毗尼突吉羅耶犯衆學法
耶犯威儀耶更有五法現前應與聽
汝舉我何事有殘犯無殘犯有殘無
殘犯聚落中犯阿練若處犯如是現
前語已生怖畏佛言有五事現前應
安慰莫怖莫驚莫覆藏莫走莫群黨
莫不犯言犯莫群黨已犯言不犯更
有五事應安慰我不亮暴說不受不
具足事亦不直受不受不定說我當
三問汝如是安慰時彼作異種語佛
言應以五事撿究問是事更以異事
荅當記識若汝默然當記識汝惱他
有所犯不見過當作不見償見罪不
悔當作不作償不捨惡邪見惡邪見

不捨已當作不捨惡邪見僧舉更有五法應撿究應苦切作苦切應依止作依止應駈出作駈出應下意作下意應覓罪相作覓罪相如是優波離是名乞聽安慰有耆無耆人來時應知乞聽應知與乞聽又非法者不應助見如法者應助優波離我見比丘舉他非實不以實非時不以時麁惡不以軟善有瞋無慈无益利不以益利若比丘不實舉他有是五事應教令生悔若不實舉他無實有悔舉事應置非時不以時麁惡不以軟善有瞋無慈無益不以益利優波離是比丘亦非實舉他有五事應教令生悔優波離是名五事不實舉他應斷被非實舉者有五事不應悔非實不以實非時不以時惡不以善瞋不以慈无益不以利益優波離被非實舉者有是五事不應悔優波離我見比丘舉他實非不實時非不時善非不善慈非不慈益非不益是名五實舉比丘不生悔優波離被實舉者有五事應悔是實非不實時非不時善非不善慈

非不慈益非不益是名五被實舉者應悔有五非法語非實不以實非時不以時非善不以善非慈不以慈非益不以益有五如法語實非不實時非不時善非不善慈非不慈益非不益有五嫌呵責不責問約勅教責者有所責謂莫婬莫偷莫煞生莫身相觸莫煞草莫過中食莫飲酒是名責不責者不婬不偷不煞生不身相觸不煞草不過中食不飲酒問者問言婬耶盜耶煞生耶身相觸耶煞草耶過中食耶飲酒耶約勅者若婬墮地獄餓鬼畜生中若偷若煞生若身相觸煞草過中食飲酒生地獄餓鬼畜生中教者言不應婬不應偷不應煞生不應身相觸不應煞草不應過中食不應飲酒更有五嫌呵責不責問現他過激列他責不責問如先說現他過者我不婬他婬隨語得突吉羅我不盜不煞不身相觸不煞草不過中食不飲酒他飲酒隨語得突吉羅是名現他過激列者激列言若我不婬不偷不煞生不身相觸不煞草不過中

食不飲酒是名激列有五調伏苦切依止駈出下意不見擯有五舉事見舉聞舉疑舉身犯口犯復有五舉事犯波羅夷僧伽婆尸沙波逸提波羅提提舍尼突吉羅犯復有五舉事惡口突吉羅偷蘭遮突吉羅毗尼突吉羅衆學法突吉羅威儀突吉羅持律者有五利益何等五戒身牢固無能教者說戒經時無所畏難能断他疑能立正法持律復有五利知犯知不犯知輕知重善廣誦戒持律有五利知出家法知羯磨知威儀知依止知障道法知不障道法有五事鬪利吒比丘不能滅諍有五非法言法法言非法毗尼言非毗尼非毗尼言毗尼犯言不犯是名五事鬪利吒比丘不能滅諍有五事鬪利吒比丘能滅諍非法言非法法言法非毗尼言非毗尼毗尼言毗尼犯言犯復有五鬪利吒比丘不能滅諍不犯言犯犯言不犯輕言重重言輕有殘言無殘是名五事鬪利吒比丘不能滅諍復有五鬪利吒比丘能滅諍犯言犯不犯

十誦律卷第四十九　第二十四張　存字

言不犯輕言輕重言重有殘言殘是名五闥利吒比丘能滅諍復有五闥利吒比丘不能滅諍有殘言無殘無殘言有殘常所行事言非常所行事非常所行事言是常所行事闘諍相言是名五事不能滅諍復有五事闥利吒比丘能滅諍有殘言有殘無殘言無殘常所行事言是常所行事非常所行事言非常所行事不闘諍相言是名五事能滅諍復有五闥利吒比丘不能滅諍不通利毗尼不能分別相似句義不能善說戒不能令有疑者親近不能立正法是名五事闥利吒比丘不能滅諍復有五闥利吒比丘能滅諍通利毗尼能分別相似句義善說戒能令有疑者親近能立正法是名五闥利吒比丘能滅諍復有五闥利吒比丘不能滅諍破戒破見不能如法求滅諍事不能通經與阿毗曇相應不能分別句義相應是名五闥利吒比丘不能滅諍復有五法闥利吒比丘能滅諍不破戒不破見能求滅諍事能通經與阿毗曇相

十誦律卷第四十九第二十五張　存字号

應能分別句義相應是名五闥利吒比丘能滅諍復有五闥利吒比丘不能滅諍不能和合衆不能取二衆意不能止二諍不能斷罪所受法不能次第說是名五闥利吒比丘不能滅諍復有五闥利吒比丘能滅諍能和合衆能取二衆意能止二諍能斷罪所受經法能次第說是名五闥利吒比丘能滅諍事復有五闥利吒比丘不能滅諍不善取滅諍事不能善知諍起因緣不能善和諍不能善滅諍不能滅已令更不起是名五闥利吒比丘不能滅諍復有五闥利吒比丘能滅諍能善取滅諍事善知諍起因緣能善和諍能善滅諍滅已更不令起是名五闥利吒比丘能滅諍復有五闥利吒比丘不能滅諍愛瞋怖癡不能善滅諍是名五闥利吒比丘不能滅諍復有五闥利吒比丘能滅諍不愛不瞋不怖不癡能善滅諍是名五闥利吒比丘能滅諍復有五闥利吒比丘不能滅諍不能分別相似句義不應讚而讚應讚而不讚不應清淨

十誦律卷第四十九第二十六張　存字

令清淨應清淨不令清淨不應敬而敬應敬而不敬是名五闥利吒比丘不能滅諍復有五闥利吒比丘能滅諍能分別相似句義不應讚不讚應讚而讚不應清淨不令清淨應清淨令清淨不應敬不敬應敬而敬是名五闥利吒比丘能滅諍復有五闥利吒比丘不能滅諍不能善分別句義僧中恃力而說不從他乞聽便舉他罪於他有嫌悔過已故有嫌見有嫌說他事不能止諍是名五闥利吒比丘不能滅諍復有五闥利吒比丘能滅諍善知分別句義不恃力說乞聽而舉於他無嫌悔過已無嫌見能滅諍是名五闥利吒比丘能滅諍

知食人有五事先未差不應差若差應置愛瞋怖癡不知得不得是名五知食人先未差不應差已差應置復有五事知食人先未差應差若已差不應置無愛無瞋无怖無癡知得不得是名五應差知食人復有五事知食人未差不應差已差不應約勑愛瞋怖癡不知得不得是名五復有五

十誦律卷第四十九　第二十七張　存字号

知食人未差應差已差應約勅不愛瞋怖癡知得不得是名五應差知食人復有五不應差已差應滅愛瞋怖癡不知得不得是名五復有五知食人未差應差已差不應滅不愛瞋怖癡知得不得是名五應差不應滅也如是應滅如是不應滅如是應呵如是不應呵如是應舉如是不應舉如是應毀如是不應毀如是迷亂如是不迷亂如是應嬾如是不應嬾生疑悔無疑悔有犯無犯有事無事有惱無惱惱他不惱他變異不變異熱不熱愛語不愛語有損無損善賢聖賢聖所讚所讚向惡道不向惡道趣地獄趣天上生死久遠生死不久遠住生死入泥洹如差知食人十三人亦如是

有五事諍難滅不求僧斷不順佛語不如法白二衆諍心不息所犯不求清淨是名五諍難滅復有五諍易滅求僧斷順佛語如是白二衆諍心息所犯求清淨是名五諍易滅有五事不應取諍心不息依恃官勢依恃白

十誦律卷第四十九　第二十八張　存字号

衣依有勢力者不依僧不依闥利吒比丘是名五不應取諍有五事應取諍諍心息不恃官勢不恃白衣不恃有勢力者依僧依闥利吒比丘是名五應取諍優波離闥利吒比丘取諍時有五事自觀觀他已應取諍先來戒清淨多聞廣知經法僧中多有持脩妬路毗尼摩多羅伽者有說佛法處能取僧中多有上座闥利吒比丘中座比丘下座比丘二衆和合如法分別僧中多有持戒者乃至不破小戒依修多羅善求覓除滅二諍利益安樂衆生憐愍世間生人天因緣是名自觀觀他有五事諍難滅共諍比丘依恃官恃白衣恃白衣故惱上座與白衣衣食不與法不如法求諍是名五諍難滅有五事諍易滅不恃官不恃白衣不惱僧與白衣法不與衣食如法求諍是名五諍易滅復有五事諍難滅二衆以力取諍不善取諍不善取滅諍事不善取滅義諍比丘不敬上座中座下座比丘是名五諍難滅有五事諍易滅二衆不以力取諍

十誦律卷第四十九　第二十九張　存字号

善取諍善取滅諍事善取滅諍義諍比丘恭敬上座闥利吒比丘中座比丘下座比丘是名五諍易滅

復有五事不應取諍依恃官依恃白衣惱僧與白衣衣食不與法不如法求諍是名五不應取諍復有五事應取諍不恃官不恃白衣不惱僧與白衣法不與衣食如法求諍是名五應取諍復有五事不應取諍二衆以力取諍不善取諍不善取滅諍事不善取滅諍義不敬上座中座下座是名五不應取諍復有五事應取諍二衆不以力取諍善取諍善取滅諍事善取滅諍義恭敬上座闥利吒比丘中座下座比丘是名五事應取諍復有五事闥利吒比丘不能滅諍不善誦毗尼不能說相似句義諍比丘執所犯事如鉤鏁難解不滿五歲依止他不解十直是名五法闥利吒比丘不能滅諍有五法成就闥利吒比丘能滅諍善誦毗尼善能分別相似句義諍比丘不執所犯滿五歲不依止他解十直是名五闥利吒比丘能滅諍

十誦律卷第四十九　第三十張　疾字号

佛語優波離闥利吒比丘取諍時應以五事觀法此中誰先來清淨持戒誰多聞智慧善誦阿含誰於師如法誰信佛法僧誰不輕佛戒是名五闥利吒比丘應以此五事善觀諍者又優波離有諍比丘到闥利吒比丘邊求斷諍相言時是闥利吒比丘以此五事觀已取諍誰先來持戒清淨誰多聞誦阿含誰有可責事先不與闥利吒比丘有嫌耶能取滅諍如佛法毗尼滅是名優波離有諍比丘相言時闥利吒比丘以五事觀

十誦律卷第四十九

十誦律卷第四十九

校勘記

一　底本，金藏廣勝寺本。

一　九一〇頁中一行經名、中二行譯者，資、磧、普、南、徑、清無（未換卷）；麗經名下有「第八誦之二」。

一　九一〇頁中三行「毗尼增一第二八誦」，資、磧、普、南無；徑、清作「增一法第八誦之二」；麗作「毗尼增一之二」。

一　九一〇頁中一四行第七字「明」，資、磧、普、南、徑、清無。同行第一二字「此」，諸本（不含石，下同）無。

一　九一〇頁中一九行「掩失」，麗作「奄失」。

一　九一〇頁下一〇行末字「菉」，資、磧、普、南、徑、清作「棘」。

一　九一〇頁下一二行「手力脚力」，資、磧、普、南、徑、清作「手脚力」。

一　九一〇頁下一七行第一一字「嶮」，資、磧、普、南、徑、清作「山險」。二一行第一一字同。

一　九一一頁上一行「久住」，諸本作「久壽」。

一　九一一頁上四行首字「住」，資、磧、普、南、徑、清無

一　九一一頁上一九行「導我」，諸本作「道我」。本頁中三行同。

一　九一一頁中一一行末字「大」，資、磧、普、南、徑、清無。

一　九一一頁中一五行第一一字「名」，資、磧、普、南、徑、清無。

一　九一一頁中二一行「亦名」，資、磧、普、南、徑、清作「是亦」；麗作「亦是名」。

一　九一一頁下一〇行「不與食不與法」，諸本作「不與法不與食」。

一　九一一頁下一二行「與食與法」，諸本作「與法與食」。

一　九一一頁下一三行「不應住晝夜亦應」，資、磧、普、南、徑、清作「不應問晝夜應」；麗作「不應住闇夜亦應」。

一　九一一頁下一五行首字「犯」，資、磧、普、南、徑、清作「犯戒」。

一　九一一頁下一九行第四字「至」及末字「罪」，資、磧、普、南、徑、清無。

一　九一一頁下二二行首字「言」，麗作「念」。

一　九一二頁上一二行小字「如是惡業如是有比丘於波夜提知」，麗作

「應如是知」。

一　九一二頁上一四行第一二字「鈧」，資、磧、普、南、徑、清作「磏」。一七行首字同。

一　九一二頁上一六行「即取」，資、磧、普、南、徑、清作「即以」。

一　九一二頁上一七行「便捉」，資、磧、普、南、徑、清無。

一　九一二頁上二二行第九字「應」，麗無。

一　九一二頁上末行第一〇字「師」，磧、徑、清作「帥」。

一　九一二頁中九行小字「作」，資、磧、普、南、徑、清無。一〇行小字「作」及一一行小字「作」同。

一　九一二頁中一五行第八字「有」，磧、南作「者」。

一　九一二頁下二行首字「是」，麗無。

一　九一二頁下四行「上上人」，資、磧、普、南、徑、清作「上人」。

一　九一二頁下一〇行「是爲」，諸本作「是名」。

一　九一二頁下一二行「中閒人」，諸本作「中間人」。

一　九一三頁上三行「可儐是」，資、磧、普、南、徑、清作「應擯」；麗作「可擯是」。

一　九一三頁上五行第一二字「能」，資、磧、普、南、徑、清作「可」。一〇行首字同。

一　九一三頁上七行「可儐」，資、磧、普、南、徑、清作「應擯」。

一　九一三頁上一一行第一二字「應」，資、磧、普、南、徑、清無。

一　九一三頁上二二行「是二過」，麗作「是過」。

一　九一三頁中二行及五行「如法義」，諸本作「義如法」。

一　九一三頁中八行「闥賴吒」，資、磧、普、南、徑、清作「闥利吒」下同。

一　九一三頁中一四行首字「讚」下，麗有「不應清淨令清淨應清淨不令清淨」十四字。

一　九一三頁中一六行第三字、第六字、第九字、第一二字「歎」，諸本無。同行第一二字「歎」下，麗有「不應清淨不與清淨應清淨令清淨」十四字。

一　九一三頁下八行「應清淨令不清淨」，資、磧、普、南、徑、清作「清淨不令清淨」；麗作「應清淨不令清淨」。

一　九一三頁下九行「行闥賴吒比丘」，資、磧、普、南、徑、清無。

一　九一三頁下一三行至次行「不先乞聽有嫌心悔心」，資、磧、南、徑、清作「不乞聽先有嫌悔心」；麗作「不乞聽先有嫌心悔心」。

一　九一三頁下一七行「無嫌心悔心無見悔」，資、磧、普、南、徑、清作「無嫌悔心無見嫌見悔」；麗作「無嫌心悔心無見嫌見悔」。

一　九一三頁下一八行「四法竟」，至此，徑、清換卷，卷第五十二終，卷第五十三始。

一　九一三頁下二〇行「佛婆伽婆住」，

資、磧、普、南、徑、清作「佛在」。

一 九一三頁下二一行第九字「在」，資、磧、普、南、徑、清無。

一 九一四頁上二二行「滅忘」，諸本作「滅亡」。下同。

一 九一四頁中一行第六字「誦」，諸本作「雖誦」。

一 九一四頁中四行「相罵」，諸本作「相言」。

一 九一四頁中六行「不滅不忘」，諸本作「不滅不亡」。下同。

一 九一四頁中一〇行「是名五」，諸本作「是名五法」。

一 九一四頁中一四行首字「無」，諸本作「無有」。

一 九一四頁中一五行第一〇字「學」，諸本作「受學」。

一 九一四頁中末行「命終」，諸本無。

一 九一四頁下一四行末字「他」，資、磧、普、南、徑、清無。

一 九一四頁下一五行第四字「五」，麗作「第五」。

一 九一四頁下一九行至次行「不修心身戒智」，諸本作「不修身戒心智」。

一 九一四頁下二二行第九字「令」，資、磧、普、南、徑、清無。

一 九一五頁上一行第二字「是」，資、磧、普、南、徑、清無。

一 九一五頁上二行「當來有」，資、磧、普、南、徑、清無。

一 九一五頁上一三行第六字「革」，諸本作「草」。

一 九一五頁上二〇行第九字及下二行末字「名」，資、磧、普、南、徑、清無。

一 九一五頁中一行第一二字「爲」，資、磧、普、南、徑、清無。

一 九一五頁中二行第五字及次頁中一六行第五字「有」，資、磧、普、南、徑、清無。

一 九一五頁中三行「心戒智」，諸本作「戒心智」。

一 九一五頁中五行第一二字「知」，清作「如」。

一 九一五頁中九行「是第二怖畏優波離」，諸本作「優波離是第二怖畏」。

一 九一五頁中一六行第二字「如」，資、磧、普、南、徑、清無。

一 九一五頁下一行第一〇字「若」，資、磧、普、南、徑、清無。

一 九一五頁下九行「屠家婬女家沽酒家」，資、磧、普、南、徑、清作「酤酒家婬女家屠兒家」；麗作「屠兒家婬女家沽酒家」。

一 九一五頁下一四行第八字「行」，資、磧、普、南、徑、清無。

一 九一五頁下一五行「屠家」，諸本作「屠兒家」。

一 九一五頁下一六行末字「故」，資、磧、普、南、徑、清無。末行首字同。

一 九一五頁下二一行及次頁上三行「沙彌尼」，資、磧、普、南、徑、清作「惡沙彌尼」。同行第九字「知」，諸本作「如」。

一　九一六頁上四行第二字「過」，資、磧、普、南、徑、清作「有過」。

一　九一六頁上九行第三字「更」，諸本無。

一　九一六頁上一二行「筐來筐受」，諸本作「篋來篋受」。

一　九一六頁上二二行「大戒」，資、磧、普、南、徑、清作「具戒」。本頁中二行同。

一　九一六頁中八行末字「種」，資、磧、普、南、徑、清無。九行第八字同。

一　九一六頁中一四行首字「以」，資、磧、普、南、徑、清無。

一　九一六頁下九行首字「舉」，資、磧、普、南、徑、清作「與」。

一　九一六頁下二一行第六字「汝」，諸本無。同行第一二字「汝」，麗作「有」。

一　九一六頁下二二行首字「有」，麗無。

一　九一六頁下末行「不捨」，麗作「捨究」。

一　九一七頁上一行第一二字「舉」，資、磧、普、南、徑、清無。

一　九一七頁上六行第七字「乞」，麗無。

一　九一七頁上七行第二字「見」，諸本無。

一　九一七頁上一四行首字「亦」，諸本作「以」。

一　九一七頁上一五行第一三字「被」，資、磧、普、南、徑、清作「彼」。一八行第八字同。

一　九一七頁上一八行「利益」，諸本作「益利」。頁下八行，資、磧、普、南、徑、清同。

一　九一七頁上一八行至次行「是五事」，資、磧、普、南、徑、清作「五是」。

一　九一七頁上二二行第六字「被」，磧、普、南、徑、清作「彼」。本頁中一行第一一字同。

一　九一七頁中一一行第五字「生」，資、磧、普、南、徑、清無。同行至次行「煞草耶過中食耶飲酒耶」，資、磧、普、南、徑、清作「過中食殺草飲酒耶」。

一　九一七頁中一三行第八字「若」，資、磧、普、南、徑、清無。

一　九一七頁中一六行「不應煞草不應過中食」，資、磧、普、南、徑、清作「不應過中食不應救草」。

一　九一七頁中二〇行「不盜」，諸本作「不偷」。

一　九一七頁中二二行第一〇字「若」，諸本無。

一　九一七頁下五行第八字「犯」，諸本無。

一　九一七頁下一三行第五字「知」，麗無。

一　九一七頁下一四行「有五」，諸本無。

一　九一七頁下一五行第四字至次行首字「毗尼……毗尼」，諸本作「非毗尼言毗尼毗尼言非毗尼」。

一　九一八頁上一行第一〇字「有」，

諸本無。

一 九一八頁上一七行第五字「五」，資、磧、普、南、徑、清作「五事」。二一行第二字，本頁中一行第一一字同。

一 九一八頁上二二行首字「法」，諸本無。

一 九一八頁中九行第六字「事」，諸本無。

一 九一八頁中一四行第四字「能」，資、磧、普、南、徑、清無。

一 九一八頁下一行至次行「不應敬而敬應敬而不敬」，資、磧、普、南、徑、清無。

一 九一八頁下六行「不應敬不敬應敬而敬」，資、磧、普、南、徑、清無。

一 九一八頁下二〇行「无怖無癡」，資、磧、普、南、徑、清作「怖癡」。

一 九一九頁上六行末字「也」，資、磧、普、南、徑、清無。

一 九一九頁上一三行第一〇字「差」，資、磧、普、南、徑、清作「羞」。

一 九一九頁上一四行首二字「所讚」，諸本無。

一 九一九頁上二一行「如是」，諸本作「如法」。

一 九一九頁上末行第四字「諍」，諸本作「諍諍」。

一 九一九頁中一行第二字「依」，麗無。

一 九一九頁中三行至次行「不恃有勢力者」，資、磧、普、南、徑、清作「不恃有力勢者」；麗作「有勢力者」。

一 九一九頁中二一行「滅義諍」，諸本作「滅諍義諍」。

一 九一九頁下一行「善取諍」，資、磧、普、南、徑、清無。

一 九一九頁下四行至次行「依恃官依恃白衣」，資、磧、普、南、徑、清作「依官恃白衣恃白衣」。

一 九一九頁下六行第一〇字「復」，資、磧、普、南、徑、清無。

一 九一九頁下一〇行首字「取」，資、磧、南、徑、清無。

一 九一九頁下一一行「上座中座下座」，資、磧、南、徑、清作「上中下座」。

一 九一九頁下一八行「難解」，資、磧、普、南、徑、清無。

一 九一九頁下一九行第八字「法」，資、磧、普、南、徑、清無。次頁上二行第五字，諸本無。

一 九一九頁下二〇行「有五法成就」，資、磧、普、南、徑、清作「復有五」；麗作「復有五法成就」。

一 九一九頁下二一行第七字「善」，資、磧、普、南、徑、清無。

一 九一九頁下二二行「諍比丘」，資、磧、普、南、徑、清無。

一 九二〇頁上九行第九字「責」，資、磧、普、南、徑、清作「貴」。

一 九二〇頁上末行「卷第四十九」，資、磧、普、南作「卷第四十八」；徑、清作「卷第五十三」。

十誦律卷第五十　八誦卷之三　存

後秦北印度三藏弗若多羅譯

增一五法下

有五事群黨能於僧中起諍如是起諍多有惱乱減損天人有諍比丘以非法約勑有群黨說輕讀誦修多羅比丘遮說戒者助鬪諍相言是名五事有群黨僧中起諍如是起諍多有惱乱減損天人有五事不群黨僧中不起諍如是不起諍不惱不乱增益天人有諍比丘如法約勑不群黨說敬誦修多羅者不遮說戒者不助鬪諍相言是名五非群黨不起諍如是不起諍故不惱乱增益天人有五舉事者有耆不能次第荅若上座問時不能次第荅若問時怖問異荅異恃群黨輕上座非法言法法言非法是名五舉事者耆不能次第荅有五舉事者為他所難能次第荅若上座問時能次第荅問時不怖問荅不異不恃群黨不輕上座非法言非法法言法是名五法為人所難能次第荅有五

事舉事人若不能次第荅不善知句義先有嫌取二諍根本若白衣沙弥諍根本使他比丘舉不知修多羅句義若說不定不知比丘三事所住見聞疑處是名五舉事人不能次第荅有五法舉事比丘為人所難能次第荅知句義先無嫌不取二諍根本不求白衣沙弥諍根本不使他比丘舉知修多羅句義說定知比丘三事所住見聞疑處是名五法舉事比丘為人所難能次第荅有五種成羯磨現前成與欲成同見成從有信優婆塞聞成作羯磨竟默然已成有五法共要若乜聽已不舉他是事應此處說共要此事應彼處說共要此事應隨處說共要隨汝所犯事我樂示汝出過已如悪馬難調拔橛合靽駈去佛語優波離求義比丘從他聞義時有五事應善分別義是實非實時非時似義不似義是義起鬪諍相言僧破僧惱僧別僧異於是義不起鬪諍相言僧不破不惱不別不異優波離是名求義比丘從他聞義時以五事善

分別義比丘有五事能使僧不生清淨謂說佛法僧戒過不隨威儀是名五事能使僧生不清淨有五事能使僧生清淨謂不說佛法僧戒過隨威儀是名五事能使僧生清淨有五事鬪利吒比丘不能滅諍不如根本說起說因他說所說不與句義相應以不相應句義說有五事鬪利吒比丘能滅諍如根本說不起說不因他說所說與句義相應不以不相應句義說是名五法鬪利吒比丘能滅諍復有五法鬪利吒比丘不能滅諍不籌量受他所說受他不具足語受他趣語受他不定語不三重問是名五法鬪利吒比丘不能滅諍有五事貴比丘能滅諍籌量受他語受具足語不受趣語不受不定語三重問是名五貴比丘能滅諍

復有五事貴比丘不能滅諍自說不能了義亦不解他所說不能令他解所說重說擾乱忘失句義不知修多羅句義是名五事貴比丘不能滅諍復有五事貴比丘能滅諍自說能了解

他所說所說能令他解不重說不失句義不失修多羅句義是名五貴比丘能滅諍復有五事貴比丘不能滅諍不差自說事未成便先說不知和合衆所說惱他重說擾乱是名五事貴比丘不能滅諍有五事貴比丘能滅諍差已而說事成便說知和合衆所說不惱他不重說是名五事貴比丘能滅諍復有五法成就貴比丘持律者不差自說若是上座若上座等若是說戒人若說戒人等觀群黨有力勢若白僧若欲呵上座是名五法貴比丘持律他不差得自說有五法貴比丘持律得自說若諍比丘破戒輕戒无威儀如小兒無智不廣知毗尼樂作非法无羞无羞群黨是名五法鬪利吒比丘持律有五法成就不差得說圣座比丘五事應呵若破戒輕戒无威儀如小兒無智不廣知毗尼樂於非法非法群黨是名上座有五事應呵上座比丘復有五事應呵若上座惡邪見惡邪見故生倒見樂非法非時說非實說於正法中趣有所說无

羞無羞群黨是名上座有五事應呵優波離僧中斷事比丘若欲到僧中斷事時應先住五法然後往到僧中應恭敬恭敬入脫革屣不覆右肩不覆頭又應恭敬恭敬入脫革屣不覆右肩不現胷又應恭敬恭敬入脫革屣不覆右肩不叉抄衣又應恭敬恭敬入脫革屣不覆右肩不得披衣令兩向又應恭敬恭敬入慚愧毀訾不異善心慈心憐愍心不說世間事在座坐時應生善心不僧中无恭敬恭敬心佛語優波離如是僧中斷事時有闘諍者是斷事比丘應罵擯已從座起去若善說者應默然住優波離僧中斷事比丘應在自坐處說法若自說若勸他說言比丘汝說法有五大賊劫賊盜賊詐取賊抵謾賊受寄賊有五種取他物劫取盜取詐取抵謾取法取是名五取有五種人不應與聽无羞人無所畏人先有嫌人少智人欲捨比丘法人有五種施无福施女人施戲具施畫男女合像施酒施非法語是名五無福施復有五无福

施器仗施刀施毒藥施惡牛施教他作如是施是名五無福施有五布薩如先說有五種自說阿羅漢得罪不狂心說不亂心說不苦痛說非實向未受大戒人說非增上慢說是名五自說阿羅漢得罪復有五自說阿羅漢无罪狂心說乱心說苦痛說實得向大戒人說增上慢說是名五自說阿羅漢无罪復有五自說阿羅漢得罪不狂不乱不苦痛不實向未受大戒人說無所畏說是名五自說阿羅漢得罪復有五自說阿羅漢无罪狂說亂說苦痛說實得向受大戒人說不無畏說是名五自說阿羅漢无罪復有五不自說阿羅漢得罪作相作異相異威儀先教他說以他名說是名五不自說阿羅漢得罪復有五不自說阿羅漢无罪不作相不作異相不異威儀先不教他說不以他名說是名五不自說阿羅漢无罪復有五不自說阿羅漢得罪作相作異相異威儀先教他說先教他屏處說是名五不自說阿羅漢得罪復有五不自

說阿羅漢无罪不作相不作異相不作異威儀不教他說不先教他屏處說是名五不自說阿羅漢無罪喜忘比丘往白衣家數數犯五事犯非時入家獨與女人屏處有食家與女人坐數數食無淨人與女人說法是名五喜忘比丘入白衣家數數犯有五種折伏不使作不共語不看視不教授不聽有所作是名五種折伏有五相似世尊相似法相似僧相似戒相似闥梨吒比丘相似是名五相似復有五不相似世尊不相似法不相似僧不相似戒不相似貴比丘不相似是名五不相似有五事犯僧伽婆尸沙人女有命取女人相生欲心欲作非梵行觸小便處是名五事犯僧伽婆尸沙復有五種犯僧伽婆尸沙女人女人想人人想生欲心欲作非梵行觸小便處身身相觸是名五種犯僧伽婆尸沙有五大賊世間希有何等五一者作百人主二百三百四百五百人主如先說是名初大賊復有大賊用四方僧物如先說是名第二大

賊復有大賊為飲食故妄語如先說是名第三大賊復有大賊破戒弊惡內爛流出非沙門自言沙門非梵行自言梵行是名第四大賊復有大賊若有佛所說若聲聞所說仙人所說諸天所說化人所說從彼聞已自言我說有人言是持戒人得須陁洹咨言實尒或默然受是名第五大賊因食生五罪若噉若食若索若取若撍出界去是名因食生五罪因威儀生五罪来時去時住時坐時大小便時是名五因威儀生罪因人生五罪女人不能男人二根人外道人不受大戒人是名五因人生罪復有五因人生罪若切人依止人駈出人下意人覓罪相人是名五因人生罪復有五因人生罪不見擯人不作擯人惡邪不除擯人别住人不共住人是名五因人生罪復有五因人生罪别住人别住竟人滅擯人賊住人汙比丘尼人是名五因人生罪復有五種人不應與聽别住人别住竟人摩那埵人摩那埵竟人滅擯人是名五不應與

聽復有五人不應與聽苦切人依止人駈出人下意人覔罪相人是名五不應與聽復有五種人不應與聽不見擯人不作擯人惡邪不除擯人別住人不共住人是名五不應與聽復有五種人不應與聽無著人無所畏人先有嫌人少智人恐怖人是名五人不應與聽不應共要不應與聽遮說戒不應與聽遮自恣不應與聽遮教戒如是五種人若與聽若共要若聽遮說戒若聽遮自恣若聽遮教戒得罪佛語優波離比丘欲舉他時應自住五法然後舉他　身清淨口清淨先来清淨多聞廣知通利阿含不至惡聚落優波離先自住是五法然後舉他優波離何故先自住五法若後有比丘言汝身不清淨云何舉他先自淨身然後舉他身不清淨如是口不清淨先来不清淨寡聞不通利阿含至惡聚落如是等應先自淨然後舉他優波離是名五先自淨然後舉他有五法成就不應差守物不知得處不知價不知受不知數喜忘是名

五法不應差守物有五事應差守物知得處知價知受知數不喜忘是名五法應差有五事不應差守衣不知得處不知價不知受不知數喜忘是名五不應差守衣有五事應差守衣知得處知價知受知數不喜忘是名五法應差守衣有五事不應差分衣不識衣不識衣色不知價不知數不知與不與是名五法不應差分衣有五法成就應差分衣識衣識衣色知價知數知與不與是名五法成就應差分衣復有五法成就不應差分衣愛瞋怖癡不知分不分是名五法成就不應差分衣有五法成就應差分衣无愛瞋怖癡知分不分是名五法成就應差分衣有五布薩難王難賊難若王等難人難惡獸難是名五布薩難有五種移布薩從阿練若處至僧坊從僧坊至阿練若處若王勑賊勑若僧破為和合是名五移布薩有破戒比丘數至他家有五過教他非法教他非毗尼教他至惡威儀邊教他邪見教聽非法是名五破戒比丘

數至他家有五過有不破戒比丘至他家有五益利以法教以毗尼教教至善威儀邊教正見教往聽正法是名五不破戒比丘至他家有五利復有五破戒比丘至他家有五過教身業不善口業不善教近惡知識教邪見教往聽非法是名五破戒比丘至他家有五過有不破戒比丘至他家有五益利教身善口善近善知識教正見教聽正法是名不破戒比丘至他家有五益利比丘有五不可行處童女寡婦婬女比丘尼是名五比丘至不可行處復有五比丘至不可行處童女寡婦婬女外道不能男是名五比丘至不可行處復有五比丘至不可行處僧能與作苦切羯磨童女寡婦婬女比丘尼是名五如苦切依止駈出下意覔罪相亦如是復有五比丘至不可行處僧能與作苦切羯磨童女寡婦婬女外道不能男是名五如苦切依止駈出下意覔罪相亦如是復有五比丘至不可行處僧不與捨苦切羯磨童女寡婦婬女比丘尼是名五

如苦切依止駈出下意覔罪相亦如是復有五比丘至不可行處僧不與捨苦切羯磨童女寡婦婬女外道不能男是名五僧不與捨苦切羯磨如苦切依止駈出下意覔罪相亦如是復有五僧不生清淨心說佛過如先說復有五僧生清淨心不說佛過如先說復有五不相似如先說有五法相似亦如先說有五事應折伏共行弟子於和上無愛無敬无慚無愧樂不應行處是名五應折伏共行弟子復有五事應折伏共行弟子於和上無愛无敬無慚無愧不與和上法衣食是名五應折伏共行弟子復次共行弟子有五事和上不折伏得罪无愛無敬無慚无愧樂不應行處是名五事和上不折伏共行弟子和上得罪復有五事共行弟子和上不折伏和上得罪无愛無敬無慚無愧不與和上法衣食是名五和上不折伏共行弟子和上得罪有五事和上不應受共行弟子悔過於和上無愛无敬無慚無愧樂不應行處是名五和上

不應受共行弟子悔過復有五事不應受悔過於和上無愛無敬無慚无愧不與和上法衣食是名五和上不應與共行弟子悔過有五事和上受共行弟子悔過得罪無愛无敬無慚無愧樂不應行處是名五和上受共行弟子悔過得罪復有五事和上受共行弟子悔過得罪無愛無敬无慚無愧不與和上法衣食是名五法和上受共行弟子悔過得罪有五事和上不應折伏共行弟子於和上有愛有敬有慚有愧樂應行處是名五法和上不應折伏共行弟子復有五事不應折伏共行弟子於和上有愛有敬有慚有愧與和上法與衣食是名五和上不應折伏共行弟子復有五事和上折伏共行弟子有過罪有愛有敬有慚有愧樂應行處是名五折伏共行弟子得罪復有五和上折伏共行弟子得罪有愛有敬有慚有愧與和上法衣食是名五和上折伏共行弟子得罪有五事應受共行弟子悔過於和上有愛有敬有慚有愧樂

應行處是名五應受共行弟子悔過復有五應受共行弟子悔過有愛有敬有慚有愧與和上法衣食是名五應受共行弟子悔過有五事和上受共行弟子悔過无罪於和上有愛有敬有慚有愧樂應行處是名五和上受共行弟子悔過无罪復有五和上受共行弟子悔過無罪於和上有愛有敬有慚有愧與和上法衣食是名五和上與共行弟子悔過無罪有五種人不應為說毗尼試問無疑問不為悔所犯問詰問不受語問是名五種人不應為說有五種人應為說比尼不試問有疑問為悔所犯問不詰問受語問是五種人應為說比尼有五事闥利吒比丘不能滅諍恃力勢語無畏難語怖語驚語不利根語是名五闥利吒比丘不能滅諍復有五事闥利吒比丘能滅諍不恃力語有所畏語不怖語不驚語利根語是名五闥利吒比丘能滅諍復有五事闥利吒比丘不能滅諍大語不相善語疾語䟦易語不與法相應語是名五闥

利吒比丘不能滅諍有五事闥利吒比丘能滅諍不大語相善語不疾語不攺易語與法相應語是名五事闥利吒比丘能滅諍復有五事闥利吒比丘不能滅諍語喜忘不審諦語惡性語瞋語試語是名五事闥利吒比丘不能滅諍有五事闥利吒比丘能滅諍語不喜忘審諦語不惡性語不瞋語不試語是名五闥利吒比丘能滅諍復有五事闥利吒比丘不能滅諍毀呰語過截語譏刺語不唱善語出過語是名五闥利吒比丘不能滅諍有五事闥利吒比丘能滅諍不毀呰語不過截語不譏刺語唱善語不出過語是名五闥利吒比丘能滅諍復有五事闥利吒比丘不能滅諍不具足語覆藏語竊語渾雜語被呵折語是名五事闥利吒比丘不能滅諍有五事闥利吒比丘能滅諍具足語不覆藏語不竊語不渾雜語不被呵折語是名五闥利吒比丘能滅諍復有五事闥利吒比丘不能滅諍不實語詭語攺易語非時語失期語是名五闥利吒比丘不能滅諍有五事闥利吒比丘能滅諍實語不詭語不攺易語不非時語不失期語是名五闥利吒比丘能滅諍復有五事闥利吒比丘不能滅諍欲舉他語舉他語輕他語呵責語有嫌語是名五闥利吒比丘不能滅諍有五事闥利吒比丘能滅諍不欲舉他語不舉他語不輕他語不呵責語無嫌語是名五闥利吒比丘能滅諍復有五事闥利吒比丘不能滅諍破衆語欲破衆語破義語樂破語求名語是名五闥利吒比丘不能滅諍有五事闥利吒比丘能滅諍不破衆語不欲破衆語不破義語不樂破語不求名語是名五闥利吒比丘能滅諍復有五事闥利吒比丘不能滅諍愛語瞋語怖語癡語人不信受語是名五闥利吒比丘不能滅諍復有五事闥利吒比丘能滅諍不愛語不瞋語不怖語不癡語人信受語是名五闥利吒比丘能滅諍復有五事闥利吒比丘不能滅諍不恭敬語不恭敬入語着革屣語覆右肩語覆頭語是名五闥利吒比丘不能滅諍有五事闥利吒比丘能滅諍恭敬語恭敬入語脱革屣語不覆右肩語不覆頭語是名五闥利吒比丘能滅諍復有五事闥利吒比丘不能滅諍不通利修多羅語不通利毗尼語不善諍義語不善知諍起因緣語不善知滅諍義語是名五闥利吒比丘不能滅諍有五事闥利吒比丘能滅諍善修多羅義語善毗尼義語善諍義語善知諍起因緣語善滅諍義語是名五闥利吒比丘能滅諍復有五事闥利吒比丘不能滅諍身力語口力語非修多羅語非法語非毗尼語是名五闥利吒比丘不能滅諍有五事闥利吒比丘能滅諍不身力語不口力語如修多羅語如法語如毗尼語是名五闥利吒比丘能滅諍復有五事闥利吒比丘不能滅諍不被勸語不被差語不白衆語不觀察語无畏難語是名五闥利吒比丘不能滅諍有五事闥利吒比丘能滅諍被勸語被差語白衆語觀察語不無畏語

是名五鬭利吒比丘能滅諍復有五事鬭利吒比丘不能滅諍慰恤語受慰恤語籌量語為利語取他意語是名五鬭利吒比丘不能滅諍有五事鬭利吒比丘能滅諍不慰恤語不受慰恤語不籌量語不為利語不取他意語是名五鬭利吒比丘能滅諍復有五事鬭利吒比丘不能滅諍不善義語不善句語應先語便後語應後語便先語應說此語便說彼語是名五鬭利吒比丘不能滅諍有五事鬭利吒比丘能滅諍善義語善句語應先先語應後後語應說此語說此語是名五鬭利吒比丘能滅諍復有五鬭利吒比丘不能滅諍少智少誦阿含不通達阿含不受學阿含不知阿含句義是名五鬭利吒比丘不能滅諍有五鬭利吒比丘能滅諍不少智多誦阿含通達阿含受學阿含知阿含義是名五鬭利吒比丘能滅諍復有五鬭利吒比丘不能滅諍為鬭語為破語為相持語為相言語為諍語是名五鬭利吒比丘不能滅諍有五鬭利

吒比丘能滅諍不為鬭語不為破語不為相持語不為相言語不為諍語是名五鬭利吒比丘能滅諍復有五鬭利吒比丘不能滅諍違撍語不問語不三問語不識　言者語不識諍者語是名五鬭利吒比丘不能滅諍有五事鬭利吒比丘能滅諍不違撍語問語三問語識言者語識諍者語是名五鬭利吒比丘能滅諍復有五事鬭利吒比丘不能滅諍忘阿含語失文句語漏失阿含語不通利阿含語不恭敬受阿含語是名五鬭利吒比丘不能滅諍有五鬭利吒比丘能滅諍不忘阿含語不失文句語不漏失阿含語通利阿含語恭敬受阿含語是名五鬭利吒比丘能滅諍復有五鬭利吒比丘不能滅諍重說眾語持眾語異語為利語求他語是名五鬭利吒比丘不能滅諍有五事鬭利吒比丘能滅諍不重說眾語不持眾語不異語不為利語不求他語是名五鬭利吒比丘能滅諍復有五事鬭利吒比丘不能滅諍眾說悔過便說其罪

令不瞋者瞋瞋者不止所說如風人不信受所說義不合毗沙耶經是名五鬭利吒比丘不能滅諍有五事鬭利吒比丘能滅諍眾說悔過不說其罪令不瞋者不起瞋瞋者能止所言信受所說義合毗沙耶經是名五鬭利吒比丘能滅諍佛語優波離若下座比丘向上座悔過時應先住五法向上座悔過從坐起偏袒著衣脫革屣右膝著地以兩手捉上座足如是三說如悔過與欲清淨受自恣出罪亦如是有五法舉事者不能舉他身不清淨口不清淨少智不通利阿含樂不可行處是名五舉事者不能舉他身不清淨口不清淨不通利阿含樂不可行處復有五事舉事者能舉他身清淨口清淨多智通利阿含不樂不可行處是名五法能舉他身清淨口清淨通利阿含多智不樂不可行處有五事十歲比丘應畜大戒弟子受大戒若十歲若過十歲持戒有智能斷弟子疑能破弟子邪惡見復有五事十歲比丘應畜大戒弟子能教持

戒能教毗尼教阿毗曇若弟子在他方不樂能自將来若因他將来若病能自看若使他看復有五事十歲比丘應畜大戒弟子有信有戒有施多聞智慧又能令弟子入信隨信住信戒施聞慧能令入能令隨住是名五復有五事十歲比丘應畜大戒弟子自住無學戒無學定无學慧无學解脫无學解脫知見能教弟子住是无學戒定慧解脫解脫知見是名五法十歲比丘應畜大戒弟子若十歲比丘無是五法畜大戒弟子有罪若十歲比丘有是五法應與他依止若十歲比丘無是五法與他依止有罪若有是五法應畜沙弥若十歲比丘無是五法畜沙弥有罪　五法竟

六法初

有六諍本一者瞋恨不語二者惡性欲害三者貪嫉四者諂曲五者无慚愧六者惡欲邪見是名六諍本有六教法應隨不應逆和上教阿闍梨教衆僧教王教若王等教闥利吒比丘教是名六教不應逆有六羯磨白羯

磨白二羯磨白四羯磨僧羯磨闥利吒比丘羯磨說戒羯磨是名六羯磨有六學增上戒增上意增上智增上威儀增上毗尼增上波羅提木叉是名六學有六請僧請衆人請人請鉢請衣請食請是名六請有六不具足戒不具足見不具足命不具足威儀不具足自不具足他不具足是名六不具足有六具足戒具足見具足命具足威儀具足自具足他具足是名六具足時長老優波離往到佛所頭面礼足在一面立已白佛言善哉世尊願略說法要令我知是法是毗尼是佛教佛語優波離若法隨欲不隨無欲隨和合不隨不和合隨過不隨无過隨增長不隨不增長隨往来不隨不往来隨煩惱不隨无煩惱汝知是非法非毗尼非佛教又優波離有法隨无欲不隨欲隨不和合不隨和合隨無過不隨過隨不增長不隨增長隨不往来不隨往来隨非煩惱不隨煩惱汝知是法是毗尼是佛教長老阿那律往到佛所頭面作礼白佛

言善哉世尊願略說法令我知是法是毗尼是佛教佛言善哉若法隨貪不隨无貪隨无猒不隨猒隨多欲不隨少欲隨不知足不隨知足隨惡見不隨不惡見阿那律汝知是非法非毗尼非佛教阿那律若法隨无貪不隨貪隨猒不隨无猒隨少欲不隨多欲隨知足不隨不知足隨不惡見不隨惡見汝知是法是毗尼是佛教如優波離所問大愛道亦如是問如長老阿那律所問鷄舍瞿曇弥亦如是問有六現前僧現前衆人現前人現前和上現前阿闍梨現前戒現前是名六現前

有六取刼取盜取詐取受寄取牴謾取如法取是名六取有六和攝法以脩身慈勸梵行者尊重敬愛思惟攝取發起精進向一涅洹口慈意慈亦復如是如法得施衣鉢餘物施諸梵行尊重敬愛思惟攝取發起精進向一涅洹護戒不缺不犯不退清淨滿足為佛所歎能盡受持勸諸梵行尊重敬愛思惟攝取發起精進向一涅洹

所得正見能出正要勸諸梵行尊重敬愛思惟攝取發起精進向一泹洹是名六和攝法　六法竟

七法初

有七財信財戒財聞財施財慧財慚財愧財是名七財有七力信力精進力慚力愧力念力定力慧力是名七力有七止諍現前止自言止憶念止不癡止覓罪相止多覓罪止布草止是名七止諍有七衣麻衣沙羊衣翅摩衣憍施耶衣翅夷羅衣欽婆羅衣劫貝衣是名七衣有七內衆比丘比丘尼式叉摩尼沙弥沙弥尼優婆塞優婆夷是名七內衆有七法令正法滅亡没無信懈怠無慚无愧喜忘無定少智是名七法令正法滅亡没有七非正法不敬法不敬義不敬時不知足不自敬不敬衆不分別人是名七有七正法敬法敬義敬時知足自敬敬衆分別人是名七正法持律有七德能持佛内藏能善斷諍持戒故在外道頂上住以持律故無能諂者以持律故不諂問他於衆中說戒無所畏能斷有疑能令正法久

住是名持律七德有七大持律毗婆尸佛式佛隨葉佛俱留孫佛俱那含牟尼佛迦葉佛釋迦牟尼佛是名七大持律　七法竟

八法初

有八衆剎利衆婆羅門衆居士衆沙門衆比丘衆比丘尼衆優婆塞衆優婆夷衆是名八衆有八法能證泹洹果正見正志正語正業正命正方便正念正定是名八法能證泹洹果有八施果得施依止得施制限得施因緣得施僧得施現前得施安居得施指示得施是名八施因八事捨迦絺那衣三衣足時衣成時去時聞時失衣時發心不還時過齊限時共僧捨時是名因八事捨迦絺那衣有八種跋不應畜木跋多羅跋波羅舍跋竹跋葉跋文若跋披披跋欽披羅跋是名八種跋不應畜有八隨世法利衰毀譽稱譏苦樂是名隨世八法有八種難王難賊難火難水難惡獸難龍難人難非人難是名八難有比丘行別住時捨戒捨已還受還受已白諸比丘我

行別住中捨戒已還受我當云何諸比丘以是事白佛佛語諸比丘本已行別住即以是行別住更不應與如捨戒自言我是沙弥不見擯不作擯惡邪不除擯亦尒若別住竟捨戒捨已還受戒受戒已白諸比丘我別住竟捨戒已更受戒我當云何諸比丘以是事白佛佛語諸比丘本已行別住竟應教求摩那埵如捨戒自言我是沙弥不見擯不作擯惡邪不除擯亦尒有比丘行摩那埵時捨戒捨已還受戒受戒已語諸比丘我行摩那埵中捨戒還受戒我當云何諸比丘以是事白佛佛言即本行摩那埵更不須與如捨戒自言我是沙弥不見擯不作擯惡邪不除擯亦尒若行摩那埵竟捨戒捨戒已還受戒受戒已白諸比丘我行摩那埵竟捨戒捨戒已還受戒我當云何諸比丘以是事白佛佛言本已行摩那埵竟應教求出罪羯磨如捨戒自言我是沙弥不見擯不作擯惡邪不除擯亦尒　八法竟

九法初

有九惱是人已侵損我當侵損我令侵損我於彼生惱是人已利益我怨家當復利益令復利益於彼生惱是人已侵損我知識當復侵損令復侵損於彼生惱是名九惱有九捨惱是人已侵損我當侵損我令侵損我云何令彼不侵損我而利益我當於彼捨惱心是人已利益我怨家當復利益令復利益云何令彼不利益我怨家當捨彼惱心是人已侵我知識當復侵損令復侵損云何令彼不侵損我知識當於彼捨惱心是名九捨惱九法竟

十法初

有十事令正法滅亡没非法言法法言非法非毗尼言毗尼毗尼言非毗尼非犯言犯犯言非犯輕言重重言輕無殘言殘殘言无殘是名十事令正法滅亡没有十事不令正法滅亡没非法言非法法言法非毗尼言非毗尼毗尼言毗尼非犯言非犯犯言犯無殘言無殘殘言殘輕言輕重言重是名十事不令正法滅亡没有十法名上座有所住處無畏無能遮者有

長老息煩惱多知識有多聞能令他生淨心辯才具足無能勝者无有滯㝵義趣明了聞者信受善能安詳入他家能為白衣說深妙法分別諸道勸令行施齋戒令他捨惡從善自具四諦現法安樂無有所乏是名上座十法烏迴鳩羅比丘成就十法僧不應差不知諍根本来往處不知諍不善分別諍不能知諍起因緣不能知諍義不善滅諍不能令諍滅已更不起戒不清淨不能多聞少智是名十烏迴鳩羅比丘僧不應差烏迴鳩羅比丘有十事僧應差知諍來往處根本善知諍能分別諍知諍起因緣知諍義善滅諍滅諍已更不令起持戒清淨多聞多智是名十烏迴鳩羅比丘僧應差

佛在婆伽國那梨賒聚落是中有優婆塞以信樂清淨心作一房舍別與長老羅云長老羅云受已二月遊行彼優婆塞聞長老羅云受舍已二月遊行便持此舍施四方僧長老羅云二月遊行還到所住處聞是優婆塞

以是房施四方僧聞已往到佛所頭面作礼白佛言世尊我在那梨賒聚落中住有優婆塞以信樂清淨心作一房舍别施我我受已二月遊行遊行還聞是優婆塞以是房施四方僧世尊我今云何佛語羅云汝往語優婆塞言我將不犯汝耶汝見我非沙門非沙門行耶作身口過耶長老羅云受佛語已從坐起礼佛足右繞而去還自住處過是夜已著衣持鉢入那梨賒聚落行乞食食已洗鉢往是優婆塞家是優婆塞遥見長老羅云來見已著衣在一面立叉手合掌向長老羅云作是言善來長老羅云久不來羅云何以故來可就座坐時長老羅云即就座坐是優婆塞頭面礼足在一面坐已長老羅云語優婆塞我將不犯汝耶汝見我非沙門非沙門行耶作身口過耶荅言大德不犯我我亦不見汝非沙門非沙門行作身口過時長老羅云為種種說法示教利喜已從坐起去往到佛所頭面礼足在一面坐以是事向佛廣說佛以

是事集比丘僧語諸比丘言有十非法施十非法受十非法用何等十已施一僧轉與餘僧是名非法施非法受非法用若已施一比丘尼僧轉與餘比丘尼僧是名非法施非法受非法用若已施三比丘轉與餘三比丘是名非法施非法受非法用若轉與二比丘若與一比丘若與僧是名非法施非法受非法用若已施二比丘轉與餘二比丘是名非法施非法受非法用若轉與一比丘若與僧若與三人是名非法施非法受非法用若已施一比丘轉施餘一比丘是名非法施非法受非法用若轉施僧若施三人二人是名非法施非法受非法用若已施三沙弥轉施餘三沙弥是名非法施非法受非法用若轉施二沙弥一沙弥若施僧是名非法施非法受非法用若已施二沙弥轉與餘二沙弥是名非法施非法受非法用若轉施一沙弥若施僧若施三人是名非法施非法受非法用若已施一沙弥轉施餘一沙弥是名非法施非

法受非法用若轉與僧若施三人若施二人是名非法施非法受非法用若已施三比丘尼是名非法施非法受非法用轉施餘三比丘尼若轉施二比丘尼一比丘尼若施僧是名非法施非法受非法用若已施二比丘尼轉施餘二比丘尼是名非法施非法受非法用若轉施一比丘尼若與僧若施三人是名非法施非法受非法用若已施一比丘尼轉施餘一比丘尼是名非法施非法受非法用若轉施僧若施三人若二人是名非法施非法受非法用若已施三式叉摩尼轉施餘三式叉摩尼是名非法施非法受非法用若轉施二式叉摩尼一式叉摩尼若施僧是名非法施非法受非法用若已施二式叉摩尼轉施餘二式叉摩尼是名非法施非法受非法用若轉施一式叉摩尼若僧若施三人是名非法施非法受非法用若已施一式叉摩尼轉施餘一式叉摩尼是名非法施非法受非法用若施僧若施三人若二人是名非法施非法受非法用若已施三

沙弥尼轉施餘三沙弥尼是名非法施非法受非法用若轉施二沙弥尼若一若僧是名非法施非法受非法用若已施二沙弥尼轉施餘二沙弥尼是名非法施非法受非法用若轉施一沙弥尼若僧若施三人是名非法施非法受非法用若已施一沙弥尼轉施餘一沙弥尼是名非法施非法受非法用若轉施僧若三人若二人是名非法施非法受非法用若已施三畜生轉施餘三畜生是名非法施非法受非法用若施二畜生若一畜生是名非法施非法受非法用若已施二畜生轉施餘二畜生是名非法施非法受非法用若轉施一畜生若三畜生是名非法施非法受非法用若已施一畜生轉施一畜生是名非法施非法受非法用若轉施三若二是名非法施非法受非法用若已施比丘僧轉施比丘尼僧是名非法施非法受非法用若已施比丘尼僧轉施比丘僧是名非法施非法受非法用若僧破為二部已施此一部轉

施彼一部是名非法施非法受非法用若巳施彼一部轉施此一部是名非法施非法受非法用前施是施後施非施如王為地主檀越是房舍卧具主但得看視不得奪一與一　十法竟

增一法初

有三羯磨攝一切羯磨白羯磨白二羯磨白四羯磨有一破法墮惡道何等一所謂破僧有一犯墮惡道從身作謂出佛身血有一犯墮惡道從口作謂謗佛有一犯墮惡道所謂意念作別衆有一犯墮惡道謂兩舌教他破僧有一犯詰問墮惡道謂僧詰問非法非法想非法見故破僧非法作法想非法見故破僧非法法想疑破僧有一犯墮惡道從殺生起謂殺阿羅漢又一犯墮惡道從盜起偷佛物僧物又一犯墮惡道從婬起謂婬羅漢比丘尼又一犯墮惡道從妄語起謂自說得過人法　一法竟

二法初

有二犯不善犯無記犯又二犯身犯口犯又二犯方便犯非方便犯又二

犯調戲犯不調戲犯又二犯有同犯不同犯又二事同輕重又二事同有殘無殘又二不同輕重又二不同有殘无殘又二不同若向他悔若自悔又二犯有限犯無限犯又二犯處犯方犯又二犯可數犯不可數犯又二犯有出時犯欲出犯又二犯入犯欲入犯又二犯起犯欲起犯又二犯時犯非時犯又二犯墮犯不墮犯又二犯偷蘭遮犯白衣相應犯又二犯重破犯不重破犯又二犯有殘犯无殘犯又二犯輕犯重犯又二犯被舉犯舉者犯又二犯向他悔犯自悔犯又二犯戒中犯非戒中犯又二犯白犯不白犯又二犯暫犯盡形犯又二犯有過犯無過犯比丘尼有二同犯輕犯重犯又二同犯殘犯無殘犯又二不同輕重又二不同有殘無殘又二不同向他悔自悔又二犯出界犯欲出界犯又二犯自稱歎犯不自稱歎犯又二犯起犯出犯又二犯眠犯不眠犯又二犯語犯默然犯又二犯故犯不故犯有二癡無知癡放逸癡有

二覆無知覆放逸覆又二人應與別住有二人應與摩那埵有二人應與本日治有二人應與出罪所謂比丘非比丘受大戒非受大戒者又二僧中斷事者有被差不被差又二斷事者被羯磨不被羯磨羯磨者有二功德謂得衆意能无畏斷事又斷事者有差無差又二斷事者有私无私若以非法有私若如法無私又二斷事者若自聞若從他聞又二斷事者若自點若教他點又二斷事者諍不諍又二斷事者通利阿含不通利阿含又二斷事者善分別阿含不善分別阿含又二斷事者了語不了語又二斷事者善語不善語又二斷事者詰問不詰問又二斷事者急性不急性又二斷事者自知不自知又二斷事者知量不知量又二斷事者隨衆不隨衆又二斷事者自譽不自譽又二斷事者能止不能止又二斷事者軟語麁語又二斷事者持戒不持戒有可呵不可呵應舉不應舉應敬不應敬亦尒又二無智戒犯見犯又二智

戒不犯見不犯又二犯戒犯見犯又二不犯戒具見具又二種呵比丘非比丘受戒不受戒又二苦切有罰羯磨若僧和合與又二依止有罰若僧和合與有二駈出有罰羯磨若僧駈出又二下意有罰羯磨若僧與下意又二人應別住又二人應與摩那埵又二人應與本日治又二人應與出罪謂比丘非比丘受戒非受戒有二清淨悔過發露罪名又二清淨白不白若悔過若發露若僧諍應還付僧若與三人二人一人若僧諍僧應受三人二人一人亦應受若僧諍僧應滅三人二人一人亦應滅又二非法撿挍非法作法撿挍法作非法撿挍又二如法撿挍非法作非法撿挍法作法撿挍又二禁罰不使作不教化 二法竟

三法初

有三毗尼貪欲毗尼瞋恚毗尼愚癡毗尼有三非毗尼非貪欲毗尼非瞋恚毗尼非愚癡毗尼有三羯磨白羯磨白二羯磨白四羯磨有三應屏處大便小便嚼楊枝者有三犯貪欲犯瞋恚犯愚癡犯有三共住犯者不犯者自說者

有三別住犯者不犯者自說者有三世所供養謂如來至真等正覺漏盡阿羅漢轉輪聖王有三華供養有三香供養有三伎樂供養有三幡供養有三蓋供養有三繒供養有三世所尊敬謂如來至真等正覺漏盡阿羅漢轉輪聖王有三同意上中下上同意者應上中下同意中同意者應上同意應中下同意下同意者應下同意不應上中同意上同意者作上中下同意好中同意者作中下同意好若作上同意者不好下同意者作下同意好若作上中同意者不好上同意者應作上中下同意取中同意者應作中下同意取不應上同意取聚中意者應下同意取不應上中同意取有三知知犯知不犯知制戒 三法竟

四法初

有四諍鬪諍无根諍犯罪諍常所行諍有四藥時藥時分藥七日藥盡形藥有四衆刹利衆婆羅門衆居士衆沙門衆復有四衆比丘衆比丘尼衆

優婆塞衆優婆夷衆復有四衆四天王衆忉利天衆魔衆梵天王衆復有四衆被教衆不被教衆濁衆清淨衆有四悲一憐愍二利益三不惱害四住正法有四止貪欲止瞋恚止愚癡止邪見止有四事故如來設教犯不犯輕重有四事故如來制戒為利益為處為時為人有四調伏苦切依止駈出下意有四藥應觀有淨藥雜不淨不淨雜淨淨雜淨不淨雜不淨有四事鬪諍事無根諍事犯罪諍事常所行諍事復有四事苦切依止駈出下意有四事不見擯不作擯惡邪不除擯覔罪相擯有四事若呵若罵若異語若默然如來以四境界故制戒神足境界智境界法境界人境界 四法竟

十誦律卷第五十

十誦律卷第五十

校勘記

一 底本，金藏廣勝寺本。

一 九二五頁中一行「卷第五十」，資、磧、普、南作「卷第四十九」；徑、清作「卷第五十四」。同行「八誦卷之三」，資、磧、普、南、徑、清無；麗作「第八誦之三」。

一 九二五頁中三行「增一五法下」，資作「增一法第八誦之三」；磧、普、南作「增一法第八誦之三初十法五法之餘」；徑、清作「增一法第八誦之三　初十法中五法之餘」；麗作「增一法之三　五法下」。

一 九二五頁中一〇行「不惱不乱」，諸本（不含石，下同）作「不惱乱」。

一 九二五頁中一二行「不遮」，磧作「不通」。

一 九二五頁中末行「是名五法」，麗作「是名五」。

一 九二五頁下一行第五字「若」，諸本作「羞」。

一 九二五頁下一四行「此處」，磧、普、南、徑、清作「隨處」。

一 九二五頁下一七行「合靽」，資、磧、普、南、徑、清作「合韁」；麗作「合韁」。

一 九二六頁上七行首字「起」，諸本作「趣說」。九行第八字同。

一 九二六頁上一七行「是名五」，徑、清作「是名五事」。

一 九二六頁中一三行第四字「他」，資、磧、普、南、徑、清無。

一 九二六頁中一八行第二字「又」，資、磧、普、南、徑、清無。

一 九二六頁下一一行第一二、第一三字「恭敬」，資、磧、普、南、徑、清無。

一 九二六頁下一七行「秖謾」，麗作「詆謾」。下同。

一 九二七頁上一行「惡牛」，磧、普、南作「怨牛」。

一 九二七頁上一五行末字「作」，資、磧、普、南、徑、清無。

一 九二七頁中二行首字「作」，諸本無。

一 九二七頁中五行「入家」，南作「人家」。

一 九二八頁上二行第一四字「五」，資、磧、普、南、徑、清無。

一 九二八頁下一五行「僧能」，資、磧、普、南、徑、清作「有五過僧能」。

一 九二九頁中四行第二字「與」，麗作「受」。本頁下一〇行第四字同。

一 九二九頁中七行第一一字「事」，資、磧、普、南、徑、清無。

一 九二九頁中一二行第八字「應」，資、磧、普、南、徑、清無。

一 九二九頁下一八行第一二字「復」，資、磧、普、南、徑、清無。次頁中一九行第三字、九三一頁中三行第一二字同。

一 九三一頁上九行至次行「應後語便先語」，資、磧、普、南、徑、清作「應後說便先說」。

一　九三一頁下一一行「自恣」，資、磧、普、南、徑、清作「歲」。

一　九三一頁下一五行「不通利阿含」，資、磧、普、南、徑、清作「多智不通利阿含」；麗作「不通利阿含少智」。

一　九三二頁上二行「將來」，資、磧、普、南作「將衣」。

一　九三二頁上一二行小字「若十歲比丘有是」，麗作「若有是」。

一　九三三頁上二二行小字右第五字「上」，資、磧、普、南、徑、清無。

一　九三三頁中二行「隨葉佛」，資、磧、普、南、徑、清作「尸棄佛」。

一　九三三頁中一一行「果得施」，資、磧、普、南、徑、清作「界得施」。

一　九三三頁中一六行「名因」，資、磧、普、南、徑、清作「因名」。同行第一三字「跋」，諸本作「展」，下同。

一　九三三頁中一八行「披披」，徑、清作「波波」。同行「欽披羅」，諸本作「欽婆羅」。

一　九三三頁下四行第六字「是」，資、磧、普、南、徑、清無。

一　九三三頁下六行「捨戒」，麗作「捨戒捨戒」。

一　九三三頁下一八行小字「捨戒已」，資、磧、普、南、徑、清作「捨已」。

一　九三四頁上一〇行「侵我」，諸本作「侵損我」。

一　九三四頁中一行「多聞」，諸本作「名聞」。

一　九三四頁中四行「諸道」，磧、普、南、徑、清作「諍道」。

一　九三五頁中三行小字「是名非法施非法受非法用」，諸本無。同行末三字「比丘尼」，麗作「比丘尼是名非法施非法受非法用」。

一　九三五頁中一九行「若僧」，麗作「若施僧」。

一　九三五頁下一四行「餘二畜生」，磧、普、南、徑、清作「餘一畜生」。

一　九三六頁上四行「如王」，磧作「如主」。

一　九三六頁上六行「增一一法初」，資作「增一法後十一法初」；磧、普、南作「增一後十法中一法初」；徑、清作「後十法中一法初」；麗作「增一後一法初」。

一　九三六頁上一八行「僧物」，資、磧、普、南、徑、清無。

一　九三六頁中二一行「出犯」，諸本作「坐犯」。

一　九三六頁下一行「又二人」，資、磧、普、南、徑、清作「有二人」。

一　九三六頁下七行至次行「又斷事者有差無差」，諸本作「又二斷事者有羞無羞」。

一　九三七頁上五行「有二」，徑、清作「又二」。

一　九三七頁上一七行「二禁罰」，當作「二梵罰」。同行「教化」，資、磧、普、南、徑、清作「教他」。

一　九三七頁上末行第八字「者」，諸本無。

一　九三七頁中六行「三世」，磧、南作

「二世」。

一　九三七頁中一六行「取下中意者」，諸本作「下同意者」。

一　九三七頁下卷末經名，資、磧、普、南作「十誦律卷第四十九」；徑、清作「十誦律卷第五十四」。

中華大藏經（漢文部分）

校勘凡例

一　《中華大藏經（漢文部分）》的底本以《趙城金藏》爲主；《趙城金藏》缺佚，則以《高麗藏》等作底本。各卷所用底本的名稱及涉及底本的其他問題，均在校勘記的第一條中說明。

一　《中華大藏經（漢文部分）》選用的參校本共八種，即《房山雲居寺石經》（石）、宋《資福藏》（資）、《影印宋磧砂藏》（磧）、元《普寧藏》（普）、明《永樂南藏》（南）、明《徑山藏》（徑）、《清藏》（清）、《高麗藏》（麗）。

一　校勘記中的「諸本」，若底本爲金藏，即包括石、資、磧、普、南、徑、清、麗全部八種校本；若底本爲麗藏，則包括石、資、磧、普、南、徑、清全部七種校本。其他情況若用「諸本」，校勘記中則另加說明。

一　校勘採用底本與校本逐字對校的办法，只勘出經文中的異同及字句錯落，一般不加評注。參校本若有缺卷，或有殘缺、漫漶等字迹無可辨認者，則略去不校，校勘記亦不作記録。

一　一經多卷，經名、譯者、品名出現同樣性質的問題，一般只在第一卷出校，並注明以下各卷同；分卷不同時，以底本爲主出校。

一　古今字、異體字、正俗字、通假字及同義字，一般不出校。如：

古今字：宍（肉）；猗（倚）；距（跛）；鉾（矛）；誼（義）等。

異體字：𣚴（槃）；刹（剎）；皃（貌）；𢙳（惱）；导（碍、礙、閡）等。

正俗字：怪（恠）；滴（渧）；體（躰）；刺（刾）；閑（閒）等。

通假字：惟（唯）；嫉（疾）；頻（嚬、顰）；揣（摶）；尠（鮮）等。

同義字：言（曰）；如（若）；弗（不）等。